广西经济普查年鉴 2013

Guangxi Economic Census Yearbook

第二产业卷

广西壮族自治区人民政府第三次全国经济普查领导小组办公室 编

© 中国统计出版社 2015
版权所有。未经许可，本书的任何部分不得以任何方式在世界任何地区以任何文字翻印、拷贝、仿制或转载。

© 2015 China Statistics Press
All rights reserved. No part of the publication may be reproduced or transmitted in any form or by any means, electronic or mechanical, including photocopying, recording, or any information storage and retrieval system, without written permission from the publisher.

图书在版编目（CIP）数据

广西经济普查年鉴. 2013 / 广西壮族自治区第三次全国经济普查领导小组办公室编. -- 北京 : 中国统计出版社,2015.10
ISBN 978-7-5037-7687-8

Ⅰ. ①广… Ⅱ. ①广… Ⅲ. ①经济－普查－广西－2013－年鉴 Ⅳ. ①F127.67-54

中国版本图书馆 CIP 数据核字（2015）第 259610 号

广西经济普查年鉴—2013/第二产业卷

作　　者/广西壮族自治区第三次全国经济普查领导小组办公室
责任编辑/赵淑焕
封面设计/黄俊杰　李雪燕
出版发行/中国统计出版社
通信地址/北京市丰台区西三环南路甲 6 号　邮政编码/100073
电　　话/邮购（010）63376909　书店（010）68783171
网　　址/http://www.zgtjcbs.com/
印　　刷/河北天普润印刷厂
经　　销/新华书店
开　　本/880mm×1230mm　1/16
字　　数/972 千字
印　　张/31.25
版　　别/2015 年 10 月第 1 版
版　　次/2015 年 10 月第 1 次印刷
定　　价/650.00 元（全四册附光盘）

本书附同版本 CD-ROM 一张，光盘内容以书面文字为准。
如有印装差错，由本社发行部调换。

编辑部

主　　编：唐　旭

副 主 编：（按姓名笔划排序）

叶志杰　付天德　李　勇　李国松　居　青　郑贵敏　周光辉

黄奉庆　程文胜　韩祖海

第一篇　工业企业生产经营及财务状况

主任编辑：韩祖海

副主任编辑：邱　燕

编　　辑：胡玉萍　白　平　李　玫　覃钲超

第二篇　规模以上工业企业科技情况

主任编辑：李国松

副主任编辑：李　雁

编　　辑：覃　民　付晓霞　陈立峰

第三篇　建筑业企业生产经营及财务状况

主任编辑：居　青

副主任编辑：周竞龙

编　　辑：何小红　任亚平　黄保荣　黄新倩　胡冬玉　曾　睿　易　静

第二产业卷　目录

第一篇　工业企业生产经营及财务状况

第二篇　规模以上工业企业科技情况

第三篇　建筑业企业生产经营及财务状况

第1篇

工业企业生产经营及财务状况

1-1 全部工业企业

指标名称	代码	单位数(个)	期末从业人员数(人)	#女性
总　计		**29730**	**2214908**	**866909**
一、按轻重工业分类				
轻工业		11061	874591	460276
重工业		18669	1340317	406633
二、按企业规模分组				
大型		195	507807	174922
中型		1281	721241	298772
小型		8180	715150	287304
微型		20074	270710	105911
三、按国民经济行业分类分组				
采矿业	B	**2988**	**121443**	**20906**
煤炭开采和洗选业	06	55	17119	2580
烟煤和无烟煤开采洗选	061	30	8098	907
褐煤开采洗选	062	18	8939	1650
其他煤炭采选	069	7	82	23
石油和天然气开采业	07	3	135	6
石油开采	071	2	123	4
天然气开采	072	1	12	2
黑色金属矿采选业	08	334	16250	3734
铁矿采选	081	130	5570	981
锰矿、铬矿采选	082	127	8739	2385
其他黑色金属矿采选	089	77	1941	368
有色金属矿采选业	09	459	35447	5680
常用有色金属矿采选	091	375	30709	4880
贵金属矿采选	092	61	2493	411
稀有稀土金属矿采选	093	23	2245	389
非金属矿采选业	10	2020	50448	8518
土砂石开采	101	1732	38806	5519
化学矿开采	102	50	2264	423
采盐	103	7	876	227
石棉及其他非金属矿采选	109	231	8502	2349
开采辅助活动	11	29	918	159
煤炭开采和洗选辅助活动	111	4	531	73
石油和天然气开采辅助活动	112	1	31	12
其他开采辅助活动	119	24	356	74
其他采矿业	12	88	1126	229
其他采矿业	120	88	1126	229
制造业	C	**24218**	**1918330**	**798141**
农副食品加工业	13	1837	183003	73085
谷物磨制	131	258	7806	2127
饲料加工	132	262	24362	7007

法人单位主要经济指标

企业法人单位

营业收入(亿元)	主营业务收入	营业税金及附加(亿元)	主营业务税金及附加	资产总计(亿元)	实收资本(亿元)
18344.91	**18010.25**	**20.25**	**19.44**	**15670.01**	**790.82**
5058.21	5005.66	6.14	5.91	4015.71	204.21
13286.65	13004.56	13.96	13.37	11654.47	586.62
6113.35	5952.95	0.48	19.28	5419.81	15.58
6042.94	5935.57	0.62		4840.31	81.38
5752.15	5708.92	11.26		4051.17	229.56
436.45	412.79	7.89		1358.71	464.30
764.62	**759.93**	**3.10**	**3.02**	**669.66**	**75.18**
30.20	28.98	0.03	0.03	130.73	1.80
15.04	14.89	0.02	0.02	37.73	1.46
15.15	14.08			92.96	0.32
0.01	0.01			0.04	0.03
19.81	19.81			11.71	0.03
19.80	19.80			11.68	
0.01	0.01			0.03	0.03
180.96	179.31	0.33	0.33	119.99	11.83
97.95	97.62	0.19	0.19	59.07	7.56
59.62	59.10	0.08	0.08	50.81	3.08
23.39	22.59	0.06	0.05	10.11	1.19
317.45	317.04	0.57	0.56	216.82	15.07
277.45	277.17	0.47	0.47	179.55	10.63
10.90	10.77	0.05	0.04	19.97	3.39
29.10	29.10	0.05	0.05	17.29	1.04
212.41	211.00	2.03	1.97	181.43	43.50
134.44	133.15	1.77	1.72	114.32	36.16
34.77	34.77	0.07	0.07	24.07	0.74
0.64	0.64	0.04	0.04	8.14	0.39
42.56	42.45	0.14	0.14	34.90	6.19
2.27	2.27	0.04	0.04	4.50	1.28
0.45	0.45	0.01	0.01	1.42	0.58
0.07	0.07			0.50	0.40
1.75	1.75	0.03	0.03	2.58	0.30
1.53	1.52	0.11	0.11	4.47	1.67
1.53	1.52	0.11	0.11	4.47	1.67
16019.11	**15736.80**	**14.82**	**14.27**	**11824.56**	**512.19**
1951.44	1930.05	0.99	0.97	1505.76	39.82
123.94	121.40	0.08	0.08	40.20	1.92
489.62	488.69	0.09	0.09	146.70	2.27

1-1 续表 1

指标名称	代码	单位数(个)	期末从业人员数(人)	#女性
植物油加工	133	198	6840	2267
制糖业	134	119	79821	30178
屠宰及肉类加工	135	335	20180	7980
水产品加工	136	141	12531	6134
蔬菜、水果和坚果加工	137	164	10829	6948
其他农副食品加工	139	360	20634	10444
食品制造业	14	1039	51624	27805
焙烤食品制造	141	407	8964	5223
糖果、巧克力及蜜饯制造	142	55	1976	1260
方便食品制造	143	175	8895	4298
乳制品制造	144	25	3825	2003
罐头食品制造	145	74	10889	7058
调味品、发酵制品制造	146	94	4567	1636
其他食品制造	149	209	12508	6327
酒、饮料和精制茶制造业	15	837	57187	25382
酒的制造	151	219	17750	6669
饮料制造	152	343	29324	14502
精制茶加工	153	275	10113	4211
烟草制品业	16	6	3522	1574
烟叶复烤	161	2	522	351
卷烟制造	162	4	3000	1223
其他烟草制品制造	169			
纺织业	17	512	57462	42120
棉纺织及印染精加工	171	92	15045	9708
毛纺织及染整精加工	172	47	2018	1477
麻纺织及染整精加工	173	20	1004	682
丝绢纺织及印染精加工	174	136	31078	24787
化纤织造及印染精加工	175	6	232	171
针织或钩针编织物及其制品制造	176	91	2889	1894
家用纺织制成品制造	177	84	3924	2498
非家用纺织制成品制造	178	36	1272	903
纺织服装、服饰业	18	709	50397	33023
机织服装制造	181	582	43207	27767
针织或钩针编织服装制造	182	48	4983	3589
服饰制造	183	79	2207	1667
皮革、毛皮、羽毛及其制品和制鞋业	19	397	48380	32533
皮革鞣制加工	191	44	2743	1267
皮革制品制造	192	162	20711	12832
毛皮鞣制及制品加工	193	19	363	300
羽毛(绒)加工及制品制造	194	82	2729	1455
制鞋业	195	90	21834	16679
木材加工和木、竹、藤、棕、草制品业	20	3438	189245	88060
木材加工	201	1980	51322	22469

企业法人单位

营业收入（亿元）	主营业务收入	营业税金及附加（亿元）	主营业务税金及附加	资产总计（亿元）	实收资本（亿元）
406.60	402.41	0.07	0.07	270.11	6.01
572.09	559.72	0.13	0.13	774.33	9.49
119.24	118.83	0.22	0.20	92.41	7.60
86.24	85.58	0.06	0.05	69.33	4.23
48.85	48.75	0.04	0.04	28.69	2.21
104.85	104.66	0.31	0.31	83.99	6.08
284.61	281.23	0.39	0.38	213.55	11.51
17.75	17.49	0.11	0.10	14.70	3.04
14.62	14.60	0.04	0.04	9.94	0.79
58.21	58.06	0.05	0.05	33.19	2.50
30.39	28.69			38.01	0.07
46.76	46.32	0.02	0.02	30.20	1.14
18.26	17.89	0.02	0.01	40.47	1.15
98.63	98.18	0.17	0.16	47.05	2.83
360.35	355.56	0.49	0.47	287.76	19.69
148.58	146.79	0.12	0.11	155.94	5.17
171.23	168.35	0.20	0.19	102.76	9.23
40.54	40.42	0.17	0.17	29.05	5.29
195.11	188.68			149.00	0.10
0.99	0.97			5.17	
194.12	187.71			143.83	0.10
210.26	208.01	0.17	0.17	136.22	5.55
36.73	35.37	0.04	0.04	37.10	0.77
8.57	8.56	0.02	0.02	3.01	0.71
2.64	2.64	0.01	0.01	1.83	0.34
145.59	144.88	0.03	0.03	78.23	1.25
0.06	0.06			0.05	0.01
3.78	3.76	0.02	0.02	2.96	0.50
11.00	10.87	0.04	0.04	10.71	1.74
1.89	1.87	0.01	0.01	2.33	0.24
120.28	119.62	0.38	0.36	64.22	7.30
105.23	104.65	0.30	0.28	56.63	5.51
12.16	12.10	0.05	0.05	5.65	0.96
2.90	2.87	0.03	0.03	1.95	0.83
127.77	127.43	0.32	0.31	52.51	3.87
16.14	16.14			4.70	0.10
55.13	54.89	0.20	0.20	23.91	1.90
0.15	0.15			0.22	0.06
26.84	26.78	0.07	0.07	8.02	1.33
29.51	29.48	0.04	0.04	15.66	0.48
709.78	707.05	2.33	2.26	380.72	45.01
110.47	109.18	1.06	1.01	70.01	20.65

1-1 续表 2

指标名称	代码	单位数(个)	期末从业人员数(人)	#女性
人造板制造	202	886	91529	40065
木制品制造	203	333	31827	16364
竹、藤、棕、草等制品制造	204	239	14567	9162
家具制造业	21	461	20322	7904
木质家具制造	211	351	15174	5533
竹、藤家具制造	212	15	1607	706
金属家具制造	213	27	635	207
塑料家具制造	214	8	496	261
其他家具制造	219	60	2410	1197
造纸和纸制品业	22	764	56159	20100
纸浆制造	221	26	5696	1846
造纸	222	346	31302	10065
纸制品制造	223	392	19161	8189
印刷和记录媒介复制业	23	808	23307	11728
印刷	231	703	21568	10882
装订及印刷相关服务	232	101	1321	617
记录媒介复制	233	4	418	229
文教、工美、体育和娱乐用品制造业	24	669	53375	33307
文教办公用品制造	241	27	474	234
乐器制造	242	3	21	10
工艺美术品制造	243	533	42016	26193
体育用品制造	244	15	1246	747
玩具制造	245	90	9606	6120
游艺器材及娱乐用品制造	246	1	12	3
石油加工、炼焦和核燃料加工业	25	65	5598	1359
精炼石油产品制造	251	55	5203	1256
炼焦	252	7	363	96
核燃料加工	253	3	32	7
化学原料和化学制品制造业	26	1413	116703	46526
基础化学原料制造	261	209	18304	4870
肥料制造	262	293	21775	6528
农药制造	263	70	9182	3575
涂料、油墨、颜料及类似产品制造	264	137	10530	2765
合成材料制造	265	37	925	428
专用化学产品制造	266	320	17486	5624
炸药、火工及焰火产品制造	267	187	26687	16839
日用化学产品制造	268	160	11814	5897
医药制造业	27	409	45876	24101
化学药品原料药制造	271	33	3059	1035
化学药品制剂制造	272	40	4777	2602
中药饮片加工	273	53	3982	1896
中成药生产	274	140	26585	14362
兽用药品制造	275	52	4130	2506
生物药品制造	276	49	2162	1059
卫生材料及医药用品制造	277	42	1181	641

企业法人单位					
营业收入(亿元)	主营业务收入	营业税金及附加(亿元)	主营业务税金及附加	资产总计(亿元)	实收资本(亿元)
472.20	471.18	0.80	0.79	260.95	16.75
91.22	90.80	0.31	0.30	39.27	5.45
35.90	35.88	0.16	0.16	10.49	2.16
113.60	113.31	0.25	0.23	65.76	4.68
85.85	85.69	0.20	0.18	47.16	3.37
7.57	7.53	0.03	0.02	1.87	0.14
2.98	2.98	0.01	0.01	2.13	0.46
0.82	0.78			1.20	0.06
16.37	16.32	0.02	0.02	13.41	0.66
368.18	364.46	0.63	0.62	536.02	15.01
24.20	23.44	0.10	0.10	82.09	3.42
237.07	234.57	0.29	0.28	387.18	6.84
106.91	106.45	0.24	0.23	66.76	4.75
114.24	113.74	0.40	0.38	76.93	11.02
100.98	100.62	0.35	0.34	68.69	9.60
2.25	2.12	0.05	0.05	4.09	1.08
11.01	11.01			4.15	0.34
91.96	91.72	0.36	0.36	39.04	7.62
1.33	1.32			0.79	0.17
				0.09	0.01
73.77	73.58	0.27	0.27	29.78	5.87
1.86	1.86	0.02	0.02	2.17	0.61
15.00	14.96	0.07	0.07	5.87	0.95
				0.33	0.01
872.81	868.59	0.03	0.02	429.03	8.46
870.79	866.57	0.02	0.02	425.11	8.16
1.99	1.99			3.89	0.29
0.03	0.03			0.04	0.01
934.76	899.50	0.75	0.72	852.74	40.46
215.38	185.55	0.12	0.11	328.15	5.16
156.23	154.35	0.05	0.05	165.80	6.01
84.75	84.57	0.04	0.03	44.89	1.78
71.64	71.17	0.06	0.06	59.13	7.45
4.31	3.33	0.04	0.04	6.81	1.06
271.87	270.94	0.13	0.13	117.51	5.18
63.05	62.43	0.23	0.22	27.86	2.57
67.52	67.16	0.08	0.08	102.59	11.24
318.61	316.06	0.19	0.19	289.24	16.48
21.31	21.17	0.01	0.01	21.75	1.20
41.80	40.99	0.03	0.03	22.21	1.52
28.39	28.32	0.01	0.01	15.28	1.09
189.18	187.96	0.08	0.08	187.89	4.34
22.25	22.14	0.02	0.02	18.47	0.65
11.52	11.32	0.02	0.02	19.35	6.13
4.16	4.15	0.02	0.02	4.29	1.55

1-1 续表 3

指标名称	代码	单位数(个)	期末从业人员数(人)	#女性
化学纤维制造业	28	8	198	64
纤维素纤维原料及纤维制造	281	5	109	33
合成纤维制造	282	3	89	31
橡胶和塑料制品业	29	851	44672	21789
橡胶制品业	291	128	7525	2699
塑料制品业	292	723	37147	19090
非金属矿物制品业	30	3991	270745	91193
水泥、石灰和石膏制造	301	491	50423	12230
石膏、水泥制品及类似制品制造	302	711	39338	7336
砖瓦、石材等建筑材料制造	303	2202	109318	33027
玻璃制造	304	37	2662	879
玻璃制品制造	305	64	5942	2604
玻璃纤维和玻璃纤维增强塑料制品制造	306	27	1186	691
陶瓷制品制造	307	188	49951	30928
耐火材料制品制造	308	34	2091	842
石墨及其他非金属矿物制品制造	309	237	9834	2656
黑色金属冶炼和压延加工业	31	584	92484	18035
炼铁	311	30	1140	281
炼钢	312	9	340	63
黑色金属铸造	313	219	12810	2512
钢压延加工	314	102	47991	7535
铁合金冶炼	315	224	30203	7644
有色金属冶炼和压延加工业	32	329	68393	16593
常用有色金属冶炼	321	171	50300	11528
贵金属冶炼	322	11	1170	311
稀有稀土金属冶炼	323	20	2326	534
有色金属合金制造	324	14	562	373
有色金属铸造	325	7	115	29
有色金属压延加工	326	106	13920	3818
金属制品业	33	978	41481	13905
结构性金属制品制造	331	378	16008	4117
金属工具制造	332	167	6513	1905
集装箱及金属包装容器制造	333	38	1351	421
金属丝绳及其制品制造	334	27	786	201
建筑、安全用金属制品制造	335	94	1701	491
金属表面处理及热处理加工	336	39	1540	444
搪瓷制品制造	337	15	1476	259
金属制日用品制造	338	117	7564	4286
其他金属制品制造	339	103	4542	1781
通用设备制造业	34	783	45519	10945
锅炉及原动设备制造	341	74	15634	3266

企业法人单位

营业收入(亿元)	主营业务收入	营业税金及附加(亿元)	主营业务税金及附加	资产总计(亿元)	实收资本(亿元)
1.12	1.12	0.02	0.02	8.85	1.91
0.47	0.47	0.01	0.01	8.00	1.90
0.65	0.65	0.01	0.01	0.84	0.01
261.29	258.61	0.56	0.55	228.32	14.76
30.44	30.07	0.05	0.05	74.17	3.39
230.84	228.53	0.51	0.51	154.15	11.36
1278.66	1269.57	3.49	3.40	1013.49	93.82
402.26	399.62	0.28	0.28	435.01	11.40
283.09	280.02	0.52	0.50	177.99	17.14
381.76	379.35	2.22	2.18	237.53	51.25
14.72	14.64	0.01	0.01	13.48	0.70
21.34	21.29	0.02	0.02	19.90	4.50
1.16	1.16	0.02	0.02	1.86	0.59
98.21	98.04	0.16	0.15	50.23	2.34
8.47	8.47	0.01	0.01	5.51	0.39
67.64	66.99	0.24	0.23	71.98	5.51
2181.60	2154.99	0.38	0.37	1133.24	10.06
12.69	12.63	0.01	0.01	10.54	0.11
9.54	9.54			7.15	1.65
204.30	202.95	0.13	0.12	91.25	2.36
1477.02	1457.03	0.05	0.05	691.90	3.49
478.03	472.83	0.19	0.19	332.40	2.44
904.69	877.02	0.20	0.20	1146.54	32.40
628.76	604.07	0.12	0.11	936.01	12.46
4.98	4.98	0.02	0.02	8.24	0.24
29.16	29.16	0.02	0.02	24.30	6.80
4.58	4.42	0.03	0.03	7.57	7.69
0.19	0.19			0.48	0.39
237.02	234.21	0.02	0.02	169.94	4.82
289.40	287.03	0.45	0.44	217.89	19.07
163.79	161.94	0.19	0.18	144.03	7.17
19.55	19.41	0.04	0.04	21.62	2.62
3.96	3.95	0.01	0.01	7.22	2.80
9.98	9.98	0.01	0.01	6.79	0.75
4.88	4.85	0.09	0.09	4.82	1.03
18.60	18.58	0.01	0.01	5.84	0.30
10.57	10.57			1.64	0.05
30.28	30.12	0.05	0.05	10.22	1.55
27.79	27.63	0.05	0.05	15.72	2.80
347.06	320.98	0.38	0.33	358.84	21.08
190.41	165.85	0.03	0.03	201.73	1.74

1-1 续表 4

指标名称	代码	单位数(个)	期末从业人员数(人)	#女性
金属加工机械制造	342	177	6710	1731
物料搬运设备制造	343	38	3435	616
泵、阀门、压缩机及类似机械制造	344	64	3707	711
轴承、齿轮和传动部件制造	345	31	3288	966
烘炉、风机、衡器、包装等设备制造	346	74	2038	671
文化、办公用机械制造	347	5	179	49
通用零部件制造	348	271	9039	2657
其他通用设备制造业	349	49	1489	278
专用设备制造业	35	848	57415	14271
采矿、冶金、建筑专用设备制造	351	193	25368	4904
化工、木材、非金属加工专用设备制造	352	150	7033	1569
食品、饮料、烟草及饲料生产专用设备制造	353	57	3180	995
印刷、制药、日化及日用品生产专用设备制造	354	56	1650	502
纺织、服装和皮革加工专用设备制造	355	4	51	25
电子和电工机械专用设备制造	356	35	1027	381
农、林、牧、渔专用机械制造	357	204	10461	2002
医疗仪器设备及器械制造	358	62	5387	2831
环保、社会公共服务及其他专用设备制造	359	87	3258	1062
汽车制造业	36	704	150344	46916
汽车整车制造	361	12	28738	4436
改装汽车制造	362	11	2963	418
低速载货汽车制造	363	2	432	48
电车制造	364	4	67	22
汽车车身、挂车制造	365	10	1629	122
汽车零部件及配件制造	366	665	116515	41870
铁路、船舶、航空航天和其他运输设备制造业	37	166	26008	5063
铁路运输设备制造	371	25	4998	1305
城市轨道交通设备制造	372			
船舶及相关装置制造	373	86	18215	3027
航空、航天器及设备制造	374	3	867	231
摩托车制造	375	9	1394	312
自行车制造	376	32	429	156
非公路休闲车及零配件制造	377	2	19	7
潜水救捞及其他未列明运输设备制造	379	9	86	25
电气机械和器材制造业	38	606	50012	22045
电机制造	381	74	7694	2647
输配电及控制设备制造	382	213	20750	8456
电线、电缆、光缆及电工器材制造	383	109	11235	4841
电池制造	384	29	4049	2680
家用电力器具制造	385	40	1482	639
非电力家用器具制造	386	39	421	132
照明器具制造	387	51	2204	1345
其他电气机械及器材制造	389	51	2177	1305

企业法人单位

营业收入（亿元）	主营业务收入	营业税金及附加（亿元）	主营业务税金及附加	资产总计（亿元）	实收资本（亿元）
30.76	30.31	0.11	0.09	34.27	3.32
23.75	23.34	0.03	0.03	34.58	3.40
22.84	22.74	0.05	0.04	24.93	1.56
31.99	31.88	0.01	0.01	12.93	0.11
5.88	5.82	0.03	0.02	6.68	1.08
1.91	1.91			0.62	0.03
26.18	25.82	0.10	0.09	26.60	9.12
13.35	13.31	0.02	0.01	16.49	0.73
460.51	454.37	0.54	0.49	554.20	14.84
277.60	274.23	0.12	0.12	357.01	3.10
45.09	44.92	0.16	0.14	38.34	2.46
18.48	18.36	0.02	0.02	11.39	0.57
9.30	9.29	0.01	0.01	8.69	2.12
0.05	0.05			0.18	0.06
4.61	4.61	0.02	0.02	52.24	1.36
61.61	59.78	0.09	0.07	45.84	2.57
23.62	23.39	0.04	0.04	17.68	1.20
20.16	19.73	0.08	0.08	22.82	1.40
1861.42	1798.75	0.30	0.28	1274.44	27.89
844.84	797.09			536.63	1.56
35.10	32.44			32.96	0.01
4.24	4.09			5.41	
0.03	0.02			0.14	0.21
12.65	11.21	0.01	0.01	8.19	0.45
964.57	953.90	0.29	0.27	691.12	25.67
130.92	130.00	0.10	0.09	84.15	5.43
12.02	11.83	0.01		12.90	0.11
87.58	87.36	0.06	0.05	42.60	3.55
14.71	14.42			11.64	0.47
15.92	15.84	0.03	0.03	15.25	0.46
0.57	0.45	0.01	0.01	1.67	0.78
0.01	0.01				
0.11	0.10			0.07	0.06
622.79	613.75	0.23	0.18	318.93	13.08
75.43	75.27	0.04	0.03	24.14	1.37
246.03	244.77	0.09	0.08	159.89	4.55
181.67	174.46	0.05	0.03	81.22	2.64
86.96	86.88			31.51	0.41
4.67	4.67	0.02	0.01	3.40	0.69
0.65	0.64	0.01	0.01	2.91	1.93
10.72	10.53	0.01		5.86	0.77
16.66	16.53	0.01	0.01	10.00	0.72

1-1 续表 5

指标名称	代码	单位数(个)	期末从业人员数(人)	#女性
计算机、通信和其他电子设备制造业	39	438	88287	60300
计算机制造	391	49	22164	12042
通信设备制造	392	48	11628	7738
广播电视设备制造	393	10	1334	432
雷达及配套设备制造	394	2	1128	287
视听设备制造	395	27	19779	17247
电子器件制造	396	37	4368	2536
电子元件制造	397	184	21124	15366
其他电子设备制造	399	81	6762	4652
仪器仪表制造业	40	98	6621	3047
通用仪器仪表制造	401	41	3485	1275
专用仪器仪表制造	402	17	593	265
钟表与计时仪器制造	403	9	889	478
光学仪器及眼镜制造	404	18	1149	620
其他仪器仪表制造业	409	13	505	409
其他制造业	41	171	5789	3070
日用杂品制造	411	46	3075	2156
煤制品制造	412	18	417	118
核辐射加工	413	3	91	56
其他未列明制造业	419	104	2206	740
废弃资源综合利用业	42	184	5936	1826
金属废料和碎屑加工处理	421	113	4107	1263
非金属废料和碎屑加工处理	422	71	1829	563
金属制品、机械和设备修理业	43	116	2266	472
金属制品修理	431	4	91	28
通用设备修理	432	12	100	25
专用设备修理	433	26	408	90
铁路、船舶、航空航天等运输设备修理	434	24	532	86
电气设备修理	435	10	537	94
仪器仪表修理	436	6	28	10
其他机械和设备修理业	439	34	570	139
电力、热力、燃气及水生产和供应业	**D**	**2523**	**175135**	**47862**
电力、热力生产和供应业	44	1849	152755	40217
电力生产	441	1680	47900	12969
电力供应	442	154	99801	25816
热力生产和供应	443	15	5054	1432
燃气生产和供应业	45	84	3051	844
燃气生产和供应业	450	84	3051	844
水的生产和供应业	46	590	19329	6801
自来水生产和供应	461	503	17640	6291
污水处理及其再生利用	462	69	1373	416
其他水的处理、利用与分配	469	18	316	94

企业法人单位

营业收入(亿元)	主营业务收入	营业税金及附加(亿元)	主营业务税金及附加	资产总计(亿元)	实收资本(亿元)
722.95	703.24	0.20	0.20	299.72	11.86
320.93	305.80	0.05	0.05	106.74	1.78
92.00	91.79	0.01	0.01	54.53	2.60
26.40	26.18			33.01	0.22
6.02	5.96			10.12	0.91
83.04	82.63			20.66	0.46
41.28	37.83	0.01	0.01	16.12	0.37
124.73	124.55	0.07	0.07	41.50	2.92
28.52	28.51	0.04	0.04	17.03	2.59
33.25	32.91	0.04	0.04	23.62	1.69
16.24	16.05	0.02	0.01	17.34	0.94
3.70	3.67	0.01	0.01	2.08	0.16
1.22	1.12	0.01	0.01	1.09	0.10
10.67	10.67	0.01	0.01	2.41	0.38
1.41	1.40			0.69	0.11
24.15	24.10	0.06	0.06	17.12	2.03
9.62	9.61	0.02	0.02	5.64	0.32
0.45	0.45	0.01	0.01	3.05	0.36
0.93	0.93	0.01	0.01	0.98	0.04
13.15	13.10	0.03	0.03	7.44	1.31
121.73	121.58	0.05	0.05	63.48	5.15
116.16	116.05	0.03	0.03	57.38	4.06
5.56	5.53	0.02	0.02	6.10	1.08
3.84	3.79	0.13	0.12	3.22	1.07
0.10	0.10			0.02	0.01
0.10	0.09			0.06	0.03
1.77	1.76	0.03	0.03	0.99	0.25
0.37	0.35	0.01	0.01	0.66	0.52
1.15	1.14			0.76	0.05
0.02	0.02			0.02	0.01
0.34	0.34	0.08	0.08	0.71	0.20
1561.19	**1513.51**	**2.33**	**2.15**	**3175.79**	**202.95**
1495.01	1451.33	1.98	1.84	2958.02	177.90
405.90	397.23	1.41	1.29	1813.87	133.79
1055.62	1020.97	0.56	0.54	1063.48	43.21
33.49	33.13	0.01	0.01	80.67	0.90
28.62	27.47	0.03	0.03	43.78	4.34
28.62	27.47	0.03	0.03	43.78	4.34
37.55	34.71	0.31	0.28	174.00	20.71
34.09	31.26	0.27	0.24	146.24	12.48
2.57	2.56	0.02	0.02	24.92	5.70
0.89	0.89	0.02	0.02	2.84	2.52

1-2 规模以上工业企业

指标名称	代码	企业单位数(个)	亏损企业	工业总产值(当年价格)	工业销售产值(当年价格)	出口交货值
总　计	**1**	**5495**	**942**	**183623784**	**174378162**	**6708627**
#轻工业	2	2103	298	52049733	48379276	2894246
重工业	3	3392	644	131574051	125998886	3814381
国有控股企业	4	547	149	55190718	53088526	878207
大型企业	5	187	24	61683646	58975101	3593935
中型企业	6	1258	199	62895722	59219107	2179049
小型企业	7	3763	654	57128082	54293909	889398
微型企业	8	287	65	1916334	1890045	46244
亏损企业	9	942	942	28767924	26611907	800544
农村工业	10	21	1	296834	288062	4596
一、按登记注册类型分组						
内资企业	**11**	**5004**	**846**	**151558739**	**143725914**	**3197887**
国有企业	12	176	31	11110367	10820153	71313
中央企业	13	21	2	1413237	1360141	26204
地方企业	14	155	29	9697130	9460012	45109
集体企业	15	119	13	1788130	1745660	64554
股份合作企业	16	25	2	646860	557276	
联营企业	17	3	1	54787	54749	59
集体联营企业	18	1		2398	2351	
国有与集体联营企业	19	1	1	2862	2872	
其他联营企业	20	1		49526	49526	59
有限责任公司	21	1447	359	55410122	51677598	1084295
国有独资公司	22	77	27	8152604	8046590	55590
其他有限责任公司	23	1370	332	47257518	43631008	1028705
股份有限公司	24	214	55	18942418	18417226	684921
私营企业	25	2966	380	60829374	57694013	1223943
私营独资企业	26	403	22	5609855	5468855	80593
私营合伙企业	27	113	7	1347930	1295192	74246
私营有限责任公司	28	2349	338	51267329	48506200	998077
私营股份有限公司	29	101	13	2604260	2423767	71027
其他企业	30	54	5	2776681	2759240	68802
港、澳、台商投资企业	**31**	**279**	**46**	**11776228**	**11389395**	**2779776**
合资经营企业(港或澳、台资)	32	112	17	3239437	3121034	343132
合作经营企业(港或澳、台资)	33	11	1	131763	126481	15664
港澳台商独资经营企业	34	151	28	8179588	7980482	2391685
港澳台商投资股份有限公司	35	5		225440	161398	29296
外商投资企业	**36**	**212**	**50**	**20288818**	**19262853**	**730964**
中外合资经营企业	37	102	20	13445977	12669478	254057
中外合作经营企业	38	12	2	415230	391253	4532
外资企业	39	93	27	4731911	4439456	459054
外商投资股份有限公司	40	4	1	1589388	1686637	13321
其他外商投资企业	41	1		106313	76030	
二、按经济组织类型分组						
独资企业	**42**	**942**	**121**	**31419851**	**30454605**	**3067199**
国有企业	43	176	31	11110367	10820153	71313
集体企业	44	119	13	1788130	1745660	64554
私营独资企业	45	403	22	5609855	5468855	80593
港澳台商独资经营企业	46	151	28	8179588	7980482	2391685
外资企业	47	93	27	4731911	4439456	459054

主要经济指标

单位：万元

年初存货		资产总计	流动资产合计					固定资产合计	固定资产原价
	产成品			应收账款	存货				
						产成品	在产品		
14614534	**5595861**	**133495635**	**61836344**	**12125857**	**16375905**	**6881038**	**1718429**	**52536045**	**73356340**
4188880	1770829	34788111	18668195	3292305	4725481	2064863	389701	11799116	15956808
10425654	3825033	98707524	43168149	8833552	11650423	4816175	1328728	40736929	57399532
6263733	2052970	58970838	21871678	3385648	6152745	2077100	731912	26658522	38707790
5453237	2007994	52010380	23757180	3661610	6465262	2494957	665922	20143055	29764957
5808925	2279473	45885324	21163142	3971730	5604222	2233257	751636	18728799	24962823
3088347	1247620	33590188	15784382	4212289	3983654	1969502	299808	13265348	17800889
264024	60775	2009743	1131639	280228	322766	183323	1063	398843	827671
4157587	1512983	35015473	13182863	2011266	3808015	1541988	553468	15167953	21618647
6855	4608	85796	31415	6958	9063	6395	24	45766	60381
11726483	**4095088**	**108846467**	**49226758**	**9993915**	**13249405**	**5210994**	**1487184**	**43462210**	**60608619**
1250770	159827	9819034	3890316	497897	1407905	197003	175927	4791996	6983593
149447	24843	1845012	717707	213664	162786	21483	29222	1027007	1432171
1101324	134984	7974022	3172609	284233	1245119	175520	146705	3764989	5551422
67972	36356	560030	306752	68091	79596	46146	6254	187017	256361
29173	11984	430402	238604	97924	63731	24007	512	146804	215531
3895	165	22840	20057	7646	4607	1129	1600	2779	4174
144	76	1511	241	5	201	83		1266	1494
2151	89	2422	2384	356	1850	90		38	186
1600		18907	17432	7286	2556	956	1600	1475	2495
4538674	1720046	50966973	21207470	3936693	5216119	2144887	594983	21367242	30456035
291019	70360	13202643	3130031	434361	423430	97239	58366	6131575	10045431
4247655	1649686	37764330	18077439	3502332	4792688	2047649	536617	15235667	20410604
2404985	738331	18472384	7423477	1164855	2001543	717242	279719	7469227	10299926
3371360	1393987	28046552	15876356	4137169	4382862	2033814	426476	9281078	12106172
162063	83884	1462329	890254	270320	241541	165448	19158	427517	585831
63308	27749	526423	251843	76748	66596	36859	11201	232483	264352
2982645	1225672	24575329	14003141	3581341	3886999	1744039	373740	8118177	10601014
163344	56682	1482471	731118	208760	187727	87468	22377	502901	654975
59654	34393	528253	263726	83640	93042	46764	1712	216067	286828
974006	**351633**	**8025484**	**3606406**	**934766**	**953697**	**337389**	**176390**	**3339903**	**4853912**
446675	191479	3159926	1432842	280975	378029	161388	29576	1065354	1565789
15183	11135	99249	46034	18581	13689	8790	1349	35083	36893
496795	142122	4679572	2087355	626274	539197	155575	144620	2208301	3193225
15352	6897	86737	40176	8937	22783	11636	845	31165	58005
1914045	**1149140**	**16623684**	**9003180**	**1197175**	**2172802**	**1332655**	**54855**	**5733932**	**7893809**
1286564	882819	10451826	5349090	709909	1452517	1038071	34601	3658202	4540494
13901	2980	214434	55240	8435	13636	5549	753	153036	230661
429168	171263	3825805	2278625	421650	475601	160649	11383	1337873	2192729
184411	92079	2041895	1297426	57181	223435	128387	1127	528642	868382
		89725	22799		7613		6991	56180	61543
2406768	**593452**	**20346769**	**9453301**	**1884230**	**2743841**	**724821**	**357342**	**8952704**	**13211737**
1250770	159827	9819034	3890316	497897	1407905	197003	175927	4791996	6983593
67972	36356	560030	306752	68091	79596	46146	6254	187017	256361
162063	83884	1462329	890254	270320	241541	165448	19158	427517	585831
496795	142122	4679572	2087355	626274	539197	155575	144620	2208301	3193225
429168	171263	3825805	2278625	421650	475601	160649	11383	1337873	2192729

1-2 续表 1

指标名称	代码	企业单位数(个)	亏损企业	工业总产值(当年价格)	工业销售产值(当年价格)	出口交货值
合作、合伙企业	**48**	**219**	**18**	**5479562**	**5260221**	**163303**
股份合作企业	49	25	2	646860	557276	
集体联营企业	50	1		2398	2351	
国有与集体联营企业	51	1	1	2862	2872	
其他联营企业	52	1		49526	49526	59
私营合伙企业	53	113	7	1347930	1295192	74246
合作经营企业(港或澳、台资)	54	11	1	131763	126481	15664
中外合作经营企业	55	12	2	415230	391253	4532
其他企业(内资)	56	54	5	2776681	2759240	68802
其他外商投资企业	57	1		106313	76030	
股份有限公司	**58**	**324**	**69**	**23361505**	**22689027**	**798564**
股份有限公司(内资)	59	214	55	18942418	18417226	684921
私营股份有限公司	60	101	13	2604260	2423767	71027
港澳台商投资股份有限公司	61	5		225440	161398	29296
外商投资股份有限公司	62	4	1	1589388	1686637	13321
有限责任公司	**63**	**4010**	**734**	**123362866**	**115974309**	**2679561**
国有独资公司	64	77	27	8152604	8046590	55590
私营有限责任公司	65	2349	338	51267329	48506200	998077
合资经营企业(港或澳、台资)	66	112	17	3239437	3121034	343132
中外合资经营企业	67	102	20	13445977	12669478	254057
其他有限责任公司	68	1370	332	47257518	43631008	1028705
三、按行业分组						
采矿业	**B**	**322**	**54**	**7466855**	**7210140**	**20943**
煤炭开采和洗选业	600	19	10	385770	379703	
烟煤和无烟煤开采洗选	610	12	9	179104	176029	
褐煤开采洗选	620	7	1	206667	203674	
石油和天然气开采业	700	1		198345	198027	
石油开采	710	1		198345	198027	
黑色金属矿采选业	800	72	11	1888001	1815128	
铁矿采选	810	34	5	1032951	1019209	
锰矿、铬矿采选	820	22	2	597868	576366	
其他黑色金属矿采选	890	16	4	257183	219554	
有色金属矿采选业	900	108	17	3198569	3073676	
常用有色金属矿采选	910	90	17	2796703	2683975	
贵金属矿采选	920	7		98100	97369	
稀有稀土金属矿采选	930	11		303766	292332	
非金属矿采选业	1000	121	16	1785258	1733100	20943
土砂石开采	1010	81	7	1017582	990031	
化学矿开采	1020	15	4	356231	344308	2258
采盐	1030	1		3906	3101	
石棉及其他非金属矿采选	1090	24	5	407539	395659	18685
开采辅助活动	1100	1		10912	10505	
其他开采辅助活动	1190	1		10912	10505	
制造业	**C**	**4925**	**848**	**163448733**	**154597432**	**6651077**
农副食品加工业	1300	537	95	20496080	18665617	601039
谷物磨制	1310	81	10	1155120	1137179	9435
饲料加工	1320	129	16	5051001	4956626	3831
植物油加工	1330	29	5	4115268	4041109	129368

单位：万元

年初存货		资产总计	流动资产合　计					固定资产合　计	固定资产原　价
	产成品			应收账款	存　货				
						产成品	在产品		
185114	**88405**	**1911325**	**898304**	**292975**	**262914**	**123099**	**24118**	**842432**	**1099983**
29173	11984	430402	238604	97924	63731	24007	512	146804	215531
144	76	1511	241	5	201	83		1266	1494
2151	89	2422	2384	356	1850	90		38	186
1600		18907	17432	7286	2556	956	1600	1475	2495
63308	27749	526423	251843	76748	66596	36859	11201	232483	264352
15183	11135	99249	46034	18581	13689	8790	1349	35083	36893
13901	2980	214434	55240	8435	13636	5549	753	153036	230661
59654	34393	528253	263726	83640	93042	46764	1712	216067	286828
		89725	22799		7613		6991	56180	61543
2768093	**893989**	**22083487**	**9492197**	**1439733**	**2435487**	**944733**	**304069**	**8531936**	**11881288**
2404985	738331	18472384	7423477	1164855	2001543	717242	279719	7469227	10299926
163344	56682	1482471	731118	208760	187727	87468	22377	502901	654975
15352	6897	86737	40176	8937	22783	11636	845	31165	58005
184411	92079	2041895	1297426	57181	223435	128387	1127	528642	868382
9254558	**4020015**	**89154054**	**41992542**	**8508918**	**10933663**	**5088386**	**1032900**	**34208974**	**47163332**
291019	70360	13202643	3130031	434361	423430	97239	58366	6131575	10045431
2982645	1225672	24575329	14003141	3581341	3886999	1744039	373740	8118177	10601014
446675	191479	3159926	1432842	280975	378029	161388	29576	1065354	1565789
1286564	882819	10451826	5349090	709909	1452517	1038071	34601	3658202	4540494
4247655	1649686	37764330	18077439	3502332	4792688	2047649	536617	15235667	20410604
308572	**140425**	**4766133**	**2006253**	**513157**	**352053**	**184327**	**25268**	**1293266**	**1685700**
28806	15390	1197263	288266	58683	41181	26369	95	185329	269624
7758	3985	274124	94804	19430	12758	6295	59	45884	85943
21049	11405	923139	193462	39254	28423	20074	36	139445	183680
		116793	2296					114497	114497
		116793	2296					114497	114497
114526	45752	928523	476876	118745	119630	56904	5805	297709	368781
55584	12367	437064	241734	45382	64220	15468	3718	163790	172287
42600	30625	422253	185041	59545	41454	34875	1476	124578	184412
16342	2760	69207	50102	13818	13956	6561	611	9342	12082
106085	58656	1685709	861161	267299	138226	66463	14408	389266	549846
90614	51701	1513859	793334	251819	124045	62064	11359	317983	460561
373	121	18881	5402	795	609	80	302	11017	28710
15098	6835	152969	62425	14684	13572	4319	2746	60266	60575
58897	20435	833822	377136	68175	52752	34328	4961	302961	379431
23645	8203	405268	150413	45772	24673	12718	3566	162238	197360
10514	6612	227305	141587	6513	12355	10321	478	38484	57313
476		805	688	33	640	622		116	367
24261	5620	200444	84447	15857	15084	10666	917	102123	124391
258	194	4023	518	255	263	263		3505	3523
258	194	4023	518	255	263	263		3505	3523
14003106	**5439284**	**105458269**	**55927947**	**10947039**	**15725483**	**6679167**	**1686973**	**35553495**	**48289349**
1714575	894714	13516399	8735464	1126185	1894612	966435	165205	3736401	5529846
70960	14092	356760	215988	45544	86127	20828	5714	80204	97222
182818	38895	1386408	885847	174888	236940	51748	12058	305000	420892
531988	258796	2579673	2027022	66753	537337	197481	98874	484263	710827

1-2 续表 2

指标名称	代码	企业单位数(个)	亏损企业	工业总产值(当年价格)	工业销售产值(当年价格)	出口交货值
制糖业	1340	97	39	6499053	5104221	
屠宰及肉类加工	1350	42	6	1197056	1109520	63880
水产品加工	1360	40	5	916264	866688	296932
蔬菜、水果和坚果加工	1370	29	1	462732	433522	67534
其他农副食品加工	1390	90	13	1099587	1016752	30060
食品制造业	1400	139	14	2819671	2708764	145934
焙烤食品制造	1410	15		153133	133579	
糖果、巧克力及蜜饯制造	1420	9	1	137314	137580	
方便食品制造	1430	22	1	561975	548831	110
乳制品制造	1440	18	3	312073	293285	
罐头食品制造	1450	21	1	472820	459191	100064
调味品、发酵制品制造	1460	9	3	204530	189366	18916
其他食品制造	1490	45	5	977827	946933	26843
酒、饮料和精制茶制造业	1500	146	20	4234244	3767710	15691
酒的制造	1510	47	11	2046908	1681712	12706
饮料制造	1520	53	7	1814379	1736110	1634
精制茶加工	1530	46	2	372956	349889	1351
烟草制品业	1600	2		1924483	1886516	25
烟叶复烤	1610	1		8725	9642	
卷烟制造	1620	1		1915758	1876874	25
纺织业	1700	142	33	2193028	2040969	28882
棉纺织及印染精加工	1710	27	7	391207	365622	17037
毛纺织及染整精加工	1720	3	1	81843	80465	
麻纺织及染整精加工	1730	5	1	25146	22834	
丝绢纺织及印染精加工	1740	88	18	1563765	1447802	5967
针织或钩针编织物及其制品制造	1760	7	1	29110	28921	1359
家用纺织制成品制造	1770	10	5	91676	85478	3535
非家用纺织制成品制造	1780	2		10281	9847	983
纺织服装、服饰业	1800	69	9	1032230	996330	81431
机织服装制造	1810	57	7	905494	872136	77471
针织或钩针编织服装制造	1820	9	2	108692	106481	3960
服饰制造	1830	3		18044	17713	
皮革、毛皮、羽毛及其制品和制鞋业	1900	77	14	1230042	1203312	429498
皮革鞣制加工	1910	5	1	170111	162547	14010
皮革制品制造	1920	34	2	517200	508959	169186
羽毛(绒)加工及制品制造	1940	23	7	195334	199953	2666
制鞋业	1950	15	4	347398	331853	243636
木材加工和木、竹、藤、棕、草制品业	2000	485	52	6706903	6442148	304598
木材加工	2010	73	12	747619	725462	1968
人造板制造	2020	325	37	4792628	4580042	29347
木制品制造	2030	52	3	870009	840494	183739
竹、藤、棕、草等制品制造	2040	35		296646	296151	89544
家具制造业	2100	48	1	1154749	1043676	44436
木质家具制造	2110	35	1	881004	776495	7803
竹、藤家具制造	2120	2		69107	69196	
金属家具制造	2130	2		27672	26061	
塑料家具制造	2140	2		14564	13981	4965
其他家具制造	2190	7		162403	157943	31667

单位：万元

年初存货	产成品	资产总计	流动资产合计	应收账款	存货	产成品	在产品	固定资产合计	固定资产原价
629799	435490	7061921	4393698	572764	612863	445916	23809	2202128	3330904
61027	37689	756163	370144	71000	112139	59809	13484	246861	378371
112191	50442	460945	332236	102515	127842	91601	1948	104335	156262
15071	6648	226695	137597	33938	20825	11983	3312	58942	72897
110721	52662	687834	372932	58782	160538	87069	6006	254668	362471
170680	86476	1784737	834216	213794	196928	100994	12030	713859	925468
10973	5835	82377	39673	11059	9960	4115	18	28376	39958
9254	1626	73152	41467	14138	10995	4439	1480	14086	14834
15652	10597	271021	139785	16552	20757	8476	553	73772	98535
22610	2538	375034	181206	43781	25747	4328	690	144360	173976
29889	24305	272548	136197	25949	44981	40517	578	99175	125801
22131	9601	309566	83388	34361	30974	12564	7046	191612	228501
60171	31973	401040	212500	67955	53517	26556	1665	162477	243865
298813	121024	2401887	1057957	186927	332528	150029	35291	1109845	1470349
193532	75730	1401513	666255	96206	209344	87854	25981	584626	812071
74470	29699	803945	295066	78071	85182	39040	4883	437484	558466
30810	15595	196428	96636	12650	38002	23136	4426	87735	99812
462566	18627	1486630	1010075	293856	492380	23914	426	474623	558757
1889	1340	51744	42697	1199	1540	1340		7116	15367
460677	17288	1434886	967378	292657	490841	22575	426	467508	543390
279427	95579	1209354	702734	106607	318254	115392	27314	369263	447021
43480	17879	338721	183261	20843	48557	18451	9186	81166	107666
289	263	20393	17563	6567	1404	1305		2134	4302
2438	291	11682	5533	539	3192	688	50	2793	3156
220205	68443	747448	455345	66380	249236	86147	16318	239839	279325
110	96	19697	5223	2095	367	88		11300	17064
9406	5653	57445	31427	9798	11807	7165	374	23177	29728
3499	2956	13970	4382	387	3691	1550	1386	8855	5781
54842	34189	469910	308989	120877	85272	59525	9811	119170	155413
45732	30869	419547	275644	109041	75695	54765	7605	105913	133019
8754	3064	45094	29486	10966	8876	4271	2205	12100	19876
356	256	5269	3859	871	701	490		1157	2518
58704	29334	442685	232268	84015	78153	38940	10373	131150	187419
9900	5868	43380	23885	5112	10921	6409	2854	13593	20301
21895	13578	205366	83302	19580	32854	15978	3892	71016	99076
9938	5483	51973	44111	19509	12661	8414	30	5525	6733
16971	4405	141967	80970	39814	21718	8139	3596	41015	61309
355280	152198	2861694	1434859	309158	526691	246931	55386	1106173	1317419
18094	9877	255358	134043	35981	34443	23612	2226	77747	94402
298397	125347	2270164	1103892	216650	434006	201434	48307	922710	1081470
32679	13681	271540	161050	42225	51191	17427	4464	79558	108876
6110	3293	64632	35875	14302	7052	4458	391	26158	32672
79000	41611	506484	321283	46344	103938	73405	12528	103330	134649
68633	36290	344586	196996	30972	94231	70377	9336	80940	100013
850	741	15476	11553	1105	826			3923	4437
1140		10344	8993	6251	1579	605		1193	1282
460	325	10878	4677	1601	626	439	179	3661	6498
7917	4255	125200	99064	6416	6676	1984	3013	13614	22419

1-2 续表 3

指标名称	代码	企业单位数（个）	亏损企业	工业总产值（当年价格）	工业销售产值（当年价格）	出口交货值
造纸和纸制品业	2200	187	43	3877762	3628372	25985
纸浆制造	2210	10	6	270400	234132	1351
造纸	2220	105	28	2513371	2360831	2066
纸制品制造	2230	72	9	1093991	1033409	22569
印刷和记录媒介复制业	2300	73	8	1037358	995524	12516
印刷	2310	70	8	912157	882678	12516
装订及印刷相关服务	2320	1		3550	3550	
记录媒介复制	2330	2		121651	109296	
文教、工美、体育和娱乐用品制造业	2400	92	5	850335	807332	170250
文教办公用品制造	2410	4	1	12730	12144	1575
工艺美术品制造	2430	71	4	689597	654802	153384
体育用品制造	2440	3		14646	14492	8573
玩具制造	2450	14		133362	125895	6718
石油加工、炼焦和核燃料加工业	2500	20	8	8722690	8707444	12020
精炼石油产品制造	2510	19	7	8684608	8676592	12020
炼焦	2520	1	1	38082	30852	
化学原料和化学制品制造业	2600	468	80	9389838	8797725	404953
基础化学原料制造	2610	94	27	2210284	2045586	147604
肥料制造	2620	71	12	1437188	1352393	11357
农药制造	2630	27		895430	832611	5232
涂料、油墨、颜料及类似产品制造	2640	29	5	744193	679695	20817
合成材料制造	2650	4		18315	18497	
专用化学产品制造	2660	144	26	2800347	2631325	88715
炸药、火工及焰火产品制造	2670	61	6	604740	584235	90435
日用化学产品制造	2680	38	4	679340	653383	40793
医药制造业	2700	157	19	3379022	3128723	90051
化学药品原料药制造	2710	13	2	272027	217046	34887
化学药品制剂制造	2720	10	1	418813	405380	
中药饮片加工	2730	18		287817	280022	15443
中成药生产	2740	90	12	2045435	1919180	17215
兽用药品制造	2750	15	1	211324	200943	
生物药品制造	2760	6	2	107554	72142	22506
卫生材料及医药用品制造	2770	5	1	36053	34011	
化学纤维制造业	2800	1	1	4979	5826	
合成纤维制造	2820	1	1	4979	5826	
橡胶和塑料制品业	2900	159	24	2549786	2374630	26572
橡胶制品业	2910	21	3	344297	267221	18222
塑料制品业	2920	138	21	2205489	2107408	8350
非金属矿物制品业	3000	635	103	12740742	12193257	357480
水泥、石灰和石膏制造	3010	180	47	4477437	4238399	2121
石膏、水泥制品及类似制品制造	3020	166	34	2788961	2715834	4176
砖瓦、石材等建筑材料制造	3030	153	13	3280361	3187219	559
玻璃制造	3040	7	1	137973	138031	644
玻璃制品制造	3050	9	2	243760	221847	18113
玻璃纤维和玻璃纤维增强塑料制品制造	3060	1		2071	2150	
陶瓷制品制造	3070	64	2	1027189	977772	221268
耐火材料制品制造	3080	7		84465	79350	
石墨及其他非金属矿物制品制造	3090	48	4	698526	632655	110599

单位：万元

年初存货	产成品	资产总计	流动资产合计	应收账款	存货	产成品	在产品	固定资产合计	固定资产原价
331081	123844	4946528	1527454	255538	273312	102412	15427	2025032	2533469
53393	15723	712628	184828	26026	33951	15371	3059	330696	597013
223889	92414	3691682	1074324	164890	181618	59980	10896	1525904	1699895
53800	15707	542218	268302	64623	57743	27061	1473	168433	236562
55749	22230	578740	248033	95532	56217	24034	5425	254043	445964
48456	17267	526541	228900	90887	51240	21174	3704	222455	401766
500		12093	605	191	101	80	21	10010	9979
6793	4963	40106	18528	4454	4876	2780	1700	21578	34220
30644	10861	228183	134642	52235	36439	16109	3498	78216	94097
428	155	4391	1428	408	670	171		407	939
25352	9121	169024	105239	37357	29464	13022	2875	53065	64596
1686	317	10203	4851	978	2747	616	221	5206	7234
3177	1268	44565	23124	13492	3558	2299	403	19538	21328
1373917	274116	4091119	1437139	57905	829524	213439	70000	1913805	2437701
1371633	273078	4057120	1414540	55407	827695	212400	70000	1913653	2437535
2284	1038	33999	22598	2498	1829	1038		152	165
872879	389469	7196827	3618298	617925	1064583	510249	43834	2653771	3765653
246948	103193	2685431	1319792	159082	324742	117203	15430	1063061	1365482
245210	95904	1544544	744385	126413	278352	134663	5321	645658	1040352
76994	32111	416888	196978	38769	96895	46194	1457	178403	257353
62545	37500	492997	236403	50295	81465	46641	10983	205593	284168
1663	187	24632	16662	6358	3042	1277	315	5124	4961
163991	88502	1036682	628155	166812	194486	120383	4318	319434	503155
26086	8296	216211	119004	14953	25240	10357	3811	65192	76041
49442	23778	779443	356921	55243	60361	33532	2200	171307	234142
262050	105825	2601913	1431718	245673	347689	138707	42432	914551	1267011
32510	9543	199664	87542	19253	42009	14990	5746	74177	91143
13875	7837	195139	60866	19068	15643	10715	480	114332	170991
10922	7865	115410	51082	18966	12918	8692	98	59189	129447
170842	63665	1764228	1074083	151673	232130	81983	24623	536081	685332
9369	4492	174013	71893	22019	16540	8741	3960	66276	71432
20928	11125	137371	77314	11273	25588	12227	7120	58072	108583
3604	1299	16088	8938	3421	2861	1359	405	6424	10083
445	445	5907	4815	234	772	661	111	795	1154
445	445	5907	4815	234	772	661	111	795	1154
174023	94428	1821823	1008373	281787	243103	121455	25130	679331	420261
36802	18568	523419	205268	57532	38611	20061	2058	305638	150655
137221	75860	1298404	803104	224255	204492	101394	23072	373693	269606
595643	235743	8164339	3253338	895255	709549	294882	91638	4063652	5276581
243976	74882	4048530	1219220	221642	239678	64133	43338	2475753	3137038
73297	26672	1432978	904505	432014	100489	34344	7140	391137	545688
107018	59714	1317431	432948	88969	134458	73244	9299	747145	937936
18459	5548	123134	52891	5230	15879	2612	3106	54315	95605
17345	7377	151590	69224	12266	23640	11681	800	56836	112970
263	184	3515	1413	786	184	103		2094	4852
57129	31724	444484	225465	39673	102514	68495	9842	135880	189388
3651	2787	42364	31406	13553	9782	6485	481	6363	11442
74505	26855	600314	316267	81123	82924	33785	17634	194129	241663

1-2 续表 4

指标名称	代码	企业单位数(个)	亏损企业	工业总产值(当年价格)	工业销售产值(当年价格)	出口交货值
黑色金属冶炼和压延加工业	3100	285	88	22342828	21704848	55793
炼铁	3110	7	3	148143	149551	
炼钢	3120	1		85346	84375	
黑色金属铸造	3130	65	10	2049050	2016269	2594
钢压延加工	3140	53	13	14828522	14652049	47015
铁合金冶炼	3150	159	62	5231767	4802605	6183
有色金属冶炼和压延加工业	3200	128	66	10164295	8858867	686599
常用有色金属冶炼	3210	73	41	7122397	6099777	576378
贵金属冶炼	3220	4	4	52445	59374	
稀有稀土金属冶炼	3230	13	6	349177	296252	
有色金属合金制造	3240	3	1	39238	37287	2285
有色金属压延加工	3260	35	14	2601038	2366178	107936
金属制品业	3300	117	20	2838200	2666873	84424
结构性金属制品制造	3310	49	10	1611452	1495835	47178
金属工具制造	3320	11	1	164776	155651	2565
集装箱及金属包装容器制造	3330	8	2	37728	36029	
金属丝绳及其制品制造	3340	2		97295	89966	
建筑、安全用金属制品制造	3350	5	2	35667	35424	
金属表面处理及热处理加工	3360	7	3	203340	202708	
搪瓷制品制造	3370	7		117974	107053	
金属制日用品制造	3380	16		308813	288846	24627
其他金属制品制造	3390	12	2	261156	255359	10054
通用设备制造业	3400	116	23	3121384	3094812	38177
锅炉及原动设备制造	3410	28	8	1596154	1672537	14757
金属加工机械制造	3420	16	3	242359	239356	1205
物料搬运设备制造	3430	8	1	235476	229256	3301
泵、阀门、压缩机及类似机械制造	3440	13	3	218968	210229	7079
轴承、齿轮和传动部件制造	3450	9	1	354004	313165	511
烘炉、风机、衡器、包装等设备制造	3460	8	3	43705	42561	9882
文化、办公用机械制造	3470	1		18062	17616	
通用零部件制造	3480	26	3	276644	238191	1316
其他通用设备制造业	3490	7	1	136013	131902	127
专用设备制造业	3500	164	25	4596908	4333898	384953
采矿、冶金、建筑专用设备制造	3510	46	8	2748929	2644871	340586
化工、木材、非金属加工专用设备制造	3520	22	2	447899	413537	4935
食品、饮料、烟草及饲料生产专用设备制造	3530	16		206681	191942	7522
印刷、制药、日化及日用品生产专用设备制造	3540	6		71921	68406	32
电子和电工机械专用设备制造	3560	3	1	59630	56059	
农、林、牧、渔专用机械制造	3570	45	12	617995	568542	8907
医疗仪器设备及器械制造	3580	14	2	236531	214085	18286
环保、社会公共服务及其他专用设备制造	3590	12		207322	176457	4686
汽车制造业	3600	320	58	19102987	18214635	175832
汽车整车制造	3610	8	2	8310072	8169088	150110
改装汽车制造	3620	8	4	465247	367127	9475
低速载货汽车制造	3630	2		38249	37995	
汽车车身、挂车制造	3650	2		104509	90303	
汽车零部件及配件制造	3660	300	52	10184910	9550122	16247

单位：万元

年初存货	产成品	资产总计	流动资产合计	应收账款	存货	产成品	在产品	固定资产合计	固定资产原价
1828211	384551	11082318	5632487	614631	2276823	577436	159713	4049505	5614629
17127	11095	99302	63292	8633	5993	3242	729	31655	42210
2908	1963	7580	3834	-308	3443	2987		2030	3776
77919	33124	841297	607153	111812	60164	37667	2922	189819	216574
1222024	122137	6866273	3319697	242845	1536503	210987	145946	2817148	3944393
508233	216233	3267865	1638512	251649	670720	322553	10116	1008854	1407676
1591897	594351	10767334	4605704	501353	1641308	570258	463029	4476832	6077287
1332886	511384	9113171	3598446	321963	1333713	441176	410048	4049013	5576942
5195	334	77817	33463	827	17532	5890	3862	41232	43658
54660	33394	175422	134221	26112	61977	39430	6933	40027	43525
4242	1554	12546	8681	5340	3063	437		2974	3660
194914	47685	1388380	830894	147111	225023	83325	42185	343586	409503
131671	53738	1719952	666238	164689	169425	60982	21693	400955	586513
74487	35271	1279259	426877	73289	103346	36441	12250	254834	381404
10371	3779	97424	32651	12098	11496	4313	2924	53471	62638
4370	2569	22106	14601	5166	5387	2251	1262	4621	6656
1430	539	37145	12795	2313	4960	3174	1786	18918	27096
1527	584	23615	15669	5556	2642	1514	346	4360	5545
1233	329	44347	27452	16518	991	745	11	15399	16444
1152	1127	14125	11891	6206	1503	1131	104	2015	4849
9879	5479	76268	41881	19959	11434	7197	1075	20763	36104
27223	4061	125664	82420	23586	27665	4216	1935	26574	45777
419979	182314	3249633	2255211	421260	477107	221426	55714	618178	1052202
235390	106612	1974032	1412569	90705	263945	135888	7669	316874	623377
64960	25348	245873	195592	79019	77985	36777	18435	38302	61288
40288	13006	324028	201154	62322	53213	16390	16312	50227	70471
32322	11757	206722	134533	50118	34452	12961	3266	51829	67202
5821	4381	124032	79063	40330	11513	4143	890	33409	60775
6077	3333	37490	26280	9217	6125	3623	538	10040	11194
1298	983	5912	5632	3436	1003	317		279	676
23965	14027	178350	105640	40245	20575	8837	6340	60779	75021
9858	2866	153195	94747	45870	8297	2490	2265	56440	82199
744645	330427	5145687	3133125	1033105	704957	314251	79903	629717	914199
552793	279704	3486717	2288152	810429	486341	249422	44978	291817	434719
45440	5446	298424	216371	67889	59166	9807	9797	70128	91755
9021	1809	89181	56999	20354	9979	2123	3487	25600	45608
6663	1884	55064	32092	7765	5566	2626	312	20798	37359
3820	3498	496198	85855	10267	6458	5076	1025	19035	22815
90540	26643	390045	240786	59660	95362	30886	8994	103476	137115
14199	7862	136956	86464	15934	18502	7680	4053	35473	62334
22169	3581	193103	126408	40808	23583	6631	7256	63390	82495
1397414	850236	11957101	8029328	1794785	1888520	1282519	75978	2716542	3625207
583574	499776	5348391	3633710	234855	685533	621878	11088	1264827	1496131
49372	19502	329498	224498	80401	42218	16374	8243	55158	108333
5269	2078	54085	35691	3571	3784	1280	369	9317	10301
8152	104	77127	58065	36976	8755	91	372	19062	31419
751048	328776	6148001	4077365	1438981	1148231	642896	55907	1368178	1979024

1-2 续表 5

指标名称	代码	企业单位数(个)	亏损企业	工业总产值(当年价格)	工业销售产值(当年价格)	出口交货值
铁路、船舶、航空航天和其他运输设备制造业	3700	40	3	1314823	1297104	12512
铁路运输设备制造	3710	4	2	129419	123266	
船舶及相关装置制造	3730	32	1	881243	871547	5324
航空、航天器及设备制造	3740	1		146513	146513	
摩托车制造	3750	3		157648	155778	7188
电气机械和器材制造业	3800	146	10	6458857	6079471	239993
电机制造	3810	15	2	752236	736733	
输配电及控制设备制造	3820	73	5	2731942	2491995	56563
电线、电缆、光缆及电工器材制造	3830	33	1	1825830	1732781	145779
电池制造	3840	9		836512	819724	35404
家用电力器具制造	3850	5	1	39492	39180	2006
非电力家用器具制造	3860	1		2116	2116	
照明器具制造	3870	6		109316	104205	241
其他电气机械及器材制造	3890	4	1	161413	152737	
计算机、通信和其他电子设备制造业	3900	107	16	7338084	7202245	2189253
计算机制造	3910	16	4	3195616	3197430	1382595
通信设备制造	3920	19	3	1000057	939168	95045
广播电视设备制造	3930	6		285237	277476	728
雷达及配套设备制造	3940	2	1	76773	57851	6397
视听设备制造	3950	11	3	832684	826217	494907
电子器件制造	3960	12	3	422438	421255	81194
电子元件制造	3970	31	2	1251194	1213722	97419
其他电子设备制造	3990	10		274086	269126	30967
仪器仪表制造业	4000	20	3	353260	317004	20085
通用仪器仪表制造	4010	12	1	200729	171453	19097
专用仪器仪表制造	4020	2		23763	23680	
钟表与计时仪器制造	4030	1		5422	5191	27
光学仪器及眼镜制造	4040	4	2	111739	106261	961
其他仪器仪表制造业	4090	1		11607	10419	
其他制造业	4100	19	2	222232	217519	12099
日用杂品制造	4110	11	2	90400	91182	12077
煤制品制造	4120	1		3547	2157	
核辐射加工	4130	1		7653	7653	
其他未列明制造业	4190	6		120632	116527	22
废弃资源综合利用业	4200	23	5	1226702	1192422	
金属废料和碎屑加工处理	4210	19	4	1176713	1143206	
非金属废料和碎屑加工处理	4220	4	1	49989	49216	
金属制品、机械和设备修理业	4300	3		24232	23861	
专用设备修理	4330	2		13463	13092	
电气设备修理	4350	1		10769	10769	
电力、热力、燃气及水生产和供应业	**D**	**248**	**40**	**12708197**	**12570590**	**36607**
电力、热力生产和供应业	4400	201	31	12239903	12110689	36607
电力生产	4410	108	21	3744487	3671551	
电力供应	4420	89	10	8159172	8104292	3081
热力生产和供应	4430	4		336244	334846	33525
燃气生产和供应业	4500	12	2	227631	221996	
水的生产和供应业	4600	35	7	240664	237904	
自来水生产和供应	4610	33	7	233896	231365	

单位：万元

年初存货	产成品	资产总计	流动资产合计	应收账款	存货	产成品	在产品	固定资产合计	固定资产原价
82622	20432	764492	512967	143046	89069	27847	22630	208977	295348
12253	3770	121799	89253	52570	12656	981	1434	32526	51348
41464	13237	382999	238488	69354	40976	19642	12442	113445	161810
2745		111662	70037	833	3773	119	2717	40804	55784
26161	3425	148032	115190	20288	31664	7106	6037	22202	26406
340287	201489	2889224	1842112	521011	443692	238501	147506	985245	1196439
31572	20737	187672	126824	24813	37956	11784	2771	42400	52341
141514	87030	1522660	933360	313242	206972	114260	118298	639152	728834
110666	55333	733896	507908	114645	144348	81108	23087	167734	218747
37108	28255	307976	206480	49869	32273	16814	2277	74835	94809
6021	1078	19740	13102	3639	6958	4553	209	6517	9769
60	60	1397	101		50	24		725	758
6100	4075	33498	17431	3084	6055	4859	864	12678	15420
7247	4922	82386	36907	11719	9081	5099		41205	75761
224201	65974	2777281	1465942	606852	329053	98641	31110	906766	1783611
85880	24920	1039082	520482	308912	158476	39510	229	452051	1138112
45020	10536	483345	293035	111844	62137	25303	7783	154285	236225
11018	4018	326159	179632	26288	12680	3973	2266	10380	13966
17585	3725	101240	58786	18926	19662	3474	12811	20326	36084
15385	971	198546	97515	44545	16774	2454	425	67383	84114
14788	6661	153161	95128	26122	13758	6642	390	50553	72251
29449	13518	379413	162082	58077	38675	14567	6686	115383	162284
5075	1626	96336	59282	12138	6892	2720	520	36405	40575
21343	7452	189024	103711	25838	23409	10101	3193	42226	80719
14494	5292	154008	86733	23131	17054	7718	1576	24386	55463
931	300	6611	2095	795	844	220		4516	6805
2219	1113	8648	6744	240	2247	979	340	1904	5643
2667	171	14532	5528	1134	2380	526	1276	8808	9253
1033	576	5224	2612	539	883	659		2613	3556
11993	4168	104905	56638	26004	16225	8746	254	37367	47675
7162	2102	51508	30629	8473	7108	2717	234	9463	11182
289	228	3279	883	2	338	262		2396	2404
33	8	2607	1126	831	33	8		1481	4463
4509	1830	47512	24000	16698	8747	5759	20	24028	29627
37571	12982	484785	315930	102836	75369	70785	392	30257	42323
36082	12981	450138	291768	99710	72007	69499	392	27118	35599
1490	1	34647	24162	3126	3361	1286		3139	6725
957	458	11375	6899	1786	584	162		3917	4966
926	458	4337	1823	526	571	162		2514	2975
32		7037	5076	1260	13			1402	1991
302856	**16152**	**23271234**	**3902143**	**665660**	**298369**	**17544**	**6188**	**15689284**	**23381290**
284533	12889	21845071	3615892	633869	277964	12934	6129	14729524	22334465
221399	4373	12811372	1983511	459194	182524	539		9251499	13138016
48941	691	8270177	1285304	162803	72649	1132		5287569	8835286
14193	7825	763521	347078	11872	22791	11263	6129	190456	361164
11998	2858	335019	75433	19454	12627	4326		175787	215964
6325	405	1091144	210817	12337	7778	284	59	783973	830862
6044	173	1080984	210362	12029	7722	229	59	774269	821168

1-2 续表 6

指标名称	代码	累计折旧	本年折旧	在建工程	负债合计	流动负债合计
总　计	**1**	**24872563**	**4829749**	**7882326**	**83997238**	**62196839**
#轻工业	2	5654528	1256569	1897555	20906858	16592706
重工业	3	19218035	3573180	5984771	63090380	45604133
国有控股企业	4	13733551	2139777	4783497	38656112	25081929
大型企业	5	11050968	1963946	3893370	34008633	26622219
中型企业	6	7831822	1707585	2903207	27777608	21157419
小型企业	7	5615769	1116916	1079041	21006783	13905083
微型企业	8	374005	41302	6707	1204213	512118
亏损企业	9	7142819	1183336	3685630	27059202	17672555
农村工业	10	15339	4254	818	52399	34965
一、按登记注册类型分组						
内资企业	**11**	**20441361**	**3838535**	**6275691**	**68758375**	**49365011**
国有企业	12	2377398	350581	668580	6796933	4625121
中央企业	13	453982	84131	20565	1408767	797408
地方企业	14	1923416	266450	648015	5388167	3827713
集体企业	15	85105	21577	4919	255952	209736
股份合作企业	16	69733	21543	17167	228085	205377
联营企业	17	1808	304		11698	11224
集体联营企业	18	227			824	424
国有与集体联营企业	19	148	7		2836	2762
其他联营企业	20	1433	297		8038	8038
有限责任公司	21	10736455	1849097	3546761	33785380	23302007
国有独资公司	22	3871079	596797	1997324	8972834	4925694
其他有限责任公司	23	6865377	1252300	1549437	24812546	18376313
股份有限公司	24	3407453	528288	1189885	10207002	6812959
私营企业	25	3677941	1049652	842563	17195544	13922503
私营独资企业	26	205048	45014	11119	707580	592143
私营合伙企业	27	60886	19946	2820	225470	186809
私营有限责任公司	28	3238184	935882	733714	15573137	12617124
私营股份有限公司	29	173823	48810	94911	689356	526427
其他企业	30	85468	17493	5816	277781	276084
港、澳、台商投资企业	**31**	**1737848**	**414266**	**181917**	**4627419**	**3650258**
合资经营企业(港或澳、台资)	32	592956	142484	64225	1766548	1261304
合作经营企业(港或澳、台资)	33	14377	1540	10296	68506	59795
港澳台商独资经营企业	34	1102325	266596	105571	2740992	2285043
港澳台商投资股份有限公司	35	28191	3646	1825	51374	44116
外商投资企业	**36**	**2693353**	**576947**	**1424718**	**10611444**	**9181570**
中外合资经营企业	37	1353144	272475	1128523	7085894	5996442
中外合作经营企业	38	101783	25762	724	53197	41180
外资企业	39	892507	215663	84655	2227193	2096823
外商投资股份有限公司	40	340556	60507	206109	1202055	1004020
其他外商投资企业	41	5363	2540	4708	43105	43105
二、按经济组织类型分组						
独资企业	**42**	**4662383**	**899430**	**874843**	**12728650**	**9808866**
国有企业	43	2377398	350581	668580	6796933	4625121
集体企业	44	85105	21577	4919	255952	209736
私营独资企业	45	205048	45014	11119	707580	592143
港澳台商独资经营企业	46	1102325	266596	105571	2740992	2285043
外资企业	47	892507	215663	84655	2227193	2096823

单位：万元

应付账款	非流动负债合计	所有者权益合计	实收资本	国家资本	集体资本	法人资本	个人资本	港澳台资本	外商资本
16221782	**17116202**	**48996073**	**22472949**	**5875286**	**323274**	**9115167**	**3782509**	**1287590**	**1899325**
3980206	2837118	13893570	6488090	848152	102997	2617045	1414590	441453	1021020
12241577	14279084	35102504	15984859	5027134	220277	6498122	2367920	846136	878305
6752859	12238915	20084936	10789632	5542836	40427	4580279	290182	39108	225630
7525928	6460614	17690688	6328976	2219185	9674	2042987	758285	509016	759767
5163516	5802698	17911127	9655636	2422562	106897	4643009	1180255	558116	699409
3429138	4756498	12732857	6153437	1207531	206110	2304560	1804193	220457	298240
103201	96392	661401	334900	26008	593	124612	39776		141909
4736197	7713059	8342785	7357301	1936448	103995	3565110	624894	306173	769794
8762	1395	32448	20751		669	18302	1747		34
11929895	**15250148**	**39819223**	**17533565**	**5470101**	**287525**	**8034244**	**3544099**	**19049**	**23958**
755179	1892479	3009733	1219127	759901	4802	450597	4016		
254877	611353	429024	340918	252884		88034			
500301	1281126	2580709	878209	507016	4802	362563	4016		
42781	17480	302866	78893	7	50775	18710	9238	154	
60909	3873	200621	40232	10000		4933	25299		
2046	74	11192	1355	91	646	619			
29		683	646		646				
812	74	-360	91	91					
1206		10869	619			619			
5710768	9075859	16973850	8070287	3531565	127996	3459417	844576	661	14364
1171622	3990436	4231949	1745622	1391678	1900	335583	3714		746
4539146	5085423	12741901	6324665	2139886	126096	3123834	840862	661	13618
1801877	2634868	8189780	4385967	1152355	30843	2724859	440938	8768	6489
3478079	1594780	10951785	3661870	16183	72464	1353070	2169634	9466	3105
137517	54833	699029	193746	182	2977	73489	114950	10	
48773	17645	288901	68668		1057	20287	55202		
3190451	1400531	9181651	3170065	16001	65429	1189406	1843079	9456	3105
101338	121770	782204	229391		3000	69888	156404		
78256	30735	179398	75835			22040	50398		
1203758	**646206**	**3343207**	**1695892**	**43329**	**27591**	**339764**	**57190**	**1054207**	**163666**
235804	241214	1367649	637783	38529	14702	254796	43101	191000	85990
34583	4193	27513	19172		12678	2597	953	2475	469
931876	393591	1914682	1018997			78474	13136	856043	70864
1495	7208	33363	19941	4800	210	3897		4690	6344
3088129	**1219848**	**5833642**	**3243492**	**361857**	**8159**	**741159**	**181221**	**214334**	**1711701**
2296415	899433	3197341	2068270	254989	1100	570424	48675	162785	1027293
4976	4327	161205	141553	55642	5809	8891	2122	25	69064
471426	118054	1592636	838546	40777	1250	132611	13499	51524	576827
307900	198034	835841	175124	10448		9234	116925		38517
7413		46619	20000			20000			
2338779	**2476438**	**7518945**	**3349309**	**800866**	**59804**	**753881**	**154839**	**907730**	**647691**
755179	1892479	3009733	1219127	759901	4802	450597	4016		
42781	17480	302866	78893	7	50775	18710	9238	154	
137517	54833	699029	193746	182	2977	73489	114950	10	
931876	393591	1914682	1018997			78474	13136	856043	70864
471426	118054	1592636	838546	40777	1250	132611	13499	51524	576827

1-2 续表 7

指标名称	代码	累计折旧	本年折旧	在建工程	负债合计	流动负债合计
合作、合伙企业	**48**	**339419**	**89129**	**41530**	**907842**	**823574**
股份合作企业	49	69733	21543	17167	228085	205377
集体联营企业	50	227			824	424
国有与集体联营企业	51	148	7		2836	2762
其他联营企业	52	1433	297		8038	8038
私营合伙企业	53	60886	19946	2820	225470	186809
合作经营企业(港或澳、台资)	54	14377	1540	10296	68506	59795
中外合作经营企业	55	101783	25762	724	53197	41180
其他企业(内资)	56	85468	17493	5816	277781	276084
其他外商投资企业	57	5363	2540	4708	43105	43105
股份有限公司	**58**	**3950022**	**641252**	**1492730**	**12149787**	**8387522**
股份有限公司(内资)	59	3407453	528288	1189885	10207002	6812959
私营股份有限公司	60	173823	48810	94911	689356	526427
港澳台商投资股份有限公司	61	28191	3646	1825	51374	44116
外商投资股份有限公司	62	340556	60507	206109	1202055	1004020
有限责任公司	**63**	**15920738**	**3199938**	**5473222**	**58210959**	**43176876**
国有独资公司	64	3871079	596797	1997324	8972834	4925694
私营有限责任公司	65	3238184	935882	733714	15573137	12617124
合资经营企业(港或澳、台资)	66	592956	142484	64225	1766548	1261304
中外合资经营企业	67	1353144	272475	1128523	7085894	5996442
其他有限责任公司	68	6865377	1252300	1549437	24812546	18376313
三、按行业分组						
采矿业	**B**	**546136**	**146962**	**292635**	**2376516**	**1735558**
煤炭开采和洗选业	600	118978	16710	76024	538642	340348
烟煤和无烟煤开采洗选	610	41018	7436	7774	208445	45665
褐煤开采洗选	620	77960	9275	68250	330197	294683
石油和天然气开采业	700	18982	18982		7690	
石油开采	710	18982	18982		7690	
黑色金属矿采选业	800	95821	28901	64030	473780	356171
铁矿采选	810	29836	12502	4741	281361	190743
锰矿、铬矿采选	820	63225	15513	57798	150870	130325
其他黑色金属矿采选	890	2760	886	1491	41549	35104
有色金属矿采选业	900	193900	46527	125784	851984	663789
常用有色金属矿采选	910	161283	27607	119884	765894	595900
贵金属矿采选	920	18858	14166	988	3412	3007
稀有稀土金属矿采选	930	13758	4755	4912	82678	64882
非金属矿采选业	1000	118437	35825	26797	503459	374338
土砂石开采	1010	52460	15892	19114	226658	172225
化学矿开采	1020	19525	6501	1750	167573	140513
采盐	1030	250	17		805	805
石棉及其他非金属矿采选	1090	46202	13415	5933	108424	60795
开采辅助活动	1100	18	18		961	913
其他开采辅助活动	1190	18	18		961	913
制造业	**C**	**16161224**	**3536052**	**5564196**	**65808761**	**54084955**
农副食品加工业	1300	2263364	506392	161802	8842968	7946868
谷物磨制	1310	30544	4924	14517	186632	167425
饲料加工	1320	174061	35750	24326	812715	702537
植物油加工	1330	228284	120003	15990	2035140	1946434

单位：万元

应付账款	非流动负债合计	所有者权益合计	实收资本	国家资本	集体资本	法人资本	个人资本	港澳台资本	外商资本
236956	**60847**	**915449**	**366814**	**65733**	**20190**	**79366**	**133973**	**2500**	**69533**
60909	3873	200621	40232	10000		4933	25299		
29		683	646		646				
812	74	-360	91	91					
1206		10869	619			619			
48773	17645	288901	68668		1057	20287	55202		
34583	4193	27513	19172		12678	2597	953	2475	469
4976	4327	161205	141553	55642	5809	8891	2122	25	69064
78256	30735	179398	75835			22040	50398		
7413		46619	20000			20000			
2212610	**2961880**	**9841188**	**4810422**	**1167604**	**34053**	**2807877**	**714266**	**13458**	**51349**
1801877	2634868	8189780	4385967	1152355	30843	2724859	440938	8768	6489
101338	121770	782204	229391		3000	69888	156404		
1495	7208	33363	19941	4800	210	3897		4690	6344
307900	198034	835841	175124	10448		9234	116925		38517
11433438	**11617036**	**30720491**	**13946404**	**3841083**	**209227**	**5474043**	**2779432**	**363902**	**1130752**
1171622	3990436	4231949	1745622	1391678	1900	335583	3714		746
3190451	1400531	9181651	3170065	16001	65429	1189406	1843079	9456	3105
235804	241214	1367649	637783	38529	14702	254796	43101	191000	85990
2296415	899433	3197341	2068270	254989	1100	570424	48675	162785	1027293
4539146	5085423	12741901	6324665	2139886	126096	3123834	840862	661	13618
336905	**277096**	**2356689**	**587315**	**134149**	**8879**	**206681**	**137219**	**2644**	**86717**
28058	42352	658624	59925	13150	398	24680	21697		
4528	6837	65682	28278	3150	398	4680	20050		
23530	35515	592942	31647	10000		20000	1647		
		109103	109103	55642					53461
		109103	109103	55642					53461
85167	24252	450566	108528	3994	1175	25696	43952		32511
36159	8995	152330	49053	1282		7213	39358		
31423	14358	270578	52124	2712	1124	14221	1557		32511
17584	899	27658	7351		51	4262	3038		
86755	146379	809737	174154	39151	206	91758	36745		
77740	143603	733251	133611	17535	206	80941	33635		
726	312	15562	4027	3022		705	300		
8289	2464	60924	36516	18594		10112	2810		
136012	64113	325598	132543	22212	7100	61485	34824	2644	746
36685	31060	176563	63015	50	1408	41071	14310	2644	
90940	18250	59506	28405		360	12954	15091		
661									
7726	14803	89528	41123	22162	5332	7460	5423		746
913		3062	3062			3062			
913		3062	3062			3062			
14732521	**8016569**	**39184677**	**18195265**	**3414024**	**279826**	**8119630**	**3595935**	**1099378**	**1559254**
1729141	523885	4386029	1673321	146787	48075	740666	306856	156897	271597
38998	11803	127815	45534	2329	3643	15493	23621		449
159397	32826	567309	185178	779	11850	73940	69055	250	27061
696882	78967	463235	284321	16422	630	51972	15063	90371	109864

1-2 续表 8

指标名称	代码	累计折旧	本年折旧	在建工程	负债合计	流动负债合计
制糖业	1340	1478019	281926	41178	4724439	4277630
屠宰及肉类加工	1350	154637	15096	31228	294174	215979
水产品加工	1360	58163	11939	17397	287618	246413
蔬菜、水果和坚果加工	1370	18586	4451	8988	112798	72911
其他农副食品加工	1390	121071	32303	8179	389454	317540
食品制造业	1400	246090	58804	38518	887560	740540
焙烤食品制造	1410	11846	3822	3717	36757	32372
糖果、巧克力及蜜饯制造	1420	3221	1314	100	44402	15161
方便食品制造	1430	26402	8013	855	129153	117465
乳制品制造	1440	42039	11175	13746	165017	154432
罐头食品制造	1450	32227	7433	12130	111666	87725
调味品、发酵制品制造	1460	41054	13906	3121	188986	141851
其他食品制造	1490	89303	13141	4851	211580	191535
酒、饮料和精制茶制造业	1500	494769	112039	113968	1393914	1133747
酒的制造	1510	283643	55259	72376	996031	811151
饮料制造	1520	176806	50103	35182	314530	264407
精制茶加工	1530	34320	6678	6409	83353	58188
烟草制品业	1600	308265	31388	72746	240159	237320
烟叶复烤	1610	8251	807	578	3630	791
卷烟制造	1620	300014	30582	72168	236529	236529
纺织业	1700	108255	24025	18971	1101696	650363
棉纺织及印染精加工	1710	31958	7372	4686	253619	212273
毛纺织及染整精加工	1720	2168	280	51	10746	3429
麻纺织及染整精加工	1730	1828	178	1912	8216	3904
丝绢纺织及印染精加工	1740	54837	13697	12120	424761	391858
针织或钩针编织物及其制品制造	1760	5878	321	101	5790	3300
家用纺织制成品制造	1770	7701	1695	48	389788	34134
非家用纺织制成品制造	1780	3884	482	54	8775	1465
纺织服装、服饰业	1800	55745	11376	3499	278099	255577
机织服装制造	1810	44089	9742	2741	250859	232138
针织或钩针编织服装制造	1820	10295	1222	758	23928	22095
服饰制造	1830	1361	413		3312	1345
皮革、毛皮、羽毛及其制品和制鞋业	1900	60331	14919	8760	231482	158204
皮革鞣制加工	1910	10977	1822	4296	16095	13672
皮革制品制造	1920	36880	8876	3310	107255	58126
羽毛(绒)加工及制品制造	1940	1466	370	308	37721	31813
制鞋业	1950	11008	3851	846	70410	54592
木材加工和木、竹、藤、棕、草制品业	2000	416716	98315	77846	1541107	1241118
木材加工	2010	23106	7672	4070	112930	98782
人造板制造	2020	352857	81985	66882	1252181	1004347
木制品制造	2030	32847	7264	5669	144196	110566
竹、藤、棕、草等制品制造	2040	7907	1395	1226	31800	27424
家具制造业	2100	39436	11287	11655	334732	266581
木质家具制造	2110	26542	9287	9991	224743	158829
竹、藤家具制造	2120	522	257		5123	5090
金属家具制造	2130	258	57	144	4351	4208
塑料家具制造	2140	2837	413	1367	6348	6332
其他家具制造	2190	9276	1275	154	94168	92123

单位：万元

应付账款	非流动负债合计	所有者权益合计	实收资本	国家资本	集体资本	法人资本	个人资本	港澳台资本	外商资本
653907	290760	2202328	762873	121188	29229	406165	83426	17899	104967
66121	63312	457902	184640	2776	29	99167	17001	46000	19667
40706	7987	171970	69324	1	1350	29832	33575	2338	2227
21219	20570	113000	28122	1210		13320	11707		1885
51911	17662	282471	113329	2082	1345	50775	53409	40	5478
173032	96433	892153	380973	3845	1986	166223	102396	31262	70504
9593	38	45505	19439	200	646	6170	4041	8383	
2894	29157	28750	7447			1700	5747		
17587	11688	141224	56668		401	1735	33452	21080	
65202	7242	210007	67541	30		34958	27738		4205
10899	10498	157136	34073		300	23445	10118	500	360
25331	25234	120580	93632	3500	320	48112	180		41520
41527	12578	188953	102174	115	320	50103	21121	1300	24418
248378	216920	1090690	622573	71670	17867	327380	107282	23487	49063
178640	168785	527528	331921	69714	3189	154052	55317	81	33590
58317	28761	452273	255718	1381	12678	160597	33634	22127	15473
11421	19374	110889	34934	574	2000	12730	18331	1279	
144680	2839	1246471	517054	474529		42525			
213	2839	48114	42525			42525			
144467		1198357	474529	474529					
104027	62555	459585	268316	10526	4608	132634	62630	55512	407
45982	30092	85050	82041			15564	11675	52803	
39		9646	1365			200	965	200	
1318	278	3786	840	570		100	170		
49048	20592	319841	161213	6156	4608	103517	44923	2009	
577	2490	13906	5661	800		4036	418		407
6727	1792	22160	14093			9217	4376	500	
337	7311	5195	3103	3000			103		
50405	7017	181601	72601	951	897	23078	28951	14248	4477
44976	6361	161032	64252	156	897	20895	25589	14248	2469
4918		18611	5536			2178	3358		
511	655	1958	2813	795		6	5		2008
57387	22525	203553	88090		150	11488	18567	34489	23396
4113	750	27284	6419			706	800	751	4162
17986	8992	91950	23912			1701	7075	14429	708
7249	700	13779	12486		150	2450	9886		
28039	12083	70539	45273			6631	807	19309	18526
265589	182167	1291715	520932	32535	6008	279991	186439	9278	4169
21495	6851	132047	54281	6020	1324	13982	32401		543
206783	151797	1009785	429273	26484	4408	255177	128274	9048	3380
31510	17929	117941	24907	30	226	10144	14469		37
5801	5590	31942	12472		50	688	11296	230	209
41149	24188	161000	81083			42786	30645	989	6664
8095	22626	115675	57860			30944	24416		2500
	33	10354	1055				1055		
525	102	5992	2526			1518	1008		
617		4531	1989				1000	989	
31912	1428	24448	17654			10324	3166		4164

1-2 续表 9

指标名称	代码	累计折旧		在建工程	负债合计	流动负债合计
			本年折旧			
造纸和纸制品业	2200	626345	176981	1073787	3366774	2260185
纸浆制造	2210	274352	34327	127553	434812	299271
造纸	2220	258539	101273	904618	2596260	1694357
纸制品制造	2230	93454	41381	41616	335702	266557
印刷和记录媒介复制业	2300	197420	43840	1339	263310	216815
印刷	2310	184299	38854	1339	227379	188738
装订及印刷相关服务	2320	480	300		6196	410
记录媒介复制	2330	12642	4686		29735	27667
文教、工美、体育和娱乐用品制造业	2400	24685	8911	6094	104264	84773
文教办公用品制造	2410	581	22	37	1354	677
工艺美术品制造	2430	15918	5256	4063	80151	67980
体育用品制造	2440	2788	715	306	2002	2002
玩具制造	2450	5399	2918	1688	20757	14115
石油加工、炼焦和核燃料加工业	2500	526420	139405	614147	1619120	1235927
精炼石油产品制造	2510	526407	139392	614147	1599141	1235927
炼焦	2520	13	13		19979	
化学原料和化学制品制造业	2600	1299783	267196	152628	4413370	3376988
基础化学原料制造	2610	387110	101047	87101	1906962	1400468
肥料制造	2620	445736	61069	33110	1044285	772302
农药制造	2630	85352	21358	1377	208398	164043
涂料、油墨、颜料及类似产品制造	2640	75746	23684	8788	330774	239816
合成材料制造	2650	504	239	2567	20753	20739
专用化学产品制造	2660	198250	40395	10896	567673	520894
炸药、火工及焰火产品制造	2670	27308	4980	1067	73684	54084
日用化学产品制造	2680	79777	14425	7722	260842	204642
医药制造业	2700	458937	98470	98400	1251129	1007105
化学药品原料药制造	2710	27665	4202	13016	126141	111373
化学药品制剂制造	2720	63103	13752	4544	70822	47943
中药饮片加工	2730	70345	13940	566	58702	38157
中成药生产	2740	226939	51078	60493	813256	688211
兽用药品制造	2750	24730	4494	17773	77038	46840
生物药品制造	2760	42477	9361	2008	98049	68540
卫生材料及医药用品制造	2770	3678	1644		7121	6041
化学纤维制造业	2800	360	252	298	5565	5565
合成纤维制造	2820	360	252	298	5565	5565
橡胶和塑料制品业	2900	140333	31831	166886	985851	702294
橡胶制品业	2910	47344	11477	161089	421802	255864
塑料制品业	2920	92989	20354	5797	564050	446430
非金属矿物制品业	3000	1534980	366667	243843	4067053	3172098
水泥、石灰和石膏制造	3010	832055	183776	169119	1833745	1424564
石膏、水泥制品及类似制品制造	3020	220043	53226	24229	929498	799661
砖瓦、石材等建筑材料制造	3030	231332	78109	22247	523748	359191
玻璃制造	3040	41302	7171	3184	66883	55803
玻璃制品制造	3050	59109	9265	5603	81567	64887
玻璃纤维和玻璃纤维增强塑料制品制造	3060	2758	192		3003	3003
陶瓷制品制造	3070	68495	15687	6065	272857	166164
耐火材料制品制造	3080	5187	1726		29752	24368
石墨及其他非金属矿物制品制造	3090	74700	17514	13396	326000	274458

单位：万元

应付账款	非流动负债合计	所有者权益合计	实收资本	国家资本	集体资本	法人资本	个人资本	港澳台资本	外商资本
699279	1010618	1568440	1456918	12557	1689	623010	271588	28877	519097
108319	122630	277816	389597			339137	50460		
542881	848595	1083567	968082		870	254963	180035	13544	518571
48079	39393	207057	99239	12557	819	28910	41093	15333	526
69362	28224	311878	125077	18104	49	43957	52879	9538	250
66724	20369	295610	116577	18104	49	43957	44379	9538	250
298	5786	5897	2000				2000		
2340	2068	10371	6500				6500		
18835	9014	117992	54569	218	257	18725	19450	10846	5073
104		3037	973			50	329	594	
13734	3978	86249	31912	218	257	7633	17871	3834	2099
744		8164	5933					2959	2974
4253	5036	20542	15752			11042	1250	3459	
783088	363032	2471999	2329414	549056	2180	1759402	16680	596	
783088	363032	2457978	2329414	549056	2180	1759402	16680	596	
		14020							
603077	712406	2757454	1180856	138732	28072	628781	313237	16011	54973
203417	407009	770884	460383	77201	16131	264699	83413		18439
127198	203020	494568	264519	1763	1265	202435	58756		
32209	30086	205194	39481	3800	1100	9529	23462	1591	
62387	27883	162319	68948	30582	2231	12879	21958	1298	
9703		3879	2990		600		1166	1224	
92317	24417	485528	159800	8929	2083	63278	46739	5328	33444
20317	9051	141453	26478	2550	1975	6200	14743	1011	
55529	10939	493630	158256	13907	2688	69762	62999	5560	3090
192738	188540	1318329	478774	5686	10523	241829	135819	37648	47269
11340	8469	73070	58764	870		47325	6903		3666
10396	15973	117436	63509	377	3000	48131	12001		
14108	6508	55131	12234			4470	4724	3000	40
135617	97460	927519	277215	4384	5523	133494	89336	34648	9831
13833	29542	96884	15148		2000	6239	6909		
5307	29509	39322	48936			2050	13153		33732
2137	1081	8967	2969	55		121	2793		
746		343	100				100		
746		343	100				100		
206958	235363	800972	209960	41766	7531	59739	75501	16091	2698
82813	152793	89728	51682	32929	5960	7191	5370		233
124145	82570	711244	158278	8837	1571	52548	70131	16091	2465
1029203	635731	4007634	1772167	151476	62427	640173	375316	421978	126412
396897	369964	2173876	1063527	126953	20634	388251	74074	384158	68129
334382	69319	485091	288278	7237	17252	121521	107422	24307	18408
145428	86869	788334	177849	4144	23279	58277	91090	1115	50
15231	11080	56151	22003	4800		3693	13510		
19052	12361	69312	30270			12360	7910		10000
		512							
44076	42587	160458	49238	2259	333	9267	34136	2217	25
9514	2400	12198	3330			2729	50	552	
64624	41151	261704	137672	6083	930	44076	47125	9628	29800

1-2 续表 10

指标名称	代码	累计折旧	本年折旧	在建工程	负债合计	流动负债合计
黑色金属冶炼和压延加工业	3100	1673865	323463	516209	7739739	6831334
炼铁	3110	10555	3475	138	47461	35852
炼钢	3120	1747	245		5582	5582
黑色金属铸造	3130	35834	9972	16198	588100	564386
钢压延加工	3140	1175028	172432	360131	4737001	4192010
铁合金冶炼	3150	450702	137339	139743	2361596	2033504
有色金属冶炼和压延加工业	3200	1857419	304780	834118	8536014	6713642
常用有色金属冶炼	3210	1754377	280587	751800	7328138	5681972
贵金属冶炼	3220	6724	2546	2045	67071	52314
稀有稀土金属冶炼	3230	10071	6686	1027	112135	107285
有色金属合金制造	3240	686	398	0	12423	10497
有色金属压延加工	3260	85561	14564	79246	1016247	861573
金属制品业	3300	216731	47049	358744	895153	449431
结构性金属制品制造	3310	142711	33095	335922	658281	259714
金属工具制造	3320	14556	3400	1300	36825	31920
集装箱及金属包装容器制造	3330	2732	617	3597	17447	11663
金属丝绳及其制品制造	3340	8178	2028	4672	6266	3566
建筑、安全用金属制品制造	3350	1568	488	246	16372	12669
金属表面处理及热处理加工	3360	4574	1129		20850	17473
搪瓷制品制造	3370	2993	336		8896	5640
金属制日用品制造	3380	15966	3149	451	38003	29929
其他金属制品制造	3390	23454	2808	12555	92213	76857
通用设备制造业	3400	459704	63696	111843	1945163	1724201
锅炉及原动设备制造	3410	308807	34463	57384	1157514	1017782
金属加工机械制造	3420	30424	3292	8409	188738	172371
物料搬运设备制造	3430	20673	4792	26206	210211	186749
泵、阀门、压缩机及类似机械制造	3440	16496	4527	4054	115483	103431
轴承、齿轮和传动部件制造	3450	28246	7951	518	81901	76043
烘炉、风机、衡器、包装等设备制造	3460	6435	182	4079	15674	15665
文化、办公用机械制造	3470	397	79		4746	4746
通用零部件制造	3480	18250	4255	3375	83726	74536
其他通用设备制造业	3490	29977	4153	7819	87171	72880
专用设备制造业	3500	313633	58178	116454	2909624	2136902
采矿、冶金、建筑专用设备制造	3510	146970	27632	71644	1913138	1389672
化工、木材、非金属加工专用设备制造	3520	31888	5201	2730	195207	188312
食品、饮料、烟草及饲料生产专用设备制造	3530	20965	3779	1368	32778	32508
印刷、制药、日化及日用品生产专用设备制造	3540	16561	2974	367	19968	15891
电子和电工机械专用设备制造	3560	4940	1429	19669	341619	149963
农、林、牧、渔专用机械制造	3570	40430	7246	15200	229053	205991
医疗仪器设备及器械制造	3580	29716	5351	3009	64950	46926
环保、社会公共服务及其他专用设备制造	3590	22163	4568	2468	112913	107640
汽车制造业	3600	1330205	308435	613469	8926297	8255124
汽车整车制造	3610	573025	114486	359383	4405006	4355088
改装汽车制造	3620	53406	9551	473	287403	234656
低速载货汽车制造	3630	2384	482	844	46048	28917
汽车车身、挂车制造	3650	20430	1993	7901	35607	35267
汽车零部件及配件制造	3660	680958	181924	244869	4152234	3601196

单位：万元

应付账款	非流动负债合计	所有者权益合计	实收资本	国家资本	集体资本	法人资本	个人资本	港澳台资本	外商资本
1381985	683750	3213169	1319061	399833	15797	301165	523917	25153	49771
8771	11608	51842	14037			4163	9874		
910		1999	6800			6800			
54685	4332	236593	134912		4459	51126	76224	3103	
981794	508930	2056008	625236	242684	6238	45082	327552	1800	
335826	158879	866728	538076	157149	5100	193994	110267	20250	49771
1159887	1021613	2263121	1669617	650427	35400	818771	126547	24360	1648
1030642	928381	1828258	1471392	633861	13213	725460	82933	3460	
11288	13525	10745	16466	2166		12300		2000	
25773	4849	63287	21355	4400	6635	1250	7421		1648
4076	610	-41	1010			1010			
88108	74248	360872	159395	10000	15552	78751	36192	18900	
133953	329018	817227	380270	19625	4090	272905	64053	5299	12996
60682	299624	617098	322535	10440	2360	263002	41155		4990
7845	311	60493	14251			3430	1010	5088	4723
4076	1500	4636	4205		1200	203	1940	147	
548	2700	30879	7000			2000	5000		
2324		7172	8441	2000		300	2900		3241
8702	3376	22926	4670			1050	3620		
3239	266	5227	1160			1100	60		
12599	5938	35457	3202			1720	1376	65	41
33938	15304	33339	14806	7185	530	100	6991		
527358	206972	1301845	330211	63061	11688	105140	77657	750	71806
312224	136495	815968	89785	17327	2847	7850	18397	750	42615
64403	12198	55446	36308	4435	3387	13153	13220		2113
25201	21550	113823	34600	4466		28384	1750		
39052	11226	90922	66151	35059	5454	8468	12866		4304
32104	3503	42131	33414			23650	9764		
8365	9	21816	14547	1386		4114	1780		7157
2976		1166	1000				1000		
19877	7795	94550	19418	6		3670	15742		
23157	14196	66024	34988	382		15851	3139		15616
575382	747675	2136245	654908	309371	672	106550	166804	12523	52146
398671	509256	1485025	409125	218698	672	36092	101173	12025	37164
58987	6490	103217	41191			26193	5138	197	8982
8717	113	55144	9395	2000		1158	6237		
2641	3128	26059	6470			6250	220		
6346	191657	154579	74711	73513			1198		
49725	16990	160652	74796	13957		16902	41073		
16925	16500	71687	19672	1202		12695	5475	300	
33371	3540	79883	19549			7260	6290		6000
3384833	305469	2989880	918118	211172	6345	348572	183787	6483	145692
2114132	49917	943385	371548	189212		97940			84395
86325	9472	35356	36154	7500		12204	10270		6180
7833		8037	7000			7000			
25377	340	41519	7910	7810			100		
1151166	245740	1961583	495506	6650	6345	231428	173417	6483	55117

1-2 续表 11

指标名称	代码	累计折旧	本年折旧	在建工程	负债合计	流动负债合计
铁路、船舶、航空航天和其他运输设备制造业	3700	108515	24456	16936	438697	403436
铁路运输设备制造	3710	25294	6028	974	96114	95556
船舶及相关装置制造	3730	52691	10749	7753	180642	156290
航空、航天器及设备制造	3740	19587	6333	4607	64363	63445
摩托车制造	3750	10944	1347	3602	97579	88145
电气机械和器材制造业	3800	411010	139645	59588	1645536	1253226
电机制造	3810	14215	5458	5932	70868	57266
输配电及控制设备制造	3820	217769	80142	16859	842081	636784
电线、电缆、光缆及电工器材制造	3830	92383	20883	30957	459140	327518
电池制造	3840	45352	25407	5589	193974	159122
家用电力器具制造	3850	3844	482	10	13758	12432
非电力家用器具制造	3860	33	25	91	795	795
照明器具制造	3870	2859	1219	150	13558	7946
其他电气机械及器材制造	3890	34556	6030		51362	51362
计算机、通信和其他电子设备制造业	3900	915558	248628	62397	1422000	1271605
计算机制造	3910	687610	183856	839	609371	590778
通信设备制造	3920	101741	33200	4966	226706	160740
广播电视设备制造	3930	4199	1209	2731	137049	136080
雷达及配套设备制造	3940	15758	2310	5069	68839	56398
视听设备制造	3950	18690	6136	30928	145554	119097
电子器件制造	3960	24122	5595	1415	87018	78486
电子元件制造	3970	54440	9610	12894	105538	89297
其他电子设备制造	3990	8998	6712	3556	41925	40729
仪器仪表制造业	4000	41316	6653	4496	63917	45487
通用仪器仪表制造	4010	32847	4790	4102	56091	38625
专用仪器仪表制造	4020	2289	758		296	296
钟表与计时仪器制造	4030	3865	227	103	1975	1153
光学仪器及眼镜制造	4040	1373	608	292	3358	3215
其他仪器仪表制造业	4090	943	270		2198	2198
其他制造业	4100	15508	5364	20	62554	28355
日用杂品制造	4110	5553	2701		30708	3174
煤制品制造	4120	821	36	20	3562	2996
核辐射加工	4130	2982	463		927	927
其他未列明制造业	4190	6151	2165		27357	21259
废弃资源综合利用业	4200	14342	3210	4738	291291	277618
金属废料和碎屑加工处理	4210	10756	2757	4638	271392	272056
非金属废料和碎屑加工处理	4220	3586	453	100	19899	5562
金属制品、机械和设备修理业	4300	1184	394		4624	2525
专用设备修理	4330	596	167		3151	1053
电气设备修理	4350	589	227		1473	1473
电力、热力、燃气及水生产和供应业	D	**8165203**	**1146736**	**2025495**	**15811960**	**6376326**
电力、热力生产和供应业	4400	7825188	1104553	1755885	14895281	5940851
电力生产	4410	4038191	546292	690265	9071876	2894191
电力供应	4420	3602419	525859	1029200	5312711	2602265
热力生产和供应	4430	184579	32402	36421	510694	444395
燃气生产和供应业	4500	45717	8524	59393	244283	212260
水的生产和供应业	4600	294298	33659	210216	672395	223214
自来水生产和供应	4610	293168	33392	210216	671821	222649

单位：万元

应付账款	非流动负债合计	所有者权益合计	实收资本	国家资本	集体资本	法人资本	个人资本	港澳台资本	外商资本
154559	30827	324819	105743	38846	150	61456	5211		
64769	559	25685	31453			31453			
31238	22549	201382	31034		150	27393	3411		
38800	918	47299	38846	38846					
19752	6801	50453	4410			2610	1800		
294512	299336	1222543	540384	24956	9101	187649	276801	8283	10140
20302	11938	107452	61835			4968	49046	7822	
157740	181057	676264	259813	24956	5951	130034	91811	461	
54620	85573	269422	128391		1250	46276	58788		10140
45665	17866	114003	76777		1900	4611	66885		
5658	690	5981	3145			1000	610		
7		601	100			100			
5172	2212	17797	6806			400	6406		
5348		31024	3516			260	3256		
598544	60180	1296162	378686	37482	220	109628	33932	146570	28796
262410	734	429646	99557			29739	5800	64018	
64532	2212	249420	66592	21028		21682	10501	5917	7464
111518	872	189109	13560			11460	2000		100
13373	12440	32402	15986	15986					
65325	26431	51735	18269			4000	500	13289	481
41675	1407	65741	47006	469		1811	5453	10807	6409
31318	15029	224486	92534		200	29155	4678	45259	13242
8393	1056	53624	25180		20	11780	5000	7280	1100
17030	8475	122079	29108		2994	8499	17615		
14373	7510	94917	23204		1207	6479	15518		
		6316	70			20	50		
397	821	6673	1788		1788				
1293	144	11147	3847			2000	1847		
967		3026	200				200		
9310		53638	10209		550	1117	7993	337	212
1275		18790	1708			229	992	337	150
395		-283	5000				5000		
		1680	550		550				
7641		33451	2951			888	2001		62
77789	1799	169451	20308		500	10742	7282	1874	
76324	822	154702	17788			10542	5462	1874	
1465	977	14748	2520		500	200	1820		
304		6664	5865	815		5050			
		1100	865	815		50			
304		5564	5000			5000			
1152357	**8822537**	**7454707**	**3690369**	**2327114**	**34570**	**788856**	**49356**	**185568**	**253354**
1103117	8391898	6945789	3481736	2256350	29293	705668	34169	172400	234025
361994	5694075	3736383	2715967	1599565	24201	601252	32438	172400	234025
715819	2631523	2956578	624347	531674	80	93116	1731		
25305	66299	252828	141422	125110	5012	11300			
37945	28881	90436	62379	14886		34395		10340	2277
11295	401759	418483	146254	55878	5276	48793	15187	2828	17052
11066	401759	408898	143405	55878	5276	46093	15037	2828	17052

1-2 续表 12

指标名称	代码	营业收入	主营业务收入	营业成本	主营业务成本	营业税金及附加
总　计	**1**	**174094610**	**171219131**	**147828350**	**145386394**	**3261289**
#轻工业	2	48204146	47744300	39281490	38915396	1282750
重工业	3	125890464	123474832	108546860	106470998	1978539
国有控股企业	4	54125954	52808051	46491305	45286600	2453911
大型企业	5	59816973	58218640	50178889	48824942	1455656
中型企业	6	58970758	58215325	50189913	49603134	1432215
小型企业	7	53279482	52897129	45746511	45378203	366755
微型企业	8	2027397	1888037	1713037	1580116	6663
亏损企业	9	26430150	25850481	25210695	24714262	746033
农村工业	10	290093	290030	245560	241912	2061
一、按登记注册类型分组						
内资企业	**11**	**143037713**	**141140657**	**121946778**	**120220135**	**2947019**
国有企业	12	11052310	10852305	10081251	9933411	70186
中央企业	13	1370045	1353334	1192889	1186128	4025
地方企业	14	9682264	9498972	8888362	8747283	66161
集体企业	15	1820678	1810319	1486770	1483712	32026
股份合作企业	16	612233	611868	540430	539722	3715
联营企业	17	53738	53738	35901	35901	490
集体联营企业	18	2351	2351	1908	1908	10
国有与集体联营企业	19	2817	2817	2423	2423	19
其他联营企业	20	48570	48570	31571	31571	461
有限责任公司	21	51603240	50544946	44131983	43066051	1262347
国有独资公司	22	8042644	7957192	7674411	7520779	38547
其他有限责任公司	23	43560597	42587754	36457573	35545273	1223800
股份有限公司	24	18657910	18356757	15284553	15040544	1196619
私营企业	25	56498985	56176290	48372853	48109865	357861
私营独资企业	26	5370907	5353047	4425530	4413642	49628
私营合伙企业	27	1296151	1296116	1061539	1061488	8401
私营有限责任公司	28	47435932	47135927	40930048	40690845	278734
私营股份有限公司	29	2395995	2391201	1955737	1943891	21097
其他企业	30	2738619	2734435	2013036	2010930	23776
港、澳、台商投资企业	**31**	**11135910**	**10872709**	**9539182**	**9425733**	**87826**
合资经营企业(港或澳、台资)	32	3146665	3093830	2684248	2616984	54745
合作经营企业(港或澳、台资)	33	136235	115522	121098	102083	1054
港澳台商独资经营企业	34	7711596	7530936	6614860	6593615	31366
港澳台商投资股份有限公司	35	141415	132421	118976	113051	661
外商投资企业	**36**	**19920987**	**19205765**	**16342390**	**15740526**	**226444**
中外合资经营企业	37	13140358	12740176	10665583	10326482	195792
中外合作经营企业	38	392375	391473	303677	303207	6354
外资企业	39	4407523	4335065	3778538	3745801	14446
外商投资股份有限公司	40	1900819	1659172	1545625	1316102	9666
其他外商投资企业	41	79913	79880	48967	48934	187
二、按经济组织类型分组						
独资企业	**42**	**30363013**	**29881671**	**26386949**	**26170180**	**197651**
国有企业	43	11052310	10852305	10081251	9933411	70186
集体企业	44	1820678	1810319	1486770	1483712	32026
私营独资企业	45	5370907	5353047	4425530	4413642	49628
港澳台商独资经营企业	46	7711596	7530936	6614860	6593615	31366
外资企业	47	4407523	4335065	3778538	3745801	14446

单位：万元

主营业务税金及附加	其他业务收入	其他业务利润	销售费用	管理费用		财务费用			营业利润
					税金		利息收入	利息支出	
3180641	**2875479**	**324805**	**4213628**	**7526994**	**334127**	**2142180**	**221474**	**2240692**	**10589963**
1276238	459846	116868	1615137	2287078	109807	534421	83355	588829	3560197
1904403	2415633	207937	2598491	5239916	224320	1607759	138119	1651863	7029766
2435349	1317902	174866	1092203	2163812	92811	1006056	115813	1111061	1455518
1428273	1598333	148085	1843896	2217856	102346	712813	132711	866251	3676527
1401989	755433	129703	1090239	2899909	118269	744516	72322	778324	3543962
343763	382353	47001	1249983	2354637	110917	658640	17363	573705	3224739
6616	139360	16	29510	54591	2595	26210	-921	22412	144735
737441	579669	35562	397935	1128476	34833	773346	29150	769110	-1385599
2061	63	63	15505	9076	104	2906	9	2484	17931
2867707	**1897055**	**235443**	**3234932**	**6341910**	**279977**	**1915289**	**162322**	**1934345**	**8014852**
59919	200005	51966	61137	532065	19774	193706	21353	231626	191804
2779	16712	4064	9542	89529	3073	55466	2217	59458	47966
57141	183293	47901	51595	442536	16701	138240	19136	172168	143838
31541	10360	4409	33829	91287	3390	8720	76	7194	157047
2386	364	329	6235	59268	1073	4564	21	4137	51312
490			649	9214	928	29	1	28	7358
10			118	187	97	23	1	22	8
19			143	284					-51
461			389	8743	831	5		5	7401
1240454	1058295	121203	1155839	2128508	107435	942581	74108	968531	2863814
36943	85452	15936	78850	251313	10076	287406	17420	296525	-182729
1203511	972843	105267	1076989	1877195	97359	655175	56689	672006	3046543
1195666	301153	38161	676038	732387	34282	249206	44411	278435	772318
313578	322695	17546	1232766	2746131	111786	503858	21838	434107	3727936
37353	17859	20	111453	257967	16852	33239	503	24141	436504
8371	35	238	24252	58056	2884	5042	233	4508	118154
246847	300005	14168	1035850	2327740	89088	439901	20292	381729	2917204
21007	4795	3121	61212	102368	2961	25677	811	23729	256075
23672	4184	1830	68438	43051	1311	12626	514	10288	243262
87256	**263202**	**10727**	**177507**	**410282**	**20393**	**91016**	**14947**	**109134**	**904024**
54548	52834	4016	74634	141320	7121	57070	4598	56726	177385
1054	20714	1225	2144	4340	46	973	15	731	8224
30993	180660	2418	96884	222554	12870	30946	10190	49836	707541
661	8994	3068	3844	42068	355	2028	145	1841	10875
225679	**715222**	**78635**	**801190**	**774802**	**33757**	**135875**	**44206**	**197212**	**1671087**
195688	400182	63592	574744	519230	23322	101672	25430	124601	1102572
6330	902	92	3127	6106	228	1355	-262	771	73399
13809	72458	2828	121448	143286	6830	14177	12739	41100	344670
9666	241647	12124	101871	105340	3134	18723	6244	30741	120886
187	33			841	243	-53	54		29560
173615	**481342**	**61640**	**424751**	**1247159**	**59717**	**280787**	**44860**	**353897**	**1837566**
59919	200005	51966	61137	532065	19774	193706	21353	231626	191804
31541	10360	4409	33829	91287	3390	8720	76	7194	157047
37353	17859	20	111453	257967	16852	33239	503	24141	436504
30993	180660	2418	96884	222554	12870	30946	10190	49836	707541
13809	72458	2828	121448	143286	6830	14177	12739	41100	344670

1-2 续表 13

指标名称	代码	营业收入	主营业务收入	营业成本	主营业务成本	营业税金及附加
合作、合伙企业	**48**	**5309264**	**5283031**	**4124649**	**4102266**	**43977**
股份合作企业	49	612233	611868	540430	539722	3715
集体联营企业	50	2351	2351	1908	1908	10
国有与集体联营企业	51	2817	2817	2423	2423	19
其他联营企业	52	48570	48570	31571	31571	461
私营合伙企业	53	1296151	1296116	1061539	1061488	8401
合作经营企业(港或澳、台资)	54	136235	115522	121098	102083	1054
中外合作经营企业	55	392375	391473	303677	303207	6354
其他企业(内资)	56	2738619	2734435	2013036	2010930	23776
其他外商投资企业	57	79913	79880	48967	48934	187
股份有限公司	**58**	**23096139**	**22539550**	**18904891**	**18413587**	**1228044**
股份有限公司(内资)	59	18657910	18356757	15284553	15040544	1196619
私营股份有限公司	60	2395995	2391201	1955737	1943891	21097
港澳台商投资股份有限公司	61	141415	132421	118976	113051	661
外商投资股份有限公司	62	1900819	1659172	1545625	1316102	9666
有限责任公司	**63**	**115326194**	**113514879**	**98411861**	**96700361**	**1791617**
国有独资公司	64	8042644	7957192	7674411	7520779	38547
私营有限责任公司	65	47435932	47135927	40930048	40690845	278734
合资经营企业(港或澳、台资)	66	3146665	3093830	2684248	2616984	54745
中外合资经营企业	67	13140358	12740176	10665583	10326482	195792
其他有限责任公司	68	43560597	42587754	36457573	35545273	1223800
三、按行业分组						
采矿业	**B**	**6996458**	**6963352**	**5450073**	**5395592**	**88797**
煤炭开采和洗选业	600	298834	286768	237540	206947	6789
烟煤和无烟煤开采洗选	610	147700	146281	143065	118722	2202
褐煤开采洗选	620	151133	140487	94475	88226	4588
石油和天然气开采业	700	198027	198027	131272	131272	5548
石油开采	710	198027	198027	131272	131272	5548
黑色金属矿采选业	800	1732549	1717236	1444015	1423507	12918
铁矿采选	810	946154	943116	789320	789320	7103
锰矿、铬矿采选	820	569173	564135	456155	438203	5173
其他黑色金属矿采选	890	217222	209985	198540	195984	642
有色金属矿采选业	900	3095216	3093003	2425030	2422963	39884
常用有色金属矿采选	910	2715254	2713040	2113555	2111488	32364
贵金属矿采选	920	97460	97460	87572	87572	247
稀有稀土金属矿采选	930	282503	282503	223903	223903	7273
非金属矿采选业	1000	1661327	1657813	1205959	1204647	23613
土砂石开采	1010	945964	943293	719910	719197	11695
化学矿开采	1020	340910	340910	247966	247966	5242
采盐	1030	3101	3101	2685	2685	13
石棉及其他非金属矿采选	1090	371352	370509	235398	234798	6663
开采辅助活动	1100	10505	10505	6256	6256	45
其他开采辅助活动	1190	10505	10505	6256	6256	45
制造业	**C**	**154431127**	**151738993**	**131069538**	**128872096**	**3106982**
农副食品加工业	1300	18981222	18781374	16694544	16536595	69182
谷物磨制	1310	1165486	1140985	1020445	1009565	4125
饲料加工	1320	4835256	4826454	4527062	4510478	13420
植物油加工	1330	4023251	3983056	3912066	3882066	2968

单位：万元

主营业务税金及附加	其他业务收入	其他业务利润	销售费用	管理费用	税金	财务费用	利息收入	利息支出	营业利润
42490	**26233**	**3714**	**104845**	**180874**	**6712**	**24536**	**576**	**20462**	**531268**
2386	364	329	6235	59268	1073	4564	21	4137	51312
10			118	187	97	23	1	22	8
19			143	284					-51
461			389	8743	831	5		5	7401
8371	35	238	24252	58056	2884	5042	233	4508	118154
1054	20714	1225	2144	4340	46	973	15	731	8224
6330	902	92	3127	6106	228	1355	-262	771	73399
23672	4184	1830	68438	43051	1311	12626	514	10288	243262
187	33		0	841	243	-53	54		29560
1227000	**556588**	**56473**	**842965**	**982163**	**40732**	**295633**	**51611**	**334746**	**1160155**
1195666	301153	38161	676038	732387	34282	249206	44411	278435	772318
21007	4795	3121	61212	102368	2961	25677	811	23729	256075
661	8994	3068	3844	42068	355	2028	145	1841	10875
9666	241647	12124	101871	105340	3134	18723	6244	30741	120886
1737537	**1811316**	**202978**	**2841067**	**5116797**	**226966**	**1541224**	**124428**	**1531587**	**7060974**
36943	85452	15936	78850	251313	10076	287406	17420	296525	-182729
246847	300005	14168	1035850	2327740	89088	439901	20292	381729	2917204
54548	52834	4016	74634	141320	7121	57070	4598	56726	177385
195688	400182	63592	574744	519230	23322	101672	25430	124601	1102572
1203511	972843	105267	1076989	1877195	97359	655175	56689	672006	3046543
81592	**33106**	**11257**	**194951**	**430819**	**31263**	**59312**	**5634**	**52274**	**824966**
6780	12066	4766	7499	73836	3700	11825	4725	14249	-8066
2202	1420	421	4871	22482	2200	6032	195	5185	-8757
4579	10646	4345	2629	51354	1500	5793	4531	9063	690
5548			111	539		792			59765
5548			111	539		792			59765
12656	15312	5261	35949	75925	9040	11801	473	6627	154639
7102	3038	31	26184	33343	6844	8315	359	3240	73636
5173	5038	549	8414	29285	2141	2711	119	2703	70458
381	7236	4681	1352	13298	55	775	-5	684	10544
33069	2214	548	35113	196330	11702	19785	-744	19755	406045
25549	2214	548	31329	181161	10887	16091	-778	16139	362838
247			749	5144	44	253	14	265	3495
7273			3035	10026	771	3441	20	3351	39712
23494	3514	682	116257	84157	6794	15076	1181	11610	208489
11577	2671	152	57349	35534	1771	7836	1072	5422	104449
5242			11867	19304	492	4046	9	3574	45114
13			110	4	4				319
6663	843	529	46932	29316	4527	3194	101	2614	58607
45			22	30	28	33		33	4094
45			22	30	28	33		33	4094
3037115	**2692134**	**261050**	**3946007**	**6648857**	**277000**	**1438359**	**202527**	**1538457**	**9450504**
66499	199848	69331	368810	741580	39464	200211	60838	273717	1131865
3283	24502	1874	14586	53659	3711	7859	76	6947	87083
13327	8801	5358	83903	152243	3687	18376	1168	17559	162537
2638	40195	32634	80442	31347	3660	-34224	34963	28600	43220

1-2 续表 14

指标名称	代码	营业收入	主营业务收入	营业成本	主营业务成本	营业税金及附加
制糖业	1340	5567093	5450347	4432968	4345558	34464
屠宰及肉类加工	1350	1131789	1130168	874267	867102	5153
水产品加工	1360	840573	834308	731230	726311	1817
蔬菜、水果和坚果加工	1370	455509	454908	379959	379191	1433
其他农副食品加工	1390	962265	961148	816547	816324	5801
食品制造业	1400	2696086	2666705	2149840	2123397	16320
焙烤食品制造	1410	130284	129814	95410	92735	1173
糖果、巧克力及蜜饯制造	1420	135209	135209	115478	115478	796
方便食品制造	1430	549371	548642	428910	428528	5793
乳制品制造	1440	303229	286208	243171	228127	1445
罐头食品制造	1450	454435	450422	359775	357022	1561
调味品、发酵制品制造	1460	174281	170998	138146	135355	593
其他食品制造	1490	949277	945412	768950	766152	4959
酒、饮料和精制茶制造业	1500	3466939	3421047	2593768	2577609	110232
酒的制造	1510	1461738	1444028	1075826	1068064	101801
饮料制造	1520	1657927	1630080	1244952	1236844	5519
精制茶加工	1530	347274	346939	272989	272701	2913
烟草制品业	1600	1950901	1886543	627135	573737	938852
烟叶复烤	1610	9906	9645	4754	4686	131
卷烟制造	1620	1940995	1876899	622381	569051	938721
纺织业	1700	2008396	1988229	1761537	1745627	8669
棉纺织及印染精加工	1710	347543	334174	328329	315573	1090
毛纺织及染整精加工	1720	79904	79843	57909	57892	559
麻纺织及染整精加工	1730	21417	21417	17202	17202	24
丝绢纺织及印染精加工	1740	1434844	1428362	1254450	1251375	5940
针织或钩针编织物及其制品制造	1760	28773	28633	24357	24355	357
家用纺织制成品制造	1770	86053	86012	70264	70264	647
非家用纺织制成品制造	1780	9861	9789	9027	8968	52
纺织服装、服饰业	1800	998907	995480	758206	753069	8845
机织服装制造	1810	874450	871278	662185	658081	7849
针织或钩针编织服装制造	1820	106649	106597	82082	82082	839
服饰制造	1830	17808	17605	13939	12905	157
皮革、毛皮、羽毛及其制品和制鞋业	1900	1164909	1162537	1029897	1029279	8916
皮革鞣制加工	1910	157662	157662	141610	141610	3170
皮革制品制造	1920	516662	514485	444042	443613	3679
羽毛(绒)加工及制品制造	1940	205762	205567	199698	199532	874
制鞋业	1950	284823	284823	244548	244525	1193
木材加工和木、竹、藤、棕、草制品业	2000	6218193	6206324	5377550	5364440	36826
木材加工	2010	662556	657949	579793	575905	7535
人造板制造	2020	4433420	4427146	3844883	3838715	23428
木制品制造	2030	826273	825285	691294	689243	5176
竹、藤、棕、草等制品制造	2040	295944	295944	261579	260577	687
家具制造业	2100	1046858	1046534	880679	880465	9034
木质家具制造	2110	785200	785200	666761	666761	7990
竹、藤家具制造	2120	69196	69196	55177	55177	389
金属家具制造	2130	27667	27667	24989	24989	27
塑料家具制造	2140	7853	7529	6411	6197	74
其他家具制造	2190	156943	156943	127341	127341	553

单位：万元

主营业务税金及附加	其他业务收入	其他业务利润	销售费用	管理费用	税金	财务费用	利息收入	利息支出	营业利润
33289	116747	26685	111380	357305	15681	179640	21146	194914	495200
5150	1621	43	19233	50019	4081	2220	3247	5468	194956
1808	6265	1751	21941	25795	2529	12432	84	8026	60792
1430	601	19	17568	29620	282	2344	55	2209	28118
5574	1117	967	19757	41594	5834	11564	98	9996	59958
15280	29381	4597	157594	133635	6986	27430	1156	22314	214988
1173	470	66	8359	7848	324	288	282	323	19316
796			2888	4437	137	1406	6	372	10125
5119	730	36	48435	35228	2156	4313	44	3614	34536
1079	17021	1897	23378	12461	697	2217	692	2445	19650
1561	4013	1711	18104	20581	526	6689	38	3810	45586
593	3283	558	10578	7770	533	6093	91	5844	11100
4959	3865	328	45853	45310	2613	6425	3	5906	74675
109809	45892	3116	179334	199245	6787	30088	8278	29976	410151
101801	17710	2779	57559	104304	5156	25473	1743	20010	121218
5393	27847	291	104552	77571	1237	1737	6311	7404	255197
2616	335	47	17223	17371	395	2878	224	2562	33737
938850	64357	10959	33390	91399	3051	-6354	6465	92	275555
129	261	193		4526	158	-164	165		634
938721	64096	10766	33390	86873	2892	-6189	6300	92	274921
8572	20166	1229	20729	100267	9379	22084	658	21185	105292
1024	13370	975	5429	22058	1366	2784	304	3055	-6661
559	61		6188	6904		780	28	228	7557
23			89	398	5	43		26	2188
5916	6482	213	7577	60497	7324	17420	252	16925	94594
351	140		453	2446	6	154	73	146	1525
647	41	41	978	7638	614	849	1	752	5754
52	73		16	326	65	54		54	335
8812	3427	846	17000	122930	9457	5225	212	4341	85567
7828	3172	794	15050	107055	8642	4009	148	3328	75873
839	52	52	1019	13858	815	1018	41	935	8098
146	203		931	2017		198	22	78	1597
8916	2372	89	15400	34742	2422	6213	148	4372	65761
3170			966	3560	121	812	62	706	8168
3679	2178	61	11606	14142	1327	3513	68	2081	34965
874	195	29	855	1477	11	1353	4	1066	1663
1193			1974	15563	963	536	13	519	20964
35321	11868	709	128282	333044	7624	63357	1373	56065	409307
6185	4607	158	12960	21078	1054	3949	83	2331	42770
23316	6274	554	81920	258653	5735	49782	1260	46091	289611
5170	988	-3	28485	40772	435	8053	19	6902	57464
650			4917	12541	400	1572	11	741	19463
8978	324	16	23464	39748	963	13561	439	9552	100354
7981			14774	28606	675	4772	289	3648	74165
389			2470	3327	31	1792		1793	8202
27			399	917		70	1	72	1679
27	324	16	231	683		671		322	1097
553			5590	6216	257	6256	148	3718	15211

1-2 续表 15

指标名称	代码	营业收入	主营业务收入	营业成本	主营业务成本	营业税金及附加
造纸和纸制品业	2200	3475393	3442596	2962487	2933883	15196
纸浆制造	2210	226585	219044	213094	201671	266
造纸	2220	2270012	2247929	1936260	1921454	8533
纸制品制造	2230	978797	975623	813133	810758	6397
印刷和记录媒介复制业	2300	1001979	999964	821367	821027	6184
印刷	2310	888530	886706	730037	729697	4096
装订及印刷相关服务	2320	3550	3360	2630	2630	53
记录媒介复制	2330	109899	109899	88700	88700	2035
文教、工美、体育和娱乐用品制造业	2400	814989	814648	703876	703428	3531
文教办公用品制造	2410	9867	9867	8540	8540	26
工艺美术品制造	2430	660012	659746	566622	566177	2521
体育用品制造	2440	14516	14499	12243	12242	18
玩具制造	2450	130594	130537	116472	116469	966
石油加工、炼焦和核燃料加工业	2500	8713845	8672097	7505294	7499854	1143420
精炼石油产品制造	2510	8694792	8653044	7485414	7479974	1143247
炼焦	2520	19054	19054	19880	19880	174
化学原料和化学制品制造业	2600	9067273	8721289	7677494	7340086	59944
基础化学原料制造	2610	2118754	1821135	1879240	1580105	8072
肥料制造	2620	1511458	1493748	1349396	1334917	5386
农药制造	2630	833440	831989	656629	656045	3899
涂料、油墨、颜料及类似产品制造	2640	692370	690074	594186	592679	4638
合成材料制造	2650	28584	18746	24880	15730	89
专用化学产品制造	2660	2655529	2647344	2193887	2188641	11354
炸药、火工及焰火产品制造	2670	587918	582440	458069	453209	22766
日用化学产品制造	2680	639221	635813	521209	518760	3740
医药制造业	2700	3121632	3099216	2003001	1976223	26379
化学药品原料药制造	2710	210121	208983	169826	166116	1686
化学药品制剂制造	2720	408174	400273	281284	274889	1903
中药饮片加工	2730	275773	275744	224804	224649	1742
中成药生产	2740	1874099	1861847	1051164	1035447	18904
兽用药品制造	2750	217486	216517	164822	164134	1109
生物药品制造	2760	100830	100714	85827	85718	335
卫生材料及医药用品制造	2770	35149	35137	25274	25271	700
化学纤维制造业	2800	3450	3450	3060	3060	4
合成纤维制造	2820	3450	3450	3060	3060	4
橡胶和塑料制品业	2900	2443941	2421389	2067909	2046215	13913
橡胶制品业	2910	273252	270597	238805	236427	1347
塑料制品业	2920	2170690	2150791	1829104	1809788	12566
非金属矿物制品业	3000	11716468	11648712	9504112	9421977	103451
水泥、石灰和石膏制造	3010	3929887	3905886	3070156	3042548	34254
石膏、水泥制品及类似制品制造	3020	2707102	2677165	2263996	2220326	18382
砖瓦、石材等建筑材料制造	3030	3114991	3108417	2516835	2510557	35659
玻璃制造	3040	136669	136007	108138	108104	482
玻璃制品制造	3050	196133	195702	161779	161638	1010
玻璃纤维和玻璃纤维增强塑料制品制造	3060	2150	2150	1809	1809	2
陶瓷制品制造	3070	944949	944901	839609	838984	5495
耐火材料制品制造	3080	75676	75676	61631	61631	1960
石墨及其他非金属矿物制品制造	3090	608912	602806	480159	476380	6207

单位：万元

主营业务税金及附加	其他业务收入	其他业务利润	销售费用	管理费用		财务费用			营业利润
					税金		利息收入	利息支出	
15052	32797	4358	91754	178838	9144	110696	832	108794	106161
224	7541	1427	3262	31720	1553	13574	50	12711	-31429
8530	22083	2163	48621	97853	5922	85357	591	86862	80161
6298	3174	768	39872	49265	1669	11766	191	9221	57429
6053	2015	387	18490	49252	2041	15014	250	11793	101746
3968	1825	387	16821	43293	2038	9183	134	7416	84610
50	190			70		33		28	572
2035			1669	5889	3	5798	116	4349	16564
3497	341	54	23866	28810	1287	6433	62	3452	52279
26			180	347	34	39	1	24	1285
2478	266		20695	22720	1126	6057	58	3258	41151
18	18		293	1038	15	71	1	10	854
975	57	54	2698	4706	112	266	3	160	8989
1143379	41748	445	52092	108918	2576	25960	4156	29143	-144532
1143206	41748	445	51615	108499	2576	24971	3984	28154	-141647
174			477	419		989	172	989	-2885
58328	345985	10335	276459	372321	18299	104695	9403	110370	550669
7979	297619	5189	66335	98005	5202	42010	4078	41930	57771
5134	17710	3429	37454	75099	1888	21363	3149	30600	60960
3884	1451	26	56412	34649	944	4192	128	4120	70121
3565	2296	152	18708	22101	833	11660	85	11437	33465
88	9838	1	814	1106	5	309	5	162	1168
11209	8185	650	43929	75968	4308	15292	315	12622	228829
22729	5478	2	12346	29153	3404	1376	1442	1965	57458
3740	3408	887	40461	36240	1716	8493	200	7535	40897
26127	22417	11765	456708	204511	8622	32260	1690	29594	412922
1686	1138	131	13257	10066	571	3630	-84	2336	14606
1903	7902	7792	32303	31454	597	3076	1	2973	58103
1742	29		11647	13002	643	1598	89	1591	23294
18840	12252	3742	383092	124266	5524	20758	1314	19849	292561
921	969	93	11094	14877	728	1383	357	1704	20777
335	116	7	1836	7751	190	1700	12	1029	1505
700	11	1	3477	3096	369	114	2	112	2076
4			52	297		60		60	-23
4			52	297		60		60	-23
13895	22553	620	46669	90277	2761	18619	1448	15315	136061
1347	2654	195	10223	21773	888	2493	911	2613	4109
12548	19898	424	36447	68505	1872	16126	537	12703	131952
87861	67757	18334	354983	569182	34018	112488	6217	106298	1211979
34180	24001	7503	96819	178250	17759	49393	3663	53783	515882
16754	29937	1339	110245	97530	3486	20660	290	14734	212304
24041	6575	265	51139	197673	7017	17420	207	15731	362395
482	661	621	3235	7724	252	2074	58	1529	14562
1010	430	290	11057	9437	282	2161	213	2354	9736
2			50	172	2	112		112	17
5380	48	6432	30194	32413	908	7900	471	6833	49732
1783			2418	4136	68	203	3	205	5573
4229	6105	1884	49825	41846	4245	12566	1313	11016	41778

1-2 续表 16

指标名称	代码	营业收入	主营业务收入	营业成本	主营业务成本	营业税金及附加
黑色金属冶炼和压延加工业	3100	21517776	21253075	19004591	18759469	92195
炼铁	3110	122772	122148	96344	95936	928
炼钢	3120	92713	92713	92074	92074	160
黑色金属铸造	3130	1997244	1984687	1758334	1751752	10027
钢压延加工	3140	14594410	14394706	12801239	12618679	65113
铁合金冶炼	3150	4710637	4658821	4256600	4201028	15967
有色金属冶炼和压延加工业	3200	8960920	8684899	8398203	8193069	29723
常用有色金属冶炼	3210	6261506	6015097	5857048	5688498	23924
贵金属冶炼	3220	47348	47348	45171	55857	47
稀有稀土金属冶炼	3230	281876	281876	254185	250151	2304
有色金属合金制造	3240	37524	35918	37109	36030	19
有色金属压延加工	3260	2332666	2304661	2204690	2162533	3429
金属制品业	3300	2716495	2698028	2298226	2285374	14394
结构性金属制品制造	3310	1561735	1546109	1302591	1293440	9788
金属工具制造	3320	165242	165211	149781	149775	613
集装箱及金属包装容器制造	3330	33054	33037	27249	27249	200
金属丝绳及其制品制造	3340	96136	96136	67095	67095	215
建筑、安全用金属制品制造	3350	34256	34256	30037	28933	158
金属表面处理及热处理加工	3360	178808	178807	164148	163556	549
搪瓷制品制造	3370	104877	104877	82754	82754	202
金属制日用品制造	3380	284234	283015	235122	233504	2407
其他金属制品制造	3390	258153	256580	239449	239068	264
通用设备制造业	3400	3299874	3044903	2729763	2486724	13859
锅炉及原动设备制造	3410	1895234	1650225	1535402	1300500	8035
金属加工机械制造	3420	238882	235339	204114	201897	538
物料搬运设备制造	3430	227114	224186	189559	187312	1526
泵、阀门、压缩机及类似机械制造	3440	214094	213876	183216	183124	402
轴承、齿轮和传动部件制造	3450	316686	316035	286428	286090	1258
烘炉、风机、衡器、包装等设备制造	3460	45334	45309	37395	37395	203
文化、办公用机械制造	3470	17616	17616	15734	15734	13
通用零部件制造	3480	219248	217047	171755	168548	1068
其他通用设备制造业	3490	125667	125271	106160	106124	816
专用设备制造业	3500	4370578	4315417	3628571	3580764	27905
采矿、冶金、建筑专用设备制造	3510	2723010	2689837	2250267	2223848	19699
化工、木材、非金属加工专用设备制造	3520	384104	382941	327254	324714	1631
食品、饮料、烟草及饲料生产专用设备制造	3530	177552	176652	137428	136614	703
印刷、制药、日化及日用品生产专用设备制造	3540	83229	83229	70426	70426	370
电子和电工机械专用设备制造	3560	41070	41070	36169	36169	172
农、林、牧、渔专用机械制造	3570	584676	568623	496775	483230	3327
医疗仪器设备及器械制造	3580	200668	200553	164719	164412	1082
环保、社会公共服务及其他专用设备制造	3590	176269	172512	145533	141351	920
汽车制造业	3600	18431327	17807851	15897090	15339675	288868
汽车整车制造	3610	8447729	7970264	6962244	6532277	228000
改装汽车制造	3620	350924	324335	339651	309363	533
低速载货汽车制造	3630	42351	40885	39847	37787	
汽车车身、挂车制造	3650	124979	110525	115463	101752	212
汽车零部件及配件制造	3660	9465344	9361842	8439885	8358497	60123

单位：万元

主营业务税金及附加	其他业务收　入	其他业务利　润	销售费用	管理费用	税　金	财务费用	利息收入	利息支出	营业利润
87219	264701	24903	221332	684149	24408	187325	20811	216011	863113
928	625	280	4723	16600	57	2202		2156	11649
160			144	196		-2	2		20635
9027	12557	-195	24765	39263	2992	14109	1078	11601	102277
61883	199703	17697	119208	464214	13249	104940	18279	136133	537067
15221	51816	7121	72492	163876	8111	66075	1452	66122	191486
29201	276021	7852	118034	442122	13940	198077	8900	197078	603576
23518	246409	7592	90967	262918	11596	162739	8560	167501	524306
47			184	4074	177	2022	4	1094	-3553
2200			2282	7245	127	1632	42	562	49631
19	1607	3	926	6628	9	146		49	-707
3417	28006	258	23674	161257	2032	31539	294	27873	33900
14296	18467	366	112375	212491	3842	22826	768	19352	126190
9693	15627	347	80855	144778	1539	12705	368	10053	73492
612	30		2175	4769	557	1155	7	1065	7555
200	17	-301	948	2415	45	777	60	690	1100
215			6739	8805	489	349		349	13317
158			1513	1453	21	857	11	622	2808
547	1	1	1746	10026	41	361		354	2142
202			3608	8069	269	1476	50	1072	5302
2407	1219		12261	21386	794	3869	104	3611	15441
264	1573	320	2530	10791	88	1278	169	1536	5034
13473	254971	10536	155351	222981	8143	20330	6318	31172	188137
8021	245009	8894	117324	107358	3638	10992	5960	22220	114141
525	3543	7	4190	39471	651	3030	54	2047	15232
1514	2929	330	12672	18510	1109	1067	-218	1876	4172
402	217	143	9707	12547	282	1457	66	955	6658
911	652	321	3653	12534	806	1218	268	1157	10564
203	25	395	1340	4926	160	121	117	134	1725
13			883	750	12	69		63	166
1068	2202	438	4238	22028	1403	2323	59	2273	21664
816	396	8	1343	4857	82	54	13	447	13816
23627	55161	3524	175852	239775	8939	70827	24903	80632	225513
17657	33173	2910	124772	132773	5010	43751	22420	54174	136992
1612	1162	77	13003	29359	353	3500	297	2435	13898
703	900	48	6720	15524	1014	180	204	365	15767
370			805	3744	84	485		476	7199
172			393	5552	476	15335	1182	15574	-1361
1115	16053	407	15325	27672	1226	5920	748	5856	34899
1082	116	9	7807	17145	449	1146	157	1163	7894
917	3757	73	7027	8007	328	510	-105	590	10224
253922	623476	70407	653654	844275	28456	82311	27771	95114	811999
227884	477464	47399	477274	336888	9417	-14582	21856	4826	457933
527	26590	1339	14415	21477	813	5497	473	5218	-11372
	1466	79	1476	1208	192	6	167	117	573
212	14454	742	673	4362	103	-125	170	31	4343
25299	103502	20848	159816	480339	17932	91515	5105	84922	360522

1-2 续表 17

指标名称	代码	营业收入	主营业务收入	营业成本	主营业务成本	营业税金及附加
铁路、船舶、航空航天和其他运输设备制造业	3700	1282277	1274429	1029640	1025053	13106
铁路运输设备制造	3710	115454	113543	108254	106163	548
船舶及相关装置制造	3730	862397	860263	657806	656819	7031
航空、航天器及设备制造	3740	145871	142909	136727	135382	2
摩托车制造	3750	158555	157714	126854	126690	5524
电气机械和器材制造业	3800	6077762	5997494	5164656	5082507	19026
电机制造	3810	738835	737976	593305	592138	652
输配电及控制设备制造	3820	2422638	2410663	2083439	2074277	9041
电线、电缆、光缆及电工器材制造	3830	1745229	1680534	1542285	1476889	5625
电池制造	3840	867964	867196	698131	693649	2880
家用电力器具制造	3850	38613	38613	36185	36185	60
非电力家用器具制造	3860	2116	2116	1755	1755	2
照明器具制造	3870	102825	100855	84983	83042	334
其他电气机械及器材制造	3890	159541	159541	124573	124573	433
计算机、通信和其他电子设备制造业	3900	7155165	6960534	6237485	6230569	20538
计算机制造	3910	3194917	3043561	2813445	2810606	8246
通信设备制造	3920	915188	914282	770423	770127	3463
广播电视设备制造	3930	263698	261442	226538	225347	2103
雷达及配套设备制造	3940	60210	59541	51656	51610	85
视听设备制造	3950	827382	823228	776302	776149	1969
电子器件制造	3960	409517	375310	328001	325903	404
电子元件制造	3970	1209591	1208537	1036884	1036874	3045
其他电子设备制造	3990	274661	274632	234235	233953	1225
仪器仪表制造业	4000	302186	299651	243135	242903	1485
通用仪器仪表制造	4010	155898	154453	122803	122757	528
专用仪器仪表制造	4020	23680	23680	18678	18678	54
钟表与计时仪器制造	4030	6415	5347	3300	3134	273
光学仪器及眼镜制造	4040	104730	104708	89274	89253	580
其他仪器仪表制造业	4090	11463	11463	9081	9081	51
其他制造业	4100	218721	218669	180096	180096	1132
日用杂品制造	4110	89939	89892	73268	73268	759
煤制品制造	4120	2157	2153	1691	1691	9
核辐射加工	4130	7653	7653	6079	6079	21
其他未列明制造业	4190	118972	118972	99059	99059	343
废弃资源综合利用业	4200	1182539	1181828	1116699	1116325	5499
金属废料和碎屑加工处理	4210	1136405	1136042	1076780	1076605	5111
非金属废料和碎屑加工处理	4220	46134	45787	39918	39719	388
金属制品、机械和设备修理业	4300	24128	24081	19629	19597	356
专用设备修理	4330	13312	13312	10620	10620	148
电气设备修理	4350	10816	10769	9009	8977	209
电力、热力、燃气及水生产和供应业	**D**	**12667025**	**12516787**	**11308739**	**11118706**	**65510**
电力、热力生产和供应业	4400	12145468	12024245	10926572	10762534	61794
电力生产	4410	3705771	3623308	2765090	2708671	28065
电力供应	4420	8107089	8071930	7881432	7858148	32410
热力生产和供应	4430	332607	329008	280050	195716	1319
燃气生产和供应业	4500	266527	255331	223621	214096	1694
水的生产和供应业	4600	255031	237210	158547	142077	2022
自来水生产和供应	4610	248373	230552	154763	138292	1965

单位：万元

主营业务税金及附加	其他业务收入	其他业务利润	销售费用	管理费用	税金	财务费用	利息收入	利息支出	营业利润
12945	7848	2694	13331	109019	6997	2988	2514	6034	112000
497	1911	1182	1458	11053	102	175	25	694	-5535
6921	2135	519	10195	87665	6846	1793	877	2374	93608
2	2962	993	43	5017	6	-1113	1136		7999
5524	841		1636	5284	43	2133	476	2965	15928
18689	80267	1249	129133	256090	6177	51318	3874	43974	517414
639	859	597	8338	17855	177	3042	70	1803	123957
8765	11975	813	63461	88356	2979	18374	1248	15197	172008
5587	64695	-168	42900	80755	1692	26210	2405	23837	86443
2880	767	8	8728	53407	191	2312	133	1868	108919
60			677	1233	4	125	1	125	475
2			9	567		37		37	5
324	1970		2458	4477	154	989	16	879	11518
433			2563	9441	981	229	1	230	14090
20502	194631	2264	81874	171045	9439	12583	2046	8932	698727
8246	151356	16	27930	34895	4944	3606	999	1889	293082
3454	907	396	15597	35127	768	2635	218	1268	83642
2103	2256	134	11614	13799	1888	345	20	349	9364
58	669	623	1205	6702	251	1317	69	1379	-668
1969	4154		8516	22725	641	662	12	567	16629
404	34207	53	2775	8999	531	202	733	798	70243
3045	1053	1043	10806	38774	314	3297	38	2426	185175
1224	29	-1	3431	10023	103	520	-42	256	41260
1278	2534	9	8397	25150	736	865	220	946	23141
527	1445		5399	17391	495	711	212	786	9131
54			495	1341	187	3		3	2979
78	1068		11	1379		-3	3		1511
569	22	9	1837	4518	51	155	3	157	8361
51			654	521	3	-1	1		1158
1131	52		5169	12175	470	367	3	369	18690
759	47		1410	4374	277	308	2	309	9949
9	5		2	196		-2			261
21			110	403	34	9	0	9	1032
342			3648	7201	159	52	1	52	7448
5367	711	53	6117	28501	485	474	738	2343	33956
4987	363	53	5707	24468	419	296	737	2146	32739
380	348		410	4032	66	178	1	197	1217
234	47		315	2088	88	30	35	65	1946
28			315	817	43	65		65	1583
207	47			1271	46	-35	35		363
61935	**150239**	**52498**	**72671**	**447319**	**25864**	**644509**	**13313**	**649960**	**314494**
58359	121223	47559	54973	402196	23524	622731	12802	623363	267795
26362	82463	39833	539	165219	14803	425403	3868	421565	405033
30680	35160	7304	46081	221575	8043	179725	7340	183862	-148512
1318	3600	422	8353	15402	679	17604	1595	17935	11275
1694	11195	2517	7711	10089	485	7971	28	7703	8478
1881	17821	2422	9987	35034	1855	13807	483	18895	38221
1824	17821	2422	9842	34764	1815	13704	483	18792	36662

1-2 续表 18

指标名称	代码	资产减值损失	公允价值变动收益	投资收益	营业外收入	补贴收入
总 计	**1**	**168399**	**-22848**	**-1089529**	**766735**	**451496**
#轻工业	2	36948	-14601	-475886	187110	99501
重工业	3	131451	-8247	-613643	579625	351995
国有控股企业	4	116817	4453	-33050	438247	288030
大型企业	5	63965	-206	-87735	346383	222395
中型企业	6	83614	-15259	-383331	269189	151666
小型企业	7	20799	-7383	-619424	149495	76968
微型企业	8	20		960	1667	466
亏损企业	9	114329	-6781	-153624	334879	224908
农村工业	10	67		-43561	119	
一、按登记注册类型分组						
内资企业	**11**	**138408**	**-8490**	**-961440**	**655889**	**410711**
国有企业	12	36097	33	-1738	37818	18941
中央企业	13	7118	-6	-188	8971	5326
地方企业	14	28979	39	-1550	28847	13614
集体企业	15			-35694	3834	1377
股份合作企业	16	302		435	397	351
联营企业	17					
集体联营企业	18					
国有与集体联营企业	19					
其他联营企业	20					
有限责任公司	21	44495	-8723	-279461	351281	244292
国有独资公司	22	10645	4075	17786	193728	158857
其他有限责任公司	23	33850	-12798	-297248	157553	85435
股份有限公司	24	42337	379	-25872	139208	70557
私营企业	25	15162	-179	-619424	119209	71612
私营独资企业	26	513	572	-73382	2660	2356
私营合伙企业	27	439		-8475	190	162
私营有限责任公司	28	14098	-751	-533960	112430	66013
私营股份有限公司	29	112		-3607	3928	3082
其他企业	30	15		314	4142	3581
港、澳、台商投资企业	**31**	**19255**	**-532**	**-11670**	**30261**	**13489**
合资经营企业(港或澳、台资)	32	5277	-3	1440	11830	6584
合作经营企业(港或澳、台资)	33				362	324
港澳台商独资经营企业	34	13978	-528	-13128	17598	6269
港澳台商投资股份有限公司	35			19	471	312
外商投资企业	**36**	**10736**	**-13826**	**-116420**	**80585**	**27296**
中外合资经营企业	37	10639	-7162	-108303	39679	17526
中外合作经营企业	38	-8		9	484	83
外资企业	39	2063	-6664	-5504	32720	9687
外商投资股份有限公司	40	-2370		-2622	6198	
其他外商投资企业	41	412			1504	
二、按经济组织类型分组						
独资企业	**42**	**52651**	**-6588**	**-129445**	**94631**	**38629**
国有企业	43	36097	33	-1738	37818	18941
集体企业	44			-35694	3834	1377
私营独资企业	45	513	572	-73382	2660	2356
港澳台商独资经营企业	46	13978	-528	-13128	17598	6269
外资企业	47	2063	-6664	-5504	32720	9687

单位：万元

营业外支出	利润总额	应交所得税	亏损企业亏损总额	利税总额	应交税金及附加	本年应付职工薪酬	本年应交增值税	从业人员平均人数（人）
392212	**10142402**	**909995**	**1203152**	**19235748**	**10337469**	**7428976**	**5832058**	**1656043**
114884	3605791	307452	322667	6444295	3255764	2516217	1555755	649300
277328	6536611	602543	880484	12791453	7081706	4912759	4276304	1006743
76815	1736184	324557	635966	6565307	5246491	2633321	2375212	368393
74565	3262131	404474	254349	6738575	3983264	2869906	2020788	488488
148281	3555011	238220	607234	7263492	4064970	2821992	2276266	689529
168692	3176241	247463	320107	5003926	2186064	1696220	1460930	470727
674	149018	19839	21462	229756	103171	40858	74075	7299
63990	-1203152	-9493	1203152	285575	1514066	1388557	742693	278256
39	18011	11	54	27281	9385	12140	7209	5968
338103	**7513006**	**642427**	**1017017**	**15431129**	**8840527**	**6082725**	**4971104**	**1364974**
14834	214454	27443	57218	558301	391064	570217	273661	82746
2609	54008	6613	3577	134531	90210	117068	76499	17489
12225	160446	20830	53641	423770	300854	453150	197162	65257
4220	155641	7595	1563	252027	107370	82238	64360	26592
57	51652	1572	2529	63246	14237	16758	7879	5723
298	7060	67	53	9122	3057	4835	1572	747
	8	3		115	206	115	97	60
2	-53		53	125	178	314	159	104
296	7105	65		8883	2673	4406	1316	583
173694	2381814	297752	594507	5654472	3677844	2429141	2010311	464344
16550	-5552	35047	150625	357905	408579	754088	324910	89590
157144	2387366	262705	443882	5296567	3269265	1675053	1685401	374754
17710	893190	95908	174745	3085218	2322218	669324	995409	131993
126956	3695200	206389	185710	5497709	2120683	2255945	1444648	633227
9204	429468	9138	3378	634921	231444	243109	155825	68710
13179	115869	2421	2203	165002	54439	79439	40732	22545
103417	2891133	168251	167745	4335352	1701559	1835220	1165485	514138
1156	258731	26578	12384	362434	133242	98177	82606	27834
334	113995	5702	692	311035	204053	54268	173264	19602
23500	**910200**	**79224**	**67904**	**1362120**	**551537**	**581856**	**364095**	**164183**
4642	184423	27703	50933	358241	208641	194081	119073	58165
20	8566	987	6	15477	7944	10428	5857	3845
18338	706365	49807	16965	973978	330290	371408	236247	100461
500	10846	728		14425	4662	5939	2918	1712
30608	**1719196**	**188345**	**118231**	**2442500**	**945406**	**764395**	**496860**	**126886**
17939	1124511	121621	80813	1651408	671840	470281	331105	70328
516	73367	2245	476	84132	13238	8431	4411	1669
10704	364619	44752	28779	478074	165037	168743	99009	41979
1449	125636	15070	8164	196082	88651	116546	60781	11523
	31063	4657		32804	6641	394	1554	1387
57300	**1870546**	**138734**	**107902**	**2897300**	**1225204**	**1435714**	**829103**	**320488**
14834	214454	27443	57218	558301	391064	570217	273661	82746
4220	155641	7595	1563	252027	107370	82238	64360	26592
9204	429468	9138	3378	634921	231444	243109	155825	68710
18338	706365	49807	16965	973978	330290	371408	236247	100461
10704	364619	44752	28779	478074	165037	168743	99009	41979

1-2 续表 19

指标名称	代码	资产减值损失	公允价值变动收益	投资收益	营业外收入	补贴收入
合作、合伙企业	**48**	**1161**		**-7718**	**7080**	**4501**
股份合作企业	49	302		435	397	351
集体联营企业	50					
国有与集体联营企业	51					
其他联营企业	52					
私营合伙企业	53	439		-8475	190	162
合作经营企业(港或澳、台资)	54				362	324
中外合作经营企业	55	-8		9	484	83
其他企业(内资)	56	15		314	4142	3581
其他外商投资企业	57	412			1504	
股份有限公司	**58**	**40079**	**379**	**-32083**	**149805**	**73951**
股份有限公司(内资)	59	42337	379	-25872	139208	70557
私营股份有限公司	60	112		-3607	3928	3082
港澳台商投资股份有限公司	61			19	471	312
外商投资股份有限公司	62	-2370		-2622	6198	
有限责任公司	**63**	**74508**	**-16639**	**-920284**	**515219**	**334415**
国有独资公司	64	10645	4075	17786	193728	158857
私营有限责任公司	65	14098	-751	-533960	112430	66013
合资经营企业(港或澳、台资)	66	5277	-3	1440	11830	6584
中外合资经营企业	67	10639	-7162	-108303	39679	17526
其他有限责任公司	68	33850	-12798	-297248	157553	85435
三、按行业分组						
采矿业	**B**	**1424**	**68**	**-25029**	**26452**	**6366**
煤炭开采和洗选业	600	651		127	8530	311
烟煤和无烟煤开采洗选	610			11	676	303
褐煤开采洗选	620	651		116	7855	8
石油和天然气开采业	700					
石油开采	710					
黑色金属矿采选业	800	772		-32946	11253	3341
铁矿采选	810				4940	179
锰矿、铬矿采选	820	772		-32946	6277	3161
其他黑色金属矿采选	890				35	2
有色金属矿采选业	900	-22	68	14021	5630	2562
常用有色金属矿采选	910	-19	68	14021	3991	1013
贵金属矿采选	920				2	
稀有稀土金属矿采选	930	-3			1638	1549
非金属矿采选业	1000	23		-6231	1039	152
土砂石开采	1010	23		3309	824	96
化学矿开采	1020				123	56
采盐	1030					
石棉及其他非金属矿采选	1090			-9539	92	
开采辅助活动	1100					
其他开采辅助活动	1190					
制造业	**C**	**157413**	**-27105**	**-1071712**	**540999**	**287964**
农副食品加工业	1300	23435	-13708	-246207	91039	48631
谷物磨制	1310			-1823	2360	1391
饲料加工	1320	475		-21805	13614	12028
植物油加工	1330	11476	874	11239	1049	252

单位：万元

营业外支出	利润总额	应交所得税	亏损企业亏损总额	利税总额	应交税金及附加	本年应付职工薪酬	本年应交增值税	从业人员平均人数（人）
14405	**401572**	**17651**	**5959**	**680817**	**303608**	**174552**	**235268**	**55518**
57	51652	1572	2529	63246	14237	16758	7879	5723
	8	3		115	206	115	97	60
2	-53		53	125	178	314	159	104
296	7105	65		8883	2673	4406	1316	583
13179	115869	2421	2203	165002	54439	79439	40732	22545
20	8566	987	6	15477	7944	10428	5857	3845
516	73367	2245	476	84132	13238	8431	4411	1669
334	113995	5702	692	311035	204053	54268	173264	19602
0	31063	4657		32804	6641	394	1554	1387
20815	**1288402**	**138284**	**195293**	**3658159**	**2548773**	**889986**	**1141713**	**173062**
17710	893190	95908	174745	3085218	2322218	669324	995409	131993
1156	258731	26578	12384	362434	133242	98177	82606	27834
500	10846	728		14425	4662	5939	2918	1712
1449	125636	15070	8164	196082	88651	116546	60781	11523
299692	**6581881**	**615326**	**893998**	**11999472**	**6259884**	**4928723**	**3625974**	**1106975**
16550	-5552	35047	150625	357905	408579	754088	324910	89590
103417	2891133	168251	167745	4335352	1701559	1835220	1165485	514138
4642	184423	27703	50933	358241	208641	194081	119073	58165
17939	1124511	121621	80813	1651408	671840	470281	331105	70328
157144	2387366	262705	443882	5296567	3269265	1675053	1685401	374754
37387	**825764**	**54357**	**37307**	**1176175**	**436032**	**329586**	**261615**	**78311**
1899	-1435	2955	13307	23363	31453	87527	18009	17033
421	-8502	191	8925	-1683	9211	20719	4618	8127
1477	7068	2764	4382	25046	22242	66807	13391	8906
	59765			65405	5640	1136	92	118
	59765			65405	5640	1136	92	118
12798	153251	6644	1723	200998	63431	48809	34829	12100
476	78544	5322	317	105376	38998	14728	19729	4488
12313	64377	1188	966	81465	20417	27934	11915	6493
9	10330	135	441	14157	4016	6147	3185	1119
7500	406076	29783	13612	576438	211846	109909	130477	29619
7359	361370	25634	13612	496113	171264	99161	102379	26528
32	3465	108		5690	2377	3877	1978	1012
109	41241	4041		74635	38205	6872	26121	2079
15191	204013	14975	8665	305819	123575	82178	78194	19211
14537	100412	7658	3987	157342	66359	43070	45235	12403
622	44616	62	4613	58591	14529	15554	8733	1738
	319	26		435	146	213	104	32
32	58667	7229	65	89452	42541	23341	24122	5038
	4094			4153	87	27	14	230
	4094			4153	87	27	14	230
335937	**8821756**	**757591**	**1011228**	**16814968**	**9027803**	**6071164**	**4886230**	**1449729**
38882	1169537	76720	146033	1680287	626934	548523	441569	140580
263	89229	1542	795	101705	17729	18259	8351	5665
9891	151738	13118	12022	255353	120420	85864	90195	21858
1957	42313	3426	6693	82883	47656	24702	37603	4575

1-2 续表 20

指标名称	代码	资产减值损失	公允价值变动收益	投资收益	营业外收入	补贴收入
制糖业	1340	10042	-14582	-225598	64596	29895
屠宰及肉类加工	1350	1207		922	5066	1848
水产品加工	1360	270		-5685	2378	1870
蔬菜、水果和坚果加工	1370	8		-3645	349	296
其他农副食品加工	1390	-43		187	1626	1051
食品制造业	1400	497		-33858	17754	10042
焙烤食品制造	1410			-846	2586	2419
糖果、巧克力及蜜饯制造	1420			40	296	105
方便食品制造	1430	54		-54	2719	
乳制品制造	1440	117		79	4565	3744
罐头食品制造	1450	-4		-5072	3220	2796
调味品、发酵制品制造	1460				1750	291
其他食品制造	1490	330		-28006	2619	688
酒、饮料和精制茶制造业	1500	1627		-76416	13196	7534
酒的制造	1510	1449		-75057	8083	4374
饮料制造	1520	178		188	4581	2644
精制茶加工	1530			-1547	533	516
烟草制品业	1600			9102	2083	658
烟叶复烤	1610				5	
卷烟制造	1620			9102	2077	658
纺织业	1700	31	-343	-80	11427	4669
棉纺织及印染精加工	1710			230	6552	1606
毛纺织及染整精加工	1720	8			312	304
麻纺织及染整精加工	1730				8	
丝绢纺织及印染精加工	1740	23	-343	-364	4005	2573
针织或钩针编织物及其制品制造	1760				329	181
家用纺织制成品制造	1770			47	103	1
非家用纺织制成品制造	1780			7	119	3
纺织服装、服饰业	1800	5		19	1001	313
机织服装制造	1810	1		19	825	137
针织或钩针编织服装制造	1820				19	19
服饰制造	1830	4			157	157
皮革、毛皮、羽毛及其制品和制鞋业	1900	197		-4363	970	844
皮革鞣制加工	1910			1	289	174
皮革制品制造	1920	197		-4365	338	242
羽毛(绒)加工及制品制造	1940				234	127
制鞋业	1950				110	302
木材加工和木、竹、藤、棕、草制品业	2000	1739	-1865	-108224	29553	18692
木材加工	2010	513	572	-44926	2282	1343
人造板制造	2020	1226	-2437	-61348	25978	16346
木制品制造	2030			-1959	1068	800
竹、藤、棕、草等制品制造	2040			9	225	203
家具制造业	2100			-2372	910	378
木质家具制造	2110			185	572	39
竹、藤家具制造	2120					
金属家具制造	2130					
塑料家具制造	2140				337	339
其他家具制造	2190			-2556	1	

单位：万元

营业外支出	利润总额	应交所得税	亏损企业亏损总额	利税总额	应交税金及附加	本年应付职工薪酬	本年应交增值税	从业人员平均人数(人)
12333	547433	36293	112762	805947	310487	289843	224049	66425
12336	187668	17605	7245	222052	56071	35465	29231	12935
628	62532	680	2840	77897	18574	33861	13548	10072
127	28340	1268	1028	40434	13644	25899	10660	6754
1349	60285	2789	2648	94016	42354	34631	27931	12296
6923	224065	24218	11128	332389	139528	157678	92003	37056
93	21809	2769		29461	10746	11569	6480	3736
76	9861	977	430	14611	5865	4107	3955	972
916	36339	1783	131	69206	36806	50429	27074	6829
718	22522	4005	932	34784	16963	17826	10816	3807
1396	47208	4413	314	59458	17189	26053	10689	9666
2551	10205	2168	5028	15164	7660	10540	4366	2704
1172	76122	8104	4294	109705	44300	37154	28625	9342
3640	419317	24491	14805	636157	248117	195788	106607	42833
1516	127441	12784	10544	287271	177770	69205	58030	14940
1850	257916	9448	4039	299597	52366	105987	36163	21406
274	33960	2260	222	49288	17982	20596	12414	6487
6389	271249	71855		1437503	1241159	89702	227402	3312
21	619	399		2054	1993	5331	1305	392
6368	270630	71456		1435448	1239167	84371	226097	2920
13938	104533	903	12218	163789	69539	151148	50588	47616
4565	-2896	50	7626	2638	6950	35316	4444	12447
615	7254	285	33	12465	5495	2436	4652	1026
0	2217	13	39	2726	526	1772	484	568
7707	90891	525	3147	134809	51766	98731	37977	29395
519	1335		551	2657	1328	4962	966	1375
532	5277	26	822	7587	2950	6436	1663	2308
	453	5		908	523	1495	403	497
6703	79865	3944	1695	119381	52917	99676	30671	26366
5725	70974	2869	1612	104063	44601	88689	25240	22848
350	7767	986	83	12849	6884	10140	4244	3112
629	1125	88		2468	1432	847	1187	406
564	66263	3877	3466	114900	54936	112382	39722	38153
169	8288	195	58	15815	7843	6269	4358	2243
103	35201	2695	391	60711	29532	57176	21831	15859
15	1775		1233	7701	5937	5533	5052	1856
277	20999	987	1784	30673	11623	43405	8481	18195
22767	411720	17913	18428	646524	260341	359824	197978	112222
2775	40700	484	1603	64527	25365	37601	16292	13017
17975	297612	11692	16729	466057	185872	215540	145017	67697
1630	54107	5446	97	89537	41311	91729	30254	23212
387	19301	290		26403	7792	14955	6415	8296
1125	100139	3611	809	134392	38827	39504	25219	12181
855	73883	3394	809	101884	32071	27980	20011	8390
	8202			9992	1820	3923	1400	1363
	1679			2071	392	821	365	362
20	1414	42		1653	281	1076	164	451
251	14961	175		18792	4263	5704	3278	1615

1-2 续表 21

指标名称	代码	资产减值损失	公允价值变动收益	投资收益	营业外收入	补贴收入
造纸和纸制品业	2200	21		-81476	10426	4446
纸浆制造	2210	-164		16	4830	977
造纸	2220	82		-33712	4842	3190
纸制品制造	2230	104		-47780	754	280
印刷和记录媒介复制业	2300	8		-5399	697	64
印刷	2310	8		-5399	697	64
装订及印刷相关服务	2320					
记录媒介复制	2330					
文教、工美、体育和娱乐用品制造业	2400	8			301	199
文教办公用品制造	2410				17	
工艺美术品制造	2430	8			247	183
体育用品制造	2440				32	10
玩具制造	2450				6	5
石油加工、炼焦和核燃料加工业	2500	23138		-117	5581	1168
精炼石油产品制造	2510	23138		-117	5581	1168
炼焦	2520					
化学原料和化学制品制造业	2600	33846	-284	-84740	64870	63699
基础化学原料制造	2610	19883		1472	50018	46956
肥料制造	2620	5974	-6	-13144	7483	4404
农药制造	2630	183	22	-15231	1370	9573
涂料、油墨、颜料及类似产品制造	2640	-738		-14464	1052	828
合成材料制造	2650				40	40
专用化学产品制造	2660	2933	-302	-58687	2993	1161
炸药、火工及焰火产品制造	2670			91	112	5
日用化学产品制造	2680	5610	2	15223	1802	732
医药制造业	2700	4759		-12579	26210	16028
化学药品原料药制造	2710	210		-11284	1138	978
化学药品制剂制造	2720			-44	277	4
中药饮片加工	2730			-2490	5	1
中成药生产	2740	634		2607	23920	15045
兽用药品制造	2750	28		-1645	49	
生物药品制造	2760	3889		278	819	
卫生材料及医药用品制造	2770	-1			3	
化学纤维制造业	2800					
合成纤维制造	2820					
橡胶和塑料制品业	2900	1708		-120450	2894	1539
橡胶制品业	2910	1561			1352	634
塑料制品业	2920	148		-120450	1541	906
非金属矿物制品业	3000	5915	-10507	2460	31062	20854
水泥、石灰和石膏制造	3010	1405	-10131	1065	26418	13892
石膏、水泥制品及类似制品制造	3020	106	28	-3033	-1964	464
砖瓦、石材等建筑材料制造	3030	106	-9	252	2431	1041
玻璃制造	3040	309		39	379	296
玻璃制品制造	3050				362	11
玻璃纤维和玻璃纤维增强塑料制品制造	3060					
陶瓷制品制造	3070	430	-552	-356	675	108
耐火材料制品制造	3080			40	75	75
石墨及其他非金属矿物制品制造	3090	3558	157	4453	2686	4967

单位：万元

营业外支出	利润总额	应交所得税	亏损企业亏损总额	利税总额	应交税金及附加	本年应付职工薪酬	本年应交增值税	从业人员平均人数(人)
7714	103439	7664	95334	209217	122586	186313	90582	44774
2864	-29463	7	36902	-19790	11233	20668	9408	4640
4100	76269	1957	57092	134245	65855	120958	49443	26932
750	56633	5701	1340	94762	45499	44687	31731	13202
516	101798	6823	1986	137060	44127	53980	29078	12588
450	84728	6823	1986	114907	39041	50620	26083	12169
	572			807	235	220	182	51
66	16498			21346	4851	3140	2813	368
2177	50395	1531	267	77360	29782	104404	23433	36955
1089	213	6	24	349	176	608	110	206
1069	40321	1347	242	60346	22498	84834	17504	30008
1	885	175		1326	631	2651	423	791
18	8976	3		15338	6477	16311	5396	5950
1757	-140711	7217	186717	1591565	1742069	52869	588856	5058
1757	-137826	7217	183832	1594149	1741768	52147	588728	4820
	-2885		2885	-2584	301	722	128	238
9701	604248	58864	63127	894185	367100	370117	229993	95700
2805	104185	13960	34366	155852	70829	69536	43596	16040
1489	67843	7976	5544	94332	36353	67655	21103	18810
147	71303	9038		103094	41773	33066	27892	7611
945	31931	4267	9937	55362	28531	32824	18794	8634
0	1207	5		1662	464	1138	365	250
2611	229211	15442	7584	313032	103571	61690	72467	15193
849	56724	4602	404	96283	47564	65616	16793	19137
855	41845	3575	5293	74570	38016	38592	28985	10025
19739	416998	46917	12561	610533	249074	189204	167156	39867
150	15594	773	1286	21552	7303	13116	4272	2716
1784	56596	4655	518	70563	19220	16640	12064	3810
118	23181	993		32675	11130	13047	7752	2743
16807	297301	39402	7797	444491	192117	122783	128287	25154
459	20367	421	249	27825	8607	13124	6349	3528
217	2107	311	2579	9046	7440	7690	6604	1304
204	1853	362	131	4380	3258	2805	1828	612
	-23		23	12	36	86	32	48
	-23		23	12	36	86	32	48
5984	119783	6963	8204	194032	83973	96026	60336	30948
108	5354	443	2682	12883	8861	22060	6183	5378
5877	114430	6520	5522	181149	75112	73965	54154	25570
47472	1195328	104311	30810	1819262	762265	647160	520484	177220
7994	532336	74893	14877	753977	314292	174437	187386	43466
13862	196829	15624	8167	328471	150752	118154	113259	29583
22528	343601	8086	4570	517644	189146	158451	138384	47700
267	14674	172	973	21129	6879	8852	5974	1968
904	9194	1183	755	13782	6052	16998	3577	3918
	17			36	21	115	17	40
107	50375	1673	614	100917	53123	137738	45047	42608
136	5512			11878	6433	5437	4406	1415
1675	42789	2680	855	71431	35567	26980	22435	6522

1-2 续表 22

指标名称	代码	资产减值损失	公允价值变动收益	投资收益	营业外收入	补贴收入
黑色金属冶炼和压延加工业	3100	20572	50	-62542	44866	9261
炼铁	3110				15	
炼钢	3120					
黑色金属铸造	3130				-4971	31
钢压延加工	3140	951	50	2242	19371	3698
铁合金冶炼	3150	19621		-64784	30451	5532
有色金属冶炼和压延加工业	3200	1368	54	12219	68643	35236
常用有色金属冶炼	3210	1128		11481	60915	33173
贵金属冶炼	3220	-20	54	425	342	300
稀有稀土金属冶炼	3230	-171		19	3098	52
有色金属合金制造	3240			183	1	1
有色金属压延加工	3260	432		111	4288	1710
金属制品业	3300	835		132	3723	2041
结构性金属制品制造	3310	36		126	948	78
金属工具制造	3320	89			194	1
集装箱及金属包装容器制造	3330	305		-211	57	50
金属丝绳及其制品制造	3340			30	853	853
建筑、安全用金属制品制造	3350				337	41
金属表面处理及热处理加工	3360			120	1	
搪瓷制品制造	3370				44	
金属制日用品制造	3380				499	251
其他金属制品制造	3390	406		67	791	767
通用设备制造业	3400	-1332		-18245	12821	2750
锅炉及原动设备制造	3410	-2184		-3103	6535	407
金属加工机械制造	3420	695		-3058	794	197
物料搬运设备制造	3430	-72		-11658	1362	1102
泵、阀门、压缩机及类似机械制造	3440	167			3237	635
轴承、齿轮和传动部件制造	3450	65			224	2
烘炉、风机、衡器、包装等设备制造	3460	-3			317	251
文化、办公用机械制造	3470					
通用零部件制造	3480			-426	353	156
其他通用设备制造业	3490					
专用设备制造业	3500	18060	-22	4666	26548	8514
采矿、冶金、建筑专用设备制造	3510	17382		2040	16677	5579
化工、木材、非金属加工专用设备制造	3520	394		327	3747	467
食品、饮料、烟草及饲料生产专用设备制造	3530				5	
印刷、制药、日化及日用品生产专用设备制造	3540				25	15
电子和电工机械专用设备制造	3560	-194	-22	14060	532	
农、林、牧、渔专用机械制造	3570	771		166	1201	185
医疗仪器设备及器械制造	3580			-6758	1341	1169
环保、社会公共服务及其他专用设备制造	3590	-294		-5169	3020	1099
汽车制造业	3600	16891	48	-6971	35481	20134
汽车整车制造	3610	7103		65	10942	4597
改装汽车制造	3620	899		-2201	2198	897
低速载货汽车制造	3630			-8	2	0
汽车车身、挂车制造	3650	-50			147	
汽车零部件及配件制造	3660	8939	48	-4828	22192	14640

单位：万元

营业外支出	利润总额	应交所得税	亏损企业亏损总额	利税总额	应交税金及附加	本年应付职工薪酬	本年应交增值税	从业人员平均人数(人)
55721	658281	43826	81929	1363008	772961	433055	612532	86764
1	11663	111	2325	17475	5980	3631	4884	900
20483	152			1878	1726	571	1567	232
1564	95731	4972	5008	140429	52662	35152	34671	9903
8493	356404	12878	11015	833505	503227	275083	411987	46268
25180	194332	25866	63581	369721	209366	118618	159422	29461
16972	76974	-2003	195094	436946	371909	321375	330248	61989
16103	-8489	-6087	174988	319341	333339	267265	303905	47303
124	-4219	65	4219	-4115	346	3114	57	972
417	52269	2667	3692	67276	17801	5784	12703	1787
32	-581	38	732	-436	191	811	126	135
295	37994	1313	11462	54881	20231	44401	13458	11792
4635	122741	8149	5405	220109	109358	112157	82973	27328
2922	71013	2242	4470	141704	74471	35936	60902	10402
35	6732	144	105	10108	4077	19835	2763	4613
72	957	139	375	1660	887	2379	503	839
500	13670	2469		15297	4585	2313	1413	345
211	2736	96	9	3772	1153	1367	878	326
293	1851	11	67	3682	1883	2224	1283	923
11	5334	288		7903	3126	3714	2367	1352
283	15657	1992		28391	15520	28077	10327	5322
309	4791	769	379	7591	3657	16313	2536	3206
4538	196420	27699	10139	299263	138686	222875	88984	34295
1684	118992	17919	3812	186014	88578	131650	58987	14487
761	15265	2574	1550	19976	7936	12225	4173	3795
69	5466	1434	1176	14020	11097	19867	7028	3019
1257	8638	1435	1852	12082	5161	14589	3043	2607
226	10562	897	1010	17688	8829	10314	5868	2976
24	2017	439	474	3438	2020	3485	1218	943
	166			540	386	425	360	108
518	21499	1153	152	27863	8921	26843	5297	5517
	13816	1850	113	17643	5758	3477	3011	843
24734	218411	24855	44463	330705	146088	190543	84390	45351
16271	134604	17091	32164	199490	86987	92650	45187	22953
2148	12966	1956	15	23972	13315	25055	9375	4841
24	15748	1510		20502	7279	9006	4052	2419
	8585	305		11694	3497	4335	2739	806
3800	-4630	-2220	6243	-2986	-100	2873	1472	488
615	30535	4130	4742	46860	21682	32072	12999	8299
9	9226	953	1299	14850	7026	14625	4542	3598
1866	11378	1128		16323	6401	9927	4024	1947
13499	832682	132453	35960	1529664	857891	729596	408114	139118
8149	460726	85385	9557	920307	554383	349418	231582	27699
344	-9517	241	11558	-4137	6433	17487	4847	2858
152	423	110		423	302	1827		434
5	4485	554		7674	3845	13035	2977	1359
4849	376565	46164	14845	605398	292928	347830	168709	106768

1-2 续表 23

指标名称	代码	资产减值损失	公允价值变动收益	投资收益	营业外收入	补贴收入
铁路、船舶、航空航天和其他运输设备制造业	3700	974		159	6718	3205
铁路运输设备制造	3710			27	2849	2133
船舶及相关装置制造	3730	40		132	3281	511
航空、航天器及设备制造	3740				7	
摩托车制造	3750	935			581	560
电气机械和器材制造业	3800	515		-185018	19905	3875
电机制造	3810				1800	794
输配电及控制设备制造	3820	452		-54085	14090	1214
电线、电缆、光缆及电工器材制造	3830	108		-113189	3265	1352
电池制造	3840	-45		-2106	128	120
家用电力器具制造	3850				44	
非电力家用器具制造	3860					
照明器具制造	3870			-6112	578	395
其他电气机械及器材制造	3890			-9526		
计算机、通信和其他电子设备制造业	3900	2445	-528	-53207	11769	3016
计算机制造	3910	15		6	6642	927
通信设备制造	3920	819		-3462	1870	837
广播电视设备制造	3930			-47883	7	7
雷达及配套设备制造	3940	34		122	479	225
视听设备制造	3950				75	
电子器件制造	3960		-528	15	1613	382
电子元件制造	3970	309		141	470	64
其他电子设备制造	3990	1267		-2146	613	576
仪器仪表制造业	4000	147		438	399	96
通用仪器仪表制造	4010	147		381	290	33
专用仪器仪表制造	4020					
钟表与计时仪器制造	4030			57	7	
光学仪器及眼镜制造	4040				102	63
其他仪器仪表制造业	4090					
其他制造业	4100				131	77
日用杂品制造	4110				69	21
煤制品制造	4120					
核辐射加工	4130					
其他未列明制造业	4190				62	57
废弃资源综合利用业	4200	5		1359	20	2
金属废料和碎屑加工处理	4210			1360	19	2
非金属废料和碎屑加工处理	4220	5		-1	2	
金属制品、机械和设备修理业	4300				1	1
专用设备修理	4330					
电气设备修理	4350				1	1
电力、热力、燃气及水生产和供应业	**D**	**9562**	**4189**	**7212**	**199284**	**157166**
电力、热力生产和供应业	4400	2395	4189	6609	196541	156925
电力生产	4410	91	4189	6920	35419	19227
电力供应	4420	3038		-311	156053	137524
热力生产和供应	4430	-734			5069	175
燃气生产和供应业	4500	6998			284	92
水的生产和供应业	4600	169		603	2459	149
自来水生产和供应	4610	169		603	2459	149

单位：万元

营业外支出	利润总额	应交所得税	亏损企业亏损总额	利税总额	应交税金及附加	本年应付职工薪酬	本年应交增值税	从业人员平均人数(人)
3229	109959	3013	3574	162062	62112	110861	38997	23752
790	-3476	7	3500	1282	4867	22034	4209	4506
2404	88955	1520	74	125934	45345	74433	29949	17167
11	7996			7998	8	7663		750
25	16485	1486		26848	11892	6731	4839	1329
2014	534227	33957	19097	679611	185519	145097	126359	39934
168	125528	1071	947	134479	10198	22257	8299	5978
405	184385	20100	18006	242032	80726	65357	48607	18061
906	88627	2871	53	129089	45024	30999	34837	8473
5	109506	6118		139819	36623	11607	27434	3644
1	518	35	53	1086	607	1881	508	712
	5			10	5	90	3	30
513	11583	2326		14792	5688	4463	2875	1504
16	14074	1437	39	18305	6648	8442	3798	1532
14258	696189	14695	5839	839939	167884	294468	123213	75343
7505	292152	2956	1507	354351	70100	83418	53953	19321
1159	84352	3427	1887	109491	29333	45972	21676	11527
272	9100	1454		21089	15331	5637	9886	1299
143	-333	128	1573	674	1386	10517	922	1180
3	16719	177	54	34339	18438	64102	15651	18738
227	71629	618	797	73796	3316	14783	1763	3941
184	185462	4366	21	205948	25166	59961	17441	15177
4766	37108	1569		40251	4816	10078	1919	4160
16	23524	1102	762	30746	9059	13555	5736	4419
16	9405	863	591	13268	5219	7219	3334	2634
	2979	234		3576	1018	1084	544	184
	1519			2443	925	1943	651	551
	8464	5	171	9797	1390	2158	754	827
	1158			1662	508	1152	454	223
143	18673	155	660	26980	8931	11729	7175	3579
73	9945	3	660	14972	5306	8042	4268	2489
	261			294	32	290	23	110
	1032	134		1261	397	228	208	46
70	7435	18		10453	3195	3168	2676	934
184	33792	1707	697	93305	61705	24454	54014	3787
184	32573	1494	664	91089	60429	16581	53405	2831
	1219	213	33	2216	1276	7873	609	956
6	1941	162		4084	2394	7018	1787	593
	1583	65		1926	451	495	196	109
6	358	97		2158	1942	6523	1591	484
18887	**494882**	**98047**	**154617**	**1244605**	**873634**	**1028227**	**684214**	**128003**
17577	446750	90050	151575	1179959	846783	969696	671415	117271
6452	433996	54405	51615	780648	415860	184258	318588	24197
9466	-1931	33414	99960	364991	408379	753259	334511	88148
1659	14685	2230		34320	22544	32179	18316	4926
277	8485	2587	2119	12513	7100	10398	2334	1968
1033	39646	5411	922	52133	19752	48133	10465	8764
1021	38100	5394	922	50453	19562	47638	10388	8582

1-3 规模以上国有控股

指标名称	代码	企业单位数(个)	亏损企业	工业总产值(当年价格)	工业销售产值(当年价格)	出口交货值
总　计	**1**	**547**	**149**	**55190718**	**53088526**	**878207**
#轻工业	2	140	33	6643653	6239998	142717
重工业	3	407	116	48547065	46848528	735490
国有控股企业	4	547	149	55190718	53088526	878207
大型企业	5	54	13	31290031	30420295	641775
中型企业	6	222	59	20047523	18976129	198347
小型企业	7	534	134	5692391	5506521	84328
亏损企业	8	321	321	24321948	22611465	729595
农村工业	9	11		141137	135600	147
一、按登记注册类型分组						
内资企业	**10**	**530**	**147**	**47288171**	**45354945**	**773578**
国有企业	11	176	31	11110367	10820153	71313
中央企业	12	21	2	1413237	1360141	26204
地方企业	13	155	29	9697130	9460012	45109
股份合作企业	14	1	1	168792	109340	
联营企业	15	1	1	2862	2872	
国有与集体联营企业	16	1	1	2862	2872	
有限责任公司	17	288	95	23208453	21693088	255462
国有独资公司	18	76	27	8146570	8040644	55590
其他有限责任公司	19	212	68	15061883	13652444	199872
股份有限公司	20	63	19	12784665	12716460	446802
其他企业	21	1		13033	13033	
港、澳、台商投资企业	**22**	**8**		**237115**	**226018**	
合资经营企业(港或澳、台资)	23	7		229245	218594	
港澳台商独资经营企业	24	1		7870	7425	
外商投资企业	**25**	**9**	**2**	**7665432**	**7507562**	**104629**
中外合资经营企业	26	8	2	7467087	7309535	104629
中外合作经营企业	27	1		198345	198027	
二、按经济组织类型分组						
独资企业	**28**	**942**	**121**	**31419851**	**30454605**	**3067199**
国有企业	29	176	31	11110367	10820153	71313
港澳台商独资经营企业	30	1		7870	7425	
合作、合伙企业	**31**	**195**	**17**	**5001494**	**4812285**	**163303**
股份合作企业	32	1	1	168792	109340	
国有与集体联营企业	33	1	1	2862	2872	
中外合作经营企业	34	1		198345	198027	
其他企业(内资)	35	1		13033	13033	
股份有限公司	**36**	**173**	**33**	**17203752**	**16988261**	**560446**
股份有限公司(内资)	37	63	19	12784665	12716460	446802
有限责任公司	**38**	**4009**	**734**	**123356832**	**115968363**	**2679561**
国有独资公司	39	76	27	8146570	8040644	55590
合资经营企业(港或澳、台资)	40	7		229245	218594	
中外合资经营企业	41	8	2	7467087	7309535	104629
其他有限责任公司	42	212	68	15061883	13652444	199872

工业企业主要经济指标

单位：万元

年初存货	产成品	资产总计	流动资产合计	应收账款	存货	产成品	在产品	固定资产合计	固定资产原价
6263733	**2052970**	**58970838**	**21871678**	**3385648**	**6152745**	**2077100**	**731912**	**26658522**	**38707790**
1049388	358867	6855743	3446680	629783	1061910	276871	24256	2664513	3559617
5214344	1694104	52115095	18424997	2755865	5090835	1800229	707656	23994009	35148173
6263733	2052970	58970838	21871678	3385648	6152745	2077100	731912	26658522	38707790
3465792	1190463	30644047	13210661	1858768	3751161	1308044	362460	12062783	18689409
2482940	767933	19608610	6998036	1096033	2061087	573565	357190	8877121	12187427
499490	154519	10291767	2536246	638896	584872	303502	13324	6087379	8550213
3637022	1289089	30321170	10606154	1549846	3133083	1230014	495423	13800577	20048313
853	388	9313	5361	1642	973	707		1867	3338
5472333	**1449933**	**53668687**	**18721199**	**3002670**	**5306677**	**1450909**	**719851**	**24957270**	**36742004**
1250770	159827	9819034	3890316	497897	1407905	197003	175927	4791996	6983593
149447	24843	1845012	717707	213664	162786	21483	29222	1027007	1432171
1101324	134984	7974022	3172609	284233	1245119	175520	146705	3764989	5551422
2548	1716	26461	8799	4280	2409	1484		16315	17742
2151	89	2422	2384	356	1850	90		38	186
2151	89	2422	2384	356	1850	90		38	186
2219986	729738	30443468	9906263	1740306	2406200	781854	322067	14548364	21725384
290935	70346	13199577	3127138	433793	423225	97164	58264	6131401	10045236
1929051	659392	17243892	6779125	1306513	1982975	684690	263803	8416963	11680148
1996510	558194	13376896	4913069	759755	1488066	470275	221857	5600520	8015053
369	369	404	367	77	247	204		37	47
32226	**8887**	**344643**	**119337**	**51328**	**33284**	**11574**	**776**	**203986**	**297038**
32145	8887	340130	116631	49971	33185	11574	776	202180	294064
80		4514	2706	1357	99			1806	2974
759174	**594151**	**4957508**	**3031141**	**331650**	**812784**	**614617**	**11286**	**1497266**	**1668748**
759174	594151	4840715	3028845	331650	812784	614617	11286	1382770	1554252
		116793	2296					114497	114497
2406768	**593452**	**20346769**	**9453301**	**1884230**	**2743841**	**724821**	**357342**	**8952704**	**13211737**
1250770	159827	9819034	3890316	497897	1407905	197003	175927	4791996	6983593
80		4514	2706	1357	99			1806	2974
158489	**78137**	**1507385**	**668499**	**199331**	**201592**	**100575**	**23606**	**711943**	**902193**
2548	1716	26461	8799	4280	2409	1484		16315	17742
2151	89	2422	2384	356	1850	90		38	186
		116793	2296					114497	114497
369	369	404	367	77	247	204		37	47
2359618	**713852**	**16987999**	**6981789**	**1034632**	**1922010**	**697766**	**246206**	**6663228**	**9596415**
1996510	558194	13376896	4913069	759755	1488066	470275	221857	5600520	8015053
9254474	**4020001**	**89150987**	**41989650**	**8508350**	**10933458**	**5088311**	**1032799**	**34208800**	**47163137**
290935	70346	13199577	3127138	433793	423225	97164	58264	6131401	10045236
32145	8887	340130	116631	49971	33185	11574	776	202180	294064
759174	594151	4840715	3028845	331650	812784	614617	11286	1382770	1554252
1929051	659392	17243892	6779125	1306513	1982975	684690	263803	8416963	11680148

1-3 续表 1

指标名称	代码	企业单位数(个)	亏损企业	工业总产值(当年价格)	工业销售产值(当年价格)	出口交货值
三、按行业分组						
采矿业	**B**	**46**	**11**	**1448715**	**1417441**	**13016**
煤炭开采和洗选业	600	6	1	213039	209976	
烟煤和无烟煤开采洗选	610	1		8673	8603	
褐煤开采洗选	620	5	1	204366	201374	
石油和天然气开采业	700	1		198345	198027	
石油开采	710	1		198345	198027	
黑色金属矿采选业	800	6	3	89707	86544	
铁矿采选	810	2	1	27039	25321	
锰矿、铬矿采选	820	4	2	62668	61222	
有色金属矿采选业	900	24	4	734537	721163	
常用有色金属矿采选	910	15	4	592242	579452	
贵金属矿采选	920	4		62162	62120	
稀有稀土金属矿采选	930	5		80132	79591	
非金属矿采选业	1000	9	3	213087	201731	13016
土砂石开采	1010	4	1	50928	50919	
采盐	1030	1		3906	3101	
石棉及其他非金属矿采选	1090	4	2	158254	147711	13016
制造业	**C**	**317**	**104**	**42516879**	**40533798**	**828585**
农副食品加工业	1300	38	10	3024159	2728914	43857
谷物磨制	1310	3	1	21583	20916	
饲料加工	1320	4		39245	38499	
植物油加工	1330	1		1056033	1060595	
制糖业	1340	20	9	1605212	1312048	
屠宰及肉类加工	1350	3		145238	145238	
水产品加工	1360	1		93659	91787	43857
蔬菜、水果和坚果加工	1370	3		25119	24691	
其他农副食品加工	1390	3		38070	35140	
食品制造业	1400	7		118400	104157	51
焙烤食品制造	1410	2		18956	18956	
乳制品制造	1440	2		9207	9081	
调味品、发酵制品制造	1460	2		82652	69600	51
其他食品制造	1490	1		7585	6520	
酒、饮料和精制茶制造业	1500	7	1	380022	352794	13179
酒的制造	1510	4	1	358293	334248	12519
饮料制造	1520	1		6514	6500	
精制茶加工	1530	2		15215	12047	659
烟草制品业	1600	2		1924483	1886516	25
烟叶复烤	1610	1		8725	9642	
卷烟制造	1620	1		1915758	1876874	25
纺织业	1700	8	1	159708	153427	983
棉纺织及印染精加工	1710	1		102680	97637	
毛纺织及染整精加工	1720	1		2139	2139	
麻纺织及染整精加工	1730	2		8080	6964	
丝绢纺织及印染精加工	1740	1		32974	32651	
针织或钩针编织物及其制品制造	1760	2	1	6809	6809	
非家用纺织制成品制造	1780	1		7026	7227	983
纺织服装、服饰业	1800	3	1	25135	24488	
机织服装制造	1810	3	1	25135	24488	

单位：万元

年初存货	产成品	资产总计	流动资产合计	应收账款	存货	产成品	在产品	固定资产合计	固定资产原价
70412	**26865**	**1947618**	**568363**	**126763**	**71154**	**42690**	**6318**	**513210**	**695817**
21703	11408	943115	204408	39333	29087	20109	36	146133	194604
655	3	22533	12160	196	704	35		7972	13782
21049	11405	920581	192247	39136	28383	20074	36	138161	180822
		116793	2296					114497	114497
		116793	2296					114497	114497
5760	949	65026	21794	6957	8359	6963		8898	15043
336	290	4259	1094	262	305	290		2784	4379
5424	659	60767	20700	6695	8055	6674		6115	10665
26680	13637	699543	301879	70323	24188	11058	4378	161209	249097
18428	7869	622170	271799	60103	18669	8977	1741	123901	201834
198	62	8843	3576		83	1		2804	19441
8055	5706	68531	26504	10220	5436	2080	2637	34504	27822
16268	872	123141	37986	10150	9520	4560	1904	82472	122575
37		30399	7308	1312	1302	220	1046	20535	34965
476		805	688	33	640	622		116	367
15755	872	91937	29989	8805	7578	3718	858	61820	87243
6002820	**2013205**	**36456396**	**18096970**	**2752723**	**5864093**	**2021269**	**719406**	**12214008**	**17069968**
355770	243251	2153220	1315090	158323	305212	146146	4752	677305	1062891
13989	1405	25310	17392	1276	14075	1375		5113	13542
551	107	12671	9597	1965	2877	972		3074	2689
132576	110829	385577	307164	109	146169	63412		75304	100169
202680	127695	1662211	942448	141634	134383	75738	3980	575954	900267
123	15	12830	1629	287	101	20		4581	5634
2776	1353	20625	12543	5803	2584	1264		8082	31854
1278	1180	19619	14351	5147	1699	1269		1735	2516
1797	667	14378	9967	2104	3325	2097	771	3461	6220
10712	4230	149012	42028	17504	16085	6235	3163	102634	127777
305		5853	4781	645	359			1001	1614
224	3	6845	2097	575	186	17		4748	6795
10183	4228	133764	32894	15457	14143	5834	3163	96590	118117
		2550	2256	827	1398	384		294	1251
64449	35127	494000	229064	12985	87755	47032		89449	112683
62191	34857	488654	225579	12903	84970	46709		87800	110668
37		937	175	19	51	8		560	891
2221	270	4410	3310	63	2733	315		1089	1125
462566	18627	1486630	1010075	293856	492380	23914	426	474623	558757
1889	1340	51744	42697	1199	1540	1340		7116	15367
460677	17288	1434886	967378	292657	490841	22575	426	467508	543390
18716	7664	121680	90407	10214	20501	7923	8172	26449	43827
11768	3193	78366	73057	8201	12213	4050	6786	5309	19402
1		3451	2370	80	50			571	1566
1247	184	5213	2198	56	1937	434		2467	2506
2914	1501	6924	5979	234	3480	2160		939	1048
		15447	3482	1298	36			8837	14460
2787	2787	12279	3321	345	2786	1279	1386	8326	4846
910	232	13493	7285	877	912	277		5923	9211
910	232	13493	7285	877	912	277		5923	9211

1-3 续表 2

指标名称	代码	企业单位数(个)	亏损企业	工业总产值(当年价格)	工业销售产值(当年价格)	出口交货值
木材加工和木、竹、藤、棕、草制品业	2000	17	7	420336	360072	
木材加工	2010	5	2	45343	39276	
人造板制造	2020	12	5	374993	320796	
造纸和纸制品业	2200	13	6	205573	197723	15097
纸浆制造	2210	3	3	86387	77183	
造纸	2220	4	2	60807	59812	1396
纸制品制造	2230	6	1	58378	60729	13701
印刷和记录媒介复制业	2300	17	4	222963	223059	
印刷	2310	17	4	222963	223059	
文教、工美、体育和娱乐用品制造业	2400	3	1	10490	9192	
工艺美术品制造	2430	3	1	10490	9192	
石油加工、炼焦和核燃料加工业	2500	5	3	7900427	7856241	12020
精炼石油产品制造	2510	5	3	7900427	7856241	12020
化学原料和化学制品制造业	2600	31	11	1536295	1461183	67603
基础化学原料制造	2610	9	6	172533	173939	7760
肥料制造	2620	7	1	531445	512466	10968
农药制造	2630	4		392453	355515	
涂料、油墨、颜料及类似产品制造	2640	1	1	52778	54240	
专用化学产品制造	2660	8	3	262996	244114	20918
炸药、火工及焰火产品制造	2670	1		20315	20446	
日用化学产品制造	2680	1		103776	100463	27958
医药制造业	2700	8	1	64878	64949	
中药饮片加工	2730	2		16079	15946	
中成药生产	2740	6	1	48799	49003	
橡胶和塑料制品业	2900	8	3	322166	243593	17297
橡胶制品业	2910	5	3	226686	151431	17297
塑料制品业	2920	3		95480	92162	
非金属矿物制品业	3000	33	7	1271234	1153160	10586
水泥、石灰和石膏制造	3010	16	4	1022550	914246	2121
石膏、水泥制品及类似制品制造	3020	9	1	145993	142020	
砖瓦、石材等建筑材料制造	3030	1		11125	11125	
玻璃制造	3040	2	1	9605	8461	
陶瓷制品制造	3070	2	1	17816	16803	
石墨及其他非金属矿物制品制造	3090	3		64146	60505	8465
黑色金属冶炼和压延加工业	3100	12	4	8258245	7966884	43728
黑色金属铸造	3130	1	1	6794	6383	
钢压延加工	3140	5	1	6165150	6111816	43728
铁合金冶炼	3150	6	2	2086300	1848685	
有色金属冶炼和压延加工业	3200	24	17	4014092	3519338	48456
常用有色金属冶炼	3210	17	13	3539653	3124224	10409
贵金属冶炼	3220	2	2	12018	12018	
稀有稀土金属冶炼	3230	1		125141	106666	
有色金属压延加工	3260	4	2	337281	276430	38047
金属制品业	3300	8	1	497530	464398	9509
结构性金属制品制造	3310	6	1	398154	365138	685
集装箱及金属包装容器制造	3330	1		6897	6897	
其他金属制品制造	3390	1		92480	92363	8824

单位：万元

年初存货		资产总计							
	产成品		流动资产合计	应收账款	存　货			固定资产合　计	固定资产原　价
						产成品	在产品		
42651	25634	358644	156882	49272	62281	36027	8502	168086	204518
2493	1468	37429	17846	7106	2399	1663		17682	24366
40157	24166	321214	139036	42167	59882	34364	8502	150404	180152
43982	14941	454847	110834	36722	40522	18144	1541	240939	429817
23763	10455	273475	54105	22110	19575	9065	358	151235	307872
11759	1890	135741	34461	6682	13789	6960	544	68372	89668
8461	2596	45631	22268	7929	7158	2119	639	21333	32277
24010	6115	185345	86435	41508	18835	5312	1510	84721	150073
24010	6115	185345	86435	41508	18835	5312	1510	84721	150073
244	225	9606	6334	2552	961	701	249	3165	4739
244	225	9606	6334	2552	961	701	249	3165	4739
1146229	173432	3663598	1205600	35028	714943	155304	69818	1790244	2233421
1146229	173432	3663598	1205600	35028	714943	155304	69818	1790244	2233421
276408	129003	2307034	881507	117299	281496	133010	9509	1083246	1687217
39318	22446	518467	178281	16585	31396	16330	4488	289565	416443
144788	62074	948554	385959	59345	146676	69796	2216	462341	809950
52973	22188	225530	105851	18323	57850	22217		117975	180960
11105	6045	125795	17640	171	10923	2801	643	86656	110814
10725	9297	111151	60080	10389	11555	10203		47920	65305
2475	575	25342	7052	451	2083	435	115	18290	11965
15024	6378	352195	126645	12035	21015	11228	2047	60499	91780
8001	4585	66373	43200	9151	8486	4154	1270	21917	28123
859	847	3503	2787	1053	374	179		303	1499
7142	3738	62870	40413	8099	8111	3975	1270	21614	26624
35076	15059	469006	170661	34505	37629	17067	2424	285914	138327
29315	14180	431050	143380	18414	31306	15366	1433	276691	129856
5761	879	37955	27281	16091	6322	1701	991	9224	8471
95591	32929	1474390	525609	112365	84122	25806	29344	804320	1029738
72163	21920	1191935	372452	59118	57945	18225	19839	747262	959198
9167	2713	138991	88546	40835	11357	448	6611	21377	26083
		4775	831	725				3157	4150
1373	778	21793	6705	878	1236	777		3558	6118
2694	2083	23349	5997	601	2985	2069	19	8507	11214
10194	5436	93548	51080	10208	10599	4287	2875	20459	22977
1138924	137731	5710575	2586485	118732	1386615	258520	119720	2331704	3455776
2447	1029	21901	2950		2793	1753		16066	17588
941462	51743	4168028	1932189	103748	1056310	94310	118374	1906131	2843313
195015	84959	1520646	651346	14984	327513	162457	1347	409507	594874
791611	307675	5362847	2087188	220192	767886	133319	330752	2080335	3172647
734151	280198	5070691	1913542	195893	711788	109633	321990	2013105	3089022
947		14249	6464	412	1172			7174	10469
37800	23883	63171	54218	2894	30998	18151	3680	8333	8333
18713	3595	214736	112964	20993	23928	5535	5083	51722	64823
36178	4001	874574	253036	30439	66177	7123	12880	57864	90382
15523	3477	813619	204126	19481	43884	6435	10744	46974	63158
715		1250	1971	736	1234		1044	201	565
19940	525	59705	46940	10222	21059	688	1092	10690	26659

1-3 续表 3

指标名称	代码	企业单位数（个）	亏损企业	工业总产值（当年价格）	工业销售产值（当年价格）	出口交货值
通用设备制造业	3400	16	4	370539	357274	5509
锅炉及原动设备制造	3410	4	1	135996	128602	1834
金属加工机械制造	3420	2		8186	7405	375
物料搬运设备制造	3430	3	1	151977	149662	3301
泵、阀门、压缩机及类似机械制造	3440	3	2	50579	50188	
烘炉、风机、衡器、包装等设备制造	3460	2		8510	8175	
通用零部件制造	3480	1				
其他通用设备制造业	3490	1		15291	13242	
专用设备制造业	3500	17	9	1745027	1697386	338185
采矿、冶金、建筑专用设备制造	3510	8	5	1476535	1458643	330708
化工、木材、非金属加工专用设备制造	3520	3		166679	152444	4726
食品、饮料、烟草及饲料生产专用设备制造	3530	1		25395	25395	27
印刷、制药、日化及日用品生产专用设备制造	3540	1		5095	5095	
电子和电工机械专用设备制造	3560	1	1	12927	12627	
农、林、牧、渔专用机械制造	3570	3	3	58396	43182	2724
汽车制造业	3600	17	7	8888041	8645473	144034
汽车整车制造	3610	4		8233171	8092805	134559
改装汽车制造	3620	5	4	263439	189838	9475
汽车车身、挂车制造	3650	1		102369	88163	
汽车零部件及配件制造	3660	7	3	289061	274667	
铁路、船舶、航空航天和其他运输设备制造业	3700	5	1	358216	352064	11306
铁路运输设备制造	3710	2	1	122624	116471	
船舶及相关装置制造	3730	1		37969	37969	5143
航空、航天器及设备制造	3740	1		146513	146513	
摩托车制造	3750	1		51111	51111	6163
电气机械和器材制造业	3800	7	2	252095	218134	40518
输配电及控制设备制造	3820	4	2	110926	83351	3963
电线、电缆、光缆及电工器材制造	3830	1		64010	65744	1152
电池制造	3840	2		77159	69039	35404
计算机、通信和其他电子设备制造业	3900	9	3	534050	480605	6641
计算机制造	3910	1		284804	284804	
通信设备制造	3920	4	1	144331	112044	243
雷达及配套设备制造	3940	2	1	76773	57851	6397
电子器件制造	3960	1	1	2259	2259	
电子元件制造	3970	1		25884	23647	
金属制品、机械和设备修理业	4300	2		12776	12776	
专用设备修理	4330	1		2007	2007	
电气设备修理	4350	1		10769	10769	
电力、热力、燃气及水生产和供应业	**D**	**184**	**34**	**11225124**	**11137287**	**36607**
电力、热力生产和供应业	4400	155	27	10990922	10905444	36607
电力生产	4410	70	17	2577193	2547793	
电力供应	4420	84	10	8119492	8064812	3081
热力生产和供应	4430	1		294237	292839	33525
燃气生产和供应业	4500	1		16465	16465	
水的生产和供应业	4600	28	7	217737	215379	
自来水生产和供应	4610	28	7	217737	215379	

单位：万元

年初存货	产成品	资产总计	流动资产合计	应收账款	存货	产成品	在产品	固定资产合计	固定资产原价
102995	31437	542647	354088	98980	107913	35649	28496	103834	140072
34470	9104	101101	84493	17104	27747	12821	477	16033	13988
21168	5684	44285	30424	6936	22680	7617	9244	10577	22096
37735	10946	299351	184225	59947	46458	10812	15501	44718	63975
4924	3266	85275	43348	12768	6961	2267	2202	31551	38406
2771	1726	7656	7126	967	2179	1508	187	447	688
1927	711	4980	4473	1258	1888	624	885	507	919
519412	258256	3711009	2196940	771632	442074	214237	42403	261447	399569
481299	249416	2980728	1949734	707188	395971	204756	35846	176089	287431
12619	1586	170761	129063	49405	23178	2828	5663	38772	50732
2100		7876	3673	294	1626	17		3979	5957
2760	858	9351	4137	1709	1195	115		5214	5329
1935	1935	469346	67979	3608	1545	1545		11398	15087
18700	4460	72948	42354	9427	18559	4977	894	25996	35032
712289	525385	5900367	4116436	417130	802583	712828	16344	1289968	1627597
576125	497798	5135519	3525422	198808	672071	618657	7886	1207339	1471739
38564	14837	241198	174412	68926	31517	11696	7130	43074	94666
8152	104	76372	57484	36690	8583	71	372	18888	31235
89448	12646	447278	359118	112705	90413	82404	957	20667	29957
37644	3181	396982	266069	60794	38730	277	5882	100438	148089
11409	3036	119249	87282	52019	11694	96	1434	31946	50354
8631	146	93822	54601	3227	4857	62	1731	9587	21186
2745		111662	70037	833	3773	119	2717	40804	55784
14860		72249	54149	4715	18406			18100	20765
37466	22098	285135	186924	42971	35814	13660	5099	67121	108348
11668	7053	94076	45727	20499	12145	7584	1	40669	71462
12775	4008	69099	34876	4442	11133	3504	4692	7179	14407
13023	11037	121961	106320	18030	12535	2573	406	19273	22478
40555	11986	255345	162717	58101	44169	18605	17153	58961	102380
		9956	3226	1926	202	88		6730	6730
11972	1558	89762	63352	23398	12803	8003	1460	20788	38743
17585	3725	101240	58786	18926	19662	3474	12811	20326	36084
72	10	8815	4174	978	72	10		4196	4017
10925	6694	45572	33179	12873	11430	7031	2881	6920	16806
431	400	10037	6076	1592	13			3402	3991
400	400	3000	1000	332				2000	2000
32		7037	5076	1260	13			1402	1991
190501	**12900**	**20566824**	**3206345**	**506163**	**217498**	**13142**	**6188**	**13931305**	**20942005**
183531	12727	19479345	3002454	493600	209442	12931	6129	13146441	20109717
120889	4211	10611992	1401404	327660	114576	536		7787370	11093382
48722	691	8154721	1265332	158252	72504	1132		5196284	8688485
13920	7825	712632	335718	7688	22362	11263	6129	162786	327850
1346		52875	5301	1855	991			35374	49777
5624	173	1034604	198591	10708	7065	211	59	749490	782511
5624	173	1034604	198591	10708	7065	211	59	749490	782511

1-3 续表 4

指标名称	代码	累计折旧	本年折旧	在建工程	负债合计	流动负债合计
总 计	1	**13733551**	**2139777**	**4783497**	**38656112**	**25081929**
#轻工业	2	1419377	244743	351222	3774193	2924189
重工业	3	12314174	1895034	4432275	34881919	22157739
国有控股企业	4	13733551	2139777	4783497	38656112	25081929
大型企业	5	7573664	1125898	2486224	21143206	15434018
中型企业	6	3905966	647265	2040518	11459513	7777093
小型企业	7	2611557	405814	262994	6884766	2358670
亏损企业	8	6717717	1101804	3457574	23022707	14658758
农村工业	9	1789	152		2362	2253
一、按登记注册类型分组						
内资企业	10	**13099466**	**1990716**	**4445062**	**34720889**	**21265490**
国有企业	11	2377398	350581	668580	6796933	4625121
中央企业	12	453982	84131	20565	1408767	797408
地方企业	13	1923416	266450	648015	5388167	3827713
股份合作企业	14	1426	722	221	20337	20337
联营企业	15	148	7		2836	2762
国有与集体联营企业	16	148	7		2836	2762
有限责任公司	17	7956615	1260138	2808016	20198279	11739811
国有独资公司	18	3871058	596780	1997324	8970082	4922943
其他有限责任公司	19	4085558	663358	810692	11228197	6816869
股份有限公司	20	2763869	379267	968245	7702409	4877403
其他企业	21	9	1		94	57
港、澳、台商投资企业	22	**121521**	**12244**	**10986**	**122196**	**100005**
合资经营企业(港或澳、台资)	23	120353	11953	10986	120481	98290
港澳台商独资经营企业	24	1168	291		1715	1715
外商投资企业	25	**512564**	**136817**	**327449**	**3813027**	**3716433**
中外合资经营企业	26	493582	117835	327449	3805337	3716433
中外合作经营企业	27	18982	18982		7690	
二、按经济组织类型分组						
独资企业	28	**4662383**	**899430**	**874843**	**12728650**	**9808866**
国有企业	29	2377398	350581	668580	6796933	4625121
港澳台商独资经营企业	30	1168	291		1715	1715
合作、合伙企业	31	**271113**	**68307**	**24583**	**700094**	**638534**
股份合作企业	32	1426	722	221	20337	20337
国有与集体联营企业	33	148	7		2836	2762
中外合作经营企业	34	18982	18982		7690	
其他企业(内资)	35	9	1		94	57
股份有限公司	36	**3306438**	**492231**	**1271090**	**9645194**	**6451965**
股份有限公司(内资)	37	2763869	379267	968245	7702409	4877403
有限责任公司	38	**15920718**	**3199921**	**5473222**	**58208207**	**43174125**
国有独资公司	39	3871058	596780	1997324	8970082	4922943
合资经营企业(港或澳、台资)	40	120353	11953	10986	120481	98290
中外合资经营企业	41	493582	117835	327449	3805337	3716433
其他有限责任公司	42	4085558	663358	810692	11228197	6816869

单位：万元

应付账款	非流动负债合计	所有者权益合计	实收资本	国家资本	集体资本	法人资本	个人资本	港澳台资本	外商资本
6752859	**12238915**	**20084936**	**10789632**	**5542836**	**40427**	**4580279**	**290182**	**39108**	**225630**
805710	735676	2970954	1473604	771952	9209	545252	95266	9399	39929
5947149	11503239	17113982	9316028	4770884	31218	4035027	194916	29709	185702
6752859	12238915	20084936	10789632	5542836	40427	4580279	290182	39108	225630
4198041	5167782	9418778	3522121	2197785	6573	975552	223239	12878	106095
2198170	3551322	8022895	5448141	2218987	15186	3065060	51683	23270	59827
445106	3560373	3267344	2126348	1126064	19176	662939	54548	2959	201618
4036218	7363604	7379223	6299941	1919874	44347	3062995	307795	230759	697186
735		6950	1020		519	55	447		
5200881	**12146552**	**18875125**	**10205212**	**5333777**	**36003**	**4456897**	**290002**	**8228**	**9135**
755179	1892479	3009733	1219127	759901	4802	450597	4016		
254877	611353	429024	340918	252884		88034			
500301	1281126	2580709	878209	507016	4802	362563	4016		
1868		6124	10000	10000					
812	74	-360	91	91					
812	74	-360	91	91					
3008181	7934045	10223866	5422754	3451304	23944	1815677	55553		7176
1170176	3990436	4231634	1745522	1391678	1900	335483	3714		746
1838006	3943609	5992232	3677232	2059626	22044	1480194	51838		6430
1434836	2319955	5635452	3553016	1112482	7257	2190623	230209	8228	1959
6		310	225				225		
30203	**22191**	**224847**	**101420**	**29854**	**4424**	**26381**	**180**	**19629**	**20952**
28984	22191	222048	99661	29854	4424	26381	180	17870	20952
1219		2798	1759					1759	
1521776	**70172**	**984964**	**483000**	**179205**		**97001**		**11250**	**195544**
1521776	70172	875861	373897	123562		97001		11250	142083
		109103	109103	55642					53461
2338779	**2476438**	**7518945**	**3349309**	**800866**	**59804**	**753881**	**154839**	**907730**	**647691**
755179	1892479	3009733	1219127	759901	4802	450597	4016		
1219		2798	1759					1759	
177915	**56975**	**720952**	**336582**	**65733**	**20190**	**74434**	**108674**	**2500**	**69533**
1868		6124	10000	10000					
812	74	-360	91	91					
		109103	109103	55642					53461
6		310	225				225		
1845569	**2646967**	**7286860**	**3977471**	**1127731**	**10467**	**2273641**	**503537**	**12918**	**46819**
1434836	2319955	5635452	3553016	1112482	7257	2190623	230209	8228	1959
11431991	**11617036**	**30720176**	**13946304**	**3841083**	**209227**	**5473943**	**2779432**	**363902**	**1130752**
1170176	3990436	4231634	1745522	1391678	1900	335483	3714		746
28984	22191	222048	99661	29854	4424	26381	180	17870	20952
1521776	70172	875861	373897	123562		97001		11250	142083
1838006	3943609	5992232	3677232	2059626	22044	1480194	51838		6430

1-3 续表 5

指标名称	代码	累计折旧	本年折旧	在建工程	负债合计	流动负债合计
三、按行业分组						
采矿业	B	**270067**	**71184**	**130048**	**866913**	**650815**
煤炭开采和洗选业	600	82173	9625	68227	338304	298229
烟煤和无烟煤开采洗选	610	5810	534		8728	4168
褐煤开采洗选	620	76363	9091	68227	329576	294061
石油和天然气开采业	700	18982	18982		7690	
石油开采	710	18982	18982		7690	
黑色金属矿采选业	800	6678	1858	1045	34674	29127
铁矿采选	810	2128	214	389	1593	1251
锰矿、铬矿采选	820	4550	1645	656	33081	27876
有色金属矿采选业	900	110317	28514	56872	414905	296161
常用有色金属矿采选	910	85925	12757	51541	382307	266245
贵金属矿采选	920	17624	13737	988	1990	1980
稀有稀土金属矿采选	930	6767	2020	4344	30608	27936
非金属矿采选业	1000	51918	12205	3904	71341	27298
土砂石开采	1010	14512	1988	1197	19796	5706
采盐	1030	250	17		805	805
石棉及其他非金属矿采选	1090	37155	10200	2707	50740	20788
制造业	C	**5999269**	**1025555**	**2738147**	**23681081**	**18889476**
农副食品加工业	1300	410444	107533	8225	1534406	1375991
谷物磨制	1310	8576	431	563	19206	17030
饲料加工	1320	2208	101	250	8120	4705
植物油加工	1330	24865	6854		308189	307454
制糖业	1340	345143	96030	7198	1162461	1018768
屠宰及肉类加工	1350	1608	413	214	3254	3184
水产品加工	1360	23772	3396		9910	9910
蔬菜、水果和坚果加工	1370	1514	72		13856	10794
其他农副食品加工	1390	2759	235		9409	4146
食品制造业	1400	27304	8962	1576	82573	80716
焙烤食品制造	1410	613	126	71	3039	2839
乳制品制造	1440	2047	412		3626	3626
调味品、发酵制品制造	1460	23688	8377	1505	73358	71701
其他食品制造	1490	957	46		2550	2550
酒、饮料和精制茶制造业	1500	23938	3239	16146	402350	343847
酒的制造	1510	23472	3159	16140	399785	341552
饮料制造	1520	331	32	6	694	694
精制茶加工	1530	136	48		1871	1600
烟草制品业	1600	308265	31388	72746	240159	237320
烟叶复烤	1610	8251	807	578	3630	791
卷烟制造	1620	300014	30582	72168	236529	236529
纺织业	1700	25802	3220	2025	77715	63140
棉纺织及印染精加工	1710	14093	2238		57577	52795
毛纺织及染整精加工	1720	995	65	51	377	377
麻纺织及染整精加工	1730	1504	149	1912	2670	2392
丝绢纺织及印染精加工	1740	109	109		4459	4459
针织或钩针编织物及其制品制造	1760	5623	252	8	4839	2388
非家用纺织制成品制造	1780	3479	408	54	7792	729
纺织服装、服饰业	1800	3393	418	341	6057	4211
机织服装制造	1810	3393	418	341	6057	4211

单位：万元

应付账款	非流动负债合计	所有者权益合计	实收资本	国家资本	集体资本	法人资本	个人资本	港澳台资本	外商资本
57468	**168167**	**1079912**	**259591**	**117562**		**80992**	**1829**		**54207**
23562	35515	604811	33150	13150		20000			
70		13805	3150	3150					
23493	35515	591006	30000	10000		20000			
		109103	109103	55642					53461
		109103	109103	55642					53461
2413	4807	30352	11622	3994		7628			
1	19	2666	1282	1282					
2413	4788	27687	10340	2712		7628			
25538	108622	283846	86933	38851		42282	800		
19932	106148	239816	56797	17235		39562			
79	10	6853	3022	3022					
5527	2464	37176	27114	18594		2720	800		
5955	19224	51800	18783	5925		11082	1029		746
1196	14090	10603	6665	50		6600	15		
661									
4099	5134	41197	12118	5875		4482	1014		746
5642435	**3945328**	**12553108**	**7474860**	**3182592**	**27470**	**3804646**	**261818**	**28779**	**154372**
347890	123970	518142	244988	94298	146	93043	46221		11281
980	2177	6104	2575	1399			1176		
1912	3326	4551	1761	454		1182	124		
156645	500		45000			33750			11250
179030	116013	477401	186307	88576		56841	40859		31
26	70	8640	776	776					
		10714	3500				3500		
7754		5763	2522	1210		750	561		
1544	1885	4968	2548	1882	146	520			
14050	1657	66439	25230	3730		17900	180		3420
1119		2815	1200	200		1000			
1353		3219	30	30					
10268	1657	60406	24000	3500		16900	180		3420
1311									
100611	58503	87523	62239	60289		3043	930		
100172	58233	84805	60714	59714		2092	930		
		242	450			450			
439	271	2476	1074	574		500			
144680	2839	1246471	517054	474529		42525			
213	2839	48114	42525			42525			
144467		1198357	474529	474529					
1911	14575	43965	21046	7076		13546	424		
1170	4783	20789	10310			10310			
39		3074	200			200			
148	278	2542	700	570			130		
87		2465	3000	2706			294		
157	2452	10608	3836	800		3036			
312	7062	4488	3000	3000					
1706	1396	7436	1495	53		1395	47		
1706	1396	7436	1495	53		1395	47		

1-3 续表 6

指标名称	代码	累计折旧	本年折旧	在建工程	负债合计	流动负债合计
木材加工和木、竹、藤、棕、草制品业	2000	62338	9737	2502	220155	175316
木材加工	2010	6718	807	629	16995	16690
人造板制造	2020	55621	8930	1872	203160	158626
造纸和纸制品业	2200	189924	21979	23006	290020	159845
纸浆制造	2210	156637	16166	21126	163624	115679
造纸	2220	19933	4200	619	107760	25993
纸制品制造	2230	13354	1613	1262	18637	18173
印刷和记录媒介复制业	2300	65443	14154	163	71510	70419
印刷	2310	65443	14154	163	71510	70419
文教、工美、体育和娱乐用品制造业	2400	1924	519	350	4575	2770
工艺美术品制造	2430	1924	519	350	4575	2770
石油加工、炼焦和核燃料加工业	2500	443177	126994	587587	1381557	1054437
精炼石油产品制造	2510	443177	126994	587587	1381557	1054437
化学原料和化学制品制造业	2600	666789	97577	49590	1522025	1059298
基础化学原料制造	2610	152196	20085	11737	432892	180212
肥料制造	2620	378790	42243	21674	681921	500533
农药制造	2630	62985	16272	1027	112056	104853
涂料、油墨、颜料及类似产品制造	2640	19544	11773	6254	107715	105640
专用化学产品制造	2660	17833	1240	1074	81576	72280
炸药、火工及焰火产品制造	2670	4160	867	878	10164	10164
日用化学产品制造	2680	31282	5097	6945	95701	85615
医药制造业	2700	13440	1263	640	28361	26841
中药饮片加工	2730	1196	269	310	1932	1932
中成药生产	2740	12243	994	330	26429	24909
橡胶和塑料制品业	2900	45304	9744	160034	367645	212115
橡胶制品业	2910	42254	9262	159936	356128	200598
塑料制品业	2920	3050	482	98	11517	11517
非金属矿物制品业	3000	308818	75065	47673	615352	511701
水泥、石灰和石膏制造	3010	276431	68364	37617	450289	374223
石膏、水泥制品及类似制品制造	3020	14017	2432	8778	97489	91608
砖瓦、石材等建筑材料制造	3030	993	248		436	436
玻璃制造	3040	2571	1755	12	12523	12523
陶瓷制品制造	3070	4430	466	14	15133	15037
石墨及其他非金属矿物制品制造	3090	10375	1801	1252	39483	17875
黑色金属冶炼和压延加工业	3100	1131227	195839	265035	4122069	3574446
黑色金属铸造	3130	2824	1356	1302	27389	26266
钢压延加工	3140	938209	113606	179311	2983401	2537548
铁合金冶炼	3150	190193	80877	84423	1111280	1010632
有色金属冶炼和压延加工业	3200	1235613	124472	671115	4187257	2859162
常用有色金属冶炼	3210	1216000	119932	635467	4008168	2715185
贵金属冶炼	3220	5109	980	1176	8238	7005
稀有稀土金属冶炼	3230	1404	986	12	11954	8097
有色金属压延加工	3260	13101	2575	34461	158898	128875
金属制品业	3300	35948	7030	325650	435182	103342
结构性金属制品制造	3310	19615	5660	325226	386832	60324
集装箱及金属包装容器制造	3330	365	52		1250	685
其他金属制品制造	3390	15969	1318	424	47100	42332

单位：万元

应付账款	非流动负债合计	所有者权益合计	实收资本	国家资本	集体资本	法人资本	个人资本	港澳台资本	外商资本
58834	39023	140888	83024	9473	1286	65119	1146	5000	
8862	305	20434	5393	3020	286	1822	264		
49972	38718	120454	77631	6452	1000	63297	882	5000	
75961	111678	160161	271474	11632		252416	229	1200	5998
50914	47945	109851	206027			206027			
17639	63270	23416	44092			37374		1200	5518
7409	464	26894	21355	11632		9014	229		480
38951	1091	113070	59007	18104	49	34611	622	5370	250
38951	1091	113070	59007	18104	49	34611	622	5370	250
852	1674	4931	988	218		670	100		
852	1674	4931	988	218		670	100		
755151	327120	2282041	2269552	548102		1718020	3430		
755151	327120	2282041	2269552	548102		1718020	3430		
134711	461030	803842	409953	100122	3200	217188	87516		1928
24128	252680	85574	89847	46232		28134	15481		
58516	181388	266633	155086	1663		127984	25439		
13177	7202	113474	17400	3800		1000	12600		
7343	2076	18079	30000	30000					
12805	8424	48409	30520	1970	512	27814	225		
1907		15178	5000	2550		2450			
16835	9260	256495	82100	13907	2688	29806	33771		1928
7115	1520	38012	12100	1383		9867	850		
674		1571	1990			1990			
6441	1520	36440	10110	1383		7877	850		
44009	150850	101019	59445	41765	5940	6341		5400	
39718	150850	74922	45110	32929	5940	6241			
4291		26097	14336	8836		100		5400	
157525	122066	838651	406843	100532	1441	289609	1306	1759	12197
105867	95952	722030	352656	85176		255283			12197
33309	5547	40731	22291	5275	58	13895	1306	1759	
118		4339	2957	1642	1315				
11004		9270	7493	4800		2693			
3076	96	8215	2259	2259					
4152	20471	54065	19187	1380	68	17739			
365338	507624	1588506	509351	385813	3238	101300	19000		
745	1123	-5488	1000			1000			
288012	445852	1184627	247802	229564	3238	15000			
76582	60648	409367	260549	156249		85300	19000		
472356	883917	1167774	1178994	646011	3213	503170	14600		
458845	850037	1061123	1107352	629445	3213	451694	11000		
1175		6011	2466	2166		300			
2894	3857	51217	8000	4400			3600		
9443	30023	49423	61176	10000		51176			
28808	295861	439384	257197	17585		236118	2780		
10758	291093	426779	249298	10400		236118	2780		
140			715						
17910	4768	12605	7185	7185					

1-3 续表 7

指标名称	代码	累计折旧	本年折旧	在建工程	负债合计	流动负债合计
通用设备制造业	3400	43979	8350	29629	358144	326217
锅炉及原动设备制造	3410	3403	751	334	81873	80618
金属加工机械制造	3420	13800	354	2503	35487	34088
物料搬运设备制造	3430	19257	4514	26179	191290	171422
泵、阀门、压缩机及类似机械制造	3440	6856	2631	601	44718	35320
烘炉、风机、衡器、包装等设备制造	3460	252	49	12	1119	1110
通用零部件制造	3480					
其他通用设备制造业	3490	412	50		3659	3659
专用设备制造业	3500	147737	21694	74712	2171470	1480132
采矿、冶金、建筑专用设备制造	3510	111342	17186	54242	1659664	1162783
化工、木材、非金属加工专用设备制造	3520	20109	2600	496	114512	110225
食品、饮料、烟草及饲料生产专用设备制造	3530	1980	569		2383	2383
印刷、制药、日化及日用品生产专用设备制造	3540	115	58		4800	2814
电子和电工机械专用设备制造	3560	3690	726	18508	335210	147025
农、林、牧、渔专用机械制造	3570	10502	556	1465	54902	54902
汽车制造业	3600	645593	124995	368015	4953296	4650900
汽车整车制造	3610	561373	113791	355327	4294506	4272058
改装汽车制造	3620	51592	7951	5	228447	176204
汽车车身、挂车制造	3650	20420	1983	7901	35001	34661
汽车零部件及配件制造	3660	12208	1270	4782	395342	167978
铁路、船舶、航空航天和其他运输设备制造业	3700	65445	14178	11728	277667	258207
铁路运输设备制造	3710	24855	5918	950	93461	92903
船舶及相关装置制造	3730	11599	761	4392	61636	50453
航空、航天器及设备制造	3740	19587	6333	4607	64363	63445
摩托车制造	3750	9405	1166	1779	58208	51407
电气机械和器材制造业	3800	50192	9205	11015	198097	156830
输配电及控制设备制造	3820	34374	6040	3049	51103	43120
电线、电缆、光缆及电工器材制造	3830	7228	869	6640	25765	12962
电池制造	3840	8590	2296	1326	121229	100748
计算机、通信和其他电子设备制造业	3900	46508	7709	8646	129867	100804
计算机制造	3910	1243	802		632	632
通信设备制造	3920	17955	3646	166	21421	20921
雷达及配套设备制造	3940	15758	2310	5069	68839	56398
电子器件制造	3960	1666	101		14268	7143
电子元件制造	3970	9886	851	3410	24707	15710
金属制品、机械和设备修理业	4300	724	292		3571	1473
专用设备修理	4330	135	65		2099	
电气设备修理	4350	589	227		1473	1473
电力、热力、燃气及水生产和供应业	**D**	**7464215**	**1043038**	**1915301**	**14108118**	**5541638**
电力、热力生产和供应业	4400	7170857	1009969	1698434	13431010	5316609
电力生产	4410	3445420	458205	645141	7718617	2307327
电力供应	4420	3546981	522054	1029200	5222340	2585308
热力生产和供应	4430	178456	29711	24093	490053	423974
燃气生产和供应业	4500	14404	1394	7181	25000	10853
水的生产和供应业	4600	278955	31675	209686	652108	214175
自来水生产和供应	4610	278955	31675	209686	652108	214175

单位：万元

应付账款	非流动负债合计	所有者权益合计	实收资本	国家资本	集体资本	法人资本	个人资本	港澳台资本	外商资本
70776	31922	184467	88482	46251	500	39617	2005		
27825	1254	19228	3898	1908	500	1000	490		
10723	1399	8755	9963	4435		4013	1515		
21186	19862	108067	29020	4466		24554			
9896	9399	40557	43109	35059		8050			
509	9	6537	2110			2000			
637		1321	382	382					
391875	691338	1462030	464834	305043	672	36514	72833	10050	39723
339379	496880	1243555	344463	216018	672	14415	72568	10050	30741
41154	4287	56248	30200			21218			8982
726		5493	2000	2000					
1854	1986	4551	881			881			
4037	188185	134136	73513	73513					
4726		18047	13777	13512			265		
2251604	48243	927366	333638	210522		37420	6120		79575
2078453	22449	841013	279114	189212		16506			73395
81639	8968	6011	30004	7500		12204	4120		6180
25268	340	41372	7810	7810					
66244	16486	38970	16711	6000		8711	2000		
121672	19460	119315	84972	38846		46126			
63548	559	25787	31223			31223			
4026	11183	32187	13493			13493			
38800	918	47299	38846	38846					
15298	6801	14041	1410			1410			
32047	26035	87039	58558	22920	7785	23000	1471		
7915	7982	42973	31277	22920	5885	1000	1471		
4027	12803	43334	22000			22000			
20105	5250	732	5281		1900				
23700	21937	118260	48582	37482		11090	10		
632		9324	100			100			
3798	500	61123	21228	21028		190	10		
13373	12440	32402	15986	15986					
4096		-5454	469	469					
1801	8997	20865	10800			10800			
304		6379	5815	815		5000			
		815	815	815					
304		5564	5000			5000			
1052957	**8125420**	**6451916**	**3055181**	**2242682**	**12957**	**694640**	**26535**	**10328**	**17052**
1038950	7717888	6041811	2902697	2180158	8531	649619	14643		
302797	5091243	2886910	2161820	1532574	8531	555804	12912		
712474	2560566	2932322	605767	522474		83816	1731		
23679	66079	222579	135110	125110		10000			
3110	14147	27875	15000	7500				7500	
10897	393385	382231	137484	55025	4427	45021	11892	2828	17052
10897	393385	382231	137484	55025	4427	45021	11892	2828	17052

1-3 续表 8

指标名称	代码	营业收入	主营业务收入	营业成本	主营业务成本	营业税金及附加
总　计	**1**	**54125954**	**52808051**	**46491305**	**45286600**	**2453911**
#轻工业	2	6412895	6279175	4573406	4459980	958744
重工业	3	47713058	46528876	41917900	40826620	1495167
国有控股企业	4	54125954	52808051	46491305	45286600	2453911
大型企业	5	31277389	30360752	27017151	26134768	1252512
中型企业	6	19151071	18862706	16504494	16300679	1159218
小型企业	7	5649015	5396780	4618856	4367428	48656
亏损企业	8	22615685	22128459	21550504	21151294	726862
农村工业	9	138016	138016	119661	119661	776
一、按登记注册类型分组						
内资企业	**10**	**46244312**	**45250486**	**40012769**	**39078985**	**2277109**
国有企业	11	11052310	10852305	10081251	9933411	70186
中央企业	12	1370045	1353334	1192889	1186128	4025
地方企业	13	9682264	9498972	8888362	8747283	66161
股份合作企业	14	155556	155531	155992	155985	
联营企业	15	2817	2817	2423	2423	19
国有与集体联营企业	16	2817	2817	2423	2423	19
有限责任公司	17	21954446	21392812	18800218	18193519	1090918
国有独资公司	18	8036907	7951455	7669248	7515616	38537
其他有限责任公司	19	13917539	13441356	11130970	10677903	1052381
股份有限公司	20	13066151	12833988	10960021	10780783	1115978
其他企业	21	13033	13033	12864	12864	7
港、澳、台商投资企业	**22**	**247615**	**245891**	**176108**	**175393**	**1485**
合资经营企业(港或澳、台资)	23	240050	238421	171175	170588	1428
港澳台商独资经营企业	24	7565	7470	4933	4805	56
外商投资企业	**25**	**7634026**	**7311675**	**6302428**	**6032222**	**175318**
中外合资经营企业	26	7435999	7113648	6171156	5900950	169770
中外合作经营企业	27	198027	198027	131272	131272	5548
二、按经济组织类型分组						
独资企业	**28**	**30363013**	**29881671**	**26386949**	**26170180**	**197651**
国有企业	29	11052310	10852305	10081251	9933411	70186
港澳台商独资经营企业	30	7565	7470	4933	4805	56
合作、合伙企业	**31**	**4852587**	**4826694**	**3740211**	**3718530**	**40262**
股份合作企业	32	155556	155531	155992	155985	
国有与集体联营企业	33	2817	2817	2423	2423	19
中外合作经营企业	34	198027	198027	131272	131272	5548
其他企业(内资)	35	13033	13033	12864	12864	7
股份有限公司	**36**	**17504379**	**17016782**	**14580359**	**14153827**	**1147402**
股份有限公司(内资)	37	13066151	12833988	10960021	10780783	1115978
有限责任公司	**38**	**115320458**	**113509142**	**98406699**	**96695199**	**1791608**
国有独资公司	39	8036907	7951455	7669248	7515616	38537
合资经营企业(港或澳、台资)	40	240050	238421	171175	170588	1428
中外合资经营企业	41	7435999	7113648	6171156	5900950	169770
其他有限责任公司	42	13917539	13441356	11130970	10677903	1052381

单位：万元

主营业务税金及附加	其他业务收入	其他业务利润	销售费用	管理费用	税金	财务费用	利息收入	利息支出	营业利润
2435349	**1317902**	**174866**	**1092203**	**2163812**	**92811**	**1006056**	**115813**	**1111061**	**1455518**
958016	133720	30013	150872	337392	14440	87438	20807	103884	379240
1477333	1184182	144853	941331	1826419	78370	918618	95006	1007177	1076278
2435349	1317902	174866	1092203	2163812	92811	1006056	115813	1111061	1455518
1244963	916636	98042	788116	1056005	45734	453813	84792	548419	818494
1149402	288365	69729	218927	854820	30371	293374	26802	316333	455607
47428	252235	7110	114347	304861	19112	278108	3292	264449	325087
718602	487226	34631	294075	957253	30514	691014	29325	704334	-1144274
776			2591	3121	91	209		209	11337
2258618	**993827**	**122110**	**707914**	**1896283**	**81764**	**978604**	**98721**	**1076736**	**902329**
59919	200005	51966	61137	532065	19774	193706	21353	231626	191804
2779	16712	4064	9542	89529	3073	55466	2217	59458	47966
57141	183293	47901	51595	442536	16701	138240	19136	172168	143838
	25		279	45365	51	868	9	854	-2273
19			143	284					-51
19			143	284					-51
1083087	561635	59502	400921	887345	45612	604490	48607	643421	518203
36934	85452	15936	78669	251209	10069	287370	17420	296489	-182973
1046153	476183	43567	322252	636136	35543	317120	31187	346931	701177
1115585	232162	10642	245428	431153	16322	179540	28752	200836	194563
7			6	72	6				83
1414	**1724**	**570**	**6603**	**13338**	**707**	**2229**	**47**	**2311**	**47536**
1358	1629	573	5035	13021	707	2200	47	2283	46712
56	95	-3	1568	317		29		28	824
175318	**322351**	**52186**	**377687**	**254190**	**10339**	**25224**	**17045**	**32014**	**505654**
169770	322351	52186	377576	253651	10339	24432	17045	32014	445889
5548			111	539		792			59765
173615	**481342**	**61640**	**424751**	**1247159**	**59717**	**280787**	**44860**	**353897**	**1837566**
59919	200005	51966	61137	532065	19774	193706	21353	231626	191804
56	95	-3	1568	317		29		28	824
40103	**25894**	**3385**	**98889**	**166972**	**5691**	**20840**	**563**	**17179**	**477682**
	25		279	45365	51	868	9	854	-2273
19			143	284					-51
5548			111	539		792			59765
7			6	72	6				83
1146919	**487597**	**28954**	**412354**	**680929**	**22771**	**225968**	**35952**	**257147**	**582399**
1115585	232162	10642	245428	431153	16322	179540	28752	200836	194563
1737527	**1811316**	**202978**	**2840886**	**5116693**	**226960**	**1541189**	**124428**	**1531551**	**7060730**
36934	85452	15936	78669	251209	10069	287370	17420	296489	-182973
1358	1629	573	5035	13021	707	2200	47	2283	46712
169770	322351	52186	377576	253651	10339	24432	17045	32014	445889
1046153	476183	43567	322252	636136	35543	317120	31187	346931	701177

1-3 续表 9

指标名称	代码	营业收入	主营业务收入	营业成本	主营业务成本	营业税金及附加
三、按行业分组						
采矿业	B	**1372331**	**1358755**	**941161**	**928765**	**34238**
煤炭开采和洗选业	600	157879	146789	101603	91749	4680
烟煤和无烟煤开采洗选	610	9047	8603	8884	5279	148
褐煤开采洗选	620	148833	138187	92719	86470	4532
石油和天然气开采业	700	198027	198027	131272	131272	5548
石油开采	710	198027	198027	131272	131272	5548
黑色金属矿采选业	800	88470	88438	63501	63498	2587
铁矿采选	810	25224	25193	20726	20726	1665
锰矿、铬矿采选	820	63245	63245	42775	42772	922
有色金属矿采选业	900	728226	726067	537788	535721	16526
常用有色金属矿采选	910	593836	591677	430686	428619	10880
贵金属矿采选	920	62283	62283	56992	56992	130
稀有稀土金属矿采选	930	72107	72107	50111	50111	5517
非金属矿采选业	1000	199730	199434	106997	106526	4896
土砂石开采	1010	43238	43130	24699	24699	1206
采盐	1030	3101	3101	2685	2685	13
石棉及其他非金属矿采选	1090	153390	153203	79613	79141	3678
制造业	C	**41555725**	**40379311**	**35380572**	**34350375**	**2360460**
农副食品加工业	1300	2789341	2758947	2560207	2541310	8600
谷物磨制	1310	33047	31012	28213	27323	274
饲料加工	1320	39843	39843	39028	38990	46
植物油加工	1330	1107686	1098615	1091079	1090652	73
制糖业	1340	1315026	1296153	1159315	1142384	7195
屠宰及肉类加工	1350	145240	145238	124626	124626	635
水产品加工	1360	92054	92054	72086	72086	111
蔬菜、水果和坚果加工	1370	25636	25242	18450	17840	87
其他农副食品加工	1390	30810	30790	27410	27410	179
食品制造业	1400	116913	116562	94046	91433	545
焙烤食品制造	1410	18072	18072	14387	12066	170
乳制品制造	1440	9093	9063	7655	7655	28
调味品、发酵制品制造	1460	83219	82904	66643	66350	332
其他食品制造	1490	6529	6523	5362	5362	15
酒、饮料和精制茶制造业	1500	344577	338824	307097	304148	5255
酒的制造	1510	325062	319310	289597	286649	5197
饮料制造	1520	6498	6498	6191	6191	21
精制茶加工	1530	13017	13017	11309	11309	37
烟草制品业	1600	1950901	1886543	627135	573737	938852
烟叶复烤	1610	9906	9645	4754	4686	131
卷烟制造	1620	1940995	1876899	622381	569051	938721
纺织业	1700	145437	144556	135862	135348	197
棉纺织及印染精加工	1710	91119	90453	87131	86644	
毛纺织及染整精加工	1720	2061	2000	1363	1346	39
麻纺织及染整精加工	1730	6964	6964	6463	6463	15
丝绢纺织及印染精加工	1740	31650	31650	29730	29730	13
针织或钩针编织物及其制品制造	1760	6402	6262	4605	4602	89
非家用纺织制成品制造	1780	7241	7227	6570	6563	42
纺织服装、服饰业	1800	26073	25325	20577	19109	147
机织服装制造	1810	26073	25325	20577	19109	147

单位：万元

主营业务税金及附加	其他业务收入	其他业务利润	销售费用	管理费用	税金	财务费用	利息收入	利息支出	营业利润
27745	**13576**	**4909**	**37881**	**159315**	**8436**	**16940**	**4899**	**19187**	**202951**
4671	11090	4755	2629	54437	1500	5687	4672	9097	845
148	444	409		3581		-125	160	33	163
4523	10646	4345	2629	50856	1500	5812	4513	9063	682
5548			111	539		792			59765
5548			111	539		792			59765
2587	31	31	2178	9417	716	414	26	242	5792
1665	31	31	339	457	3	142	24		1526
922			1839	8961	713	272	2	242	4266
10160	2159	123	9006	80524	5565	8032	120	8074	91409
4514	2159	123	7973	69606	4772	7189	102	7256	84795
130			181	4005	36	42	14	56	933
5517			852	6913	758	800	4	762	5680
4779	295		23957	14397	655	2015	81	1775	45141
1089	109		185	3817		1234	-3	1214	9466
13	0		110	4	4				319
3678	187		23663	10577	652	781	84	561	35356
2351965	**1176414**	**121362**	**989287**	**1602745**	**60370**	**405749**	**97777**	**506187**	**1155661**
8123	30395	13177	49612	115600	5851	52772	11889	59329	26915
1	2035	1067	1419	1393	119	731	8	736	1215
46			410	624	3	84		83	-293
73	9071	8644	6321	3723	1792	872	9875	6286	11266
6995	18873	3445	34609	95495	2538	50762	1987	51952	-7441
635	2	2	1369	7415	340	2	1	3	10623
111			1327	4367	1020	106	2	102	8252
84	395		3446	1854	17	213	8	155	1525
179	20	20	711	730	23	4	8	11	1767
545	351		4629	3450	384	2541	60	2647	13945
170			2156	1474	2	-2			2065
28	30		645	356	3				410
332	316		1395	1613	373	2544	59	2647	10756
15	6		433	7	7	-1	1		713
5255	5752		10336	12844	159	6797	337	4516	6977
5197	5752		9823	12233	158	6747	336	4465	6130
21			90	156					49
37			423	456	1	51	1	51	798
938850	64357	10959	33390	91399	3051	-6354	6465	92	275555
129	261	193		4526	158	-164	165		634
938721	64096	10766	33390	86873	2892	-6189	6300	92	274921
191	881		1519	7953	351	2014	131	2105	6008
	667		762	2897	284	1753	28	1781	-1423
39	61			808		-27	28		-130
15			68	298	5	27		26	90
13			680	2176		247	2	245	7043
83	140			1533	1	15	73	53	108
41	14		9	241	61	1			320
147	748	748	1275	3349	5	-96	168	71	1726
147	748	748	1275	3349	5	-96	168	71	1726

1-3 续表 10

指标名称	代码	营业收入	主营业务收入	营业成本	主营业务成本	营业税金及附加
木材加工和木、竹、藤、棕、草制品业	2000	355704	353173	332569	331195	3399
木材加工	2010	42123	41903	40860	39746	112
人造板制造	2020	313581	311270	291709	291449	3288
造纸和纸制品业	2200	181873	173552	179796	170512	433
纸浆制造	2210	74485	67375	84323	78030	42
造纸	2220	54292	53772	52489	49811	108
纸制品制造	2230	53097	52405	42985	42670	284
印刷和记录媒介复制业	2300	216753	216072	159433	159103	1002
印刷	2310	216753	216072	159433	159103	1002
文教、工美、体育和娱乐用品制造业	2400	9517	9300	7177	6750	105
工艺美术品制造	2430	9517	9300	7177	6750	105
石油加工、炼焦和核燃料加工业	2500	7865131	7826368	6733945	6730717	1098607
精炼石油产品制造	2510	7865131	7826368	6733945	6730717	1098607
化学原料和化学制品制造业	2600	1561972	1471763	1303631	1220482	6874
基础化学原料制造	2610	261940	187102	242720	170175	788
肥料制造	2620	530602	519686	471344	463403	1768
农药制造	2630	359760	359330	274162	273897	1400
涂料、油墨、颜料及类似产品制造	2640	54353	54013	50028	49680	
专用化学产品制造	2660	229947	228724	171370	171290	2208
炸药、火工及焰火产品制造	2670	20230	20108	13948	13902	239
日用化学产品制造	2680	105140	102801	80060	78137	471
医药制造业	2700	63557	63053	39398	38701	628
中药饮片加工	2730	15640	15640	15254	15254	9
中成药生产	2740	47916	47413	24144	23447	619
橡胶和塑料制品业	2900	235135	232593	209548	207330	2679
橡胶制品业	2910	140451	138179	127103	125107	1018
塑料制品业	2920	94684	94414	82445	82223	1661
非金属矿物制品业	3000	1158202	1146781	862271	855154	10973
水泥、石灰和石膏制造	3010	910323	902204	653019	648945	6590
石膏、水泥制品及类似制品制造	3020	134204	132075	115058	112640	950
砖瓦、石材等建筑材料制造	3030	11125	11125	9413	9413	206
玻璃制造	3040	5651	5320	4565	4534	48
陶瓷制品制造	3070	16803	16803	13634	13634	122
石墨及其他非金属矿物制品制造	3090	80097	79255	66583	65988	3057
黑色金属冶炼和压延加工业	3100	8154865	8006260	7701048	7571862	18623
黑色金属铸造	3130	8076	8065	9098	9098	
钢压延加工	3140	6287212	6178883	5991422	5895787	14074
铁合金冶炼	3150	1859577	1819312	1700529	1666977	4549
有色金属冶炼和压延加工业	3200	3729210	3553742	3515389	3345731	18792
常用有色金属冶炼	3210	3340156	3187682	3143068	3012159	18299
贵金属冶炼	3220	11985	11985	11928	11928	45
稀有稀土金属冶炼	3230	91112	91112	77314	77314	402
有色金属压延加工	3260	285957	262963	283078	244329	45
金属制品业	3300	462124	453107	404508	396098	740
结构性金属制品制造	3310	363168	354472	314320	305944	575
集装箱及金属包装容器制造	3330	3325	3325	2517	2517	147
其他金属制品制造	3390	95631	95310	87671	87638	18

单位：万元

主营业务税金及附加	其他业务收入	其他业务利润	销售费用	管理费用		财务费用			营业利润
					税金		利息收入	利息支出	
3326	2531	112	7931	22802	340	8450	-35	8209	-7312
112	221	72	811	1662	3	76	4	74	-417
3215	2311	41	7121	21140	337	8374	-39	8135	-6894
377	8322	1820	3900	19549	1199	7066	55	6740	-29233
	7110	1197	518	10856	728	5926	20	5704	-29631
108	520	199	1157	5056	247	813	13	846	-3277
269	692	423	2224	3638	224	328	22	189	3674
994	681	323	5134	18426	668	402	63	462	33584
994	681	323	5134	18426	668	402	63	462	33584
75	217		197	1557	8	48	25	61	589
75	217		197	1557	8	48	25	61	589
1098607	38763	293	39962	91550	1400	16676	3769	19861	-137889
1098607	38763	293	39962	91550	1400	16676	3769	19861	-137889
6585	90208	5047	83793	101688	3926	31690	1311	39035	20861
769	74838	1744	10194	25621	1444	5368	151	5344	-41200
1589	10916	2795	15158	34617	1069	13894	716	21729	20512
1400	430		34128	17188	676	1515	34	1494	29940
	340	-8	2770	2365		5763	8	5768	-10423
2118	1223		5973	4929	36	2377	77	2003	10074
239	122		481	2432	38	516	15	531	2296
471	2339	516	15088	14537	665	2256	312	2166	9663
619	503	42	12081	6598	212	296	204	493	6455
9			119	180	12	-63	86	23	78
609	503	42	11963	6418	200	358	118	470	6377
2679	2542	247	9372	14495	982	367	926	1134	7466
1018	2272	195	6793	10300	542	371	921	1133	-1562
1661	270	51	2579	4195	440	-4	6	1	9028
8944	11421	4509	51158	66638	4952	20469	1144	21090	170698
6529	8119	3878	42978	47379	4630	18769	432	18872	153660
950	2129	1	2821	6985	146	912	46	920	12494
206			279	355	5	31	0	31	1040
48	331	301	254	1282	35	206	7	182	-1013
122			437	2387	38	407		407	-184
1089	842	330	4389	8250	98	144	660	679	4702
15064	148605	18629	33887	233085	10225	110546	17499	143312	106328
	11	11	36	443	26	-3	3		-1498
11043	108329	12015	6073	197681	8999	76091	16589	108379	15358
4021	40266	6603	27778	34960	1200	34459	908	34933	92468
18387	175468	7497	29048	219733	8686	98571	4948	106392	59057
17894	152474	7497	27043	165954	8221	94454	4785	103129	33511
45			18	2267	177	56	4	58	-2261
402			540	1856	57	179	101	279	27358
45	22993		1447	49656	232	3883	58	2925	449
644	9016	388	2488	22555	546	4405	185	4591	28606
479	8696	101	1965	14625	487	4085	24	4013	28728
147				552	4	47	1	45	57
18	321	287	523	7378	56	273	160	533	-178

1-3 续表 11

指标名称	代码	营业收入	主营业务收入	营业成本	主营业务成本	营业税金及附加
通用设备制造业	3400	370141	355900	311519	299239	1637
锅炉及原动设备制造	3410	141602	130345	125237	115243	195
金属加工机械制造	3420	8219	8219	6171	6171	40
物料搬运设备制造	3430	154663	151741	122369	120122	1260
泵、阀门、压缩机及类似机械制造	3440	45332	45270	42042	42003	17
烘炉、风机、衡器、包装等设备制造	3460	7084	7084	4180	4180	102
通用零部件制造	3480					
其他通用设备制造业	3490	13242	13242	11520	11520	24
专用设备制造业	3500	1783478	1741536	1494264	1457331	10658
采矿、冶金、建筑专用设备制造	3510	1562674	1537228	1313794	1291019	9508
化工、木材、非金属加工专用设备制造	3520	132658	131508	106861	105832	977
食品、饮料、烟草及饲料生产专用设备制造	3530	24816	24816	16865	16865	63
印刷、制药、日化及日用品生产专用设备制造	3540	5032	5032	2384	2384	20
电子和电工机械专用设备制造	3560	12895	12895	12511	12511	88
农、林、牧、渔专用机械制造	3570	45403	30057	41850	28721	2
汽车制造业	3600	8928352	8407580	7411568	6933578	228927
汽车整车制造	3610	8373916	7897029	6894152	6464660	227626
改装汽车制造	3620	195237	168994	192989	162979	291
汽车车身、挂车制造	3650	122947	108493	113851	100140	201
汽车零部件及配件制造	3660	236252	233064	210575	205800	809
铁路、船舶、航空航天和其他运输设备制造业	3700	344429	338707	320879	317783	1078
铁路运输设备制造	3710	108122	106965	101894	100509	464
船舶及相关装置制造	3730	37825	37062	34895	34693	360
航空、航天器及设备制造	3740	145871	142909	136727	135382	2
摩托车制造	3750	52612	51771	47363	47199	251
电气机械和器材制造业	3800	269322	268361	250034	245343	973
输配电及控制设备制造	3820	79556	79209	68412	68323	299
电线、电缆、光缆及电工器材制造	3830	70846	70467	64542	63884	295
电池制造	3840	118919	118684	117079	113136	378
计算机、通信和其他电子设备制造业	3900	479897	477930	388414	388156	410
计算机制造	3910	281232	281232	230601	230601	6
通信设备制造	3920	114606	114120	91026	90813	305
雷达及配套设备制造	3940	60210	59541	51656	51610	85
电子器件制造	3960	2512	2512	2286	2286	4
电子元件制造	3970	21337	20525	12847	12846	11
金属制品、机械和设备修理业	4300	12823	12776	10259	10227	329
专用设备修理	4330	2007	2007	1250	1250	120
电气设备修理	4350	10816	10769	9009	8977	209
电力、热力、燃气及水生产和供应业	D	**11197897**	**11069985**	**10169572**	**10007459**	**59214**
电力、热力生产和供应业	4400	10940576	10831022	10006022	9860560	57177
电力生产	4410	2582226	2510445	1898986	1860427	24222
电力供应	4420	8067923	8032944	7856029	7832745	32091
热力生产和供应	4430	290427	287633	251006	167389	865
燃气生产和供应业	4500	24940	24339	19127	18947	169
水的生产和供应业	4600	232382	214624	144423	127953	1867
自来水生产和供应	4610	232382	214624	144423	127953	1867

单位：万元

主营业务税金及附加	其他业务收入	其他业务利润	销售费用	管理费用	税金	财务费用	利息收入	利息支出	营业利润
1610	14241	718	22094	31282	1640	1657	-101	2434	5498
181	11257	15	7640	5063	261	492	75	559	3579
40			569	2732	56	160		150	1023
1248	2922	330	12157	17019	1093	364	-225	1520	1712
17	62		1139	4222	226	565	17	123	-2771
102		373	590	1048	5	-19	20		1550
24				1198		95	13	83	406
9639	41942	2753	90015	104734	4106	54439	23930	67575	20511
8489	25446	2678	83653	74538	3507	36306	22395	49152	19684
977	1150	65	2916	17033	258	1446	256	1452	4335
63			1617	3656	6				2616
20			300	1763	7	5		5	360
88				3270	120	15312	1182	15551	-2972
2	15346	9	1528	4473	210	1371	97	1415	-3510
228805	520772	49886	483130	347599	10308	-11841	21593	8612	475086
227510	476886	47296	472233	326065	9058	-16783	21054	3359	470530
285	26243	1339	5715	10124	528	3531	276	3629	-12944
201	14454	742	627	4229	102	-125	170	31	4213
809	3189	508	4555	7181	620	1535	93	1593	13286
940	5722	2601	2339	22309	295	-1754	2513	1582	1861
436	1157	1157	1458	9689	101	176	25	694	-5246
250	762	451	198	3160	188	-268	877	595	-420
2	2962	993	43	5017	6	-1113	1136		7999
251	841		640	4444		-549	475	293	-471
973	961	-94	6742	16597	630	4651	457	3656	2123
299	347	171	5411	9123	223	3102	52	2318	-1362
295	379	-279	690	4864	234	-24	264	208	473
378	235	15	641	2611	173	1572	142	1130	3012
377	1967	1709	5146	25287	397	1923	204	2138	59565
6				379					50247
299	486	274	2771	13378	141	60	129	209	7953
58	669	623	1205	6702	251	1317	69	1379	-668
4			29	212	1	1		1	-20
11	812	812	1142	4616	4	545	6	549	2053
207	47		109	1667	47	15	35	50	681
			109	396	1	50		50	318
207	47			1271	46	-35	35		363
55640	**127913**	**48595**	**65035**	**401752**	**24005**	**583367**	**13138**	**585687**	**96906**
53744	109554	46173	54449	368720	22276	569733	12679	566966	59428
22520	71781	38447	343	134013	13659	377314	3786	370099	215120
30360	34979	7304	45888	220444	7956	175067	7307	179192	-155749
865	2794	422	8217	14264	661	17351	1586	17675	57
169	601		1014	819	15	728	-14	713	2756
1726	17758	2422	9573	32213	1714	12907	473	18008	34722
1726	17758	2422	9573	32213	1714	12907	473	18008	34722

1-3 续表 12

指标名称	代码	资产减值损失	公允价值变动收益	投资收益	营业外收入	补贴收入
总　计	**1**	**116817**	**4453**	**-33050**	**438247**	**288030**
#轻工业	2	9574	2	-58211	56687	20604
重工业	3	107243	4451	25161	381560	267426
国有控股企业	4	116817	4453	-33050	438247	288030
大型企业	5	52697	259	-4460	271792	179574
中型企业	6	62090	251	-16382	133634	93662
小型企业	7	2062	3942	-11249	34287	15221
亏损企业	8	108243	-6781	-146750	312256	215653
农村工业	9			-18227		
一、按登记注册类型分组						
内资企业	**10**	**110795**	**4453**	**-39996**	**421428**	**283731**
国有企业	11	36097	33	-1738	37818	18941
中央企业	12	7118	-6	-188	8971	5326
地方企业	13	28979	39	-1550	28847	13614
股份合作企业	14				1	
联营企业	15					
国有与集体联营企业	16					
有限责任公司	17	39417	4101	-938	278956	215101
国有独资公司	18	10645	4075	17786	193728	158857
其他有限责任公司	19	28772	26	-18724	85228	56244
股份有限公司	20	35282	319	-37321	104652	49689
其他企业	21					
港、澳、台商投资企业	**22**	**181**		**223**	**2069**	**294**
合资经营企业(港或澳、台资)	23	343		223	2042	294
港澳台商独资经营企业	24	-162			27	
外商投资企业	**25**	**5840**		**6723**	**14751**	**4006**
中外合资经营企业	26	5840		6723	14751	4006
中外合作经营企业	27					
二、按经济组织类型分组						
独资企业	**28**	**52651**	**-6588**	**-129445**	**94631**	**38629**
国有企业	29	36097	33	-1738	37818	18941
港澳台商独资经营企业	30	-162			27	
合作、合伙企业	**31**	**859**		**-8153**	**6683**	**4151**
股份合作企业	32				1	
国有与集体联营企业	33					
中外合作经营企业	34					
其他企业(内资)	35					
股份有限公司	**36**	**33024**	**319**	**-43532**	**115249**	**53083**
股份有限公司(内资)	37	35282	319	-37321	104652	49689
有限责任公司	**38**	**74508**	**-16639**	**-920284**	**515219**	**334415**
国有独资公司	39	10645	4075	17786	193728	158857
合资经营企业(港或澳、台资)	40	343		223	2042	294
中外合资经营企业	41	5840		6723	14751	4006
其他有限责任公司	42	28772	26	-18724	85228	56244

单位：万元

营业外支出	利润总额	应交所得税	亏损企业亏损总额	利税总额	应交税金及附加	本年应付职工薪酬	本年应交增值税	从业人员平均人数(人)
76815	**1736184**	**324557**	**635966**	**6565307**	**5246491**	**2633321**	**2375212**	**368393**
22531	411106	98379	78850	1726191	1427904	352942	356342	58926
54285	1325078	226179	557116	4839116	3818586	2280379	2018871	309467
76815	1736184	324557	635966	6565307	5246491	2633321	2375212	368393
36681	1058118	248663	181202	3340763	2577043	1673415	1030134	203179
27012	477081	56276	366745	2790118	2399684	766173	1153819	128254
13613	348894	39395	107184	660912	370525	231034	263362	43560
51920	-970935	-11009	970935	433299	1423738	1190013	677372	208617
27	11310	5		15281	4067	7107	3195	4351
67229	**1175763**	**233437**	**615717**	**5636217**	**4775655**	**2355272**	**2183346**	**342055**
14834	214454	27443	57218	558301	391064	570217	273661	82746
2609	54008	6613	3577	134531	90210	117068	76499	17489
12225	160446	20830	53641	423770	300854	453150	197162	65257
36	-2309		2309	-2142	218	1159	167	381
2	-53		53	125	178	314	159	104
2	-53		53	125	178	314	159	104
45731	671825	161074	404627	2895685	2430545	1362858	1132941	185994
16550	-5795	35023	150625	357497	408384	753700	324755	89470
29181	677621	126052	254002	2538188	2022161	609158	808186	96524
6626	291762	44920	151511	2184124	1953603	420670	776384	72814
	83			124	46	53	34	16
336	**49269**	**7856**		**62577**	**21872**	**18951**	**11824**	**4799**
321	48432	7574		61216	21066	18366	11356	4684
14	837	282		1361	807	584	469	115
9251	**511153**	**83264**	**20249**	**866513**	**448963**	**259099**	**180042**	**21539**
9251	451388	83264	20249	801108	443323	257963	179951	21421
	59765			65405	5640	1136	92	118
57300	**1870546**	**138734**	**107902**	**2897300**	**1225204**	**1435714**	**829103**	**320488**
14834	214454	27443	57218	558301	391064	570217	273661	82746
14	837	282		1361	807	584	469	115
14384	**347611**	**16079**	**5739**	**615430**	**289589**	**158953**	**227557**	**50176**
36	-2309		2309	-2142	218	1159	167	381
2	-53		53	125	178	314	159	104
	59765			65405	5640	1136	92	118
	83			124	46	53	34	16
9731	**686975**	**87297**	**172058**	**2757065**	**2180158**	**641333**	**922688**	**113883**
6626	291762	44920	151511	2184124	1953603	420670	776384	72814
299692	**6581637**	**615302**	**893998**	**11999064**	**6259689**	**4928336**	**3625820**	**1106855**
16550	-5795	35023	150625	357497	408384	753700	324755	89470
321	48432	7574		61216	21066	18366	11356	4684
9251	451388	83264	20249	801108	443323	257963	179951	21421
29181	677621	126052	254002	2538188	2022161	609158	808186	96524

1-3 续表 13

指标名称	代码	资产减值损失	公允价值变动收益	投资收益	营业外收入	补贴收入
三、按行业分组						
采矿业	B	**629**	**22**	**-13184**	**12226**	**1880**
煤炭开采和洗选业	600	651		116	7904	
烟煤和无烟煤开采洗选	610				58	
褐煤开采洗选	620	651		116	7847	
石油和天然气开采业	700					
石油开采	710					
黑色金属矿采选业	800			-16450	43	
铁矿采选	810					
锰矿、铬矿采选	820			-16450	43	
有色金属矿采选业	900	-22	22	3151	4276	1880
常用有色金属矿采选	910	-19	22	3151	2640	332
贵金属矿采选	920				2	
稀有稀土金属矿采选	930	-3			1635	1549
非金属矿采选业	1000				2	
土砂石开采	1010				0	
采盐	1030					
石棉及其他非金属矿采选	1090				2	
制造业	C	**113810**	**241**	**-26965**	**231322**	**129665**
农副食品加工业	1300	7627		-17458	43851	14911
谷物磨制	1310			1	28	20
饲料加工	1320	1			803	
植物油加工	1330				87	69
制糖业	1340	7669		-11654	42660	14806
屠宰及肉类加工	1350				83	
水产品加工	1360			-5805		
蔬菜、水果和坚果加工	1370				31	
其他农副食品加工	1390	-43			160	17
食品制造业	1400				1367	291
焙烤食品制造	1410				19	
乳制品制造	1440					
调味品、发酵制品制造	1460				1344	291
其他食品制造	1490				4	
酒、饮料和精制茶制造业	1500	-78		-66197	1321	140
酒的制造	1510	-78		-66197	1277	108
饮料制造	1520					
精制茶加工	1530				45	33
烟草制品业	1600			9102	2083	658
烟叶复烤	1610				5	
卷烟制造	1620			9102	2077	658
纺织业	1700	8		197	666	1750
棉纺织及印染精加工	1710			197		1363
毛纺织及染整精加工	1720	8			214	206
麻纺织及染整精加工	1730				8	
丝绢纺织及印染精加工	1740					
针织或钩针编织物及其制品制造	1760				329	181
非家用纺织制成品制造	1780				115	
纺织服装、服饰业	1800	1			446	137
机织服装制造	1810	1			446	137

单位：万元

营业外支　出	利润总额	应　交所得税	亏损企业亏损总额	利税总额	应交税金及 附 加	本年应付职工薪酬	本年应交增 值 税	从业人员平均人数（人）
4970	**210162**	**17382**	**9625**	**327391**	**143046**	**132952**	**82992**	**23870**
1482	7267	2782	4382	26222	23238	69175	14276	9725
21	199	18		1548	1367	3730	1200	1022
1461	7067	2764	4382	24674	21871	65445	13075	8703
	59765			65405	5640	1136	92	118
	59765			65405	5640	1136	92	118
1946	3843		1084	12025	8897	5647	5595	1052
1	1525		118	4227	2705	250	1037	160
1945	2318		966	7798	6192	5397	4558	892
1479	94206	7444	1817	157312	76115	42557	46580	10072
1340	86095	6135	1817	134406	59218	36583	37431	8541
32	903	103		2146	1381	1573	1113	267
108	7207	1206		20760	15517	4401	8036	1264
62	45081	7156	2342	66427	29156	14437	16449	2903
45	9421	2	2286	13930	4511	1593	3303	479
	319	26		435	146	213	104	32
17	35341	7128	56	52062	24500	12630	13043	2392
55737	**1250534**	**237275**	**475970**	**5317217**	**4364327**	**1524928**	**1706223**	**224425**
4022	66744	8814	25843	145077	92998	107462	69734	22898
20	1222	321	38	1599	816	1736	103	231
4	506			1356	852	1165	803	348
446	10907	219		11598	2702	4114	618	442
2799	32421	7701	25805	100977	78794	88931	61361	19160
720	9986			11853	2207	1634	1232	915
	8252	501		8556	1825	5074	193	685
27	1529	47		2212	747	3143	596	671
6	1920	25		6927	5054	1666	4828	446
20	15292	2084		19733	6909	6271	3896	1974
	2084	348		3007	1273	1654	753	415
	410			690	282	996	252	210
17	12084	1736		15182	5207	3226	2766	1259
3	713			854	148	395	126	90
146	8152	1049	87	23103	16159	12794	9696	2309
134	7273	848	87	21878	15611	11969	9408	2148
	49			134	85	151	64	63
12	831	201		1092	463	675	224	98
6389	271249	71855		1437503	1241159	89702	227402	3312
21	619	399		2054	1993	5331	1305	392
6368	270630	71456		1435448	1239167	84371	226097	2920
7705	609	19	551	2476	2238	9256	1670	3187
86	131	7		131	291	4517		1550
77	7			369	362	439	323	200
	97	13		253	174	1107	142	395
7023	20			129	109	958	95	363
519	-82		551	790	872	1037	783	304
	436			804	430	1198	327	375
1737	434		234	1922	1493	2038	1341	990
1737	434		234	1922	1493	2038	1341	990

1-3 续表 14

指标名称	代码	资产减值损失	公允价值变动收益	投资收益	营业外收入	补贴收入
木材加工和木、竹、藤、棕、草制品业	2000	329		-6753	8216	4308
木材加工	2010	0		-6770	328	182
人造板制造	2020	329		17	7888	4127
造纸和纸制品业	2200	152		16	1366	645
纸浆制造	2210	-14		16	597	560
造纸	2220	69			565	27
纸制品制造	2230	97			204	59
印刷和记录媒介复制业	2300			78	120	
印刷	2310			78	120	
文教、工美、体育和娱乐用品制造业	2400	8			147	142
工艺美术品制造	2430	8			147	142
石油加工、炼焦和核燃料加工业	2500	22724		435	4549	510
精炼石油产品制造	2510	22724		435	4549	510
化学原料和化学制品制造业	2600	25920	-4	14023	41390	45620
基础化学原料制造	2610	19423		948	34734	33844
肥料制造	2620	5766	-6	2016	2843	833
农药制造	2630			-1530	1302	9537
涂料、油墨、颜料及类似产品制造	2640	-738		-4588	617	554
专用化学产品制造	2660	-224			245	151
炸药、火工及焰火产品制造	2670			91	46	
日用化学产品制造	2680	1693	2	17086	1602	702
医药制造业	2700	-202		2972	312	46
中药饮片加工	2730					
中成药生产	2740	-202		2972	312	46
橡胶和塑料制品业	2900	1562		-12530	1342	634
橡胶制品业	2910	1561			1324	634
塑料制品业	2920	1		-12530	18	
非金属矿物制品业	3000	206	229	725	9958	10089
水泥、石灰和石膏制造	3010	-49	225	2295	8662	6264
石膏、水泥制品及类似制品制造	3020	-154	-3	-2002	269	45
砖瓦、石材等建筑材料制造	3030					
玻璃制造	3040	309			43	43
陶瓷制品制造	3070				69	
石墨及其他非金属矿物制品制造	3090	100	7	431	915	3737
黑色金属冶炼和压延加工业	3100	20048	39	1592	16364	1159
黑色金属铸造	3130				25	25
钢压延加工	3140	1101	39	1592	14085	
铁合金冶炼	3150	18947			2254	1135
有色金属冶炼和压延加工业	3200	6836		18430	46610	31511
常用有色金属冶炼	3210	6812		18430	46558	31259
贵金属冶炼	3220	-20			41	
稀有稀土金属冶炼	3230	-30				
有色金属压延加工	3260	73			11	253
金属制品业	3300	361		61	805	767
结构性金属制品制造	3310	36		7	27	
集装箱及金属包装容器制造	3330	5				
其他金属制品制造	3390	321		54	778	767

单位：万元

营业外支出	利润总额	应交所得税	亏损企业亏损总额	利税总额	应交税金及附加	本年应付职工薪酬	本年应交增值税	从业人员平均人数（人）
114	790	166	6481	12746	12462	21880	8557	6595
17	-106	8	262	479	596	2145	473	584
97	896	158	6220	12268	11866	19736	8084	6011
229	-32490	1367	38970	-21587	13468	21946	10469	4223
31	-29065		29065	-22009	7785	8875	7015	1677
125	-7231	315	9542	-6052	1741	7200	1071	1282
72	3807	1052	362	6473	3943	5871	2383	1264
69	33635	4510	1616	43351	14894	20071	8715	4079
69	33635	4510	1616	43351	14894	20071	8715	4079
317	419	103	23	1038	730	1231	514	362
317	419	103	23	1038	730	1231	514	362
1478	-134818	2616	152197	1533013	1671848	40860	569224	3035
1478	-134818	2616	152197	1533013	1671848	40860	569224	3035
1344	60907	5906	24274	105834	54760	97758	38054	22072
63	-6528	3	10549	-16	7959	19718	5724	3866
568	22787	2940	381	34921	16142	33571	10366	8597
8	31234	155		44724	14321	16221	12090	3619
3	-9809		9809	-9477	332	4421	332	1094
23	10296	288	3536	16893	6920	2920	4388	773
36	2306	317		4560	2609	5398	2015	1042
644	10621	2203		14231	6478	15510	3139	3081
275	6492	1117	795	11161	5998	7198	4041	1419
	78	6		180	120	340	92	100
275	6414	1112	795	10981	5879	6859	3949	1319
141	8667	335	2682	17681	10331	20192	6336	4591
106	-343	335	2682	3198	4418	17525	2523	3787
35	9010			14484	5913	2667	3812	804
2157	178246	19828	4853	255773	102307	63803	66554	13229
1916	160301	18064	3282	222800	85193	40492	55909	7914
143	12472	1418	200	20892	9984	9227	7470	1861
	1040	260		1891	1116	1161	645	278
2	-972	1	973	-646	362	1866	278	356
65	-180		398	1163	1381	5360	1221	1480
32	5584	86		9672	4272	5699	1031	1340
6025	116667	25051	22480	247802	166412	195108	112512	24090
	-1473		1473	-1473	26	1176		266
5122	24321	6614	246	82191	73483	160789	43796	16641
904	93819	18438	20761	167084	92903	33142	68716	7183
2358	25462	-13181	128791	303969	274013	195748	259715	30982
2267	-45	-15426	118683	272999	265839	186010	254745	28627
52	-2272	65	2272	-2179	336	2515	48	527
	27358	2137		32047	6883	1712	4287	365
39	421	43	7836	1101	955	5511	635	1463
1743	27347	225	192	37551	10975	19385	9464	3900
1702	27052	183	192	36772	10389	10112	9145	2321
	57	4		360	310	537	156	152
41	238	39		420	276	8736	164	1427

1-3 续表 15

指标名称	代码	资产减值损失	公允价值变动收益	投资收益	营业外收入	补贴收入
通用设备制造业	3400	300		164	5030	1635
锅炉及原动设备制造	3410	221		153	317	
金属加工机械制造	3420				559	
物料搬运设备制造	3430	-72		10	1334	1079
泵、阀门、压缩机及类似机械制造	3440	146			2817	556
烘炉、风机、衡器、包装等设备制造	3460	6			2	
通用零部件制造	3480					
其他通用设备制造业	3490					
专用设备制造业	3500	18233	-22	22379	18424	5294
采矿、冶金、建筑专用设备制造	3510	17387		7850	15924	5060
化工、木材、非金属加工专用设备制造	3520	394		315	1665	234
食品、饮料、烟草及饲料生产专用设备制造	3530					
印刷、制药、日化及日用品生产专用设备制造	3540					
电子和电工机械专用设备制造	3560	-194	-22	14214	529	
农、林、牧、渔专用机械制造	3570	646			305	
汽车制造业	3600	8507		4776	10369	5556
汽车整车制造	3610	7206		7114	7620	4488
改装汽车制造	3620	899		-2350	2074	799
汽车车身、挂车制造	3650	-50			147	
汽车零部件及配件制造	3660	451		13	527	270
铁路、船舶、航空航天和其他运输设备制造业	3700	974		167	3359	3205
铁路运输设备制造	3710			27	2156	2133
船舶及相关装置制造	3730	40		141	615	511
航空、航天器及设备制造	3740				7	
摩托车制造	3750	935			581	560
电气机械和器材制造业	3800	71		100	12477	431
输配电及控制设备制造	3820	-36			11070	431
电线、电缆、光缆及电工器材制造	3830	106		100	1407	
电池制造	3840					
计算机、通信和其他电子设备制造业	3900	224		755	753	225
计算机制造	3910					
通信设备制造	3920	66		633	146	
雷达及配套设备制造	3940	34		122	479	225
电子器件制造	3960					
电子元件制造	3970	124			129	
金属制品、机械和设备修理业	4300				1	1
专用设备修理	4330					
电气设备修理	4350				1	1
电力、热力、燃气及水生产和供应业	**D**	**2378**	**4189**	**7099**	**194699**	**156485**
电力、热力生产和供应业	4400	1883	4189	6518	192412	156416
电力生产	4410	89	4189	6830	31385	18718
电力供应	4420	2528		-311	155958	137524
热力生产和供应	4430	-734			5069	175
燃气生产和供应业	4500	326			78	
水的生产和供应业	4600	169		580	2209	69
自来水生产和供应	4610	169		580	2209	69

单位：万元

营业外支出	利润总额	应交所得税	亏损企业亏损总额	利税总额	应交税金及附加	本年应付职工薪酬	本年应交增值税	从业人员平均人数（人）
1593	8935	2040	2664	18032	12777	36791	7460	6674
159	3737	635	199	4688	1847	6701	757	1344
209	1373			1494	178	4594	82	1118
28	3019	960	1176	9747	8781	16632	5469	2568
1191	-1145	-9	1289	-907	455	6992	220	1280
7	1546	351		2344	1154	1277	697	231
	406	102		666	361	595	236	133
8352	30584	9391	39585	66928	49841	90031	25687	19739
3995	31613	9932	30137	60763	42588	64502	19641	15771
557	5444	1245		11693	7752	16252	5272	2206
	2616	526		3199	1116	1218	520	267
	360			475	122	592	96	156
3800	-6243	-2313	6243	-5998	-1948	1808	157	290
1	-3206		3206	-3203	212	5659		1049
9043	476411	89320	12217	949394	572612	376392	244056	31215
8077	470073	86738		928801	554524	341083	231102	26284
225	-11094	2	11558	-7785	3839	14987	3018	2174
5	4355	554		7436	3736	12904	2880	1297
736	13077	2027	659	20943	10513	7419	7057	1460
176	5045	105	3197	16370	11726	37760	10248	6470
97	-3187	7	3197	981	4276	19875	3703	3965
44	151	99		2598	2733	4647	2087	877
11	7996			7998	8	7663		750
25	85			4794	4708	5575	4457	878
73	14990	3369	5918	21518	10527	15550	5555	2654
35	9672	3104	5918	12347	6001	6466	2375	1287
32	1847	265		4206	2858	5738	2063	436
5	3471			4966	1668	3347	1117	931
227	60091	1087	2320	64195	5589	28878	3694	3863
	50247			50377	130	720	124	350
9	8090	703	726	10942	3696	8637	2547	1210
143	-333	128	1573	674	1386	10517	922	1180
	-20		20	5	26	117	21	64
75	2107	257		2197	352	8887	80	1059
6	676	97		2634	2102	6823	1630	563
	318			477	160	300	39	79
6	358	97		2158	1942	6523	1591	484
16108	**275488**	**69901**	**150370**	**920700**	**739118**	**975441**	**585998**	**120098**
15139	236693	63934	149449	870179	719696	928627	576309	111950
4015	242487	30851	49488	497042	299066	155961	230334	20062
9465	-9261	32522	99960	354170	403908	750725	331340	87826
1659	3467	561		18967	16722	21940	14636	4062
22	2812	710		2981	894	1533		342
947	35984	5257	922	47539	18527	45282	9688	7806
947	35984	5257	922	47539	18527	45282	9688	7806

1-4 规模以上私营工业

指标名称	代码	企业单位数(个)	亏损企业	工业总产值(当年价格)	工业销售产值(当年价格)	出口交货值
总　计	**1**	**2966**	**380**	**60829374**	**57694013**	**1223943**
#轻工业	2	1114	118	19282063	18095698	918533
重工业	3	1852	262	41547312	39598315	305410
大型企业	4	50	2	8902997	8428654	350961
中型企业	5	525	46	18819024	17633539	576050
小型企业	6	2506	368	34310341	32824999	339275
亏损企业	7	561	561	25818461	23963964	717822
农村工业	8	11		141137	135600	147
一、按登记注册类型分组						
内资企业	**9**	**2966**	**380**	**60829374**	**57694013**	**1223943**
私营企业	10	2966	380	60829374	57694013	1223943
私营独资企业	11	403	22	5609855	5468855	80593
私营合伙企业	12	113	7	1347930	1295192	74246
私营有限责任公司	13	2349	338	51267329	48506200	998077
私营股份有限公司	14	101	13	2604260	2423767	71027
二、按经济组织类型分组						
独资企业	**15**	**766**	**90**	**20309484**	**19634452**	**2995885**
私营独资企业	16	403	22	5609855	5468855	80593
合作、合伙企业	**17**	**194**	**16**	**4832702**	**4702945**	**163303**
私营合伙企业	18	113	7	1347930	1295192	74246
股份有限公司	**19**	**110**	**14**	**4419087**	**4271801**	**113643**
私营股份有限公司	20	101	13	2604260	2423767	71027
有限责任公司	**21**	**3933**	**707**	**115210262**	**107927719**	**2623971**
私营有限责任公司	22	2349	338	51267329	48506200	998077
三、按行业分组						
采矿业	**B**	**187**	**23**	**3703614**	**3563987**	
煤炭开采和洗选业	600	5	3	38439	37604	
烟煤和无烟煤开采洗选	610	4	3	38439	37604	
褐煤开采洗选	620	1				
黑色金属矿采选业	800	46	5	949816	924471	
铁矿采选	810	22	3	640789	636517	
锰矿、铬矿采选	820	13		124968	122969	
其他黑色金属矿采选	890	11	2	184059	164986	
有色金属矿采选业	900	61	6	1855788	1781540	
常用有色金属矿采选	910	55	6	1746211	1672635	
贵金属矿采选	920	3		35938	35249	
稀有稀土金属矿采选	930	3		73640	73656	
非金属矿采选业	1000	74	9	848660	809867	
土砂石开采	1010	57	4	605780	580909	
化学矿开采	1020	7	2	152714	141414	
石棉及其他非金属矿采选	1090	10	3	90165	87543	
开采辅助活动	1100	1		10912	10505	
其他开采辅助活动	1190	1		10912	10505	

企业主要经济指标

单位：万元

年初存货	产成品	资产总计	流动资产合计	应收账款	存货	产成品	在产品	固定资产合计	固定资产原价
3371360	**1393987**	**28046552**	**15876356**	**4137169**	**4382862**	**2033814**	**426476**	**9281078**	**12106172**
1173402	548382	8977825	5198056	1167217	1426914	756407	108511	2922562	3940462
2197959	845605	19068727	10678300	2969952	2955949	1277408	317965	6358516	8165709
473374	152275	4906389	2539098	616898	856367	260756	37888	1913266	2455374
1321148	610739	9156806	5500066	1173675	1425623	717228	238928	3164184	4082954
1788053	671342	15556095	8774113	2568463	2372617	1211575	149685	4537955	6303638
3711856	1364903	28595566	10584806	1610925	3141666	1242037	506213	13275678	19221890
853	388	9313	5361	1642	973	707		1867	3338
3371360	**1393987**	**28046552**	**15876356**	**4137169**	**4382862**	**2033814**	**426476**	**9281078**	**12106172**
3371360	1393987	28046552	15876356	4137169	4382862	2033814	426476	9281078	12106172
162063	83884	1462329	890254	270320	241541	165448	19158	427517	585831
63308	27749	526423	251843	76748	66596	36859	11201	232483	264352
2982645	1225672	24575329	14003141	3581341	3886999	1744039	373740	8118177	10601014
163344	56682	1482471	731118	208760	187727	87468	22377	502901	654975
1155998	**433626**	**10527735**	**5562985**	**1386333**	**1335936**	**527818**	**181415**	**4160708**	**6228145**
162063	83884	1462329	890254	270320	241541	165448	19158	427517	585831
155942	**76421**	**1480924**	**659699**	**195051**	**199183**	**99092**	**23606**	**695628**	**884452**
63308	27749	526423	251843	76748	66596	36859	11201	232483	264352
363108	**155658**	**3611103**	**2068720**	**274878**	**433944**	**227491**	**24349**	**1062708**	**1581362**
163344	56682	1482471	731118	208760	187727	87468	22377	502901	654975
8963539	**3949655**	**75951411**	**38862512**	**8074557**	**10510233**	**4991147**	**974534**	**28077399**	**37117901**
2982645	1225672	24575329	14003141	3581341	3886999	1744039	373740	8118177	10601014
124224	**52882**	**1456485**	**779815**	**237620**	**157168**	**71797**	**12814**	**446720**	**521131**
1528	358	35411	19115	5721	4621	1488		13198	15369
1528	358	35411	19115	5721	4621	1488		13198	15369
45050	11907	339374	153857	38765	41626	16179	3019	165670	175491
32317	7954	259738	100589	25578	29088	8362	2359	148676	152634
7251	2949	36925	27112	6793	6734	4935	49	9193	12766
5481	1004	42710	26156	6394	5804	2883	611	7801	10092
55179	30850	721100	431330	163883	88866	39430	7562	168962	213528
54117	30390	684420	419694	159034	85555	38511	7260	150349	189605
175	58	10038	1825	795	526	79	302	8213	9269
887	402	26642	9810	4054	2784	840		10400	14654
22209	9574	356578	174995	28996	21791	14436	2233	95386	113220
15656	4844	190183	77528	26343	12797	7108	2173	80214	88788
4705	3908	141011	89281	1843	6837	5608		6678	12850
1848	822	25384	8186	811	2157	1720	59	8494	11582
258	194	4023	518	255	263	263		3505	3523
258	194	4023	518	255	263	263		3505	3523

1-4 续表 1

指标名称	代码	企业单位数(个)	亏损企业	工业总产值(当年价格)	工业销售产值(当年价格)	出口交货值
制造业	C	**2764**	**355**	**57028234**	**54039028**	**1223943**
农副食品加工业	1300	285	42	6278607	5958803	315195
谷物磨制	1310	57	7	866277	860412	9435
饲料加工	1320	72	10	2610495	2544010	
植物油加工	1330	16	2	311141	303241	32306
制糖业	1340	20	8	702321	574504	
屠宰及肉类加工	1350	22	4	332879	327216	2715
水产品加工	1360	27	3	599518	569816	201307
蔬菜、水果和坚果加工	1370	18	1	282963	261551	63710
其他农副食品加工	1390	53	7	573013	518054	5723
食品制造业	1400	73	5	1135533	1100627	36647
焙烤食品制造	1410	5		24760	24284	
糖果、巧克力及蜜饯制造	1420	8		129453	129719	
方便食品制造	1430	12		163512	157941	
乳制品制造	1440	8	1	122012	118371	
罐头食品制造	1450	11		256340	245189	31875
调味品、发酵制品制造	1460	4	1	57617	55178	4020
其他食品制造	1490	25	3	381839	369945	752
酒、饮料和精制茶制造业	1500	83	13	1490574	1141934	658
酒的制造	1510	25	8	692243	385212	
饮料制造	1520	28	4	515263	490326	
精制茶加工	1530	30	1	283069	266396	658
纺织业	1700	74	10	1105190	1033180	17115
棉纺织及印染精加工	1710	15	1	187289	185226	7613
毛纺织及染整精加工	1720	1	1	2149	1837	
麻纺织及染整精加工	1730	2		12100	12215	
丝绢纺织及印染精加工	1740	45	5	813062	749230	5967
针织或钩针编织物及其制品制造	1760	3		11173	11173	
家用纺织制成品制造	1770	7	3	76162	70880	3535
非家用纺织制成品制造	1780	1		3255	2620	
纺织服装、服饰业	1800	46	3	684928	653649	16804
机织服装制造	1810	40	2	653096	622996	12844
针织或钩针编织服装制造	1820	5	1	29424	28311	3960
服饰制造	1830	1		2408	2342	
皮革、毛皮、羽毛及其制品和制鞋业	1900	34	8	346647	347932	44328
皮革鞣制加工	1910	1		33453	34504	13834
皮革制品制造	1920	7		91961	89758	19652
羽毛(绒)加工及制品制造	1940	23	7	195334	199953	2666
制鞋业	1950	3	1	25900	23717	8176
木材加工和木、竹、藤、棕、草制品业	2000	342	24	4550659	4420565	183775
木材加工	2010	50	7	453690	440646	1968
人造板制造	2020	234	15	3294335	3201446	5493
木制品制造	2030	35	2	588495	563219	136089
竹、藤、棕、草等制品制造	2040	23		214140	215254	40225

单位：万元

年初存货	产成品	资产总计	流动资产合计	应收账款	存货	产成品	在产品	固定资产合计	固定资产原价
3246336	**1340672**	**26438267**	**15079904**	**3897570**	**4225075**	**1961647**	**413663**	**8726672**	**11458487**
383784	181823	3092499	1942638	320460	472212	241130	22591	823074	1102042
40854	9067	216524	118351	22577	52120	11926	3673	56910	55936
92628	16612	660510	418639	73778	119420	23110	5278	141199	191473
7689	5326	144553	42623	8941	13998	10073	805	96275	110805
94532	69865	1108791	815338	57911	85664	71936	3173	238278	348658
17383	7020	193602	84195	29714	27024	11565	4469	61230	60150
74969	39003	339080	247949	83578	85010	66724	1324	71158	89320
5003	3639	91171	46516	16523	9321	7713	1538	27312	29306
50727	31292	338267	169027	27439	79654	38084	2330	130711	216395
79250	43819	601448	317631	100429	86380	55549	6216	211445	272204
1395	295	14644	5494	1677	1898	362		2137	2882
8453	1626	61926	37291	13173	9426	4307	1480	9044	9062
8826	6656	38612	21613	2269	6802	5124	154	16094	28113
12342	672	109469	47126	25249	6880	593		54385	58718
15830	14610	129140	82766	11849	29700	28286	405	35296	44681
3224	2624	73286	20552	8665	6778	3138	3171	29169	34927
29180	17335	174373	102789	37548	24897	13741	1006	65319	93819
102318	43657	604903	436101	105978	106015	47883	18867	242234	281747
59604	23242	288632	280941	69754	53768	20570	15550	105570	117878
23074	9366	165806	86510	28679	29227	10892	2490	63536	80086
19640	11050	150465	68650	7545	23020	16421	827	73128	83783
138946	40941	525333	331619	53966	153031	50296	10790	148951	180393
13226	3991	80434	39578	6596	11889	3901	1170	31083	32107
		4017	3832	3430					
748	108	2802	1177	414	763	193	50	325	650
117153	32184	389004	259319	35803	130551	40177	9571	99077	124198
29	29	2748	584	122	82	40		2135	2230
7078	4460	44637	26070	7560	8841	5714		15802	20274
712	169	1691	1061	42	906	271		530	935
39649	29454	316501	225152	84004	61451	51022	6471	77182	90914
35266	27880	294802	210593	79247	57790	50417	4266	70551	84455
4294	1574	20887	13748	4480	3396	539	2205	6632	6459
89		811	811	278	265	66			
22017	12552	124799	79995	27923	29513	16775	3718	32032	35654
8261	5356	29078	17046	1486	9705	5988	2339	9241	8978
3519	1564	29065	14890	5361	6171	1946	1348	8861	10911
9938	5483	51973	44111	19509	12661	8414	30	5525	6733
301	150	14684	3948	1567	976	427		8406	9032
215230	81917	1522939	829840	189063	320333	139336	27185	502513	620231
11102	5967	148842	90977	24752	23353	17272	915	30063	33485
178194	62961	1135632	592936	124867	254687	105948	21928	400024	492180
21416	10151	186670	117590	28738	38175	12969	4000	50807	66672
4517	2838	51796	28336	10706	4118	3147	342	21619	27894

1-4 续表 2

指标名称	代码	企业单位数(个)	亏损企业	工业总产值(当年价格)	工业销售产值(当年价格)	出口交货值
家具制造业	2100	35		778297	733199	7803
木质家具制造	2110	27		571992	532710	7803
竹、藤家具制造	2120	1		54090	54090	
金属家具制造	2130	2		27672	26061	
其他家具制造	2190	5		124543	120337	
造纸和纸制品业	2200	114	20	1667706	1596212	8043
纸浆制造	2210	2	1	42765	24576	
造纸	2220	65	14	863048	832205	
纸制品制造	2230	47	5	761893	739432	8043
印刷和记录媒介复制业	2300	43	2	710681	674816	12516
印刷	2310	40	2	585480	561970	12516
装订及印刷相关服务	2320	1		3550	3550	
记录媒介复制	2330	2		121651	109296	
文教、工美、体育和娱乐用品制造业	2400	48	1	496954	470028	66358
文教办公用品制造	2410	2		5642	5448	
工艺美术品制造	2430	41	1	429088	402873	66358
玩具制造	2450	5		62224	61708	
石油加工、炼焦和核燃料加工业	2500	6	2	114132	102200	
精炼石油产品制造	2510	5	1	76050	71349	
炼焦	2520	1	1	38082	30852	
化学原料和化学制品制造业	2600	240	32	4153254	3937776	59444
基础化学原料制造	2610	44	8	820048	765308	6586
肥料制造	2620	38	4	678387	635328	7
农药制造	2630	14		359524	335078	
涂料、油墨、颜料及类似产品制造	2640	14	3	362224	328906	7324
合成材料制造	2650	2		11055	11045	
专用化学产品制造	2660	93	14	1534397	1490387	2436
炸药、火工及焰火产品制造	2670	14	2	158174	150682	30266
日用化学产品制造	2680	21	1	229445	221042	12825
医药制造业	2700	68	4	1221152	1165678	22326
化学药品原料药制造	2710	5		97550	94275	12926
化学药品制剂制造	2720	6	1	139057	131070	
中药饮片加工	2730	11		183930	179124	9400
中成药生产	2740	29	3	572025	546277	
兽用药品制造	2750	11		170306	161920	
生物药品制造	2760	4		42852	39397	
卫生材料及医药用品制造	2770	2		15432	13616	
化学纤维制造业	2800	1	1	4979	5826	
合成纤维制造	2820	1	1	4979	5826	
橡胶和塑料制品业	2900	94	9	1382979	1325654	
橡胶制品业	2910	12		103839	101463	
塑料制品业	2920	82	9	1279140	1224191	
非金属矿物制品业	3000	360	48	5196426	5008069	145811
水泥、石灰和石膏制造	3010	100	22	1328019	1317576	
石膏、水泥制品及类似制品制造	3020	86	16	1347606	1281046	716

单位：万元

年初存货		资产总计						固定资产合计	固定资产原价
	产成品		流动资产合计						
				应收账款	存货				
						产成品	在产品		
64977	36748	409129	278662	34783	88506	68405	6838	75369	97166
56381	32412	273897	164570	22371	80355	66395	3932	62412	78043
521	521	12366	9347	895	787			3019	3424
1140		10344	8993	6251	1579	605		1193	1282
6935	3815	112523	95752	5265	5785	1405	2906	8745	14416
88550	30383	917155	402904	70719	87013	45350	6326	381990	510072
5405	2802	101059	29296	-65	6725	4028	2513	57059	138294
49165	17076	447870	184122	37683	45403	21402	3069	213897	249929
33980	10506	368226	189485	33102	34885	19920	744	111034	121849
28051	14637	327621	125036	40297	33187	16836	3757	152030	263632
20758	9675	275422	105903	35652	28209	13976	2036	120442	219434
500		12093	605	191	101	80	21	10010	9979
6793	4963	40106	18528	4454	4876	2780	1700	21578	34220
18852	6565	116126	73633	25305	22991	10925	2012	32399	38620
68	37	3245	611	326	188	58		163	131
18484	6429	102597	67947	23877	21570	9976	1763	27786	33077
300	100	10283	5076	1103	1232	891	250	4451	5412
10249	1636	96659	67656	18838	15040	3890	182	9883	16706
7965	598	62660	45057	16340	13212	2851	182	9731	16540
2284	1038	33999	22598	2498	1829	1038		152	165
241916	111679	2165624	1230974	267732	327000	180634	18496	701065	941153
40381	18788	753563	426681	90383	73751	32681	5607	253048	294142
60773	21538	370775	200788	33567	81980	40436	2415	123937	158196
16226	6253	122805	61687	12096	24089	15963	652	47636	58808
23855	12653	236345	144770	32065	38963	22708	4836	71071	98908
962	39	18346	11919	4024	1236	840	315	3705	3629
79706	45642	521712	326179	84324	90110	61268	2687	134707	238111
10244	2886	50201	26789	5914	6795	3304	1922	14005	13123
9771	3880	91878	32160	5361	10077	3436	63	52956	76237
65278	32265	714509	297944	94514	86774	46403	6111	340663	510972
8518	1851	32626	24192	2747	12643	2302		7025	8115
5862	2517	87957	20956	6770	5545	2292	257	48401	88422
4902	2839	71849	25988	12578	5034	3807	10	41136	93153
35358	20349	379252	168507	48260	47538	29467	2228	190697	241582
8479	4105	118762	47410	20594	13839	7489	3203	42385	61736
1046	329	16273	7340	2235	1762	763	225	7344	12953
1112	276	7790	3552	1329	412	283	187	3676	5011
445	445	5907	4815	234	772	661	111	795	1154
445	445	5907	4815	234	772	661	111	795	1154
91298	57206	543560	346361	163145	101531	53149	13775	121345	159418
6498	3804	80958	51643	38459	5791	4303	240	27781	18767
84799	53402	462602	294719	124686	95740	48846	13535	93563	140651
207989	74427	2568647	1176069	366230	291484	123799	36017	1160768	1543598
51254	13926	702166	266507	63557	70131	20859	8620	378614	485407
29434	11853	593404	361920	169206	38028	14088	317	189275	262891

1-4 续表 3

指标名称	代码	企业单位数（个）	亏损企业	工业总产值（当年价格）	工业销售产值（当年价格）	出口交货值
砖瓦、石材等建筑材料制造	3030	100	7	1450389	1411505	
玻璃制造	3040	4		87830	87416	600
玻璃制品制造	3050	5	1	70211	68201	
玻璃纤维和玻璃纤维增强塑料制品制造	3060	1		2071	2150	
陶瓷制品制造	3070	38		528484	501902	107476
耐火材料制品制造	3080	4		59002	54898	
石墨及其他非金属矿物制品制造	3090	22	2	322814	283374	37018
黑色金属冶炼和压延加工业	3100	171	48	6721705	6553403	495
炼铁	3110	7	3	148143	149551	
炼钢	3120	1		85346	84375	
黑色金属铸造	3130	44	5	1039387	1013219	495
钢压延加工	3140	23	6	3747749	3665445	
铁合金冶炼	3150	96	34	1701081	1640813	
有色金属冶炼和压延加工业	3200	56	28	2384916	2189479	199520
常用有色金属冶炼	3210	31	19	954452	832947	191245
稀有稀土金属冶炼	3230	7	2	205535	174369	
有色金属合金制造	3240	2	1	23833	23422	2285
有色金属压延加工	3260	16	6	1201096	1158742	5990
金属制品业	3300	67	7	1642617	1528754	13517
结构性金属制品制造	3310	28	4	1034099	958265	25
金属工具制造	3320	8	1	131127	124299	
集装箱及金属包装容器制造	3330	2		15331	14213	
金属丝绳及其制品制造	3340	1		31028	28022	
建筑、安全用金属制品制造	3350	2		29303	29204	
金属表面处理及热处理加工	3360	2		27509	26252	
搪瓷制品制造	3370	5		77122	66202	
金属制日用品制造	3380	12		184516	175247	12262
其他金属制品制造	3390	7	2	112582	107051	1230
通用设备制造业	3400	59	5	933188	875660	1316
锅炉及原动设备制造	3410	14	1	145903	133105	
金属加工机械制造	3420	6	1	119595	117487	
物料搬运设备制造	3430	2		54597	51710	
泵、阀门、压缩机及类似机械制造	3440	4		71965	71516	
轴承、齿轮和传动部件制造	3450	6		190366	184199	
烘炉、风机、衡器、包装等设备制造	3460	2		10777	10511	
文化、办公用机械制造	3470	1		18062	17616	
通用零部件制造	3480	20	3	240437	208744	1316
其他通用设备制造业	3490	4		81486	80773	
专用设备制造业	3500	98	7	1662057	1537985	36236
采矿、冶金、建筑专用设备制造	3510	26	2	781023	727551	9284
化工、木材、非金属加工专用设备制造	3520	14	1	246062	230772	172
食品、饮料、烟草及饲料生产专用设备制造	3530	11		123045	119866	7495
印刷、制药、日化及日用品生产专用设备制造	3540	3		34526	31071	32
农、林、牧、渔专用机械制造	3570	27	4	216753	202831	1027
医疗仪器设备及器械制造	3580	8		93689	79082	18227
环保、社会公共服务及其他专用设备制造	3590	9		166958	146813	

单位：万元

年初存货	产成品	资产总计	流动资产合计	应收账款	存货	产成品	在产品	固定资产合计	固定资产原价
41616	15503	703299	241425	45241	69533	29927	8478	397346	504271
7417	817	39407	17305	3246	5435	671	3106	21554	40137
5496	439	31530	17048	492	6962	1671	78	12377	33930
263	184	3515	1413	786	184	103		2094	4852
27516	17719	201774	95859	27270	44467	30153	1204	74882	104121
2078	1296	20848	17251	8198	5901	4668	310	2227	6777
42916	12691	272706	157343	48234	50843	21658	13906	82400	101213
362312	110783	2714740	1439354	254375	493674	143249	13569	892622	1091486
17127	11095	99302	63292	8633	5993	3242	729	31655	42210
2908	1963	7580	3834	-308	3443	2987		2030	3776
47398	12244	229720	149146	53387	34914	23323	1638	64927	76710
160563	32818	1595888	785736	70509	304968	56268	6152	524573	609176
134316	52663	782250	437347	122154	144356	57429	5050	269437	359614
355512	117263	2141281	1245376	165666	396326	172801	16008	738945	883142
269770	95368	1407880	776697	70489	268063	124703	11425	550058	679169
9027	5590	59620	47743	21526	21848	19499	90	10606	12127
2594	385	8529	4910	2133	2633	265		2777	3387
74121	15919	665252	416027	71519	103782	28334	4493	175504	188460
58412	33424	502688	237516	52267	56063	25061	4329	207767	321479
40482	25060	319106	148183	17503	35559	13017	644	147466	249908
2514	1505	48572	13851	4054	2663	1509	146	26832	31572
297	196	6806	1461	203	342	222	3	1039	1332
827	27	18186	4948	899	2416	935	1481	7807	9003
1321	584	10049	6585	3104	1553	1116	346	2084	2772
774		3570	3251	1624	639	608		319	468
86	86	9521	8152	5397	605	453	15	1351	2583
5542	2861	49283	26532	11225	6660	3965	852	10840	14372
6568	3107	37595	24554	8260	5626	3238	843	10028	9470
63767	29738	475653	299548	129594	69997	31810	10159	144691	176433
12418	4822	65593	39090	5461	15672	5566	1326	14775	22604
6970	941	47208	38959	14073	10840	7595	444	6374	6905
2274	1859	12487	6929	1084	2803	1986	748	4708	4634
11545	3420	48619	36630	17027	12362	4613	564	9493	13871
3990	2737	32753	24388	8190	5855	3204	812	7183	10444
1034	493	6780	6245	2690	1312	656	34	189	246
1298	983	5912	5632	3436	1003	317		279	676
22003	13057	167135	96683	37271	17765	7002	5739	59023	72418
2236	1426	89167	44992	40363	2385	873	493	42668	44634
118627	36232	840386	510886	155789	142100	54808	14269	250116	336219
40358	18288	351192	226410	66248	53493	26942	6940	86646	112871
28776	3860	108477	72822	15345	31178	6979	1906	27162	35886
4204	1416	43140	22168	11342	3351	1114	604	17821	30358
3255	853	31174	21103	4788	3727	2230	189	8469	9185
27333	7142	124166	73359	22114	31977	10298	3760	34868	46120
4567	1349	54384	28856	4183	6208	2098		16771	27873
10134	3325	127853	66169	31769	12166	5147	871	58380	73927

1-4 续表 4

指标名称	代码	企业单位数(个)	亏损企业	工业总产值(当年价格)	工业销售产值(当年价格)	出口交货值
汽车制造业	3600	188	27	5410286	4900141	7024
汽车整车制造	3610	1				
改装汽车制造	3620	3		201808	177289	
汽车车身、挂车制造	3650	1		2140	2140	
汽车零部件及配件制造	3660	183	27	5206338	4720712	7024
铁路、船舶、航空航天和其他运输设备制造业	3700	24		694434	684581	122
船舶及相关装置制造	3730	23		687809	678619	122
摩托车制造	3750	1		6625	5962	
电气机械和器材制造业	3800	84	4	3235847	3123447	17930
电机制造	3810	11		239614	223943	
输配电及控制设备制造	3820	41	3	1585389	1542175	15895
电线、电缆、光缆及电工器材制造	3830	19		828603	780247	30
电池制造	3840	5		490365	488639	
家用电力器具制造	3850	3		8686	8656	2006
照明器具制造	3870	4		79992	76590	
其他电气机械及器材制造	3890	1	1	3198	3198	
计算机、通信和其他电子设备制造业	3900	41	3	1869743	1851399	6196
计算机制造	3910	2	1	476032	498469	
通信设备制造	3920	6		431281	415519	1996
广播电视设备制造	3930	3		223433	216224	728
视听设备制造	3950	3	1	13726	12607	
电子器件制造	3960	5		68414	62650	2231
电子元件制造	3970	18	1	583438	574773	
其他电子设备制造	3990	4		73419	71157	1240
仪器仪表制造业	4000	11	1	177754	163279	726
通用仪器仪表制造	4010	6		127991	114831	369
专用仪器仪表制造	4020	2		23763	23680	
光学仪器及眼镜制造	4040	2	1	14392	14348	356
其他仪器仪表制造业	4090	1		11607	10419	
其他制造业	4100	8		118184	114606	4041
日用杂品制造	4110	3		10942	12076	4020
煤制品制造	4120	1		3547	2157	
废弃资源综合利用业	4200	11	1	858806	840146	
金属废料和碎屑加工处理	4210	10	1	836395	818508	
非金属废料和碎屑加工处理	4220	1		22411	21638	
电力、热力、燃气及水生产和供应业	**D**	**15**	**2**	**97526**	**90999**	
电力、热力生产和供应业	4400	13	2	72712	71012	
电力生产	4410	13	2	72712	71012	
燃气生产和供应业	4500	1		19333	14699	
水的生产和供应业	4600	1		5482	5288	
其他水的处理、利用与分配	4690	1		5482	5288	

单位：万元

年初存货		资产总计	流动资产合计					固定资产合计	固定资产原价
	产成品			应收账款	存货				
						产成品	在产品		
243477	94808	2570277	1680812	731867	415458	171224	28452	658628	934745
10807	4665	88300	50086	11475	10702	4678	1114	12084	13667
		755	581	286	172	20		174	184
232670	90143	2481222	1630145	720106	404584	166525	27338	646370	920894
29444	12354	210620	142811	54376	30886	17947	8800	63693	87826
28905	12354	206206	141396	53800	30108	17283	8800	63693	87826
540		4415	1415	576	778	663			
127601	72912	1270949	755823	195171	196214	102413	124911	556806	624028
27455	18967	140732	89295	14795	33244	9087	2771	34445	40978
33725	16656	684013	386460	107579	67464	33558	103009	385582	394597
43900	20182	282526	180891	40280	76980	44404	18284	76236	112939
17242	13541	129207	82541	28554	12790	11210	25	45665	58211
994	764	7821	3352	1283	1138	727		4403	4401
4273	2803	26324	12989	2449	4577	3427	823	10446	12846
12		325	295	231	22			30	57
45385	20035	772921	389353	100772	71035	31987	2940	141287	250586
14886	11255	95364	50083	20313	23209	13422	229	25675	89308
11070	2094	114200	61716	23494	18859	8879	383	46887	70718
4689	982	311029	168708	24958	6767	2376	531	8175	8983
340	138	3952	2117	452	332	104		1790	2705
4838	1570	27325	14867	5095	6180	2985	115	11308	17987
8089	2864	152467	48226	21146	13999	3036	1479	22994	33809
1472	1133	68584	43636	5314	1692	1185	202	24458	27077
7135	1485	63769	29463	11305	8154	2480	509	19311	41224
4135	533	48367	22124	9507	5242	1503		11444	29665
931	300	6611	2095	795	844	220		4516	6805
1037	75	3566	2632	464	1185	98	509	738	1198
1033	576	5224	2612	539	883	659		2613	3556
4407	1607	46750	22487	15109	8621	5267	254	24740	30698
328	33	3669	2063	647	690	71	234	1567	2648
289	228	3279	883	2	338	262		2396	2404
31460	9875	174875	159446	67662	53313	50560		14332	14948
31460	9875	169981	156098	66800	51439	50295		12885	12979
		4893	3347	863	1874	265		1446	1969
801	**433**	**151800**	**16637**	**1979**	**619**	**371**		**107686**	**126554**
356	95	140951	11073	1561	158			102580	121610
356	95	140951	11073	1561	158			102580	121610
249	191	9321	5405	315	405	315		3737	3565
197	147	1528	159	103	56	56		1369	1378
197	147	1528	159	103	56	56		1369	1378

1-4 续表 5

指标名称	代码	累计折旧	本年折旧	在建工程	负债合计	流动负债合计
总　计	**1**	**3677941**	**1049652**	**842563**	**17195544**	**13922503**
#轻工业	2	1342482	320190	216099	5875593	4431494
重工业	3	2335459	729461	626464	11319950	9491009
大型企业	4	576260	239472	215915	2933042	2699909
中型企业	5	1286418	357162	227441	5917371	4752500
小型企业	6	2159658	488285	403081	9395406	6894548
亏损企业	7	6448528	1083842	2921192	22164517	14491266
农村工业	8	1789	152		2362	2253
一、按登记注册类型分组						
内资企业	**9**	**3677941**	**1049652**	**842563**	**17195544**	**13922503**
私营企业	10	3677941	1049652	842563	17195544	13922503
私营独资企业	11	205048	45014	11119	707580	592143
私营合伙企业	12	60886	19946	2820	225470	186809
私营有限责任公司	13	3238184	935882	733714	15573137	12617124
私营股份有限公司	14	173823	48810	94911	689356	526427
二、按经济组织类型分组						
独资企业	**15**	**2284985**	**548849**	**206263**	**5931717**	**5183746**
私营独资企业	16	205048	45014	11119	707580	592143
合作、合伙企业	**17**	**269687**	**67585**	**24363**	**679757**	**618197**
私营合伙企业	18	60886	19946	2820	225470	186809
股份有限公司	**19**	**542569**	**112964**	**302845**	**1942785**	**1574563**
私营股份有限公司	20	173823	48810	94911	689356	526427
有限责任公司	**21**	**12049660**	**2603141**	**3475899**	**49238125**	**38251182**
私营有限责任公司	22	3238184	935882	733714	15573137	12617124
三、按行业分组						
采矿业	**B**	**119899**	**36352**	**89111**	**736567**	**540520**
煤炭开采和洗选业	600	2171	1133	3097	22523	19152
烟煤和无烟煤开采洗选	610	2171	1133	3097	22523	19152
褐煤开采洗选	620					
黑色金属矿采选业	800	32127	13969	5409	203085	109579
铁矿采选	810	24764	11958	4352	156220	70485
锰矿、铬矿采选	820	5053	1274	863	21209	19884
其他黑色金属矿采选	890	2310	738	195	25656	19211
有色金属矿采选业	900	52616	11802	64862	278258	230867
常用有色金属矿采选	910	47129	10548	64862	267176	223028
贵金属矿采选	920	1234	428		1422	1027
稀有稀土金属矿采选	930	4254	827		9660	6812
非金属矿采选业	1000	32966	9430	15743	231740	180009
土砂石开采	1010	22152	6585	12841	93234	73249
化学矿开采	1020	6488	1913	1750	125262	98203
石棉及其他非金属矿采选	1090	4326	931	1152	13244	8557
开采辅助活动	1100	18	18		961	913
其他开采辅助活动	1190	18	18		961	913

单位：万元

应付账款	非流动负债合计	所有者权益合计	实收资本	国家资本	集体资本	法人资本	个人资本	港澳台资本	外商资本
3478079	**1594780**	**10951785**	**3661870**	**16183**	**72464**	**1353070**	**2169634**	**9466**	**3105**
809774	621765	3489979	1242120	4640	14487	450384	741577	9129	2105
2668306	973014	7461806	2419750	11543	57977	902686	1428057	338	1000
796919	136200	1965308	445984			111590	334394		
969980	796150	3249022	1073197	3000	10921	414696	609788	7310	3105
1792414	756439	6266695	2413732	39191	61629	919124	1234271	2156	141909
4109729	6564222	6871490	6034121	1533749	46648	3036051	448796	230977	697186
735		6950	1020		519	55	447		
3478079	**1594780**	**10951785**	**3661870**	**16183**	**72464**	**1353070**	**2169634**	**9466**	**3105**
3478079	1594780	10951785	3661870	16183	72464	1353070	2169634	9466	3105
137517	54833	699029	193746	182	2977	73489	114950	10	
48773	17645	288901	68668		1057	20287	55202		
3190451	1400531	9181651	3170065	16001	65429	1189406	1843079	9456	3105
101338	121770	782204	229391		3000	69888	156404		
1583600	**583959**	**4509213**	**2130182**	**40966**	**55002**	**303284**	**150823**	**907730**	**647691**
137517	54833	699029	193746	182	2977	73489	114950	10	
176047	**56975**	**714828**	**326582**	**55733**	**20190**	**74434**	**108674**	**2500**	**69533**
48773	17645	288901	68668		1057	20287	55202		
410733	**327013**	**1651408**	**424456**	**15248**	**3210**	**83018**	**273328**	**4690**	**44861**
101338	121770	782204	229391		3000	69888	156404		
10261816	**7626601**	**26488542**	**12200782**	**2449405**	**207327**	**5138459**	**2775717**	**363902**	**1130006**
3190451	1400531	9181651	3170065	16001	65429	1189406	1843079	9456	3105
177661	**69967**	**691291**	**156564**		**2064**	**75108**	**78193**		
600	3371	12891	5600			1000	4600		
600	3371	12891	5600			1000	4600		
25606	7342	132935	43129		744	9758	31427		
17300	6177	100145	32781			2163	29418		
4159	266	15736	6828		744	4793	1291		
4147	899	17054	3520			2802	718		
43758	31978	421642	61787			36377	25410		
43096	31675	402571	55482			30371	25110		
647	303	8709	1005			705	300		
15		10363	5300			5300			
106784	27277	120760	42987		1320	24911	16756		
21361	7227	94903	31217		1320	18257	11641		
83389	18360	15689	7821			5965	1856		
2034	1690	10169	3949			690	3259		
913		3062	3062			3062			
913		3062	3062			3062			

1-4 续表 6

指标名称	代码	累计折旧	本年折旧	在建工程	负债合计	流动负债合计
制造业	C	**3534981**	**1009125**	**752089**	**16351721**	**13327539**
农副食品加工业	1300	383170	87870	70432	2047511	1796383
谷物磨制	1310	12158	3001	12171	101443	88281
饲料加工	1320	70213	13840	14889	439970	383998
植物油加工	1330	16028	9310	2628	60909	52141
制糖业	1340	146942	23793	2400	940944	876977
屠宰及肉类加工	1350	13367	3241	10523	97524	72862
水产品加工	1360	21784	5925	15256	211439	187464
蔬菜、水果和坚果加工	1370	5068	2289	7897	36687	22775
其他农副食品加工	1390	97609	26471	4668	158595	111885
食品制造业	1400	83562	22003	10969	332620	234811
焙烤食品制造	1410	992	222	3444	8954	5454
糖果、巧克力及蜜饯制造	1420	2479	981	100	36630	9088
方便食品制造	1430	13609	2476	690	25301	21540
乳制品制造	1440	13077	3394	3512	43046	37534
罐头食品制造	1450	14088	4820	383	56032	40361
调味品、发酵制品制造	1460	7762	2081	456	65048	32466
其他食品制造	1490	31555	8030	2384	97610	88367
酒、饮料和精制茶制造业	1500	79802	21432	29664	453913	313053
酒的制造	1510	23619	7627	18605	319622	210161
饮料制造	1520	24888	7823	5025	73990	59555
精制茶加工	1530	31295	5982	6034	60301	43337
纺织业	1700	49801	11961	12445	672055	272095
棉纺织及印染精加工	1710	6040	1054	4388	53534	32433
毛纺织及染整精加工	1720				3053	3053
麻纺织及染整精加工	1730	325	29		1512	1512
丝绢纺织及印染精加工	1740	37244	9296	7964	228040	205114
针织或钩针编织物及其制品制造	1760	177	51	45	590	552
家用纺织制成品制造	1770	5610	1457	48	384342	28696
非家用纺织制成品制造	1780	405	74		984	735
纺织服装、服饰业	1800	26317	7358	2138	188355	179171
机织服装制造	1810	24505	7079	1380	174583	167232
针织或钩针编织服装制造	1820	1812	279	758	12972	11138
服饰制造	1830				801	801
皮革、毛皮、羽毛及其制品和制鞋业	1900	9130	2010	5427	76976	61535
皮革鞣制加工	1910	4006	517	4269	12938	12938
皮革制品制造	1920	3033	855	850	18640	11857
羽毛(绒)加工及制品制造	1940	1466	370	308	37721	31813
制鞋业	1950	626	267		7676	4927
木材加工和木、竹、藤、棕、草制品业	2000	182052	51818	64208	866017	681593
木材加工	2010	8834	4382	3403	74437	64412
人造板制造	2020	147759	42034	55211	661954	508921
木制品制造	2030	18273	4235	4765	104335	87301
竹、藤、棕、草等制品制造	2040	7187	1168	829	25291	20959

单位：万元

应付账款	非流动负债合计	所有者权益合计	实收资本	国家资本	集体资本	法人资本	个人资本	港澳台资本	外商资本
3299115	**1498412**	**10212598**	**3478710**	**16183**	**60881**	**1271833**	**2077182**	**9466**	**3105**
268987	124549	1000539	349689	2933	6477	184441	155038		
17650	4757	81977	25870	930		11614	13326		
72557	12402	224023	70009	3	3510	34967	30729		
3800	6367	83630	16835		546	1722	14567		
85752	59121	167847	66030		1522	45898	18611		
28592	19427	92927	41789	2000		26945	12844		
38367	5634	126293	49083		900	26658	21525		
7539	5035	54484	12925			3730	9195		
14732	11806	169359	67147			32907	34241		
38089	60090	264147	75186		300	44519	29067	1300	
400		5579	5849			3000	2849		
1309	27457	25296	3398			1700	1698		
3022	3760	13311	3753		300	235	3218		
5829	4139	66423	20688			14950	5738		
3458	8698	69047	14615			10037	4578		
3434	10681	8238	5812			5812			
20638	5356	76255	21072			8786	10986	1300	
41258	120746	276949	113749			22327	72856	219	
25665	93503	97126	59833			5030	36803		
6122	12150	90867	30602			8952	21103	219	
9471	15093	88956	23315			8344	14951		
29608	33111	205505	59465		905	16056	42504		
4929	15098	26849	8711			4654	4058		
		965	965				965		
1170		1244	140			100	40		
19374	15934	158784	43482		905	9203	33375		
115	39	2158	1388			1000	388		
3995	1792	14798	4676			1100	3576		
25	248	707	103				103		
32443	2605	121234	40358	103	897	12070	27226	63	
29839	2605	115863	37638	103	897	12064	24512	63	
2185		5361	2710				2710		
419		10	10			6	5		
17097	3450	47350	24691		150	3510	14615	6416	
4037		16140	500				500		
3860		10425	4062			330	3732		
7249	700	13779	12486		150	2450	9886		
1952	2750	7007	7643			730	497	6416	
147067	106129	637655	218164	3032	3714	67846	141905	10	154
8658	5510	72028	37077	3000	1000	4963	28114		
110099	83321	463299	158701	32	2544	60739	93883		
24303	11709	76390	11794		120	1844	9829		
4007	5590	25938	10593		50	300	10079	10	154

1-4 续表 7

指标名称	代码	累计折旧	本年折旧	在建工程	负债合计	流动负债合　计
家具制造业	2100	27738	8800	5436	282771	226692
木质家具制造	2110	21403	7603	5292	184053	129027
竹、藤家具制造	2120	406	140		3019	3019
金属家具制造	2130	258	57	144	4351	4208
其他家具制造	2190	5671	1000		91349	90438
造纸和纸制品业	2200	182763	29859	53317	643873	496473
纸浆制造	2210	83079	4749	5689	72252	41327
造纸	2220	66412	15324	9229	318512	250842
纸制品制造	2230	33272	9786	38398	253109	204305
印刷和记录媒介复制业	2300	115873	26676	229	152341	120185
印刷	2310	102751	21690	229	116410	92108
装订及印刷相关服务	2320	480	300		6196	410
记录媒介复制	2330	12642	4686		29735	27667
文教、工美、体育和娱乐用品制造业	2400	7772	3181	1071	52048	44278
文教办公用品制造	2410	5	3	37	1020	343
工艺美术品制造	2430	6805	2719	1034	46811	41274
玩具制造	2450	961	459		4217	2661
石油加工、炼焦和核燃料加工业	2500	6822	1379	5322	52358	31937
精炼石油产品制造	2510	6809	1365	5322	32379	31937
炼焦	2520	13	13		19979	
化学原料和化学制品制造业	2600	290278	77126	30084	1248676	915122
基础化学原料制造	2610	59766	21763	14859	502754	383939
肥料制造	2620	46116	14050	8096	199625	120270
农药制造	2630	17571	4531	320	61306	35601
涂料、油墨、颜料及类似产品制造	2640	28659	6822	738	139153	63054
合成材料制造	2650	190	163	2161	16836	16836
专用化学产品制造	2660	111312	23843	3860	282393	259967
炸药、火工及焰火产品制造	2670	3011	974		21208	10937
日用化学产品制造	2680	23651	4979	50	25401	24517
医药制造业	2700	188625	41699	12568	339963	261183
化学药品原料药制造	2710	4518	755	1840	23414	15568
化学药品制剂制造	2720	41235	6833	1314	39206	29846
中药饮片加工	2730	52058	10427	256	38046	17500
中成药生产	2740	63354	18270	8253	188380	152995
兽用药品制造	2750	20452	3742	841	40220	35768
生物药品制造	2760	5672	1249	63	6180	5877
卫生材料及医药用品制造	2770	1335	424		4518	3629
化学纤维制造业	2800	360	252	298	5565	5565
合成纤维制造	2820	360	252	298	5565	5565
橡胶和塑料制品业	2900	56114	13788	3964	320560	273518
橡胶制品业	2910	4223	2046	1153	56224	54271
塑料制品业	2920	51891	11742	2812	264336	219248
非金属矿物制品业	3000	467375	120380	45987	1485983	1145452
水泥、石灰和石膏制造	3010	125071	28992	12069	436347	322175
石膏、水泥制品及类似制品制造	3020	101437	25713	6882	360167	304087

单位：万元

应付账款	非流动负债合计	所有者权益合计	实收资本	国家资本	集体资本	法人资本	个人资本	港澳台资本	外商资本
39440	22621	117606	34029			16227	17802		
7472	22226	85676	17898			4520	13378		
		9347	250				250		
525	102	5992	2526			1518	1008		
31443	294	16590	13355			10189	3166		
83193	119108	272104	180354	25	451	62422	117356		
9207	30925	28807	51000			1000	50000		
40636	54999	127858	81720		401	49919	31300		
33351	33185	115439	47634	25	50	11503	36056		
21561	18644	173160	47956			3298	44357		
18923	10790	156892	39456			3298	35857		
298	5786	5897	2000				2000		
2340	2068	10371	6500				6500		
8438	1492	61574	21883		257	4422	14432	821	1951
2		2225	179			50	129		
6992	1012	54041	20724		257	4142	13553	821	1951
1445	480	5308	980			230	750		
8156	442	44301	14360			11360	3000		
8156	442	30281	14360			11360	3000		
		14020							
197385	170686	901616	301290	2143	8155	175793	114112	338	
58448	103839	243521	102703		8100	71367	22736		
36637	19480	165554	70975			44344	26632		
15241	12975	61330	13492			6430	7062		
22098	17430	97288	22798			12318	10480		
7730		1510	1166				1166		
43800	9401	237628	62490	2143	55	28382	31573	338	
5151	6900	28308	10969			501	10468		
8279	662	66477	16698			12452	3996		
81536	50018	364228	93374	377	5000	43725	44272		
3912	3724	9212	6591			1100	5491		
8269	9359	47390	29098	377	3000	20000	5721		
2814	6508	32227	5632			1140	4492		
51022	24953	183492	40074			13389	26685		
12472	4282	78542	9430		2000	6047	1383		
1966	303	10093	2250			2050	200		
1081	889	3272	300				300		
746		343	100				100		
746		343	100				100		
126873	13180	204756	85929		1020	18795	60494		
42447	1933	12845	6037			900	5137		
84426	11247	191911	79892		1020	17895	55357		
401410	211170	1034595	447210	1930	16844	184549	250800		
110451	78655	256111	147392		2071	83467	60724		
109498	26471	222061	138915	1000	14668	64639	66575		

1-4 续表 8

指标名称	代码	累计折旧	本年折旧	在建工程	负债合计	流动负债合计
砖瓦、石材等建筑材料制造	3030	127164	40556	19781	348544	260038
玻璃制造	3040	18583	4232	21	20170	9391
玻璃制品制造	3050	22737	3881	1184	22541	18421
玻璃纤维和玻璃纤维增强塑料制品制造	3060	2758	192		3003	3003
陶瓷制品制造	3070	34585	8528	4413	104134	58860
耐火材料制品制造	3080	4658	1675		13765	11543
石墨及其他非金属矿物制品制造	3090	30383	6611	1639	177313	157933
黑色金属冶炼和压延加工业	3100	233215	63104	162562	1761547	1603962
炼铁	3110	10555	3475	138	47461	35852
炼钢	3120	1747	245		5582	5582
黑色金属铸造	3130	17416	4603	2552	128787	122644
钢压延加工	3140	91848	28989	144544	1075504	1034820
铁合金冶炼	3150	111649	25793	15329	504214	405065
有色金属冶炼和压延加工业	3200	173610	75483	57345	1531532	1266102
常用有色金属冶炼	3210	149508	68464	39134	994542	826257
稀有稀土金属冶炼	3230	2213	1028	1004	48028	47611
有色金属合金制造	3240	610	379		8543	7226
有色金属压延加工	3260	21279	5612	17207	480419	385008
金属制品业	3300	134337	26834	17818	257170	226691
结构性金属制品制造	3310	114070	21622	7019	161018	154283
金属工具制造	3320	9551	2422	901	21485	16580
集装箱及金属包装容器制造	3330	374	139	2915	6180	2461
金属丝绳及其制品制造	3340	1197	349	4672	5309	2609
建筑、安全用金属制品制造	3350	929	332	241	6463	2759
金属表面处理及热处理加工	3360	148	30		3200	3074
搪瓷制品制造	3370	1390	156		6284	4238
金属制日用品制造	3380	4157	929	241	21960	18523
其他金属制品制造	3390	2521	854	1829	25273	22165
通用设备制造业	3400	42382	11724	15282	284119	239640
锅炉及原动设备制造	3410	8245	3006	517	38021	27685
金属加工机械制造	3420	2473	510	911	34951	30583
物料搬运设备制造	3430	355	146		7174	3587
泵、阀门、压缩机及类似机械制造	3440	5444	1172	2949	32106	31274
轴承、齿轮和传动部件制造	3450	3704	1371	65	23526	21171
烘炉、风机、衡器、包装等设备制造	3460	57	16		5140	5140
文化、办公用机械制造	3470	397	79		4746	4746
通用零部件制造	3480	17219	3996	3375	77185	68381
其他通用设备制造业	3490	4489	1428	7467	61269	47074
专用设备制造业	3500	96468	23409	23311	428989	402910
采矿、冶金、建筑专用设备制造	3510	30171	8842	15065	180575	169304
化工、木材、非金属加工专用设备制造	3520	10286	2293	1655	68380	65950
食品、饮料、烟草及饲料生产专用设备制造	3530	13492	2605	1356	18803	18533
印刷、制药、日化及日用品生产专用设备制造	3540	717	493	367	8486	6395
农、林、牧、渔专用机械制造	3570	12708	2875	2246	67439	62866
医疗仪器设备及器械制造	3580	11115	2115	167	18356	18184
环保、社会公共服务及其他专用设备制造	3590	17980	4186	2456	66951	61679

单位：万元

应付账款	非流动负债合计	所有者权益合计	实收资本	国家资本	集体资本	法人资本	个人资本	港澳台资本	外商资本
131286	67062	349411	88739	630		30489	57725		
2125	10780	19136	5046			1000	4046		
1461		8278	750			60	690		
		512							
17311	13712	87528	27531			3924	23606		
5681	1200	6698	200			150	50		
23597	13291	84860	38639	300	105	820	37384		
553510	104568	898094	453922	1020	300	110017	338161		1000
8771	11608	51842	14037			4163	9874		
910		1999	6800			6800			
26064	2365	84329	30400			15526	14874		
405129	38599	517389	267600	120		13389	252211		
112636	51997	242536	135085	900	300	70139	61202		1000
226102	80993	609177	139716		10430	46249	87573		
175596	58087	412931	93869			39123	59282		
20034	417	11592	4271		500	150	3621		
4046		-178	910			910			
26425	22490	184831	40665		9930	6065	24670		
61526	11272	239485	71146	40	2590	18651	49866		
36433	3514	154217	50010	40	2360	14451	33160		
3167	311	26981	2440			1430	1010		
1323		626	1100				1100		
186	2700	12877	5000				5000		
1342		3586	2900				2900		
1441	126	371	70			50	20		
3152	266	3235	1060			1050	10		
2820	1300	25380	2375			1670	705		
11662	3056	12211	6191		230		5961		
82170	31644	190263	57671	698		11108	45865		
7656	8014	27022	12454	698		330	11426		
10391	200	11610	5787			2560	3227		
1675	1680	5313	2380			800	1580		
18544	5	16513	8940				8940		
3349		9227	5314			3650	1664		
2684		1640	1200			200	1000		
2976		1166	1000				1000		
18519	7550	89877	17107			2568	14539		
16376	14196	27897	3489			1000	2489		
104594	21202	390843	104489	3882		40424	54823	300	
38704	11673	159572	36469	2680		15790	14699		
11697	2026	40097	9247			4900	3667		
5321	113	24337	5268			1048	4220		
473	1142	13651	5119			5069	50		
16382	2662	56578	35117			11138	22899		
4368	46	36015	5720	1202		220	3998	300	
27650	3540	60594	7549			2260	5290		

1-4 续表 9

指标名称	代码	累计折旧	本年折旧	在建工程	负债合计	流动负债合计
汽车制造业	3600	308885	96236	89929	1623383	1506246
汽车整车制造	3610					
改装汽车制造	3620	1815	1599	468	58955	58452
汽车车身、挂车制造	3650	10	10		607	607
汽车零部件及配件制造	3660	307060	94626	89461	1563821	1447187
铁路、船舶、航空航天和其他运输设备制造业	3700	27222	7231	236	90022	80998
船舶及相关装置制造	3730	27222	7231	236	87389	80998
摩托车制造	3750				2633	
电气机械和器材制造业	3800	203871	88803	23258	650943	488710
电机制造	3810	10730	3480	5929	57002	43399
输配电及控制设备制造	3820	119296	55821	9789	356379	298844
电线、电缆、光缆及电工器材制造	3830	38300	6318	6862	167530	94388
电池制造	3840	32538	21749	528	57021	42651
家用电力器具制造	3850	580	367		3877	3187
照明器具制造	3870	2400	1060	150	8845	5952
其他电气机械及器材制造	3890	27	7		291	291
计算机、通信和其他电子设备制造业	3900	126344	80637	8080	306997	257945
计算机制造	3910	63633	56389		17703	17593
通信设备制造	3920	37403	17117	1549	68763	25003
广播电视设备制造	3930	1421	730	2731	135006	134036
视听设备制造	3950	916	153		1317	1296
电子器件制造	3960	6678	1405	252	14531	13987
电子元件制造	3970	12856	3479	3259	39044	36453
其他电子设备制造	3990	3437	1364	291	30634	29578
仪器仪表制造业	4000	21914	4174	50	19182	13840
通用仪器仪表制造	4010	18222	3078	11	15880	10538
专用仪器仪表制造	4020	2289	758		296	296
光学仪器及眼镜制造	4040	460	68	39	808	808
其他仪器仪表制造业	4090	943	270		2198	2198
其他制造业	4100	7123	2188	20	29655	22990
日用杂品制造	4110	1081	319		2357	2357
煤制品制造	4120	821	36	20	3562	2996
废弃资源综合利用业	4200	2060	1713	642	146601	158460
金属废料和碎屑加工处理	4210	1537	1477	542	143784	155644
非金属废料和碎屑加工处理	4220	523	236	100	2816	2816
电力、热力、燃气及水生产和供应业	**D**	**23062**	**4174**	**1363**	**107256**	**54444**
电力、热力生产和供应业	4400	22565	3974	703	100771	47969
电力生产	4410	22565	3974	703	100771	47969
燃气生产和供应业	4500	487	192	659	6306	6306
水的生产和供应业	4600	9	9		178	169
其他水的处理、利用与分配	4690	9	9		178	169

单位：万元

应付账款	非流动负债合计	所有者权益合计	实收资本	国家资本	集体资本	法人资本	个人资本	港澳台资本	外商资本
334639	61937	940625	165604		3191	68992	87807		
4686	504	29345	6150				6150		
109		148	100				100		
329844	61433	911132	159354		3191	68992	81557		
19873	4589	119923	15091			11212	3798		
19873	4589	118141	14091			11212	2798		
		1782	1000				1000		
133770	118832	601049	280566			51368	219199		
10794	11938	74378	50835			1790	49046		
72795	56993	324036	82522			32616	44906		
24348	36377	111134	73213			15355	52858		
21532	12616	72187	68192			1307	66885		
786	690	3944	610				610		
3327	217	15337	5144			300	4844		
189		34	50				50		
155589	4452	416273	58961		200	39372	19389		
15327	110	77661	1060			1060			
13026		45438	16411			10000	6411		
111231	872	176023	12800			10800	2000		
		2553	500				500		
3403	544	12614	3300				3300		
9493	1870	64034	10610		200	5732	4678		
3109	1056	37950	14280			11780	2500		
6219	883	44587	8964			2280	6684		
5008	883	32487	7347			2260	5087		
		6316	70			20	50		
244		2758	1347				1347		
967		3026	200				200		
7829		30392	8534			800	7733		
679		1312	732				732		
395		-283	5000				5000		
70008		4227	6260				6350		
69526		2150	4440				4530		
482		2077	1820				1820		
1303	**26400**	**47896**	**26596**		**9519**	**6130**	**14259**		
1091	26400	43531	24246		9519	3780	14259		
1091	26400	43531	24246		9519	3780	14259		
43		3014	1000			1000			
169		1350	1350			1350			
169		1350	1350			1350			

1-4 续表 10

指标名称	代码	营业收入	主营业务收入	营业成本	主营业务成本	营业税金及附加
总　计	**1**	**56498985**	**56176290**	**48372853**	**48109865**	**357861**
#轻工业	2	17692808	17632301	15032637	14981960	114294
重工业	3	38806177	38543989	33340217	33127905	243567
大型企业	4	8309569	8235722	7313577	7235466	45892
中型企业	5	17412741	17241286	14545204	14437163	121917
小型企业	6	32084432	31869268	27599411	27389760	192718
亏损企业	7	23761061	23297185	22663576	22285523	727365
农村工业	8	138016	138016	119661	119661	776
一、按登记注册类型分组						
内资企业	**9**	**56498985**	**56176290**	**48372853**	**48109865**	**357861**
私营企业	10	56498985	56176290	48372853	48109865	357861
私营独资企业	11	5370907	5353047	4425530	4413642	49628
私营合伙企业	12	1296151	1296116	1061539	1061488	8401
私营有限责任公司	13	47435932	47135927	40930048	40690845	278734
私营股份有限公司	14	2395995	2391201	1955737	1943891	21097
二、按经济组织类型分组						
独资企业	**15**	**19310704**	**19029366**	**16305698**	**16236769**	**127465**
私营独资企业	16	5370907	5353047	4425530	4413642	49628
合作、合伙企业	**17**	**4697031**	**4671163**	**3584219**	**3562544**	**40262**
私营合伙企业	18	1296151	1296116	1061539	1061488	8401
股份有限公司	**19**	**4438229**	**4182794**	**3620338**	**3373044**	**31424**
私营股份有限公司	20	2395995	2391201	1955737	1943891	21097
有限责任公司	**21**	**107283551**	**105557687**	**90737451**	**89179583**	**1753071**
私营有限责任公司	22	47435932	47135927	40930048	40690845	278734
三、按行业分组						
采矿业	**B**	**3484908**	**3482561**	**2784444**	**2778559**	**35566**
煤炭开采和洗选业	600	37417	37417	29040	29040	1422
烟煤和无烟煤开采洗选	610	37417	37417	29040	29040	1422
褐煤开采洗选	620					
黑色金属矿采选业	800	855774	855747	709321	703990	5684
铁矿采选	810	579595	579588	474275	474275	4218
锰矿、铬矿采选	820	115339	115339	87713	82381	1163
其他黑色金属矿采选	890	160841	160820	147333	147333	303
有色金属矿采选业	900	1801658	1801626	1414758	1414758	17954
常用有色金属矿采选	910	1692825	1692793	1326980	1326980	17587
贵金属矿采选	920	35176	35176	30580	30580	118
稀有稀土金属矿采选	930	73656	73656	57198	57198	249
非金属矿采选业	1000	779555	777267	625068	624515	10461
土砂石开采	1010	554549	552741	433118	432677	7305
化学矿开采	1020	138416	138416	122937	122937	1806
石棉及其他非金属矿采选	1090	86591	86110	69014	68901	1349
开采辅助活动	1100	10505	10505	6256	6256	45
其他开采辅助活动	1190	10505	10505	6256	6256	45

单位：万元

主营业务税金及附加	其他业务收入	其他业务利润	销售费用	管理费用		财务费用			营业利润
					税　金		利息收入	利息支出	
313578	**322695**	**17546**	**1232766**	**2746131**	**111786**	**503858**	**21838**	**434107**	**3727936**
111777	60507	11836	437567	852306	41580	192683	7524	165614	1219470
201801	262188	5710	795199	1893826	70206	311176	14314	268492	2508467
32199	73847	501	168549	446021	11690	69968	2919	69510	383228
105779	171454	10585	365314	953697	41861	200525	12396	178998	1450261
178220	215164	6687	712789	1380190	59355	254987	5526	204613	2003502
724004	463876	29518	330650	958822	30352	666048	27993	678039	-1136868
776			2591	3121	91	209		209	11337
313578	**322695**	**17546**	**1232766**	**2746131**	**111786**	**503858**	**21838**	**434107**	**3727936**
313578	322695	17546	1232766	2746131	111786	503858	21838	434107	3727936
37353	17859	20	111453	257967	16852	33239	503	24141	436504
8371	35	238	24252	58056	2884	5042	233	4508	118154
246847	300005	14168	1035850	2327740	89088	439901	20292	381729	2917204
21007	4795	3121	61212	102368	2961	25677	811	23729	256075
113696	**281337**	**9674**	**363614**	**715095**	**39942**	**87082**	**23507**	**122271**	**1645763**
37353	17859	20	111453	257967	16852	33239	503	24141	436504
40103	**25869**	**3385**	**98610**	**121607**	**5640**	**19972**	**554**	**16325**	**479956**
8371	35	238	24252	58056	2884	5042	233	4508	118154
31334	**255435**	**18313**	**166927**	**249776**	**6450**	**46428**	**7200**	**56311**	**387837**
21007	4795	3121	61212	102368	2961	25677	811	23729	256075
1700594	**1725864**	**187042**	**2762217**	**4865484**	**216890**	**1253819**	**107008**	**1235062**	**7243704**
246847	300005	14168	1035850	2327740	89088	439901	20292	381729	2917204
35115	**2347**	**840**	**79654**	**157536**	**10573**	**22562**	**979**	**15498**	**405104**
1422			2610	5609	896	922	11	914	-2352
1422			2610	5609	896	922	11	914	-2352
5684	27	20	19945	25509	1476	5917	22	1716	81817
4218	6		16356	16325	717	5003	19	907	56100
1163			2854	8049	726	188	2	142	15218
303	20	20	735	1135	34	726	1	667	10499
17504	32	416	21628	92172	4906	7157	46	6398	261785
17138	32	416	20431	88519	4898	6721	46	5964	242383
118			568	1138	8	210		209	2562
249			629	2514		226		225	16841
10460	2289	405	35449	34216	3268	8534	901	6437	59759
7304	1808	36	30546	19100	570	4237	886	2557	50694
1806			1452	6701	447	3780		3350	1739
1349	481	368	3452	8415	2251	517	15	529	7326
45			22	30	28	33		33	4094
45			22	30	28	33		33	4094

1-4 续表 11

指标名称	代码	营业收入	主营业务收入	营业成本	主营业务成本	营业税金及附加
制造业	C	**52916966**	**52597144**	**45508677**	**45251806**	**321946**
农副食品加工业	1300	5821580	5781104	5221710	5186767	16944
谷物磨制	1310	851141	834614	743448	734153	3487
饲料加工	1320	2429996	2425595	2294499	2293670	1738
植物油加工	1330	280199	280199	253778	253778	1408
制糖业	1340	629680	615466	538558	524689	3609
屠宰及肉类加工	1350	322174	322050	278460	272781	682
水产品加工	1360	537424	532410	473357	468437	1375
蔬菜、水果和坚果加工	1370	279197	279010	230307	230167	822
其他农副食品加工	1390	491769	491760	409303	409092	3823
食品制造业	1400	1070669	1066171	875352	871624	4949
焙烤食品制造	1410	22673	22622	17742	17742	194
糖果、巧克力及蜜饯制造	1420	127349	127349	108317	108317	782
方便食品制造	1430	157770	157770	130134	130134	1168
乳制品制造	1440	116678	116549	104461	104387	520
罐头食品制造	1450	244474	242009	191025	189825	781
调味品、发酵制品制造	1460	25932	25386	22575	21937	117
其他食品制造	1490	375792	374486	301098	299282	1387
酒、饮料和精制茶制造业	1500	1045327	1044372	789960	789091	30598
酒的制造	1510	344122	343926	231848	231728	26321
饮料制造	1520	435412	434675	350028	349279	2099
精制茶加工	1530	265793	265771	208084	208084	2178
纺织业	1700	1009251	1006262	897780	895680	4571
棉纺织及印染精加工	1710	162778	162701	151674	151657	584
毛纺织及染整精加工	1720	1837	1837	1823	1823	8
麻纺织及染整精加工	1730	12202	12202	8378	8378	7
丝绢纺织及印染精加工	1740	747576	744763	663936	661905	3330
针织或钩针编织物及其制品制造	1760	10786	10786	9863	9863	263
家用纺织制成品制造	1770	71452	71411	59650	59650	369
非家用纺织制成品制造	1780	2620	2562	2457	2405	10
纺织服装、服饰业	1800	654962	652620	480022	477537	5536
机织服装制造	1810	622441	620150	455205	452719	5303
针织或钩针编织服装制造	1820	30179	30127	22499	22499	220
服饰制造	1830	2342	2342	2318	2318	13
皮革、毛皮、羽毛及其制品和制鞋业	1900	344611	344416	318741	318552	1600
皮革鞣制加工	1910	29411	29411	27008	27008	132
皮革制品制造	1920	87481	87481	72369	72369	529
羽毛(绒)加工及制品制造	1940	205762	205567	199698	199532	874
制鞋业	1950	21957	21957	19666	19643	65
木材加工和木、竹、藤、棕、草制品业	2000	4251654	4242884	3669306	3658547	26051
木材加工	2010	377037	372779	315630	312856	6523
人造板制造	2020	3103896	3100362	2687405	2681906	14869
木制品制造	2030	556818	555839	480265	478243	4057
竹、藤、棕、草等制品制造	2040	213903	213903	186006	185542	602

单位：万元

主营业务税金及附加	其他业务收入	其他业务利润	销售费用	管理费用	税金	财务费用	利息收入	利息支出	营业利润
278114	**319822**	**16587**	**1152993**	**2583246**	**100966**	**475789**	**20852**	**413202**	**3317881**
16013	40476	7922	116405	251221	11189	69508	5030	65083	304558
2918	16527	626	7591	38625	3038	4283	56	3959	73915
1669	4401	334	47506	98204	2350	10209	80	9555	63797
1405			6194	7168	141	1710	5	1656	10490
3549	14214	5213	10878	38104	1637	33247	4689	35330	23470
682	124	41	9549	12007	966	2691	74	2107	38060
1366	5014	1700	12464	12849	1441	10206	37	6330	44290
822	187		12050	23573	207	1285	26	1260	14745
3602	9	9	10175	20692	1409	5877	64	4886	35791
4739	4498	1812	36892	56772	2468	9433	80	6040	82986
194	51		1762	1333	32	283	1	283	1254
782			2671	3968	137	899	6	372	10593
1168			4301	9156	722	671	36	570	13704
310	129	52	3344	2683	77	853	-2	689	4059
781	2466	1711	9056	15594	61	3771	26	1408	22965
117	547		2526	2417	6	1133	6	1130	-3228
1386	1307	49	13233	21620	1432	1824	9	1589	33638
30394	956	-220	52624	67800	3804	18172	940	16983	86567
26321	196	-237	7214	40406	3142	12950	503	11836	26399
2088	737	-5	32663	15736	383	3241	416	3205	31414
1985	22	22	12747	11658	279	1982	21	1941	28753
4545	2989	281	6653	43464	1908	9310	170	8559	52423
583	77		2404	10190	758	1305	59	1140	238
8				105		32		32	-131
6			17	37		16			2159
3306	2813	240	3276	25578	556	7055	109	6602	46428
263			76	307	5	32		12	817
369	41	41	874	7161	585	817	1	720	2898
10	58		7	85	3	54		54	14
5515	2343	52	8243	92258	8515	2117	43	1848	64851
5282	2291		7761	88088	8243	1806	2	1619	62346
220	52	52	483	4161	272	309	41	229	2505
13				8		2			
1600	195	29	4331	6260	161	2976	75	2056	6214
132			240	890	16	524	62	520	618
529			3133	3140	29	905	2	428	2744
874	195	29	855	1477	11	1353	4	1066	1663
65			104	752	105	195	7	41	1189
24622	8770	430	84206	244079	4481	34756	626	28559	287538
5173	4258	1	10575	15522	784	2748	42	1280	29663
14834	3534	431	54971	196296	3066	26657	560	23044	206296
4050	979	-3	14547	20622	237	4254	14	3655	36920
566			4113	11639	394	1097	11	580	14659

1-4 续表 12

指标名称	代码	营业收入	主营业务收入	营业成本	主营业务成本	营业税金及附加
家具制造业	2100	733812	733812	599602	599602	7714
木质家具制造	2110	532717	532717	436789	436789	7013
竹、藤家具制造	2120	54090	54090	40936	40936	350
金属家具制造	2130	27667	27667	24989	24989	27
其他家具制造	2190	119338	119338	96888	96888	323
造纸和纸制品业	2200	1503190	1500026	1308626	1306908	7869
纸浆制造	2210	21534	21532	22471	22471	20
造纸	2220	783837	781478	706238	705212	3492
纸制品制造	2230	697819	697016	579917	579225	4356
印刷和记录媒介复制业	2300	682932	682742	572213	572203	4642
印刷	2310	569484	569484	480883	480873	2555
装订及印刷相关服务	2320	3550	3360	2630	2630	53
记录媒介复制	2330	109899	109899	88700	88700	2035
文教、工美、体育和娱乐用品制造业	2400	468568	468533	407401	407384	2289
文教办公用品制造	2410	5448	5448	4708	4708	13
工艺美术品制造	2430	401514	401479	348858	348841	1726
玩具制造	2450	61607	61607	53835	53835	551
石油加工、炼焦和核燃料加工业	2500	89800	89800	81061	81061	408
精炼石油产品制造	2510	70747	70747	61181	61181	234
炼焦	2520	19054	19054	19880	19880	174
化学原料和化学制品制造业	2600	3935992	3921715	3290456	3279604	20712
基础化学原料制造	2610	719965	718073	601102	599594	3680
肥料制造	2620	646373	641162	567850	562909	2170
农药制造	2630	340666	339943	275826	275826	2270
涂料、油墨、颜料及类似产品制造	2640	334197	332851	283363	282699	3217
合成材料制造	2650	11298	11298	9631	9631	51
专用化学产品制造	2660	1515488	1510637	1253698	1249968	5321
炸药、火工及焰火产品制造	2670	159081	159077	128957	128947	2516
日用化学产品制造	2680	208925	208675	170031	170031	1486
医药制造业	2700	1164747	1161777	875736	874286	8207
化学药品原料药制造	2710	94431	94431	81552	81552	923
化学药品制剂制造	2720	133865	133713	101509	101399	360
中药饮片加工	2730	179704	179675	152344	152344	1348
中成药生产	2740	523068	520280	363595	362254	4448
兽用药品制造	2750	177495	177495	133066	133066	735
生物药品制造	2760	40921	40921	31318	31318	172
卫生材料及医药用品制造	2770	15264	15264	12352	12352	221
化学纤维制造业	2800	3450	3450	3060	3060	4
合成纤维制造	2820	3450	3450	3060	3060	4
橡胶和塑料制品业	2900	1321287	1319513	1147831	1147062	6098
橡胶制品业	2910	118370	117988	99361	98979	219
塑料制品业	2920	1202916	1201526	1048469	1048083	5879
非金属矿物制品业	3000	4993498	4974427	4147571	4109798	52191
水泥、石灰和石膏制造	3010	1296116	1286839	1092985	1073900	16864
石膏、水泥制品及类似制品制造	3020	1314905	1308154	1086444	1068969	8445

单位：万元

主营业务税金及附加	其他业务收入	其他业务利润	销售费用	管理费用	税　金	财务费用	利息收入	利息支出	营业利润
7704			19808	27985	727	11290	430	8090	75765
7003			12367	21054	589	3376	281	2689	58909
350			2396	1104		1763		1763	7541
27			399	917		70	1	72	1679
323			4646	4909	138	6080	148	3566	7636
7794	3164	348	28231	61210	3163	20396	61	17772	68454
20	2	2	199	2194	209	980		979	-6955
3492	2359	221	10093	30249	1731	10355	8	9193	29439
4282	803	125	17939	28768	1223	9061	53	7601	45971
4540	190		11643	27119	1272	13741	185	10737	65065
2455			9974	21160	1269	7910	69	6361	47928
50	190			70		33		28	572
2035			1669	5889	3	5798	116	4349	16564
2297	35		11720	13084	253	4133	27	2287	30700
13			52	64	29	24		24	1272
1724	35		11076	11068	188	4043	27	2198	24818
560			592	1952	36	66		66	4611
408		143	1430	5408	126	1558	191	1475	-935
234		143	954	4989	126	569	19	486	1951
174			477	419		989	172	989	-2885
19849	14277	1956	101351	147919	8330	33043	4451	33349	307846
3678	1893	379	23952	39337	2830	12396	3419	14629	44325
2144	5210	602	12897	25638	498	5561	748	5813	38599
2270	723		14811	11784	141	2001	9	1923	27999
2444	1346	156	9023	9798	446	3127	64	3101	20837
51			383	431	1	179	5	162	404
5270	4851	569	26059	40722	723	7527	187	6286	142840
2506	4		4116	11386	3087	1133	15	538	15875
1486	250	250	10111	8824	605	1119	5	897	16968
8205	2970	1200	57486	82753	4448	12064	32	10998	124892
923			2657	1900	33	671	23	331	6884
360	152	42	12833	10649	360	706	-6	712	7756
1348	29		4834	8091	587	1225	1	1178	14577
4446	2789	1158	25625	44210	2702	8129	11	7443	73909
735			9610	13295	692	1278	3	1278	16731
172			1270	3505	73	1	1	1	4686
221			658	1103	2	54		54	348
4			52	297		60		60	-23
4			52	297		60		60	-23
6081	1774	32	22856	47985	908	11044	322	7972	73855
219	383		3054	10482	64	2023	-10	1449	5210
5862	1391	32	19802	37503	844	9020	332	6523	68645
40161	19071	2693	157271	205817	12243	49279	1295	40062	408048
16864	9277	2304	30167	44490	6672	15705	481	14338	99303
8325	6751	124	54722	53162	1445	11274	207	6953	104654

1-4 续表 13

指标名称	代码	营业收入	主营业务收入	营业成本	主营业务成本	营业税金及附加
砖瓦、石材等建筑材料制造	3030	1385686	1384470	1141553	1140634	19127
玻璃制造	3040	87416	87416	66627	66627	190
玻璃制品制造	3050	68739	68739	57833	57833	170
玻璃纤维和玻璃纤维增强塑料制品制造	3060	2150	2150	1809	1809	2
陶瓷制品制造	3070	505240	505240	445708	445708	3704
耐火材料制品制造	3080	53620	53620	43517	43517	1830
石墨及其他非金属矿物制品制造	3090	279627	277799	211095	210801	1861
黑色金属冶炼和压延加工业	3100	6232073	6143465	5456906	5370839	29105
炼铁	3110	122772	122148	96344	95936	928
炼钢	3120	92713	92713	92074	92074	160
黑色金属铸造	3130	1005050	992562	820452	813871	5008
钢压延加工	3140	3477787	3404148	3082348	3006239	15300
铁合金冶炼	3150	1533751	1531894	1365688	1362720	7709
有色金属冶炼和压延加工业	3200	2207982	2115325	2060422	2025502	5105
常用有色金属冶炼	3210	847832	757683	783045	753844	1315
稀有稀土金属冶炼	3230	172571	172571	159013	154980	1869
有色金属合金制造	3240	22053	22053	22658	22658	8
有色金属压延加工	3260	1165526	1163018	1095705	1094020	1914
金属制品业	3300	1572073	1570041	1314134	1311996	10345
结构性金属制品制造	3310	994769	994008	808604	807923	8571
金属工具制造	3320	133038	133007	121896	121891	438
集装箱及金属包装容器制造	3330	14213	14213	12494	12494	3
金属丝绳及其制品制造	3340	31028	31028	25634	25634	84
建筑、安全用金属制品制造	3350	28435	28435	25060	23955	143
金属表面处理及热处理加工	3360	26997	26996	26492	26492	15
搪瓷制品制造	3370	64026	64026	48051	48051	129
金属制日用品制造	3380	170708	170683	144759	144759	795
其他金属制品制造	3390	108859	107644	101145	100798	167
通用设备制造业	3400	819229	818229	697458	696251	3028
锅炉及原动设备制造	3410	122770	122706	94437	94389	437
金属加工机械制造	3420	117186	117140	106356	106321	198
物料搬运设备制造	3430	49284	49284	46072	46072	231
泵、阀门、压缩机及类似机械制造	3440	70440	70440	63616	63616	81
轴承、齿轮和传动部件制造	3450	169152	168897	149295	149021	721
烘炉、风机、衡器、包装等设备制造	3460	12035	12035	10819	10819	27
文化、办公用机械制造	3470	17616	17616	15734	15734	13
通用零部件制造	3480	183828	183210	141939	141089	897
其他通用设备制造业	3490	76920	76903	69191	69191	422
专用设备制造业	3500	1527206	1518686	1255119	1249130	11653
采矿、冶金、建筑专用设备制造	3510	705882	698270	574109	570510	8555
化工、木材、非金属加工专用设备制造	3520	220754	220742	193038	191526	550
食品、饮料、烟草及饲料生产专用设备制造	3530	119264	118470	95145	94389	445
印刷、制药、日化及日用品生产专用设备制造	3540	44805	44805	39386	39386	238
农、林、牧、渔专用机械制造	3570	217719	217617	176967	176912	640
医疗仪器设备及器械制造	3580	72669	72669	57244	57244	533
环保、社会公共服务及其他专用设备制造	3590	146113	146113	119231	119163	690

单位：万元

主营业务税金及附加	其他业务收入	其他业务利润	销售费用	管理费用	税金	财务费用	利息收入	利息支出	营业利润
7509	1216	265	23692	74202	2340	9067	110	8109	135082
190			2837	3250	19	896	1	338	13434
170			2686	1214	55	254		254	6724
2			50	172	2	112		112	17
3589			12628	13807	674	3183	74	2523	26991
1653			1912	3560		29		29	3028
1861	1828		28578	11961	1035	8759	423	7408	18816
29072	88608	-2545	63805	281977	9675	34472	1464	29643	313491
928	625	280	4723	16600	57	2202		2156	11649
160			144	196		-2	2		20635
5008	12488	-206	15923	25158	1413	7506	19	4647	77425
15278	73639	-2700	22267	138807	3356	14005	1460	13624	157609
7699	1857	81	20749	101216	4849	10762	-18	9216	46173
5013	92657	-253	24460	180937	1711	43708	1404	40734	10475
1314	90149	-253	10594	68324	1138	29676	1282	28030	-31534
1782			1450	3541	67	221	8	219	25076
8			396	6380	9	98			-890
1910	2508		12020	102691	497	13713	114	12484	17823
10344	2032	17	93147	153053	1464	10026	425	8694	69161
8571	761	22	76819	124346	718	4846	362	4062	42948
438	30		1332	2280	389	947	4	918	7045
3			509	448	9	27		6	811
84			547	2356	3	146		146	2323
143			1435	1219		208		209	2940
15	1	1	68	261	27	29		22	378
128			2631	4091	41	946	50	543	2652
795	25		7836	15625	274	2430		2348	7084
167	1214	-6	1971	2428	2	447	9	442	2980
3018	1000	467	17159	72252	2195	5570	340	5233	51319
437	65	16	7246	9245	142	1541	1	1312	8240
188	46	5	1660	29824	271	420	6	389	6748
231			308	486	2	142	4	145	2057
81			462	3921	4	484	3	476	1876
721	254		2026	7623	472	923	226	848	7583
27			79	832	16	86	41	124	191
13			883	750	12	69		63	166
897	618	438	3702	17463	1271	1861	58	1831	18738
422	18	8	793	2108	5	45		44	5721
10515	8520	231	43417	77366	2354	11477	538	8010	119748
7532	7613	164	13575	27716	574	6346	21	3973	73617
531	12	12	9269	10880	95	1956	41	881	8681
445	795		4475	9350	791	152	45	181	8402
238			113	1103	53	435		426	3531
550	101	46	7461	14795	453	2286	222	2111	13018
533		9	3409	6567	59	-88	145	74	4646
686			5114	6955	328	390	65	364	7853

1-4 续表 14

指标名称	代码	营业收入	主营业务收入	营业成本	主营业务成本	营业税金及附加
汽车制造业	3600	4720764	4700037	4276480	4259677	39082
汽车整车制造	3610					
改装汽车制造	3620	155687	155341	146662	146384	242
汽车车身、挂车制造	3650	2032	2032	1612	1612	11
汽车零部件及配件制造	3660	4563045	4542664	4128207	4111681	38829
铁路、船舶、航空航天和其他运输设备制造业	3700	676622	675322	512223	511443	5504
船舶及相关装置制造	3730	670660	669360	507036	506256	5501
摩托车制造	3750	5962	5962	5187	5187	3
电气机械和器材制造业	3800	3115356	3114594	2690904	2690891	8144
电机制造	3810	225356	224706	187169	187156	635
输配电及控制设备制造	3820	1547948	1547836	1347873	1347873	4539
电线、电缆、光缆及电工器材制造	3830	768517	768517	694051	694051	2348
电池制造	3840	487149	487149	390314	390314	371
家用电力器具制造	3850	8656	8656	7893	7893	19
照明器具制造	3870	74533	74533	60514	60514	231
其他电气机械及器材制造	3890	3198	3198	3090	3090	2
计算机、通信和其他电子设备制造业	3900	1840078	1837638	1537300	1536025	5170
计算机制造	3910	498469	498469	451880	451880	708
通信设备制造	3920	415306	415123	339840	339756	427
广播电视设备制造	3930	202446	200190	176050	174859	2048
视听设备制造	3950	12607	12607	10626	10626	28
电子器件制造	3960	60506	60505	48152	48152	177
电子元件制造	3970	577452	577452	467336	467336	772
其他电子设备制造	3990	73291	73291	43417	43417	1010
仪器仪表制造业	4000	154056	154040	121534	121522	851
通用仪器仪表制造	4010	106056	106056	83543	83543	262
专用仪器仪表制造	4020	23680	23680	18678	18678	54
光学仪器及眼镜制造	4040	12857	12841	10232	10220	485
其他仪器仪表制造业	4090	11463	11463	9081	9081	51
其他制造业	4100	116731	116680	98179	98178	315
日用杂品制造	4110	12100	12053	10329	10329	62
煤制品制造	4120	2157	2153	1691	1691	9
废弃资源综合利用业	4200	839465	839465	801592	801592	3263
金属废料和碎屑加工处理	4210	817827	817827	781366	781366	3234
非金属废料和碎屑加工处理	4220	21638	21638	20226	20226	30
电力、热力、燃气及水生产和供应业	**D**	**97111**	**96585**	**79733**	**79500**	**349**
电力、热力生产和供应业	4400	72599	72074	59674	59441	290
电力生产	4410	72599	72074	59674	59441	290
燃气生产和供应业	4500	19224	19223	17103	17103	15
水的生产和供应业	4600	5288	5288	2956	2956	44
其他水的处理、利用与分配	4690	5288	5288	2956	2956	44

单位：万元

主营业务税金及附加	其他业务收　入	其他业务利　润	销售费用	管理费用	税　金	财务费用	利息收入	利息支出	营业利润
12518	20727	1424	68323	192229	7144	46550	423	41444	162237
242	347		8699	11353	285	1966	196	1589	1571
11			46	134	1				130
12265	20381	1424	59578	180742	6859	44585	226	39855	160536
5504	1300		8740	68864	5512	1312	1	1038	75586
5501	1300		8651	68779	5512	1170		895	75131
3			89	85		142	1	143	455
8076	762	432	51712	88984	3462	17364	1850	12427	250325
622	650	420	7615	16389	149	2915	61	1727	18833
4484	112	12	18522	32565	2029	7483	736	5689	117621
2348			17733	26090	535	5694	1038	3832	22337
371			5816	8896	6	352	1	343	81394
19			91	283		14	1	14	431
231			1924	3409	144	905	13	822	9747
2			12	1354	600				-39
5167	2440	135	47143	48160	2559	2152	-23	1977	188380
708			20548	7667		21		20	17654
424	183		8343	8117	173	512		356	54570
2048	2256	134	8867	10858	1865	341	20	345	4347
28			254	561	5	3		3	1136
177	1	1	1177	4100	423	307	-5	270	6686
772			4800	9856	51	821	5	793	92887
1010			3156	7002	42	148	-44	191	11101
840	16	4	5379	15070	553	191	6	164	10931
262			3522	11824	312	143	1	112	6792
54			495	1341	187	3		3	2979
474	16	4	708	1384	51	47	4	49	2
51			654	521	3	-1	1		1158
315	52		3640	5862	42	47	1	48	7445
62	47		228	769	3				713
9	5		2	196		-2			261
3263			4865	17065	300	41	468	1860	19981
3234			4455	16821	278	-170	467	1649	19464
30			410	244	22	211	1	211	516
349	**526**	**119**	**120**	**5349**	**246**	**5507**	**6**	**5407**	**4951**
290	525	119	84	4045	185	5076	5	5080	3067
290	525	119	84	4045	185	5076	5	5080	3067
15				1281	45	412	2	307	415
44			35	23	17	19		19	1469
44			35	23	17	19		19	1469

1-4 续表 15

指标名称	代码	资产减值损失	公允价值变动收益	投资收益	营业外收入	补贴收入
总　计	**1**	**15162**	**-179**	**-619424**	**119209**	**71612**
#轻工业	2	2222	-552	-141492	42564	26258
重工业	3	12940	373	-477933	76645	45354
大型企业	4	111		4435	4759	3090
中型企业	5	6889	-552	-169238	60657	32161
小型企业	6	8151	373	-453673	55073	36620
亏损企业	7	92104	-6759	-171214	274827	182699
农村工业	8			-18227		
一、按登记注册类型分组						
内资企业	**9**	**15162**	**-179**	**-619424**	**119209**	**71612**
私营企业	10	15162	-179	-619424	119209	71612
私营独资企业	11	513	572	-73382	2660	2356
私营合伙企业	12	439		-8475	190	162
私营有限责任公司	13	14098	-751	-533960	112430	66013
私营股份有限公司	14	112		-3607	3928	3082
二、按经济组织类型分组						
独资企业	**15**	**16553**	**-6620**	**-127708**	**56813**	**19689**
私营独资企业	16	513	572	-73382	2660	2356
合作、合伙企业	**17**	**859**		**-8153**	**6683**	**4151**
私营合伙企业	18	439		-8475	190	162
股份有限公司	**19**	**-2257**		**-6211**	**10597**	**3393**
私营股份有限公司	20	112		-3607	3928	3082
有限责任公司	**21**	**63863**	**-20714**	**-938070**	**321491**	**175558**
私营有限责任公司	22	14098	-751	-533960	112430	66013
三、按行业分组						
采矿业	**B**	**5**	**46**	**10931**	**1829**	**887**
煤炭开采和洗选业	600				303	303
烟煤和无烟煤开采洗选	610				303	303
褐煤开采洗选	620					
黑色金属矿采选业	800			6	532	84
铁矿采选	810				388	
锰矿、铬矿采选	820			6	126	84
其他黑色金属矿采选	890				19	
有色金属矿采选业	900		46	9686	768	349
常用有色金属矿采选	910		46	9686	768	349
贵金属矿采选	920					
稀有稀土金属矿采选	930					
非金属矿采选业	1000	5		1239	226	151
土砂石开采	1010	5		76	138	95
化学矿开采	1020				30	56
石棉及其他非金属矿采选	1090			1162	59	
开采辅助活动	1100					
其他开采辅助活动	1190					

单位：万元

营业外支出	利润总额	应交所得税	亏损企业亏损总额	利税总额	应交税金及附加	本年应付职工薪酬	本年应交增值税	从业人员平均人数(人)
126956	**3695200**	**206389**	**185710**	**5497709**	**2120683**	**2255945**	**1444648**	**633227**
33986	1208251	61584	66628	1761886	656798	937443	439341	258946
92970	2486949	144805	119082	3735823	1463886	1318502	1005307	374281
2456	385608	17267	11426	652525	295874	329509	221025	84942
38758	1464806	63796	68078	2034176	675026	985152	447453	275455
86271	1956673	144720	123302	2986759	1234161	959775	837368	275810
50559	-1001923	-7454	1001923	403709	1428530	1207066	678267	222987
27	11310	5		15281	4067	7107	3195	4351
126956	**3695200**	**206389**	**185710**	**5497709**	**2120683**	**2255945**	**1444648**	**633227**
126956	3695200	206389	185710	5497709	2120683	2255945	1444648	633227
9204	429468	9138	3378	634921	231444	243109	155825	68710
13179	115869	2421	2203	165002	54439	79439	40732	22545
103417	2891133	168251	167745	4335352	1701559	1835220	1165485	514138
1156	258731	26578	12384	362434	133242	98177	82606	27834
42467	**1656092**	**111291**	**50684**	**2338999**	**834140**	**865497**	**555442**	**237742**
9204	429468	9138	3378	634921	231444	243109	155825	68710
14348	**349920**	**16079**	**3430**	**617572**	**289371**	**157795**	**227390**	**49795**
13179	115869	2421	2203	165002	54439	79439	40732	22545
3105	**395213**	**42377**	**20548**	**572941**	**226555**	**220662**	**146304**	**41069**
1156	258731	26578	12384	362434	133242	98177	82606	27834
283141	**6587432**	**580279**	**743374**	**11641567**	**5851304**	**4174635**	**3301065**	**1017385**
103417	2891133	168251	167745	4335352	1701559	1835220	1165485	514138
17248	**399489**	**27878**	**8652**	**534346**	**173309**	**110723**	**99292**	**30458**
22	-2071	24	2167	308	3299	3622	957	1112
22	-2071	24	2167	308	3299	3622	957	1112
2900	79653	4943	234	107357	34123	16041	22020	5160
92	56839	4638	134	75330	23846	10395	14273	3287
2808	12537	270		18347	6807	4087	4648	1010
0	10277	35	100	13680	3471	1559	3100	863
2928	259575	21970	1182	323333	90634	48331	45804	13889
2928	240173	19129	1182	301805	85659	44041	44046	12568
	2562	6		3545	997	2304	865	745
	16841	2835		17983	3978	1986	894	576
11398	58238	941	5068	99195	45167	42704	30496	10067
11155	49327	894	695	82089	34226	28385	25457	8385
237	1532	46	4364	6714	5675	11326	3376	694
5	7379	1	10	10393	5266	2993	1664	988
	4094			4153	87	27	14	230
	4094			4153	87	27	14	230

1-4 续表 16

指标名称	代码	资产减值损失	公允价值变动收益	投资收益	营业外收入	补贴收入
制造业	C	**15157**	**-225**	**-630372**	**116953**	**70725**
农副食品加工业	1300	554		-26781	20433	18078
谷物磨制	1310			-2809	1064	646
饲料加工	1320	273		367	7396	9018
植物油加工	1330			22	255	60
制糖业	1340	-1		-24573	8223	5454
屠宰及肉类加工	1350	16			564	340
水产品加工	1360	266		120	2033	1719
蔬菜、水果和坚果加工	1370				299	296
其他农副食品加工	1390			92	599	545
食品制造业	1400	204		-5918	3329	2260
焙烤食品制造	1410			-846	24	8
糖果、巧克力及蜜饯制造	1420				256	105
方便食品制造	1430	2			7	
乳制品制造	1440	5			36	10
罐头食品制造	1450			-5072	2205	1917
调味品、发酵制品制造	1460				359	
其他食品制造	1490	197			443	219
酒、饮料和精制茶制造业	1500	990		-5238	2225	536
酒的制造	1510	990		-3721	2014	384
饮料制造	1520			30	204	145
精制茶加工	1530			-1547	7	7
纺织业	1700			269	7946	1884
棉纺织及印染精加工	1710				5822	149
毛纺织及染整精加工	1720				98	98
麻纺织及染整精加工	1730					
丝绢纺织及印染精加工	1740			215	1929	1634
针织或钩针编织物及其制品制造	1760					
家用纺织制成品制造	1770			47	94	1
非家用纺织制成品制造	1780			7	4	3
纺织服装、服饰业	1800				328	19
机织服装制造	1810				309	
针织或钩针编织服装制造	1820				19	19
服饰制造	1830					
皮革、毛皮、羽毛及其制品和制鞋业	1900			1	663	417
皮革鞣制加工	1910			1	218	174
皮革制品制造	1920				212	116
羽毛(绒)加工及制品制造	1940				234	127
制鞋业	1950					
木材加工和木、竹、藤、棕、草制品业	2000	798	572	-80365	10956	7100
木材加工	2010	513	572	-8191	1692	900
人造板制造	2020	285		-70216	8201	5402
木制品制造	2030			-1959	1063	798
竹、藤、棕、草等制品制造	2040					

单位：万元

营业外支出	利润总额	应交所得税	亏损企业亏损总额	利税总额	应交税金及附加	本年应付职工薪酬	本年应交增值税	从业人员平均人数（人）
107720	**3292322**	**178063**	**176149**	**4955652**	**1942359**	**2140130**	**1341384**	**601041**
15434	294767	9334	36526	437700	163455	169607	125989	48563
151	74828	896	434	83911	13016	11694	5595	3770
6093	50320	2909	6838	95850	50790	44560	43793	12246
147	10598	60	293	26268	15872	4218	14262	1131
739	30923	969	19591	65437	37120	40783	30904	9574
7277	31329	1908	4933	35671	7216	17042	3659	4816
381	45931	142	2306	57044	12695	22281	9738	7057
24	15020	528	1028	20819	6534	11704	4978	3775
623	35818	1922	1104	52700	20213	17325	13060	6194
1901	83634	8009	5030	112005	38847	50423	23422	13523
23	1255	171		2210	1158	4749	762	808
75	10290	977		14909	5733	3894	3837	907
332	13379	1169		19079	7591	9236	4531	2377
4	4090	629	53	6211	2826	3979	1601	1431
673	24295	1465		28714	5945	12368	3637	4315
89	-3052		3332	-2534	524	2894	401	749
705	33377	3598	1646	43417	15071	13304	8654	2936
1554	86858	5662	8791	145389	67997	74032	27933	18706
1328	26741	1282	8100	60830	38513	12105	7768	4158
99	31519	2476	649	43394	14734	46146	9777	9535
127	28599	1905	42	41165	14750	15781	10388	5013
5002	55457	478	1291	86823	33752	78999	26795	21886
4068	2130	40	45	4472	3140	10917	1758	3456
	-33		33	36	69	37	61	128
	2159			2427	268	486	260	173
403	47954	407	582	74656	27665	60372	23372	15592
	817			1177	365	1749	97	637
531	2412	26	632	3952	2151	5142	1170	1778
	18	5		104	94	296	76	122
3131	62048	1494	83	84767	32727	63476	17182	14902
3055	59600	1379	13	81277	31299	57762	16374	12927
75	2449	116	71	3400	1339	5696	731	1949
0				90	90	19	77	26
157	6613	250	1278	18030	11827	18685	9816	7000
81	755	113		2165	1539	1915	1278	723
62	2894	133		6484	3752	8708	3061	2758
15	1775		1233	7701	5937	5533	5052	1856
	1189	3	44	1680	599	2530	426	1663
9963	284155	13158	4958	444271	177755	241322	134066	75388
2677	27102	208	458	43521	17412	25135	9897	8706
5886	208607	7836	4448	321181	123475	139780	97705	46133
1202	33985	4850	53	59413	30514	66340	21371	15683
198	14461	265		20156	6353	10067	5093	4866

1-4 续表 17

指标名称	代码	资产减值损失	公允价值变动收益	投资收益	营业外收入	补贴收入
家具制造业	2100			-2372	129	38
木质家具制造	2110			185	128	38
竹、藤家具制造	2120					
金属家具制造	2130					
其他家具制造	2190			-2556	1	
造纸和纸制品业	2200	36		-51794	3534	368
纸浆制造	2210				3180	262
造纸	2220	33		-4366	298	104
纸制品制造	2230	4		-47428	55	3
印刷和记录媒介复制业	2300	8		-5500	336	52
印刷	2310	8		-5500	336	52
装订及印刷相关服务	2320					
记录媒介复制	2330					
文教、工美、体育和娱乐用品制造业	2400				20	
文教办公用品制造	2410					
工艺美术品制造	2430				20	
玩具制造	2450					
石油加工、炼焦和核燃料加工业	2500	407		-606	194	194
精炼石油产品制造	2510	407		-606	194	194
炼焦	2520					
化学原料和化学制品制造业	2600	3214	-302	-63755	15792	15214
基础化学原料制造	2610			65	12192	12210
肥料制造	2620	51		-15133	2798	2448
农药制造	2630			-13872	10	
涂料、油墨、颜料及类似产品制造	2640				239	228
合成材料制造	2650					
专用化学产品制造	2660	3163	-302	-31634	512	297
炸药、火工及焰火产品制造	2670				10	
日用化学产品制造	2680			-3181	30	30
医药制造业	2700			-23651	878	345
化学药品原料药制造	2710			-11816	16	16
化学药品制剂制造	2720			-44	232	4
中药饮片加工	2730				1	1
中成药生产	2740			-10707	628	324
兽用药品制造	2750			-1084		
生物药品制造	2760					
卫生材料及医药用品制造	2770					
化学纤维制造业	2800					
合成纤维制造	2820					
橡胶和塑料制品业	2900			-88092	615	252
橡胶制品业	2910				26	
塑料制品业	2920			-88092	589	252
非金属矿物制品业	3000	755	-529	3450	8165	5305
水泥、石灰和石膏制造	3010	231	3	-1255	4072	3117
石膏、水泥制品及类似制品制造	3020		30	1202	507	158

单位：万元

营业外支出	利润总额	应交所得税	亏损企业亏损总额	利税总额	应交税金及附加	本年应付职工薪酬	本年应交增值税	从业人员平均人数(人)
139	75755	3498		99904	28375	29226	16436	8465
35	59001	3365		79434	24386	21925	13420	5993
	7541			8704	1163	3550	813	1200
	1679			2071	392	821	365	362
104	7533	133		9695	2433	2931	1838	910
789	70378	5074	12188	116129	53987	63071	37883	19550
475	-4249		4256	-3512	946	2538	717	937
297	29401	1463	7352	49319	23112	35355	16426	11034
18	45227	3611	579	70323	29930	25178	20740	7579
338	64911	1818	58	88089	26268	27651	18536	6292
272	47841	1818	58	65936	21183	24291	15541	5873
	572			807	235	220	182	51
66	16498			21346	4851	3140	2813	368
1840	28848	735	21	43256	15396	56249	12119	19786
1089	183	2		240	88	293	44	68
751	24054	733	21	35384	12251	50423	9604	17943
	4611			7632	3057	5532	2471	1775
86	-826	437	3121	1403	2791	2901	1821	739
86	2059	437	236	3987	2490	2179	1693	501
	-2885		2885	-2584	301	722	128	238
4263	319254	29107	7729	447538	165721	136697	107572	35191
1853	53926	7365	4329	78601	34870	22560	20995	4482
587	41425	3906	1229	52775	15753	23472	9179	6502
17	27992	6160		42715	21025	9977	12453	2632
153	20923	2749	45	32420	14692	16407	8281	4645
	404	4		595	195	878	140	189
1620	141732	8361	1871	194233	61585	35222	47180	9179
27	15861	462	77	21438	9126	16209	3061	3654
6	16992	100	180	24762	8474	11974	6284	3908
2379	123368	13488	1025	167637	62206	70418	36063	15977
13	6887	339		10226	3711	2821	2417	615
318	7671	1088	518	10996	4772	11205	2965	2536
1	14576	987		20206	7204	9348	4283	1790
1591	72947	10288	507	97327	37370	30820	19932	7320
456	16276	421		21688	6525	11205	4677	2963
	4686	311		6258	1956	3762	1399	426
	325	55		937	667	1258	390	327
	-23		23	12	36	86	32	48
	-23		23	12	36	86	32	48
305	70234	5459	835	105094	41228	41995	28762	13720
2	5234	21		8317	3168	3886	2864	1292
303	65000	5438	835	96777	38059	38109	25899	12428
22268	393899	16160	14550	656247	290752	304035	210158	90350
3851	97659	3565	5825	158393	70971	49495	43870	18148
12524	93152	7741	4166	166461	82496	59908	64864	16112

1-4 续表 18

指标名称	代码	资产减值损失	公允价值变动收益	投资收益	营业外收入	补贴收入
砖瓦、石材等建筑材料制造	3030	106	-9	236	2222	1024
玻璃制造	3040					
玻璃制品制造	3050					
玻璃纤维和玻璃纤维增强塑料制品制造	3060					
陶瓷制品制造	3070	430	-552	-356	214	84
耐火材料制品制造	3080				75	75
石墨及其他非金属矿物制品制造	3090	-13		3624	1076	847
黑色金属冶炼和压延加工业	3100			-25127	4737	1839
炼铁	3110				15	
炼钢	3120					
黑色金属铸造	3130				83	1
钢压延加工	3140			66	1821	397
铁合金冶炼	3150			-25192	2819	1440
有色金属冶炼和压延加工业	3200	2		-6967	10396	704
常用有色金属冶炼	3210			-7055	7824	334
稀有稀土金属冶炼	3230			-18	53	52
有色金属合金制造	3240					
有色金属压延加工	3260	2		106	2519	318
金属制品业	3300	85		148	1277	891
结构性金属制品制造	3310			118	178	38
金属工具制造	3320					
集装箱及金属包装容器制造	3330					
金属丝绳及其制品制造	3340			30	853	853
建筑、安全用金属制品制造	3350				201	
金属表面处理及热处理加工	3360					
搪瓷制品制造	3370				44	
金属制日用品制造	3380					
其他金属制品制造	3390	85			1	
通用设备制造业	3400	70		-12095	777	560
锅炉及原动设备制造	3410	70			335	330
金属加工机械制造	3420				5	5
物料搬运设备制造	3430			-11669	25	20
泵、阀门、压缩机及类似机械制造	3440				100	50
轴承、齿轮和传动部件制造	3450				41	
烘炉、风机、衡器、包装等设备制造	3460				53	
文化、办公用机械制造	3470					
通用零部件制造	3480			-426	219	156
其他通用设备制造业	3490					
专用设备制造业	3500	125		-2433	4836	2890
采矿、冶金、建筑专用设备制造	3510			2694	376	349
化工、木材、非金属加工专用设备制造	3520				1935	123
食品、饮料、烟草及饲料生产专用设备制造	3530				4	
印刷、制药、日化及日用品生产专用设备制造	3540				25	15
农、林、牧、渔专用机械制造	3570	125		42	218	135
医疗仪器设备及器械制造	3580				1179	1169
环保、社会公共服务及其他专用设备制造	3590			-5169	1099	1099

单位：万元

营业外支出	利润总额	应交所得税	亏损企业亏损总额	利税总额	应交税金及附加	本年应付职工薪酬	本年应交增值税	从业人员平均人数（人）
5569	133038	2173	4300	210231	81706	107040	58066	31044
	13434	172		17290	4046	3164	3667	852
	6724	522	23	8480	2332	3437	1586	986
	17			36	21	115	17	40
6	27199	1043		54849	29368	67988	23946	19797
136	2966			7980	5013	2310	3184	620
181	19710	945	236	32528	14798	10578	10957	2751
25839	291800	8420	22795	489370	215665	138225	168465	31590
1	11663	111	2325	17475	5980	3631	4884	900
20483	152			1878	1726	571	1567	232
1559	75937	4564	958	108782	38822	21852	27837	6391
2476	156421	1241	1462	262149	110325	67845	90428	12342
1321	47627	2505	18050	99086	58812	44326	43750	11725
3876	17234	1365	33771	40637	26479	55207	18297	14089
3688	-27418	545	30005	-22112	6990	31615	3992	7230
39	25089	531	1003	35182	10690	2508	8223	766
	-732		732	-716	25	587	9	91
148	20295	289	2031	28283	8774	20497	6074	6002
1441	67287	1711	1987	138067	73955	60203	60436	14850
944	41678	940	1503	100281	60261	20774	50033	6464
19	6423	19	105	9008	2994	13132	2147	2730
	811			851	48	927	37	266
	3176			3347	173	551	86	165
202	2740	94		3667	1020	1003	783	197
249	129	8		290	196	826	146	255
11	2684	157		4437	1950	1622	1624	815
17	7068	210		12384	5800	15669	4521	2726
	2577	283	379	3804	1512	5700	1060	1232
733	51364	4175	385	67724	22730	40312	13333	9807
131	8443	1476	28	10690	3865	5276	1810	1655
	6752	1256	205	8854	3628	1881	1904	483
41	2041	413		3475	1850	873	1204	217
9	1967	10		2446	492	2007	397	473
225	7399	86		10781	3941	3791	2661	1467
	244	24		519	316	419	248	139
	166			540	386	425	360	108
327	18630	905	152	24095	7641	24998	4568	5036
	5721	5		6324	612	643	181	229
2029	121377	4288	2239	168053	53318	62220	35024	15954
21	73972	957	1807	100496	28055	18967	17968	5118
1591	6493	577	14	10438	4617	7072	3394	2260
1	8406	299		11055	3739	4947	2204	1464
	4917	59		6887	2083	1554	1732	212
313	12914	1256	418	18213	7009	15648	4659	4338
3	5821	540		7766	2543	6206	1411	989
98	8854	599		13199	5272	7826	3655	1573

1-4 续表 19

指标名称	代码	资产减值损失	公允价值变动收益	投资收益	营业外收入	补贴收入
汽车制造业	3600	6643	34	-4755	11561	9945
汽车整车制造	3610					
改装汽车制造	3620			149	124	98
汽车车身、挂车制造	3650					
汽车零部件及配件制造	3660	6643	34	-4905	11437	9847
铁路、船舶、航空航天和其他运输设备制造业	3700				2665	
船舶及相关装置制造	3730				2665	
摩托车制造	3750					
电气机械和器材制造业	3800	2		-176433	3430	260
电机制造	3810				1033	40
输配电及控制设备制造	3820			-54085	2104	120
电线、电缆、光缆及电工器材制造	3830	2		-114130	293	101
电池制造	3840			-2106		
家用电力器具制造	3850					
照明器具制造	3870			-6112		
其他电气机械及器材制造	3890					
计算机、通信和其他电子设备制造业	3900	1266		-52361	1540	1433
计算机制造	3910					
通信设备制造	3920	-1		-4095	834	829
广播电视设备制造	3930			-47883	7	7
视听设备制造	3950					
电子器件制造	3960				206	201
电子元件制造	3970				58	
其他电子设备制造	3990	1267		-384	434	397
仪器仪表制造业	4000				102	63
通用仪器仪表制造	4010					
专用仪器仪表制造	4020					
光学仪器及眼镜制造	4040				102	63
其他仪器仪表制造业	4090					
其他制造业	4100				88	77
日用杂品制造	4110				26	21
煤制品制造	4120					
废弃资源综合利用业	4200				2	2
金属废料和碎屑加工处理	4210				2	2
非金属废料和碎屑加工处理	4220					
电力、热力、燃气及水生产和供应业	D			**17**	**427**	
电力、热力生产和供应业	4400			17	426	
电力生产	4410			17	426	
燃气生产和供应业	4500					
水的生产和供应业	4600					
其他水的处理、利用与分配	4690					

单位：万元

营业外支出	利润总额	应交所得税	亏损企业亏损总额	利税总额	应交税金及附加	本年应付职工薪酬	本年应交增值税	从业人员平均人数(人)
1415	173222	22258	5009	290605	146785	180456	78301	60087
119	1576	239		3647	2594	2500	1829	684
	130			238	108	131	97	62
1295	171516	22020	5009	286720	144083	177825	76375	59341
1948	70773	1080		98931	34751	57423	22654	13395
1948	70318	1080		98442	34717	56798	22624	13224
	455			489	34	625	31	171
503	251863	16098	12127	303181	70879	59017	43175	16380
35	19771	651		28531	9561	9476	8126	2370
202	118195	12783	12088	148678	45294	28059	25944	7561
266	22364	738		29630	8540	12304	4919	3532
	81394	99		83829	2538	4808	2064	1722
	431			546	115	512	96	178
	9747	1827		11999	4224	3770	2021	988
	-39		39	-32	607	88	6	29
362	189557	3540	7	218926	35468	42460	24199	10802
	17654		5	19184	1530	9750	822	1952
55	55350	440		62063	7326	3916	6286	1468
272	4083	862		14141	12785	2112	8010	559
	1135	131	1	1381	382	450	218	100
27	6864	442		8529	2530	3311	1487	713
7	92937	419	2	99450	6983	20842	5741	5324
1	11534	1246		14178	3932	2080	1634	686
	11033	667	59	15270	5458	5305	3387	1541
	6792	428		9024	2971	1866	1970	744
	2979	234		3576	1018	1084	544	184
	104	5	59	1008	961	1203	420	390
	1158			1662	508	1152	454	223
8	7519	11		10568	3101	3385	2733	1146
1	738			1304	570	940	505	269
	261			294	32	290	23	110
18	19965	291	263	60025	40652	7048	36797	1314
18	19449	162	263	59426	40418	6705	36744	1252
	516	129		599	233	343	53	62
1989	**3389**	**447**	**910**	**7711**	**5016**	**5092**	**3973**	**1728**
1988	1506	364	910	5455	4498	4437	3659	1533
1988	1506	364	910	5455	4498	4437	3659	1533
1	414	68		703	402	314	274	46
	1469	15		1553	116	341	40	149
	1469	15		1553	116	341	40	149

1-5 规模以上外商投资和

指标名称	代码	企业单位数(个)	亏损企业	工业总产值(当年价格)	工业销售产值(当年价格)	出口交货值
总　计	**1**	**491**	**96**	**32065046**	**30652247**	**3510740**
#轻工业	2	277	51	12064286	11092438	1405197
重工业	3	214	45	20000760	19559809	2105543
国有控股企业	4	17	2	7902547	7733581	104629
大型企业	5	40	4	16148108	15751024	2136496
中型企业	6	188	33	11371092	10615912	1044104
小型企业	7	530	117	6169769	5868360	373166
亏损企业	8	304	304	24187381	22504378	741623
农村工业	9	14	1	165526	159611	4596
一、按登记注册类型分组						
港、澳、台商投资企业	**10**	**279**	**46**	**11776228**	**11389395**	**2779776**
合资经营企业(港或澳、台资)	11	112	17	3239437	3121034	343132
合作经营企业(港或澳、台资)	12	11	1	131763	126481	15664
港澳台商独资经营企业	13	151	28	8179588	7980482	2391685
港澳台商投资股份有限公司	14	5		225440	161398	29296
外商投资企业	**15**	**212**	**50**	**20288818**	**19262853**	**730964**
中外合资经营企业	16	102	20	13445977	12669478	254057
中外合作经营企业	17	12	2	415230	391253	4532
外资企业	18	93	27	4731911	4439456	459054
外商投资股份有限公司	19	4	1	1589388	1686637	13321
其他外商投资企业	20	1		106313	76030	
二、按经济组织类型分组						
独资企业	**21**	**766**	**90**	**20309484**	**19634452**	**2995885**
港澳台商独资经营企业	22	151	28	8179588	7980482	2391685
外资企业	23	93	27	4731911	4439456	459054
合作、合伙企业	**24**	**194**	**16**	**4832702**	**4702945**	**163303**
合作经营企业(港或澳、台资)	25	11	1	131763	126481	15664
中外合作经营企业	26	12	2	415230	391253	4532
其他外商投资企业	27	1		106313	76030	
股份有限公司	**28**	**110**	**14**	**4419087**	**4271801**	**113643**
港澳台商投资股份有限公司	29	5		225440	161398	29296
外商投资股份有限公司	30	4	1	1589388	1686637	13321
有限责任公司	**31**	**3933**	**707**	**115210262**	**107927719**	**2623971**
合资经营企业(港或澳、台资)	32	112	17	3239437	3121034	343132
中外合资经营企业	33	102	20	13445977	12669478	254057
三、按行业分组						
采矿业	**B**	**11**	**3**	**692903**	**678793**	**5470**
煤炭开采和洗选业	600	1	1	88661	87246	
烟煤和无烟煤开采洗选	610	1	1	88661	87246	
石油和天然气开采业	700	1		198345	198027	
石油开采	710	1		198345	198027	
黑色金属矿采选业	800	2	1	167413	156370	
锰矿、铬矿采选	820	1		147266	144592	
其他黑色金属矿采选	890	1	1	20147	11778	

港澳台商投资工业企业主要经济指标

单位：万元

年初存货	产成品	资产总计	流动资产合计	应收账款	存货	产成品	在产品	固定资产合计	固定资产原价
2888051	**1500773**	**24649168**	**12609586**	**2131942**	**3126499**	**1670044**	**231245**	**9073835**	**12747721**
1110294	573336	9547711	4661411	608931	1218346	532384	143314	3385091	4591182
1777757	927437	15101457	7948175	1523011	1908154	1137660	87931	5688744	8156539
791399	603038	5302151	3150479	382978	846068	626191	12062	1701252	1965786
1382471	809079	12620312	6897621	970046	1648575	1040101	149160	3921559	5614842
1142217	551604	8811466	4022630	703510	1068633	437430	56009	4029136	5286382
573289	200026	4766463	2611158	670219	679926	349401	27138	1331427	2189987
3554000	1296654	27709762	10050559	1504079	2971129	1154540	493489	13045797	18936411
2533	1635	53789	14965	2111	2426	2039	24	32026	36769
974006	**351633**	**8025484**	**3606406**	**934766**	**953697**	**337389**	**176390**	**3339903**	**4853912**
446675	191479	3159926	1432842	280975	378029	161388	29576	1065354	1565789
15183	11135	99249	46034	18581	13689	8790	1349	35083	36893
496795	142122	4679572	2087355	626274	539197	155575	144620	2208301	3193225
15352	6897	86737	40176	8937	22783	11636	845	31165	58005
1914045	**1149140**	**16623684**	**9003180**	**1197175**	**2172802**	**1332655**	**54855**	**5733932**	**7893809**
1286564	882819	10451826	5349090	709909	1452517	1038071	34601	3658202	4540494
13901	2980	214434	55240	8435	13636	5549	753	153036	230661
429168	171263	3825805	2278625	421650	475601	160649	11383	1337873	2192729
184411	92079	2041895	1297426	57181	223435	128387	1127	528642	868382
		89725	22799		7613		6991	56180	61543
1155998	**433626**	**10527735**	**5562985**	**1386333**	**1335936**	**527818**	**181415**	**4160708**	**6228145**
496795	142122	4679572	2087355	626274	539197	155575	144620	2208301	3193225
429168	171263	3825805	2278625	421650	475601	160649	11383	1337873	2192729
155942	**76421**	**1480924**	**659699**	**195051**	**199183**	**99092**	**23606**	**695628**	**884452**
15183	11135	99249	46034	18581	13689	8790	1349	35083	36893
13901	2980	214434	55240	8435	13636	5549	753	153036	230661
		89725	22799		7613		6991	56180	61543
363108	**155658**	**3611103**	**2068720**	**274878**	**433944**	**227491**	**24349**	**1062708**	**1581362**
15352	6897	86737	40176	8937	22783	11636	845	31165	58005
184411	92079	2041895	1297426	57181	223435	128387	1127	528642	868382
8963539	**3949655**	**75951411**	**38862512**	**8074557**	**10510233**	**4991147**	**974534**	**28077399**	**37117901**
446675	191479	3159926	1432842	280975	378029	161388	29576	1065354	1565789
1286564	882819	10451826	5349090	709909	1452517	1038071	34601	3658202	4540494
31155	**25851**	**695416**	**207028**	**53730**	**35541**	**29940**	**1498**	**276918**	**364659**
2914	2029	167769	33685	3336	4224	2970		18525	47522
2914	2029	167769	33685	3336	4224	2970		18525	47522
		116793	2296					114497	114497
		116793	2296					114497	114497
23075	20010	309072	125775	42674	25888	23013	1427	107188	157655
20290	20010	305353	122863	42671	23496	21037	1427	106381	156620
2785		3720	2912	3	2392	1976		807	1035

1-5 续表 1

指标名称	代码	企业单位数(个)	亏损企业	工业总产值(当年价格)	工业销售产值(当年价格)	出口交货值
有色金属矿采选业	900	1		95841	95145	
常用有色金属矿采选	910	1		95841	95145	
非金属矿采选业	1000	6	1	142644	142005	5470
土砂石开采	1010	4	1	52069	50634	
石棉及其他非金属矿采选	1090	2		90575	91371	5470
制造业	**C**	**463**	**92**	**30244357**	**28888447**	**3505270**
农副食品加工业	1300	58	13	6116345	5459080	149296
谷物磨制	1310	1		17565	16538	
饲料加工	1320	14	3	371146	365373	3831
植物油加工	1330	7	2	3280320	3228094	87395
制糖业	1340	17	5	1820341	1322506	
屠宰及肉类加工	1350	6		438519	364658	10342
水产品加工	1360	6	2	94021	73441	22692
蔬菜、水果和坚果加工	1370	1		2011	1824	1824
其他农副食品加工	1390	6	1	92422	86644	23212
食品制造业	1400	15	3	391404	336053	34787
焙烤食品制造	1410	1		61098	44647	
方便食品制造	1430	1		2477	2285	
乳制品制造	1440	1		39607	25410	
罐头食品制造	1450	3		41138	40131	
调味品、发酵制品制造	1460	3	2	105906	98930	14845
其他食品制造	1490	6	1	141178	124649	19941
酒、饮料和精制茶制造业	1500	18	3	995997	986918	187
酒的制造	1510	6		92649	90166	187
饮料制造	1520	10	2	896340	889985	
精制茶加工	1530	2	1	7008	6767	
纺织业	1700	7	4	148096	135417	8783
棉纺织及印染精加工	1710	2	2	42252	31403	7424
毛纺织及染整精加工	1720	1		77555	76489	
丝绢纺织及印染精加工	1740	2	1	25287	24700	
针织或钩针编织物及其制品制造	1760	1		1500	1359	1359
家用纺织制成品制造	1770	1	1	1502	1466	
纺织服装、服饰业	1800	12	3	228133	224349	59072
机织服装制造	1810	11	3	195502	192828	59072
针织或钩针编织服装制造	1820	1		32631	31522	
皮革、毛皮、羽毛及其制品和制鞋业	1900	35	4	796414	771639	363024
皮革鞣制加工	1910	3		134555	126067	
皮革制品制造	1920	21	2	345183	342257	127564
制鞋业	1950	11	2	316676	303315	235460
木材加工和木、竹、藤、棕、草制品业	2000	25	1	469224	444786	74389
木材加工	2010	3		125468	123756	
人造板制造	2020	8		204946	187248	11747
木制品制造	2030	4	1	62809	59103	13323
竹、藤、棕、草等制品制造	2040	10		76001	74680	49319
家具制造业	2100	4		109005	107897	32752
木质家具制造	2110	1		67066	66795	
塑料家具制造	2140	1		4079	3496	1085
其他家具制造	2190	2		37860	37606	31667

单位：万元

年初存货		资产总计	流动资产合计		存　货			固定资产合计	固定资产原价
	产成品			应收账款		产成品	在产品		
414	385	18122	4721	1300	936	702		2959	4095
414	385	18122	4721	1300	936	702		2959	4095
4752	3427	83661	40551	6420	4492	3255	71	33750	40890
1818	492	37599	16184	4315	2327	1091	71	14852	21449
2935	2935	46062	24366	2105	2165	2164		18898	19442
2750279	**1474791**	**22112184**	**11928020**	**1943064**	**3015560**	**1640066**	**229747**	**7526678**	**10570215**
728376	431550	3986110	2752906	172209	821227	395666	113661	1095930	1641582
506	65	5260	2204	321	1769	875	893	3056	3839
25263	7014	119681	75301	20740	22192	5219	852	30118	58629
450390	224250	2213137	1837104	54030	493827	164520	98039	327582	532675
208590	166125	1113263	567050	54484	219229	175008	4083	547827	821218
28511	22226	454999	219399	23878	65244	33433	8863	164006	193279
8138	6057	37382	26796	10265	8981	7902	602	9679	12564
571	80	2428	723		509	131	208	1427	2701
6407	5732	39960	24330	8491	9476	8577	121	12234	16676
41142	18858	395670	163116	56321	45109	17287	801	214100	293845
3165	497	31650	11856	4567	3115	613		19257	27662
		21097	14740	1209	845			2432	3728
		39354	13805	2810	3773	578		21771	22700
929	555	3912	1793	820	542	333	89	2119	3170
16383	6336	176213	51164	25505	18160	7442	712	116577	144520
20665	11470	123444	69759	21409	18674	8321		51944	92064
33498	6170	514193	121836	18528	35683	7855	5652	356695	531911
10875	2840	78416	26834	5472	12560	3030	1421	43831	113165
20175	2450	422464	86927	10784	18129	3345	2297	308370	413341
2448	880	13313	8075	2272	4993	1481	1935	4494	5405
20340	7557	179972	68593	8087	25654	8936	1334	45352	55484
9707	4315	143420	40337	256	15220	3794	879	39525	46623
288	263	12925	11362	3057	1354	1305		1563	2736
9571	2645	22123	15656	4511	8208	3469	82	4013	5679
15	11	578	347	245				215	215
760	324	927	892	17	873	368	374	36	229
10251	3535	115738	60726	29603	18460	6793	3047	32967	42950
9333	2617	105475	54328	28118	15105	3438	3047	29101	38456
918	918	10264	6398	1485	3355	3355		3866	4494
35434	16409	289645	137183	50936	43191	21691	6271	90193	141295
703	399	12895	5749	3302	562	289	131	4036	10902
18060	11755	149827	54626	9522	21888	13690	2544	53672	78276
16670	4255	126923	76808	38112	20741	7712	3596	32486	52118
38968	18138	307108	150135	28034	53684	24309	9945	145690	184090
1272	868	20970	7500	1187	2385	1810	499	11299	13197
32947	16426	257503	126483	19808	45453	20408	9397	127436	162976
3328	390	19800	10229	3608	4085	847		4643	5187
1421	455	8835	5923	3431	1761	1245	49	2313	2729
1658	741	30003	8281	3754	1782	1222	107	7306	13349
669	301	12942	2531	1421	884	643		977	3254
7		4385	2438	1182	8			1460	2092
982	440	12677	3312	1150	891	580	107	4869	8003

1-5 续表 2

指标名称	代码	企业单位数(个)	亏损企业	工业总产值(当年价格)	工业销售产值(当年价格)	出口交货值
造纸和纸制品业	2200	18	7	1170725	1070920	2747
纸浆制造	2210	2	1	42973	38197	1351
造纸	2220	12	5	1017834	954609	1396
纸制品制造	2230	4	1	109918	78115	
印刷和记录媒介复制业	2300	4	1	103018	104275	
印刷	2310	4	1	103018	104275	
文教、工美、体育和娱乐用品制造业	2400	31	3	179144	170448	66564
文教办公用品制造	2410	1	1	1967	1575	1575
工艺美术品制造	2430	20	2	114221	112826	51682
体育用品制造	2440	3		14646	14492	8573
玩具制造	2450	7		48311	41555	4734
石油加工、炼焦和核燃料加工业	2500	1	1	319359	368088	
精炼石油产品制造	2510	1	1	319359	368088	
化学原料和化学制品制造业	2600	31	7	927192	796365	123137
基础化学原料制造	2610	6	2	210165	177903	53842
农药制造	2630	1		5232	5232	5232
涂料、油墨、颜料及类似产品制造	2640	2		49761	42481	6756
合成材料制造	2650	1		1868	2061	
专用化学产品制造	2660	15	3	550082	471810	55392
炸药、火工及焰火产品制造	2670	1	1	4000	3071	1907
日用化学产品制造	2680	5	1	106084	93809	8
医药制造业	2700	16	3	292661	240669	31394
化学药品原料药制造	2710	4		80814	43964	4705
中药饮片加工	2730	2		69583	67158	6044
中成药生产	2740	9	2	125664	117368	10802
生物药品制造	2760	1	1	16601	12179	9845
橡胶和塑料制品业	2900	8	1	68308	65236	9275
橡胶制品业	2910	1		2502	3230	925
塑料制品业	2920	7	1	65806	62006	8350
非金属矿物制品业	3000	60	9	2306182	2144156	154132
水泥、石灰和石膏制造	3010	14	1	1641518	1515470	
石膏、水泥制品及类似制品制造	3020	24	6	312517	304837	
砖瓦、石材等建筑材料制造	3030	3	1	8190	7778	
玻璃制品制造	3050	1		34037	31011	18113
陶瓷制品制造	3070	11		176497	165410	70904
耐火材料制品制造	3080	1		3842	3153	
石墨及其他非金属矿物制品制造	3090	6	1	129583	116497	65115
黑色金属冶炼和压延加工业	3100	10	3	460691	426805	9470
黑色金属铸造	3130	1	1	176898	176898	
钢压延加工	3140	2		17401	17466	3287
铁合金冶炼	3150	7	2	266393	232442	6183
有色金属冶炼和压延加工业	3200	10	4	382622	371618	52600
常用有色金属冶炼	3210	4	2	41191	54610	
贵金属冶炼	3220	1	1	3236	3236	
稀有稀土金属冶炼	3230	1		2686	4935	
有色金属压延加工	3260	4	1	335509	308838	52600

单位：万元

年初存货	产成品	资产总计	流动资产合计	应收账款	存货	产成品	在产品	固定资产合计	固定资产原价
112751	39187	2824955	708640	103468	83250	18147	2289	1156462	1304017
4055	2427	84771	13474	1249	3324	2246	24	65496	86301
102881	35501	2685711	671882	91463	75268	13854	2265	1076836	1164597
5814	1259	54473	23284	10756	4659	2046		14130	53119
14680	2380	72365	47075	25276	13105	3873	793	22332	39743
14680	2380	72365	47075	25276	13105	3873	793	22332	39743
8118	3044	76680	41445	19584	8865	2978	983	32469	39396
180	46	701	607	50	314	58		19	582
3496	1611	37707	19215	6854	3998	1371	611	16601	20158
1686	317	10203	4851	978	2747	616	221	5206	7234
2756	1070	28069	16771	11703	1806	933	151	10643	11422
191802	87315	150343	76092		71459	40686		55712	125738
191802	87315	150343	76092		71459	40686		55712	125738
107896	47079	675358	377022	77134	119565	53931	2182	206731	287834
41226	14948	147020	68916	6214	40309	16311		71859	110649
1420	346	2399	1663	33	1158	30		735	3507
4405	3366	11588	7402	2483	3501	2360	727	4186	8045
365	148	2166	760	121	390	247		1286	1191
47411	20731	245268	142436	44005	58382	22830	1456	93610	136682
314		4447	1724	75	646			2088	2088
12755	7540	262472	154120	24203	15178	12154		32967	25672
40168	19003	295907	172569	23705	52405	17829	5403	103198	161411
3751	1079	30498	10801	414	4427	1408	2946	13982	8118
4581	3739	33665	17809	2842	6818	4166	37	15856	31925
26033	12491	195681	132155	17323	33831	9407	2017	49495	71381
5803	1694	36064	11804	3126	7330	2848	402	23865	49987
4652	2277	45925	26573	9953	4896	983	1544	15854	25483
625	369	1628	1495	265	956	175	385	133	419
4028	1908	44298	25078	9688	3941	809	1159	15722	25064
127006	52246	2206079	649980	118616	116430	34209	12665	1334270	1703799
81347	25502	1805639	422024	44264	69702	11479	11142	1206092	1493677
12671	9048	204827	125047	53537	10194	7037	82	55640	87017
602	304	7073	1597	392	811	379	123	3411	3072
2681	1988	35752	20146	5735	4160	2670	214	14484	27071
14489	8571	51268	32936	5651	16230	8039	831	14580	27957
1263	1263	10503	6367	1671	1795	171	171	4136	4665
13953	5570	91016	41863	7368	13538	4433	102	35928	60340
78115	14977	334283	183847	43925	67182	19608	3720	124942	167527
3904		33769	28836	5165	2617			188	393
6771	1230	28356	20657	792	7830	1021		6899	16708
67440	13747	272158	134354	37968	56735	18587	3720	117856	150427
74217	18255	340395	237551	34317	81058	49225	23675	60488	87164
25586		113427	82881	15189	29408	25090	72	1917	2894
334	334	4214	2878	94	352	352			
1590	1338	8192	6047	135	779	114	315	1663	1728
46708	16584	214562	145745	18899	50519	23670	23288	56908	82542

1-5 续表 3

指标名称	代码	企业单位数(个)	亏损企业	工业总产值(当年价格)	工业销售产值(当年价格)	出口交货值
金属制品业	3300	7	1	102916	97066	14168
结构性金属制品制造	3310	1		7617	7617	7379
金属工具制造	3320	2		20914	18616	2565
集装箱及金属包装容器制造	3330	1		7123	6666	
建筑、安全用金属制品制造	3350	1	1			
金属制日用品制造	3380	2		67262	64167	4223
通用设备制造业	3400	9	3	1358972	1459133	29991
锅炉及原动设备制造	3410	4	2	1251523	1354329	12904
金属加工机械制造	3420	1		5000	5425	
泵、阀门、压缩机及类似机械制造	3440	1		52898	50998	7079
烘炉、风机、衡器、包装等设备制造	3460	2	1	18914	18685	9882
其他通用设备制造业	3490	1		30637	29697	127
专用设备制造业	3500	9	3	330389	327245	13004
采矿、冶金、建筑专用设备制造	3510	4	2	235506	232744	7693
化工、木材、非金属加工专用设备制造	3520	2		44415	43150	566
医疗仪器设备及器械制造	3580	2	1	35698	36496	59
环保、社会公共服务及其他专用设备制造	3590	1		14771	14855	4686
汽车制造业	3600	16	5	7655178	7502887	116098
汽车整车制造	3610	3	1	6207963	6074291	110526
汽车零部件及配件制造	3660	13	4	1447215	1428596	5573
电气机械和器材制造业	3800	10	1	1056857	1042852	30569
电机制造	3810	2	1	507952	507952	
输配电及控制设备制造	3820	1		5005	3411	
电线、电缆、光缆及电工器材制造	3830	5		311711	299300	30569
电池制造	3840	1		224410	224410	
照明器具制造	3870	1		7779	7779	
计算机、通信和其他电子设备制造业	3900	39	7	4038760	4006927	2121775
计算机制造	3910	10	1	2380112	2359489	1332462
通信设备制造	3920	4	2	304606	298996	92806
广播电视设备制造	3930	1		19013	18397	
视听设备制造	3950	6	2	559013	553665	494907
电子器件制造	3960	5	1	343468	349153	78949
电子元件制造	3970	9	1	242094	238068	96607
其他电子设备制造	3990	4		190455	189158	26044
其他制造业	4100	8	2	86999	85925	8058
日用杂品制造	4110	7	2	77251	76472	8058
废弃资源综合利用业	4200	2		149767	141695	
金属废料和碎屑加工处理	4210	2		149767	141695	
电力、热力、燃气及水生产和供应业	D	**17**	**1**	**1127785**	**1085007**	
电力、热力生产和供应业	4400	7		1019726	977949	
电力生产	4410	7		1019726	977949	
燃气生产和供应业	4500	7	1	78974	77973	
水的生产和供应业	4600	3		29085	29085	
自来水生产和供应	4610	3		29085	29085	

单位：万元

年初存货	产成品	资产总计	流动资产合计	应收账款	存货	产成品	在产品	固定资产合计	固定资产原价
7485	3111	55691	21972	10164	9602	2918	3276	27356	39332
1826	152	11753	3017	812	1662	153	540	5112	6369
2344	708	24471	9114	4588	4018	966	2570	14915	16365
1465	1441	5988	4804	3002	1711	1022		501	964
33	1	1775	115		29	1		45	366
1816	810	11705	4922	1762	2183	776	167	6784	15269
188192	87537	1822639	1304088	74503	217418	113026	2822	294775	622724
169567	83576	1729849	1236415	51796	202558	109090	2367	272884	566085
6055	1750	10385	7833	2186	5416	1209		1587	3671
7213	1933	28866	21688	12757	5654	2336		5187	8754
976	171	11810	7594	4389	999	166		3946	9696
4382	108	41729	30558	3376	2793	225	454	11171	34518
178326	68333	753715	544078	301197	129467	26160	8603	75431	115918
169579	66234	661618	490557	285770	118184	23036	8364	39217	62005
3677	1023	49693	26927	11154	6406	2265	240	22741	24773
1929	1076	25895	12883	133	2494	185		10676	24675
3142		16508	13711	4141	2383	673		2798	4466
559732	487757	4870802	3109020	256990	773371	715465	13034	1328787	1510159
465894	418454	3719493	2275519	77858	552299	525126	5693	1145781	1236416
93837	69303	1151309	833501	179132	221072	190339	7341	183006	273743
12873	6083	155908	103627	38819	14982	6430	152	30633	56329
2050	1450	43098	35057	9299	3175	2469		7202	10342
628		3317	3162	1747	842			149	308
10085	4547	79822	61115	27557	10630	3804	111	18003	37085
69	69	26923	3539	156	286	150		3384	6456
42	19	2748	755	60	48	7	41	1893	2138
124891	28911	1538478	812784	427931	193680	40594	7790	655042	1364050
70400	13665	883619	448616	284194	131411	24137		418862	1041132
17543	6789	228915	148172	61386	24807	8229	5940	80612	116491
4317	1571	8507	6904	322	3685	1104		1603	4274
14477	778	162337	85873	41676	15264	2325		42861	55522
8681	3886	111287	73695	19519	6070	2211	274	32103	43846
7455	1959	123804	38114	14993	8999	2421	1257	70461	92806
2017	263	20010	11411	5841	3443	167	318	8540	9980
5859	1257	42329	21751	8213	5963	2175		9202	10326
5584	1216	39014	19902	7006	5573	2113		7736	8368
3851	3081	31894	27133	1798	8072	8072		4761	4761
3851	3081	31894	27133	1798	8072	8072		4761	4761
106617	**132**	**1841568**	**474538**	**135147**	**75399**	**39**		**1270239**	**1812846**
100096	67	1582923	414496	125886	67720	3		1116873	1597174
100096	67	1582923	414496	125886	67720	3		1116873	1597174
5941	65	152820	38992	8440	7097	36		75453	97498
581		105824	21050	821	581			77914	118174
581		105824	21050	821	581			77914	118174

1-5 续表 4

指标名称	代码	累计折旧	本年折旧	在建工程	负债合计	流动负债合计
总　计	**1**	**4431201**	**991214**	**1606635**	**15238862**	**12831828**
#轻工业	2	1416524	427716	969340	5928546	4800865
重工业	3	3014677	563497	637295	9310317	8030963
国有控股企业	4	634085	149061	338435	3935223	3816439
大型企业	5	2068730	434071	1244896	8343798	7298172
中型企业	6	1543340	430326	293387	5301609	4267488
小型企业	7	898856	146229	74404	2577477	1724757
亏损企业	8	6385641	1064462	2857449	20809870	13609384
农村工业	9	5060	2741	338	39263	26243
一、按登记注册类型分组						
港、澳、台商投资企业	**10**	**1737848**	**414266**	**181917**	**4627419**	**3650258**
合资经营企业(港或澳、台资)	11	592956	142484	64225	1766548	1261304
合作经营企业(港或澳、台资)	12	14377	1540	10296	68506	59795
港澳台商独资经营企业	13	1102325	266596	105571	2740992	2285043
港澳台商投资股份有限公司	14	28191	3646	1825	51374	44116
外商投资企业	**15**	**2693353**	**576947**	**1424718**	**10611444**	**9181570**
中外合资经营企业	16	1353144	272475	1128523	7085894	5996442
中外合作经营企业	17	101783	25762	724	53197	41180
外资企业	18	892507	215663	84655	2227193	2096823
外商投资股份有限公司	19	340556	60507	206109	1202055	1004020
其他外商投资企业	20	5363	2540	4708	43105	43105
二、按经济组织类型分组						
独资企业	**21**	**2284985**	**548849**	**206263**	**5931717**	**5183746**
港澳台商独资经营企业	22	1102325	266596	105571	2740992	2285043
外资企业	23	892507	215663	84655	2227193	2096823
合作、合伙企业	**24**	**269687**	**67585**	**24363**	**679757**	**618197**
合作经营企业(港或澳、台资)	25	14377	1540	10296	68506	59795
中外合作经营企业	26	101783	25762	724	53197	41180
其他外商投资企业	27	5363	2540	4708	43105	43105
股份有限公司	**28**	**542569**	**112964**	**302845**	**1942785**	**1574563**
港澳台商投资股份有限公司	29	28191	3646	1825	51374	44116
外商投资股份有限公司	30	340556	60507	206109	1202055	1004020
有限责任公司	**31**	**12049660**	**2603141**	**3475899**	**49238125**	**38251182**
合资经营企业(港或澳、台资)	32	592956	142484	64225	1766548	1261304
中外合资经营企业	33	1353144	272475	1128523	7085894	5996442
三、按行业分组						
采矿业	**B**	**110824**	**39616**	**56332**	**280453**	**107395**
煤炭开采和洗选业	600	28997	4510		130657	
烟煤和无烟煤开采洗选	610	28997	4510		130657	
石油和天然气开采业	700	18982	18982		7690	
石油开采	710	18982	18982		7690	
黑色金属矿采选业	800	52365	12337	54664	91518	79303
锰矿、铬矿采选	820	52137	12265	54664	88983	76768
其他黑色金属矿采选	890	228	72		2535	2535

单位：万元

应付账款	非流动负债合计	所有者权益合计	实收资本	国家资本	集体资本	法人资本	个人资本	港澳台资本	外商资本
4291887	**1866054**	**9176850**	**4939385**	**405186**	**35750**	**1080923**	**238411**	**1268541**	**1875367**
1475677	912127	3431430	2407531	66609	18550	701982	174480	428738	1014168
2816211	953928	5745419	2531853	338576	17200	378941	63930	839803	861199
1551979	92363	1209811	584420	209059	4424	123382	180	30879	216496
2932907	854733	4156586	1679974	137893		238629	18458	506124	753808
1038756	924416	3396508	2188753	196973	3597	590627	158648	545406	687369
421195	176755	2009121	1263008	96328	32746	376079	100639	217011	434189
3832738	6468826	6955683	6030355	1530681	46386	3022387	317789	305953	769794
4060		14525	9844		669	8655	487		34
1203758	**646206**	**3343207**	**1695892**	**43329**	**27591**	**339764**	**57190**	**1054207**	**163666**
235804	241214	1367649	637783	38529	14702	254796	43101	191000	85990
34583	4193	27513	19172		12678	2597	953	2475	469
931876	393591	1914682	1018997			78474	13136	856043	70864
1495	7208	33363	19941	4800	210	3897		4690	6344
3088129	**1219848**	**5833642**	**3243492**	**361857**	**8159**	**741159**	**181221**	**214334**	**1711701**
2296415	899433	3197341	2068270	254989	1100	570424	48675	162785	1027293
4976	4327	161205	141553	55642	5809	8891	2122	25	69064
471426	118054	1592636	838546	40777	1250	132611	13499	51524	576827
307900	198034	835841	175124	10448		9234	116925		38517
7413		46619	20000			20000			
1583600	**583959**	**4509213**	**2130182**	**40966**	**55002**	**303284**	**150823**	**907730**	**647691**
931876	393591	1914682	1018997			78474	13136	856043	70864
471426	118054	1592636	838546	40777	1250	132611	13499	51524	576827
176047	**56975**	**714828**	**326582**	**55733**	**20190**	**74434**	**108674**	**2500**	**69533**
34583	4193	27513	19172		12678	2597	953	2475	469
4976	4327	161205	141553	55642	5809	8891	2122	25	69064
7413		46619	20000			20000			
410733	**327013**	**1651408**	**424456**	**15248**	**3210**	**83018**	**273328**	**4690**	**44861**
1495	7208	33363	19941	4800	210	3897		4690	6344
307900	198034	835841	175124	10448		9234	116925		38517
10261816	**7626601**	**26488542**	**12200782**	**2449405**	**207327**	**5138459**	**2775717**	**363902**	**1130006**
235804	241214	1367649	637783	38529	14702	254796	43101	191000	85990
2296415	899433	3197341	2068270	254989	1100	570424	48675	162785	1027293
32603	**21895**	**414963**	**182950**	**71929**		**4945**	**13929**	**2644**	**85971**
		37112	12000				12000		
		37112	12000				12000		
		109103	109103	55642					53461
		109103	109103	55642					53461
27642	7504	217554	34261				1750		32511
26723	7504	216370	32511						32511
919		1184	1750				1750		

1-5 续表 5

指标名称	代码					
		累计折旧	本年折旧	在建工程	负债合计	流动负债合计
有色金属矿采选业	900	1137	402		1533	1533
常用有色金属矿采选	910	1137	402		1533	1533
非金属矿采选业	1000	9343	3385	1669	49055	26559
土砂石开采	1010	7142	1506	512	23600	11653
石棉及其他非金属矿采选	1090	2201	1879	1157	25454	14906
制造业	**C**	**3764259**	**874443**	**1505285**	**13968240**	**12205833**
农副食品加工业	1300	636513	195531	52205	2692511	2532983
谷物磨制	1310	783	166		2343	2143
饲料加工	1320	31004	4902	1021	64311	62311
植物油加工	1330	205314	106561	11566	1772988	1730854
制糖业	1340	352458	73385	20198	677681	607448
屠宰及肉类加工	1350	36243	8473	19285	134515	93121
水产品加工	1360	4486	826	37	23396	21043
蔬菜、水果和坚果加工	1370	1275	193		427	427
其他农副食品加工	1390	4950	1026	99	16850	15636
食品制造业	1400	82001	13721	4351	163139	145293
焙烤食品制造	1410	8405	2930	203	9543	9543
方便食品制造	1430	1296	1296	14	120	120
乳制品制造	1440	929	929	509	23024	23024
罐头食品制造	1450	1252	300		1856	1856
调味品、发酵制品制造	1460	27943	7727	2557	81202	67653
其他食品制造	1490	42176	539	1069	47394	43097
酒、饮料和精制茶制造业	1500	200420	42960	14802	187086	174094
酒的制造	1510	70289	4710	331	32919	32919
饮料制造	1520	129220	37896	14472	145454	136335
精制茶加工	1530	911	354		8714	4841
纺织业	1700	10428	3985	298	127329	109172
棉纺织及印染精加工	1710	7338	3439	240	102373	92161
毛纺织及染整精加工	1720	1173	215		7317	
丝绢纺织及印染精加工	1740	1677	315	11	16447	15819
针织或钩针编织物及其制品制造	1760	33		48	254	254
家用纺织制成品制造	1770	207	16		938	938
纺织服装、服饰业	1800	16796	2745	1020	70039	60515
机织服装制造	1810	15633	2210	1020	66829	57305
针织或钩针编织服装制造	1820	1163	535		3209	3209
皮革、毛皮、羽毛及其制品和制鞋业	1900	47711	11084	3333	142878	88136
皮革鞣制加工	1910	6867	1268	27	2464	41
皮革制品制造	1920	30498	6247	2460	77821	38571
制鞋业	1950	10346	3570	846	62592	49524
木材加工和木、竹、藤、棕、草制品业	2000	95859	10254	2416	136189	110410
木材加工	2010	2810	962		3131	3047
人造板制造	2020	91367	8778	1520	113000	96406
木制品制造	2030	1140	362	820	15118	6016
竹、藤、棕、草等制品制造	2040	541	153	76	4940	4940
家具制造业	2100	6513	914	1520	4988	2560
木质家具制造	2110	2277	390		1279	
塑料家具制造	2140	632	249	1367	891	875
其他家具制造	2190	3605	275	154	2819	1685

单位：万元

应付账款	非流动负债合计	所有者权益合计	实收资本	国家资本	集体资本	法人资本	个人资本	港澳台资本	外商资本
986		16589	800			800			
986		16589	800			800			
3975	14391	34606	26787	16287		4145	179	2644	
3975	8365	13998	8487			2132	179	2644	
	6026	20608	18300	16287		2013			
4194416	**1375733**	**7910788**	**4209079**	**260926**	**29885**	**1043393**	**224482**	**1083157**	**1536042**
770004	129985	1194830	650583	42404	800	175543	3374	156897	271566
264	200	2917	1208			307	453		449
15264	2000	55095	36844		771	6998	1765	250	27061
596522	41900	359045	250457	16422		33800		90371	109864
126516	41602	418201	223293	25982		74477		17899	104936
27575	40716	320485	122678		29	56982		46000	19667
1344	2353	13977	7674			2899	210	2338	2227
30		2001	1885						1885
2491	1214	23110	6544			80	946	40	5478
39855	14450	232846	177350	3500		64254	6126	29962	70504
6399		22108	8383					8383	
2		20977	22680				1600	21080	
6239		16330	10418			6212			4205
519		2371	3508			2508	140	500	360
15244	13549	95011	75500	3500		30300	180		41520
11453	901	76049	56862			25234	4206		24418
38145	3497	290556	286267	981	12867	198191	1897	23268	49063
9137		44458	89350		189	54960	530	81	33590
28844	3497	242213	192351	981	12678	139945	1366	21908	15473
164		3886	4565			3286		1279	
38256	10840	52641	61719			2800	3000	55512	407
36843	10211	41045	55803				3000	52803	
		5607	200					200	
882	628	5676	4809			2800		2009	
200		324	407						407
331		-11	500					500	
12823	2361	42400	24630			7336	640	14185	2469
12342	2361	35346	24110			7336	120	14185	2469
481		7054	520				520		
35890	18600	140848	61910			7868	2573	28073	23396
31	750	10431	5619			706		751	4162
9778	8517	67043	18961			1261	2563	14429	708
26081	9334	63374	37330			5901	10	12893	18526
29652	17445	168770	82362	30	106	66960	5363	9268	635
3040	84	14624	5769			4743	483		543
22877	14361	146902	74931			61830	4053	9048	
1942	3000	3672	786	30	106		613		37
1793		3572	876			388	214	220	55
840	1134	23015	7787			135		989	6664
		11663	2500						2500
371		3494	989					989	
469	1134	7858	4299			135			4164

1-5 续表 6

指标名称	代码	累计折旧	本年折旧	在建工程	负债合计	流动负债合计
造纸和纸制品业	2200	186922	109821	844668	1924621	1228179
纸浆制造	2210	20805	8419	338	65026	50718
造纸	2220	126826	73745	844314	1836750	1168616
纸制品制造	2230	39292	27657	17	22845	8845
印刷和记录媒介复制业	2300	18123	2913	705	26344	26280
印刷	2310	18123	2913	705	26344	26280
文教、工美、体育和娱乐用品制造业	2400	12011	2816	4669	33430	26952
文教办公用品制造	2410	563	6		111	111
工艺美术品制造	2430	6076	1464	2675	18602	17201
体育用品制造	2440	2788	715	306	2002	2002
玩具制造	2450	2584	631	1688	12715	7638
石油加工、炼焦和核燃料加工业	2500	70025	9330	867	76472	63639
精炼石油产品制造	2510	70025	9330	867	76472	63639
化学原料和化学制品制造业	2600	108331	23391	3115	310196	243527
基础化学原料制造	2610	47901	9922	1732	84074	68219
农药制造	2630	2772			1316	1316
涂料、油墨、颜料及类似产品制造	2640	4683	431		7231	6986
合成材料制造	2650	306	69	401	963	950
专用化学产品制造	2660	43864	11296	982	103795	98208
炸药、火工及焰火产品制造	2670	946	36		4480	3560
日用化学产品制造	2680	7859	1637		108337	64289
医药制造业	2700	68258	20808	4142	166455	126014
化学药品原料药制造	2710	2211	359	2023	9730	9670
中药饮片加工	2730	16068	3053		14431	14431
中成药生产	2740	31952	14423	193	117152	76771
生物药品制造	2760	18027	2973	1927	25142	25142
橡胶和塑料制品业	2900	9734	1720	44	23034	22040
橡胶制品业	2910	286	53		484	484
塑料制品业	2920	9447	1667	44	22550	21556
非金属矿物制品业	3000	444524	92702	53099	851611	647317
水泥、石灰和石膏制造	3010	357187	77560	49606	644070	454814
石膏、水泥制品及类似制品制造	3020	34528	8830	946	118542	116250
砖瓦、石材等建筑材料制造	3030	379	225	19	6274	4887
玻璃制品制造	3050	12587		634	8731	8523
陶瓷制品制造	3070	14298	1783	1316	35847	28788
耐火材料制品制造	3080	529	52		7686	5263
石墨及其他非金属矿物制品制造	3090	25016	4253	579	30461	28791
黑色金属冶炼和压延加工业	3100	46381	8032	7059	262266	218462
黑色金属铸造	3130	205			32666	32666
钢压延加工	3140	11744	276	1935	20291	13086
铁合金冶炼	3150	34432	7756	5124	209308	172710
有色金属冶炼和压延加工业	3200	33673	3490	14033	324215	182927
常用有色金属冶炼	3210	1946		969	156764	18372
贵金属冶炼	3220				2174	1649
稀有稀土金属冶炼	3230	65	21		2012	1479
有色金属压延加工	3260	31662	3469	13063	163265	161426

单位：万元

应付账款	非流动负债合计	所有者权益合计	实收资本	国家资本	集体资本	法人资本	个人资本	港澳台资本	外商资本
384158	649864	890898	860945		353	179545	133073	28877	519097
16263	1397	19745	51600			51600			
372600	648467	839526	791498		203	126247	132934	13544	518571
-4705		31628	17846		150	1698	139	15333	526
16807		45445	15128			5590		9538	
16807		45445	15128			5590		9538	
8379	5648	40542	26539			13072	320	10025	3122
102		590	594					594	
4731	1092	18953	5840			2360	320	3013	148
744		8164	5933					2959	2974
2802	4556	12836	14172			10712		3459	
3399	12832	73871	24842			24842			
3399	12832	73871	24842			24842			
48769	13267	340434	151281	33068	210	28705	22533	15520	51245
5974	6514	62947	51217	30968		1200	610		18439
		1083	1591					1591	
3884	245	4357	1663			67	298	1298	
-43		1203	1224					1224	
16510	5588	141472	44619	2100	210	3870	1805	4990	31644
405	920	-33	857					857	
22038		129405	50111			23568	19821	5560	1162
18847	39554	128999	90949	870		6232		37108	46739
641		20315	8110	870		3574			3666
8362		19234	3380			340		3000	40
8224	39554	78528	45727			2318		34108	9301
1621		10921	33732						33732
4889	994	22892	15107		500	940	278	10691	2698
482		1144	466				233		233
4406	994	21747	14641		500	940	45	10691	2465
201243	188279	1343393	658439	45180	3913	58450	2506	421978	126412
112343	178403	1151895	541098	40777	3913	44121		384158	68129
66280	2870	85080	49707			4710	2282	24307	18408
622	1387	800	1165					1115	50
5584	208	27021	10000						10000
7885	2541	15320	7686			5246	198	2217	25
2043	1200	2817	1126			574		552	
6485	1670	60459	47657	4403		3800	26	9628	29800
42599	39723	72017	92058		3450	5788	8896	25153	48771
		1103	7703		3450	1150		3103	
3128	7205	8065	7808				6008	1800	
39471	32518	62849	76547			4638	2888	20250	48771
26671	4097	62284	38573	882		11683		24360	1648
437	1200	2767	4342	882				3460	
1081	525	2039	2000					2000	
337	533	6180	1648						1648
24817	1839	51297	30583			11683		18900	

1-5 续表 7

指标名称	代码	累计折旧	本年折旧	在建工程	负债合计	流动负债合计
金属制品业	3300	12554	2359	3104	30409	24794
结构性金属制品制造	3310	1256	573	2256	8170	6566
金属工具制造	3320	2029	282	165	12329	12329
集装箱及金属包装容器制造	3330	464	41	683	4403	2903
建筑、安全用金属制品制造	3350	321			612	612
金属制日用品制造	3380	8485	1463		4894	2383
通用设备制造业	3400	325620	32944	56469	1014814	893176
锅炉及原动设备制造	3410	289482	29641	56354	988030	866391
金属加工机械制造	3420	2118	248	35	2758	2758
泵、阀门、压缩机及类似机械制造	3440	3568	493		14690	14690
烘炉、风机、衡器、包装等设备制造	3460	5762	82	81	4143	4143
其他通用设备制造业	3490	24691	2481		5194	5194
专用设备制造业	3500	47266	7259	27071	521027	484120
采矿、冶金、建筑专用设备制造	3510	22788	3212	24137	472584	446652
化工、木材、非金属加工专用设备制造	3520	5471	1725	208	30779	28405
医疗仪器设备及器械制造	3580	16713	2321	2714	13602	5002
环保、社会公共服务及其他专用设备制造	3590	2295		12	4062	4062
汽车制造业	3600	533849	110420	362816	3886913	3831259
汽车整车制造	3610	429316	94994	299596	2971109	2956037
汽车零部件及配件制造	3660	104533	15426	63221	915804	875222
电气机械和器材制造业	3800	27153	6465	8	53593	52870
电机制造	3810	3140	1966	3	10789	10789
输配电及控制设备制造	3820	159	33		2555	2555
电线、电缆、光缆及电工器材制造	3830	20422	3860	6	35385	35385
电池制造	3840	3072	447		4141	4141
照明器具制造	3870	361	159		724	
计算机、通信和其他电子设备制造业	3900	718078	155698	43470	884633	876958
计算机制造	3910	622576	126507	719	573177	572553
通信设备制造	3920	40050	11976	1195	102012	101593
广播电视设备制造	3930	2672	439		1104	1104
视听设备制造	3950	12661	3535	30928	117482	111660
电子器件制造	3960	12322	3799	1163	53787	53109
电子元件制造	3970	22347	4119	6225	29278	29161
其他电子设备制造	3990	5451	5323	3241	7793	7778
其他制造业	4100	4945	2513		22053	2159
日用杂品制造	4110	4453	2381		20711	818
废弃资源综合利用业	4200	571	571		31999	31999
金属废料和碎屑加工处理	4210	571	571		31999	31999
电力、热力、燃气及水生产和供应业	**D**	**556119**	**77154**	**45018**	**990169**	**518600**
电力、热力生产和供应业	4400	481654	69646	17746	867594	429992
电力生产	4410	481654	69646	17746	867594	429992
燃气生产和供应业	4500	26807	3421	24709	85222	63817
水的生产和供应业	4600	47658	4088	2563	37353	24791
自来水生产和供应	4610	47658	4088	2563	37353	24791

单位：万元

应付账款	非流动负债合计	所有者权益合计	实收资本	国家资本	集体资本	法人资本	个人资本	港澳台资本	外商资本
6732	5615	25211	18985			153	601	5235	12996
807	1604	3583	4990						4990
3790		12141	9811					5088	4723
972	1500	1584	300			153		147	
96		1091	3241						3241
1068	2512	6811	643				601		41
282633	121639	807825	104200	10448	5637	15559		750	71806
264655	121639	741819	56772	10448	2250	709		750	42615
1107		7627	5500		3387				2113
9428		14177	4304						4304
3797		7667	7157						7157
3646		36536	30467			14851			15616
69285	36906	155126	128424	30150		22629	11277	12223	52146
59254	25932	111471	93673	30150		3554	10780	12025	37164
6355	2374	18915	18694			9018	496	197	8982
1138	8600	12293	10057			10057			
2538		12447	6000						6000
1685755	51366	983795	379996	93412	800	130785	9002	6483	139512
1319532	15071	748384	228808	93412		51000			84395
366223	36295	235411	151188		800	79785	9002	6483	55117
17926		102315	33080		1250	4612	6662	8283	6140
9097		32309	9770			1948		7822	
2467		762	461					461	
6363		44437	19583		1250	960	5100		6140
		22782	1704			1704			
		2025	1562				1562		
409705	7638	651673	214676			11099	6153	146570	28796
246451	624	310378	71374			1556	5800	64018	
46084	419	126903	17825			4444		5917	7464
		7403	100						100
63259	5817	43680	13769					13289	481
32483	679	57277	41238			1611	353	10807	6409
16339	100	94526	61989			3488		45259	13242
5089		11506	8380					7280	1100
1139		18268	988			229	210	337	212
596		16294	926			229	210	337	150
18		-105	2266			392		1874	
18		-105	2266			392		1874	
64869	**468426**	**851098**	**547355**	**72331**	**5864**	**32586**		**182740**	**253354**
51925	437602	715329	461282	38591	1440	14826		172400	234025
51925	437602	715329	461282	38591	1440	14826		172400	234025
9050	18263	67298	45743	14886		17759		10340	2277
3894	12561	68472	40330	18854	4424				17052
3894	12561	68472	40330	18854	4424				17052

1-5 续表 8

指标名称	代码	营业收入	主营业务收入	营业成本	主营业务成本	营业税金及附加
总　计	**1**	**31056897**	**30078474**	**25881572**	**25166259**	**314269**
#轻工业	2	11338371	11203917	9489870	9403947	51557
重工业	3	19718527	18874557	16391702	15762312	262712
国有控股企业	4	7881641	7557566	6478536	6207615	176802
大型企业	5	16209547	15427610	13250620	12718585	209782
中型企业	6	10611411	10467656	9033025	8894707	77845
小型企业	7	5958204	5769984	5074364	4896625	33119
亏损企业	8	22450585	21997617	21416051	21048092	720039
农村工业	9	162069	162006	142860	139212	798
一、按登记注册类型分组						
港、澳、台商投资企业	**10**	**11135910**	**10872709**	**9539182**	**9425733**	**87826**
合资经营企业(港或澳、台资)	11	3146665	3093830	2684248	2616984	54745
合作经营企业(港或澳、台资)	12	136235	115522	121098	102083	1054
港澳台商独资经营企业	13	7711596	7530936	6614860	6593615	31366
港澳台商投资股份有限公司	14	141415	132421	118976	113051	661
外商投资企业	**15**	**19920987**	**19205765**	**16342390**	**15740526**	**226444**
中外合资经营企业	16	13140358	12740176	10665583	10326482	195792
中外合作经营企业	17	392375	391473	303677	303207	6354
外资企业	18	4407523	4335065	3778538	3745801	14446
外商投资股份有限公司	19	1900819	1659172	1545625	1316102	9666
其他外商投资企业	20	79913	79880	48967	48934	187
二、按经济组织类型分组						
独资企业	**21**	**19310704**	**19029366**	**16305698**	**16236769**	**127465**
港澳台商独资经营企业	22	7711596	7530936	6614860	6593615	31366
外资企业	23	4407523	4335065	3778538	3745801	14446
合作、合伙企业	**24**	**4697031**	**4671163**	**3584219**	**3562544**	**40262**
合作经营企业(港或澳、台资)	25	136235	115522	121098	102083	1054
中外合作经营企业	26	392375	391473	303677	303207	6354
其他外商投资企业	27	79913	79880	48967	48934	187
股份有限公司	**28**	**4438229**	**4182794**	**3620338**	**3373044**	**31424**
港澳台商投资股份有限公司	29	141415	132421	118976	113051	661
外商投资股份有限公司	30	1900819	1659172	1545625	1316102	9666
有限责任公司	**31**	**107283551**	**105557687**	**90737451**	**89179583**	**1753071**
合资经营企业(港或澳、台资)	32	3146665	3093830	2684248	2616984	54745
中外合资经营企业	33	13140358	12740176	10665583	10326482	195792
三、按行业分组						
采矿业	**B**	**615058**	**608667**	**478542**	**453378**	**11122**
煤炭开采和洗选业	600	62111	61147	67887	47485	375
烟煤和无烟煤开采洗选	610	62111	61147	67887	47485	375
石油和天然气开采业	700	198027	198027	131272	131272	5548
石油开采	710	198027	198027	131272	131272	5548
黑色金属矿采选业	800	153312	148274	128235	123746	2542
锰矿、铬矿采选	820	143089	138051	118231	113742	2507
其他黑色金属矿采选	890	10223	10223	10004	10004	36

单位：万元

主营业务税金及附加	其他业务收入	其他业务利润	销售费用	管理费用		财务费用			营业利润
					税　金		利息收入	利息支出	
312935	**978424**	**89362**	**978697**	**1185084**	**54150**	**226891**	**59153**	**306347**	**2575112**
51007	134454	18574	329419	453728	19590	85972	36650	142716	930176
261927	843970	70788	649278	731356	34560	140919	22502	163631	1644936
176732	324075	52756	384290	267528	11046	27453	17093	34325	553189
209405	781937	63154	639770	570111	27805	62270	33071	113171	1469723
77667	143755	22317	225547	451669	16969	130646	25658	162001	788918
32293	188219	3907	142284	211169	11438	55750	162	47389	406160
716731	452968	29870	299894	920573	29132	637349	27891	653250	-1082062
798	63	63	2937	5275	104	1894	9	1917	11234
87256	**263202**	**10727**	**177507**	**410282**	**20393**	**91016**	**14947**	**109134**	**904024**
54548	52834	4016	74634	141320	7121	57070	4598	56726	177385
1054	20714	1225	2144	4340	46	973	15	731	8224
30993	180660	2418	96884	222554	12870	30946	10190	49836	707541
661	8994	3068	3844	42068	355	2028	145	1841	10875
225679	**715222**	**78635**	**801190**	**774802**	**33757**	**135875**	**44206**	**197212**	**1671087**
195688	400182	63592	574744	519230	23322	101672	25430	124601	1102572
6330	902	92	3127	6106	228	1355	-262	771	73399
13809	72458	2828	121448	143286	6830	14177	12739	41100	344670
9666	241647	12124	101871	105340	3134	18723	6244	30741	120886
187	33			841	243	-53	54		29560
113696	**281337**	**9674**	**363614**	**715095**	**39942**	**87082**	**23507**	**122271**	**1645763**
30993	180660	2418	96884	222554	12870	30946	10190	49836	707541
13809	72458	2828	121448	143286	6830	14177	12739	41100	344670
40103	**25869**	**3385**	**98610**	**121607**	**5640**	**19972**	**554**	**16325**	**479956**
1054	20714	1225	2144	4340	46	973	15	731	8224
6330	902	92	3127	6106	228	1355	-262	771	73399
187	33		0	841	243	-53	54		29560
31334	**255435**	**18313**	**166927**	**249776**	**6450**	**46428**	**7200**	**56311**	**387837**
661	8994	3068	3844	42068	355	2028	145	1841	10875
9666	241647	12124	101871	105340	3134	18723	6244	30741	120886
1700594	**1725864**	**187042**	**2762217**	**4865484**	**216890**	**1253819**	**107008**	**1235062**	**7243704**
54548	52834	4016	74634	141320	7121	57070	4598	56726	177385
195688	400182	63592	574744	519230	23322	101672	25430	124601	1102572
11122	**6390**	**665**	**13523**	**30700**	**2472**	**9539**	**166**	**7543**	**89796**
375	964		1705	9061	738	5005	7	4000	-3001
375	964		1705	9061	738	5005	7	4000	-3001
5548			111	539		792			59765
5548			111	539		792			59765
2542	5038	549	3224	9449	411	1779	114	1871	7342
2507	5038	549	3088	9313	411	1762	114	1871	7447
36			136	136		17			-106

1-5 续表 9

指标名称	代码	营业收入	主营业务收入	营业成本	主营业务成本	营业税金及附加
有色金属矿采选业	900	94443	94443	79206	79206	897
常用有色金属矿采选	910	94443	94443	79206	79206	897
非金属矿采选业	1000	107164	106776	71941	71669	1759
土砂石开采	1010	44020	43632	34526	34254	988
石棉及其他非金属矿采选	1090	63144	63144	37415	37415	771
制造业	**C**	**29348948**	**28388680**	**24557648**	**23885734**	**299123**
农副食品加工业	1300	5720151	5655946	4995923	4956678	15398
谷物磨制	1310	16538	16538	14637	14637	21
饲料加工	1320	361494	360367	331667	330724	554
植物油加工	1330	3227844	3210541	3156937	3150816	1156
制糖业	1340	1558898	1515416	1100563	1069207	10602
屠宰及肉类加工	1350	391337	390386	249163	248354	2514
水产品加工	1360	75130	73882	72413	72413	76
蔬菜、水果和坚果加工	1370	2052	2052	1870	1853	
其他农副食品加工	1390	86858	86764	68674	68674	475
食品制造业	1400	343113	338274	245371	241410	2169
焙烤食品制造	1410	44647	44230	28904	28551	418
方便食品制造	1430	2431	2431	1899	1899	2
乳制品制造	1440	26572	25410	18579	17421	
罐头食品制造	1450	39281	39281	31037	31037	405
调味品、发酵制品制造	1460	112638	109989	86162	84087	371
其他食品制造	1490	117543	116932	78791	78415	973
酒、饮料和精制茶制造业	1500	992440	961854	695276	684531	9952
酒的制造	1510	79895	75874	56513	52026	8586
饮料制造	1520	906063	879809	633376	627406	1358
精制茶加工	1530	6482	6172	5387	5099	8
纺织业	1700	147523	134994	128093	115840	659
棉纺织及印染精加工	1710	43288	30759	46703	34450	49
毛纺织及染整精加工	1720	76006	76006	54723	54723	512
丝绢纺织及印染精加工	1740	24757	24757	23701	23701	87
针织或钩针编织物及其制品制造	1760	2006	2006	1612	1612	5
家用纺织制成品制造	1770	1466	1466	1354	1354	5
纺织服装、服饰业	1800	223942	223809	182781	182630	2412
机织服装制造	1810	193749	193615	161477	161326	2125
针织或钩针编织服装制造	1820	30194	30194	21305	21305	287
皮革、毛皮、羽毛及其制品和制鞋业	1900	737598	735421	642953	642525	6848
皮革鞣制加工	1910	126275	126275	112606	112606	3035
皮革制品制造	1920	353278	351100	310277	309848	2710
制鞋业	1950	258045	258045	220071	220071	1103
木材加工和木、竹、藤、棕、草制品业	2000	430822	430401	388397	387530	1332
木材加工	2010	123756	123756	118554	118554	120
人造板制造	2020	172093	171680	151860	151532	973
木制品制造	2030	59150	59142	47808	47807	196
竹、藤、棕、草等制品制造	2040	75824	75824	70175	69637	44
家具制造业	2100	107247	106923	86246	86033	910
木质家具制造	2110	66159	66159	52876	52876	629
塑料家具制造	2140	3482	3159	2917	2703	52
其他家具制造	2190	37606	37606	30453	30453	230

单位：万元

主营业务税金及附加	其他业务收入	其他业务利润	销售费用	管理费用		财务费用			营业利润
					税金		利息收入	利息支出	
897			395	1722	43	210		210	12012
897			395	1722	43	210		210	12012
1759	388	116	8087	9929	1281	1754	45	1462	13678
988	388	116	435	2924	77	394	45	435	4730
771			7652	7005	1203	1360		1027	8948
297833	**960268**	**86640**	**960610**	**1121339**	**50253**	**182378**	**58859**	**259717**	**2296548**
15060	64205	14455	122393	163441	7905	-7913	30143	45180	430207
21			398	432		113		113	938
530	1127	92	10337	15734	458	1386	-9	899	4502
842	17302	9741	65086	19773	2855	-35085	26243	14035	31951
10602	43482	4559	39464	108195	2774	26660	689	27651	262676
2514	951		3389	8869	937	-2504	3164	1465	125263
76	1248	49	759	1284	53	1059	43	806	-341
			15	145		-2			23
475	94	15	2945	9008	827	460	13	212	5196
2169	4839	852	34499	18414	872	5343	479	4735	36057
418	417	64	1962	3499	124	-264	277		10137
2			103	338		-5			39
	1162	4	679	1400	89	316	151	342	5599
405			1411	1315	64	562	0	159	3681
371	2649	558	7534	3902	301	3235	68	2974	11509
973	611	225	22809	7959	294	1499	-17	1260	5092
9848	30586	-218	42615	31095	885	-2180	5870	2945	213425
8586	4021	-536	3929	6213	390	1040	56	334	3668
1255	26254	295	38325	23999	496	-3298	5814	2561	209806
8	310	22	361	883		78		50	-49
654	12529	877	6758	11630	378	834	221	727	1084
44	12529	878	439	4653	307	-500	213	9	-6528
512			6188	5990		775		196	7818
87		-1	105	639	72	536	8	522	-302
5			6	258		23			102
5			21	90		0			-6
2412	134	47	6092	16944	909	2825	-21	2266	11677
2125	134	47	5766	11243	393	2175	-21	1616	9486
287			327	5701	516	650		650	2191
6848	2178	61	9158	25875	2223	2822	59	2175	51228
3035			721	2642	106	286		186	7608
2710	2178	61	6566	8539	1260	2195	53	1511	23715
1103			1870	14694	857	341	6	478	19906
1306	421	67	11138	14091	514	8417	-143	7951	9250
120			415	377	1	192	1	192	4100
946	413	67	7903	6465	463	6255	-148	6097	-24
196	8		2266	6570	44	1558	4	1559	615
44			554	680	7	413	1	103	4558
863	324	16	1360	3469	195	477	1	393	17778
629			410	2021	75	240		240	9983
5	324	16	6	141		62			221
230			943	1307	119	175	1	152	7575

1-5 续表 10

指标名称	代码	营业收入	主营业务收入	营业成本	主营业务成本	营业税金及附加
造纸和纸制品业	2200	1070580	1057708	867217	851332	3710
纸浆制造	2210	36259	35960	37682	32571	82
造纸	2220	955458	943558	769748	759434	3146
纸制品制造	2230	78862	78190	59787	59327	482
印刷和记录媒介复制业	2300	105335	105147	69975	69945	815
印刷	2310	105335	105147	69975	69945	815
文教、工美、体育和娱乐用品制造业	2400	176684	176595	153419	153415	819
文教办公用品制造	2410	2001	2001	1658	1658	6
工艺美术品制造	2430	114008	113994	99369	99369	449
体育用品制造	2440	14516	14499	12243	12242	18
玩具制造	2450	46159	46102	40150	40147	346
石油加工、炼焦和核燃料加工业	2500	364340	363402	345530	345391	36766
精炼石油产品制造	2510	364340	363402	345530	345391	36766
化学原料和化学制品制造业	2600	795677	794827	677452	664974	3231
基础化学原料制造	2610	178877	178822	166877	154950	706
农药制造	2630	6543	6543	5953	5953	20
涂料、油墨、颜料及类似产品制造	2640	42504	42440	39443	39364	45
合成材料制造	2650	2061	2056	1662	1657	18
专用化学产品制造	2660	474731	474626	395639	395619	2160
炸药、火工及焰火产品制造	2670	3071	3071	2824	2824	21
日用化学产品制造	2680	87891	87271	65055	64607	262
医药制造业	2700	234505	233851	166040	164845	1331
化学药品原料药制造	2710	41522	40985	28217	27813	545
中药饮片加工	2730	62766	62766	43372	43372	280
中成药生产	2740	117932	117930	82423	81740	431
生物药品制造	2760	12286	12170	12029	11919	75
橡胶和塑料制品业	2900	67565	67119	55305	54867	175
橡胶制品业	2910	3280	3280	2661	2661	
塑料制品业	2920	64285	63839	52644	52206	175
非金属矿物制品业	3000	1884209	1855554	1430394	1405681	10995
水泥、石灰和石膏制造	3010	1270146	1264556	919215	915072	8142
石膏、水泥制品及类似制品制造	3020	315895	294835	255991	236959	1970
砖瓦、石材等建筑材料制造	3030	7781	7781	6496	6496	21
玻璃制品制造	3050	30571	30140	24150	24010	224
陶瓷制品制造	3070	161937	161937	141090	141090	396
耐火材料制品制造	3080	3184	3184	2803	2803	27
石墨及其他非金属矿物制品制造	3090	94695	93120	80647	79251	214
黑色金属冶炼和压延加工业	3100	427501	424470	415177	410913	807
黑色金属铸造	3130	176898	176898	175583	175583	25
钢压延加工	3140	16341	16118	15616	13739	101
铁合金冶炼	3150	234262	231454	223978	221591	681
有色金属冶炼和压延加工业	3200	370930	368567	354431	353473	140
常用有色金属冶炼	3210	49442	48097	50462	50321	33
贵金属冶炼	3220	3236	3236	3393	3393	2
稀有稀土金属冶炼	3230	4935	4935	4877	4877	6
有色金属压延加工	3260	313317	312299	295700	294883	99

单位：万元

主营业务税金及附加	其他业务收入	其他业务利润	销售费用	管理费用		财务费用			营业利润
					税金		利息收入	利息支出	
3708	12872	1796	50308	54881	2512	66932	298	71421	35446
82	300	116	166	2784	261	2268	3	2274	-3533
3144	11900	1590	33264	39431	2079	64567	282	69033	32927
482	672	90	16878	12666	172	97	12	114	6052
815	187	158	1581	5346	157	8	28	11	27655
815	187	158	1581	5346	157	8	28	11	27655
808	89	54	4329	8536	613	1506	9	647	6886
6			43	186	5	15			-41
438	14		3259	5123	517	1347	5	583	3836
18	18		293	1038	15	71	1	10	854
346	57	54	736	2188	76	73	3	54	2237
36733	938		92	4300	747	5120	75	5191	-27467
36733	938		92	4300	747	5120	75	5191	-27467
3207	850	70	25201	35825	3016	9357	-19	8372	65359
685	56		10483	10340	8	1943	50	2252	23229
20			104	338	21	41	1		88
45	64	-13	645	1750	13	82	1	39	556
17	6	1	124	211	4	11			36
2158	105	84	7087	17510	2720	2794	42	2248	40302
21			13	278		41	0	41	-106
262	620	-1	6747	5396	249	4447	-113	3792	1254
1331	655	8	26438	20516	436	4764	-392	3008	15993
545	538		1709	2505	41	630	-173	203	7535
280			5603	3521	43	296	1	294	7204
431	1	1	18915	12913	329	2145	-220	1497	2849
75	116	7	211	1578	23	1693	1	1015	-1595
175	446	69	1577	3846	209	427	3	402	5350
			142	307	1	5	0		165
175	446	69	1436	3539	208	422	3	402	5184
10992	28655	4359	47547	92904	6133	17232	2957	23499	300213
8140	5590	1304	11075	63035	3210	13533	2578	20346	264813
1970	21060	1212	27331	9921	319	765	6	1069	18178
21			315	484	30	15	65	2	461
224	430	290	1259	2073	130	-171	214	29	3035
396			4967	4054	102	1287	8	1073	9646
27			100	236	29	85	3	88	63
214	1575	1554	2499	13099	2314	1717	84	893	4017
718	3031	409	7721	12253	476	7001	181	9480	-9431
25			787	590	133	1704	37	1568	-1902
14	222		537	1144	70	397	2	388	398
679	2809	409	6398	10520	273	4900	142	7525	-7927
140	2363	11	3405	7273	208	11737	-29	10666	-5648
33	1345		164	2642	141	3728	23	3521	-7587
2			62	531					-753
6			4	362	3	-64	-67	3	-109
99	1018	11	3175	3738	64	8072	15	7142	2801

1-5 续表 11

指标名称	代码	营业收入	主营业务收入	营业成本	主营业务成本	营业税金及附加
金属制品业	3300	97735	97735	82427	82427	465
结构性金属制品制造	3310	7617	7617	7127	7127	43
金属工具制造	3320	18616	18616	16558	16558	67
集装箱及金属包装容器制造	3330	6666	6666	5389	5389	19
建筑、安全用金属制品制造	3350	4	4	4	4	1
金属制日用品制造	3380	64832	64832	53349	53349	336
通用设备制造业	3400	1679070	1445599	1347149	1122317	7710
锅炉及原动设备制造	3410	1573430	1340658	1270259	1045587	7048
金属加工机械制造	3420	5666	5523	4289	4218	27
泵、阀门、压缩机及类似机械制造	3440	51153	50998	35982	35930	226
烘炉、风机、衡器、包装等设备制造	3460	18865	18843	16159	16159	53
其他通用设备制造业	3490	29956	29578	20460	20424	356
专用设备制造业	3500	347394	326614	289507	268634	1946
采矿、冶金、建筑专用设备制造	3510	253166	233462	205712	186376	1526
化工、木材、非金属加工专用设备制造	3520	42598	42592	40396	40353	160
医疗仪器设备及器械制造	3580	36271	36267	30083	30083	79
环保、社会公共服务及其他专用设备制造	3590	15358	14293	13316	11821	180
汽车制造业	3600	7738520	7394925	6363112	6077847	172624
汽车整车制造	3610	6123419	5829387	4923417	4672649	168732
汽车零部件及配件制造	3660	1615100	1565539	1439696	1405198	3892
电气机械和器材制造业	3800	1043368	1036466	821029	813290	3095
电机制造	3810	507952	507774	401182	400035	
输配电及控制设备制造	3820	4059	3727	3395	3094	30
电线、电缆、光缆及电工器材制造	3830	299317	292926	251915	245623	847
电池制造	3840	224260	224260	157650	157650	2131
照明器具制造	3870	7779	7779	6887	6887	88
计算机、通信和其他电子设备制造业	3900	4016527	3826303	3547837	3542603	13394
计算机制造	3910	2360283	2208926	2080529	2077690	7506
通信设备制造	3920	302302	302065	269815	269815	2237
广播电视设备制造	3930	18397	18397	16009	16009	38
视听设备制造	3950	554947	550793	521883	521729	1908
电子器件制造	3960	343937	309730	275314	273216	216
电子元件制造	3970	244740	244499	202161	202151	1295
其他电子设备制造	3990	191922	191893	182126	181992	195
其他制造业	4100	84481	84481	68500	68500	711
日用杂品制造	4110	74855	74855	60258	60258	678
废弃资源综合利用业	4200	141695	141695	138107	138107	711
金属废料和碎屑加工处理	4210	141695	141695	138107	138107	711
电力、热力、燃气及水生产和供应业	D	**1092892**	**1081127**	**845382**	**827147**	**4024**
电力、热力生产和供应业	4400	978892	968996	761752	744126	3065
电力生产	4410	978892	968996	761752	744126	3065
燃气生产和供应业	4500	84225	82926	68474	68021	733
水的生产和供应业	4600	29775	29205	15156	15000	226
自来水生产和供应	4610	29775	29205	15156	15000	226

单位：万元

主营业务税金及附加	其他业务收入	其他业务利润	销售费用	管理费用	税金	财务费用	利息收入	利息支出	营业利润
465		-303	3197	5595	602	788	58	642	6039
43			190	462		182			-387
67			404	1016	69	19			553
19		-303	333	740	14	164	57	219	444
1									-1
336			2270	3377	519	423	1	424	5430
7707	233470	8265	107304	94355	3270	7342	5952	19070	114509
7048	232772	8099	99732	88359	3032	7619	5853	19030	99711
24	143		51	1157	35	29	1	29	113
226	156	143	6767	1731		57	41	11	6391
53	22	22	218	1876	126	66	58		493
356	378		536	1233	78	-430			7801
1946	20779	374	21573	38492	1661	23505	900	21208	-19546
1526	19704	367	19709	34427	1355	23172	1021	20201	-24992
160	6	6	131	1827	81	-224	55	350	177
79	4		353	1868	225	661	2	648	3226
180	1065		1381	370		-103	-177	9	2043
172019	343594	54508	406710	329454	9619	8035	10323	14587	457993
168732	294033	43265	366636	234851	7740	-4194	6640	627	428723
3286	49562	11243	40075	94603	1879	12228	3683	13960	29270
3095	6902	287	3323	46427	109	1646	55	1416	169833
	178	176	568	1132	15	48	9		105137
30	332	11	74	505		-1	2		36
847	6392	100	1691	3410	92	1443	44	1284	41710
2131			925	40938	1	79		78	22537
88			66	441		77		54	413
13394	190224	421	15138	71108	6287	5996	1850	3381	371340
7506	151356	16	6756	22896	4858	3260	999	1869	226463
2237	237	122	3287	8219	416	1690	87	538	16011
38			219	723	11	3		3	1406
1908	4154		1157	14135	633	509	12	414	14764
216	34206	52	1451	3966	98	-232	737	402	64297
1295	241	231	2094	18564	253	592	13	95	18425
194	29	-1	176	2606	19	174	2	60	29974
711			1108	4558	276	307	2	307	9253
678			968	3491	273	307	2	307	9086
711			45	714	43	50		40	2068
711			45	714	43	50		40	2068
3980	**11766**	**2056**	**4564**	**33044**	**1425**	**34974**	**127**	**39087**	**188768**
3065	9896	1254		21910	898	32590	57	36773	177596
3065	9896	1254		21910	898	32590	57	36773	177596
733	1299	387	2930	4419	208	1696	34	1599	5611
182	571	415	1634	6716	320	688	37	715	5561
182	571	415	1634	6716	320	688	37	715	5561

1-5 续表 12

指标名称	代码	资产减值损失	公允价值变动收益	投资收益	营业外收入	补贴收入
总　计	**1**	**29990**	**-14358**	**-128089**	**110846**	
#轻工业	2	19447	-13826	-80319	29803	
重工业	3	10544	-532	-47771	81043	
国有控股企业	4	6022		6946	16820	
大型企业	5	21585	-528	-19086	40018	
中型企业	6	722	-14757	-72186	53946	
小型企业	7	7703	927	-35858	18230	
亏损企业	8	94990	-6759	-163824	274002	
农村工业	9	67		-18227	119	
一、按登记注册类型分组						
港、澳、台商投资企业	**10**	**19255**	**-532**	**-11670**	**30261**	
合资经营企业(港或澳、台资)	11	5277	-3	1440	11830	
合作经营企业(港或澳、台资)	12				362	
港澳台商独资经营企业	13	13978	-528	-13128	17598	
港澳台商投资股份有限公司	14			19	471	
外商投资企业	**15**	**10736**	**-13826**	**-116420**	**80585**	
中外合资经营企业	16	10639	-7162	-108303	39679	
中外合作经营企业	17	-8		9	484	
外资企业	18	2063	-6664	-5504	32720	
外商投资股份有限公司	19	-2370		-2622	6198	
其他外商投资企业	20	412			1504	
二、按经济组织类型分组						
独资企业	**21**	**16553**	**-6620**	**-127708**	**56813**	
港澳台商独资经营企业	22	13978	-528	-13128	17598	
外资企业	23	2063	-6664	-5504	32720	
合作、合伙企业	**24**	**859**		**-8153**	**6683**	
合作经营企业(港或澳、台资)	25				362	
中外合作经营企业	26	-8		9	484	
其他外商投资企业	27	412			1504	
股份有限公司	**28**	**-2257**		**-6211**	**10597**	
港澳台商投资股份有限公司	29			19	471	
外商投资股份有限公司	30	-2370		-2622	6198	
有限责任公司	**31**	**63863**	**-20714**	**-938070**	**321491**	
合资经营企业(港或澳、台资)	32	5277	-3	1440	11830	
中外合资经营企业	33	10639	-7162	-108303	39679	
三、按行业分组						
采矿业	**B**	**772**		**11**	**4459**	
煤炭开采和洗选业	600			11	315	
烟煤和无烟煤开采洗选	610			11	315	
石油和天然气开采业	700					
石油开采	710					
黑色金属矿采选业	800	772			4122	
锰矿、铬矿采选	820	772			4122	
其他黑色金属矿采选	890					

单位：万元

营业外支出	利润总额	应交所得税	亏损企业亏损总额	利税总额	应交税金及附加	本年应付职工薪酬	本年应交增值税	从业人员平均人数（人）
54108	**2629396**	**267569**	**186135**	**3804620**	**1496942**	**1346251**	**860955**	**291069**
18693	941530	62569	100414	1271947	412576	546384	278860	153126
35416	1687866	205000	85721	2532673	1084366	799867	582094	137943
9587	560421	91120	20249	929090	470835	278049	191867	26338
25134	1484809	148212	56300	2109137	800346	737994	414547	135674
23463	816847	71850	90969	1215680	487652	456268	320988	120114
6068	421232	48175	51152	632497	270879	187837	178146	42387
46069	-942329	-10767	942329	434024	1394719	1150974	656315	203401
37	11315	6	54	15502	4297	8994	3389	4898
23500	**910200**	**79224**	**67904**	**1362120**	**551537**	**581856**	**364095**	**164183**
4642	184423	27703	50933	358241	208641	194081	119073	58165
20	8566	987	6	15477	7944	10428	5857	3845
18338	706365	49807	16965	973978	330290	371408	236247	100461
500	10846	728		14425	4662	5939	2918	1712
30608	**1719196**	**188345**	**118231**	**2442500**	**945406**	**764395**	**496860**	**126886**
17939	1124511	121621	80813	1651408	671840	470281	331105	70328
516	73367	2245	476	84132	13238	8431	4411	1669
10704	364619	44752	28779	478074	165037	168743	99009	41979
1449	125636	15070	8164	196082	88651	116546	60781	11523
	31063	4657		32804	6641	394	1554	1387
42467	**1656092**	**111291**	**50684**	**2338999**	**834140**	**865497**	**555442**	**237742**
18338	706365	49807	16965	973978	330290	371408	236247	100461
10704	364619	44752	28779	478074	165037	168743	99009	41979
14348	**349920**	**16079**	**3430**	**617572**	**289371**	**157795**	**227390**	**49795**
20	8566	987	6	15477	7944	10428	5857	3845
516	73367	2245	476	84132	13238	8431	4411	1669
	31063	4657		32804	6641	394	1554	1387
3105	**395213**	**42377**	**20548**	**572941**	**226555**	**220662**	**146304**	**41069**
500	10846	728		14425	4662	5939	2918	1712
1449	125636	15070	8164	196082	88651	116546	60781	11523
283141	**6587432**	**580279**	**743374**	**11641567**	**5851304**	**4174635**	**3301065**	**1017385**
4642	184423	27703	50933	358241	208641	194081	119073	58165
17939	1124511	121621	80813	1651408	671840	470281	331105	70328
1436	**92844**	**1604**	**4123**	**120251**	**31482**	**36028**	**16284**	**10598**
341	-3026	23	3026	-1686	2101	8946	965	4309
341	-3026	23	3026	-1686	2101	8946	965	4309
	59765			65405	5640	1136	92	118
	59765			65405	5640	1136	92	118
795	10669	918	106	13245	3905	17193	34	4036
795	10774	918		13281	3835	16982		4011
	-106		106	-36	70	211	34	25

1-5 续表 13

指标名称	代码	资产减值损失	公允价值变动收益	投资收益	营业外收入	补贴收入
有色金属矿采选业	900					
常用有色金属矿采选	910					
非金属矿采选业	1000				22	
土砂石开采	1010				22	
石棉及其他非金属矿采选	1090					
制造业	**C**	**28824**	**-14358**	**-128389**	**103216**	
农副食品加工业	1300	15298	-13826	-81595	13324	
谷物磨制	1310					
饲料加工	1320	3		194	2769	
植物油加工	1330	11476	874	11217	694	
制糖业	1340	2630	-14700	-93928	6345	
屠宰及肉类加工	1350	1189		922	3003	
水产品加工	1360				344	
蔬菜、水果和坚果加工	1370				3	
其他农副食品加工	1390				166	
食品制造业	1400	186		112	6201	
焙烤食品制造	1410				2524	
方便食品制造	1430			-54	29	
乳制品制造	1440				2302	
罐头食品制造	1450					
调味品、发酵制品制造	1460				311	
其他食品制造	1490	186		166	1035	
酒、饮料和精制茶制造业	1500	-1		70	3965	
酒的制造	1510	-1			571	
饮料制造	1520			70	3390	
精制茶加工	1530				4	
纺织业	1700			41	933	
棉纺织及印染精加工	1710			33	628	
毛纺织及染整精加工	1720					
丝绢纺织及印染精加工	1740			8	306	
针织或钩针编织物及其制品制造	1760					
家用纺织制成品制造	1770					
纺织服装、服饰业	1800			19	70	
机织服装制造	1810			19	70	
针织或钩针编织服装制造	1820					
皮革、毛皮、羽毛及其制品和制鞋业	1900	190			307	
皮革鞣制加工	1910				71	
皮革制品制造	1920	190			126	
制鞋业	1950				110	
木材加工和木、竹、藤、棕、草制品业	2000	31	-3	-29987	7283	
木材加工	2010			-30011		
人造板制造	2020	31	-3	15	7058	
木制品制造	2030					
竹、藤、棕、草等制品制造	2040			9	225	
家具制造业	2100					
木质家具制造	2110					
塑料家具制造	2140					
其他家具制造	2190					

单位：万元

营业外支出	利润总额	应交所得税	亏损企业亏损总额	利税总额	应交税金及附加	本年应付职工薪酬	本年应交增值税	从业人员平均人数（人）
187	11825			17158	5375	905	4436	303
187	11825			17158	5375	905	4436	303
113	13612	663	992	26130	14461	7848	10759	1832
113	4664	663	992	8753	4830	3090	3101	790
	8948			17377	9632	4758	7658	1042
52095	**2345191**	**241077**	**181138**	**3406202**	**1352341**	**1278850**	**761888**	**277221**
7018	436514	29295	33056	534031	134718	107897	82120	25786
	938			1664	727	361	706	165
421	6850	1920	4031	8060	3588	12398	656	2388
1794	30851	3139	6399	38168	13311	17199	6162	2788
3648	265374	8938	22012	328452	74791	61912	52476	12711
391	127875	14792		146906	34761	7148	16517	5121
243	-241	30	533	3031	3355	3351	3195	1210
10	15			15		192		65
511	4852	476	81	7735	4186	5337	2408	1338
3479	38779	7036	3737	57879	27008	25172	16931	6827
65	12596	1893		16499	5920	2682	3485	1313
34	34			36	2	493		180
18	7883	1971		9759	3935	660	1876	191
707	2974	1		4339	1431	1668	961	395
2449	9371	1660	1696	12792	5382	5733	3050	1285
206	5921	1511	2041	14454	10338	13935	7560	3463
1554	215836	6838	3070	247004	38891	36684	21216	7799
12	4227	678		16179	13020	5462	3366	1115
1540	211656	6160	2890	230769	25768	30451	17754	6462
3	-48		180	56	104	771	96	222
670	1347	293	6253	7694	7018	12266	5689	5508
125	-6025		6025	-5772	559	7647	204	3674
538	7280	285		12059	5064	1961	4267	698
7	-4	8	222	1052	1135	2389	969	907
	102			107	5			102
	-6		6	249	255	269	249	127
1207	10540	883	1183	19246	10498	29012	6294	8455
932	8624	866	1183	16224	8859	26598	5476	8051
275	1916	17		3021	1639	2414	818	404
405	51332	2574	2000	84792	38256	86545	26613	29016
89	7591	81		13667	6263	4295	3041	1467
41	23799	1508	391	42250	21218	42520	15741	11609
276	19942	984	1609	28875	10775	39729	7831	15940
354	16178	205	44	30868	15409	26583	13357	9018
	4100			5222	1123	3451	1002	1098
83	6951	58		17161	10731	8193	9238	3232
82	533	122	44	2672	2304	10359	1943	1425
189	4594	26		5813	1251	4581	1174	3263
986	16793	84		22753	6238	4043	5050	1105
819	9163			13376	4288	1040	3584	284
20	202	42		279	119	231	26	116
147	7428	42		9097	1830	2773	1440	705

1-5 续表 14

指标名称	代码	资产减值损失	公允价值变动收益	投资收益	营业外收入	补贴收入
造纸和纸制品业	2200	-160		4	3102	
纸浆制造	2210	-152			270	
造纸	2220	-9		4	2736	
纸制品制造	2230				96	
印刷和记录媒介复制业	2300				73	
印刷	2310				73	
文教、工美、体育和娱乐用品制造业	2400				79	
文教办公用品制造	2410				17	
工艺美术品制造	2430				25	
体育用品制造	2440				32	
玩具制造	2450				6	
石油加工、炼焦和核燃料加工业	2500				233	
精炼石油产品制造	2510				233	
化学原料和化学制品制造业	2600	3912		-6535	1231	
基础化学原料制造	2610				379	
农药制造	2630					
涂料、油墨、颜料及类似产品制造	2640				36	
合成材料制造	2650				40	
专用化学产品制造	2660	-6		-9402	723	
炸药、火工及焰火产品制造	2670					
日用化学产品制造	2680	3917		2867	53	
医药制造业	2700			-2472	348	
化学药品原料药制造	2710				47	
中药饮片加工	2730			-2490		
中成药生产	2740			18	295	
生物药品制造	2760				6	
橡胶和塑料制品业	2900			403	2	
橡胶制品业	2910				2	
塑料制品业	2920			403		
非金属矿物制品业	3000	4361		-2421	10299	
水泥、石灰和石膏制造	3010	948			8858	
石膏、水泥制品及类似制品制造	3020	7		-2590	655	
砖瓦、石材等建筑材料制造	3030					
玻璃制品制造	3050				343	
陶瓷制品制造	3070				281	
耐火材料制品制造	3080			40		
石墨及其他非金属矿物制品制造	3090	3406		129	162	
黑色金属冶炼和压延加工业	3100	-54			15414	
黑色金属铸造	3130				9	
钢压延加工	3140				12	
铁合金冶炼	3150	-54			15393	
有色金属冶炼和压延加工业	3200	-142			2736	
常用有色金属冶炼	3210					
贵金属冶炼	3220					
稀有稀土金属冶炼	3230	-142			2625	
有色金属压延加工	3260				111	

单位：万元

营业外支出	利润总额	应交所得税	亏损企业亏损总额	利税总额	应交税金及附加	本年应付职工薪酬	本年应交增值税	从业人员平均人数(人)
2034	36513	1928	38392	68684	36611	53113	28461	9818
25	-3288		3345	-2601	948	3201	605	777
2008	33653	367	34992	58199	26992	44949	21400	7453
1	6148	1561	54	13086	8672	4964	6457	1588
29	27699	4224	243	34005	10687	6810	5492	1305
29	27699	4224	243	34005	10687	6810	5492	1305
16	6973	288	222	14393	8321	32865	6601	13180
	-24		24	36	65	234	55	120
1	3884	110	198	9554	6298	22215	5221	8819
1	885	175		1326	631	2651	423	791
14	2229	3		3477	1327	7765	902	3450
39	-27273		27273	16767	44787	3573	7275	354
39	-27273		27273	16767	44787	3573	7275	354
1243	65305	6539	7541	93146	37395	24562	24609	6426
428	23120	796	1448	26375	4058	3219	2549	1624
29	77			100	45	439	3	99
225	368	25		1649	1320	1862	1236	547
	76	1		156	84	120	62	26
380	40646	5558	1036	53393	21025	16474	10587	3377
2	-108		108	-87	21	283		112
179	1127	160	4949	11561	10842	2166	10172	641
45	16295	547	5748	24649	9336	15441	7023	3775
10	7572	154		9689	2311	1866	1572	500
	7204			10037	2876	2832	2553	589
35	3108	393	4159	6306	3919	8636	2767	2243
	-1589		1589	-1383	229	2106	131	443
2	5350	417	105	6985	2262	3584	1460	2696
	168	25		168	26	325		127
2	5182	392	105	6817	2236	3258	1460	2569
3269	307242	59277	2713	420100	178269	119321	101864	23413
1040	272632	54024	422	356728	141330	61865	75955	9272
297	18535	3384	1690	34156	19324	20137	13651	3709
9	453	120	29	528	226	725	54	197
657	2721	661		3072	1142	3796	127	644
6	9921	438		19766	10385	28383	9449	8275
	63			298	264	491	207	282
1261	2917	650	571	5552	5598	3923	2421	1034
4287	-625	2535	7518	9482	13118	11069	9300	2550
	-1892		1892	-1778	248	413	89	33
5	404	95		889	651	1356	384	575
4282	864	2440	5625	10371	12220	9300	8826	1942
37	-2688	94	8727	-479	2511	8852	2068	2115
12	-7338		7697	-7157	322	2394	149	134
	-753		753	-742	11	460	8	140
6	2510			2554	47	177	38	19
19	2893	94	277	4865	2130	5821	1873	1822

1-5 续表 15

指标名称	代码	资产减值损失	公允价值变动收益	投资收益	营业外收入	补贴收入
金属制品业	3300	300		-211	1028	
结构性金属制品制造	3310				645	
金属工具制造	3320				75	
集装箱及金属包装容器制造	3330	300		-211	57	
建筑、安全用金属制品制造	3350				1	
金属制日用品制造	3380				251	
通用设备制造业	3400	-2733		-3256	5351	
锅炉及原动设备制造	3410	-2733		-3256	5337	
金属加工机械制造	3420				2	
泵、阀门、压缩机及类似机械制造	3440				3	
烘炉、风机、衡器、包装等设备制造	3460				9	
其他通用设备制造业	3490					
专用设备制造业	3500	202		-1782	7909	
采矿、冶金、建筑专用设备制造	3510	364		-1782	7081	
化工、木材、非金属加工专用设备制造	3520	132			767	
医疗仪器设备及器械制造	3580				51	
环保、社会公共服务及其他专用设备制造	3590	-294			10	
汽车制造业	3600	6679		854	13831	
汽车整车制造	3610	5228			8305	
汽车零部件及配件制造	3660	1451		854	5526	
电气机械和器材制造业	3800				968	
电机制造	3810				764	
输配电及控制设备制造	3820				43	
电线、电缆、光缆及电工器材制造	3830				162	
电池制造	3840					
照明器具制造	3870					
计算机、通信和其他电子设备制造业	3900	754	-528	-1635	8486	
计算机制造	3910			6	5675	
通信设备制造	3920	754			881	
广播电视设备制造	3930					
视听设备制造	3950				75	
电子器件制造	3960		-528		1392	
电子元件制造	3970			122	283	
其他电子设备制造	3990			-1762	179	
其他制造业	4100				43	
日用杂品制造	4110				43	
废弃资源综合利用业	4200					
金属废料和碎屑加工处理	4210					
电力、热力、燃气及水生产和供应业	**D**	**394**		**289**	**3171**	
电力、热力生产和供应业	4400	2		66	2632	
电力生产	4410	2		66	2632	
燃气生产和供应业	4500	376			152	
水的生产和供应业	4600	17		223	386	
自来水生产和供应	4610	17		223	386	

单位：万元

营业外支出	利润总额	应交所得税	亏损企业亏损总额	利税总额	应交税金及附加	本年应付职工薪酬	本年应交增值税	从业人员平均人数（人）
573	6115	1310	7	10361	6159	8541	3781	2164
252	7			49	43	1125		280
	249	125		635	579	3177	319	783
57	444	89		603	262	252	141	96
7	-7		7	2	9		8	
258	5423	1097		9072	5266	3987	3313	1005
1308	118551	18458	2529	184541	87718	119997	58281	11285
1235	103813	15129	2313	164345	78693	111495	53485	9947
1	114	46		344	310	745	202	329
56	6337	1365		8446	3473	4497	1882	405
16	485	175	216	664	481	1568	126	343
	7801	1743		10742	4762	1691	2585	261
1214	-12851	960	20138	-5414	10059	18310	5491	3811
842	-18753	60	19397	-13640	6528	12457	3586	2541
345	599	70		1786	1338	1840	1026	468
1	3275	301	741	3927	1177	2993	573	670
27	2026	529		2513	1016	1020	306	132
8567	463257	83390	7759	831983	461735	283896	196102	34436
7788	429240	77996	4581	766799	423295	243089	168827	18894
779	34018	5394	3179	65185	38440	40807	27276	15542
141	170485	6481	886	200183	36287	20682	26603	7366
133	105767	420	886	105798	467	12396	31	3487
6	72	18		356	302	1042	254	500
2	41696	409		50773	9578	4215	8231	2133
	22537	5634		42522	25620	2500	17854	826
	413			734	321	529	233	420
13544	366233	7417	1336	467881	115352	211028	88254	56495
7394	224677	2626	44	285190	67997	71988	53007	16528
1096	15796	1365	1161	27931	13915	31731	9897	8363
	1406	161		1765	530	1426	321	292
3	14855		53	31975	17753	62613	15213	17997
186	65503	176	59	65719	490	11064		3018
102	18607	2769	19	29446	13860	27267	9544	7918
4765	25388	320		25855	806	4940	272	2379
72	9224	3	660	13777	4832	7116	3842	2193
72	9056	3	660	13292	4512	6688	3558	2100
	2068			10893	8868	1891	8114	325
	2068			10893	8868	1891	8114	325
577	**191361**	**24888**	**874**	**278168**	**113120**	**31373**	**82783**	**3250**
244	179985	22573		262877	106363	18429	79827	1218
244	179985	22573		262877	106363	18429	79827	1218
99	5664	1861	874	7844	4248	5253	1446	945
235	5712	453		7448	2508	7691	1510	1087
235	5712	453		7448	2508	7691	1510	1087

1-6 规模以上大中型

指标名称	代码	企业单位数(个)	亏损企业	工业总产值(当年价格)	工业销售产值(当年价格)	出口交货值
总　计	**1**	**1445**	**223**	**124579368**	**118194208**	**5772984**
#轻工业	2	671	103	33543249	30689793	2409114
重工业	3	774	120	91036119	87504415	3363870
国有控股企业	4	276	72	51337554	49396424	840123
大型企业	5	187	24	61683646	58975101	3593935
中型企业	6	1258	199	62895722	59219107	2179049
小型企业	7	287	65	1916334	1890045	46244
亏损企业	8	280	280	24220229	22515673	722652
农村工业	9	13		173876	168339	1498
一、按登记注册类型分组						
内资企业	**10**	**1217**	**186**	**97060168**	**91827271**	**2592385**
国有企业	11	83	14	10047324	9796358	70627
中央企业	12	16	2	1382147	1342964	25545
地方企业	13	67	12	8665178	8453394	45083
集体企业	14	30	2	1049039	1032874	43116
股份合作企业	15	9	1	550766	474871	
联营企业	16	1		49526	49526	59
其他联营企业	17	1		49526	49526	59
有限责任公司	18	411	97	38531302	35744033	848209
国有独资公司	19	38	12	7613716	7552001	49816
其他有限责任公司	20	373	85	30917586	28192033	798393
股份有限公司	21	92	24	16730067	16293236	684692
私营企业	22	575	48	27722021	26062193	927012
私营独资企业	23	61		1685908	1631235	44691
私营合伙企业	24	22		485042	473537	64811
私营有限责任公司	25	462	47	24321128	22823036	754837
私营股份有限公司	26	30	1	1229944	1134385	62673
其他企业	27	16		2380123	2374180	18669
港、澳、台商投资企业	**28**	**134**	**18**	**10087077**	**9736056**	**2660318**
合资经营企业(港或澳、台资)	29	64	9	2614394	2512797	323989
合作经营企业(港或澳、台资)	30	4		52865	50499	10605
港澳台商独资经营企业	31	64	9	7249044	7065955	2312936
港澳台商投资股份有限公司	32	2		170776	106804	12789
外商投资企业	**33**	**94**	**19**	**17432123**	**16630881**	**520282**
中外合资经营企业	34	43	7	12121638	11454910	157968
中外合作经营企业	35	1		2001	2000	2000
外资企业	36	45	11	3612784	3411305	346993
外商投资股份有限公司	37	4	1	1589388	1686637	13321
其他外商投资企业	38	1		106313	76030	
二、按经济组织类型分组						
独资企业	**39**	**849**	**104**	**30356808**	**29430810**	**3066513**
国有企业	40	83	14	10047324	9796358	70627
集体企业	41	30	2	1049039	1032874	43116
私营独资企业	42	61		1685908	1631235	44691
港澳台商独资经营企业	43	64	9	7249044	7065955	2312936
外资企业	44	45	11	3612784	3411305	346993
合作、合伙企业	**45**	**203**	**17**	**5383469**	**5177816**	**163303**
股份合作企业	46	9	1	550766	474871	
其他联营企业	47	1		49526	49526	59
私营合伙企业	48	22		485042	473537	64811

工业企业主要经济指标

单位：万元

年初存货	产成品	资产总计	流动资产合计	应收账款	存货	产成品	在产品	固定资产合计	固定资产原价
11262163	**4287467**	**97895704**	**44920322**	**7633339**	**12069484**	**4728213**	**1417558**	**38871855**	**54727780**
3135239	1376613	26035885	14063459	2227523	3409425	1480479	298363	8840283	11984900
8126924	2910854	71859819	30856863	5405816	8660060	3247734	1119194	30031572	42742879
5948732	1958396	50252657	20208697	2954801	5812248	1881608	719651	20939904	30876835
5453237	2007994	52010380	23757180	3661610	6465262	2494957	665922	20143055	29764957
5808925	2279473	45885324	21163142	3971730	5604222	2233257	751636	18728799	24962823
264024	60775	2009743	1131639	280228	322766	183323	1063	398843	827671
3555436	1294801	28826448	10318360	1477786	3100996	1166252	504082	13249104	19203994
2098	1604	53163	13818	1718	2216	1917	24	32697	37396
8737475	**2926784**	**76463926**	**34000070**	**5959783**	**9352277**	**3250683**	**1212388**	**30921160**	**43826556**
1211370	141595	8672068	3661084	449317	1361532	175507	173049	4008573	5873278
145676	23485	1825076	705731	209666	158129	19535	29207	1019198	1416682
1065694	118110	6846992	2955353	239651	1203403	155972	143842	2989375	4456595
26525	17517	235969	73469	19738	30296	18054	2132	124946	175155
25906	10398	325828	184925	73194	48942	19083	183	115095	175141
1600		18907	17432	7286	2556	956	1600	1475	2495
1600		18907	17432	7286	2556	956	1600	1475	2495
3331146	1267398	36558368	15187699	2555488	3683694	1382480	485489	15110599	21951097
246110	51346	11408273	2766074	292025	364038	68172	56220	5235404	8808746
3085036	1216053	25150095	12421625	2263463	3319657	1314308	429269	9875195	13142351
2298107	696117	16219671	6666356	1016637	1873006	641066	273043	6308461	8886725
1794522	763014	14063195	8039164	1790572	2281990	977985	276816	5077450	6538328
47457	31422	432936	291279	91357	82246	59661	9436	127547	178860
20147	7535	171256	89481	23981	20052	8291	7348	74214	94328
1630227	684715	12667180	7233718	1594107	2071730	859196	239901	4607672	5891997
96691	39341	791822	424686	81127	107963	50837	20132	268016	373143
48298	30745	369920	169940	47552	70261	35552	77	174561	224338
843776	**288032**	**6745392**	**2944143**	**763278**	**808195**	**265152**	**162770**	**2945387**	**4316855**
402742	172773	2576108	1128395	227567	332047	141603	25095	909091	1365610
5201	2541	23128	11649	3319	4899	2282		7951	12591
420916	106088	4073435	1766654	524174	448961	110070	136885	2001153	2884689
14917	6629	72722	37444	8218	22288	11196	790	27192	53965
1680912	**1072651**	**14686386**	**7976109**	**910278**	**1909012**	**1212379**	**42399**	**5005308**	**6584369**
1176688	850617	9634332	4911030	586512	1333131	967631	25558	3416877	4201708
289	240	1442	1204	529	675	626	49	238	319
319523	129715	2918993	1743649	266056	344158	115735	8674	1003372	1452417
184411	92079	2041895	1297426	57181	223435	128387	1127	528642	868382
		89725	22799		7613		6991	56180	61543
2367368	**575220**	**19199804**	**9224069**	**1835650**	**2697468**	**703325**	**354464**	**8169281**	**12101422**
1211370	141595	8672068	3661084	449317	1361532	175507	173049	4008573	5873278
26525	17517	235969	73469	19738	30296	18054	2132	124946	175155
47457	31422	432936	291279	91357	82246	59661	9436	127547	178860
420916	106088	4073435	1766654	524174	448961	110070	136885	2001153	2884689
319523	129715	2918993	1743649	266056	344158	115735	8674	1003372	1452417
181848	**86819**	**1806751**	**844625**	**268245**	**248125**	**118175**	**23788**	**810723**	**1059592**
25906	10398	325828	184925	73194	48942	19083	183	115095	175141
1600		18907	17432	7286	2556	956	1600	1475	2495
20147	7535	171256	89481	23981	20052	8291	7348	74214	94328

1-6 续表 1

指标名称	代码	企业单位数(个)	亏损企业	工业总产值(当年价格)	工业销售产值(当年价格)	出口交货值
合作经营企业(港或澳、台资)	49	4		52865	50499	10605
中外合作经营企业	50	1		2001	2000	2000
其他企业(内资)	51	16		2380123	2374180	18669
其他外商投资企业	52	1		106313	76030	
股份有限公司	**53**	**202**	**38**	**21149154**	**20565037**	**798335**
股份有限公司(内资)	54	92	24	16730067	16293236	684692
私营股份有限公司	55	30	1	1229944	1134385	62673
港澳台商投资股份有限公司	56	2		170776	106804	12789
外商投资股份有限公司	57	4	1	1589388	1686637	13321
有限责任公司	**58**	**3971**	**719**	**122823978**	**115479720**	**2673787**
国有独资公司	59	38	12	7613716	7552001	49816
私营有限责任公司	60	462	47	24321128	22823036	754837
合资经营企业(港或澳、台资)	61	64	9	2614394	2512797	323989
中外合资经营企业	62	43	7	12121638	11454910	157968
其他有限责任公司	63	373	85	30917586	28192033	798393
三、按行业分组						
采矿业	**B**	**59**	**13**	**2788282**	**2721600**	**18485**
煤炭开采和洗选业	600	9	6	336493	330841	
烟煤和无烟煤开采洗选	610	7	5	132126	129467	
褐煤开采洗选	620	2	1	204366	201374	
黑色金属矿采选业	800	4		303126	295880	
铁矿采选	810	2		141244	139037	
锰矿、铬矿采选	820	2		161882	156843	
有色金属矿采选业	900	33	5	1633648	1591389	
常用有色金属矿采选	910	30	5	1535851	1494150	
贵金属矿采选	920	1		18006	17948	
稀有稀土金属矿采选	930	2		79791	79291	
非金属矿采选业	1000	13	2	515016	503490	18485
土砂石开采	1010	9	2	203731	201726	
化学矿开采	1020	1		111020	111020	
石棉及其他非金属矿采选	1090	3		200265	190744	18485
制造业	**C**	**1288**	**199**	**110937758**	**104721557**	**5717893**
农副食品加工业	1300	159	43	13717608	12106965	459910
谷物磨制	1310	1		224216	224216	
饲料加工	1320	19	5	1687785	1633093	
植物油加工	1330	7	1	3656539	3603237	129368
制糖业	1340	88	33	6384651	5001731	
屠宰及肉类加工	1350	10		691742	620350	10342
水产品加工	1360	13	3	540530	516216	292266
蔬菜、水果和坚果加工	1370	8		185980	177453	3475
其他农副食品加工	1390	13	1	346167	330670	24459
食品制造业	1400	26	2	1433947	1363932	82097
焙烤食品制造	1410	3		98221	79566	
方便食品制造	1430	3		370632	359113	
乳制品制造	1440	2		102476	101574	
罐头食品制造	1450	8	1	351246	344401	68076
调味品、发酵制品制造	1460	3	1	116340	102042	13952
其他食品制造	1490	7		395032	377236	69
酒、饮料和精制茶制造业	1500	32	3	2932742	2567284	13399
酒的制造	1510	9	1	1552056	1218207	12519
饮料制造	1520	21	2	1347153	1319333	880
精制茶加工	1530	2		33534	29743	

单位：万元

年初存货	产成品	资产总计	流动资产合计	应收账款	存货	产成品	在产品	固定资产合计	固定资产原价
5201	2541	23128	11649	3319	4899	2282		7951	12591
289	240	1442	1204	529	675	626	49	238	319
48298	30745	369920	169940	47552	70261	35552	77	174561	224338
		89725	22799		7613		6991	56180	61543
2661215	**851775**	**19830774**	**8735076**	**1291515**	**2306950**	**868556**	**297392**	**7371169**	**10468087**
2298107	696117	16219671	6666356	1016637	1873006	641066	273043	6308461	8886725
96691	39341	791822	424686	81127	107963	50837	20132	268016	373143
14917	6629	72722	37444	8218	22288	11196	790	27192	53965
184411	92079	2041895	1297426	57181	223435	128387	1127	528642	868382
9209650	**4001001**	**87359684**	**41628586**	**8366582**	**10874270**	**5059319**	**1030754**	**33312803**	**45926648**
246110	51346	11408273	2766074	292025	364038	68172	56220	5235404	8808746
1630227	684715	12667180	7233718	1594107	2071730	859196	239901	4607672	5891997
402742	172773	2576108	1128395	227567	332047	141603	25095	909091	1365610
1176688	850617	9634332	4911030	586512	1333131	967631	25558	3416877	4201708
3085036	1216053	25150095	12421625	2263463	3319657	1314308	429269	9875195	13142351
127030	**65128**	**2900862**	**954649**	**217404**	**143979**	**86183**	**11267**	**817677**	**1133801**
27324	15020	1158936	254710	44437	37373	26076	95	182089	264235
6276	3615	238355	62463	5301	8990	6002	59	43928	83413
21049	11405	920581	192247	39136	28383	20074	36	138161	180822
34873	20010	453254	156363	55199	37712	25987	1427	193744	252975
11189		105427	19296	7533	9003			86131	94088
23684	20010	347827	137067	47667	28709	25987	1427	107613	158888
41548	25087	916706	418625	99057	51519	26166	7035	242806	355548
40102	24559	853813	407595	95731	47556	25568	4306	197915	311941
76	58	3866	1106	172	451	58	302	2759	3614
1370	470	59027	9924	3153	3511	540	2427	42132	39993
23285	5011	371965	124951	18711	17375	7954	2710	199038	261043
3763	367	175601	37667	5523	6925	1361	1854	92050	117728
895	895	61543	33434	2313	753	753		28109	38602
18627	3749	134822	53850	10875	9697	5840	856	78878	104713
10879643	**4209514**	**79337811**	**40995020**	**6985224**	**11678954**	**4629046**	**1400103**	**28192982**	**38449335**
1346104	774584	10912107	7214460	825034	1402631	758742	146876	2991213	4450596
5218	4041	35678	8057	1087	6037	3850		4599	4687
55143	11177	518445	356940	57700	68615	10091	6642	86141	138785
497717	244193	2257506	1830093	47680	486219	172300	98844	376685	578171
618076	425505	6880231	4275654	538095	603055	438226	23710	2162031	3275619
41873	31305	572413	297472	67768	84326	46321	12691	184595	219719
68243	39502	319471	247970	86554	92996	59880	1317	55147	96458
4984	3191	90830	59232	8938	6594	4547	164	30032	38316
54852	15669	237532	139042	17212	54790	23527	3508	91982	98841
85815	36126	994669	425929	102570	107021	58108	4329	431926	539929
8814	5519	54644	23300	4778	7013	3744		22945	32335
5138	1418	193092	93261	8516	11183	3939	324	49258	60049
18862	1680	158923	66619	17888	15859	1832		63229	83117
26225	21769	240146	117589	20423	40038	37549	460	89835	113823
15734	5129	209184	50355	23041	21028	7528	3494	149448	177781
11042	611	138680	74804	27923	11900	3517	51	57212	72824
194196	80791	1492813	696999	136343	211212	92450	23958	664038	1016985
140044	59253	964226	486460	78045	150943	64482	21460	373731	618016
45062	12612	492340	194911	57896	51076	18917	2356	270536	383344
9090	8926	36247	15628	402	9192	9050	142	19771	15625

1-6 续表 2

指标名称	代码	企业单位数(个)	亏损企业	工业总产值(当年价格)	工业销售产值(当年价格)	出口交货值
烟草制品业	1600	2		1924483	1886516	25
烟叶复烤	1610	1		8725	9642	
卷烟制造	1620	1		1915758	1876874	25
纺织业	1700	53	10	1458375	1340221	19531
棉纺织及印染精加工	1710	8	3	264519	241801	15037
毛纺织及染整精加工	1720	1		77555	76489	
麻纺织及染整精加工	1730	1		6001	4894	
丝绢纺织及印染精加工	1740	37	5	1046343	956635	
针织或钩针编织物及其制品制造	1760	1		9628	9579	
家用纺织制成品制造	1770	4	2	47304	43596	3510
非家用纺织制成品制造	1780	1		7026	7227	983
纺织服装、服饰业	1800	34	4	745573	716249	54889
机织服装制造	1810	29	3	667050	640060	54474
针织或钩针编织服装制造	1820	4	1	65546	63470	415
服饰制造	1830	1		12977	12720	
皮革、毛皮、羽毛及其制品和制鞋业	1900	37	4	892558	866997	415771
皮革鞣制加工	1910	2		131569	124771	13834
皮革制品制造	1920	21		405388	398401	158301
羽毛(绒)加工及制品制造	1940	1		18102	19799	
制鞋业	1950	13	4	337500	324026	243636
木材加工和木、竹、藤、棕、草制品业	2000	97	9	2475290	2390500	239453
木材加工	2010	10	2	175808	169271	
人造板制造	2020	52	7	1625867	1571229	21479
木制品制造	2030	26		579507	557554	154071
竹、藤、棕、草等制品制造	2040	9		94108	92446	63904
家具制造业	2100	17		577633	559948	23181
木质家具制造	2110	12		418817	406257	4141
竹、藤家具制造	2120	1		54090	54090	
金属家具制造	2130	1		13227	11621	
塑料家具制造	2140	1		10485	10485	3880
其他家具制造	2190	2		81015	77496	15160
造纸和纸制品业	2200	39	16	2121842	1930173	8488
纸浆制造	2210	9	5	260883	225992	1351
造纸	2220	23	11	1677834	1559967	670
纸制品制造	2230	7		183126	144214	6468
印刷和记录媒介复制业	2300	11		429233	405592	12478
印刷	2310	10		317640	306354	12478
记录媒介复制	2330	1		111593	99237	
文教、工美、体育和娱乐用品制造业	2400	50	2	546378	519766	142881
工艺美术品制造	2430	41	2	436995	417360	135278
体育用品制造	2440	1		5396	5121	5121
玩具制造	2450	8		103988	97285	2482
石油加工、炼焦和核燃料加工业	2500	4	3	8069140	8057588	12020
精炼石油产品制造	2510	4	3	8069140	8057588	12020
化学原料和化学制品制造业	2600	95	12	4144252	3880746	222669
基础化学原料制造	2610	16	6	1110904	1011619	67450
肥料制造	2620	16	1	863897	825797	10968
农药制造	2630	7		616749	576131	

单位：万元

年初存货	产成品	资产总计	流动资产合计	应收账款	存货	产成品	在产品	固定资产合计	固定资产原价
462566	18627	1486630	1010075	293856	492380	23914	426	474623	558757
1889	1340	51744	42697	1199	1540	1340		7116	15367
460677	17288	1434886	967378	292657	490841	22575	426	467508	543390
181106	68013	845923	472262	62894	205866	78210	19364	279189	331303
31498	14368	290442	155537	13801	37022	14078	8498	66004	89251
288	263	12925	11362	3057	1354	1305		1563	2736
612	184	1780	1394	50	1302	116		386	1154
140646	47394	488228	277812	38558	156237	57298	9480	188122	214197
66	56	924	811	430	249	48		114	159
5211	2962	39345	22026	6653	6917	4086		14675	18959
2787	2787	12279	3321	345	2786	1279	1386	8326	4846
39797	26831	303678	207026	78466	61924	48001	6160	85854	108718
33049	24219	272927	184832	68898	54559	43561	4840	77524	99783
6481	2358	28593	20514	9095	6940	4028	1321	7978	8237
266	255	2158	1680	473	426	413		352	699
39698	17221	329442	160302	57072	54149	26468	9437	104619	150095
8435	5411	35220	20166	3974	9844	5996	2470	12099	16904
13913	6983	152787	56930	11653	22200	11964	3371	52960	73952
444	444	3068	3068	2042	463	412			
16906	4382	138366	80138	39402	21643	8096	3596	39561	59240
186551	73862	1216304	621985	150678	227367	81330	26308	465893	548626
6811	4550	71431	38948	11212	9972	6615	1054	17254	23356
154745	60174	969092	471547	106230	179427	64151	21708	402946	464576
23613	8130	159179	103301	29089	35772	8833	3370	37880	48140
1383	1008	16602	8189	4146	2196	1730	176	7813	12553
52831	31794	332980	218497	26389	61414	47973	5981	68974	86573
46638	28222	206498	113227	18219	56895	45971	5750	56740	67606
521	521	12366	9347	895	787			3019	3424
338		9394	8593	6249	1379	425		657	657
453	325	6494	2239	419	618	439	179	2201	4406
4882	2727	98229	85091	606	1736	1138	52	6358	10480
248074	98067	4117691	1138917	161772	186965	63420	12832	1725883	2168759
53125	15685	693082	184197	25885	33693	15287	3059	312299	570588
188550	78169	3344010	923503	128974	138739	36166	9773	1388066	1534357
6399	4213	80599	31217	6914	14532	11966		25518	63814
32864	14541	232824	92144	42412	27848	13164	2790	100284	187296
26380	9602	207361	81763	37983	23411	10427	1090	85201	160938
6485	4939	25463	10380	4429	4437	2737	1700	15083	26357
23646	8619	160281	92014	40354	24036	9643	2167	58877	69318
20549	7893	119361	72087	27611	20524	8208	1674	39198	46524
829	271	4361	2130	476	1467	476	221	2100	3742
2268	455	36559	17797	12267	2045	959	272	17579	19052
1324381	253742	3708924	1223364	23986	774779	188191	69818	1816761	2324080
1324381	253742	3708924	1223364	23986	774779	188191	69818	1816761	2324080
493038	201189	4138095	1772988	241507	557785	230133	23318	1829602	2679083
133516	45290	1532802	627589	56601	158481	39828	7729	746786	995730
187445	76389	1160967	493072	76916	185187	86845	2362	551697	936626
55102	24750	318101	141293	25259	70345	35380	1396	150947	217325

1-6 续表 3

指标名称	代码	企业单位数(个)	亏损企业	工业总产值(当年价格)	工业销售产值(当年价格)	出口交货值
涂料、油墨、颜料及类似产品制造	2640	10	1	464643	408163	18981
专用化学产品制造	2660	10		424896	409951	12789
炸药、火工及焰火产品制造	2670	28	2	356427	347755	74348
日用化学产品制造	2680	8	2	306735	301331	38134
医药制造业	2700	41	5	1777029	1633371	49754
化学药品原料药制造	2710	2		77181	67007	17256
化学药品制剂制造	2720	3		108966	102777	
中药饮片加工	2730	3		135237	131575	6044
中成药生产	2740	27	3	1281684	1196600	3949
兽用药品制造	2750	4		109259	102668	
生物药品制造	2760	2	2	64702	32746	22506
橡胶和塑料制品业	2900	26	4	936268	816068	23322
橡胶制品业	2910	4	2	224115	148594	17297
塑料制品业	2920	22	2	712153	667475	6024
非金属矿物制品业	3000	183	13	7865103	7482018	341793
水泥、石灰和石膏制造	3010	46	5	3277797	3059213	2121
石膏、水泥制品及类似制品制造	3020	20	1	829176	801282	3460
砖瓦、石材等建筑材料制造	3030	53	4	2145545	2109438	90
玻璃制造	3040	2		76723	78041	44
玻璃制品制造	3050	6	1	229052	207522	18113
陶瓷制品制造	3070	50	2	949551	902772	212971
耐火材料制品制造	3080	2		39082	37428	
石墨及其他非金属矿物制品制造	3090	4		318178	286323	104995
黑色金属冶炼和压延加工业	3100	53	12	17682368	17161900	45692
炼铁	3110	1		73175	73175	
黑色金属铸造	3130	7		686075	674401	
钢压延加工	3140	19	1	13521016	13377798	45692
铁合金冶炼	3150	26	11	3402103	3036527	
有色金属冶炼和压延加工业	3200	46	24	8002632	6873922	679674
常用有色金属冶炼	3210	29	18	6519276	5516956	576378
贵金属冶炼	3220	2	2	44590	51519	
稀有稀土金属冶炼	3230	4	2	149939	126949	
有色金属压延加工	3260	11	2	1288826	1178499	103296
金属制品业	3300	21	1	1509520	1414641	35041
结构性金属制品制造	3310	7	1	983369	909570	685
金属工具制造	3320	6		97248	93371	2565
金属表面处理及热处理加工	3360	1		132175	132175	
搪瓷制品制造	3370	1		13425	13425	
金属制日用品制造	3380	3		168988	153349	22968
其他金属制品制造	3390	3		114314	112751	8824
通用设备制造业	3400	23	4	2135001	2190120	25884
锅炉及原动设备制造	3410	5		1443420	1529984	12900
金属加工机械制造	3420	4	1	38800	35880	1205
物料搬运设备制造	3430	3	1	151977	149662	3301
泵、阀门、压缩机及类似机械制造	3440	3	1	97788	96535	7079
轴承、齿轮和传动部件制造	3450	4	1	262912	261566	511
通用零部件制造	3480	4		140104	116493	889
专用设备制造业	3500	32	7	2562098	2495316	343929
采矿、冶金、建筑专用设备制造	3510	14	4	1992005	1959579	331264
化工、木材、非金属加工专用设备制造	3520	5		224470	207429	4726

单位：万元

年初存货	产成品	资产总计	流动资产合计	应收账款	存货	产成品	在产品	固定资产合计	固定资产原价
47206	29177	404681	185267	33260	64644	37599	6692	178696	248108
28383	8642	162491	74180	18114	31182	8450	155	80111	109588
16248	5070	152783	94495	8268	14897	4701	2938	41161	49174
25138	11872	406270	157093	23089	33050	17328	2047	80203	122532
169792	73725	1742679	1037408	156728	228448	91055	30938	543697	751524
18582	5562	128481	46767	14168	21839	8507	2800	52299	61390
8140	5235	86340	33390	13288	9432	7402	45	48505	65309
7506	5844	54267	27741	5381	9552	6510		26526	50683
109360	43263	1253223	819560	96801	151967	50679	18811	333017	427841
6321	3025	99270	39975	18051	11832	6494	2386	32622	50671
19882	10796	121098	69975	9038	23826	11464	6896	50729	95630
105453	65089	1027455	471600	99215	131306	63999	16891	511305	201583
27683	13185	420591	137504	16698	29556	14162	1433	272107	126701
77770	51904	606864	334096	82517	101750	49837	15458	239197	74882
402650	157645	5597302	1973179	388966	481490	196972	80308	3155588	4102037
187077	55309	3432533	978635	160511	177461	43687	38610	2199693	2778554
22263	10623	312479	214285	97016	31688	9740	6698	87056	110765
54933	33180	873936	274010	46939	77104	39347	6964	541320	706565
15896	4427	87773	40179	3558	13690	1535	2971	43216	78500
16456	7348	145618	65319	12174	21962	11030	722	56525	112468
53456	30892	406018	208160	31904	97302	65364	9626	126924	176951
974	771	17688	14305	7062	5301	4627		490	4059
51595	15096	321258	178286	29803	56983	21642	14717	100362	134175
1542424	249407	9145871	4363229	331862	1943550	405332	151062	3567229	4922664
2363	1136	75627	51747	4748	2048	1331	716	23624	30017
34994	10711	267894	174679	27418	4853	1793	27	91275	95086
1156597	94190	6374493	2975307	185601	1434949	174435	144245	2707281	3779970
348471	143369	2427857	1161496	114095	501700	227772	6074	745050	1017590
1430288	563999	9703049	3878172	348480	1436283	455937	440649	4301431	5861509
1257443	496383	8608698	3254929	252826	1242490	384393	399660	3978935	5476437
3914		64649	27939	321	16008	5538	3862	34923	37639
44875	26466	108089	80645	4049	39318	19010	6528	28080	30659
124056	41150	921613	514659	91284	138468	46996	30599	259493	316774
67997	23848	1066222	329572	43171	93000	16505	15817	154372	194737
31546	15506	857513	226567	3987	54437	7202	10852	67333	75903
9212	2926	77274	23106	9107	9993	3441	2864	49670	55339
		19826	9016	9016				10810	10810
911	887	1733	1472	413	744	613		61	1550
5479	3187	40233	19134	9207	5621	3764	753	10977	19105
20849	1342	69644	50278	11442	22206	1486	1348	15522	32030
304105	138094	2500006	1729694	227319	343892	164758	39642	456167	828615
198391	93137	1799510	1300451	61792	221102	121692	1493	288077	582595
35375	15366	96384	72117	21009	44172	20377	14561	18586	34449
37735	10946	299351	184225	59947	46458	10812	15501	44718	63975
11871	4932	89927	47198	23959	12245	4233	2202	35314	45234
3863	3059	101009	64986	35189	8436	3944	864	25550	48824
16871	10654	113825	60718	25424	11479	3700	5021	43923	53538
585272	282693	3646575	2394387	833980	508746	239828	54433	370208	541883
505095	260838	3194390	2079424	738521	423820	220690	39847	251243	375223
33820	2979	226787	166448	55000	43642	3946	7058	54109	71009

1-6 续表 4

指标名称	代码	企业单位数(个)	亏损企业	工业总产值(当年价格)	工业销售产值(当年价格)	出口交货值
印刷、制药、日化及日用品生产专用设备制造	3540	1		29105	29105	
农、林、牧、渔专用机械制造	3570	7	1	193381	181190	7880
医疗仪器设备及器械制造	3580	4	2	100569	95445	59
环保、社会公共服务及其他专用设备制造	3590	1		22568	22568	
汽车制造业	3600	103	11	16088298	15440856	174468
汽车整车制造	3610	7	2	8310072	8169088	150110
改装汽车制造	3620	4	3	263439	189838	9475
低速载货汽车制造	3630	1		26707	26396	
汽车车身、挂车制造	3650	1		102369	88163	
汽车零部件及配件制造	3660	90	6	7385711	6967370	14882
铁路、船舶、航空航天和其他运输设备制造业	3700	22	2	1073179	1060710	11487
铁路运输设备制造	3710	2	2	122255	115437	
船舶及相关装置制造	3730	18		753301	747650	5324
航空、航天器及设备制造	3740	1		146513	146513	
摩托车制造	3750	1		51111	51111	6163
电气机械和器材制造业	3800	31	3	3628606	3432293	161908
电机制造	3810	3		543426	539755	
输配电及控制设备制造	3820	12	2	1633764	1493220	5658
电线、电缆、光缆及电工器材制造	3830	7	1	553384	517717	120846
电池制造	3840	4		690801	682681	35404
家用电力器具制造	3850	1		24291	24291	
照明器具制造	3870	2		27442	27368	
其他电气机械及器材制造	3890	2		155498	147260	
计算机、通信和其他电子设备制造业	3900	40	2	6024768	5954282	2099545
计算机制造	3910	7		3121186	3123444	1317064
通信设备制造	3920	6	1	460811	424811	89559
雷达及配套设备制造	3940	1		46242	43561	6397
视听设备制造	3950	4		791675	789334	485601
电子器件制造	3960	3		337610	343611	76338
电子元件制造	3970	13	1	1032833	998155	94859
其他电子设备制造	3990	6		234411	231365	29727
仪器仪表制造业	4000	3	1	38001	28599	10548
通用仪器仪表制造	4010	2	1	32579	23408	10521
钟表与计时仪器制造	4030	1		5422	5191	27
其他制造业	4100	4	2	62549	61770	8058
日用杂品制造	4110	4	2	62549	61770	8058
废弃资源综合利用业	4200	3		72518	72445	
金属废料和碎屑加工处理	4210	2		61323	61250	
非金属废料和碎屑加工处理	4220	1		11195	11195	
金属制品、机械和设备修理业	4300	1		10769	10769	
电气设备修理	4350	1		10769	10769	
电力、热力、燃气及水生产和供应业	**D**	**98**	**11**	**10853328**	**10751052**	**36607**
电力、热力生产和供应业	4400	87	8	10644135	10543239	36607
电力生产	4410	25	3	2518585	2467290	
电力供应	4420	60	5	7808078	7759875	3081
热力生产和供应	4430	2		317472	316074	33525
燃气生产和供应业	4500	2		56564	56564	
水的生产和供应业	4600	9	3	152629	151248	
自来水生产和供应	4610	9	3	152629	151248	

单位：万元

年初存货		资产总计	流动资产					固定资产合计	固定资产原价
	产成品		流动资产合计	应收账款	存货				
						产成品	在产品		
276	40	11724	4781	60	281	42		6943	22269
35700	11942	133605	83424	25943	27786	8839	2713	41384	56879
8584	6326	73854	55547	11495	11414	5298	4053	15100	14716
1797	570	6215	4763	2960	1803	1012	762	1429	1786
1116469	754404	10180737	6799834	1364330	1553799	1065764	52325	2406391	3209393
583574	499776	5348391	3633710	234855	685533	621878	11088	1264827	1496131
38564	14837	191183	127709	60718	31469	11649	7130	43074	94666
3449	1442	32634	24706	3490	2395	719	189	1144	2128
8152	104	76372	57484	36690	8583	71	372	18888	31235
482730	238245	4532157	2956225	1028577	825820	431448	33547	1078458	1585234
60842	15365	619397	413795	117740	69668	18357	15974	175147	253033
11329	2869	117806	86507	51678	11708	96	1434	31299	49338
31908	12495	317679	203102	60514	35782	18143	11823	84943	127145
2745		111662	70037	833	3773	119	2717	40804	55784
14860		72249	54149	4715	18406			18100	20765
190310	123885	1742771	1123211	300769	228721	120753	120035	653250	705585
10665	6982	82865	61317	16079	10249	6330	1283	14863	20379
85695	59888	973137	602113	199950	125186	65448	112988	459756	444884
60612	31746	375816	271094	48295	61148	32242	4692	76914	95993
25015	19949	219018	146884	22784	21665	11133	406	55765	62043
825	314	4891	4281	2315	1455	468	209	610	887
387	88	7344	2275	241	622	80	458	4970	6761
7113	4919	79699	35247	11105	8397	5053		40371	74638
176584	51947	1845685	980705	488709	247811	63042	26499	768563	1600358
82275	23895	965076	483738	298995	150749	35282	103	447051	1129788
28679	9244	259238	154416	65377	30768	12550	7400	104676	174224
16366	2595	66212	43379	11578	15924	871	12811	10475	25222
14075	834	168784	83577	39320	12999	869	425	61637	74028
8587	3886	104279	71640	18462	5468	2031		29022	40750
23628	10884	246851	129141	47245	27366	10868	5442	95328	131705
2974	611	35246	14814	7734	4537	571	318	20373	24642
9528	4317	92483	56081	9773	9612	4246	1568	13964	27341
7309	3204	83835	49338	9533	7364	3267	1227	12060	21699
2219	1113	8648	6744	240	2247	979	340	1904	5643
5373	1068	32466	17732	6309	4980	1664		7533	7816
5373	1068	32466	17732	6309	4980	1664		7533	7816
1857	25	115719	74386	23278	2259	1091	197	9001	19152
515	25	97554	63536	22808	1241	73	197	8054	15578
1342		18165	10850	470	1018	1018		946	3574
32		7037	5076	1260	13			1402	1991
32		7037	5076	1260	13			1402	1991
255490	**12825**	**15657031**	**2970653**	**430711**	**246551**	**12984**	**6188**	**9861196**	**15144644**
247628	12682	14613834	2789865	412743	240294	12802	6129	9114822	14366812
185890	4188	5993534	1252509	257951	146537	536		3918995	5564330
47818	668	7880640	1196673	144939	71395	1004		5020113	8458948
13920	7825	739660	340682	9852	22362	11263	6129	175714	343535
4103		166778	20731	9199	1694			99168	122269
3759	143	876419	160058	8769	4563	181	59	647206	655562
3759	143	876419	160058	8769	4563	181	59	647206	655562

1-6 续表 5

指标名称	代码	累计折旧	本年折旧	在建工程	负债合计	流动负债合计
总　计	**1**	**18882790**	**3671532**	**6796578**	**61786241**	**47779637**
#轻工业	2	4256622	959507	1619408	15752660	12920997
重工业	3	14626168	2712025	5177169	46033582	34858641
国有控股企业	4	11479630	1773163	4526741	32602718	23211110
大型企业	5	11050968	1963946	3893370	34008633	26622219
中型企业	6	7831822	1707585	2903207	27777608	21157419
小型企业	7	374005	41302	6707	1204213	512118
亏损企业	8	6461228	1074661	3389459	21971618	14518167
农村工业	9	5017	2806	338	38100	25080
一、按登记注册类型分组						
内资企业	**10**	**15270720**	**2807134**	**5258295**	**48140835**	**36213978**
国有企业	11	2020199	290422	627139	6054869	4411271
中央企业	12	446298	83078	20543	1396959	787241
地方企业	13	1573901	207344	606596	4657910	3624030
集体企业	14	52048	17087	262	56041	38236
股份合作企业	15	60946	18644	13188	161615	159297
联营企业	16	1433	297		8038	8038
其他联营企业	17	1433	297		8038	8038
有限责任公司	18	8199583	1408298	3104462	23997433	18046821
国有独资公司	19	3578102	544848	1945259	7766614	4474414
其他有限责任公司	20	4621481	863450	1159203	16230820	13572407
股份有限公司	21	3010989	461215	1065103	8830479	5899333
私营企业	22	1862678	596634	443356	8850413	7452410
私营独资企业	23	66583	18253	2428	226508	206253
私营合伙企业	24	22236	5880	122	67508	56250
私营有限责任公司	25	1660466	542718	421759	8159128	6889109
私营股份有限公司	26	113394	29784	19047	397269	300798
其他企业	27	62843	14538	4786	181946	198573
港、澳、台商投资企业	**28**	**1538782**	**370211**	**136862**	**3989648**	**3132762**
合资经营企业(港或澳、台资)	29	538604	128181	51446	1491490	1058950
合作经营企业(港或澳、台资)	30	6830	714	3	15307	10287
港澳台商独资经营企业	31	966035	238020	84788	2441986	2022709
港澳台商投资股份有限公司	32	27312	3296	625	40864	40816
外商投资企业	**33**	**2073288**	**494186**	**1401421**	**9655759**	**8432898**
中外合资经营企业	34	1243753	251762	1109163	6553455	5638218
中外合作经营企业	35	157	43	76	492	492
外资企业	36	483459	179333	81366	1856652	1747062
外商投资股份有限公司	37	340556	60507	206109	1202055	1004020
其他外商投资企业	38	5363	2540	4708	43105	43105
二、按经济组织类型分组						
独资企业	**39**	**4305184**	**839271**	**833402**	**11986586**	**9595017**
国有企业	40	2020199	290422	627139	6054869	4411271
集体企业	41	52048	17087	262	56041	38236
私营独资企业	42	66583	18253	2428	226508	206253
港澳台商独资经营企业	43	966035	238020	84788	2441986	2022709
外资企业	44	483459	179333	81366	1856652	1747062
合作、合伙企业	**45**	**330632**	**86230**	**37551**	**841372**	**777494**
股份合作企业	46	60946	18644	13188	161615	159297
其他联营企业	47	1433	297		8038	8038
私营合伙企业	48	22236	5880	122	67508	56250

单位：万元

应付账款	非流动负债合计	所有者权益合计	实收资本	国家资本	集体资本	法人资本	个人资本	港澳台资本	外商资本
12689444	**12263312**	**35601815**	**15984612**	**4641747**	**116571**	**6685995**	**1938540**	**1067132**	**1459175**
3111794	2348760	10049750	4803913	789315	48225	1900600	812445	321718	905497
9577650	9914552	25552065	11180699	3852433	68346	4785396	1126095	745414	553679
6396211	8719104	17441672	8970263	4416772	21758	4040612	274922	36149	165922
7525928	6460614	17690688	6328976	2219185	9674	2042987	758285	509016	759767
5163516	5802698	17911127	9655636	2422562	106897	4643009	1180255	558116	699409
103201	96392	661401	334900	26008	593	124612	39776		141909
4048567	6768599	6942580	6139590	1764255	47547	2990055	325295	266321	709232
2650		15062	9680		519	8655	507		
8717781	**10484163**	**28048721**	**12115885**	**4306882**	**112974**	**5856739**	**1761434**	**15602**	**17998**
697293	1586199	2609986	1038924	639789	1315	400073			
251930	609712	420905	334048	247465		86583			
445363	976488	2189081	704877	392325	1315	313490			
5030	9922	179423	35114		26417	5392	3306		
31219	1502	162518	32725	10000		3200	19525		
1206		10869	619			619			
1206		10869	619			619			
4505235	5466451	12432198	5470280	2619377	61416	2389806	371932	65	8934
1082223	3246258	3641659	1377801	1230144	1900	129997	3014		746
3423012	2220193	8790539	4092479	1389233	59516	2259810	368918	65	8188
1658192	2459115	7321550	3973410	1034715	12906	2525459	382762	8228	5959
1766899	932349	5214330	1519181	3000	10921	526286	944182	7310	3105
50104	8029	201821	30097			11472	18615	10	
16522	11259	103748	17036			3304	13732		
1641701	835887	4520709	1351417	3000	10921	474486	828227	7300	3105
58571	77174	388052	120632			37024	83608		
52709	28624	117849	45632			5905	39727		
1074444	**593992**	**2738611**	**1304861**	**33548**	**3597**	**237934**	**29347**	**846041**	**148262**
214191	220990	1086626	452194	28748	3387	204007	20624	106191	83104
1193	502	4591	1201			138	500	542	21
857995	372452	1615537	835466			33789	8223	734617	58837
1066	48	31858	16000	4800	210			4690	6300
2897219	**1185157**	**4814483**	**2563867**	**301318**		**591323**	**147760**	**205490**	**1292916**
2213670	885746	2873564	1837775	250093		465425	20223	159585	939446
		927	209			184		25	
368236	101377	1057532	530759	40777		96480	10612	45880	314953
307900	198034	835841	175124	10448		9234	116925		38517
7413		46619	20000			20000			
2280893	**2170158**	**7119198**	**3169106**	**680755**	**56317**	**703357**	**150823**	**907730**	**647691**
697293	1586199	2609986	1038924	639789	1315	400073			
5030	9922	179423	35114		26417	5392	3306		
50104	8029	201821	30097			11472	18615	10	
857995	372452	1615537	835466			33789	8223	734617	58837
368236	101377	1057532	530759	40777		96480	10612	45880	314953
207265	**58477**	**877346**	**359307**	**65733**	**20190**	**77634**	**128199**	**2500**	**69533**
31219	1502	162518	32725	10000		3200	19525		
1206		10869	619			619			
16522	11259	103748	17036			3304	13732		

1-6 续表 6

指标名称	代码	累计折旧	本年折旧	在建工程	负债合计	流动负债合计
合作经营企业(港或澳、台资)	49	6830	714	3	15307	10287
中外合作经营企业	50	157	43	76	492	492
其他企业(内资)	51	62843	14538	4786	181946	198573
其他外商投资企业	52	5363	2540	4708	43105	43105
股份有限公司	**53**	**3553559**	**574179**	**1367947**	**10773264**	**7473895**
股份有限公司(内资)	54	3010989	461215	1065103	8830479	5899333
私营股份有限公司	55	113394	29784	19047	397269	300798
港澳台商投资股份有限公司	56	27312	3296	625	40864	40816
外商投资股份有限公司	57	340556	60507	206109	1202055	1004020
有限责任公司	**58**	**15627762**	**3147988**	**5421158**	**57004739**	**42725597**
国有独资公司	59	3578102	544848	1945259	7766614	4474414
私营有限责任公司	60	1660466	542718	421759	8159128	6889109
合资经营企业(港或澳、台资)	61	538604	128181	51446	1491490	1058950
中外合资经营企业	62	1243753	251762	1109163	6553455	5638218
其他有限责任公司	63	4621481	863450	1159203	16230820	13572407
三、**按行业分组**						
采矿业	**B**	**393175**	**87693**	**191620**	**1415679**	**969750**
煤炭开采和洗选业	600	116113	15729	76002	503235	325803
烟煤和无烟煤开采洗选	610	39751	6638	7774	173659	31742
褐煤开采洗选	620	76363	9091	68227	329576	294061
黑色金属矿采选业	800	63934	22303	54793	184937	101740
铁矿采选	810	10761	9003		74548	4532
锰矿、铬矿采选	820	53173	13301	54793	110389	97207
有色金属矿采选业	900	134562	24381	52412	517400	393598
常用有色金属矿采选	910	123064	21484	48456	494746	373354
贵金属矿采选	920	855	325		1329	1027
稀有稀土金属矿采选	930	10643	2572	3956	21325	19217
非金属矿采选业	1000	78566	25281	8413	210107	148610
土砂石开采	1010	29378	9268	5707	111722	84559
化学矿开采	1020	10493	4069		28956	28956
石棉及其他非金属矿采选	1090	38696	11944	2707	69429	35095
制造业	**C**	**12829032**	**2775908**	**4831204**	**49785618**	**41714898**
农副食品加工业	1300	1833644	421223	93377	7335243	6782420
谷物磨制	1310	444	260		2000	
饲料加工	1320	61889	9555	6319	332377	315579
植物油加工	1330	201666	109465	13027	1813506	1740671
制糖业	1340	1461738	278123	40331	4560637	4188795
屠宰及肉类加工	1350	45079	10588	19819	208608	157706
水产品加工	1360	42791	8561	10538	210078	194824
蔬菜、水果和坚果加工	1370	10443	1899	1143	44293	28723
其他农副食品加工	1390	9594	2773	2200	163744	156122
食品制造业	1400	121208	35640	28285	449313	409649
焙烤食品制造	1410	9390	3451	3400	21579	21579
方便食品制造	1430	10837	4038	109	98864	94138
乳制品制造	1440	26100	6732	9681	47805	43572
罐头食品制造	1450	28345	6453	12037	90033	75746
调味品、发酵制品制造	1460	30495	10995	2587	112061	99283
其他食品制造	1490	16041	3972	471	78972	75330
酒、饮料和精制茶制造业	1500	392583	84156	52622	868291	686619
酒的制造	1510	248452	44965	34263	679776	540088
饮料制造	1520	139832	37716	17359	166863	131306
精制茶加工	1530	4299	1475	1000	21652	15225

单位：万元

应付账款	非流动负债合计	所有者权益合计	实收资本	国家资本	集体资本	法人资本	个人资本	港澳台资本	外商资本
1193	502	4591	1201			138	500	542	21
		927	209			184		25	
52709	28624	117849	45632			5905	39727		
7413		46619	20000			20000			
2068925	**2786127**	**8972958**	**4397865**	**1049964**	**16116**	**2608477**	**656090**	**12918**	**50819**
1658192	2459115	7321550	3973410	1034715	12906	2525459	382762	8228	5959
58571	77174	388052	120632			37024	83608		
1066	48	31858	16000	4800	210			4690	6300
307900	198034	835841	175124	10448		9234	116925		38517
11344038	**10872859**	**30130201**	**13578583**	**3679549**	**209227**	**5268456**	**2778732**	**363902**	**1130752**
1082223	3246258	3641659	1377801	1230144	1900	129997	3014		746
1641701	835887	4520709	1351417	3000	10921	474486	828227	7300	3105
214191	220990	1086626	452194	28748	3387	204007	20624	106191	83104
2213670	885746	2873564	1837775	250093		465425	20223	159585	939446
3423012	2220193	8790539	4092479	1389233	59516	2259810	368918	65	8188
124065	**192758**	**1469013**	**238616**	**65027**	**398**	**96725**	**42981**	**228**	**33257**
27540	42215	655701	54628	13150	398	21680	19400		
4048	6700	64695	24628	3150	398	1680	19400		
23493	35515	591006	30000	10000		20000			
27083	8470	264944	42139			4628	5000		32511
		27506	5000				5000		
27083	8470	237439	37139			4628			32511
45520	112243	386511	83626	29866		47427	6333		
44214	109833	350272	65126	16866		41927	6333		
647	303	2536	500			500			
659	2107	33703	18000	13000		5000			
23922	29831	161858	58223	22012		22990	12248	228	746
13346	24837	63879	18998			18562	209	228	
6542		32587	11025				11025		
4034	4994	65392	28200	22012		4428	1014		746
11607857	**6686196**	**29060717**	**13642946**	**3147190**	**113161**	**6232938**	**1868955**	**884177**	**1318822**
1445639	442621	3316036	1253545	140817	36843	543497	145582	156628	229378
		2000	2000	320			1680		
52073	10735	176336	59987		7468	12610	26813	250	12046
647150	72600	362898	250757	16422		50150	650	90371	93164
625049	285485	2184441	741392	121188	29229	388690	79919	17899	104467
48624	49231	363805	125636	299		53634	6050	46000	19652
34443	5254	108046	37376			19326	15940	2109	
8622	15156	46537	12632	1210		7850	3572		
29679	4160	71975	23766	1378	146	11236	10959		49
67802	32703	538271	168146	3615		59736	61539	8383	32520
6514		33065	10452			600	1469	8383	
10584	4726	94228	26628			50	26578		
9126	4233	111118	24700				24700		
8270	7325	143029	22342			16274	6718		
17031	12778	97123	72500	3500		36300	180		32520
16276	3642	59708	11525	115		6512	1894		
195082	164689	716659	414107	60696		261939	40311		31834
149744	139638	411385	250580	59714		128632	25984		18250
38287	18624	290680	160484	981		132258	12333		13584
7051	6427	14595	3043			1050	1993		

1-6 续表 7

指标名称	代码				负债合计	
		累计折旧	本年折旧	在建工程		流动负债合计
烟草制品业	1600	308265	31388	72746	240159	237320
烟叶复烤	1610	8251	807	578	3630	791
卷烟制造	1620	300014	30582	72168	236529	236529
纺织业	1700	73112	18597	13446	535640	479636
棉纺织及印染精加工	1710	27444	6433	4011	225125	195733
毛纺织及染整精加工	1720	1173	215		7317	
麻纺织及染整精加工	1730	774	65		1019	935
丝绢纺织及印染精加工	1740	34816	10092	9375	268046	256547
针织或钩针编织物及其制品制造	1760	45	18		107	107
家用纺织制成品制造	1770	5380	1366	7	26234	25584
非家用纺织制成品制造	1780	3479	408	54	7792	729
纺织服装、服饰业	1800	37339	8198	1137	184585	166730
机织服装制造	1810	34973	7491	1137	167038	150531
针织或钩针编织服装制造	1820	2020	637		16235	16199
服饰制造	1830	346	70		1312	
皮革、毛皮、羽毛及其制品和制鞋业	1900	48938	11557	8269	165694	107263
皮革鞣制加工	1910	9074	1448	4296	13729	12979
皮革制品制造	1920	29471	6409	3127	82138	40269
羽毛(绒)加工及制品制造	1940				2136	2136
制鞋业	1950	10394	3700	846	67691	51879
木材加工和木、竹、藤、棕、草制品业	2000	178274	41968	47129	765523	612011
木材加工	2010	7386	3979	155	33218	28427
人造板制造	2020	154502	34322	43153	621198	493513
木制品制造	2030	11559	3018	3745	101667	83131
竹、藤、棕、草等制品制造	2040	4827	649	76	9440	6940
家具制造业	2100	21612	5966	3756	238946	203365
木质家具制造	2110	14557	5358	3459	145808	110227
竹、藤家具制造	2120	406	140		3019	3019
金属家具制造	2130	169	22	144	4151	4151
塑料家具制造	2140	2206	164		5457	5457
其他家具制造	2190	4275	282	154	80512	80512
造纸和纸制品业	2200	516234	146746	1022171	2876884	1886496
纸浆制造	2210	266324	32698	127553	425107	289725
造纸	2220	211276	85493	893365	2412402	1571573
纸制品制造	2230	38634	28556	1253	39375	25198
印刷和记录媒介复制业	2300	87824	17150	812	105878	94453
印刷	2310	76550	12837	812	85197	75841
记录媒介复制	2330	11275	4312		20681	18613
文教、工美、体育和娱乐用品制造业	2400	17329	6521	5357	69963	62071
工艺美术品制造	2430	10735	3482	3626	53470	50485
体育用品制造	2440	1642	344	43	777	777
玩具制造	2450	4952	2696	1688	15716	10809
石油加工、炼焦和核燃料加工业	2500	507319	133974	587770	1382180	1068324
精炼石油产品制造	2510	507319	133974	587770	1382180	1068324
化学原料和化学制品制造业	2600	940304	186302	100099	2542697	1813500
基础化学原料制造	2610	295898	73808	56394	1131387	733027
肥料制造	2620	420740	54439	26242	757780	563989
农药制造	2630	67957	18611	1009	152311	122837

单位：万元

应付账款	非流动负债合计	所有者权益合计	实收资本	国家资本	集体资本	法人资本	个人资本	港澳台资本	外商资本
144680	2839	1246471	517054	474529		42525			
213	2839	48114	42525			42525			
144467		1198357	474529	474529					
78914	44238	309482	200411	5876	723	102011	37598	54203	
41515	29392	65315	70858			10510	7545	52803	
		5607	200					200	
79	84	761	300	170			130		
33572	7050	219383	122527	2706	723	91501	26397	1200	
106		817	30				30		
3331	650	13111	3496				3496		
312	7062	4488	3000	3000					
36161	5171	117977	47944			12200	20580	10687	4477
31734	5171	104773	42176			11320	17700	10687	2469
4427		12358	3760			880	2880		
		847	2008						2008
44680	20739	159110	58633			7545	7986	20244	22858
4067	750	21491	5368			706	500		4162
11228	7912	67305	8573			938	6480	935	221
1603		656	200				200		
27781	12077	69658	44492			5901	807	19309	18475
135497	97794	447397	236773	21952	187	130408	76774	6277	175
5316	2373	38176	26879			6853	20027		
102476	84526	350108	200733	21952	187	121590	49834	6170	
26487	8396	52325	7079			1644	5435		
1219	2500	6788	2081			322	1478	107	175
27891	18166	89636	32615			16047	9948		6620
3927	18166	59034	15538			4340	8698		2500
		9347	250				250		
525		5243	1518			1518			
247		1037	1000				1000		
23191		14976	14309			10189			4120
626915	951886	1235028	1277931	3069	50	559525	200088	6160	509039
103636	122470	267975	387097			336637	50460		
512982	829261	925829	883649			221116	147380	6160	508993
10297	155	41224	7184	3069	50	1771	2248		46
35469	7181	125804	39356	10467		11734	11085	6070	
33235	5113	121021	34356	10467		11734	6085	6070	
2234	2068	4783	5000				5000		
12649	6224	85661	36268		257	15146	13342	3231	4292
9200	1538	64467	21376		257	4850	12792	1459	2018
628		3584	2274						2274
2821	4686	17610	12618			10296	550	1772	
755978	313856	2326744	2279394	542132		1737262			
755978	313856	2326744	2279394	542132		1737262			
306701	642851	1594254	673082	123457	10089	360472	149837	5988	22988
94757	389020	401414	257927	71901	5000	135493	32284		13249
89620	182946	402687	212335		765	169763	41807		
23995	29474	165790	23233	3000		4501	15732		

1-6 续表 8

指标名称	代码	累计折旧	本年折旧	在建工程	负债合计	流动负债合计
涂料、油墨、颜料及类似产品制造	2640	64938	21498	7717	282712	201124
专用化学产品制造	2660	29729	7728	128	59248	55601
炸药、火工及焰火产品制造	2670	18714	3368	999	45061	33565
日用化学产品制造	2680	42329	6850	7610	114198	103359
医药制造业	2700	265014	55013	62642	836387	699778
化学药品原料药制造	2710	8278	3030	8686	72953	68208
化学药品制剂制造	2720	21365	4396	2561	43163	32320
中药饮片加工	2730	24158	4654		24470	22819
中成药生产	2740	156358	31710	49451	572183	485519
兽用药品制造	2750	18049	3112		31748	28248
生物药品制造	2760	36806	8112	1945	91869	62664
橡胶和塑料制品业	2900	62954	14336	161175	493084	320566
橡胶制品业	2910	40100	9202	158980	348003	192473
塑料制品业	2920	22854	5134	2195	145081	128093
非金属矿物制品业	3000	1166118	266796	140821	2535764	1923561
水泥、石灰和石膏制造	3010	735980	159519	112090	1393312	1061250
石膏、水泥制品及类似制品制造	3020	46647	11355	1647	218510	189737
砖瓦、石材等建筑材料制造	3030	177561	57615	9411	356588	256357
玻璃制造	3040	35284	4446	3152	49469	38389
玻璃制品制造	3050	58919	9221	5603	76614	64053
陶瓷制品制造	3070	64393	14678	5807	263826	160278
耐火材料制品制造	3080	3569	1331		11144	10123
石墨及其他非金属矿物制品制造	3090	43766	8631	3111	166302	143374
黑色金属冶炼和压延加工业	3100	1431667	276216	457337	6400791	5634726
炼铁	3110	6394	2761	130	28978	17375
黑色金属铸造	3130	6023	3479	655	167755	167755
钢压延加工	3140	1118228	161570	356445	4439766	3937580
铁合金冶炼	3150	301023	108407	100107	1764292	1512017
有色金属冶炼和压延加工业	3200	1801980	291854	813556	7613488	6058186
常用有色金属冶炼	3210	1716966	273561	742387	6865292	5409718
贵金属冶炼	3220	5200	1995	869	61020	48020
稀有稀土金属冶炼	3230	8565	5741	129	62441	58555
有色金属压延加工	3260	71249	10558	70171	624736	541894
金属制品业	3300	54567	13404	331161	509172	182439
结构性金属制品制造	3310	13961	6162	328701	408143	97217
金属工具制造	3320	11059	3066	1300	22867	21367
金属表面处理及热处理加工	3360	2678	303		5216	2929
搪瓷制品制造	3370	1489	125		1210	
金属制日用品制造	3380	8426	1809	361	20162	15524
其他金属制品制造	3390	16954	1940	799	51575	45403
通用设备制造业	3400	377564	47560	89134	1433501	1261690
锅炉及原动设备制造	3410	293434	31058	57055	1023684	897750
金属加工机械制造	3420	18190	1178	2761	63518	55854
物料搬运设备制造	3430	19257	4514	26179	191290	171422
泵、阀门、压缩机及类似机械制造	3440	9921	2922	601	36098	28095
轴承、齿轮和传动部件制造	3450	24155	5127	518	68030	64527
通用零部件制造	3480	12608	2761	2020	50882	44043
专用设备制造业	3500	183402	32884	63989	2011378	1487386
采矿、冶金、建筑专用设备制造	3510	124073	22989	60119	1716276	1218340
化工、木材、非金属加工专用设备制造	3520	25268	4193	722	154437	148145

单位：万元

应付账款	非流动负债合计	所有者权益合计	实收资本	国家资本	集体资本	法人资本	个人资本	港澳台资本	外商资本
53831	23554	121969	56855	30000		12318	13239	1298	
9911	2109	102826	17011	2100	210	1700	500	4690	7811
10076	5735	107496	19572	2550	1426	4491	11105		
24511	10014	292072	86149	13907	2688	32206	35170		1928
100854	125623	888215	296012	2882	2217	136663	78419	32798	43033
5328	4745	55528	34503			33091	1412		
8247	10844	39815	8800				8800		
8322	1651	29796	4000			500	500	3000	
66849	75678	666325	196667	2882	2217	98172	54298	29798	9301
8767	3500	67522	5357			4900	457		
3341	29205	29229	46686				12953		33732
86849	167465	529217	82307	32929	5940	14806	10603	15929	2100
38544	150850	72587	44110	32929	5940	5241			
48305	16615	456630	38197			9565	10603	15929	2100
598430	487326	3021700	1248485	127786	28382	431449	169030	387961	103778
311139	341291	2014069	971985	122685	4850	359246	33819	383644	67742
84795	11707	82295	33397	1200		5550	17590	2120	6836
115465	47172	517115	83783	1642	23199	19450	39492		
3028	11080	38304	10464			1000	9464		
19039	12361	68976	30120			12300	7820		10000
41808	40787	139856	42237	2259	333	6603	30844	2197	
3678		6129	2000			2000			
19478	22927	154957	74500			25300	30000		19200
1153300	620402	2644129	979000	371610		157690	399929		49771
7475	11603	46649	5163			4163	1000		
19211		100139	56932			6632	50300		
938180	480243	1864458	533490	221961		9000	302529		
188435	128555	632883	383415	149649		137895	46100		49771
1041445	975859	2083145	1552380	648545	9848	780054	80433	16500	
968825	910882	1743406	1410921	631979	3213	706369	52360		
10118	13000	3630	14166	2166		12000			
5556	3887	45648	15635	4400	6635	1000	3600		
56946	48090	290461	111659	10000		60685	24473	16500	
55618	304705	555219	290839	17185		242138	21599	5152	4765
23521	291608	449371	268118	10000		239118	19000		
6619		54301	12911			2600	500	5088	4723
	2288	14609	1000				1000		
		523	50				50		
5185	4638	18346	1175			420	649	65	41
20293	6172	18069	7585	7185			400		
387953	169637	1065440	206183	58524	3484	68565	33051		42560
288091	125020	775826	68049	15230	97	4849	11731		36142
19521	7665	31866	21590	3827	3387	9063	3200		2113
21186	19862	108067	29020	4466		24554			
19324	8003	53830	47104	35000		7800			4304
30446	3503	32979	29420			21300	8120		
9386	5585	62873	11000			1000	10000		
441222	523598	1546329	432464	231585	672	65758	84676	10050	39723
355472	497589	1389551	361103	218608	672	25465	75568	10050	30741
49484	6292	72351	34280			25218	80		8982

1-6 续表 9

指标名称	代码	累计折旧	本年折旧	在建工程	负债合计	流动负债合计
印刷、制药、日化及日用品生产专用设备制造	3540	15325	2396		4862	4862
农、林、牧、渔专用机械制造	3570	15920	1990	283	88195	86649
医疗仪器设备及器械制造	3580	2459	1230	2842	42777	26692
环保、社会公共服务及其他专用设备制造	3590	357	86	23	4832	2699
汽车制造业	3600	1193268	276417	574848	7678712	7365379
汽车整车制造	3610	573025	114486	359383	4405006	4355088
改装汽车制造	3620	51592	7951	5	185172	176204
低速载货汽车制造	3630	984	97	3	28917	28917
汽车车身、挂车制造	3650	20420	1983	7901	35001	34661
汽车零部件及配件制造	3660	547248	151900	207557	3024618	2770510
铁路、船舶、航空航天和其他运输设备制造业	3700	98857	22896	11946	372542	348977
铁路运输设备制造	3710	24486	5862	931	94091	93533
船舶及相关装置制造	3730	45380	9535	4628	155880	140592
航空、航天器及设备制造	3740	19587	6333	4607	64363	63445
摩托车制造	3750	9405	1166	1779	58208	51407
电气机械和器材制造业	3800	229049	99414	39737	1054985	815168
电机制造	3810	8995	2410	5890	39861	34497
输配电及控制设备制造	3820	96905	56236	11955	573808	411729
电线、电缆、光缆及电工器材制造	3830	55312	11733	20567	251558	202362
电池制造	3840	31387	22468	1326	130889	108653
家用电力器具制造	3850	277	115		5046	5046
照明器具制造	3870	1908	522		2797	1856
其他电气机械及器材制造	3890	34267	5931		51025	51025
计算机、通信和其他电子设备制造业	3900	850625	225066	41618	1010354	969836
计算机制造	3910	684287	183181	717	581494	581471
通信设备制造	3920	73720	18755	1361	112378	111412
雷达及配套设备制造	3940	14746	1301	1537	39459	37160
视听设备制造	3950	14349	5283	23570	132524	110932
电子器件制造	3960	11727	3220		52166	51487
电子元件制造	3970	43517	7057	11192	79205	64282
其他电子设备制造	3990	8279	6269	3241	13130	13093
仪器仪表制造业	4000	15137	1396	4060	28111	21138
通用仪器仪表制造	4010	11273	1169	3956	26136	19984
钟表与计时仪器制造	4030	3865	227	103	1975	1153
其他制造业	4100	4104	2352		17636	818
日用杂品制造	4110	4104	2352		17636	818
废弃资源综合利用业	4200	10151	694	2204	27246	13921
金属废料和碎屑加工处理	4210	7523	545	2204	14743	13921
非金属废料和碎屑加工处理	4220	2628	149		12503	
金属制品、机械和设备修理业	4300	589	227		1473	1473
电气设备修理	4350	589	227		1473	1473
电力、热力、燃气及水生产和供应业	D	**5660583**	**807930**	**1773754**	**10584945**	**5094989**
电力、热力生产和供应业	4400	5405310	777240	1542159	9893454	4823185
电力生产	4410	1754250	232224	505557	4273195	1891739
电力供应	4420	3469847	513899	1003373	5117997	2495262
热力生产和供应	4430	181213	31118	33229	502263	436184
燃气生产和供应业	4500	23101	3819	37124	119437	103746
水的生产和供应业	4600	232172	26871	194471	572054	168058
自来水生产和供应	4610	232172	26871	194471	572054	168058

单位：万元

应付账款	非流动负债合计	所有者权益合计	实收资本	国家资本	集体资本	法人资本	个人资本	港澳台资本	外商资本
		6862	300			300			
21989	1500	45410	22978	12977		2500	7501		
12243	16085	30772	13703			12275	1428		
2034	2133	1384	100				100		
3062148	268866	2488741	737754	207922	3654	260651	114773	6483	143972
2114132	49917	943385	371548	189212		97940			84395
81639	8968	6011	30004	7500		12204	4120		6180
7833		3717	2000			2000			
25268	340	41372	7810	7810					
833276	209641	1494257	326393	3400	3654	148507	110653	6483	53396
145888	23355	246855	91031	38846		50510	1676		
63245	559	23715	30402			30402			
28545	15078	161800	20374			18698	1676		
38800	918	47299	38846	38846					
15298	6801	14041	1410			1410			
177395	220822	687786	249754	9371	7801	122879	82866	8283	4040
14678	4079	43003	9282				1460	7822	
103526	162080	399329	119299	9371	5901	89544	9023	461	
28981	49196	124258	43744			30071	3500		4040
20105	5250	88129	71600		1900	1704	64615		
3863		-155	1000			1000			
1114	217	4547	1862			300	1562		
5128		28674	2966			260	2706		
435375	39787	827180	219253	13396	20	32102	8100	122827	20751
259122	24	383582	59522			100	5800	53622	
44398	419	139642	15978	4317		4444	1300	5917	
10573	2299	26753	9079	9079					
61918	21591	36261	9133			3000		6133	
31291	679	51890	35717					7250	6409
21264	14775	167646	80745			23877	1000	42625	13242
6809		21406	9080		20	680		7280	1100
6342	6973	61372	14774		2994	2649	9131		
5945	6152	54699	12987		1207	2649	9131		
397	821	6673	1788		1788				
596		12821	700			229		321	150
596		12821	700			229		321	150
82	822	88473	1750			1750			
82	822	82811	1750			1750			
		5662							
304		5564	5000			5000			
304		5564	5000			5000			
957522	**5384358**	**5072085**	**2103051**	**1429530**	**3012**	**356333**	**26604**	**182728**	**107097**
935450	5003513	4720379	1967970	1380283	3012	311572	12912	172400	90045
209807	2380362	1720339	1253227	752167		225704	12912	172400	90045
701254	2557072	2762643	576621	503006		75868			
24389	66079	237397	138122	125110	3012	10000			
14622	15691	47342	15600	7500		600		7500	
7450	365154	304365	119480	41747		44161	13692	2828	17052
7450	365154	304365	119480	41747		44161	13692	2828	17052

1-6 续表 10

指标名称	代码	营业收入	主营业务收入	营业成本	主营业务成本	营业税金及附加
总　计	**1**	**118787731**	**116433965**	**100368801**	**98428076**	**2887871**
#轻工业	2	30754098	30388645	24263086	23989219	1160994
重工业	3	88033633	86045320	76105715	74438857	1726877
国有控股企业	4	50428460	49223459	43521645	42435447	2411730
大型企业	5	59816973	58218640	50178889	48824942	1455656
中型企业	6	58970758	58215325	50189913	49603134	1432215
小型企业	7	2027397	1888037	1713037	1580116	6663
亏损企业	8	22582045	22051413	21542894	21098968	725340
农村工业	9	170755	170734	149787	146139	864
一、按登记注册类型分组						
内资企业	**10**	**91966773**	**90538699**	**78085156**	**76814785**	**2600244**
国有企业	11	10076448	9894066	9298824	9165294	61789
中央企业	12	1353279	1336671	1180430	1173671	3863
地方企业	13	8723169	8557395	8118395	7991623	57926
集体企业	14	1028284	1026549	810624	809753	21308
股份合作企业	15	530157	529803	465894	465887	3370
联营企业	16	48570	48570	31571	31571	461
其他联营企业	17	48570	48570	31571	31571	461
有限责任公司	18	35608540	34900956	30342896	29614751	1148857
国有独资公司	19	7525831	7466103	7271447	7143578	34466
其他有限责任公司	20	28082709	27434852	23071449	22471172	1114391
股份有限公司	21	16590900	16304117	13572982	13353423	1175129
私营企业	22	25722309	25477008	21858781	21672628	167808
私营独资企业	23	1594250	1588252	1293035	1288623	12030
私营合伙企业	24	479105	479105	377967	377967	2616
私营有限责任公司	25	22503788	22268888	19245854	19071394	147446
私营股份有限公司	26	1145167	1140763	941926	934645	5717
其他企业	27	2361564	2357629	1703584	1701478	21522
港、澳、台商投资企业	**28**	**9535363**	**9297742**	**8153901**	**8063624**	**76188**
合资经营企业(港或澳、台资)	29	2549274	2500321	2148158	2084138	51668
合作经营企业(港或澳、台资)	30	48964	48964	44497	44290	250
港澳台商独资经营企业	31	6822079	6642404	5862851	5842728	23790
港澳台商投资股份有限公司	32	115047	106053	98395	92469	479
外商投资企业	**33**	**17285595**	**16597524**	**14129745**	**13549667**	**211439**
中外合资经营企业	34	11930981	11548285	9651412	9327706	191121
中外合作经营企业	35	2000	2000	1054	1054	33
外资企业	36	3371882	3308188	2882687	2855872	10432
外商投资股份有限公司	37	1900819	1659172	1545625	1316102	9666
其他外商投资企业	38	79913	79880	48967	48934	187
二、按经济组织类型分组						
独资企业	**39**	**29387152**	**28923432**	**25604522**	**25402063**	**189254**
国有企业	40	10076448	9894066	9298824	9165294	61789
集体企业	41	1028284	1026549	810624	809753	21308
私营独资企业	42	1594250	1588252	1293035	1288623	12030
港澳台商独资经营企业	43	6822079	6642404	5862851	5842728	23790
外资企业	44	3371882	3308188	2882687	2855872	10432
合作、合伙企业	**45**	**5227189**	**5200966**	**4050112**	**4028431**	**43632**
股份合作企业	46	530157	529803	465894	465887	3370
其他联营企业	47	48570	48570	31571	31571	461
私营合伙企业	48	479105	479105	377967	377967	2616

单位：万元

主营业务税金及附加	其他业务收入	其他业务利润	销售费用	管理费用	税　金	财务费用	利息收入	利息支出	营业利润
2830262	**2353766**	**277788**	**2934135**	**5117765**	**220615**	**1457330**	**205032**	**1644575**	**7220489**
1158944	365453	94785	1176398	1558634	78638	388023	77932	469661	2499206
1671318	1988313	183003	1757736	3559131	141977	1069307	127100	1174914	4721284
2394365	1205001	167771	1007042	1910826	76105	747187	111593	864752	1274101
1428273	1598333	148085	1843896	2217856	102346	712813	132711	866251	3676527
1401989	755433	129703	1090239	2899909	118269	744516	72322	778324	3543962
6616	139360	16	29510	54591	2595	26210	-921	22412	144735
717147	530632	33048	299914	941001	30048	645525	28173	660698	-1121752
864	21	21	3283	5658	94	1847	9	1852	12254
2543190	**1428074**	**192317**	**2068818**	**4095986**	**175841**	**1264413**	**146304**	**1369404**	**4961848**
51919	182382	50120	42822	459420	17567	169128	20850	207079	123155
2638	16608	3964	8980	87387	3057	55104	2212	59090	46899
49281	165774	46157	33842	372033	14510	114023	18638	147989	76256
21090	1735	-62	13003	62646	2485	3763	6	3654	113529
2041	354	329	4377	56570	978	3548	16	3538	47622
461			389	8743	831	5		5	7401
461			389	8743	831	5		5	7401
1133693	707585	100958	780401	1420812	70134	593474	68425	652504	2016059
32930	59728	14311	44476	181309	6336	228225	15859	239646	-206494
1100763	647857	86647	735925	1239503	63798	365249	52566	412858	2222553
1174486	286783	28059	638321	658945	29418	215384	41205	245870	605265
137978	245302	11086	533863	1399717	53552	270493	15315	248508	1833489
10950	5998		22907	119493	8622	6498	39	5333	136958
2616			5676	32576	1974	815	50	696	53537
118696	234900	8439	479004	1185201	40543	246501	14439	225948	1531687
5717	4404	2647	26276	62448	2414	16679	787	16532	111307
21522	3935	1828	55642	29132	877	8619	487	8247	215328
75811	**237621**	**8342**	**125757**	**349839**	**16900**	**78720**	**15001**	**99339**	**826783**
51594	48952	3073	63566	121327	5861	49886	4697	50149	155848
250			445	1052		749	2	576	2221
23487	179675	2202	58794	186512	10803	26200	10157	46906	664481
479	8994	3068	2952	40949	236	1885	145	1708	4234
211261	**688070**	**77129**	**739560**	**671941**	**27875**	**114197**	**43728**	**175832**	**1431859**
191047	382696	62424	536314	452593	19245	83021	25223	108442	1025271
33			99	220		16	1		587
10329	63695	2581	101276	112948	5253	12490	12206	36650	255555
9666	241647	12124	101871	105340	3134	18723	6244	30741	120886
187	33			841	243	-53	54		29560
165614	**463719**	**59795**	**406437**	**1174515**	**57509**	**256209**	**44357**	**329350**	**1768917**
51919	182382	50120	42822	459420	17567	169128	20850	207079	123155
21090	1735	-62	13003	62646	2485	3763	6	3654	113529
10950	5998		22907	119493	8622	6498	39	5333	136958
23487	179675	2202	58794	186512	10803	26200	10157	46906	664481
10329	63695	2581	101276	112948	5253	12490	12206	36650	255555
42145	**26222**	**3714**	**102987**	**178177**	**6618**	**23519**	**570**	**19863**	**527578**
2041	354	329	4377	56570	978	3548	16	3538	47622
461			389	8743	831	5		5	7401
2616			5676	32576	1974	815	50	696	53537

1-6 续表 11

指标名称	代码	营业收入	主营业务收入	营业成本	主营业务成本	营业税金及附加
合作经营企业(港或澳、台资)	49	48964	48964	44497	44290	250
中外合作经营企业	50	2000	2000	1054	1054	33
其他企业(内资)	51	2361564	2357629	1703584	1701478	21522
其他外商投资企业	52	79913	79880	48967	48934	187
股份有限公司	**53**	**21029129**	**20486911**	**17193320**	**16726467**	**1206553**
股份有限公司(内资)	54	16590900	16304117	13572982	13353423	1175129
私营股份有限公司	55	1145167	1140763	941926	934645	5717
港澳台商投资股份有限公司	56	115047	106053	98395	92469	479
外商投资股份有限公司	57	1900819	1659172	1545625	1316102	9666
有限责任公司	**58**	**114809382**	**113023790**	**98008898**	**96323161**	**1787536**
国有独资公司	59	7525831	7466103	7271447	7143578	34466
私营有限责任公司	60	22503788	22268888	19245854	19071394	147446
合资经营企业(港或澳、台资)	61	2549274	2500321	2148158	2084138	51668
中外合资经营企业	62	11930981	11548285	9651412	9327706	191121
其他有限责任公司	63	28082709	27434852	23071449	22471172	1114391
三、按行业分组						
采矿业	**B**	**2664110**	**2643896**	**1970796**	**1932972**	**36898**
煤炭开采和洗选业	600	249838	237784	193825	163232	6615
烟煤和无烟煤开采洗选	610	101006	99598	101106	76763	2084
褐煤开采洗选	620	148833	138187	92719	86470	4532
黑色金属矿采选业	800	307175	302137	251908	247419	3431
铁矿采选	810	151812	151812	126017	126017	554
锰矿、铬矿采选	820	155363	150325	125891	121402	2877
有色金属矿采选业	900	1597628	1595487	1191204	1189136	21361
常用有色金属矿采选	910	1500390	1498249	1124578	1122511	20888
贵金属矿采选	920	17947	17947	15036	15036	30
稀有稀土金属矿采选	930	79291	79291	51589	51589	443
非金属矿采选业	1000	509468	508488	333859	333185	5492
土砂石开采	1010	201506	200713	170090	169887	609
化学矿开采	1020	111020	111020	65384	65384	458
石棉及其他非金属矿采选	1090	196942	196755	98386	97914	4424
制造业	**C**	**105273241**	**103055645**	**88367982**	**86620957**	**2804186**
农副食品加工业	1300	12460248	12284255	10767755	10639196	43017
谷物磨制	1310	211229	198974	151119	147178	76
饲料加工	1320	1551894	1551560	1466114	1465847	1724
植物油加工	1330	3602252	3563219	3518757	3489585	1288
制糖业	1340	5426797	5310072	4296970	4209586	34100
屠宰及肉类加工	1350	654515	653564	458320	456066	3596
水产品加工	1360	509955	503694	453142	448223	404
蔬菜、水果和坚果加工	1370	180261	179866	154604	153993	652
其他农副食品加工	1390	323345	323307	268729	268717	1177
食品制造业	1400	1387016	1363256	1062454	1042026	8116
焙烤食品制造	1410	79686	79218	57377	57024	802
方便食品制造	1430	357770	357770	264159	264159	4095
乳制品制造	1440	114382	98912	83336	69688	526
罐头食品制造	1450	345571	341708	274074	271325	669
调味品、发酵制品制造	1460	116253	113516	90166	88011	351
其他食品制造	1490	373354	372132	293343	291819	1673
酒、饮料和精制茶制造业	1500	2357740	2327667	1719427	1715952	78996
酒的制造	1510	1056852	1048412	762711	759533	75204
饮料制造	1520	1267683	1246051	929457	929160	3595
精制茶加工	1530	33204	33204	27259	27259	197

单位：万元

主营业务税金及附加	其他业务收入	其他业务利润	销售费用	管理费用		财务费用			营业利润
					税金		利息收入	利息支出	
250			445	1052		749	2	576	2221
33			99	220		16	1		587
21522	3935	1828	55642	29132	877	8619	487	8247	215328
187	33		0	841	243	-53	54		29560
1205820	**542218**	**46372**	**805248**	**908721**	**35868**	**261811**	**48405**	**302181**	**993101**
1174486	286783	28059	638321	658945	29418	215384	41205	245870	605265
5717	4404	2647	26276	62448	2414	16679	787	16532	111307
479	8994	3068	2952	40949	236	1885	145	1708	4234
9666	241647	12124	101871	105340	3134	18723	6244	30741	120886
1733524	**1785592**	**201353**	**2806693**	**5046793**	**223226**	**1482043**	**122867**	**1474707**	**7037210**
32930	59728	14311	44476	181309	6336	228225	15859	239646	-206494
118696	234900	8439	479004	1185201	40543	246501	14439	225948	1531687
51594	48952	3073	63566	121327	5861	49886	4697	50149	155848
191047	382696	62424	536314	452593	19245	83021	25223	108442	1025271
1100763	647857	86647	735925	1239503	63798	365249	52566	412858	2222553
29957	**20214**	**5552**	**59979**	**253638**	**15304**	**30635**	**4984**	**29921**	**365246**
6606	12054	4755	4696	69809	3699	11707	4690	14102	-6044
2084	1408	409	2068	18953	2199	5895	178	5039	-6726
4523	10646	4345	2629	50856	1500	5812	4513	9063	682
3431	5038	549	6383	19317	983	4555	115	2057	21412
554			2605	7200	572	2607			13402
2877	5038	549	3777	12117	411	1948	116	2057	8011
14545	2142	132	14466	135575	8763	9467	97	9431	244098
14072	2142	132	13736	129737	8237	8880	89	8837	220248
30			29	703	8	31		30	2118
443			701	5135	518	556	8	564	21733
5374	980	116	34434	28938	1858	4906	81	4330	105779
492	794	116	2290	10594	54	2780	-3	2756	18783
458			1190	1348					42641
4424	187		30955	16996	1805	2126	84	1574	44355
2756560	**2217596**	**225124**	**2839283**	**4555266**	**192736**	**1029139**	**187073**	**1202127**	**6709296**
41501	175993	61238	246306	525943	28881	158202	58132	235779	858607
76	12254		514	607		579		549	58333
1700	335	205	35346	75562	1205	6451	176	6422	24914
970	39033	32634	67446	22653	2987	-34641	33606	26499	35404
32930	116726	26673	109706	352448	15570	171675	21099	187973	505876
3596	951		8429	29724	3059	-991	3163	2922	168826
404	6262	1700	9199	12730	1397	10131	42	6416	36453
649	395		4905	9865	189	492	30	507	14005
1177	38	26	10763	22355	4474	4507	16	4492	14796
8116	23760	4302	107204	70566	3636	14778	586	12718	130836
802	468	64	3051	4324	195	-207	280	11	14366
4095			42922	28699	1555	2894	7	2901	21134
526	15471	1823	18263	6781	405	1540	232	1695	3928
669	3863	1628	14219	16950	425	4682	32	2461	35601
351	2736	558	5467	3838	476	4695	77	4463	11804
1673	1222	228	23281	9974	580	1174	-42	1188	44004
78990	30072	3064	132796	142820	5219	14001	7928	18291	308439
75204	8441	2989	44541	80542	4470	15250	1706	13415	87711
3590	21632	75	87000	61171	715	-1344	6222	4782	217478
197			1255	1107	34	94		94	3250

1-6 续表 12

指标名称	代码	营业收入	主营业务收入	营业成本	主营业务成本	营业税金及附加
烟草制品业	1600	1950901	1886543	627135	573737	938852
烟叶复烤	1610	9906	9645	4754	4686	131
卷烟制造	1620	1940995	1876899	622381	569051	938721
纺织业	1700	1318693	1302177	1142641	1128237	6019
棉纺织及印染精加工	1710	226051	212758	220994	208254	499
毛纺织及染整精加工	1720	76006	76006	54723	54723	512
麻纺织及染整精加工	1730	4894	4894	4549	4549	14
丝绢纺织及印染精加工	1740	951880	948713	815715	814058	4597
针织或钩针编织物及其制品制造	1760	9579	9579	8278	8278	
家用纺织制成品制造	1770	43041	43000	31811	31811	355
非家用纺织制成品制造	1780	7241	7227	6570	6563	42
纺织服装、服饰业	1800	721423	718251	539222	535518	6638
机织服装制造	1810	645340	642169	480711	477007	6072
针织或钩针编织服装制造	1820	63414	63414	49356	49356	481
服饰制造	1830	12668	12668	9156	9156	85
皮革、毛皮、羽毛及其制品和制鞋业	1900	826721	824693	721799	721436	7161
皮革鞣制加工	1910	119678	119678	111664	111664	2840
皮革制品制造	1920	408780	406752	353514	353174	3064
羽毛(绒)加工及制品制造	1940	19799	19799	17810	17810	85
制鞋业	1950	278464	278464	238810	238787	1172
木材加工和木、竹、藤、棕、草制品业	2000	2308380	2302365	1959286	1955083	17090
木材加工	2010	129950	129950	108704	108704	3758
人造板制造	2020	1544037	1539001	1304618	1302673	9688
木制品制造	2030	540306	539328	463966	461917	3538
竹、藤、棕、草等制品制造	2040	94086	94086	81997	81789	106
家具制造业	2100	511543	511543	423060	423060	7080
木质家具制造	2110	362360	362360	301171	301171	6589
竹、藤家具制造	2120	54090	54090	40936	40936	350
金属家具制造	2130	13227	13227	11589	11589	7
塑料家具制造	2140	4371	4371	3494	3494	23
其他家具制造	2190	77496	77496	65869	65869	112
造纸和纸制品业	2200	1832402	1805549	1550149	1525243	6407
纸浆制造	2210	224126	216592	209973	198554	266
造纸	2220	1463822	1444550	1225146	1211663	5003
纸制品制造	2230	144453	144407	115031	115026	1139
印刷和记录媒介复制业	2300	415633	414310	323678	323649	3586
印刷	2310	315668	314345	243707	243677	1586
记录媒介复制	2330	99965	99965	79972	79972	1999
文教、工美、体育和娱乐用品制造业	2400	525629	525506	446746	446726	2297
工艺美术品制造	2430	418949	418901	351665	351649	1544
体育用品制造	2440	5139	5121	4313	4312	
玩具制造	2450	101541	101484	90767	90764	753
石油加工、炼焦和核燃料加工业	2500	8056764	8020481	6915981	6915821	1133298
精炼石油产品制造	2510	8056764	8020481	6915981	6915821	1133298
化学原料和化学制品制造业	2600	3892686	3763610	3250103	3123658	29424
基础化学原料制造	2610	977919	871775	843896	735033	3633
肥料制造	2620	847922	833808	739232	729750	2395
农药制造	2630	578518	578139	449191	448977	2286

单位：万元

主营业务税金及附加	其他业务收入	其他业务利润	销售费用	管理费用	税金	财务费用	利息收入	利息支出	营业利润
938850	64357	10959	33390	91399	3051	-6354	6465	92	275555
129	261	193		4526	158	-164	165		634
938721	64096	10766	33390	86873	2892	-6189	6300	92	274921
6004	16516	1064	14180	73714	8407	16082	364	15710	77440
494	13293	975	1619	12048	760	1996	249	2448	-9675
512			6188	5990		775		196	7818
14			67	195	5	26		26	42
4587	3168	49	5159	47972	6998	12508	114	12367	75894
			370	348		85		80	498
355	41	41	768	6919	583	690	1	594	2543
41	14		9	241	61	1			320
6617	3172	794	12632	94716	8011	4250	-8	3401	64941
6050	3172	794	11048	84894	7215	3416	-8	2711	59911
481			653	8743	796	677		675	3767
85			931	1078		156		15	1263
7161	2028		11415	26920	2150	4175	127	2874	54062
2840			240	1534	48	602	62	520	3521
3064	2028		9328	9970	1141	2989	52	1787	28046
85			127	140		39		39	1598
1172			1720	15275	961	545	13	528	20898
15811	6015	82	60241	135811	2710	31401	377	29067	155100
2559		-44	4672	3910	4	344	2	254	9131
9615	5036	128	36003	101798	2524	25357	351	24015	111023
3531	979	-3	19162	26033	181	5218	13	4597	27471
106			404	4070		483	11	201	7475
7080			12181	25312	651	10996	183	7528	41682
6589			8065	21292	565	2563	35	1910	27290
350			2396	1104		1763		1763	7541
7			159	487		70	1	71	912
23			225	542		610		322	875
112			1336	1887	86	5990	148	3461	5063
6364	26853	3578	61969	118885	6396	91646	602	93938	25052
224	7535	1424	3006	30213	1524	13463	49	12602	-28892
5001	19272	2154	39005	74083	4570	77255	538	80532	43083
1139	46		19958	14589	303	929	15	804	10861
3486	1323	215	6028	21275	611	8391	169	6567	61257
1487	1323	215	4428	15587	611	2593	53	2218	45593
1999			1599	5688		5798	116	4349	15664
2293	123	54	15597	18501	753	4745	29	2776	41037
1531	48		13607	14658	642	4544	26	2634	32757
	18		170	414	11	57		6	186
762	57	54	1820	3429	100	145	3	136	8094
1133265	36283	83	37314	92324	1859	18510	3111	21355	-163334
1133265	36283	83	37314	92324	1859	18510	3111	21355	-163334
29193	129076	8605	167863	202202	8367	58929	7597	70087	224130
3606	106144	5012	47224	54309	2329	25038	4304	27721	22884
2216	14114	2804	21145	44971	1325	16104	1339	24215	44972
2272	379	24	48149	26035	770	3103	123	3134	46802

1-6 续表 13

指标名称	代码	营业收入	主营业务收入	营业成本	主营业务成本	营业税金及附加
涂料、油墨、颜料及类似产品制造	2640	416625	415064	358825	357488	2334
专用化学产品制造	2660	412621	412621	335183	335183	1046
炸药、火工及焰火产品制造	2670	353074	348726	274458	269909	16260
日用化学产品制造	2680	306007	303477	249319	247319	1470
医药制造业	2700	1661674	1656115	863797	855440	15669
化学药品原料药制造	2710	62471	61886	47293	46824	218
化学药品制剂制造	2720	105419	105419	71026	71026	425
中药饮片加工	2730	127042	127042	92384	92384	1273
中成药生产	2740	1189436	1184577	507874	500096	13187
兽用药品制造	2750	117398	117398	90712	90712	402
生物药品制造	2760	59909	59793	54509	54399	163
橡胶和塑料制品业	2900	868670	865404	710322	707971	3421
橡胶制品业	2910	137543	135337	124490	122533	988
塑料制品业	2920	731127	730067	585833	585438	2433
非金属矿物制品业	3000	7167563	7136448	5732049	5684181	52029
水泥、石灰和石膏制造	3010	2801800	2783895	2087727	2066308	23464
石膏、水泥制品及类似制品制造	3020	824276	817046	701853	679561	3923
砖瓦、石材等建筑材料制造	3030	2080676	2080676	1684480	1684480	14014
玻璃制造	3040	79489	79159	62117	62114	399
玻璃制品制造	3050	181807	181377	150112	149971	989
陶瓷制品制造	3070	871341	871293	778288	777913	4302
耐火材料制品制造	3080	37428	37428	29621	29621	1196
石墨及其他非金属矿物制品制造	3090	290746	285575	237851	234213	3742
黑色金属冶炼和压延加工业	3100	17128406	16915391	15129415	14925124	73789
炼铁	3110	73175	73175	48483	48483	717
黑色金属铸造	3130	675038	673105	622549	621505	3075
钢压延加工	3140	13338548	13174481	11729923	11577677	60763
铁合金冶炼	3150	3041644	2994631	2728459	2677459	9235
有色金属冶炼和压延加工业	3200	7038460	6771744	6585706	6390874	23330
常用有色金属冶炼	3210	5683922	5442134	5315434	5150163	21723
贵金属冶炼	3220	39526	39526	37781	48466	3
稀有稀土金属冶炼	3230	115536	115536	100595	100595	463
有色金属压延加工	3260	1199476	1174548	1131897	1091649	1142
金属制品业	3300	1456149	1444847	1204365	1194079	10252
结构性金属制品制造	3310	965706	957133	779822	771449	7188
金属工具制造	3320	98466	98466	89205	89205	383
金属表面处理及热处理加工	3360	108384	108384	99171	99171	499
搪瓷制品制造	3370	13425	13425	10151	10151	54
金属制日用品制造	3380	152936	151741	121056	119438	2068
其他金属制品制造	3390	117233	115698	104959	104664	60
通用设备制造业	3400	2377627	2128992	1934313	1696312	10685
锅炉及原动设备制造	3410	1754615	1511329	1421295	1187561	7542
金属加工机械制造	3420	35563	34245	27751	26632	174
物料搬运设备制造	3430	154663	151741	122369	120122	1260
泵、阀门、压缩机及类似机械制造	3440	91834	91617	73606	73514	227
轴承、齿轮和传动部件制造	3450	248303	247906	226494	226430	794
通用零部件制造	3480	92649	92155	62798	62053	690
专用设备制造业	3500	2561752	2512711	2113152	2072295	14313
采矿、冶金、建筑专用设备制造	3510	2051916	2019827	1682974	1657181	12494
化工、木材、非金属加工专用设备制造	3520	188321	187171	153698	151158	1111

单位：万元

主营业务税金及附加	其他业务收入	其他业务利润	销售费用	管理费用		财务费用			营业利润
					税金		利息收入	利息支出	
2334	1561	135	11642	13874	587	9910	72	9807	11599
1046			4050	24417	1997	1461	22	1217	42858
16250	4349		8237	17354	503	311	1415	1101	34523
1470	2530	630	27415	21243	856	3002	323	2893	20492
15657	5560	563	390154	122482	4490	20249	1282	20114	255785
218	585	115	8079	4273	498	1497	65	1363	1421
425			15064	8916	167	1771	1	1769	8217
1273			7443	7118	441	1099	2	1053	15235
13175	4859	442	352313	88281	3218	13262	1201	13980	227142
402			6689	9649	49	921	3	921	6952
163	116	7	567	4246	117	1699	12	1028	-3181
3421	3267	220	14833	22603	987	2857	942	3557	51490
988	2206	169	6785	9638	523	313	920	1075	-1098
2433	1060	51	8048	12965	465	2544	22	2483	52587
49032	31114	16266	180848	378243	20876	74738	5357	78571	868584
23400	17905	7627	76580	139057	13186	40339	3574	46573	465026
3824	7230	2	23193	30587	1497	4553	137	3851	71165
13378			21595	141722	4410	9715	60	9656	254018
399	330	321	2688	5620	198	1863	50	1343	6841
989	430	290	9504	9275	280	2106	212	2300	8868
4190	48	6432	28344	30405	706	7497	470	6578	43248
1019			1939	2309		90		90	2391
1832	5171	1594	17006	19267	600	8576	852	8180	17028
68931	213015	20259	163578	523370	18166	158724	20285	193613	669661
717			3936	6223	45	1193		1193	12874
2075	1934		7165	9692	1408	3432	1013	3669	37553
57640	164067	13547	101913	395951	11797	100269	18031	133112	467574
8499	47014	6712	50564	111503	4916	53830	1241	55640	151661
22898	266717	7506	99084	335071	11693	177564	8735	179967	573950
21318	241789	7307	85150	239910	10557	152633	8520	158770	530668
3			104	2843	169	1964	3	1036	-2572
446			1194	3483	57	1474	101	339	24900
1131	24928	199	12636	88835	910	21494	111	19822	20954
10156	11302	294	81982	147412	1906	10122	621	9959	68899
7092	8573		68570	121128	871	5681	348	5322	51255
383			1315	3604	539	780	6	702	3777
499			1626	5202	5	241		241	1644
54			671	805		402		402	1342
2068	1194		8281	8422	434	2564	104	2575	8839
60	1535	294	1519	8251	57	455	163	718	2041
10323	248635	8935	137040	150366	6636	11034	5845	23879	137274
7542	243286	7703	110988	96723	3259	7604	5933	19372	109640
171	1319		1764	6674	179	946	37	892	638
1248	2922	330	12157	17019	1093	364	-225	1520	1712
227	217	143	7655	5335	225	112	57	134	4752
447	397	321	2966	11513	758	642	42	657	5843
690	494	438	1510	13101	1121	1365	-1	1304	14690
12982	49040	3274	110911	132077	5635	43232	23216	55750	137766
11166	32089	2857	97785	91218	4089	38147	22426	50960	115310
1111	1150	65	4983	20300	262	2893	295	2275	8876

1-6 续表 14

指标名称	代码	营业收入	主营业务收入	营业成本	主营业务成本	营业税金及附加
印刷、制药、日化及日用品生产专用设备制造	3540	29105	29105	24854	24854	82
农、林、牧、渔专用机械制造	3570	181214	165418	155356	142833	236
医疗仪器设备及器械制造	3580	89395	89390	75438	75438	374
环保、社会公共服务及其他专用设备制造	3590	21801	21801	20832	20832	16
汽车制造业	3600	15814710	15204043	13506359	12962646	281452
汽车整车制造	3610	8447729	7970264	6962244	6532277	228000
改装汽车制造	3620	195219	168977	192973	162963	286
低速载货汽车制造	3630	30747	29745	28308	27399	
汽车车身、挂车制造	3650	122947	108493	113851	100140	201
汽车零部件及配件制造	3660	7018069	6926565	6208982	6139867	52965
铁路、船舶、航空航天和其他运输设备制造业	3700	1049838	1043458	852432	848629	4944
铁路运输设备制造	3710	107753	105937	101401	99310	463
船舶及相关装置制造	3730	743603	742840	566941	566739	4228
航空、航天器及设备制造	3740	145871	142909	136727	135382	2
摩托车制造	3750	52612	51771	47363	47199	251
电气机械和器材制造业	3800	3456655	3393703	2912305	2845311	8607
电机制造	3810	541731	541324	427186	426026	159
输配电及控制设备制造	3820	1433078	1428871	1247742	1244655	4131
电线、电缆、光缆及电工器材制造	3830	545203	487102	483109	424304	1266
电池制造	3840	730921	730686	587669	583726	2512
家用电力器具制造	3850	24291	24291	23838	23838	13
照明器具制造	3870	27366	27366	23348	23348	98
其他电气机械及器材制造	3890	154064	154064	119414	119414	428
计算机、通信和其他电子设备制造业	3900	5954184	5762414	5238056	5232749	15730
计算机制造	3910	3120664	2969309	2746143	2743311	8015
通信设备制造	3920	426891	426585	365329	365289	2752
雷达及配套设备制造	3940	48629	47960	41849	41804	72
视听设备制造	3950	790034	785881	744664	744664	1909
电子器件制造	3960	338394	304188	270272	268174	208
电子元件制造	3970	994280	993228	856653	856643	2438
其他电子设备制造	3990	235292	235263	213146	212864	336
仪器仪表制造业	4000	27827	26423	19055	18845	483
通用仪器仪表制造	4010	21412	21076	15756	15710	210
钟表与计时仪器制造	4030	6415	5347	3300	3134	273
其他制造业	4100	60533	60533	49416	49416	549
日用杂品制造	4110	60533	60533	49416	49416	549
废弃资源综合利用业	4200	72602	72445	58797	58772	745
金属废料和碎屑加工处理	4210	61407	61250	51030	51005	461
非金属废料和碎屑加工处理	4220	11195	11195	7767	7767	284
金属制品、机械和设备修理业	4300	10816	10769	9009	8977	209
电气设备修理	4350	10816	10769	9009	8977	209
电力、热力、燃气及水生产和供应业	**D**	**10850381**	**10734424**	**10030024**	**9874147**	**46787**
电力、热力生产和供应业	4400	10604255	10494412	9874363	9727436	45005
电力生产	4410	2513363	2436714	1998703	1957278	13579
电力供应	4420	7777231	7747462	7608615	7587363	30312
热力生产和供应	4430	313662	310236	267045	182795	1113
燃气生产和供应业	4500	91172	88140	66817	61951	813
水的生产和供应业	4600	154953	151873	88844	84761	970
自来水生产和供应	4610	154953	151873	88844	84761	970

单位：万元

	其他业务收入	其他业务利润	销售费用	管理费用		财务费用			营业利润
主营业务税金及附加					税金		利息收入	利息支出	
82			371	697	24	45		45	3056
236	15797	351	3481	10255	995	926	484	1338	11173
374	4		4024	9205	265	1164	9	1076	-876
12			268	403		57	2	57	226
247594	610666	68680	612675	721615	24750	57286	27426	75102	746070
227884	477464	47399	477274	336888	9417	-14582	21856	4826	457933
280	26242	1339	5690	10119	523	3530	275	3629	-12910
	1002		1291	595	33	38	121	117	515
201	14454	742	627	4229	102	-125	170	31	4213
19229	91504	19200	127794	369785	14676	68426	5004	66498	296319
4803	6380	2530	9406	101001	6585	-981	2512	2352	85279
432	1816	1086	1454	10142	86	167	24	685	-5580
4118	762	451	7269	81398	6494	514	877	1374	83332
2	2962	993	43	5017	6	-1113	1136		7999
251	841		640	4444		-549	475	293	-471
8550	62952	566	68062	151257	3116	36024	2651	32659	338637
146	408	176	2011	3764	100	1389	42	1397	107223
4087	4208	642	38659	45240	1675	14416	1145	11385	104742
1266	58101	-267	22909	49044	769	18224	1322	18350	9901
2512	235	15	1770	43766	179	1653	142	1210	99926
13			94	230	4	19	1	18	97
98			78	1194	8	117		93	2724
428			2542	8018	381	205	1	206	14024
15696	191770	1995	49167	113234	6654	8114	2026	5572	606563
8015	151354	12	27100	29850	4851	3116	998	1865	293379
2745	306	266	4752	19461	564	1817	182	669	28889
45	669	623	1052	4518	218	321	67	385	905
1909	4153		6790	20471	628	231	5	171	15292
208	34206	52	1290	3670	98	-347	736	325	64376
2438	1053	1043	5084	28977	249	2758	35	2091	170120
335	29	-1	3099	6288	47	219	2	65	33602
287	1404		1151	4776	136	525	215	637	2060
208	337		1139	3397	136	528	212	637	548
78	1068		11	1379		-3	3		1511
549			849	2616	240	199	2	199	6837
549			849	2616	240	199	2	199	6837
744	157		431	7482	119	-265	259	15	5276
460	157		431	4494	82	-244	259	15	5100
284				2988	37	-21			176
207	47			1271	46	-35	35		363
207	47			1271	46	-35	35		363
43745	**115956**	**47112**	**34873**	**308861**	**12576**	**397556**	**12976**	**412527**	**145948**
41970	109843	44633	24009	286354	11129	382308	12507	391959	109536
12196	76649	38694	106	76583	5705	191671	3779	196971	266795
28661	29769	5517	15685	195113	4752	173148	7136	177169	-163731
1113	3426	422	8217	14658	672	17489	1592	17819	6472
813	3032	734	3421	3458	55	4046	33	3910	5669
963	3080	1745	7443	19050	1392	11201	436	16658	30743
963	3080	1745	7443	19050	1392	11201	436	16658	30743

1-6 续表 15

指标名称	代码	资产减值损失	公允价值变动收益	投资收益	营业外收入	补贴收入
总　计	**1**	**147580**	**-15465**	**-471065**	**615572**	**374061**
#轻工业	2	31084	-15529	-318856	142382	71311
重工业	3	116495	64	-152209	473190	302750
国有控股企业	4	114787	510	-20841	405427	273235
大型企业	5	63965	-206	-87735	346383	222395
中型企业	6	83614	-15259	-383331	269189	151666
小型企业	7	20		960	1667	466
亏损企业	8	107957	-6759	-160741	311757	217360
农村工业	9	67		-18227	115	
一、按登记注册类型分组						
内资企业	**10**	**125272**	**-179**	**-379794**	**521609**	**341477**
国有企业	11	36107	33	-3599	34318	10153
中央企业	12	7083	-6	-191	8951	5319
地方企业	13	29024	39	-3408	25367	4834
集体企业	14			57	818	
股份合作企业	15				8	
联营企业	16					
其他联营企业	17					
有限责任公司	18	41515	114	-180203	285640	223731
国有独资公司	19	10238	222	3413	177505	157268
其他有限责任公司	20	31277	-108	-183616	108135	66463
股份有限公司	21	40651	227	-31571	131623	68791
私营企业	22	6999	-552	-164803	65416	35251
私营独资企业	23			-13665	707	704
私营合伙企业	24			25	24	5
私营有限责任公司	25	7012	-552	-154824	62128	32325
私营股份有限公司	26	-13		3662	2557	2217
其他企业	27			324	3787	3551
港、澳、台商投资企业	**28**	**14925**	**-532**	**-927**	**23719**	**9237**
合资经营企业(港或澳、台资)	29	985	-3	1530	10201	5585
合作经营企业(港或澳、台资)	30				11	
港澳台商独资经营企业	31	13940	-528	-2457	13037	3340
港澳台商投资股份有限公司	32				471	312
外商投资企业	**33**	**7383**	**-14754**	**-90345**	**70244**	**23348**
中外合资经营企业	34	10716	-7162	-81167	34004	13849
中外合作经营企业	35			9	15	14
外资企业	36	-1374	-7591	-6564	28523	9485
外商投资股份有限公司	37	-2370		-2622	6198	
其他外商投资企业	38	412			1504	
二、按经济组织类型分组						
独资企业	**39**	**52660**	**-6588**	**-131306**	**91131**	**29841**
国有企业	40	36107	33	-3599	34318	10153
集体企业	41			57	818	
私营独资企业	42			-13665	707	704
港澳台商独资经营企业	43	13940	-528	-2457	13037	3340
外资企业	44	-1374	-7591	-6564	28523	9485
合作、合伙企业	**45**	**859**		**-8153**	**6691**	**4151**
股份合作企业	46				8	
其他联营企业	47					
私营合伙企业	48			25	24	5

单位：万元

营业外支出	利润总额	应交所得税	亏损企业亏损总额	利税总额	应交税金及附加	本年应付职工薪酬	本年应交增值税	从业人员平均人数（人）
222846	**6817143**	**642694**	**861582**	**14002067**	**8048234**	**5691898**	**4297054**	**1178017**
72523	2563519	235642	242098	4836397	2587157	1908134	1111884	470010
150323	4253623	407052	619484	9165671	5461077	3783764	3185170	708007
63693	1535199	304940	547946	6130882	4976728	2439588	2183953	331433
74565	3262131	404474	254349	6738575	3983264	2869906	2020788	488488
148281	3555011	238220	607234	7263492	4064970	2821992	2276266	689529
674	149018	19839	21462	229756	103171	40858	74075	7299
46828	-943707	-8867	943707	439835	1404722	1187246	658201	212018
37	12332	5		17362	5129	9430	4165	5268
174249	**4515487**	**422633**	**714314**	**10677250**	**6760236**	**4497635**	**3561519**	**922229**
13073	144078	22525	53551	432272	328285	501058	226404	69732
2586	52943	6398	3577	132423	88934	114848	75617	17016
10487	91135	16127	49974	299848	239350	386211	150787	52716
1995	112353	5267	333	179743	75142	52721	46082	16660
36	47594	1128	2309	57464	11976	12269	6500	4208
296	7105	65		8883	2673	4406	1316	583
296	7105	65		8883	2673	4406	1316	583
103078	1546258	221074	420714	4200053	2945003	1959077	1504938	338076
10133	-39121	32416	131022	291388	369260	715843	296043	83273
92946	1585379	188659	289692	3908666	2575743	1243234	1208895	254803
14494	721675	87601	157902	2838540	2233886	611289	941737	116708
41213	1850414	81063	79504	2686700	970900	1314662	668478	360397
3576	134089	1406		194604	70544	117646	48486	31541
1066	52495	408		76312	26199	44919	21202	13670
36204	1550334	76527	78273	2258254	824990	1078922	560474	295294
368	113497	2721	1231	157530	49168	73176	38316	19892
63	86010	3911		273595	192373	42154	166064	15865
21765	**828385**	**67796**	**54163**	**1208051**	**464362**	**502787**	**303478**	**143470**
4239	161636	22478	43143	310590	177294	168858	97286	51477
	2232	27		5479	3275	6473	2997	2521
17026	660314	44604	11021	885260	280353	323516	201156	88433
500	4204	686		6722	3440	3940	2038	1039
26831	**1473271**	**152266**	**93105**	**2116766**	**823636**	**691476**	**432057**	**112318**
16535	1042740	112542	66286	1536039	625086	430575	302178	62622
	602	25		855	278	600	220	240
8848	273230	19971	18655	350986	102980	143362	67324	36546
1449	125636	15070	8164	196082	88651	116546	60781	11523
	31063	4657		32804	6641	394	1554	1387
55540	**1800171**	**133816**	**104235**	**2771271**	**1162425**	**1366555**	**781846**	**307474**
13073	144078	22525	53551	432272	328285	501058	226404	69732
1995	112353	5267	333	179743	75142	52721	46082	16660
3576	134089	1406		194604	70544	117646	48486	31541
17026	660314	44604	11021	885260	280353	323516	201156	88433
8848	273230	19971	18655	350986	102980	143362	67324	36546
14384	**397514**	**17207**	**5739**	**675036**	**301347**	**170064**	**233890**	**54003**
36	47594	1128	2309	57464	11976	12269	6500	4208
296	7105	65		8883	2673	4406	1316	583
1066	52495	408		76312	26199	44919	21202	13670

1-6 续表 16

指标名称	代码	资产减值损失	公允价值变动收益	投资收益	营业外收入	补贴收入
合作经营企业(港或澳、台资)	49				11	
中外合作经营企业	50			9	15	14
其他企业(内资)	51			324	3787	3551
其他外商投资企业	52	412			1504	
股份有限公司	**53**	**38394**	**227**	**-37782**	**142220**	**72184**
股份有限公司(内资)	54	40651	227	-31571	131623	68791
私营股份有限公司	55	-13		3662	2557	2217
港澳台商投资股份有限公司	56				471	312
外商投资股份有限公司	57	-2370		-2622	6198	
有限责任公司	**58**	**74101**	**-20492**	**-934657**	**498996**	**332826**
国有独资公司	59	10238	222	3413	177505	157268
私营有限责任公司	60	7012	-552	-154824	62128	32325
合资经营企业(港或澳、台资)	61	985	-3	1530	10201	5585
中外合资经营企业	62	10716	-7162	-81167	34004	13849
其他有限责任公司	63	31277	-108	-183616	108135	66463
三、按行业分组						
采矿业	**B**	**1408**	**22**	**6752**	**15895**	**3396**
煤炭开采和洗选业	600	651		127	8523	303
烟煤和无烟煤开采洗选	610			11	676	303
褐煤开采洗选	620	651		116	7847	
黑色金属矿采选业	800	772			4550	2640
铁矿采选	810				385	
锰矿、铬矿采选	820	772			4165	2640
有色金属矿采选业	900	-34	22	3392	2804	453
常用有色金属矿采选	910	-34	22	3392	2671	406
贵金属矿采选	920					
稀有稀土金属矿采选	930				133	47
非金属矿采选业	1000	18		3233	19	
土砂石开采	1010	18		3233	17	
化学矿开采	1020					
石棉及其他非金属矿采选	1090				2	
制造业	**C**	**137649**	**-15709**	**-479808**	**409187**	**214459**
农副食品加工业	1300	22731	-14636	-208352	76204	35555
谷物磨制	1310				2	
饲料加工	1320	264		552	6112	2869
植物油加工	1330	11009	-54	10351	571	192
制糖业	1340	10042	-14582	-214504	63778	29191
屠宰及肉类加工	1350	1194		922	3024	863
水产品加工	1360	266		-5696	2042	1864
蔬菜、水果和坚果加工	1370				31	
其他农副食品加工	1390	-43		23	644	576
食品制造业	1400	263		-33733	11472	6798
焙烤食品制造	1410				2537	2419
方便食品制造	1430				2449	
乳制品制造	1440	83		79	1379	1200
罐头食品制造	1450	-4		-5123	2919	2646
调味品、发酵制品制造	1460				1363	291
其他食品制造	1490	184		-28689	826	243
酒、饮料和精制茶制造业	1500	1261		-65532	5252	1626
酒的制造	1510	1083		-65649	2837	294
饮料制造	1520	178		117	2415	1332
精制茶加工	1530					

单位：万元

营业外支出	利润总额	应交所得税	亏损企业亏损总额	利税总额	应交税金及附加	本年应付职工薪酬	本年应交增值税	从业人员平均人数(人)
	2232	27		5479	3275	6473	2997	2521
	602	25		855	278	600	220	240
63	86010	3911		273595	192373	42154	166064	15865
	31063	4657		32804	6641	394	1554	1387
17600	**1116887**	**129978**	**178450**	**3411482**	**2460441**	**831952**	**1088042**	**157777**
14494	721675	87601	157902	2838540	2233886	611289	941737	116708
368	113497	2721	1231	157530	49168	73176	38316	19892
500	4204	686		6722	3440	3940	2038	1039
1449	125636	15070	8164	196082	88651	116546	60781	11523
293274	**6548311**	**612694**	**874396**	**11932955**	**6220564**	**4890478**	**3597108**	**1100658**
10133	-39121	32416	131022	291388	369260	715843	296043	83273
36204	1550334	76527	78273	2258254	824990	1078922	560474	295294
4239	161636	22478	43143	310590	177294	168858	97286	51477
16535	1042740	112542	66286	1536039	625086	430575	302178	62622
92946	1585379	188659	289692	3908666	2575743	1243234	1208895	254803
7506	**372570**	**21619**	**22781**	**541448**	**205801**	**226514**	**131980**	**52697**
1882	597	2931	11179	24308	30341	84532	17095	15841
420	-6470	167	6796	-367	8470	19086	4020	7694
1461	7067	2764	4382	24674	21871	65445	13075	8147
809	24088	918		30200	8013	21982	2681	5748
	12767			14671	2477	3393	1350	1443
809	11321	918		15529	5536	18588	1331	4305
4608	242295	10634	8325	340993	118096	80799	77338	22138
4524	218394	7054	8325	312249	109146	74587	72967	20387
	2118			3009	900	1861	861	480
84	21783	3580		25735	8050	4351	3510	1271
208	105590	7137	3278	145947	49351	39201	34865	8970
191	18609	9	3278	29865	11318	20787	10647	5607
	42641			46716	4075	1320	3617	320
17	44340	7128		69366	33958	17094	20602	3043
201238	**6122237**	**561777**	**737772**	**12570217**	**7202493**	**4559879**	**3643794**	**1016880**
24126	910900	61409	116117	1255750	435141	415798	301833	100803
	58335			58564	228	574	152	383
1496	29787	3123	9218	46398	20939	36149	14887	9262
1541	34435	2934	3519	58495	29981	19393	22773	3253
12124	557499	35882	99813	812137	306089	284783	220537	64965
7743	164107	16352		189298	44603	19561	21595	7996
272	38211	635	2581	47434	11254	25447	8818	6811
27	14009	756		21622	8558	15090	6961	3380
924	14516	1727	986	21803	13488	14801	6111	4753
4482	137826	13064	1667	202451	81325	104328	56509	22260
77	16825	1968		22598	7936	4050	4972	2087
617	22965	244		49479	28313	42555	22418	4067
612	4695	577		10708	6995	10774	5486	1622
569	37951	4122	314	45761	12357	19906	7141	7714
2437	10730	1736	1354	13891	5373	5519	2811	1597
170	44660	4416		60015	20351	21525	13682	5173
2255	311428	15355	7362	458391	167538	149076	67967	29046
824	89727	11095	4640	213441	139279	55134	48511	10393
1431	218451	4260	2722	240397	26922	91762	18351	17738
	3250			4552	1337	2180	1106	915

1-6 续表 17

指标名称	代码	资产减值损失	公允价值变动收益	投资收益	营业外收入	补贴收入
烟草制品业	1600			9102	2083	658
烟叶复烤	1610				5	
卷烟制造	1620			9102	2077	658
纺织业	1700	23	-343	-183	9389	3150
棉纺织及印染精加工	1710			230	6492	1546
毛纺织及染整精加工	1720					
麻纺织及染整精加工	1730				4	
丝绢纺织及印染精加工	1740	23	-343	-413	2705	1603
针织或钩针编织物及其制品制造	1760					
家用纺织制成品制造	1770				73	
非家用纺织制成品制造	1780				115	
纺织服装、服饰业	1800	1			131	137
机织服装制造	1810	1			131	137
针织或钩针编织服装制造	1820					
服饰制造	1830					
皮革、毛皮、羽毛及其制品和制鞋业	1900	190		1	611	592
皮革鞣制加工	1910			1	289	174
皮革制品制造	1920	190			212	116
羽毛(绒)加工及制品制造	1940					
制鞋业	1950				110	302
木材加工和木、竹、藤、棕、草制品业	2000	904	-3	-16076	10952	8351
木材加工	2010			-7423		
人造板制造	2020	904	-3	-8662	9900	7485
木制品制造	2030				848	663
竹、藤、棕、草等制品制造	2040			9	204	203
家具制造业	2100			25	869	339
木质家具制造	2110			25	532	
竹、藤家具制造	2120					
金属家具制造	2130					
塑料家具制造	2140				337	339
其他家具制造	2190					
造纸和纸制品业	2200	-94		-15555	9290	3949
纸浆制造	2210	-150		16	4809	955
造纸	2220	32		-8987	4414	2947
纸制品制造	2230	24		-6584	68	46
印刷和记录媒介复制业	2300	8		904	367	
印刷	2310	8		904	367	
记录媒介复制	2330					
文教、工美、体育和娱乐用品制造业	2400				107	32
工艺美术品制造	2430				91	17
体育用品制造	2440				10	10
玩具制造	2450				6	5
石油加工、炼焦和核燃料加工业	2500	22671			3645	287
精炼石油产品制造	2510	22671			3645	287
化学原料和化学制品制造业	2600	26477	18	-20608	56922	51075
基础化学原料制造	2610	19536		1012	48136	45803
肥料制造	2620	5800	-6	-3271	4424	2179
农药制造	2630	186	22	-7473	1309	1258

单位：万元

营业外支出	利润总额	应交所得税	亏损企业亏损总额	利税总额	应交税金及附加	本年应付职工薪酬	本年应交增值税	从业人员平均人数（人）
6389	271249	71855		1437503	1241159	89702	227402	3312
21	619	399		2054	1993	5331	1305	392
6368	270630	71456		1435448	1239167	84371	226097	2920
12458	76150	584	8106	116036	48878	109794	33868	33175
4233	-5638	12	6774	-3507	2903	25624	1633	9231
538	7280	285		12059	5064	1961	4267	698
	46	13		200	172	934	140	313
7379	71220	249	791	102204	38231	73245	26386	20652
	498			583	85	2176	85	332
309	2308	26	542	3692	1994	4658	1030	1574
	436			804	430	1198	327	375
5113	59958	1865	1397	86934	36851	77095	20338	20070
4613	55429	1685	1326	79515	32986	68602	18014	17487
349	3418	92	71	5513	2983	8094	1614	2297
151	1112	88		1906	882	400	709	286
445	54429	2700	1784	92194	42615	101307	30604	34070
107	3702	195		8722	5262	5054	2180	1846
62	28196	1521		50654	25121	51456	19394	13722
	1598			2255	657	2016	572	541
277	20933	984	1784	30564	11576	42781	8458	17961
3438	159846	3058	3733	264740	110662	196137	87804	58381
25	9133	21	333	16812	7705	17258	3921	5344
2140	118783	1204	3400	190958	75903	92893	62487	28770
1084	24440	1659		46735	24135	78632	18757	19840
189	7490	175		10235	2920	7353	2639	4427
1076	41474	1310		61071	21558	27273	12517	8165
831	26991	1310		43932	18816	19931	10353	5571
	7541			8704	1163	3550	813	1200
	912			1014	102	615	95	294
	1213			1374	161	846	139	335
246	4818			6046	1314	2332	1117	765
5127	23939	1996	84719	80776	65230	128684	50430	26116
2864	-26947	7	34386	-17273	11204	20054	9408	4488
2259	40841	138	50333	81438	45305	95131	35595	17670
4	10045	1852		16611	8721	13500	5427	3958
212	61281	5135		78957	23422	22591	14091	4731
146	45683	5135		58861	18924	19874	11592	4448
66	15598			20096	4498	2717	2499	283
764	40379	1036	48	59892	21302	82700	17216	30642
751	32097	984	48	46266	15795	68495	12625	25627
1	195	49		195	60	1247		306
13	8087	3		13431	5447	12957	4591	4709
1417	-161105	2474	177598	1545471	1710909	42580	573279	3020
1417	-161105	2474	177598	1545471	1710909	42580	573279	3020
2235	278659	29001	27363	407893	166602	242794	99810	62603
290	70572	9417	16704	90590	31764	44377	16385	10403
974	48422	6085	381	66533	25521	51398	15716	13319
61	48050	3497		71531	27748	24940	21195	5661

1-6 续表 18

指标名称	代码	资产减值损失	公允价值变动收益	投资收益	营业外收入	补贴收入
涂料、油墨、颜料及类似产品制造	2640	-738		-14464	952	817
专用化学产品制造	2660			-9391	339	312
炸药、火工及焰火产品制造	2670			91	51	5
日用化学产品制造	2680	1693	2	12889	1712	702
医药制造业	2700	4214		2496	19433	15130
化学药品原料药制造	2710	221		532	1075	922
化学药品制剂制造	2720					
中药饮片加工	2730			-2490		
中成药生产	2740	105		5260	17540	14208
兽用药品制造	2750			-1084		
生物药品制造	2760	3889		278	819	
橡胶和塑料制品业	2900	1588		-50787	1570	681
橡胶制品业	2910	1561			1324	634
塑料制品业	2920	28		-50787	246	47
非金属矿物制品业	3000	1421	-321	8210	23982	17938
水泥、石灰和石膏制造	3010	899	225	2307	20488	12722
石膏、水泥制品及类似制品制造	3020	14		1814	398	5
砖瓦、石材等建筑材料制造	3030			236	50	
玻璃制造	3040			39	336	254
玻璃制品制造	3050				362	11
陶瓷制品制造	3070	430	-552	-356	662	94
耐火材料制品制造	3080				70	70
石墨及其他非金属矿物制品制造	3090	78	7	4171	1616	4782
黑色金属冶炼和压延加工业	3100	20367	50	-43201	39344	6939
炼铁	3110					
黑色金属铸造	3130				-5193	
钢压延加工	3140	967	50	2027	18291	3636
铁合金冶炼	3150	19400		-45228	26246	3303
有色金属冶炼和压延加工业	3200	1507	54	19373	63066	34857
常用有色金属冶炼	3210	1128		18832	60381	32984
贵金属冶炼	3220	-20	54	425	301	300
稀有稀土金属冶炼	3230	-30		36	396	
有色金属压延加工	3260	430		79	1988	1572
金属制品业	3300	495		176	1549	1057
结构性金属制品制造	3310			122	100	38
金属工具制造	3320	89			194	1
金属表面处理及热处理加工	3360					
搪瓷制品制造	3370					
金属制日用品制造	3380				477	251
其他金属制品制造	3390	406		54	778	767
通用设备制造业	3400	-1448		-3050	8793	1938
锅炉及原动设备制造	3410	-2283		-3105	5787	5
金属加工机械制造	3420	695			753	192
物料搬运设备制造	3430	-72		10	1334	1079
泵、阀门、压缩机及类似机械制造	3440	148			603	559
轴承、齿轮和传动部件制造	3450	65			183	2
通用零部件制造	3480			45	134	101
专用设备制造业	3500	17781		1476	20278	5706
采矿、冶金、建筑专用设备制造	3510	17387		7850	16306	5439
化工、木材、非金属加工专用设备制造	3520	394		315	3454	267

单位：万元

营业外支出	利润总额	应交所得税	亏损企业亏损总额	利税总额	应交税金及附加	本年应付职工薪酬	本年应交增值税	从业人员平均人数（人）
173	12378	2646	9809	26546	17401	25250	11835	6942
	43197	1459		55597	15856	21154	11353	4779
62	34512	2831	178	63055	31877	47852	12283	14341
675	21528	3066	292	34042	16437	27823	11044	7158
6397	268827	37764	7115	405432	178860	134414	120936	25073
74	2421	280		2924	1281	7865	284	1368
182	8036	950		10989	4071	12135	2528	2911
	15235	723		20966	6895	7827	4458	1307
5925	238762	35512	4536	356997	156965	94589	105048	16623
	6952	299		10769	4166	8070	3415	1986
217	-2579		2579	2788	5484	3929	5204	878
5160	38644	2892	2283	64920	30155	42575	22855	13926
103	124	335	2214	3427	4161	16099	2315	3522
5057	38520	2557	69	61492	25994	26476	20539	10404
26131	867727	88888	9831	1267682	509719	463147	347926	124254
5838	479585	73305	7690	654512	261418	130550	151463	28566
1452	71494	6713	99	106051	42766	43738	30634	11258
15948	238120	5437	697	354066	125792	119686	101932	35270
265	6912			10958	4245	5343	3647	1128
904	8326	1183	731	12606	5743	16473	3291	3772
107	43803	1090	614	90848	48841	130589	42743	40457
136	2324			5309	2984	3805	1788	794
1482	17163	1161		33333	17931	12962	12429	3009
26469	489552	33079	45528	1055769	617461	343387	492428	64024
	12874			17223	4393	1999	3631	376
8	32352	471		41165	10692	12138	5739	3652
7249	287608	11346	6352	716619	452154	257081	368248	42255
19212	156718	21261	39176	280763	150222	72170	114810	17741
16611	41712	-3336	158627	367934	334579	294965	302892	55122
15918	-2756	-6417	144857	307134	314031	252916	288168	43962
109	-3264		3264	-3248	186	1872	14	665
372	24924	2137	2670	30285	7554	3887	4898	1228
212	22808	944	7836	33762	12808	36290	9812	9267
2072	67676	1958	1042	140742	76930	65076	62814	15820
1739	49616	171	1042	107817	59243	14331	51013	5191
35	3557	144		5549	2674	15601	1609	4125
	1644			3136	1497	864	993	400
	1342			1933	591	1342	537	354
258	9059	1481		19097	11953	21528	7970	3630
41	2457	162		3210	972	11409	692	2120
2183	143884	19404	3790	227330	109486	184321	72761	23645
1342	114085	16301		178227	83703	122364	56601	11482
209	1182	65	419	2444	1507	6113	1089	2180
28	3019	960	1176	9747	8781	16632	5469	2568
58	5297	1357	1185	7455	3741	10930	1932	1565
226	5800	153	1010	11850	6961	8245	5256	2187
321	14502	568		17606	4794	20037	2414	3663
18337	132231	18264	32770	193517	85184	123396	46973	28625
16083	115533	16012	30084	164081	68649	79620	36055	19211
2069	7730	1411		14877	8820	19214	6036	3031

1-6 续表 19

指标名称	代码	资产减值损失	公允价值变动收益	投资收益	营业外收入	补贴收入
印刷、制药、日化及日用品生产专用设备制造	3540					
农、林、牧、渔专用机械制造	3570			68	467	
医疗仪器设备及器械制造	3580			-6758	51	
环保、社会公共服务及其他专用设备制造	3590					
汽车制造业	3600	14734		-310	23254	10069
汽车整车制造	3610	7103		65	10942	4597
改装汽车制造	3620	899		-2350	2074	799
低速载货汽车制造	3630					
汽车车身、挂车制造	3650	-50			147	
汽车零部件及配件制造	3660	6782		1975	10091	4674
铁路、船舶、航空航天和其他运输设备制造业	3700	974		167	4052	3205
铁路运输设备制造	3710			27	2849	2133
船舶及相关装置制造	3730	40		141	615	511
航空、航天器及设备制造	3740				7	
摩托车制造	3750	935			581	560
电气机械和器材制造业	3800	310		-57621	7701	2989
电机制造	3810				1631	754
输配电及控制设备制造	3820	203		-49033	3211	983
电线、电缆、光缆及电工器材制造	3830	106		938	2815	1251
电池制造	3840					
家用电力器具制造	3850				44	
照明器具制造	3870					
其他电气机械及器材制造	3890			-9526		
计算机、通信和其他电子设备制造业	3900	1125	-528	-7039	8624	1368
计算机制造	3910				5431	737
通信设备制造	3920	782		-3463	820	
雷达及配套设备制造	3940	34		122	479	225
视听设备制造	3950				61	
电子器件制造	3960		-528		1322	166
电子元件制造	3970	309		141	332	62
其他电子设备制造	3990			-3838	179	179
仪器仪表制造业	4000	147		438	189	33
通用仪器仪表制造	4010	147		381	182	33
钟表与计时仪器制造	4030			57	7	
其他制造业	4100				43	
日用杂品制造	4110				43	
废弃资源综合利用业	4200			-130	16	
金属废料和碎屑加工处理	4210			-129	16	
非金属废料和碎屑加工处理	4220			-1		
金属制品、机械和设备修理业	4300				1	1
电气设备修理	4350				1	1
电力、热力、燃气及水生产和供应业	**D**	**8523**	**222**	**1991**	**190490**	**156207**
电力、热力生产和供应业	4400	1407	222	1397	188782	156157
电力生产	4410	-412	222	2027	30239	18664
电力供应	4420	2553		-630	153474	137318
热力生产和供应	4430	-734			5069	175
燃气生产和供应业	4500	6949			128	
水的生产和供应业	4600	168		595	1579	50
自来水生产和供应	4610	168		595	1579	50

单位：万元

营业外支出	利润总额	应交所得税	亏损企业亏损总额	利税总额	应交税金及附加	本年应付职工薪酬	本年应交增值税	从业人员平均人数（人）
	3056	183		3791	941	1713	653	305
183	6514	513	1388	8521	3514	15917	1771	3439
3	-827	113	1299	1993	3198	6220	2447	2267
	226	34		254	62	713	12	372
11806	757504	122693	25298	1403720	793659	638902	364764	111772
8149	460726	85385	9557	920307	554383	349418	231582	27699
225	-11061	2	11525	-7757	3828	14987	3017	2174
107	408	110		408	143	1389		306
5	4355	554		7436	3736	12904	2880	1297
3320	303076	36642	4216	483326	231569	260204	127285	80296
3093	86239	533	3500	127830	48709	104002	36647	21591
769	-3500		3500	733	4319	20828	3771	4251
2289	81658	533		114305	39674	69936	28419	15712
11	7996			7998	8	7663		750
25	85			4794	4708	5575	4457	878
355	344945	19983	16803	425457	103610	83225	71905	24649
28	108826	632		110366	2271	15287	1381	4289
273	106353	10411	16750	139626	45360	30786	29143	10177
48	12494	1846	53	29601	19722	17984	15841	4659
5	100385	5634		123307	28736	6941	20410	2662
1	140	35		332	231	935	179	330
	2724	3		4015	1302	3121	1193	1104
	14024	1421		18210	5988	8172	3758	1428
12992	602195	7994	41	716032	128486	262900	98108	66133
7391	291419	2520		353379	69332	79943	53945	17955
351	29359	1621	22	46234	19060	40085	14123	9945
143	1241	128		2234	1340	9339	922	1001
1	15353	46		32520	17841	62775	15258	18360
186	65512	172		65720	478	10682		2868
156	170296	3184	19	185041	18178	51569	12307	12240
4765	29016	323		30904	2258	8508	1552	3764
16	2233	193	591	4535	2631	6515	1819	2075
16	714	193	591	2092	1707	4572	1168	1524
	1519			2443	925	1943	651	551
72	6807	3	660	10139	3574	5782	2783	1841
72	6807	3	660	10139	3574	5782	2783	1841
	5292	527		8962	4316	10890	2925	1452
	5116	527		8428	3921	4312	2851	740
	176			535	395	6578	74	712
6	358	97		2158	1942	6523	1591	484
6	358	97		2158	1942	6523	1591	484
14101	**322336**	**59298**	**101029**	**890403**	**639941**	**905505**	**521280**	**108440**
13215	285103	53165	100430	844661	623852	868275	514554	102835
3133	293901	21114	3334	491722	224640	121739	184242	14841
8422	-18680	30528	97096	325379	379339	716164	313747	83266
1659	9882	1523		27561	19873	30372	16565	4728
28	5769	1261		6582	2129	4551		918
859	31464	4872	599	39160	13960	32680	6727	4687
859	31464	4872	599	39160	13960	32680	6727	4687

第2篇

规模以上工业企业科技情况

2-1 规模以上工业法人企业

指标名称	代码	企业数(个)	有R&D活动的企业(个)	有研发机构的企业(个)	有新产品销售的企业(个)
总　计	**1**	**185**	**62**	**58**	**56**
一、按企业规模分组					
大型	1	185	62	58	56
二、按国有及国有控股分组					
国有及国有控股企业		52	30	29	26
三、按登记注册类型分组					
内资企业	100	145	53	49	43
国有企业	110	8	4	5	5
集体企业	120				
股份合作企业	130				
联营企业	140				
国有联营企业	141				
集体联营企业	142				
国有与集体联营企业	143				
其他联营企业	149				
有限责任公司	150	53	21	20	16
国有独资公司	151	5	2	2	1
其他有限责任公司	159	48	19	18	15
股份有限公司	160	30	19	16	17
私营企业	170	50	8	7	5
私营独资企业	171	2			
私营合伙企业	172	3			
私营有限责任公司	173	41	7	6	4
私营股份有限公司	174	4	1	1	1
其他企业	190	4	1	1	
港、澳、台商投资企业	200	22	3	2	6
合资经营企业(港或澳、台资)	210	8	1	1	2
合作经营企业(港或澳、台资)	220				
港、澳、台商独资经营企业	230	14	2	1	4
港、澳、台商投资股份有限公司	240				
其他港澳台投资企业	290				
外商投资企业	300	18	6	7	7
中外合资经营企业	310	10	4	4	4
中外合作经营企业	320				
外资企业	330	5	1	1	1
外商投资股份有限公司	340	2	1	2	2
其他外商投资企业	390	1			
四、按国民经济行业分组(大类)					
采矿业	B	7	1	1	1
煤炭开采和洗选业	06	3			1
石油和天然气开采业	07				
黑色金属矿采选业	08	1	1	1	
有色金属矿采选业	09	1			
非金属矿采选业	10	2			
开采辅助活动	11				
其他采矿业	12				
制造业	C	170	60	56	55
农副食品加工业	13	23	3	4	4
食品制造业	14	5	2	1	1

单位主要经济指标(大型)

主营业务收入(万元)	利润总额(万元)	资产总计(万元)	出口交货值(万元)	R&D人员合计(人)	女性	研究人员	全时人员
58075831.4	**3262035.2**	**51830737.9**	**3585111.1**	**16790**	**3070**	**5132**	**8864**
58075831.4	3262035.2	51830737.9	3585111.1	16790	3070	5132	8864
30217943.5	1058021.4	30464405.1	632951.3	11316	1782	3759	5571
42648221.3	1777226.6	39210425.7	1448615.2	10260	2084	3707	5487
7070359.2	52086.2	5812599.4	47249.9	716	77	290	349
18999011.2	737823.0	18623419.1	512286.4	4163	665	1559	2123
6294523.7	-78005.1	7228554.8	39907.2	1044	88	346	115
12704487.5	815828.1	11394864.3	472379.2	3119	577	1213	2008
6323466.2	544281.3	9639522.7	538117.6	4259	1035	1766	2375
8235721.5	385608.2	4906389.0	350961.3	1110	306	89	637
105007.7	11421.8	31488.6					
147563.7	15525.4	38885.0					
7635257.4	330891.2	4561239.4	313875.6	1095	298	84	625
347892.7	27769.8	274776.0	37085.7	15	8	5	12
2019663.2	57427.9	228495.5		12	1	3	3
5093478.1	500375.0	3116734.3	1974962.8	455	178	184	230
768767.2	94150.0	825167.9	77611.6	236	107	139	144
4324710.9	406225.0	2291566.4	1897351.2	219	71	45	86
10334132.0	984433.6	9503577.9	161533.1	6075	808	1241	3147
8266168.1	740749.1	7204287.1	106891.1	5454	745	1087	2797
587201.0	99578.8	462192.7	41321.3	536	48	152	265
1400883.3	113042.3	1747373.6	13320.7	85	15	2	85
79879.6	31063.4	89724.5					
497972.5	44672.7	1444476.2	13015.9	536	48	152	265
199333.8	4041.5	1088350.1					
138051.1	10774.1	305352.8		536	48	152	265
47540.0	8065.5	14310.5					
113047.6	21791.6	36462.8	13015.9				
50982412.1	3268850.8	42980525.8	3535488.7	15270	2937	4648	8531
3575528.6	450692.1	4356804.6	10342.3	682	234	333	333
558931.1	45110.7	443052.7	37207.6	258	83	5	184

2-1 续表 1

指标名称	代码	企业数（个）	有R&D活动的企业（个）	有研发机构的企业（个）	有新产品销售的企业（个）
酒、饮料和精制茶制造业	15	6	3	1	3
烟草制品业	16	1	1	1	1
纺织业	17	3	1	2	2
纺织服装、服饰业	18	1			
皮革、毛皮、羽毛及其制品和制鞋业	19	5			
木材加工和木、竹、藤、棕、草制品业	20	3			
家具制造业	21	1			
造纸和纸制品业	22	4	1	1	1
印刷和记录媒介复制业	23				
文教、工美、体育和娱乐用品制造业	24				
石油加工、炼焦和核燃料加工业	25				
化学原料和化学制品制造业	26	11	6	6	3
医药制造业	27	3	2	3	2
化学纤维制造业	28				
橡胶和塑料制品业	29	1	1	1	1
非金属矿物制品业	30	19	5	4	6
黑色金属冶炼和压延加工业	31	12	3	4	4
有色金属冶炼和压延加工业	32	16	8	7	3
金属制品业	33	6	1	1	1
通用设备制造业	34	3	1	2	2
专用设备制造业	35	6	5	4	5
汽车制造业	36	17	9	8	7
铁路、船舶、航空航天和其他运输设备制造业	37	8	1	1	1
电气机械和器材制造业	38	5	4	4	3
计算机、通信和其他电子设备制造业	39	11	3	1	5
仪器仪表制造业	40				
其他制造业	41				
废弃资源综合利用业	42				
金属制品、机械和设备修理业	43				
电力、热力、燃气及水生产和供应业	D	8	1	1	
电力、热力生产和供应业	44	7	1	1	
燃气生产和供应业	45				
水的生产和供应业	46	1			
五、按地区分组					
南宁市	4501	21	10	8	13
柳州市	4502	35	17	17	12
桂林市	4503	20	8	7	9
梧州市	4504	29	4	5	4
北海市	4505	9	3	3	3
防城港市	4506	3	2	2	3
钦州市	4507	4	2	1	1
贵港市	4508	11	1	2	1
玉林市	4509	15	6	4	5
百色市	4510	14	2	2	2
贺州市	4511	2	1	1	1
河池市	4512	7	3	3	1
来宾市	4513	8	2	2	1
崇左市	4514	7	1	1	

主营业务收入(万元)	利润总额(万元)	资产总计(万元)	出口交货值(万元)	R&D人员合计(人)	女性	研究人员	全时人员
1588690.3	269333.0	1013341.6	12519.2	175	62	23	137
1876898.6	270630.2	1434886.1	25.1	140	66	44	113
226682.6	17651.5	204718.1		15	8	5	12
73071.0	5065.0	8460.0					
292467.6	13124.7	83301.3	241488.4				
211598.4	2734.2	56305.3	2767.3				
54090.2	7540.8	12365.8					
472175.6	-23735.8	1711359.5		44	2	13	12
1154605.6	48700.0	1984238.7	45651.5	986	306	715	780
544965.6	148315.2	676439.0	2478.3	385	133	208	265
91895.9	-1141.1	235802.5	10670.6	200	75	60	194
1690091.5	197613.2	1713516.0	162237.5	321	72	91	245
13633360.0	339238.8	7619122.1	42404.6	968	291	149	496
4328766.3	110958.5	6386295.9	625883.9	1305	273	186	193
838071.0	33658.1	603737.8	23652.2	89	6	28	54
1500108.7	118957.7	1926839.4	16200.4	60	3	14	47
1363878.3	44849.0	2683923.8	327709.2	1456	247	889	1009
11519322.0	639067.5	7544144.5	135047.4	7390	955	1698	3929
473053.5	37817.1	213417.3		88	4	16	73
1295779.7	156144.1	730821.6	115724.5	454	34	124	347
3618380.0	336526.3	1337632.2	1723478.7	254	83	47	108
6595446.8	-51488.3	7405735.9	36606.5	984	85	332	68
6508943.1	-75961.5	6868329.8	36606.5	984	85	332	68
86503.7	24473.2	537406.1					
11735666.4	383198.8	11353282.2	1709106.6	2513	618	770	926
19922709.3	746954.8	15863841.8	568479.0	8370	1178	2565	4658
2965131.2	420089.5	2031561.5	170487.9	1699	313	770	1220
5737501.1	518012.3	1734990.6	17764.8	537	230	197	368
3805987.4	497795.4	1683059.6	89559.4	419	78	63	238
1720481.9	13514.7	1480396.5		771	248	34	419
945106.2	-31747.1	2190331.8	95271.1	79	14	15	34
1456313.9	112742.5	1522868.1	41321.3	435	127	193	180
2429310.3	147101.3	2890842.1	351563.7	544	92	115	321
3442939.5	127349.0	5461572.9	75225.8	58	4	3	6
474910.1	3805.2	131900.3	4044.9	45	10	30	15
1065759.0	-1590.7	2048695.4	462286.6	528	54	98	127
1011876.4	-17788.4	1866993.9		256	56	127	87
1362138.7	342597.9	1570401.2		536	48	152	265

2-1 续表 2

指标名称	代码	R&D人员全时当量(人年)	R&D经费内部支出(万元)	日常性支出(万元)	人员劳务费(万元)
总　　计	**1**	**12864**	**517502.7**	**421492.5**	**147172.1**
一、按企业规模分组					
大型	1	12864	517502.7	421492.5	147172.1
二、按国有及国有控股分组					
国有及国有控股企业		9239	305246.3	281774.4	117825.1
三、按登记注册类型分组					
内资企业	100	7527	273975.1	235751.1	69549.9
国有企业	110	464	12062.1	8752.6	2574.5
集体企业	120				
股份合作企业	130				
联营企业	140				
国有联营企业	141				
集体联营企业	142				
国有与集体联营企业	143				
其他联营企业	149				
有限责任公司	150	3481	98736.2	88014.9	33278.5
国有独资公司	151	1008	5850.4	5160.2	2407.7
其他有限责任公司	159	2473	92885.8	82854.7	30870.8
股份有限公司	160	2842	106845.2	94153.7	23782.7
私营企业	170	735	55921.1	44419.4	9829.1
私营独资企业	171				
私营合伙企业	172				
私营有限责任公司	173	721	55682.5	44211.8	9744.8
私营股份有限公司	174	13	238.6	207.6	84.3
其他企业	190	5	410.5	410.5	85.1
港、澳、台商投资企业	200	279	13179.9	12740.2	2390.9
合资经营企业(港或澳、台资)	210	236	9950.4	9864.4	1168.3
合作经营企业(港或澳、台资)	220				
港、澳、台商独资经营企业	230	43	3229.5	2875.8	1222.6
港、澳、台商投资股份有限公司	240				
其他港澳台投资企业	290				
外商投资企业	300	5059	230347.7	173001.2	75231.3
中外合资经营企业	310	4552	212032.4	156357.3	73665.8
中外合作经营企业	320				
外资企业	330	499	15646.3	15424.9	1300.5
外商投资股份有限公司	340	8	2669.0	1219.0	265.0
其他外商投资企业	390				
四、按国民经济行业分组(大类)					
采矿业	B	499	15646.3	15424.9	1300.5
煤炭开采和洗选业	06				
石油和天然气开采业	07				
黑色金属矿采选业	08	499	15646.3	15424.9	1300.5
有色金属矿采选业	09				
非金属矿采选业	10				
开采辅助活动	11				
其他采矿业	12				
制造业	C	11381	496722.7	401512.6	143770.8
农副食品加工业	13	486	15558.2	14139.2	3493.3
食品制造业	14	9	2117.5	2006.9	180.9

资产性支出（万元）	仪器和设备（万元）	政府资金（万元）	企业资金（万元）	国外资金（万元）	其他资金（万元）	R&D经费外部支出（万元）	对境内研究机构支出（万元）
96010.2	**95142.6**	**16407.5**	**500849.0**	**65.8**	**180.4**	**30890.6**	**20579.2**
96010.2	95142.6	16407.5	500849.0	65.8	180.4	30890.6	20579.2
23471.9	23148.5	10177.3	295069.0			27589.4	17964.7
38224.0	37538.1	11039.0	262755.7		180.4	15318.5	11850.5
3309.5	3290.1	1594.1	10468.0			376.9	304.3
10721.3	10612.4	1357.2	97379.0			10766.7	8851.6
690.2	637.4	100.0	5750.4			598.4	122.5
10031.1	9975.0	1257.2	91628.6			10168.3	8729.1
12691.5	12571.2	7737.6	98927.2		180.4	4095.5	2632.6
11501.7	11064.4	300.1	55621.0			62.0	62.0
11470.7	11033.4	280.1	55402.4			62.0	62.0
31.0	31.0	20.0	218.6				
		50.0	360.5			17.4	
439.7	437.2	550.5	12563.6	65.8			
86.0	83.5	550.5	9399.9				
353.7	353.7		3163.7	65.8			
57346.5	57167.3	4818.0	225529.7			15572.1	8728.7
55675.1	55518.8	3608.0	208424.4			15562.2	8728.7
221.4	198.5	950.0	14696.3			9.9	
1450.0	1450.0	260.0	2409.0				
221.4	198.5	950.0	14696.3			9.9	
221.4	198.5	950.0	14696.3			9.9	
95210.1	94416.7	15377.5	481099.0	65.8	180.4	30379.5	20549.9
1419.0	1351.5	732.2	14826.0			18.2	
110.6	110.6	297.4	1820.1			50.0	50.0

2-1 续表 3

指标名称	代码	R&D人员全时当量(人年)	R&D经费内部支出(万元)	日常性支出(万元)	人员劳务费(万元)
酒、饮料和精制茶制造业	15	106	9662.3	9375.7	914.1
烟草制品业	16	110	3991.0	3435.1	1761.2
纺织业	17	13	238.6	207.6	84.3
纺织服装、服饰业	18				
皮革、毛皮、羽毛及其制品和制鞋业	19				
木材加工和木、竹、藤、棕、草制品业	20				
家具制造业	21				
造纸和纸制品业	22	33	55689.0	9391.0	1133.6
印刷和记录媒介复制业	23				
文教、工美、体育和娱乐用品制造业	24				
石油加工、炼焦和核燃料加工业	25				
化学原料和化学制品制造业	26	967	31090.7	24754.4	4988.9
医药制造业	27	279	7890.1	7459.6	1464.4
化学纤维制造业	28				
橡胶和塑料制品业	29	200	2882.3	1984.2	777.1
非金属矿物制品业	30	264	3947.0	2361.4	462.0
黑色金属冶炼和压延加工业	31	544	57004.0	46296.5	8919.9
有色金属冶炼和压延加工业	32	291	16764.7	13786.0	2375.1
金属制品业	33	16	4954.0	2461.2	196.9
通用设备制造业	34	24	716.7	605.2	306.9
专用设备制造业	35	1283	50434.4	48164.7	13292.0
汽车制造业	36	6352	221444.3	203332.4	97747.0
铁路、船舶、航空航天和其他运输设备制造业	37	88	1416.5	1318.6	283.9
电气机械和器材制造业	38	267	7296.6	7161.8	3981.7
计算机、通信和其他电子设备制造业	39	50	3624.8	3271.1	1407.6
仪器仪表制造业	40				
其他制造业	41				
废弃资源综合利用业	42				
金属制品、机械和设备修理业	43				
电力、热力、燃气及水生产和供应业	D	984	5133.7	4555.0	2100.8
电力、热力生产和供应业	44	984	5133.7	4555.0	2100.8
燃气生产和供应业	45				
水的生产和供应业	46				
五、按地区分组					
南宁市	4501	1720	39919.2	34689.9	8255.8
柳州市	4502	7322	265125.0	243154.7	108331.5
桂林市	4503	1324	41553.6	35363.5	9014.9
梧州市	4504	459	13198.7	12149.0	1801.6
北海市	4505	196	9225.6	8297.2	3688.2
防城港市	4506	482	51104.6	40441.1	8318.1
钦州市	4507	39	56084.3	9786.3	1318.6
贵港市	4508	239	4218.3	3435.6	2287.1
玉林市	4509	399	4208.7	3648.2	658.0
百色市	4510	18	3581.5	2300.9	708.3
贺州市	4511	28	730.7	659.6	400.7
河池市	4512	77	7927.5	7313.4	601.9
来宾市	4513	61	4978.7	4828.2	486.9
崇左市	4514	499	15646.3	15424.9	1300.5

资产性支出（万元）	仪器和设备（万元）	政府资金（万元）	企业资金（万元）	国外资金（万元）	其他资金（万元）	R&D经费外部支出（万元）	对境内研究机构支出（万元）
286.6	286.6	1468.8	8193.5			4.5	
555.9	555.9	86.9	3904.1			1496.4	767.7
31.0	31.0	20.0	218.6				
46298.0	46298.0	420.0	55269.0			92.0	
6336.3	6336.3	1077.5	30013.2			8.7	8.7
430.5	403.9	690.4	7019.3		180.4	2177.1	1849.3
898.1	894.7	166.2	2716.1			121.0	121.0
1585.6	1553.4	198.3	3748.7			58.0	39.7
10707.5	10270.2	371.9	56632.1			62.0	62.0
2978.7	2965.4	1675.7	15089.0			1145.5	582.1
2492.8	2492.8	550.6	4403.4				
111.5	110.0	20.0	696.7			97.2	93.2
2269.7	2233.8	3287.3	47147.1			842.6	256.2
18111.9	17953.8	4239.8	217204.5			24094.3	16657.7
97.9	82.5	74.5	1342.0				
134.8	132.6		7296.6			112.0	62.3
353.7	353.7		3559.0	65.8			
578.7	527.4	80.0	5053.7			501.2	29.3
578.7	527.4	80.0	5053.7			501.2	29.3
5229.3	5172.4	1990.1	37863.3	65.8		2118.8	890.2
21970.3	21730.9	8000.5	257124.5			24635.2	16613.9
6190.1	6160.1	2182.5	39190.7		180.4	1102.6	987.7
1049.7	1047.2	963.9	12234.8			1639.3	1352.2
928.4	926.2		9225.6				
10663.5	10180.9	209.0	50895.6			62.3	62.0
46298.0	46298.0	420.0	55664.3			92.0	
782.7	763.0	177.7	4040.6			17.9	
560.5	558.3	403.2	3805.5			91.1	91.1
1280.6	1273.2	131.2	3450.3			6.7	
71.1	70.1	80.9	649.8			74.9	74.9
614.1	613.3	731.6	7195.9			1036.0	503.3
150.5	150.5	166.9	4811.8			3.9	3.9
221.4	198.5	950.0	14696.3			9.9	

2-1 续表 4

指标名称	代码	对境内高等学校支出(万元)	对境外支出(万元)	项目数(项)	参加项目人员(人)
总　计	**1**	**7338.3**	**2898.2**	**976**	**15716**
一、按企业规模分组					
大型	1	7338.3	2898.2	976	15716
二、按国有及国有控股分组					
国有及国有控股企业		6726.4	2898.2	567	10655
三、按登记注册类型分组					
内资企业	100	2690.1	733.1	784	9453
国有企业	110	72.6		67	688
集体企业	120				
股份合作企业	130				
联营企业	140				
国有联营企业	141				
集体联营企业	142				
国有与集体联营企业	143				
其他联营企业	149				
有限责任公司	150	1360.8	509.5	360	3733
国有独资公司	151	475.9		70	986
其他有限责任公司	159	884.9	509.5	290	2747
股份有限公司	160	1239.3	223.6	321	4018
私营企业	170			34	1003
私营独资企业	171				
私营合伙企业	172				
私营有限责任公司	173			32	990
私营股份有限公司	174			2	13
其他企业	190	17.4		2	11
港、澳、台商投资企业	200			17	434
合资经营企业(港或澳、台资)	210			10	226
合作经营企业(港或澳、台资)	220				
港、澳、台商独资经营企业	230			7	208
港、澳、台商投资股份有限公司	240				
其他港澳台投资企业	290				
外商投资企业	300	4648.2	2165.1	175	5829
中外合资经营企业	310	4638.3	2165.1	152	5235
中外合作经营企业	320				
外资企业	330	9.9		20	515
外商投资股份有限公司	340			3	79
其他外商投资企业	390				
四、按国民经济行业分组(大类)					
采矿业	B	9.9		20	515
煤炭开采和洗选业	06				
石油和天然气开采业	07				
黑色金属矿采选业	08	9.9		20	515
有色金属矿采选业	09				
非金属矿采选业	10				
开采辅助活动	11				
其他采矿业	12				
制造业	C	6856.5	2898.2	897	14271
农副食品加工业	13	18.2		36	666
食品制造业	14			38	228

项目人员折合全时当量(人年)	项目经费内部支出(万元)	机构数(个)	机构人员数(人)	博士(人)	硕士(人)	本科(人)	机构经费支出(万元)
12000	**485719.6**	**108**	**10741**	**171**	**1068**	**6452**	**340817.2**
12000	485719.6	108	10741	171	1068	6452	340817.2
8641	289351.4	56	6905	94	758	4404	198675.3
6876	246729.4	91	7357	110	695	4586	212348.4
443	8241.4	8	1144	6	65	599	21956.4
3115	87286.4	36	2172	31	299	1475	90142.5
952	4070.2	7	306	7	110	179	12592.0
2163	83216.2	29	1866	24	189	1296	77550.5
2675	96353.1	36	3365	60	268	2292	55542.7
639	54472.5	10	666	12	60	214	44234.1
627	54241.2	9	528	12	60	154	41079.3
12	231.3	1	138			60	3154.8
4	376.0	1	10	1	3	6	472.7
267	12907.4	2	540	19	3	205	17273.4
226	9946.0	1	320	19	2	184	14406.0
41	2961.4	1	220		1	21	2867.4
4857	226082.8	15	2844	42	370	1661	111195.4
4370	207905.3	5	1981	20	262	1172	69560.0
480	15623.5	4	160	2	5	113	1350.0
7	2554.0	6	703	20	103	376	40285.4
480	15623.5	4	160	2	5	113	1350.0
480	15623.5	4	160	2	5	113	1350.0
10590	466697.3	103	10339	162	954	6223	327546.6
472	15137.5	5	883	50	62	550	25273.0
8	1775.3	1	34			11	400.0

2-1 续表 5

指标名称	代码	对境内高等学校支出(万元)	对境外支出(万元)	项目数(项)	参加项目人员(人)
酒、饮料和精制茶制造业	15	4.5		21	170
烟草制品业	16	728.7		36	133
纺织业	17			2	13
纺织服装、服饰业	18				
皮革、毛皮、羽毛及其制品和制鞋业	19				
木材加工和木、竹、藤、棕、草制品业	20				
家具制造业	21				
造纸和纸制品业	22	92.0		3	30
印刷和记录媒介复制业	23				
文教、工美、体育和娱乐用品制造业	24				
石油加工、炼焦和核燃料加工业	25				
化学原料和化学制品制造业	26			79	904
医药制造业	27	327.8		68	356
化学纤维制造业	28				
橡胶和塑料制品业	29			27	191
非金属矿物制品业	30	18.3		28	306
黑色金属冶炼和压延加工业	31			23	937
有色金属冶炼和压延加工业	32	518.6		55	1229
金属制品业	33			8	88
通用设备制造业	34	4.0		11	56
专用设备制造业	35	362.8	223.6	131	1386
汽车制造业	36	4731.9	2674.6	283	6844
铁路、船舶、航空航天和其他运输设备制造业	37			5	80
电气机械和器材制造业	38	49.7		33	412
计算机、通信和其他电子设备制造业	39			10	242
仪器仪表制造业	40				
其他制造业	41				
废弃资源综合利用业	42				
金属制品、机械和设备修理业	43				
电力、热力、燃气及水生产和供应业	D	471.9		59	930
电力、热力生产和供应业	44	471.9		59	930
燃气生产和供应业	45				
水的生产和供应业	46				
五、按地区分组					
南宁市	4501	1228.6		181	2368
柳州市	4502	5093.0	2898.2	331	7717
桂林市	4503	114.9		208	1602
梧州市	4504	287.1		50	518
北海市	4505			10	404
防城港市	4506	0.3		9	744
钦州市	4507	92.0		6	64
贵港市	4508	17.9		25	430
玉林市	4509			73	522
百色市	4510	6.7		7	57
贺州市	4511			7	40
河池市	4512	487.9		32	486
来宾市	4513			17	249
崇左市	4514	9.9		20	515

项目人员折合全时当量(人年)	项目经费内部支出(万元)	机构数(个)	机构人员数(人)	博士(人)	硕士(人)	本科(人)	机构经费支出(万元)
103	7836.3	1	275		27	125	7241.3
104	3655.4	1	99	8	20	60	6166.4
12	231.3	8	75		7	46	4396.8
22	55361.0	2	13	5	2	6	379.0
887	29943.3	11	951	3	68	645	15775.9
259	5860.9	7	483	10	32	394	9564.7
191	2109.0	1	96	3	2	42	789.0
249	2737.5	4	286	1	24	126	7274.5
526	56043.6	7	481	5	29	223	58576.8
275	9044.2	18	462	7	71	159	8403.4
16	1910.5	4	96	6	30	45	5029.8
22	671.4	11	732	20	104	404	38287.8
1219	48144.3	6	1479	21	116	1157	18561.8
5848	214793.8	8	3004	22	331	1960	107821.2
80	1142.3	1	300		3	52	3077.6
249	6943.3	6	370	1	25	197	7660.2
47	3356.4	1	220		1	21	2867.4
930	3398.8	1	242	7	109	116	11920.6
930	3398.8	1	242	7	109	116	11920.6
1627	31739.3	30	1077	23	222	685	42014.5
6713	257319.0	20	5085	41	474	3304	139176.7
1263	34897.3	10	1132	11	72	690	21089.9
441	12382.1	9	590	25	25	369	17309.0
191	8491.5	3	388	2	12	115	12364.3
465	50252.8	4	268	2	4	67	43241.3
29	55756.0	2	13	5	2	6	379.0
236	4191.5	3	523	31	58	355	6580.2
381	3603.9	8	817	21	117	442	39531.0
17	2276.8	2	181		28	75	4005.4
25	619.1	1	89		3	22	1125.0
73	3851.7	6	247	7	19	67	6180.5
60	4715.1	6	171	1	27	142	6470.4
480	15623.5	4	160	2	5	113	1350.0

2-1 续表 6

指标名称	代码	仪器和设备原价(万元)	进口(万元)	新产品开发项目数(个)	新产品开发经费支出(万元)
总 计	**1**	**272797.0**	**57904.9**	**1163**	**559741.5**
一、按企业规模分组					
大型	1	272797.0	57904.9	1163	559741.5
二、按国有及国有控股分组					
国有及国有控股企业		92175.3	13766.5	618	381045.9
三、按登记注册类型分组					
内资企业	100	151585.6	26131.9	816	324234.3
国有企业	110	16651.1	1783.3	74	53745.5
集体企业	120				
股份合作企业	130				
联营企业	140				
国有联营企业	141				
集体联营企业	142				
国有与集体联营企业	143				
其他联营企业	149				
有限责任公司	150	72460.7	16035.9	385	113691.6
国有独资公司	151	17537.5	545.0	37	2798.0
其他有限责任公司	159	54923.2	15490.9	348	110893.6
股份有限公司	160	39026.0	8287.7	333	121352.5
私营企业	170	22687.8	25.0	21	34972.0
私营独资企业	171				
私营合伙企业	172				
私营有限责任公司	173	20583.7	25.0	19	34380.5
私营股份有限公司	174	2104.1		2	591.5
其他企业	190	760.0		3	472.7
港、澳、台商投资企业	200	13443.0	208.1	18	14141.3
合资经营企业(港或澳、台资)	210	356.4	208.1	11	10911.8
合作经营企业(港或澳、台资)	220				
港、澳、台商独资经营企业	230	13086.6		7	3229.5
港、澳、台商投资股份有限公司	240				
其他港澳台投资企业	290				
外商投资企业	300	107768.4	31564.9	329	221365.9
中外合资经营企业	310	57903.7	65.3	156	165401.5
中外合作经营企业	320				
外资企业	330	86.0	86.0	7	14772.4
外商投资股份有限公司	340	49778.7	31413.6	166	41192.0
其他外商投资企业	390				
四、按国民经济行业分组(大类)					
采矿业	B	86.0	86.0	12	15380.5
煤炭开采和洗选业	06			5	608.1
石油和天然气开采业	07				
黑色金属矿采选业	08	86.0	86.0	7	14772.4
有色金属矿采选业	09				
非金属矿采选业	10				
开采辅助活动	11				
其他采矿业	12				
制造业	C	255293.5	57273.9	1125	542279.7
农副食品加工业	13	10313.9	4573.7	36	28460.3
食品制造业	14	509.0	10.0	28	1886.5

新产品销售收入（万元）	新产品出口（万元）	专利申请数（件）	发明专利（件）	有效发明专利（件）	境外授权（件）	专利所有权转让及许可数（件）
12885461.6	**353024.0**	**2409**	**1088**	**653**	**4**	**53**
12885461.6	353024.0	2409	1088	653	4	53
8746132.1	262156.5	1269	647	403		53
6191924.3	251822.5	1416	751	487	1	53
830232.4	56267.8	73	24	22		12
1994369.0	43197.8	431	206	114		3
4121.5		143	80	12		
1990247.5	43197.8	288	126	102		3
1835258.3	145166.4	633	378	340	1	38
1532064.6	7190.5	273	141	7		
1480718.6	4300.0	272	140	4		
51346.0	2890.5	1	1	3		
		6	2	4		
214784.8	4252.7	10	5			
109034.9	1265.0	6	3			
105749.9	2987.7	4	2			
6478752.5	96948.8	983	332	166	3	
5724584.7	95535.8	382	128	107	3	
1937.2		2	2	7		
752230.6	1413.0	599	202	52		
699.4		2	2	11		22
699.4				4		22
		2	2	7		
12884762.2	353024.0	2270	1007	630	4	31
155874.8	1724.8	22	11	9		
17850.0		2		1		

2-1 续表 7

指标名称	代码	仪器和设备原价(万元)	进口(万元)	新产品开发项目数(个)	新产品开发经费支出(万元)
酒、饮料和精制茶制造业	15	1454.3	142.4	45	25541.9
烟草制品业	16	4544.9	2634.6	66	4921.2
纺织业	17	2435.2	2010.6	39	6780.1
纺织服装、服饰业	18				
皮革、毛皮、羽毛及其制品和制鞋业	19				
木材加工和木、竹、藤、棕、草制品业	20				
家具制造业	21				
造纸和纸制品业	22	46298.0			
印刷和记录媒介复制业	23				
文教、工美、体育和娱乐用品制造业	24				
石油加工、炼焦和核燃料加工业	25				
化学原料和化学制品制造业	26	3888.7	146.0	70	27032.7
医药制造业	27	10244.1	2611.6	64	6577.7
化学纤维制造业	28				
橡胶和塑料制品业	29	1516.0	125.0	35	3309.2
非金属矿物制品业	30	5186.5	1575.0	26	2890.9
黑色金属冶炼和压延加工业	31	22167.4	175.0	12	75996.4
有色金属冶炼和压延加工业	32	3237.5	922.7	18	5500.6
金属制品业	33	2721.6	1500.0	3	3062.6
通用设备制造业	34	48448.7	31413.6	174	39239.7
专用设备制造业	35	19136.9	171.1	159	61010.5
汽车制造业	36	54727.1	9262.6	295	235349.4
铁路、船舶、航空航天和其他运输设备制造业	37	1809.9		4	850.6
电气机械和器材制造业	38	3567.2		44	10639.9
计算机、通信和其他电子设备制造业	39	13086.6		7	3229.5
仪器仪表制造业	40				
其他制造业	41				
废弃资源综合利用业	42				
金属制品、机械和设备修理业	43				
电力、热力、燃气及水生产和供应业	D	17417.5	545.0	26	2081.3
电力、热力生产和供应业	44	17417.5	545.0	26	2081.3
燃气生产和供应业	45				
水的生产和供应业	46				
五、按地区分组					
南宁市	4501	29255.5	6679.6	225	50926.1
柳州市	4502	48237.1	1898.5	363	327549.4
桂林市	4503	46753.9	12247.4	239	51342.6
梧州市	4504	1335.4	218.7	46	12831.2
北海市	4505	14521.0		11	7497.6
防城港市	4506	21852.1	588.5	16	45667.0
钦州市	4507	46298.0			
贵港市	4508	7644.4	3802.1	11	2279.2
玉林市	4509	51284.0	31461.4	221	42531.8
百色市	4510	2834.1	526.7	10	1440.2
贺州市	4511	720.8		4	450.5
河池市	4512	1764.7	396.0	5	260.7
来宾市	4513	210.0		5	2192.8
崇左市	4514	86.0	86.0	7	14772.4

新产品销售收入(万元)	新产品出口(万元)	专利申请数(件)	发明专利(件)	有效发明专利(件)	境外授权(件)	专利所有权转让及许可数(件)
193594.6	1791.8	12	7	54		16
307243.5	24.8	42	28	13		
39512.9		9	4	4		
135087.4		3	3	3		
43762.0		111	102	70		
476152.0	1181.5	46	31	47	1	
10653.0	9048.5	18	10	25		
123664.0	13929.1	243	91	8		
2091122.8	55312.0	34	21	11		3
83506.5	5158.6	111	63	70		
6164.3	383.3	6	2	2		
724827.3	1413.0	605	203	52		
899931.7	61992.3	369	164	105		
7265431.0	129463.2	589	250	115	3	
5273.7		4	1			12
190443.9	68613.4	36	12	41		
114666.8	2987.7	8	4			
		137	79	12		
		137	79	12		
620191.9	4485.6	289	192	90		16
8594866.9	245997.9	982	462	219	3	12
634802.7	79111.9	142	49	180	1	
489504.4	1265.0	37	29	6		
53202.1	2119.6	13	7	8		
1464449.8		16	9	6		
135087.4		7	5	3		
28931.1	459.8	2	1	7		
770627.3	12648.7	820	269	56		
52045.4	2890.5	19	8	34		22
15725.0	4045.0	4	4			
12354.0		51	37	35		
13673.6		25	14	2		3
		2	2	7		

2-1 续表 8

指标名称	代码	专利所有权转让及许可收入(万元)	拥有注册商标数(件)	境外注册(件)	形成国家或行业标准数(项)
总　计	**1**	**122.0**	**1839**	**389**	**69**
一、按企业规模分组					
大型	1	122.0	1839	389	69
二、按国有及国有控股分组					
国有及国有控股企业		122.0	739	41	40
三、按登记注册类型分组					
内资企业	100	122.0	1695	379	54
国有企业	110		20		6
集体企业	120				
股份合作企业	130				
联营企业	140				
国有联营企业	141				
集体联营企业	142				
国有与集体联营企业	143				
其他联营企业	149				
有限责任公司	150	122.0	952	354	25
国有独资公司	151		1		9
其他有限责任公司	159	122.0	951	354	16
股份有限公司	160		718	25	19
私营企业	170		2		4
私营独资企业	171				
私营合伙企业	172				
私营有限责任公司	173		1		1
私营股份有限公司	174		1		3
其他企业	190		3		
港、澳、台商投资企业	200		11	9	
合资经营企业(港或澳、台资)	210		11	9	
合作经营企业(港或澳、台资)	220				
港、澳、台商独资经营企业	230				
港、澳、台商投资股份有限公司	240				
其他港澳台投资企业	290				
外商投资企业	300		133	1	15
中外合资经营企业	310		65	1	5
中外合作经营企业	320				
外资企业	330		4		5
外商投资股份有限公司	340		64		5
其他外商投资企业	390				
四、按国民经济行业分组(大类)					
采矿业	B		4		5
煤炭开采和洗选业	06				
石油和天然气开采业	07				
黑色金属矿采选业	08		4		5
有色金属矿采选业	09				
非金属矿采选业	10				
开采辅助活动	11				
其他采矿业	12				
制造业	C	122.0	1835	389	61
农副食品加工业	13		20	10	4
食品制造业	14		75		1

使用来自政府部门的科技活动资金（万元）	研究开发费用加计扣除减免税（万元）	高新技术企业减免税（万元）	引进技术经费支出（万元）	消化吸收经费支出（万元）	购买国内技术经费支出（万元）	技术改造经费支出（万元）
27641.9	**22206.2**	**16550.0**	**1860.0**	**2189.0**	**9916.0**	**720651.8**
27641.9	22206.2	16550.0	1860.0	2189.0	9916.0	720651.8
13509.9	11163.7	8443.0	1155.0	1315.0	4416.1	522366.0
20835.4	6869.6	15229.4	1155.0	1546.0	7934.0	547665.6
1935.9	1355.5	1660.9			36.5	211692.0
3475.5	2151.4	5576.9	1155.0	1316.0	4453.6	140295.5
150.0						71410.0
3325.5	2151.4	5576.9	1155.0	1316.0	4453.6	68885.5
14923.7	2990.3	7619.2		230.0	3443.9	128393.1
450.3	372.4	372.4				59667.0
430.3						59667.0
20.0	372.4	372.4				
50.0						7618.0
797.4	22.7					36688.2
797.4						36688.2
	22.7					
6009.1	15313.9	1320.6	705.0	643.0	1982.0	136298.0
3608.0	6313.9	1320.6				112438.0
950.0						1350.0
1451.1	9000.0		705.0	643.0	1982.0	22510.0
1065.0					50.0	1350.0
115.0					50.0	
950.0						1350.0
26446.9	22206.2	16550.0	1860.0	2189.0	9866.0	643431.1
1168.2					2718.3	40405.1
303.4	37.5			200.0	200.0	700.0

2-1 续表 9

指标名称	代码	专利所有权转让及许可收入(万元)	拥有注册商标数(件)	境外注册(件)	形成国家或行业标准数(项)
酒、饮料和精制茶制造业	15		71	5	
烟草制品业	16		120	29	7
纺织业	17		1		
纺织服装、服饰业	18				
皮革、毛皮、羽毛及其制品和制鞋业	19				
木材加工和木、竹、藤、棕、草制品业	20				
家具制造业	21				
造纸和纸制品业	22				
印刷和记录媒介复制业	23				
文教、工美、体育和娱乐用品制造业	24				
石油加工、炼焦和核燃料加工业	25				
化学原料和化学制品制造业	26		381	8	
医药制造业	27		761	325	2
化学纤维制造业	28				
橡胶和塑料制品业	29		8		1
非金属矿物制品业	30		35	8	5
黑色金属冶炼和压延加工业	31	122.0	5		2
有色金属冶炼和压延加工业	32		26	1	8
金属制品业	33				
通用设备制造业	34		65		11
专用设备制造业	35		72	2	7
汽车制造业	36		191	1	8
铁路、船舶、航空航天和其他运输设备制造业	37				5
电气机械和器材制造业	38		4		
计算机、通信和其他电子设备制造业	39				
仪器仪表制造业	40				
其他制造业	41				
废弃资源综合利用业	42				
金属制品、机械和设备修理业	43				
电力、热力、燃气及水生产和供应业	D				3
电力、热力生产和供应业	44				3
燃气生产和供应业	45				
水的生产和供应业	46				
五、按地区分组					
南宁市	4501		375	29	17
柳州市	4502		1076	336	21
桂林市	4503		232	5	4
梧州市	4504		14	9	
北海市	4505		2		
防城港市	4506		2		1
钦州市	4507				
贵港市	4508		7	1	4
玉林市	4509		100	8	6
百色市	4510		4		3
贺州市	4511		14	1	
河池市	4512		5		8
来宾市	4513	122.0	3		
崇左市	4514		5		5

使用来自政府部门的科技活动资金（万元）	研究开发费用加计扣除减免税（万元）	高新技术企业减免税（万元）	引进技术经费支出（万元）	消化吸收经费支出（万元）	购买国内技术经费支出（万元）	技术改造经费支出（万元）
7048.6	427.3					4056.6
150.0			1155.0	885.0	1535.3	12467.5
540.0						
420.0						
1161.5	276.8	682.6		150.0		43196.7
1440.7	299.7	5773.7			3317.9	1386.1
195.0						
273.3	823.8	704.4		80.0		2653.0
653.0	907.5					240996.7
2674.2				231.0	76.0	21384.4
601.2						
1211.1	9000.0		705.0	643.0	1982.0	22570.0
4121.0	1497.6	117.6				54456.7
4357.0	8913.3	7310.8				179863.7
128.7					36.5	1994.6
		1960.9				17300.0
	22.7					
130.0						75870.7
130.0						71350.0
						4520.7
2938.5	86.0	682.6	1155.0	885.0	1535.3	108413.2
9623.8	11981.4	7760.4		230.0	36.5	443157.2
7642.7	694.5	7021.3			491.3	30301.1
1653.1	32.5				2826.6	23761.7
		713.3				17300.0
252.3					2718.3	38567.0
420.0						
281.5						2536.4
1594.8	9039.4		705.0	843.0	2182.0	23740.0
1094.3	372.4	372.4		200.0	50.0	
80.9					76.0	2806.0
882.0				31.0		26638.5
228.0						2080.7
950.0						1350.0

2-2 规模以上工业法人企业单位

指标名称	代码	企业数(个)	有R&D活动的企业(个)	有研发机构的企业(个)	有新产品销售的企业(个)
总　计	**2**	**1253**	**163**	**128**	**135**
一、按企业规模分组					
中型	2	1253	163	128	135
二、按国有及国有控股分组					
国有及国有控股企业		217	38	27	37
三、按登记注册类型分组					
内资企业	100	1065	140	108	113
国有企业	110	71	8	4	5
集体企业	120	30	1	1	
股份合作企业	130	9	2	2	2
联营企业	140	1			
国有联营企业	141				
集体联营企业	142				
国有与集体联营企业	143				
其他联营企业	149	1			
有限责任公司	150	356	48	38	45
国有独资公司	151	32	5	3	6
其他有限责任公司	159	324	43	35	39
股份有限公司	160	61	23	19	20
私营企业	170	525	58	44	41
私营独资企业	171	59			
私营合伙企业	172	19			
私营有限责任公司	173	421	58	43	41
私营股份有限公司	174	26		1	
其他企业	190	12			
港、澳、台商投资企业	200	112	14	12	13
合资经营企业(港或澳、台资)	210	56	11	10	10
合作经营企业(港或澳、台资)	220	4			
港、澳、台商独资经营企业	230	50	2	2	2
港、澳、台商投资股份有限公司	240	2	1		1
其他港澳台投资企业	290				
外商投资企业	300	76	9	8	9
中外合资经营企业	310	33	4	4	4
中外合作经营企业	320	1			
外资企业	330	40	5	4	5
外商投资股份有限公司	340	2			
其他外商投资企业	390				
四、按国民经济行业分组(大类)					
采矿业	B	52	6	3	1
煤炭开采和洗选业	06	6			
石油和天然气开采业	07				
黑色金属矿采选业	08	3			
有色金属矿采选业	09	32	3	1	
非金属矿采选业	10	11	3	2	1
开采辅助活动	11				
其他采矿业	12				
制造业	C	1111	157	125	134
农副食品加工业	13	136	10	8	6
食品制造业	14	21	5	3	2

主要经济指标(中型)

主营业务收　入(万元)	利润总额(万元)	资产总计(万元)	出　口交货值(万元)	R&D人员合计(人)	女　性	研究人员	全时人员
58025136.2	**3548746.1**	**45527300.6**	**2161346.1**	**8453**	**1734**	**2912**	**5226**
58025136.2	3548746.1	45527300.6	2161346.1	8453	1734	2912	5226
18672517.6	470816.2	19250586.8	180644.1	3067	582	1321	2114
47557480.2	2731899.3	36715834.6	1117242.1	7444	1517	2445	4570
2595795.4	87746.3	2581134.8	1993.2	644	149	502	560
1026549.1	112352.7	235968.7	43116.2	22	4	5	1
529803.4	47593.9	325827.5		43	5	39	43
48570.1	7104.9	18907.2	59.3				
48570.1	7104.9	18907.2	59.3				
15844357.6	806178.3	17795555.2	330779.8	2974	622	1071	2192
1134517.3	38733.7	4085896.0	4766.0	558	132	208	517
14709840.3	767444.6	13709659.2	326013.8	2416	490	863	1675
9933152.2	177534.7	6460210.9	146574.2	1759	267	297	603
17241286.2	1464806.2	9156806.0	576050.4	2002	470	531	1171
1483244.3	122666.8	401447.7	44690.8				
331541.1	36969.5	132371.4	64810.7				
14633630.1	1219442.5	8105940.5	440961.8	2002	470	531	1171
792870.7	85727.4	517046.4	25587.1				
337966.2	28582.3	141424.3	18669.0				
4204263.7	328009.8	3628657.6	685355.5	621	146	309	381
1731553.9	67485.6	1750939.9	246377.0	432	83	198	208
48963.6	2231.6	23127.7	10604.9				
2317693.2	254088.8	1781868.4	415585.0	151	56	101	135
106053.0	4203.8	72721.6	12788.6	38	7	10	38
6263392.3	488837.0	5182808.4	358748.5	388	71	158	275
3282116.8	301991.1	2430044.8	51076.4	295	50	119	213
2000.1	601.6	1442.0	2000.1				
2720986.6	173650.7	2456800.3	305672.0	93	21	39	62
258288.8	12593.6	294521.3					
2145923.1	327897.1	1456385.5	5469.5	183	34	44	102
38450.5	-3444.5	70586.0					
164085.5	13313.6	147901.3					
1547946.7	234229.2	902395.7		88	13	20	27
395440.4	83798.8	335502.5	5469.5	95	21	24	75
51740235.5	2847025.2	35819620.2	2155876.6	8270	1700	2868	5124
8708726.0	460207.7	6555302.4	449567.7	261	57	96	144
804324.8	92715.6	551616.2	44889.6	130	62	50	113

2-2 续表 1

指标名称	代码	企业数(个)	有R&D活动的企业(个)	有研发机构的企业(个)	有新产品销售的企业(个)
酒、饮料和精制茶制造业	15	26	2	3	3
烟草制品业	16	1			
纺织业	17	50	4	3	5
纺织服装、服饰业	18	33			
皮革、毛皮、羽毛及其制品和制鞋业	19	32			
木材加工和木、竹、藤、棕、草制品业	20	94	2	2	2
家具制造业	21	16			
造纸和纸制品业	22	35	2		1
印刷和记录媒介复制业	23	11	1		4
文教、工美、体育和娱乐用品制造业	24	50			
石油加工、炼焦和核燃料加工业	25	4	1		1
化学原料和化学制品制造业	26	84	14	9	9
医药制造业	27	38	22	18	14
化学纤维制造业	28				
橡胶和塑料制品业	29	25	2	3	2
非金属矿物制品业	30	164	8	5	6
黑色金属冶炼和压延加工业	31	41	3	1	2
有色金属冶炼和压延加工业	32	29	8	7	7
金属制品业	33	14	3	2	3
通用设备制造业	34	19	8	5	8
专用设备制造业	35	26	11	9	9
汽车制造业	36	86	32	33	31
铁路、船舶、航空航天和其他运输设备制造业	37	12			
电气机械和器材制造业	38	26	10	8	10
计算机、通信和其他电子设备制造业	39	27	6	3	7
仪器仪表制造业	40	3	3	3	2
其他制造业	41	4			
废弃资源综合利用业	42	3			
金属制品、机械和设备修理业	43	1			
电力、热力、燃气及水生产和供应业	D	90			
电力、热力生产和供应业	44	80			
燃气生产和供应业	45	2			
水的生产和供应业	46	8			
五、按地区分组					
南宁市	4501	167	42	30	41
柳州市	4502	158	39	40	37
桂林市	4503	166	29	23	24
梧州市	4504	128	7	4	6
北海市	4505	49	12	7	6
防城港市	4506	24	3	4	3
钦州市	4507	72	3	3	4
贵港市	4508	99	5	3	1
玉林市	4509	195	7	3	4
百色市	4510	52	5	1	3
贺州市	4511	29	4	3	3
河池市	4512	49	4	4	1
来宾市	4513	32	2	2	2
崇左市	4514	33	1	1	

主营业务收入(万元)	利润总额(万元)	资产总计(万元)	出口交货值(万元)	R&D人员合计(人)	女性	研究人员	全时人员
738977.0	42094.5	479471.1	879.8	249	79	26	204
9644.8	618.9	51744.1					
1075494.6	58498.3	641204.8	19530.7	217	61	96	119
645179.8	54893.2	295217.5	54889.1				
532225.8	41304.7	246140.4	174282.5				
2090766.6	157111.5	1159998.7	236685.6	110	12	36	9
457452.7	33933.4	320613.8	23181.0				
1333373.4	47674.9	2406331.0	8487.5	98	21	29	49
414309.7	61281.0	232824.2	12477.5	14	4	5	8
525506.4	40378.7	160281.0	142881.0				
8020480.9	-161105.4	3708924.2	12020.3	5	1	5	
2609004.4	229959.2	2153856.3	177017.3	752	124	201	504
1111149.1	120511.7	1066240.0	47275.4	687	288	333	566
773507.7	39784.9	791652.0	12650.9	139	74	79	113
5446356.7	670113.6	3883785.6	179555.7	183	40	106	91
3282031.0	150313.4	1526748.5	3287.0	90	11	27	22
2395478.3	-69105.3	3196815.8	53790.1	620	95	93	387
511465.9	33779.9	402779.5	2564.9	558	8	26	39
596012.9	22243.6	492999.3	9683.7	473	66	125	142
1148833.1	87382.2	962650.7	16219.7	760	128	260	645
3684721.4	118436.6	2636592.1	39420.4	1480	251	415	749
481570.6	48185.9	239907.9	181.0				
2097923.6	188800.9	1011948.9	46183.8	745	191	359	576
2075549.0	262321.3	396269.3	369668.7	602	115	488	579
26422.8	2232.9	92482.9	10548.0	97	12	13	65
60532.7	6807.4	32465.6	8057.7				
72445.0	5292.2	115719.1					
10768.8	357.8	7037.3					
4138977.6	373823.8	8251294.9					
3985468.7	361064.1	7745504.4					
88140.0	5769.3	166778.0					
65368.9	6990.4	339012.5					
6987010.2	600235.9	5868008.5	147249.6	1762	428	872	1234
7192877.2	199698.0	5006756.0	49455.9	1485	280	437	752
6504691.2	553147.3	4647087.1	380718.4	2392	608	1144	1756
5442473.4	477897.9	2838881.4	118471.9	801	76	80	187
6531046.9	365011.2	2432061.6	600930.7	343	67	108	245
3690926.3	184234.0	3762412.4	99458.6	77	9	26	40
6721455.4	11832.0	4324943.1	152196.7	220	26	37	182
2822948.6	320485.1	3231181.4	114742.1	264	74	21	231
4283043.1	391692.2	2499240.5	375241.3	357	77	56	114
2128301.6	-29260.3	3109318.7	65371.1	141	28	41	92
1528943.3	142700.9	2250751.2	9712.6	159	31	33	143
1001144.5	29376.3	1957442.3	9375.9	98	20	24	50
1420032.9	9214.8	1727432.9	14316.2	311	8	27	190
1770241.6	292480.8	1871783.5	24105.1	43	2	6	10

2-2 续表 2

指标名称	代码	R&D人员全时当量(人年)	R&D经费内部支出(万元)	日常性支出(万元)	人员劳务费(万元)
总　计	**2**	**4851**	**198915.8**	**155054.7**	**36486.0**
一、按企业规模分组					
中型	2	4851	198915.8	155054.7	36486.0
二、按国有及国有控股分组					
国有及国有控股企业		1499	73707.9	56150.9	13879.3
三、按登记注册类型分组					
内资企业	100	4143	169340.4	131911.7	30623.9
国有企业	110	181	9055.5	8780.0	4806.2
集体企业	120	7	72.9	25.3	4.3
股份合作企业	130	43	1041.3	1041.3	235.8
联营企业	140				
国有联营企业	141				
集体联营企业	142				
国有与集体联营企业	143				
其他联营企业	149				
有限责任公司	150	1767	89737.2	70780.7	14183.1
国有独资公司	151	145	5416.0	4475.1	1937.5
其他有限责任公司	159	1622	84321.2	66305.6	12245.6
股份有限公司	160	937	14225.7	11738.9	3599.5
私营企业	170	1208	55207.8	39545.5	7795.0
私营独资企业	171				
私营合伙企业	172				
私营有限责任公司	173	1208	55207.8	39545.5	7795.0
私营股份有限公司	174				
其他企业	190				
港、澳、台商投资企业	200	461	11651.0	10482.6	3244.6
合资经营企业(港或澳、台资)	210	282	9822.4	9330.8	2675.4
合作经营企业(港或澳、台资)	220				
港、澳、台商独资经营企业	230	151	1630.8	954.0	562.2
港、澳、台商投资股份有限公司	240	27	197.8	197.8	7.0
其他港澳台投资企业	290				
外商投资企业	300	248	17924.4	12660.4	2617.5
中外合资经营企业	310	170	8369.4	7014.9	1967.9
中外合作经营企业	320				
外资企业	330	78	9555.0	5645.5	649.6
外商投资股份有限公司	340				
其他外商投资企业	390				
四、按国民经济行业分组(大类)					
采矿业	B	64	1255.7	1031.9	542.1
煤炭开采和洗选业	06				
石油和天然气开采业	07				
黑色金属矿采选业	08				
有色金属矿采选业	09	14	657.8	566.8	280.3
非金属矿采选业	10	51	597.9	465.1	261.8
开采辅助活动	11				
其他采矿业	12				
制造业	C	4787	197660.1	154022.8	35943.9
农副食品加工业	13	191	8049.7	7720.8	1186.3
食品制造业	14	78	2463.9	2301.5	670.1

资产性支出(万元)	仪器和设备(万元)	政府资金(万元)	企业资金(万元)	其他资金(万元)	R&D经费外部支出(万元)	对境内研究机构支出(万元)
43861.1	**43316.1**	**12635.3**	**185424.8**	**855.7**	**4557.4**	**2742.2**
43861.1	43316.1	12635.3	185424.8	855.7	4557.4	2742.2
17557.0	17255.7	6771.3	66631.3	305.3	2012.0	1606.4
37428.7	36911.2	10558.2	158013.6	768.6	4191.9	2678.1
275.5	272.2	781.5	8274.0		247.1	131.5
47.6	46.0		72.9			
			1041.3			
18956.5	18650.1	6559.4	82656.2	521.6	1835.1	1457.7
940.9	940.9	615.0	4801.0		184.9	
18015.6	17709.2	5944.4	77855.2	521.6	1650.2	1457.7
2486.8	2431.7	1475.4	12618.4	131.9	824.3	535.6
15662.3	15511.2	1741.9	53350.8	115.1	1285.4	553.3
15662.3	15511.2	1741.9	53350.8	115.1	1285.4	553.3
1168.4	1148.9	1651.0	10000.0		33.5	4.0
491.6	475.3	1461.7	8360.7		33.5	4.0
676.8	673.6	162.3	1468.5			
		27.0	170.8			
5264.0	5256.0	426.1	17411.2	87.1	332.0	60.1
1354.5	1354.5	396.1	7973.3		272.0	60.1
3909.5	3901.5	30.0	9437.9	87.1	60.0	
223.8	221.3	142.0	1113.7		60.0	10.0
91.0	90.0	112.0	545.8			
132.8	131.3	30.0	567.9		60.0	10.0
43637.3	43094.8	12493.3	184311.1	855.7	4497.4	2732.2
328.9	328.8	485.6	7488.4	75.7	52.4	27.2
162.4	150.4	96.3	2356.3	11.3	63.4	21.1

2-2 续表 3

指标名称	代码	R&D人员全时当量(人年)	R&D经费内部支出(万元)	日常性支出(万元)	人员劳务费(万元)
酒、饮料和精制茶制造业	15	186	2505.4	1972.6	393.9
烟草制品业	16				
纺织业	17	167	2864.6	2057.4	779.6
纺织服装、服饰业	18				
皮革、毛皮、羽毛及其制品和制鞋业	19				
木材加工和木、竹、藤、棕、草制品业	20	22	1674.7	1541.1	424.5
家具制造业	21				
造纸和纸制品业	22	45	2826.1	2328.3	610.5
印刷和记录媒介复制业	23	6	998.1	870.9	222.3
文教、工美、体育和娱乐用品制造业	24				
石油加工、炼焦和核燃料加工业	25		5.0	5.0	0.1
化学原料和化学制品制造业	26	542	11535.8	9835.0	2784.0
医药制造业	27	534	16983.6	15392.9	3790.8
化学纤维制造业	28				
橡胶和塑料制品业	29	105	1999.0	1635.0	543.4
非金属矿物制品业	30	100	4174.3	3618.6	1325.2
黑色金属冶炼和压延加工业	31	28	8809.7	4955.3	213.4
有色金属冶炼和压延加工业	32	497	51745.6	26372.2	3148.9
金属制品业	33	121	486.4	387.7	221.5
通用设备制造业	34	265	3404.9	2725.2	977.9
专用设备制造业	35	204	25354.0	24093.3	3634.2
汽车制造业	36	1009	28034.7	23772.0	5742.8
铁路、船舶、航空航天和其他运输设备制造业	37				
电气机械和器材制造业	38	401	11735.0	11498.4	3508.7
计算机、通信和其他电子设备制造业	39	211	10800.6	10009.1	5278.0
仪器仪表制造业	40	73	1209.0	930.5	487.8
其他制造业	41				
废弃资源综合利用业	42				
金属制品、机械和设备修理业	43				
电力、热力、燃气及水生产和供应业	D				
电力、热力生产和供应业	44				
燃气生产和供应业	45				
水的生产和供应业	46				
五、按地区分组					
南宁市	4501	1372	39032.5	36442.6	8269.0
柳州市	4502	1022	30060.7	26311.9	5579.7
桂林市	4503	901	52675.7	43853.8	13190.5
梧州市	4504	231	11866.6	7427.9	1388.1
北海市	4505	162	6765.6	6086.8	2145.0
防城港市	4506	49	319.1	276.4	124.8
钦州市	4507	157	4796.9	4412.9	1129.5
贵港市	4508	166	4191.8	3432.6	743.3
玉林市	4509	263	16037.6	5422.8	1194.3
百色市	4510	26	4063.1	3009.9	345.0
贺州市	4511	113	2152.2	1803.7	536.6
河池市	4512	56	2457.7	2184.5	411.8
来宾市	4513	311	24425.1	14318.7	1401.9
崇左市	4514	22	71.2	70.2	26.5

资产性支出(万元)	仪器和设备(万元)	政府资金(万元)	企业资金(万元)	其他资金(万元)	R&D经费外部支出(万元)	对境内研究机构支出(万元)
532.8	480.7	141.2	2364.2		89.2	50.4
807.2	804.0	395.1	2469.5		40.0	22.0
133.6	124.2	60.0	1614.7			
497.8	497.8	18.0	2808.1		18.0	
127.2	118.2		998.1			
			5.0			
1700.8	1668.2	584.4	10951.4		321.8	184.3
1590.7	1578.6	730.0	16110.3	143.3	729.2	481.6
364.0	364.0	195.5	1803.5			
555.7	538.0	1627.2	2547.1		10.0	9.9
3854.4	3854.0	30.2	8664.4	115.1		
25373.4	25083.9	2848.6	48897.0		1061.0	959.8
98.7	96.4	12.0	474.4		17.0	17.0
679.7	675.5	505.7	2694.2	205.0	29.0	
1260.7	1243.2	692.4	24661.6		153.5	40.0
4262.7	4224.8	2769.6	25265.1		1134.1	751.4
236.6	230.3	605.7	10824.0	305.3	574.1	50.0
791.5	786.7	569.8	10230.8		204.7	117.5
278.5	247.1	126.0	1083.0			
2589.9	2578.7	2270.0	36599.7	162.8	417.6	214.5
3748.8	3725.5	2398.8	27661.9		1211.2	788.4
8821.9	8733.7	3245.8	48852.1	577.8	1373.6	491.6
4438.7	4432.9	2701.2	9165.4		930.6	930.6
678.8	672.4	624.6	6141.0		121.2	37.2
42.7	40.4	14.7	304.4			
384.0	368.9	107.5	4689.4		38.4	11.0
759.2	691.9	161.2	4030.6		119.0	80.2
10614.8	10606.2	645.4	15277.1	115.1	248.5	166.5
1053.2	1053.2	152.0	3911.1		23.0	
348.5	330.7	213.0	1939.2		74.3	22.2
273.2	228.5	101.1	2356.6			
10106.4	9852.1		24425.1			
1.0	1.0		71.2			

2-2 续表 4

指标名称	代码	对境内高等学校支出(万元)	对境外支出(万元)	项目数(项)	参加项目人员(人)
总　计	**2**	**1245.2**	**434.9**	**1171**	**7581**
一、按企业规模分组					
中型	2	1245.2	434.9	1171	7581
二、按国有及国有控股分组					
国有及国有控股企业		277.1		303	2645
三、按登记注册类型分组					
内资企业	100	1164.7	219.6	982	6690
国有企业	110	115.1		88	589
集体企业	120			5	18
股份合作企业	130			6	22
联营企业	140				
国有联营企业	141				
集体联营企业	142				
国有与集体联营企业	143				
其他联营企业	149				
有限责任公司	150	249.4		363	2656
国有独资公司	151	56.9		56	522
其他有限责任公司	159	192.5		307	2134
股份有限公司	160	126.1	162.6	217	1521
私营企业	170	674.1	57.0	303	1884
私营独资企业	171				
私营合伙企业	172				
私营有限责任公司	173	674.1	57.0	303	1884
私营股份有限公司	174				
其他企业	190				
港、澳、台商投资企业	200	4.0	19.9	94	555
合资经营企业(港或澳、台资)	210	4.0	19.9	61	380
合作经营企业(港或澳、台资)	220				
港、澳、台商独资经营企业	230			29	137
港、澳、台商投资股份有限公司	240			4	38
其他港澳台投资企业	290				
外商投资企业	300	76.5	195.4	95	336
中外合资经营企业	310	16.5	195.4	49	250
中外合作经营企业	320				
外资企业	330	60.0		46	86
外商投资股份有限公司	340				
其他外商投资企业	390				
四、按国民经济行业分组(大类)					
采矿业	B	50.0		19	161
煤炭开采和洗选业	06				
石油和天然气开采业	07				
黑色金属矿采选业	08				
有色金属矿采选业	09			6	71
非金属矿采选业	10	50.0		13	90
开采辅助活动	11				
其他采矿业	12				
制造业	C	1195.2	434.9	1152	7420
农副食品加工业	13	25.2		44	247
食品制造业	14	24.1	18.2	32	126

项目人员折合全时当量(人年)	项目经费内部支出(万元)	机构数(个)	机构人员数(人)	博士(人)	硕士(人)	本科(人)	机构经费支出(万元)
4323	**168052.4**	**176**	**6934**	**64**	**467**	**4114**	**118358.9**
4323	168052.4	176	6934	64	467	4114	118358.9
1286	58993.8	51	2470	23	227	1475	38653.0
3703	139831.9	153	5971	57	402	3472	100617.6
151	8454.9	9	197	7	33	125	2831.1
6	63.0	1	5			1	26.0
22	1033.0	2	34			27	729.3
1582	75444.4	57	2265	21	209	1477	50635.5
134	4184.4	6	404		42	317	4544.7
1448	71260.0	51	1861	21	167	1160	46090.8
807	12870.3	27	1396	9	45	677	11223.4
1137	41966.3	57	2074	20	115	1165	35172.3
1137	41966.3	56	2013	19	114	1117	34512.3
		1	61	1	1	48	660.0
408	10983.7	14	558	7	52	363	10548.2
243	9512.1	10	423	3	36	278	9270.0
137	1316.1	4	135	4	16	85	1278.2
27	155.5						
212	17236.8	9	405		13	279	7193.1
140	7730.0	4	291		10	199	6173.0
72	9506.8	5	114		3	80	1020.1
58	1176.7	3	66	6	11	32	636.1
10	623.3	1	9	1		8	160.0
48	553.4	2	57	5	11	24	476.1
4265	166875.7	173	6868	58	456	4082	117722.8
183	7866.1	11	164	5	23	103	6179.8
76	2332.7	3	63		3	24	289.7

2-2 续表 5

指标名称	代码	对境内高等学校支出(万元)	对境外支出(万元)	项目数(项)	参加项目人员(人)
酒、饮料和精制茶制造业	15		38.8	17	227
烟草制品业	16				
纺织业	17	18.0		28	196
纺织服装、服饰业	18				
皮革、毛皮、羽毛及其制品和制鞋业	19				
木材加工和木、竹、藤、棕、草制品业	20			10	96
家具制造业	21				
造纸和纸制品业	22	18.0		10	93
印刷和记录媒介复制业	23			3	13
文教、工美、体育和娱乐用品制造业	24				
石油加工、炼焦和核燃料加工业	25			1	5
化学原料和化学制品制造业	26	137.0		103	643
医药制造业	27	84.1	162.5	176	649
化学纤维制造业	28				
橡胶和塑料制品业	29			27	109
非金属矿物制品业	30		0.1	31	167
黑色金属冶炼和压延加工业	31			11	83
有色金属冶炼和压延加工业	32	75.7	19.9	62	569
金属制品业	33			3	540
通用设备制造业	34	29.0		50	343
专用设备制造业	35	113.5		97	714
汽车制造业	36	59.3	195.4	257	1320
铁路、船舶、航空航天和其他运输设备制造业	37				
电气机械和器材制造业	38	524.1		117	617
计算机、通信和其他电子设备制造业	39	87.2		58	571
仪器仪表制造业	40			15	92
其他制造业	41				
废弃资源综合利用业	42				
金属制品、机械和设备修理业	43				
电力、热力、燃气及水生产和供应业	D				
电力、热力生产和供应业	44				
燃气生产和供应业	45				
水的生产和供应业	46				
五、按地区分组					
南宁市	4501	177.0	20.0	431	1596
柳州市	4502	99.4	195.4	183	1361
桂林市	4503	701.3	180.7	289	2074
梧州市	4504			39	762
北海市	4505	84.0		40	316
防城港市	4506			4	67
钦州市	4507	27.4		32	174
贵港市	4508		38.8	20	250
玉林市	4509	81.0		81	324
百色市	4510	23.0		22	129
贺州市	4511	52.1		15	108
河池市	4512			11	82
来宾市	4513			2	295
崇左市	4514			2	43

项目人员折合全时当量(人年)	项目经费内部支出(万元)	机构数(个)	机　构人员数(人)	博　士(人)	硕　士(人)	本　科(人)	机构经费支　出(万元)
172	2364.2	7	94		3	71	3201.4
149	2377.2	6	147	3	10	97	1215.2
19	1503.9	3	117	1	20	43	1659.2
43	2825.8						
6	888.8						
	5.0						
455	10593.9	14	958	6	48	401	6747.0
511	16481.5	21	654	14	57	453	15299.0
79	1573.4	4	119	1	9	57	1764.7
91	3159.9	11	219	10	61	140	13937.7
27	8749.3	1	24		2	18	8.3
450	31446.1	10	368	5	24	205	8190.6
111	457.7	2	103			90	880.1
203	2872.1	6	224	5	4	118	1547.8
193	23793.2	13	682	4	53	523	7634.9
886	26295.9	36	2061		59	1192	37719.4
341	9537.8	17	644	3	71	388	8343.0
200	10748.5	5	140	1	8	106	1958.3
72	1002.7	3	87		1	53	1146.7
1254	37774.9	43	1780	19	127	950	24274.9
921	28814.0	45	2089	2	69	1241	38729.0
756	46965.6	40	1749	30	190	1104	30590.7
215	11403.2	7	225	2	30	115	3064.2
150	6471.2	10	219	6	21	138	4523.4
40	287.8	5	131			106	1065.0
118	4265.5	3	119			75	3417.4
158	4096.2	6	112		8	68	2988.0
240	5464.5	3	120		3	100	3493.9
24	2942.5	1	39	4	2	12	1897.0
79	1750.0	6	172		4	103	2242.7
50	2145.8	4	115	1	5	66	1813.4
295	15600.0	2	39		3	21	258.3
22	71.2	1	25		5	15	1.0

2-2 续表 6

指标名称	代码	仪器和设备原价(万元)	进口(万元)	新产品开发项目数(个)	新产品开发经费支出(万元)
总　　计	**2**	**76810.3**	**6055.5**	**1273**	**163121.1**
一、按企业规模分组					
中型	2	76810.3	6055.5	1273	163121.1
二、按国有及国有控股分组					
国有及国有控股企业		18097.4	1169.4	254	48602.0
三、按登记注册类型分组					
内资企业	100	66805.1	4747.2	1057	130806.5
国有企业	110	3734.7	167.8	68	8989.4
集体企业	120	140.0	22.0	5	72.9
股份合作企业	130	199.6		7	1499.6
联营企业	140				
国有联营企业	141				
集体联营企业	142				
国有与集体联营企业	143				
其他联营企业	149				
有限责任公司	150	27727.4	1804.2	328	59659.6
国有独资公司	151	3674.7	5.5	33	2855.8
其他有限责任公司	159	24052.7	1798.7	295	56803.8
股份有限公司	160	11318.1	1467.9	372	14844.8
私营企业	170	23685.3	1285.3	277	45740.2
私营独资企业	171			1	109.6
私营合伙企业	172				
私营有限责任公司	173	23423.4	1285.3	276	45630.6
私营股份有限公司	174	261.9			
其他企业	190				
港、澳、台商投资企业	200	7227.3	1113.0	108	14043.5
合资经营企业(港或澳、台资)	210	5854.9	613.0	73	11936.9
合作经营企业(港或澳、台资)	220				
港、澳、台商独资经营企业	230	1372.4	500.0	33	1934.8
港、澳、台商投资股份有限公司	240			2	171.8
其他港澳台投资企业	290				
外商投资企业	300	2777.9	195.3	108	18271.1
中外合资经营企业	310	2213.7	93.0	38	7532.6
中外合作经营企业	320				
外资企业	330	564.2	102.3	70	10738.5
外商投资股份有限公司	340				
其他外商投资企业	390				
四、按国民经济行业分组(大类)					
采矿业	B	281.3	110.0	9	444.6
煤炭开采和洗选业	06				
石油和天然气开采业	07				
黑色金属矿采选业	08				
有色金属矿采选业	09	90.0	60.0	1	61.3
非金属矿采选业	10	191.3	50.0	8	383.3
开采辅助活动	11				
其他采矿业	12				
制造业	C	76529.0	5945.5	1264	162676.5
农副食品加工业	13	1224.4		48	10072.9
食品制造业	14	863.5	3.3	23	7922.9

新产品销售收入(万元)	新产品出口(万元)	专利申请数(件)	发明专利(件)	有效发明专利(件)	境外授权(件)	专利所有权转让及许可数(件)
2139750.9	**140204.2**	**988**	**606**	**563**	**6**	**12**
2139750.9	140204.2	988	606	563	6	12
1149040.2	40150.1	345	203	192	4	
1873849.4	73170.2	861	545	489	5	11
68505.6	1587.0	97	51	92	1	
		6		3		
1162.0		58	58			
1256606.8	44351.5	375	234	169	3	2
75479.9	5636.3	27	16	17		
1181126.9	38715.2	348	218	152	3	2
190680.0	21648.1	170	103	89		
356895.0	5583.6	155	99	136	1	9
356895.0	5583.6	133	88	125	1	9
		22	11	11		
113392.9	33197.9	91	41	35		
76112.4	20357.8	35	15	26		
34739.4	12470.9	43	13	6		
2541.1	369.2	13	13	3		
152508.6	33836.1	36	20	39	1	1
79758.3	13860.0	13	9	8		
72750.3	19976.1	23	11	31	1	1
547.4		16	10	7		2
		9	5	3		
547.4		7	5	4		2
2139203.5	140204.2	972	596	556	6	10
58782.0	17843.8	19	13	13		
12747.8		12	9	6		

2-2 续表 7

指标名称	代码	仪器和设备原价(万元)	进口(万元)	新产品开发项目数(个)	新产品开发经费支出(万元)
酒、饮料和精制茶制造业	15	1037.8	117.8	31	2747.0
烟草制品业	16				
纺织业	17	1329.0	500.0	27	2607.1
纺织服装、服饰业	18				
皮革、毛皮、羽毛及其制品和制鞋业	19				
木材加工和木、竹、藤、棕、草制品业	20	669.3	130.0	13	2018.8
家具制造业	21				
造纸和纸制品业	22			7	254.4
印刷和记录媒介复制业	23			2	902.9
文教、工美、体育和娱乐用品制造业	24				
石油加工、炼焦和核燃料加工业	25			3	198.8
化学原料和化学制品制造业	26	7887.3	657.8	58	6712.3
医药制造业	27	15086.8	791.5	172	17072.3
化学纤维制造业	28				
橡胶和塑料制品业	29	3226.6	5.5	27	1540.1
非金属矿物制品业	30	1838.9	208.6	15	2921.5
黑色金属冶炼和压延加工业	31	450.2	90.0	6	8778.3
有色金属冶炼和压延加工业	32	4443.0	499.0	30	11387.8
金属制品业	33	216.1		2	294.4
通用设备制造业	34	1642.8		77	6221.5
专用设备制造业	35	7234.1		79	19847.0
汽车制造业	36	13513.1	2762.7	462	39815.6
铁路、船舶、航空航天和其他运输设备制造业	37				
电气机械和器材制造业	38	10307.9	56.3	114	10420.8
计算机、通信和其他电子设备制造业	39	4326.1		50	9974.5
仪器仪表制造业	40	1232.1	123.0	18	965.6
其他制造业	41				
废弃资源综合利用业	42				
金属制品、机械和设备修理业	43				
电力、热力、燃气及水生产和供应业	D				
电力、热力生产和供应业	44				
燃气生产和供应业	45				
水的生产和供应业	46				
五、按地区分组					
南宁市	4501	24168.5	1689.2	540	44037.2
柳州市	4502	15899.1	1630.8	276	41031.9
桂林市	4503	20810.0	1004.6	234	43261.4
梧州市	4504	1414.5	737.1	26	6799.2
北海市	4505	3310.5	50.0	34	7471.7
防城港市	4506	288.7		14	650.3
钦州市	4507	4179.7	240.0	32	4583.5
贵港市	4508	1144.0	110.0	22	3919.7
玉林市	4509	2347.3	316.5	32	4421.1
百色市	4510	920.0		26	3771.2
贺州市	4511	1469.7	127.3	30	2984.1
河池市	4512	405.1	60.0	3	124.1
来宾市	4513	452.2	90.0	1	49.2
崇左市	4514	1.0		3	16.5

新产品销售收入(万元)	新产品出口(万元)	专利申请数(件)	发明专利(件)	有效发明专利(件)	境外授权(件)	专利所有权转让及许可数(件)
5495.2	187.8	15	15	16		8
43538.1	13670.9	42	14	5		
38305.0	9183.0	15	9	1		
86.0						
11793.4		4	1			
80.0		2				
87316.8	11159.2	89	65	90		
121671.7	13898.2	50	27	121	1	
26725.2	773.3	16	10			
18635.5	385.1	24	18	6		
34903.2		7	6	12	3	
699537.7	14310.1	46	23	20		
21131.8		68	62	25		
52148.5	3801.9	36	13	20	1	1
125229.9	10529.3	84	38	26		
599528.9	20985.7	312	199	83		
126521.7	3805.1	51	34	46	1	1
53011.1	19077.4	63	38	48		
2014.0	593.4	17	2	18		
401729.0	30265.2	150	70	149	1	
565337.3	11743.7	309	204	71	2	1
245077.8	52651.9	240	122	163		1
537896.8	10633.9	101	91	10		
57488.1	20848.0	43	23	30		2
20210.5		28	20	41		8
65218.9	9728.1	46	31	15		
2037.3		9	8	13		
87808.1	76.2	14	8	25		
25754.3	452.1	6	3	9		
58375.5	3805.1	25	15	28		
125.8		11	7	3		
72691.5		6	4	6	3	

2-2 续表 8

指标名称	代码	专利所有权转让及许可收入(万元)	拥有注册商标数(件)	境外注册(件)	形成国家或行业标准数(项)
总计	**2**	**500.0**	**417**	**33**	**89**
一、按企业规模分组					
中型	2	500.0	417	33	89
二、按国有及国有控股分组					
国有及国有控股企业			156	14	66
三、按登记注册类型分组					
内资企业	100	500.0	407	33	87
国有企业	110		26		1
集体企业	120				
股份合作企业	130				
联营企业	140				
国有联营企业	141				
集体联营企业	142				
国有与集体联营企业	143				
其他联营企业	149				
有限责任公司	150		148	24	68
国有独资公司	151		36		35
其他有限责任公司	159		112	24	33
股份有限公司	160		186	9	9
私营企业	170	500.0	47		9
私营独资企业	171				
私营合伙企业	172				
私营有限责任公司	173	500.0	46		9
私营股份有限公司	174		1		
其他企业	190				
港、澳、台商投资企业	200		8		
合资经营企业(港或澳、台资)	210		7		
合作经营企业(港或澳、台资)	220				
港、澳、台商独资经营企业	230		1		
港、澳、台商投资股份有限公司	240				
其他港澳台投资企业	290				
外商投资企业	300		2		2
中外合资经营企业	310		1		2
中外合作经营企业	320				
外资企业	330		1		
外商投资股份有限公司	340				
其他外商投资企业	390				
四、按国民经济行业分组(大类)					
采矿业	B		4		1
煤炭开采和洗选业	06				
石油和天然气开采业	07				
黑色金属矿采选业	08				
有色金属矿采选业	09				
非金属矿采选业	10		4		1
开采辅助活动	11				
其他采矿业	12				
制造业	C	500.0	413	33	88
农副食品加工业	13		9		
食品制造业	14		19		

使用来自政府部门的科技活动资金（万元）	研究开发费用加计扣除减免税（万元）	高新技术企业减免税（万元）	引进技术经费支出（万元）	消化吸收经费支出（万元）	购买国内技术经费支出（万元）	技术改造经费支出（万元）
16591.5	**5632.5**	**8528.6**	**1673.0**	**1227.2**	**1670.4**	**286893.2**
16591.5	5632.5	8528.6	1673.0	1227.2	1670.4	286893.2
8712.4	2439.1	3316.0	80.0	366.0	713.0	117667.1
14281.6	4267.3	7515.1	1280.0	1120.7	1599.8	240696.3
1172.1	985.2	104.5		217.5	3.0	26886.7
						70.0
10.0						2467.0
8388.4	2024.1	2647.8	80.0	620.7	1476.8	111480.7
705.0	48.8	173.3				2632.7
7683.4	1975.3	2474.5	80.0	620.7	1476.8	108848.0
1800.9	438.9	1974.5		82.5	120.0	21961.9
2910.2	819.1	2788.3	1200.0	200.0		77830.0
40.0						
2870.2	819.1	2788.3	1200.0	200.0		74572.0
						3258.0
1869.9	284.4	748.4	313.0	71.5	70.6	12600.5
1616.9	91.9	38.1	13.0	21.5	10.6	10787.5
216.0	192.5	710.3	300.0	50.0	60.0	1813.0
37.0						
440.0	1080.8	265.1	80.0	35.0		33596.4
410.0	1080.8	265.1	80.0	35.0		24974.4
30.0						8622.0
142.0			80.0	160.0	230.0	130.0
112.0						
30.0			80.0	160.0	230.0	130.0
16449.5	5632.5	8528.6	1593.0	1067.2	1440.4	242014.7
760.5	108.2			200.0		19284.3
116.7	34.0	302.8				9230.3

2-2 续表 9

指标名称	代码	专利所有权转让及许可收入(万元)	拥有注册商标数(件)	境外注册(件)	形成国家或行业标准数(项)
酒、饮料和精制茶制造业	15		30		
烟草制品业	16				
纺织业	17		10		
纺织服装、服饰业	18				
皮革、毛皮、羽毛及其制品和制鞋业	19				
木材加工和木、竹、藤、棕、草制品业	20		2		
家具制造业	21				
造纸和纸制品业	22		5		
印刷和记录媒介复制业	23				
文教、工美、体育和娱乐用品制造业	24				
石油加工、炼焦和核燃料加工业	25				
化学原料和化学制品制造业	26		33		
医药制造业	27		179	19	18
化学纤维制造业	28				
橡胶和塑料制品业	29		30		1
非金属矿物制品业	30		3		9
黑色金属冶炼和压延加工业	31		3		
有色金属冶炼和压延加工业	32		17	13	
金属制品业	33				
通用设备制造业	34		9		4
专用设备制造业	35		10		37
汽车制造业	36		16		6
铁路、船舶、航空航天和其他运输设备制造业	37				
电气机械和器材制造业	38	500.0	20		12
计算机、通信和其他电子设备制造业	39		9		
仪器仪表制造业	40		9	1	1
其他制造业	41				
废弃资源综合利用业	42				
金属制品、机械和设备修理业	43				
电力、热力、燃气及水生产和供应业	D				
电力、热力生产和供应业	44				
燃气生产和供应业	45				
水的生产和供应业	46				
五、按地区分组					
南宁市	4501		115		11
柳州市	4502		19		9
桂林市	4503	500.0	237	23	59
梧州市	4504		2		
北海市	4505		13		1
防城港市	4506				
钦州市	4507		3		1
贵港市	4508				
玉林市	4509		23	10	8
百色市	4510		1		
贺州市	4511		1		
河池市	4512				
来宾市	4513		3		
崇左市	4514				

使用来自政府部门的科技活动资金(万元)	研究开发费用加计扣除减免税(万元)	高新技术企业减免税(万元)	引进技术经费支出(万元)	消化吸收经费支出(万元)	购买国内技术经费支　出(万元)	技术改造经费支出(万元)
182.0						14940.0
633.0			300.0	50.0	60.0	18815.1
						10311.0
65.0					5.0	3010.0
18.0				32.5		19550.0
0.9						
1031.8	1022.7	929.4		300.5	249.0	3478.0
998.3	299.0	745.5		30.0	120.0	16416.5
271.5	48.8	173.3			20.5	2688.5
2519.6		10.5		50.0	203.6	25131.0
46.2						18681.5
3060.3		1022.0	13.0	21.5	415.6	27770.0
12.0	50.0	100.0				1000.0
693.7	150.0	122.0				1420.6
848.5	142.0	183.5	80.0	116.0	300.0	14599.0
3652.2	3036.7	3336.0		66.7	66.7	27735.6
787.3	328.1	664.1	1200.0	200.0		7252.4
626.0	383.0	922.5				352.6
126.0	30.0	17.0				348.3
						44748.5
						44748.5
3239.3	2002.1	3885.3	13.0	370.0	509.2	137071.0
3306.9	2254.2	2746.9	80.0	150.5	369.0	41502.7
4407.7	1014.3	645.6	1500.0	250.0	60.0	19589.6
2877.0					415.0	8653.0
725.5	210.3	128.8	80.0	360.0	230.0	12030.4
60.5	50.0	100.0			20.5	1026.7
157.9						4454.0
319.0						
825.4	101.6			96.7	66.7	3850.1
152.0						634.2
271.0		1022.0				450.0
240.3						39451.6
9.0						15673.6
						2506.3

2-3 规模以上工业法人企业单位

指标名称	代码	企业数(个)	有R&D活动的企业(个)	有研发机构的企业(个)	有新产品销售的企业(个)
总　计	**4**	**4997**	**407**	**288**	**387**
一、按企业规模分组					
大型	1	145	53	49	43
中型	2	1065	140	108	113
小型	3	3520	213	130	230
微型	4	267	1	1	1
二、按国有及国有控股分组					
国有及国有控股企业		524	77	61	78
三、按登记注册类型分组					
内资企业	100	4997	407	288	387
国有企业	110	172	16	13	16
集体企业	120	119	2	1	
股份合作企业	130	25	2	2	2
联营企业	140	3	1		1
国有联营企业	141				
集体联营企业	142	1			
国有与集体联营企业	143	1	1		1
其他联营企业	149	1			
有限责任公司	150	1445	147	99	128
国有独资公司	151	76	9	5	8
其他有限责任公司	159	1369	138	94	120
股份有限公司	160	213	54	45	49
私营企业	170	2966	182	127	191
私营独资企业	171	403	4	3	4
私营合伙企业	172	113	3	2	2
私营有限责任公司	173	2349	167	114	179
私营股份有限公司	174	101	8	8	6
其他企业	190	54	3	1	
四、按国民经济行业分组(大类)					
采矿业	B	311	6	2	1
煤炭开采和洗选业	06	18			1
石油和天然气开采业	07				
黑色金属矿采选业	08	70	1		
有色金属矿采选业	09	107	3	1	
非金属矿采选业	10	115	2	1	
开采辅助活动	11	1			
其他采矿业	12				
制造业	C	4455	400	285	386
农副食品加工业	13	479	21	18	19
食品制造业	14	124	18	7	14
酒、饮料和精制茶制造业	15	128	16	7	11
烟草制品业	16	2	1	1	1
纺织业	17	135	5	4	5
纺织服装、服饰业	18	57	1		

主要经济指标(内资)

主营业务收入(万元)	利润总额(万元)	资产总计(万元)	出口交货值(万元)	R&D人员合计(人)	女性	研究人员	全时人员
140807659.8	**7506644.4**	**108308801.8**	**3171359.8**	**22113**	**4458**	**7709**	**12936**
42648221.3	1777226.6	39210425.7	1448615.2	10260	2084	3707	5487
47557480.2	2731899.3	36715834.6	1117242.1	7444	1517	2445	4570
49015181.9	2904027.1	30833468.2	562476.6	4398	854	1553	2871
1586776.4	93491.4	1549073.3	43025.9	11	3	4	8
44923224.4	1169645.2	53134087.9	747050.3	9634	1767	4344	5525
140807659.8	7506644.4	108308801.8	3171359.8	22113	4458	7709	12936
10624393.5	210208.1	9540699.8	49929.2	1426	245	843	964
1810318.6	155640.8	560030.0	64553.6	35	8	7	10
611868.2	51652.4	430401.5		43	5	39	43
53738.1	7059.7	22840.4	59.3	9	5	6	5
2350.6	7.8	1511.0					
2817.4	-53.0	2422.2		9	5	6	5
48570.1	7104.9	18907.2	59.3				
50487358.7	2379557.3	50827579.2	1079151.9	8817	1627	3290	5360
7920129.3	-5702.0	13108821.1	50447.0	1626	221	567	656
42567229.4	2385259.3	37718758.1	1028704.9	7191	1406	2723	4704
18309257.6	893331.2	18352446.3	684921.0	6392	1383	2156	3177
56176290.3	3695200.3	28046551.9	1223942.7	5358	1177	1356	3374
5353047.4	429467.5	1462328.7	80593.4	35	4	14	9
1296115.8	115869.2	526423.3	74245.8	26	6	10	12
47135926.6	2891132.6	24575329.0	998077.0	5155	1147	1297	3271
2391200.5	258731.0	1482470.9	71026.5	142	20	35	82
2734434.8	113994.6	528252.7	68802.1	33	8	12	3
6354684.6	732919.1	4070716.3	15473.6	149	23	35	64
225620.5	1590.9	1029493.8					
1568962.2	142582.2	619451.0		6	1	2	2
2998559.7	394251.1	1667587.0		88	13	20	27
1551037.2	190401.0	750161.5	15473.6	55	9	13	35
10505.0	4093.9	4023.0					
123017315.5	6470204.4	82808419.8	3119279.7	20980	4350	7342	12804
13125428.4	733023.6	9530289.2	451742.2	967	218	320	506
2328431.0	185285.7	1389067.4	111147.1	543	198	114	420
2459193.1	203480.9	1887693.7	15504.1	555	172	106	376
1886543.4	271249.1	1486630.2	25.1	140	66	44	113
1853235.2	103185.2	1029382.0	20098.7	141	31	41	52
771671.5	69324.7	354172.0	22359.1	6		1	

2-3 续表 1

指标名称	代码	企业数(个)	有R&D活动的企业(个)	有研发机构的企业(个)	有新产品销售的企业(个)
皮革、毛皮、羽毛及其制品和制鞋业	19	42			
木材加工和木、竹、藤、棕、草制品业	20	460	2	3	5
家具制造业	21	44			
造纸和纸制品业	22	169	4	2	4
印刷和记录媒介复制业	23	69	1	1	11
文教、工美、体育和娱乐用品制造业	24	61	2	1	3
石油加工、炼焦和核燃料加工业	25	19	5	2	3
化学原料和化学制品制造业	26	437	40	29	28
医药制造业	27	141	45	33	33
化学纤维制造业	28	1			
橡胶和塑料制品业	29	151	9	7	10
非金属矿物制品业	30	575	21	14	16
黑色金属冶炼和压延加工业	31	275	9	9	12
有色金属冶炼和压延加工业	32	117	17	14	11
金属制品业	33	109	5	5	8
通用设备制造业	34	106	21	12	21
专用设备制造业	35	155	40	27	44
汽车制造业	36	304	52	48	52
铁路、船舶、航空航天和其他运输设备制造业	37	38	1	1	1
电气机械和器材制造业	38	136	32	21	42
计算机、通信和其他电子设备制造业	39	66	18	9	19
仪器仪表制造业	40	20	11	8	9
其他制造业	41	11	3	2	4
废弃资源综合利用业	42	21			
金属制品、机械和设备修理业	43	3			
电力、热力、燃气及水生产和供应业	D	231	1	1	
电力、热力生产和供应业	44	194	1	1	
燃气生产和供应业	45	5			
水的生产和供应业	46	32			
五、按地区分组					
南宁市	4501	879	124	74	167
柳州市	4502	777	86	84	84
桂林市	4503	613	68	44	53
梧州市	4504	361	18	14	12
北海市	4505	148	28	14	20
防城港市	4506	148	8	10	9
钦州市	4507	242	8	7	7
贵港市	4508	370	8	6	3
玉林市	4509	544	25	11	13
百色市	4510	233	10	3	6
贺州市	4511	152	7	7	7
河池市	4512	213	10	7	1
来宾市	4513	187	4	5	4
崇左市	4514	130	3	2	1

主营业务收入(万元)	利润总额(万元)	资产总计(万元)	出口交货值(万元)	R&D人员合计(人)	女性	研究人员	全时人员
427116.3	14931.0	153040.0	66473.6				
5775923.2	395541.3	2554585.9	230209.0	116	11	14	34
939611.1	83346.5	476480.6	11683.5				
2384887.8	66926.5	2121573.4	23238.8	119	25	35	60
894816.8	74099.3	506374.2	12515.9	11	2	6	11
638053.0	43422.2	151503.4	103686.3	23		17	18
8308695.3	-113438.0	3940776.4	12020.3	59	20	30	31
7926461.4	538942.3	6521468.8	281815.9	2024	490	1031	1416
2865364.8	400703.7	2306005.7	58656.3	1498	533	727	1036
3449.9	-23.4	5907.2					
2354269.4	114433.7	1775897.4	17297.8	431	169	177	374
9793157.6	888086.0	5958260.6	203347.8	603	131	222	391
20828604.9	658905.8	10748035.4	46322.7	1126	313	202	539
8268833.0	79803.7	10307002.4	633998.4	1896	374	264	588
2504983.2	116388.9	1604556.5	61431.8	668	14	61	93
1566433.3	75186.6	1346825.9	8185.6	756	104	221	367
3988802.4	231262.0	4391972.0	371949.0	2654	474	1312	2023
10412925.6	369424.6	7086299.2	59734.0	3749	480	1077	2030
1185595.9	109723.6	598420.1	1206.4	88	4	16	73
4961028.5	363741.5	2733316.1	209424.0	1602	294	613	1200
3065745.5	326608.9	1127019.6	61080.5	877	173	549	801
299651.3	23524.4	189023.5	20084.6	218	40	74	157
134188.5	9449.2	62575.3	4041.2	110	14	68	95
1040133.2	31724.0	452891.0					
24081.0	1940.9	11374.7					
11435659.7	303520.9	21429665.7	36606.5	984	85	332	68
11055249.0	266765.5	20262147.4	36606.5	984	85	332	68
172405.4	2820.9	182198.9					
208005.3	33934.5	985319.4					
25485262.9	1410518.3	19931349.9	304841.1	5505	1317	2162	3132
27538855.9	666820.9	21442717.3	536018.0	5193	828	2131	3028
16050347.4	1454733.9	9881357.8	663571.1	4484	978	1994	3199
14519343.4	1211810.0	5893856.8	75402.8	1175	227	163	448
9560150.4	601047.0	4559261.8	384008.7	940	145	214	647
5201511.3	259419.6	4187559.1	76662.9	882	263	70	468
8940782.3	121443.9	5462917.3	150459.2	390	55	99	285
5859622.5	468703.1	4914787.7	48290.3	719	206	219	424
8476929.2	614363.8	4111318.1	370099.9	986	182	172	485
6983744.2	62633.9	10644419.3	43607.5	261	40	71	124
2568971.0	209080.8	2277982.6	28795.5	221	43	65	165
2826371.7	5828.9	7234084.7	483199.8	729	101	175	231
3661560.5	-203.9	4564641.9	415.0	567	64	154	277
3134207.1	420444.2	3202547.5	5988.0	61	9	20	23

2-3 续表 2

指标名称	代码	R&D人员全时当量(人年)	R&D经费内部支出(万元)	日常性支出(万元)	人员劳务费(万元)
总 计	**4**	**14432**	**538800.6**	**447309.6**	**116843.5**
一、按企业规模分组					
大型	1	7527	273975.1	235751.1	69549.9
中型	2	4143	169340.4	131911.7	30623.9
小型	3	2751	95347.5	79511.8	16616.9
微型	4	11	137.6	135.0	52.8
二、按国有及国有控股分组					
国有及国有控股企业		6794	237319.8	199592.5	62785.9
三、按登记注册类型分组					
内资企业	100	14432	538800.6	447309.6	116843.5
国有企业	110	701	22534.1	18935.9	7671.6
集体企业	120	20	271.1	210.3	38.5
股份合作企业	130	43	1041.3	1041.3	235.8
联营企业	140	7	51.0	51.0	15.0
国有联营企业	141				
集体联营企业	142				
国有与集体联营企业	143	7	51.0	51.0	15.0
其他联营企业	149				
有限责任公司	150	6143	219201.8	183699.7	53232.5
国有独资公司	151	1169	11770.3	10139.2	4446.0
其他有限责任公司	159	4975	207431.5	173560.5	48786.5
股份有限公司	160	4031	129502.2	112448.8	28501.0
私营企业	170	3470	164588.6	129312.1	26975.8
私营独资企业	171	17	835.9	614.0	123.3
私营合伙企业	172	17	1153.0	1063.7	164.8
私营有限责任公司	173	3369	159723.7	125206.1	25905.8
私营股份有限公司	174	67	2876.0	2428.3	781.9
其他企业	190	17	1610.5	1610.5	173.3
四、按国民经济行业分组(大类)					
采矿业	B	58	954.1	799.4	349.6
煤炭开采和洗选业	06				
石油和天然气开采业	07				
黑色金属矿采选业	08	1	4.5	2.3	0.5
有色金属矿采选业	09	14	657.8	566.8	280.3
非金属矿采选业	10	44	291.8	230.3	68.8
开采辅助活动	11				
其他采矿业	12				
制造业	C	13390	532712.8	441955.2	114393.1
农副食品加工业	13	569	20911.5	19030.6	5115.7
食品制造业	14	165	7839.2	7155.1	1298.3
酒、饮料和精制茶制造业	15	365	15044.4	13548.0	1696.8
烟草制品业	16	110	3991.0	3435.1	1761.2
纺织业	17	90	2067.0	1820.9	535.1
纺织服装、服饰业	18	1	7.0	7.0	5.0

资产性支出（万元）	仪器和设备（万元）	政府资金（万元）	企业资金（万元）	其他资金（万元）	R&D经费外部支出（万元）	对境内研究机构支出（万元）
91491.0	**89904.0**	**28872.1**	**507271.0**	**2657.5**	**21184.5**	**15548.3**
38224.0	37538.1	11039.0	262755.7	180.4	15318.5	11850.5
37428.7	36911.2	10558.2	158013.6	768.6	4191.9	2678.1
15835.7	15452.1	7244.9	86394.1	1708.5	1642.9	1019.7
2.6	2.6	30.0	107.6		31.2	
37727.3	37181.7	14561.8	222452.7	305.3	14586.2	11188.8
91491.0	89904.0	28872.1	507271.0	2657.5	21184.5	15548.3
3598.2	3575.1	2479.9	20054.2		640.6	442.4
60.8	56.3	70.0	201.1		16.0	
			1041.3			
			51.0			
			51.0			
35502.1	35012.6	10141.7	208242.1	818.0	12925.0	10419.8
1631.1	1578.3	715.0	11055.3		783.3	122.5
33871.0	33434.3	9426.7	197186.8	818.0	12141.7	10297.3
17053.4	16834.6	9773.1	119403.7	325.4	5049.1	3281.5
35276.5	34425.4	6357.4	156717.1	1514.1	2536.4	1404.6
221.9	199.9	168.0	667.9		30.8	10.0
89.3	87.9	30.6	1122.4		31.2	
34517.6	33691.7	5729.6	152480.0	1514.1	2408.7	1328.9
447.7	445.9	429.2	2446.8		65.7	65.7
		50.0	1560.5		17.4	
154.7	152.2	144.0	810.1		61.4	10.0
2.2	2.2	2.0	2.5		1.4	
91.0	90.0	112.0	545.8			
61.5	60.0	30.0	261.8		60.0	10.0
90757.6	89224.4	28648.1	501407.2	2657.5	20621.9	15509.0
1880.9	1780.1	1065.0	19395.8	450.7	204.4	106.9
684.1	659.0	602.3	7101.4	135.5	128.0	71.1
1496.4	1441.1	2252.7	12791.7		523.6	361.3
555.9	555.9	86.9	3904.1		1496.4	767.7
246.1	246.1	311.3	1755.7		51.0	22.0
			7.0			

2-3 续表 3

指标名称	代码	R&D人员全时当量(人年)	R&D经费内部支出(万元)	日常性支出(万元)	人员劳务费(万元)
皮革、毛皮、羽毛及其制品和制鞋业	19				
木材加工和木、竹、藤、棕、草制品业	20	6	1018.8	906.7	59.9
家具制造业	21				
造纸和纸制品业	22	66	3114.3	2582.8	718.2
印刷和记录媒介复制业	23	2	98.4	71.4	27.5
文教、工美、体育和娱乐用品制造业	24	2	485.3	307.3	161.5
石油加工、炼焦和核燃料加工业	25	21	1310.0	1195.5	187.1
化学原料和化学制品制造业	26	1670	52728.6	42322.2	8209.8
医药制造业	27	1042	31870.6	28597.6	5885.1
化学纤维制造业	28				
橡胶和塑料制品业	29	344	5871.7	4432.9	1603.5
非金属矿物制品业	30	435	9816.2	7672.6	2004.3
黑色金属冶炼和压延加工业	31	577	58978.8	48173.7	9152.9
有色金属冶炼和压延加工业	32	721	68080.4	39721.6	5344.4
金属制品业	33	158	6415.4	3336.0	467.4
通用设备制造业	34	399	6845.5	5924.0	1948.5
专用设备制造业	35	1674	90243.2	81196.0	19211.9
汽车制造业	36	3227	91710.2	79241.9	31101.0
铁路、船舶、航空航天和其他运输设备制造业	37	88	1416.5	1318.6	283.9
电气机械和器材制造业	38	973	29193.7	28354.8	9191.1
计算机、通信和其他电子设备制造业	39	421	15488.3	14179.1	6431.6
仪器仪表制造业	40	170	4826.8	4438.2	1227.1
其他制造业	41	94	3340.0	2985.6	764.3
废弃资源综合利用业	42				
金属制品、机械和设备修理业	43				
电力、热力、燃气及水生产和供应业	D	984	5133.7	4555.0	2100.8
电力、热力生产和供应业	44	984	5133.7	4555.0	2100.8
燃气生产和供应业	45				
水的生产和供应业	46				
五、按地区分组					
南宁市	4501	3917	106948.4	95689.7	21031.0
柳州市	4502	4554	143238.7	125101.3	42876.9
桂林市	4503	2270	101237.4	86817.8	23945.0
梧州市	4504	476	17190.7	10849.3	1948.5
北海市	4505	684	18363.5	16832.2	5340.1
防城港市	4506	555	52244.6	41257.9	8556.5
钦州市	4507	195	9588.6	8944.8	1602.0
贵港市	4508	417	8547.3	7001.3	3097.3
玉林市	4509	584	28179.7	15780.8	2991.6
百色市	4510	54	7941.5	5592.2	1114.9
贺州市	4511	140	3127.4	2722.1	901.3
河池市	4512	179	11949.9	10748.4	1454.4
来宾市	4513	372	29403.8	19146.9	1888.8
崇左市	4514	35	839.1	824.9	95.2

资产性支出（万元）	仪器和设备（万元）	政府资金（万元）	企业资金（万元）	其他资金（万元）	R&D经费外部支出（万元）	对境内研究机构支出（万元）
112.1	108.5	115.7	890.0	13.1	7.9	7.9
531.5	530.9	60.5	3053.8		61.7	
27.0	27.0		98.4			
178.0	178.0	20.0	457.0	8.3		
114.5	111.6	100.6	1209.4		78.5	78.5
10406.4	10361.1	2336.5	50392.1		328.5	242.7
3273.0	3197.6	1798.0	29836.0	236.6	3025.6	2420.7
1438.8	1435.4	375.4	5496.3		121.0	121.0
2143.6	2093.4	1887.5	7678.4	250.3	68.0	49.6
10805.1	10341.5	409.1	58454.6	115.1	103.2	62.0
28358.8	28056.0	4642.3	63438.1		2194.9	1559.8
3079.4	3077.1	1032.6	5382.8		17.0	17.0
921.5	915.3	791.3	5743.4	310.8	145.6	93.2
9047.2	8862.6	4799.0	85292.0	152.2	1217.4	365.1
12468.3	12373.1	2945.2	88318.8	446.2	9571.1	8696.0
97.9	82.5	74.5	1342.0			
838.9	818.2	1443.9	27444.5	305.3	729.1	147.3
1309.2	1287.6	1116.3	14372.0		535.4	319.2
388.6	357.2	272.7	4554.1		13.6	
354.4	327.6	108.8	2997.8	233.4		
578.7	527.4	80.0	5053.7		501.2	29.3
578.7	527.4	80.0	5053.7		501.2	29.3
11258.7	11034.3	6362.9	99776.4	809.1	2634.6	1113.5
18137.4	17936.0	7492.8	135283.0	462.9	10597.1	9010.9
14419.6	14263.5	6433.5	93945.2	858.7	2760.4	1564.2
6341.4	6328.1	3510.1	13680.6		3012.6	2583.7
1531.3	1513.2	1218.8	17144.7		239.7	150.7
10986.7	10496.7	328.7	51915.9		62.3	62.0
643.8	627.4	160.1	9428.5		39.8	11.0
1546.0	1458.7	390.9	8156.4		138.9	82.2
12398.9	12358.8	1009.0	26680.6	490.1	444.5	338.2
2349.3	2341.4	313.2	7591.6	36.7	29.7	
405.3	373.5	427.9	2699.5		171.1	119.0
1201.5	1156.0	915.7	11034.2		1036.0	503.3
10256.9	10002.6	166.9	29236.9		3.9	3.9
14.2	13.8	141.6	697.5		13.9	5.7

2-3 续表 4

指标名称	代码	对境内高等学校支出(万元)	对境外支出(万元)	项目数(项)	参加项目人员(人)
总　计	**4**	**4360.7**	**1036.0**	**2424**	**20133**
一、按企业规模分组					
大型	1	2690.1	733.1	784	9453
中型	2	1164.7	219.6	982	6690
小型	3	474.7	83.3	657	3979
微型	4	31.2		1	11
二、按国有及国有控股分组					
国有及国有控股企业		2535.8	733.1	835	8696
三、按登记注册类型分组					
内资企业	100	4360.7	1036.0	2424	20133
国有企业	110	197.7		170	1341
集体企业	120	16.0		6	29
股份合作企业	130			6	22
联营企业	140			1	8
国有联营企业	141				
集体联营企业	142				
国有与集体联营企业	143			1	8
其他联营企业	149				
有限责任公司	150	1771.5	509.5	929	7853
国有独资公司	151	532.8		134	1532
其他有限责任公司	159	1238.7	509.5	795	6321
股份有限公司	160	1366.8	400.8	582	5888
私营企业	170	991.3	125.7	726	4960
私营独资企业	171	20.0		8	29
私营合伙企业	172	31.2		4	24
私营有限责任公司	173	940.1	125.7	684	4778
私营股份有限公司	174			30	129
其他企业	190	17.4		4	32
四、按国民经济行业分组(大类)					
采矿业	B	51.4		15	128
煤炭开采和洗选业	06				
石油和天然气开采业	07				
黑色金属矿采选业	08	1.4		1	5
有色金属矿采选业	09			6	71
非金属矿采选业	10	50.0		8	52
开采辅助活动	11				
其他采矿业	12				
制造业	C	3837.4	1036.0	2350	19075
农副食品加工业	13	93.0		105	932
食品制造业	14	24.1	32.8	106	497
酒、饮料和精制茶制造业	15	123.5	38.8	71	508
烟草制品业	16	728.7		36	133
纺织业	17	29.0		13	131
纺织服装、服饰业	18			2	5

项目人员折合全时当量（人年）	项目经费内部支出（万元）	机构数（个）	机　构人员数（人）	博　士（人）	硕　士（人）	本　科（人）	机构经费支　出（万元）
13120	**469607.6**	**393**	**16651**	**255**	**1365**	**10078**	**371495.8**
6876	246729.4	91	7357	110	695	4586	212348.4
3703	139831.9	153	5971	57	402	3472	100617.6
2530	82926.3	148	3312	86	266	2018	58484.0
11	120.0	1	11	2	2	2	45.8
6100	209692.8	114	8000	104	778	5105	180430.4
13120	469607.6	393	16651	255	1365	10078	371495.8
648	18060.6	23	1442	15	117	791	26662.7
17	203.0	1	5			1	26.0
22	1033.0	2	34			27	729.3
6	50.0						
6	50.0						
5493	188060.9	134	5549	72	561	3598	154034.2
1102	8758.5	13	710	7	152	496	17136.7
4391	179302.4	121	4839	65	409	3102	136897.5
3722	116493.5	78	5099	75	359	3168	72674.7
3196	144130.6	154	4512	92	325	2487	116896.2
15	736.1	9	27		2	8	549.9
17	1068.0	2	21	2	4	8	1224.8
3103	140015.1	134	4067	86	307	2245	109592.3
61	2311.4	9	397	4	12	226	5529.2
17	1576.0	1	10	1	3	6	472.7
52	883.1	2	45	4	9	21	340.0
	2.5						
10	623.3	1	9	1		8	160.0
41	257.3	1	36	3	9	13	180.0
12138	465325.7	390	16364	244	1247	9941	359235.2
555	20045.1	31	926	40	104	557	23671.4
156	6841.1	7	125	1	8	57	997.9
338	12528.3	12	413	2	33	214	11751.9
104	3655.4	1	99	8	20	60	6166.4
82	1868.8	11	106	2	10	56	5161.9
1	7.0						

2-3 续表 5

指标名称	代码	对境内高等学校支出(万元)	对境外支出(万元)	项目数(项)	参加项目人员(人)
皮革、毛皮、羽毛及其制品和制鞋业	19				
木材加工和木、竹、藤、棕、草制品业	20			9	105
家具制造业	21				
造纸和纸制品业	22	61.7		12	113
印刷和记录媒介复制业	23			1	6
文教、工美、体育和娱乐用品制造业	24			2	23
石油加工、炼焦和核燃料加工业	25			11	56
化学原料和化学制品制造业	26	85.2		225	1813
医药制造业	27	441.4	162.5	289	1372
化学纤维制造业	28				
橡胶和塑料制品业	29			69	383
非金属矿物制品业	30	18.3	0.1	72	566
黑色金属冶炼和压延加工业	31			43	1080
有色金属冶炼和压延加工业	32	590.3		117	1786
金属制品业	33			14	649
通用设备制造业	34	42.3		101	594
专用设备制造业	35	579.3	265.1	318	2467
汽车制造业	36	236.8	509.5	368	3247
铁路、船舶、航空航天和其他运输设备制造业	37			5	80
电气机械和器材制造业	38	581.2		202	1387
计算机、通信和其他电子设备制造业	39	189.0	27.2	96	830
仪器仪表制造业	40	13.6		43	206
其他制造业	41			20	106
废弃资源综合利用业	42				
金属制品、机械和设备修理业	43				
电力、热力、燃气及水生产和供应业	D	471.9		59	930
电力、热力生产和供应业	44	471.9		59	930
燃气生产和供应业	45				
水的生产和供应业	46				
五、按地区分组					
南宁市	4501	1519.9	0.1	867	5126
柳州市	4502	672.4	774.9	439	4559
桂林市	4503	966.0	222.2	522	4028
梧州市	4504	387.7		94	1121
北海市	4505	89.0		96	870
防城港市	4506	0.3		16	842
钦州市	4507	28.8		43	319
贵港市	4508	17.9	38.8	51	699
玉林市	4509	100.8		168	914
百色市	4510	29.7		33	235
贺州市	4511	52.1		24	165
河池市	4512	487.9		46	652
来宾市	4513			19	544
崇左市	4514	8.2		6	59

项目人员折合全时当量(人年)	项目经费内部支出(万元)	机构数(个)	机构人员数(人)	博士(人)	硕士(人)	本科(人)	机构经费支出(万元)
6	897.2	4	100		12	61	1390.9
62	3095.8	2	19	2	2	5	176.2
1	98.0	1	4			4	10.0
2	485.3	1	8		1	4	125.2
21	1241.1	2	28		5	17	1404.4
1491	49586.6	41	2182	28	153	1222	25516.5
971	27756.9	40	1311	36	102	940	25897.0
306	4641.7	8	250	7	14	122	3195.7
407	7521.4	20	667	11	89	300	23500.1
557	57887.4	12	566	5	34	274	59148.5
680	39948.8	28	849	12	95	368	15366.2
148	3340.6	9	248	6	36	147	7279.2
325	6071.8	18	423	5	7	275	3504.7
1575	81386.2	38	2492	40	208	1903	34958.0
2756	86742.4	50	3256	10	146	2047	73964.5
80	1142.3	1	300		3	52	3077.6
863	26407.5	32	1273	8	108	735	21318.1
397	14524.4	11	410	10	29	343	4921.2
162	4488.5	8	231	5	9	132	4139.6
93	3116.1	2	78	6	19	46	2592.1
930	3398.8	1	242	7	109	116	11920.6
930	3398.8	1	242	7	109	116	11920.6
3668	94477.2	110	3607	86	448	2051	82993.7
3962	136831.1	97	5954	37	337	3806	116414.1
2076	84257.1	62	3063	42	283	1910	52135.5
449	15052.1	21	525	9	42	333	5458.8
644	17556.6	17	597	16	40	403	18075.2
527	51275.7	14	483	9	9	220	45078.6
148	8987.6	7	242	6	14	146	5701.0
406	8372.3	10	664	31	66	426	9572.2
543	16682.1	13	374	4	14	229	11739.1
50	5492.7	3	220	4	30	87	5902.4
102	2520.4	10	282		9	134	3314.1
159	7073.6	10	363	8	25	136	7987.2
355	20315.1	15	220	1	32	163	6730.5
33	714.0	4	57	2	16	34	393.4

2-3 续表 6

指标名称	代码	仪器和设备原价(万元)	进口(万元)	新产品开发项目数(个)	新产品开发经费支出(万元)
总　计	**4**	**277603.8**	**32088.4**	**2670**	**575486.3**
一、按企业规模分组					
大型	1	151585.6	26131.9	816	324234.3
中型	2	66805.1	4747.2	1057	130806.5
小型	3	59210.5	1209.3	796	120307.9
微型	4	2.6		1	137.6
二、按国有及国有控股分组					
国有及国有控股企业		107358.6	14981.9	843	283339.8
三、按登记注册类型分组					
内资企业	100	277603.8	32088.4	2670	575486.3
国有企业	110	21450.6	2062.4	157	63851.3
集体企业	120	140.0	22.0	6	96.0
股份合作企业	130	199.6		7	1499.6
联营企业	140				
国有联营企业	141				
集体联营企业	142				
国有与集体联营企业	143				
其他联营企业	149				
有限责任公司	150	108741.7	18059.1	960	209149.8
国有独资公司	151	21212.2	550.5	81	8539.3
其他有限责任公司	159	87529.5	17508.6	879	200610.5
股份有限公司	160	54957.3	10348.4	768	147295.7
私营企业	170	91354.6	1596.5	765	151348.2
私营独资企业	171	711.4		11	1338.3
私营合伙企业	172	109.6	98.0	2	790.1
私营有限责任公司	173	86683.0	1498.5	715	145357.3
私营股份有限公司	174	3850.6		37	3862.5
其他企业	190	760.0		7	2245.7
四、按国民经济行业分组(大类)					
采矿业	B	210.0	110.0	15	924.2
煤炭开采和洗选业	06			5	608.1
石油和天然气开采业	07				
黑色金属矿采选业	08			2	10.3
有色金属矿采选业	09	90.0	60.0	1	61.3
非金属矿采选业	10	120.0	50.0	7	244.5
开采辅助活动	11				
其他采矿业	12				
制造业	C	259976.3	31433.4	2625	572122.8
农副食品加工业	13	13993.5	4612.6	132	36873.6
食品制造业	14	1602.9	47.5	84	12981.2
酒、饮料和精制茶制造业	15	3487.2	260.2	109	31485.8
烟草制品业	16	4544.9	2634.6	66	4921.2
纺织业	17	3018.4	2010.6	46	8180.6
纺织服装、服饰业	18			2	7.0

新产品销售收入（万元）	新产品出口（万元）	专利申请数（件）	发明专利（件）	有效发明专利（件）	境外授权（件）	专利所有权转让及许可数（件）
8815589.8	**337160.6**	**3271**	**1807**	**1634**	**17**	**70**
6191924.3	251822.5	1416	751	487	1	53
1873849.4	73170.2	861	545	489	5	11
746416.1	12167.9	991	510	657	11	6
3400.0		3	1	1		
4767897.8	207245.6	1376	769	554	4	54
8815589.8	337160.6	3271	1807	1634	17	70
915290.9	57965.4	199	92	131	1	13
		19	6	6		
1162.0		58	58			
53.0						
53.0						
3424050.5	90342.1	1147	622	485	3	10
81612.3	5636.3	176	96	29		
3342438.2	84705.8	971	526	456	3	10
2054125.5	166814.5	878	542	515	1	38
2420907.9	22038.6	964	485	493	12	9
2184.0		6	3	3		
4854.9		3	2	7		
2344548.9	19148.1	894	449	450	12	9
69320.1	2890.5	61	31	33		
		6	2	4		
699.4		15	9	11		24
699.4				4		22
		9	5	3		
		6	4	4		2
8814890.4	337160.6	3119	1719	1611	17	46
237908.8	18303.6	94	48	49	3	
41025.9		42	28	19		
216680.2	2006.3	116	82	109		24
307243.5	24.8	42	28	13		
58037.2	1200.0	10	5	7		

2-3 续表 7

指标名称	代码	仪器和设备原价（万元）	进口（万元）	新产品开发项目数（个）	新产品开发经费支出（万元）
皮革、毛皮、羽毛及其制品和制鞋业	19				
木材加工和木、竹、藤、棕、草制品业	20	1950.3	55.0	14	1522.1
家具制造业	21				
造纸和纸制品业	22	82.6		10	8488.4
印刷和记录媒介复制业	23	1400.0		3	117.5
文教、工美、体育和娱乐用品制造业	24	42.9		1	468.7
石油加工、炼焦和核燃料加工业	25	186.7	98.0	16	1281.9
化学原料和化学制品制造业	26	18912.7	915.1	168	41848.2
医药制造业	27	24587.5	3742.4	267	30032.7
化学纤维制造业	28				
橡胶和塑料制品业	29	5086.2	130.5	76	6130.3
非金属矿物制品业	30	8886.5	1783.6	59	8990.8
黑色金属冶炼和压延加工业	31	23826.7	265.0	27	80198.2
有色金属冶炼和压延加工业	32	7168.3	1408.7	50	15895.5
金属制品业	33	19544.4	1500.0	10	4727.3
通用设备制造业	34	3208.9	40.0	123	9242.8
专用设备制造业	35	27587.9	133.3	337	97918.2
汽车制造业	36	61308.6	11553.8	598	110604.6
铁路、船舶、航空航天和其他运输设备制造业	37	1809.9		4	850.6
电气机械和器材制造业	38	16003.9	119.5	224	33191.8
计算机、通信和其他电子设备制造业	39	6548.6		125	17232.0
仪器仪表制造业	40	4166.1	123.0	55	6175.4
其他制造业	41	1020.7		19	2756.4
废弃资源综合利用业	42				
金属制品、机械和设备修理业	43				
电力、热力、燃气及水生产和供应业	D	17417.5	545.0	30	2439.3
电力、热力生产和供应业	44	17417.5	545.0	30	2439.3
燃气生产和供应业	45				
水的生产和供应业	46				
五、按地区分组					
南宁市	4501	67394.3	8836.0	1045	124841.0
柳州市	4502	79548.0	3112.0	561	210520.0
桂林市	4503	68676.4	13038.6	558	106354.4
梧州市	4504	2695.4	617.7	85	11401.1
北海市	4505	6051.7	50.0	93	20653.4
防城港市	4506	23014.0	588.5	39	48266.1
钦州市	4507	4778.6	398.0	41	6120.3
贵港市	4508	9251.4	3912.1	44	7652.6
玉林市	4509	4491.9	326.5	103	18398.0
百色市	4510	3754.1	526.7	42	13604.7
贺州市	4511	4052.5	25.0	31	3182.4
河池市	4512	2126.8	456.0	9	876.7
来宾市	4513	1177.2	90.0	11	2690.0
崇左市	4514	591.5	111.3	8	925.6

新产品销售收入（万元）	新产品出口（万元）	专利申请数（件）	发明专利（件）	有效发明专利（件）	境外授权（件）	专利所有权转让及许可数（件）
30274.2		22	19	24		
5648.3	701.2	20	4	13		
18121.8		5		6		
914.2	340.0	9	2	1		
1613.3		12	3	8		
181493.3	10900.6	264	210	205		
626992.6	15079.7	171	117	186	9	
61001.7	9821.8	37	23	29		
148736.9	14528.9	285	117	39		
2132870.9	55312.0	42	28	26	3	3
805167.1	10417.3	148	84	91		
40383.2	1184.5	94	71	28		1
50602.5	4806.5	86	30	43		3
1106952.3	78981.8	622	268	276	1	2
2235038.1	39573.5	658	382	148		
5273.7		4	1			12
410897.0	73361.2	167	84	141	1	1
66085.2	23.4	125	64	110		
17636.1	593.5	34	17	28		
8292.4		10	4	12		
		137	79	12		
		137	79	12		
1151660.6	28219.9	616	350	427	1	21
3614974.0	160146.6	1134	643	309	2	13
879479.6	109284.4	574	266	492	8	1
910743.5	214.5	162	142	30		
214622.9	6689.2	213	114	105	3	2
1498940.3		66	48	63		8
91308.3	9728.1	70	42	30		
31265.6	459.8	17	9	20		
159864.6	11114.8	248	81	41		
79128.9	3342.6	27	13	45		22
74555.0	7850.1	29	18	13		
12354.0		65	46	38		
88215.1		34	19	8	3	3
8477.4	110.6	16	16	13		

2-3 续表 8

指标名称	代码	专利所有权转让及许可收入(万元)	拥有注册商标数(件)	境外注册(件)	形成国家或行业标准数(项)
总　计	**4**	**2302.0**	**2495**	**424**	**173**
一、按企业规模分组					
大型	1	122.0	1695	379	54
中型	2	500.0	407	33	87
小型	3	1680.0	392	12	29
微型	4		1		3
二、按国有及国有控股分组					
国有及国有控股企业		1802.0	866	55	105
三、按登记注册类型分组					
内资企业	100	2302.0	2495	424	173
国有企业	110		58		7
集体企业	120		2		1
股份合作企业	130				
联营企业	140				
国有联营企业	141				
集体联营企业	142				
国有与集体联营企业	143				
其他联营企业	149				
有限责任公司	150	1802.0	1224	384	104
国有独资公司	151		37		44
其他有限责任公司	159	1802.0	1187	384	60
股份有限公司	160		941	34	33
私营企业	170	500.0	267	6	28
私营独资企业	171		3		1
私营合伙企业	172				
私营有限责任公司	173	500.0	251	6	24
私营股份有限公司	174		13		3
其他企业	190		3		
四、按国民经济行业分组(大类)					
采矿业	B		2		1
煤炭开采和洗选业	06				
石油和天然气开采业	07				
黑色金属矿采选业	08				
有色金属矿采选业	09				
非金属矿采选业	10		2		1
开采辅助活动	11				
其他采矿业	12				
制造业	C	2302.0	2493	424	169
农副食品加工业	13		40	1	4
食品制造业	14		104		1
酒、饮料和精制茶制造业	15		132	5	2
烟草制品业	16		120	29	7
纺织业	17		10		
纺织服装、服饰业	18				

使用来自政府部门的科技活动资金（万元）	研究开发费用加计扣除减免税（万元）	高新技术企业减免税（万元）	引进技术经费支出（万元）	消化吸收经费支出（万元）	购买国内技术经费支出（万元）	技术改造经费支出（万元）
47033.8	**15464.9**	**26588.9**	**2501.0**	**2855.2**	**10658.5**	**997835.4**
20835.4	6869.6	15229.4	1155.0	1546.0	7934.0	547665.6
14281.6	4267.3	7515.1	1280.0	1120.7	1599.8	240696.3
11886.8	4328.0	3844.4	66.0	188.5	1124.7	205786.5
30.0						3687.0
20445.4	8404.4	11012.8	1156.0	1725.6	5166.3	534253.1
47033.8	15464.9	26588.9	2501.0	2855.2	10658.5	997835.4
3466.4	2340.7	1765.4	1.0	297.1	69.5	241083.1
80.0						3570.0
10.0						2467.0
15237.1	6752.8	9254.6	1260.0	1936.7	5945.6	296414.8
1055.0	48.8	173.3				77884.1
14182.1	6704.0	9081.3	1260.0	1936.7	5945.6	218530.7
17780.7	3710.3	9650.7		312.5	4044.4	159267.5
10288.6	2661.1	5918.2	1240.0	308.9	599.0	287415.0
233.0						11151.2
30.8						966.0
9204.9	2288.7	5545.8	1240.0	308.9	599.0	263153.7
819.9	372.4	372.4				12144.1
171.0						7618.0
268.0			80.0	160.0	280.0	18597.0
115.0					50.0	1687.0
2.0						15570.0
121.0						500.0
30.0			80.0	160.0	230.0	840.0
46635.8	15464.9	26588.9	2421.0	2695.2	10378.5	851858.8
2106.7	183.2	82.7		200.0	2718.3	25791.5
687.6	135.9	493.7		200.0	200.0	16154.8
8129.7	437.5					23901.6
150.0			1155.0	885.0	1535.3	12467.5
1059.5						22005.1

2-3 续表 9

指标名称	代码	专利所有权转让及许可收入(万元)	拥有注册商标数(件)	境外注册(件)	形成国家或行业标准数(项)
皮革、毛皮、羽毛及其制品和制鞋业	19				
木材加工和木、竹、藤、棕、草制品业	20		2		
家具制造业	21				
造纸和纸制品业	22		11		
印刷和记录媒介复制业	23				
文教、工美、体育和娱乐用品制造业	24		5		3
石油加工、炼焦和核燃料加工业	25		1		
化学原料和化学制品制造业	26		532	8	2
医药制造业	27		1019	346	32
化学纤维制造业	28				
橡胶和塑料制品业	29		38		2
非金属矿物制品业	30	1680.0	38	8	14
黑色金属冶炼和压延加工业	31	122.0	10		2
有色金属冶炼和压延加工业	32		43	14	9
金属制品业	33				
通用设备制造业	34		15		11
专用设备制造业	35		105	8	44
汽车制造业	36		159	4	9
铁路、船舶、航空航天和其他运输设备制造业	37				5
电气机械和器材制造业	38	500.0	49		13
计算机、通信和其他电子设备制造业	39		34		8
仪器仪表制造业	40		21	1	1
其他制造业	41		5		
废弃资源综合利用业	42				
金属制品、机械和设备修理业	43				
电力、热力、燃气及水生产和供应业	D				3
电力、热力生产和供应业	44				3
燃气生产和供应业	45				
水的生产和供应业	46				
五、按地区分组					
南宁市	4501	1680.0	651	29	33
柳州市	4502		1102	339	29
桂林市	4503	500.0	510	34	72
梧州市	4504		24	2	7
北海市	4505		44		4
防城港市	4506		14		2
钦州市	4507		12		1
贵港市	4508		9	1	4
玉林市	4509		71	18	10
百色市	4510		8		3
贺州市	4511		18	1	
河池市	4512		17		8
来宾市	4513	122.0	6		
崇左市	4514		9		

使用来自政府部门的科技活动资金（万元）	研究开发费用加计扣除减免税（万元）	高新技术企业减免税（万元）	引进技术经费支出（万元）	消化吸收经费支出（万元）	购买国内技术经费支　出（万元）	技术改造经费支出（万元）
						10311.0
184.7					25.5	6650.6
597.1				32.5	71.0	43449.6
						6287.0
30.2						120.0
101.7	85.9	97.1			7.2	316.0
3289.6	1302.5	1717.7		529.1	249.0	66589.6
2879.5	527.1	6076.8		30.0	3892.9	19784.6
508.5	66.8	173.3			20.5	8656.8
2887.9	964.8	1170.7		130.0	203.6	28287.1
986.2	907.5					273820.2
5993.5		1022.0		231.0	486.0	46482.9
1083.2	50.0	100.0	1.0	1.0	30.0	15252.0
1265.8	161.5	122.9	25.0			6889.3
6309.6	1838.6	1063.9		139.9	310.0	75667.2
4387.1	4556.8	9082.4	40.0	116.7	84.7	98307.6
128.7					36.5	1994.6
1867.4	3472.2	3626.9	1200.0	200.0	508.0	37208.7
1551.2	614.8	940.7				2316.5
330.4	72.5	171.3				1786.0
120.0	87.3	646.8				1361.0
130.0						127379.6
130.0						122858.9
						4520.7
9000.3	2533.2	6693.6	1155.0	1233.5	2519.4	288936.1
11038.9	7885.2	9075.5	66.0	396.5	470.7	389099.8
13985.5	1882.0	8073.0	1200.0	258.9	991.3	51274.7
4201.6	47.0				3236.6	9039.7
1567.0	2554.1	1252.4	80.0	360.0	238.0	29505.4
602.6	50.0	100.0			2738.8	39874.2
217.7						37233.9
705.5						2536.4
1363.2	141.0			296.7	266.7	6614.2
1905.3	372.4	372.4		200.0	121.0	24178.7
532.9		1022.0			76.0	3106.0
1282.8				31.0		87943.5
252.0						25154.3
378.5				78.6		3338.5

2-4 规模以上工业法人企业单位

指标名称	代码	企业数(个)	有R&D活动的企业(个)	有研发机构的企业(个)	有新产品销售的企业(个)
总　计	**5**	**279**	**24**	**22**	**29**
一、按企业规模分组					
大型	1	22	3	2	6
中型	2	112	14	12	13
小型	3	138	7	8	10
微型	4	7			
二、按国有及国有控股分组					
国有及国有控股企业		8	1		1
三、按登记注册类型分组					
港、澳、台商投资企业	200	279	24	22	29
合资经营企业(港或澳、台资)	210	112	14	13	13
合作经营企业(港或澳、台资)	220	11			
港、澳、台商独资经营企业	230	151	9	9	15
港、澳、台商投资股份有限公司	240	5	1		1
其他港澳台投资企业	290				
四、按国民经济行业分组(大类)					
采矿业	B	6	1	1	1
煤炭开采和洗选业	06	1			
石油和天然气开采业	07				
黑色金属矿采选业	08				
有色金属矿采选业	09	1			
非金属矿采选业	10	4	1	1	1
开采辅助活动	11				
其他采矿业	12				
制造业	C	264	23	21	28
农副食品加工业	13	15	2	2	1
食品制造业	14	5	1	1	
酒、饮料和精制茶制造业	15	10			
烟草制品业	16				
纺织业	17	6	1	2	2
纺织服装、服饰业	18	12			
皮革、毛皮、羽毛及其制品和制鞋业	19	25			
木材加工和木、竹、藤、棕、草制品业	20	18	1	1	1
家具制造业	21	3			
造纸和纸制品业	22	9			
印刷和记录媒介复制业	23	4	1		1
文教、工美、体育和娱乐用品制造业	24	26			
石油加工、炼焦和核燃料加工业	25	1			

主要经济指标(港澳台)

主营业务收　入(万元)	利润总额(万元)	资产总计(万元)	出　口交货值(万元)	R&D人员合计(人)			
					女　性	研究人员	全时人员
10872708.5	**910199.7**	**8025484**	**2779776.4**	**1334**	**367**	**536**	**674**
5093478.1	500375	3116734.3	1974962.8	455	178	184	230
4204263.7	328009.8	3628657.6	685355.5	621	146	309	381
1551119.4	81174.5	1269631.7	117461.8	258	43	43	63
23847.3	640.4	10460.4	1996.3				
245890.7	49268.7	344643.3		14	4	5	8
10872708.5	910199.7	8025484	2779776.4	1334	367	536	674
3093830.2	184422.9	3159925.8	343132.1	823	216	353	369
115521.7	8566.2	99249.1	15663.9				
7530935.6	706364.9	4679572	2391684.5	473	144	173	267
132421	10845.7	86737.1	29295.9	38	7	10	38
179446.3	10121.7	220130.2		40	12	11	40
61147.3	-3025.8	167768.7					
94442.8	11825	18122					
23856.2	1322.5	34239.5		40	12	11	40
10154166.2	858918.9	6976464.8	2779776.4	1294	355	525	634
1120019.2	80277.1	1267842.6	13562.6	262	117	144	155
108620.7	14176.7	107001.5		36		1	3
138758.3	16979.6	150281.8	187				
132329.5	3477.4	125443.9	8783.2	101	39	63	85
223808.8	10540.3	115738.2	59072				
585092.7	33659.5	195059.1	279874.1				
303826.8	13660.3	288091.4	59301.1	67	7	31	4
91763.5	15951.4	24826.7	17592.5				
167305.7	-67.3	501692.1	1350.5				
105147.4	27698.7	72365.4		14	4	5	8
140856.6	6206.1	68036.6	60310.2				
363402	-27273.3	150342.6					

2-4 续表 1

指标名称	代码	企业数（个）	有R&D活动的企业（个）	有研发机构的企业（个）	有新产品销售的企业（个）
化学原料和化学制品制造业	26	12	2	1	4
医药制造业	27	8	4	4	3
化学纤维制造业	28				
橡胶和塑料制品业	29	4			1
非金属矿物制品业	30	44			1
黑色金属冶炼和压延加工业	31	4	1	1	
有色金属冶炼和压延加工业	32	6	1	1	1
金属制品业	33	2			
通用设备制造业	34	2	1	1	1
专用设备制造业	35	4	1	1	2
汽车制造业	36	4	3	3	2
铁路、船舶、航空航天和其他运输设备制造业	37				
电气机械和器材制造业	38	4			
计算机、通信和其他电子设备制造业	39	27	4	3	8
仪器仪表制造业	40				
其他制造业	41	7			
废弃资源综合利用业	42	2			
金属制品、机械和设备修理业	43				
电力、热力、燃气及水生产和供应业	D	9			
电力、热力生产和供应业	44	1			
燃气生产和供应业	45	5			
水的生产和供应业	46	3			
五、按地区分组					
南宁市	4501	38	8	7	14
柳州市	4502	12	3	3	2
桂林市	4503	9	1	1	1
梧州市	4504	46	6	4	6
北海市	4505	23	4	4	3
防城港市	4506	5			
钦州市	4507	17		1	1
贵港市	4508	25			
玉林市	4509	61			
百色市	4510	9			
贺州市	4511	15	1		1
河池市	4512	6		1	1
来宾市	4513	6			
崇左市	4514	7	1	1	

主营业务收　　入（万元）	利润总额（万元）	资产总计（万元）	出　口交货值（万元）	R&D人员合计（人）	女　性	研究人员	全时人员
162507.7	3502.7	243276.5	25354.7	58	8	13	41
154191.9	12592.5	143147.1	16845.1	173	57	110	143
29295.2	2005.3	27428.6	8349.5				
1167806.3	191028.6	1407794.4	129811.1				
211715.7	267.7	92647	6183	6	1	2	4
333733.4	2824.9	235524.2	52600.3	75	7	42	28
13728.4	443.9	25381.9					
8669.2	247.7	26992.9	3.8	119	26	15	14
88852.8	3558.1	37028	59.1	13	3	11	11
176951.3	9485.1	181179		81	7	37	3
740147.7	129262.1	79606.4	2526				
3369085.8	297290.1	1338828.6	2029952.9	289	79	51	135
74854.7	9056	39014.4	8057.7				
141694.9	2067.7	31893.9					
539096	41159.1	828889					
451810.7	31021.5	630794.8					
58080.8	4425.7	92270					
29204.5	5711.9	105824.2					
2770912.5	130812.3	1675352.2	1615244.4	297	74	173	204
436848.8	14884	353492.7	1085.2	81	7	37	3
164062.3	7076.4	168245.2	29838.6	101	39	63	85
1239767.3	152002.4	900396	51221.3	504	155	202	223
1856836.1	320032.3	466783.4	396735	331	87	54	147
162628.2	30479.8	189478.1					
1160170.3	-26267.3	944656.5	121420.8				
558602.9	84348.8	740360.7	73539				
982134.7	71462.5	466966.9	370933.8				
486272.2	21508.3	711827.3	104149.7				
645917.2	75541.4	841474.7	8075.1	14	4	5	8
53664.7	223.9	86670	1350.5				
236721.1	18411.4	305869.1					
118170.2	9683.5	173911.2	6183	6	1	2	4

2-4 续表 2

指标名称	代码	R&D人员全时当量(人年)	R&D经费内部支出(万元)	日常性支出(万元)	人员劳务费(万元)
总　　计	**5**	**819**	**26527.1**	**24404.1**	**6027.4**
一、按企业规模分组					
大型	1	279	13179.9	12740.2	2390.9
中型	2	461	11651	10482.6	3244.6
小型	3	79	1696.2	1181.3	391.9
微型	4				
二、按国有及国有控股分组					
国有及国有控股企业		6	998.1	870.9	222.3
三、按登记注册类型分组					
港、澳、台商投资企业	200	819	26527.1	24404.1	6027.4
合资经营企业(港或澳、台资)	210	557	20052.1	19274.5	3915.7
合作经营企业(港或澳、台资)	220				
港、澳、台商独资经营企业	230	235	6277.2	4931.8	2104.7
港、澳、台商投资股份有限公司	240	27	197.8	197.8	7
其他港澳台投资企业	290				
四、按国民经济行业分组(大类)					
采矿业	B	7	306.1	234.8	193
煤炭开采和洗选业	06				
石油和天然气开采业	07				
黑色金属矿采选业	08				
有色金属矿采选业	09				
非金属矿采选业	10	7	306.1	234.8	193
开采辅助活动	11				
其他采矿业	12				
制造业	C	812	26221	24169.3	5834.4
农副食品加工业	13	259	10677.8	10501.4	1224.3
食品制造业	14	5	216.4	16.4	16.1
酒、饮料和精制茶制造业	15				
烟草制品业	16				
纺织业	17	101	1113.5	503.2	351.4
纺织服装、服饰业	18				
皮革、毛皮、羽毛及其制品和制鞋业	19				
木材加工和木、竹、藤、棕、草制品业	20	21	1122.6	1087.7	398.2
家具制造业	21				
造纸和纸制品业	22				
印刷和记录媒介复制业	23	6	998.1	870.9	222.3
文教、工美、体育和娱乐用品制造业	24				
石油加工、炼焦和核燃料加工业	25				

资产性支出（万元）	仪器和设备（万元）	政府资金（万元）	企业资金（万元）	国外资金（万元）	R&D经费外部支出（万元）	对境内研究机构支出（万元）
2123	**2094.3**	**2318.4**	**24142.9**	**65.8**	**91**	**6.1**
439.7	437.2	550.5	12563.6	65.8		
1168.4	1148.9	1651	10000		33.5	4
514.9	508.2	116.9	1579.3		57.5	2.1
127.2	118.2		998.1			
2123	2094.3	2318.4	24142.9	65.8	91	6.1
777.6	758.8	2012.5	18039.6		33.5	4
1345.4	1335.5	278.9	5932.5	65.8	57.5	2.1
		27	170.8			
71.3	71.3		306.1			
71.3	71.3		306.1			
2051.7	2023	2318.4	23836.8	65.8	91	6.1
176.4	173.9	550.5	10127.3			
200	200	0.3	216.1			
610.3	607.1	103.8	1009.7			
34.9	29.1	60	1062.6			
127.2	118.2		998.1			

2-4 续表 3

指标名称	代码	R&D人员全时当量(人年)	R&D经费内部支出(万元)	日常性支出(万元)	人员劳务费(万元)
化学原料和化学制品制造业	26	29	411.9	315.6	28
医药制造业	27	153	2924.9	2720.3	868.1
化学纤维制造业	28				
橡胶和塑料制品业	29				
非金属矿物制品业	30				
黑色金属冶炼和压延加工业	31	1	310.4	285.4	90.3
有色金属冶炼和压延加工业	32	74	1786.4	1732.2	633.4
金属制品业	33				
通用设备制造业	34	33	62.9	62.9	55.9
专用设备制造业	35	13	175.3	175.3	58.2
汽车制造业	36	42	2337.6	2262.6	467.9
铁路、船舶、航空航天和其他运输设备制造业	37				
电气机械和器材制造业	38				
计算机、通信和其他电子设备制造业	39	74	4083.2	3635.4	1420.3
仪器仪表制造业	40				
其他制造业	41				
废弃资源综合利用业	42				
金属制品、机械和设备修理业	43				
电力、热力、燃气及水生产和供应业	D				
电力、热力生产和供应业	44				
燃气生产和供应业	45				
水的生产和供应业	46				
五、按地区分组					
南宁市	4501	255	5559.2	5213.2	1596.4
柳州市	4502	42	2337.6	2262.6	467.9
桂林市	4503	101	1113.5	503.2	351.4
梧州市	4504	361	12196.1	11975.7	1866.3
北海市	4505	52	4012.2	3293.1	1432.8
防城港市	4506				
钦州市	4507				
贵港市	4508				
玉林市	4509				
百色市	4510				
贺州市	4511	6	998.1	870.9	222.3
河池市	4512				
来宾市	4513				
崇左市	4514	1	310.4	285.4	90.3

资产性支出（万元）	仪器和设备（万元）	政府资金（万元）	企业资金（万元）	国外资金（万元）	R&D经费外部支出（万元）	对境内研究机构支出（万元）
96.3	89.6	40.6	371.3		57.5	2.1
204.6	204.2	318.5	2606.4			
25	25		310.4			
54.2	54.2	60	1726.4		33.5	4
			62.9			
		3	172.3			
75	73.9	1157.5	1180.1			
447.8	447.8	24.2	3993.2	65.8		
346	338.9	295.1	5198.3	65.8	91	6.1
75	73.9	1157.5	1180.1			
610.3	607.1	103.8	1009.7			
220.4	212.1	761.7	11434.4			
719.1	719.1	0.3	4011.9			
127.2	118.2		998.1			
25	25		310.4			

2-4 续表 4

指标名称	代码	对境内高等学校支出(万元)	对境外支出(万元)	项目数(项)	参加项目人员(人)
总　计	**5**	**10**	**19.9**	**147**	**1227**
一、按企业规模分组					
大型	1			17	434
中型	2	4	19.9	94	555
小型	3	6		36	238
微型	4				
二、按国有及国有控股分组					
国有及国有控股企业				3	13
三、按登记注册类型分组					
港、澳、台商投资企业	200	10	19.9	147	1227
合资经营企业(港或澳、台资)	210	4	19.9	84	748
合作经营企业(港或澳、台资)	220				
港、澳、台商独资经营企业	230	6		59	441
港、澳、台商投资股份有限公司	240			4	38
其他港澳台投资企业	290				
四、按国民经济行业分组(大类)					
采矿业	B			5	38
煤炭开采和洗选业	06				
石油和天然气开采业	07				
黑色金属矿采选业	08				
有色金属矿采选业	09				
非金属矿采选业	10			5	38
开采辅助活动	11				
其他采矿业	12				
制造业	C	10	19.9	142	1189
农副食品加工业	13			13	247
食品制造业	14			1	36
酒、饮料和精制茶制造业	15				
烟草制品业	16				
纺织业	17			18	88
纺织服装、服饰业	18				
皮革、毛皮、羽毛及其制品和制鞋业	19				
木材加工和木、竹、藤、棕、草制品业	20			8	56
家具制造业	21				
造纸和纸制品业	22				
印刷和记录媒介复制业	23			3	13
文教、工美、体育和娱乐用品制造业	24				
石油加工、炼焦和核燃料加工业	25				

项目人员折合全时当量（人年）	项目经费内部支出（万元）	机构数（个）	机　构人员数（人）	博　士（人）	硕　士（人）	本　科（人）	机构经费支　　出（万元）
747	**25410.4**	**24**	**1213**	**28**	**66**	**623**	**29956.4**
267	12907.4	2	540	19	3	205	17273.4
408	10983.7	14	558	7	52	363	10548.2
73	1519.3	8	115	2	11	55	2134.8
6	888.8						
747	25410.4	24	1213	28	66	623	29956.4
504	19681	13	774	22	38	470	23917.3
216	5573.9	11	439	6	28	153	6039.1
27	155.5						
6	296.1	1	21	2	2	11	296.1
6	296.1	1	21	2	2	11	296.1
740	25114.3	23	1192	26	64	612	29660.3
245	10673.4	2	329	19	4	191	14981.5
5	160	1	6			1	160
88	798.8	4	126	2	8	88	509.2
18	992	1	102	1	17	34	1359.2
6	888.8						

2-4 续表 5

指标名称	代码	对境内高等学校支出(万元)	对境外支出(万元)	项目数(项)	参加项目人员(人)
化学原料和化学制品制造业	26	6		6	56
医药制造业	27			45	169
化学纤维制造业	28				
橡胶和塑料制品业	29				
非金属矿物制品业	30				
黑色金属冶炼和压延加工业	31			2	6
有色金属冶炼和压延加工业	32	4	19.9	3	52
金属制品业	33				
通用设备制造业	34			12	106
专用设备制造业	35			9	12
汽车制造业	36			4	74
铁路、船舶、航空航天和其他运输设备制造业	37				
电气机械和器材制造业	38				
计算机、通信和其他电子设备制造业	39			18	274
仪器仪表制造业	40				
其他制造业	41				
废弃资源综合利用业	42				
金属制品、机械和设备修理业	43				
电力、热力、燃气及水生产和供应业	D				
电力、热力生产和供应业	44				
燃气生产和供应业	45				
水的生产和供应业	46				
五、按地区分组					
南宁市	4501	10	19.9	62	262
柳州市	4502			4	74
桂林市	4503			18	88
梧州市	4504			45	468
北海市	4505			13	316
防城港市	4506				
钦州市	4507				
贵港市	4508				
玉林市	4509				
百色市	4510				
贺州市	4511			3	13
河池市	4512				
来宾市	4513				
崇左市	4514			2	6

项目人员折合全时当量(人年)	项目经费内部支出(万元)	机构数(个)	机　构人员数(人)	博　士(人)	硕　士(人)	本　科(人)	机构经费支　出(万元)
29	268.5	1	6	1	2	3	74.4
150	2890.7	4	152	2	18	104	3590.2
1	309.9	1	20	1	5	14	646.9
51	1766.5	1	10		2	8	1252.8
29	62.9	1	25			7	81.3
12	172.3	1	13		2	5	160.5
37	2336.5	3	162		3	119	3279.5
70	3794	3	241		3	38	3564.8
224	5405.3	7	166	3	26	119	5339.1
37	2336.5	3	162		3	119	3279.5
88	798.8	3	110	2	8	75	500
342	12005	4	471	20	19	233	16160.8
49	3666.1	4	262	2	3	46	3666.3
		1	6		2	4	354.6
6	888.8						
		1	16			13	9.2
1	309.9	1	20	1	5	14	646.9

2-4 续表 6

指标名称	代码	仪器和设备原价(万元)	进口(万元)	新产品开发项目数(个)	新产品开发经费支出(万元)
总　计	**5**	**22330.4**	**1518.6**	**164**	**30545.1**
一、按企业规模分组					
大型	1	13443	208.1	18	14141.3
中型	2	7227.3	1113	108	14043.5
小型	3	1660.1	197.5	38	2360.3
微型	4				
二、按国有及国有控股分组					
国有及国有控股企业				2	902.9
三、按登记注册类型分组					
港、澳、台商投资企业	200	22330.4	1518.6	164	30545.1
合资经营企业(港或澳、台资)	210	6661	821.1	95	22971.2
合作经营企业(港或澳、台资)	220				
港、澳、台商独资经营企业	230	15669.4	697.5	67	7402.1
港、澳、台商投资股份有限公司	240			2	171.8
其他港澳台投资企业	290				
四、按国民经济行业分组(大类)					
采矿业	B	71.3		1	138.8
煤炭开采和洗选业	06				
石油和天然气开采业	07				
黑色金属矿采选业	08				
有色金属矿采选业	09				
非金属矿采选业	10	71.3		1	138.8
开采辅助活动	11				
其他采矿业	12				
制造业	C	22259.1	1518.6	163	30406.3
农副食品加工业	13	359.4	208.1	14	11639.2
食品制造业	14	20			
酒、饮料和精制茶制造业	15				
烟草制品业	16				
纺织业	17	764	500	20	1206.6
纺织服装、服饰业	18				
皮革、毛皮、羽毛及其制品和制鞋业	19				
木材加工和木、竹、藤、棕、草制品业	20	539.3	130	11	1466.6
家具制造业	21				
造纸和纸制品业	22				
印刷和记录媒介复制业	23			2	902.9
文教、工美、体育和娱乐用品制造业	24				
石油加工、炼焦和核燃料加工业	25				

新产品销售收入(万元)	新产品出口(万元)	专利申请数(件)	发明专利(件)	有效发明专利(件)	境外授权(件)	专利所有权转让及许可数(件)
392915.5	**38819.1**	**125**	**57**	**48**		
214784.8	4252.7	10	5			
113392.9	33197.9	91	41	35		
64737.8	1368.5	24	11	13		
2483.4		4	1			
392915.5	38819.1	125	57	48		
186716.3	21622.8	45	19	26		
203658.1	16827.1	67	25	19		
2541.1	369.2	13	13	3		
547.4		1	1			
547.4		1	1			
392368.1	38819.1	124	56	48		
100118	1265	6	3			
		1				
25013.8	12470.9	41	13	2		
15305	9183	7	3			
2483.4		4	1			

2-4 续表 7

指标名称	代码	仪器和设备原价(万元)	进口(万元)	新产品开发项目数(个)	新产品开发经费支出(万元)
化学原料和化学制品制造业	26	388.4		4	270.8
医药制造业	27	4288.2		48	3447.4
化学纤维制造业	28				
橡胶和塑料制品业	29				
非金属矿物制品业	30				
黑色金属冶炼和压延加工业	31	54.5		2	267.5
有色金属冶炼和压延加工业	32	951.2	13	4	2242
金属制品业	33				
通用设备制造业	34	429.7		10	64.3
专用设备制造业	35	124		9	175.3
汽车制造业	36	731	470	23	4164.2
铁路、船舶、航空航天和其他运输设备制造业	37				
电气机械和器材制造业	38				
计算机、通信和其他电子设备制造业	39	13609.4	197.5	16	4559.5
仪器仪表制造业	40				
其他制造业	41				
废弃资源综合利用业	42				
金属制品、机械和设备修理业	43				
电力、热力、燃气及水生产和供应业	D				
电力、热力生产和供应业	44				
燃气生产和供应业	45				
水的生产和供应业	46				
五、按地区分组					
南宁市	4501	5634.1	13	64	6320.1
柳州市	4502	731	470	23	4164.2
桂林市	4503	719	500	19	1156.6
梧州市	4504	1446.1	338.1	41	13079.5
北海市	4505	13250.7		8	3628.5
防城港市	4506				
钦州市	4507	450	197.5	4	975.8
贵港市	4508				
玉林市	4509				
百色市	4510				
贺州市	4511			2	902.9
河池市	4512	45		1	50
来宾市	4513				
崇左市	4514	54.5		2	267.5

新产品销售收入(万元)	新产品出口(万元)	专利申请数(件)	发明专利(件)	有效发明专利(件)	境外授权(件)	专利所有权转让及许可数(件)
5802.9	401.8	18	15	4		
17998.8		12	8	30		
2059.7						
3609.6						
		7		7		
20010.8	9051.4	15	4			
1569						
43883.1						
23949.5	1229.5	3	1	3		
130564.5	5217.5	10	8	2		
203151	10223.5	24	6	27		
23949.5	1229.5	3	1	3		
24888	12470.9	41	13	2		
125600.2	11743.7	40	33	8		
3092.2	2544.8	6	3			
9625.4	606.7			1		
2483.4		4	1			
125.8						
		7		7		

2-4 续表 8

指标名称	代码	专利所有权转让及许可收入(万元)	拥有注册商标数(件)	境外注册(件)	形成国家或行业标准数(项)
总　计	**5**		**31**	**9**	
一、按企业规模分组					
大型	1		11	9	
中型	2		8		
小型	3		12		
微型	4				
二、按国有及国有控股分组					
国有及国有控股企业					
三、按登记注册类型分组					
港、澳、台商投资企业	200		31	9	
合资经营企业(港或澳、台资)	210		18	9	
合作经营企业(港或澳、台资)	220				
港、澳、台商独资经营企业	230		13		
港、澳、台商投资股份有限公司	240				
其他港澳台投资企业	290				
四、按国民经济行业分组(大类)					
采矿业	B		2		
煤炭开采和洗选业	06				
石油和天然气开采业	07				
黑色金属矿采选业	08				
有色金属矿采选业	09				
非金属矿采选业	10		2		
开采辅助活动	11				
其他采矿业	12				
制造业	C		29	9	
农副食品加工业	13		11	9	
食品制造业	14				
酒、饮料和精制茶制造业	15				
烟草制品业	16				
纺织业	17		1		
纺织服装、服饰业	18				
皮革、毛皮、羽毛及其制品和制鞋业	19				
木材加工和木、竹、藤、棕、草制品业	20		1		
家具制造业	21				
造纸和纸制品业	22				
印刷和记录媒介复制业	23				
文教、工美、体育和娱乐用品制造业	24				
石油加工、炼焦和核燃料加工业	25				

使用来自政府部门的科技活动资金（万元）	研究开发费用加计扣除减免税（万元）	高新技术企业减免税（万元）	引进技术经费支出（万元）	消化吸收经费支出（万元）	购买国内技术经费支出（万元）	技术改造经费支出（万元）
2792.2	**307.1**	**793.5**	**313**	**71.5**	**240.6**	**55571.3**
797.4	22.7					36688.2
1869.9	284.4	748.4	313	71.5	70.6	12600.5
124.9		45.1			170	6282.6
5						
2792.2	307.1	793.5	313	71.5	240.6	55571.3
2414.6	91.9	48.3	13	21.5	170.6	47981.7
340.6	215.2	745.2	300	50	70	7589.6
37						
2792.2	307.1	793.5	313	71.5	240.6	55571.3
797.4						41928.2
0.3					160	
140.5			300	50	60	610
						3100
65					5	
						506

2-4 续表 9

指标名称	代码	专利所有权转让及许可收入(万元)	拥有注册商标数(件)	境外注册(件)	形成国家或行业标准数(项)
化学原料和化学制品制造业	26		3		
医药制造业	27		12		
化学纤维制造业	28				
橡胶和塑料制品业	29				
非金属矿物制品业	30				
黑色金属冶炼和压延加工业	31				
有色金属冶炼和压延加工业	32		1		
金属制品业	33				
通用设备制造业	34				
专用设备制造业	35				
汽车制造业	36				
铁路、船舶、航空航天和其他运输设备制造业	37				
电气机械和器材制造业	38				
计算机、通信和其他电子设备制造业	39				
仪器仪表制造业	40				
其他制造业	41				
废弃资源综合利用业	42				
金属制品、机械和设备修理业	43				
电力、热力、燃气及水生产和供应业	D				
电力、热力生产和供应业	44				
燃气生产和供应业	45				
水的生产和供应业	46				
五、按地区分组					
南宁市	4501		7		
柳州市	4502				
桂林市	4503		1		
梧州市	4504		21	9	
北海市	4505		2		
防城港市	4506				
钦州市	4507				
贵港市	4508				
玉林市	4509				
百色市	4510				
贺州市	4511				
河池市	4512				
来宾市	4513				
崇左市	4514				

使用来自政府部门的科技活动资金（万元）	研究开发费用加计扣除减免税（万元）	高新技术企业减免税（万元）	引进技术经费支出（万元）	消化吸收经费支出（万元）	购买国内技术经费支出（万元）	技术改造经费支出（万元）
50.6					10	219.2
457	192.5	710.3				2251
						1050
						754.4
60			13	21.5	5.6	2671.5
3						
1180.4	91.9	48.3				1325
						503
38	22.7	34.9				653
433.6	215.2	710.3	13	21.5	15.6	23225.5
1180.4	91.9	48.3				1325
130			300	50	60	10
1024.4					5	23660.4
0.3		34.9			160	
8						5996
5						
10.5						600
						754.4

2-5 规模以上工业法人企业单位

指标名称	代码	企业数(个)	有R&D活动的企业(个)	有研发机构的企业(个)	有新产品销售的企业(个)
总　计	**6**	**212**	**25**	**21**	**26**
一、按企业规模分组					
大型	1	18	6	7	7
中型	2	76	9	8	9
小型	3	105	10	6	10
微型	4	13			
二、按国有及国有控股分组					
国有及国有控股企业		9	4	2	3
三、按登记注册类型分组					
外商投资企业	300	212	25	21	26
中外合资经营企业	310	102	15	13	15
中外合作经营企业	320	12	2		
外资企业	330	93	7	6	9
外商投资股份有限公司	340	4	1	2	2
其他外商投资企业	390	1			
四、按国民经济行业分组(大类)					
采矿业	B	5	1	1	
煤炭开采和洗选业	06				
石油和天然气开采业	07	1			
黑色金属矿采选业	08	2	1	1	
有色金属矿采选业	09				
非金属矿采选业	10	2			
开采辅助活动	11				
其他采矿业	12				
制造业	C	199	24	20	26
农副食品加工业	13	43	2	1	1
食品制造业	14	10	1		1
酒、饮料和精制茶制造业	15	8			1
烟草制品业	16				
纺织业	17	1			
纺织服装、服饰业	18				
皮革、毛皮、羽毛及其制品和制鞋业	19	10			1
木材加工和木、竹、藤、棕、草制品业	20	7			
家具制造业	21	1			
造纸和纸制品业	22	9	2	1	2
印刷和记录媒介复制业	23				
文教、工美、体育和娱乐用品制造业	24	5			
石油加工、炼焦和核燃料加工业	25				

主要经济指标(外商)

主营业务收入(万元)	利润总额(万元)	资产总计(万元)	出口交货值(万元)	R&D人员合计(人)	女性	研究人员	全时人员
19205765.3	**1719196.1**	**16623683.7**	**730963.5**	**6758**	**932**	**1480**	**3524**
10334132	984433.6	9503577.9	161533.1	6075	808	1241	3147
6263392.3	488837	5182808.4	358748.5	388	71	158	275
2330827.3	191039	1487088.2	209460	295	53	81	102
277413.7	54886.5	450209.2	1221.9				
7311675	511152.7	4957507.8	104629.4	4993	658	848	2329
19205765.3	1719196.1	16623683.7	730963.5	6758	932	1480	3524
12740176.2	1124510.9	10451826.1	254057.2	5962	833	1246	3082
391472.9	73366.7	214433.6	4531.8	69	14	31	18
4335064.5	364619.2	3825804.6	459053.8	642	70	201	339
1659172.1	125635.9	2041894.9	13320.7	85	15	2	85
79879.6	31063.4	89724.5					
429220.9	82722.7	475286	5469.5	536	48	152	265
198027.1	59764.8	116792.7					
148274.2	10668.6	309072.3		536	48	152	265
82919.6	12289.3	49421	5469.5				
18234513.6	1486271.7	15135718.9	725494	6222	884	1328	3259
4535926.8	356236.4	2718267.3	135733.8	69	14	31	18
229653.4	24602.5	288668.2	34786.6	34		7	
823095.8	198856.5	363911.1					
2664.5	-2130.1	54528.4					
150327.8	17672.3	94586	83150.1				
126574.2	2518.1	19016.5	15087.7				
15159.5	841.3	5176.4	15159.5				
890402.4	36580	2323262.9	1396	62	4	15	12
35738.5	767.1	8643.1	6253.7				

2-5 续表 1

指标名称	代码	企业数(个)	有R&D活动的企业(个)	有研发机构的企业(个)	有新产品销售的企业(个)
化学原料和化学制品制造业	26	19	4	3	3
医药制造业	27	8	3	2	
化学纤维制造业	28				
橡胶和塑料制品业	29	4			1
非金属矿物制品业	30	16			
黑色金属冶炼和压延加工业	31	6	1		
有色金属冶炼和压延加工业	32	4			
金属制品业	33	5			1
通用设备制造业	34	7		3	3
专用设备制造业	35	5	3	1	2
汽车制造业	36	12	6	7	7
铁路、船舶、航空航天和其他运输设备制造业	37				
电气机械和器材制造业	38	6			
计算机、通信和其他电子设备制造业	39	12	2	2	3
仪器仪表制造业	40				
其他制造业	41	1			
废弃资源综合利用业	42				
金属制品、机械和设备修理业	43				
电力、热力、燃气及水生产和供应业	D	8			
电力、热力生产和供应业	44	6			
燃气生产和供应业	45	2			
水的生产和供应业	46				
五、按地区分组					
南宁市	4501	52	5	2	8
柳州市	4502	23	6	7	7
桂林市	4503	24	3	1	2
梧州市	4504	14	2	3	2
北海市	4505	15	2	1	1
防城港市	4506	14	1		
钦州市	4507	9	3	3	3
贵港市	4508	14			
玉林市	4509	20	2	2	3
百色市	4510				
贺州市	4511	6		1	
河池市	4512	2			
来宾市	4513	7			
崇左市	4514	12	1	1	

主营业务收入(万元)	利润总额(万元)	资产总计(万元)	出口交货值(万元)	R&D人员合计(人)			
					女　性	研究人员	全时人员
632319.6	61802.7	432081.5	97781.9	121	31	43	83
79658.8	3702.2	152760	14549.3	51	21	28	26
37823.9	3344.3	18496.8	925				
687747.6	116213	798284.2	24320.7				
212754.1	-892.2	241635.6	3287	12	1	2	7
34833.2	-5512.9	104870.4					
84006.2	5670.9	30308.8	14167.7				
1436930.2	118303.4	1795646.3	29987.1				
237761.5	-16409.4	716687	12944.8	355	33	82	161
7217973.8	453772.1	4689622.7	116098.4	5492	776	1107	2927
296318.1	41222.9	76301.7	28042.8				
457217.5	68942.7	199649	91821.9	26	4	13	25
9626.2	167.9	3315					
542030.8	150201.7	1012678.8					
517185.6	148963	952128.4					
24845.2	1238.7	60550.4					
1980705.9	182903.4	1711786.8	120362.7	126	32	59	56
7365696.3	462864.7	4964079.2	110883.5	5389	762	1034	2837
1329375.9	246114.7	735928.1	95463.9	181	21	89	108
533860.4	81918.8	352774.1	50702.7	38	21	9	35
634065.3	135537.1	381900	53492.2	74	9	29	53
2851524.6	109697.6	2093523.9	145067.6	20		8	5
619035.5	-26239.7	1911761.3	10494.4	71	12	25	15
388280.1	63936.6	388905.6	69393.2				
1772564.2	121212.8	2470582.8	38096.1	323	27	75	150
56245.4	-2240.4	129475.4					
97689.3	-16519.6	107451.9					
397737.1	67295.4	465463.1	14845.3				
1178985.3	292714.7	910051.5	22161.9	536	48	152	265

2-5 续表 2

指标名称	代码	R&D人员全时当量（人年）	R&D经费内部支出（万元）	日常性支出（万元）	人员劳务费（万元）
总　计	**6**	**5449**	**251735.2**	**188813.9**	**79235.1**
一、按企业规模分组					
大型	1	5059	230347.7	173001.2	75231.3
中型	2	248	17924.4	12660.4	2617.5
小型	3	143	3463.1	3152.3	1386.3
微型	4				
二、按国有及国有控股分组					
国有及国有控股企业		4133	144371	140549.7	69433.2
三、按登记注册类型分组					
外商投资企业	300	5449	251735.2	188813.9	79235.1
中外合资经营企业	310	4837	222518.2	165213.4	76829.7
中外合作经营企业	320	15	1226.4	1190.8	148.2
外资企业	330	590	25321.6	21190.7	1992.2
外商投资股份有限公司	340	8	2669	1219	265
其他外商投资企业	390				
四、按国民经济行业分组（大类）					
采矿业	B	499	15646.3	15424.9	1300.5
煤炭开采和洗选业	06				
石油和天然气开采业	07				
黑色金属矿采选业	08	499	15646.3	15424.9	1300.5
有色金属矿采选业	09				
非金属矿采选业	10				
开采辅助活动	11				
其他采矿业	12				
制造业	C	4950	236088.9	173389	77934.6
农副食品加工业	13	15	1226.4	1190.8	148.2
食品制造业	14	3	375.9	174.4	84.9
酒、饮料和精制茶制造业	15				
烟草制品业	16				
纺织业	17				
纺织服装、服饰业	18				
皮革、毛皮、羽毛及其制品和制鞋业	19				
木材加工和木、竹、藤、棕、草制品业	20				
家具制造业	21				
造纸和纸制品业	22	33	55796.3	9468.7	1146.6
印刷和记录媒介复制业	23				
文教、工美、体育和娱乐用品制造业	24				
石油加工、炼焦和核燃料加工业	25				

资产性支出（万元）	仪器和设备（万元）	政府资金（万元）	企业资金（万元）	其他资金（万元）	R&D经费外部支出（万元）	对境内研究机构支出（万元）
62921.3	**62734**	**5779.6**	**245867.4**	**88.2**	**15914.2**	**8796.4**
57346.5	57167.3	4818	225529.7		15572.1	8728.7
5264	5256	426.1	17411.2	87.1	332	60.1
310.8	310.7	535.5	2926.5	1.1	10.1	7.6
3821.3	3713.6	2678	141691.9	1.1	15037.7	8388.9
62921.3	62734	5779.6	245867.4	88.2	15914.2	8796.4
57304.8	57148.4	4237	218280.1	1.1	15836.7	8788.8
35.6	35.6	302.6	923.8		7.6	7.6
4130.9	4100	980	24254.5	87.1	69.9	
1450	1450	260	2409			
221.4	198.5	950	14696.3		9.9	
221.4	198.5	950	14696.3		9.9	
62699.9	62535.5	4829.6	231171.1	88.2	15904.3	8796.4
35.6	35.6	302.6	923.8		7.6	7.6
201.5	201.5	13.2	362.7			
46327.6	46327.6	420	55375.2	1.1	92	

2-5 续表 3

指标名称	代码	R&D人员全时当量(人年)	R&D经费内部支出(万元)	日常性支出(万元)	人员劳务费(万元)
化学原料和化学制品制造业	26	39	3200.3	3141.5	1151.3
医药制造业	27	23	1018.6	1017.4	879.4
化学纤维制造业	28				
橡胶和塑料制品业	29				
非金属矿物制品业	30				
黑色金属冶炼和压延加工业	31	10	7780	3930	156
有色金属冶炼和压延加工业	32				
金属制品业	33				
通用设备制造业	34				
专用设备制造业	35	293	4359.6	4139.6	774.4
汽车制造业	36	4514	162036.1	150035.2	73471.6
铁路、船舶、航空航天和其他运输设备制造业	37				
电气机械和器材制造业	38				
计算机、通信和其他电子设备制造业	39	20	295.7	291.4	122.2
仪器仪表制造业	40				
其他制造业	41				
废弃资源综合利用业	42				
金属制品、机械和设备修理业	43				
电力、热力、燃气及水生产和供应业	D				
电力、热力生产和供应业	44				
燃气生产和供应业	45				
水的生产和供应业	46				
五、按地区分组					
南宁市	4501	59	2088.3	1977	432.7
柳州市	4502	4418	162811	151310.1	73190.4
桂林市	4503	110	9801	5249.5	642.1
梧州市	4504	8	383.2	369.3	269.5
北海市	4505	12	1958.4	1954.1	913.6
防城港市	4506	11	686.2	686.2	89.3
钦州市	4507	40	56421.2	10123.2	1742.6
贵港市	4508				
玉林市	4509	291	1939.6	1719.6	654.4
百色市	4510				
贺州市	4511				
河池市	4512				
来宾市	4513				
崇左市	4514	499	15646.3	15424.9	1300.5

资产性支出（万元）	仪器和设备（万元）	政府资金（万元）	企业资金（万元）	国外资金（万元）	其他资金（万元）	R&D经费外部支出（万元）	对境内研究机构支出（万元）
58.8	58.7	221	2979.3			60	
1.2	1.2	70	861.5		87.1	2.5	
3850	3850	30	7750				
220	217.8	447.7	3911.9			41.1	41.1
12000.9	11841.8	3325.1	158711			15701.1	8747.7
4.3	1.3		295.7				
111.3	111.3	152.6	1847.5		88.2	67.6	7.6
11500.9	11341.8	3270.1	159540.9			15701.1	8747.7
4551.5	4551.5	148.2	9652.8				
13.9	13.8	15	368.2			2.5	
4.3	1.3	211	1747.4				
		150	536.2				
46298	46298	485	55936.2			92	
220	217.8	397.7	1541.9			41.1	41.1
221.4	198.5	950	14696.3			9.9	

2-5 续表 4

指标名称	代码	对境内高等学校支出(万元)	对境外支出(万元)	项目数(项)	参加项目人员(人)
总　计	**6**	**4727.2**	**2360.5**	**319**	**6441**
一、按企业规模分组					
大型	1	4648.2	2165.1	175	5829
中型	2	76.5	195.4	95	336
小型	3	2.5		49	276
微型	4				
二、按国有及国有控股分组					
国有及国有控股企业		4483.6	2165.1	82	4839
三、按登记注册类型分组					
外商投资企业	300	4727.2	2360.5	319	6441
中外合资经营企业	310	4657.3	2360.5	242	5683
中外合作经营企业	320			6	66
外资企业	330	69.9		68	613
外商投资股份有限公司	340			3	79
其他外商投资企业	390				
四、按国民经济行业分组(大类)					
采矿业	B	9.9		20	515
煤炭开采和洗选业	06				
石油和天然气开采业	07				
黑色金属矿采选业	08	9.9		20	515
有色金属矿采选业	09				
非金属矿采选业	10				
开采辅助活动	11				
其他采矿业	12				
制造业	C	4717.3	2360.5	299	5926
农副食品加工业	13			6	66
食品制造业	14			6	32
酒、饮料和精制茶制造业	15				
烟草制品业	16				
纺织业	17				
纺织服装、服饰业	18				
皮革、毛皮、羽毛及其制品和制鞋业	19				
木材加工和木、竹、藤、棕、草制品业	20				
家具制造业	21				
造纸和纸制品业	22	92		7	48
印刷和记录媒介复制业	23				
文教、工美、体育和娱乐用品制造业	24				
石油加工、炼焦和核燃料加工业	25				

项目人员折合全时当量（人年）	项目经费内部支出（万元）	机构数（个）	机　构人员数（人）	博　士（人）	硕　士（人）	本　科（人）	机构经费支　出（万元）
5205	**246078.1**	**30**	**3379**	**45**	**388**	**2009**	**119240.6**
4857	226082.8	15	2844	42	370	1661	111195.4
212	17236.8	9	405		13	279	7193.1
136	2758.5	6	130	3	5	69	852.1
4008	141353.2	2	1632	15	233	897	62142.1
5205	246078.1	30	3379	45	388	2009	119240.6
4621	217366.3	14	2392	23	275	1432	76513.6
13	907.2						
563	25250.6	10	284	2	10	201	2441.6
7	2554	6	703	20	103	376	40285.4
480	15623.5	4	160	2	5	113	1350
480	15623.5	4	160	2	5	113	1350
4725	230454.6	26	3219	43	383	1896	117890.6
13	907.2	1	20			10	32
3	210						
23	55466.4	2	13	5	2	6	379

2-5 续表 5

指标名称	代码	对境内高等学校支出(万元)	对境外支出(万元)	项目数(项)	参加项目人员(人)
化学原料和化学制品制造业	26	60		15	112
医药制造业	27	2.5		5	44
化学纤维制造业	28				
橡胶和塑料制品业	29				
非金属矿物制品业	30				
黑色金属冶炼和压延加工业	31			1	11
有色金属冶炼和压延加工业	32				
金属制品业	33				
通用设备制造业	34				
专用设备制造业	35			39	341
汽车制造业	36	4562.8	2360.5	216	5247
铁路、船舶、航空航天和其他运输设备制造业	37				
电气机械和器材制造业	38				
计算机、通信和其他电子设备制造业	39			4	25
仪器仪表制造业	40				
其他制造业	41				
废弃资源综合利用业	42				
金属制品、机械和设备修理业	43				
电力、热力、燃气及水生产和供应业	D				
电力、热力生产和供应业	44				
燃气生产和供应业	45				
水的生产和供应业	46				
五、按地区分组					
南宁市	4501	60		15	121
柳州市	4502	4562.8	2360.5	182	5177
桂林市	4503			43	141
梧州市	4504	2.5		6	31
北海市	4505			6	73
防城港市	4506			1	17
钦州市	4507	92		9	53
贵港市	4508				
玉林市	4509			37	313
百色市	4510				
贺州市	4511				
河池市	4512				
来宾市	4513				
崇左市	4514	9.9		20	515

项目人员折合全时当量(人年)	项目经费内部支出(万元)	机构数(个)	机构人员数(人)	博士(人)	硕士(人)	本科(人)	机构经费支出(万元)
35	2906.7	3	84		6	62	1660.1
21	953.2	2	43	3	1	16	299.7
9	7750						
		7	755	20	105	393	37996.7
284	4280.5	1	105	1	12	82	1514.1
4318	157688.1	8	2164	14	255	1294	75932.7
19	292.5	2	35		2	33	76.3
54	1920.8	2	30		2	18	103.5
4249	158572.2	8	2095	14	252	1251	74504.6
83	9445.9	1	98		3	68	1485.9
7	251.1	3	90	3	3	47	327.8
12	1793.3	1	56		6	40	1239
9	532.6						
29	56028.2	4	48	5	2	35	804.6
282	1910.5	6	773	21	115	423	39130.5
		1	29			14	294.7
480	15623.5	4	160	2	5	113	1350

2-5 续表 6

指标名称	代码	仪器和设备原价（万元）	进口（万元）	新产品开发项目数（个）	新产品开发经费支出（万元）
总　计	**6**	**111776.8**	**31760.2**	**498**	**243363.4**
一、按企业规模分组					
大型	1	107768.4	31564.9	329	221365.9
中型	2	2777.9	195.3	108	18271.1
小型	3	1230.5		61	3726.4
微型	4				
二、按国有及国有控股分组					
国有及国有控股企业		5660	65.3	93	153861.8
三、按登记注册类型分组					
外商投资企业	300	111776.8	31760.2	498	243363.4
中外合资经营企业	310	60821.6	158.3	248	175723.3
中外合作经营企业	320			5	816.9
外资企业	330	1176.5	188.3	79	25631.2
外商投资股份有限公司	340	49778.7	31413.6	166	41192
其他外商投资企业	390				
四、按国民经济行业分组(大类)					
采矿业	B	86	86	7	14772.4
煤炭开采和洗选业	06				
石油和天然气开采业	07				
黑色金属矿采选业	08	86	86	7	14772.4
有色金属矿采选业	09				
非金属矿采选业	10				
开采辅助活动	11				
其他采矿业	12				
制造业	C	111690.8	31674.2	491	228591
农副食品加工业	13	180		6	1162.5
食品制造业	14			3	274.1
酒、饮料和精制茶制造业	15				
烟草制品业	16				
纺织业	17				
纺织服装、服饰业	18				
皮革、毛皮、羽毛及其制品和制鞋业	19				
木材加工和木、竹、藤、棕、草制品业	20				
家具制造业	21				
造纸和纸制品业	22	46298		6	330.8
印刷和记录媒介复制业	23				
文教、工美、体育和娱乐用品制造业	24				
石油加工、炼焦和核燃料加工业	25				

新产品销售收入(万元)	新产品出口(万元)	专利申请数(件)	发明专利(件)	有效发明专利(件)	境外授权(件)	专利所有权转让及许可数(件)
6657532.8	**131284.9**	**1072**	**370**	**207**	**4**	**1**
6478752.5	96948.8	983	332	166	3	
152508.6	33836.1	36	20	39	1	1
26271.7	500	53	18	2		
5163093.8	95171.6	317	113	93		
6657532.8	131284.9	1072	370	207	4	1
5823230.3	109895.8	448	155	117	3	
82071.9	19976.1	25	13	38	1	1
752230.6	1413	599	202	52		
		2	2	7		
		2	2	7		
6657532.8	131284.9	1070	368	200	4	1
1200						
500	500	1	1			
1937.2						
487.1						
135601.8		7	5	3		

2-5 续表 7

指标名称	代码	仪器和设备原价(万元)	进口(万元)	新产品开发项目数(个)	新产品开发经费支出(万元)
化学原料和化学制品制造业	26	804.5		25	1440
医药制造业	27	246.2	102.3	10	794.5
化学纤维制造业	28				
橡胶和塑料制品业	29				
非金属矿物制品业	30				
黑色金属冶炼和压延加工业	31			1	7780
有色金属冶炼和压延加工业	32				
金属制品业	33				
通用设备制造业	34	48368.2	31413.6	181	40459.4
专用设备制造业	35	2445.5	37.8	40	4254.7
汽车制造业	36	12807.4	120.5	214	171904.8
铁路、船舶、航空航天和其他运输设备制造业	37				
电气机械和器材制造业	38				
计算机、通信和其他电子设备制造业	39	541		5	190.2
仪器仪表制造业	40				
其他制造业	41				
废弃资源综合利用业	42				
金属制品、机械和设备修理业	43				
电力、热力、燃气及水生产和供应业	D				
电力、热力生产和供应业	44				
燃气生产和供应业	45				
水的生产和供应业	46				
五、按地区分组					
南宁市	4501	706.3		16	1636.5
柳州市	4502	12342.8	120.5	208	175031.7
桂林市	4503	500		28	8952.9
梧州市	4504	365.1		12	606.8
北海市	4505	285.6		2	87.3
防城港市	4506			1	686.2
钦州市	4507	46471.8		15	937.2
贵港市	4508				
玉林市	4509	50774.2	31451.4	201	40357.7
百色市	4510				
贺州市	4511	245	102.3	8	294.7
河池市	4512				
来宾市	4513				
崇左市	4514	86	86	7	14772.4

新产品销售收入（万元）	新产品出口（万元）	专利申请数（件）	发明专利（件）	有效发明专利（件）	境外授权（件）	专利所有权转让及许可数（件）
33476.5		25	16	9		
		2	2	18		
1193.5						
1814.7						
755372.8	2208.4	623	203	56	1	1
17773.5	197.1	52	20	2		
5684908.4	110195.9	354	115	111	3	
23267.3	18183.5	6	6	1		
32587		9	4	3		
5685874.7	97131.3	361	118	115	4	1
32079.8	14360	1	1			
5144.4		23	4	1		
18183.5	18183.5	7	7	6		
145184.1		18	12	3		
738479.3	1610.1	649	220	54		
		2	2	18		
		2	2	7		

2-5 续表 8

指标名称	代码	专利所有权转让及许可收入(万元)	拥有注册商标数(件)	境外注册(件)	形成国家或行业标准数(项)
总　计	**6**		**461**	**64**	**17**
一、按企业规模分组					
大型	1		133	1	15
中型	2		2		2
小型	3		326	63	
微型	4				
二、按国有及国有控股分组					
国有及国有控股企业			52		2
三、按登记注册类型分组					
外商投资企业	300		461	64	17
中外合资经营企业	310		384	64	7
中外合作经营企业	320		8		
外资企业	330		5		5
外商投资股份有限公司	340		64		5
其他外商投资企业	390				
四、按国民经济行业分组(大类)					
采矿业	B		4		5
煤炭开采和洗选业	06				
石油和天然气开采业	07				
黑色金属矿采选业	08		4		5
有色金属矿采选业	09				
非金属矿采选业	10				
开采辅助活动	11				
其他采矿业	12				
制造业	C		457	64	12
农副食品加工业	13		8		
食品制造业	14		2	1	
酒、饮料和精制茶制造业	15				
烟草制品业	16				
纺织业	17				
纺织服装、服饰业	18				
皮革、毛皮、羽毛及其制品和制鞋业	19				
木材加工和木、竹、藤、棕、草制品业	20				
家具制造业	21				
造纸和纸制品业	22		1		
印刷和记录媒介复制业	23				
文教、工美、体育和娱乐用品制造业	24				
石油加工、炼焦和核燃料加工业	25				

使用来自政府部门的科技活动资金（万元）	研究开发费用加计扣除减免税（万元）	高新技术企业减免税（万元）	引进技术经费支出（万元）	消化吸收经费支出（万元）	购买国内技术经费支出（万元）	技术改造经费支出（万元）
7069.3	**16394.7**	**1585.7**	**785**	**678**	**1982**	**170573.8**
6009.1	15313.9	1320.6	705	643	1982	136298
440	1080.8	265.1	80	35		33596.4
620.2						679.4
2698	5470.4	1320.6	80	35		114763.9
7069.3	16394.7	1585.7	785	678	1982	170573.8
4326.2	7394.7	1585.7	80	35		138081.7
312						10.1
980						9972
1451.1	9000		705	643	1982	22510
950						1350
950						1350
6119.3	16394.7	1585.7	785	678	1982	169223.8
312						3378.3
13.2						80.4
440						7279.9

2-5 续表 9

指标名称	代码	专利所有权转让及许可收入(万元)	拥有注册商标数(件)	境外注册(件)	形成国家或行业标准数(项)
化学原料和化学制品制造业	26		306	62	
医药制造业	27				
化学纤维制造业	28				
橡胶和塑料制品业	29				
非金属矿物制品业	30				
黑色金属冶炼和压延加工业	31				
有色金属冶炼和压延加工业	32				
金属制品业	33				
通用设备制造业	34		64		5
专用设备制造业	35		10		2
汽车制造业	36		66	1	5
铁路、船舶、航空航天和其他运输设备制造业	37				
电气机械和器材制造业	38				
计算机、通信和其他电子设备制造业	39				
仪器仪表制造业	40				
其他制造业	41				
废弃资源综合利用业	42				
金属制品、机械和设备修理业	43				
电力、热力、燃气及水生产和供应业	D				
电力、热力生产和供应业	44				
燃气生产和供应业	45				
水的生产和供应业	46				
五、按地区分组					
南宁市	4501		9		
柳州市	4502		66	1	7
桂林市	4503		2	1	
梧州市	4504		306	62	
北海市	4505				
防城港市	4506				
钦州市	4507				
贵港市	4508				
玉林市	4509		74		5
百色市	4510				
贺州市	4511				
河池市	4512				
来宾市	4513				
崇左市	4514		4		5

使用来自政府部门的科技活动资金(万元)	研究开发费用加计扣除减免税(万元)	高新技术企业减免税(万元)	引进技术经费支出(万元)	消化吸收经费支出(万元)	购买国内技术经费支出(万元)	技术改造经费支出(万元)
225						1000
70						150
						2250
						14776
30						
1191.1	9000		705	643	1982	22510
503			80	35		1386
3335	7394.7	1585.7				116413.2
182						25316
3280	6794.7	1585.7	80	35		116813.2
148.2	600					80.4
15						
215						
150						
485						
1644.1	9000		705	643	1982	23496
						150
						1630
950						3088.2

2-6 规模以上工业法人企业单位

指标名称	代码	企业数（个）	有R&D活动的企业（个）	有研发机构的企业（个）	有新产品销售的企业（个）
总　计		**5488**	**456**	**331**	**442**
一、按企业规模分组					
大型	1	185	62	58	56
中型	2	1253	163	128	135
小型	3	3763	230	144	250
微型	4	287	1	1	1
二、按国有及国有控股分组					
国有及国有控股企业		541	82	63	82
三、按登记注册类型分组					
内资企业	100	4997	407	288	387
国有企业	110	172	16	13	16
集体企业	120	119	2	1	
股份合作企业	130	25	2	2	2
联营企业	140	3	1		1
国有联营企业	141				
集体联营企业	142	1			
国有与集体联营企业	143	1	1		1
其他联营企业	149	1			
有限责任公司	150	1445	147	99	128
国有独资公司	151	76	9	5	8
其他有限责任公司	159	1369	138	94	120
股份有限公司	160	213	54	45	49
私营企业	170	2966	182	127	191
私营独资企业	171	403	4	3	4
私营合伙企业	172	113	3	2	2
私营有限责任公司	173	2349	167	114	179
私营股份有限公司	174	101	8	8	6
其他企业	190	54	3	1	
港、澳、台商投资企业	200	279	24	22	29
合资经营企业(港或澳、台资)	210	112	14	13	13
合作经营企业(港或澳、台资)	220	11			
港、澳、台商独资经营企业	230	151	9	9	15
港、澳、台商投资股份有限公司	240	5	1		1
其他港澳台投资企业	290				
外商投资企业	300	212	25	21	26
中外合资经营企业	310	102	15	13	15
中外合作经营企业	320	12	2		
外资企业	330	93	7	6	9
外商投资股份有限公司	340	4	1	2	2
其他外商投资企业	390	1			
四、按国民经济行业分组(大类)					
采矿业	B	322	8	4	2
煤炭开采和洗选业	06	19			1
石油和天然气开采业	07	1			
黑色金属矿采选业	08	72	2	1	
有色金属矿采选业	09	108	3	1	
非金属矿采选业	10	121	3	2	1
开采辅助活动	11	1			
其他采矿业	12				

科技活动情况(全部)

主营业务收入(万元)	利润总额(万元)	资产总计(万元)	出口交货值(万元)	R&D人员合计(人)	女性	研究人员	全时人员
170886133.6	**10136040.2**	**132957969.5**	**6682099.7**	**30205**	**5757**	**9725**	**17134**
58075831.4	3262035.2	51830737.9	3585111.1	16790	3070	5132	8864
58025136.2	3548746.1	45527300.6	2161346.1	8453	1734	2912	5226
52897128.6	3176240.6	33590188.1	889398.4	4951	950	1677	3036
1888037.4	149018.3	2009742.9	46244.1	11	3	4	8
52480790.1	1730066.6	58436239.0	851679.7	14641	2429	5197	7862
140807659.8	7506644.4	108308801.8	3171359.8	22113	4458	7709	12936
10624393.5	210208.1	9540699.8	49929.2	1426	245	843	964
1810318.6	155640.8	560030.0	64553.6	35	8	7	10
611868.2	51652.4	430401.5		43	5	39	43
53738.1	7059.7	22840.4	59.3	9	5	6	5
2350.6	7.8	1511.0					
2817.4	-53.0	2422.2		9	5	6	5
48570.1	7104.9	18907.2	59.3				
50487358.7	2379557.3	50827579.2	1079151.9	8817	1627	3290	5360
7920129.3	-5702.0	13108821.1	50447.0	1626	221	567	656
42567229.4	2385259.3	37718758.1	1028704.9	7191	1406	2723	4704
18309257.6	893331.2	18352446.3	684921.0	6392	1383	2156	3177
56176290.3	3695200.3	28046551.9	1223942.7	5358	1177	1356	3374
5353047.4	429467.5	1462328.7	80593.4	35	4	14	9
1296115.8	115869.2	526423.3	74245.8	26	6	10	12
47135926.6	2891132.6	24575329.0	998077.0	5155	1147	1297	3271
2391200.5	258731.0	1482470.9	71026.5	142	20	35	82
2734434.8	113994.6	528252.7	68802.1	33	8	12	3
10872708.5	910199.7	8025484.0	2779776.4	1334	367	536	674
3093830.2	184422.9	3159925.8	343132.1	823	216	353	369
115521.7	8566.2	99249.1	15663.9				
7530935.6	706364.9	4679572.0	2391684.5	473	144	173	267
132421.0	10845.7	86737.1	29295.9	38	7	10	38
19205765.3	1719196.1	16623683.7	730963.5	6758	932	1480	3524
12740176.2	1124510.9	10451826.1	254057.2	5962	833	1246	3082
391472.9	73366.7	214433.6	4531.8	69	14	31	18
4335064.5	364619.2	3825804.6	459053.8	642	70	201	339
1659172.1	125635.9	2041894.9	13320.7	85	15	2	85
79879.6	31063.4	89724.5					
6963351.8	825763.5	4766132.5	20943.1	725	83	198	369
286767.8	-1434.9	1197262.5					
198027.1	59764.8	116792.7					
1717236.4	153250.8	928523.3		542	49	154	267
3093002.5	406076.1	1685709.0		88	13	20	27
1657813.0	204012.8	833822.0	20943.1	95	21	24	75
10505.0	4093.9	4023.0					

2-6 续表 1

指标名称	代码	企业数(个)	有R&D活动的企业(个)	有研发机构的企业(个)	有新产品销售的企业(个)
制造业	C	4918	447	326	440
农副食品加工业	13	537	25	21	21
食品制造业	14	139	20	8	15
酒、饮料和精制茶制造业	15	146	16	7	12
烟草制品业	16	2	1	1	1
纺织业	17	142	6	6	7
纺织服装、服饰业	18	69	1		
皮革、毛皮、羽毛及其制品和制鞋业	19	77			1
木材加工和木、竹、藤、棕、草制品业	20	485	3	4	6
家具制造业	21	48			
造纸和纸制品业	22	187	6	3	6
印刷和记录媒介复制业	23	73	2	1	12
文教、工美、体育和娱乐用品制造业	24	92	2	1	3
石油加工、炼焦和核燃料加工业	25	20	5	2	3
化学原料和化学制品制造业	26	468	46	33	35
医药制造业	27	157	52	39	36
化学纤维制造业	28	1			
橡胶和塑料制品业	29	159	9	7	12
非金属矿物制品业	30	635	21	14	17
黑色金属冶炼和压延加工业	31	285	11	10	12
有色金属冶炼和压延加工业	32	127	18	15	12
金属制品业	33	116	5	5	9
通用设备制造业	34	115	22	16	25
专用设备制造业	35	164	44	29	48
汽车制造业	36	320	61	58	61
铁路、船舶、航空航天和其他运输设备制造业	37	38	1	1	1
电气机械和器材制造业	38	146	32	21	42
计算机、通信和其他电子设备制造业	39	105	24	14	30
仪器仪表制造业	40	20	11	8	9
其他制造业	41	19	3	2	4
废弃资源综合利用业	42	23			
金属制品、机械和设备修理业	43	3			
电力、热力、燃气及水生产和供应业	D	248	1	1	
电力、热力生产和供应业	44	201	1	1	
燃气生产和供应业	45	12			
水的生产和供应业	46	35			
五、按地区分组					
南宁市	4501	969	137	83	189
柳州市	4502	812	95	94	93
桂林市	4503	646	72	46	56
梧州市	4504	421	26	21	20
北海市	4505	186	34	19	24
防城港市	4506	167	9	10	9
钦州市	4507	268	11	11	11
贵港市	4508	409	8	6	3
玉林市	4509	625	27	13	16
百色市	4510	242	10	3	6
贺州市	4511	173	8	8	8
河池市	4512	221	10	8	2
来宾市	4513	200	4	5	4
崇左市	4514	149	5	4	1

主营业务收入（万元）	利润总额（万元）	资产总计（万元）	出口交货值（万元）	R&D人员合计（人）			
					女　性	研究人员	全时人员
151405995.3	8815395.0	104920603.5	6624550.1	28496	5589	9195	16697
18781374.4	1169537.1	13516399.1	601038.6	1298	349	495	679
2666705.1	224064.9	1784737.1	145933.7	613	198	122	423
3421047.2	419317.0	2401886.6	15691.1	555	172	106	376
1886543.4	271249.1	1486630.2	25.1	140	66	44	113
1988229.2	104532.5	1209354.3	28881.9	242	70	104	137
995480.3	79865.0	469910.2	81431.1	6		1	
1162536.8	66262.8	442685.1	429497.8				
6206324.2	411719.7	2861693.8	304597.8	183	18	45	38
1046534.1	100139.2	506483.7	44435.5				
3442595.9	103439.2	4946528.4	25985.3	181	29	50	72
999964.2	101798.0	578739.6	12515.9	25	6	11	19
814648.1	50395.4	228183.1	170250.2	23		17	18
8672097.3	-140711.3	4091119.0	12020.3	59	20	30	31
8721288.7	604247.7	7196826.8	404952.5	2203	529	1087	1540
3099215.5	416998.4	2601912.8	90050.7	1722	611	865	1205
3449.9	-23.4	5907.2					
2421388.5	119783.3	1821822.8	26572.3	431	169	177	374
11648711.5	1195327.6	8164339.2	357479.6	603	131	222	391
21253074.7	658281.3	11082318.0	55792.7	1144	315	206	550
8637399.6	77115.7	10647397.0	686598.7	1971	381	306	616
2602717.8	122503.7	1660247.2	75599.5	668	14	61	93
3012032.7	193737.7	3169465.1	38176.5	875	130	236	381
4315416.7	218410.7	5145687.0	384952.9	3022	510	1405	2195
17807850.7	832681.8	11957100.9	175832.4	9322	1263	2221	4960
1185595.9	109723.6	598420.1	1206.4	88	4	16	73
5997494.3	534226.5	2889224.2	239992.8	1602	294	613	1200
6892048.8	692841.7	2665497.2	2182855.3	1192	256	613	961
299651.3	23524.4	189023.5	20084.6	218	40	74	157
218669.4	18673.1	104904.7	12098.9	110	14	68	95
1181828.1	33791.7	484784.9					
24081.0	1940.9	11374.7					
12516786.5	494881.7	23271233.5	36606.5	984	85	332	68
12024245.3	446750.0	21845070.6	36606.5	984	85	332	68
255331.4	8485.3	335019.3					
237209.8	39646.4	1091143.6					
30236881.3	1724234.0	23318488.9	2040448.2	5928	1423	2394	3392
35341401.0	1144569.6	26760289.2	647986.7	10663	1597	3202	5868
17543785.6	1707925.0	10785531.1	788873.6	4766	1038	2146	3392
16292971.1	1445731.2	7147026.9	177326.8	1717	403	374	706
12051051.8	1056616.4	5407945.2	834235.9	1345	241	297	847
8215664.1	399597.0	6470561.1	221730.5	902	263	78	473
10719988.1	68936.9	8319335.1	282374.4	461	67	124	300
6806505.5	616988.5	6044054.0	191222.5	719	206	219	424
11231628.1	807039.1	7048867.8	779129.8	1309	209	247	635
7470016.4	84142.2	11356246.6	147757.2	261	40	71	124
3271133.6	282381.8	3248932.7	36870.6	235	47	70	173
2977725.7	-10466.8	7428206.6	484550.3	729	101	175	231
4296018.7	85502.9	5335974.1	15260.3	567	64	154	277
4431362.6	722842.4	4286510.2	34332.9	603	58	174	292

2-6 续表 2

指标名称	代码	R&D人员全时当量(人年)	R&D经费内部支出(万元)	日常性支出(万元)	人员劳务费(万元)
总计		**20700**	**817062.9**	**660527.6**	**202106.0**
一、按企业规模分组					
大型	1	12864	517502.7	421492.5	147172.1
中型	2	4851	198915.8	155054.7	36486.0
小型	3	2973	100506.8	83845.4	18395.1
微型	4	11	137.6	135.0	52.8
二、按国有及国有控股分组					
国有及国有控股企业		10933	382688.9	341013.1	132441.4
三、按登记注册类型分组					
内资企业	100	14432	538800.6	447309.6	116843.5
国有企业	110	701	22534.1	18935.9	7671.6
集体企业	120	20	271.1	210.3	38.5
股份合作企业	130	43	1041.3	1041.3	235.8
联营企业	140	7	51.0	51.0	15.0
国有联营企业	141				
集体联营企业	142				
国有与集体联营企业	143	7	51.0	51.0	15.0
其他联营企业	149				
有限责任公司	150	6143	219201.8	183699.7	53232.5
国有独资公司	151	1169	11770.3	10139.2	4446.0
其他有限责任公司	159	4975	207431.5	173560.5	48786.5
股份有限公司	160	4031	129502.2	112448.8	28501.0
私营企业	170	3470	164588.6	129312.1	26975.8
私营独资企业	171	17	835.9	614.0	123.3
私营合伙企业	172	17	1153.0	1063.7	164.8
私营有限责任公司	173	3369	159723.7	125206.1	25905.8
私营股份有限公司	174	67	2876.0	2428.3	781.9
其他企业	190	17	1610.5	1610.5	173.3
港、澳、台商投资企业	200	819	26527.1	24404.1	6027.4
合资经营企业(港或澳、台资)	210	557	20052.1	19274.5	3915.7
合作经营企业(港或澳、台资)	220				
港、澳、台商独资经营企业	230	235	6277.2	4931.8	2104.7
港、澳、台商投资股份有限公司	240	27	197.8	197.8	7.0
其他港澳台投资企业	290				
外商投资企业	300	5449	251735.2	188813.9	79235.1
中外合资经营企业	310	4837	222518.2	165213.4	76829.7
中外合作经营企业	320	15	1226.4	1190.8	148.2
外资企业	330	590	25321.6	21190.7	1992.2
外商投资股份有限公司	340	8	2669.0	1219.0	265.0
其他外商投资企业	390				
四、按国民经济行业分组(大类)					
采矿业	B	564	16906.5	16459.1	1843.1
煤炭开采和洗选业	06				
石油和天然气开采业	07				
黑色金属矿采选业	08	500	15650.8	15427.2	1301.0
有色金属矿采选业	09	14	657.8	566.8	280.3
非金属矿采选业	10	51	597.9	465.1	261.8
开采辅助活动	11				
其他采矿业	12				

资产性支出（万元）	仪器和设备（万元）	政府资金（万元）	企业资金（万元）	国外资金（万元）	其他资金（万元）	R&D经费外部支出（万元）	对境内研究机构支出（万元）
156535.3	**154732.3**	**36970.1**	**777281.3**	**65.8**	**2745.7**	**37189.7**	**24350.8**
96010.2	95142.6	16407.5	500849.0	65.8	180.4	30890.6	20579.2
43861.1	43316.1	12635.3	185424.8		855.7	4557.4	2742.2
16661.4	16271.0	7897.3	90899.9		1709.6	1710.5	1029.4
2.6	2.6	30.0	107.6			31.2	
41675.8	41013.5	17239.8	365142.7		306.4	29623.9	19577.7
91491.0	89904.0	28872.1	507271.0		2657.5	21184.5	15548.3
3598.2	3575.1	2479.9	20054.2			640.6	442.4
60.8	56.3	70.0	201.1			16.0	
			1041.3				
			51.0				
			51.0				
35502.1	35012.6	10141.7	208242.1		818.0	12925.0	10419.8
1631.1	1578.3	715.0	11055.3			783.3	122.5
33871.0	33434.3	9426.7	197186.8		818.0	12141.7	10297.3
17053.4	16834.6	9773.1	119403.7		325.4	5049.1	3281.5
35276.5	34425.4	6357.4	156717.1		1514.1	2536.4	1404.6
221.9	199.9	168.0	667.9			30.8	10.0
89.3	87.9	30.6	1122.4			31.2	
34517.6	33691.7	5729.6	152480.0		1514.1	2408.7	1328.9
447.7	445.9	429.2	2446.8			65.7	65.7
		50.0	1560.5			17.4	
2123.0	2094.3	2318.4	24142.9	65.8		91.0	6.1
777.6	758.8	2012.5	18039.6			33.5	4.0
1345.4	1335.5	278.9	5932.5	65.8		57.5	2.1
		27.0	170.8				
62921.3	62734.0	5779.6	245867.4		88.2	15914.2	8796.4
57304.8	57148.4	4237.0	218280.1		1.1	15836.7	8788.8
35.6	35.6	302.6	923.8			7.6	7.6
4130.9	4100.0	980.0	24254.5		87.1	69.9	
1450.0	1450.0	260.0	2409.0				
447.4	422.0	1094.0	15812.5			71.3	10.0
223.6	200.7	952.0	14698.8			11.3	
91.0	90.0	112.0	545.8				
132.8	131.3	30.0	567.9			60.0	10.0

2-6 续表 3

指标名称	代码	R&D人员全时当量(人年)	R&D经费内部支出(万元)	日常性支出(万元)	人员劳务费(万元)
制造业	C	19152	795022.7	639513.5	198162.1
农副食品加工业	13	842	32815.7	30722.8	6488.2
食品制造业	14	173	8431.5	7345.9	1399.3
酒、饮料和精制茶制造业	15	365	15044.4	13548.0	1696.8
烟草制品业	16	110	3991.0	3435.1	1761.2
纺织业	17	191	3180.5	2324.1	886.5
纺织服装、服饰业	18	1	7.0	7.0	5.0
皮革、毛皮、羽毛及其制品和制鞋业	19				
木材加工和木、竹、藤、棕、草制品业	20	28	2141.4	1994.4	458.1
家具制造业	21				
造纸和纸制品业	22	99	58910.6	12051.5	1864.8
印刷和记录媒介复制业	23	8	1096.5	942.3	249.8
文教、工美、体育和娱乐用品制造业	24	2	485.3	307.3	161.5
石油加工、炼焦和核燃料加工业	25	21	1310.0	1195.5	187.1
化学原料和化学制品制造业	26	1738	56340.8	45779.3	9389.1
医药制造业	27	1219	35814.1	32335.3	7632.6
化学纤维制造业	28				
橡胶和塑料制品业	29	344	5871.7	4432.9	1603.5
非金属矿物制品业	30	435	9816.2	7672.6	2004.3
黑色金属冶炼和压延加工业	31	589	67069.2	52389.1	9399.2
有色金属冶炼和压延加工业	32	795	69866.8	41453.8	5977.8
金属制品业	33	158	6415.4	3336.0	467.4
通用设备制造业	34	432	6908.4	5986.9	2004.4
专用设备制造业	35	1979	94778.1	85510.9	20044.5
汽车制造业	36	7783	256083.9	231539.7	105040.5
铁路、船舶、航空航天和其他运输设备制造业	37	88	1416.5	1318.6	283.9
电气机械和器材制造业	38	973	29193.7	28354.8	9191.1
计算机、通信和其他电子设备制造业	39	516	19867.2	18105.9	7974.1
仪器仪表制造业	40	170	4826.8	4438.2	1227.1
其他制造业	41	94	3340.0	2985.6	764.3
废弃资源综合利用业	42				
金属制品、机械和设备修理业	43				
电力、热力、燃气及水生产和供应业	D	984	5133.7	4555.0	2100.8
电力、热力生产和供应业	44	984	5133.7	4555.0	2100.8
燃气生产和供应业	45				
水的生产和供应业	46				
五、按地区分组					
南宁市	4501	4231	114595.9	102879.9	23060.1
柳州市	4502	9015	308387.3	278674.0	116535.2
桂林市	4503	2482	112151.9	92570.5	24938.5
梧州市	4504	845	29770.0	23194.3	4084.3
北海市	4505	748	24334.1	22079.4	7686.5
防城港市	4506	566	52930.8	41944.1	8645.8
钦州市	4507	235	66009.8	19068.0	3344.6
贵港市	4508	417	8547.3	7001.3	3097.3
玉林市	4509	875	30119.3	17500.4	3646.0
百色市	4510	54	7941.5	5592.2	1114.9
贺州市	4511	146	4125.5	3593.0	1123.6
河池市	4512	179	11949.9	10748.4	1454.4
来宾市	4513	372	29403.8	19146.9	1888.8
崇左市	4514	535	16795.8	16535.2	1486.0

资产性支出(万元)	仪器和设备(万元)	政府资金(万元)	企业资金(万元)	国外资金(万元)	其他资金(万元)	R&D经费外部支出(万元)	对境内研究机构支出(万元)
155509.2	153782.9	35796.1	756415.1	65.8	2745.7	36617.2	24311.5
2092.9	1989.6	1918.1	30446.9		450.7	212.0	114.5
1085.6	1060.5	615.8	7680.2		135.5	128.0	71.1
1496.4	1441.1	2252.7	12791.7			523.6	361.3
555.9	555.9	86.9	3904.1			1496.4	767.7
856.4	853.2	415.1	2765.4			51.0	22.0
			7.0				
147.0	137.6	175.7	1952.6		13.1	7.9	7.9
46859.1	46858.5	480.5	58429.0		1.1	153.7	
154.2	145.2		1096.5				
178.0	178.0	20.0	457.0		8.3		
114.5	111.6	100.6	1209.4			78.5	78.5
10561.5	10509.4	2598.1	53742.7			446.0	244.8
3478.8	3403.0	2186.5	33303.9		323.7	3028.1	2420.7
1438.8	1435.4	375.4	5496.3			121.0	121.0
2143.6	2093.4	1887.5	7678.4		250.3	68.0	49.6
14680.1	14216.5	439.1	66515.0		115.1	103.2	62.0
28413.0	28110.2	4702.3	65164.5			2228.4	1563.8
3079.4	3077.1	1032.6	5382.8			17.0	17.0
921.5	915.3	791.3	5806.3		310.8	145.6	93.2
9267.2	9080.4	5249.7	89376.2		152.2	1258.5	406.2
24544.2	24288.8	7427.8	248209.9		446.2	25272.2	17443.7
97.9	82.5	74.5	1342.0				
838.9	818.2	1443.9	27444.5		305.3	729.1	147.3
1761.3	1736.7	1140.5	18660.9	65.8		535.4	319.2
388.6	357.2	272.7	4554.1			13.6	
354.4	327.6	108.8	2997.8		233.4		
578.7	527.4	80.0	5053.7			501.2	29.3
578.7	527.4	80.0	5053.7			501.2	29.3
11716.0	11484.5	6810.6	106822.2	65.8	897.3	2793.2	1127.2
29713.3	29351.7	11920.4	296004.0		462.9	26298.2	17758.6
19581.4	19422.1	6685.5	104607.7		858.7	2760.4	1564.2
6575.7	6554.0	4286.8	25483.2			3015.1	2583.7
2254.7	2233.6	1430.1	22904.0			239.7	150.7
10986.7	10496.7	478.7	52452.1			62.3	62.0
46941.8	46925.4	645.1	65364.7			131.8	11.0
1546.0	1458.7	390.9	8156.4			138.9	82.2
12618.9	12576.6	1406.7	28222.5		490.1	485.6	379.3
2349.3	2341.4	313.2	7591.6		36.7	29.7	
532.5	491.7	427.9	3697.6			171.1	119.0
1201.5	1156.0	915.7	11034.2			1036.0	503.3
10256.9	10002.6	166.9	29236.9			3.9	3.9
260.6	237.3	1091.6	15704.2			23.8	5.7

2-6 续表 4

指标名称	代码	对境内高等学校支出(万元)	对境外支出(万元)	项目数(项)	参加项目人员(人)
总　计		**9097.9**	**3416.4**	**2890**	**27801**
一、按企业规模分组					
大型	1	7338.3	2898.2	976	15716
中型	2	1245.2	434.9	1171	7581
小型	3	483.2	83.3	742	4493
微型	4	31.2		1	11
二、按国有及国有控股分组					
国有及国有控股企业		7019.4	2898.2	920	13548
三、按登记注册类型分组					
内资企业	100	4360.7	1036.0	2424	20133
国有企业	110	197.7		170	1341
集体企业	120	16.0		6	29
股份合作企业	130			6	22
联营企业	140			1	8
国有联营企业	141				
集体联营企业	142				
国有与集体联营企业	143			1	8
其他联营企业	149				
有限责任公司	150	1771.5	509.5	929	7853
国有独资公司	151	532.8		134	1532
其他有限责任公司	159	1238.7	509.5	795	6321
股份有限公司	160	1366.8	400.8	582	5888
私营企业	170	991.3	125.7	726	4960
私营独资企业	171	20.0		8	29
私营合伙企业	172	31.2		4	24
私营有限责任公司	173	940.1	125.7	684	4778
私营股份有限公司	174			30	129
其他企业	190	17.4		4	32
港、澳、台商投资企业	200	10.0	19.9	147	1227
合资经营企业(港或澳、台资)	210	4.0	19.9	84	748
合作经营企业(港或澳、台资)	220				
港、澳、台商独资经营企业	230	6.0		59	441
港、澳、台商投资股份有限公司	240			4	38
其他港澳台投资企业	290				
外商投资企业	300	4727.2	2360.5	319	6441
中外合资经营企业	310	4657.3	2360.5	242	5683
中外合作经营企业	320			6	66
外资企业	330	69.9		68	613
外商投资股份有限公司	340			3	79
其他外商投资企业	390				
四、按国民经济行业分组(大类)					
采矿业	B	61.3		40	681
煤炭开采和洗选业	06				
石油和天然气开采业	07				
黑色金属矿采选业	08	11.3		21	520
有色金属矿采选业	09			6	71
非金属矿采选业	10	50.0		13	90
开采辅助活动	11				
其他采矿业	12				

项目人员折合全时当量(人年)	项目经费内部支出(万元)	机构数(个)	机　构人员数(人)	博　士(人)	硕　士(人)	本　科(人)	机构经费支　出(万元)
19072	**741096.1**	**447**	**21243**	**328**	**1819**	**12710**	**520692.8**
12000	485719.6	108	10741	171	1068	6452	340817.2
4323	168052.4	176	6934	64	467	4114	118358.9
2739	87204.1	162	3557	91	282	2142	61470.9
11	120.0	1	11	2	2	2	45.8
10113	351934.8	116	9632	119	1011	6002	242572.5
13120	469607.6	393	16651	255	1365	10078	371495.8
648	18060.6	23	1442	15	117	791	26662.7
17	203.0	1	5			1	26.0
22	1033.0	2	34			27	729.3
6	50.0						
6	50.0						
5493	188060.9	134	5549	72	561	3598	154034.2
1102	8758.5	13	710	7	152	496	17136.7
4391	179302.4	121	4839	65	409	3102	136897.5
3722	116493.5	78	5099	75	359	3168	72674.7
3196	144130.6	154	4512	92	325	2487	116896.2
15	736.1	9	27		2	8	549.9
17	1068.0	2	21	2	4	8	1224.8
3103	140015.1	134	4067	86	307	2245	109592.3
61	2311.4	9	397	4	12	226	5529.2
17	1576.0	1	10	1	3	6	472.7
747	25410.4	24	1213	28	66	623	29956.4
504	19681.0	13	774	22	38	470	23917.3
216	5573.9	11	439	6	28	153	6039.1
27	155.5						
5205	246078.1	30	3379	45	388	2009	119240.6
4621	217366.3	14	2392	23	275	1432	76513.6
13	907.2						
563	25250.6	10	284	2	10	201	2441.6
7	2554.0	6	703	20	103	376	40285.4
538	16802.7	7	226	8	16	145	1986.1
480	15626.0	4	160	2	5	113	1350.0
10	623.3	1	9	1		8	160.0
48	553.4	2	57	5	11	24	476.1

2-6 续表 5

指标名称	代码	对境内高等学校支出(万元)	对境外支出(万元)	项目数(项)	参加项目人员(人)
制造业	C	8564.7	3416.4	2791	26190
农副食品加工业	13	93.0		124	1245
食品制造业	14	24.1	32.8	113	565
酒、饮料和精制茶制造业	15	123.5	38.8	71	508
烟草制品业	16	728.7		36	133
纺织业	17	29.0		31	219
纺织服装、服饰业	18			2	5
皮革、毛皮、羽毛及其制品和制鞋业	19				
木材加工和木、竹、藤、棕、草制品业	20			17	161
家具制造业	21				
造纸和纸制品业	22	153.7		19	161
印刷和记录媒介复制业	23			4	19
文教、工美、体育和娱乐用品制造业	24			2	23
石油加工、炼焦和核燃料加工业	25			11	56
化学原料和化学制品制造业	26	151.2		246	1981
医药制造业	27	443.9	162.5	339	1585
化学纤维制造业	28				
橡胶和塑料制品业	29			69	383
非金属矿物制品业	30	18.3	0.1	72	566
黑色金属冶炼和压延加工业	31			46	1097
有色金属冶炼和压延加工业	32	594.3	19.9	120	1838
金属制品业	33			14	649
通用设备制造业	34	42.3		113	700
专用设备制造业	35	579.3	265.1	366	2820
汽车制造业	36	4799.6	2870.0	588	8568
铁路、船舶、航空航天和其他运输设备制造业	37			5	80
电气机械和器材制造业	38	581.2		202	1387
计算机、通信和其他电子设备制造业	39	189.0	27.2	118	1129
仪器仪表制造业	40	13.6		43	206
其他制造业	41			20	106
废弃资源综合利用业	42				
金属制品、机械和设备修理业	43				
电力、热力、燃气及水生产和供应业	D	471.9		59	930
电力、热力生产和供应业	44	471.9		59	930
燃气生产和供应业	45				
水的生产和供应业	46				
五、按地区分组					
南宁市	4501	1589.9	20.0	944	5509
柳州市	4502	5235.2	3135.4	625	9810
桂林市	4503	966.0	222.2	583	4257
梧州市	4504	390.2		145	1620
北海市	4505	89.0		115	1259
防城港市	4506	0.3		17	859
钦州市	4507	120.8		52	372
贵港市	4508	17.9	38.8	51	699
玉林市	4509	100.8		205	1227
百色市	4510	29.7		33	235
贺州市	4511	52.1		27	178
河池市	4512	487.9		46	652
来宾市	4513			19	544
崇左市	4514	18.1		28	580

项目人员折合全时当量(人年)	项目经费内部支出(万元)	机构数(个)	机　构人员数(人)	博　士(人)	硕　士(人)	本　科(人)	机构经费支　　出(万元)
17604	720894.6	439	20775	313	1694	12449	506786.1
813	31625.7	34	1275	59	108	758	38684.9
164	7211.1	8	131	1	8	58	1157.9
338	12528.3	12	413	2	33	214	11751.9
104	3655.4	1	99	8	20	60	6166.4
170	2667.6	15	232	4	18	144	5671.1
1	7.0						
24	1889.2	5	202	1	29	95	2750.1
85	58562.2	4	32	7	4	11	555.2
7	986.8	1	4			4	10.0
2	485.3	1	8		1	4	125.2
21	1241.1	2	28		5	17	1404.4
1555	52761.8	45	2272	29	161	1287	27251.0
1142	31600.8	46	1506	41	121	1060	29786.9
306	4641.7	8	250	7	14	122	3195.7
407	7521.4	20	667	11	89	300	23500.1
568	65947.3	13	586	6	39	288	59795.4
732	41715.3	29	859	12	97	376	16619.0
148	3340.6	9	248	6	36	147	7279.2
355	6134.7	26	1203	25	112	675	41582.7
1870	85839.0	40	2610	41	222	1990	36632.6
7111	246767.0	61	5582	24	404	3460	153176.7
80	1142.3	1	300		3	52	3077.6
863	26407.5	32	1273	8	108	735	21318.1
486	18610.9	16	686	10	34	414	8562.3
162	4488.5	8	231	5	9	132	4139.6
93	3116.1	2	78	6	19	46	2592.1
930	3398.8	1	242	7	109	116	11920.6
930	3398.8	1	242	7	109	116	11920.6
3946	101803.3	119	3803	89	476	2188	88436.3
8247	297739.8	108	8211	51	592	5176	194198.2
2246	94501.8	66	3271	44	294	2053	54121.4
798	27308.2	28	1086	32	64	613	21947.4
705	23016.0	22	915	18	49	489	22980.5
536	51808.3	14	483	9	9	220	45078.6
177	65015.8	12	296	11	18	185	6860.2
406	8372.3	10	664	31	66	426	9572.2
825	18592.6	19	1147	25	129	652	50869.6
50	5492.7	3	220	4	30	87	5902.4
108	3409.2	11	311		9	148	3608.8
159	7073.6	11	379	8	25	149	7996.4
355	20315.1	15	220	1	32	163	6730.5
514	16647.4	9	237	5	26	161	2390.3

2-6 续表 6

指标名称	代码	仪器和设备原价(万元)	进口(万元)	新产品开发项目数(个)	新产品开发经费支出(万元)
总计		**411711.0**	**65367.2**	**3332**	**849394.8**
一、按企业规模分组					
大型	1	272797.0	57904.9	1163	559741.5
中型	2	76810.3	6055.5	1273	163121.1
小型	3	62101.1	1406.8	895	126394.6
微型	4	2.6		1	137.6
二、按国有及国有控股分组					
国有及国有控股企业		113018.6	15047.2	938	438104.5
三、按登记注册类型分组					
内资企业	100	277603.8	32088.4	2670	575486.3
国有企业	110	21450.6	2062.4	157	63851.3
集体企业	120	140.0	22.0	6	96.0
股份合作企业	130	199.6		7	1499.6
联营企业	140				
国有联营企业	141				
集体联营企业	142				
国有与集体联营企业	143				
其他联营企业	149				
有限责任公司	150	108741.7	18059.1	960	209149.8
国有独资公司	151	21212.2	550.5	81	8539.3
其他有限责任公司	159	87529.5	17508.6	879	200610.5
股份有限公司	160	54957.3	10348.4	768	147295.7
私营企业	170	91354.6	1596.5	765	151348.2
私营独资企业	171	711.4		11	1338.3
私营合伙企业	172	109.6	98.0	2	790.1
私营有限责任公司	173	86683.0	1498.5	715	145357.3
私营股份有限公司	174	3850.6		37	3862.5
其他企业	190	760.0		7	2245.7
港、澳、台商投资企业	200	22330.4	1518.6	164	30545.1
合资经营企业(港或澳、台资)	210	6661.0	821.1	95	22971.2
合作经营企业(港或澳、台资)	220				
港、澳、台商独资经营企业	230	15669.4	697.5	67	7402.1
港、澳、台商投资股份有限公司	240			2	171.8
其他港澳台投资企业	290				
外商投资企业	300	111776.8	31760.2	498	243363.4
中外合资经营企业	310	60821.6	158.3	248	175723.3
中外合作经营企业	320			5	816.9
外资企业	330	1176.5	188.3	79	25631.2
外商投资股份有限公司	340	49778.7	31413.6	166	41192.0
其他外商投资企业	390				
四、按国民经济行业分组(大类)					
采矿业	B	367.3	196.0	23	15835.4
煤炭开采和洗选业	06			5	608.1
石油和天然气开采业	07				
黑色金属矿采选业	08	86.0	86.0	9	14782.7
有色金属矿采选业	09	90.0	60.0	1	61.3
非金属矿采选业	10	191.3	50.0	8	383.3
开采辅助活动	11				
其他采矿业	12				

新产品销售收入（万元）	新产品出口（万元）	专利申请数（件）	发明专利（件）	有效发明专利（件）	境外授权（件）	专利所有权转让及许可数（件）
15866038.1	**507264.6**	**4468**	**2234**	**1889**	**21**	**71**
12885461.6	353024.0	2409	1088	653	4	53
2139750.9	140204.2	988	606	563	6	12
837425.6	14036.4	1068	539	672	11	6
3400.0		3	1	1		
9933475.0	302417.2	1697	883	647	4	54
8815589.8	337160.6	3271	1807	1634	17	70
915290.9	57965.4	199	92	131	1	13
		19	6	6		
1162.0		58	58			
53.0						
53.0						
3424050.5	90342.1	1147	622	485	3	10
81612.3	5636.3	176	96	29		
3342438.2	84705.8	971	526	456	3	10
2054125.5	166814.5	878	542	515	1	38
2420907.9	22038.6	964	485	493	12	9
2184.0		6	3	3		
4854.9		3	2	7		
2344548.9	19148.1	894	449	450	12	9
69320.1	2890.5	61	31	33		
		6	2	4		
392915.5	38819.1	125	57	48		
186716.3	21622.8	45	19	26		
203658.1	16827.1	67	25	19		
2541.1	369.2	13	13	3		
6657532.8	131284.9	1072	370	207	4	1
5823230.3	109895.8	448	155	117	3	
82071.9	19976.1	25	13	38	1	1
752230.6	1413.0	599	202	52		
1246.8		18	12	18		24
699.4				4		22
		2	2	7		
		9	5	3		
547.4		7	5	4		2

2-6 续表 7

指标名称	代码	仪器和设备原价(万元)	进口(万元)	新产品开发项目数(个)	新产品开发经费支出(万元)
制造业	C	393926.2	64626.2	3279	831120.1
农副食品加工业	13	14532.9	4820.7	152	49675.3
食品制造业	14	1622.9	47.5	87	13255.3
酒、饮料和精制茶制造业	15	3487.2	260.2	109	31485.8
烟草制品业	16	4544.9	2634.6	66	4921.2
纺织业	17	3782.4	2510.6	66	9387.2
纺织服装、服饰业	18			2	7.0
皮革、毛皮、羽毛及其制品和制鞋业	19				
木材加工和木、竹、藤、棕、草制品业	20	2489.6	185.0	25	2988.7
家具制造业	21				
造纸和纸制品业	22	46380.6		16	8819.2
印刷和记录媒介复制业	23	1400.0		5	1020.4
文教、工美、体育和娱乐用品制造业	24	42.9		1	468.7
石油加工、炼焦和核燃料加工业	25	186.7	98.0	16	1281.9
化学原料和化学制品制造业	26	20105.6	915.1	197	43559.0
医药制造业	27	29121.9	3844.7	325	34274.6
化学纤维制造业	28				
橡胶和塑料制品业	29	5086.2	130.5	76	6130.3
非金属矿物制品业	30	8886.5	1783.6	59	8990.8
黑色金属冶炼和压延加工业	31	23881.2	265.0	30	88245.7
有色金属冶炼和压延加工业	32	8119.5	1421.7	54	18137.5
金属制品业	33	19544.4	1500.0	10	4727.3
通用设备制造业	34	52006.8	31453.6	314	49766.5
专用设备制造业	35	30157.4	171.1	386	102348.2
汽车制造业	36	74847.0	12144.3	835	286673.6
铁路、船舶、航空航天和其他运输设备制造业	37	1809.9		4	850.6
电气机械和器材制造业	38	16003.9	119.5	224	33191.8
计算机、通信和其他电子设备制造业	39	20699.0	197.5	146	21981.7
仪器仪表制造业	40	4166.1	123.0	55	6175.4
其他制造业	41	1020.7		19	2756.4
废弃资源综合利用业	42				
金属制品、机械和设备修理业	43				
电力、热力、燃气及水生产和供应业	D	17417.5	545.0	30	2439.3
电力、热力生产和供应业	44	17417.5	545.0	30	2439.3
燃气生产和供应业	45				
水的生产和供应业	46				
五、按地区分组					
南宁市	4501	73734.7	8849.0	1125	132797.6
柳州市	4502	92621.8	3702.5	792	389715.9
桂林市	4503	69895.4	13538.6	605	116463.9
梧州市	4504	4506.6	955.8	138	25087.4
北海市	4505	19588.0	50.0	103	24369.2
防城港市	4506	23014.0	588.5	40	48952.3
钦州市	4507	51700.4	595.5	60	8033.3
贵港市	4508	9251.4	3912.1	44	7652.6
玉林市	4509	55266.1	31777.9	304	58755.7
百色市	4510	3754.1	526.7	42	13604.7
贺州市	4511	4297.5	127.3	41	4380.0
河池市	4512	2171.8	456.0	10	926.7
来宾市	4513	1177.2	90.0	11	2690.0
崇左市	4514	732.0	197.3	17	15965.5

新产品销售收入（万元）	新产品出口（万元）	专利申请数（件）	发明专利（件）	有效发明专利（件）	境外授权（件）	专利所有权转让及许可数（件）
15864791.3	507264.6	4313	2143	1859	21	47
339226.8	19568.6	100	51	49	3	
41525.9	500.0	44	29	19		
218617.4	2006.3	116	82	109		24
307243.5	24.8	42	28	13		
83051.0	13670.9	51	18	9		
487.1						
45579.2	9183.0	29	22	24		
141250.1	701.2	27	9	16		
20605.2		9	1	6		
914.2	340.0	9	2	1		
1613.3		12	3	8		
220772.7	11302.4	307	241	218		
644991.4	15079.7	185	127	234	9	
64254.9	9821.8	37	23	29		
152346.5	14528.9	285	117	39		
2132870.9	55312.0	49	28	33	3	3
825177.9	19468.7	163	88	91		
42197.9	1184.5	94	71	28		1
807544.3	7014.9	709	233	99	1	4
1168608.9	79178.9	674	288	278	1	2
7943896.0	150998.9	1015	498	262	3	
5273.7		4	1			12
410897.0	73361.2	167	84	141	1	1
219917.0	23424.4	141	78	113		
17636.1	593.5	34	17	28		
8292.4		10	4	12		
		137	79	12		
		137	79	12		
1387398.6	38443.4	649	360	457	1	21
9324798.2	258507.4	1498	762	427	6	14
936447.4	136115.3	616	280	494	8	1
1041488.1	11958.2	225	179	39		
235898.6	27417.5	226	124	111	3	2
1498940.3		66	48	63		8
246117.8	10334.8	88	54	34		
31265.6	459.8	17	9	20		
898343.9	12724.9	897	301	95		
79128.9	3342.6	27	13	45		22
77038.4	7850.1	35	21	31		
12479.8		65	46	38		
88215.1		34	19	8	3	3
8477.4	110.6	25	18	27		

2-6 续表 8

指标名称	代码	专利所有权转让及许可收入(万元)	拥有注册商标数(件)	境外注册(件)	形成国家或行业标准数(项)
总　计		**2302.0**	**2987**	**497**	**190**
一、按企业规模分组					
大型	1	122.0	1839	389	69
中型	2	500.0	417	33	89
小型	3	1680.0	730	75	29
微型	4		1		3
二、按国有及国有控股分组					
国有及国有控股企业		1802.0	918	55	107
三、按登记注册类型分组					
内资企业	100	2302.0	2495	424	173
国有企业	110		58		7
集体企业	120		2		1
股份合作企业	130				
联营企业	140				
国有联营企业	141				
集体联营企业	142				
国有与集体联营企业	143				
其他联营企业	149				
有限责任公司	150	1802.0	1224	384	104
国有独资公司	151		37		44
其他有限责任公司	159	1802.0	1187	384	60
股份有限公司	160		941	34	33
私营企业	170	500.0	267	6	28
私营独资企业	171		3		1
私营合伙企业	172				
私营有限责任公司	173	500.0	251	6	24
私营股份有限公司	174		13		3
其他企业	190		3		
港、澳、台商投资企业	200		31	9	
合资经营企业(港或澳、台资)	210		18	9	
合作经营企业(港或澳、台资)	220				
港、澳、台商独资经营企业	230		13		
港、澳、台商投资股份有限公司	240				
其他港澳台投资企业	290				
外商投资企业	300		461	64	17
中外合资经营企业	310		384	64	7
中外合作经营企业	320		8		
外资企业	330		5		5
外商投资股份有限公司	340		64		5
其他外商投资企业	390				
四、按国民经济行业分组(大类)					
采矿业	B		8		6
煤炭开采和洗选业	06				
石油和天然气开采业	07				
黑色金属矿采选业	08		4		5
有色金属矿采选业	09				
非金属矿采选业	10		4		1
开采辅助活动	11				
其他采矿业	12				

使用来自政府部门的科技活动资金（万元）	研究开发费用加计扣除减免税（万元）	高新技术企业减免税（万元）	引进技术经费支出（万元）	消化吸收经费支出（万元）	购买国内技术经费支出（万元）	技术改造经费支出（万元）
56895.3	**32166.7**	**28968.1**	**3599.0**	**3604.7**	**12881.1**	**1223980.5**
27641.9	22206.2	16550.0	1860.0	2189.0	9916.0	720651.8
16591.5	5632.5	8528.6	1673.0	1227.2	1670.4	286893.2
12631.9	4328.0	3889.5	66.0	188.5	1294.7	212748.5
30.0						3687.0
23148.4	13874.8	12333.4	1236.0	1760.6	5166.3	649017.0
47033.8	15464.9	26588.9	2501.0	2855.2	10658.5	997835.4
3466.4	2340.7	1765.4	1.0	297.1	69.5	241083.1
80.0						3570.0
10.0						2467.0
15237.1	6752.8	9254.6	1260.0	1936.7	5945.6	296414.8
1055.0	48.8	173.3				77884.1
14182.1	6704.0	9081.3	1260.0	1936.7	5945.6	218530.7
17780.7	3710.3	9650.7		312.5	4044.4	159267.5
10288.6	2661.1	5918.2	1240.0	308.9	599.0	287415.0
233.0						11151.2
30.8						966.0
9204.9	2288.7	5545.8	1240.0	308.9	599.0	263153.7
819.9	372.4	372.4				12144.1
171.0						7618.0
2792.2	307.1	793.5	313.0	71.5	240.6	55571.3
2414.6	91.9	48.3	13.0	21.5	170.6	47981.7
340.6	215.2	745.2	300.0	50.0	70.0	7589.6
37.0						
7069.3	16394.7	1585.7	785.0	678.0	1982.0	170573.8
4326.2	7394.7	1585.7	80.0	35.0		138081.7
312.0						10.1
980.0						9972.0
1451.1	9000.0		705.0	643.0	1982.0	22510.0
1218.0			80.0	160.0	280.0	19947.0
115.0					50.0	1687.0
952.0						16920.0
121.0						500.0
30.0			80.0	160.0	230.0	840.0

2-6 续表 9

指标名称	代码	专利所有权转让及许可收入(万元)	拥有注册商标数(件)	境外注册(件)	形成国家或行业标准数(项)
制造业	C	2302.0	2979	497	181
农副食品加工业	13		59	10	4
食品制造业	14		106	1	1
酒、饮料和精制茶制造业	15		132	5	2
烟草制品业	16		120	29	7
纺织业	17		11		
纺织服装、服饰业	18				
皮革、毛皮、羽毛及其制品和制鞋业	19				
木材加工和木、竹、藤、棕、草制品业	20		3		
家具制造业	21				
造纸和纸制品业	22		12		
印刷和记录媒介复制业	23				
文教、工美、体育和娱乐用品制造业	24		5		3
石油加工、炼焦和核燃料加工业	25		1		
化学原料和化学制品制造业	26		841	70	2
医药制造业	27		1031	346	32
化学纤维制造业	28				
橡胶和塑料制品业	29		38		2
非金属矿物制品业	30	1680.0	38	8	14
黑色金属冶炼和压延加工业	31	122.0	10		2
有色金属冶炼和压延加工业	32		44	14	9
金属制品业	33				
通用设备制造业	34		79		16
专用设备制造业	35		115	8	46
汽车制造业	36		225	5	14
铁路、船舶、航空航天和其他运输设备制造业	37				5
电气机械和器材制造业	38	500.0	49		13
计算机、通信和其他电子设备制造业	39		34		8
仪器仪表制造业	40		21	1	1
其他制造业	41		5		
废弃资源综合利用业	42				
金属制品、机械和设备修理业	43				
电力、热力、燃气及水生产和供应业	D				3
电力、热力生产和供应业	44				3
燃气生产和供应业	45				
水的生产和供应业	46				
五、按地区分组					
南宁市	4501	1680.0	667	29	33
柳州市	4502		1168	340	36
桂林市	4503	500.0	513	35	72
梧州市	4504		351	73	7
北海市	4505		46		4
防城港市	4506		14		2
钦州市	4507		12		1
贵港市	4508		9	1	4
玉林市	4509		145	18	15
百色市	4510		8		3
贺州市	4511		18	1	
河池市	4512		17		8
来宾市	4513	122.0	6		
崇左市	4514		13		5

使用来自政府部门的科技活动资金(万元)	研究开发费用加计扣除减免税(万元)	高新技术企业减免税(万元)	引进技术经费支出(万元)	消化吸收经费支出(万元)	购买国内技术经费支出(万元)	技术改造经费支出(万元)
55547.3	32166.7	28968.1	3519.0	3444.7	12601.1	1076653.9
3216.1	183.2	82.7		200.0	2718.3	71098.0
701.1	135.9	493.7		200.0	360.0	16235.2
8129.7	437.5					23901.6
150.0			1155.0	885.0	1535.3	12467.5
1200.0			300.0	50.0	60.0	22615.1
						13411.0
249.7					30.5	6650.6
1037.1				32.5	71.0	51235.5
						6287.0
30.2						120.0
101.7	85.9	97.1			7.2	316.0
3565.2	1302.5	1717.7		529.1	259.0	67808.8
3406.5	719.6	6787.1		30.0	3892.9	22185.6
508.5	66.8	173.3			20.5	10906.8
2887.9	964.8	1170.7		130.0	203.6	44113.1
1016.2	907.5					274574.6
6053.5		1022.0	13.0	252.5	491.6	49154.4
1083.2	50.0	100.0	1.0	1.0	30.0	15252.0
2456.9	9161.5	122.9	730.0	643.0	1982.0	29399.3
6815.6	1838.6	1063.9	80.0	174.9	310.0	77053.2
8902.5	12043.4	10716.4	40.0	116.7	84.7	216045.8
128.7					36.5	1994.6
1867.4	3472.2	3626.9	1200.0	200.0	508.0	37711.7
1589.2	637.5	975.6				2969.5
330.4	72.5	171.3				1786.0
120.0	87.3	646.8				1361.0
130.0						127379.6
130.0						122858.9
						4520.7
9615.9	2748.4	7403.9	1168.0	1255.0	2535.0	337477.6
15499.3	14771.8	10709.5	146.0	431.5	470.7	507238.0
14263.7	2482.0	8073.0	1500.0	308.9	1051.3	51365.1
5241.0	47.0				3241.6	32700.1
1782.3	2554.1	1287.3	80.0	360.0	398.0	29505.4
752.6	50.0	100.0			2738.8	39874.2
710.7						43229.9
705.5						2536.4
3012.3	9141.0		705.0	939.7	2248.7	30110.2
1905.3	372.4	372.4		200.0	121.0	24178.7
532.9		1022.0			76.0	3256.0
1293.3				31.0		90173.5
252.0						25154.3
1328.5				78.6		7181.1

第3篇

建筑业企业生产经营及财务状况

3-1　各地区全社会建筑业企业个数

单位：个

地　　区	企业合计	总承包和专业承包企业	劳务分包企　　业	资质以外企　　业
广　西	**4729**	**1245**	**94**	**3390**
南宁市	1946	479	60	1407
柳州市	272	84	10	178
桂林市	704	158	3	543
梧州市	298	46		252
北海市	210	39	9	162
防城港市	114	49	2	63
钦州市	169	57	2	110
贵港市	155	45	2	108
玉林市	166	69	3	94
百色市	221	65	1	155
贺州市	115	34	1	80
河池市	135	48		87
来宾市	127	33	1	93
崇左市	97	39		58

注：个体经营户指标统计口径范围为:有营业执照或已办理税务登记的个体经营户，下表同。

3-2　各地区全社会建筑业企业年末从业人员

单位：人

地　　区	年末从业人员合计	总承包和专业承包企业	劳务分包企　　业	资质以外企　　业
广　西	**877313**	**764975**	**53492**	**58846**
南宁市	343838	266969	46213	30656
柳州市	159743	153384	4167	2192
桂林市	70632	64324	2086	4222
梧州市	14678	9909		4769
北海市	19431	17427	145	1859
防城港市	27033	26095		938
钦州市	92108	90602	112	1394
贵港市	21340	20218	50	1072
玉林市	65423	59824	6	5593
百色市	16437	13974	7	2456
贺州市	6329	5270	4	1055
河池市	16909	15856		1053
来宾市	15902	13984	702	1216
崇左市	7510	7139		371

3-3　各地区全社会建筑业企业资产总计

单位：亿元

地　区	资产总计	总承包和专业承包企业	劳务分包企　业	资质以外企　业
广　西	**1714.74**	**1383.91**	**5.39**	**325.44**
南宁市	833.12	649.45	3.84	179.82
柳州市	295.66	285.67	1.06	8.93
桂林市	138.34	123.76	0.13	14.45
梧州市	35.33	19.82		15.51
北海市	30.86	20.27	0.06	10.54
防城港市	46.49	40.36		6.13
钦州市	52.74	49.28		3.46
贵港市	50.40	46.40	0.04	3.95
玉林市	55.37	47.03		8.33
百色市	30.07	19.42	0.00	10.64
贺州市	24.67	13.21		11.46
河池市	25.95	22.51		3.44
来宾市	79.20	32.90	0.26	46.04
崇左市	16.54	13.80		2.74

3-4　各地区全社会建筑业企业实收资本

单位：亿元

地　区	实收资本合　计	总承包和专业承包企业	劳务分包企　业	资质以外企　业
广　西	**457.52**	**305.44**	**1.55**	**150.53**
南宁市	228.55	135.71	1.04	91.80
柳州市	37.22	32.80	0.13	4.29
桂林市	31.40	24.57	0.08	6.76
梧州市	8.22	4.40		3.82
北海市	13.49	7.25	0.05	6.19
防城港市	16.51	13.41		3.11
钦州市	19.35	17.27		2.07
贵港市	17.16	13.26	0.04	3.86
玉林市	33.04	23.89		9.16
百色市	11.48	6.73	0.00	4.75
贺州市	10.46	5.45		5.01
河池市	10.23	8.97		1.26
来宾市	13.82	6.43	0.22	7.18
崇左市	6.58	5.31		1.27

3-5　各行业全社会建筑业企业个数

单位：个

行　　业	企业数	总承包和专业承包企业	劳务分包企业	资质以外企业
总　　计	**4729**	**1245**	**94**	**3390**
房屋建筑业	1010	694	13	303
土木工程建筑业	705	222	1	482
铁路、道路、隧道和桥梁工程建筑	228	83		145
水利和内河港口工程建筑	83	48		35
海洋工程建筑				
工矿工程建筑	41	15		26
架线和管道工程建筑	123	55	1	67
其他土木工程建筑	230	21		209
建筑安装业	614	141	1	472
建筑装饰和其他建筑业	2400	188	79	2133

3-6　各行业全社会建筑业企业年末从业人员

单位：人

行　　业	年末从业人员	总承包和专业承包企业	劳务分包企业	资质以外企业
总　计	**877313**	**764975**	**53492**	**58846**
房屋建筑业	628336	617973	607	9756
土木工程建筑业	128666	113409		15257
铁路、道路、隧道和桥梁工程建筑	50997	47280		3717
水利和内河港口工程建筑	20171	15454		4717
海洋工程建筑				
工矿工程建筑	28297	27925		372
架线和管道工程建筑	21428	18785		2643
其他土木工程建筑	7773	3965		3808
建筑安装业	30865	21105	24	9736
建筑装饰和其他建筑业	89446	12488	52861	24097

3-7 各行业全社会建筑业企业资产总计

单位：亿元

行业	资产合计	总承包和专业承包企业	劳务分包企业	资质以外企业
总计	**1714.74**	**1383.91**	**5.39**	**325.44**
房屋建筑业	893.35	843.80	0.44	49.11
土木工程建筑业	610.35	431.16		179.19
铁路、道路、隧道和桥梁工程建筑	329.40	187.73		141.67
水利和内河港口工程建筑	67.02	64.46		2.56
海洋工程建筑				
工矿工程建筑	52.96	46.92		6.05
架线和管道工程建筑	133.97	125.90		8.07
其他土木工程建筑	27.00	6.15		20.84
建筑安装业	106.76	77.57	0.03	29.15
建筑装饰和其他建筑业	104.28	31.38	4.92	67.98

3-8 各行业全社会建筑业企业营业收入

单位：亿元

行业	营业收入合计	总承包和专业承包企业	劳务分包企业	资质以外企业
总计	**2270.43**	**2066.37**	**59.34**	**144.72**
房屋建筑业	1569.76	1539.66	10.93	19.17
土木工程建筑业	499.40	427.25		72.14
铁路、道路、隧道和桥梁工程建筑	262.60	236.75		25.85
水利和内河港口工程建筑	86.66	57.00		29.66
海洋工程建筑				
工矿工程建筑	65.34	64.63		0.71
架线和管道工程建筑	70.96	63.31		7.65
其他土木工程建筑	13.84	5.57		8.28
建筑安装业	85.71	70.12	0.02	15.57
建筑装饰和其他建筑业	115.56	29.33	48.39	37.84

3-9 按经济类型划分的总承包和专业承包企业主要经济指标

指标名称	单位	合计	内资企业	#国有	#集体	港澳台商投资企业	#港澳台商独资企业	外商投资企业	#外商独资企业
企业个数	(个)	1065	1062	119	181	3	1		
从业人员	(万人)	76.22	76.18	29.69	6.87	0.04	0.03		
自有固定资产原价	(亿元)	189.40	189.24	79.01	15.89	0.16	0.00		
自有固定资产净价	(亿元)	115.51	115.46	41.26	11.76	0.05	0.00		
自有机械设备年末总台数	(万台)	16.22	16.22	3.65	2.80				
自有机械设备年末净值	(亿元)	50.31	50.31	15.03	4.61				
自有机械设备年末总功率	(万千瓦)	279.98	279.98	104.72	33.66				
建筑业总产值	(亿元)	2289.88	2289.30	1050.14	152.69	0.58	0.21		
本年固定资产折旧	(亿元)	10.49	10.49	4.31	0.49	0.00	0.00		
应付职工薪酬	(亿元)	277.50	277.48	162.75	15.74	0.02	0.01		
主营业务税金及附加	(亿元)	69.52	69.51	28.89	5.76	0.01	0.01		
管理费用中的税金	(亿元)	2.49	2.49	0.87	0.31	0.00	0.00		
房屋建筑施工面积	(万平方米)	18316.08	18309.74	8640.64	1490.12	6.34	3.50		
房屋建筑竣工面积	(万平方米)	5787.59	5784.75	1578.07	786.27	2.84			
利润总额	(亿元)	44.42	44.40	7.47	3.03	0.03	0.03		
税金总额	(亿元)	72.01	71.99	29.76	6.07	0.01	0.01		
劳动生产率	(元/人)	322334	322441	377991	227697	139474	71765		
技术装备率	(元/人)	6600	6604	5062	6710				
动力装备率	(千瓦/人)	4	4	4	5				
房屋建筑面积竣工率	(%)	31.6	31.6	18.3	52.8	44.8			
产值利润率	(%)	1.9	1.9	0.7	2	4.5	12.6		
产值利税率	(%)	5.1	5.1	3.5	6	6.5	15.2		

注：本表数据为所有具有资质等级的有工作量的施工总承包、专业承包建筑业企业(不含劳务分包建筑业企业)数据。

3-10 总承包和专业承包企业主要经济指标完成情况

指标名称	单位	2013年	2012年	2013年比2012年增减(%)
建筑业企业个数	个	1245	1258	-1.0
直接从事生产经营活动的平均人数	万人	71.04	59.09	20.2
签订的合同额	亿元	4694.00	3791.66	23.8
#本年新签合同额	亿元	2754.48	2293.41	20.1
建筑业总产值	亿元	2289.88	1867.06	22.6
建筑工程产值	亿元	1970.53	1577.66	24.9
安装工程产值	亿元	202.62	169.40	19.6
其他产值	亿元	116.73	120.00	-2.7
竣工产值	亿元	1327.45	1023.28	29.7
房屋建筑施工面积	万平方米	18316.08	15076.56	21.5
房屋建筑竣工面积	万平方米	5787.59	5028.72	15.1
年末自有施工机械设备净值	亿元	50.31	45.62	10.3
年末自有施工机械设备总功率	万千瓦	280.00	255.90	9.4
实收资本	亿元	305.44	270.76	12.8
资产合计	亿元	1383.91	1124.14	23.1
#流动资产	亿元	1081.75	870.02	24.3
固定资产	亿元	160.08	147.95	8.2
负债合计	亿元	936.97	761.14	23.1
#流动负债	亿元	830.90	656.00	26.7
利润总额	亿元	44.42	34.27	29.6
税金总额	亿元	72.01	57.99	24.2
按建筑业总产值计算的劳动生产率	元/人	322334	315962	2.0
技术装备率	元/人	6600	6818	-3.2
动力装备率	千瓦/人	3.7	3.8	-3.3
人均利税	元/人	10136	9814	3.3
房屋建筑面积竣工率	%	31.6	33.4	-5.3
资产负债率	%	67.7	67.7	0.0
产值利润率	%	1.9	1.8	5.7
产值利税率	%	5.1	4.9	2.9

3-11　各地区总承包和专业承包企业签订合同情况

单位：万元

地　区	合同总额	上年结转合同额	本年新签合同额
广　西	**46940021.5**	**19395259.4**	**27544762.1**
南宁市	19461282.1	9089568.0	10371714.1
柳州市	12111371.3	5455576.3	6655795.0
桂林市	4204704.1	1497214.1	2707490.0
梧州市	398258.3	169196.1	229062.2
北海市	715848.5	186294.9	529553.6
防城港市	849142.6	246369.6	602773.0
钦州市	3819376.9	949244.6	2870132.3
贵港市	873159.5	373162.8	499996.7
玉林市	2411404.8	677115.5	1734289.3
百色市	383741.8	156436.8	227305.0
贺州市	201184.9	88211.0	112973.9
河池市	633154.6	201752.0	431402.6
来宾市	678932.1	273571.5	405360.6
崇左市	198460.0	31546.2	166913.8

3-12　各地区总承包和专业承包企业承包工程完成情况

单位：万元

地　区	直接从建设单位承揽工程完成的产值	自行完成施工产值	分包出去工程的产值	从建设单位以外承揽工程完成的产值
广　西	**22456946.2**	**22370809.7**	**86136.5**	**527999.9**
南宁市	8186498.7	8134817.5	51681.2	224788.1
柳州市	4817592.7	4816907.5	685.2	8334.2
桂林市	2186059.6	2181966.4	4093.2	178646.3
梧州市	272468.5	272162.9	305.6	233.9
北海市	552889.8	552889.8		
防城港市	688895.5	681051.4	7844.1	65275.0
钦州市	2004153.4	2004153.4		8421.8
贵港市	522879.3	518747.9	4131.4	1000.0
玉林市	1711718.0	1704718.1	6999.9	32113.8
百色市	281088.7	277343.8	3744.9	3716.8
贺州市	119811.0	117202.0	2609.0	3537.5
河池市	465527.2	465527.2		53.2
来宾市	452042.2	448078.3	3963.9	1801.2
崇左市	195321.6	195243.5	78.1	78.1

3-13 各地区总承包和专业承包企业建筑业总产值和竣工产值

单位：万元

地区	建筑业总产值	#装饰装修产值	#在外省完成的产值	按构成分组			竣工产值
				建筑工程产值	安装工程产值	其他产值	
广西	**22898809.6**	**812425.8**	**4049533.7**	**19705316.3**	**2026198.8**	**1167294.5**	**13274542.7**
南宁市	8359605.6	369797.6	1898118.5	7230522.4	612561.1	516522.1	4722642.5
柳州市	4825241.7	52730.8	1046308.1	4305162.3	424793.7	95285.7	2332481.2
桂林市	2360612.7	36177.8	551588.6	1828563.2	453399.7	78649.8	1294994.0
梧州市	272396.8	13209.9	7185.8	236006.4	32183.1	4207.3	193963.9
北海市	552889.8	33275.0		494280.1	27281.7	31328.0	337019.9
防城港市	746326.4	47888.7		624430.8	88846.8	33048.8	438263.9
钦州市	2012575.2	132418.9	460534.6	1763414.6	164753.5	84407.1	1280673.3
贵港市	519747.9	6714.9	7449.0	481358.7	28541.8	9847.4	343570.7
玉林市	1736831.9	47333.1	14610.4	1478179.7	94502.8	164149.4	1259729.5
百色市	281060.6	24491.2	123.5	230998.6	31714.8	18347.2	178708.2
贺州市	120739.5	5225.8		110031.6	5671.1	5036.8	79645.1
河池市	465580.4	4901.9	63615.2	339506.6	21483.8	104590.0	384387.4
来宾市	449879.5	36674.5		409026.6	22119.5	18733.4	298149.5
崇左市	195321.6	1585.7		173834.7	18345.4	3141.5	130313.6

3-14 各地区总承包和专业承包企业房屋建筑面积

地区	房屋建筑施工面积(万平方米)	#本年新开工	#实行投标承包面积		房屋建筑竣工面积(万平方米)	房屋建筑面积竣工率(%)
				#本年新开工		
广西	**18316.1**	**7434.3**	**15292.8**	**6313.7**	**5787.6**	**31.6**
南宁市	5840.4	2025.6	5225.2	1789.4	1315.2	22.5
柳州市	5002.4	1412.1	4393.7	1235.3	977.4	19.5
桂林市	2167.1	880.8	1612.0	654.9	599.6	27.7
梧州市	253.5	100.8	154.0	53.5	132.2	52.2
北海市	382.1	156.1	211.6	127.0	137.1	35.9
防城港市	407.7	245.4	267.5	228.9	236.5	58.0
钦州市	1150.5	767.4	988.5	740.6	679.6	59.1
贵港市	435.2	271.0	391.2	245.5	171.8	39.5
玉林市	1613.7	924.5	1316.7	794.2	891.9	55.3
百色市	207.5	93.7	171.4	73.6	108.8	52.4
贺州市	100.1	64.0	60.6	27.8	57.6	57.6
河池市	336.1	256.0	244.2	168.1	263.3	78.3
来宾市	330.0	174.1	200.2	142.8	154.5	46.8
崇左市	89.8	62.8	56.0	32.0	62.2	69.2

3-15　各地区按主要用途分的总承包和专业承包企业房屋建筑竣工面积

单位：万平方米

地　区	合　计	住宅房屋	商业及服务用房屋	商厦房屋（批发和零售用房）	宾馆用房屋（住宿用房）	餐饮用房屋（餐饮用房）	商务会展用房屋	其他商业及服务用房屋（居民服务业用房）	办公用房屋
广　西	**5787.59**	**3758.64**	**253.95**	**69.19**	**68.53**	**8.27**	**9.20**	**98.77**	**425.49**
南宁市	1315.18	812.65	85.46	21.01	25.69	1.97	0.39	36.40	103.90
柳州市	977.42	688.71	25.71	9.01	6.44	1.02		9.24	60.74
桂林市	599.62	481.61	21.25	2.18	11.78	1.22		6.08	17.11
梧州市	132.23	87.58	4.20	1.98	2.15			0.08	7.28
北海市	137.07	94.11	7.54	4.78	1.48			1.27	2.99
防城港市	236.45	159.00	5.91	0.80	0.20	0.10	4.81	0.00	35.35
钦州市	679.64	483.07	4.24	0.70	0.57	1.25	0.10	1.62	64.14
贵港市	171.81	87.47	7.28	5.44			1.84		18.24
玉林市	891.90	529.06	40.69	17.15	16.81	1.67	1.51	3.57	59.06
百色市	108.76	60.94	7.30	4.20				3.10	10.06
贺州市	57.62	33.80	2.98	0.64	0.21			2.13	3.49
河池市	263.25	129.02	34.72	0.06	1.40	0.93		32.33	23.00
来宾市	154.49	75.33	3.26	1.10	0.10	0.08	0.55	1.43	14.47
崇左市	62.15	36.31	3.39	0.14	1.71	0.03		1.51	5.66

3-15　续表

单位：万平方米

地　区	科研、教育和医疗用房屋	科学研究用房屋	教育用房屋	医疗用房屋（卫生医疗用房）	文化、体育和娱乐用房屋	厂房及建筑物	#厂　房	仓　库	其他未列明的房屋建筑物
广　西	**557.66**	**34.90**	**374.86**	**147.89**	**110.98**	**446.34**	**293.69**	**35.66**	**198.88**
南宁市	124.79	8.30	97.01	19.49	28.86	96.82	69.44	13.02	49.67
柳州市	58.32		41.91	16.41	14.35	93.69	93.68	0.62	35.27
桂林市	34.08	7.24	21.22	5.62	1.41	24.90	20.77	4.80	14.45
梧州市	21.88		14.78	7.10	3.41	7.81	3.84		0.07
北海市	10.21	0.11	6.97	3.13	0.64	5.13	2.39	4.98	11.48
防城港市	20.89	0.37	6.43	14.08	0.36	6.55	2.92	0.09	8.31
钦州市	49.21	0.16	27.27	21.78	4.53	65.51	17.45	6.36	2.57
贵港市	31.44	3.88	17.65	9.92	2.07	17.73	14.01	2.65	4.92
玉林市	95.71	13.53	58.39	23.79	42.69	78.53	32.87	1.94	44.22
百色市	17.75	0.77	12.86	4.12	3.29	3.16	0.59	0.07	6.19
贺州市	10.35		9.59	0.76	3.16	0.82	0.13		3.01
河池市	51.34	0.14	37.29	13.90	1.69	11.97	11.84		11.53
来宾市	22.00	0.39	17.90	3.71	3.25	33.61	23.67	0.82	1.75
崇左市	9.69		5.58	4.10	1.27	0.10	0.10	0.29	5.45

3-16 各地区按主要用途分的总承包和专业承包企业房屋建筑竣工价值

单位：万元

地　区	合　计	住宅房屋	商业及服务用房屋	商厦房屋(批发和零售用房)	宾馆用房屋(住宿用房)	餐饮用房屋(餐饮用房)	商务会展用房屋	其他商业及服务用房屋(居民服务业用房)	办公用房屋
广　西	**7661133.2**	**4847268.2**	**340978.7**	**81311.2**	**87618.9**	**11544.3**	**9282.6**	**151221.7**	**564936.5**
南宁市	1871354.5	1096180.6	125865.4	23904.4	41144.6	2897.4	1063.9	56855.1	151539.3
柳州市	1547521.8	952675.5	53273.8	11309.9	10440.6	1319.9		30203.4	109282.9
桂林市	697285.1	554382	23273.5	2200	12008.5	1863.5		7201.5	25323.3
梧州市	141800.9	93161.9	4263.2	2495	1682.6			85.6	7340.3
北海市	176209.6	124488.1	13013.3	9058.1	2754.4			1200.8	4728
防城港市	250479.4	181972	4692.4	203	201	203	4084.4	1	30985.9
钦州市	920918.1	649618	6248.4	840.9	818	2113.3	120	2356.2	80966.1
贵港市	236169.9	145721.9	9907.1	7697.8			2209.3		11032.4
玉林市	1014749.5	634280	37614.2	15631.9	15014.2	2097.9	1167	3703.2	61782.8
百色市	143293.6	81045.1	13127.4	5381.4				7746	15845.8
贺州市	63107	37410.4	3128.2	450	200			2478.2	3758.1
河池市	297907.8	153245.6	37685.2	90.8	1800.6	1030		34763.8	26142
来宾市	217187.4	99724.5	4878.3	1756.8	18	3.5	638	2462	26917.2
崇左市	83148.6	43362.6	4008.3	291.2	1536.4	15.8		2164.9	9292.4

3-16 续表

单位：万元

地　区	科研、教育和医疗用房屋	科学研究用房屋	教育用房屋	医疗用房屋(卫生医疗用房)	文化、体育和娱乐用房屋	厂房及建筑物	#厂　房	仓　库	其他未列明的房屋建筑物
广　西	**754399.9**	**38703.6**	**497053.3**	**218643**	**144013.1**	**656751.3**	**466290.3**	**47028.8**	**305756.7**
南宁市	203627.5	11711.4	151927.3	39988.8	40312.9	162444.3	128269.3	20075.7	71308.8
柳州市	109133.4		66905.3	42228.1	33967.5	177902.3	177882.2	700.4	110586
桂林市	43607	7717.4	28855.5	7034.1	1434.4	25778.6	21876.6	5034.3	18452
梧州市	24298.7		16476	7822.7	5939	6743	2351.3		54.8
北海市	12416.4	292	7258.1	4866.3	1372.5	6778.3	1802	6595.5	6817.5
防城港市	19865	385.7	6357.1	13122.2	422.5	5024.5	2014.5	78	7439.1
钦州市	69152.2	192	36428.2	32532	5991.2	99165.3	17606.7	6086.7	3690.2
贵港市	39527.4	3996.2	18382	17149.2	3562.6	17428.1	14479.5	2841.2	6149.2
玉林市	105336.3	12511.7	68524.6	24300	37448.2	90612.4	47932	2259.2	45416.4
百色市	20659.7	1330	14080.6	5249.1	3596.7	2194.1	839.3	1930	4894.8
贺州市	11024.1		10189.8	834.3	2961	901.8	170		3923.4
河池市	55253.2	126	40795.2	14332	1835.9	9901.5	9756.5		13844.4
来宾市	27613.4	441.2	23032.4	4139.8	3577.9	51791.5	41224.8	850	1834.6
崇左市	12885.6		7841.2	5044.4	1590.8	85.6	85.6	577.8	11345.5

3-17 各地区总承包和专业承包企业施工机械设备情况

地 区	年末自有施工机械设备总台数(台)	年末自有施工机械设备总功率(千瓦)	年末自有施工机械设备净值(万元)	技 术装备率(元/人)	动 力装备率(千瓦/人)
广 西	**162242**	**2799822**	**503076**	**6600**	**3.7**
南宁市	55902	1129724	173245	6541	4.3
柳州市	10905	138158	46620	3041	0.9
桂林市	14047	242715	38242	5973	3.8
梧州市	4060	21078	3871	3914	2.1
北海市	2573	74803	7651	4423	4.3
防城港市	5410	105314	35425	13586	4.0
钦州市	17082	278065	44019	4860	3.1
贵港市	5271	80495	14001	6926	4.0
玉林市	22231	406235	79822	13346	6.8
百色市	3784	33971	9415	6741	2.4
贺州市	3889	36660	3002	5773	7.1
河池市	8762	186804	30392	19167	11.8
来宾市	3211	25177	12146	8686	1.8
崇左市	5115	40623	5226	7320	5.7

3-18 各地区总承包和专业承包企业建筑材料消耗情况

地 区	钢材(吨)	木材(立方米)	水泥(吨)	玻璃		铝材(吨)
				重量箱	平方米	
广 西	**14134193**	**16394405**	**31386517**	**2382464**	**16564130**	**1115509**
南宁市	3305587	1548438	12710726	706786	3254495	175951
柳州市	1478636	773591	4847371	420196	1960299	101091
桂林市	1855441	1082040	4708224	272261	3577784	427920
梧州市	71902	115935	213785	52080	349350	10312
北海市	171328	173317	642376	54564	662238	47170
防城港市	226437	614850	980749	97469	291549	43094
钦州市	5506618	10938378	1706661	209567	1967554	26251
贵港市	210255	98550	420720	35489	598994	4383
玉林市	826564	476660	3104965	223239	1156277	90893
百色市	114659	92369	306406	138646	1557684	27390
贺州市	29136	31580	180403	2995	121459	2053
河池市	164815	219633	915359	65055	795523	36704
来宾市	132519	161266	407635	86470	207675	108950
崇左市	40296	67798	241137	17647	63249	13347

3-19 各地区总承包和专业承包企业主要生产效益指标

地 区	建筑业企业个数(个)	直接从事生产经营活动的平均人数(人)	按总产值计算的劳动生产率(元/人)	人均竣工产值(元/人)	人均施工面积(平方米/人)	人均竣工面积(平方米/人)
广 西	**1245**	**710407**	**322334**	**186858**	**258**	**81.5**
南宁市	479	228870	365256	206346	255	57.5
柳州市	84	138526	348328	168379	361	70.6
桂林市	158	69859	337911	185373	310	85.8
梧州市	46	8711	312704	222665	291	151.8
北海市	39	17281	319941	195023	221	79.3
防城港市	49	28288	263831	154929	144	83.6
钦州市	57	93306	215696	137255	123	72.8
贵港市	45	20942	248184	164058	208	82.0
玉林市	69	55879	310820	225439	289	159.6
百色市	65	13275	211722	134620	156	81.9
贺州市	34	4402	274283	180929	227	130.9
河池市	48	16569	280995	231992	203	158.9
来宾市	33	8568	525069	347980	385	180.3
崇左市	39	5931	329323	219716	151	104.8

3-20 各地区总承包和专业承包企业营业额

单位：万元

地 区	企业营业额	在境外完成的营业额	企业总产值	#建筑业总产值
广 西	**20663679**	**320465**	**23679239**	**22898810**
南宁市	7604340	285353	8961947	8359606
柳州市	4665025	538	4878015	4825242
桂林市	2068850	1577	2374332	2360613
梧州市	289030	8532	280806	272397
北海市	503720		553938	552890
防城港市	533164		758940	746326
钦州市	1745554	608	2013549	2012575
贵港市	482177		546349	519748
玉林市	1537806	10557	1757497	1736832
百色市	197731		290742	281061
贺州市	112394		121894	120740
河池市	430029		475541	465580
来宾市	309425	13300	468868	449880
崇左市	184435		196823	195322

3-21　各地区总承包和专业承包企业资产构成

单位：万元

地　区	资产合计	#流动资产小　计	#存　货	#非流动资产合计	#固定资产合计
广　西	**13839071**	**10817512**	**2443335**	**3021559**	**1600846**
南宁市	6494530	4973619	1086895	1520910	618719
柳州市	2856703	2451437	513591	405265	260171
桂林市	1237644	1039150	333654	198493	126023
梧州市	198204	160228	29844	37977	24001
北海市	202655	155122	12750	47534	24840
防城港市	403580	313598	73223	89982	69564
钦州市	492848	333453	60399	159395	98913
贵港市	464044	380182	158554	83862	35144
玉林市	470336	254730	35278	215606	150714
百色市	194249	129614	16130	64634	43868
贺州市	132143	102677	19020	29466	11678
河池市	225138	153326	9948	71812	62322
来宾市	329004	291726	86251	37279	26440
崇左市	137994	78651	7798	59343	48450

3-22　各地区总承包和专业承包企业固定资产情况

单位：万元

地　区	固定资产合　计	固定资产原　价	固定资产折　旧	#本年折旧	在建工程
广　西	**1600846**	**1894023**	**738972**	**104887**	**213796**
南宁市	618719	888739	385061	48985	86205
柳州市	260171	166388	84796	13851	26121
桂林市	126023	167510	69079	9012	18829
梧州市	24001	34962	15178	2156	3503
北海市	24840	25846	9353	1380	7735
防城港市	69564	78148	29917	6654	14271
钦州市	98913	104985	29120	5648	19965
贵港市	35144	41417	11790	1533	4767
玉林市	150714	185003	48507	6656	5739
百色市	43868	39569	12376	1950	9408
贺州市	11678	15072	5149	662	1552
河池市	62322	68592	18621	2547	6739
来宾市	26440	31412	9298	1837	3481
崇左市	48450	46382	10727	2018	5483

3-23 各地区总承包和专业承包企业负债及所有者权益

单位：万元

地区	负债合计	#流动负债	#应付账款	所有者权益	#实收资本
广西	**9369727**	**791420**	**1587283**	**4469344**	**3054412**
南宁市	4598520	621158	690506	1896009	1357112
柳州市	2316229	101456	379691	540474	327986
桂林市	905386	29385	188395	332257	245651
梧州市	123364	7900	35456	74841	44016
北海市	89739	32	15643	112917	72507
防城港市	171221	7198	25408	232359	134078
钦州市	196256	560	31764	296593	172742
贵港市	313606	6413	113404	150438	132628
玉林市	153333	2051	9942	317004	238856
百色市	93009	3138	13630	101240	67311
贺州市	73763	24	3306	58380	54505
河池市	71833	9025	15411	153305	89664
来宾市	210546	2616	55069	118458	64251
崇左市	52925	466	9658	85069	53106

3-24 各地区总承包和专业承包企业实收资本

单位：万元

地区	实收资本合计	国家资本	集体资本	法人资本	个人资本	港澳台资本	外商资本
广西	**3054412**	**645049**	**227303**	**964342**	**1210261**	**6361**	**1096**
南宁市	1357112	307093	30618	566574	452827		
柳州市	327986	167914	11214	63808	84070		980
桂林市	245651	76607	18590	56249	93959	245	
梧州市	44016	985	11811	6386	24834		
北海市	72507	4150	19155	7487	41716		
防城港市	134078	14065	13804	36802	69408		
钦州市	172742	8003	16305	65499	82936		
贵港市	132628	11420	11702	47637	61636	116	116
玉林市	238856	14851	31476	30671	161858		
百色市	67311	8869	23180	16098	19164		
贺州市	54505	10590	1216	9446	33253		
河池市	89664	10992	15540	8533	54600		
来宾市	64251	848	13838	29357	14208	6000	
崇左市	53106	8662	8855	19796	15794		

3-25 各地区总承包和专业承包企业收入情况

单位：万元

地 区	主营业务收入	#主营业务成本	#主营业务税金及附加	其他业务收入	#其他业务成本	#其他业务利润
广 西	**20474754**	**18397299**	**695177**	**188925**	**365729**	**31768**
南宁市	7515821	6797811	218439	88519	128722	17495
柳州市	4640226	4333835	148310	24799	22238	5524
桂林市	2061423	1886413	70891	7428	23770	3381
梧州市	285129	243657	10248	3901	2845	763
北海市	497932	452816	17885	5787	2125	4304
防城港市	529954	434111	19942	3210	23142	512
钦州市	1745075	1551463	71663	480	8099	-998
贵港市	480348	423513	17000	1829	12076	-1466
玉林市	1516946	1272097	70959	20860	86988	1252
百色市	176603	148789	8348	21127	26299	197
贺州市	112188	90184	4620	206	10702	66
河池市	429313	358077	18442	716	619	121
来宾市	307970	266610	12848	1454	3632	46
崇左市	175825	137925	5582	8611	14471	570

3-26 各地区总承包和专业承包企业费用情况

单位：万元

地 区	管理费用	#税金	销售费用	财务费用	#利息收入	#利息支出
广 西	**612781**	**24878**	**51073.8**	**153778**	**9681**	**118189**
南宁市	244907	8103	17670	94276	4573	81190
柳州市	94270	4674	3141.9	30035	4740	18432
桂林市	49755	1124	2961.5	7802	622	7421
梧州市	11485	795	3524.1	3109	42	2837
北海市	16401	955	189.9	3980	9	95
防城港市	21350	2803	2447.3	1875	42	1416
钦州市	46873	968	2216	1248	-334	563
贵港市	18026	277	2386.7	1264	30	1721
玉林市	60597	2416	5718.5	4487	83	2398
百色市	7013	331	1212.8	719	22	542
贺州市	3222	73	568	377	56	185
河池市	20695	962	5811.2	1602	-223	619
来宾市	8919	1113	466.3	2415	5	598
崇左市	9269	285	2759.6	590	14	172

3-27 各地区总承包和专业承包企业利润及税金情况

单位：万元

地区	利润总额	#应交所得税	税金总额	工程结算税金及附加	管理费用中的税金
广西	**444218**	**136747**	**720056**	**695177**	**24878**
南宁市	121499	35733	226543	218439	8103
柳州市	51407	9463	152984	148310	4674
桂林市	40796	17614	72015	70891	1124
梧州市	13049	4516	11043	10248	795
北海市	15396	6630	18840	17885	955
防城港市	29850	5898	22745	19942	2803
钦州市	65227	30731	72631	71663	968
贵港市	8714	5058	17277	17000	277
玉林市	37531	9924	73375	70959	2416
百色市	5260	719	8680	8348	331
贺州市	2827	1116	4693	4620	73
河池市	24858	5908	19404	18442	962
来宾市	14012	711	13961	12848	1113
崇左市	13791	2726	5867	5582	285

3-28 各地区总承包和专业承包企业应收工程款及企业亏损情况

地区	应收工程款（万元）	企业个数（个）	#亏损企业个数	亏损企业的比重（%）
广西	**2137758**	**1245**	**216**	**17.35**
南宁市	828430	479	80	16.70
柳州市	613048	84	22	26.19
桂林市	128141	158	30	18.99
梧州市	41117	46	7	15.22
北海市	33225	39	5	12.82
防城港市	143426	49	7	14.29
钦州市	52048	57	13	22.81
贵港市	66020	45	8	17.78
玉林市	45407	69	4	5.80
百色市	39752	65	16	24.62
贺州市	27508	34	7	20.59
河池市	50523	48	4	8.33
来宾市	53143	33	9	27.27
崇左市	15969	39	4	10.26

3-29　各地区总承包和专业承包企业主要经济效益指标

地　区	产值利润率(%)	产值利税率(%)	资产利润率(%)	资产利税率(%)	人均利润(元/人)	人均利税(元/人)	资产负债率(%)
广　西	**1.9**	**5.1**	**3.2**	**8.4**	**6253**	**16389**	**67.7**
南宁市	1.5	4.2	1.9	5.4	5309	15207	70.8
柳州市	1.1	4.2	1.8	7.2	3711	14755	81.1
桂林市	1.7	4.8	3.3	9.1	5840	16148	73.2
梧州市	4.8	8.8	6.6	12.2	14980	27657	62.2
北海市	2.8	6.2	7.6	16.9	8909	19811	44.3
防城港市	4.0	7.0	7.4	13.0	10552	18593	42.4
钦州市	3.2	6.8	13.2	28.0	6991	14775	39.8
贵港市	1.7	5.0	1.9	5.6	4161	12411	67.6
玉林市	2.2	6.4	8.0	23.6	6716	19847	32.6
百色市	1.9	5.0	2.7	7.2	3962	10501	47.9
贺州市	2.3	6.2	2.1	5.7	6422	17082	55.8
河池市	5.3	9.5	11.0	19.7	15002	26713	31.9
来宾市	3.1	6.2	4.3	8.5	16354	32649	64.0
崇左市	7.1	10.1	10.0	14.2	23252	33145	38.4

3-30　各地区国有总承包和专业承包企业签订合同情况

单位：万元

地　区	合同总额		
		上年结转合同额	本年新签合同额
广　西	**25592422.1**	**11628679.8**	**13963742.3**
南宁市	13473027.3	6741755.2	6731272.1
柳州市	9440981.8	3849811.1	5591170.7
桂林市	1771234.4	607813.1	1163421.3
梧州市	17010.5	4944.4	12066.1
北海市	55351.6	23904.9	31446.7
防城港市	62352	10765	51587
钦州市	20540.4	6857.9	13682.5
贵港市	446172.8	236809.4	209363.4
玉林市	95877.7	43059.7	52818
百色市	94708.2	36946.2	57762
贺州市	15030.9	14112.3	918.6
河池市	31866.4	10843	21023.4
来宾市	50196.9	39202.9	10994
崇左市	18071.2	1854.7	16216.5

3-31 各地区国有总承包和专业承包企业承包工程完成情况

单位：万元

地　　区	直接从建设单位承揽工程完成的产值			从建设单位以外承揽工程完成的产值
		自行完成施工产值	分包出去工程的产值	
广　西	**10272529**	**10262735**	**9794**	**238693**
南宁市	4838707	4836876	1832	**68855**
柳州市	3902695	3902695		6912
桂林市	997754	997754		157316
梧州市	10855	10855		
北海市	40319	40319		
防城港市	51846	51846		
钦州市	12135	12135		
贵港市	224880	220880	4000	1000
玉林市	54826	54826		
百色市	64520	62161	2359	3007
贺州市	2429	826	1603	1603
河池市	25888	25888		
来宾市	30590	30590		
崇左市	15084	15084		

3-32 各地区国有总承包和专业承包企业建筑业总产值和竣工产值

单位：万元

地　　区	建筑业总产值	#装饰装修产　值	#在外省完成的产值	按构成分组			竣工产值
				建筑工程产　值	安装工程产　值	其他产值	
广　西	**10501428**	**169883**	**2666717**	**9147208**	**1076340**	**277880**	**5293094**
南宁市	4905730	103191	1237655	4473483	253218	179030	2870362
柳州市	3909607	47562	915540	3483850	390231	35526	1435310
桂林市	1155070	9435	503256	719010	407839	28221	726875
梧州市	10855			8385		2470	6306
北海市	40319	2878		25005	5377	9937	8917
防城港市	51846			50835	1012		51177
钦州市	12135			12135			177
贵港市	221880	4300	7449	215522	4614	1745	92246
玉林市	54826		2817	54826			29438
百色市	65168	980		45730	13550	5889	42292
贺州市	2429			2113	316		2428
河池市	25888			25888			21206
来宾市	30590			15528		15062	1706
崇左市	15084	1536		14900	184		4654

3-33　各地区国有总承包和专业承包企业房屋建筑面积

地　区	房屋建筑施工面积(万平方米)	#本　年新开工	#实行投标承包面积	#本年新开工	房屋建筑竣工面积(万平方米)	房屋建筑面积竣工率(%)
广　西	**8641**	**2416**	**8319**	**2327**	**1578**	**18.3**
南宁市	3546	910	3434	868	587	16.5
柳州市	3937	1080	3817	1050	700	17.8
桂林市	817	327	776	317	179	21.9
梧州市	7	7	7	7	1	13.5
北海市	41	4	4	4	6	15.5
防城港市	10				9	91.1
钦州市						
贵港市	108	21	108	21	38	35.5
玉林市	53	19	53	19	13	23.7
百色市	82	28	82	28	30	36.8
贺州市						
河池市	25	7	25	7	10	38.8
来宾市	6	6	6	6	2	29.2
崇左市	9	8	7		3	35.0

3-34　各地区按主要用途分的国有总承包和专业承包企业房屋建筑竣工面积

单位：万平方米

地　区	合　计	住宅房屋	商业及服务用房屋	商厦房屋(批发和零售用房)	宾馆用房　屋(住宿用房)	餐饮用房　屋(餐饮用房)	商务会展用 房 屋	其他商业及服务用房屋(居民服务业用房)	办公用房　屋
广　西	**1578.1**	**1104.4**	**59.7**	**23.3**	**23.2**	**0.8**	**0.1**	**12.3**	**102.0**
南宁市	586.6	400.2	30.0	14.9	13.1		0.1	1.9	30.9
柳州市	700.5	486.1	18.6	5.8	6.4	0.5		5.9	53.4
桂林市	179.3	133.8	6.8	2.2	2.0	0.3		2.4	3.8
梧州市	0.9	0.1							0.6
北海市	6.4	4.5	0.4	0.4					0.1
防城港市	8.7	8.7							
钦州市									
贵港市	38.3	24.9							13.0
玉林市	12.7	8.6							
百色市	30.1	25.7	1.9					1.9	
贺州市									
河池市	9.7	8.7							0.1
来宾市	1.7	1.7							
崇左市	3.2	1.3	1.9		1.7			0.2	

3-34 续表

单位：万平方米

地　区	科研、教育和医疗用房屋	科学研究用房屋	教育用房屋	医疗用房屋（卫生医疗用房）	文化、体育和娱乐用房屋	厂房及建筑物	#厂　房	仓　库	其他未列明的房屋建筑物
广　西	**102.7**	**5.3**	**72.4**	**25.0**	**11.1**	**127.6**	**121.0**	**7.5**	**63.1**
南宁市	46.3	3.5	35.2	7.6	0.7	43.7	39.3	6.2	28.5
柳州市	42.6		28.6	14.1	10.1	61.5	61.5	0.5	27.5
桂林市	8.2	1.4	4.3	2.5		19.1	19.0	0.4	7.1
梧州市	0.2			0.2					
北海市	1.2	0.1	1.1		0.1	0.1		0.0	0.0
防城港市									
钦州市									
贵港市	0.4		0.4						
玉林市	0.5		0.5			3.2	1.2	0.4	
百色市	2.5	0.3	1.6	0.7					
贺州市									
河池市	0.8		0.8		0.1				
来宾市									
崇左市									

3-35 各地区按主要用途分的国有总承包和专业承包企业房屋建筑竣工价值

单位：万元

地　区	合　计	住宅房屋	商业及服务用房屋	商厦房屋（批发和零售用房）	宾馆用房屋（住宿用房）	餐饮用房屋（餐饮用房）	商务会展用房屋	其他商业及服务用房屋（居民服务业用房）	办公用房屋
广　西	**2437352**	**1566336**	**94763**	**27569**	**38248**	**1154**	**790**	**27003**	**166683**
南宁市	920235	571811	44533	16682	22281		790	4780	54310
柳州市	1138100	695341	36386	8001	10431	809		17146	101010
桂林市	239435	183046	8675	2200	4000	345		2130	6562
梧州市	960	170							600
北海市	8908	5257	686	686					292
防城港市	8265	8265							
钦州市									
贵港市	52392	48512							3722
玉林市	15197	8894							
百色市	38660	32860	2650					2650	
贺州市									
河池市	10041	8854							187
来宾市	1706	1706							

3-35　续表　　　　单位：万元

地　区	科研、教育和医疗用房屋	科学研究用房屋	教育用房屋	医疗用房屋(卫生医疗用房)	文化、体育和娱乐用房屋	厂房及建筑物	#厂　房	仓　库	其他未列明的房屋建筑物
广　西	**195784**	**8773**	**124865**	**62147**	**23646**	**214109**	**205336**	**12776**	**163256**
南宁市	89857	5751	64745	19361	1336	96361	90387	10976	51052
柳州市	87887		49581	38305	21950	93353	93353	627	101548
桂林市	11149	2310	5429	3410		19160	19133	300	10543
梧州市	190			190					
北海市	1949	292	1657		270	157		184	113
防城港市									
钦州市									
贵港市	158		158						
玉林市	534		534			5078	2463	690	
百色市	3150	420	1850	880					
贺州市									
河池市	911		911		90				
来宾市									

3-36　各地区国有总承包和专业承包企业施工机械设备情况

地　区	年末自有施工机械设备总台数(台)	年末自有施工机械设备总功率(千瓦)	年末自有施工机械设备净值(万元)	技术装备率(元/人)	动力装备率(千瓦/人)
广　西	**36462**	**1047185**	**150278.7**	**5409**	**3.8**
南宁市	16731	749910	82412	**7509**	**6.8**
柳州市	6387	76079	34616.6	3180	0.7
桂林市	9128	155225	25441.2	8092	4.9
梧州市	20	300	27.7	772	0.8
北海市	134	10050	768	4473	5.9
防城港市	46	2510	2196	9385	1.1
钦州市					
贵港市	1087	7215	1203.7	1599	1.0
玉林市	692	27300	538.1	2676	13.6
百色市	1401	8800	1853.2	7046	3.3
贺州市					
河池市	663	6866	831.2	4491	3.7
来宾市	32	540	6	93	0.8
崇左市	141	2390	385	7000	4.3

3-37 各地区国有总承包和专业承包企业主要生产效益指标

地　　区	建筑业企业个数（个）	直接从事生产经营活动的平均人数（人）	按总产值计算的劳动生产率（元/人）	人均竣工产值（元/人）	人均施工面积（平方米/人）	人均竣工面积（平方米/人）
广　西	**131**	**277822**	**377991**	**87731**	**311**	**57**
南宁市	45	109753	**446979**	83846	**323**	**53**
柳州市	21	108867	359118	104540	362	64
桂林市	21	31440	367389	76156	260	57
梧州市	4	359	302373	26741	193	26
北海市	5	1717	234822	51882	241	37
防城港市	2	2340	221565	35321	41	37
钦州市	2	8048	15078			
贵港市	6	7527	294779	69605	143	51
玉林市	6	2011	272632	75567	265	63
百色市	6	2630	247786	146996	310	114
贺州市	5	86	282488			
河池市	2	1851	139861	54247	135	53
来宾市	2	643	475736	26532	91	27
崇左市	4	550	274260	62787	168	59

3-38 各地区国有总承包和专业承包企业营业额

单位：万元

地　　区	企业营业额	在境外完成的营业额	企业总产值	#建筑业总产值
广　西	**9807451**	**170667**	**10899048.3**	**10501427.7**
南宁市	4639637	169090	5278892	4905730.1
柳州市	3705564		3929663.1	3909607.1
桂林市	987810	1577	1155994.4	1155069.5
梧州市	10493		10855.2	10855.2
北海市	57189		40319	40319
防城港市	51177		51846.3	51846.3
钦州市	8538		12134.5	12134.5
贵港市	189413		221880.4	221880.4
玉林市	46585		54883.2	54826.2
百色市	32634		65167.7	65167.7
贺州市	1744		2429.4	2429.4
河池市	16961		29309	25888.2
来宾市	30590		30589.8	30589.8
崇左市	29115		15084.3	15084.3

3-39 各地区国有总承包和专业承包企业资产构成

单位：万元

地　区	资产合计	#流动资产小计	#存货	#非流动资产合计	#固定资产合计
广　西	**6203888**	**4920651.6**	**1295879.2**	**1283236**	**572782.6**
南宁市	3704700	2789476.4	726392.7	915224	317535.7
柳州市	1525214	1326750.4	272838.7	198463	124143.4
桂林市	508630	427622.4	159376.7	81008	67854.4
梧州市	28492	26753.3	12120.8	1739	584.1
北海市	9144	7056.1		2087	1867.6
防城港市	26395	18338.8	4349	8056	7996
钦州市	13745	8804.9	615.2	4940	915.3
贵港市	228099	216905.7	116519.8	11194	3519.2
玉林市	29221	13802.7	1343.9	15418	12676.9
百色市	35509	28794.6	259	6714	6114.9
贺州市	15821	7356.7	1006.9	8464	1022.1
河池市	30497	27856	417.1	2641	2640.8
来宾市	3951	3116.4		835	834.9
崇左市	44471	18017.2	639.4	26454	25077.3

3-40 各地区国有总承包和专业承包企业固定资产情况

单位：万元

地　区	固定资产合　计	固定资产原　价	固定资产折　旧	#本年折旧	在建工程
广　西	**572782.6**	**790062.3**	**377480.4**	**43088**	**87742.7**
南宁市	317535.7	533342.4	272118.5	27819.9	49879.5
柳州市	124143.4	78080.8	34878.6	6366.6	25072.6
桂林市	67854.4	106620.2	48308.8	6045	5281.2
梧州市	584.1	1620.3	1036.3	46.5	
北海市	1867.6	2256.9	638.2	3.1	
防城港市	7996	6263.3	2616.3	918.1	4349
钦州市	915.3	1510.8	595.5	42.9	
贵港市	3519.2	4520.7	1910.8	231.4	603.4
玉林市	12676.9	17603.8	4952.9	338.1	
百色市	6114.9	7013.2	2086.9	304.4	1188.6
贺州市	1022.1	1477	456.9	9.2	2
河池市	2640.8	3646.6	1005.8	11.8	
来宾市	834.9	514.7	42.7	6.2	352
崇左市	25077.3	25591.6	6832.2	944.8	1014.4

3-41 各地区国有总承包和专业承包企业负债及所有者权益

单位：万元

地区	负债合计	#流动负债	#应付账款	所有者权益	#实收资本
广西	**4864029.5**	**4272230.8**	**959882.3**	**1339858.1**	**882141.1**
南宁市	2941749.8	2422351.9	490014.2	762950.5	524343.6
柳州市	1241956.1	1197043.3	258500.6	283257.4	175282.8
桂林市	380657.5	362721.6	117406.7	127972.7	95185.4
梧州市	26750	26744.7	402.2	1742.1	1448.9
北海市	4140.6	4140.6	79.8	5002.9	4149.7
防城港市	12262.2	11262.2		14132.3	11791.8
钦州市	6201.4	6201.4	714.3	7543.7	6000
贵港市	206351.4	203179.3	84995	21747.8	18168.7
玉林市	12730.8	9063.2	91.7	16489.8	14851
百色市	9488.1	8314.4	2911	26020.7	6066.1
贺州市	5629.3	5629.2	120.4	10191.2	10592.3
河池市	1460.9	1460.9	837.9	29035.9	5592
来宾市	3858	3740.7	592.5	93.3	7.2
崇左市	10793.4	10377.4	3216	33677.8	8661.6

3-42 各地区国有总承包和专业承包企业实收资本

单位：万元

地区	合计	国家资本	集体资本	法人资本	个人资本	港澳台资本	外商资本
广西	**882141**	**530094**	**10361**	**333175**	**8279**	**116**	**116**
南宁市	524344	251632	92	272620			
柳州市	175283	140702		33931	650		
桂林市	95185	67742	2189	25254			
梧州市	1449	735			714		
北海市	4150	4150					
防城港市	11792	3445	7250	1097			
钦州市	6000	6000					
贵港市	18169	10620	128	273	6915	116	116
玉林市	14851	14851					
百色市	6066	5366	700				
贺州市	10592	10590	2				
河池市	5592	5592					
来宾市	7	7					
崇左市	8662	8662					

3-43　各地区国有总承包和专业承包企业收入情况

单位：万元

地　　区	主营业务收　　入	#主营业务成　　本	#主营业务税金及附加	其他业务收　　入	#其他业务成　　本	#其他业务利　　润
广　西	**9761881.5**	**9104942.3**	**288870.3**	**45570**	**30845**	**14725**
南宁市	4611119.2	4283570.8	121547.7	28518	19258	9260
柳州市	3695916.2	3468254.2	118820.4	9648	7098	2549
桂林市	983260.9	918805.3	31282.2	4549	2933	1616
梧州市	9772.6	8900.6	328.2	721	455	265
北海市	56585.4	53237.1	1905.4	604		604
防城港市	51177	47053.6	2390.3			
钦州市	8537.5	7693	287			
贵港市	189113.1	178015	6434.8	300	478	-178
玉林市	46486.2	40557.8	1614.7	99	18	82
百色市	32582.5	27526	1706.1	52	75	-24
贺州市	1744.1	1510.1	44.8			
河池市	16960.9	15181.9	962.1			
来宾市	30589.8	29307.7	867.5			
崇左市	28036.1	25329.2	679.1	1079	529	550

3-44　各地区国有总承包和专业承包企业费用情况

单位：万元

地　　区	管理费用	#税金	销售费用	财务费用	#利息收入	#利息支出
广　西	**231484.5**	**8682.7**	**9162.2**	**91726.3**	**8777.1**	**87404.2**
南宁市	125197.2	3458.7	6155.3	73293.3	4054.9	69475.7
柳州市	68303.8	3842.4	1478.2	16137.8	4406	15529
桂林市	25582	419.3	456.5	2405.7	271.2	1988.6
梧州市	745	2.9	3.7	5.7	-3	10
北海市	991.4	804.2		-0.4	0.9	0.6
防城港市	555.6	36.9	89.6	54.6	0.6	55.2
钦州市	382	6.9	6.6	11.6	0.4	10.2
贵港市	3062.1	17.8	349.6	-487.6	25.2	38.8
玉林市	2833.4	50.4		198.2	8.8	206.7
百色市	597.2	0.3	128.5	1.2	4.2	0.2
贺州市	584	0.5	1.7	2.6		-0.3
河池市	524.9	41.4	491.5	21.9	2.9	4
来宾市	308	0.6	0.6	84.3	0.4	84.1
崇左市	1817.9	0.4	0.4	-2.6	4.6	1.4

3-45 各地区国有总承包和专业承包企业利润及税金情况

单位：万元

地　区	利润总额	#应交所得税	税金总额	工程结算税金及附加	管理费用中的税金
广　西	**74704**	**25856**	**297553**	**288870**	**8683**
南宁市	34466	14743	125006	121548	3459
柳州市	25174	6652	122663	118820	3842
桂林市	8167	2108	31702	31282	419
梧州市	30	106	331	328	3
北海市	1047	417	2710	1905	804
防城港市	983	177	2427	2390	37
钦州市	157	45	294	287	7
贵港市	1133	765	6453	6435	18
玉林市	1341	619	1665	1615	50
百色市	2122	14	1706	1706	0
贺州市	-379	14	45	45	1
河池市	-394	1	1004	962	41
来宾市	22	3	868	868	1
崇左市	835	193	680	679	0

3-46 各地区国有总承包和专业承包企业应收工程款及企业亏损情况

地　区	应收工程款（万元）	企业个数（个）	#亏损企业个数	亏损企业的比重（%）
广　西	**917127.3**	**131**	**24**	**18.3**
南宁市	513823.8	45	5	11.1
柳州市	296032.8	21	4	19.0
桂林市	16196.2	21	4	19.0
梧州市	326.1	4	1	25.0
北海市	1812.3	5		
防城港市	9217	2		
钦州市	805.7	2	1	50.0
贵港市	23636.2	6	2	33.3
玉林市	4218.6	6	1	16.7
百色市	16382.5	6	3	50.0
贺州市		5	2	40.0
河池市	27438.9	2	1	50.0
来宾市	380.2	2		
崇左市	6857	4		

3-47　各地区国有总承包和专业承包企业主要经济效益指标

地　区	产值利润率(%)	产值利税率(%)	资产利润率(%)	资产利税率(%)	人均利润(元/人)	人均利税(元/人)	资产负债率(%)
广　西	**0.7**	**3.5**	**1.2**	**6.0**	**2689**	**13399**	**78.4**
南宁市	0.7	3.3	0.9	4.3	3140	14530	79.4
柳州市	0.6	3.8	1.7	9.7	2312	13580	81.4
桂林市	0.7	3.5	1.6	7.8	2598	12681	74.8
梧州市	0.3	3.3	0.1	1.3	822	10045	93.9
北海市	2.6	9.3	11.5	41.1	6100	21881	45.3
防城港市	1.9	6.6	3.7	12.9	4202	14575	46.5
钦州市	1.3	3.7	1.1	3.3	195	561	45.1
贵港市	0.5	3.4	0.5	3.3	1506	10078	90.5
玉林市	2.4	5.5	4.6	10.3	6668	14948	43.6
百色市	3.3	5.9	6.0	10.8	8067	14555	26.7
贺州市	-15.6	-13.7	-2.4	-2.1	-44105	-38837	35.6
河池市	-1.5	2.4	-1.3	2.0	-2127	3294	4.8
来宾市	0.1	2.9	0.5	22.5	337	13838	97.6
崇左市	5.5	10.0	1.9	3.4	15187	27542	24.3

3-48　各地区集体总承包和专业承包企业签订合同情况

单位：万元

地　区	合同总额		
		上年结转合同额	本年新签合同额
广　西	**2128850**	**791412**	**1337438**
南宁市	154088	54488	99601
柳州市	68232	16795	51437
桂林市	305586	93118	212468
梧州市	69826	22699	47126
北海市	271230	87946	183284
防城港市	8898	916	7982
钦州市	171156	66821	104335
贵港市	138878	36503	102376
玉林市	441678	185468	256210
百色市	165472	73468	92004
贺州市	9207	271	8935
河池市	113788	30952	82837
来宾市	173272	118679	54592
崇左市	37541	3289	34251

3-49 各地区集体总承包和专业承包企业承包工程完成情况

单位：万元

地　区	直接从建设单位承揽工程完成的产值	自行完成施工产值	分包出去工程的产值	从建设单位以外承揽工程完成的产值
广　西	**1503738**	**1502818**	**920**	**24069**
南宁市	107265	106775	490	3077
柳州市	59904	59904		
桂林市	202735	202735		
梧州市	68523	68303	220	
北海市	207253	207253		
防城港市	4626	4626		
钦州市	107116	107116		
贵港市	80479	80347	131	
玉林市	277692	277692		20914
百色市	122034	122034		
贺州市	8895	8895		
河池市	85528	85528		
来宾市	134616	134616		
崇左市	37072	36994	78	78

3-50 各地区集体总承包和专业承包企业建筑业总产值和竣工产值

单位：万元

地　区	建筑业总产值	#装饰装修产　值	#在外省完成的产值	按构成分组			竣工产值
				建筑工程产　值	安装工程产　值	其他产值	
广　西	**1526887.6**	**69088.8**	**15376.3**	**1443826.8**	**36004.8**	**47056**	**1111770.5**
南宁市	109852	8726.3		101958.2	5790.8	2103	87467.9
柳州市	59904.2	630.5		55323.5	421.2	4159.5	49633
桂林市	202734.6	2632.2		197328.7	3111.4	2294.5	133734.3
梧州市	68303.4	9447.5		62495.4	4184	1624	58150.5
北海市	207253	15036.5		191918.5	298	15036.5	117640.5
防城港市	4625.5	1315.4		3817.2	808.3		1228.6
钦州市	107116.4	5939.4	3589.1	104936.4	1314.5	865.5	100002.2
贵港市	80347.2	595.9		77059.6	2721.1	566.5	63360.5
玉林市	298606.3	16604.1	11787.2	288421.3	2422.5	7762.5	219889.4
百色市	122034.3	685		115537.7	398.9	6097.7	84747.5
贺州市	8895			8895			5620
河池市	85527.5	68		82315.6	425.1	2786.8	75644.2
来宾市	134616.4	7358.7		117459	14095.1	3062.3	86891.8
崇左市	37071.8	49.3		36360.7	13.9	697.2	27760.1

3-51　各地区集体总承包和专业承包企业房屋建筑面积

地　区	房屋建筑施工面积（万平方米）	#本　年新开工	#实行投标承包面积	#本年新开工	房屋建筑竣工面积（万平方米）	房屋建筑面积竣工率（%）
广　西	**1490**	**789**	**1024**	**578**	**786**	**52.8**
南宁市	102	51	35	25	64	62.7
柳州市	74	50	40	36	45	60.2
桂林市	203	124	114	80	128	63.2
梧州市	46	33	40	27	32	68.9
北海市	150	58	108	50	33	21.7
防城港市	12	11	2	1	2	15.5
钦州市	138	70	124	63	79	57.1
贵港市	98	53	72	43	54	55.6
玉林市	358	172	304	144	163	45.6
百色市	99	51	75	38	60	61.0
贺州市	6	6	6	6	5	87.6
河池市	92	59	79	48	61	66.6
来宾市	96	36	15	9	47	48.9
崇左市	17	15	9	7	13	78.2

3-52　各地区按主要用途分的集体总承包和专业承包企业房屋建筑竣工面积

单位：万平方米

地　区	合　计	住宅房屋	商业及服务用房屋	商厦房屋（批发和零售用房）	宾馆用房　屋（住宿用房）	餐饮用房　屋（餐饮用房）	商务会展用　房　屋	其他商业及服务用房屋（居民服务业用房）	办公用房　屋
广　西	**786.3**	**475.0**	**33.7**	**17.0**	**1.0**	**0.9**	**2.4**	**12.5**	**48.9**
南宁市	63.7	44.9	2.2	0.0	0.1			2.1	2.8
柳州市	44.7	23.2	4.0	2.6		0.3		1.1	4.1
桂林市	128.4	105.3	0.6		0.6				3.6
梧州市	31.9	23.4	0.5	0.4				0.1	2.6
北海市	32.5	18.7	5.6	4.4				1.3	2.2
防城港市	1.8	1.5							
钦州市	78.9	53.8	0.4	0.4					4.8
贵港市	54.3	18.2	6.9	5.1			1.8		1.1
玉林市	163.3	105.3	0.9	0.4	0.3			0.2	5.9
百色市	60.2	26.1	4.8	3.7				1.1	8.7
贺州市	5.5	1.4	1.0					1.0	0.9
河池市	61.0	30.7	3.6			0.6		3.0	7.0
来宾市	47.2	16.4	2.0				0.6	1.4	4.5
崇左市	13.0	6.0	1.3					1.3	0.6

3-52 续表

单位：万平方米

地　区	科研、教育和医疗用房屋	科学研究用房屋	教育用房屋	医疗用房屋(卫生医疗用房)	文化、体育和娱乐用房屋	厂房及建筑物	#厂房	仓库	其他未列明的房屋建筑物
广　西	**128.7**	**10.9**	**95.7**	**22.1**	**14.2**	**42.7**	**24.8**	**5.5**	**37.6**
南宁市	7.5	1.0	5.1	1.4	0.3	1.0	0.8		5.0
柳州市	6.3		6.1	0.2		0.9	0.8	0.1	6.1
桂林市	10.4	5.5	3.2	1.7	0.1	1.0		2.5	5.0
梧州市	2.8		2.4	0.4		2.5	0.9		0.1
北海市	4.7		2.6	2.1		0.5	0.5	0.4	0.3
防城港市	0.1		0.1			0.2			
钦州市	8.0		6.1	1.9	0.1	8.1	6.3	1.3	2.4
贵港市	15.1	3.7	9.7	1.6	0.6	11.2	8.1		1.2
玉林市	35.2	0.2	30.4	4.6	5.1	6.6	6.6	0.1	4.2
百色市	12.2		9.9	2.4	3.2	0.6	0.6		4.6
贺州市	0.8		0.8		0.6	0.4			0.5
河池市	13.3	0.1	11.7	1.4		0.1			6.3
来宾市	9.3	0.3	5.7	3.3	3.0	9.6		0.8	1.5
崇左市	2.9		1.8	1.1	1.3	0.1	0.1	0.3	0.5

3-53 各地区按主要用途分的集体总承包和专业承包企业房屋建筑竣工价值

单位：万元

地　区	合　计	住宅房屋	商业及服务用房屋	商厦房屋(批发和零售用房)	宾馆用房屋(住宿用房)	餐饮用房屋(餐饮用房)	商务会展用房屋	其他商业及服务用房屋(居民服务业用房)	办公用房屋
广　西	**894507**	**541198**	**43911**	**24891**	**1100**	**980**	**2847**	**14093**	**59920**
南宁市	72850	50447	2231	53	135			2043	3002
柳州市	44167	20746	3935	2510		350		1075	3999
桂林市	127492	103101	761		761				4706
梧州市	38024	26711	694	608				86	3099
北海市	44234	23718	9573	8372				1201	3184
防城港市	1229	1046							
钦州市	87220	56691	350	350					6574
贵港市	62287	27490	9443	7233			2209		1329
玉林市	198862	131358	1210	850	205			155	6361
百色市	75107	34796	6144	4914				1230	14471
贺州市	5620	1462	1050					1050	990
河池市	65158	34665	3573			630		2943	6683
来宾市	56005	22195	3100				638	2462	4590
崇左市	16251	6774	1848					1848	932

3-53　续表　　　　单位：万元

地　区	科研、教育和医疗用房屋	科学研究用房屋	教育用房屋	医疗用房屋（卫生医疗用房）	文化、体育和娱乐用房屋	厂房及建筑物	#厂　房	仓　库	其他未列明的房屋建筑物
广　西	**144837**	**10523**	**108701**	**25614**	**13209**	**40959**	**22723**	**5660**	**44812**
南宁市	9332	1122	6835	1376	267	885	633		6687
柳州市	7975		7739	236		553	533	74	6885
桂林市	11529	4963	4516	2050	151	946		2358	3941
梧州市	4195		3880	315		3271	1450		55
北海市	6549		3372	3177		555	555	365	291
防城港市	132		132			50			
钦州市	9994		7681	2313	76	8638	6143	1330	3569
贵港市	14444	3840	8599	2005	545	7516	5475		1521
玉林市	38789	170	34141	4477	3688	7009	7009	106	10342
百色市	13427		10467	2960	3008	839	839		2421
贺州市	810		810		590	310			408
河池市	13453	126	11718	1609		145			6640
来宾市	10264	301	6287	3676	3295	10158		850	1554
崇左市	3945		2523	1422	1591	86	86	578	498

3-54　各地区集体总承包和专业承包企业施工机械设备情况

地　区	年末自有施工机械设备总台数（台）	年末自有施工机械设备总功率（千瓦）	年末自有施工机械设备净值（万元）	技术装备率（元/人）	动力装备率（千瓦/人）
广　西	**27986**	**336636**	**4613**	**687.8**	**5.0**
南宁市	1477	12116	102	220.1	2.6
柳州市	757	4357	174	708.6	1.8
桂林市	925	23011	233	333.5	3.3
梧州市	1733	12361	237	805.0	4.2
北海市	1115	33533	219	366.1	5.6
防城港市	336	2796	57	3241.1	16.0
钦州市	3530	53808	554	709.0	6.9
贵港市	2369	31386	253	526.5	6.5
玉林市	4923	71327	1156	808.7	5.0
百色市	1892	11300	319	443.7	1.6
贺州市	765	4845	30	701.4	11.5
河池市	5088	56822	919	1920.3	11.9
来宾市	945	10356	189	599.6	3.3
崇左市	2131	8618	171	1202.3	6.0

3-55 各地区集体总承包和专业承包企业主要生产效益指标

地　区	建筑业企业个数（个）	直接从事生产经营活动的平均人数（人）	按总产值计算的劳动生产率（元/人）	人均竣工产值（元/人）	人均施工面积（平方米/人）	人均竣工面积（平方米/人）
广　西	**197**	**67058**	**227697**	**133393**	**222.2**	**117.3**
南宁市	15	4635	237005	157174	219.1	137.5
柳州市	13	2449	244607	180346	303.2	182.5
桂林市	24	6973	290742	182837	291.3	184.2
梧州市	13	2944	232009	129159	157.0	108.2
北海市	11	5985	346287	73908	250.2	54.3
防城港市	5	175	264314	70206	664.8	103.0
钦州市	16	7814	137083	111621	176.9	100.9
贵港市	13	4815	166869	129361	202.8	112.7
玉林市	21	14289	208976	139171	250.5	114.3
百色市	23	7192	169681	104431	137.4	83.8
贺州市	1	422	210782	133175	147.7	129.5
河池市	21	4788	178629	136086	191.4	127.4
来宾市	13	3151	427218	177738	306.2	149.7
崇左市	8	1426	259971	113961	116.2	90.9

3-56 各地区集体总承包和专业承包企业营业额

单位：万元

地　区	企业营业额	在境外完成的营业额	企业总产值	#建筑业总产值
广　西	**1345102.2**	**9140**	**1576965**	**1526887.6**
南宁市	95205.8		110500.2	109852
柳州市	69492.2		60171.7	59904.2
桂林市	186606.1		202774.6	202734.6
梧州市	62921.6	8532	69487.6	68303.4
北海市	183714.3		207253	207253
防城港市	2905.9		4625.5	4625.5
钦州市	94063.7	608	107116.4	107116.4
贵港市	72301.2		101559.5	80347.2
玉林市	300350.2		298896.9	298606.3
百色市	93694.7		127810.5	122034.3
贺州市	8895		8895	8895
河池市	79934.3		87197.1	85527.5
来宾市	66213.4		153605.2	134616.4
崇左市	28803.8		37071.8	37071.8

3-57　各地区集体总承包和专业承包企业资产构成

单位：万元

地　区	资产合计	#流动资产小　计	#存　货	#非流动资产合计	#固定资产合计
广　西	**767442.4**	**547301.6**	**123608**	**220141**	**155100.8**
南宁市	33580.4	23825.3	10279.4	9755	8378
柳州市	120771.1	83745.9	18678.8	37025	10145.3
桂林市	157214.8	140861.7	55885.7	16353	12421.7
梧州市	25673.3	19006.9	2922.5	6666	5486.2
北海市	63299.5	43486.8	1419.6	19813	11999.7
防城港市	5079.3	3336.9	1705.4	1742	1065.1
钦州市	59542.9	43174.5	9075.2	16368	12257.7
贵港市	24659.9	10972.5	1608.2	13687	10363.6
玉林市	92076.6	62183.2	6390.6	29893	26099.4
百色市	71050.4	46216.3	12052.8	24834	16822.5
贺州市	802.4	404.4	128.3	398	396.4
河池市	49433	22714.6	2369.8	26718	25688.7
来宾市	51103.6	40116.5	556.8	10987	8125.3
崇左市	13155.2	7256.1	534.9	5899	5851.2

3-58　各地区集体总承包和专业承包企业固定资产情况

单位：万元

地　区	固定资产合　计	固定资产原　价	固定资产折　旧	#本年折旧	在建工程
广　西	**155100.8**	**158863.8**	**41290.5**	**4894.1**	**26194.4**
南宁市	8378	10783	2818.5	278.3	
柳州市	10145.3	10536	3771.1	143	305.5
桂林市	12421.7	9015.3	2535.5	423.1	4881.1
梧州市	5486.2	5464.8	967.2	116	860.5
北海市	11999.7	5436	1188.7	329.2	7735.1
防城港市	1065.1	1067	251.9	12.3	250
钦州市	12257.7	15682.7	5219.1	400.2	874.6
贵港市	10363.6	12723.5	3129.7	300.7	475.6
玉林市	26099.4	32787.6	8764.8	779.7	1093.2
百色市	16822.5	17389.7	5746.5	836.5	3247.8
贺州市	396.4	544.4	148	11.6	
河池市	25688.7	23521.7	4330.1	488.7	5515.5
来宾市	8125.3	9072.8	1686	643.3	
崇左市	5851.2	4839.3	733.4	131.5	955.5

3-59 各地区集体总承包和专业承包企业负债及所有者权益

单位：万元

地区	负债合计	#流动负债	#应付账款	所有者权益	#实收资本
广西	**463602.1**	**400159.8**	**74508.4**	**303840.3**	**200143.3**
南宁市	17022.8	14895.9	5876.9	16557.6	11043.7
柳州市	112712.7	88007.6	6826.8	8058.4	10015.8
桂林市	129390.1	123518.7	31696.9	27824.7	23435.3
梧州市	16128.3	14518.4	10689.2	9545	8600.8
北海市	20789.1	20738.1	2243.8	42510.4	15941.5
防城港市	2133.4	1931.5	1891.8	2945.9	1850
钦州市	35083.2	29249	2622.6	24459.7	19677.9
贵港市	9472.4	6720.1	701.2	15187.5	12783.8
玉林市	24881.5	21650.1	1224.4	67195.1	31196
百色市	39383.5	32128.8	3943.7	31666.9	23554.5
贺州市	186.3	186.3	104.4	616.1	608
河池市	20229.9	12561.8	3562	29203.1	20497.7
来宾市	31030	28994.3	2767.7	20073.6	13400.6
崇左市	5158.9	5059.2	357	7996.3	7537.7

3-60 各地区集体总承包和专业承包企业实收资本

单位：万元

地区	合计	国家资本	集体资本	法人资本	个人资本	港澳台资本	外商资本
广西	**200143.3**	**2956**	**159213.6**	**16221.2**	**21752.5**		
南宁市	11043.7	2003	8243.7	797			
柳州市	10015.8	69.8	8914		1032		
桂林市	23435.3	80.6	9793	6824.5	6737.2		
梧州市	8600.8		8600.8				
北海市	15941.5		13489.5	2020	432		
防城港市	1850		1850				
钦州市	19677.9		15504.9	1150	3023		
贵港市	12783.8		9373.8	1410	2000		
玉林市	31196		29896	700	600		
百色市	23554.5	802.6	19544	1627.6	1580.3		
贺州市	608		608				
河池市	20497.7		14839.1	589.6	5069		
来宾市	13400.6		11838	650.6	912		
崇左市	7537.7		6718.8	451.9	367		

3-61 各地区集体总承包和专业承包企业收入情况

单位：万元

地 区	主营业务收入	#主营业务成本	#主营业务税金及附加	其他业务收入	#其他业务成本	#其他业务利润
广 西	**1316707.8**	**1144797.4**	**57552.6**	**28394**	**62833**	**-34438**
南宁市	90834.8	81676.9	3728.5	4371	2217	2154
柳州市	69284.5	63875.4	3162.3	208	3	205
桂林市	186606.1	171101.5	7473.7		491	-491
梧州市	62614.8	52454.5	3245	307		307
北海市	183302	166472.7	6494.4	412	1577	-1165
防城港市	2836.9	2574.7	140.5	69	29	40
钦州市	93843.9	85864.1	3625.7	220		220
贵港市	71345.4	54862.2	2732.9	956	11411	-10455
玉林市	299926.6	258539	14532	424	11693	-11270
百色市	73109.7	60545.9	3929.1	20585	25042	-4457
贺州市	8895		347		8343	-8343
河池市	79934.3	64642.4	3744.8			
来宾市	65517.2	57541.3	3064.4	696	2026	-1330
崇左市	28656.6	24646.8	1332.3	147		147

3-62 各地区集体总承包和专业承包企业费用情况

单位：万元

地 区	管理费用	#税金	销售费用	财务费用	#利息收入	#利息支出
广 西	**42653.5**	**3134.1**	**7797.8**	**4212.2**	**192.6**	**2569.8**
南宁市	4016.5	43	995.2	342.4	9	328.6
柳州市	2109.6	58.9	26.2	54.3	85.6	37.7
桂林市	3448.9	51.3	1026.3	763.8	4.6	738.4
梧州市	2473.3	168.7	1260.8	149.9	2.2	248.8
北海市	3550.5	118.3	51.6	10.9	8.6	1.9
防城港市	117.3	3.3	17.5	0.3	0.1	0.4
钦州市	2202.8	397	395.9	100.2	0.7	51.3
贵港市	2676.8	47.4	41.2	32.6	-1.1	29.7
玉林市	10231.6	653.6	693	1719	54.7	462.3
百色市	2118.9	133.5	183.1	23.2	8.4	1.7
贺州市	103.9	3.1	99.6	0.1		0.1
河池市	5444.6	607.2	1856.4	694.6	12.8	500.9
来宾市	2775.9	676.3	248	234.8	0.8	162
崇左市	1382.9	172.5	903	86.1	6.2	6

3-63 各地区集体总承包和专业承包企业利润及税金情况

单位：万元

地区	利润总额	#应交所得税	税金总额	工程结算税金及附加	管理费用中的税金
广西	**30259.7**	**9552.2**	**60687**	**57552.6**	**3134.1**
南宁市	2123.8	1012.6	3772	3728.5	43
柳州市	233.1	99.8	3221	3162.3	58.9
桂林市	2829.9	1408.6	7525	7473.7	51.3
梧州市	3415	733.7	3414	3245	168.7
北海市	5668	1939.5	6613	6494.4	118.3
防城港市	16.7	4.4	144	140.5	3.3
钦州市	1351.6	934.6	4023	3625.7	397
贵港市	578.4	767.9	2780	2732.9	47.4
玉林市	8499.9	1481.4	15186	14532	653.6
百色市	1396.8	199.8	4063	3929.1	133.5
贺州市	1.1	0.1	350	347	3.1
河池市	3509.4	650.9	4352	3744.8	607.2
来宾市	167.8	192.9	3741	3064.4	676.3
崇左市	468.2	126	1505	1332.3	172.5

3-64 各地区集体总承包和专业承包企业应收工程款及企业亏损情况

地区	应收工程款(万元)	企业个数(个)	#亏损企业个数	亏损企业的比重(%)
广西	**128936.8**	**197**	**31**	**0.2**
南宁市	5764.6	15	2	0.1
柳州市	31903.9	13	4	0.3
桂林市	8444.9	24	3	0.1
梧州市	12345.4	13	1	0.1
北海市	13829.4	11	1	0.1
防城港市	1543.2	5		
钦州市	4818.8	16	2	0.1
贵港市	1126.2	13	4	0.3
玉林市	14625.2	21		
百色市	9301.1	23	5	0.2
贺州市		1		
河池市	6262.1	21	1	0.0
来宾市	16967.5	13	5	0.4
崇左市	2004.5	8	3	0.4

3-65　各地区集体总承包和专业承包企业主要经济效益指标

地　区	产值利润率(%)	产值利税率(%)	资产利润率(%)	资产利税率(%)	人均利润(元/人)	人均利税(元/人)	资产负债率(%)
广　西	**2.0**	**6.0**	**3.9**	**11.9**	**4512.5**	**13562.3**	**60.4**
南宁市	1.9	5.4	6.3	17.6	4582.1	12719.1	50.7
柳州市	0.4	5.8	0.2	2.9	951.8	14104.9	93.3
桂林市	1.4	5.1	1.8	6.6	4058.4	14850.0	82.3
梧州市	5.0	10.0	13.3	26.6	11599.9	23195.3	62.8
北海市	2.7	5.9	9.0	19.4	9470.3	20519.1	32.8
防城港市	0.4	3.5	0.3	3.2	954.3	9171.4	42.0
钦州市	1.3	5.0	2.3	9.0	1729.7	6877.8	58.9
贵港市	0.7	4.2	2.3	13.6	1201.2	6975.5	38.4
玉林市	2.8	7.9	9.2	25.7	5948.6	16576.0	27.0
百色市	1.1	4.5	2.0	7.7	1942.2	7590.9	55.4
贺州市	0.0	3.9	0.1	43.8	26.1	8322.3	23.2
河池市	4.1	9.2	7.1	15.9	7329.6	16419.0	40.9
来宾市	0.1	2.9	0.3	7.6	532.5	12404.0	60.7
崇左市	1.3	5.3	3.6	15.0	3283.3	13835.9	39.2

3-66　各地区私营总承包和专业承包企业签订合同情况

单位：万元

地　区	合同总额		
		上年结转合同额	本年新签合同额
广　西	**7512104.2**	**2369040.2**	**5143064**
南宁市	3168131.5	1201888.1	1966243.4
柳州市	90340.6	28728.2	61612.4
桂林市	567625.2	240227	327398.2
梧州市	121545.8	61004.1	60541.7
北海市	123661.7	19699.1	103962.6
防城港市	342282.7	148862.4	193420.3
钦州市	1725741	270013.9	1455727.1
贵港市	208818.6	63097.6	145721
玉林市	402526.2	65116.6	337409.6
百色市	42418.5	12284.5	30134
贺州市	129239.3	46816.9	82422.4
河池市	430258.1	144548.2	285709.9
来宾市	98044.5	53733.7	44310.8
崇左市	61470.5	13019.9	48450.6

3-67 各地区私营总承包和专业承包企业承包工程完成情况

单位：万元

地　区	直接从建设单位承揽工程完成的产值	自行完成施工产值	分包出去工程的产值	从建设单位以外承揽工程完成的产值
广　西	**4809562**	**4783792**	**25770**	**132021**
南宁市	2112339	2093186	19153	64166
柳州市	46049	46049		
桂林市	231683	231460	223	20
梧州市	61940	61854	86	86
北海市	109201	109201		
防城港市	245860	241442	4418	55751
钦州市	1024904	1024904		4993
贵港市	159192	159192		
玉林市	316917	316917		4200
百色市	27571	27571		
贺州市	72664	72588	76	1004
河池市	307616	307616		
来宾市	41274	39460	1814	1801
崇左市	52353	52353		

3-68 各地区私营总承包和专业承包企业建筑业总产值和竣工产值

单位：万元

地　区	建筑业总产值	#装饰装修产值	#在外省完成的产值	按构成分组			竣工产值
				建筑工程产值	安装工程产值	其他产值	
广　西	**4915812.8**	**357837.7**	**395030.2**	**3954867**	**464678**	**496267.8**	**3029879.7**
南宁市	2157352.2	209732	232915.6	1700010.3	237283.5	220058.4	1146538.8
柳州市	46049.1	1707.2		31157	14002.3	889.8	32571.4
桂林市	231480	4503.8	5699.8	180265.5	20128.7	31085.8	120860.1
梧州市	61939.5	401.6	4935.8	61741.6	84.6	113.3	41200.8
北海市	109201.1	1129.9		108860.3	340.8		103354.3
防城港市	297192.3	36101.4		261974	24049.1	11169.2	170028.9
钦州市	1029896.7	97009.8	87857.8	831263	119432.6	79201.1	635225.1
贵港市	159191.6	642.3		151731.8	3842.1	3617.7	144636.3
玉林市	321116.6	513.9	6	260930.9	18834.8	41350.9	289440.6
百色市	27570.7	1398.5		19694.7	2252.6	5623.4	8599
贺州市	73592.5	3481		64807	5205.1	3580.4	45808.7
河池市	307616.3	346.3	63615.2	195753.6	14107.9	97754.8	243896.7
来宾市	41260.8	870		40166.3	501.5	593	21209.3
崇左市	52353.4			46511	4612.4	1230	26509.7

3-69　各地区按主要用途分的私营总承包和专业承包企业房屋建筑竣工面积

单位：万平方米

地　　区	合　计	住宅房屋	商业及服务用房屋	商厦房屋（批发和零售用房）	宾馆用房屋（住宿用房）	餐饮用房屋（餐饮用房）	商务会展用房屋	其他商业及服务用房屋（居民服务业用房）	办公用房屋
广　西	**169.3**	**108.9**	**9.4**	**1.2**	**2.6**	**0.3**	**0.7**	**4.6**	**15.4**
南宁市	50.1	30.3	3.5	0.6	1.3	0.2	0.0	1.5	5.1
柳州市	1.6	1.1							0.1
桂林市	7.9	6.1	0.8		0.8	0.0		0.0	0.2
梧州市	4.2	2.9	0.2		0.2				0.3
北海市	3.2	1.6	0.1		0.1				
防城港市	10.1	6.6	0.6	0.1	0.0	0.0	0.5		2.5
钦州市	43.8	31.1	0.3	0.0	0.0	0.0	0.0	0.2	4.1
贵港市	7.3	4.4	0.0	0.0					0.4
玉林市	17.8	12.8	0.6	0.3	0.1	0.1	0.2	0.0	0.4
百色市	0.6	0.2	0.0	0.0					0.1
贺州市	3.6	2.2	0.1	0.1	0.0			0.0	0.2
河池市	16.6	7.9	3.0		0.1	0.0		2.9	1.3
来宾市	1.6	1.2							0.2
崇左市	1.0	0.5	0.0			0.0			0.5

3-69　续表

单位：万平方米

地　　区	科研、教育和医疗用房屋	科学研究用房屋	教育用房屋	医疗用房屋（卫生医疗用房）	文化、体育和娱乐用房屋	厂房及建筑物	#厂　房	仓　库	其他未列明的房屋建筑物
广　西	**16.0**	**0.4**	**10.4**	**5.2**	**2.1**	**12.8**	**6.2**	**1.2**	**3.6**
南宁市	4.8	0.2	3.5	1.0	1.2	3.4	2.0	0.3	1.4
柳州市	0.3		0.3	0.1	0.1				0.0
桂林市	0.4		0.3	0.1		0.2	0.2	0.1	0.1
梧州市	0.7		0.6	0.1		0.1			
北海市	0.0		0.0					0.3	1.1
防城港市	0.0		0.0			0.3			
钦州市	3.3	0.0	1.6	1.6	0.1	4.8	0.3	0.1	0.0
贵港市	1.2		0.6	0.5	0.1	0.6	0.5	0.3	0.4
玉林市	1.2	0.2	0.7	0.4	0.2	2.2	2.0	0.1	0.2
百色市	0.2		0.1	0.1					0.1
贺州市	0.7		0.7	0.0	0.3	0.0	0.0		0.1
河池市	3.0		1.8	1.2	0.1	1.2	1.2		0.0
来宾市	0.2		0.2	0.0					
崇左市	0.0			0.0					0.0

3-70 各地区按主要用途分的私营总承包和专业承包企业房屋建筑竣工价值

单位：万元

地区	合计	住宅房屋	商业及服务用房屋	商厦房屋(批发和零售用房)	宾馆用房屋(住宿用房)	餐饮用房屋(餐饮用房)	商务会展用房屋	其他商业及服务用房屋(居民服务业用房)	办公用房屋
广西	**2098284**	**1359984**	**107337**	**11724**	**31871**	**4470**	**5644**	**53628**	**174134**
南宁市	607362	369002	48030	7169	18729	2751	274	19106	61161
柳州市	20898	12738							879
桂林市	81276	62980	6178		5908	92		179	2475
梧州市	40736	28881	1683		1683				1773
北海市	32508	18869	2754		2754				
防城港市	95370	65515	4683	200	200	200	4083		21596
钦州市	608842	431366	3827	491	447	413	120	2356	43386
贵港市	113367	69712	465	465					5381
玉林市	226913	157160	5446	2482	863	598	1167	336	7492
百色市	7002	2065	467	467					813
贺州市	35727	22475	780	450	200			130	1633
河池市	193224	99116	33008		1087	400		31521	16213
来宾市	19511	13530							2999
崇左市	15548	6576	16			16			8334

3-70 续表

单位：万元

地区	科研、教育和医疗用房屋	科学研究用房屋	教育用房屋	医疗用房屋(卫生医疗用房)	文化、体育和娱乐用房屋	厂房及建筑物	#厂房	仓库	其他未列明的房屋建筑物
广西	**208933**	**4689**	**128550**	**75695**	**24260**	**179182**	**78975**	**13557**	**30898**
南宁市	64991	2149	44098	18745	14097	36289	19992	3006	10788
柳州市	4780		3883	897	892				1610
桂林市	3491		2723	767		3436	2565	1429	1288
梧州市	7381		6178	1202		1019			
北海市	294		294					4176	6414
防城港市	659		659			2917			
钦州市	48056	192	23195	24669	1082	80327	3823	677	121
贵港市	18971		8393	10578	2537	8832	7925	2841	4629
玉林市	14512	2348	8106	4058	2109	36437	34744	1428	2330
百色市	2317		1177	1141					1340
贺州市	6889		6366	523	2334	170	170		1447
河池市	33488		20822	12667	1209	9757	9757		432
来宾市	2982		2657	325					
崇左市	123			123					500

3-71 各地区私营总承包和专业承包企业主要生产效益指标

地区	建筑业企业个数(个)	直接从事生产经营活动的平均人数(人)	按总产值计算的劳动生产率(元/人)	人均竣工产值(元/人)	人均施工面积(平方米/人)	人均竣工面积(平方米/人)
广西	**599**	**152677**	**321974.7**	**137432.9**	**221.2**	**11.1**
南宁市	363	52904	407786.2	114804.6	248.4	9.5
柳州市	13	2718	169422.7	76888.2	155.7	5.9
桂林市	40	7316	316402.4	111092.9	422.3	10.8
梧州市	15	1609	384956.5	253176.5	527.1	25.9
北海市	12	3073	355356.7	105786.9	159.8	10.5
防城港市	23	10279	289125.7	92781.0	170.4	9.8
钦州市	23	41302	249357.6	147412.2	142.4	10.6
贵港市	14	5696	279479.6	199029.7	384.6	12.8
玉林市	28	13773	233149.4	164751.7	218.0	12.9
百色市	15	1496	184296.1	46807.5	86.7	4.1
贺州市	18	2744	268194.2	130200.4	238.5	13.0
河池市	13	7038	437079.1	274543.3	240.9	23.5
来宾市	8	841	490615.9	232000.0	275.7	19.1
崇左市	14	1888	277295.6	82351.2	132.9	5.5

3-72 各地区私营总承包和专业承包企业营业额

单位：万元

地区	企业营业额	在境外完成的营业额	企业总产值	#建筑业总产值
广西	**4065583.8**	**19888.3**	**5078906**	**4915812.8**
南宁市	1652665.3	9331.4	2291692	2157352.2
柳州市	72792.2		46049	46049.1
桂林市	211885.6		235358	231480
梧州市	94751.2		61940	61939.5
北海市	102572		110221	109201.1
防城港市	217760.6		309781	297192.3
钦州市	765147.4		1030851	1029896.7
贵港市	155707.2		159731	159191.6
玉林市	327582.1	10556.9	324163	321116.6
百色市	24189.5		27612	27570.7
贺州市	67456.1		74747	73592.5
河池市	285847.4		311866	307616.3
来宾市	37881.4		41261	41260.8
崇左市	49345.8		53635	52353.4

3-73 各地区私营总承包和专业承包企业资产构成

单位：万元

地 区	资产合计	#流动资产小计	#存货	#非流动资产合计	#固定资产合计
广 西	**3283094**	**2525237.4**	**411019.6**	**757857**	**436000.5**
南宁市	1884901.4	1473004.1	237862.3	411897	221717.7
柳州市	71062.6	61696.9	17732.5	9366	6790.6
桂林市	161583.6	133112.7	30846.3	28471	20357.9
梧州市	77577	66658.4	9143.2	10919	8360.1
北海市	52869.5	44038.4	3780.7	8831	4591.8
防城港市	168746.2	139766.1	15295.5	28980	24160.8
钦州市	248101.1	170628.2	12740.6	77473	35132.1
贵港市	157519.4	114517.5	37381.7	43002	12962.9
玉林市	158083.3	89022.4	20549.4	69061	53339
百色市	31028.9	24457.7	859.2	6571	4272.5
贺州市	86390.2	70879.9	12195.7	15510	5280.8
河池市	125894.1	92881	5199.9	33013	26644.4
来宾市	30354.5	23312.9	5217.5	7042	6130.2
崇左市	28982.2	21261.2	2215.1	7721	6259.7

3-74 各地区私营总承包和专业承包企业固定资产情况

单位：万元

地 区	固定资产合计	固定资产原价	固定资产折旧	#本年折旧	在建工程
广 西	**436000.5**	**507540**	**160855.1**	**32390**	**62151.8**
南宁市	221717.7	245834.2	74463	15599.3	33548.8
柳州市	6790.6	11391.7	5244.2	371.5	55.9
桂林市	20357.9	20457.2	6512.7	1141.8	5983
梧州市	8360.1	11582.2	5789.5	1302.7	2029.8
北海市	4591.8	7195.4	2605.5	129	
防城港市	24160.8	35749.9	14629.5	4333.1	639.4
钦州市	35132.1	38248.9	12387.6	2602	9123.9
贵港市	12962.9	13649.2	3245.6	436	2559.2
玉林市	53339	64243.5	17662.4	3697.6	4158.9
百色市	4272.5	4003.6	1155.2	107.8	770
贺州市	5280.8	6788.2	1668.7	346.8	
河池市	26644.4	34416.7	10550.7	1664.3	750
来宾市	6130.2	7971.1	3260	351	1405.3
崇左市	6259.7	6008.2	1680.5	307.1	1127.6

3-75　各地区私营总承包和专业承包企业负债及所有者权益

单位：万元

地　区	负债合计	#流动负债	#应付账款	所有者权益	#实收资本
广　西	**1718746**	**1473315.1**	**212672.9**	**1564348**	**1117977.4**
南宁市	1088505	929621.9	127966.7	796396.4	579938.9
柳州市	43005.5	43005.5	8528.8	28057.1	23300.7
桂林市	109314.7	102863.6	11210.4	52268.9	35063.6
梧州市	39363	34790.4	4962.1	38214	15337.1
北海市	25847.9	25626.9	1326.6	27021.6	22844.7
防城港市	69685.7	64132.8	7652.9	99060.5	62548.4
钦州市	70872.7	70509.3	10376.8	177228.4	90846.6
贵港市	75747.8	50329.4	19544.7	81771.6	78383
玉林市	53931.3	40773.1	4970	104152	84277.5
百色市	17384.2	3136.5	599.1	13644.7	12377.1
贺州市	53794	47144.1	2279.2	32596.2	30401.1
河池市	42819	36156.7	6694.6	83075.1	56524.3
来宾市	16649.2	15445.4	5258.5	13705.3	11599.6
崇左市	11826	9779.5	1302.5	17156.2	14534.8

3-76　各地区私营总承包和专业承包企业实收资本

单位：万元

地　区	实收资本合　计	国家资本	集体资本	法人资本	个人资本	港澳台资本	外商资本
广　西	**1117977.4**	**8392.5**	**12680**	**363044.9**	**733860**		
南宁市	579938.9	2152.3	7380	179528.6	390878		
柳州市	23300.7			7181	16119.7		
桂林市	35063.6			7588.6	27475		
梧州市	15337.1		600	4284.1	10453		
北海市	22844.7		500	5119	17225.7		
防城港市	62548.4		2200	20965.3	39383.1		
钦州市	90846.6			56360.6	34486		
贵港市	78383			40208.4	38174.6		
玉林市	84277.5			16859	67418.5		
百色市	12377.1			4906.1	7471		
贺州市	30401.1			3126	27275.1		
河池市	56524.3	5399.5		5306.2	45818.6		
来宾市	11599.6	840.7	2000	4168	4590.9		
崇左市	14534.8			7444	7090.8		

3-77 各地区私营总承包和专业承包企业收入情况

单位：万元

地　区	主营业务收　入	#主营业务成　本	#主营业务税金及附加	其他业务收　入	#其他业务成　本	#其他业务利　润
广　西	**4017645.8**	**3382925.4**	**154436.7**	**47938**	**169790**	**-121852**
南宁市	1631634	1372500.3	57296.8	21031	68994	-47963
柳州市	72539.6	64707.6	2077.9	253	1	252
桂林市	211059.4	189415.4	7730.7	826	7012	-6186
梧州市	94503.7	76500.3	2912.6	248	686	-439
北海市	102051.5	92726.7	3564.6	521	537	-17
防城港市	215718.4	178508.1	9139.4	2042	1180	862
钦州市	765036.7	666861.6	33690.8	111	8013	-7902
贵港市	155662	135490.2	5589.2	45		45
玉林市	313267.4	224692.1	15051.4	14315	68377	-54062
百色市	24189.5	20155	718		142	-142
贺州市	67271.9	58425.1	2487.7	184	2359	-2174
河池市	285504.8	241282.2	11376.6	343	314	29
来宾市	37237.3	32883.3	1253	644	1537	-893
崇左市	41969.6	28777.5	1548	7376	10638	-3262

3-78 各地区私营总承包和专业承包企业费用情况

单位：万元

地　区	管理费用	#税金	销售费用	财务费用	#利息收入	#利息支出
广　西	**172906.9**	**5441.6**	**17041**	**30085.4**	**599.1**	**16064.9**
南宁市	75971.3	3341.2	7930	16097.9	330.5	7813.9
柳州市	3867.3	85	382.1	388.7	28.8	285.6
桂林市	6120.6	124.7	1095	1245.8	327.8	1463.2
梧州市	3394.9	501.9	897.9	2406.1	14.6	2165.5
北海市	4352.6	7.4	6.4	3871.2	0.2	0.9
防城港市	10397.7	440.6	1133.8	1104.6	38.2	894.9
钦州市	31061.5	410.6	231.9	617.4	8.8	499.9
贵港市	8400.2	149.6	976.7	1536	9.3	1461.2
玉林市	9348.5	123.8	1018.1	935.9	17.7	682.6
百色市	1134.5	21.3	468.7	460.1	4.6	352.8
贺州市	1699.5	21.9	42.4	205.7	55.7	132.6
河池市	12219.7	158.8	1098	853.1	-239.8	93.2
来宾市	1430.4	36.1	113.6	194.8	1	63.6
崇左市	3508.2	18.7	1646.4	168.1	1.7	155

3-79 各地区私营总承包和专业承包企业利润及税金情况

单位：万元

地 区	利润总额	#应交所得税	税金总额	工程结算税金及附加	管理费用中的税金
广 西	**157310.3**	**50722.2**	**159878**	**154436.7**	**5441.6**
南宁市	57955.2	14327.1	60638	57296.8	3341.2
柳州市	3041.1	636.8	2163	2077.9	85
桂林市	8190.6	2877.9	7855	7730.7	124.7
梧州市	6896.5	2188	3415	2912.6	501.9
北海市	2861.4	1586.9	3572	3564.6	7.4
防城港市	16469	4101.9	9580	9139.4	440.6
钦州市	23974.4	12742.1	34101	33690.8	410.6
贵港市	4130	2782.7	5739	5589.2	149.6
玉林市	8088.7	2821.3	15175	15051.4	123.8
百色市	1000.5	276.9	739	718	21.3
贺州市	2171.8	878.4	2510	2487.7	21.9
河池市	19054.4	4704.4	11535	11376.6	158.8
来宾市	384.6	140.7	1289	1253	36.1
崇左市	3092.1	657.1	1567	1548	18.7

3-80 各地区私营总承包和专业承包企业应收工程款及企业亏损情况

地 区	应收工程款(万元)	企业个数(个)	#亏损企业个数	亏损企业的比重(%)
广 西	**461185.2**	**599**	**104**	**17.4**
南宁市	186754.1	363	62	17.1
柳州市	6666.3	13	5	38.5
桂林市	50582.7	40	7	17.5
梧州市	15509.5	15	2	13.3
北海市	3663.2	12	2	16.7
防城港市	77188.6	23	3	13.0
钦州市	24523.5	23	8	34.8
贵港市	31389.7	14	2	14.3
玉林市	14454.3	28	3	10.7
百色市	2139.9	15	3	20.0
贺州市	19966.8	18	3	16.7
河池市	14322	13	2	15.4
来宾市	8451.8	8	1	12.5
崇左市	5572.8	14	1	7.1

3-81 各地区私营总承包和专业承包企业主要经济效益指标

地区	产值利润率(%)	产值利税率(%)	资产利润率(%)	资产利税率(%)	人均利润(元/人)	人均利税(元/人)	资产负债率(%)
广西	**3.2**	**6.5**	**4.8**	**9.7**	**10303.5**	**20775.1**	**52.4**
南宁市	2.7	5.5	3.1	6.3	10954.8	22416.7	57.7
柳州市	6.6	11.3	4.3	7.3	11188.7	19146.4	60.5
桂林市	3.5	6.9	5.1	9.9	11195.5	21932.8	67.7
梧州市	11.1	16.6	8.9	13.3	42862.0	64083.3	50.7
北海市	2.6	5.9	5.4	12.2	9311.4	20935.2	48.9
防城港市	5.5	8.8	9.8	15.4	16022.0	25342.0	41.3
钦州市	2.3	5.6	9.7	23.4	5804.7	14061.3	28.6
贵港市	2.6	6.2	2.6	6.3	7250.7	17325.8	48.1
玉林市	2.5	7.2	5.1	14.7	5872.9	16890.9	34.1
百色市	3.6	6.3	3.2	5.6	6687.8	11629.7	56.0
贺州市	3.0	6.4	2.5	5.4	7914.7	17060.5	62.3
河池市	6.2	9.9	15.1	24.3	27073.6	43463.8	34.0
来宾市	0.9	4.1	1.3	5.5	4573.1	19901.3	54.8
崇左市	5.9	8.9	10.7	16.1	16377.6	24675.8	40.8

3-82 各地区股份制总承包和专业承包企业签订合同情况

单位：万元

地区	合同总额	上年结转合同额	本年新签合同额
广西	**11666359.7**	**4588401.2**	**7077958.5**
南宁市	2638265.8	1082198.7	1556067.1
柳州市	2511817.2	1560242.3	951574.9
桂林市	1559938.1	556028	1003910.1
梧州市	189876.5	80548.5	109328
北海市	257820	46959.9	210860.1
防城港市	435609.9	85826.2	349783.7
钦州市	1901939.7	605551.5	1296388.2
贵港市	79289.7	36753.2	42536.5
玉林市	1471323.2	383471	1087852.2
百色市	81143.5	33738.5	47405
贺州市	43297.4	26336.1	16961.3
河池市	57241.7	15409.2	41832.5
来宾市	357419.2	61955.6	295463.6
崇左市	81377.8	13382.5	67995.3

3-83　各地区股份制总承包和专业承包企业承包工程完成情况

单位：万元

地　　区	直接从建设单位承揽工程完成的产值	自行完成施工产值	分包出去工程的产值	从建设单位以外承揽工程完成的产值
广　西	**5850519**	**5800865.8**	**49653.2**	**133217.3**
南宁市	1114381.7	1084175.3	30206.4	88690.1
柳州市	808944.2	808259	685.2	1422.3
桂林市	753568.4	749698.3	3870.1	21310.3
梧州市	131150.4	131150.4		148.3
北海市	192773.2	192773.2		
防城港市	386563.8	383137.9	3425.9	9524.4
钦州市	859998.8	859998.8		3428.8
贵港市	58328.7	58328.7		
玉林市	1062282.8	1055282.9	6999.9	6999.9
百色市	66963.9	65577.9	1386	710
贺州市	32693.6	31763.6	930	930
河池市	46495.2	46495.2		53.2
来宾市	245562.2	243412.5	2149.7	
崇左市	90812.1	90812.1		

3-84　各地区股份制总承包和专业承包企业建筑业总产值和竣工产值

单位：万元

地　　区	建筑业总产值	#装饰装修产　值	#在外省完成的产值	按构成分组			竣工产值
				建筑工程产　值	安装工程产　值	其他产值	
广　西	**5934083.1**	**215296.8**	**972410.4**	**5138816.1**	**449175.8**	**346091.2**	**3822590**
南宁市	1172865.4	48148.1	427547.5	941265.3	116269.1	115331	606606.6
柳州市	809681.3	2830.9	130768.5	734831.7	20139.6	54710	814966.9
桂林市	771008.6	19286.8	42633.2	731639.2	22320.9	17048.5	313266.9
梧州市	131298.7	3360.8	2250	103384.2	27914.5		88306.4
北海市	192773.2	14230.9		165153.2	21265.5	6354.5	103764.5
防城港市	392662.3	10471.9		307805.1	62977.6	21879.6	215829.4
钦州市	863427.6	29469.7	369087.7	815080.7	44006.4	4340.5	545269.2
贵港市	58328.7	1176.7		37045.7	17364.6	3918.4	43328.4
玉林市	1062282.8	30215.1		874001.3	73245.5	115036	720961.8
百色市	66287.9	21427.7	123.5	50036.7	15513.6	737.6	43069.5
贺州市	32693.6	1744.8		31087.2	150	1456.4	23848.2
河池市	46548.4	4487.6		35549.2	6950.8	4048.4	43640.3
来宾市	243412.5	28445.8		235873.6	7522.9	16	188342.4
崇左市	90812.1			76063	13534.8	1214.3	71389.5

3-85 各地区股份制总承包和专业承包企业房屋建筑面积

地 区	房屋建筑施工面积(万平方米)	#本年新开工	#实行投标承包面积	#本年新开工	房屋建筑竣工面积(万平方米)	房屋建筑面积竣工率(%)
广 西	**4800.0679**	**2279.6654**	**3478.0927**	**1789.4597**	**1726.3**	**36.0**
南宁市	875.2232	499.0281	789.4394	432.5126	164.2	18.8
柳州市	949.0012	259.3344	506.3877	131.8246	216.2	22.8
桂林市	837.6801	303.9122	455.916	159.9144	213.0	25.4
梧州市	115.5526	19.7088	94.2671	12.5689	57.7	49.9
北海市	139.1283	66.2214	51.9773	47.8936	63.2	45.4
防城港市	211.3659	156.2578	183.0428	153.2256	125.1	59.2
钦州市	424.2376	248.8464	408.161	239.948	163.2	38.5
贵港市	10.8607	4.4432	10.8607	4.4432	6.2	57.4
玉林市	902.13	514.2724	734.9024	440.3114	537.6	59.6
百色市	14.1671	8.5884	10.413	5.2978	12.3	87.0
贺州市	27.4413	12.3369	20.0591	10.2025	15.5	56.6
河池市	49.8743	33.8114	7.1104	3.569	26.9	53.9
来宾市	204.4615	130.2303	175.1901	125.7094	89.6	43.8
崇左市	38.9441	22.6737	30.3657	22.0387	35.5	91.2

3-86 各地区按主要用途分的股份制总承包和专业承包企业房屋建筑竣工面积

单位：万平方米

地 区	竣工面积合 计	住宅房屋	商业及服务用房屋	商厦房屋(批发和零售用房)	宾馆用房 屋(住宿用房)	餐饮用房 屋(餐饮用房)	商务会展用 房 屋	其他商业及服务用房屋(居民服务业用房)	办公用房 屋
广 西	**1726.3**	**1087.4**	**66.6**	**17.3**	**18.0**	**3.2**	**0.0**	**28.1**	**120.9**
南宁市	164.2	64.7	17.9			0.0		17.8	18.8
柳州市	216.2	168.4	3.1	0.6	0.0	0.2		2.2	2.5
桂林市	213.0	181.6	6.0		1.6	0.9		3.6	7.4
梧州市	57.7	34.6	1.6	1.6					1.5
北海市	63.2	52.3							0.7
防城港市	125.1	83.1	0.0	0.0	0.0	0.0	0.0	0.0	10.0
钦州市	163.2	118.2	1.1		0.2	0.9			18.2
贵港市	6.2	0.0							0.5
玉林市	537.6	286.9	33.5	13.8	15.6	1.1		3.0	49.3
百色市	12.3	7.3	0.2					0.2	0.6
贺州市	15.5	10.1	1.0					1.0	0.8
河池市	26.9	10.9	0.8	0.1	0.5			0.3	2.5
来宾市	89.6	45.3	1.3	1.1	0.1	0.1			8.3
崇左市	35.5	24.1	0.1	0.1				0.0	0.0

3-86　续表　　　　单位：万平方米

地　区	科研、教育和医疗用房屋	科学研究用房屋	教育用房屋	医疗用房屋（卫生医疗用房）	文化、体育和娱乐用房屋	厂房及建筑物	#厂　房	仓　库	其他未列明的房屋建筑物
广　西	**165.5**	**14.2**	**102.9**	**48.5**	**65.2**	**147.8**	**86.4**	**10.6**	**62.1**
南宁市	23.3	1.6	21.2	0.5	15.7	17.8	9.2	4.1	2.1
柳州市	5.9		4.5	1.5	3.7	31.4	31.4		1.2
桂林市	11.9	0.3	10.9	0.7	1.3	2.3	0.2	0.8	1.6
梧州市	12.1		6.8	5.4	3.4	4.5	2.9		
北海市	4.1		3.0	1.0	0.6	4.6	1.9	1.1	
防城港市	20.3	0.4	5.9	14.1	0.4	3.0	2.9	0.1	8.3
钦州市	8.3		4.8	3.5	3.2	9.7	8.4	4.4	
贵港市	4.4	0.2	1.3	2.9	0.5	0.8	0.8		
玉林市	47.6	11.2	20.9	15.4	35.6	47.0	5.1	0.0	37.7
百色市	1.2	0.5	0.5	0.2	0.1	2.6		0.1	0.4
贺州市	2.3		2.0	0.3		0.3			1.1
河池市	7.3		7.2	0.0	0.6				4.9
来宾市	10.3	0.1	10.1	0.1	0.2	24.0	23.7		0.3
崇左市	6.7		3.8	2.9					4.6

3-87　各地区按主要用途分的股份制总承包和专业承包企业房屋建筑竣工价值

单位：万元

地　区	合　计	住宅房屋	商业及服务用房屋	商厦房屋（批发和零售用房）	宾馆用房屋（住宿用房）	餐饮用房屋（餐饮用房）	商务会展用房屋	其他商业及服务用房屋（居民服务业用房）	办公用房屋
广　西	**2226830.7**	**1376058.4**	**94968.1**	**17128.1**	**16400.2**	**4940.1**	**1**	**56498.7**	**164035.3**
南宁市	270907.1	104921.6	31072.1			146		30926.1	33066.5
柳州市	344356.5	223850.8	12952.9	799.6	10	160.9		11982.4	3395
桂林市	249082	205255.4	7659.7		1340	1426.7		4893	11579.6
梧州市	62080.4	37399.8	1887	1887					1868.3
北海市	87216	73300.9							1252
防城港市	145616.2	107146.3	9	3	1	3	1	1	9390.3
钦州市	224856.1	161561.5	2071.3		371.3	1700			31006.3
贵港市	8123.4	7.8							600
玉林市	573778.3	336867.9	30958	12299.7	13946.3	1500		3212	47930.4
百色市	22524.4	11324.1	3866					3866	562.3
贺州市	20943.8	13124.9	1298.2					1298.2	970.3
河池市	29485	10611	1104.4	90.8	713.6			300	3059.2
来宾市	139965	62293.4	1778.3	1756.8	18	3.5			19328.5
崇左市	47896.5	28393	311.2	291.2				20	26.6

3-87 续表

单位：万元

地　　区	科研、教育和医疗用房屋	科学研究用房屋	教育用房屋	医疗用房屋(卫生医疗用房)	文化、体育和娱乐用房屋	厂房及建筑物	#厂房	仓　库	其他未列明的房屋建筑物
广　西	**204579.4**	**14719.2**	**134672.6**	**55187.6**	**82861.7**	**222501**	**159256.4**	**15035.5**	**66791.3**
南宁市	39446.8	2689.6	36250.2	507	24613.8	28910.6	17257.5	6093.8	2781.9
柳州市	8492.3		5702.3	2790	11125.5	83996.6	83996.5		543.4
桂林市	17439.2	444.3	16187.5	807.4	1283.7	2236.9	178.3	947.4	2680.1
梧州市	12532.8		6417.8	6115	5939	2453.5	901.3		
北海市	3624.2		1934.4	1689.8	1102.5	6066.3	1247	1870.1	
防城港市	19073.2	385.7	5565.3	13122.2	422.5	2057.8	2014.5	78	7439.1
钦州市	11102.9		5552.5	5550.4	4833.5	10200.4	7640.4	4080.2	
贵港市	5954.8	156	1232.1	4566.7	480.8	1080	1080		
玉林市	51501.4	9993.6	25743	15764.8	31651.5	42088.5	3716.1	36	32744.6
百色市	1765	910	587	268	589	1354.8		1930	1133.2
贺州市	3059.7		2748.5	311.2		421.8			2068.9
河池市	7401.8		7345.1	56.7	536.9				6771.7
来宾市	14367.3	140	14088.9	138.4	283	41633.8	41224.8		280.7
崇左市	8818		5318	3500					10347.7

3-88 各地区股份制总承包和专业承包企业施工机械设备情况

地　　区	年末自有施工机械设备总台数(台)	年末自有施工机械设备总功率(千瓦)	年末自有施工机械设备净值(万元)	技术装备率(元/人)	动力装备率(千瓦/人)
广　西	**40617**	**806478**	**158432.4**	**7469**	**108.0**
南宁市	8531	139974	34742.4	5672	24.7
柳州市	1091	41984	7818.8	3192	13.2
桂林市	2730	38412	5983.1	2481	15.5
梧州市	1982	5679	1034.1	2722	2.1
北海市	490	15755	701.5	1096	14.4
防城港市	4551	81815	17352.2	11199	7.3
钦州市	7933	107204	23970.1	6632	16.2
贵港市	323	10871	2667.3	9185	1.2
玉林市	8580	224305	44191.5	17125	13.1
百色市	357	8830	4182.2	21370	0.4
贺州市	434	13957	753.3	8659	1.6
河池市	2218	90006	4532.1	15671	5.7
来宾市	1053	10628	9629.5	24484	0.4
崇左市	344	17058	874.3	4230	4.0

3-89　各地区股份制总承包和专业承包企业主要生产效益指标

地　　区	建筑业企业个数（个）	直接从事生产经营活动的平均人数（人）	按总产值计算的劳动生产率（元/人）	人均竣工产值（元/人）	人均施工面积（平方米/人）	人均竣工面积（平方米/人）
广　西	**312**	**212122**	**279749**	**104979**	**226.3**	**81.4**
南宁市	53	61248	191494	44231	142.9	26.8
柳州市	37	24492	330590	140600	387.5	88.3
桂林市	72	24116	319708	103285	347.4	88.3
梧州市	14	3799	345614	163412	304.2	151.9
北海市	10	6402	301114	136232	217.3	98.7
防城港市	19	15494	253429	93982	136.4	80.8
钦州市	16	36142	238899	62215	117.4	45.1
贵港市	12	2904	200856	27973	37.4	21.5
玉林市	14	25806	411642	222343	349.6	208.3
百色市	21	1957	338722	115097	72.4	63.0
贺州市	9	870	375789	240733	315.4	178.6
河池市	12	2892	160956	101954	172.5	92.9
来宾市	10	3933	618898	355873	519.9	227.7
崇左市	13	2067	439343	231720	188.4	171.9

3-90　各地区股份制总承包和专业承包企业营业额

单位：万元

地　　区	企业营业额	在境外完成的营业额	企业总产值	#建筑业总产值
广　西	**5425935.7**	**120769.7**	**6103721.7**	**5934083.1**
南宁市	1202079.7	106931.9	1267056.8	1172865.4
柳州市	817176.8	538	842131.5	809681.3
桂林市	682269.9		779884.5	771008.6
梧州市	120863.4		138523.2	131298.7
北海市	158797.7		192801.2	192773.2
防城港市	261320.6		392687.3	392662.3
钦州市	877805.8		863447.6	863427.6
贵港市	64755.5		63177.7	58328.7
玉林市	863288.2		1079553.2	1062282.8
百色市	47212.5		70151.1	66287.9
贺州市	31168.9		32693.6	32693.6
河池市	47286		47169.2	46548.4
来宾市	174740	13299.8	243412.6	243412.5
崇左市	77170.7		91032.2	90812.1

3-91　各地区股份制总承包和专业承包企业资产构成

单位：万元

地　区	资产合计	#流动资产小计	#存货	#非流动资产合计	#固定资产合计
广　西	**3563157.3**	**2804971.1**	**612825.9**	**758186**	**435735.8**
南宁市	859606.3	676435.8	112360.4	183171	70905.8
柳州市	1139655.4	979244.1	204341.2	160411	119091.6
桂林市	409465.5	336975.8	87545.3	72490	25388.6
梧州市	66462	47808.9	5657.6	18653	9570.9
北海市	69277.8	52950.2	7549.5	16328	5906.2
防城港市	203360.3	152156.4	51873.5	51204	36342.4
钦州市	171459.2	110845.3	37968.1	60614	50607.6
贵港市	53765.4	37786.5	3044.2	15979	8298.4
玉林市	190955.6	89721.5	6993.9	101234	58598.2
百色市	56660.5	30145.7	2958.8	26515	16657.7
贺州市	28195.2	23730.9	5687.4	4464	4409.4
河池市	19314.1	9874.3	1960.9	9440	7348.3
来宾市	243594.7	225179.7	80476.4	18415	11349.4
崇左市	51385.3	32116	4408.7	19269	11261.3

3-92　各地区股份制总承包和专业承包企业固定资产情况

单位：万元

地　区	固定资产小计	固定资产原价	固定资产折旧	#本年折旧	在建工程
广　西	**435735.8**	**435028.7**	**157938.6**	**24462**	**37603**
南宁市	70905.8	98432.2	35495.3	5234.5	2776.3
柳州市	119091.6	66379.3	40901.9	6969.5	687.1
桂林市	25388.6	31407.9	11714	1401.7	2683.2
梧州市	9570.9	16294.6	7384.8	690.7	612.6
北海市	5906.2	9354	3791.3	919.1	
防城港市	36342.4	35067.4	12419.4	1390.5	9032.9
钦州市	50607.6	49542.3	10917.3	2603.1	9966.9
贵港市	8298.4	10523.9	3504.2	564.4	1129.2
玉林市	58598.2	70368	17126.8	1840.4	487
百色市	16657.7	11162.1	3387.2	700.8	4201.1
贺州市	4409.4	5693.7	2771.6	294.3	1445.3
河池市	7348.3	7006.7	2734.7	382.5	473
来宾市	11349.4	13853.7	4309.1	836	1723.4
崇左市	11261.3	9942.9	1481	634.5	2385

3-93　各地区股份制总承包和专业承包企业负债及所有者权益

单位：万元

地　区	负债合计	#流动负债	#应付账款	所有者权益	#实收资本
广　西	**2314282.5**	**2154274.6**	**335733.7**	**1248874.8**	**841943.8**
南宁市	543507.3	521071.7	62351.7	316099	238685.4
柳州市	918554.2	847548.7	105835	221101.2	119386.4
桂林市	285850.8	254315	28064.1	123614.7	91466.7
梧州市	41122.5	35283.6	19402.3	25339.5	18628.9
北海市	38109.9	38109.8	11992.6	31167.9	21571
防城港市	87140	80887.8	15863.5	116220.3	57888
钦州市	84098.2	84064.6	18049.9	87361	56217.9
贵港市	22033.9	19125.7	8163.4	31731.5	23292
玉林市	61788.9	58835.8	3656.3	129166.7	108531.5
百色市	26752.8	19028.5	6176.1	29907.7	25312.8
贺州市	13845.7	13372.4	629.3	14349.5	12297.4
河池市	7323.6	6241.8	4316.7	11990.5	7049.8
来宾市	159008.5	153835.5	46450.5	84586.2	39243.7
崇左市	25146.2	22553.7	4782.3	26239.1	22372.3

3-94　各地区股份制总承包和专业承包企业实收资本

单位：万元

地　区	合计	国家资本	集体资本	法人资本	个人资本	港澳台资本	外商资本
广　西	**841943.8**	**103605.9**	**44441.7**	**248801.4**	**438114.8**	**6000**	**980**
南宁市	238685.4	51305.4	14902.4	110528.4	61949.2		
柳州市	119386.4	27141.9	2300	22696.5	66268		980
桂林市	91466.7	8784.6	6608.3	16582	59491.8		
梧州市	18628.9	250	2610	2102	13666.9		
北海市	21571		5165	348	16058		
防城港市	57888	10620.5	2503.6	14739.3	30024.6		
钦州市	56217.9	2003	800	7988	45426.9		
贵港市	23292	800	2200	5745.6	14546.4		
玉林市	108531.5		1580	13111.8	93839.7		
百色市	25312.8	2700.5	2936	9564	10112.3		
贺州市	12297.4			6320	5977.4		
河池市	7049.8		700.5	2637.2	3712.1		
来宾市	39243.7			24538.4	8705.3	6000	
崇左市	22372.3		2135.9	11900.2	8336.2		

3-95 各地区股份制总承包和专业承包企业收入情况

单位：万元

地　区	主营业务收　入	#主营业务成　本	#主营业务税金及附加	其他业务收　入	#其他业务成　本	#其他业务利　润
广　西	**5358912.3**	**4756115.2**	**193774.4**	**67023**	**102261**	**-35237**
南宁市	1167481.3	1055992.4	35552.6	34598	38252	-3654
柳州市	802485.9	736997.9	24249.8	14691	15136	-445
桂林市	680217.5	606894.5	24400.1	2052	13334	-11282
梧州市	118237.7	105801.2	3762	2626	1703	922
北海市	154547.2	139000.5	5862.9	4251	11	4240
防城港市	260221.9	205974.2	8272.1	1099	21933	-20834
钦州市	877656.7	791043.9	34059.3	149	86	63
贵港市	64227.9	55145.1	2242.8	528	187	340
玉林市	857266.2	748308.1	39760.8	6022	6900	-878
百色市	46721.6	40562	1995.1	491	1040	-549
贺州市	31147	27375.9	1572.6	22		22
河池市	46913	36970.2	2358.6	373	305	68
来宾市	174626	146877.7	7662.8	114	69	45
崇左市	77162.4	59171.6	2022.9	8	3304	-3296

3-96 各地区股份制总承包和专业承包企业费用情况

单位：万元

地　区	管理费用	#税金	销售费用	财务费用	#利息收入	#利息支出
广　西	**164635.7**	**7613.6**	**17063.3**	**27755.7**	**113.9**	**12149.4**
南宁市	38786.6	1254.7	2589.5	4544.3	180.8	3571.6
柳州市	19989.7	687.4	1255.4	13454.1	219.8	2580.1
桂林市	14553	528.3	374.2	3386.5	18.6	3230.6
梧州市	4871.3	121.2	1361.7	547.5	27.9	412.4
北海市	7469.4	25.1	131.9	98.6	-0.7	91.3
防城港市	10278.9	2322	1206.4	715.3	2.7	465.6
钦州市	13226.4	153.6	1581.6	518.6	-344.3	1.6
贵港市	3887	62.3	1019.2	182.6	-3.2	191.7
玉林市	38183.8	1587.9	4007.4	1634.3	1.3	1046.4
百色市	3162.6	176.2	432.5	234.2	4.9	187.5
贺州市	757.1	47.2	424.3	168.3	0.4	52.7
河池市	2505.5	154.1	2365.3	32.4	1.6	20.7
来宾市	4404.7	400.3	104.1	1900.6	2.4	287.9
崇左市	2559.7	93.3	209.8	338.4	1.7	9.3

3-97　各地区股份制总承包和专业承包企业利润及税金情况

单位：万元

地　　区	利润总额	#应交所得税	税金总额	工程结算税金及附加	管理费用中的税金
广　西	**181536.3**	**50511.6**	**201388**	**193774.4**	**7613.6**
南宁市	26550	5579	36807	35552.6	1254.7
柳州市	22959	2075.1	24937	24249.8	687.4
桂林市	21590.6	11215.6	24928	24400.1	528.3
梧州市	2708.3	1487.9	3883	3762	121.2
北海市	5845.6	2657.6	5888	5862.9	25.1
防城港市	12381.3	1615.5	10594	8272.1	2322
钦州市	39743.7	17010	34213	34059.3	153.6
贵港市	2872.7	742	2305	2242.8	62.3
玉林市	19601.5	5001.9	41349	39760.8	1587.9
百色市	741.3	228.1	2171	1995.1	176.2
贺州市	1021.3	222.7	1620	1572.6	47.2
河池市	2687.5	551.9	2513	2358.6	154.1
来宾市	13438.2	374.4	8063	7662.8	400.3
崇左市	9395.3	1749.9	2116	2022.9	93.3

3-98　各地区私营总承包和专业承包企业应收工程款及企业亏损情况

地　　区	应收工程款（万元）	企业个数（个）	#亏损企业个数	亏损企业占比重（%）
广　西	**623578.8**	**312**	**56**	**17.9**
南宁市	116751.2	53	11	20.8
柳州市	278445.4	37	9	24.3
桂林市	52860.9	72	16	22.2
梧州市	12935.7	14	3	21.4
北海市	12559.6	10	1	10.0
防城港市	55477.2	19	4	21.1
钦州市	21899.9	16	2	12.5
贵港市	9868.3	12		
玉林市	12108.4	14		
百色市	11928.8	21	5	23.8
贺州市	7364.3	9	2	22.2
河池市	2500.4	12		
来宾市	27343.8	10	3	30.0
崇左市	1534.9	13		

3-99 各地区私营总承包和专业承包企业主要经济效益指标

地　区	产值利润率(%)	产值利税率(%)	资产利润率(%)	资产利税率(%)	人均利润(元/人)	人均利税(元/人)	资产负债率(%)
广　西	**3.1**	**6.5**	**5.1**	**10.7**	**8558.1**	**18052.1**	**65.0**
南宁市	2.3	5.4	3.1	7.4	4334.8	10344.4	63.2
柳州市	2.8	5.9	2.0	4.2	9374.1	19555.9	80.6
桂林市	2.8	6.0	5.3	11.4	8952.8	19289.7	69.8
梧州市	2.1	5.0	4.1	9.9	7129.0	17350.6	61.9
北海市	3.0	6.1	8.4	16.9	9130.9	18328.0	55.0
防城港市	3.2	5.9	6.1	11.3	7991.0	14828.6	42.9
钦州市	4.6	8.6	23.2	43.1	10996.5	20462.8	49.0
贵港市	4.9	8.9	5.3	9.6	9892.2	17829.9	41.0
玉林市	1.8	5.7	10.3	31.9	7595.7	23618.6	32.4
百色市	1.1	4.4	1.3	5.1	3787.9	14883.0	47.2
贺州市	3.1	8.1	3.6	9.4	11739.1	30357.5	49.1
河池市	5.8	11.2	13.9	26.9	9292.9	17981.3	37.9
来宾市	5.5	8.8	5.5	8.8	34167.8	54669.0	65.3
崇左市	10.3	12.7	18.3	22.4	45453.8	55691.8	48.9

3-100 各地区港澳台商投资总承包和专业承包企业签订合同情况

单位：万元

地　区	合同总额	上年结转合同额	本年新签合同额
广　西	**18570.7**	**17051.5**	**1519.2**
南宁市	10465.4	9238.4	1227
柳州市			
桂林市	320	27.8	292.2
梧州市			
北海市	7785.3	7785.3	
防城港市			
钦州市			
贵港市			
玉林市			
百色市			
贺州市			
河池市			
来宾市			
崇左市			

3-101　各地区港澳台商投资总承包和专业承包企业承包工程完成情况

单位：万元

地　区	直接从建设单位承揽工程完成的产值			从建设单位以外承揽工程完成的产值
		自行完成施工产值	分包出去工程的产值	
广　西	**5802.1**	**5802.1**		
南宁市	2138.6	2138.6		
柳州市				
桂林市	320	320		
梧州市				
北海市	3343.5	3343.5		
防城港市				
钦州市				
贵港市				
玉林市				
百色市				
贺州市				
河池市				
来宾市				
崇左市				

3-102　各地区港澳台商投资总承包和专业承包企业建筑业总产值和竣工产值

单位：万元

地　区	建筑业总产值			按构成分组			竣工产值
		#装饰装修产　值	#在外省完成的产值	建筑工程产　值	安装工程产　值	其他产值	
广　西	**5802.1**	**320**		**5802.1**			**3601.5**
南宁市	2138.6			2138.6			
柳州市							
桂林市	320	320		320			258
梧州市							
北海市	3343.5			3343.5			3343.5
防城港市							
钦州市							
贵港市							
玉林市							
百色市							
贺州市							
河池市							
来宾市							
崇左市							

3-103 各地区港澳台商投资总承包和专业承包企业房屋建筑面积

地　区	房屋建筑施工面积(万平方米)	#本年新开工	#实行投标承包面积	#本年新开工	房屋建筑竣工面积(万平方米)	房屋建筑面积竣工率(%)
广　西	**6.342**	**2.842**	**2.842**	**2.842**	**0.3**	**4.5**
南宁市	3.5					
柳州市						
桂林市						
梧州市						
北海市	2.842	2.842	2.842	2.842	0.3	10.0
防城港市						
钦州市						
贵港市						
玉林市						
百色市						
贺州市						
河池市						
来宾市						
崇左市						

3-104 各地区按主要用途分的港澳台商投资总承包和专业承包企业房屋建筑竣工面积

单位：万平方米

地　区	合　计	住宅房屋	商业及服务用房屋	商厦房屋(批发和零售用房)	宾馆用房屋(住宿用房)	餐饮用房屋(餐饮用房)	商务会展用房屋	其他商业及服务用房屋(居民服务业用房)	办公用房屋
广　西	**0.3**	**0.3**							
南宁市									
柳州市									
桂林市									
梧州市									
北海市	0.3	0.3							
防城港市									
钦州市									
贵港市									
玉林市									
百色市									
贺州市									
河池市									
来宾市									
崇左市									

3-104 续表

单位：万平方米

地 区	科研、教育和医疗用房屋	科学研究用房屋	教育用房屋	医疗用房屋(卫生医疗用房)	文化、体育和娱乐用房屋	厂房及建筑物	#厂 房	仓 库	其他未列明的房屋建筑物
广 西									
南宁市									
柳州市									
桂林市									
梧州市									
北海市									
防城港市									
钦州市									
贵港市									
玉林市									
百色市									
贺州市									
河池市									
来宾市									
崇左市									

3-105 各地区按主要用途分的港澳台商投资总承包和专业承包企业房屋建筑竣工价值

单位：万元

地 区	合 计	住宅房屋	商业及服务用房屋	商厦房屋(批发和零售用房)	宾馆用房屋(住宿用房)	餐饮用房屋(餐饮用房)	商务会展用房屋	其他商业及服务用房屋(居民服务业用房)	办公用房屋
广 西	**3343.5**	**3343.5**							
南宁市									
柳州市									
桂林市									
梧州市									
北海市	3343.5	3343.5							
防城港市									
钦州市									
贵港市									
玉林市									
百色市									
贺州市									
河池市									
来宾市									
崇左市									

3-105 续表

单位：万元

地　区	科研、教育和医疗用房屋	科学研究用房屋	教育用房屋	医疗用房屋(卫生医疗用房)	文化、体育和娱乐用房屋	厂房及建筑物	#厂房	仓库	其他未列明的房屋建筑物
广　西									
南宁市									
柳州市									
桂林市									
梧州市									
北海市									
防城港市									
钦州市									
贵港市									
玉林市									
百色市									
贺州市									
河池市									
来宾市									
崇左市									

3-106　各地区港澳台商投资总承包和专业承包企业施工机械设备情况

地　区	年末自有施工机械设备总台数(台)	年末自有施工机械设备总功率(千瓦)	年末自有施工机械设备净值(万元)	技术装备率(元/人)	动力装备率(千瓦/人)
广　西					
南宁市					
柳州市					
桂林市					
梧州市					
北海市					
防城港市					
钦州市					
贵港市					
玉林市					
百色市					
贺州市					
河池市					
来宾市					
崇左市					

3-107 各地区港澳台商投资总承包和专业承包企业主要生产效益指标

地区	建筑业企业个数(个)	直接从事生产经营活动的平均人数(人)	按总产值计算的劳动生产率(元/人)	人均竣工产值(元/人)	人均施工面积(平方米/人)	人均竣工面积(平方米/人)
广西	**4**	**416**	**139474**	**80373**	**152.5**	**6.8**
南宁市	2	298	71765		117.4	
柳州市						
桂林市	1	14	228571			
梧州市						
北海市	1	104	321490	321490	273.3	27.3
防城港市						
钦州市						
贵港市						
玉林市						
百色市						
贺州市						
河池市						
来宾市						
崇左市						

3-108 各地区港澳台商投资总承包和专业承包企业营业额

单位：万元

地区	企业营业额	在境外完成的营业额	企业总产值	#建筑业总产值
广西	**4809**		**5802.1**	**5802.1**
南宁市	3084		2138.6	2138.6
柳州市				
桂林市	279		320	320
梧州市				
北海市	1446		3343.5	3343.5
防城港市				
钦州市				
贵港市				
玉林市				
百色市				
贺州市				
河池市				
来宾市				
崇左市				

3-109 各地区港澳台商投资总承包和专业承包企业资产构成

单位：万元

地　区	资产合计	#流动资产小计	#存货	#非流动资产合计	#固定资产合计
广　西	**11527.3**	**10880.1**	**0.6**	**647**	**476**
南宁市	2713.1	2712.5		1	0.6
柳州市					
桂林市	749.4	577.5		172	0.8
梧州市					
北海市	8064.8	7590.1	0.6	475	474.6
防城港市					
钦州市					
贵港市					
玉林市					
百色市					
贺州市					
河池市					
来宾市					
崇左市					

3-110 各地区港澳台商投资总承包和专业承包企业固定资产情况

单位：万元

地　区	固定资产合计	固定资产原价	固定资产折旧	#本年折旧	在建工程
广　西	**476**	**1614.4**	**1138.5**	**0.6**	
南宁市	0.6	1.4	0.9	0.5	
柳州市					
桂林市	0.8	9	8.2	0.1	
梧州市					
北海市	474.6	1604	1129.4		
防城港市					
钦州市					
贵港市					
玉林市					
百色市					
贺州市					
河池市					
来宾市					
崇左市					

3-111　各地区港澳台商投资总承包和专业承包企业负债及所有者权益

单位：万元

地　区	负债合计	#流动负债	#应付账款	所有者权益	#实收资本
广　西	**1831.6**	**1752.8**	**414**	**9695.7**	**9500**
南宁市	807.4	807.3	397	1905.7	1000
柳州市					
桂林市	173.2	94.5	17	576.2	500
梧州市					
北海市	851	851		7213.8	8000
防城港市					
钦州市					
贵港市					
玉林市					
百色市					
贺州市					
河池市					
来宾市					
崇左市					

3-112　各地区港澳台商投资总承包和专业承包企业实收资本

单位：万元

地　区	合计	国家资本	集体资本	法人资本	个人资本	港澳台资本	外商资本
广　西	**9500**			**1000**	**8255**	**245**	
南宁市	1000			1000			
柳州市							
桂林市	500				255	245	
梧州市							
北海市	8000				8000		
防城港市							
钦州市							
贵港市							
玉林市							
百色市							
贺州市							
河池市							
来宾市							
崇左市							

3-113　各地区港澳台商投资总承包和专业承包企业收入情况

单位：万元

地　区	主营业务收　入	#主营业务成　本	#主营业务税金及附加	其他业务收　入	#其他业务成　本	#其他业务利　润
广　西	**4809**	**4256**	**114.1**			
南宁市	3084.1	2680.6	52.2			
柳州市						
桂林市	278.6	196.5	4.5			
梧州市						
北海市	1446.3	1378.9	57.4			
防城港市						
钦州市						
贵港市						
玉林市						
百色市						
贺州市						
河池市						
来宾市						
崇左市						

3-114　各地区港澳台商投资总承包和专业承包企业费用情况

单位：万元

地　区	管理费用	#税金	销售费用	财务费用	#利息收入	#利息支出
广　西	**168.8**	**1.8**	**9.5**	**-0.7**	**-0.9**	**0.2**
南宁市	81.7	1.7		-0.7	-0.9	0.2
柳州市						
桂林市	50	0.1	9.5	0.1		
梧州市						
北海市	37.1			-0.1		
防城港市						
钦州市						
贵港市						
玉林市						
百色市						
贺州市						
河池市						
来宾市						
崇左市						

3-115　各地区港澳台商投资总承包和专业承包企业利润及税金情况

单位：万元

地　区	利润总额	#应交所得税	税金总额	工程结算税金及附加	管理费用中的税金
广　西	**261.5**	**101**	**116**	**114.1**	**1.8**
南宁市	270.3	67.6	54	52.2	1.7
柳州市					
桂林市	18	4.5	5	4.5	0.1
梧州市					
北海市	-26.8	28.9	57	57.4	
防城港市					
钦州市					
贵港市					
玉林市					
百色市					
贺州市					
河池市					
来宾市					
崇左市					

3-116　各地区港澳台商投资总承包和专业承包企业应收工程款及企业亏损情况

地　区	应收工程款(万元)	企业个数(个)	#亏损企业个数	亏损企业占比重(%)
广　西	**3993.8**	**4**	**1**	**25.0**
南宁市	2577.4	2		
柳州市				
桂林市	56.3	1		
梧州市				
北海市	1360.1	1	1	100.0
防城港市				
钦州市				
贵港市				
玉林市				
百色市				
贺州市				
河池市				
来宾市				
崇左市				

3-117 各地区港澳台商投资总承包和专业承包企业主要经济效益指标

地　区	产值利润率 (%)	产值利税率 (%)	资产利润率 (%)	资产利税率 (%)	人均利润 (元/人)	人均利税 (元/人)	资产负债率 (%)
广　西	**4.5**	**6.5**	**2.3**	**3.3**	**6286.1**	**9072.1**	**15.9**
南宁市	12.6	15.2	10.0	11.9	9070.5	10879.2	29.8
柳州市							
桂林市	5.6	7.1	2.4	3.0	12857.1	16142.9	23.1
梧州市							
北海市	-0.8	0.9	-0.3	0.4	-2576.9	2942.3	10.6
防城港市							
钦州市							
贵港市							
玉林市							
百色市							
贺州市							
河池市							
来宾市							
崇左市							

3-118 各行业总承包和专业承包企业签订合同情况

单位：万元

行　业	合同总额	上年结转合同额	本年新签合同额
总　计	**46940021.5**	**19395259.4**	**27544762.1**
房屋建筑业	34378147.9	12203915.4	22174232.5
土木工程建筑业	10947829.7	6705816.4	4242013.3
铁路、道路、隧道和桥梁工程建筑	7407193.1	5276184.9	2131008.2
水利和内河港口工程建筑	798169.5	414681.6	383487.9
海洋工程建筑			
工矿工程建筑	1341966.1	483260.8	858705.3
架线和管道工程建筑	1305447.2	506274.5	799172.7
其他土木工程建筑	95053.8	25414.6	69639.2
建筑安装业	1272831.3	406217.8	866613.5
建筑装饰业和其他建筑业	341212.6	79309.8	261902.8

3-119　各行业总承包和专业承包企业承包工程完成情况

单位：万元

行　业	直接从建设单位承揽工程完成的产值			从建设单位以外承揽工程完成的产值
		自行完成施工产值	分包出去工程的产值	
总　计	**22456946**	**22370810**	**86137**	**528000**
房屋建筑业	17173111	17113133	59977	167418
土木工程建筑业	4274848	4256467	18381	288879
铁路、道路、隧道和桥梁工程建筑	2736437	2729701	6736	75831
水利和内河港口工程建筑	385543	381425	4118	47931
海洋工程建筑				
工矿工程建筑	641507	640635	873	156184
架线和管道工程建筑	449014	442361	6653	8114
其他土木工程建筑	62346	62346		820
建筑安装业	651319	643847	7472	50250
建筑装饰业和其他建筑业	357669	357362	307	21453

3-120　各行业总承包和专业承包企业建筑业总产值和竣工产值

单位：万元

行　业	建筑业总产值	#装饰装修产值	#在外省完成的产值	按构成分组			竣工产值
				建筑工程产值	安装工程产值	其他产值	
总　计	**22898810**	**812426**	**4049534**	**19705316**	**2026199**	**1167295**	**13274543**
房屋建筑业	17280551	556800	2808559	15569350	877653	833548	9208178
土木工程建筑业	4545347	87485	1172206	3558198	742167	244982	3523375
铁路、道路、隧道和桥梁工程建筑	2805532	84336	657351	2618262	8992	178278	2391582
水利和内河港口工程建筑	429355	506	50825	392528	27279	9548	178151
海洋工程建筑							
工矿工程建筑	796818	2643	404088	261794	514771	20254	657930
架线和管道工程建筑	450475		56776	234153	188167	28154	239386
其他土木工程建筑	63166		3166	51461	2957	8748	56327
建筑安装业	694098	6322	65320	305503	370230	18365	343174
建筑装饰业和其他建筑业	378815	161819	3448	272265	36150	70400	199815

3-121 各行业总承包和专业承包企业房屋建筑面积

行　业	房屋建筑施工面积(万平方米)	#本年新开工	#实行投标承包面积	#本年新开工	房屋建筑竣工面积(万平方米)	房屋建筑面积竣工率(%)
总　计	**18316.08**	**7434.27**	**15292.75**	**6313.72**	**5787.59**	**31.6**
房屋建筑业	17719.14	7177.46	14739.96	6073.87	5650.46	31.9
土木工程建筑业	528.03	243.20	498.06	237.08	112.93	21.4
铁路、道路、隧道和桥梁工程建筑	221.20	104.16	205.43	100.22	54.99	24.9
水利和内河港口工程建筑	21.19	7.45	20.49	7.45	12.98	61.2
海洋工程建筑						
工矿工程建筑	258.25	112.25	251.03	112.25	30.84	11.9
架线和管道工程建筑	3.71	2.21	1.67	0.52	1.71	46.1
其他土木工程建筑	23.68	17.13	19.44	16.63	12.40	52.4
建筑安装业	66.17	10.96	52.09	0.12	22.80	34.5
建筑装饰业和其他建筑业	2.74	2.65	2.65	2.65	1.40	51.2

3-122 各行业总承包和专业承包企业机械设备情况

行　业	年末自有施工机械设备总台数(台)	年末自有施工机械设备总功率(千瓦)	年末自有施工机械设备净值(万元)	技术装备率(元/人)	动力装备率(千瓦/人)
总　计	**162242**	**2799822**	**503076.4**	**7081.52**	**3.94**
房屋建筑业	118800	1749674	350828.2	6210.07	3.10
土木工程建筑业	27312	937460	141679.1	11789.50	7.80
铁路、道路、隧道和桥梁工程建筑	4503	224449	64055	11570.84	4.05
水利和内河港口工程建筑	9552	400911	33966.1	21635.84	25.54
海洋工程建筑					
工矿工程建筑	7565	127450	25130	9615.46	4.88
架线和管道工程建筑	5419	170740	16004.6	8306.31	8.86
其他土木工程建筑	273	13910	2523.4	6796.12	3.75
建筑安装业	4751	61846	6158.1	3520.93	3.54
建筑装饰业和其他建筑业	11379	50842	4411	5648.61	6.51

3-123 按主要用途分的各行业总承包和专业承包企业主要生产效益指标

行业	建筑业企业个数(个)	直接从事生产经营活动的平均人数(人)	按总产值计算的劳动生产率(元/人)	人均竣工产值(元/人)	人均施工面积(平方米/人)	人均竣工面积(平方米/人)
总　计	**1245**	**710407**	**322333.67**	**107841.47**	**257.83**	**81.47**
房屋建筑业	694	564934	305886.19	131782.63	313.65	100.02
土木工程建筑业	222	120174	378230.44	12261.66	43.94	9.40
铁路、道路、隧道和桥梁工程建筑	83	55359	506788.80	12220.00	39.96	9.93
水利和内河港口工程建筑	48	15699	273492.13	11550.54	13.50	8.27
海洋工程建筑						
工矿工程建筑	15	26135	304885.52	17310.04	98.81	11.80
架线和管道工程建筑	55	19268	233794.22	1101.57	1.93	0.89
其他土木工程建筑	21	3713	170121.47	38268.52	63.78	33.41
建筑安装业	141	17490	396853.92	37890.68	37.83	13.04
建筑装饰业和其他建筑业	188	7809	485100.01	3406.84	3.51	1.80

3-124 按主要用途分的各行业总承包和专业承包企业营业额

单位：万元

行业	企业营业额	在境外完成的营业额	企业总产值	#建筑业总产值
总　计	**20663678.8**	**320464.6**	**23679239.1**	**22898809.6**
房屋建筑业	15396596.0	138576.5	17596272.0	17280551.0
土木工程建筑业	4272542.4	181350.1	4952063.7	4545346.5
铁路、道路、隧道和桥梁工程建筑	2367502.9	3890.7	2814370.5	2805532.1
水利和内河港口工程建筑	569976.4	108306.7	654056.2	429355.3
海洋工程建筑				
工矿工程建筑	646309.2	4281.1	802324.2	796818.3
架线和管道工程建筑	633059.7	63294.5	607302.6	450474.7
其他土木工程建筑	55694.2	1577.1	74010.2	63166.1
建筑安装业	701244.9		748001.8	694097.5
建筑装饰业和其他建筑业	293295.5	538.0	382901.6	378814.6

3-125 按主要用途分的各行业总承包和

行　　业	合　计	住宅房屋	商业及服务用房屋	商厦房屋（批发和零售用房）	宾馆用房　屋（住宿用房）	餐饮用房　屋（餐饮用房）	商务会展用 房 屋
总　　计	**5787.59**	**3758.64**	**253.95**	**69.19**	**68.53**	**8.27**	**9.20**
房屋建筑业	5650.46	3674.41	250.64	69.14	68.52	8.27	9.20
土木工程建筑业	112.93	84.14	2.15				
铁路、道路、隧道和桥梁工程建筑	54.99	40.56					
水利和内河港口工程建筑	12.98	9.87					
海洋工程建筑							
工矿工程建筑	30.84	23.21	1.90				
架线和管道工程建筑	1.71	0.64					
其他土木工程建筑	12.40	9.86	0.25				
建筑安装业	22.80	0.07	1.10				
建筑装饰业和其他建筑业	1.40	0.01	0.07	0.05	0.01	0.00	

3-126 按主要用途分的各行业总承包和

行　　业	合　计	住宅房屋	商业及服务用房屋	商厦房屋（批发和零售用房）	宾馆用房　屋（住宿用房）	餐饮用房　屋（餐饮用房）	商务会展用 房 屋
总　　计	**7661133**	**4847268**	**340979**	**81311**	**87619**	**11544**	**9283**
房屋建筑业	7444849	4740970	333672	81254	87609	11541	9283
土木工程建筑业	147353	106201	5155				
铁路、道路、隧道和桥梁工程建筑	67649	47853					
水利和内河港口工程建筑	18133	13547					
海洋工程建筑							
工矿工程建筑	45240	33082	4780				
架线和管道工程建筑	2123	612					
其他土木工程建筑	14209	11107	375				
建筑安装业	66271	83	2080				
建筑装饰业和其他建筑业	2660	14	72	58	10	3	

专业承包企业房屋建筑竣工面积

单位：万平方米

其他商业及服务用房屋(居民服务业用房)	办公用房屋	科研、教育和医疗用房屋	科学研究用房屋	教育用房屋	医疗用房屋(卫生医疗用房)	文化、体育和娱乐用房屋	厂房及建筑物	#厂房	仓库	其他未列明的房屋建筑物
98.77	**425.49**	**557.66**	**34.90**	**374.86**	**147.89**	**110.98**	**446.34**	**293.69**	**35.66**	**198.88**
95.52	412.81	552.02	34.90	372.11	145.01	108.82	418.08	268.57	35.33	198.34
2.15	12.62	5.60		2.71	2.89	2.15	5.73	3.91		0.54
	10.11	4.33		1.86	2.47					
	1.73	1.15		0.85	0.30		0.23	0.10		
1.90	0.38					1.95	3.25	3.25		0.15
		0.12			0.12		0.56	0.56		0.38
0.25	0.40					0.20	1.69			
1.10	0.06	0.03		0.03			21.21	21.21	0.33	
0.00		0.01		0.01			1.31			

专业承包企业房屋建筑竣工价值

单位：万元

其他商业及服务用房屋(居民服务业用房)	办公用房屋	科研、教育和医疗用房屋	科学研究用房屋	教育用房屋	医疗用房屋(卫生医疗用房)	文化、体育和娱乐用房屋	厂房及建筑物	#厂房	仓库	其他未列明的房屋建筑物
151222	**564937**	**754400**	**38704**	**497053**	**218643**	**144013**	**656751**	**466290**	**47029**	**305757**
143985	547151	746586	38704	493869	214013	141104	583630	397534	46908	304828
5155	17706	7749		3119	4630	2910	6705	4900		929
	13641	6154		1962	4192					
	2999	1482		1157	325		105	78		
4780	466					2560	3923	3923		429
		112			112		899	899		500
375	600					350	1778			
2080	80	51		51			63856	63856	121	
1		15		15			2560			

3-127 各行业总承包和专业承包企业资产构成

单位：万元

行业	资产合计	#流动资产小计	#存货	#非流动资产合计	#固定资产合计
总计	**13839071**	**10817512**	**2443335**	**3021559**	**1600846**
房屋建筑业	8437957	6755388	1492726	1682569	1017332
土木工程建筑业	4311599	3198161	760450	1113439	502072
铁路、道路、隧道和桥梁工程建筑	1877275	1483147	414930	394128	151239
水利和内河港口工程建筑	644562	517418	92989	127145	83687
海洋工程建筑					
工矿工程建筑	469172	408522	116782	60651	56124
架线和管道工程建筑	1259041	735572	126263	523470	205447
其他土木工程建筑	61550	53503	9487	8046	5575
建筑安装业	775717	607246	150626	168471	58497
建筑装饰业和其他建筑业	313798	256717	39532	57081	22945

3-128 各行业总承包和专业承包企业固定资产情况

单位：万元

行业	固定资产合计	固定资产原价	固定资产折旧	#本年折旧	在建工程
总计	**1600846**	**1894023**	**738972**	**104887**	**213796**
房屋建筑业	1017332	953260	281403	47482	146919
土木工程建筑业	502072	809704	395029	48481	59533
铁路、道路、隧道和桥梁工程建筑	151239	242329	114831	20386	6739
水利和内河港口工程建筑	83687	168675	106112	8124	18334
海洋工程建筑					
工矿工程建筑	56124	103067	56891	6951	9551
架线和管道工程建筑	205447	284732	111541	11868	24864
其他土木工程建筑	5575	10902	5655	1153	44
建筑安装业	58497	90542	41912	6317	6652
建筑装饰业和其他建筑业	22945	40518	20628	2607	692

3-129 各行业总承包和专业承包企业负债及所有者权益

单位：万元

行业	负债合计	#流动负债	#应付账款	所有者权益	#实收资本
总计	**9369727**	**8308969**	**1587283**	**4469344**	**3054412**
房屋建筑业	5481235	5033572	890178	2956721	1980520
土木工程建筑业	3165172	2616913	579576	1146428	822126
铁路、道路、隧道和桥梁工程建筑	1360833	1169988	238938	516442	371283
水利和内河港口工程建筑	436815	394940	83256	207747	130674
海洋工程建筑					
工矿工程建筑	409094	390437	157032	60078	100189
架线和管道工程建筑	934796	641075	94444	324245	190086
其他土木工程建筑	23634	20474	5906	37915	29895
建筑安装业	531758	505653	93943	243959	158214
建筑装饰业和其他建筑业	191562	152830	23586	122236	93552

3-130 各行业总承包和专业承包企业实收资本

单位：万元

行业	合计	国家资本	集体资本	法人资本	个人资本	港澳台资本	外商资本
总计	**3054412**	**645049**	**227303**	**964342**	**1210261**	**6361**	**1096**
房屋建筑业	1980520	288330	187561	579730	918898	6000	
土木工程建筑业	822126	297531	21957	323889	177537	116	1096
铁路、道路、隧道和桥梁工程建筑	371283	142005	12603	143448	72995	116	116
水利和内河港口工程建筑	130674	70768	4263	18072	37572		
海洋工程建筑							
工矿工程建筑	100189	69545	2000	22313	6331		
架线和管道工程建筑	190086	6349	2133	134075	46550		980
其他土木工程建筑	29895	8865	958	5982	14090		
建筑安装业	158214	34069	16662	39768	67714		
建筑装饰业和其他建筑业	93552	25118	1122	20956	46112	245	

3-131 各行业总承包和专业承包企业收入情况

单位：万元

行业	主营业务收入	#主营业务成本	#主营业务税金及附加	其他业务收入	#其他业务成本	#其他业务利润
总计	**20474754**	**18397299**	**695177**	**188925**	**365729**	**-176803**
房屋建筑业	15291325	13796479	539249	105271	255347	-150076
土木工程建筑业	4237973	3831309	132249	34569	28428	6141
铁路、道路、隧道和桥梁工程建筑	2363370	2177071	80238	4133	2281	1853
水利和内河港口工程建筑	559736	487147	16829	10241	10607	-366
海洋工程建筑						
工矿工程建筑	640874	599419	18965	5435	3572	1863
架线和管道工程建筑	621056	521098	14464	12004	10049	1956
其他土木工程建筑	52938	46575	1754	2756	1920	836
建筑安装业	661698	542728	14649	39547	67917	-28370
建筑装饰业和其他建筑业	283757	226784	9030	9539	14037	-4499

3-132 各行业总承包和专业承包企业费用情况

单位：万元

地区	管理费用	#税金	销售费用	财务费用	#利息收入	#利息支出
总计	**612781**	**24878**	**51074**	**153778**	**9681**	**118189**
房屋建筑业	382857	17017	31110	86390	5028	55380
土木工程建筑业	162235	4731	10514	60174	4173	56880
铁路、道路、隧道和桥梁工程建筑	50449	1712	2585	25472	605	20414
水利和内河港口工程建筑	29382	734	2339	4103	1417	6431
海洋工程建筑						
工矿工程建筑	28021	836	1423	5088	1785	4072
架线和管道工程建筑	50599	1415	3983	25102	363	25682
其他土木工程建筑	3784	34	185	409	3	281
建筑安装业	45265	1360	4645	5318	374	4306
建筑装饰业和其他建筑业	22423	1771	4805	1896	106	1623

3-133 各行业总承包和专业承包企业利润及税金情况

单位：万元

行业	利润总额	#应交所得税	税金总额	工程结算税金及附加	管理费用中的税金
总计	**444218**	**136747**	**720056**	**695177**	**24878**
房屋建筑业	338451	106203	556266	539249	17017
土木工程建筑业	72470	22769	136980	132249	4731
铁路、道路、隧道和桥梁工程建筑	32500	7560	81950	80238	1712
水利和内河港口工程建筑	17802	8294	17563	16829	734
海洋工程建筑					
工矿工程建筑	-10001	1617	19801	18965	836
架线和管道工程建筑	30893	4823	15878	14464	1415
其他土木工程建筑	1276	476	1788	1754	34
建筑安装业	19011	4585	16009	14649	1360
建筑装饰业和其他建筑业	14285	3189	10801	9030	1771

3-134 各行业总承包和专业承包企业应收工程款及企业亏损情况

行业	应收工程款（万元）	企业个数（个）	#亏损企业个数	亏损企业占比重（%）
总计	**2137757.9**	**1245**	**216**	**17.3**
房屋建筑业	1352704.3	694	120	17.3
土木工程建筑业	618460.7	222	40	18.0
铁路、道路、隧道和桥梁工程建筑	307647.8	83	15	18.1
水利和内河港口工程建筑	113364.5	48	8	16.7
海洋工程建筑				
工矿工程建筑	81213	15	3	20.0
架线和管道工程建筑	106585.9	55	9	16.4
其他土木工程建筑	9649.5	21	5	23.8
建筑安装业	109993.9	141	28	19.9
建筑装饰业和其他建筑业	56599	188	28	14.9

3-135 各行业总承包和专业承包企业主要经济效益指标

行业	产值利润率(%)	产值利税率(%)	资产利润率(%)	资产利税率(%)	人均利润(元/人)	人均利税(元/人)	资产负债率(%)
总计	**1.9**	**5.2**	**3.2**	**8.6**	**62530.0**	**166834.8**	**67.7**
房屋建筑业	2.0	5.3	4.0	10.8	59909.9	160827.3	65.0
土木工程建筑业	1.6	4.6	1.7	4.9	60304.3	175417.1	73.4
铁路、道路、隧道和桥梁工程建筑	1.2	4.1	1.7	6.1	58707.7	207368.4	72.5
水利和内河港口工程建筑	4.1	8.3	2.8	5.5	113395.8	226636.1	67.8
海洋工程建筑							
工矿工程建筑	-1.3	1.3	-2.1	2.1	-38266.7	38576.6	87.2
架线和管道工程建筑	6.9	10.5	2.5	3.8	160333.7	245105.9	74.2
其他土木工程建筑	2.0	4.9	2.1	5.1	34365.7	84029.1	38.4
建筑安装业	2.7	5.8	2.5	5.2	108698.1	229598.1	68.6
建筑装饰业和其他建筑业	3.8	6.8	4.6	8.2	182930.0	328789.9	61.0

3-136 各地区中央总承包和专业承包企业签订合同情况

单位：万元

地区	合同总额	上年结转合同额	本年新签合同额
广西	**2973206.7**	**1769465.8**	**1203740.9**
南宁市	1625218.3	686120	939098.3
柳州市	1033983.7	933295.8	100687.9
桂林市	312435.7	150000	162435.7
梧州市			
北海市			
防城港市			
钦州市			
贵港市	1569	50	1519
玉林市			
百色市			
贺州市			
河池市			
来宾市			
崇左市			

3-137　各地区中央总承包和专业承包企业承包工程完成情况

单位：万元

地　区	直接从建设单位承揽工程完成的产值			从建设单位以外承揽工程完成的产值
		自行完成施工产值	分包出去工程的产值	
广　西	**1567423.8**	**1567423.8**		**155816**
南宁市	796687.9	796687.9		
柳州市	458320.2	458320.2		
桂林市	312156.7	312156.7		155816
梧州市				
北海市				
防城港市				
钦州市				
贵港市	259	259		
玉林市				
百色市				
贺州市				
河池市				
来宾市				
崇左市				

3-138　各地区中央总承包和专业承包企业建筑业总产值和竣工产值

单位：万元

地　区	建筑业总产值			按构成分组			竣工产值
		#装饰装修产　值	#在外省完成的产值	建筑工程产　值	安装工程产　值	其他产值	
广　西	**1723239.8**	**1311.6**	**964215.3**	**1254375.6**	**440135.1**	**28729.1**	**1227401.5**
南宁市	796687.9	1011.6	480703.2	736969.6	34805.1	24913.2	413664.3
柳州市	458320.2	300	140418.1	454763.3		3556.9	439569.5
桂林市	467972.7		343094	62642.7	405330		374167.7
梧州市							
北海市							
防城港市							
钦州市							
贵港市	259					259	
玉林市							
百色市							
贺州市							
河池市							
来宾市							
崇左市							

3-139　各地区中央总承包和专业承包企业房屋建筑面积

地　区	房屋建筑施工面积(万平方米)	#本　年新开工	#实行投标承包面积	#本年新开工	房屋建筑竣工面积(万平方米)	房屋建筑面积竣工率(%)
广　西	**248.998**	**89.7947**	**171.309**	**58.1433**	**34.7**	**13.9**
南宁市	131.6701	46.5713	58.0939	14.9199	23.5	17.8
柳州市	116.7131	42.6086	112.6003	42.6086	10.6	9.1
桂林市	0.6148	0.6148	0.6148	0.6148	0.6	100.0
梧州市						
北海市						
防城港市						
钦州市						
贵港市						
玉林市						
百色市						
贺州市						
河池市						
来宾市						
崇左市						

3-140　各地区按主要用途分的中央总承包和专业承包企业房屋建筑竣工面积

单位：万平方米

地　区	合　计	住宅房屋	商业及服务用房屋	商厦房屋(批发和零售用房)	宾馆用房　屋(住宿用房)	餐饮用房　屋(餐饮用房)	商务会展用房屋	其他商业及服务用房屋(居民服务业用房)	办公用房　屋
广　西	**34.7**	**27.9**	**1.9**					**1.9**	**0.1**
南宁市	23.5	21.0	1.9					1.9	
柳州市	10.6	6.4							
桂林市	0.6	0.5							0.1
梧州市									
北海市									
防城港市									
钦州市									
贵港市									
玉林市									
百色市									
贺州市									
河池市									
来宾市									
崇左市									

3-140　续表

单位：万平方米

地　　区	科研、教育和医疗用房屋	科学研究用房屋	教育用房屋	医疗用房屋(卫生医疗用房)	文化、体育和娱乐用房屋	厂房及建筑物	#厂房	仓库	其他未列明的房屋建筑物
广　西						**0.6**	**0.6**		**4.2**
南宁市						0.6	0.6		
柳州市									4.2
桂林市									
梧州市									
北海市									
防城港市									
钦州市									
贵港市									
玉林市									
百色市									
贺州市									
河池市									
来宾市									
崇左市									

3-141　各地区按主要用途分的中央总承包和专业承包企业房屋建筑竣工价值

单位：万元

地　　区	合　计	住宅房屋	商业及服务用房屋	商厦房屋(批发和零售用房)	宾馆用房屋(住宿用房)	餐饮用房屋(餐饮用房)	商务会展用房屋	其他商业及服务用房屋(居民服务业用房)	办公用房屋
广　西	**52503.8**	**36493.5**	**4780**					**4780**	**155.6**
南宁市	33272.3	27593.6	4780					4780	
柳州市	18537.5	8361.5							
桂林市	694	538.4							155.6
梧州市									
北海市									
防城港市									
钦州市									
贵港市									
玉林市									
百色市									
贺州市									
河池市									
来宾市									
崇左市									

3-141 续表

单位：万元

地区	科研、教育和医疗用房屋	科学研究用房屋	教育用房屋	医疗用房屋（卫生医疗用房）	文化、体育和娱乐用房屋	厂房及建筑物	#厂房	仓库	其他未列明的房屋建筑物
广西						**898.7**	**898.7**		**10176**
南宁市						898.7	898.7		
柳州市									10176
桂林市									
梧州市									
北海市									
防城港市									
钦州市									
贵港市									
玉林市									
百色市									
贺州市									
河池市									
来宾市									
崇左市									

3-142 各地区中央总承包和专业承包企业施工机械设备情况

地区	年末自有施工机械设备总台数（台）	年末自有施工机械设备总功率（千瓦）	年末自有施工机械设备净值（万元）	技术装备率（元/人）	动力装备率（千瓦/人）
广西	**16431**	**624385**	**60914.5**	**19411**	**19.9**
南宁市	9222	481658	34809.5	18542	25.7
柳州市	455	32030	3872.9	29407	24.3
桂林市	6754	110697	22232.1	19785	9.9
梧州市					
北海市					
防城港市					
钦州市					
贵港市					
玉林市					
百色市					
贺州市					
河池市					
来宾市					
崇左市					

3-143 各地区中央总承包和专业承包企业主要生产效益指标

地　区	建筑业企业个数(个)	直接从事生产经营活动的平均人数(人)	按总产值计算的劳动生产率(元/人)	人均竣工产值(元/人)	人均施工面积(平方米/人)	人均竣工面积(平方米/人)
广　西	**13**	**31382**	**549117**	**16731**	**79.3**	**11.1**
南宁市	7	18773	424380	17723	70.1	12.5
柳州市	3	1317	3480032	140756	886.2	80.6
桂林市	2	11237	416457	618	0.5	0.5
梧州市						
北海市						
防城港市						
钦州市						
贵港市	1	55	47091			
玉林市						
百色市						
贺州市						
河池市						
来宾市						
崇左市						

3-144 各地区中央总承包和专业承包企业营业额

单位：万元

地　区	企业营业额	在境外完成的营业额	企业总产值	#建筑业总产值
广　西	**1708105.8**	**156204.3**	**2028709**	**1723239.8**
南宁市	939645.7	156204.3	1099059	796687.9
柳州市	461194.5		461418	458320.2
桂林市	305357.8		467973	467972.7
梧州市				
北海市				
防城港市				
钦州市				
贵港市	1907.8		259	259
玉林市				
百色市				
贺州市				
河池市				
来宾市				
崇左市				

3-145 各地区中央总承包和专业承包企业资产构成

单位：万元

地区	资产合计	#流动资产小计	#存货	#非流动资产合计	#固定资产合计
广西	**1561396.5**	**1235860.6**	**440242.7**	**325536**	**148811.5**
南宁市	966992.8	763612.6	223329.6	**203380**	102205.2
柳州市	326010.3	283680.9	119250.1	42329	10288.9
桂林市	266467.9	187490.9	97039.7	78977	36143.7
梧州市					
北海市					
防城港市					
钦州市					
贵港市	1925.5	1076.2	623.3	849	173.7
玉林市					
百色市					
贺州市					
河池市					
来宾市					
崇左市					

3-146 各地区中央总承包和专业承包企业固定资产情况

单位：万元

地区	固定资产合计	固定资产原价	固定资产折旧	#本年折旧	在建工程
广西	**148811.5**	**297083.7**	**192587.2**	**20591.9**	**37899.3**
南宁市	102205.2	192454.1	132577.6	9979.5	36048.5
柳州市	10288.9	32151	21862.1	5414.3	
桂林市	36143.7	72304.9	38012	5181.1	1850.8
梧州市					
北海市					
防城港市					
钦州市					
贵港市	173.7	173.7	135.5	17	
玉林市					
百色市					
贺州市					
河池市					
来宾市					
崇左市					

3-147　各地区中央总承包和专业承包企业负债及所有者权益

单位：万元

地　区	负债合计	#流动负债	#应付账款	所有者权益	#实收资本
广　西	**1295730.5**	**1235860.6**	**440242.7**	**265666**	**188602.5**
南宁市	808771.7	763612.6	223329.6	158221.1	115819.1
柳州市	285249.7	283680.9	119250.1	40760.6	28802.3
桂林市	200632.9	187490.9	97039.7	65835	43131.8
梧州市					
北海市					
防城港市					
钦州市					
贵港市	1076.2	1076.2	623.3	849.3	849.3
玉林市					
百色市					
贺州市					
河池市					
来宾市					
崇左市					

3-148　各地区中央总承包和专业承包企业实收资本

单位：万元

地　区	合计	国家资本	集体资本	法人资本	个人资本	港澳台资本	外商资本
广　西	**188602.5**	**164639.1**		**23963.4**			
南宁市	115819.1	93008		22811.1			
柳州市	28802.3	28000		802.3			
桂林市	43131.8	42781.8		350			
梧州市							
北海市							
防城港市							
钦州市							
贵港市	849.3	849.3					
玉林市							
百色市							
贺州市							
河池市							
来宾市							
崇左市							

3-149 各地区中央总承包和专业承包企业收入情况

单位：万元

地 区	主营业务收入	#主营业务成本	#主营业务税金及附加	其他业务收入	#其他业务成本	#其他业务利润
广 西	**1689985.9**	**1569336**	**45763.3**	**18120**	**12438**	**5682**
南宁市	925140.1	852042.5	23550.5	**14506**	**10235**	**4271**
柳州市	461194.5	437686.5	14060			
桂林市	301743.5	278023	8087.8	3614	2204	1411
梧州市						
北海市						
防城港市						
钦州市						
贵港市	1907.8	1584	65			
玉林市						
百色市						
贺州市						
河池市						
来宾市						
崇左市						

3-150 各地区中央总承包和专业承包企业费用情况

单位：万元

地 区	管理费用	#税金	销售费用	财务费用	#利息收入	#利息支出
广 西	**63218.3**	**1608.6**	**1677.2**	**16940.9**	**1973.2**	**15412.8**
南宁市	43993.4	1174.2	1429.6	15128.5	1887.6	14076.9
柳州市	5235.4	283.3		1514.3	21.8	1335.6
桂林市	13759	150.1	247.6	297.9	64.3	0.1
梧州市						
北海市						
防城港市						
钦州市						
贵港市	230.5	1		0.2	-0.5	0.2
玉林市						
百色市						
贺州市						
河池市						
来宾市						
崇左市						

3-151　各地区中央总承包和专业承包企业利润及税金情况

单位：万元

地　区	利润总额	#应交所得税	税金总额	工程结算税金及附加	管理费用中的税金
广　西	**-5246.1**	**7659.6**	**1570945**	**1569336**	**1608.6**
南宁市	-11880.4	6074.2	853217	852042.5	1174.2
柳州市	2540.1	671.8	437970	437686.5	283.3
桂林市	4068.8	912.9	278173	278023	150.1
梧州市					
北海市					
防城港市					
钦州市					
贵港市	25.4	0.7	1585	1584	1
玉林市					
百色市					
贺州市					
河池市					
来宾市					
崇左市					

3-152　各地区中央总承包和专业承包企业应收工程款及企业亏损情况

地　区	应收工程款(万元)	企业个数(个)	#亏损企业个数	亏损企业的比重(%)
广　西	**183943.5**	**13**	**3**	**23.1**
南宁市	84303.4	7	2	28.6
柳州市	98876.6	3	1	33.3
桂林市	123	2		
梧州市				
北海市				
防城港市				
钦州市				
贵港市	640.5	1		
玉林市				
百色市				
贺州市				
河池市				
来宾市				
崇左市				

3-153 各地区中央总承包和专业承包企业主要经济效益指标

地 区	产值利润率(%)	产值利税率(%)	资产利润率(%)	资产利税率(%)	人均利润(元/人)	人均利税(元/人)	资产负债率(%)
广 西	**-0.3**	**2.4**	**-0.3**	**2.7**	**-1671.7**	**13423.6**	**83.0**
南宁市	-1.5	1.6	-1.2	1.3	-6328.5	6841.9	83.6
柳州市	0.6	3.7	0.8	5.2	19287.0	128195.9	87.5
桂林市	0.9	2.6	1.5	4.6	3620.9	10951.9	75.3
梧州市							
北海市							
防城港市							
钦州市							
贵港市	9.8	35.3	1.3	4.7	4618.2	16618.2	55.9
玉林市							
百色市							
贺州市							
河池市							
来宾市							
崇左市							

3-154 各地区地方总承包和专业承包企业签订合同情况

单位：万元

地 区	合同总额		
		上年结转合同额	本年新签合同额
广 西	**43966814.8**	**17625793.6**	**26341021.2**
南宁市	17836063.8	8403448	9432615.8
柳州市	11077387.6	4522280.5	6555107.1
桂林市	3892268.4	1347214.1	2545054.3
梧州市	398258.3	169196.1	229062.2
北海市	715848.5	186294.9	529553.6
防城港市	849142.6	246369.6	602773
钦州市	3819376.9	949244.6	2870132.3
贵港市	871590.5	373112.8	498477.7
玉林市	2411404.8	677115.5	1734289.3
百色市	383741.8	156436.8	227305
贺州市	201184.9	88211	112973.9
河池市	633154.6	201752	431402.6
来宾市	678932.1	273571.5	405360.6
崇左市	198460	31546.2	166913.8

3-155　各地区地方总承包和专业承包企业承包工程完成情况

单位：万元

地　　区	直接从建设单位承揽工程完成的产值	自行完成施工产值	分包出去工程的产值	从建设单位以外承揽工程完成的产值
广　西	**20889522.4**	**20803385.9**	**86136.5**	**372183.9**
南宁市	7389810.8	7338129.6	51681.2	224788.1
柳州市	4359272.5	4358587.3	685.2	8334.2
桂林市	1873902.9	1869809.7	4093.2	22830.3
梧州市	272468.5	272162.9	305.6	233.9
北海市	552889.8	552889.8		
防城港市	688895.5	681051.4	7844.1	65275
钦州市	2004153.4	2004153.4		8421.8
贵港市	522620.3	518488.9	4131.4	1000
玉林市	1711718	1704718.1	6999.9	32113.8
百色市	281088.7	277343.8	3744.9	3716.8
贺州市	119811	117202	2609	3537.5
河池市	465527.2	465527.2		53.2
来宾市	452042.2	448078.3	3963.9	1801.2
崇左市	195321.6	195243.5	78.1	78.1

3-156　各地区地方总承包和专业承包企业建筑业总产值和竣工产值

单位：万元

地　　区	建筑业总产值	#装饰装修产　　值	#在外省完成的产值	按构成分组			竣工产值
				建筑工程产　　值	安装工程产　　值	其他产值	
广　西	**21175569.8**	**811114.2**	**3085318.4**	**18450940.7**	**1586063.7**	**1138565.4**	**12047141.2**
南宁市	7562917.7	368786	1417415.3	6493552.8	577756	491608.9	4308978.2
柳州市	4366921.5	52430.8	905890	3850399	424793.7	91728.8	1892911.7
桂林市	1892640	36177.8	208494.6	1765920.5	48069.7	78649.8	920826.3
梧州市	272396.8	13209.9	7185.8	236006.4	32183.1	4207.3	193963.9
北海市	552889.8	33275		494280.1	27281.7	31328	337019.9
防城港市	746326.4	47888.7		624430.8	88846.8	33048.8	438263.9
钦州市	2012575.2	132418.9	460534.6	1763414.6	164753.5	84407.1	1280673.3
贵港市	519488.9	6714.9	7449	481358.7	28541.8	9588.4	343570.7
玉林市	1736831.9	47333.1	14610.4	1478179.7	94502.8	164149.4	1259729.5
百色市	281060.6	24491.2	123.5	230998.6	31714.8	18347.2	178708.2
贺州市	120739.5	5225.8		110031.6	5671.1	5036.8	79645.1
河池市	465580.4	4901.9	63615.2	339506.6	21483.8	104590	384387.4
来宾市	449879.5	36674.5		409026.6	22119.5	18733.4	298149.5
崇左市	195321.6	1585.7		173834.7	18345.4	3141.5	130313.6

3-157 各地区地方总承包和专业承包企业房屋建筑面积

地　区	房屋建筑施工面积(万平方米)	#本　年新开工	#实行投标承包面积	#本年新开工	房屋建筑竣工面积(万平方米)	房屋建筑面积竣工率(%)
广　西	**18067.0806**	**7344.4795**	**15121.4436**	**6255.5783**	**5752.9**	**31.8**
南宁市	5708.7014	1979.0093	5167.0799	1774.5059	1291.7	22.6
柳州市	4885.6449	1369.4909	4281.128	1192.6639	966.8	19.8
桂林市	2166.4765	880.1751	1611.3747	654.2905	599.0	27.6
梧州市	253.5142	100.7578	154.0428	53.4818	132.2	52.2
北海市	382.1153	156.1231	211.562	127.0377	137.1	35.9
防城港市	407.6891	245.4378	267.4524	228.9246	236.5	58.0
钦州市	1150.4706	767.4265	988.5039	740.6087	679.6	59.1
贵港市	435.2374	271.0159	391.1635	245.5278	171.8	39.5
玉林市	1613.6595	924.504	1316.6989	794.2386	891.9	55.3
百色市	207.5027	93.6524	171.4106	73.639	108.8	52.4
贺州市	100.1216	64.0066	60.5594	27.7607	57.6	57.6
河池市	336.1276	255.9554	244.1844	168.0594	263.3	78.3
来宾市	329.9929	174.0827	200.244	142.806	154.5	46.8
崇左市	89.8269	62.842	56.0391	32.0337	62.2	69.2

3-158 各地区按主要用途分的地方总承包和专业承包企业房屋建筑竣工面积

单位：万平方米

地　区	合　计	住宅房屋	商业及服务用房屋	商厦房屋(批发和零售用房)	宾馆用房　屋(住宿用房)	餐饮用房　屋(餐饮用房)	商务会展用　房　屋	其他商业及服务用房屋(居民服务业用房)	办公用房　屋
广　西	**5752.9**	**3730.8**	**252.1**	**69.2**	**68.5**	**8.3**	**9.2**	**96.9**	**425.3**
南宁市	1291.7	791.6	83.6	21.0	25.7	2.0	0.4	34.5	103.9
柳州市	966.8	682.3	25.7	9.0	6.4	1.0		9.2	60.7
桂林市	599.0	481.1	21.3	2.2	11.8	1.2		6.1	17.0
梧州市	132.2	87.6	4.2	2.0	2.1			0.1	7.3
北海市	137.1	94.1	7.5	4.8	1.5			1.3	3.0
防城港市	236.5	159.0	5.9	0.8	0.2	0.1	4.8	0.0	35.3
钦州市	679.6	483.1	4.2	0.7	0.6	1.2	0.1	1.6	64.1
贵港市	171.8	87.5	7.3	5.4			1.8		18.2
玉林市	891.9	529.1	40.7	17.1	16.8	1.7	1.5	3.6	59.1
百色市	108.8	60.9	7.3	4.2				3.1	10.1
贺州市	57.6	33.8	3.0	0.6	0.2			2.1	3.5
河池市	263.3	129.0	34.7	0.1	1.4	0.9		32.3	23.0
来宾市	154.5	75.3	3.3	1.1	0.1	0.1	0.6	1.4	14.5
崇左市	62.2	36.3	3.4	0.1	1.7	0.0		1.5	5.7

3-158　续表

单位：万平方米

地　区	科研、教育和医疗用房屋	科学研究用房屋	教育用房屋	医疗用房屋(卫生医疗用房)	文化、体育和娱乐用房屋	厂房及建筑物	#厂　房	仓　库	其他未列明的房屋建筑物
广　西	**557.7**	**34.9**	**374.9**	**147.9**	**111.0**	**445.8**	**293.1**	**35.7**	**194.6**
南宁市	124.8	8.3	97.0	19.5	28.9	96.3	68.9	13.0	49.7
柳州市	58.3		41.9	16.4	14.4	93.7	93.7	0.6	31.0
桂林市	34.1	7.2	21.2	5.6	1.4	24.9	20.8	4.8	14.5
梧州市	21.9		14.8	7.1	3.4	7.8	3.8		0.1
北海市	10.2	0.1	7.0	3.1	0.6	5.1	2.4	5.0	11.5
防城港市	20.9	0.4	6.4	14.1	0.4	6.5	2.9	0.1	8.3
钦州市	49.2	0.2	27.3	21.8	4.5	65.5	17.4	6.4	2.6
贵港市	31.4	3.9	17.6	9.9	2.1	17.7	14.0	2.7	4.9
玉林市	95.7	13.5	58.4	23.8	42.7	78.5	32.9	1.9	44.2
百色市	17.8	0.8	12.9	4.1	3.3	3.2	0.6	0.1	6.2
贺州市	10.4		9.6	0.8	3.2	0.8	0.1		3.0
河池市	51.3	0.1	37.3	13.9	1.7	12.0	11.8		11.5
来宾市	22.0	0.4	17.9	3.7	3.3	33.6	23.7	0.8	1.7
崇左市	9.7		5.6	4.1	1.3	0.1	0.1	0.3	5.5

3-159　各地区按主要用途分的地方总承包和专业承包企业房屋建筑竣工价值

单位：万元

地　区	合　计	住宅房屋	商业及服务用房屋	商厦房屋(批发和零售用房)	宾馆用房屋(住宿用房)	餐饮用房屋(餐饮用房)	商务会展用房屋	其他商业及服务用房屋(居民服务业用房)	办公用房屋
广　西	**7608629**	**4810775**	**336199**	**81311**	**87619**	**11544**	**9283**	**146442**	**564781**
南宁市	1838082	1068587	121085	23904	41145	2897	1064	52075	151539
柳州市	1528984	944314	53274	11310	10441	1320		30203	109283
桂林市	696591	553844	23274	2200	12009	1864		7202	25168
梧州市	141801	93162	4263	2495	1683			86	7340
北海市	176210	124488	13013	9058	2754			1201	4728
防城港市	250479	181972	4692	203	201	203	4084	1	30986
钦州市	920918	649618	6248	841	818	2113	120	2356	80966
贵港市	236170	145722	9907	7698			2209		11032
玉林市	1014750	634280	37614	15632	15014	2098	1167	3703	61783
百色市	143294	81045	13127	5381				7746	15846
贺州市	63107	37410	3128	450	200			2478	3758
河池市	297908	153246	37685	91	1801	1030		34764	26142
来宾市	217187	99725	4878	1757	18	4	638	2462	26917
崇左市	83149	43363	4008	291	1536	16		2165	9292

3-159 续表

单位：万元

地区	科研、教育和医疗用房屋	科学研究用房屋	教育用房屋	医疗用房屋(卫生医疗用房)	文化、体育和娱乐用房屋	厂房及建筑物	#厂房	仓库	其他未列明的房屋建筑物
广西	**754400**	**38704**	**497053**	**218643**	**144013**	**655853**	**465392**	**47029**	**295581**
南宁市	203628	11711	151927	39989	40313	161546	127371	20076	71309
柳州市	109133		66905	42228	33968	177902	177882	700	100410
桂林市	43607	7717	28856	7034	1434	25779	21877	5034	18452
梧州市	24299		16476	7823	5939	6743	2351		55
北海市	12416	292	7258	4866	1373	6778	1802	6596	6818
防城港市	19865	386	6357	13122	423	5025	2015	78	7439
钦州市	69152	192	36428	32532	5991	99165	17607	6087	3690
贵港市	39527	3996	18382	17149	3563	17428	14480	2841	6149
玉林市	105336	12512	68525	24300	37448	90612	47932	2259	45416
百色市	20660	1330	14081	5249	3597	2194	839	1930	4895
贺州市	11024		10190	834	2961	902	170		3923
河池市	55253	126	40795	14332	1836	9902	9757		13844
来宾市	27613	441	23032	4140	3578	51792	41225	850	1835
崇左市	12886		7841	5044	1591	86	86	578	11346

3-160 各地区地方总承包和专业承包企业施工机械设备情况

地区	年末自有施工机械设备总台数(台)	年末自有施工机械设备总功率(千瓦)	年末自有施工机械设备净值(万元)	技术装备率(元/人)	动力装备率(千瓦/人)
广西	**145811**	**2175437**	**442161.9**	**6512**	**3.2**
南宁市	46680	648066	138435.4	6589	3.1
柳州市	10450	106128	42746.7	3115	0.8
桂林市	7293	132018	16009.6	2731	2.3
梧州市	4060	21078	3870.9	4444	2.4
北海市	2573	74803	7651.3	4428	4.3
防城港市	5410	105314	35425.1	12523	3.7
钦州市	17082	278065	44019.2	4718	3.0
贵港市	5271	80495	14001.1	6703	3.9
玉林市	22231	406235	79822.1	14285	7.3
百色市	3784	33971	9414.8	7092	2.6
贺州市	3889	36660	3002.2	6820	8.3
河池市	8762	186804	30391.8	18343	11.3
来宾市	3211	25177	12146	14176	2.9
崇左市	5115	40623	5225.7	8811	6.8

3-161 各地区地方总承包和专业承包企业主要生产效益指标

地　　区	建筑业企业个数（个）	直接从事生产经营活动的平均人数（人）	按总产值计算的劳动生产率（元/人）	人均竣工产值（元/人）	人均施工面积（平方米/人）	人均竣工面积（平方米/人）
广　西	**1232**	**679025**	**311853**	**112052**	**266.1**	**84.7**
南宁市	472	210097	359973	87487	271.7	61.5
柳州市	81	137209	318268	111435	356.1	70.5
桂林市	156	58622	322855	118828	369.6	102.2
梧州市	46	8711	312704	162784	291.0	151.8
北海市	39	17281	319941	101967	221.1	79.3
防城港市	49	28288	263831	88546	144.1	83.6
钦州市	57	93306	215696	98699	123.3	72.8
贵港市	44	20887	248714	113070	208.4	82.3
玉林市	69	55879	310820	181598	288.8	159.6
百色市	65	13275	211722	107942	156.3	81.9
贺州市	34	4402	274283	143360	227.4	130.9
河池市	48	16569	280995	179798	202.9	158.9
来宾市	33	8568	525069	253487	385.1	180.3
崇左市	39	5931	329323	140193	151.5	104.8

3-162 各地区地方总承包和专业承包企业营业额

单位：万元

地　　区	企业营业额	在境外完成的营业额	企业总产值	#建筑业总产值
广　西	**18955573**	**164260**	**21650530.5**	**21175569.8**
南宁市	6664694	129149	7862887.5	7562917.7
柳州市	4203831	538	4416597.9	4366921.5
桂林市	1763493	1577	1906358.8	1892640
梧州市	289030	8532	280805.5	272396.8
北海市	503720		553937.5	552889.8
防城港市	533164		758940	746326.4
钦州市	1745554	608	2013549.2	2012575.2
贵港市	480269		546089.5	519488.9
玉林市	1537806	10557	1757496.7	1736831.9
百色市	197731		290741.6	281060.6
贺州市	112394		121893.9	120739.5
河池市	430029		475541.2	465580.4
来宾市	309425	13300	468868.4	449879.5
崇左市	184435		196822.8	195321.6

3-163 各地区地方总承包和专业承包企业资产构成

单位：万元

地 区	资产合计	#流动资产小计	#存货	#非流动资产合计	#固定资产合计
广 西	**12277674.5**	**9544740.2**	**1879079.2**	**2732934**	**1452034.3**
南宁市	5527536.7	4230876.5	784594.4	1296660	516513.3
柳州市	2530692.3	2152077.3	351733.7	378615	249882
桂林市	971175.6	810098.2	233876.8	161077	89879.7
梧州市	198204.4	160227.5	29844.1	37977	24001.3
北海市	202655.1	155121.6	12750.4	47534	24839.9
防城港市	403580.3	313598.2	73223.4	89982	69564.3
钦州市	492848.3	333452.9	60399.1	159395	98912.7
贵港市	462118.4	378565.2	158233.1	83553	34970.4
玉林市	470336.1	254729.8	35277.8	215606	150713.5
百色市	194248.6	129614.3	16129.8	64634	43867.6
贺州市	132142.7	102676.8	19020.1	29466	11678.1
河池市	225138	153325.9	9947.7	71812	62322.2
来宾市	329004.1	291725.5	86250.7	37279	26439.8
崇左市	137993.9	78650.5	7798.1	59343	48449.5

3-164 各地区地方总承包和专业承包企业固定资产情况

单位：万元

地 区	固定资产合计	固定资产原价	固定资产折旧	#本年折旧	在建工程
广 西	**1452034.3**	**1596939.6**	**546384.4**	**84295.2**	**175897.1**
南宁市	516513.3	696284.9	252483.7	39005.4	50156.1
柳州市	249882	134236.8	62933.7	8436.3	26121.1
桂林市	89879.7	95204.7	31067.2	3830.6	16977.7
梧州市	24001.3	34961.9	15177.8	2155.9	3502.9
北海市	24839.9	25846.3	9353.1	1380.4	7735.1
防城港市	69564.3	78147.6	29917.1	6654	14271.3
钦州市	98912.7	104984.7	29119.5	5648.2	19965.4
贵港市	34970.4	41243.6	11654.8	1515.5	4767.4
玉林市	150713.5	185002.9	48506.9	6655.8	5739.1
百色市	43867.6	39568.6	12375.8	1949.5	9407.5
贺州市	11678.1	15071.6	5148.6	661.9	1551.8
河池市	62322.2	68591.7	18621.3	2547.3	6738.5
来宾市	26439.8	31412.3	9297.8	1836.5	3480.7
崇左市	48449.5	46382	10727.1	2017.9	5482.5

3-165　各地区地方总承包和专业承包企业负债及所有者权益

单位：万元

地　　区	负债合计			所有者权益	
		#流动负债	#应付账款		#实收资本
广　西	**8073996.6**	**7073107.9**	**1147040.3**	**4203677.9**	**2865809.1**
南宁市	3789748.6	3132064.1	467176	1737788.1	1241292.5
柳州市	2030978.8	1891924.2	260441.1	499713.5	299183.4
桂林市	704753.4	656022.5	91355.4	266422.2	202519.2
梧州市	123363.8	111337.1	35455.8	74840.6	44015.7
北海市	89738.5	89466.4	15642.8	112916.6	72506.9
防城港市	171221.3	158214.3	25408.2	232359	134078.2
钦州市	196255.5	190024.3	31763.6	296592.8	172742.4
贵港市	312529.3	278278.3	112781	149589.1	131778.2
玉林市	153332.5	130322.2	9942.4	317003.6	238856
百色市	93008.6	62608.2	13629.9	101240	67310.5
贺州市	73762.7	66639.4	3305.9	58380	54504.8
河池市	71833.4	56421.2	15411.2	153304.6	89663.8
来宾市	210545.7	202015.9	55069.2	118458.4	64251.1
崇左市	52924.5	47769.8	9657.8	85069.4	53106.4

3-166　各地区地方总承包和专业承包企业实收资本

单位：万元

地　　区	合计						
		国家资本	集体资本	法人资本	个人资本	港澳台资本	外商资本
广　西	**2865809.1**	**480409.4**	**227302.6**	**940378.7**	**1210261**	**6361.2**	**1096.2**
南宁市	1241292.5	214084.6	30618	543762.7	452827.2		
柳州市	299183.4	139914	11214	63005.7	84069.7		980
桂林市	202519.2	33825.5	18590.3	55899.4	93959	245	
梧州市	44015.7	984.7	11810.8	6386.1	24834.1		
北海市	72506.9	4149.7	19154.5	7487	41715.7		
防城港市	134078.2	14065.3	13803.6	36801.6	69407.7		
钦州市	172742.4	8003	16304.9	65498.6	82935.9		
贵港市	131778.2	10571.1	11702.2	47637	61635.5	116.2	116.2
玉林市	238856	14851	31476	30670.8	161858.2		
百色市	67310.5	8869.2	23180	16097.7	19163.6		
贺州市	54504.8	10590.3	1216	9446	33252.5		
河池市	89663.8	10991.5	15539.6	8533	54599.7		
来宾市	64251.1	847.9	13838	29357	14208.2	6000	
崇左市	53106.4	8661.6	8854.7	19796.1	15794		

3-167 各地区地方总承包和专业承包企业收入情况

单位：万元

地区	主营业务收入	#主营业务成本	#主营业务税金及附加	其他业务收入	#其他业务成本	#其他业务利润
广西	**18784767.6**	**16827963**	**649414**	**170805**	**353290**	**-182485**
南宁市	6590680.6	5945768.5	194888.9	74013	118487	-44474
柳州市	4179031.7	3896148.6	134250.4	24799	22238	2560
桂林市	1759679	1608390.2	62803.4	3814	21567	-17753
梧州市	285128.8	243656.6	10247.8	3901	2845	1056
北海市	497932.4	452815.9	17884.7	5787	2125	3662
防城港市	529954.2	434110.6	19942.3	3210	23142	-19932
钦州市	1745074.8	1551462.6	71662.8	480	8099	-7620
贵港市	478440.6	421928.5	16934.7	1829	12076	-10248
玉林市	1516946.4	1272097	70958.9	20860	86988	-66128
百色市	176603.3	148788.9	8348.3	21127	26299	-5172
贺州市	112187.8	90183.8	4619.7	206	10702	-10496
河池市	429313	358076.7	18442.1	716	619	97
来宾市	307970.3	266610	12847.7	1454	3632	-2178
崇左市	175824.7	137925.1	5582.3	8611	14471	-5861

3-168 各地区地方总承包和专业承包企业费用情况

单位：万元

地区	管理费用	#税金	销售费用	财务费用	#利息收入	#利息支出
广西	**549562.4**	**23269.6**	**49396.6**	**136837.1**	**7707.6**	**102775.8**
南宁市	200913.9	6929.2	16240.4	79147.7	2685.7	67113.2
柳州市	89035	4390.4	3141.9	28520.6	4718.4	17096.8
桂林市	35995.5	973.6	2713.9	7504	557.9	7420.7
梧州市	11484.5	794.7	3524.1	3109.2	41.7	2836.7
北海市	16401	955	189.9	3980.2	9	94.7
防城港市	21349.5	2802.8	2447.3	1874.8	41.6	1416.1
钦州市	46872.7	968.1	2216	1247.8	-334.4	563
贵港市	17795.6	276.1	2386.7	1263.4	30.7	1721.2
玉林市	60597.3	2415.7	5718.5	4487.4	82.5	2398
百色市	7013.2	331.3	1212.8	718.7	22.1	542.2
贺州市	3221.8	73	568	376.8	56.1	185.1
河池市	20694.7	961.5	5811.2	1602	-222.5	618.8
来宾市	8919	1113.3	466.3	2414.5	4.6	597.6
崇左市	9268.7	284.9	2759.6	590	14.2	171.7

3-169　各地区地方总承包和专业承包企业利润及税金情况

单位：万元

地　区	利润总额	#应交所得税	税金总额	工程结算税金及附加	管理费用中的税金
广　西	**449464**	**129087**	**672684**	**649414**	**23270**
南宁市	133379	29658	201818	194889	6929
柳州市	48867	8792	138641	134250	4390
桂林市	36727	16701	63777	62803	974
梧州市	13049	4516	11043	10248	795
北海市	15396	6630	18840	17885	955
防城港市	29850	5898	22745	19942	2803
钦州市	65227	30731	72631	71663	968
贵港市	8689	5057	17211	16935	276
玉林市	37531	9924	73375	70959	2416
百色市	5260	719	8680	8348	331
贺州市	2827	1116	4693	4620	73
河池市	24858	5908	19404	18442	962
来宾市	14012	711	13961	12848	1113
崇左市	13791	2726	5867	5582	285

3-170　各地区地方总承包和专业承包企业应收工程款及企业亏损情况

地　区	应收工程款(万元)	企业个数(个)	#亏损企业个数	亏损企业的比重(%)
广　西	**1953814.4**	**1232**	**213**	**17.3**
南宁市	744126.7	472	78	16.5
柳州市	514171.8	81	21	25.9
桂林市	128018	156	30	19.2
梧州市	41116.7	46	7	15.2
北海市	33224.6	39	5	12.8
防城港市	143426	49	7	14.3
钦州市	52047.9	57	13	22.8
贵港市	65379.9	44	8	18.2
玉林市	45406.5	69	4	5.8
百色市	39752.3	65	16	24.6
贺州市	27508.1	34	7	20.6
河池市	50523.4	48	4	8.3
来宾市	53143.3	33	9	27.3
崇左市	15969.2	39	4	10.3

3-171 各地区联营总承包和专业承包企业主要经济效益指标

地 区	产值利润率(%)	产值利税率(%)	资产利润率(%)	资产利税率(%)	人均利润(元/人)	人均利税(元/人)	资产负债率(%)
广 西	**2.1**	**5.3**	**3.7**	**9.1**	**6619.3**	**16525.9**	**65.8**
南宁市	1.8	4.4	2.4	6.1	6348.5	15954.4	68.6
柳州市	1.1	4.3	1.9	7.4	3561.5	13665.9	80.3
桂林市	1.9	5.3	3.8	10.3	6265.1	17144.5	72.6
梧州市	4.8	8.8	6.6	12.2	14980.3	27656.8	62.2
北海市	2.8	6.2	7.6	16.9	8909.0	19810.9	44.3
防城港市	4.0	7.0	7.4	13.0	10552.3	18592.8	42.4
钦州市	3.2	6.8	13.2	28.0	6990.7	14774.8	39.8
贵港市	1.7	5.0	1.9	5.6	4160.0	12399.9	67.6
玉林市	2.2	6.4	8.0	23.6	6716.5	19847.5	32.6
百色市	1.9	5.0	2.7	7.2	3962.5	10500.8	47.9
贺州市	2.3	6.2	2.1	5.7	6422.1	17082.5	55.8
河池市	5.3	9.5	11.0	19.7	15002.4	26713.2	31.9
来宾市	3.1	6.2	4.3	8.5	16354.2	32648.6	64.0
崇左市	7.1	10.1	10.0	14.2	23252.2	33144.7	38.4

3-172 各地区总承包建筑业企业签订合同情况

单位：万元

地 区	合同总额		
		上年结转合同额	本年新签合同额
广 西	**45046149.4**	**18735399.8**	**26310749.6**
南宁市	18045458.3	8589087.7	9456370.6
柳州市	11985048.8	5380793.3	6604255.5
桂林市	4096275.6	1475634.9	2620640.7
梧州市	392371.8	167022.3	225349.5
北海市	687669.8	181520.4	506149.4
防城港市	806464.1	238246.2	568217.9
钦州市	3804912.3	948129.1	2856783.2
贵港市	846432.4	361135.8	485296.6
玉林市	2376285.5	671384.7	1704900.8
百色市	369570.8	149698.2	219872.6
贺州市	197326.9	86434	110892.9
河池市	609906.8	199325.1	410581.7
来宾市	632166.9	255631.6	376535.3
崇左市	196259.4	31356.5	164902.9

3-173　各地区总承包建筑业企业承包工程完成情况

单位：万元

地　　区	直接从建设单位承揽工程完成的产值	自行完成施工产值	分包出去工程的产值	从建设单位以外承揽工程完成的产值
广　西	**21599902**	**21526447**	**73455**	**434622**
南宁市	7642961	7596252	46710	161166
柳州市	4754634	4754357	277	7050
桂林市	2119676	2119383	293	157406
梧州市	268170	267865	306	234
北海市	531028	531028		
防城港市	651130	646712	4418	64419
钦州市	1995607	1995607		2047
贵港市	503008	498877	4131	1000
玉林市	1686981	1679981	7000	32114
百色市	273752	270007	3745	3717
贺州市	117018	114484	2533	3538
河池市	449171	449171		53
来宾市	413501	409537	3964	1801
崇左市	193263	193185	78	78

3-174　各地区总承包企业建筑业总产值和竣工产值

单位：万元

地　　区	建筑业总产值	#装饰装修产　　值	#在外省完成的产值	按构成分组			竣工产值
				建筑工程产　　值	安装工程产　　值	其他产值	
广　西	**21961069**	**643221**	**4039237**	**19197198**	**1726912**	**1036959**	**12754582**
南宁市	7757417	230144	1892148	6879984	444605	432828	4409749
柳州市	4761408	52322	1045826	4258829	415618	86961	2288245
桂林市	2276789	23280	547868	1792895	428001	55894	1235039
梧州市	268099	12815	7186	232007	31884	4207	193311
北海市	531028	32871		476113	23587	31328	333163
防城港市	711131	39786		617953	69088	24089	409124
钦州市	1997655	131467	460535	1755787	160771	81097	1274205
贵港市	499877	5259	7449	481359	8930	9588	332530
玉林市	1712095	47144	14610	1473409	74866	163821	1237826
百色市	273724	23093		229548	25889	18286	173772
贺州市	118022	4534		108754	4231	5037	78444
河池市	449225	2246	63615	339222	8056	101947	376965
来宾市	411338	36675		377505	15100	18733	283967
崇左市	193263	1586		173835	16287	3142	128243

3-175 各地区总承包建筑业企业房屋建筑面积

地　　区	房屋建筑施工面积（万平方米）				房屋建筑竣工面积（万平方米）	房屋建筑面积竣工率（%）
		#本　年新开工	#实行投标承包面积			
				#本年新开工		
广　西	**18209.0**	**7417.9**	**15257.1**	**6308.5**	**5758.9**	**31.6**
南宁市	5799.7	2015.0	5194.2	1788.1	1310.6	22.6
柳州市	4961.4	1411.5	4393.7	1235.3	965.2	19.5
桂林市	2164.5	879.0	1609.4	653.1	598.1	27.6
梧州市	253.5	100.8	154.0	53.5	132.2	52.2
北海市	381.9	155.9	211.6	127.0	137.1	35.9
防城港市	407.7	245.4	267.5	228.9	236.5	58.0
钦州市	1149.2	766.1	987.2	739.3	678.3	59.0
贵港市	435.2	271.0	391.2	245.5	171.8	39.5
玉林市	1612.6	923.4	1316.7	794.2	890.8	55.2
百色市	207.5	93.6	171.4	73.6	108.8	52.4
贺州市	100.1	64.0	60.6	27.8	57.6	57.6
河池市	336.1	256.0	244.2	168.1	263.3	78.3
来宾市	309.9	173.3	199.5	142.0	146.5	47.3
崇左市	89.8	62.8	56.0	32.0	62.2	69.2

3-176 各地区按主要用途分的总承包建筑业企业房屋建筑竣工面积

单位：万平方米

地　　区	合　计	住宅房屋	商业及服务用房屋						办公用房　屋
				商厦房屋（批发和零售用房）	宾馆用房　屋（住宿用房）	餐饮用房　屋（餐饮用房）	商务会展用　房　屋	其他商业及服务用房屋（居民服务业用房）	
广　西	**5758.9**	**3740.1**	**253.9**	**69.1**	**68.5**	**8.3**	**9.2**	**98.8**	**424.3**
南宁市	1310.6	812.5	85.5	21.0	25.7	2.0	0.4	36.4	103.9
柳州市	965.2	678.4	25.6	9.0	6.4	1.0		9.2	60.6
桂林市	598.1	481.6	21.3	2.2	11.8	1.2		6.1	17.1
梧州市	132.2	87.6	4.2	2.0	2.1			0.1	7.3
北海市	137.1	94.1	7.5	4.8	1.5			1.3	3.0
防城港市	236.5	159.0	5.9	0.8	0.2	0.1	4.8	0.0	35.3
钦州市	678.3	483.1	4.2	0.7	0.6	1.2	0.1	1.6	64.1
贵港市	171.8	87.5	7.3	5.4			1.8		18.2
玉林市	890.8	529.0	40.7	17.1	16.8	1.7	1.5	3.6	58.1
百色市	108.8	60.9	7.3	4.2				3.1	10.1
贺州市	57.6	33.8	3.0	0.6	0.2			2.1	3.5
河池市	263.3	129.0	34.7	0.1	1.4	0.9		32.3	23.0
来宾市	146.5	67.3	3.3	1.1	0.1	0.1	0.6	1.4	14.5
崇左市	62.2	36.3	3.4	0.1	1.7	0.0		1.5	5.7

3-176 续表

单位：万平方米

地 区	科研、教育和医疗用房屋	科学研究用房屋	教育用房屋	医疗用房屋（卫生医疗用房）	文化、体育和娱乐用房屋	厂房及建筑物	#厂房	仓库	其他未列明的房屋建筑物
广 西	**557.6**	**34.9**	**374.8**	**147.9**	**110.8**	**437.9**	**289.5**	**35.3**	**198.9**
南宁市	124.8	8.3	97.0	19.5	28.9	92.8	66.7	12.7	49.7
柳州市	58.3		41.9	16.4	14.2	92.2	92.2	0.6	35.3
桂林市	34.1	7.2	21.2	5.6	1.4	23.4	20.8	4.8	14.5
梧州市	21.9		14.8	7.1	3.4	7.8	3.8		0.1
北海市	10.2	0.1	7.0	3.1	0.6	5.1	2.4	5.0	11.5
防城港市	20.9	0.4	6.4	14.1	0.4	6.5	2.9	0.1	8.3
钦州市	49.2	0.2	27.3	21.8	4.5	64.2	17.4	6.4	2.6
贵港市	31.4	3.9	17.6	9.9	2.1	17.7	14.0	2.7	4.9
玉林市	95.7	13.5	58.4	23.8	42.7	78.5	32.9	1.9	44.2
百色市	17.8	0.8	12.9	4.1	3.3	3.2	0.6	0.1	6.2
贺州市	10.4		9.6	0.8	3.2	0.8	0.1		3.0
河池市	51.3	0.1	37.3	13.9	1.7	12.0	11.8		11.5
来宾市	22.0	0.4	17.9	3.7	3.3	33.6	23.7	0.8	1.7
崇左市	9.7		5.6	4.1	1.3	0.1	0.1	0.3	5.5

3-177 各地区按主要用途分的总承包建筑业企业房屋建筑竣工价值

单位：万元

地 区	合 计	住宅房屋	商业及服务用房屋	商厦房屋（批发和零售用房）	宾馆用房屋（住宿用房）	餐饮用房屋（餐饮用房）	商务会展用房屋	其他商业及服务用房屋（居民服务业用房）	办公用房屋
广 西	**7628754.1**	**4826783.7**	**340907**	**81253.7**	**87608.9**	**11541.4**	**9282.6**	**151220.4**	**561170.3**
南宁市	1869493.4	1095970.1	125865.4	23904.4	41144.6	2897.4	1063.9	56855.1	151539.3
柳州市	1535311.4	942862.3	53202.1	11252.4	10430.6	1317		30202.1	108990.9
桂林市	695557.5	554382	23273.5	2200	12008.5	1863.5		7201.5	25323.3
梧州市	141800.9	93161.9	4263.2	2495	1682.6			85.6	7340.3
北海市	176209.6	124488.1	13013.3	9058.1	2754.4			1200.8	4728
防城港市	250479.4	181972	4692.4	203	201	203	4084.4	1	30985.9
钦州市	918358.1	649618	6248.4	840.9	818	2113.3	120	2356.2	80966.1
贵港市	236169.9	145721.9	9907.1	7697.8			2209.3		11032.4
玉林市	1011168.5	634258.2	37614.2	15631.9	15014.2	2097.9	1167	3703.2	58308.6
百色市	143293.6	81045.1	13127.4	5381.4				7746	15845.8
贺州市	63107	37410.4	3128.2	450	200			2478.2	3758.1
河池市	297907.8	153245.6	37685.2	90.8	1800.6	1030		34763.8	26142
来宾市	206748.4	89285.5	4878.3	1756.8	18	3.5	638	2462	26917.2
崇左市	83148.6	43362.6	4008.3	291.2	1536.4	15.8		2164.9	9292.4

3-177 续表

单位：万元

地　区	科研、教育和医疗用房屋	科学研究用房屋	教育用房屋	医疗用房屋(卫生医疗用房)	文化、体育和娱乐用房屋	厂房及建筑物	#厂　房	仓　库	其他未列明的房屋建筑物
广　西	**754334.7**	**38703.6**	**496988.1**	**218643**	**143723.1**	**649170.4**	**463882**	**46908.2**	**305756.7**
南宁市	203576.8	11711.4	151876.6	39988.8	40312.9	160965	127590	19955.1	71308.8
柳州市	109118.9		66890.8	42228.1	33677.5	176173.3	176153.2	700.4	110586
桂林市	43607	7717.4	28855.5	7034.1	1434.4	24051	21876.6	5034.3	18452
梧州市	24298.7		16476	7822.7	5939	6743	2351.3		54.8
北海市	12416.4	292	7258.1	4866.3	1372.5	6778.3	1802	6595.5	6817.5
防城港市	19865	385.7	6357.1	13122.2	422.5	5024.5	2014.5	78	7439.1
钦州市	69152.2	192	36428.2	32532	5991.2	96605.3	17606.7	6086.7	3690.2
贵港市	39527.4	3996.2	18382	17149.2	3562.6	17428.1	14479.5	2841.2	6149.2
玉林市	105336.3	12511.7	68524.6	24300	37448.2	90527.4	47932	2259.2	45416.4
百色市	20659.7	1330	14080.6	5249.1	3596.7	2194.1	839.3	1930	4894.8
贺州市	11024.1		10189.8	834.3	2961	901.8	170		3923.4
河池市	55253.2	126	40795.2	14332	1835.9	9901.5	9756.5		13844.4
来宾市	27613.4	441.2	23032.4	4139.8	3577.9	51791.5	41224.8	850	1834.6
崇左市	12885.6		7841.2	5044.4	1590.8	85.6	85.6	577.8	11345.5

3-178 各地区总承包建筑业企业机械设备情况

地　区	年末自有施工机械设备总台数(台)	年末自有施工机械设备总功率(千瓦)	年末自有施工机械设备净值(万元)	技术装备率(元/人)	动力装备率(千瓦/人)
广　西	**146607**	**2673226**	**481778**	**7007**	**3.9**
南宁市	42710	1045319	161145	7414	4.8
柳州市	10545	132972	46439	3405	1.0
桂林市	12922	223443	37094	5505	3.3
梧州市	4060	21078	3871	4518	2.5
北海市	2517	70063	7546	4469	4.1
防城港市	5347	105161	35147	12910	3.9
钦州市	16906	277562	43435	4716	3.0
贵港市	5247	80350	13973	7060	4.1
玉林市	22173	403465	79177	14404	7.3
百色市	3733	29156	7641	5964	2.3
贺州市	3886	36510	2994	6984	8.5
河池市	8670	184957	30005	19027	11.7
来宾市	2776	22567	8086	9914	2.8
崇左市	5115	40623	5226	8916	6.9

3-179　各地区总承包建筑业企业主要生产效益指标

地　　区	建筑业企业个数（个）	直接从事生产经营活动的平均人数（人）	按总产值计算的劳动生产率（元/人）	人均竣工产值（元/人）	人均施工面积（平方米/人）	人均竣工面积（平方米/人）
广　西	**870**	**687555**	**319408**	**110955**	**264.8**	**83.8**
南宁市	258	217362	356889	86008	266.8	60.3
柳州市	63	136384	349118	112573	363.8	70.8
桂林市	101	67383	337888	103224	321.2	88.8
梧州市	40	8568	312907	165501	295.9	154.3
北海市	28	16886	314478	104352	226.2	81.2
防城港市	44	27225	261205	92003	149.7	86.9
钦州市	50	92102	216896	99711	124.8	73.6
贵港市	37	19792	252565	119326	219.9	86.8
玉林市	59	54968	311471	183956	293.4	162.1
百色市	54	12811	213663	111852	162.0	84.9
贺州市	29	4287	275302	147206	233.5	134.4
河池市	41	15770	284860	188908	213.1	166.9
来宾市	31	8156	504338	253492	379.9	179.6
崇左市	35	5861	329744	141868	153.3	106.0

3-180　各地区总承包建筑业企业营业额

单位：万元

地　　区	企业营业额	在境外完成的营业额	企业总产值	#建筑业总产值
广　西	**19769840.4**	**318298.5**	**22671697.1**	**21961068.8**
南宁市	7076500.6	285301.8	8307377	7757417.2
柳州市	4588416		4809706.6	4761407.7
桂林市	1990725.6		2290159.9	2276789.1
梧州市	284431.7	8532	276507.2	268098.5
北海市	477418.8		531027.6	531027.6
防城港市	493180.1		721255.5	711130.5
钦州市	1731537	608	1998624.6	1997654.6
贵港市	458991.1		526183.4	499876.9
玉林市	1504752.7	10556.9	1728695.5	1712095.1
百色市	182465.5		283204.9	273723.9
贺州市	108886.7		119176.3	118021.9
河池市	409713		454699.5	449224.5
来宾市	280530.9	13299.8	430327	411338.1
崇左市	182290.7		194752.1	193263.2

3-181 各地区总承包建筑业企业资产构成

单位：万元

地区	资产合计	#流动资产小计	#存货	#非流动资产合计	#固定资产合计
广西	**12832507.3**	**10008289**	**2290575.8**	**2824218**	**1487332.4**
南宁市	5930999.3	4520615.6	1008469.5	**1410384**	554354.1
柳州市	2769739.6	2378621.7	502170.2	391118	250346.8
桂林市	1124684.4	936720.7	299853.7	187964	118907.5
梧州市	185262.1	149575.4	29455.6	35687	22466.3
北海市	169659.9	131192.6	5616.5	38467	23619.1
防城港市	368298.2	283146	62943.1	85152	65868.3
钦州市	483264.5	326489.2	60272.1	156775	97025.1
贵港市	438624.3	362111.1	156357.9	76513	31885.8
玉林市	435667.4	234272.1	32194.9	201395	137936.7
百色市	164990.8	109317	14535.5	55674	41264.9
贺州市	121134.2	95494.7	18076.5	25640	9490.7
河池市	203863.7	137679.3	9753.6	66184	61059.7
来宾市	301520.2	267503.6	84109.9	34017	24750.9
崇左市	134798.7	75550	6766.8	59249	48356.5

3-182 各地区总承包建筑业企业固定资产情况

单位：万元

地区	固定资产合计	固定资产原价	固定资产折旧	#本年折旧	在建工程
广西	**1487332.4**	**1723721**	**669825.1**	**94561.7**	**209089.3**
南宁市	554354.1	794249.4	349020.9	43364.1	82959.4
柳州市	250346.8	149070.9	75596.2	13018.2	26067.9
桂林市	118907.5	152368.8	59755.9	7868.2	18319.5
梧州市	22466.3	31585.1	13287.7	1827.5	3502.9
北海市	23619.1	23248.9	7976.5	1179.3	7735.1
防城港市	65868.3	74917.2	28696.8	6195.4	14246.4
钦州市	97025.1	103481	28722.7	5401.8	19184.7
贵港市	31885.8	35924.1	9280.1	1271.8	4767.4
玉林市	137936.7	169187.8	45367.1	6085.6	5693.9
百色市	41264.9	36694.1	11725.1	1804	9360.6
贺州市	9490.7	12597.1	4698.2	610.1	1549.8
河池市	61059.7	65538.7	16827.5	2246.4	6738.5
来宾市	24750.9	28693.6	8268	1707.8	3480.7
崇左市	48356.5	46164.3	10602.4	1981.5	5482.5

3-183　各地区总承包建筑业企业负债及所有者权益

单位：万元

地　区	负债合计	#流动负债	#应付账款	所有者权益	#实收资本
广　西	**8754680.3**	**7759798.9**	**1483909.4**	**4077827**	**2766797.9**
南宁市	4266431.6	3602782.6	631201.5	1664567.7	1185439.4
柳州市	2251802.6	2111951.5	372821.8	517937	309376.2
桂林市	826570	771051.1	181621.8	298114.4	220071.6
梧州市	113959.3	103810.7	35232.6	71302.8	40482.7
北海市	71655.6	71602.5	7572.6	98004.3	62317.5
防城港市	144113.3	131106.3	20755.6	224184.9	128654.9
钦州市	189558.4	183327.2	30346.2	293706.1	170257.4
贵港市	301776.8	268752.9	109024.9	136847.5	125200.7
玉林市	139585	118352.1	7487.9	296082.4	220438.5
百色市	71602.4	52329.3	11753.2	93388.4	60954.3
贺州市	68537.8	64726.3	1869	52596.4	49864.5
河池市	66071.8	50675.2	11918	137791.9	85663.4
来宾市	191779.7	183249.9	52546.2	109740.5	56583.4
崇左市	51236	46081.3	9758.1	83562.7	51493.4

3-184　各地区总承包建筑业企业实收资本

单位：万元

地　区	合计	国家资本	集体资本	法人资本	个人资本	港澳台资本	外商资本
广　西	**2766797.9**	**598914.7**	**209176.9**	**894626.8**	**1056867.1**	**6116.2**	**1096.2**
南宁市	1185439.4	280511.7	20296.1	520997.1	363634.5		
柳州市	309376.2	158336.1	8914	61288.8	79857.3		980
桂林市	220071.6	70629.6	17284.3	49712.2	82445.5		
梧州市	40482.7	734.7	11610.8	6386.1	21751.1		
北海市	62317.5	4050	16089.5	2188	39990		
防城港市	128654.9	14065.3	13803.6	36801.6	63984.4		
钦州市	170257.4	8003	15504.9	64948.6	81800.9		
贵港市	125200.7	9371.1	11690.1	46878	57029.1	116.2	116.2
玉林市	220438.5	14851	31476	25518	148593.5		
百色市	60954.3	7861.2	23139.8	13797.7	16155.6		
贺州市	49864.5	10000	1216	9446	29202.5		
河池市	85663.4	10991.5	15459.1	8533	50679.8		
来宾市	56583.4	847.9	13838	28335.6	7561.9	6000	
崇左市	51493.4	8661.6	8854.7	19796.1	14181		

3-185 各地区总承包建筑业企业收入情况

单位：万元

地区	主营业务收入	#主营业务成本	#主营业务税金及附加	其他业务收入	#其他业务成本	#其他业务利润
广西	**19612638.4**	**17676953.9**	**667139.3**	**157202**	**334087**	**-176885**
南宁市	7006594	6366653.2	202931	69907	112062	-42155
柳州市	4563676.4	4273426.3	145715.7	24740	17299	7440
桂林市	1983761.8	1821244.3	68319	6964	23464	-16500
梧州市	280611.3	239621.3	10086.7	3820	2839	982
北海市	472856	433002.9	16812	4563	1588	2975
防城港市	491306.6	401167.7	18729.1	1874	22375	-20502
钦州市	1731191.9	1539923.9	71174.5	345	8025	-7679
贵港市	457624.1	404051.1	16239.6	1367	11925	-10558
玉林市	1492275.1	1253923.8	69638.5	12478	80081	-67603
百色市	161791.3	136722.8	7944	20674	25249	-4575
贺州市	108769.6	87228.1	4505.1	117	10702	-10585
河池市	409309.6	341625	17860.2	403	444	-41
来宾市	279190.6	241482.1	11676.4	1340	3563	-2223
崇左市	173680.1	136881.4	5507.5	8611	14471	-5861

3-186 各地区总承包建筑业企业费用情况

单位：万元

地区	管理费用	#税金	销售费用	财务费用	#利息收入	#利息支出
广西	**540769**	**21901.3**	**40319.1**	**148887.6**	**9869.2**	**113698.3**
南宁市	205068.4	5828.5	12644.6	91339.4	4501.3	78896.5
柳州市	89092.1	4446	2478.4	29597.5	4735.5	17992.8
桂林市	44043	985.4	1792.5	6872.7	621.6	6520.2
梧州市	10957.5	790.9	3521.3	2618.9	40.5	2352
北海市	13440.5	952.8	54.4	3983.5	8.3	94.3
防城港市	17519.5	2765.1	2384.1	1770.4	60.3	1294.2
钦州市	45518.3	964.6	2167	1251.3	-335.1	563
贵港市	15558.5	263	2102.8	1221.5	32.1	1672.6
玉林市	57235.6	2172.1	3718.3	4445.1	92	2351.3
百色市	4856.3	309	1020.7	607.6	19.2	435.5
贺州市	2983.7	69	566.5	361	55.6	168.8
河池市	18698.8	961.2	4974	1843.5	19.5	618.6
来宾市	7027.9	1109.8	432.9	2385	3.6	567.1
崇左市	8768.9	283.9	2461.6	590.2	14.8	171.4

3-187 各地区总承包建筑业企业利润及税金情况

单位：万元

地区	利润总额	#应交所得税	税金总额	工程结算税金及附加	管理费用中的税金
广西	**416840**	**130008**	**709055**	**687153.2**	**21901.3**
南宁市	105161.9	31745.2	**223549**	217720.5	5828.5
柳州市	48897.2	9168.6	151189	146743.2	4446
桂林市	38491	16761.8	70510	69524.5	985.4
梧州市	13651.8	4439.8	11249	10458.4	790.9
北海市	13998.8	6327.2	17765	16812.6	952.8
防城港市	28772.1	5649.1	22172	19406.5	2765.1
钦州市	64712.5	30579.6	72735	71770.6	964.6
贵港市	7910.7	4944.7	16738	16475.3	263
玉林市	36297.7	9580.5	71863	69690.8	2172.1
百色市	5168.2	630.1	9082	8772.5	309
贺州市	2625.2	1090.3	4726	4656.5	69
河池市	23930.1	5799.8	18885	17924.1	961.2
来宾市	13666.7	604.6	12787	11677	1109.8
崇左市	13556.1	2686.7	5805	5520.7	283.9

3-188 各地区总承包建筑业企业应收工程款及企业亏损情况

地区	应收工程款(万元)	企业个数(个)	#亏损企业个数	亏损企业的比重(%)
广西	**1987241.8**	**870**	**150**	**17.2**
南宁市	754242.9	258	41	15.9
柳州市	593217	63	19	30.2
桂林市	117502.3	101	19	18.8
梧州市	40495.7	40	4	10.0
北海市	28291.2	28	3	10.7
防城港市	136024.5	44	7	15.9
钦州市	49446.5	50	10	20.0
贵港市	59870.2	37	7	18.9
玉林市	35788.2	59	4	6.8
百色市	37974.7	54	13	24.1
贺州市	26524.2	29	7	24.1
河池市	44957.7	41	4	9.8
来宾市	47398	31	8	25.8
崇左市	15508.7	35	4	11.4

3-189 各地区总承包建筑业企业主要经济效益指标

地　区	产值利润率(%)	产值利税率(%)	资产利润率(%)	资产利税率(%)	人均利润(元/人)	人均利税(元/人)	资产负债率(%)
广　西	**1.9**	**5.0**	**3.2**	**8.6**	**6062.6**	**16084.2**	**68.2**
南宁市	1.4	4.0	1.8	5.3	4838.1	14442.3	71.9
柳州市	1.0	4.2	1.8	7.2	3585.3	14595.5	81.3
桂林市	1.7	4.7	3.4	9.6	5712.3	15997.4	73.5
梧州市	5.1	9.1	7.4	13.2	15933.5	28629.1	61.5
北海市	2.6	6.0	8.3	18.7	8290.2	18810.6	42.2
防城港市	4.0	7.1	7.8	13.6	10568.3	18463.3	39.1
钦州市	3.2	6.9	13.4	28.3	7026.2	14858.7	39.2
贵港市	1.6	4.9	1.8	5.6	3996.9	12334.9	68.8
玉林市	2.1	6.3	8.3	24.8	6603.4	19667.5	32.0
百色市	1.9	4.9	3.1	8.1	4034.2	10476.3	43.4
贺州市	2.2	6.1	2.2	5.9	6123.6	16793.3	56.6
河池市	5.3	9.5	11.7	21.0	15174.4	27109.4	32.4
来宾市	3.3	6.4	4.5	8.8	16756.6	32433.7	63.6
崇左市	7.0	10.0	10.1	14.4	23129.3	33010.6	38.0

3-190 各地区按资质等级划分的总承包建筑业企业单位数

单位：个

地　区	合计				
		特级	一级	二级	三级及以下
广　西	**870**	**2**	**56**	**252**	**560**
南宁市	258	1	24	92	141
柳州市	63	1	10	18	34
桂林市	101		7	21	73
梧州市	40		1	6	33
北海市	28		2	16	10
防城港市	44		1	15	28
钦州市	50		3	12	35
贵港市	37		1	12	24
玉林市	59		4	28	27
百色市	54			8	46
贺州市	29			8	21
河池市	41		1	8	32
来宾市	31		2	6	23
崇左市	35			2	33

3-191　各地区按资质等级划分的总承包建筑业企业从业人员

单位：人

地　区	从业人员合　计	特级	一级	二级	三级及以下
广　西	**687555**	**78292**	**350870**	**153702**	**104691**
南宁市	217362	14789	151472	35312	15789
柳州市	136384	63503	62146	6177	4558
桂林市	67383		40805	12034	14544
梧州市	8568		763	2540	5265
北海市	16886		3010	12153	1723
防城港市	27225		2740	11121	13364
钦州市	92102		60293	18254	13555
贵港市	19792		5845	9083	4864
玉林市	54968		19166	28428	7374
百色市	12811			6980	5831
贺州市	4287			2343	1944
河池市	15770		4034	5383	6353
来宾市	8156		596	3103	4457
崇左市	5861			791	5070

3-192　各地区按资质等级划分的总承包建筑业企业签订合同额

单位：万元

地　区	合计	特级	一级	二级	三级及以下
广　西	**45046149.4**	**7531285.7**	**27163998.7**	**6604670.4**	**3746194.6**
南宁市	18045458.3	3198369.5	11987562.1	2141397.2	718129.5
柳州市	11985048.8	4332916.2	7131074.4	370809	150249.2
桂林市	4096275.6		2958307.5	622486.1	515482
梧州市	392371.8		26812.7	151191.9	214367.2
北海市	687669.8		165597.8	477476	44596
防城港市	806464.1		84735.6	390149.2	331579.3
钦州市	3804912.3		2860143.3	295691.1	649077.9
贵港市	846432.4		374972	340607.9	130852.5
玉林市	2376285.5		1171123.6	987645.5	217516.4
百色市	369570.8			204542.2	165028.6
贺州市	197326.9			115152.4	82174.5
河池市	609906.8		351632.7	105800	152474.1
来宾市	632166.9		52037	383600.9	196529
崇左市	196259.4			18121	178138.4

3-193 各地区按资质等级划分的总承包建筑业企业竣工产值

单位：万元

地　区	合计	特级	一级	二级	三级及以下
广　西	**7628754**	**672246.5**	**3640364.8**	**2011934.3**	**1304208.5**
南宁市	1869493		1224190.7	487565	157737.7
柳州市	1535311	672246.5	689184.8	90773.4	83106.7
桂林市	695558		389797.3	114710.4	191049.8
梧州市	141801		30206.2	27761.7	83833
北海市	176210		60121	115739	349.6
防城港市	250479		28346.5	115997.4	106135.5
钦州市	918358		580558.2	137595.4	200204.5
贵港市	236170		52234	155145.4	28790.5
玉林市	1011169		442879.2	429224.4	139064.9
百色市	143294			85674.3	57619.3
贺州市	63107			36653.6	26453.4
河池市	297908		141140.9	59334.8	97432.1
来宾市	206748		1706	147423.6	57618.8
崇左市	83149			8335.9	74812.7

3-194 各地区按资质等级划分的总承包建筑业企业房屋施工面积

单位：万平方米

地　区	合计	特级	一级	二级	三级及以下
广　西	**18209.0**	**1986.9**	**10525.8**	**3656.1**	**2040.4**
南宁市	5799.7		4488.8	1040.4	270.5
柳州市	4961.4	1986.9	2662.6	188.2	123.7
桂林市	2164.5		1549.2	253.7	361.6
梧州市	253.5		23.1	102.4	128.0
北海市	381.9		91.4	270.5	20.1
防城港市	407.7		45.7	165.0	197.0
钦州市	1149.2		650.4	170.2	328.6
贵港市	435.2		107.4	288.3	39.6
玉林市	1612.6		775.2	688.5	148.9
百色市	207.5			140.7	66.8
贺州市	100.1			51.9	48.2
河池市	336.1		126.3	89.1	120.7
来宾市	309.9		5.9	195.9	108.1
崇左市	89.8			11.2	78.7

3-195 各地区按资质等级划分的总承包建筑业企业房屋竣工面积

单位：万平方米

地区	合计	特级	一级	二级	三级及以下
广西	**5759**	**389**	**2597**	**1601**	**1172**
南宁市	1311		790	394	127
柳州市	965	389	436	65	75
桂林市	598		307	98	193
梧州市	132		17	28	87
北海市	137		43	93	1
防城港市	236		15	118	104
钦州市	678		397	100	181
贵港市	172		38	106	28
玉林市	891		429	349	113
百色市	109			64	45
贺州市	58			30	27
河池市	263		124	51	88
来宾市	146		2	99	46
崇左市	62			5	57

3-196 各地区按资质等级划分的总承包建筑业企业自有施工机械设备台数

单位：台

地区	合计	特级	一级	二级	三级及以下
广西	**146607**	**2602**	**49312**	**55585**	**39108**
南宁市	42710	565	19797	18525	3823
柳州市	10545	2037	3704	2992	1812
桂林市	12922		8869	1406	2647
梧州市	4060		5	417	3638
北海市	2517		188	2274	55
防城港市	5347		2210	1545	1592
钦州市	16906		6800	4353	5753
贵港市	5247		1087	2140	2020
玉林市	22173		6270	11806	4097
百色市	3733			2772	961
贺州市	3886			1130	2756
河池市	8670		348	3810	4512
来宾市	2776		34	593	2149
崇左市	5115			1822	3293

3-197 各地区按资质等级划分的总承包建筑业企业自有施工机械设备总功率

单位：万千瓦

地区	合计	特级	一级	二级	三级及以下
广西	**267**	**7**	**114**	**89**	**56.8**
南宁市	105	5	64	28	7.3
柳州市	13	2	5	3	2.4
桂林市	22		15	3	4.3
梧州市	2		0	1	1.6
北海市	7		1	6	0.0
防城港市	11		3	5	2.1
钦州市	28		6	8	12.9
贵港市	8		1	4	3.0
玉林市	40		18	16	6.5
百色市	3			1	1.5
贺州市	4			0	3.6
河池市	18		1	11	6.8
来宾市	2		0	1	1.6
崇左市	4			1	3.2

3-198 各地区按资质等级划分的总承包建筑业企业实收资本

单位：万元

地区	合计	特级	一级	二级	三级及以下
广西	**2766797.9**	**95485.2**	**936801.4**	**1054326.8**	**680184.5**
南宁市	1185439.4	62944.3	434024.7	494961	193509.4
柳州市	309376.2	32540.9	186302.5	48476.2	42056.6
桂林市	220071.6		105259.6	62400.5	52411.5
梧州市	40482.7		5000	11944.2	23538.5
北海市	62317.5		10006	44860	7451.5
防城港市	128654.9		10066	71438.2	47150.7
钦州市	170257.4		73737.9	33592.8	62926.7
贵港市	125200.7		10200	78424.9	36575.8
玉林市	220438.5		71963.8	115007.4	33467.3
百色市	60954.3			17661.9	43292.4
贺州市	49864.5			19925.1	29939.4
河池市	85663.4		30168	20657.9	34837.5
来宾市	56583.4		72.9	27757.7	28752.8
崇左市	51493.4			7219	44274.4

3-199　各地区按资质等级划分的总承包建筑业企业资产

单位：万元

地　区	合计	特级	一级	二级	三级及以下
广　西	**12832507**	**1078254**	**5791437**	**3969566**	**1993250**
南宁市	5930999	493186	2765051	2116317	556445
柳州市	2769740	585068	1778919	239458	166296
桂林市	1124684		562595	274603	287487
梧州市	185262		12787	88226	84249
北海市	169660		28714	112755	28191
防城港市	368298		31582	233102	103614
钦州市	483265		223210	92463	167591
贵港市	438624		196340	157790	84494
玉林市	435667		117810	248374	69484
百色市	164991			70204	94787
贺州市	121134			63532	57602
河池市	203864		70423	56722	76718
来宾市	301520		4006	207820	89694
崇左市	134799			8201	126598

3-200　各地区按资质等级划分的总承包建筑业企业负债

单位：万元

地　区	合计	特级	一级	二级	三级及以下
广　西	**8754680.3**	**838585.4**	**4404872.8**	**2463614.1**	**1047608**
南宁市	4266431.6	333105	2174696.8	1471881.8	286748
柳州市	2251802.6	505480.4	1446223.3	183467.6	116631
桂林市	826570.0		409101.6	203162.1	214306
梧州市	113959.3		6562.4	58099.1	49298
北海市	71655.6		11681.7	54980	4994
防城港市	144113.3		20367.8	89584	34162
钦州市	189558.4		82768.7	39138.6	67651
贵港市	301776.8		183884.1	73576.2	44317
玉林市	139585.0		38614.9	75292.4	25678
百色市	71602.4			30316	41286
贺州市	68537.8			41887.1	26651
河池市	66071.8		27263.4	7986.3	30822
来宾市	191779.7		3708.1	133619	54453
崇左市	51236.0			623.9	50612

3-201 各地区按资质等级划分的总承包建筑业企业营业收入

单位：万元

地 区	合计	特级	一级	二级	三级及以下
广 西	**19769840**	**2235722**	**11027872**	**4008597**	**2497649**
南宁市	7076501	733223	4539121	1329410	474746
柳州市	4588416	1502498	2767320	192438	126160
桂林市	1990726		1333732	343360	313634
梧州市	284432		20979	96105	167348
北海市	477419		122792	314459	40168
防城港市	493180		43196	254251	195733
钦州市	1731537		1158281	177330	395926
贵港市	458991		159017	218911	81064
玉林市	1504753		633832	690519	180401
百色市	182466			86677	95788
贺州市	108887			59831	49056
河池市	409713		216734	74046	118933
来宾市	280531		32868	156553	91110
崇左市	182291			14708	167583

3-202 各地区按资质等级划分的总承包建筑业企业利税总额

单位：万元

地 区	合计	特级	一级	二级	三级及以下
广 西	**1106073**	**95775**	**517323**	**281828**	**211147**
南宁市	313989	36680	151092	79023	47194
柳州市	199184	59094	120781	12458	6850
桂林市	107795		70592	18295	18909
梧州市	24529		1239	7616	15675
北海市	31764		7820	19501	4444
防城港市	50266		182	28425	21660
钦州市	136852		93816	12752	30284
贵港市	24413		6620	12808	4985
玉林市	108108		39933	53321	14855
百色市	13421			6274	7147
贺州市	7199			3084	4115
河池市	42752		24238	6726	11788
来宾市	26453		1011	19304	6138
崇左市	19348			2242	17105

3-203　各地区按资质等级划分的总承包建筑业企业利润总额

单位：万元

地　区	合计	特级	一级	二级	三级及以下
广　西	**416840**	**18938**	**164841**	**131146**	**101915**
南宁市	105162	11721	27546	36659	29236
柳州市	48897	7217	33827	6551	1303
桂林市	38491		27689	5891	4911
梧州市	13652		495	4033	9124
北海市	13999		3702	7118	3179
防城港市	28772		-1305	19514	10563
钦州市	64713		44688	4327	15698
贵港市	7911		1058	5237	1616
玉林市	36298		10823	20634	4841
百色市	5168			2654	2514
贺州市	2625			537	2088
河池市	23930		16255	2535	5140
来宾市	13667		64	13647	-45
崇左市	13556			1807	11749

3-204　各地区按资质等级划分的总承包建筑业企业税金总额

单位：万元

地　区	合计	特级	一级	二级	三级及以下
广　西	**689041**	**76645**	**352482**	**150682**	**109232**
南宁市	208760	24892	123546	42363	17958
柳州市	150162	51753	86954	5908	5548
桂林市	69304		42903	12404	13998
梧州市	10878		744	3583	6551
北海市	17765		4118	12382	1265
防城港市	21494		1487	8911	11097
钦州市	72139		49128	8425	14586
贵港市	16503		5563	7571	3369
玉林市	71811		29110	32687	10014
百色市	8253			3620	4633
贺州市	4574			2547	2027
河池市	18821		7983	4191	6647
来宾市	12786		947	5657	6183
崇左市	5791			435	5356

3-205 各地区按资质等级划分的总承包建筑业企业主营业务收入

单位：万元

地区	合计	特级	一级	二级	三级及以下
广西	**19612638**	**2232431.9**	**10977384.7**	**3932657.3**	**2470164.5**
南宁市	7006594	730965.3	4519326.9	1286522	469779.8
柳州市	4563676	1501466.6	2745656.8	191135.9	125417.1
桂林市	1983762		1328543.7	342807.4	312410.7
梧州市	280611		20838	93535.6	166237.7
北海市	472856		119327.5	313692.4	39836.1
防城港市	491307		43196.1	254251	193859.5
钦州市	1731192		1158281.2	177293.6	395617.1
贵港市	457624		158780.3	218001.8	80842
玉林市	1492275		633832.4	683988.4	174454.3
百色市	161791			66335.4	95455.9
贺州市	108770			59787.1	48982.5
河池市	409310		216734	74046.3	118529.3
来宾市	279191		32867.8	156552.9	89769.9
崇左市	173680			14707.5	158972.6

3-206 各地区按资质等级划分的总承包建筑业企业管理费用

单位：万元

地区	合计	特级	一级	二级	三级及以下
广西	**540769**	**35552**	**240873**	**152920**	**111425**
南宁市	205068	11860	113888	51741	27579
柳州市	89092	23692	46292	13245	5864
桂林市	44043		27678	8432	7933
梧州市	10958		1209	3212	6537
北海市	13441		3780	8593	1068
防城港市	17520		1632	9966	5921
钦州市	45518		7866	17205	20448
贵港市	15559		1781	10241	3537
玉林市	57236		29602	20642	6992
百色市	4856			1028	3828
贺州市	2984			1304	1680
河池市	18699		6803	3695	8201
来宾市	7028		343	3134	3552
崇左市	8769			483	8286

3-207　各地区按资质等级划分的总承包建筑业企业财务费用

单位：万元

地　区	合计	特级	一级	二级	三级及以下
广　西	**148888**	**23331**	**61556**	**51095**	**12905**
南宁市	91339	12700	41382	30960	6298
柳州市	29598	10631	13503	5129	334
桂林市	6873		3113	2656	1105
梧州市	2619		-23	1492	1150
北海市	3984		3	3962	18
防城港市	1770		364	473	933
钦州市	1251		1081	344	-173
贵港市	1222		-24	1237	8
玉林市	4445		1292	2733	420
百色市	608			166	441
贺州市	361			235	126
河池市	1844		783	131	930
来宾市	2385		84	1565	737
崇左市	590			11	579

3-208　各地区按资质等级划分的总承包建筑业企业应收工程款

单位：万元

地　区	合计	特级	一级	二级	三级及以下
广　西	**1987242**	**158553**	**1018774**	**521382**	**288532**
南宁市	754243	112370	411301	156303	74269
柳州市	593217	46183	483561	38137	25336
桂林市	117502		64853	32816	19833
梧州市	40496		933	18161	21402
北海市	28291		10206	7702	10383
防城港市	136025		5525	100302	30197
钦州市	49447		11189	3725	34533
贵港市	59870		20416	35831	3623
玉林市	35788		1058	23131	11599
百色市	37975			22207	15768
贺州市	26524			19144	7380
河池市	44958		9140	29821	5997
来宾市	47398		592	34102	12704
崇左市	15509				15509

3-209 各地区专业承包建筑业企业签订合同情况

单位：万元

地区	合同总额	上年结转合同额	本年新签合同额
广西	**1893872.1**	**659859.6**	**1234012.5**
南宁市	1415823.8	500480.3	915343.5
柳州市	126322.5	74783	51539.5
桂林市	108428.5	21579.2	86849.3
梧州市	5886.5	2173.8	3712.7
北海市	28178.7	4774.5	23404.2
防城港市	42678.5	8123.4	34555.1
钦州市	14464.6	1115.5	13349.1
贵港市	26727.1	12027	14700.1
玉林市	35119.3	5730.8	29388.5
百色市	14171	6738.6	7432.4
贺州市	3858	1777	2081
河池市	23247.8	2426.9	20820.9
来宾市	46765.2	17939.9	28825.3
崇左市	2200.6	189.7	2010.9

3-210 各地区专业承包建筑业企业承包工程完成情况

单位：万元

地区	直接从建设单位承揽工程完成的产值	自行完成施工产值	分包出去工程的产值	从建设单位以外承揽工程完成的产值
广西	**857045**	**844363**	**12682**	**93378**
南宁市	543538	538566	4972	63623
柳州市	62958	62550	408	1284
桂林市	66383	62583	3800	21240
梧州市	4298	4298		
北海市	21862	21862		
防城港市	37765	34340	3426	856
钦州市	8546	8546		6375
贵港市	19871	19871		
玉林市	24737	24737		
百色市	7337	7337		
贺州市	2793	2718	76	
河池市	16356	16356		
来宾市	38541	38541		
崇左市	2058	2058		

3-211 各地区专业承包企业建筑业总产值和竣工产值

单位：万元

地区	建筑业总产值	#装饰装修产值	#在外省完成的产值	按构成分组			竣工产值
				建筑工程产值	安装工程产值	其他产值	
广西	**937741**	**169205**	**10296**	**508118**	**299287**	**130336**	**519961**
南宁市	602188	139654	5970	350538	167956	83694	312893
柳州市	63834	409	482	46333	9176	8325	44236
桂林市	83824	12897	3721	35669	25399	22756	59955
梧州市	4298	395		4000	299		653
北海市	21862	404		18167	3695		3857
防城港市	35196	8103		6478	19759	8959	29140
钦州市	14921	952		7628	3982	3310	6469
贵港市	19871	1456			19612	259	11040
玉林市	24737	189		4771	19637	328	21904
百色市	7337	1399	124	1450	5826	61	4937
贺州市	2718	692		1277	1440		1202
河池市	16356	2656		285	13428	2643	7423
来宾市	38541			31522	7020		14183
崇左市	2058				2058		2071

3-212 各地区专业承包建筑业企业房屋建筑面积

地区	房屋建筑施工面积（万平方米）	#本年新开工	#实行投标承包面积		房屋建筑竣工面积（万平方米）	房屋建筑面积竣工率（%）
				#本年新开工		
广西	**107.04**	**16.36**	**35.68**	**5.25**	**28.70**	**26.8**
南宁市	40.71	10.59	30.93	1.34	4.56	11.2
柳州市	40.97	0.59			12.20	29.8
桂林市	2.63	1.82	2.63	1.82	1.54	58.6
梧州市						
北海市	0.18	0.18				
防城港市						
钦州市	1.31	1.31	1.31	1.31	1.31	100.0
贵港市						
玉林市	1.06	1.06			1.06	100.0
百色市	0.03	0.02	0.02			
贺州市						
河池市						
来宾市	20.14	0.78	0.78	0.78	8.03	39.9
崇左市						

3-213 各地区按主要用途分的专业承包建筑业企业房屋建筑竣工面积

单位：万平方米

地　区	合　计	住宅房屋	商业及服务用房屋	商厦房屋(批发和零售用房)	宾馆用房屋(住宿用房)	餐饮用房屋(餐饮用房)	商务会展用房屋	其他商业及服务用房屋(居民服务业用房)	办公用房屋
广　西	**28.70**	**18.52**	**0.07**	**0.05**	**0.01**	**0.00**		**0.00**	**1.17**
南宁市	4.56	0.15							
柳州市	12.20	10.32	0.07	0.05	0.01	0.00		0.00	0.18
桂林市	1.54								
梧州市									
北海市									
防城港市									
钦州市	1.31								
贵港市									
玉林市	1.06	0.02							0.99
百色市									
贺州市									
河池市									
来宾市	8.03	8.03							
崇左市									

3-213 续表

单位：万平方米

地　区	科研、教育和医疗用房屋	科学研究用房屋	教育用房屋	医疗用房屋(卫生医疗用房)	文化、体育和娱乐用房屋	厂房及建筑物	#厂　房	仓　库	其他未列明的房屋建筑物
广　西	**0.04**		**0.04**		**0.18**	**8.40**	**4.19**	**0.33**	
南宁市	0.03		0.03			4.05	2.75	0.33	
柳州市	0.01		0.01		0.18	1.44	1.44		
桂林市						1.54			
梧州市									
北海市									
防城港市									
钦州市						1.31			
贵港市									
玉林市						0.05			
百色市									
贺州市									
河池市									
来宾市									
崇左市									

3-214　各地区按主要用途分的专业承包建筑业企业房屋建筑竣工价值

单位：万元

地　区	合　计	住宅房屋	商业及服务用房屋	商厦房屋(批发和零售用房)	宾馆用房　屋(住宿用房)	餐饮用房　屋(餐饮用房)	商务会展用 房 屋	其他商业及服务用房屋(居民服务业用房)	办公用房　屋
广　西	**32379**	**20485**	**72**	**58**	**10**	**3**		**1**	**3766**
南宁市	1861	211							
柳州市	12210	9813	72	58	10	3		1	292
桂林市	1728								
梧州市									
北海市									
防城港市									
钦州市	2560								
贵港市									
玉林市	3581	22							3474
百色市									
贺州市									
河池市									
来宾市	10439	10439							
崇左市									

3-214　续表　　单位：万元

地　区	科研、教育和医疗用房屋	科学研究用 房 屋	教育用房　屋	医疗用房屋(卫生医疗用房)	文化、体育和娱乐用房屋	厂房及建筑物	#厂　房	仓　库	其他未列明的房屋建 筑 物
广　西	**65**		**65**		**290**	**7581**	**2408**	**121**	
南宁市	51		51			1479	679	121	
柳州市	15		15		290	1729	1729		
桂林市						1728			
梧州市									
北海市									
防城港市									
钦州市						2560			
贵港市									
玉林市						85			
百色市									
贺州市									
河池市									
来宾市									
崇左市									

3-215 各地区专业承包建筑业企业机械设备情况

地　区	年末自有施工机械设备总台数（台）	年末自有施工机械设备总功率（千瓦）	年末自有施工机械设备净值（万元）	技术装备率（元/人）	动力装备率（千瓦/人）
广　西	**15635**	**126596**	**21298**	**7644.5**	**4.5**
南宁市	13192	84405	12100	7452.5	5.2
柳州市	360	5186	181	746.0	2.1
桂林市	1125	19272	1148	5138.3	8.6
梧州市					
北海市	56	4740	105	2567.2	11.6
防城港市	63	153	278	1541.9	0.1
钦州市	176	503	584	8928.1	0.8
贵港市	24	145	29	372.1	0.2
玉林市	58	2770	646	6261.9	2.7
百色市	51	4815	1774	31565.8	8.6
贺州市	3	150	8	308.9	0.6
河池市	92	1847	387	6177.3	3.0
来宾市	435	2610	4060	74769.8	4.8
崇左市					

3-216 各地区专业承包建筑业企业主要生产效益指标

地　区	建筑业企业个数（个）	直接从事生产经营活动的平均人数（人）	按总产值计算的劳动生产率（元/人）	人均竣工产值（元/人）	人均施工面积（平方米/人）	人均竣工面积（平方米/人）
广　西	**375**	**22852.0**	**410353.9**	**14169.0**	**46.8**	**12.6**
南宁市	221	11508.0	523278.1	1617.2	35.4	4.0
柳州市	21	2142.0	298011.2	57004.7	191.3	56.9
桂林市	57	2476.0	338544.4	6977.4	10.6	6.2
梧州市	6	143.0	300580.4			
北海市	11	395.0	553473.4		4.6	
防城港市	5	1063.0	331099.7			
钦州市	7	1204.0	123925.2	21262.5	10.9	10.9
贵港市	8	1150.0	172791.3			
玉林市	10	911.0	271534.6	39308.5	11.6	11.6
百色市	11	464.0	158118.5		0.6	
贺州市	5	115.0	236313.0			
河池市	7	799.0	204704.6			
来宾市	2	412.0	935470.9	253373.8	488.8	194.9
崇左市	4	70.0	294057.1			

3-217　各地区专业承包建筑业企业营业额

单位：万元

地　区	企业营业额	在境外完成的营业额	企业总产值	#建筑业总产值
广　西	**893838**	**2166**	**1007542**	**937741**
南宁市	527839	51	654570	602188
柳州市	76609	538	68309	63834
桂林市	78125	1577	84172	83824
梧州市	4598		4298	4298
北海市	26301		22910	21862
防城港市	39984		37685	35196
钦州市	14017		14925	14921
贵港市	23186		20165	19871
玉林市	33053		28801	24737
百色市	15265		7537	7337
贺州市	3507		2718	2718
河池市	20316		20842	16356
来宾市	28894		38541	38541
崇左市	2145		2071	2058

3-218　各地区专业承包建筑业企业资产构成

单位：万元

地　区	资产合计	#流动资产小计	#存货	#非流动资产合计	#固定资产合计
广　西	**1006564**	**809223**	**152759**	**197341**	**113513**
南宁市	563530	453004	78425	110527	64364
柳州市	86963	72816	11421	14147	9824
桂林市	112959	102429	33800	10530	7116
梧州市	12942	10652	389	2290	1535
北海市	32995	23929	7134	9066	1221
防城港市	35282	30452	10280	4830	3696
钦州市	9584	6964	127	2620	1888
贵港市	25420	18071	2196	7349	3258
玉林市	34669	20458	3083	14211	12777
百色市	29258	20297	1594	8961	2603
贺州市	11009	7182	944	3826	2187
河池市	21274	15647	194	5628	1263
来宾市	27484	24222	2141	3262	1689
崇左市	3195	3101	1031	95	93

3-219 各地区专业承包建筑业企业固定资产情况

单位：万元

地区	固定资产合计	固定资产原价	固定资产折旧	#本年折旧	在建工程
广西	**113513**	**170302**	**69147**	**10325**	**4707**
南宁市	64364	94490	36040	5621	3245
柳州市	9824	17317	9200	832	53
桂林市	7116	15141	9323	1144	509
梧州市	1535	3377	1890	328	
北海市	1221	2597	1377	201	
防城港市	3696	3230	1220	459	25
钦州市	1888	1504	397	246	781
贵港市	3258	5493	2510	261	
玉林市	12777	15815	3140	570	45
百色市	2603	2875	651	146	47
贺州市	2187	2475	450	52	2
河池市	1263	3053	1794	301	
来宾市	1689	2719	1030	129	
崇左市	93	218	125	36	

3-220 各地区专业承包建筑业企业负债及所有者权益

单位：万元

地区	负债合计	#流动负债	#应付账款	所有者权益	#实收资本
广西	**615047**	**549170**	**103374**	**391517**	**287614**
南宁市	332089	292894	59304	231442	171672
柳州市	64426	63654	6869	22537	18610
桂林市	78816	72462	6773	34143	25579
梧州市	9405	7526	223	3538	3533
北海市	18083	17864	8070	14912	10189
防城港市	27108	27108	4653	8174	5423
钦州市	6697	6697	1417	2887	2485
贵港市	11829	10602	4379	13591	7427
玉林市	13748	11970	2455	20921	18418
百色市	21406	10279	1877	7852	6356
贺州市	5225	1913	1437	5784	4640
河池市	5762	5746	3493	15513	4000
来宾市	18766	18766	2523	8718	7668
崇左市	1689	1689	-100	1507	1613

3-221 各地区专业承包建筑业企业实收资本

单位：万元

地区	合计	国家资本	集体资本	法人资本	个人资本	港澳台资本	外商资本
广西	**287614**	**46134**	**18126**	**69715**	**153394**	**245**	
南宁市	171672	26581	10322	45577	89193		
柳州市	18610	9578	2300	2519	4212		
桂林市	25579	5978	1306	6537	11514	245	
梧州市	3533	250	200		3083		
北海市	10189	100	3065	5299	1726		
防城港市	5423				5423		
钦州市	2485		800	550	1135		
贵港市	7427	2049	12	759	4606		
玉林市	18418			5153	13265		
百色市	6356	1008	40	2300	3008		
贺州市	4640	590			4050		
河池市	4000		81		3920		
来宾市	7668			1021	6646		
崇左市	1613				1613		

3-222 各地区专业承包建筑业企业收入情况

单位：万元

地区	主营业务收入	#主营业务成本	#主营业务税金及附加	其他业务收入	#其他业务成本	#其他业务利润
广西	**862115**	**720345**	**28038**	**31723**	**31642**	**81**
南宁市	509227	431158	15508	18612	16660	1952
柳州市	76550	60409	2595	59	4939	-4880
桂林市	77661	65169	2572	464	307	157
梧州市	4518	4035	161	80	6	74
北海市	25076	19813	1073	1225	537	687
防城港市	38648	32943	1213	1336	767	570
钦州市	13883	11539	488	135	75	60
贵港市	22724	19461	760	462	151	311
玉林市	24671	18173	1320	8382	6907	1475
百色市	14812	12066	404	453	1050	-597
贺州市	3418	2956	115	89		89
河池市	20003	16452	582	312	175	138
来宾市	28780	25128	1171	114	69	45
崇左市	2145	1044	75			

3-223 各地区专业承包建筑业企业费用情况

单位：万元

地　区	管理费用	#税金	销售费用	财务费用	#利息收入	#利息支出
广　西	**72012**	**2977**	**10755**	**4890**	**-188**	**4490**
南宁市	39839	2275	5025	2937	72	2294
柳州市	5178	228	664	437	5	440
桂林市	5712	138	1169	929	1	901
梧州市	527	4	3	490	1	485
北海市	2961	2	136	-3	1	0
防城港市	3830	38	63	104	-19	122
钦州市	1354	4	49	-4	1	
贵港市	2468	14	284	42	-2	49
玉林市	3362	244	2000	42	-10	47
百色市	2157	22	192	111	3	107
贺州市	238	4	2	16	1	16
河池市	1996	0	837	-242	-242	0
来宾市	1891	4	33	30	1	31
崇左市	500	1	298	0	-1	0

3-224 各地区专业承包建筑业企业利润及税金情况

单位：万元

地　区	利润总额	#应交所得税	税金总额	工程结算税金及附加	管理费用中的税金
广　西	**27378**	**6739**	**31015**	**28038**	**2977**
南宁市	16337	3987	17783	15508	2275
柳州市	2510	295	2822	2595	228
桂林市	2305	853	2711	2572	138
梧州市	-603	76	165	161	4
北海市	1397	303	1075	1073	2
防城港市	1078	249	1251	1213	38
钦州市	515	152	492	488	4
贵港市	804	113	774	760	14
玉林市	1233	343	1564	1320	244
百色市	92	89	427	404	22
贺州市	202	25	119	115	4
河池市	927	108	582	582	0
来宾市	346	106	1175	1171	4
崇左市	235	39	76	75	1

3-225　各地区专业承包建筑业企业应收工程款及企业亏损情况

地　区	应收工程款(万元)	企业个数(个)	#亏损企业个数	亏损企业的比重(%)
广　西	**150516**	**375**	**66**	**17.6**
南宁市	74187	221	39	17.6
柳州市	19831	21	3	14.3
桂林市	10639	57	11	19.3
梧州市	621	6	3	50.0
北海市	4933	11	2	18.2
防城港市	7402	5		
钦州市	2601	7	3	42.9
贵港市	6150	8	1	12.5
玉林市	9618	10		
百色市	1778	11	3	27.3
贺州市	984	5		
河池市	5566	7		
来宾市	5745	2	1	50.0
崇左市	461	4		

3-226　各地区专业承包建筑业企业主要经济效益指标

地　区	产值利润率(%)	产值利税率(%)	资产利润率(%)	资产利税率(%)	人均利润(元/人)	人均利税(元/人)	资产负债率(%)
广　西	**2.9**	**6.2**	**2.7**	**5.8**	**11980**	**25553**	**61.1**
南宁市	2.7	5.7	2.9	6.1	14196	29649	58.9
柳州市	3.9	8.4	2.9	6.1	11718	24895	74.1
桂林市	2.7	6.0	2.0	4.4	9310	20257	69.8
梧州市	-14.0	-10.2	-4.7	-3.4	-42133	-30601	72.7
北海市	6.4	11.3	4.2	7.5	35362	62575	54.8
防城港市	3.1	6.6	3.1	6.6	10143	21911	76.8
钦州市	3.4	6.7	5.4	10.5	4273	8358	69.9
贵港市	4.0	7.9	3.2	6.2	6988	13720	46.5
玉林市	5.0	11.3	3.6	8.1	13538	30706	39.7
百色市	1.3	7.1	0.3	1.8	1983	11177	73.2
贺州市	7.4	11.8	1.8	2.9	17548	27861	47.5
河池市	5.7	9.2	4.4	7.1	11607	18894	27.1
来宾市	0.9	3.9	1.3	5.5	8388	36903	68.3
崇左市	11.4	15.1	7.3	9.7	33543	44371	52.8

3-227 各地区按资质等级划分的专业承包建筑业企业单位数

单位：个

地　区	合计	一级	二级	三级及以下
广　西	**375**	**32**	**87**	**256**
南宁市	221	20	52	149
柳州市	21	2	5	14
桂林市	57	5	13	39
梧州市	6		2	4
北海市	11	1	3	7
防城港市	5		3	2
钦州市	7	1		6
贵港市	8	1	3	4
玉林市	10		2	8
百色市	11			11
贺州市	5	1	1	3
河池市	7		3	4
来宾市	2	1		1
崇左市	4			4

3-228 各地区按资质等级划分的专业承包建筑业企业从业人员

单位：人

地　区	合计	一级	二级	三级及以下
广　西	**22852**	**5144**	**7362**	**10346**
南宁市	11508	3665	2979	4864
柳州市	2142	279	1522	341
桂林市	2476	659	658	1159
梧州市	143		61	82
北海市	395	47	158	190
防城港市	1063		72	991
钦州市	1204	65		1139
贵港市	1150	129	695	326
玉林市	911		562	349
百色市	464			464
贺州市	115	40	40	35
河池市	799		615	184
来宾市	412	260		152
崇左市	70			70

3-229 各地区按资质等级划分的专业承包建筑业总产值

单位：万元

地区	合计	一级	二级	三级及以下
广西	**937741**	**341799**	**322479**	**273463**
南宁市	602188	262912	164654	174623
柳州市	63834	6411	43856	13567
桂林市	83824	29495	25273	29056
梧州市	4298		3275	1023
北海市	21862	3526	14328	4008
防城港市	35196		24383	10813
钦州市	14921	3390		11531
贵港市	19871	3852	11594	4424
玉林市	24737		18090	6647
百色市	7337			7337
贺州市	2718	692	1516	510
河池市	16356		15511	845
来宾市	38541	31522		7020
崇左市	2058			2058

3-230 各地区按资质等级划分的专业承包建筑业企业签订的合同额

单位：万元

地区	合计	一级	二级	三级及以下
广西	**1893872**	**456051**	**490297**	**947524**
南宁市	1415824	372616	231013	812194
柳州市	126323	6913	102755	16655
桂林市	108429	32763	34533	41133
梧州市	5887		4844	1043
北海市	28179	4067	20076	4036
防城港市	42679		29702	12977
钦州市	14465	3590		10875
贵港市	26727	372	17852	8503
玉林市	35119		24870	10250
百色市	14171			14171
贺州市	3858	750	2292	816
河池市	23248		22361	887
来宾市	46765	34980		11786
崇左市	2201			2201

3-231 各地区按资质等级划分的专业承包建筑业企业竣工产值

单位：万元

地区	合计	一级	二级	三级及以下
广西	**32379**	**12999**	**16542**	**2839**
南宁市	1861		851	1011
柳州市	12210		12110	100
桂林市	1728			1728
梧州市				
北海市				
防城港市				
钦州市	2560	2560		
贵港市				
玉林市	3581		3581	
百色市				
贺州市				
河池市				
来宾市	10439	10439		
崇左市				

3-232 各地区按资质等级划分的专业承包建筑业企业房屋施工面积

单位：万平方米

地区	合计	一级	二级	三级及以下
广西	**107.04**	**43.05**	**50.27**	**13.72**
南宁市	40.71	21.60	8.32	10.79
柳州市	40.97		40.88	0.09
桂林市	2.63			2.63
梧州市				
北海市	0.18			0.18
防城港市				
钦州市	1.31	1.31		
贵港市				
玉林市	1.06		1.06	
百色市	0.03			0.03
贺州市				
河池市				
来宾市	20.14	20.14		
崇左市				

3-233　各地区按资质等级划分的专业承包建筑业企业房屋竣工面积

单位：万平方米

地　　区	合计			
		一级	二级	三级及以下
广　西	**28.70**	**9.34**	**16.27**	**3.08**
南宁市	4.56		3.11	1.45
柳州市	12.20		12.11	0.09
桂林市	1.54			1.54
梧州市				
北海市				
防城港市				
钦州市	1.31	1.31		
贵港市				
玉林市	1.06		1.06	
百色市				
贺州市				
河池市				
来宾市	8.03	8.03		
崇左市				

3-234　各地区按资质等级划分的专业承包建筑业企业自有施工机械设备台数

单位：台

地　　区	合计			
		一级	二级	三级及以下
广　西	**15635**	**3095**	**10919**	**1621**
南宁市	13192	2090	10001	1101
柳州市	360	241	79	40
桂林市	1125	304	731	90
梧州市				
北海市	56	6		50
防城港市	63			63
钦州市	176	15		161
贵港市	24	1	23	
玉林市	58			58
百色市	51			51
贺州市	3	3		
河池市	92		85	7
来宾市	435	435		
崇左市				

3-235 各地区按资质等级划分的专业承包建筑业企业自有施工机械设备总功率

单位：万千瓦

地　区	合计	一级	二级	三级及以下
广　西	**12.66**	**3.62**	**4.81**	**4.23**
南宁市	8.44	2.78	3.54	2.12
柳州市	0.52	0.06	0.05	0.41
桂林市	1.93	0.48	1.03	0.42
梧州市				
北海市	0.47	0.02		0.45
防城港市	0.02			0.02
钦州市	0.05	0.00		0.05
贵港市	0.01	0.00	0.01	
玉林市	0.28			0.28
百色市	0.48			0.48
贺州市	0.02	0.02		
河池市	0.18		0.18	0.00
来宾市	0.26	0.26		
崇左市				

3-236 各地区按资质等级划分的专业承包建筑业企业实收资本

单位：万元

地　区	合计	一级	二级	三级及以下
广　西	**287614**	**64315**	**112175**	**111124**
南宁市	171672	44409	59008	68255
柳州市	18610	2910	10316	5384
桂林市	25579	5508	6572	13499
梧州市	3533		2603	930
北海市	10189	5118	2665	2407
防城港市	5423		3900	1523
钦州市	2485	50		2435
贵港市	7427	1270	3575	2582
玉林市	18418		16048	2370
百色市	6356			6356
贺州市	4640	50	4000	590
河池市	4000		3488	512
来宾市	7668	5000		2668
崇左市	1613			1613

3-237　各地区按资质等级划分的专业承包建筑业企业资产

单位：万元

地　区	合计	一级	二级	三级及以下
广　西	**1006564**	**229883**	**362608**	**414073**
南宁市	563530	164905	168800	229825
柳州市	86963	7042	51908	28014
桂林市	112959	21959	25952	65048
梧州市	12942		10768	2175
北海市	32995	8712	18901	5382
防城港市	35282		22321	12962
钦州市	9584	567		9017
贵港市	25420	5140	11028	9251
玉林市	34669		24032	10637
百色市	29258			29258
贺州市	11009	1425	8611	972
河池市	21274		20288	987
来宾市	27484	20133		7351
崇左市	3195			3195

3-238　各地区按资质等级划分的专业承包建筑业企业负债

单位：万元

地　区	合计	一级	二级	三级及以下
广　西	**615047**	**144863**	**216100**	**254083**
南宁市	332089	106219	100598	125272
柳州市	64426	2919	40148	21359
桂林市	78816	15088	17304	46425
梧州市	9405		8112	1293
北海市	18083	2073	13450	2560
防城港市	27108		16096	11012
钦州市	6697	502		6195
贵港市	11829	1328	5360	5141
玉林市	13748		6111	7637
百色市	21406			21406
贺州市	5225	1375	3468	382
河池市	5762		5455	307
来宾市	18766	15360		3406
崇左市	1689			1689

3-239 各地区按资质等级划分的专业承包建筑业企业营业收入

单位：万元

地　区	合计	一级	二级	三级及以下
广　西	**893838**	**241542**	**350150**	**302147**
南宁市	527839	177294	174071	176474
柳州市	76609	6561	54815	15233
桂林市	78125	29621	16789	31715
梧州市	4598		3579	1019
北海市	26301	5066	14349	6886
防城港市	39984		28824	11160
钦州市	14017	2560		11457
贵港市	23186	3987	13537	5662
玉林市	33053		22760	10294
百色市	15265			15265
贺州市	3507	692	2559	257
河池市	20316		18867	1449
来宾市	28894	15762		13132
崇左市	2145			2145

3-240 各地区按资质等级划分的专业承包建筑业企业利税总额

单位：万元

地　区	合计	一级	二级	三级及以下
广　西	**58393**	**14535**	**21629**	**22229**
南宁市	34120	10591	10806	12724
柳州市	5333	540	2553	2240
桂林市	5016	1500	1264	2251
梧州市	-438		-422	-15
北海市	2472	444	1427	601
防城港市	2329		1592	737
钦州市	1006	155		852
贵港市	1578	513	1107	-42
玉林市	2797		1705	1092
百色市	519			519
贺州市	320	48	258	14
河池市	1510		1340	169
来宾市	1520	744		776
崇左市	311			311

3-241　各地区按资质等级划分的专业承包建筑业企业利润总额

单位：万元

地　区	合计	一级	二级	三级及以下
广　西	**27378**	**5115**	**10645**	**11618**
南宁市	16337	3881	5908	6549
柳州市	2510	122	736	1652
桂林市	2305	475	677	1153
梧州市	-603		-545	-57
北海市	1397	286	930	181
防城港市	1078		576	502
钦州市	515	15		500
贵港市	804	403	641	-240
玉林市	1233		746	488
百色市	92			92
贺州市	202	24	166	12
河池市	927		810	117
来宾市	346	-90		436
崇左市	235			235

3-242　各地区按资质等级划分的专业承包建筑业企业税金总额

单位：万元

地　区	合计	一级	二级	三级及以下
广　西	**31015**	**9420**	**10984**	**10611**
南宁市	17783	6710	4898	6176
柳州市	2822	418	1817	588
桂林市	2711	1026	587	1098
梧州市	165		123	42
北海市	1075	159	497	420
防城港市	1251		1016	235
钦州市	492	140		352
贵港市	774	110	466	199
玉林市	1564		959	605
百色市	427			427
贺州市	119	25	92	2
河池市	582		530	52
来宾市	1175	834		341
崇左市	76			76

3-243 各地区按资质等级划分的专业承包建筑业企业主营业务收入

单位：万元

地　区	合计	一级	二级	三级及以下
广　西	**862115**	**234268**	**332719**	**295128**
南宁市	509227	171000	166770	171456
柳州市	76550	6561	54795	15194
桂林市	77661	29295	16786	31580
梧州市	4518		3544	973
北海市	25076	4545	14349	6182
防城港市	38648		27730	10918
钦州市	13883	2560		11323
贵港市	22724	3853	13210	5662
玉林市	24671		14508	10163
百色市	14812			14812
贺州市	3418	692	2470	257
河池市	20003		18557	1447
来宾市	28780	15762		13018
崇左市	2145			2145

3-244 各地区按资质等级划分的专业承包建筑业企业管理费用

单位：万元

地　区	合计	一级	二级	三级及以下
广　西	**72012**	**15472**	**24675**	**31865**
南宁市	39839	12374	10843	16622
柳州市	5178	346	2348	2485
桂林市	5712	1491	1153	3068
梧州市	527		277	250
北海市	2961	233	1879	848
防城港市	3830		2831	999
钦州市	1354	53		1302
贵港市	2468	554	1530	384
玉林市	3362		1977	1385
百色市	2157			2157
贺州市	238	26	82	130
河池市	1996		1756	240
来宾市	1891	396		1495
崇左市	500			500

3-245 各地区按资质等级划分的专业承包建筑业企业财务费用

单位：万元

地 区	合计	一级	二级	三级及以下
广 西	**4890.4**	**935.0**	**1610.0**	**2345.4**
南宁市	2936.8	771.6	741.6	1423.6
柳州市	437.4	-2.8	470.1	-29.9
桂林市	929.2	135.2	150.1	643.9
梧州市	490.3		456.8	33.5
北海市	-3.3	-1.2	-0.4	-1.7
防城港市	104.4		24.5	79.9
钦州市	-3.5	-0.9		-2.6
贵港市	42.1	-4.0	7.7	38.4
玉林市	42.3		-7.8	50.1
百色市	111.1			111.1
贺州市	15.8	7.5	8.5	-0.2
河池市	-241.5		-241.1	-0.4
来宾市	29.5	29.6		-0.1
崇左市	-0.2			-0.2

3-246 各地区按资质等级划分的专业承包建筑业企业应收工程款

单位：万元

地 区	合计	一级	二级	三级及以下
广 西	**150516**	**31566**	**51773**	**67178**
南宁市	74187	23599	9991	40598
柳州市	19831		17026	2806
桂林市	10639	2256	2761	5622
梧州市	621		621	1
北海市	4933	390	3071	1473
防城港市	7402		4958	2444
钦州市	2601			2601
贵港市	6150	1335	2544	2272
玉林市	9618		4452	5166
百色市	1778			1778
贺州市	984		984	
河池市	5566		5367	199
来宾市	5745	3987		1759
崇左市	461			461

3-247 各地区劳务分包建筑业企业生产经营情况

单位：万元

地 区	建筑业总产值	营业收入	主营业务税金及附加	利润总额	应付职工薪酬
广 西	**517638**	**593410**	**18819**	**619**	**77434**
南宁市	347054	455259	14916	557	29280
柳州市	122859	124177	3497	280	933
桂林市	11059	11019	380	69	67
梧州市					
北海市	528	528	14	19	57
防城港市					
钦州市					
贵港市	36037	129	4	3	44314
玉林市					
百色市	17	17	1	1	8
贺州市					
河池市					
来宾市	85	2282	7	-308	2775
崇左市					

2-248 各地区劳务分包建筑业企业个数和人员情况

地 区	企业个数（个）	从事主营业务活动的从业人员平均人数（人）	从业人员期末人数（人）	#工程技术人员	#现场施工工人
广 西	**94**	**38223**	**46668**	**720**	**34452**
南宁市	60	31320	39518	405	30095
柳州市	10	3523	4165	87	3808
桂林市	3	2585	2086	21	19
梧州市					
北海市	9	138	140	28	86
防城港市	2				
钦州市	2				
贵港市	2	101	50	12	40
玉林市	3				
百色市	1	6	7	2	4
贺州市	1				
河池市					
来宾市	1	550	702	165	400
崇左市					

附　录

主要统计指标解释

主要指标解释

工 业 篇

工业总产值（当年价格） 指工业企业在报告期内生产的以货币形式表现的工业最终产品和提供工业劳务活动的总价值量。

（1）工业总产值计算应遵循的原则

①工业生产的原则。即凡是企业在报告期内生产的最终产品和提供的劳务，均应包括在内。其中的最终产品，不管是否在报告期内销售，只要是报告期内生产的，就应包括在内。凡不是工业生产的产品，均不得计入工业总产值。

②最终产品的原则。即企业生产的成品价值必须是本企业生产的，经检验合格不需再进行任何加工的最终产品。企业对外销售的半成品也应视为最终产品计入工业总产值。而在本企业内各车间转移的半成品和在制品只能计算其期末期初差额价值。

③“工厂法”原则。即以法人工业企业作为一个整体计算工业总产值，是其报告期内生产的最终产品和提供劳务的总价值量。

（2）工业总产值的内容

包括三部分：生产的成品价值、对外加工费收入、自制半成品在制品期末期初差额价值。

①成品价值：指企业在报告期内生产，并在报告期内不再进行加工，经检验合格、包装入库的已经销售和准备销售的全部工业成品（包括半成品）价值合计。成品价值中包括企业生产的自制设备及提供给本企业在建工程、其他非工业部门和生活福利部门等单位使用的成品价值，但不包括用订货者来料加工的成品（半成品）价值。

工业总产值是按现行价格计算的。成品价值按成品实物量乘以报告期不含应交增值税（销项税额）的产品实际销售平均单价计算。会计核算中按成本价格转账的自制设备和自产自用的成品，按成本价格计算生产成品价值。

②对外加工费收入：指企业在报告期内完成的对外承做的工业品加工（包括用订货者来料加工生产）的加工费收入和对外工业品修理作业所收取的加工费收入和对内非工业部门提供的加工修理、设备安装等收入。对外加工费收入按不含应交增值税（销项税额）的价格计算。

对于以对外加工生产为主，对外加工费收入所占比重较大的企业，如果对外加工费收入出现跨报告期支付的情况，为保证总产值生产口径计算的准确性，则应将对外加工费收入按实际情况调整，记录本报告期应实际收取的对外加工费收入。

③自制半成品在制品期末期初差额价值。为了使工业总产值与工业中间投入中的物耗价值一致，以便同口径地计算工业增加值，规定本指标的计算原则是：凡是企业会计产品成本核算中计算半成品、在制品成本，则工业总产值中必须包括自制半成品在制品期末期初差额价值。反之则不包括。

自制半成品在制品期末期初差额价值等于自制半成品在制品期末价值减去期初价值后的余额，如果期末价值小于期初价值，该指标为负值，企业在计算产值时，应按负值计算，不能作为零处理。

（3）工业总产值计算的几种具体规定

①凡自备原材料（包括自备零部件）生产，不论其加工繁简程度如何，一律按全价，即包括自备原材料的价值，计算工业总产值。

②凡来料加工，加工企业只收取加工费，则加工企业一律按财务上结算的加工费计算工业总产值，即不包括定货者来料的价值。一般分两种情况：a、工业企业之间的来料加工，加工企业（即承包单位）按财务上结算的加工费计算工业总产值；委托加工的企业（即发包单位）按全价计算工业总产值。b、工业企业与非工业企业之间的来料加工，当工业企业作为加工企业时一律按加工费计算工业总产值。

③自制半成品、在制品期末期初差额价值，原则上应计入工业总产值，但如果会计产品成本核算中不计算自制半成品、在制品成本，则不计入工业总产值；如果会计产品成本核算中计算自制半成品、在制品成本的，则计入工业总产值。

区分来料加工与自备原材料生产的依据是加工企业与委托加工企业间的财务结算关系。如果委托企业提供原材料而不与加工企业结算，加工企业收取加工费，产品返回委托企业销售，则这种模式是来料加工；如果委托加工企业提供的原材料与加工企业是结算的，制成品由加工企业返给委托企业也是结算的，则这种模式是自备原材料生产。

工业销售产值（当年价格） 指以货币形式表现的，工业企业在报告期内销售的本企业生产的工业产品或提供工业性劳务价值的总价值量。工业销售产值包括的内容为：

（1）销售成品价值：指企业在报告期内实际销售（包括本期生产和非本期生产）的全部成品、半成品的总价值，即按报告期产品的实际销售数量乘以不含增值税（销项税额）的产品实际销售平均单价计算。销售成品价值中包括企业生产的自制设备及提供给本企业在建工程、其他非工业部门和生活福利部门等单位使用的成品价值，但不包括用订货者来料加工，并且只收取加工费的成品（半成品）价值。

（2）对外加工费收入：指企业在报告期内完成的对外承接的工业品加工（包括用定货者来料加工的产品）的加工费收入；对外工业品修理作业可收取的加工费收入和对内非工业部门提供的加工修理、设备安装等收入。对外加工费收入按不含增值税（销项税额）的价格计算。

对于以对外加工生产为主，对外加工费收入所占比重较大的企业，如果对外加工费收入出现跨报告期支付的情况，为保证总产值生产口径计算的准确性，则应将对外加工费收入按实际情况调整，记录本报告期应实际收取的对外加工费收入。

区分来料加工与自备原材料生产的依据同工业总产值中的规定。

出口交货值 指工业企业交给外贸部门或自营（委托）出口（包括销往香港、澳门、台湾），用外汇价格结算的产品价值，以及外商来样、来料加工、来件装配和补偿贸易等生产的产品价值。在计算出口交货值时，要把外汇价格按交易时的汇率折成人民币计算。

资产总计 指企业过去的交易或者事项形成的、由企业拥有或者控制的、预期会给企业带来经济利益的资源。资产一般按流动性（资产的变现或耗用时间长短）分为流动资产和非流动资产。其中流动资产可分为货币资金、交易性金融资产、应收票据、应收账款、预付款项、其他应收款、存货等；非流动资产可分为长期股权投资、固定资产、无形资产及其他非流动资产等。根据会计“资产负债表”中“资产总计”项目的期末余额数填报。

执行 2006 年《企业会计准则》的企业：资产总计=流动资产合计+非流动资产合计；未执行 2006 年《企业会计准则》企业的资产包括流动资产、长期投资、固定资产、无形资产和其他资产等。

流动资产合计 资产满足以下条件之一应归为流动资产：（1）预计在一个正常营业周期中变现、出售或耗用，主要包括存货、应收账款等；（2）主要为交易目的而持有；（3）预计在资产负债表日起一年内（含一年）变现；（4）自资产负债日起一年内，交换其他资产或清偿负债的能力不受限制的现金或现金等价物。包括货币资金、应收票据、应收账款、存货等项目。根据会计“资产负债表”中“流动资产合计”项目的期末余额数填报。

应收账款 指企业因销售商品、提供劳务等经营活动，应向购货单位或接受劳务单位收取的款项，主要包括企业销售商品或提供劳务等应向有关债务人收取的价款及代购货单位垫付的包装费、运杂费等。根据会计“资产负债表”中“应收账款”项目的期末余额数填报。

存货 指企业在日常活动中持有以备出售的产成品或商品、处在生产过程中的在产品、在生产过程或提供劳务过程中耗用的材料或物料等，通常包括原材料、在产品、半成品、产成品、商品以及周转材料等。根据会计“资产负债表”中“存货”项目的期末余额数填报。其中：“年初存货”根据会计“资产负债表”中“存货”项目的年初余额数填报。注意：“存货”具有实物形态，不属于无形资产，由于企业持有存货的最终目的是为了出售，所以房地产开发企业（单位）购置的土地、尚未销售的商品房等均计入“存货”。

产成品 指企业已经完成全部生产过程并验收入库，可以按照合同规定的条件送交订货单位，或者可以作为商品对外销售的产品。根据会计“产成品”科目的借方余额填报。

固定资产合计 指企业为生产商品、提供劳务、出租或经营管理而持有的，使用寿命超过一个会计年度的有形资产。包括使用期限超过一年的房屋、建筑物、机器、机械、运输工具以及其他与生产、经营有关的设备、器具、工具等。固定资产合计是时点指标，表示固定资产经过扣减折旧、减值准备等后的期末余额。执行 2006 年《企业会计准则》的企业，根据会计“资产负债表”中“固定资产”项目的期末余额数填报。

累计折旧 指企业在报告期末提取的历年固定资产折旧累计数。根据会计“累计折旧”科目的期末贷方余额填报。

负债合计 指企业过去的交易或者事项形成的，预期会导致经济利益流出企业的现时义务。负债一般按偿还期长短分为流动负债和非流动负债。根据会计“资产负债表”中“负债合计”项目的期末余额数填报。

执行 2006 年《企业会计准则》的企业：负债合计=流动负债合计+非流动负债合计；未执行 2006 年《企业会计准则》企业的负债包括流动负债和长期负债。

流动负债合计 负债满足下列条件之一的应归为流动负债：（1）预计在一个正常营业周期中清偿；（2）主要为交易目的而持有；（3）自资产负债表日起一年内到期应予清偿；（4）企业无权自主地将清偿推迟至资产负债表日后一年以上。包括短期借款、应付票据、应付账款、应付职工薪酬、应交税费等项目。根据会计“资产负债表”中“流动负债合计”项目的期末余额数填报。

应付账款 指企业因购买材料、商品和接受劳务供应等经营活动应支付的款项。根据会计“资产负债表”中“应付账款”项目的期末余额数填报。

所有者权益合计 指企业资产扣除负债后由所有者享有的剩余权益。公司的所有者权益又称股东权益。包括实收资本、资本公积、盈余公积、未分配利润等。根据会计“资产负债表”中“所有者权益合计”项目的期末余额数填报。

实收资本 指企业各投资者实际投入的资本（或股本）总额，包括货币、实物、无形资产等各种形式的投入。实收资本按投资主体可分为国家资本、集体资本、法人资本、个人资本、港澳台资本和外商资本。根据会计“资产负债表”中“所有者权益”项下“实收资本”的期末余额数填报。

国家资本 指有权代表国家投资的政府部门或机构、直属事业单位对企业形成的资本金。根据会计“实收资本”科目计算填报。

集体资本 指由本企业职工等自然人集体投资或各种机构对企业进行扶持形成的集体性质的资本金。根据会计“实收资本”科目计算填报。

法人资本 指法人以其依法可支配的资产投入企业形成的资本金。根据会计“实收资本”科目计算填报。

个人资本 指自然人实际投入企业的资本金。根据会计“实收资本”科目计算填报。

港澳台资本 指我国香港、澳门和台湾地区投资者实际投入企业的资本金。根据会计“实收资本”科目计算填报。

外商资本 指外国投资者实际投入企业的资本金。根据会计“实收资本”科目计算填报。

营业收入 指企业经营主要业务和其他业务所确认的收入总额。营业收入合计包括“主营业务收入”和“其他业务收入”。根据会计“利润表”中“营业收入”项目的本期金额数填报。

主营业务收入 指企业确认的销售商品、提供劳务等主营业务的收入。根据会计“主营业务收入”科目的期末贷方余额（结转前）填报。执行2006年《企业会计准则》的企业，如未设置该科目，以“营业收入”代替填报。

主营业务成本 指企业经营主要业务所发生的成本总额。根据会计“主营业务成本”科目的期末借方余额（结转前）填报。执行2006年《企业会计准则》的企业，如未设置该科目，以“营业成本”代替填报。

营业税金及附加 指企业因从事生产经营活动按税法规定缴纳的应从经营收入中抵扣的税金和附加，包括营业税、消费税、城市维护建设税、教育费附加等。根据会计“利润表”中“营业税金及附加”项目的本期金额数填报。

主营业务税金及附加 指企业经营主要业务应负担的营业税、消费税、城市维护建设税、教育费附加等。根据会计“主营业务税金及附加”科目的期末借方余额（结转前）填报。执行2006年《企业会计准则》的企业，如未设置该科目，以“营业税金及附加”代替填报。

销售费用 指企业在销售商品和材料、提供劳务的过程中发生的各种费用，包括保险费、包装费、展览费和广告费、商品维修费、预计产品质量保证损失、运输费、装卸费等以及为销售本企业商品而专设的销售机构（含销售网点、售后服务网点等）的职工薪酬、业务费、折旧费等经营费用。建筑业企业销售费用指企业从事施工生产活动过程中发生的各项费用，包括应由企业负担的运输费、装卸费、包装费、保险费、维修费、展览费、差旅费、广告费和其他经费。房地产企业销售费用指企业在从事主要经营业务过程中所发生的各项销售费用，包括转让、销售、结算和出租开发产品等。根据会计“利润表”中“销售费用”项目的本期金额数填报。未执行2006年《企业会计准则》的企业，根据会计“利润表”中“营业费用（或经营费用）”项目的本期金额数填报。

管理费用 指企业为组织和管理企业生产经营所发生的费用，包括企业在筹建期间内发生的开办费、董事会和行政管理部门在企业经营管理中发生的，或者应当由企业统一负担的公司经费等。根据会计“利润表”中“管理费用”项目的本期金额数填报。

税金 指企业按照规定从管理费用中支付的房产税、印花税、车船使用税和土地使用税。根据“管理费用明细账”中“管理费用——税金”的期末借方余额（结转前）分析填报。

财务费用 指企业为筹集生产经营所需资金等而发生的筹资费用，包括企业生产经营期间发生的利息支出（减利息收入）、汇兑损失（减汇兑收益）以及相关的手续费等。根据会计“利润表”中“财务费用”项目的本期金额数填报。

利息支出 指企业短期借款利息、长期借款利息、应付票据利息、票据贴现利息、应付债券利息、长期应付引进国外设备款利息等利息支出。根据企业“财务费用明细账”中“财务费用——利息支出”科目的本期发生额填报。如果企业没有单独设立“利息收入”科目，应填报利息支出减去银行存款等的利息收入后的净额。

营业利润 指企业从事生产经营活动所取得的利润。执行2006年《企业会计准则》的企业，营业利润为营业收入减去营业成本、营业税金及附加、销售费用、管理费用、财务费用、资产减值损失，再加上公允价值变动收益和投资收益。未执行2006年《企业会计准则》的企业，营业利润为主营业务收入减去主营业务成本、主营业务税金及附加，加上其他业务利润后，再减去销售费用、管理费用、财务费用后的金额。根据会计“利润表”中“营业利润”项目的本期金额数填报。

利润总额 指企业在一定会计期间的经营成果，是生产经营过程中各种收入扣除各种耗费后的盈余，反映企业在报告期内实现的盈亏总额。根据会计“利润表”中“利润总额”项目的本期金额数填报。执行2006年《企业会计准则》的企业，利润总额为营业利润加上营业外收入，减去营业外支出后的金额；未执行2006年《企业会计准则》的企业，利润总额为营业利润加上投资收益、补贴收入、营业外收入，再减去营业外支出后的金额。

应交所得税 指企业按税法规定，应从生产经营等活动的所得中缴纳的税金。执行 2006 年《企业会计准则》的企业，根据会计“利润表”中“所得税费用”项目的本期金额数填报；未执行 2006 年《企业会计准则》的企业，根据会计“利润表”中 “所得税”项目的本期金额数填报。

应交增值税 指企业按税法规定，从事货物销售或提供加工、修理修配劳务等增加货物价值的活动本期应交纳的税金，不含期初未抵扣税额。根据会计相关科目贷方累计发生额，按下述公式计算填报：

应交增值税=销项税额－（进项税额－进项税额转出）－出口抵减内销产品应纳税额－减免税款+出口退税

本年煤炭消费量 仅限规模以下工业法人单位填写。指用煤单位年度实际使用的各种煤及煤制品的数量。不包括焦炭、下脚煤和石煤。煤炭是原煤（烟煤、无烟煤、褐煤）、洗精煤、其他洗煤以及泥煤、型煤（蜂窝煤、煤球、煤饼）等的统称。

煤炭的消费以吨计量，1 吨=1000 千克（公斤），用煤单位应按照实际消费称重记录填报，如缺少称重记录，可通过下式计算获得：消费量=年初库存+购入量-年末库存，或用一年的购入煤炭量代替。

从业人员期末人数 指报告期末最后一日 24 时在本单位工作，并取得工资或其他形式劳动报酬的人员数。该指标为时点指标，不包括最后一日当天及以前已经与单位解除劳动合同关系的人员，是在岗职工、劳务派遣人员及其他从业人员之和。从业人员不包括：

1. 离开本单位仍保留劳动关系，并定期领取生活费的人员；
2. 利用课余时间打工的学生及在本单位实习的各类在校学生；
3. 本单位因劳务外包而使用的人员，如：建筑业整建制使用的人员。

从业人员平均人数 指报告期内（年度、季度、月度）平均拥有的从业人员数。季度或年度平均人数按单位实际月平均人数计算得到，不得用期末人数替代。

1.月平均人数是以报告月内每天实有的全部人数相加之和，除以报告月的日历日数。计算公式为：

$$月平均人数=\frac{报告月内每天实有的全部人数之和}{报告月的日历日数}$$

对人员增减变动很小的单位，其月平均人数也可以用月初人数与月末人数之和除以 2 求得。计算公式为：

$$月平均人数=\frac{月初人数+月末人数}{2}$$

在计算月平均人数时应注意：

（1）公休日与节假日的人数应按前一天的人数计算。

（2）对新建立不满整月的单位（月中或月末建立），在计算报告月的平均人数时，应以其建立后各天实有人数之和，除以报告期日历日数求得，而不能除以该单位建立的天数。

2. 1-本季平均人数是季报基层表中应填报的平均人数是“1-本季平均人数”，以年初至报告季内各月平均人数之和除以报告季内月数求得。计算公式为：

$$一季度:1-本季平均人数=\frac{1月平均人数+2月平均人数+3月平均人数}{3}$$

$$二季度:1-本季平均人数=\frac{1月平均人数+...+6月平均人数}{6}$$

$$三季度:1-本季平均人数=\frac{1月平均人数+...+9月平均人数}{9}$$

或（用本季平均人数计算）

一季度：1-本季平均人数=1 季度本季平均人数

二季度：$1-$本季平均人数$=\frac{1\text{季度本季平均人数}+2\text{季度本季平均人数}}{2}$

三季度：$1-$本季平均人数$=\frac{1\text{季度本季平均人数}+2\text{季度本季平均人数}+3\text{季度本季平均人数}}{3}$

本季平均人数以报告季内三个月的平均人数之和除以 3 求得。计算公式为：

$$本季平均人数=\frac{报告季内3个月平均人数之和}{3}$$

3. 年平均人数是以 12 个月的平均人数相加之和除以 12 求得，或以 4 个季度的平均人数之和除以 4 求得。计算公式为：

$$年平均人数=\frac{报告年内12个月平均人数之和}{12}$$

或：

$$年平均人数=\frac{报告年内4个季度平均人数之和}{4}$$

在年内新成立的单位年平均人数计算方法为：从实际开工之月起到年底的月平均人数相加除以 12 个月。计算公式为：

$$年平均人数=\frac{开工之月平均人数+\cdots+12月平均人数}{12}$$

产品产量 指工业企业在报告期内生产的并符合产品质量要求的实物数量，包括商品量和自用量两部分。

（1）产品生产量计算应遵循的原则

①产品质量标准：产品必须符合规定的质量标准或订货合同规定的技术条件，才可统计生产量。工业产品质量标准一律按国家标准或部颁标准执行。没有国家标准或部颁标准的产品，应按企业主管机关的标准或订货合同规定的技术条件执行，不得擅自更改标准或降低标准，不合格的产品不能计算生产量。

②统计时间：产品生产量反映的是报告期内的工业生产成果，凡报告期内生产的产品都应计算在内，即截止报告期最后一天检验合格并办理了入库手续的产品，其中规定要求包装的产品必须包装好才能计算其生产量。至于报告期最后一天以哪一个班次作为截止计算产量的班次则由企业主管机关规定，并应与会计核算的结算时间一致。结算时间一经确定，就要严格执行，不得随意提前或移后。

③准确度量：准确度量是计算产品产量的重要一环，企业应配备必要的计量设备，对产量进行实际度量，不得随意估算，对确有困难不得不推算的某些产品，一定要按照主管部门规定的推算方法计算，使之尽量接近实际。

（2）产品生产量包括的内容

①企业各车间（主要车间、辅助车间、附属品车间及副产品车间）用自备原材料生产的全部产品产量，不论是要销售的商品量还是本企业的自用量，均应统计生产量。

②凡用订货者来料加工生产的产品，并且加工企业只收取加工费的，如果订货者是境内非工业企业和境外企业，其产品生产量由加工企业统计；如果订货者是境内工业企业，产品生产量由委托企业（即发包企业）统计，加工企业（即承包企业）不统计。

③经正式鉴定合格的新产品、自产自用的生产设备、未正式投入生产以前试生产的合格品以及基本建设附产的合格品，都应包括在产品生产量中。

④用进口原材料或关键零件生产的产品，或用进口整套散装零件及用进口组装件加工、装配的产品，不论是在国内销售还是外商经销，生产量均统计在国内同种产品生产量中。

⑤在我国国土范围内的外商投资和港、澳、台商投资工业企业生产的产品，其生产量全部统计在国内同种产品生产量中。

区分来料加工与自备原材料生产的依据同工业总产值中的规定。

（3）工业产品生产量不应包括的内容

①在生产工业产品的同时，产生的下脚余料或废料，如冶金工业的氧化铁、汤道、中心注管、钢材切头、切尾，机械工业的切屑，木材工业的锯末，粮食加工工业的糠、麸，酿酒工业的酒糟等，一般做下脚料出售，不应统计为产品生产量。

②投入生产过程中的原材料没有完全消耗掉，而加以回收、提浓，再供本企业自用的，如机械工业回收的润滑油，合成洗涤剂厂回收的盐酸、硫酸等都不计算产品生产量。

③企业从外购进的工业品，未经本企业任何加工的，不得作为本企业的产品生产量统计。

④某些产品在检验产品质量时，需做破坏性试验（如试验灯泡的使用寿命，手机电池的间歇放电时间等），这些用作试验的产品，不计算在产品生产量中。

生产能力 一般指产品的综合生产能力，但也有些产品指其主要设备的能力。在填报时分为两种情况：

（1）产品生产能力：指在一个企业范围内生产某种产品的综合平衡能力，是生产某种产品的全部设备（包括主要生产设备、辅助生产设备、起重运输设备、动力设备及有关的厂房和生产用建筑物等）在原材料、燃料动力供应充分，劳动力配备合理，设备正常运转的条件下，报告期内可能达到的生产量。企业在具体填报时，可以区分以下三种情况：第一种是原有设计能力未经重大技术改造的用设计能力填报；经过技术改造后，有技术改造后设计能力的，填报技术改造后的设计能力。第二种是原有设计能力已不能反映实际情况，有核定能力的，按核定能力填报。第三种是既没有设计能力也没有核定能力，或原设计能力（或核定能力）已与实际生产水平相差很大，按查定能力填报。

（2）设备能力：指某种设备的单位时间内可能生产的产品数量，也就是说，某种设备在单位时间内的工作量，即一般所称的设备效率，或设备生产率，它不考虑与其他设备的平衡问题。

企业在具体填报时，还要注意以下几点：

（1）以生产能力表的产品为基准填报。以水泥生产设备为例，如果企业的设备既能生产水泥，也能生产水泥熟料，而报告期企业只生产熟料，没有生产水泥，则企业不能填报水泥的生产能力。

（2）停产企业要继续填报生产能力。

（3）破产企业不需填报生产能力。

科 技 篇

研究与试验发展（R&D） 指在科学技术领域，为增加知识总量、以及运用这些知识去创造新的应用而进行的系统的、创造性的活动，包括基础研究、应用研究、试验发展三类活动。

R&D 人员 指报告期企业内部从事 R&D 活动的人员。包括直接参加 R&D 项目活动的人员，R&D 项目管理人员，以及为 R&D 活动提供资料文献、材料供应、设备维护等直接服务的人员。

研究人员 指 R&D 人员中具备中级以上职称或博士学历（学位）的人员。

全时人员 指在报告期企业R&D人员中实际从事R&D活动的时间占制度工作时间90%及以上的人员。

R&D 人员折合全时当量 指报告期企业 R&D 全时人员（全年从事 R&D 活动累积工作时间占全部工作时间的 90%及以上人员）工作量与非全时人员按实际工作时间折算的工作量之和。例如：有 2 个 R&D 全时人员(工作时间分别为 0.9 年和 1 年)和 3 个 R&D 非全时人员(工作时间分别为 0.2 年、0.3 年和 0.7 年)，则 R&D 人员折合全时当量＝1+1+0.2+0.3+0.7=3.2(人年)。

R&D 经费内部支出 指企业在报告年度用于内部开展 R&D 活动的实际支出。包括用于 R&D 项目（课题）活动的直接支出，以及间接用于 R&D 活动的管理费、服务费、与 R&D 有关的基本建设支出以及外协加工费等。不包括生产性活动支出、归还贷款支出以及与外单位合作或委托外单位进行 R&D 活动而转拨给对方的经费支出。

日常性支出 指企业在报告年度为开展 R&D 活动而发生的人员劳务费，及其各项管理费用和购买非资产性的材料、物资费用等他日常支出。

资产性支出 指企业在报告年度为开展R&D活动而进行建造、购置、安装、改建、扩建固定资产，以及进行设备技术改造和大修理等实际支出的费用。

政府资金 指企业R&D经费内部支出中来自各级政府部门的各类资金。

企业资金 指企业R&D经费内部支出中来自本企业的自有资金和接受其他企业委托而获得的经费。

R&D经费外部支出 指报告期企业委托外单位或与外单位合作进行R&D活动而拨给对方的经费。

R&D项目 指报告期企业在当年立项并开展研究工作、以前年份立项仍继续进行研究的研究开发项目或课题，包括当年完成和年内研究工作已告失败的研发项目或课题。

企业办研发机构 指企业自办或与外单位合办，在管理上同生产系统相对独立（或者单独核算）的专门研究开发机构。

研发机构人员 指报告期末企业办研发活动机构中从业人员合计。

机构经费支出 指报告期企业办研发机构用于内部开展研发活动实际支出的总费用，包括机构人员劳务费（含工资）支出、机构业务费支出、管理费支出、固定资产购建支出以及其他维持机构正常工作的日常费用等的支出总和。

新产品 指采用新技术原理、新设计构思研制、生产的全新产品，或在结构、材质、工艺等某一方面比原有产品有明显改进，从而显著提高了产品性能或扩大了使用功能的产品。

专利申请数 指企业在报告期内向国内外知识产权行政部门提出专利申请并被受理的件数。

发明专利申请数 指企业在报告期内向国内外知识产权行政部门提出发明专利申请并被受理的件数。

有效发明专利数 指报告期末企业作为专利权人在报告期拥有的、经国内外知识产权行政部门授权且在有效期内的发明专利件数。

有效发明专利数中境外授权 指报告期末企业作为专利权人拥有的、经国外及港澳台知识产权行政部门授予且有效期内的发明专利件数。

拥有注册商标 指企业在报告期末拥有的注册商标件数。包括在境内和境外注册的商标件数，一件商标在境内外同时注册时只统计一件。

拥有注册商标中境外注册 指企业在报告期末拥有的在国外或港澳台注册的商标件数。

形成国家或行业标准 指报告期企业在自主研发或自主知识产权基础上形成的经有关部门批准的国家或行业标准项数。

研究开发费用加计扣除减免税 指企业在报告期按有关政策和税法规定税前加计扣除的研究开发活动费用所得税。

高新技术企业减免税 指新技术企业在报告期高按照国家有关政策依法享受的企业所得税减免额。

引进技术经费支出 指企业在报告期用于购买境外技术的费用支出，包括产品设计、工艺流程、图纸、配方、专利等技术资料的费用支出，以及购买关键设备、仪器、样机和样件等的费用支出。

消化吸收经费支出 引进技术的消化吸收指对引进技术的掌握、应用、复制而开展的工作，以及在此基础上的创新。引进技术的消化吸收经费支出包括：人员培训费、测绘费、参加消化吸收人员的工资、工装、工艺开发费、必备的配套设备费、翻版费等。

购买国内技术经费支出 指企业在报告期购买境内其他单位科技成果的经费支出。包括购买产品设计、工艺流程、图纸、配方、专利、技术诀窍及关键设备的费用支出。

技术改造经费支出 指企业在报告期进行技术改造而发生的费用支出。技术改造指企业在坚持科技进步的前提下，将科技成果应用于生产的各个领域（产品、设备、工艺等），用先进工艺、设备代替落后工艺、设备，实现以内涵为主的扩大再生产，从而提高产品质量、促进产品更新换代、节约能源、降低消耗，全面提高综合经济效益。

建筑业篇

资产总计 指企业过去的交易或者事项形成的、由企业拥有或者控制的、预期会给企业带来经济利益的资源。资产一般按流动性（资产的变现或耗用时间长短）分为流动资产和非流动资产。其中流动资产可分为货币资金、交易性金融资产、应收票据、应收账款、预付款项、其他应收款、存货等；非流动资产可分为长期股权投资、固定资产、无形资产及其他非流动资产等。根据会计“资产负债表”中“资产总计”项目的期末余额数填报。

执行 2006 年《企业会计准则》的企业：资产总计=流动资产合计+非流动资产合计；未执行 2006 年《企业会计准则》企业的资产包括流动资产、长期投资、固定资产、无形资产和其他资产等。

流动资产合计 资产满足以下条件之一应归为流动资产：（1）预计在一个正常营业周期中变现、出售或耗用，主要包括存货、应收账款等；（2）主要为交易目的而持有；（3）预计在资产负债表日起一年内（含一年）变现；（4）自资产负债日起一年内，交换其他资产或清偿负债的能力不受限制的现金或现金等价物。包括货币资金、应收票据、应收账款、存货等项目。根据会计“资产负债表”中“流动资产合计”项目的期末余额数填报。

应收账款 指企业因销售商品、提供劳务等经营活动，应向购货单位或接受劳务单位收取的款项，主要包括企业销售商品或提供劳务等应向有关债务人收取的价款及代购货单位垫付的包装费、运杂费等。根据会计“资产负债表”中“应收账款”项目的期末余额数填报。

应收工程款 指建筑业企业在报告期末向发包单位应收而未收的工程款。根据会计“应收账款——应收工程款”明细账对应科目填报。注意事项：（1）应收工程款中不包括质量保证金和工程款押金，一般纳入“其他应收款”；（2）建设工程质量保证金或保修金，是发包人与承包人在建设工程承包合同中约定，从应付的工程款中预留，用以保证工程质量的资金。

存货 指企业在日常活动中持有以备出售的产成品或商品、处在生产过程中的在产品、在生产过程或提供劳务过程中耗用的材料或物料等，通常包括原材料、在产品、半成品、产成品、商品以及周转材料等。根据会计“资产负债表”中“存货”项目的期末余额数填报。其中：“年初存货”根据会计“资产负债表”中“存货”项目的年初余额数填报。注意：“存货”具有实物形态，不属于无形资产，由于企业持有存货的最终目的是为了出售，所以房地产开发企业（单位）购置的土地、尚未销售的商品房等均计入“存货”。

产成品 指工业企业已经完成全部生产过程并验收入库，可以按照合同规定的条件送交订货单位，或者可以作为商品对外销售的产品。根据会计“产成品”科目的借方余额填报。

在产品 指企业正在制造尚未完工的产品，包括正在各个生产工序加工的产品，以及已加工完毕但尚未检验或已检验但尚未办理入库手续的产品。根据会计“生产成本”科目的借方余额填报。

固定资产合计 指企业为生产商品、提供劳务、出租或经营管理而持有的，使用寿命超过一个会计年度的有形资产。包括使用期限超过一年的房屋、建筑物、机器、机械、运输工具以及其他与生产、经营有关的设备、器具、工具等。固定资产合计是时点指标，表示固定资产经过扣减折旧、减值准备等后的期末余额。执行 2006 年《企业会计准则》的企业，根据会计“资产负债表”中“固定资产”项目的期末余额数填报。

固定资产减值准备 指企业确认固定资产发生减值时，按其固定资产可收回金额低于账面价值的差额计提的减值准备。根据会计“固定资产减值准备”科目的期末贷方余额填报。

固定资产原价 指固定资产的成本，包括企业在购置、自行建造、安装、改建、扩建、技术改造某项固定资产时所发生的全部支出总额。根据会计“固定资产”科目的期末借方余额填报。

固定资产折旧 指企业在固定资产的使用寿命内，按照确定的方法对应计折旧额进行系统分摊。

累计折旧 指企业在报告期末提取的历年固定资产折旧累计数。根据会计“累计折旧”科目的期末贷方余额填报。

本年折旧 指企业在报告期内提取的固定资产折旧合计数。可以根据会计“财务状况变动表”中“固定资产折旧”项的数值填报。若企业执行2001年《企业会计制度》，可以根据会计核算中《资产减值准备、投资及固定资产情况表》内“当年计提的固定资产折旧总额”项本年增加数填报。

在建工程 指企业在基建、更新改造等方面发生的支出。根据会计“在建工程”科目的期末借方余额填报。

负债合计 指企业过去的交易或者事项形成的，预期会导致经济利益流出企业的现时义务。负债一般按偿还期长短分为流动负债和非流动负债。根据会计“资产负债表”中“负债合计”项目的期末余额数填报。

执行2006年《企业会计准则》的企业：负债合计=流动负债合计+非流动负债合计；未执行2006年《企业会计准则》企业的负债包括流动负债和长期负债。

流动负债合计 负债满足下列条件之一的应归为流动负债：（1）预计在一个正常营业周期中清偿；（2）主要为交易目的而持有；（3）自资产负债表日起一年内到期应予清偿；（4）企业无权自主地将清偿推迟至资产负债表日后一年以上。包括短期借款、应付票据、应付账款、应付职工薪酬、应交税费等项目。根据会计“资产负债表”中“流动负债合计”项目的期末余额数填报。

应付账款 指企业因购买材料、商品和接受劳务供应等经营活动应支付的款项。根据会计“资产负债表”中“应付账款”项目的期末余额数填报。

非流动负债合计 指流动负债之外的负债。包括长期借款、应付债券等。根据会计“资产负债表”中“非流动负债合计”项目的期末余额数填报。未执行2006年《企业会计准则》的企业，根据会计“资产负债表”中的“长期负债合计”的期末余额数填报。

所有者权益合计 指企业资产扣除负债后由所有者享有的剩余权益。公司的所有者权益又称股东权益。包括实收资本、资本公积、盈余公积、未分配利润等。根据会计“资产负债表”中“所有者权益合计”项目的期末余额数填报。

实收资本 指企业各投资者实际投入的资本（或股本）总额，包括货币、实物、无形资产等各种形式的投入。实收资本按投资主体可分为国家资本、集体资本、法人资本、个人资本、港澳台资本和外商资本。根据会计“资产负债表”中“所有者权益”项下“实收资本”的期末余额数填报。

国家资本 指有权代表国家投资的政府部门或机构、直属事业单位对企业形成的资本金。根据会计“实收资本”科目计算填报。

集体资本 指由本企业职工等自然人集体投资或各种机构对企业进行扶持形成的集体性质的资本金。根据会计“实收资本”科目计算填报。

法人资本 指法人以其依法可支配的资产投入企业形成的资本金。根据会计“实收资本”科目计算填报。

个人资本 指自然人实际投入企业的资本金。根据会计“实收资本”科目计算填报。

港澳台资本 指我国香港、澳门和台湾地区投资者实际投入企业的资本金。根据会计“实收资本”科目计算填报。

外商资本 指外国投资者实际投入企业的资本金。根据会计“实收资本”科目计算填报。

营业收入 指企业经营主要业务和其他业务所确认的收入总额。营业收入合计包括“主营业务收入”和“其他业务收入”。根据会计“利润表”中“营业收入”项目的本期金额数填报。

主营业务收入 指企业确认的销售商品、提供劳务等主营业务的收入。根据会计“主营业务收入”科目的期末贷方余额（结转前）填报。执行2006年《企业会计准则》的企业，如未设置该科目，以“营业收入”代替填报。

营业成本 指企业经营主要业务和其他业务所发生的成本总额。包括企业（单位）在报告期内从事销售商品、提供劳务等日常活动发生的各种耗费。包括“主营业务成本”和“其他业务成本”。根据会计“利润表”中“营业成本”项目的本期金额数填报。

主营业务成本 指企业经营主要业务所发生的成本总额。根据会计“主营业务成本”科目的期末借方余额（结转前）填报。执行2006年《企业会计准则》的企业，如未设置该科目，以“营业成本”代替填报。

营业税金及附加 指企业因从事生产经营活动按税法规定缴纳的应从经营收入中抵扣的税金和附加，包括营业税、消费税、城市维护建设税、教育费附加等。根据会计“利润表”中“营业税金及附加”项目的本期金额数填报。

主营业务税金及附加 指企业经营主要业务应负担的营业税、消费税、城市维护建设税、教育费附加等。根据会计“主营业务税金及附加”科目的期末借方余额（结转前）填报。执行2006年《企业会计准则》的企业，如未设置该科目，以“营业税金及附加”代替填报。

其他业务利润 指企业经营除主要业务以外的其他业务实现的利润。根据会计“其他业务收入”科目的期末贷方余额减“其他业务成本”科目的期末借方余额计算填报。执行2006年《企业会计准则》的企业，如果未设置该科目，则在此处填0。

销售费用 指企业在销售商品和材料、提供劳务的过程中发生的各种费用，包括保险费、包装费、展览费和广告费、商品维修费、预计产品质量保证损失、运输费、装卸费等以及为销售本企业商品而专设的销售机构（含销售网点、售后服务网点等）的职工薪酬、业务费、折旧费等经营费用。建筑业企业销售费用指企业从事施工生产活动过程中发生的各项费用，包括应由企业负担的运输费、装卸费、包装费、保险费、维修费、展览费、差旅费、广告费和其他经费。房地产企业销售费用指企业在从事主要经营业务过程中所发生的各项销售费用，包括转让、销售、结算和出租开发产品等。根据会计“利润表”中“销售费用”项目的本期金额数填报。未执行2006年《企业会计准则》的企业，根据会计“利润表”中“营业费用（或经营费用）”项目的本期金额数填报。

管理费用 指企业为组织和管理企业生产经营所发生的费用，包括企业在筹建期间内发生的开办费、董事会和行政管理部门在企业经营管理中发生的，或者应当由企业统一负担的公司经费等。根据会计“利润表”中“管理费用”项目的本期金额数填报。

税金 指企业按照规定从管理费用中支付的房产税、印花税、车船使用税和土地使用税。根据“管理费用明细账”中“管理费用——税金”的期末借方余额（结转前）分析填报。

财务费用 指企业为筹集生产经营所需资金等而发生的筹资费用，包括企业生产经营期间发生的利息支出（减利息收入）、汇兑损失（减汇兑收益）以及相关的手续费等。根据会计“利润表”中“财务费用”项目的本期金额数填报。

利息收入 指非金融企业存款业务所确认的利息金额。根据企业“财务费用明细账”中“财务费用——利息收入”科目的本期发生额填报。如果企业没有设置该科目，此处可填“0”。

利息支出 指企业短期借款利息、长期借款利息、应付票据利息、票据贴现利息、应付债券利息、长期应付引进国外设备款利息等利息支出。根据企业“财务费用明细账”中“财务费用——利息支出”科目的本期发生额填报。如果企业没有单独设立“利息收入”科目，应填报利息支出减去银行存款等的利息收入后的净额。

资产减值损失 指企业计提各项资产减值准备所形成的损失。根据会计“利润表”中“资产减值损失”项目的本期金额数填报。未执行2006年《企业会计准则》的企业可免填。

公允价值变动收益 指企业的交易性金融资产、交易性金融负债，以及采用公允价值模式计量的投资性房地产、衍生工具、套期保值业务等公允价值变动形成的应计入当期损益的利得或损失。根据会计“利润表”中“公允价值变动收益”项目的本期金额数填报，或根据“公允价值变动损益”会计科目的余额填报。余额在贷方，则为净收益，余额在借方，则为净损失，以“-”号记。未执行2006年《企业会计准则》的企业可免填。

投资收益 指企业确认的投资收益或投资损失，反映企业以各种方式对外投资所取得的收益。根据会计“利润表”中“投资收益”项目的本期金额数填报。如为投资损失以“-”号记。

营业利润 指企业从事生产经营活动所取得的利润。执行2006年《企业会计准则》的企业，营业利润为营业收入减去营业成本、营业税金及附加、销售费用、管理费用、财务费用、资产减值损失，再加上公允价值变动收益和投资收益。未执行2006年《企业会计准则》的企业，营业利润为主营业务收入减去主营业务成本、主营业务税金及附加，加上其他业务利润后，再减去销售费用、管理费用、财务费用后的金额。根据会计“利润表”中“营业利润”项目的本期金额数填报。

营业外收入 指企业发生的与经营业务无直接关系的各项收入，包括非流动资产处置利得、非货币性资产交换利得、债务重组利得、政府补助、盘盈利得、捐赠利得等。根据会计“利润表”中“营业外收入”项目的本期金额数填报；未执行2006年《企业会计准则》的企业，“营业外收入”中不含“补贴收入”。

补贴收入 指企业实际收到的补贴收入，包括实际收到的先征后返的增值税；企业按销量或工作量等，依据国家规定的补助定额计算并按期给予的定额补贴。执行2006年《企业会计准则》的企业，根据会计“营业外收入——补贴收入” 科目的期末贷方余额（结转前）填报；未执行2006年《企业会计准则》的企业，根据会计“补贴收入”科目的期末贷方余额（结转前）填报。

营业外支出 指企业发生的与经营业务无直接关系的各项支出，包括非流动资产处置损失、非货币性资产交换损失、债务重组损失、公益性捐赠支出、非常损失、盘亏损失等。根据会计“利润表”中“营业外支出”项目的本期金额数填报。

利润总额 指企业在一定会计期间的经营成果，是生产经营过程中各种收入扣除各种耗费后的盈余，反映企业在报告期内实现的盈亏总额。根据会计“利润表”中“利润总额”项目的本期金额数填报。执行2006年《企业会计准则》的企业，利润总额为营业利润加上营业外收入，减去营业外支出后的金额；未执行2006年《企业会计准则》的企业，利润总额为营业利润加上投资收益、补贴收入、营业外收入，再减去营业外支出后的金额。

应交所得税 指企业按税法规定，应从生产经营等活动的所得中缴纳的税金。执行2006年《企业会计准则》的企业，根据会计“利润表”中“所得税费用”项目的本期金额数填报；未执行2006年《企业会计准则》的企业，根据会计“利润表”中 “所得税”项目的本期金额数填报。

建筑业企业在境外完成的营业收入 指建筑业企业报告期内在国外及港、澳、台等区域所有经营活动的货币表现。本指标是有境外施工或劳务输出业务的总承包和专业承包建筑业企业填报，填报时注意是外币的，要按照报告期末的人民币汇率折算填报。

签订合同额 指建筑业企业在报告期直接同建设单位签订的各种国内工程合同的总价款和以前年度同建设单位签定合同的未完工程跨入本年度继续施工工程合同的总价款余额。

上年结转合同额 指以前年度同建设单位签订合同的未完工程跨入本年度继续施工工程合同的总价款余额。

本年新签合同额 指建筑业企业在报告期内同建设单位直接新签订的各种国内工程合同的总价款，不包括与其他建筑业企业新签的分包合同额。

直接从建设单位承揽工程完成的产值 指总承包企业或专业承包企业直接与建设单位（业主）签订的承包合同（包括报告期及以往年度签订的合同，不包括无效合同和中途解除的合同），在报告期内完成的工程总值。包括企业向其他专业承包企业或劳务分包企业分包出去的工程所完成产值，还包括分包企业缴纳的管理费。

自行完成施工产值 指总承包企业或专业承包企业直接与建设单位（业主）签订的总承包合同或专业承包合同中，自行完成的工程总值。包括总承包企业和专业承包企业自行完成的工作量和分包企业缴纳的管理费。

分包出去工程的产值 指专业承包企业或劳务分包企业与总承包企业或专业承包企业签订的专业承包或劳务分包合同中在报告期所完成的产值。分包企业如果是一个独立核算的经济实体，其完成的产量产值，不包括在总承包企业或专业承包企业自行完成产值中。

在当前建筑市场中，还有一些零散的建筑业包工队（组）以小包工队形式从建筑施工企业分包部分“单位工程”或“分部工程”，这些包工队（组）并不具备填报国家统计报表的条件，其完成的产量产值均应由总承包企业或专业承包企业填报。为了保持相关数据的一致性，包工队（组）参与施工的人数也应统计在总承包企业或专业承包企业的人数内。

从建设单位以外承揽工程完成的产值 指总承包企业或专业承包企业从其他总承包企业或专业承包企业处承揽工程而完成的产值。不包括总承包企业或专业承包企业从建设单位承揽工程中自行完成的产值和分包企业缴纳的管理费。

建筑业总产值 指以货币表现的建筑业企业在一定时期内生产的建筑业产品和服务的总和。建筑业总产值包括建筑工程产值、安装工程产值和其他产值三部分内容。

劳务分包企业建筑业总产值指劳务分包企业与总承包企业或专业承包企业签定劳务分包合同后，从事建筑安装工程取得的所有劳务收入。

装饰装修产值 包括装饰、装修两部分产值。装修装饰指对新旧房屋及建筑物进行的内外装修装饰；对新建房屋及建筑物经过施工后，尚未完全达到使用标准，而进行的二次装修装饰；以及对原有房屋经使用若干年后进行的二次内外装饰。包括抹灰、门窗、玻璃、吊顶、隔断、饰面板（砖）、涂料、裱糊、刷浆、花饰等。

在外省完成的产值 指建筑业企业在其他省份施工所完成的建筑业产值。

建筑工程产值 指列入建筑工程预算内的各种工程价值，包括：

（1）各种房屋如厂房、仓库、办公室、住宅、商店、学校、医院、俱乐部、食堂、车库、招待所等房屋建筑，按照当前预算制度规定，列入房屋工程预算内的暖气、卫生、通风、照明、煤气等设备价值及其装饰油漆工程，以及列入建筑工程预算内的各种管道（如蒸汽、压缩空气、石油、给排水等管道），电力、电讯电缆导线的敷设等工程。

（2）设备基础、支柱、操作平台、梯子、烟囱、凉水塔、水池、灰塔等建筑工程，炼焦炉、裂解炉、蒸汽炉等各种窑炉的砌筑工程及金属结构工程。

（3）为施工而进行的建筑场地的布置，工程地质勘探，原有建筑物和障碍物的拆除及平整土地，施工临时用水、电、汽、道路工程，以及完工后建筑场地的清理，环境绿化工作等。

（4）矿井的开凿、井巷掘进延伸、露天矿的剥离、石油、天然气钻井工程和铁路、公路、港口、桥梁等工程。

（5）水利工程，如水库、堤坝、灌渠以及河道整治等工程。

（6）防空、地下建筑等特殊工程。

（7）装饰装修工程。

安装工程产值 指设备安装工程价值，包括：

（1）生产、动力、起重、运输、传动和医疗、实验等各种需要安装设备的装配和安装与设备相连的工作台、梯子、栏杆等装设工程，附属于被安装设备的管线敷设工程、被安装设备的绝缘、防腐、保温、油漆等工作。

（2）为测定安装工作质量，对单个设备、系统设备进行单机试运和系统联动无负荷试运工作。

在设备安装产值中，不得包括被安装设备本身价值。

其他产值 建筑业总产值中除建筑工程、安装工程以外的产值。包括房屋构筑物修理产值、非标准设备制造产值、总包企业向分包企业收取的管理费以及不能明确划分的施工活动所完成的产值。

房屋构筑物修理产值：指房屋和构筑物的修理所完成的产值，但不包括被修理房屋、构筑物本身价值和生产设备的修理价值。

非标准设备制造产值：指加工制造没有定型的非标准生产设备的加工费和原材料价值（如化工厂、炼油厂用的各种罐、槽，矿井生产统一使用的各种漏斗、三角槽、阀门等）以及附属加工厂为本企业承建工程制作的非标准设备的价值。

竣工产值 一般是以单位工程为对象，当该工程按照设计所规定的工程内容全部完成，达到了设计规定的交工条件，经有关部门检查验收鉴定合格的单位工程价值，即为竣工产值。

（1）竣工产值包括范围：竣工产值是报告期内竣工的单位工程从开工到竣工的全部自行完成的价值，包括范围是：

①对跨年度施工的单位工程，其竣工产值应当包括该工程从开始到竣工的全部自行完成价值。

②对有些大型单位工程，如大型厂房、高级宾馆、各种管道、公路、铁路等，能够分跨、分层、分段施工并按合同规定，能够分开交付使用的，可以分开计算竣工产值。

竣工产值不包括附属辅助企业或内部核算的其他单位为外单位生产和服务的价值。

（2）竣工产值统计依据：竣工产值统计的依据是企业承包的工程只有同时满足以下两个条件时，才能计算竣工产值。

①承包合同中规定的单位工程内容全部完成，达到设计规定的交工条件。

②经有关部门检查验收鉴定合格。

（3）竣工产值填报依据：竣工产值填报的依据是工程验收鉴定合格证书（或文本）、工程结算（或决算）文本。

房屋建筑面积 指房屋全部平面面积的总和。它从房屋的外墙线算起，包括可供使用的有效面积和墙柱等结构占用面积。多层房屋按各层(包括地下室)面积总合计算。旧房加层或改造，只计算增加的建筑面积；旧房拆除重建，计算其全部面积；临时房屋不计算建筑面积。

(1)房屋建筑面积的计算范围包括：

①单层建筑物不论其高度如何均按一层计算，其建筑面积按建筑物外墙勒脚以上的外围水平面积计算，单层建筑物内如带有部分楼层者，亦应计算建筑面积。

②高低联跨的单层建筑物，也需分别计算建筑面积。当高跨为边跨时，其建筑面积按勒脚以上两端山墙外表面的水平长度乘勒脚以上的外墙表面至高跨中柱外边线的水平宽度计算。当高跨为中跨时，其建筑面积按勒脚以上两端山墙外表面的水平长度乘以中柱外边线的水平宽度计算。

③多层建筑物的建筑面积按各层建筑面积的总和计算，其底层按建筑物外墙勒脚以上的外围水平面积计算，二层及二层以上按外墙外围水平面积计算。

④地下室、半地下室、地下车间、仓库、商店、地下指挥部等及相应出入口的建筑面积，按其上口外墙(不包括采光井、防潮层及其保护墙)外围的水平面积计算。

⑤用深基础做地下架空层加以利用，层高超过 2.2 米的按架空层外围的水平面积的一半计算建筑面积。

⑥坡地建筑物利用吊脚做架空层加以利用，且层高超过 2.2 米的，按围护结构外围水平面积计算建筑面积。

⑦穿过建筑物的通道、建筑物内的门厅、大厅不论其高度如何，均按一层计算建筑面积。门厅、大厅内回廊部分按其水平投影面积计算建筑面积。

⑧图书馆的书库按书架层计算建筑面积。

⑨电梯井、提物井、垃圾道、管道井等均按建筑物自然层计算建筑面积。

⑩舞台灯光控制室按围护结构外墙水平面积乘以实际层数计算建筑面积。

⑪建筑物的技术层，层高超过 2.2 米的应计算建筑面积。

⑫柱雨棚按外围水平面积计算建筑面积，独立柱的雨棚按顶盖的水平投影面积的一半计算建筑面积。

⑬有柱的车棚、货棚、站台等按柱外围水平面积计算建筑面积，单排柱、独立柱的车棚、货棚、站台等按顶盖的水平投影面积的一半计算建筑面积。

⑭突出屋面的有围护结构的楼梯间、水箱间、电梯机房等按围护结构外围水平面积计算建筑面积。

⑮突出墙外的门斗按围护结构外围水平面积计算建筑面积。

⑯封闭式阳台、挑廊按其水平投影面积计算建筑面积。凹阳台、挑阳台按其水平投影面积的一半计算建筑面积。

⑰建筑物墙外有顶盖和柱的走廊、檐廊按柱的外边线水平面积计算建筑面积，无柱的走廊、檐廊按其投影面积的一半计算建筑面积。

⑱两个建筑物间有顶盖的架空通廊，按通廊的投影面积计算建筑面积，无顶盖的架空通廊按其投影面积的一半计算建筑面积。

⑲室外楼梯做为主要通道和用于疏散的均按每层水平投影面积计算建筑面积。楼内有楼梯的室外楼梯按水平投影面积的一半计算建筑面积。

⑳跨越其他建筑物、构筑物的高架单层建筑物，按水平投影面积计算建筑面积，多层者按多层计算。

(2)不计算建筑面积的范围：

①突出墙面的构件配件和艺术装饰，如柱垛、勒脚、台阶、无柱雨蓬等。

②检修、消防等用的室外爬梯。

③层高在2.2米以内的技术层。

④构筑物，如独立烟囱、烟道、油罐、水塔、贮油(水)池、贮仓、圆库、地下人防干、支线等。

⑤建筑物内外的操作平台、上料平台及利用建筑物的空间安置箱罐的平台。

⑥没有围护结构的屋顶水箱，舞台及台后悬挂幕布，布影的天桥、挑台。

⑦单层建筑物内分隔的操作间、控制室、仪表间等单层房间。

⑧层高小于2.2米的深基础地下架空层、坡地建筑物吊脚架空层。

房屋施工面积 指报告期内施工的全部房屋建筑面积。包括本期新开工的房屋建筑面积、上期跨入本期继续施工的房屋建筑面积、上期停缓建在本期恢复施工的房屋建筑面积、本期竣工的房屋建筑面积以及本期施工后又停缓建的房屋建筑面积。多层建筑应填各层建筑面积之和。

房屋新开工面积 指报告期内新开工建设的房屋建筑面积，以单位工程为核算对象，即整栋房屋的全部建筑面积，不能分割计算。不包括在上期开工跨入报告期继续施工的房屋建筑面积和上期停缓建而在本期恢复施工的房屋建筑面积。房屋的开工应以房屋正式开始破土刨槽（地基处理或打永久桩）的日期为准。

实行投标承包面积 指报告期内建筑施工企业经过投标招标而承担的全部房屋建筑面积。

房屋竣工面积 指报告期内房屋建筑按照设计要求已全部完工，达到住人和使用条件，经验收鉴定合格或达到竣工验收标准，可正式移交使用的各栋房屋建筑面积的总和。

竣工面积以房屋单位工程（栋）为核算对象，在整栋房屋符合竣工条件后按其全部建筑面积一次性计算，而不是按各栋施工房屋中已完成的部分或层次分割计算。

计算房屋竣工面积，要求严格执行房屋竣工验收标准。民用建筑一般应按设计要求在土建工程和房屋本身附属的水、电、卫（包括设计中有的煤气、暖气）工程已经完工，通风、电梯等设备已经安装完毕，做到水通、灯亮，经验收鉴定合格，并正式交付给使用单位后，才能计算竣工面积。工业及科研等生产性房屋建筑一般应按设计要求在土建工程（包括水、暖、电、卫、通风）及属于房屋组成部分的生活间、操作间等已经完成（不包括安装设备的基础工程），可以进行工艺设备和管线安装时，方可计算房屋竣工面积。

房屋竣工价值 指报告期内按规定已经上报竣工的房屋本身的建造价值。一般按房屋设计和预算规定的内容计算。包括竣工房屋本身的基础、结构、屋面、装修以及水、电、卫等附属工程的建筑价值；也包括作为房屋建筑组成部分而列入房屋建筑工程预算内的设备（如电梯、通风设备等）的购置和安装费用。不包括厂房内的工艺设备、工艺管线的购置和安装，工艺设备基础的建造；室外的水、暖、电、卫、道路工程、挡土墙等环境工程的费用；办公和生活用家具的购置等费用；购置土地的费用；迁移补偿费和场地平整的费用及城市建设配套投资。

房屋竣工价值不仅包括该竣工房屋在报告期内完成的价值，也包括跨年施工的房屋在本期以前完成的价值。未竣工而转让给其他单位的房屋建筑工程，出让单位不计算竣工价值，待接受单位继续施工并符合竣工条件后，由接受单位计算其竣工价值，包括出让单位在出让前所完成的价值。房屋竣工价值一般按结算价格（或中标价）计算。

房屋建筑面积按房屋设计所规定的用途进行划分，一般分为以下几种：

住宅房屋 指专供居住用的房屋。包括保障性住房、普通商品房、别墅、公寓、各部门的职工家属宿舍和集体宿舍(包括职工单身宿舍和学生宿舍)等供居住的房屋。不包括住宅楼中作为人防工程用的房屋，也不包括不住人的地下室。

商业及服务用房屋 包括批发和零售用房、宾馆用房屋、餐饮用房屋、商务会展用房屋和其他商业及服务用房屋五类。

商厦房屋(批发和零售用房) 指批发和零售企业对外营业的各种批发市场、超级市场、商店、门市部、粮店、书店、供销店等房屋。不包括批发零售企业的厂房和仓库。

宾馆用房屋（住宿用房） 指住宿行业对外营业的宾馆、度假村、招待所及各种饭店等房屋。

餐饮用房屋（餐饮用房） 指餐饮行业对外营业的酒楼、餐厅、快餐店、酒吧茶馆等房屋。

商务会展用房屋 指用于商务及会议展览，信息交流，商务会谈服务，商务研讨及培训等房屋。包括国际会议展览中心、俱乐部、商务活动中心等房屋建筑。

其他商业及服务用房屋(居民服务业用房) 指上述4类用途外的其他商业及服务用房。

办公用房屋 指企业、事业、机关、团体、学校、医院等单位的办公用房，也包括商务办公楼。

科研、教育、医疗用房屋 指用于科学实验研究，学生教育和卫生医疗的房屋建筑。包括科研、教育和医疗用房屋。

科学研究用房屋 指独立的科学实验研究机构或企业、事业单位进行科学实验研究工作所用的房屋(包括天文台的科研用房)。

教育用房屋 指各类学校(包括党校、技校、干校、工读学校、幼儿园在内)的教室、图书馆、试验室、体育馆、展览馆等有关教育用房。不包括学校的教职员工宿舍、学生宿舍、食堂、浴室等非教育用房。

医疗用房屋(卫生医疗用房) 指各类医疗机构(包括防疫站、防治所)的病房、门诊部、保健站、卫生所、化验室、药房、病案室、太平间等房屋，不包括医护人员的职工宿舍、食堂及独立的办公用房。

文化、体育、娱乐用房屋 指各种俱乐部、博物馆、图书馆、影剧院、文化馆、展览馆、宗教寺院等文化用房；各种健身房、体育馆等体育用房；各种娱乐厅、游乐园、夜总会等休闲娱乐用房。不包括各类学校内的文化体育用房。

厂房及建筑物 指直接用于生产或为生产配套的各种房屋及建筑物。包括车间、锅炉房、烟囱、水塔、其他厂房及建筑物。

厂房 指直接用于生产或为生产配套的各种房屋，包括主要车间、辅助用房及附属设施用房。凡工业、农业、建筑业、交通运输业、商业等单位中的厂房都包括在内。

仓库 仓库指工业、农业、建筑业、交通运输业、商业、供销、外贸及其他企事业单位建造的成品库、原材料库、货物仓库、物资储备库以及冷藏库、粮油库等。

其他未列明的房屋建筑物 指凡不属于上述各项用途的房屋。如各种人防工程、厕所等。

年末自有施工机械设备净值 指本企业（或单位）自有施工机械设备经过使用、磨损后实际存在的价值，即原值减去折旧后的净额。

年末自有施工机械设备总台数 指年末本企业（或单位）自有的直接用于工程施工的各种机械设备的台数。但不包括附属辅助生产机械设备、运输机械设备、生产试验机械设备的台数。

年末自有施工机械设备总功率 指年末本企业（或单位）自有的直接用于工程施工的各种机械设备年末总功率，按设定能力或查定能力计算。包括施工机械本身的动力和为该机械服务的单独动力设备，如电动机等。但不包括附属辅助生产机械设备、运输机械设备、生产试验机械设备的功率。计量单位用千瓦，动力换算可按 1 马力＝0.735 千瓦折合成千瓦数。电焊机、变压器、锅炉不计算动力。

主要建筑材料消耗量 指报告期内实际耗用于建筑产品生产过程中的全部材料数量，包括建设工程直接耗用的材料，现场临时设施，预制建筑构件，非标准设备制造等所耗用的材料。它是编制和检查材料消耗计划，核算单位产品材料消耗水平，考核消耗定额和反映节约情况的依据。

钢材 包括重轨、轻轨、大型型钢、中型型钢、小型型钢、带钢、线材、特厚钢板、中厚钢板、薄钢板、硅钢片、优质型材、无缝钢管、焊接钢管和其他钢材等品种，以吨为计量单位。不包括钢锭、钢材边角料，已经使用过的旧钢材、铸铁管，以及钢丝绳、铅丝等金属制品。

木材 包括原木、锯材和各种人造板，统一按原木数量计算，以立方米为计量单位。不经过纵锯就直接使用的原木，如桩木、电杆和脚手杆等，可直接计入消耗量。经过纵锯或加工而成的材料、板材和人造板，必须按规定的出材率和换算方法计算出原木数量后，再计入消耗量。计算木材消耗量，不包括小规格材和废旧材料。

水泥 包括普通建筑水泥、装饰水泥和特种水泥（如快硬高强水泥、膨胀水泥、耐酸耐火、防射线水泥等），以吨为计量单位。不包括无熟料水泥和土水泥。

平板玻璃 建筑用平板玻璃主要指无色的普通平板玻璃和吸热玻璃（即在熔化玻璃液时加入不同的着色剂，可以生产茶、灰、蓝等不同色泽的平板玻璃，俗称彩色玻璃）。

计量单位为重量箱和平方米。“每一重量箱”指厚度为 2 毫米，面积 10 平方米的平板玻璃。其折算公式如下：

$$\text{某种玻璃的重量箱数}=\frac{\text{某种厚玻璃消耗量(平方米)}\times\text{某种玻璃的厚度}/2}{10}$$

“平方米”指不同厚度玻璃的实际表面面积。

铝材 指铝成品材。包括纯铝及铝合金加工的板材、带材、箔材、管材、棒材、线材、型材、压模件、自由锻件等。不包括边角料、裸铝线及电线厂自产自用的铝盘条。

建筑主要材料统计指标的填报依据是企业材料消耗统计台账、或企业建筑施工活动中的用料记录。

主要材料消耗注意问题：（1）建筑业企业原材料消耗核算是从建筑材料进入第一道生产工序，改变了原来的形态或性能，或者已经实际投入使用开始，即作材料消耗统计。包括因施工错误、技术指导错误或甲方变更设计而造成的返工、报废工程所耗用的材料，但不包括已领取但未投入使用的材料，因此，企业在做材料消耗统计时，不能以领代耗、也不能以进代耗。（2）注意计量单位。（3）注意主要材料的总价值必须小于建筑业总产值，其中：

主要材料的总价值=Σ（各种主要材料×当地的材料均价）。

企业总产值 指建筑业企业在报告期内全部经济活动的最终成果的货币表现。在企业总产值中除包括建筑业总产值外，还包括建筑业企业从事其他经济活动所创造的价值（如工业产值、交通运输产值、商业服务业产值、其他产值收入和劳务收入等）。

从事建筑业活动的从业人员平均人数 指建筑业企业(或单位)报告期实际拥有的、与建筑施工活动有关的人员的平均人数，包括参加本企业(或单位)建筑施工活动的非本企业(或单位)人员，但不包括企业内部社会服务性机构的人员以及由本企业支付工资但所从事的工作与本企业生产基本无关的人员。

工程技术人员期末人数 指报告期末在本单位工作，负担工程技术和工程技术管理工作，并具有工程技术工作能力的人员。包括：

1. 取得工程技术职务资格，已被聘或任命工程技术职务，并担任工程技术工作的人员；

2. 无工程技术职务，但取得工程技术职务资格或从大、中专理工科系毕业，并担任工程技术工作的人员；

3. 未取得工程技术职务资格或无学历，但实际担任工程技术工作的人员；

4. 已取得工程技术职务资格或从大学、中专理工科系毕业，在企业中担任工程技术管理工作的人员。

包括：总工程师、车间主任以及在计划、生产、生产准备、检查、安全技术、设计、工艺、劳动定额、工具设备、动力、基建、环境保护等科室从事工程技术管理工作的人员。

工程技术人员中，不包括已取得工程技术职务资格或从大学、中专理工科系毕业，但未担任工程技术和工程技术管理工作的人员。

一级建造师期末人数 指报告期末在本单位工作，按照人力资源社会保障部、住房城乡建设部制定的《建造师执业资格制度暂行规定》(人发[2002]111 号)，取得《中华人民共和国一级建造师执业资格证书》和《中华人民共和国一级建造师注册证》，并在住房城乡建设部或其授权的注册管理机构备案的实有人员。

现场施工人员期末人数 指报告期末在本单位工作，在施工现场从事建筑安装工作和直接服务于施工过程的工人。包括自行招用的且与建筑施工活动有关的临时人员、农民工和非个体工商户的工程队等。不包括整建制使用的外单位施工人员。

持证上岗人员 指报告期末在本单位工作，经过企业培训或劳动部门培训后，考试（考核）合格，经主管部门批准承认并持有各类证书的实有人员。

营业外支出 指企业发生的与经营业务无直接关系的各项支出，包括非流动资产处置损失、非货币性资产交换损失、债务重组损失、公益性捐赠支出、非常损失、盘亏损失等。根据会计“利润表”中“营业外支出”项目的本期金额数填报。

利润总额 指企业在一定会计期间的经营成果，是生产经营过程中各种收入扣除各种耗费后的盈余，反映企业在报告期内实现的盈亏总额。根据会计“利润表”中“利润总额”项目的本期金额数填报。执行 2006 年《企业会计准则》的企业，利润总额为营业利润加上营业外收入，减去营业外支出后的金额；未执行 2006 年《企业会计准则》的企业，利润总额为营业利润加上投资收益、补贴收入、营业外收入，再减去营业外支出后的金额。

应交所得税 指企业按税法规定，应从生产经营等活动的所得中缴纳的税金。执行 2006 年《企业会计准则》的企业，根据会计“利润表”中“所得税费用”项目的本期金额数填报；未执行 2006 年《企业会计准则》的企业，根据会计“利润表”中 “所得税”项目的本期金额数填报。

应付职工薪酬 指企业为获得职工提供的服务而给予各种形式的报酬以及其他相关支出。包括职工工资、奖金、津贴和补贴，职工福利费，医疗保险费、养老保险费、失业保险费、工伤保险费和生育保险费等社会保险费，住房公积金，工会经费和职工教育经费，非货币性福利，因解除与职工的劳动关系给予的补偿，其他与获得职工提供的服务相关的支出。执行 2006 年《企业会计准则》的企业，根据会计科目“应付职工薪酬”的本年贷方累计发生额填报；未执行 2006 年《企业会计准则》的企业，应将本年上述职工薪酬包含的科目归并填报。

广西经济普查年鉴 2013

Guangxi Economic Census Yearbook

第三产业卷

广西壮族自治区人民政府第三次全国经济普查领导小组办公室 编

中国统计出版社
China Statistics Press

© 中国统计出版社 2015
版权所有。未经许可，本书的任何部分不得以任何方式在世界任何地区以任何文字翻印、拷贝、仿制或转载。

© 2015 China Statistics Press
All rights reserved. No part of the publication may be reproduced or transmitted in any form or by any means, electronic or mechanical, including photocopying, recording, or any information storage and retrieval system, without written permission from the publisher.

图书在版编目（CIP）数据

广西经济普查年鉴. 2013 / 广西壮族自治区第三次全国经济普查领导小组办公室编. -- 北京 : 中国统计出版社,2015.10
ISBN 978-7-5037-7687-8

Ⅰ. ①广… Ⅱ. ①广… Ⅲ. ①经济—普查—广西—2013—年鉴 Ⅳ. ①F127.67-54

中国版本图书馆 CIP 数据核字（2015）第 259610 号

广西经济普查年鉴—2013/第三产业卷

作　　者/广西壮族自治区第三次全国经济普查领导小组办公室
责任编辑/赵淑焕
封面设计/黄俊杰　李雪燕
出版发行/中国统计出版社
通信地址/北京市丰台区西三环南路甲 6 号　邮政编码/100073
电　　话/邮购（010）63376909　书店（010）68783171
网　　址/http://www.zgtjcbs.com/
印　　刷/河北天普润印刷厂
经　　销/新华书店
开　　本/880mm×1230mm　1/16
字　　数/396 千字
印　　张/13
版　　别/2015 年 10 月第 1 版
版　　次/2015 年 10 月第 1 次印刷
定　　价/650.00 元（全四册附光盘）

本书附同版本 CD-ROM 一张，光盘内容以书面文字为准。
如有印装差错，由本社发行部调换。

编 辑 部

主　　编：唐　旭

副 主 编：（按姓名笔划排序）

叶志杰　付天德　李　勇　李国松　居　青　郑贵敏　周光辉

黄奉庆　程文胜　韩祖海

第一篇　批发和零售业基本情况及财务状况

第二篇　住宿和餐饮业基本情况及财务状况

主任编辑：周光辉

副主任编辑：吴泰军

编　　辑：蒙庆彬　钟业宁　陈李全　黄喆玉　袁夏莹

第三篇　房地产开发经营业生产经营及财务状况

主任编辑：李　勇

副主任编辑：周竞龙

编　　辑：何小红　任亚平　黄保荣　黄新倩　胡冬玉　曾　睿　易　静

第四篇　服务业企业财务状况

第五篇　行政事业、社会团体及其他单位财务状况

主任编辑：叶志杰

副主任编辑：李洁芳

编　　辑：张　慧　黄贵忠　邓海梅　林道珠　刘靖华　陈少雯

第六篇　能源生产及消费

主任编辑：付天德

副主任编辑：李伟华

编　　辑：李剑波　朱旭芳　傅朝虹　罗　璇　欧阳炎

第三产业卷　目录

第一篇　批发和零售业基本情况及财务状况

第二篇　住宿和餐饮业基本情况及财务状况

第三篇 房地产开发经营业生产经营及财务状况

第四篇 服务业企业财务状况

第五篇 行政事业、社团及其他单位财务状况

第六篇 能源生产及消费

第1篇

批发和零售业基本情况及财务状况

1-1　按国民经济行业分组批发业法人单位基本情况

指　　标	法　人 单位数 (个)	从业人员 期末人数 (人)	
			#女性
总　　计	**33447**	**312779**	**126175**
农、林、牧产品批发	2940	22572	8556
谷物、豆及薯类批发	293	4141	1313
种子批发	343	3328	1461
饲料批发	1120	4716	1798
棉、麻批发	25	222	64
林业产品批发	180	1719	711
牲畜批发	171	2670	990
其他农牧产品批发	808	5776	2219
食品、饮料及烟草制品批发	3444	44961	19451
米、面制品及食用油批发	417	5759	2100
糕点、糖果及糖批发	282	2910	1291
果品、蔬菜批发	454	6420	3003
肉、禽、蛋、奶及水产品批发	298	3534	1445
盐及调味品批发	47	1381	502
营养和保健品批发	132	1606	1022
酒、饮料及茶叶批发	746	6129	2895
烟草制品批发	40	7403	1906
其他食品批发	1028	9819	5287
纺织、服装及家庭用品批发	2696	26397	14588
纺织品、针织品及原料批发	251	1688	913
服装批发	484	4187	2693
鞋帽批发	53	472	294
化妆品及卫生用品批发	194	2636	1643
厨房、卫生间用具及日用杂货批发	438	3873	1963
灯具、装饰物品批发	95	577	282
家用电器批发	593	8396	4554
其他家庭用品批发	588	4568	2246
文化、体育用品及器材批发	819	8012	4226
文具用品批发	270	1867	841
休育用品及器材批发	65	754	439
图书批发	114	1888	961
报刊批发	7	78	50
音像制品及电子出版物批发	9	62	24
首饰、工艺品及收藏品批发	220	2066	1273
其他文化用品批发	134	1297	638

1-1 续表

指　　标	法　人 单位数 (个)	从业人员 期末人数 (人)	
			#女性
医药及医疗器材批发	1380	18079	8889
西药批发	403	7731	3982
中药批发	311	3846	2043
医疗用品及器材批发	666	6502	2864
矿产品、建材及化工产品批发	12275	113950	41154
煤炭及制品批发	439	4905	1582
石油及制品批发	537	18092	7907
非金属矿及制品批发	459	3783	1177
金属及金属矿批发	2108	17882	5948
建材批发	4020	31088	10701
化肥批发	2571	23944	8733
农药批发	1074	5767	2046
农用薄膜批发	24	96	30
其他化工产品批发	1043	8393	3030
机械设备、五金产品及电子产品批发	7071	55381	20603
农业机械批发	787	5496	1907
汽车批发	241	2975	962
汽车零配件批发	430	3750	1460
摩托车及零配件批发	77	831	328
五金产品批发	1674	9827	3931
电气设备批发	609	4054	1478
计算机、软件及辅助设备批发	815	6731	2617
通讯及广播电视设备批发	224	2789	1434
其他机械设备及电子产品批发	2214	18928	6486
贸易经纪与代理	1721	15636	5921
贸易代理	1223	11073	4297
拍卖	114	875	400
其他贸易经纪与代理	384	3688	1224
其他批发业	1101	7791	2787
再生物资回收与批发	681	4497	1567
其他未列明批发业	420	3294	1220

1-2　按登记注册类型分组批发业法人单位基本情况

指　　标	法　人 单位数 (个)	从业人员 期末人数 (人)	#女性
总　　计	**33447**	**312779**	**126175**
内资企业	33364	311266	125496
国有企业	568	19101	5775
集体企业	724	13158	5070
股份合作企业	31	261	109
联营企业	41	284	102
国有联营企业	12	75	26
集体联营企业	19	168	61
国有与集体联营企业	1	5	2
其他联营企业	9	36	13
有限责任公司	5644	63206	26611
国有独资公司	65	2345	838
其他有限责任公司	5579	60861	25773
股份有限公司	621	19611	8589
私营企业	24117	179140	72775
私营独资企业	5409	22362	8957
私营合伙企业	181	1230	462
私营有限责任公司	17530	147464	60210
私营股份有限公司	997	8084	3146
其他企业	1618	16505	6465
港、澳、台商投资企业	38	844	454
合资经营企业	12	265	157
合作经营企业	1	5	4
独资经营企业	22	408	187
投资股份有限公司	2	154	99
其他港澳台商投资企业	1	12	7
外商投资企业	45	669	225
中外合资经营企业	15	429	144
中外合作经营企业	2	4	1
外资企业	22	207	66
外商投资股份有限公司			
其他外商投资企业	6	29	14

1-3 按国民经济行业分组零售业法人单位基本情况

指 标	法 人 单位数 (个)	从业人员 期末人数 (人)	
			#女性
总 计	**30815**	**281611**	**144616**
综合零售	3158	70593	44482
百货零售	1786	32800	20151
超级市场零售	341	29291	20538
其他综合零售	1031	8502	3793
食品、饮料及烟草制品专门零售	3174	21173	10175
粮油零售	297	2315	879
糕点、面包零售	98	1190	768
果品、蔬菜零售	501	3405	1555
肉、禽、蛋、奶及水产品零售	344	2693	973
营养和保健品零售	80	783	493
酒、饮料及茶叶零售	876	5128	2671
烟草制品零售	79	379	221
其他食品零售	899	5280	2615
纺织、服装及日用品专门零售	2446	16099	9573
纺织品及针织品零售	253	1918	1085
服装零售	974	6353	4012
鞋帽零售	104	754	571
化妆品及卫生用品零售	246	1456	1009
钟表、眼镜零售	77	544	347
箱、包零售	31	189	131
厨房用具及日用杂品零售	109	688	300
自行车零售	53	353	133
其他日用品零售	599	3844	1985
文化、体育用品及器材专门零售	1207	10265	5554
文具用品零售	287	1458	719
体育用品及器材零售	114	836	437
图书、报刊零售	152	3632	1991
音像制品及电子出版物零售	19	170	74
珠宝首饰零售	180	1373	920
工艺美术品及收藏品零售	257	1251	640
乐器零售	38	168	84
照相器材零售	40	285	134
其他文化用品零售	120	1092	555

1-3　续表

指　　标	法　人 单位数 (个)	从业人员 期末人数 (人)	#女性
医药及医疗器材专门零售	7143	42404	26901
药品零售	6751	39702	25676
医疗用品及器材零售	392	2702	1225
汽车、摩托车、燃料及零配件专门零售	3235	46285	16566
汽车零售	1417	32406	11901
汽车零配件零售	698	5061	1678
摩托车及零配件零售	645	5028	1383
机动车燃料零售	475	3790	1604
家用电器及电子产品专门零售	4080	34397	15934
家用视听设备零售	371	4211	2277
日用家电设备零售	973	11423	5709
计算机、软件及辅助设备零售	1401	9392	3488
通信设备零售	557	4722	2644
其他电子产品零售	778	4649	1816
五金、家具及室内装饰材料专门零售	3447	19912	7747
五金零售	1415	8446	3375
灯具零售	90	582	270
家具零售	702	4112	1785
涂料零售	100	505	201
卫生洁具零售	47	274	125
木质装饰材料零售	109	689	223
陶瓷、石材装饰材料零售	273	1466	516
其他室内装饰材料零售	711	3838	1252
货摊、无店铺及其他零售业	2925	20483	7684
货摊食品零售	5	85	29
货摊纺织、服装及鞋零售	9	27	16
货摊日用品零售	4	88	49
互联网零售	21	168	85
邮购及电视、电话零售	2	184	178
旧货零售	20	112	33
生活用燃料零售	275	4236	1389
其他未列明零售业	2589	15583	5905

1-4 按登记注册类型分组零售业法人单位基本情况

指　标	法　人 单位数 (个)	从业人员 期末人数 (人)	#女性
总　计	**30815**	**281611**	**144616**
内资企业	30735	275212	140568
国有企业	321	7253	3547
集体企业	620	9327	3734
股份合作企业	38	364	182
联营企业	39	362	200
国有联营企业	4	42	25
集体联营企业	20	234	132
国有与集体联营企业	3	31	11
其他联营企业	12	55	32
有限责任公司	4238	65342	33214
国有独资公司	62	2478	1268
其他有限责任公司	4176	62864	31946
股份有限公司	479	16209	9363
私营企业	23489	169335	86696
私营独资企业	10910	43360	23158
私营合伙企业	325	2158	1207
私营有限责任公司	11443	115723	58281
私营股份有限公司	811	8094	4050
其他企业	1511	7020	3632
港、澳、台商投资企业	42	3964	2248
合资经营企业	11	692	300
合作经营企业	1	4	3
独资经营企业	27	3134	1878
投资股份有限公司	2	130	65
其他港澳台商投资企业	1	4	2
外商投资企业	38	2435	1800
中外合资经营企业	6	1040	884
中外合作经营企业	3	204	148
外资企业	14	998	659
外商投资股份有限公司	3	140	88
其他外商投资企业	12	53	21

1-5 按国民经济行业分组批发业法人单位主要经济指标

单位：万元

指标	营业收入	#主营业务收入	营业税金及附加	#主营业务税金及附加	资产总计	实收资本
总计	**49210196**	**48901416**	**440491**	**430684**	**44262129**	**9246502**
农、林、牧产品批发	1348096	1335010	12905	12666	1602742	499690
谷物、豆及薯类批发	497779	495499	2544	2493	732539	116593
种子批发	56505	56172	766	751	217445	58924
饲料批发	463614	458127	2318	2292	122513	52835
棉、麻批发	16298	16296	48	47	15175	3745
林业产品批发	58667	57659	982	963	185733	96938
牲畜批发	65173	64782	1501	1492	74033	17268
其他农牧产品批发	190060	186475	4746	4628	255303	153387
食品、饮料及烟草制品批发	5347795	5309493	204398	203875	4089610	631424
米、面制品及食用油批发	326957	324577	3301	3242	536184	103174
糕点、糖果及糖批发	732704	729668	4074	4040	1505886	136544
果品、蔬菜批发	124441	123722	2022	2018	149455	55461
肉、禽、蛋、奶及水产品批发	134129	132784	1270	1201	92486	33704
盐及调味品批发	100983	99667	1868	1862	96603	16326
营养和保健品批发	56616	55588	1009	958	70998	40069
酒、饮料及茶叶批发	211058	201331	5769	5646	188176	100604
烟草制品批发	3047659	3032535	176763	176747	958371	28165
其他食品批发	613248	609620	8323	8161	491451	117377
纺织、服装及家庭用品批发	2348561	2323948	21799	19913	1654045	420392
纺织品、针织品及原料批发	223152	222040	1404	1390	89210	24455
服装批发	136808	134447	3768	3522	127382	55019
鞋帽批发	32100	31718	125	124	22043	5516
化妆品及卫生用品批发	137241	134506	1188	1157	139311	21728
厨房、卫生间用具及日用杂货批发	237003	233269	2681	2615	121264	55130
灯具、装饰物品批发	26046	24607	628	620	15083	8539
家用电器批发	1368693	1357970	7749	6336	902966	179616
其他家庭用品批发	187518	185391	4256	4150	236786	70388
文化、体育用品及器材批发	466566	460987	5661	4935	708106	254789
文具用品批发	94985	94480	1317	1235	74713	23782
体育用品及器材批发	43323	43240	333	325	16955	6035
图书批发	192361	190823	1604	984	280710	151243
报刊批发	895	863	13	13	1188	3327
音像制品及电子出版物批发	1578	1577	11	11	1805	1576
首饰、工艺品及收藏品批发	57270	57156	1469	1464	89496	37462
其他文化用品批发	76153	72847	914	904	243240	31366

1-5 续表

单位：万元

指　　标	营业收入	#主营业务收入	营业税金及附加	#主营业务税金及附加	资产总计	实收资本
医药及医疗器材批发	1592574	1584626	16732	16416	1045608	293835
西药批发	855828	853406	3471	3417	546293	117463
中药批发	379885	379195	2973	2967	214588	52859
医疗用品及器材批发	356860	352025	10287	10032	284727	123513
矿产品、建材及化工产品批发	33599973	33431212	112239	108729	30037061	5623397
煤炭及制品批发	4825325	4791774	9828	9664	10008586	669452
石油及制品批发	7846709	7780372	14039	13921	2952936	1373326
非金属矿及制品批发	298080	260385	4529	4497	472011	155690
金属及金属矿批发	13855511	13823508	23354	22768	8444042	1653968
建材批发	3592623	3635237	43486	42940	5867887	1221422
化肥批发	1619007	1609432	7671	7011	1115021	312411
农药批发	184188	181728	1522	1477	127303	43749
农用薄膜批发	2750	2740	63	63	2241	1866
其他化工产品批发	1375780	1346035	7747	6388	1047033	191513
机械设备、五金产品及电子产品批发	3349330	3307565	49501	47388	3802971	1047597
农业机械批发	164056	161636	2423	2372	186438	112148
汽车批发	677442	672823	1861	1746	446361	73316
汽车零配件批发	324528	321788	2668	2602	235759	54326
摩托车及零配件批发	85128	84920	2025	2024	63435	11702
五金产品批发	441724	435100	9065	8462	657542	243209
电气设备批发	142511	139207	5359	5063	152307	79784
计算机、软件及辅助设备批发	342135	337923	7626	7129	198842	101420
通讯及广播电视设备批发	204257	199184	2913	2753	109247	33833
其他机械设备及电子产品批发	967549	954984	15560	15236	1753041	337860
贸易经纪与代理	866380	863758	11463	11349	992952	357041
贸易代理	590281	587979	9098	9031	696480	280224
拍卖	17962	17958	1495	1486	92411	25890
其他贸易经纪与代理	258136	257821	869	832	204061	50928
其他批发业	290922	284818	5793	5413	329035	118337
再生物资回收与批发	132029	130395	2253	2010	143628	53916
其他未列明批发业	158893	154422	3540	3403	185407	64421

1-6　按登记注册类型分组批发业法人单位主要经济指标

单位：万元

指　　标	营业收入	#主营业务收　　入	营业税金及附加	#主营业务税金及附加	资产总计	实收资本
总　　计	**49210196**	**48901416**	**440491**	**430684**	**44262129**	**9246502**
内资企业	49045220	48738293	439114	429528	37309403	9179836
国有企业	5702399	5661448	183907	183756	2577364	428261
集体企业	374087	371338	3271	3207	311786	98338
股份合作企业	7140	6632	138	108	8121	3594
联营企业	19704	19690	737	735	4560	2322
国有联营企业	774	772	30	29	1144	803
集体联营企业	1891	1881	67	66	1469	782
国有与集体联营企业	135	135	0	0	175	65
其他联营企业	16902	16900	640	640	1773	672
有限责任公司	17477156	17431251	59778	57057	10963222	2643327
国有独资公司	1736279	1712744	2212	2126	1346868	334676
其他有限责任公司	15740877	15718507	57566	54932	9616353	2308652
股份有限公司	7461624	7373990	13616	13203	3349191	1379211
私营企业	17782718	17655649	175189	169003	19872062	4521231
私营独资企业	418238	411754	8064	7625	256330	139543
私营合伙企业	33511	32801	929	917	29977	12139
私营有限责任公司	16719136	16609434	156082	150730	18890774	4153627
私营股份有限公司	611833	601659	10114	9732	694982	215922
其他企业	220392	218295	2479	2459	223097	103551
港、澳、台商投资企业	65679	65098	256	251	6830580	29512
合资经营企业	7344	7083	61	57	11784	6428
合作经营企业	87	87	6	6	109	50
独资经营企业	42284	41963	132	131	6805126	20884
投资股份有限公司	14376	14376	48	48	12301	2050
其他港澳台商投资企业	1589	1589	10	10	1260	100
外商投资企业	99297	98026	1121	906	122146	37154
中外合资经营企业	21850	20579	827	612	26160	18320
中外合作经营企业	1	1			2	1
外资企业	77337	77337	289	289	95708	18561
外商投资股份有限公司						
其他外商投资企业	109	109	4	4	276	273

1-7 按国民经济行业分组零售业法人单位主要经济指标

单位：万元

指　　标	营业收入	#主营业务收入	营业税金及附加	#主营业务税金及附加	资产总计	实收资本
总计	**13302941**	**13081337**	**123097**	**116896**	**9436456**	**3043124**
综合零售	3016067	2911515	31116	28764	2287882	490490
百货零售	1750207	1702346	19587	18276	1443522	299549
超级市场零售	1125627	1070700	8932	7950	656025	103890
其他综合零售	140233	138468	2597	2538	188335	87050
食品、饮料及烟草制品专门零售	295482	287498	6606	6412	438146	180672
粮油零售	45826	45066	721	716	81552	18855
糕点、面包零售	9055	9013	404	401	8429	4512
果品、蔬菜零售	17173	16971	278	274	28806	15716
肉、禽、蛋、奶及水产品零售	22140	21537	537	508	44384	21363
营养和保健品零售	7668	7618	341	336	13391	5149
酒、饮料及茶叶零售	100355	95807	2471	2419	115388	60544
烟草制品零售	13026	12972	232	231	22773	5665
其他食品零售	80238	78514	1622	1527	123423	48868
纺织、服装及日用品专门零售	308979	304117	7576	7387	398562	153371
纺织品及针织品零售	20592	20361	725	719	26241	12002
服装零售	137023	135055	2277	2235	117011	49291
鞋帽零售	19495	19438	168	165	13174	2510
化妆品及卫生用品零售	34969	34568	752	742	53961	29685
钟表、眼镜零售	9127	8939	461	454	4021	2436
箱、包零售	6056	5964	102	98	3260	1028
厨房用具及日用杂品零售	11143	10961	504	501	9681	6689
自行车零售	13468	13315	680	672	5304	2105
其他日用品零售	57105	55515	1907	1800	165909	47626
文化、体育用品及器材专门零售	325160	315911	4696	4561	348321	209381
文具用品零售	22610	21956	605	595	17477	11616
体育用品及器材零售	14992	14398	328	315	9807	5331
图书、报刊零售	189885	183298	1281	1256	204862	124577
音像制品及电子出版物零售	3773	3773	96	96	2352	1554
珠宝首饰零售	30842	30358	1084	1041	37216	18031
工艺美术品及收藏品零售	14005	13279	601	562	47856	36923
乐器零售	1986	1956	150	150	2080	1094
照相器材零售	14239	14232	194	193	5195	1884
其他文化用品零售	32828	32663	357	353	21475	8372

1-7　续表　　　　　　　　　　　　　　　　　　　　　　　　　　单位：万元

指　　标	营业收入	#主营业务收　　入	营业税金及附加	#主营业务税金及附加	资产总计	实收资本
医药及医疗器材专门零售	1736616	1726387	13866	13600	1094827	243756
药品零售	1660723	1650928	10938	10691	1019790	197626
医疗用品及器材零售	75893	75458	2929	2909	75037	46130
汽车、摩托车、燃料及零配件专门零售	5438239	5391116	23972	22258	2638540	767540
汽车零售	4713987	4675514	16539	15202	2196592	514706
汽车零配件零售	162795	160826	2015	1754	189526	135742
摩托车及零配件零售	159664	158468	2538	2465	108803	35422
机动车燃料零售	401793	396309	2880	2837	143619	81668
家用电器及电子产品专门零售	1245548	1223533	15305	14607	893891	355384
家用视听设备零售	200460	197244	1382	1341	136678	40815
日用家电设备零售	520522	514352	3638	3492	369694	94826
计算机、软件及辅助设备零售	267548	263122	4252	4096	202888	93096
通信设备零售	156998	150997	1997	1733	91673	49005
其他电子产品零售	100020	97818	4037	3947	92958	77643
五金、家具及室内装饰材料专门零售	323167	315346	9102	8831	597185	294835
五金零售	153337	148253	4228	4058	281026	124210
灯具零售	6262	6100	207	206	5335	3902
家具零售	69756	68487	2061	2044	112735	55511
涂料零售	9046	8920	150	149	8683	9534
卫生洁具零售	3430	3309	166	162	11500	3743
木质装饰材料零售	9408	9315	124	112	26749	5830
陶瓷、石材装饰材料零售	22330	22202	616	615	26868	23031
其他室内装饰材料零售	49598	48759	1550	1485	124289	69075
货摊、无店铺及其他零售业	613682	605915	10857	10476	739103	347695
货摊食品零售	944	944	9	9	589	392
货摊纺织、服装及鞋零售	62	60			112	70
货摊日用品零售	698	697	39	39	496	190
互联网零售	2988	2977	28	28	1517	2149
邮购及电视、电话零售	498	498	17	17	537	600
旧货零售	2318	2318	23	23	4543	1260
生活用燃料零售	170000	168471	2032	1895	160911	91209
其他未列明零售业	436175	429950	8709	8466	570399	251826

1-8 按登记注册类型分组零售业法人单位主要经济指标

单位：万元

指　　标	营业收入	#主营业务收　　入	营业税金及附加	#主营业务税金及附加	资产总计	实收资本
总　　计	**13302941**	**13081337**	**123097**	**116896**	**9436456**	**3043124**
内资企业	12534434	12320559	120312	114219	9066452	2980481
国有企业	214857	209499	2278	1885	228932	78633
集体企业	257781	256548	3547	3482	207094	58803
股份合作企业	16507	16234	101	91	7693	2495
联营企业	7375	7318	104	94	8779	7109
国有联营企业	131	102	2	2	3584	1301
集体联营企业	6616	6607	86	78	4319	5028
国有与集体联营企业	378	378	2	2	190	134
其他联营企业	251	231	14	12	686	646
有限责任公司	4980437	4891740	34464	32754	2978419	848891
国有独资公司	192473	187752	827	823	134185	78801
其他有限责任公司	4787964	4703988	33637	31931	2844234	770090
股份有限公司	1707981	1670937	12372	11307	1048154	230940
私营企业	5245298	5165970	65235	62432	4516831	1715785
私营独资企业	496894	486648	11828	11397	351110	196894
私营合伙企业	47015	46740	795	773	33012	16429
私营有限责任公司	4392352	4333348	48818	46606	3857543	1411268
私营股份有限公司	309038	299233	3795	3656	275166	91195
其他企业	104197	102313	2210	2173	70549	37825
港、澳、台商投资企业	671411	666833	2139	2041	295936	51628
合资经营企业	210386	210372	567	561	57913	8218
合作经营企业	15	15	0	0	8	1
独资经营企业	445989	441425	1562	1470	231671	42109
投资股份有限公司	15022	15022	10	10	5098	1100
其他港澳台商投资企业					1245	200
外商投资企业	97096	93945	646	637	74069	11015
中外合资经营企业	33970	33318	248	248	18093	960
中外合作经营企业	7932	7319	14	14	20492	1256
外资企业	40799	40774	199	198	31157	7315
外商投资股份有限公司	13104	11259	144	137	3261	793
其他外商投资企业	1291	1275	42	40	1067	692

1-9　分地区批发和零售业法人单位基本情况

地　区	法　人 单位数 (个)	从业人员 期末人数 (人)	#女性
批发业			
广　西	33447	312779	126175
南宁市	10790	107234	45067
柳州市	4528	38607	15868
桂林市	3437	31557	13499
梧州市	1708	16999	6642
北海市	1082	9371	3563
防城港市	1108	6605	2159
钦州市	880	8679	3353
贵港市	1386	15817	5792
玉林市	3168	31013	12192
百色市	1323	12925	5077
贺州市	707	7583	2795
河池市	1247	11111	4271
来宾市	1078	7924	2836
崇左市	1005	7354	3061
零售业			
广　西	30815	281611	144616
南宁市	7453	76859	38627
柳州市	3105	34737	19004
桂林市	3948	33842	17398
梧州市	2317	15821	7430
北海市	1456	13848	7838
防城港市	628	5082	2400
钦州市	1102	10352	4931
贵港市	1443	13142	5535
玉林市	3055	27352	13908
百色市	2093	17608	9489
贺州市	887	6888	4027
河池市	1680	11910	6458
来宾市	778	7286	3730
崇左市	870	6884	3841

1-10 分地区批发和零售业法人单位主要经济指标

单位：万元

地区	营业收入	#主营业务收入	营业税金及附加	#主营业务税金及附加	资产总计	实收资本
批发业						
广西	49210196	48901416	440491	430684	44262129	9246502
南宁市	25482395	25325156	196260	189429	21441798	4939239
柳州市	8036918	8003603	36996	36151	5407800	1199012
桂林市	2439874	2421020	40816	40191	1395383	433308
梧州市	1045984	1040140	21201	21086	775625	242257
北海市	800707	794214	11861	11609	834034	169622
防城港市	1147912	1146238	9456	9401	7668550	283128
钦州市	1963048	1957826	13939	13872	1457860	297153
贵港市	1162285	1146088	18885	18767	902434	306853
玉林市	2136357	2126103	22918	22787	1126580	347950
百色市	1178105	1162263	17750	17660	765086	250421
贺州市	730520	718961	9264	8976	539566	124485
河池市	1013340	1001980	15029	14936	748758	259314
来宾市	645284	640839	10602	10561	568635	232575
崇左市	1427467	1416987	15512	15258	630020	161184
零售业						
广西	13302941	13081337	123097	116896	9436456	3043124
南宁市	5943911	5838535	53663	50927	3386539	917254
柳州市	2314675	2285704	12821	11967	1685276	440212
桂林市	1358710	1329266	15088	14143	967797	388083
梧州市	328356	325301	3251	3189	270699	113549
北海市	451068	437293	4414	4180	466313	214758
防城港市	155685	152799	996	940	126287	52843
钦州市	279654	276436	3038	2931	288778	163745
贵港市	439583	434625	5435	5285	308888	132321
玉林市	1008759	996254	13347	13059	823549	184131
百色市	368770	364039	3325	3121	398334	132047
贺州市	149255	147327	2210	1889	131684	62871
河池市	226500	223045	2350	2296	287898	109577
来宾市	134909	131499	1489	1409	168789	77527
崇左市	143105	139215	1671	1558	125626	54204

1-11　按国民经济行业分组限额以上批发业法人单位基本情况

指　　标	代码	法　人 单位数 (个)	从业人员 期末人数 (人)	
				#女性
总　　计	**51**	**1054**	**66103**	**28239**
农、林、牧产品批发	511	41	2642	859
谷物、豆及薯类批发	5111	28	1529	499
种子批发	5112	1	21	8
饲料批发	5113	3	167	36
棉、麻批发	5114	2	46	8
林业产品批发	5115	1	143	46
牲畜批发	5116	1	633	232
其他农牧产品批发	5119	5	103	30
食品、饮料及烟草制品批发	512	102	15769	6165
米、面制品及食用油批发	5121	23	2027	640
糕点、糖果及糖批发	5122	23	775	310
果品、蔬菜批发	5123	4	406	246
肉、禽、蛋、奶及水产品批发	5124	6	573	232
盐及调味品批发	5125	2	1073	344
营养和保健品批发	5126	1	125	93
酒、饮料及茶叶批发	5127	15	1058	396
烟草制品批发	5128	14	7058	1792
其他食品批发	5129	14	2674	2112
纺织、服装及家庭用品批发	513	79	6560	4114
纺织品、针织品及原料批发	5131	10	283	180
服装批发	5132	9	734	430
鞋帽批发	5133	3	173	122
化妆品及卫生用品批发	5134	6	820	599
厨房、卫生间用具及日用杂货批发	5135	7	407	202
灯具、装饰物品批发	5136	1	21	9
家用电器批发	5137	35	3566	2169
其他家庭用品批发	5139	8	556	403
文化、体育用品及器材批发	514	18	936	391
文具用品批发	5141	4	69	27
体育用品及器材批发	5142	2	35	21
图书批发	5143	3	635	267
报刊批发	5144			
音像制品及电子出版物批发	5145	1	7	3
首饰、工艺品及收藏品批发	5146	3	112	46
其他文化用品批发	5149	5	78	27

1-11 续表

指　标	代码	法　人 单位数 (个)	从业人员 期末人数 (人)	#女性
医药及医疗器材批发	515	83	7586	3993
西药批发	5151	45	4871	2631
中药批发	5152	24	1590	930
医疗用品及器材批发	5153	14	1125	432
矿产品、建材及化工产品批发	516	553	25503	10223
煤炭及制品批发	5161	80	1496	455
石油及制品批发	5162	64	14266	6438
非金属矿及制品批发	5163	6	98	33
金属及金属矿批发	5164	238	4114	1465
建材批发	5165	54	874	321
化肥批发	5166	55	2824	916
农药批发	5167	6	812	236
农用薄膜批发	5168			
其他化工产品批发	5169	50	1019	359
机械设备、五金产品及电子产品批发	517	151	6631	2335
农业机械批发	5171	5	91	28
汽车批发	5172	43	1416	412
汽车零配件批发	5173	15	442	179
摩托车及零配件批发	5174	3	166	62
五金产品批发	5175	8	192	69
电气设备批发	5176	5	76	34
计算机、软件及辅助设备批发	5177	15	734	324
通讯及广播电视设备批发	5178	1	221	180
其他机械设备及电子产品批发	5179	56	3293	1047
贸易经纪与代理	518	9	126	67
贸易代理	5181	4	59	35
拍卖	5182			
其他贸易经纪与代理	5189	5	67	32
其他批发业	519	18	350	92
再生物资回收与批发	5191	7	150	39
其他未列明批发业	5199	11	200	53

1-12　按登记注册类型分组限额以上批发业法人单位基本情况

指　　标	代码	法　人 单位数 (个)	从业人员 期末人数 (人)	#女性
总　　计	**51**	**1054**	**66103**	**28239**
内资企业	100	1048	65722	28001
国有企业	110	60	11459	3307
集体企业	120	19	899	453
股份合作企业	130	2	51	23
联营企业	140			
国有联营企业	141			
集体联营企业	142			
国有与集体联营企业	143			
其他联营企业	149			
有限责任公司	150	315	16770	7875
国有独资公司	151	16	1132	428
其他有限责任公司	159	299	15638	7447
股份有限公司	160	52	14446	6535
私营企业	170	594	21691	9571
私营独资企业	171	6	265	35
私营合伙企业	172	1	31	21
私营有限责任公司	173	570	20761	9324
私营股份有限公司	174	17	634	191
其他企业	190	6	406	237
港、澳、台商投资企业	200	3	315	208
与港澳台商合资经营企业	210	1	73	40
与港澳台商合作经营企业	220			
港澳台商独资企业	230	1	120	75
港澳台商投资股份有限公司	240	1	122	93
其他港澳台投资企业	290			
外商投资企业	300	3	66	30
中外合资经营企业	310	2	54	24
中外合作经营企业	320			
外资企业	330	1	12	6
外商投资股份有限公司	340			
其他外商投资企业	390			

1-13 按国民经济行业分组限额以上零售业法人单位基本情况

指标	代码	法人单位数(个)	从业人员期末人数(人)	#女性
总计	**52**	**1321**	**103924**	**59772**
综合零售	521	246	44987	31072
百货零售	5211	93	18281	12612
超级市场零售	5212	134	25485	17843
其他综合零售	5219	19	1221	617
食品、饮料及烟草制品专门零售	522	44	1723	943
粮油零售	5221	9	359	145
糕点、面包零售	5222	1	120	92
果品、蔬菜零售	5223	2	120	87
肉、禽、蛋、奶及水产品零售	5224	3	253	64
营养和保健品零售	5225	1	20	11
酒、饮料及茶叶零售	5226	23	558	338
烟草制品零售	5227			
其他食品零售	5229	5	293	206
纺织、服装及日用品专门零售	523	28	2077	1168
纺织品及针织品零售	5231	4	269	170
服装零售	5232	16	1489	785
鞋帽零售	5233	2	101	73
化妆品及卫生用品零售	5234	3	174	123
钟表、眼镜零售	5235			
箱、包零售	5236			
厨房用具及日用杂品零售	5237			
自行车零售	5238			
其他日用品零售	5239	3	44	17
文化、体育用品及器材专门零售	524	84	3563	1907
文具用品零售	5241	2	38	18
体育用品及器材零售	5242			
图书、报刊零售	5243	61	2773	1486
音像制品及电子出版物零售	5244	1	78	25
珠宝首饰零售	5245	6	300	212
工艺美术品及收藏品零售	5246			
乐器零售	5247			
照相器材零售	5248	3	78	48
其他文化用品零售	5249	11	296	118

1-13　续表

指　　标	代码	法　人 单位数 (个)	从业人员 期末人数 (人)	
				#女性
医药及医疗器材专门零售	525	79	11065	8135
药品零售	5251	70	10774	7991
医疗用品及器材零售	5252	9	291	144
汽车、摩托车、燃料及零配件专门零售	526	519	26609	9735
汽车零售	5261	405	23349	8628
汽车零配件零售	5262	12	470	171
摩托车及零配件零售	5263	68	1500	403
机动车燃料零售	5264	34	1290	533
家用电器及电子产品专门零售	527	245	10211	5494
家用视听设备零售	5271	46	2071	1235
日用家电设备零售	5272	118	5522	3030
计算机、软件及辅助设备零售	5273	60	1613	643
通信设备零售	5274	16	869	536
其他电子产品零售	5279	5	136	50
五金、家具及室内装饰材料专门零售	528	27	618	371
五金零售	5281	15	343	200
灯具零售	5282	1	100	70
家具零售	5283	5	74	34
涂料零售	5284	2	9	6
卫生洁具零售	5285	1	16	7
木质装饰材料零售	5286	1	35	25
陶瓷、石材装饰材料零售	5287	2	41	29
其他室内装饰材料零售	5289			
货摊、无店铺及其他零售业	529	49	3071	947
货摊食品零售	5291			
货摊纺织、服装及鞋零售	5292			
货摊日用品零售	5293			
互联网零售	5294	1	54	19
邮购及电视、电话零售	5295			
旧货零售	5296	1	22	5
生活用燃料零售	5297	39	2181	715
其他未列明零售业	5299	8	814	208

1-14 按登记注册类型分组限额以上零售业法人单位基本情况

指 标	代码	法 人 单位数 (个)	从业人员 期末人数 (人)	#女性
总 计	**52**	**1321**	**103924**	**59772**
内资企业	100	1296	98431	56219
国有企业	110	45	2611	1392
集体企业	120	33	1708	705
股份合作企业	130	2	54	21
联营企业	140	0	0	0
国有联营企业	141	0	0	0
集体联营企业	142	0	0	0
国有与集体联营企业	143	0	0	0
其他联营企业	149	0	0	0
有限责任公司	150	435	37196	20129
国有独资公司	151	41	2236	1164
其他有限责任公司	159	394	34960	18965
股份有限公司	160	61	12689	7716
私营企业	170	711	43915	26149
私营独资企业	171	40	1130	687
私营合伙企业	172	8	346	209
私营有限责任公司	173	633	40223	23865
私营股份有限公司	174	30	2216	1388
其他企业	190	9	258	107
港、澳、台商投资企业	200	17	3582	2047
与港澳台商合资经营企业	210	3	542	206
与港澳台商合作经营企业	220	0	0	0
港澳台商独资企业	230	13	2970	1807
港澳台商投资股份有限公司	240	1	70	34
其他港澳台投资企业	290	0	0	0
外商投资企业	300	8	1911	1506
中外合资经营企业	310	2	1026	877
中外合作经营企业	320	2	198	146
外资企业	330	3	571	408
外商投资股份有限公司	340	1	116	75
其他外商投资企业	390	0	0	0

1-15 按国民经济行业分组限额以上批发业法人单位主要经济指标

单位：万元

指标	营业收入	#主营业务收入	营业税金及附加	#主营业务税金及附加	资产总计	实收资本
总计	**33485013**	**33325333**	**211316**	**210792**	**16900863**	**3105150**
农、林、牧产品批发	349858	348451	2038	2038	504372	71247
谷物、豆及薯类批发	274495	273168	742	742	444942	59977
种子批发	2262	2262	0	0	1898	500
饲料批发	27821	27817	37	37	10328	1300
棉、麻批发	11732	11732	4	4	6548	1045
林业产品批发	5802	5732	15	15	1107	394
牲畜批发	2841	2841	1228	1228	30700	6173
其他农牧产品批发	24906	24900	13	13	8849	1859
食品、饮料及烟草制品批发	4367029	4347195	178125	178104	2481060	123600
米、面制品及食用油批发	216971	216479	295	294	308564	22746
糕点、糖果及糖批发	621908	619241	1078	1057	1006864	51041
果品、蔬菜批发	24235	24235	54	54	10337	1854
肉、禽、蛋、奶及水产品批发	70829	70716	34	34	18344	4460
盐及调味品批发	82604	81511	543	543	86104	9695
营养和保健品批发	8467	8467	23	23	1288	110
酒、饮料及茶叶批发	73838	73649	297	297	38457	7489
烟草制品批发	3031172	3016481	175404	175404	942114	22796
其他食品批发	237004	236416	399	399	68990	3409
纺织、服装及家庭用品批发	1701600	1692991	2131	2120	920743	39530
纺织品、针织品及原料批发	144839	144710	73	73	26198	5198
服装批发	50419	50319	184	184	30067	7666
鞋帽批发	20626	20252	47	47	7872	1100
化妆品及卫生用品批发	92882	90908	175	175	60783	5300
厨房、卫生间用具及日用杂货批发	138763	136013	260	260	18064	1850
灯具、装饰物品批发	5010	5008	5	5	781	50
家用电器批发	1184621	1181650	1329	1317	757967	16168
其他家庭用品批发	64440	64131	59	59	19011	2198
文化、体育用品及器材批发	229766	229138	303	303	295284	122338
文具用品批发	54878	54878	41	41	20066	1268
体育用品及器材批发	9116	9116	9	9	9068	1300
图书批发	134093	133476	219	219	228020	116570
报刊批发	0	0	0	0	0	0
音像制品及电子出版物批发	797	797	0	0	241	50
首饰、工艺品及收藏品批发	17641	17639	18	18	33794	2350
其他文化用品批发	13241	13232	16	16	4095	800

1-15 续表 单位：万元

指 标	营业收入	#主营业务收 入	营业税金及附加	#主营业务税金及附加	资产总计	实收资本
医药及医疗器材批发	1127479	1125854	3063	3061	603631	109185
西药批发	751673	750451	1909	1907	415580	82841
中药批发	240799	240542	501	501	107197	15311
医疗用品及器材批发	135007	134861	653	653	80854	11033
矿产品、建材及化工产品批发	24114958	23996350	22638	22188	11172860	2538611
煤炭及制品批发	2773864	2762907	3358	3350	1828034	321012
石油及制品批发	7594800	7531929	8533	8466	2705458	1258343
非金属矿及制品批发	41839	23361	795	775	30948	4170
金属及金属矿批发	11519489	11496992	7690	7568	5233293	747395
建材批发	747364	747315	1065	1039	783678	113797
化肥批发	830185	827276	472	270	363371	47794
农药批发	70044	69977	82	82	21584	3080
农用薄膜批发	0	0	0	0	0	0
其他化工产品批发	537374	536593	643	638	206495	43022
机械设备、五金产品及电子产品批发	1294103	1286291	2589	2551	862177	91629
农业机械批发	15998	15997	6	6	6435	1328
汽车批发	444010	442279	706	668	233701	28593
汽车零配件批发	148354	148352	124	124	76290	4737
摩托车及零配件批发	46890	46890	75	75	25461	2300
五金产品批发	36368	36251	57	57	11634	1820
电气设备批发	14581	14554	15	15	9740	727
计算机、软件及辅助设备批发	134732	133880	122	122	27275	9553
通讯及广播电视设备批发	62942	60317	169	169	27981	5249
其他机械设备及电子产品批发	390227	387772	1315	1315	443661	37322
贸易经纪与代理	210312	210312	37	37	27463	4300
贸易代理	155811	155811	30	30	13557	1650
拍卖	0	0	0	0	0	0
其他贸易经纪与代理	54501	54501	8	8	13906	2650
其他批发业	89908	88752	392	392	33273	4711
再生物资回收与批发	27725	27725	187	187	4682	1352
其他未列明批发业	62183	61027	205	205	28591	3359

1-16　按登记注册类型分组限额以上批发业法人单位主要经济指标

单位：万元

指　　标	营业收入	#主营业务收　　入	营业税金及 附 加	#主营业务税金及附加	资产总计	实收资本
内资企业	9592739	9436260	39931	36461	5007257	869275
国有企业	172372	168455	1246	946	112899	43622
集体企业	185710	185570	2059	2031	53634	7175
股份合作企业	4046	3976	8	8	1122	150
联营企业	0	0	0	0	0	0
国有联营企业	0	0	0	0	0	0
集体联营企业	0	0	0	0	0	0
国有与集体联营企业	0	0	0	0	0	0
其他联营企业	0	0	0	0	0	0
有限责任公司	4390767	4312311	15308	14038	2035508	318571
国有独资公司	183849	179342	802	798	123957	66417
其他有限责任公司	4206918	4132969	14507	13240	1911551	252153
股份有限公司	1642056	1605753	10844	9792	921607	144987
私营企业	3164582	3127075	10412	9591	1869545	351381
私营独资企业	66826	66533	274	274	29677	5709
私营合伙企业	11363	11363	37	37	6635	1972
私营有限责任公司	2892628	2863151	9162	8399	1720734	325112
私营股份有限公司	193766	186030	939	882	112498	18589
其他企业	33206	33119	55	55	12943	3391
港、澳、台商投资企业	655896	651334	1952	1860	273812	43197
与港澳台商合资经营企业	208919	208919	487	487	55996	6567
与港澳台商合作经营企业	0	0	0	0	0	0
港澳台商独资企业	441704	437142	1464	1372	215431	35630
港澳台商投资股份有限公司	5273	5273	1	1	2385	1000
其他港澳台投资企业	0	0	0	0	0	0
外商投资企业	94233	91123	560	553	60102	6511
中外合资经营企业	33942	33290	248	248	17133	500
中外合作经营企业	7666	7053	14	14	20442	1206
外资企业	39615	39615	160	160	19284	4023
外商投资股份有限公司	13010	11165	138	131	3244	783
其他外商投资企业	0	0	0	0	0	0

1-17 按国民经济行业分组限额以上零售业法人单位主要经济指标

单位：万元

指　　标	营业收入	#主营业务收　　入	营业税金及附加	#主营业务税金及附加	资产总计	实收资本
总　　计	**10342867**	**10178717**	**42443**	**38874**	**5341171**	**918983**
综合零售	2726205	2626519	22273	20053	1566326	231808
百货零售	1579064	1534407	15574	14337	932670	141999
超级市场零售	1079338	1024964	6011	5033	595567	84425
其他综合零售	67803	67148	688	683	38089	5385
食品、饮料及烟草制品专门零售	75298	74741	444	431	61027	10260
粮油零售	16989	16578	112	112	18801	1793
糕点、面包零售	1645	1645	14	14	513	50
果品、蔬菜零售	2246	2246	3	3	1746	1150
肉、禽、蛋、奶及水产品零售	3049	2962	103	90	4841	1613
营养和保健品零售	292	292	12	12	1244	864
酒、饮料及茶叶零售	32498	32459	165	165	22378	3358
烟草制品零售	0	0	0	0	0	0
其他食品零售	18579	18560	36	36	11505	1432
纺织、服装及日用品专门零售	103480	102636	638	636	65270	9033
纺织品及针织品零售	5108	5108	7	7	3446	726
服装零售	69320	68626	391	391	47169	5369
鞋帽零售	5646	5646	38	38	4801	200
化妆品及卫生用品零售	21454	21303	136	133	9205	2477
钟表、眼镜零售	0	0	0	0	0	0
箱、包零售	0	0	0	0	0	0
厨房用具及日用杂品零售	0	0	0	0	0	0
自行车零售	0	0	0	0	0	0
其他日用品零售	1953	1953	66	66	649	261
文化、体育用品及器材专门零售	220762	214600	1769	1726	205700	112781
文具用品零售	2162	2162	9	9	1067	50
体育用品及器材零售	0	0	0	0	0	0
图书、报刊零售	173249	167181	996	986	181655	106499
音像制品及电子出版物零售	2520	2520	44	44	1616	300
珠宝首饰零售	12556	12463	640	607	10975	3332
工艺美术品及收藏品零售	0	0	0	0	0	0
乐器零售	0	0	0	0	0	0
照相器材零售	8868	8868	14	14	1440	160
其他文化用品零售	21407	21405	66	66	8947	2440

1-17 续表 单位：万元

指 标	营业收入	#主营业务收入	营业税金及附加	#主营业务税金及附加	资产总计	实收资本
医药及医疗器材专门零售	1368007	1362948	3198	3115	807782	79555
药品零售	1341790	1336730	2934	2852	794019	77701
医疗用品及器材零售	26217	26217	263	263	13764	1854
汽车、摩托车、燃料及零配件专门零售	4726838	4689567	9972	9057	1981774	372975
汽车零售	4276181	4244777	8689	7782	1841526	331838
汽车零配件零售	76095	75182	190	185	28057	3936
摩托车及零配件零售	86608	86543	559	556	50091	6442
机动车燃料零售	287954	283065	534	534	62099	30759
家用电器及电子产品专门零售	777385	766640	2628	2383	439074	72847
家用视听设备零售	150217	148053	455	452	76995	8520
日用家电设备零售	398591	395835	1285	1240	245813	30700
计算机、软件及辅助设备零售	119434	118035	349	349	73275	16105
通信设备零售	91229	86809	518	322	35067	13972
其他电子产品零售	17914	17907	20	20	7923	3550
五金、家具及室内装饰材料专门零售	34022	32376	235	187	44188	6247
五金零售	16971	15441	145	97	19493	4163
灯具零售	1742	1625	6	6	617	500
家具零售	5337	5337	23	23	7140	980
涂料零售	3157	3157	40	40	556	150
卫生洁具零售	622	622	1	1	139	100
木质装饰材料零售	3711	3711	10	10	15637	42
陶瓷、石材装饰材料零售	2483	2483	11	11	607	312
其他室内装饰材料零售	0	0	0	0	0	0
货摊、无店铺及其他零售业	310870	308691	1288	1287	170030	23477
货摊食品零售	0	0	0	0	0	0
货摊纺织、服装及鞋零售	0	0	0	0	0	0
货摊日用品零售	0	0	0	0	0	0
互联网零售	2061	2061	4	3	391	1000
邮购及电视、电话零售	0	0	0	0	0	0
旧货零售	1743	1743	14	14	3233	50
生活用燃料零售	128248	127853	635	634	56102	16852
其他未列明零售业	178817	177033	635	635	110305	5576

1-18 按登记注册类型分组限额以上零售业法人单位主要经济指标

单位：万元

指　　标	营业收入	#主营业务收　入	营业税金及附加	#主营业务税金及附加	资产总计	实收资本
内资企业	9592739	9436260	39931	36461	5007257	869275
国有企业	172372	168455	1246	946	112899	43622
集体企业	185710	185570	2059	2031	53634	7175
股份合作企业	4046	3976	8	8	1122	150
联营企业	0	0	0	0	0	0
国有联营企业	0	0	0	0	0	0
集体联营企业	0	0	0	0	0	0
国有与集体联营企业	0	0	0	0	0	0
其他联营企业	0	0	0	0	0	0
有限责任公司	4390767	4312311	15308	14038	2035508	318571
国有独资公司	183849	179342	802	798	123957	66417
其他有限责任公司	4206918	4132969	14507	13240	1911551	252153
股份有限公司	1642056	1605753	10844	9792	921607	144987
私营企业	3164582	3127075	10412	9591	1869545	351381
私营独资企业	66826	66533	274	274	29677	5709
私营合伙企业	11363	11363	37	37	6635	1972
私营有限责任公司	2892628	2863151	9162	8399	1720734	325112
私营股份有限公司	193766	186030	939	882	112498	18589
其他企业	33206	33119	55	55	12943	3391
港、澳、台商投资企业	655896	651334	1952	1860	273812	43197
与港澳台商合资经营企业	208919	208919	487	487	55996	6567
与港澳台商合作经营企业	0	0	0	0	0	0
港澳台商独资企业	441704	437142	1464	1372	215431	35630
港澳台商投资股份有限公司	5273	5273	1	1	2385	1000
其他港澳台投资企业	0	0	0	0	0	0
外商投资企业	94233	91123	560	553	60102	6511
中外合资经营企业	33942	33290	248	248	17133	500
中外合作经营企业	7666	7053	14	14	20442	1206
外资企业	39615	39615	160	160	19284	4023
外商投资股份有限公司	13010	11165	138	131	3244	783
其他外商投资企业	0	0	0	0	0	0

1-19　分地区限额以上批发和零售业法人单位基本情况

地　区	法　人 单位数 (个)	从业人员 期末人数 (人)	#女性
批发业			
广　西	1054	66103	28239
南宁市	350	24401	10832
柳州市	268	8087	3668
桂林市	85	8154	3791
梧州市	28	2068	769
北海市	16	1301	548
防城港市	31	715	214
钦州市	65	2554	1073
贵港市	21	1907	437
玉林市	79	6943	2878
百色市	19	2727	1036
贺州市	19	1754	693
河池市	28	3053	1256
来宾市	19	1385	518
崇左市	26	1054	526
零售业			
广　西	1321	103924	59772
南宁市	366	37227	20077
柳州市	173	16878	10188
桂林市	151	11090	6325
梧州市	60	2385	1334
北海市	22	4713	3529
防城港市	36	1821	1007
钦州市	66	3510	1901
贵港市	60	3387	1083
玉林市	133	9308	5384
百色市	93	5121	3265
贺州市	35	2180	1550
河池市	59	3033	1909
来宾市	30	1495	1024
崇左市	37	1776	1196

1-20 分地区限额以上批发和零售业法人单位主要经济指标

单位：万元

地区	营业收入	#主营业务收入	营业税金及附加	#主营业务税金及附加	资产总计	实收资本
批发业						
广西	33485013	33325333	211316	210792	16900863	3105150
南宁市	15705563	15632768	50005	49688	9801492	2067583
柳州市	6578554	6561991	21634	21565	2630944	381225
桂林市	1717408	1709462	25930	25924	616332	124417
梧州市	730505	726104	11273	11228	268966	23924
北海市	580394	577715	9385	9374	217065	28687
防城港市	664797	664455	6064	6061	324491	22126
钦州市	1675144	1672601	11490	11477	1002488	149458
贵港市	707057	693225	11465	11454	199451	24495
玉林市	1769414	1763000	15908	15897	655543	124560
百色市	869058	857373	12478	12447	253226	39061
贺州市	600617	593306	7663	7663	270749	13740
河池市	795088	788773	12309	12303	312859	20960
来宾市	481587	479191	8091	8091	224373	63718
崇左市	609828	605369	7623	7622	122884	21196
零售业						
广西	10342867	10178717	42443	38874	5341171	918983
南宁市	5010893	4925083	19370	17414	2365290	334479
柳州市	2047088	2025996	7686	7032	1182222	154224
桂林市	952802	931109	5225	4770	518017	100462
梧州市	136337	135812	389	385	68362	19959
北海市	279900	269571	912	820	107305	43000
防城港市	107194	105612	323	278	43825	5785
钦州市	203295	201886	936	886	121172	75498
贵港市	290727	286907	2129	2021	109369	29026
玉林市	736745	728062	2882	2817	396287	64191
百色市	230726	228694	1107	1070	155332	37453
贺州市	90928	90452	314	312	54161	8120
河池市	131381	129472	386	379	137222	26845
来宾市	54051	51754	285	234	43839	12161
崇左市	70802	68306	499	455	38766	7780

第2篇

住宿和餐饮业基本情况及财务状况

2-1 住宿业法人单位基本情况

指 标	法人单位数（个）	从业人员期末人数（人）	#女性	年末餐饮营业面积（万平方米）
总 计	**1726**	**73068**	**45627**	**213.43**
按国民经济行业分组				
旅游饭店	711	51688	31583	117.45
一般旅馆	836	17993	11856	77.39
其他住宿业	179	3387	2188	18.59
按登记注册类型分组				
内资企业	1684	66427	41940	206.15
国有企业	145	9130	5535	24.00
集体企业	84	1564	1043	5.54
股份合作企业	9	339	170	0.39
联营企业	7	65	43	0.23
国有联营企业	2	13	10	0.05
集体联营企业	3	14	7	0.07
国有与集体联营企业				
其他联营企业	2	38	26	0.11
有限责任公司	315	17520	10591	48.73
国有独资公司	6	423	300	1.65
其他有限责任公司	309	17097	10291	47.09
股份有限公司	65	3858	2335	9.34
私营企业	993	31894	20824	110.24
私营独资企业	323	5186	3502	31.10
私营合伙企业	65	1638	1163	8.05
私营有限责任公司	558	22673	14521	64.46
私营股份有限公司	47	2397	1638	6.62
其他企业	66	2057	1399	7.68
港、澳、台商投资企业	24	5292	2857	4.89
合资经营企业	5	1098	639	0.45
合作经营企业	2	497	242	0.64
独资经营企业	16	3695	1976	3.72
投资股份有限公司	1	2		0.08
其他港澳台商投资企业				
外商投资企业	18	1349	830	2.39
中外合资经营企业	5	452	260	0.48
中外合作经营企业	4	163	101	0.09
外资企业	9	734	469	1.82
外商投资股份有限公司				
其他外商投资企业				
按星级分组				
一星	15	211	125	0.86
二星	104	3639	2452	11.18
三星	239	14615	9323	45.78
四星	96	14555	8789	23.86
五星	23	6749	4067	11.00
其他	1249	33299	20871	120.74

2-2 餐饮业法人单位基本情况

指 标	法 人 单位数 (个)	从业人员 期末人数 (人)	#女性	年末餐饮 营业面积 (万平方米)
总 计	**1746**	**51862**	**29189**	**130.54**
按国民经济行业分组				
正餐服务	1176	36585	20681	105.41
快餐服务	143	10164	5907	6.50
饮料及冷饮服务	132	1096	594	2.37
茶馆服务	24	170	107	0.50
咖啡馆服务	28	227	148	0.51
酒吧服务	20	357	142	0.80
其他饮料及冷饮服务	60	342	197	0.56
其他餐饮业	295	4017	2007	16.26
小吃服务	141	1025	619	3.23
餐饮配送服务	20	674	234	7.52
其他未列明餐饮业	134	2318	1154	5.51
按登记注册类型分组				
内资企业	1716	44382	24995	126.45
国有企业	50	1546	986	6.70
集体企业	24	452	282	2.00
股份合作企业	8	355	186	1.46
联营企业	2	41	31	0.06
国有联营企业				
集体联营企业	1	17	15	0.01
国有与集体联营企业	1	24	16	0.05
其他联营企业				
有限责任公司	227	9201	4964	22.00
国有独资公司	1	36	20	0.03
其他有限责任公司	226	9165	4944	21.97
股份有限公司	40	1535	638	2.93
私营企业	1238	28683	16411	82.95
私营独资企业	640	8218	4829	27.77
私营合伙企业	58	1468	766	5.88
私营有限责任公司	498	17692	10013	46.46
私营股份有限公司	42	1305	803	2.84
其他企业	127	2569	1497	8.36
港、澳、台商投资企业	17	658	384	1.36
合资经营企业	6	296	195	0.81
合作经营企业	2	8	4	0.00
独资经营企业	6	330	177	0.53
投资股份有限公司	3	24	8	0.02
其他港澳台商投资企业				
外商投资企业	13	6822	3810	2.73
中外合资经营企业	3	818	566	0.07
中外合作经营企业	1	10	5	0.05
外资企业	7	5862	3215	2.55
外商投资股份有限公司	1	85		0.05
其他外商投资企业	1	47	24	0.01

2-3　住宿业法人单位主要经济指标

单位：万元

指　　标	营业收入	#主营业务收入	营业税金及附加	#主营业务税金及附加	资产总计	实收资本
总　　计	**761499**	**743736**	**42427**	**41759**	**2492827**	**919826**
按国民经济行业分组						
旅游饭店	577604	564586	31837	31427	1987373	749403
一般旅馆	153803	150322	8992	8856	442685	151853
其他住宿业	30091	28829	1598	1476	62769	18569
按登记注册类型分组						
内资企业	665668	648674	37075	36498	2010402	627283
国有企业	99660	94023	5015	4746	298375	117630
集体企业	14149	13887	886	859	47294	12303
股份合作企业	2764	2039	128	128	5433	633
联营企业	488	487	22	22	2663	601
国有联营企业	12	12				
集体联营企业	42	41			54	50
国有与集体联营企业						
其他联营企业	433	433	22	22	2609	551
有限责任公司	178188	175707	9782	9721	608821	189105
国有独资公司	3060	2516	144	144	17596	2466
其他有限责任公司	175128	173191	9637	9577	591225	186638
股份有限公司	42091	40840	2047	2028	137843	42568
私营企业	309820	303236	18131	17932	877073	254419
私营独资企业	40582	39921	2263	2223	95240	40296
私营合伙企业	11903	11676	544	541	28683	9917
私营有限责任公司	227002	221530	13527	13377	636469	160525
私营股份有限公司	30333	30109	1797	1791	116681	43682
其他企业	18509	18456	1064	1062	32901	10023
港、澳、台商投资企业	75916	75559	4178	4149	393904	229365
合资经营企业	9510	9413	538	538	68425	41403
合作经营企业	4284	4284	232	232	11612	13909
独资经营企业	62123	61863	3408	3379	311891	172453
投资股份有限公司					1976	1600
其他港澳台商投资企业						
外商投资企业	19915	19503	1174	1111	88522	63178
中外合资经营企业	9795	9423	516	454	27148	16820
中外合作经营企业	2001	2001	240	240	1175	3084
外资企业	8119	8079	417	416	60199	43274
外商投资股份有限公司						
其他外商投资企业						
按星级分组						
一星	1567	1552	71	70	6774	4149
二星	31979	31035	1848	1745	102646	42033
三星	138911	134831	7885	7784	349778	131605
四星	162137	155850	8806	8753	645472	211160
五星	120248	119767	6610	6548	469431	213545
其他	306656	300701	17209	16859	918727	317334

2-4 餐饮业法人单位主要经济指标

单位：万元

指标	营业收入	#主营业务收入	营业税金及附加	#主营业务税金及附加	资产总计	实收资本
总计	**460314**	**455508**	**26676**	**26300**	**507971**	**203905**
按国民经济行业分组						
正餐服务	332523	328351	20035	19687	426869	171701
快餐服务	105709	105524	5582	5568	45895	13210
饮料及冷饮服务	6458	6423	343	337	14674	5429
茶馆服务	1020	1017	38	37	1608	1046
咖啡馆服务	1225	1224	47	47	1707	1483
酒吧服务	2154	2131	177	172	3651	871
其他饮料及冷饮服务	2059	2051	81	81	7709	2029
其他餐饮业	15624	15210	716	709	20533	13564
小吃服务	5670	5443	168	162	7818	4044
餐饮配送服务	1538	1502	63	62	1171	517
其他未列明餐饮业	8415	8264	486	485	11544	9003
按登记注册类型分组						
内资企业	383770	378964	22416	22040	469228	186067
国有企业	10819	10330	487	484	19798	4996
集体企业	3631	3576	156	155	3368	1510
股份合作企业	3742	3574	248	248	4684	1503
联营企业	68	68	3	3	70	123
国有联营企业						
集体联营企业	13	13			50	50
国有与集体联营企业	55	55	3	3	20	73
其他联营企业						
有限责任公司	93897	93522	5611	5598	96368	31408
国有独资公司	58	58	2	2	300	300
其他有限责任公司	93839	93464	5609	5596	96068	31108
股份有限公司	12989	12915	427	425	17362	11830
私营企业	240264	236864	14380	14075	307908	126181
私营独资企业	58984	58261	3180	3134	67599	34116
私营合伙企业	12877	12862	551	551	9179	3079
私营有限责任公司	158008	155386	9995	9743	218501	86336
私营股份有限公司	10396	10356	653	647	12628	2651
其他企业	18359	18114	1103	1052	19669	8515
港、澳、台商投资企业	9935	9935	565	565	8347	6146
合资经营企业	2081	2081	116	116	530	228
合作经营企业	54	54	3	3	60	70
独资经营企业	7441	7441	425	425	7612	5703
投资股份有限公司	359	359	21	21	145	145
其他港澳台商投资企业						
外商投资企业	66609	66609	3695	3695	30395	11692
中外合资经营企业	13646	13646	804	804	4189	3417
中外合作经营企业	107	107	7	7	50	50
外资企业	51815	51815	2880	2880	25355	7825
外商投资股份有限公司	1042	1042	4	4	800	400
其他外商投资企业						

2-5　分地区住宿和餐饮业法人单位基本情况

地　区	法　人 单位数 (个)	从业人员 期末人数 (人)	#女性
住宿业			
广　西	1726	73068	45627
南宁市	399	20758	12649
柳州市	115	6550	4239
桂林市	385	15047	9309
梧州市	57	1519	1068
北海市	135	5029	3036
防城港市	72	2027	1163
钦州市	57	2115	1383
贵港市	62	2282	1505
玉林市	147	5958	3766
百色市	110	3405	2394
贺州市	26	1207	765
河池市	74	3274	2044
来宾市	40	1426	856
崇左市	47	2471	1450
餐饮业			
广　西	1746	51862	29189
南宁市	453	20902	11062
柳州市	146	4149	2309
桂林市	326	7907	4529
梧州市	125	3268	1874
北海市	40	1474	823
防城港市	36	492	255
钦州市	62	1669	975
贵港市	85	2202	1286
玉林市	148	3347	2069
百色市	124	2706	1636
贺州市	30	988	656
河池市	106	1078	663
来宾市	37	967	605
崇左市	28	713	447

2-6 分地区住宿和餐饮业法人单位主要经济指标

单位：万元

地区	营业收入	#主营业务收入	营业税金及附加	#主营业务税金及附加	资产总计	实收资本
住宿业						
广　西	761499	743736	42427	41759	2492827	919826
南宁市	276313	268084	15547	15229	610147	224473
柳州市	74482	73030	3941	3921	193811	47659
桂林市	170537	165925	9368	9152	775252	326112
梧州市	12147	12021	731	728	86411	34983
北海市	45829	45556	2600	2586	127943	101932
防城港市	14410	14193	814	808	34571	17508
钦州市	18809	18384	1119	1100	71056	24345
贵港市	16018	15887	933	929	53952	14996
玉林市	53272	53077	2822	2817	142214	32196
百色市	22917	22157	1336	1334	104472	41280
贺州市	6635	5892	365	325	45587	8059
河池市	21069	20627	1194	1174	110264	11760
来宾市	8816	8772	482	482	36795	11974
崇左市	20243	20132	1176	1174	100353	22549
餐饮业						
广　西	460314	455508	26676	26300	507971	203905
南宁市	212886	210821	11811	11751	182517	70451
柳州市	40958	40791	2286	2257	47451	18683
桂林市	69668	68926	4201	4157	66398	24137
梧州市	22516	22287	1279	1261	18454	7996
北海市	10095	9806	1063	920	21478	7107
防城港市	4918	4856	318	306	9052	6503
钦州市	12743	12625	839	809	22428	8063
贵港市	16380	16334	1019	1016	31859	10956
玉林市	23592	23445	1199	1191	27545	11579
百色市	21274	21021	1105	1092	37101	17874
贺州市	5186	5182	339	338	9109	2454
河池市	5463	5168	368	368	10144	2771
来宾市	8118	7857	456	450	13522	10908
崇左市	6517	6390	394	383	10914	4425

2-7　限额以上住宿业法人单位基本情况

指　　标	法　人 单位数 (个)	从业人员 期末人数 (人)	#女性	年末餐饮 营业面积 (万平方米)
总　　计	**499**	**51005**	**31072**	**103.44**
按国民经济行业分组				
旅游饭店	373	43425	26348	79.82
一般旅馆	119	6977	4356	20.84
其他住宿业	7	603	368	2.78
按登记注册类型分组				
内资企业	477	44691	27582	97.97
国有企业	61	6951	4155	14.42
集体企业	9	611	396	1.44
股份合作企业	2	255	115	0.23
联营企业				
国有联营企业				
集体联营企业				
国有与集体联营企业				
其他联营企业				
有限责任公司	137	13719	8153	31.32
国有独资公司	3	376	279	1.50
其他有限责任公司	134	13343	7874	29.82
股份有限公司	28	3242	1942	5.49
私营企业	221	18477	11809	40.99
私营独资企业	37	2124	1397	8.54
私营合伙企业	16	800	565	2.42
私营有限责任公司	153	13715	8577	27.58
私营股份有限公司	15	1838	1270	2.44
其他企业	19	1436	1012	4.08
港、澳、台商投资企业	17	5174	2791	4.27
合资经营企业	4	1081	626	0.37
合作经营企业	1	496	242	0.64
独资经营企业	12	3597	1923	3.26
投资股份有限公司				
其他港澳台商投资企业				
外商投资企业	5	1140	699	1.20
中外合资经营企业	2	403	234	0.15
中外合作经营企业	1	76	42	
外资企业	2	661	423	1.05
外商投资股份有限公司				
其他外商投资企业				
按星级分组				
一星				
二星	48	2471	1675	6.53
三星	147	12408	7847	33.64
四星	71	13377	8051	19.52
五星	16	6257	3727	8.24
其他	217	16492	9772	35.51

2-8 限额以上餐饮业法人单位基本情况

指　　标	法　人 单位数 (个)	从业人员 期末人数 (人)	#女性	年末餐饮 营业面积 (万平方米)
总　　计	**303**	**30456**	**16866**	**70.18**
按国民经济行业分组				
正餐服务	284	20766	11604	58.71
快餐服务	13	8641	5033	4.12
饮料及冷饮服务	2	145	80	0.42
茶馆服务				
咖啡馆服务				
酒吧服务	1	18	7	0.18
其他饮料及冷饮服务	1	127	73	0.25
其他餐饮业	4	904	149	6.93
小吃服务	1	32	25	0.02
餐饮配送服务	2	464	124	6.90
其他未列明餐饮业	1	408		0.01
按登记注册类型分组				
内资企业	295	23403	12885	67.14
国有企业	14	813	521	4.50
集体企业	5	181	119	0.61
股份合作企业	5	313	164	1.35
联营企业				
国有联营企业				
集体联营企业				
国有与集体联营企业				
其他联营企业				
有限责任公司	66	5761	2952	12.28
国有独资公司				
其他有限责任公司	66	5761	2952	12.28
股份有限公司	9	836	206	1.25
私营企业	176	14369	8275	44.17
私营独资企业	55	3087	1835	10.94
私营合伙企业	10	558	281	1.97
私营有限责任公司	106	10313	5927	29.96
私营股份有限公司	5	411	232	1.30
其他企业	20	1130	648	2.99
港、澳、台商投资企业	4	450	292	0.64
合资经营企业	2	256	179	0.29
合作经营企业				
独资经营企业	2	194	113	0.36
投资股份有限公司				
其他港澳台商投资企业				
外商投资企业	4	6603	3689	2.39
中外合资经营企业	1	805	560	0.03
中外合作经营企业				
外资企业	2	5713	3129	2.31
外商投资股份有限公司	1	85		0.05
其他外商投资企业				

2-9　限额以上住宿业法人单位主要经济指标

单位：万元

指　　标	营业收入	#主营业务收入	营业税金及附加	#主营业务税金及附加	资产总计	实收资本
总　　计	**610692**	**596977**	**35140**	**34722**	**1927073**	**668491**
按国民经济行业分组						
旅游饭店	528057	515885	29335	28975	1722209	623464
一般旅馆	73305	72338	5261	5240	190330	43556
其他住宿业	9330	8755	543	506	14534	1471
按登记注册类型分组						
内资企业	517380	504393	30039	29711	1475316	428551
国有企业	87154	82186	4652	4416	271579	99979
集体企业	6945	6725	481	481	9456	2789
股份合作企业	2413	1688	108	108	4828	181
联营企业						
国有联营企业						
集体联营企业						
国有与集体联营企业						
其他联营企业						
有限责任公司	156154	154416	8737	8716	504810	149045
国有独资公司	3041	2497	143	143	17229	2200
其他有限责任公司	153113	151919	8594	8573	487581	146845
股份有限公司	36578	35472	1808	1797	81054	37819
私营企业	216392	212187	13502	13444	582372	133294
私营独资企业	19926	19750	1246	1238	55547	19541
私营合伙企业	6887	6822	331	329	17090	6381
私营有限责任公司	162753	158940	10352	10308	417670	90390
私营股份有限公司	26827	26675	1574	1568	92066	16982
其他企业	11744	11721	752	751	21217	5445
港、澳、台商投资企业	75497	75140	4161	4131	390989	202645
合资经营企业	9300	9203	526	526	68205	41345
合作经营企业	4284	4284	232	232	11612	13909
独资经营企业	61913	61653	3402	3373	311173	147392
投资股份有限公司						
其他港澳台商投资企业						
外商投资企业	17816	17444	941	879	60767	37295
中外合资经营企业	9532	9161	510	448	26684	16600
中外合作经营企业	445	445	25	25	595	2754
外资企业	7838	7838	406	406	33488	17941
外商投资股份有限公司						
其他外商投资企业						
按星级分组						
一星						
二星	24543	23860	1434	1352	55036	29188
三星	123196	119360	7007	6921	307970	116190
四星	159006	152727	8491	8441	580107	176353
五星	116782	116302	6493	6431	450735	210509
其他	187165	184729	11715	11577	533226	136251

2-10 限额以上餐饮业法人单位主要经济指标

单位：万元

指　　标	营业收入	#主营业务收入	营业税金及附加	#主营业务税金及附加	资产总计	实收资本
总　　计	**321423**	**319287**	**18815**	**18741**	**314636**	**97910**
按国民经济行业分组						
正餐服务	224797	222726	13639	13567	265763	85382
快餐服务	94400	94344	5047	5046	39938	9806
饮料及冷饮服务	1051	1051	63	63	7422	1550
茶馆服务						
咖啡馆服务						
酒吧服务	203	203	19	19	425	50
其他饮料及冷饮服务	848	848	44	44	6997	1500
其他餐饮业	1176	1166	67	66	1512	1172
小吃服务	367	367	8	8	208	70
餐饮配送服务	603	593	35	34	190	102
其他未列明餐饮业	206	206	24	24	1114	1000
按登记注册类型分组						
内资企业	247242	245105	14675	14601	285003	89398
国有企业	7317	6963	324	324	9165	2560
集体企业	1820	1820	80	80	1168	271
股份合作企业	3457	3289	229	229	4626	1445
联营企业						
国有联营企业						
集体联营企业						
国有与集体联营企业						
其他联营企业						
有限责任公司	74396	74361	4337	4327	72956	15890
国有独资公司						
其他有限责任公司	74396	74361	4337	4327	72956	15890
股份有限公司	4506	4506	255	255	7250	4835
私营企业	145445	143866	8806	8757	179504	62358
私营独资企业	27660	27632	1729	1721	28077	11745
私营合伙企业	7871	7871	351	351	3529	660
私营有限责任公司	105521	103970	6468	6429	143500	49541
私营股份有限公司	4392	4392	257	257	4398	412
其他企业	10301	10301	645	629	10335	2039
港、澳、台商投资企业	8601	8601	492	492	5549	2828
合资经营企业	1872	1872	107	107	242	130
合作经营企业						
独资经营企业	6729	6729	385	385	5307	2698
投资股份有限公司						
其他港澳台商投资企业						
外商投资企业	65580	65580	3648	3648	24083	5684
中外合资经营企业	13602	13602	802	802	3773	3000
中外合作经营企业						
外资企业	50937	50937	2841	2841	19510	2284
外商投资股份有限公司	1042	1042	4	4	800	400
其他外商投资企业						

2-11　分地区限额以上住宿和餐饮业法人单位基本情况

地　区	法　人 单位数 (个)	从业人员 期末人数 (人)	
			#女性
住宿业			
广　西	499	51005	31072
南宁市	126	14811	8802
柳州市	42	5330	3405
桂林市	114	11290	6809
梧州市	12	947	652
北海市	38	3114	1793
防城港市	15	1002	535
钦州市	20	1585	1005
贵港市	14	1332	887
玉林市	32	3560	2076
百色市	34	2546	1834
贺州市	5	636	426
河池市	24	1953	1120
来宾市	9	1190	723
崇左市	14	1709	1005
餐饮业			
广　西	303	30456	16866
南宁市	80	14900	7869
柳州市	29	2405	1314
桂林市	57	4356	2383
梧州市	25	1379	772
北海市	4	457	258
防城港市	5	256	128
钦州市	12	1120	646
贵港市	22	1189	683
玉林市	21	1192	772
百色市	22	1369	866
贺州市	5	486	328
河池市	6	351	229
来宾市	6	613	382
崇左市	9	383	236

2-12 分地区限额以上住宿和餐饮业法人单位主要经济指标

单位：万元

地区	营业收入	#主营业务收入	营业税金及附加	#主营业务税金及附加	资产总计	实收资本
住宿业						
广西	610692	596977	35140	34722	1927073	668491
南宁市	217394	210771	12974	12783	505264	180153
柳州市	65802	64639	3478	3476	147557	37482
桂林市	144171	140267	8104	7925	658315	254398
梧州市	7809	7709	517	514	76379	31404
北海市	37431	37329	2174	2163	101844	65778
防城港市	10780	10573	485	479	24165	12331
钦州市	15283	14872	901	883	56622	18695
贵港市	10843	10821	644	644	40737	8778
玉林市	36606	36582	2155	2154	100888	19697
百色市	20020	19306	1179	1179	77909	15128
贺州市	4539	4449	256	256	13118	3734
河池市	14357	14108	841	832	39147	6531
来宾市	7815	7773	441	441	22620	2766
崇左市	17841	17779	992	992	62509	11616
餐饮业						
广西	321423	319287	18815	18741	314636	97910
南宁市	163886	162583	9188	9178	136793	38120
柳州市	31964	31902	1790	1767	36129	9017
桂林市	42699	42693	2768	2768	29614	6597
梧州市	15598	15447	915	899	10549	3226
北海市	4882	4882	312	312	11198	774
防城港市	3364	3364	276	276	5796	3655
钦州市	8383	8383	564	548	11710	3769
贵港市	10065	10065	600	600	17274	3249
玉林市	10948	10948	644	644	5860	2969
百色市	13183	13088	679	676	21349	11046
贺州市	2801	2801	172	172	3206	1091
河池市	2808	2540	237	237	5087	1081
来宾市	6393	6177	367	361	11898	10137
崇左市	4451	4414	304	304	8174	3179

第3篇

房地产开发经营业生产经营及财务状况

3-1　各地区按登记注册类型分房地产开发企业法人单位个数

单位：个

地　区	总　计	内资企业						
			国有企业	集体企业	股份合作企　业	国有联营企　业	集体联营企　业	国有与集体联营企业
广　西	**3788**	**3640**	**98**	**21**	**8**			
南宁市	789	727	24	1				
柳州市	346	337	10	2				
桂林市	483	463	16	5	6			
梧州市	262	247	5	1				
北海市	369	361	8	3	2			
防城港市	214	210	3					
钦州市	211	206	7	1				
贵港市	182	179	3	1				
玉林市	304	292	5	5				
百色市	160	157	5	1				
贺州市	72	70	3					
河池市	125	124	4	1				
来宾市	148	148	2					
崇左市	123	119	3					

注：本表数据范围为全部房地产开发企业。

3-1　续表 1

单位：个

地　区	其他联营企　业	国有独资公　司	其他有限责任公司	股份有限公　司	私营独资企　业	私营合伙企　业	私营有限责任公司
广　西	**1**	**44**	**1125**	**171**	**16**	**4**	**2012**
南宁市		8	217	18			445
柳州市		7	124	12			172
桂林市		5	201	25		1	189
梧州市	1	5	109	15	5		98
北海市			98	12	1		219
防城港市		2	39	16			134
钦州市		6	62	14	4		104
贵港市		1	42	6	4	2	114
玉林市		3	53	5			214
百色市		2	46	13			85
贺州市			10	4			48
河池市			31	8	1		71
来宾市		5	53	14		1	65
崇左市			40	9	1		54

3-1 续表 2

单位：个

地　区	私营股份有限公司	其他内资企业	港、澳、台商投资企业	合资经营企业(港、澳、台资)	合作经营企业(港、澳、台资)	港、澳、台商独资经营企业	港、澳、台商投资股份有限公司
广　西	**131**	**9**	**89**	**49**	**8**	**32**	
南宁市	14		31	17	3	11	
柳州市	8	2	2			2	
桂林市	13	2	18	10	3	5	
梧州市	7	1	11	8	1	2	
北海市	16	2	3	2		1	
防城港市	16		1			1	
钦州市	8		4	1		3	
贵港市	6		3			3	
玉林市	7		10	8	1	1	
百色市	5						
贺州市	5		1			1	
河池市	8		1			1	
来宾市	7	1					
崇左市	11	1	4	3		1	

3-1 续表 3

单位：个

地　区	其他港、澳、台投资企业	外商投资企业	中外合资经营企业	中外合作经营企业	独资企业	外商投资股份有限公司	其他外商投资企业
广　西		**59**	**27**	**4**	**25**	**1**	**2**
南宁市		31	15	1	15		
柳州市		7	4		2		1
桂林市		2	1		1		
梧州市		4	1	2	1		
北海市		5	1		4		
防城港市		3			2		1
钦州市		1		1			
贵港市							
玉林市		2	1			1	
百色市		3	3				
贺州市		1	1				
河池市							
来宾市							
崇左市							

3-2　各地区按资质等级分房地产开发企业法人单位个数

单位：个

地　区	总　计	一　级	二　级	三　级	四　级	暂　定	其　他
广　西	**3788**	**18**	**133**	**676**	**512**	**1753**	**696**
南宁市	789	6	43	132	81	336	191
柳州市	346	4	17	70	51	150	54
桂林市	483	1	14	121	68	191	88
梧州市	262		8	30	48	112	64
北海市	369		6	51	65	180	67
防城港市	214	1	7	25	25	120	36
钦州市	211	1	4	30	31	115	30
贵港市	182	2	6	50	16	70	38
玉林市	304	2	12	47	46	143	54
百色市	160		7	34	12	80	27
贺州市	72		1	15	13	34	9
河池市	125		1	21	21	73	9
来宾市	148	1	4	26	16	78	23
崇左市	123		3	24	19	71	6

注：本表数据范围为全部房地产开发企业。

3-3　各地区按登记注册类型分房地产开发企业年末从业人数

单位：人

地　区	总　计	内资企业	国有企业	集体企业	股份合作企　业	国有联营企　业	集体联营企　业	国有与集体联营企业
广　西	**90440**	**85991**	**2723**	**339**	**127**	**50**		
南宁市	20388	18497	921	1				
柳州市	8818	8564	167	47				
桂林市	10921	10288	797	93	94			
梧州市	5606	5350	133	18		50		
北海市	7981	7650	139	75	33			
防城港市	5450	5329	52					
钦州市	4814	4679	227	14				
贵港市	4880	4790	64	11				
玉林市	7454	7042	54	33				
百色市	4036	3888	29	25				
贺州市	1609	1561	56					
河池市	2271	2193	22	22				
来宾市	3695	3695	35					
崇左市	2517	2465	27					

注：本表数据范围为全部房地产开发企业。

3-3 续表 1

单位：人

地 区	其他联营企业	国有独资公司	其他有限责任公司	股份有限公司	私营独资企业	私营合伙企业	私营有限责任公司
广 西		**2157**	**27626**	**3865**	**341**	**81**	**45193**
南宁市		848	5622	555			10309
柳州市		527	3028	313			4065
桂林市		169	4979	299		11	3590
梧州市		147	2402	362	78		1487
北海市			2031	246	12		4854
防城港市		115	1342	534			2825
钦州市		152	1280	366	71		2471
贵港市		27	1045	171	100	53	3026
玉林市		50	1421	38			5350
百色市		20	1212	331			2169
贺州市			250	69			1132
河池市			487	110	24		1384
来宾市		102	1677	317		17	1382
崇左市			850	154	56		1149

3-3 续表 2

单位：人

地 区	私营股份有限公司	其他内资企业	港、澳、台商投资企业	合资经营企业(港、澳、台资)	合作经营企业(港、澳、台资)	港、澳、台商独资经营企业	港、澳、台商投资股份有限公司
广 西	**3286**	**203**	**2565**	**1003**	**308**	**1254**	
南宁市	241		979	436	17	526	
柳州市	361	56	17			17	
桂林市	231	25	546	192	141	213	
梧州市	650	23	186	121	15	50	
北海市	211	49	242	122		120	
防城港市	461		50			50	
钦州市	98		118	35		83	
贵港市	293		90			90	
玉林市	96		197	62	135		
百色市	102						
贺州市	54		10			10	
河池市	144		78			78	
来宾市	125	40					
崇左市	219	10	52	35		17	

3-3　续表 3

单位：人

地　区	其他港、澳、台投资企业	外商投资企业	中外合资经营企业	中外合作经营企业	独资企业	外商投资股份有限公司	其他外商投资企业
广　西		**1884**	**740**	**123**	**775**	**215**	**31**
南宁市		912	342	75	495		
柳州市		237	128		93		16
桂林市		87	40		47		
梧州市		70	32	31	7		
北海市		89	12		77		
防城港市		71			56		15
钦州市		17		17			
贵港市							
玉林市		215				215	
百色市		148	148				
贺州市		38	38				
河池市							
来宾市							
崇左市							

3-4　各地区按资质等级分房地产开发企业年末从业人数

单位：人

地　区	总　计	一　级	二　级	三　级	四　级	暂　定	其　他
广　西	**90440**	**997**	**8478**	**18534**	**10553**	**40590**	**11288**
南宁市	20388	333	3791	3673	1276	7992	3323
柳州市	8818	214	604	1837	1072	4421	670
桂林市	10921	120	540	3355	1433	4113	1360
梧州市	5606		307	718	1412	2166	1003
北海市	7981		160	1405	1334	3946	1136
防城港市	5450	119	281	887	580	3026	557
钦州市	4814	6	245	794	829	2601	339
贵港市	4880	135	272	1609	410	1880	574
玉林市	7454	23	1745	1168	610	2882	1026
白色市	4036		317	915	379	1867	558
贺州市	1609		23	551	210	729	96
河池市	2271		17	449	283	1418	104
来宾市	3695	47	104	572	296	2203	473
崇左市	2517		72	601	429	1346	69

注：本表数据范围为全部房地产开发企业。

3-5 各地区按登记注册类型分房地产开发企业资产总计

单位：万元

地 区	总 计	内资企业						
			国有企业	集体企业	股份合作企 业	国有联营企 业	集体联营企 业	国有与集体联营企业
广 西	**79674594.9**	**75067534**	**1821404.9**	**111449.2**	**12388.5**			
南宁市	23040961.4	20702130.3	1297276.7	1840.6				
柳州市	16466590.2	16235048.9	33667.9	9085				
桂林市	7732180	6830686.9	186321.9	51387.9	4876.5			
梧州市	3674794.9	3504276.4	127466.8	1957.1				
北海市	4161937.7	3873950.4	81359.4	29372.2	7512			
防城港市	2994308.6	2787601.7	29302					
钦州市	3062240.7	3008634.5	31282.4	555.5				
贵港市	2537807.4	2502499	684.4	209.8				
玉林市	9813165	9611527.3	19711.5	3136.8				
百色市	1881127	1814000.2	5651.2	9810				
贺州市	691751.4	628294.2	3468.9					
河池市	929509.3	887017.3	1406.5	4094.3				
来宾市	1603643.1	1603643.1	1537.6					
崇左市	1084578.2	1078223.8	2267.7					

注：本表数据范围为全部房地产开发企业。

3-5 续表 1

单位：万元

地 区	其他联营企 业	国有独资公 司	其他有限责任公司	股份有限公 司	私营独资企 业	私营合伙企 业	私营有限责任公司
广 西	**9256.8**	**9867317**	**24880137.5**	**2966649.7**	**172567.6**	**19513.5**	**32291831.4**
南宁市		278664.6	6879113.8	1462021.6			10653910.8
柳州市		7819040.1	5509550.4	138495.5			2424906.4
桂林市		86195	4369517.7	93413.9		3076	1967967.2
梧州市	9256.8	1143978.9	1190200.4	196027.9	102465.2		571523.8
北海市			954403	103289.8	1482.3		2594450.6
防城港市		151028.5	848708.4	261436.2			1297199.6
钦州市		124779.9	852963	85577.3	17986.4		1843241.9
贵港市		34547.8	656147.6	181784.9	21703.5	6437.5	1497547.9
玉林市		57578.3	1755070.4	57793.3			6174869.4
百色市		14318	534248.7	79468.2			1121138.2
贺州市			77592.4	50659.5			492289.6
河池市			202775.5	13243.1	15212.7		596132
来宾市		157185.9	540856.4	147612.9		10000	705524.3
崇左市			508989.8	95825.6	13717.5		351129.7

3-5　续表 2　　　　单位：万元

地　　区			港、澳、台商投资企　　业	合资经营企业(港、澳、台资)	合作经营企业(港、澳、台资)	港、澳、台商独资经营企业	港、澳、台商投资股份有限公司
	私营股份有限公司	其他内资企　　业					
广　西	**2653801.9**	**261216**	**3026897.9**	**1156581.2**	**489878**	**1380438.7**	
南宁市	129302.2		1365511.6	702697.4	13465.5	649348.7	
柳州市	113274.4	187029.2	39700.4			39700.4	
桂林市	56517.3	11413.5	792878.1	173142.5	451967	167768.6	
梧州市	130926.1	30473.4	140736.1	99134.2	1443.4	40158.5	
北海市	97905.2	4175.9	262213.3	95633.4		166579.9	
防城港市	199927		201837.8			201837.8	
钦州市	52248.1		46509.5	17404.5		29105	
贵港市	103435.6		35308.4			35308.4	
玉林市	1543367.6		88811.1	65809	23002.1		
百色市	49365.9						
贺州市	4283.8		4545.2			4545.2	
河池市	54153.2		42492			42492	
来宾市	33827.1	7098.9					
崇左市	85268.4	21025.1	6354.4	2760.2		3594.2	

3-5　续表 3　　　　单位：万元

地　　区		外商投资企　　业					
	其他港、澳、台投资企业		中外合资经营企业	中外合作经营企业	独资企业	外商投资股份有限公　　司	其他外商投资企业
广　西		**1580163**	**561603.4**	**176173.1**	**728836.7**	**112826.6**	**723.2**
南宁市		973319.5	182211	159260	631848.5		
柳州市		191840.9	151027.4		40100.3		713.2
桂林市		108615	78187.9		30427.1		
梧州市		29782.4	19866	9816.4	100		
北海市		25774	4272.3		21501.7		
防城港市		4869.1			4859.1		10
钦州市		7096.7		7096.7			
贵港市							
玉林市		112826.6				112826.6	
百色市		67126.8	67126.8				
贺州市		58912	58912				
河池市							
来宾市							
崇左市							

3-6 各地区按登记注册类型分联网直报房地产开发企业法人单位个数

单位：个

地区	总计	内资企业						
			国有企业	集体企业	股份合作企业	国有联营企业	集体联营企业	国有与集体联营企业
广西	**2685**	**2557**	**75**	**19**	**7**			
南宁市	569	513	21	1				
柳州市	229	222	9	2				
桂林市	362	343	14	4	6			
梧州市	156	146	1					
北海市	295	287	7	3	1			
防城港市	137	135	1					
钦州市	156	152	7	1				
贵港市	127	124	2	1				
玉林市	221	210	5	5				
百色市	116	113	2	1				
贺州市	44	42	1					
河池市	79	78	2	1				
来宾市	97	97	1					
崇左市	97	95	2					

注：本表数据范围为联网直报房地产开发企业。

3-6 续表 1

单位：个

地区	其他联营企业	国有独资公司	其他有限责任公司	股份有限公司	私营独资企业	私营合伙企业	私营有限责任公司
广西	**1**	**32**	**823**	**130**	**15**	**4**	**1353**
南宁市		5	133	13			336
柳州市		6	97	9			91
桂林市		5	158	20		1	125
梧州市	1	4	77	11	4		45
北海市			71	8	1		185
防城港市		1	32	16			72
钦州市		4	48	11	4		70
贵港市		1	34	5	4	2	70
玉林市		2	43	4			144
百色市		1	35	11			58
贺州市			6	3			29
河池市			18	2	1		48
来宾市		3	42	10		1	35
崇左市			29	7	1		45

3-6　续表 2　　单位：个

地　区	私营股份有限公司	其他内资企　业	港、澳、台商投资企　业	合资经营企业(港、澳、台资)	合作经营企业(港、澳、台资)	港、澳、台商独资经营企业	港、澳、台商投资股份有限公司
广　西	**89**	**9**	**76**	**39**	**7**	**30**	
南宁市	4		28	15	2	11	
柳州市	6	2	1			1	
桂林市	8	2	17	9	3	5	
梧州市	2	1	7	4	1	2	
北海市	9	2	3	2		1	
防城港市	13		1			1	
钦州市	7		3	1		2	
贵港市	5		3			3	
玉林市	7		9	7	1	1	
百色市	5						
贺州市	3		1			1	
河池市	6		1			1	
来宾市	4	1					
崇左市	10	1	2	1		1	

3-6　续表 3　　单位：个

地　区	其他港、澳、台投资企业	外商投资企　业	中外合资经营企业	中外合作经营企业	独资企业	外商投资股份有限公　司	其他外商投资企业
广　西		**52**	**26**	**4**	**21**	**1**	
南宁市		28	14	1	13		
柳州市		6	4		2		
桂林市		2	1		1		
梧州市		3	1	2			
北海市		5	1		4		
防城港市		1			1		
钦州市		1		1			
贵港市							
玉林市		2	1			1	
百色市		3	3				
贺州市		1	1				
河池市							
来宾市							
崇左市							

3-7 各地区按资质等级分联网直报房地产开发企业法人单位个数

单位：个

地　区	总 计	一 级	二 级	三 级	四 级	暂 定	其 他
广　西	**2685**	**10**	**115**	**586**	**433**	**1394**	**147**
南宁市	569	3	40	123	72	287	44
柳州市	229	2	16	55	35	112	9
桂林市	362	1	13	113	62	155	18
梧州市	156		6	25	37	79	9
北海市	295		5	46	58	175	11
防城港市	137	1	4	20	18	86	8
钦州市	156	1	4	24	27	96	4
贵港市	127	1	6	40	14	57	9
玉林市	221		10	44	43	114	10
百色市	116		5	23	11	69	8
贺州市	44			13	11	20	
河池市	79		1	19	16	40	3
来宾市	97	1	2	19	13	53	9
崇左市	97		3	22	16	51	5

注：本表数据范围为联网直报房地产开发企业。

3-8 各地区按登记注册类型分联网直报房地产开发企业从业人员平均人数

单位：人

地　区	总 计	内资企业	国有企业	集体企业	股份合作企业	国有联营企业	集体联营企业	国有与集体联营企业
广　西	**72302**	**68155**	**2361**	**303**	**114**			
南宁市	16508	14721	861	1				
柳州市	6306	6083	155	47				
桂林市	9234	8620	764	75	94			
梧州市	4183	3972	56					
北海市	6794	6481	129	75	20			
防城港市	4333	4240	9					
钦州市	4238	4125	240	14				
贵港市	3633	3544	25	11				
玉林市	5985	5596	66	33				
百色市	3256	3108	3	25				
贺州市	1289	1242	22					
河池市	1560	1482	7	22				
来宾市	2813	2813	9					
崇左市	2170	2128	15					

注：本表数据范围为联网直报房地产开发企业。

3-8　续表 1　　　　单位：人

地　区	其他联营企　业	国有独资公　司	其他有限责任公司	股份有限公　司	私营独资企　业	私营合伙企　业	私营有限责任公司
广　西	**50**	**1284**	**23105**	**3306**	**335**	**81**	**34429**
南宁市		100	4397	493			8769
柳州市		504	2613	273			2306
桂林市		165	4344	237		11	2764
梧州市	50	123	1977	272	73		758
北海市			1537	203	12		4302
防城港市		103	1175	560			1971
钦州市		133	1131	366	69		2087
贵港市		26	926	153	100	53	1971
玉林市		45	1217	32			4115
百色市		9	1013	303			1665
贺州市			201	46			932
河池市			362	21	25		914
来宾市		76	1513	208		17	859
崇左市			699	139	56		1016

3-8　续表 2　　　　单位：人

地　区	私营股份有限公司	其他内资企　业	港、澳、台商投资企　业	合资经营企业(港、澳、台资)	合作经营企业(港、澳、台资)	港、澳、台商独资经营企业	港、澳、台商投资股份有限公司
广　西	**2584**	**203**	**2395**	**913**	**285**	**1197**	
南宁市	100		935	431	7	497	
柳州市	129	56	7			7	
桂林市	141	25	527	190	131	206	
梧州市	640	23	148	66	15	67	
北海市	154	49	229	114		115	
防城港市	422		50			50	
钦州市	85		96	35		61	
贵港市	279		89			89	
玉林市	88		184	52	132		
百色市	90						
贺州市	41		10			10	
河池市	131		78			78	
来宾市	91	40					
崇左市	193	10	42	25		17	

3-8 续表 3

单位：人

地 区	其他港、澳、台投资企业	外商投资企业	中外合资经营企业	中外合作经营企业	独资企业	外商投资股份有限公司	其他外商投资企业
广 西		**1752**	**741**	**120**	**686**	**205**	
南宁市		852	346	72	434		
柳州市		216	126		90		
桂林市		87	40		47		
梧州市		63	32	31			
北海市		84	12		72		
防城港市		43			43		
钦州市		17		17			
贵港市							
玉林市		205				205	
百色市		148	148				
贺州市		37	37				
河池市							
来宾市							
崇左市							

3-9 各地区按资质等级分联网直报房地产开发企业从业人员平均人数

单位：人

地 区	总 计	一 级	二 级	三 级	四 级	暂 定	其 他
广 西	**72302**	**881**	**7285**	**17210**	**9517**	**33658**	**3751**
南宁市	16508	294	2947	3668	1202	7235	1162
柳州市	6306	182	579	1621	920	2770	234
桂林市	9234	113	536	3231	1381	3629	344
梧州市	4183		266	690	1221	1739	267
北海市	6794		138	1333	1223	3849	251
防城港市	4333	119	230	794	458	2465	267
钦州市	4238	6	257	705	785	2326	159
贵港市	3633	120	271	1364	354	1324	200
玉林市	5985		1631	1081	543	2505	225
百色市	3256		286	736	350	1620	264
贺州市	1289			534	206	549	
河池市	1560		17	409	239	850	45
来宾市	2813	47	55	486	250	1703	272
崇左市	2170		72	558	385	1094	61

注：本表数据范围为联网直报房地产开发企业。

3-10　各地区按用途分联网直报房地产开发企业房屋施工面积

单位：平方米

地　区	房屋施工面　积	住　宅	#别墅、高档公　寓	办公楼	商业营业用　房	其　他
广　西	**160401719**	**124196768**	**2680525**	**3219050**	**15343974**	**17641927**
南宁市	38123539	27674954	805115	1278782	3299985	5869818
柳州市	19359439	14116587	16680	732551	1896456	2613845
桂林市	16665438	13293792	297849	583956	1491838	1295852
梧州市	9271466	7303330	205267	18525	887416	1062195
北海市	14327132	12189901	296969	72893	861502	1202836
防城港市	9586352	7453413	383470	123406	890520	1119013
钦州市	10178997	7730200	317389	136981	1065056	1246760
贵港市	7686258	6219012	24461	53275	783246	630725
玉林市	11620859	9656832	97912	111973	1041735	810319
百色市	7511661	5547124	161212	47607	1171450	745480
贺州市	2087986	1844229		1828	157446	84483
河池市	3771736	3033147	49083	25717	443947	268925
来宾市	5997085	4687448		28490	804240	476907
崇左市	4213771	3446799	25118	3066	549137	214769

注：本表数据范围为联网直报房地产开发企业。

3-11　各地区按资质等级分联网直报房地产开发企业房屋施工面积

单位：平方米

地　区	总　计	一　级	二　级	三　级	四　级	暂　定	其　他
广　西	**160401719**	**3316420**	**21131193**	**36446573**	**14212199**	**77257878**	**8037456**
南宁市	38123539	1964146	6402389	7175830	1519933	19930136	1131105
柳州市	19359439	640051	4916576	4271378	1288492	6509442	1733500
桂林市	16665438	344146	2128118	4582544	2025640	6440244	1144746
梧州市	9271466		654721	2642652	874163	4246905	853025
北海市	14327132		396583	3364875	2243280	7764202	558192
防城港市	9586352	46977	688779	1415090	2204915	4205084	1025507
钦州市	10178997	73870	352977	1861567	937032	6641090	312461
贵港市	7686258	239730	631345	2805748	661932	3236840	110663
玉林市	11620859		3608606	2267186	590972	4687577	466518
百色市	7511661		872458	1892224	431039	4087444	228496
贺州市	2087986			825020	177816	1085150	
河池市	3771736		44680	1269903	725075	1648512	83566
来宾市	5997085	7500	67967	985687	206349	4355105	374477
崇左市	4213771		365994	1086869	325561	2420147	15200

注：本表数据范围为联网直报房地产开发企业。

3-12 各地区按用途分联网直报房地产开发企业房屋新开工面积

单位：平方米

地　区	房屋施工面　积	住　宅	#别墅、高档公　寓	办公楼	商业营业用　房	其　他
广　西	**37156659**	**29019285**	**532927**	**727366**	**3310908**	**4099100**
南宁市	7210457	5447753	119526	132516	542458	1087730
柳州市	4279941	3081917		163472	409467	625085
桂林市	5335490	4401868	53653	212538	420937	300147
梧州市	1995145	1672101	20170	16525	133716	172803
北海市	3315699	2543798	96700	41238	315894	414769
防城港市	1738304	1331856	22870	11797	189512	205139
钦州市	2319242	1707120	113287	44655	242783	324684
贵港市	2298449	1840048	24461	27620	161708	269073
玉林市	2409516	2003771	20308	29060	167818	208867
百色市	1767310	1373376	48265	22950	237236	133748
贺州市	864748	757011			61175	46562
河池市	1134650	895503	13569	13002	122524	103621
来宾市	1475852	1075740		11993	227586	160533
崇左市	1011856	887423	118		78094	46339

注：本表数据范围为联网直报房地产开发企业。

3-13 各地区按资质等级分联网直报房地产开发企业房屋新开工面积

单位：平方米

地　区	总　计	一　级	二　级	三　级	四　级	暂　定	其　他
广　西	**37156659**	**575484**	**4579421**	**8879349**	**2696331**	**18122912**	**2303162**
南宁市	7210457	301351	608761	1843068	154153	4240744	62380
柳州市	4279941	232597	1435052	915202	286696	1241415	168979
桂林市	5335490	41536	485343	1603754	633867	1961096	609894
梧州市	1995145		186832	607126	167036	734593	299558
北海市	3315699		19805	954903	487960	1639395	213636
防城港市	1738304		68649	119174	139406	939258	471817
钦州市	2319242		147038	268185	289252	1517603	97164
贵港市	2298449		500202	529392	29185	1210507	29163
玉林市	2409516		649592	627165	142584	883849	106326
百色市	1767310		227829	382465	133905	913509	109602
贺州市	864748			367180	39624	457944	
河池市	1134650		24700	355591	160348	510445	83566
来宾市	1475852		2540	117943		1309492	45877
崇左市	1011856		223078	188201	32315	563062	5200

注：本表数据范围为联网直报房地产开发企业。

3-14　各地区按用途分联网直报房地产开发企业房屋竣工面积

单位：平方米

地　区	房屋施工面　积	住　宅	#别墅、高档公　寓	办公楼	商业营业用　房	其　他
广　西	**17126793**	**13853670**	**317331**	**181317**	**1754402**	**1337404**
南宁市	3255841	2344671	146211	96678	459538	354954
柳州市	2656012	1995218		18574	319803	322417
桂林市	1908217	1723644	20700	11868	77552	95153
梧州市	730889	557553			115221	58115
北海市	1080321	931095		1406	83573	64247
防城港市	625074	580923	4017		15670	28481
钦州市	1262443	1018974			126552	116917
贵港市	1064596	906850		2305	85202	70239
玉林市	1564776	1288715	77052	35010	139556	101495
百色市	925199	775917	69351	9694	91718	47870
贺州市	352089	325849			12190	14050
河池市	524790	445606		4405	47806	26973
来宾市	672757	510093		1377	128014	33273
崇左市	503789	448562			52007	3220

注：本表数据范围为联网直报房地产开发企业。

3-15　各地区按资质等级分联网直报房地产开发企业房屋竣工面积

单位：平方米

地　区	总　计	一　级	二　级	三　级	四　级	暂　定	其　他
广　西	**17126793**	**439928**	**2639544**	**4722300**	**2089464**	**6808657**	**426900**
南宁市	3255841	102756	490154	639002	353869	1525192	144868
柳州市	2656012	182821	951415	354402	312602	714424	140348
桂林市	1908217		375023	682306	165559	682329	3000
梧州市	730889		171023	312495	75524	171847	
北海市	1080321		8100	219183	380841	449907	22290
防城港市	625074		197873	236779		190422	
钦州市	1262443		42637	547316	120760	481078	70652
贵港市	1064596	154351	6289	516822	53300	332434	1400
玉林市	1564776		292704	604972	173634	483466	10000
百色市	925199		96451	216635	73706	533407	5000
贺州市	352089			4503	43637	303949	
河池市	524790			136803	135660	252327	
来宾市	672757		7875	142239	82103	416398	24142
崇左市	503789			108843	118269	271477	5200

注：本表数据范围为联网直报房地产开发企业。

3-16 各地区按用途分联网直报房地产开发企业房屋竣工价值

单位：万元

地　区	房屋施工面　积	住　宅	#别墅、高档公　寓	办公楼	商业营业用　房	其　他
广　西	**3908901**	**3101989**	**102615**	**35690**	**457413**	**313809**
南宁市	723636	522526	46520	20165	101375	79570
柳州市	619187	432493		3506	109113	74075
桂林市	439164	375192	30970	2336	21409	40227
梧州市	179767	127569			42168	10030
北海市	267183	229338		354	21264	16227
防城港市	111944	103653	1200		2847	5444
钦州市	309021	246166			36265	26590
贵港市	249347	213131		349	17284	18583
玉林市	349723	292573	13434	6554	32618	17978
百色市	204431	170170	10491	1424	20247	12590
贺州市	64696	59146			2460	3090
河池市	80701	66320		741	9642	3998
来宾市	214565	182012		261	27529	4763
崇左市	95536	81700			13192	644

注：本表数据范围为联网直报房地产开发企业。

3-17 各地区联网直报房地产开发企业建造的房屋面积和造价

地　区	房屋施工面　积(平方米)	房屋竣工面　积(平方米)	房屋建筑面积竣　工　率(%)	房屋竣工价　值(万元)	房屋竣工造　价(元/平方米)
广　西	**160401719**	**17126793**	**10.7**	**3908901**	**2282**
南宁市	38123539	3255841	8.5	723636	2223
柳州市	19359439	2656012	13.7	619187	2331
桂林市	16665438	1908217	11.5	439164	2301
梧州市	9271466	730889	7.9	179767	2460
北海市	14327132	1080321	7.5	267183	2473
防城港市	9586352	625074	6.5	111944	1791
钦州市	10178997	1262443	12.4	309021	2448
贵港市	7686258	1064596	13.9	249347	2342
玉林市	11620859	1564776	13.5	349723	2235
百色市	7511661	925199	12.3	204431	2210
贺州市	2087986	352089	16.9	64696	1837
河池市	3771736	524790	13.9	80701	1538
来宾市	5997085	672757	11.2	214565	3189
崇左市	4213771	503789	12	95536	1896

注：本表数据范围为联网直报房地产开发企业。

3-18　各地区按用途分联网直报房地产开发企业商品房销售面积

单位：平方米

地　区	商品房销售面积	住　宅	#别墅、高档公寓	办公楼	商业营业用房	其他
广　西	**29955763**	**27651468**	**312676**	**320626**	**1350887**	**632782**
南宁市	7026007	6331392	130953	218850	237196	238569
柳州市	2804150	2579405	1415	59889	76776	88080
桂林市	3834102	3672134	29016	1640	122167	38161
梧州市	1816012	1617126	18556	2362	138825	57699
北海市	1784419	1756861	5237		21675	5883
防城港市	1457186	1423997	177		24642	8547
钦州市	1552886	1429802	21209	200	109018	13866
贵港市	1561484	1479875		12274	60569	8766
玉林市	2943376	2601974	62836	19662	253767	67973
百色市	1505378	1396717	41750	4845	94823	8993
贺州市	472247	447333			24495	419
河池市	646241	627407		904	14128	3802
来宾市	1297726	1189076	1313		60972	47678
崇左市	1254549	1098369	214		111834	44346

注：本表数据范围为联网直报房地产开发企业。

3-19　各地区按资质等级分联网直报房地产开发企业商品房销售面积

单位：平方米

地　区	总　计	一　级	二　级	三　级	四　级	暂　定	其　他
广　西	**29955763**	**438841**	**3347191**	**7647518**	**2759771**	**14296860**	**1465582**
南宁市	7026007	122353	1156438	1426978	227388	3687509	405341
柳州市	2804150	25366	424536	789418	320321	1136749	107760
桂林市	3834102	171011	383177	1005638	450912	1419926	403438
梧州市	1816012		128951	829657	163766	638318	55320
北海市	1784419		56799	257000	356154	1016689	97777
防城港市	1457186	87365	113816	303755	124928	819554	7768
钦州市	1552886		136858	280757	160165	892892	82214
贵港市	1561484	25194	166694	606043	108379	601991	53183
玉林市	2943376		553633	770413	298387	1276156	44787
百色市	1505378		127123	404001	82468	834436	57350
贺州市	472247			98345	99091	274811	
河池市	646241		22763	159476	110539	330003	23460
来宾市	1297726	7552	22130	250196	68502	839722	109624
崇左市	1254549		54273	465841	188771	528104	17560

注：本表数据范围为联网直报房地产开发企业。

3-20 各地区按用途分联网直报房地产开发企业商品房期房销售面积

单位：平方米

地　区	商品房期房销售面积	住　宅	#别墅、高档公寓	办公楼	商业营业用房	其 他
广　西	**23273378**	**21790588**	**279626**	**272426**	**791543**	**418821**
南宁市	6259188	5704526	122865	217946	154765	181951
柳州市	2430263	2259138	1415	37257	62150	71718
桂林市	3437104	3326685	22416		85073	25346
梧州市	836416	747751	18556		72342	16323
北海市	1355131	1345184			9660	287
防城港市	1176868	1147663			22646	6559
钦州市	1054309	975733	21040	200	74611	3765
贵港市	1358556	1315109		12274	23731	7442
玉林市	2142427	1964989	59014		118623	58815
百色市	997138	948884	33007	3845	39702	4707
贺州市	313542	305255			7906	381
河池市	506766	498511		904	5828	1523
来宾市	708924	680495	1313		28211	218
崇左市	696746	570665			86295	39786

注：本表数据范围为联网直报房地产开发企业。

3-21 各地区按用途分联网直报房地产开发企业房屋出租面积

单位：平方米

地　区	房屋出租面积	住　宅	#别墅、高档公寓	办公楼	商业营业用房	其 他
广　西	**337226**	**14680**			**297080**	**25466**
南宁市	105823	8570			81105	16148
柳州市	108051	120			104525	3406
桂林市	24322	790			23532	
梧州市	19648				13736	5912
北海市						
防城港市	4008				4008	
钦州市	35115				35115	
贵港市						
玉林市	35059				35059	
百色市						
贺州市						
河池市						
来宾市						
崇左市	5200	5200				

注：本表数据范围为联网直报房地产开发企业。

3-22　各地区按用途分联网直报房地产开发企业商品房销售额

单位：万元

地　区	商品房销售额	住　宅	#别墅、高档公寓	办公楼	商业营业用房	其他
广　西	**13757948**	**11667241**	**279833**	**432304**	**1394664**	**263739**
南宁市	4889652	3896706	162792	364978	533598	94370
柳州市	1492091	1267001	981	50089	126153	48848
桂林市	1691959	1572438	32921	361	100742	18418
梧州市	640770	531043	10936	705	81538	27484
北海市	806925	784729	3231		20096	2100
防城港市	510361	488973	117		18914	2474
钦州市	579534	473592	12605	100	101570	4272
贵港市	611164	534312		8130	64408	4314
玉林市	1000439	824021	31418	6291	147345	22782
百色市	501124	415867	23877	1271	78296	5690
贺州市	139801	128535			11189	77
河池市	190329	179267		379	9226	1457
来宾市	351852	305056	741		33755	13041
崇左市	351947	265701	214		67834	18412

注：本表数据范围为联网直报房地产开发企业。

3-23　各地区按资质等级分联网直报房地产开发企业商品房销售额

单位：万元

地　区	总　计	一　级	二　级	三　级	四　级	暂　定	其　他
广　西	**13757948**	**242058**	**1742166**	**3412861**	**976667**	**6757599**	**626597**
南宁市	4889652	86426	831500	938024	155948	2631620	246134
柳州市	1492091	12896	234999	452422	105683	634916	51175
桂林市	1691959	108911	177013	486283	140370	633539	145843
梧州市	640770		41800	302052	53034	230321	13563
北海市	806925		25426	128688	132519	472192	48100
防城港市	510361	22274	37897	100739	48052	298096	3303
钦州市	579534		47623	104831	50307	344311	32462
贵港市	611164	9835	70454	263844	36126	219533	11372
玉林市	1000439		213526	242123	95668	431444	17678
百色市	501124		35222	117283	22255	310284	16080
贺州市	139801			49750	31769	58282	
河池市	190329		6603	50198	32443	96085	5000
来宾市	351852	1716	4551	68101	23576	223554	30354
崇左市	351947		15552	108523	48917	173422	5533

注：本表数据范围为联网直报房地产开发企业。

3-24 各地区联网直报房地产开发企业商品房屋待售情况

单位：平方米

地 区	商品房待售面积	#待售1-3年面积	#待售3年以上面积
广 西	**12254614**	**6107721**	**352550**
南宁市	2524533	1585148	167326
柳州市	701949	381070	17648
桂林市	919402	368795	44195
梧州市	1199395	451373	9045
北海市	1860678	1111948	9494
防城港市	244925	66840	7364
钦州市	708657	348252	26945
贵港市	547304	198293	11730
玉林市	1169060	541089	29242
百色市	540842	292113	
贺州市	316410	304521	1195
河池市	222176	98289	
来宾市	1069422	299306	1624
崇左市	229861	60684	26742

注：本表数据范围为联网直报房地产开发企业。

3-25 各地区按用途分联网直报房地产开发企业商品房待售面积

单位：平方米

地 区	商品房待售面积	住 宅	#别墅、高档公寓	办公楼	商业营业用房	其 他
广 西	**12254614**	**8579429**	**353568**	**46693**	**2004467**	**1624025**
南宁市	2524533	1212929	78341	13006	593111	705487
柳州市	701949	424770		6330	174889	95960
桂林市	919402	668467	28720	700	178688	71547
梧州市	1199395	966897	3221	5737	115923	110838
北海市	1860678	1620467	29587	4918	134624	100669
防城港市	244925	213125		1193	14671	15936
钦州市	708657	379428	506	2746	231130	95353
贵港市	547304	367360			109171	70773
玉林市	1169060	1008745	202804		93431	66884
百色市	540842	373024	8919	10544	110819	46455
贺州市	316410	246576			25004	44830
河池市	222176	120638		799	53871	46868
来宾市	1069422	806379		720	117794	144529
崇左市	229861	170624	1470		51341	7896

注：本表数据范围为联网直报房地产开发企业。

3-26　各地区联网直报房地产开发企业土地开发及其购置情况

地　区	待开发土地面积（平方米）	本年土地购置面积（平方米）	本年土地成交价款（万元）
广　西	**7972470**	**4319584**	**1137822**
南宁市	2951037	802225	238313
柳州市	268283	864258	447249
桂林市	1464792	459024	48117
梧州市	303861	30343	3491
北海市	543839	555416	180475
防城港市	514127	33572	7858
钦州市	396076	331022	40606
贵港市	169743	315619	39272
玉林市	340877	325242	32721
百色市	459318	112504	22708
贺州市	61228	74780	14141
河池市	50297	95855	33727
来宾市	278978	236076	23233
崇左市	170014	83648	5911

注：本表数据范围为联网直报房地产开发企业。

3-27　各地区按登记注册类型分联网直报房地产开发企业资产总计

单位：万元

地　区	总　计	内资企业	国有企业	集体企业	股份合作企　业	国有联营企　业	集体联营企　业	国有与集体联营企业
广　西	**69588593.8**	**65171175.1**	**1646819.6**	**101692.1**	**11838.5**	**9256.8**		
南宁市	21100487.6	18877589.9	1277640.4	1840.6				
柳州市	15900721.2	15707621.2	33648.9	9085				
桂林市	7313247.8	6413877.5	55472	43587.9	4876.5			
梧州市	3440990.9	3295102.7	125508.3			9256.8		
北海市	3968539.1	3680551.8	80559.4	29372.2	6962			
防城港市	2619797.8	2415338.7	19079					
钦州市	2658791.9	2609192.3	31282.4	555.5				
贵港市	2222410.1	2187101.7	584.4	209.8				
玉林市	4869691	4669253.3	19711.5	3136.8				
百色市	1712682	1645555.2	100	9810				
贺州市	614251.4	550794.2	699.1					
河池市	779121.5	736629.5	725.6	4094.3				
来宾市	1390124.2	1390124.2	564.2					
崇左市	997737.3	992442.9	1244.4					

注：本表数据范围为联网直报房地产开发企业。

3-27 续表 1

单位：万元

地　区	其他联营企业	国有独资公司	其他有限责任公司	股份有限公司	私营独资企业	私营合伙企业	私营有限责任公司
广　西		**9812220.8**	**23066660.4**	**2863618.2**	**172267.6**	**19513.5**	**24723514.3**
南宁市		275428.7	5841122.3	1457735.5			9996683.2
柳州市		7796008.3	5364311.1	131909			2089833.2
桂林市		86195	4261204.8	86668.8		3076	1809314.8
梧州市		1142721.5	1140370.8	185065	102165.2		430802.5
北海市			837151.8	100609.8	1482.3		2537877.5
防城港市		140231.2	840166.3	261436.2			955719
钦州市		111174.2	750412.3	83160.1	17986.4		1577723
贵港市		34547.8	615123.5	181514.7	21703.5	6437.5	1224344.9
玉林市		55856.6	1735940.5	57693.3			1253547
百色市		13817.5	500829.6	77458.2			994174
贺州市			59914.4	48329.4			437767.5
河池市			173398.9	6752.6	15212.7		487329.7
来宾市		156240	493689.9	90460		10000	603667.7
崇左市			453024.2	94825.6	13717.5		324730.3

3-27 续表 2

单位：万元

地　区	私营股份有限公司	其他内资企业	港、澳、台商投资企业	合资经营企业(港、澳、台资)	合作经营企业(港、澳、台资)	港、澳、台商独资经营企业	港、澳、台商投资股份有限公司
广　西	**2482557.3**	**261216**	**2947073.7**	**1127072.9**	**481296.8**	**1338704**	
南宁市	27139.2		1356335.2	702102.2	4884.3	649348.7	
柳州市	95796.5	187029.2	1972.3			1972.3	
桂林市	52068.2	11413.5	790755.3	171019.7	451967	167768.6	
梧州市	128739.2	30473.4	116205.8	74603.9	1443.4	40158.5	
北海市	82360.9	4175.9	262213.3	95633.4		166579.9	
防城港市	198707		201837.8			201837.8	
钦州市	36898.4		42502.9	17404.5		25098.4	
贵港市	102635.6		35308.4			35308.4	
玉林市	1543367.6		87611.1	64609	23002.1		
百色市	49365.9						
贺州市	4083.8		4545.2			4545.2	
河池市	49115.7		42492			42492	
来宾市	28403.5	7098.9					
崇左市	83875.8	21025.1	5294.4	1700.2		3594.2	

3-27　续表 3　　　　单位：万元

地　区	其他港、澳、台投资企业	外商投资企　业	中外合资经营企业	中外合作经营企业	独资企业	外商投资股份有限公　司	其他外商投资企业
广　西		**1470345**	**560350.1**	**176173.1**	**620995.2**	**112826.6**	
南宁市		866562.5	180957.7	159260	526344.8		
柳州市		191127.7	151027.4		40100.3		
桂林市		108615	78187.9		30427.1		
梧州市		29682.4	19866	9816.4			
北海市		25774	4272.3		21501.7		
防城港市		2621.3			2621.3		
钦州市		7096.7		7096.7			
贵港市							
玉林市		112826.6				112826.6	
百色市		67126.8	67126.8				
贺州市		58912	58912				
河池市							
来宾市							
崇左市							

3-28　各地区按登记注册类型分联网直报房地产开发企业负债总计

单位：万元

地　区	总　计	内资企业	国有企业	集体企业	股份合作企　业	国有联营企　业	集体联营企　业	国有与集体联营企业
广　西	**49985492.3**	**46680060.4**	**1194369.9**	**67331.8**	**6272.3**			
南宁市	16555479.2	14953809.6	883541.7	652.1				
柳州市	10139886.5	10003345.4	17614.5	5946.2				
桂林市	5557001	4797288.9	49211.7	38884.9	984.9			
梧州市	2218020	2105567.4	121592.8					
北海市	3038139	2850965.6	48477.9	16206.1	5287.4			
防城港市	2213119.7	2033092.9	18079					
钦州市	2007455.2	1984232.7	35462.2	348.5				
贵港市	1683311.9	1658547.1	243.3	0.8				
玉林市	2332685.9	2200979	17516.3	1393.9				
百色市	1405550.5	1344219.6	50					
贺州市	530011.1	475181.1	201.7					
河池市	584225.3	556417.1	423.1	3899.3				
来宾市	1036437.9	1036437.9	637.3					
崇左市	684169.1	679976.1	1318.4					

注：本表数据范围为联网直报房地产开发企业。

3-28 续表 1

单位：万元

地 区	其他联营企业	国有独资公司	其他有限责任公司	股份有限公司	私营独资企业	私营合伙企业	私营有限责任公司
广 西	**8934.8**	**5395931**	**17179910.6**	**2062055.8**	**74187.3**	**11245.3**	**19715119.8**
南宁市		149717.7	4962990.4	995419.2			7951165.5
柳州市		4365741.1	3609517.2	108725.9			1726713.1
桂林市		37001.4	3047034.6	53063.8		773.9	1513416.2
梧州市	8934.8	508928.5	839826.4	133032.9	27929.1		340034.1
北海市			660761.6	71273.6	1223.9		1972366.7
防城港市		82573.8	727007.6	208228			816895.7
钦州市		82623.5	538916.6	61266.4	11984.7		1225307.8
贵港市		24750.6	460140.1	140682.3	8400	5471.4	917756.8
玉林市		43765.7	1065906.8	18980			1003038.1
百色市		7632.3	426510.5	60774.2			817334.7
贺州市			54213.4	46399.1			371129.2
河池市			137117.4	4019	13814.1		364421.5
来宾市		93196.4	375097.2	79624		5000	456865.6
崇左市			274870.8	80567.4	10835.5		238674.8

3-28 续表 2

单位：万元

地 区	私营股份有限公司	其他内资企业	港、澳、台商投资企业	合资经营企业(港、澳、台资)	合作经营企业(港、澳、台资)	港、澳、台商独资经营企业	港、澳、台商投资股份有限公司
广 西	**818444.2**	**146257.6**	**2165107.4**	**841252.1**	**419416.7**	**904438.6**	
南宁市	10323		945229.6	542836.5	11934.5	390458.6	
柳州市	75328.2	93759.2	1523.4			1523.4	
桂林市	47472.7	9444.8	667349.3	140549.5	399761.2	127038.6	
梧州市	104240.3	21048.5	91986.7	53142.7	637.8	38206.2	
北海市	71992.5	3375.9	161649.4	63499.6		98149.8	
防城港市	180308.8		178761.6			178761.6	
钦州市	28323		17282.5	7606.8		9675.7	
贵港市	101101.8		24764.8			24764.8	
玉林市	50378.2		39590	32506.8	7083.2		
百色市	31917.9						
贺州市	3237.7		4968.9			4968.9	
河池市	32722.7		27808.2			27808.2	
来宾市	19200.4	6817					
崇左市	61897	11812.2	4193	1110.2		3082.8	

3-28　续表 3

单位：万元

地　区	其他港、澳、台投资企业	外商投资企　业	中外合资经营企业	中外合作经营企业	独资企业	外商投资股份有限公　司	其他外商投资企业
广　西		**1140324.5**	**426853**	**125395.2**	**495959.4**	**92116.9**	
南宁市		656440	117450.4	111854	427135.6		
柳州市		135017.7	112369.4		22648.3		
桂林市		92362.8	69870.3		22492.5		
梧州市		20465.9	12864.7	7601.2			
北海市		25524	3106.2		22417.8		
防城港市		1265.2			1265.2		
钦州市		5940		5940			
贵港市							
玉林市		92116.9				92116.9	
百色市		61330.9	61330.9				
贺州市		49861.1	49861.1				
河池市							
来宾市							
崇左市							

3-29　各地区联网直报房地产开发企业主营业务收入及其构成

单位：万元

地　区	主营业务收入总计	土地转让收　入	商品房销售收入	房屋出租收　入	其他收入
广　西	**9556974.6**	**142460.6**	**8974236.7**	**147121.1**	**293156.2**
南宁市	3275135.5	14111.3	2932160.7	96285.9	232577.6
柳州市	1058539.7	29151.3	1016733.8	10489.9	2164.7
桂林市	1033110.4	33316.4	980730.9	5449.5	13613.6
梧州市	473458.8	25537.7	439515.7	4644.1	3761.3
北海市	734768.8	2298.1	729879.1	2057.4	534.2
防城港市	324653.1	3711.5	303139.3	11561.6	6240.7
钦州市	512003.1	11863.3	480242	4350	15547.8
贵港市	592285.9	14572.5	572015.3	1013.3	4684.8
玉林市	573202.9	2860.4	563810	4653.7	1878.8
百色市	361186.3	3959.6	351766	330.4	5130.3
贺州市	69947.3	343	67862.7	121.7	1619.9
河池市	122774.5		120163.2	890.3	1721
来宾市	227269.2	417	223341.1	3396.4	114.7
崇左市	198639.1	318.5	192876.9	1876.9	3566.8

注：本表数据范围为联网直报房地产开发企业。

3-30 各地区按登记注册类型分联网直报房地产开发企业主营业务收入

单位：万元

地　区	总　计	内资企业						
			国有企业	集体企业	股份合作企　业	国有联营企　业	集体联营企　业	国有与集体联营企业
广　西	**9556974.6**	**8551552**	**436512.9**	**17741.5**	**2921.8**			
南宁市	3275135.5	2581959.4	348129.9					
柳州市	1058539.7	1007720.6	28731.4	884.7				
桂林市	1033110.4	973527.6	13145.8	262.1	1704.7			
梧州市	473458.8	450290.8						
北海市	734768.8	623910.4	40332.5	7325.4	1217.1			
防城港市	324653.1	321390.9						
钦州市	512003.1	508761.4	615.6	230				
贵港市	592285.9	577071.1	465.5	26.5				
玉林市	573202.9	545185.6	2272.9	821.8				
百色市	361186.3	359130.4		6632.5				
贺州市	69947.3	68316.5	2184					
河池市	122774.5	109238	43.8	1558.5				
来宾市	227269.2	227269.2	561					
崇左市	198639.1	197780.1	30.5					

注：本表数据范围为联网直报房地产开发企业。

3-30 续表 1

单位：万元

地　区	其他联营企　业	国有独资公　司	其他有限责任公司	股份有限公　司	私营独资企　业	私营合伙企　业	私营有限责任公司
广　西	**7993.8**	**272361.7**	**3116178.8**	**604750.7**	**52186.3**	**18414**	**3796081.9**
南宁市		19650	584577.6	374265.6			1233161.5
柳州市		111926.6	567082.6	34333.8			242150.2
桂林市		13766.7	722878.6	8705.2		145.1	201465.2
梧州市	7993.8	29074.9	208057.8	42205.5	29809.1		101100.9
北海市			97799.5	6315.2			467506.5
防城港市		36457.6	101149	31093.3			125784.3
钦州市		13085.1	135194.9	29270	9579.4		304622.6
贵港市		7498.7	166053.1	5997	12521.7	5351.4	361563
玉林市		1.2	187523.4	13836			331971.6
百色市			153377.1	8833.8			184618.6
贺州市			1160.9	4935			58139.1
河池市			30601.4	491.2			72245
来宾市		40900.9	77213.1	34683.5		12917.5	54280.8
崇左市			83509.8	9785.6	276.1		57472.6

3-30　续表 2　　单位：万元

地　区	私营股份有限公司	其他内资企　业	港、澳、台商投资企　业	合资经营企业(港、澳、台资)	合作经营企业(港、澳、台资)	港、澳、台商独资经营企业	港、澳、台商投资股份有限公司
广　西	**186130.1**	**40278.5**	**837026.9**	**350989.4**	**22170.8**	**463866.7**	
南宁市	22174.8		594833.8	272890.9	103.1	321839.8	
柳州市	10955	11656.3					
桂林市	8325.5	3128.7	52436.5	42811	6533.9	3091.6	
梧州市	15890.1	16158.7	14028.7	11315.5	46.6	2666.6	
北海市	1084.2	2330	110713.3	8933		101780.3	
防城港市	26906.7		3094.2			3094.2	
钦州市	16163.8		3165.2	1649.9		1515.3	
贵港市	17594.2		15214.8			15214.8	
玉林市	8758.7		28017.3	12530.1	15487.2		
百色市	5668.4						
贺州市	1897.5		1127.6			1127.6	
河池市	4298.1		13536.5			13536.5	
来宾市	4538.3	2174.1					
崇左市	41874.8	4830.7	859	859			

3-30　续表 3　　单位：万元

地　区	其他港、澳、台投资企业	外商投资企　业	中外合资经营企业	中外合作经营企业	独资企业	外商投资股份有限公　司	其他外商投资企业
广　西		**168395.7**	**88203**	**13239**	**66953.7**		
南宁市		98342.3	30064.9	8787.5	59489.9		
柳州市		50819.1	50814.7		4.4		
桂林市		7146.3			7146.3		
梧州市		9139.3	4764.3	4375			
北海市		145.1			145.1		
防城港市		168			168		
钦州市		76.5		76.5			
贵港市							
玉林市							
百色市		2055.9	2055.9				
贺州市		503.2	503.2				
河池市							
来宾市							
崇左市							

3-31 各地区按登记注册类型分联网直报房地产开发企业利润总额

单位：万元

地区	总计	内资企业	国有企业	集体企业	股份合作企业	国有联营企业	集体联营企业	国有与集体联营企业
广西	**1013001.1**	**732133.2**	**97235.3**	**1183.2**	**102.5**			
南宁市	567386.2	354714.4	80720.6	-90.1				
柳州市	116228.4	102167.1	1767.5	-781.7				
桂林市	122258.9	117665.9	2098.1	-492.2	87.7			
梧州市	42324.6	40985.7	-95.4					
北海市	82958.1	34890.8	12081.2	1177.4	14.8			
防城港市	10873.7	13524.3						
钦州市	20063.5	21824.2	539.9	-7.5				
贵港市	19891.2	18867.3	61.6	17.6				
玉林市	33697	25799.7	62	163.4				
百色市	10632.9	13165.3		1102.3				
贺州市	-1249.9	400	54.2					
河池市	-3773.6	-3553.3	-44	94				
来宾市	-8574.5	-8574.5	1.6					
崇左市	284.6	256.3	-12					

注：本表数据范围为联网直报房地产开发企业。

3-31 续表 1

单位：万元

地区	其他联营企业	国有独资公司	其他有限责任公司	股份有限公司	私营独资企业	私营合伙企业	私营有限责任公司
广西	**133.8**	**53297.7**	**246239.7**	**82591.3**	**6802.5**	**1957.5**	**255611.8**
南宁市		1228.9	21601.3	77420.4			170348.1
柳州市		11104.2	87637.4	-1917			3978.8
桂林市		2097.5	99610.4	1196.9		-343.3	10887.9
梧州市	133.8	19996.7	1330.2	8888.2	6980.3		1666.2
北海市			-5613.1	-1553	-158.2		29909.9
防城港市		9561.3	4774.7	1302.8			-2154.6
钦州市		3698.7	4723.6	-467.3	729.5		12771.2
贵港市		3380	10766.7	-2144.2	-445.5	-87.2	9113.9
玉林市		66.9	19757.1	1491.1			16040.9
百色市		-91.3	7374	-421.4			6317.2
贺州市			-1168.1	835.5			889.3
河池市			-2366.5	-161.4	-148.4		4848.1
来宾市		2254.8	-3088.5	-1831.9		2388	-8550.8
崇左市			900.5	-47.4	-155.2		-454.3

3-31　续表 2　　单位：万元

地　区	私营股份有限公司	其他内资企　业	港、澳、台商投资企　业	合资经营企业(港、澳、台资)	合作经营企业(港、澳、台资)	港、澳、台商独资经营企业	港、澳、台商投资股份有限公司
广　西	**-16844.3**	**3822.2**	**269572.4**	**106813**	**8139.5**	**154619.9**	
南宁市	3485.2		211702.8	102563.1	-1.6	109141.3	
柳州市	-705.7	1083.6	-61.3			-61.3	
桂林市	840.3	1682.6	3273.1	5070.2	287.7	-2084.8	
梧州市	717.7	1368	675.1	-75.4	-39.3	789.8	
北海市	-849.2	-119	48459.9	-1417.8		49877.7	
防城港市	40.1		-2569.8			-2569.8	
钦州市	-163.9		-1346.1	-19.2		-1326.9	
贵港市	-1795.6		1023.9			1023.9	
玉林市	-11781.7		8483.2	590.5	7892.7		
百色市	-1115.5						
贺州市	-210.9		123.6			123.6	
河池市	-5775.1		-220.3			-220.3	
来宾市	-22.8	275.1					
崇左市	492.8	-468.1	28.3	101.6		-73.3	

3-31　续表 3　　单位：万元

地　区	其他港、澳、台投资企业	外商投资企　业	中外合资经营企业	中外合作经营企业	独资企业	外商投资股份有限公　司	其他外商投资企业
广　西		**11295.5**	**12828.2**	**-7118**	**6171.2**	**-585.9**	
南宁市		969	2105	-6959.6	5823.6		
柳州市		14122.6	14631.9		-509.3		
桂林市		1319.9	36.8		1283.1		
梧州市		663.8	407.6	256.2			
北海市		-392.6	-47.2		-345.4		
防城港市		-80.8			-80.8		
钦州市		-414.6		-414.6			
贵港市							
玉林市		-585.9				-585.9	
百色市		-2532.4	-2532.4				
贺州市		-1773.5	-1773.5				
河池市							
来宾市							
崇左市							

第4篇

服务业企业财务状况

4-1 交通运输、仓储和邮政业企业法人单位主要指标

行业	单位数(个)	资产总计(千元)	营业收入(千元)	从业人员(人)
总计	**4696**	**339892306**	**74198593**	**266907**
铁路运输业	13	162121672	19669761	74388
道路运输业	2649	99457403	28993687	114389
城市公共交通运输	248	14478159	2432677	24601
公路旅客运输	298	13477021	8147958	31611
道路货物运输	1891	19325238	13458453	46158
道路运输辅助活动	212	52176985	4954599	12019
水上运输业	403	8506733	3469159	14212
水上旅客运输	46	271179	92714	1370
水上货物运输	292	6059432	2803640	10614
水上运输辅助活动	65	2176122	572806	2228
航空运输业	25	7750871	1034821	2060
航空客货运输	13	85044	48794	90
通用航空服务	8	42500	6089	1305
航空运输辅助活动	4	7623326	979938	665
管道运输业				
管道运输业				
装卸搬运和运输代理业	953	36202473	7647438	30088
装卸搬运	279	27055462	4277091	20334
运输代理业	674	9147011	3370346	9754
仓储业	459	23210116	10493971	10274
谷物、棉花等农产品仓储	209	11637461	5002806	4240
其他仓储业	250	11572655	5491165	6034
邮政业	194	2643037	2889756	21496
邮政基本服务	21	2102618	2159249	15610
快递服务	173	540419	730507	5886

4-2　交通运输、仓储和邮政业企业法人单位分地区主要指标

地　区	单位数(个)	资产总计(千元)	营业收入(千元)	从业人员(人)
广　西	**4696**	**339892306**	**74198593**	**266907**
南宁市	1023	222584817	32643453	115859
柳州市	570	13290004	11060909	27377
桂林市	395	13075567	2760044	16873
梧州市	205	5098930	1422532	7114
北海市	228	10599561	2266521	8839
防城港市	419	25397984	5259837	16110
钦州市	359	15258736	5917219	12978
贵港市	333	12786289	3625540	14899
玉林市	427	6199218	3742112	16455
百色市	212	4605714	2244195	11340
贺州市	83	5073701	714473	3133
河池市	137	2698634	1313397	6853
来宾市	136	2046874	670928	4945
崇左市	169	1176278	557434	4132

4-3　信息传输、软件和信息技术服务业企业法人单位主要指标

行　业	单位数(个)	资产总计(千元)	营业收入(千元)	从业人员(人)
总　计	**2146**	**56253218**	**33849528**	**58768**
电信、广播电视和卫星传输服务	183	50912954	31208418	39108
电信	161	47056064	29345381	34932
广播电视传输服务	19	3851467	1862474	4164
卫星传输服务	3	5423	562	12
互联网和相关服务	285	619571	566837	3274
互联网接入及相关服务	32	99566	44893	1144
互联网信息服务	206	456496	473730	1799
其他互联网服务	47	63509	48214	331
软件和信息技术服务业	1678	4720693	2074273	16386
软件开发	863	2653228	1002154	9037
信息系统集成服务	381	1000753	715643	4028
信息技术咨询服务	240	590271	193223	1565
数据处理和存储服务	36	120781	29158	287
集成电路设计	7	6505	2911	95
其他信息技术服务业	151	349155	131183	1374

4-4 信息传输、软件和信息技术服务业企业法人单位分地区主要指标

地　区	单位数(个)	资产总计(千元)	营业收入(千元)	从业人员(人)
广　西	**2146**	**56253218**	**33849528**	**58768**
南宁市	1007	28292782	11077066	25701
柳州市	281	4473533	3296001	6042
桂林市	329	4179334	3504394	6759
梧州市	78	2145905	1415661	1702
北海市	81	1884935	1441301	1978
防城港市	23	1184089	852204	1369
钦州市	40	1195429	1461478	1602
贵港市	30	1992540	1674837	1834
玉林市	104	2759116	2563748	3972
百色市	44	1689152	1519119	1427
贺州市	34	1243573	910326	1231
河池市	45	2211982	1712785	2231
来宾市	35	1254054	1098789	1435
崇左市	15	1746793	1321820	1485

4-5 信息传输、软件和信息技术服务业企业法人单位分登记注册类型主要指标

指　标	单位数(个)	资产总计(千元)	营业收入(千元)	从业人员(人)
总　计	**2146**	**56253218**	**33849528**	**58768**
内资企业	2124	40169499	30143366	53576
国有企业	22	3955589	4930765	4691
集体企业	3	838	172	14
股份合作企业	2	1040	392	7
联营企业				
有限责任公司	605	18292975	14618302	20691
股份有限公司	55	14731035	8872869	14872
私营企业	1409	3175105	1701149	13138
其他企业	28	12917	19717	163
港、澳、台商投资企业	17	6046525	3692517	3079
外商投资企业	5	10037194	13645	2113

4-6　金融业企业法人单位主要指标

行　　业	单位数 (个)	资产总计 (千元)	营业收入 (千元)	从业人员 (人)
总　　计	**713**	**2435491269**	**112032538**	**36244**
货币金融服务	389	2351253323	83463250	32871
资本市场服务	1	12529011	1853876	1848
保险业	302	58678996	25638946	1422
其他金融业	21	13029939	1076466	103

4-7　房地产业企业法人单位主要指标

行　　业	单位数 (个)	资产总计 (千元)	营业收入 (千元)	从业人员 (人)
总　计	**8319**	**875732854**	**108331985**	**194600**
房地产开发经营	3788	796745949	100563008	90440
物业管理	1882	31400809	3867450	74026
房地产中介服务	1745	6759754	1702364	17689
自有房地产经营活动	445	10625448	636013	6396
其他房地产业	459	30200894	1563150	6049

4-8 房地产业企业法人单位分地区主要指标

地　区	单位数(个)	资产总计(千元)	营业收入(千元)	从业人员(人)
广　西	**8319**	**875732854**	**108331985**	**194600**
南宁市	2207	266753294	38060017	62929
柳州市	940	171569570	11947553	23796
桂林市	1010	80034132	11436214	21136
梧州市	456	38651139	5228861	10378
北海市	889	46283918	7960689	15141
防城港市	358	31900495	3820553	7472
钦州市	316	35799410	5427300	7303
贵港市	334	26375679	6484910	8378
玉林市	544	101722057	6552443	12431
百色市	330	28229885	4166904	6954
贺州市	137	7596647	844112	2929
河池市	317	12343044	1417781	5092
来宾市	239	16865040	2597323	6198
崇左市	242	11608543	2387325	4463

4-9 房地产业企业法人单位分登记注册类型主要指标

指　标	单位数(个)	资产总计(千元)	营业收入(千元)	从业人员(人)
总　计	**8319**	**875732854**	**116076423**	**194600**
内资企业	8148	829266618	105785197	189625
国有企业	277	25515495	5256904	7261
集体企业	226	2106884	468318	2761
股份合作企业	16	153918	47773	264
联营企业	2	102116	80605	54
有限责任公司	2269	388704922	40251750	63198
股份有限公司	331	30591810	6794201	8487
私营企业	4984	379327491	52412131	107033
其他企业	43	2763982	473515	567
港、澳、台商投资企业	100	30577359	8559512	2933
外商投资企业	71	15888876	1731713	2042

4-10 租赁和商务服务业企业法人单位主要指标

行业	单位数(个)	资产总计(千元)	营业收入(千元)	从业人员(人)
总计	**16193**	**867993552**	**42200545**	**226489**
租赁业	1015	5365141	991412	8303
机械设备租赁	964	5231741	957972	7829
文化及日用品出租	51	133401	33440	474
商务服务业	15178	862628411	41209133	218186
企业管理服务	4096	756339702	19761157	53787
法律服务	290	444769	381038	3699
咨询与调查	2805	19075080	2085587	19721
广告业	3414	6074887	2737572	20881
知识产权服务	54	27334	20666	323
人力资源服务	575	1937121	4888145	45960
旅行社及相关服务	802	17121285	4253322	13452
安全保护服务	198	555722	943999	25285
其他商务服务业	2944	61052510	6137647	35078

4-11 租赁和商务服务业企业法人单位分地区主要指标

地区	单位数(个)	资产总计(千元)	营业收入(千元)	从业人员(人)
广西	**16193**	**867993552**	**42200545**	**226489**
南宁市	6578	491345732	21892467	91396
柳州市	1657	111988585	5412665	36628
桂林市	2118	45033443	4476729	26497
梧州市	465	22086662	799134	6560
北海市	716	25900746	605200	6707
防城港市	479	15627828	472176	6163
钦州市	403	43330492	2292197	5888
贵港市	650	12669708	649966	7280
玉林市	967	27564122	2432694	10729
百色市	825	28197367	887031	10084
贺州市	252	5762283	183128	2947
河池市	452	8622709	502797	6694
来宾市	302	20281150	1030905	3841
崇左市	329	9582727	563456	5075

4-12 租赁和商务服务业企业法人单位分登记注册类型主要指标

指　　标	单位数(个)	资产总计(千元)	营业收入(千元)	从业人员(人)
总　计	**16193**	**867993552**	**42200545**	**226489**
内资企业	16132	859829453	42029135	225303
国有企业	301	13547503	2612925	17622
集体企业	234	1047870	720762	10865
股份合作企业	18	21690	24056	232
联营企业	20	21885	18394	218
有限责任公司	4244	686756831	21450988	67774
股份有限公司	481	28389386	1760129	8739
私营企业	10489	129554557	15121472	116233
其他企业	345	489730	320410	3620
港、澳、台商投资企业	27	5240066	81274	659
外商投资企业	34	2924033	90135	527

4-13 科学研究和技术服务业企业法人单位主要指标

行　　业	单位数(个)	资产总计(千元)	营业收入(千元)	从业人员(人)
总　计	**4566**	**51319163**	**14614669**	**76887**
研究和试验发展	289	1823446	533965	2989
专业技术服务业	2918	44566214	12754847	61534
科技推广和应用服务业	1359	4929504	1325857	12364

4-14　科学研究和技术服务业企业法人单位分地区主要指标

地　　区	单位数（个）	资产总计（千元）	营业收入（千元）	从业人员（人）
广　西	**4566**	**51319163**	**14614669**	**76887**
南宁市	1680	25190640	9324890	37083
柳州市	443	4248566	1580741	9207
桂林市	697	2667776	1379861	8817
梧州市	197	2143216	298365	2412
北海市	255	2468802	298810	3016
防城港市	122	1732560	212884	1795
钦州市	149	493647	211735	1940
贵港市	152	9735004	201640	1775
玉林市	335	785565	407960	3564
百色市	161	447975	333377	2738
贺州市	63	99825	72854	693
河池市	142	403068	122169	1647
来宾市	100	787967	108589	1408
崇左市	70	114551	60794	792

4-15　科学研究和技术服务业企业法人单位分登记注册类型主要指标

指　　标	单位数（个）	资产总计（千元）	营业收入（千元）	从业人员（人）
总　计	**4566**	**51319163**	**14614669**	**76887**
内资企业	4550	50998600	14598835	76787
国有企业	282	4877169	3388668	13600
集体企业	94	1662499	127876	1258
股份合作企业	9	32612	6149	94
联营企业	7	4798	3404	43
有限责任公司	1105	24407687	6034037	24766
股份有限公司	150	930950	430241	3088
私营企业	2674	18868973	4495232	31976
其他企业	229	213912	113228	1962
港、澳、台商投资企业	6	27279	7126	37
外商投资企业	10	293283	8708	63

4-16 水利、环境和公共设施管理业企业法人单位主要指标

行　业	单位数(个)	资产总计(千元)	营业收入(千元)	从业人员(人)
总　计	**736**	**61033212**	**3816797**	**20201**
水利管理业	83	4949826	247601	1659
防洪除涝设施管理	8	1437799	4702	86
水资源管理	12	1604698	35242	199
天然水收集与分配	25	1097454	95426	736
水文服务	2	2307	4535	17
其他水利管理业	36	807568	107695	621
生态保护和环境治理业	90	3848377	422551	1503
生态保护	16	306938	64299	339
环境治理业	74	3541440	358252	1164
公共设施管理业	563	52235009	3146646	17039
市政设施管理	55	42192477	1578873	1588
环境卫生管理	50	1021388	89040	1707
城乡市容管理	2	1214	1500	11
绿化管理	154	927212	399533	1790
公园和游览景区管理	302	8092718	1077699	11943

4-17 水利、环境和公共设施管理业企业法人单位分地区主要指标

地　区	单位数(个)	资产总计(千元)	营业收入(千元)	从业人员(人)
广　西	**736**	**61033212**	**3816797**	**20201**
南宁市	77	1237929	220859	2034
柳州市	60	5046980	418107	1100
桂林市	179	5601072	822029	6819
梧州市	39	2853172	152048	929
北海市	33	6615897	1563739	1500
防城港市	43	6247267	89775	875
钦州市	32	24887447	85235	759
贵港市	41	423971	68387	940
玉林市	56	1221315	124768	1216
百色市	57	498520	58620	778
贺州市	28	3474567	117545	1791
河池市	43	370205	59164	885
来宾市	18	2362545	17389	202
崇左市	30	192325	19134	373

4-18　水利、环境和公共设施管理业企业法人单位分登记注册类型主要指标

指　　标	单位数（个）	资产总计（千元）	营业收入（千元）	从业人员（人）
总　计	**736**	**61033212**	**3816797**	**20201**
内资企业	726	60529514	3762730	19516
国有企业	64	2341428	313759	3079
集体企业	19	100961	51187	1033
股份合作企业				
联营企业	1	12735	1232	10
有限责任公司	205	45178165	1115572	8315
股份有限公司	38	1209125	125394	700
私营企业	388	11657684	2150242	6248
其他企业	11	29416	5344	131
港、澳、台商投资企业	7	412821	42983	616
外商投资企业	3	90877	11084	69

4-19　居民服务、修理和其他服务业企业法人单位主要指标

行　　业	单位数（个）	资产总计（千元）	营业收入（千元）	从业人员（人）
总　计	**3380**	**5400787**	**3567640**	**39717**
居民服务业	1103	1459467	880424	10843
家庭服务	282	146604	64023	2135
托儿所服务	3	300	3715	15
洗染服务	70	57203	32001	511
理发及美容服务	266	98832	124871	1868
洗浴服务	39	163636	66359	945
保健服务	137	143147	123466	1734
婚姻服务	77	12671	24410	348
殡葬服务	33	488402	228235	750
其他居民服务业	196	348671	213345	2537
机动车、电子产品和日用产品修理业	1452	2095969	1512665	15652
汽车、摩托车修理与维护	1081	1590029	1207477	12914
计算机和办公设备维修	125	325997	95379	903
家用电器修理	182	113905	145078	1219
其他日用产品修理业	64	66038	64731	616
其他服务业	825	1845351	1174551	13222
清洁服务	373	358047	313533	7584
其他未列明服务业	452	1487304	861018	5638

4-20 居民服务、修理和其他服务业企业法人单位分地区主要指标

地　区	单位数(个)	资产总计(千元)	营业收入(千元)	从业人员(人)
广　西	**3380**	**5400787**	**3567640**	**39717**
南宁市	981	1967092	1606595	11008
柳州市	436	432840	312525	5059
桂林市	531	841914	522149	7364
梧州市	126	96361	140300	1441
北海市	139	368983	72582	1418
防城港市	93	118424	48515	834
钦州市	141	167199	135239	1631
贵港市	149	243797	200014	3277
玉林市	270	190435	205102	2553
百色市	209	390822	153980	2167
贺州市	40	181846	49713	589
河池市	132	117357	51499	1049
来宾市	65	260473	45571	784
崇左市	68	23246	23856	543

4-21 居民服务、修理和其他服务业企业法人单位分登记注册类型主要指标

指　标	单位数(个)	资产总计(千元)	营业收入(千元)	从业人员(人)
总　计	**3380**	**5400787**	**3567640**	**39717**
内资企业	3368	5382734	3548046	39464
国有企业	45	401468	140094	723
集体企业	57	36231	31633	798
股份合作企业	9	34751	18385	351
联营企业	8	61559	19798	171
有限责任公司	521	1204908	756922	8435
股份有限公司	56	61229	67965	880
私营企业	2514	3309037	2405722	26633
其他企业	158	273552	107527	1473
港、澳、台商投资企业	6	7462	11267	164
外商投资企业	6	10591	8327	89

4-22　教育企业法人单位主要指标

行　　业	单位数 (个)	资产总计 (千元)	营业收入 (千元)	从业人员 (人)
总　计	**1156**	**2162950**	**1120290**	**17219**
学前教育	361	195572	154662	4980
初等教育	10	41929	10747	283
中等教育	24	258279	70661	825
高等教育	1	4390	83	8
特殊教育	3	57	535	32
技能培训、教育辅助及其他教育	757	1662723	883600	11091

4-23　教育企业法人单位分地区主要指标

地　　区	单位数 (个)	资产总计 (千元)	营业收入 (千元)	从业人员 (人)
广　西	**1156**	**2162950**	**1120290**	**17219**
南宁市	284	602785	274888	4267
柳州市	101	216709	92592	1577
桂林市	139	459233	167681	1867
梧州市	49	56988	41609	1179
北海市	59	114433	32982	858
防城港市	24	64066	11366	248
钦州市	31	49899	32297	525
贵港市	120	144528	97610	1720
玉林市	99	67091	59015	952
百色市	101	160915	69152	1487
贺州市	25	33295	33252	426
河池市	65	113879	99012	1355
来宾市	30	54176	88179	407
崇左市	29	24952	20655	351

4-24 教育企业法人单位分登记注册类型主要指标

行 业	单位数(个)	资产总计(千元)	营业收入(千元)	从业人员(人)
总 计	**1156**	**2162950**	**1120290**	**17219**
内资企业	1155	2160050	1115620	17167
国有企业	21	348066	37345	364
集体企业	26	62482	49899	600
股份合作企业	8	18990	19242	200
联营企业	4	6349	6102	91
有限责任公司	117	220025	126819	1739
股份有限公司	24	35580	35880	473
私营企业	715	1127729	666630	10056
其他企业	240	340830	173703	3644
港、澳、台商投资企业	1	2900	4670	52
外商投资企业				

4-25 卫生和社会工作企业法人单位主要指标

行 业	单位数(个)	资产总计(千元)	营业收入(千元)	从业人员(人)
总 计	**415**	**1455039**	**1672717**	**11708**
卫生	380	1425961	1661868	11390
医院	121	850617	703187	7251
社区医疗与卫生院	52	101847	110232	1104
门诊部(所)	163	168513	173835	1845
计划生育技术服务活动	1	2350	696	11
妇幼保健院(所、站)	1	80	19	6
专科疾病防治院(所、站)	4	8010	13745	61
疾病预防控制中心				
其他卫生活动	38	294544	660154	1112
社会工作	35	29077	10850	318
提供住宿社会工作	25	20607	8397	263
不提供住宿社会工作	10	8471	2453	55

4-26　卫生和社会工作企业法人单位分地区主要指标

地　区	单位数(个)	资产总计(千元)	营业收入(千元)	从业人员(人)
广　西	**415**	**1455039**	**1672717**	**11708**
南宁市	81	334435	427394	2818
柳州市	37	245850	175910	1175
桂林市	77	320076	298469	2427
梧州市	17	37287	44776	557
北海市	24	33566	28496	1470
防城港市	10	25530	20619	245
钦州市	10	10836	9178	112
贵港市	32	43291	37287	372
玉林市	31	64152	96647	672
百色市	31	46137	88119	368
贺州市	8	55326	71708	359
河池市	23	146843	243419	694
来宾市	10	46818	61364	205
崇左市	24	44891	69332	234

4-27　卫生和社会工作企业法人单位分登记注册类型主要指标

指　标	单位数(个)	资产总计(千元)	营业收入(千元)	从业人员(人)
总　计	**415**	**1455039**	**1672717**	**11708**
内资企业	414	1447436	1643851	11666
国有企业	24	100963	59441	1391
集体企业	12	18033	32610	257
股份合作企业	12	68498	85980	690
联营企业	2	7802	2540	64
有限责任公司	32	209119	440729	1237
股份有限公司	11	109439	146151	548
私营企业	222	601236	589478	5231
其他企业	99	332345	286922	2248
港、澳、台商投资企业				
外商投资企业	1	7603	28866	42

4-28 文化、体育和娱乐业法人单位主要指标

行　业	单位数（个）	资产总计（千元）	营业收入（千元）	从业人员（人）
总　计	**4690**	**13979442**	**4665763**	**38079**
新闻出版业	54	4832316	2161429	3514
新闻业	3	200	170	14
出版业	51	4832116	2161259	3500
广播、电视、电影和音像业	217	1045133	488272	3496
广播	2	3108	1865	7
电视	2	70566	36856	114
电影和影视节目制作	67	366011	102114	526
电影和影视节目发行	18	97059	14118	230
电影放映	117	483611	312188	2442
录音制作	11	24779	21131	177
文化艺术业	240	2886722	378463	4391
文艺创作与表演	81	462038	108356	2227
艺术表演场馆	10	2078902	179526	1031
图书馆与档案馆	7	853	1815	72
文物及非物质文化遗产保护	5	73579	13738	76
博物馆	3	28861	12411	120
烈士陵园、纪念馆				
群众文化活动	25	30877	19843	221
其他文化艺术业	109	211612	42774	644
体育	152	2132752	284440	3171
体育组织	21	34805	6861	245
体育场馆	26	325127	63324	410
休闲健身活动	82	1757360	204384	2334
其他体育	23	15460	9872	182
娱乐业	4027	3082519	1353159	23507
室内娱乐活动	3933	1830590	1254380	21981
游乐园	15	508087	14120	269
彩票活动				
文化、娱乐、体育经纪代理	34	450778	39095	425
其他娱乐业	45	293065	45564	832

4-29　文化、体育和娱乐业企业法人单位分地区主要指标

地　　区	单位数(个)	资产总计(千元)	营业收入(千元)	从业人员(人)
广　西	**4690**	**13979442**	**4665763**	**38079**
南宁市	834	6691149	2745997	12514
柳州市	414	477115	165701	3335
桂林市	521	5059234	973565	6498
梧州市	249	154538	106245	1640
北海市	208	201425	51554	1391
防城港市	108	200819	28922	748
钦州市	260	176080	74244	1354
贵港市	426	281335	180860	2283
玉林市	403	155640	120568	2284
百色市	355	182906	68698	1793
贺州市	206	70678	32916	925
河池市	339	118117	51433	1545
来宾市	204	111221	38333	1035
崇左市	163	99185	26725	734

4-30　文化、体育和娱乐业企业法人单位分登记注册类型主要指标

指　　标	单位数(个)	资产总计(千元)	营业收入(千元)	从业人员(人)
总　计	**4690**	**13979442**	**4665763**	**38079**
内资企业	4672	12435617	4573987	37103
国有企业	93	1511407	756123	2232
集体企业	13	13692	7715	103
股份合作企业	7	3628	6070	54
联营企业	6	2614	5015	75
有限责任公司	251	7520904	2055736	8191
股份有限公司	30	137485	70224	477
私营企业	3936	2684676	1388276	23108
其他企业	336	561210	284829	2863
港、澳、台商投资企业	12	972744	24901	319
外商投资企业	6	571081	66875	657

4-31 国有控股企业分行业主要指标

行业	单位数(个)	资产总计(千元)	营业收入(千元)	从业人员(人)
合计	**2327**	**909686873**	**81112895**	**179387**
交通运输、仓储和邮政业	**438**	**102105166**	**23725021**	**60533**
道路运输业	134	50403218	7528390	27253
水上运输业	18	990423	211412	600
航空运输业	9	7667449	985976	1959
管道运输业				
装卸搬运和运输代理业	57	28228718	5096036	7833
仓储业	196	12342132	7232784	4332
邮政业	24	2473225	2670423	18556
信息传输、软件和信息技术服务业	**92**	**46948169**	**28392842**	**35754**
电信、广播电视和卫星传输服务	69	46497377	28162155	34476
互联网和相关服务	5	225883	162997	873
软件和信息技术服务业	18	224909	67690	405
房地产业	**276**	**26617534**	**976452**	**10499**
物业管理业	74	7757679	525361	6844
房地产中介服务业	33	259302	79715	598
自有房地产经营活动	112	3350487	187294	1876
其他房地产业	57	15250065	184082	1181
租赁和商务服务业	**733**	**655723660**	**17620062**	**36634**
租赁业	23	1479053	173637	954
商务服务业	710	654244607	17446425	35680
科学研究和技术服务业	**387**	**24028084**	**6603608**	**18744**
研究和试验发展	26	210537	81044	735
专业技术服务业	293	23607867	6465213	17151
科技推广和应用服务业	68	209679	57351	858
水利、环境和公共设施管理业	**134**	**45912798**	**1101484**	**8124**
水利管理业	30	4354586	153417	955
生态保护和环境治理业	11	2922779	204611	454
公共设施管理业	93	38635433	743457	6715
居民服务、修理和其他服务业	**71**	**585077**	**269706**	**1528**
居民服务业	17	178980	143732	671
机动车、电子产品和日用产品修理业	31	233546	75532	485
其他服务业	23	172551	50442	372
教育	**25**	**354239**	**46527**	**458**
卫生和社会工作	**35**	**107958**	**92689**	**1349**
卫生	31	107708	92526	1339
社会工作	4	250	163	10
文化、体育和娱乐业	**136**	**7304189**	**2284504**	**5764**
新闻和出版业	25	4552573	1999796	2676
广播、电视、电影和影视录音制作业	80	567051	160103	1710
文化艺术业	17	2015361	86866	1064
体育	6	29856	15176	154
娱乐业	8	139348	22562	160

注：不含铁路运输业、金融业、房地产开发经营

4-32　非公有控股经济企业分行业主要指标

行　业	单位数（个）	资产总计（千元）	营业收入（千元）	从业人员（人）
合　计	**34955**	**330924001**	**65112637**	**472720**
交通运输、仓储和邮政业	**3615**	**54179878**	**21074014**	**91241**
道路运输业	2163	32438403	14056216	61461
水上运输业	270	4704658	1812112	6362
航空运输业	14	77852	48773	95
管道运输业				
装卸搬运和运输代理业	798	7474690	2147605	16267
仓储业	219	9322471	2802082	4378
邮政业	151	161804	207226	2678
信息传输、软件和信息技术服务业	**1830**	**6786424**	**3838587**	**19268**
电信、广播电视和卫星传输服务	100	2836730	1796949	3662
互联网和相关服务	246	369911	341520	2222
软件和信息技术服务业	1484	3579783	1700118	13384
房地产业	**3610**	**47912511**	**5583526**	**77188**
物业管理业	1595	22694651	2709246	56153
房地产中介服务业	1530	5497669	1327650	14451
自有房地产经营活动	146	5759398	315650	2294
其他房地产业	339	13960792	1230981	4290
租赁和商务服务业	**13464**	**174884497**	**19400284**	**149318**
租赁业	898	3321603	662927	6226
商务服务业	12566	171562893	18737356	143092
科学研究和技术服务业	**3451**	**21616879**	**6134753**	**44662**
研究和试验发展	216	1487739	412771	1757
专业技术服务业	2187	16172469	4661029	33679
科技推广和应用服务业	1048	3956672	1060952	9226
水利、环境和公共设施管理业	**495**	**13595777**	**2402000**	**8791**
水利管理业	32	265026	41320	321
生态保护和环境治理业	72	860230	200657	911
公共设施管理业	391	12470521	2160023	7559
居民服务、修理和其他服务业	**3008**	**4148176**	**2810996**	**32866**
居民服务业	978	952559	589734	8745
机动车、电子产品和日用产品修理业	1302	1637097	1230918	13440
其他服务业	728	1558519	990344	10681
教育	**906**	**1566759**	**891061**	**13303**
卫生和社会工作	**300**	**990314**	**1124096**	**8311**
卫生	284	972662	1117286	8124
社会工作	16	17652	6810	187
文化、体育和娱乐业	**4276**	**5242785**	**1853320**	**27772**
新闻和出版业	19	37109	16817	94
广播、电视、电影和影视录音制作业	110	426992	274691	1369
文化艺术业	193	382838	93278	1852
体育	122	1851141	235419	2703
娱乐业	3832	2544706	1233115	21754

注：不含铁路运输业、金融业、房地产开发经营

4-33 规模以上交通运输、

行业	固定资产原价(千元)	本年折旧(千元)	资产总计(千元)	负债合计(千元)	所有者权益合计(千元)	营业收入(千元)
合计	**59438306**	**3349577**	**127748720**	**65311086**	**62437634**	**42144179**
铁路运输业	2309298	92602	2381660	950440	1431220	2038607
道路运输业	34837175	1906039	68475827	39069225	29406602	21707418
城市公共交通运输	6293875	315168	12503355	7053935	5449420	2036663
公路旅客运输	6714947	558504	11204864	6559321	4645543	7210803
道路货物运输	3889277	444126	8680384	4805973	3874411	8780342
道路运输辅助活动	17939076	588241	36087224	20649996	15437228	3679610
水上运输业	2543692	169387	3965390	2420604	1544786	2142063
水上旅客运输	41230	1782	26950	36860	-9910	23564
水上货物运输	1515197	117855	2408447	1644888	763559	1605321
水上运输辅助活动	987265	49750	1529993	738856	791137	513178
航空运输业	3396089	554130	7687788	1399563	6288225	1017745
航空客货运输	2385	246	65242	64769	473	37812
通用航空服务						
航空运输辅助活动	3393704	553884	7622546	1334794	6287752	979933
管道运输业						
管道运输业						
装卸搬运和运输代理业	10529293	387327	29062767	10401364	18661403	5525626
装卸搬运	9672237	343995	26231108	8820017	17411091	3642027
运输代理业	857056	43332	2831659	1581347	1250312	1883599
仓储业	3298147	129135	13700243	10301278	3398965	7036924
谷物、棉花等农产品仓储	1640679	61496	9270934	7590442	1680492	4496328
其他仓储业	1657468	67639	4429309	2710836	1718473	2540596
邮政业	2524612	110957	2475045	768612	1706433	2675796
邮政基本服务	2398576	98773	2101821	596592	1505229	2157684
快递服务	126036	12184	373224	172020	201204	518112

仓储和邮政业企业法人单位主要指标

营业成本（千元）	营业税金及附加（千元）	销售费用、管理费用、财务费用合计（千元）	投资收益（千元）	营业利润（千元）	利润总额（千元）	应交所得税（千元）	应付职工薪酬（千元）	应交增值税（千元）	从业人员（人）
33053708	**806305**	**6560888**	**499130**	**2656021**	**3792230**	**623635**	**6919976**	**249719**	**129754**
2019148	4979	185451		-131497	-77519	-11742	359206	6334	4206
16295306	518330	3793488	424826	1868273	2635122	407758	3597032	135268	76547
2152327	39814	394108	26497	-480105	84782	20353	907658	8684	18789
5411561	171296	1328316	104913	721818	803649	132102	1075639	73313	25961
7300168	148867	838547	5462	482029	494803	82352	1155258	47175	24327
1431250	158353	1232517	287954	1144531	1251888	172951	458477	6096	7470
1593762	71400	328463	1926	144404	129811	30690	297571	28884	8663
15152	1299	12443		-5904	-5109	51	13126	60	488
1289910	54446	227137	1926	34423	17742	8629	192311	27501	6546
288700	15655	88883		115885	117178	22010	92134	1323	1629
608195	27895	247004	2975	167776	134536	24247	343050	13680	1847
33450	2128	2340		-406	-376		433		10
									1259
574745	25767	244664	2975	168182	134912	24247	342617	13680	578
3642073	111208	799512	49475	1018682	1006564	151896	683590	55630	15121
2130208	86548	481038	-691	946251	952736	137329	468641	29254	11710
1511865	24660	318474	50166	72431	53828	14567	214949	26376	3411
6514065	31044	813563	19923	-273553	98473	17479	254453	9259	4500
4310966	11545	506298	7633	-292028	45595	8744	136127	3088	2292
2203099	19499	307265	12290	18475	52878	8735	118326	6171	2208
2381159	41449	393407	5	-138064	-134757	3307	1385074	664	18870
1966224	27090	329118	5	-163223	-159916	2617	1187668	576	15594
414935	14359	64289		25159	25159	690	197406	88	3276

4-34 规模以上信息传输、软件和

行业	固定资产原价（千元）	本年折旧（千元）	资产总计（千元）	负债合计（千元）	所有者权益合计（千元）	营业收入（千元）
合计	**74948626**	**5741767**	**50860810**	**23535244**	**27325566**	**31463699**
电信、广播电视和卫星传输服务	74763922	5727132	50084132	23142050	26942082	30892352
电信	70737911	5537920	46325159	21040206	25284953	29071857
广播电视传输服务	4026011	189212	3758973	2101844	1657129	1820495
卫星传输服务						
互联网和相关服务	26521	3472	285473	75195	210278	335075
互联网接入及相关服务						
互联网信息服务	26521	3472	285473	75195	210278	335075
其他互联网服务						
软件和信息技术服务业	158183	11163	491205	317999	173206	236272
软件开发	74358	4703	359699	259368	100331	135539
信息系统集成服务	79110	5696	114628	56475	58153	78624
信息技术咨询服务	1135	100	4191	713	3478	13796
数据处理和存储服务						
集成电路设计	2900	580	4545	1455	3090	2100
其他信息技术服务业	680	84	8142	-12	8154	6213

4-35 规模以上物业管理和房地产

行业	固定资产原价（千元）	本年折旧（千元）	资产总计（千元）	负债合计（千元）	所有者权益合计（千元）	营业收入（千元）
合计	**446848**	**42725**	**7633139**	**5007271**	**2625868**	**1958237**
物业管理	391854	37810	7296985	4865226	2431759	1759214
房地产中介服务	54994	4915	336154	142045	194109	199023

信息技术服务业企业法人单位主要指标

营业成本（千元）	营业税金及附加（千元）	销售费用、管理费用、财务费用合计（千元）	投资收益（千元）	营业利润（千元）	利润总额（千元）	应交所得税（千元）	应付职工薪酬（千元）	应交增值税（千元）	从业人员（人）
16688555	**968539**	**9598261**	**15261**	**4502059**	**3881292**	**460945**	**3045749**	**34983**	**39510**
16336639	954766	9468953	15088	4426913	3796997	446291	2956309	27451	37637
15239821	911180	9095467	15077	4129600	3454471	446288	2582822	4529	33578
1096818	43586	373486	11	297313	342526	3	373487	22922	4059
175718	9750	64930	173	85915	88142	13868	40578	2469	501
175718	9750	64930	173	85915	88142	13868	40578	2469	501
176198	4023	64378		-10769	-3847	786	48862	5063	1372
106806	1524	36460		-9091	-4177	263	28016	2913	979
63351	1578	13519		-1832	176	162	9823	1897	218
5271	608	6784		1133	1133	283	3419	204	47
750		176		580	580	78	863		56
20	313	7439		-1559	-1559		6741	49	72

中介服务企业法人单位主要指标

营业成本（千元）	营业税金及附加（千元）	销售费用、管理费用、财务费用合计（千元）	投资收益（千元）	营业利润（千元）	利润总额（千元）	应交所得税（千元）	应付职工薪酬（千元）	应交增值税（千元）	从业人员（人）
1052511	**125532**	**770912**	**-472**	**54303**	**59410**	**26674**	**1003629**	**2166**	**32419**
1034944	114772	623166	-61	31943	35475	19850	909659	269	30713
17567	10760	147746	-411	22360	23935	6824	93970	1897	1706

4-36 规模以上租赁和商务

行业	固定资产原价（千元）	本年折旧（千元）	资产总计（千元）	负债合计（千元）	所有者权益合计（千元）	营业收入（千元）
合计	**53688205**	**1546199**	**404954523**	**229883655**	**175070868**	**21684892**
租赁业	419207	27464	1320721	686859	633862	152640
机械设备租赁	419207	27464	1320721	686859	633862	152640
文化及日用品出租						
商务服务业	53268998	1518735	403633802	229196796	174437006	21532252
企业管理服务	47492109	1265225	376525395	216375391	160150004	11131226
法律服务	7547	603	36846	26147	10699	59598
咨询与调查	124678	5896	4615641	1151938	3463703	120907
广告业	87054	7166	520729	289703	231026	484687
知识产权服务						
人力资源服务	126771	25644	939031	746443	192588	3232180
旅行社及相关服务	2629015	69846	4565705	1603413	2962292	3051146
安全保护服务	148480	20999	293026	122248	170778	611141
其他商务服务业	2653344	123356	16137429	8881513	7255916	2841367

4-37 规模以上科学研究和技术

行业	固定资产原价（千元）	本年折旧（千元）	资产总计（千元）	负债合计（千元）	所有者权益合计（千元）	营业收入（千元）
合计	**1876092**	**126212**	**22306276**	**16399663**	**5906613**	**7961644**
研究和试验发展	67456	2823	142171	59437	82734	73897
自然科学研究和试验发展	13423	978	17291	5866	11425	18120
工程和技术研究和试验发展	54033	1845	124880	53571	71309	55777
农业科学研究和试验发展						
医学研究和试验发展						
社会人文科学研究						
专业技术服务业	1728401	120421	22054069	16306934	5747135	7853626
气象服务						
地震服务						
海洋服务						
测绘服务	51466	5275	207841	34298	173543	156926
质检技术服务	153525	15762	286049	63466	222583	215315
环境与生态监测	2289	348	3679	3172	507	8559
地质勘查	238426	4405	13145468	11098558	2046910	2091614
工程技术	1129403	86347	7516862	4565127	2951735	4826645
其他专业技术服务业	153292	8284	894170	542313	351857	554567
科技推广和应用服务业	80235	2968	110036	33292	76744	34121
技术推广服务	80235	2968	110036	33292	76744	34121
科技中介服务						
其他科技推广和应用服务业						

服务业企业法人单位主要指标

营业成本（千元）	营业税金及附加（千元）	销售费用、管理费用、财务费用合计（千元）	投资收益（千元）	营业利润（千元）	利润总额（千元）	应交所得税（千元）	应付职工薪酬（千元）	应交增值税（千元）	从业人员（人）
13756660	**674581**	**7089047**	**1500019**	**1957218**	**3486127**	**558830**	**3201826**	**134853**	**72411**
69566	7711	55189	569	20716	20790	5496	45041	1075	598
69566	7711	55189	569	20716	20790	5496	45041	1075	598
13687094	666870	7033858	1499450	1936502	3465337	553334	3156785	133778	71813
6582106	387521	4341443	1452715	1350120	2801710	291489	927486	111643	12095
26901	2444	2595	63	10307	13449	4183	8245	1553	241
67366	4758	119007	5452	-19576	-19243	214	40910	1299	867
333680	15290	83492	1334	52329	53704	14667	44573	5226	622
3008864	67655	124977	2994	27969	31802	5405	844600	11901	25765
2668295	32524	388996	14179	-3972	-4869	15046	241166	212	5722
243912	14223	321008	1979	32579	29567	7602	430039	205	16295
755970	142455	1652340	20734	486746	559217	214728	619766	1739	10206

服务业企业法人单位主要指标

营业成本（千元）	营业税金及附加（千元）	销售费用、管理费用、财务费用合计（千元）	投资收益（千元）	营业利润（千元）	利润总额（千元）	应交所得税（千元）	应付职工薪酬（千元）	应交增值税（千元）	从业人员（人）
5775366	**227401**	**1982156**	**90439**	**998608**	**983594**	**95843**	**2083969**	**68999**	**24981**
56992	2432	15590		-18	-5	272	15114	1489	258
13913	470	3624		114	105	1	4724	1322	97
43079	1962	11966		-132	-110	271	10390	167	161
5691087	224167	1952785	90439	990664	992010	95571	2056079	67452	24418
60480	8358	58089		29998	28642	5334	38677	81	545
66285	8667	100202	407	40380	39649	8767	60967	4962	1184
	362	8342		-144	-96		5762	153	72
1915497	8209	564260	61555	518442	515255	3543	77901	787	1033
3273699	181034	1107381	28443	350798	353409	62450	1741987	57158	18519
375126	17537	114511	34	51190	55151	15477	130785	4311	3065
27287	802	13781		7962	-8411		12776	58	305
27287	802	13781		7962	-8411		12776	58	305

4-38 规模以上水利、环境和

行业	固定资产原价(千元)	本年折旧(千元)	资产总计(千元)	负债合计(千元)	所有者权益合计(千元)	营业收入(千元)
合计	**4135329**	**108903**	**33160631**	**18708806**	**14451825**	**1185677**
水利管理业	233768	7233	974489	610302	364187	54316
防洪除涝设施管理						
水资源管理						
天然水收集与分配	189128	6340	941321	600209	341112	51276
水文服务						
其他水利管理业	44640	893	33168	10093	23075	3040
生态保护和环境治理业	1634594	25903	3116108	1999193	1116915	256617
生态保护	76337	3354	287655	262607	25048	57886
环境治理业	1558257	22549	2828453	1736586	1091867	198731
公共设施管理业	2266967	75767	29070034	16099311	12970723	874744
市政设施管理	222434	1600	23544152	12747886	10796266	35534
环境卫生管理	208208	754	295275	224219	71056	18753
城乡市容管理						
绿化管理	21671	2132	90062	42495	47567	71098
公园和游览景区管理	1814654	71281	5140545	3084711	2055834	749359

4-39 规模以上居民服务、修理和

行业	固定资产原价(千元)	本年折旧(千元)	资产总计(千元)	负债合计(千元)	所有者权益合计(千元)	营业收入(千元)
合计	**124560**	**9777**	**496462**	**364508**	**131954**	**489928**
居民服务业	56116	5153	325952	234690	91262	295224
家庭服务	889	131	3896	1944	1952	4942
托儿所服务						
洗染服务	3016	98	3093	421	2672	8598
理发及美容服务	1202	238	31090	29548	1542	20531
洗浴服务	13938	2067	35227	15047	20180	29441
保健服务	4957	847	12981	4407	8574	22311
婚姻服务						
殡葬服务	22573	1318	196259	164852	31407	123267
其他居民服务业	9541	454	43406	18471	24935	86134
机动车、电子产品和日用产品修理业	28034	2027	65889	44833	21056	81131
汽车、摩托车修理与维护	27591	1943	60324	41205	19119	59988
计算机和办公设备维修	228	41	491	64	427	2035
家用电器修理						
其他日用产品修理业	215	43	5074	3564	1510	19108
其他服务业	40410	2597	104621	84985	19636	113573
清洁服务	34173	2097	93058	77997	15061	82828
其他未列明服务业	6237	500	11563	6988	4575	30745

公共设施管理业企业法人单位主要指标

营业成本（千元）	营业税金及附加（千元）	销售费用、管理费用、财务费用合计（千元）	投资收益（千元）	营业利润（千元）	利润总额（千元）	应交所得税（千元）	应付职工薪酬（千元）	应交增值税（千元）	从业人员（人）
621284	**44281**	**558754**	**57916**	**47471**	**70812**	**18029**	**332520**	**5686**	**8959**
28482	2141	15180		6620	6592	1137	17758	975	329
26224	2126	14213		6781	6780	1137	16072	793	267
2258	15	967		-161	-188		1686	182	62
204364	3455	56056		-1920	-116	304	34180	5	522
38357	2303	20510		-3284	-1502		5391		198
166007	1152	35546		1364	1386	304	28789	5	324
388438	38685	487518	57916	42771	64336	16588	280582	4706	8108
31707	616	16200		3153	2935	218	8355		436
10963	2	3518		4360	-1730		7898	76	145
61657	2194	7339		-93	-97	375	3478		41
284111	35873	460461	57916	35351	63228	15995	260851	4630	7486

其他服务业企业法人单位主要指标

营业成本（千元）	营业税金及附加（千元）	销售费用、管理费用、财务费用合计（千元）	投资收益（千元）	营业利润（千元）	利润总额（千元）	应交所得税（千元）	应付职工薪酬（千元）	应交增值税（千元）	从业人员（人）
276211	**18957**	**177377**	**3600**	**34644**	**19083**	**3943**	**147699**	**2886**	**4836**
184078	11340	89175	-31	26393	10624	2654	65155	10	1883
2089	139	3062		-369	-369		3718		135
4218	495	3754	20	150	125	36	3911		109
4600	1028	15907		14872	366	103	7961		315
24580	1723	1947		1191	1114	280	8546		337
6058	506	15588		156	-660	198	9788		323
84286	5164	24645	-54	9063	9014	1971	10335		187
58247	2285	24272	3	1330	1034	66	20896	10	477
36173	1393	38236	31	4762	4671	867	19826	2846	464
27282	715	26797	33	4631	4630	859	15021	2607	331
1636	66	241	-2	90			1636	28	53
7255	612	11198		41	41	8	3169	211	80
55960	6224	49966	3600	3489	3788	422	62718	30	2489
49578	4675	29258	3600	1362	1672	226	46917		1883
6382	1549	20708		2127	2116	196	15801	30	606

4-40 规模以上教育企业

行　业	固定资产原价（千元）	本年折旧（千元）	资产总计（千元）	负债合计（千元）	所有者权益合计（千元）	营业收入（千元）
合　计	**481572**	**28414**	**661004**	**535887**	**125117**	**188126**
学前教育	10000		10000	4000	6000	5565
初等教育	180	15	17298	14701	2597	4239
中等教育	90826	3456	210769	121894	88875	63360
高等教育						
特殊教育						
技能培训、教育辅助及其他教育	380566	24943	422937	395292	27645	114962

4-41 规模以上卫生和

行　业	固定资产原价（千元）	本年折旧（千元）	资产总计（千元）	负债合计（千元）	所有者权益合计（千元）	营业收入（千元）
合　计	**546341**	**45375**	**987758**	**621141**	**366617**	**1312617**
卫生	546341	45375	987758	621141	366617	1312617
医院	345698	30382	675004	503394	171610	610238
社区医疗与卫生院	31380	2130	56867	20942	35925	65597
门诊部(所)	4115	522	7477	22	7455	15977
计划生育技术服务活动						
妇幼保健院(所、站)						
专科疾病防治院(所、站)	1781	121	7375	5786	1589	13376
疾病预防控制中心						
其他卫生活动	163367	12220	241035	90997	150038	607429
社会工作						
提供住宿社会工作						
不提供住宿社会工作						

法人单位分行业主要指标

营业成本（千元）	营业税金及附加（千元）	销售费用、管理费用、财务费用合计（千元）	投资收益（千元）	营业利润（千元）	利润总额（千元）	应交所得税（千元）	应付职工薪酬（千元）	应交增值税（千元）	从业人员（人）
167568	**5224**	**49665**	**150**	**-16405**	**-19124**	**2043**	**52862**	**148**	**1433**
2160				2805			1200		76
1573		2963		-297	-309		1108		39
72255	433	14529		-5371	-5371		25985		557
91580	4791	32173	150	-13542	-13444	2043	24569	148	761

社会工作企业法人单位主要指标

营业成本（千元）	营业税金及附加（千元）	销售费用、管理费用、财务费用合计（千元）	投资收益（千元）	营业利润（千元）	利润总额（千元）	应交所得税（千元）	应付职工薪酬（千元）	应交增值税（千元）	从业人员（人）
1014072	**9044**	**254803**	**1663**	**46025**	**22097**	**6039**	**241084**	**58976**	**5484**
1014072	9044	254803	1663	46025	22097	6039	241084	58976	5484
391952	2752	196701	1724	21579	7540	2891	151370	179	3979
56482	21	5425		12057	1839	4	17624		472
6867	65	10905		-1863	-1862		3687	549	139
11704		1601		71		11	2269		52
547067	6206	40171	-61	14181	14580	3133	66134	58248	842

4-42 规模以上文化、体育和

行　　业	固定资产原　价（千元）	本年折旧（千元）	资产总计（千元）	负债合计（千元）	所有者权益合计（千元）	营业收入（千元）
合　　计	**1988254**	**127269**	**8111807**	**3089282**	**5022525**	**2785044**
新闻出版业	916393	49928	4733374	1052301	3681073	2089768
新闻业						
出版业	916393	49928	4733374	1052301	3681073	2089768
广播、电视、电影和音像业	135307	7864	360065	164437	195628	192269
广播						
电视						
电影和影视节目制作	36248	1823	150193	73929	76264	23046
电影和影视节目发行	32604	71	37779	14222	23557	162
电影放映	66455	5970	172093	76286	95807	169061
录音制作						
文化艺术业	124659	10926	408245	139726	268519	202910
文艺创作与表演	15434	3080	15712	2826	12886	6850
艺术表演场馆	104983	7216	306786	81167	225619	174213
图书馆与档案馆						
文物及非物质文化遗产保护	1432	290	59253	55519	3734	10283
博物馆	2810	340	26494	214	26280	11564
烈士陵园、纪念馆						
群众文化活动						
其他文化艺术业						
体育	512607	39489	1768787	1265504	503283	190120
体育组织						
体育场馆	167791	20092	175595	31091	144504	24600
休闲健身活动	344816	19397	1593192	1234413	358779	165520
其他体育						
娱乐业	299288	19062	841336	467314	374022	109977
室内娱乐活动	55558	6060	103168	67191	35977	60527
游乐园	2376	270	237988	196145	41843	6241
彩票活动						
文化、娱乐、体育经纪代理	89301	7542	370326	132380	237946	21122
其他娱乐业	152053	5190	129854	71598	58256	22087

娱乐业法人单位主要指标

营业成本（千元）	营业税金及附加（千元）	销售费用、管理费用、财务费用合计（千元）	投资收益（千元）	营业利润（千元）	利润总额（千元）	应交所得税（千元）	应付职工薪酬（千元）	应交增值税（千元）	从业人员（人）
1493491	**89811**	**801670**	**26693**	**438109**	**572620**	**26552**	**428165**	**70118**	**7534**
1252582	48999	480672	31309	358797	501947	3226	271155	67245	2870
1252582	48999	480672	31309	358797	501947	3226	271155	67245	2870
77361	10554	80408	1164	25096	23892	6560	25461	2801	615
5687	2667	13962		728	5262	16	6393	153	106
	20	1237		-1095	-1150		544		15
71674	7867	65209	1164	25463	19780	6544	18524	2648	494
46472	7823	48360		86864	96020	15066	41089		1141
2890	405	8859		-5304			3758		119
40580	6226	27810		86206	90063	13576	32387		895
2957	769	6008		549	547	137	3253		32
45	423	5683		5413	5410	1353	1691		95
72228	13553	119439	-5780	-15814	-36177	1167	58615	50	1837
10860	539	12628		573			7207		139
61368	13014	106811	-5780	-16387	-36177	1167	51408	50	1698
44848	8882	72791		-16834	-13062	533	31845	22	1071
21700	5024	33767		21	-299	420	13584		539
6395	213	7317		-7685	-8112		3445		65
16211	1935	14785		-12083	-7563	113	6789	22	217
542	1710	16922		2913	2912		8027		250

第5篇

行政事业、社团及其他单位财务状况

5-1 服务业行政事业及非企业法人单位分行业主要指标

行　业	单位数(个)	年末资产(千元)	非企业单位支出(费用)(千元)	从业人员(人)
信息传输、软件和信息技术服务业	**400**	**604415**	**360900**	**2968**
电信、广播电视和卫星传输服务	334	300545	189854	2002
互联网和相关服务	31	80700	42646	457
软件和信息技术服务业	35	223170	128401	509
房地产	**129**	**1719637**	**316683**	**2068**
物业管理	16	7342	6654	180
房地产中介服务	27	139820	35336	382
自有房地产经营活动	13	21238	11558	163
其他房地产业	73	1551237	263135	1343
租赁和商务服务业	**2417**	**4524903**	**1891594**	**24562**
租赁业	16	22881	3607	137
机械设备租赁	15	12881	3407	131
文化及日用品出租	1	10000	200	6
商务服务业	2401	4502022	1887987	24425
企业管理服务	1461	2039479	953908	11153
法律服务	375	63603	90791	2382
咨询与调查	93	91939	48116	843
广告业	1	116	32	1
知识产权服务	2	2217	523	8
人力资源服务	245	480527	194861	2079
旅行社及相关服务	22	6501	12817	338
安全保护服务	3	2003	3560	38
其他商务服务业	199	1815637	583379	7583
科学研究和技术服务业	**5795**	**13161108**	**8021353**	**63174**
研究和试验发展	362	4003217	2643882	12678
专业技术服务业	2629	7328782	4081090	31128
科技推广和应用服务业	2804	1829109	1296382	19368
水利、环境和公共设施管理业	**2026**	**9244962**	**4695981**	**71082**
水利管理业	1316	4450918	809515	12866
防洪除涝设施管理	105	1107853	57811	911
水资源管理	185	150999	54963	1080
天然水收集与分配	431	2707995	482767	7506
水文服务	17	57379	55900	322
其他水利管理业	578	426693	158073	3047
生态保护和环境治理业	111	266187	183729	1784
生态保护	91	145579	117444	1306
环境治理业	20	120608	66285	478
公共设施管理业	599	4527857	3702736	56432
市政设施管理	130	1658290	806265	4127
环境卫生管理	205	1332087	1574561	37973
城乡市容管理	61	128555	193490	2086
绿化管理	100	413933	427314	5733
公园和游览景区管理	103	994993	701106	6513
居民服务、修理和其他服务业	**161**	**429807**	**256970**	**2118**
居民服务业	112	330509	193461	1338
机动车、电子产品和日用产品修理业	15	30450	3778	107
其他服务业	34	68848	59731	673

5-1 续表

行业	单位数(个)	年末资产(千元)	非企业单位支出(费用)(千元)	从业人员(人)
教育	**17145**	**112365013**	**52824507**	**632618**
学前教育	3940	3109790	2228809	59424
初等教育	9166	21911557	14251899	267078
中等教育	2570	46719395	20297324	234791
高等教育	130	35789304	13622669	48181
特殊教育	69	181221	101538	1565
技能培训、教育辅助及其他教育	1270	4653745	2322267	21579
卫生和社会工作	**4972**	**103245124**	**53448667**	**281920**
卫生	3964	101998054	52536983	272072
医院	403	84663604	39319314	157569
社区医疗与卫生院	1669	9537122	7567652	71008
门诊部(所)	667	243785	180152	3361
计划生育技术服务活动	842	781852	691706	10174
妇幼保健院(所、站)	110	4171933	2782789	19339
专科疾病防治院(所、站)	42	131377	131883	944
疾病预防控制中心	164	1766071	1540831	7795
其他卫生活动	67	702309	322656	1882
社会工作	1008	1247070	911684	9848
提供住宿社会工作	769	1121122	782504	7671
不提供住宿社会工作	239	125948	129180	2177
文化、体育和娱乐业	**1975**	**9524707**	**4255273**	**26465**
新闻出版业	134	1131975	528703	3555
新闻业	44	35930	32388	323
出版业	90	1096045	496315	3232
广播、电视、电影和音像业	650	3923749	1502200	8619
文化艺术业	1012	3249304	1360602	11450
文艺创作与表演	106	105807	212554	2388
艺术表演场馆	13	20002	18240	158
图书馆与档案馆	226	709176	380059	2596
文物及非物质文化遗产保护	87	165582	81432	819
博物馆	65	601542	256749	1251
烈士陵园、纪念馆	24	230613	100762	461
群众文化活动	402	1363149	264521	3150
其他文化艺术业	89	53434	46284	627
体育	128	243354	237769	1988
体育组织	74	171825	205367	1380
体育场馆	24	57236	26263	419
休闲健身活动	22	1147	2327	120
其他体育	8	13146	3813	69
娱乐业	51	976325	625999	853
公共管理、社会保障和社会组织	**49338**	**327483296**	**106509622**	**716991**
中国共产党机关	1986	2609243	4161381	26305
国家机构	19994	148863249	95088417	455589
人民政协、民主党派	263	712490	592640	4056
社会保障	1500	856863	2228001	12961
群众团体、社会团体和其他成员组织	9457	5332869	2757310	107671
基层群众自治组织	16138	169108582	1681873	110409

5-2 信息传输、软件和信息技术服务业行政事业及非企业业法人单位分地区主要指标

地区	单位数(个)	年末资产(千元)	非企业单位支出(费用)(千元)	从业人员(人)
广 西	**400**	**604415**	**360900**	**2968**
南宁市	37	406863	240271	1191
柳州市	19	26414	27806	228
桂林市	52	15937	13232	221
梧州市	42	33998	6406	190
北海市	5	1476	1408	61
防城港市	6	232	3226	34
钦州市	27	10091	3533	96
贵港市	14	4034	2540	32
玉林市	9	592	1372	60
百色市	30	22627	13485	187
贺州市	54	19085	3632	163
河池市	27	32516	16701	241
来宾市	24	6494	2652	71
崇左市	54	24055	24635	193

5-3 租赁和商务服务业行政事业及非企业业法人单位分地区主要指标

地区	单位数(个)	年末资产(千元)	非企业单位支出(费用)(千元)	从业人员(人)
广 西	**2417**	**4524903**	**1891594**	**24562**
南宁市	1051	1264340	734251	7456
柳州市	136	693075	83750	1301
桂林市	203	432903	275461	2413
梧州市	91	138041	78002	1086
北海市	59	205917	26970	478
防城港市	37	116132	27299	652
钦州市	92	219046	46886	778
贵港市	102	182722	70406	2015
玉林市	121	163571	141416	1846
百色市	145	262622	87943	2433
贺州市	62	157800	33785	536
河池市	166	312495	88173	1449
来宾市	80	216625	86462	1144
崇左市	72	159614	110789	975

5-4 科学研究和技术服务业行政事业及非企业法人单位分地区主要指标

地区	单位数(个)	年末资产(千元)	非企业单位支出(费用)(千元)	从业人员(人)
广西	**5795**	**13161108**	**8021353**	**63174**
南宁市	661	5403565	3341688	16116
柳州市	465	979178	749503	6193
桂林市	589	1203293	886647	6823
梧州市	279	384907	228356	2832
北海市	160	2007300	304851	2026
防城港市	135	111052	91123	1317
钦州市	296	224542	183795	2858
贵港市	268	602377	369463	3019
玉林市	784	535488	455905	6057
百色市	475	270592	233463	3155
贺州市	338	145683	121432	2271
河池市	613	365528	354511	3809
来宾市	305	254491	207829	2217
崇左市	427	673112	492788	4481

5-5 水利、环境和公共设施管理业行政事业及非企业法人单位分地区主要指标

地区	单位数(个)	年末资产(千元)	非企业单位支出(费用)(千元)	从业人员(人)
广西	**2026**	**9244962**	**4695981**	**71082**
南宁市	214	2304725	1184460	17200
柳州市	162	1262643	595520	9820
桂林市	269	1998433	737872	8746
梧州市	96	190993	195903	2977
北海市	59	249822	218783	2851
防城港市	73	163373	91180	1874
钦州市	97	247973	186221	2837
贵港市	86	556817	252324	3474
玉林市	211	1037236	277627	6178
百色市	165	181175	307504	5113
贺州市	82	133767	58622	1174
河池市	231	396994	276580	3501
来宾市	123	251831	142094	1917
崇左市	158	269180	171292	3420

5-6　水利、环境和公共设施管理业行政事业及非企业法人单位分地区主要指标

地　区	单位数（个）	年末资产（千元）	非企业单位支出（费用）(千元)	从业人员（人）
广　西	**161**	**429807**	**256970**	**2118**
南宁市	20	153615	99373	609
柳州市	21	8441	17634	253
桂林市	34	100360	26383	270
梧州市	8	3666	3139	66
北海市	6	24544	5912	55
防城港市	5	665	1483	34
钦州市	10	37930	24906	255
贵港市	12	25464	11938	128
玉林市	16	24951	16034	216
百色市	6	11173	30195	58
贺州市	3	3935	6082	25
河池市	10	9873	5160	58
来宾市	7	11611	4732	48
崇左市	3	13581	3999	43

5-7　教育行政事业及非企业法人单位分地区主要指标

地　区	单位数（个）	年末资产（千元）	非企业单位支出（费用）(千元)	从业人员（人）
广　西	**17145**	**112365013**	**52824507**	**632618**
南宁市	2822	26282931	14280703	116648
柳州市	1051	6999010	6126290	46447
桂林市	1586	29282376	8091266	64130
梧州市	1311	7543519	2094655	38274
北海市	778	4437682	1323624	23480
防城港市	280	928879	786971	11263
钦州市	868	3910575	2401406	39676
贵港市	1875	7252214	3406703	60120
玉林市	2569	7486198	4034973	74092
百色市	805	4747320	2700504	40865
贺州市	1015	3524604	1408261	27189
河池市	655	4631822	2828833	41091
来宾市	661	2025120	1613450	24694
崇左市	869	3312762	1726869	24649

5-8　卫生和社会工作行政事业及非企业法人单位分地区主要指标

地　区	单位数(个)	年末资产(千元)	非企业单位支出(费用)(千元)	从业人员(人)
广　西	**4972**	**103245124**	**53448667**	**281920**
南宁市	555	24365885	13277335	52175
柳州市	438	6868839	6158862	30299
桂林市	643	5030694	5256079	29252
梧州市	224	4008185	3088170	18087
北海市	123	1778010	1585998	9232
防城港市	113	842090	837275	5622
钦州市	197	4184414	2631975	18323
贵港市	624	6767046	3080793	20317
玉林市	415	27117161	5233750	26585
百色市	623	12521285	4513338	20138
贺州市	117	1730152	1543787	9680
河池市	475	3485568	2942844	19312
来宾市	219	2439392	1574874	11314
崇左市	206	2106404	1723587	11584

5-9　文化、体育和娱乐业行政事业及非企业法人单位分地区主要指标

地　区	单位数(个)	年末资产(千元)	非企业单位支出(费用)(千元)	从业人员(人)
广　西	**1975**	**9524707**	**4255273**	**26465**
南宁市	294	5523806	2387522	7717
柳州市	176	1321243	336950	2958
桂林市	273	640495	382941	3498
梧州市	71	161625	89996	1146
北海市	68	160540	137419	962
防城港市	53	61149	83935	587
钦州市	68	170530	106430	938
贵港市	114	199073	81383	963
玉林市	235	344451	154996	1728
百色市	155	308432	114576	1531
贺州市	61	87138	68699	865
河池市	226	240291	152070	1639
来宾市	70	163636	69365	793
崇左市	111	142299	88992	1140

5-10　公共管理、社会保障和社会组织行政事业及非企业业法人单位分地区主要指标

地　区	单位数(个)	年末资产(千元)	非企业单位支出(费用)(千元)	从业人员(人)
广　西	**49338**	**327483296**	**106509622**	**716991**
南宁市	5526	49189365	30117573	113488
柳州市	3807	15498611	9243418	71234
桂林市	6173	19264456	10230392	89758
梧州市	2946	11538258	4634464	49169
北海市	1493	10026584	2663254	24432
防城港市	1768	4153621	4903685	21880
钦州市	2869	166249491	3972898	36309
贵港市	2821	6781738	5384662	42377
玉林市	4099	15692090	5514026	54264
百色市	5099	8763284	8010944	63595
贺州市	2568	4083781	3870757	35433
河池市	4482	6489362	6950695	51438
来宾市	2828	4893088	4214933	30926
崇左市	2859	4859567	6797922	32688

第6篇

能源生产及消费

6-1 规模以上工业能源产品生产情况

产品名称	计量单位	产品产量
原煤	万吨	624
洗煤	万吨	
天然原油	万吨	44
天然气	万立方米	1001
煤层气	万立方米	
液化天然气	万吨	14
原油加工量	万吨	1296
汽油	万吨	337
煤油	万吨	24
柴油	万吨	595
润滑油	万吨	9
燃料油	万吨	64
石脑油	万吨	9
溶剂油	万吨	1
润滑脂	万吨	
液化石油气	万吨	86
石油焦	万吨	44
石油沥青	万吨	16
焦炭	万吨	540
发电量	万吨	1205
火力发电量	亿千瓦时	774
水力发电量	亿千瓦时	429
核能发电量	亿千瓦时	
风力发电量	亿千瓦时	2
煤气生产量	亿立方米	266

6-2　规模以上工业分地区发电量

单位：亿千瓦时

地　区	发电量				
		火力发电量	水力发电量	核能发电量	风力发电量
南宁市	97.9	75.5	22.4		
柳州市	103.7	74.1	29.6		
桂林市	92.5	34.3	56.2		2
梧州市	45.8	0.1	45.7		
北海市	33.0	33.0			
防城港市	67.1	65.8	1.3		
钦州市	73.6	73.6			
贵港市	78.3	68.4	9.9		
玉林市	6.7	4.8	1.9		
百色市	100.5	66.5	34.0		
贺州市	132.1	116.6	15.5		
河池市	156.2	3.0	153.2		
来宾市	193.6	144.6	49.0		
崇左市	24.5	13.9	10.6		

6-3 规模以上工业

行业	能源消费量(吨标准煤)	煤炭(吨)	焦炭(吨)	煤气(万立方米)
工业企业	**60846246**	**68821441**	**9417737**	**2867321**
采矿业	**517572**	**104381**	**29926**	
煤炭开采和洗选业	34712	14619		
石油和天然气开采业	13316			
黑色金属矿采选业	189473	39944	29926	
有色金属矿采选业	145050	10988		
非金属矿采选业	134938	38830		
开采辅助活动	84			
其他采矿业				
制造业	**47626131**	**40921800**	**9387811**	**2845391**
农副食品加工业	4291267	1760279	6674	
食品制造业	333760	217890	203	
酒、饮料和精制茶制造业	535736	676815		
烟草制品业	23071	12682		
纺织业	202322	24634		
纺织服装、服饰业	31382	3257		
皮革、毛皮、羽毛及其制品和制鞋业	35930	28608		
木材加工和木、竹、藤、棕、草制品业	679140	2031		
家具制造业	20787			
造纸和纸制品业	1978833	2544343		
印刷和记录媒介复制业	22807	380		
文教、工美、体育和娱乐用品制造业	9527			
石油加工、炼焦和核燃料加工业	2135978	298189		3563
化学原料和化学制品制造业	3768425	3970372		
医药制造业	225716	134546		
化学纤维制造业				
橡胶和塑料制品业	186825	90652		
非金属矿物制品业	11804308	14902009	5438	9869
黑色金属冶炼和压延加工业	15186745	10769346	9214597	2457629
有色金属冶炼和压延加工业	5215560	5361745	112257	374329
金属制品业	193668	45934	23801	
通用设备制造业	117962	30930	16218	
专用设备制造业	74642	6126	1337	
汽车制造业	320610	25492	7278	
铁路、船舶、航空航天和其他运输设备制造业	21457	2807	9	
电气机械和器材制造业	142475	8633		
计算机、通信和其他电子设备制造业	44700			
仪器仪表制造业	2931			
其他制造业	12143			
废弃资源综合利用业	7365	4098		
金属制品、机械和设备修理业	58			
电力、热力、燃气及水生产和供应业	**12702543**	**27795260**		**21930**
电力、热力生产和供应业	12644973	27795260		21930
燃气生产和供应业	4248			
水的生产和供应业	53322			

分行业能源消费量

汽油（吨）	煤油（吨）	柴油（吨）	燃料油（吨）	液化石油气（吨）	天然气（万立方米）	电力（万千瓦时）	生物质废料（吨）
45295	**1994**	**348239**	**362231**	**224816**	**15790**	**9808066**	**7064822**
4097	**322**	**66372**			**1001**	**247023**	
509		464				24479	
					1001	1829	
433		13753				88335	
2401	322	16591				90511	
754		35564				41800	
						68	
35719	**1672**	**271335**	**361119**	**224813**	**14788**	**8330010**	**6499495**
2284	0	11867	760		72	493956	5509086
760		2799	4254	626	191	72238	56126
355		1341	221		166	68977	4134
113		287	2346		283	6039	
206		541				49692	69537
20		357				23297	
32		1154			4	13032	
1905	291	10331		1		264529	385402
288		1221				12168	4712
336	0	7008	4774	447	32	342766	290003
639	6	199				17074	
147		153	4			6216	
111		646	318984	215508		97102	
3836	71	9974	7714	40	438	569157	42113
582		1318	791	9	159	43829	30494
1078		665		93		88585	1448
4646	681	137423	106	5480	3695	1210260	76701
580		12438	40		915	2916144	
1388		39113	19863	137	4903	1474458	7721
632	2	2791		25	662	98012	
758	81	9123	12	129	207	67762	
915	368	4258	590	124	57	49625	7217
12160	76	12612	660	697	2945	186949	
353	76	1950		436		12914	
800	16	1121		15	51	100742	14804
535	0	519		8		36005	
153	4	22			8	2465	
66		20		1035		2778	
38		82				3187	
						53	
5479		**10533**	**1111**	**3**	**0**	**1231032**	**565327**
4442		10049	1111			1187583	565327
125		23		3	0	1130	
912		460				42319	

6-4 规模以上工业分地区

地 区	合计	煤炭开采和洗选业	石油和天然气开采业	黑色金属矿采选业	有色金属矿采选业	非金属矿采选业
南宁市	5869609			10955	2096	4319
柳州市	11429366			3745	4923	3373
桂林市	3806703			1675	28899	30638
梧州市	1616824				42366	7551
北海市	2371467		13316			16374
防城港市	4347060	98		28911	8052	12196
钦州市	4240537	717		26620	2573	
贵港市	5177097			437	10483	23670
玉林市	2515362			7446	6767	4856
百色市	7367835	16440		391	7104	1379
贺州市	2731905			1809	5317	25282
河池市	1517086	5015		887	17823	669
来宾市	4570700	9232		789	8648	4467
崇左市	3015114	3210		105808		164

6-4 续表 1

地 区	皮革、毛皮、羽毛及其制品和制鞋业	木材加工及木、竹、藤、棕、草制品业	家 具制造业	造 纸 及纸制品业	印 刷 和记 录 媒介复制业	文教、工美、体育和娱乐用品制造业
南宁市	2216	124108	1264	531800	12977	500
柳州市		36824	4046	106688	380	262
桂林市	157	59462	7512	112091	4998	1147
梧州市	8595	161972	4882	16060	153	1286
北海市	7256	11949		884		395
防城港市		7343	2164	18367		16
钦州市	4996	26681	23	507798		2220
贵港市	3686	27408		71994		76
玉林市	8970	130957	278	38655	2440	3292
百色市		15987		209905		
贺州市	54	31369	241	22384	1859	307
河池市		27264	195	14528		29
来宾市		7442	183	194025		
崇左市		10375		133654		

综合能源消费量

单位：吨标准煤

开采辅助活动	其他采矿业	农副食品加工业	食品制造业	酒、饮料和精制茶制造业	烟草制品业	纺织业	纺织服装、服饰业
		909090	49617	209561	13029	51982	431
		301047	72699	11562	9649	43906	174
		39265	52517	139270		5015	160
84		62387	3987	5186		10579	2276
		173709	1216	10734		8756	
		309651	1093	648			
		184352	6091	6686		16612	496
		258452	10018	71349		4762	19363
		66009	27036	15519		12878	8115
		220094	145	7811		1501	
		14780	14964	2997		932	318
		171702	1216	10973		27532	
		458952	25874	15134		16440	48
		1121776	67285	28306		1424	

单位：吨标准煤

石油加工、炼焦和核燃料加工业	化学原料和化学制品制造业	医药制造业	化学纤维制造业	橡胶和塑料制品业	非金属矿物制品业	黑色金属冶炼和压延加工业	有色金属冶炼和压延加工业
109	496757	53420		52436	1990246	42380	27545
425	1345034	10786		5625	867740	7121422	69711
	98208	74084		82751	1251082	964617	42652
	271061	22425		8859	383253	388022	63186
583098	77122	1009		341	22149	757599	
	55134	1403		2073	481272	2264747	30467
1466358	96888	32154		14513	81526	603491	15844
	107719	4125		3100	2679277	779116	1047
55	47052	18684		6764	1797893	59842	31067
85817	538697	2801		6144	790804	651876	4145737
	5854	695		2309	276567	342341	28622
	536065	2094			239613	42292	389334
	60046	1207		441	297042	358451	370264
115	32786	828		1469	645843	810549	83

6-4 续表 2

地 区	金 属 制品业	通用设备 制 造 业	专用设备 制 造 业	汽 车 制造业	铁路、船舶、 航空航天和 其他运输 设备制造业	电气机械 和器材 制造业
南宁市	26044	4563	9443	5856	1165	12919
柳州市	35669	18389	33884	252978	7863	12532
桂林市	9505	8136	13882	21258	2182	50451
梧州市	86468	3146	816		4990	12361
北海市	313	27	727	395	314	8678
防城港市	3120	10	8			
钦州市	646		932			379
贵港市	145	19972	5186	36	4926	1055
玉林市	29837	63149	8422	40021	3	3247
百色市	1877	157	836	6		
贺州市						40831
河池市		413	506			
来宾市				59	15	22
崇左市	43					

6-5 规模以上工业分

地 区	能源消费量 (吨标准煤)	煤炭 (吨)	焦炭 (吨)	煤气 (万立方米)	汽油 (吨)
南宁市	5869609	7269463	8182		6711
柳州市	11429366	13197257	4702051	2093431	18084
桂林市	3806703	3212655	405224	5434	4759
梧州市	1616824	644647	5659		7727
北海市	2371467	1859092	549167		1084
防城港市	4347060	5262470	1799198	215297	229
钦州市	4240537	3855594	398641		704
贵港市	5177097	7082188	523587	170572	889
玉林市	2515362	2570654	81442		1164
百色市	7367835	9593580	318107	382586	1856
贺州市	2731905	4824082	12		656
河池市	1517086	1187264	71937		2312
来宾市	4570700	6943899	167972		969
崇左市	3015114	1318598	386558		843

单位：吨标准煤

通信设备、计算机和其他电子设备制造业	仪器仪表制造业	其他制造业	废弃资源综合利用业	金属制品、机械和设备修理业	电力、热力的生产和供应业	燃气生产和供应业	水的生产和供应业
13478	844	2582		3	1182239	193	23442
1140	25	147	1771	6	1038338	1488	5113
3296	1511				696196	136	3950
6060	331	7243	750		27106	5	3379
13751				49	656902	2208	2197
	220		3456		1113698	182	2730
2303			145		1137563	8	1922
321					1066560		2814
3739			7		71103	15	1243
408					660766	15	1136
		2170	379		1908486		1036
					27960		973
			857		2737675		3387
204					51193		

地区能源品种消费

煤油（吨）	柴油（吨）	燃料油（吨）	液化石油气（吨）	天然气（万立方米）	电力（万千瓦时）	生物质废料（吨）
129	52148	10760	4269	1449	846117	2207001
140	45346	5746	801	3118	1390826	687029
292	33897	165	829	493	1016466	39667
264	47751	6266	141	2243	622718	322075
1	11052	2816	193	1973	234693	
	9706	1830		292	389474	
335	8136	314776	215508		478931	97
	21318	883	322	64	565464	125314
462	18214	3937	1563	1000	398296	317244
	41753	10742	2	5154	1552622	807413
6	22753	160	1047		440786	61955
322	7786	1024	111		331706	94859
44	14392	3125	30		704806	527268
	14781				612308	1874902

6-6 规模以上工业煤炭开采和洗选业

地区	能源消费量(吨标准煤)	煤炭(吨)	焦炭(吨)	煤气(万立方米)	汽油(吨)
南宁市					
柳州市					
桂林市					
梧州市					
北海市					
防城港市	98				16
钦州市	717				
贵港市					
玉林市					
百色市	16440	13928			274
贺州市					
河池市	5015				219
来宾市	9232				
崇左市	3210	691			

6-7 规模以上工业石油和天然气开采业

地区	能源消费量(吨标准煤)	煤炭(吨)	焦炭(吨)	煤气(万立方米)	汽油(吨)
南宁市					
柳州市					
桂林市					
梧州市					
北海市	13316				
防城港市					
钦州市					
贵港市					
玉林市					
百色市					
贺州市					
河池市					
来宾市					
崇左市					

分地区能源品种消费

煤油 (吨)	柴油 (吨)	燃料油 (吨)	液化石油气 (吨)	天然气 (万立方米)	电力 (万千瓦时)	生物质废料 (吨)
					60	
	21				1010	
	247				9740	
	196				3880	
					7587	
					2202	

分地区能源品种消费

煤油 (吨)	柴油 (吨)	燃料油 (吨)	液化石油气 (吨)	天然气 (万立方米)	电力 (万千瓦时)	生物质废料 (吨)
				1001	1829	

6-8 规模以上工业黑色金属矿采选业

地 区	能源消费量(吨标准煤)	煤炭(吨)	焦炭(吨)	煤气(万立方米)	汽油(吨)
南宁市	10955				80
柳州市	3745				146
桂林市	1675				
梧州市					
北海市					
防城港市	28911	976	20263		
钦州市	26620	14666	9610		
贵港市	437				
玉林市	7446				
百色市	391				
贺州市	1809				
河池市	887		53		38
来宾市	789				
崇左市	105808	24302			169

6-9 规模以上工业有色金属矿采选业

地 区	能源消费量(吨标准煤)	煤炭(吨)	焦炭(吨)	煤气(万立方米)	汽油(吨)
南宁市	2096				
柳州市	4923	2			20
桂林市	28899				33
梧州市	42366	72			2209
北海市					
防城港市	8052	10300			
钦州市	2573	524			
贵港市	10483				
玉林市	6767				3
百色市	7104				
贺州市	5317				15
河池市	17823	90			122
来宾市	8648				
崇左市					

分地区能源品种消费

煤油 (吨)	柴油 (吨)	燃料油 (吨)	液化石油气 (吨)	天然气 (万立方米)	电力 (万千瓦时)	生物质废料 (吨)
	2730				5604	
	977				1782	
					1363	
	71				6857	
	605				4425	
					355	
					6059	
					342	
	98				1359	
	210				436	
	240				358	
	8821				59396	

分地区能源品种消费

煤油 (吨)	柴油 (吨)	燃料油 (吨)	液化石油气 (吨)	天然气 (万立方米)	电力 (万千瓦时)	生物质废料 (吨)
	69				1658	
	322				3626	
	473				23009	
	10871				19145	
	70				482	
	23				1919	
	116				8392	
	7				5498	
	2137				3421	
	6				4368	
322	381				14203	
	2116				4790	

6-10 规模以上工业非金属矿采选业

地区	能源消费量(吨标准煤)	煤炭(吨)	焦炭(吨)	煤气(万立方米)	汽油(吨)
南宁市	4319				
柳州市	3373	4326			16
桂林市	30638	4042			236
梧州市	7551				480
北海市	16374	4084			
防城港市	12196	10944			
钦州市					
贵港市	23670	15434			
玉林市	4856				
百色市	1379				
贺州市	25282				14
河池市	669				
来宾市	4467				
崇左市	164				9

6-11 规模以上工业开采辅助活动

地区	能源消费量(吨标准煤)	煤炭(吨)	焦炭(吨)	煤气(万立方米)	汽油(吨)
南宁市					
柳州市					
桂林市					
梧州市	84				
北海市					
防城港市					
钦州市					
贵港市					
玉林市					
百色市					
贺州市					
河池市					
来宾市					
崇左市					

分地区能源品种消费

煤油 (吨)	柴油 (吨)	燃料油 (吨)	液化石油气 (吨)	天然气 (万立方米)	电力 (万千瓦时)	生物质废料 (吨)
	1541				1688	
	24				230	
	4799				17258	
	2804				2244	
	5362				5132	
	558				1565	
	5621				1030	
	213				3724	
	772				218	
	12425				5844	
	6				537	
	1321				2195	
	118				134	

分地区能源品种消费

煤油 (吨)	柴油 (吨)	燃料油 (吨)	液化石油气 (吨)	天然气 (万立方米)	电力 (万千瓦时)	生物质废料 (吨)
					68	

6-12 规模以上工业其他采矿业

地 区	能源消费量(吨标准煤)	煤炭(吨)	焦炭(吨)	煤气(万立方米)	汽油(吨)
南宁市					
柳州市					
桂林市					
梧州市					
北海市					
防城港市					
钦州市					
贵港市					
玉林市					
百色市					
贺州市					
河池市					
来宾市					
崇左市					

6-13 规模以上工业农副食品

地 区	能源消费量(吨标准煤)	煤炭(吨)	焦炭(吨)	煤气(万立方米)	汽油(吨)
南宁市	909090	701001	6480		552
柳州市	301047	16275			284
桂林市	39265	2508	116		193
梧州市	62387	13594			
北海市	173709	76279			182
防城港市	309651	371522			37
钦州市	184352	122950			75
贵港市	258452	363385			80
玉林市	66009	18459	78		355
百色市	220094	8859			68
贺州市	14780	1552			
河池市	171702	6371			31
来宾市	458952	41927			141
崇左市	1121776	15596			286

分地区能源品种消费

煤油 (吨)	柴油 (吨)	燃料油 (吨)	液化石油气 (吨)	天然气 (万立方米)	电力 (万千瓦时)	生物质废料 (吨)

加工业分地区能源品种消费

煤油 (吨)	柴油 (吨)	燃料油 (吨)	液化石油气 (吨)	天然气 (万立方米)	电力 (万千瓦时)	生物质废料 (吨)
0	3457	602			104384	1747173
	993				30740	569899
	799				12108	8971
	428				37005	
	190	158		8	27282	
	1995				37922	
	978				22595	97
	1377			64	30698	125314
	331				13129	47244
	70				20209	795178
	47				1180	23604
	674				17065	94859
	147				40326	519194
	382				99312	1577554

6-14 规模以上工业食品制造业

地　区	能源消费量(吨标准煤)	煤炭(吨)	焦炭(吨)	煤气(万立方米)	汽油(吨)
南宁市	49617	16882	203		239
柳州市	72699	48824			56
桂林市	52517	10394			340
梧州市	3987	1558			24
北海市	1216				5
防城港市	1093				
钦州市	6091	7685			50
贵港市	10018	6325			
玉林市	27036	18310			24
百色市	145	336			
贺州市	14964	9298			
河池市	1216	30			9
来宾市	25874	686			
崇左市	67285	97562			14

6-15 规模以上工业酒、饮料和

地　区	能源消费量(吨标准煤)	煤炭(吨)	焦炭(吨)	煤气(万立方米)	汽油(吨)
南宁市	209561	352742			57
柳州市	11562	13413			23
桂林市	139270	149397			182
梧州市	5186	6773			9
北海市	10734	5493			69
防城港市	648	380			14
钦州市	6686	8577			
贵港市	71349	47948			
玉林市	15519	17172			
百色市	7811	9499			
贺州市	2997				
河池市	10973	12229			
来宾市	15134	3713			
崇左市	28306	49478			

分地区能源品种消费

煤油 (吨)	柴油 (吨)	燃料油 (吨)	液化石油气 (吨)	天然气 (万立方米)	电力 (万千瓦时)	生物质废料 (吨)
	781	258	62	35	16203	10076
	209	60			14941	40311
	23				5734	3601
	129		15	5	1313	
				35	613	
					913	
	196				599	
					3649	
	316	3937	550	116	6418	
					23	
	957				1659	2138
	160				199	
					6253	
	28				13721	

精制茶制造业分地区能源品种消费

煤油 (吨)	柴油 (吨)	燃料油 (吨)	液化石油气 (吨)	天然气 (万立方米)	电力 (万千瓦时)	生物质废料 (吨)
	381	100			20679	
	32				1115	
	439			166	28940	
	25				344	
	48	121			2999	
	12				198	
					458	
	334				4780	
	70				3984	
					1004	
					763	4134
					942	
					572	
					2198	

6-16 规模以上工业烟草制品业

地区	能源消费量(吨标准煤)	煤炭(吨)	焦炭(吨)	煤气(万立方米)	汽油(吨)
南宁市	13029	3332			
柳州市	9649	9350			
桂林市					
梧州市					
北海市					
防城港市					
钦州市					
贵港市					
玉林市					
百色市					
贺州市					
河池市					
来宾市					
崇左市					

6-17 规模以上工业纺织业

地区	能源消费量(吨标准煤)	煤炭(吨)	焦炭(吨)	煤气(万立方米)	汽油(吨)
南宁市	51982				56
柳州市	43906	2493			72
桂林市	5015				1
梧州市	10579	4309			11
北海市	8756				
防城港市					
钦州市	16612				
贵港市	4762	743			
玉林市	12878	14036			23
百色市	1501	1414			
贺州市	932				
河池市	27532	1639			15
来宾市	16440				28
崇左市	1424				

分地区能源品种消费

煤油 (吨)	柴油 (吨)	燃料油 (吨)	液化石油气 (吨)	天然气 (万立方米)	电力 (万千瓦时)	生物质废料 (吨)
	15	2346		279	3010	
	262				2185	

分地区能源品种消费

煤油 (吨)	柴油 (吨)	燃料油 (吨)	液化石油气 (吨)	天然气 (万立方米)	电力 (万千瓦时)	生物质废料 (吨)
	92				12259	55643
	28				14666	13894
					3711	
	367				5605	
					1015	
	3				2033	
					2734	
					2309	
					416	
					26	
	17				2835	
	20				1689	
	14				395	

6-18 规模以上工业纺织服装、

地 区	能源消费量(吨标准煤)	煤炭(吨)	焦炭(吨)	煤气(万立方米)	汽油(吨)
南宁市	431				
柳州市	174	29			14
桂林市	160				5
梧州市	2276				
北海市					
防城港市					
钦州市	496	372			
贵港市	19363				
玉林市	8115	2856			
百色市					
贺州市	318				
河池市					
来宾市	48				
崇左市					

6-19 规模以上工业皮革、毛皮、羽毛

地 区	能源消费量(吨标准煤)	煤炭(吨)	焦炭(吨)	煤气(万立方米)	汽油(吨)
南宁市	2216	732			8
柳州市					
桂林市	157				4
梧州市	8595	8049			
北海市	7256	8270			11
防城港市					
钦州市	4996	3585			
贵港市	3686	1387			10
玉林市	8970	6585			
百色市					
贺州市	54				
河池市					
来宾市					
崇左市					

服饰业分地区能源品种消费

煤油 (吨)	柴油 (吨)	燃料油 (吨)	液化石油气 (吨)	天然气 (万立方米)	电力 (万千瓦时)	生物质废料 (吨)
	13				337	
	46				71	
					124	
	292				1541	
					232	
					15755	
					4943	
	6				254	
					39	

及其制品和制鞋业分地区能源品种消费

煤油 (吨)	柴油 (吨)	燃料油 (吨)	液化石油气 (吨)	天然气 (万立方米)	电力 (万千瓦时)	生物质废料 (吨)
	79				1421	
	1				128	
	998				577	
	11			4	1636	
					1962	
	8				2172	
	56				5092	
					44	

6-20 规模以上工业木材加工和木、竹、藤、

地 区	能源消费量(吨标准煤)	煤炭(吨)	焦炭(吨)	煤气(万立方米)	汽油(吨)
南宁市	124108	120			500
柳州市	36824				148
桂林市	59462	280			713
梧州市	161972	1624			314
北海市	11949				
防城港市	7343				7
钦州市	26681				36
贵港市	27408				
玉林市	130957				65
百色市	15987				83
贺州市	31369				27
河池市	27264	7			12
来宾市	7442				
崇左市	10375				

6-21 规模以上工业家具制造业

地 区	能源消费量(吨标准煤)	煤炭(吨)	焦炭(吨)	煤气(万立方米)	汽油(吨)
南宁市	1264				68
柳州市	4046				172
桂林市	7512				47
梧州市	4882				
北海市					
防城港市	2164				
钦州市	23				
贵港市					
玉林市	278				
百色市					
贺州市	241				
河池市	195				
来宾市	183				
崇左市					

棕、草制品业分地区能源品种消费

煤油(吨)	柴油(吨)	燃料油(吨)	液化石油气(吨)	天然气(万立方米)	电力(万千瓦时)	生物质废料(吨)
	991				52703	127410
28	294				22854	16306
	1555				36053	
263	3730				32798	210807
	174				9535	
	34				6133	
	294				9343	
	1414				12538	
	824				33068	
	358				12105	1043
	292				12764	29836
	353		1		10049	
	18				6108	
					8478	

分地区能源品种消费

煤油(吨)	柴油(吨)	燃料油(吨)	液化石油气(吨)	天然气(万立方米)	电力(万千瓦时)	生物质废料(吨)
	115				823	
	328				3264	
	113				4271	
	579				1369	4712
					1761	
					19	
					226	
					230	
	86				56	
					149	

6-22 规模以上工业造纸和

地 区	能源消费量(吨标准煤)	煤炭(吨)	焦炭(吨)	煤气(万立方米)	汽油(吨)
南宁市	531800	558849			171
柳州市	106688	148952			72
桂林市	112091	64333			19
梧州市	16060	3467			9
北海市	884	973			3
防城港市	18367	32050			
钦州市	507798	716022			39
贵港市	71994	82349			
玉林市	38655	39212			10
百色市	209905	406808			
贺州市	22384	17564			12
河池市	14528	20013			
来宾市	194025	216249			
崇左市	133654	237504			

6-23 规模以上工业印刷和记录媒介

地 区	能源消费量(吨标准煤)	煤炭(吨)	焦炭(吨)	煤气(万立方米)	汽油(吨)
南宁市	12977				402
柳州市	380				86
桂林市	4998				60
梧州市	153				6
北海市					
防城港市					
钦州市					
贵港市					
玉林市	2440	380			27
百色市					
贺州市	1859				58
河池市					
来宾市					
崇左市					

纸制品业分地区能源品种消费

煤油(吨)	柴油(吨)	燃料油(吨)	液化石油气(吨)	天然气(万立方米)	电力(万千瓦时)	生物质废料(吨)
0	1757	4431	447	32	94154	237137
	530	130			17478	6702
	545				21285	16835
	128				2560	21255
	15				131	
					1716	
	1216	54			121308	
	261				9143	
	121				2937	
	1067				31960	
	236	160			4036	
					3618	
	807				26882	8074
	324				5556	

复制业分地区能源品种消费

煤油(吨)	柴油(吨)	燃料油(吨)	液化石油气(吨)	天然气(万立方米)	电力(万千瓦时)	生物质废料(吨)
	60				9313	
	9				246	
	35				4233	
					117	
	16				1736	
6	79				1430	

6-24 规模以上工业文教、工美、体育和

地　区	能源消费量（吨标准煤）	煤炭（吨）	焦炭（吨）	煤气（万立方米）	汽油（吨）
南宁市	500				47
柳州市	262				
桂林市	1147				6
梧州市	1286				
北海市	395				
防城港市	16				
钦州市	2220				91
贵港市	76				
玉林市	3292				4
百色市					
贺州市	307				
河池市	29				
来宾市					
崇左市					

6-25 规模以上工业石油加工、炼焦和

地　区	能源消费量（吨标准煤）	煤炭（吨）	焦炭（吨）	煤气（万立方米）	汽油（吨）
南宁市	109				
柳州市	425				
桂林市					
梧州市					
北海市	583098				61
防城港市					
钦州市	1466358	27196			
贵港市					
玉林市	55				
百色市	85817	270993		3563	50
贺州市					
河池市					
来宾市					
崇左市	115				

娱乐用品制造业分地区能源品种消费

煤油 (吨)	柴油 (吨)	燃料油 (吨)	液化石油气 (吨)	天然气 (万立方米)	电力 (万千瓦时)	生物质废料 (吨)
	17				332	
					213	
	1				117	
		4			1043	
	38				276	
					13	
					1263	
					62	
	51				2679	
	46				196	
					23	

核燃料加工业分地区能源品种消费

煤油 (吨)	柴油 (吨)	燃料油 (吨)	液化石油气 (吨)	天然气 (万立方米)	电力 (万千瓦时)	生物质废料 (吨)
		9			78	
					346	
	39	2337			27975	
		314701	215508		64616	
					45	
	607	1937			3948	
					94	

6-26 规模以上工业化学原料和

地 区	能源消费量(吨标准煤)	煤炭(吨)	焦炭(吨)	煤气(万立方米)	汽油(吨)
南宁市	496757	550170			551
柳州市	1345034	1256764			2559
桂林市	98208	72337			344
梧州市	271061	199830			13
北海市	77122	80269			197
防城港市	55134	10498			
钦州市	96888	137702			67
贵港市	107719	115746			18
玉林市	47052	35513			
百色市	538697	796157			39
贺州市	5854	915			3
河池市	536065	623766			28
来宾市	60046	58140			5
崇左市	32786	32564			10

6-27 规模以上工业医药制造业

地 区	能源消费量(吨标准煤)	煤炭(吨)	焦炭(吨)	煤气(万立方米)	汽油(吨)
南宁市	53420	40125			341
柳州市	10786	1055			70
桂林市	74084	20329			91
梧州市	22425	22408			29
北海市	1009	777			
防城港市	1403	592			
钦州市	32154	28819			5
贵港市	4125	65			
玉林市	18684	9681			2
百色市	2801	5569			
贺州市	695	601			43
河池市	2094	2538			
来宾市	1207	611			0
崇左市	828	1378			

化学制品制造业分地区能源品种消费

煤油(吨)	柴油(吨)	燃料油(吨)	液化石油气(吨)	天然气(万立方米)	电力(万千瓦时)	生物质废料(吨)
67	2182	152		32	70444	15753
2	2048	892			194882	3775
2	607				20621	1572
	2076	5771			49503	7567
	240	95	11		11316	
	168				39085	
	545	22			7895	
	68				13737	
	798			47	5448	
	276			359	81212	11192
	114				3447	
	530	784	29		55502	
	129				10994	
	194				5069	2254

分地区能源品种消费

煤油(吨)	柴油(吨)	燃料油(吨)	液化石油气(吨)	天然气(万立方米)	电力(万千瓦时)	生物质废料(吨)
	927	72	9	78	12561	11502
	98	719			1462	11752
	225			66	11796	7240
	63				4366	
				15	225	
					891	
	1				6171	
					633	
	2				4825	
					161	
	2				163	
					247	
					136	
					193	

6-28 规模以上工业化学纤维制造业

地 区	能源消费量 (吨标准煤)	煤炭 (吨)	焦炭 (吨)	煤气 (万立方米)	汽油 (吨)
南宁市					
柳州市					
桂林市					
梧州市					
北海市					
防城港市					
钦州市					
贵港市					
玉林市					
百色市					
贺州市					
河池市					
来宾市					
崇左市					

6-29 规模以上工业橡胶和塑料制品业

地 区	能源消费量 (吨标准煤)	煤炭 (吨)	焦炭 (吨)	煤气 (万立方米)	汽油 (吨)
南宁市	52436	4361			777
柳州市	5625				59
桂林市	82751	65820			136
梧州市	8859	1253			53
北海市	341				
防城港市	2073	265			
钦州市	14513	5437			
贵港市	3100	3380			
玉林市	6764	1882			
百色市	6144	8254			27
贺州市	2309				11
河池市					
来宾市	441				15
崇左市	1469				

分地区能源品种消费

煤油 (吨)	柴油 (吨)	燃料油 (吨)	液化石油气 (吨)	天然气 (万立方米)	电力 (万千瓦时)	生物质废料 (吨)

分地区能源品种消费

煤油 (吨)	柴油 (吨)	燃料油 (吨)	液化石油气 (吨)	天然气 (万立方米)	电力 (万千瓦时)	生物质废料 (吨)
	70		93		38128	
	12				4177	
	89				20057	1448
	246				6037	
					278	
					1547	
	94				7620	
					731	
					4451	
	149				2131	
					1866	
	5				367	
					1195	

6-30 规模以上工业非金属矿物制品业

地 区	能源消费量（吨标准煤）	煤炭（吨）	焦炭（吨）	煤气（万立方米）	汽油（吨）
南宁市	1990246	2459531			419
柳州市	867740	1050764		5695	519
桂林市	1251082	1471430			156
梧州市	383253	334635			3024
北海市	22149	14040			54
防城港市	481272	680936			
钦州市	81526	70417			22
贵港市	2679277	3706138			296
玉林市	1797893	2392942			
百色市	790804	939745	5438	4174	30
贺州市	276567	296180			31
河池市	239613	308924			60
来宾市	297042	353992			37
崇左市	645843	822336			

6-31 规模以上工业黑色金属冶炼和

地 区	能源消费量（吨标准煤）	煤炭（吨）	焦炭（吨）	煤气（万立方米）	汽油（吨）
南宁市	42380	20725	731		57
柳州市	7121422	8818019	4699914	2065806	56
桂林市	964617	48013	402780	5434	55
梧州市	388022	26894			265
北海市	757599	257013	549167		
防城港市	2264747	1099022	1778935	215297	
钦州市	603491	84005	376577		
贵港市	779116	230072	523587	170572	33
玉林市	59842		36624		24
百色市	651876	63856	305190	520	8
贺州市	342341	48112			51
河池市	42292	2500	17937		
来宾市	358451	33928	136597		
崇左市	810549	37186	386558		31

分地区能源品种消费

煤油(吨)	柴油(吨)	燃料油(吨)	液化石油气(吨)	天然气(万立方米)	电力(万千瓦时)	生物质废料(吨)
62	33876		3468		181531	
	12674				122459	4444
240	20376		709	172	162356	
	20851				39694	72258
	4104	106	182	29	1743	
	4594				44703	
335	3365				20113	
	10791				220228	
	6592		1011	804	153951	
	3758			2690	91229	
	6829				52638	
	1004		81		26278	
44	4095		30		36239	
	4514				57099	

压延加工业分地区能源品种消费

煤油(吨)	柴油(吨)	燃料油(吨)	液化石油气(吨)	天然气(万立方米)	电力(万千瓦时)	生物质废料(吨)
	137			11	20453	
	7309				564856	
	455				440942	
	1260	40		28	297049	
				876	79579	
					157388	
	223				143616	
	1083				133719	
	120				19651	
	94				294973	
	677				250326	
					18839	
	797				160156	
	281				334599	

6-32 规模以上工业有色金属冶炼和

地　区	能源消费量(吨标准煤)	煤炭(吨)	焦炭(吨)	煤气(万立方米)	汽油(吨)
南宁市	27545	2715			8
柳州市	69711	39381	710		28
桂林市	42652	12551	827		23
梧州市	63186	2516	5452		26
北海市					
防城港市	30467	13660			
钦州市	15844	3192	12454		
贵港市	1047				15
玉林市	31067	2842			
百色市	4145737	5013741	7479	374329	376
贺州市	28622	28135	12		17
河池市	389334	209159	53947		810
来宾市	370264	33854	31375		85
崇左市	83				

6-33 规模以上工业金属制品业

地　区	能源消费量(吨标准煤)	煤炭(吨)	焦炭(吨)	煤气(万立方米)	汽油(吨)
南宁市	26044	5008			55
柳州市	35669	15008	656		195
桂林市	9505	1809			88
梧州市	86468	17665			209
北海市	313				
防城港市	3120				50
钦州市	646				
贵港市	145				
玉林市	29837	5615	23145		36
百色市	1877	830			
贺州市					
河池市					
来宾市					
崇左市	43				

压延加工业分地区能源品种消费

煤油(吨)	柴油(吨)	燃料油(吨)	液化石油气(吨)	天然气(万立方米)	电力(万千瓦时)	生物质废料(吨)
	1364	2347	137	371	12440	
	616	3064			21087	
	64			15	26743	
	236	452		2210	19076	5477
	829	1830		292	10593	
	73				925	
	37				790	
					22658	
	31305	8805		2016	953669	
	89				5387	2244
	3568	240			153744	
	932	3125			247279	
					68	

分地区能源品种消费

煤油(吨)	柴油(吨)	燃料油(吨)	液化石油气(吨)	天然气(万立方米)	电力(万千瓦时)	生物质废料(吨)
	29		25	610	10837	
2	264				19303	
	602				5761	
	860				57189	
					255	
	1030				600	
					546	
					118	
	6				2866	
				51	493	
					44	

6-34 规模以上工业通用设备制造业

地 区	能源消费量(吨标准煤)	煤炭(吨)	焦炭(吨)	煤气(万立方米)	汽油(吨)
南宁市	4563	30306	173		98
柳州市	18389				238
桂林市	8136	624	247		160
梧州市	3146		207		71
北海市	27				26
防城港市	10				
钦州市					
贵港市	19972				25
玉林市	63149		15592		131
百色市	157				11
贺州市					
河池市	413				
来宾市					
崇左市					

6-35 规模以上工业专用设备制造业

地 区	能源消费量(吨标准煤)	煤炭(吨)	焦炭(吨)	煤气(万立方米)	汽油(吨)
南宁市	9443	74	596		336
柳州市	33884	712	21		254
桂林市	13882	2042	350		210
梧州市	816				15
北海市	727				15
防城港市	8				
钦州市	932				
贵港市	5186				35
玉林市	8422	3298	371		45
百色市	836				
贺州市					
河池市	506				6
来宾市					
崇左市					

分地区能源品种消费

煤油（吨）	柴油（吨）	燃料油（吨）	液化石油气（吨）	天然气（万立方米）	电力（万千瓦时）	生物质废料（吨）
	149				1689	
7	840		48	191	11986	
2	252	12	52		5603	
0	162		27		2158	
					11	
					8	
	13				16283	
72	7660			16	29591	
	14		2		95	
	33				337	

分地区能源品种消费

煤油（吨）	柴油（吨）	燃料油（吨）	液化石油气（吨）	天然气（万立方米）	电力（万千瓦时）	生物质废料（吨）
	366	417			4668	2307
32	2747	20	59	3	25914	4910
	186	153	66		9149	
	70				566	
	5				567	
					7	
	220				498	
	65				4113	
336	482			16	3601	
				38	344	
	117				197	

6-36 规模以上工业汽车制造业

地 区	能源消费量(吨标准煤)	煤炭(吨)	焦炭(吨)	煤气(万立方米)	汽油(吨)
南宁市	5856				57
柳州市	252978	23478	741		11948
桂林市	21258	65	904		68
梧州市					
北海市	395	77			5
防城港市					
钦州市					
贵港市	36				
玉林市	40021	1871	5632		82
百色市	6				
贺州市					
河池市					
来宾市	59				
崇左市					

6-37 规模以上工业铁路、船舶、航空航天和

地 区	能源消费量(吨标准煤)	煤炭(吨)	焦炭(吨)	煤气(万立方米)	汽油(吨)
南宁市	1165				22
柳州市	7863	2807	9		152
桂林市	2182				135
梧州市	4990				45
北海市	314				
防城港市					
钦州市					
贵港市	4926				
玉林市	3				
百色市					
贺州市					
河池市					
来宾市	15				
崇左市					

分地区能源品种消费

煤油 (吨)	柴油 (吨)	燃料油 (吨)	液化石油气 (吨)	天然气 (万立方米)	电力 (万千瓦时)	生物质废料 (吨)
	54	27			4655	
32	11770	634	695	2924	139892	
3	440			15	16196	
1	24			5	183	
					30	
41	324		2		25937	
					5	
					52	

其他运输设备制造业分地区能源品种消费

煤油 (吨)	柴油 (吨)	燃料油 (吨)	液化石油气 (吨)	天然气 (万立方米)	电力 (万千瓦时)	生物质废料 (吨)
	14		16		886	
37	1260				3865	
39	202				1344	
	474		98		3425	
					255	
			322		3124	
					3	
					12	

6-38 规模以上工业电气机械和

地区	能源消费量(吨标准煤)	煤炭(吨)	焦炭(吨)	煤气(万立方米)	汽油(吨)
南宁市	12919				211
柳州市	12532				186
桂林市	50451	680			224
梧州市	12361				8
北海市	8678				80
防城港市					
钦州市	379				
贵港市	1055				6
玉林市	3247				57
百色市					
贺州市	40831	7953			28
河池市					
来宾市	22				
崇左市					

6-39 规模以上工业计算机、通信和

地区	能源消费量(吨标准煤)	煤炭(吨)	焦炭(吨)	煤气(万立方米)	汽油(吨)
南宁市	13478				313
柳州市	1140				
桂林市	3296				186
梧州市	6060				
北海市	13751				36
防城港市					
钦州市	2303				
贵港市	321				
玉林市	3739				
百色市	408				
贺州市					
河池市					
来宾市					
崇左市	204				

器材制造业分地区能源品种消费

煤油 (吨)	柴油 (吨)	燃料油 (吨)	液化石油气 (吨)	天然气 (万立方米)	电力 (万千瓦时)	生物质废料 (吨)
	208				10334	
	36				3968	14804
2	167		2	51	38597	
0	451		2		8306	
					6983	
					349	
	22				848	
14	21				2585	
	217		12		28756	
					18	

其他电子设备制造业分地区能源品种消费

煤油 (吨)	柴油 (吨)	燃料油 (吨)	液化石油气 (吨)	天然气 (万立方米)	电力 (万千瓦时)	生物质废料 (吨)
			8		10580	
					927	
0	28				2674	
	124				4867	
	367				11048	
					1905	
					271	
					3102	
					464	
					166	

6-40 规模以上工业仪器仪表制造业

地区	能源消费量(吨标准煤)	煤炭(吨)	焦炭(吨)	煤气(万立方米)	汽油(吨)
南宁市	844				27
柳州市	25				16
桂林市	1511				102
梧州市	331				9
北海市					
防城港市	220				
钦州市					
贵港市					
玉林市					
百色市					
贺州市					
河池市					
来宾市					
崇左市					

6-41 规模以上工业其他制造业

地区	能源消费量(吨标准煤)	煤炭(吨)	焦炭(吨)	煤气(万立方米)	汽油(吨)
南宁市	2582				66
柳州市	147				
桂林市					
梧州市	7243				
北海市					
防城港市					
钦州市					
贵港市					
玉林市					
百色市					
贺州市	2170				
河池市					
来宾市					
崇左市					

分地区能源品种消费

煤油 (吨)	柴油 (吨)	燃料油 (吨)	液化石油气 (吨)	天然气 (万立方米)	电力 (万千瓦时)	生物质废料 (吨)
					876	
					20	
4	22			8	1123	
0					268	
					179	

分地区能源品种消费

煤油 (吨)	柴油 (吨)	燃料油 (吨)	液化石油气 (吨)	天然气 (万立方米)	电力 (万千瓦时)	生物质废料 (吨)
	20				2011	
					120	
					272	
			1035		375	

6-42　规模以上工业废弃资源综合

地　区	能源消费量(吨标准煤)	煤炭(吨)	焦炭(吨)	煤气(万立方米)	汽油(吨)
南宁市					
柳州市	1771				2
桂林市					
梧州市	750				
北海市					
防城港市	3456	4098			
钦州市	145				
贵港市					
玉林市	7				
百色市					
贺州市	379				36
河池市					
来宾市	857				
崇左市					

6-43　规模以上工业金属制品、机械和

地　区	能源消费量(吨标准煤)	煤炭(吨)	焦炭(吨)	煤气(万立方米)	汽油(吨)
南宁市	3				
柳州市	6				
桂林市					
梧州市					
北海市	49				
防城港市					
钦州市					
贵港市					
玉林市					
百色市					
贺州市					
河池市					
来宾市					
崇左市					

利用业分地区能源品种消费

煤油(吨)	柴油(吨)	燃料油(吨)	液化石油气(吨)	天然气(万立方米)	电力(万千瓦时)	生物质废料(吨)
	14				1418	
	69				532	
					38	
					118	
					6	
					378	
					697	

设备修理业分地区能源品种消费

煤油(吨)	柴油(吨)	燃料油(吨)	液化石油气(吨)	天然气(万立方米)	电力(万千瓦时)	生物质废料(吨)
					2	
					5	
					46	

6-44 规模以上工业电力、热力生产和

地区	能源消费量(吨标准煤)	煤炭(吨)	焦炭(吨)	煤气(万立方米)	汽油(吨)
南宁市	1182239	2522789			892
柳州市	1038338	1745605		21930	595
桂林市	696196	1286001			825
梧州市	27106				698
北海市	656902	1411816			303
防城港市	1113698	3027227			
钦州市	1137563	2624444			264
贵港市	1066560	2509216			340
玉林市	71103				277
百色市	660766	2053592			853
贺州市	1908486	4413772			298
河池市	27960				939
来宾市	2737675	6200799			637
崇左市	51193				325

6-45 规模以上工业燃气生产和

地区	能源消费量(吨标准煤)	煤炭(吨)	焦炭(吨)	煤气(万立方米)	汽油(吨)
南宁市	193				51
柳州市	1488				54
桂林市	136				21
梧州市	5				
北海市	2208				
防城港市	182				
钦州市	8				
贵港市					
玉林市	15				
百色市	15				
贺州市					
河池市					
来宾市					
崇左市					

供应业分地区能源品种消费

煤油（吨）	柴油（吨）	燃料油（吨）	液化石油气（吨）	天然气（万立方米）	电力（万千瓦时）	生物质废料（吨）
	509				120654	
	1575	228			156370	233
	1380				91935	
	259				21389	
	423				41577	
	336				74257	
	253				55843	
	104	883			77282	
	205				26731	270000
	885				43568	
	634				62471	
	422				21987	
	3764				149126	
	104				22389	295094

供应业分地区能源品种消费

煤油（吨）	柴油（吨）	燃料油（吨）	液化石油气（吨）	天然气（万立方米）	电力（万千瓦时）	生物质废料（吨）
	15		3	0	97	
	9				134	
	0				110	
					4	
					415	
					332	
					10	
					17	
					12	

6-46 规模以上工业水的生产和

地　区	能源消费量（吨标准煤）	煤炭（吨）	焦炭（吨）	煤气（万立方米）	汽油（吨）
南宁市	23442				252
柳州市	5113				42
桂林市	3950				98
梧州市	3379				201
北海市	2197				35
防城港市	2730				104
钦州市	1922				55
贵港市	2814				31
玉林市	1243				
百色市	1136				36
贺州市	1036				13
河池市	973				22
来宾市	3387				21
崇左市					

供应业分地区能源品种消费

煤油 (吨)	柴油 (吨)	燃料油 (吨)	液化石油气 (吨)	天然气 (万立方米)	电力 (万千瓦时)	生物质废料 (吨)
	130				18623	
	21				4225	
	19				3125	
	199				2289	
	10				1788	
	10				2226	
	26				1541	
	3				2250	
					1028	
	15				881	
					827	
	28				731	
					2785	

6-47 规模以上工业分行业用水情况

单位：万立方米

行业名称	取水量				外供水量
		地表水	地下水	自来水	
工业企业	**240173**	**197585**	**18120**	**20795**	**124336**
采矿业	**3601**	**2496**	**603**	**395**	**0**
煤炭开采和洗选业	263	45	2	214	
石油和天然气开采业	2			1	
黑色金属矿采选业	719	629	51	18	0
有色金属矿采选业	1978	1301	512	85	0
非金属矿采选业	639	521	37	77	
开采辅助活动	0	0			
其他采矿业					
制造业	**91940**	**65969**	**7776**	**17560**	**4641**
农副食品加工业	13694	10253	1556	1744	553
食品制造业	2211	558	282	1372	8
酒、饮料和精制茶制造业	5407	2043	1074	2278	664
烟草制品业	75			75	
纺织业	1474	507	369	546	0
纺织服装、服饰业	96	16	2	78	
皮革、毛皮、羽毛及其制品和制鞋业	357	32	92	232	0
木材加工和木、竹、藤、棕、草制品业	1200	210	287	695	5
家具制造业	109	29	8	72	
造纸和纸制品业	16363	15321	653	300	373
印刷和记录媒介复制业	124	43	3	78	
文教、工美、体育和娱乐用品制造业	90	1	13	75	1
石油加工、炼焦和核燃料加工业	1028	487	8	478	
化学原料和化学制品制造业	12731	11152	343	1157	318
医药制造业	1364	187	115	1062	
化学纤维制造业					
橡胶和塑料制品业	536	145	105	285	
非金属矿物制品业	10075	6828	1525	1643	8
黑色金属冶炼和压延加工业	10372	8921	215	1179	1926
有色金属冶炼和压延加工业	10077	8517	684	828	544
金属制品业	303	18	8	277	
通用设备制造业	401	3	45	353	1
专用设备制造业	508	66	107	333	1
汽车制造业	1719	15	46	1655	234
铁路、船舶、航空航天和其他运输设备制造业	276	33	188	55	1
电气机械和器材制造业	858	548	7	300	
计算机、通信和其他电子设备制造业	305	31	28	246	
仪器仪表制造业	31		8	23	
其他制造业	26		3	23	4
废弃资源综合利用业	129	5	0	118	
金属制品、机械和设备修理业	0		0	0	
电力、热力、燃气及水生产和供应业	**144632**	**129121**	**9742**	**2841**	**119695**
电力、热力生产和供应业	7133	5095	178	1766	506
燃气生产和供应业	13		0	12	
水的生产和供应业	137486	124026	9564	1064	119189

6-48　规模以上工业分地区用水情况

单位：万立方米

地　　区	取水量				外供水量
		地表水	地下水	自来水	
南宁市	57602.8	48738.6	4180.2	4552.7	35676.0
柳州市	34632.7	29740.5	922.6	3844.5	18778.7
桂林市	19300.9	15461.7	718.2	3067.7	12989.8
梧州市	15596.5	13717.2	464.5	1392.1	9904.6
北海市	7423.8	443.9	5644.1	1263.0	5081.1
防城港市	8719.4	7726.8	251.8	691.8	4796.2
钦州市	12076.0	10096.1	883.4	983.4	5455.7
贵港市	16371.9	12575.0	289.3	649.4	6255.1
玉林市	17536.2	15172.7	854.6	1496.5	9069.9
百色市	17998.7	16829.0	71.8	1085.8	5354.2
贺州市	7041.9	6203.7	304.0	530.4	2235.6
河池市	8443.4	4970.4	2810.6	604.6	3659.4
来宾市	11882.2	11175.9	175.2	421.6	4570.1
崇左市	5509.5	4733.9	550.2	174.5	509.3

6-49　规模以上工业煤炭开采和洗选业分地区用水情况

单位：万立方米

地　　区	取水量				外供水量
		地表水	地下水	自来水	
南宁市					
柳州市					
桂林市					
梧州市					
北海市					
防城港市	2.56			0.54	
钦州市	41.55	41.55			
贵港市					
玉林市					
百色市	193.20	0.37	1.20	191.64	
贺州市					
河池市	18.58	2.64	1.00	14.94	
来宾市	0.36	0.36			
崇左市	6.93			6.93	

6-50 规模以上工业石油和天然气开采业分地区用水情况

单位：万立方米

地　　区	取水量				外供水量
		地表水	地下水	自来水	
南宁市					
柳州市					
桂林市					
梧州市					
北海市	2.05			0.68	
防城港市					
钦州市					
贵港市					
玉林市					
百色市					
贺州市					
河池市					
来宾市					
崇左市					

6-51 规模以上工业黑色金属矿采选业分地区用水情况

单位：万立方米

地　　区	取水量				外供水量
		地表水	地下水	自来水	
南宁市	285.78	275.78			
柳州市	8.06	2.27	0.36	5.43	0.09
桂林市	2.55	2.55			
梧州市					
北海市					
防城港市	14.33	9.54	2.47	2.31	
钦州市	6.73	2.26	0.41	2.86	
贵港市	37.84	18.92	18.92		
玉林市	119.23	117.94	1.29		
百色市	2.78	0.02		2.76	
贺州市	49.42	49.06	0.36		
河池市	22.46	13.25			
来宾市	8.56	8.54		0.02	
崇左市	160.92	128.74	27.59	4.59	

6-52 规模以上工业有色金属矿采选业分地区用水情况

单位：万立方米

地 区	取水量				外供水量
		地表水	地下水	自来水	
南宁市	6.07	5.42			
柳州市	46.04	35.86	0.07	0.60	
桂林市	194.53	150.52	7.63	0.10	
梧州市	364.71	319.63	44.61	0.27	
北海市					
防城港市	14.73	0.76		8.47	
钦州市	59.81	56.10	0.08	1.59	
贵港市	135.92	4.52	101.73	29.67	
玉林市	19.68	9.98	9.10		
百色市	425.43	425.43			0.09
贺州市	380.34	187.81	190.00	2.53	
河池市	247.47	94.80	105.55	41.84	
来宾市	83.31	9.72	53.32		
崇左市					

6-53 规模以上工业非金属矿采选业分地区用水情况

单位：万立方米

地 区	取水量				外供水量
		地表水	地下水	自来水	
南宁市	9.19		1.04	4.36	
柳州市	0.07	0.06	0.01		
桂林市	88.13	73.55	2.04	12.48	
梧州市	8.60	4.80	3.08	0.71	
北海市	360.19	339.81	13.39	7.00	
防城港市	2.62	1.47	0.90	0.25	
钦州市					
贵港市	142.35	94.64	2.06	45.66	
玉林市	16.24	1.94	11.60	2.70	
百色市	2.08			2.08	
贺州市	3.16	2.65	0.11	0.40	
河池市	1.61	1.61			
来宾市	2.36	0.95	0.22	1.11	
崇左市	2.69		2.69		

6-54 规模以上工业开采辅助活动分地区用水情况

单位：万立方米

地　区	取水量	地表水	地下水	自来水	外供水量
南宁市					
柳州市					
桂林市					
梧州市	0.03	0.03			
北海市					
防城港市					
钦州市					
贵港市					
玉林市					
百色市					
贺州市					
河池市					
来宾市					
崇左市					

6-55 规模以上工业其他采矿业分地区用水情况

单位：万立方米

地　区	取水量	地表水	地下水	自来水	外供水量
南宁市					
柳州市					
桂林市					
梧州市					
北海市					
防城港市					
钦州市					
贵港市					
玉林市					
百色市					
贺州市					
河池市					
来宾市					
崇左市					

6-56　规模以上工业农副食品加工业分地区用水情况

单位：万立方米

地　区	取水量				外供水量
		地表水	地下水	自来水	
南宁市	4717.08	3341.04	791.86	535.17	83.93
柳州市	1160.52	1059.70	68.27	32.55	
桂林市	163.55	66.52	24.66	72.34	
梧州市	246.32		4.29	242.02	
北海市	380.95	80.50	145.20	151.46	
防城港市	628.05	331.56	0.55	295.93	
钦州市	664.53	446.27	30.41	173.60	1.40
贵港市	1777.37	1606.55	60.47	110.36	322.45
玉林市	275.09	146.38	85.67	43.04	
百色市	340.72	304.04	13.13	23.55	
贺州市	13.35	6.79		6.56	
河池市	337.95	268.69	42.49	26.77	37.07
来宾市	1468.07	1414.02	25.15	6.38	52.79
崇左市	1520.37	1181.12	264.27	24.60	55.14

6-57　规模以上工业食品制造业分地区用水情况

单位：万立方米

地　区	取水量				外供水量
		地表水	地下水	自来水	
南宁市	328.49		2.96	325.52	
柳州市	317.52	0.70	0.35	316.47	0.45
桂林市	215.81	3.00	121.35	91.45	
梧州市	31.10		1.39	29.72	
北海市	9.08		1.20	7.88	
防城港市	18.04			18.04	
钦州市	24.57		0.93	23.64	
贵港市	50.65	0.10	22.63	27.92	8.01
玉林市	272.70	65.62	72.18	134.91	
百色市	0.78			0.78	
贺州市	187.36	18.20	58.72	110.43	
河池市	8.01			8.01	
来宾市	243.93			243.93	
崇左市	503.45	469.90		33.55	

6-58 规模以上工业酒、饮料和精制茶制造业分地区用水情况

单位：万立方米

地区	取水量	地表水	地下水	自来水	外供水量
南宁市	1181.77	803.40	25.80	341.64	23.16
柳州市	32.38	2.72	2.05	27.61	5.32
桂林市	1646.97	29.58	54.85	1562.54	620.96
梧州市	37.31			37.31	
北海市	61.55		49.80	11.75	
防城港市	160.94	54.30	45.81	60.83	
钦州市	813.32		768.00	45.32	
贵港市	881.97	869.50	0.12	12.35	
玉林市	164.09		13.13	150.97	
百色市	2.08	1.29		0.38	
贺州市	33.08	32.62	0.22	0.25	
河池市	82.68	39.32	25.57	17.46	14.61
来宾市	161.26	160.94		0.32	
崇左市	147.68	49.09	89.08	9.51	

6-59 规模以上工业烟草制品业分地区用水情况

单位：万立方米

地区	取水量	地表水	地下水	自来水	外供水量
南宁市	46.98			46.98	
柳州市	23.67			23.67	
桂林市					
梧州市					
北海市					
防城港市					
钦州市					
贵港市					
玉林市					
百色市					
贺州市					
河池市					
来宾市					
崇左市					

6-60　规模以上工业纺织业分地区用水情况

单位：万立方米

地　区	取水量	地表水	地下水	自来水	外供水量
南宁市	327.16	55.95	63.59	207.62	0.27
柳州市	436.34	61.15	228.48	146.72	
桂林市	28.71	3.20	5.28	20.22	
梧州市	33.95	11.59	2.42	19.95	
北海市	24.84	13.79		11.05	
防城港市					
钦州市	74.07	22.46	0.92	0.69	
贵港市	22.42	4.32	1.62	16.47	
玉林市	52.21	19.46	1.28	31.46	
百色市	8.67	2.82		5.85	
贺州市	0.66	0.13	0.52		
河池市	351.45	229.05	54.24	65.98	
来宾市	112.59	82.72	10.02	19.70	
崇左市	0.81		0.71	0.09	

6-61　规模以上工业纺织服装、服饰业分地区用水情况

单位：万立方米

地　区	取水量	地表水	地下水	自来水	外供水量
南宁市	6.50			6.50	
柳州市	2.12			2.12	
桂林市	1.59			1.59	
梧州市	16.48	2.32		14.16	
北海市					
防城港市					
钦州市	4.99			4.99	
贵港市	41.74	13.24		28.51	
玉林市	19.61		1.87	17.67	
百色市					
贺州市	2.62			2.62	
河池市					
来宾市	0.12			0.12	
崇左市					

6-62 规模以上工业皮革、毛皮、羽毛及其制品和制鞋业分地区用水情况

单位：万立方米

地　区	取水量				外供水量
		地表水	地下水	自来水	
南宁市	17.00		1.44	15.56	
柳州市					
桂林市	1.00			1.00	
梧州市	11.37		2.46	8.91	
北海市	74.23		73.01	1.22	
防城港市					
钦州市	32.68	20.33	3.60	8.34	
贵港市	112.93		2.00	110.39	
玉林市	107.76	11.97	9.07	86.72	0.22
百色市					
贺州市	0.25			0.25	
河池市					
来宾市					
崇左市					

6-63 规模以上工业木材加工和木、竹、藤、棕、草制品业分地区用水情况

单位：万立方米

地　区	取水量				外供水量
		地表水	地下水	自来水	
南宁市	195.08		24.44	170.34	0.35
柳州市	102.47	3.24	35.01	62.50	
桂林市	118.08	11.57	23.09	80.02	
梧州市	210.14	30.88	63.67	115.59	
北海市	33.71	1.25	32.18	0.29	
防城港市	27.46	2.39	1.98	23.10	
钦州市	10.19	0.16	5.46	4.56	0.31
贵港市	126.01	96.49	5.58	23.94	
玉林市	165.33	32.50	56.40	74.95	0.29
百色市	53.29	1.81		51.48	
贺州市	63.01	7.03	10.92	45.06	4.26
河池市	51.80	14.68	20.43	16.20	
来宾市	26.09	8.01	3.05	15.04	
崇左市	17.04	0.31	5.15	11.58	

6-64　规模以上工业家具制造业分地区用水情况

单位：万立方米

地　区	取水量				外供水量
		地表水	地下水	自来水	
南宁市	6.87	0.03		6.84	
柳州市	19.09	1.30	1.53	16.26	
桂林市	65.41	20.43	4.35	40.63	
梧州市	12.01	6.00		6.02	
北海市					
防城港市	0.88			0.88	
钦州市	0.27		0.25	0.02	
贵港市					
玉林市	2.17		1.54	0.63	
百色市					
贺州市	0.75			0.75	
河池市	1.35	1.35			
来宾市	0.06			0.06	
崇左市					

6-65　规模以上工业造纸和纸制品业分地区用水情况

单位：万立方米

地　区	取水量				外供水量
		地表水	地下水	自来水	
南宁市	2956.70	2394.44	397.82	147.15	
柳州市	1114.43	1066.49	25.05	22.89	
桂林市	874.58	827.74		46.83	
梧州市	19.14	4.99	0.84	13.31	
北海市	1.77		0.21	1.56	
防城港市	191.31	7.35	183.96		
钦州市	2597.46	2594.75	2.52	0.20	
贵港市	656.07	638.23	0.52	1.98	
玉林市	557.52	516.90	33.25	7.37	
百色市	1694.08	1678.27		15.81	
贺州市	375.28	357.48		17.80	
河池市	448.21	448.21			
来宾市	2752.37	2686.04	9.00	1.28	
崇左市	2124.04	2100.13		23.91	372.92

6-66 规模以上工业印刷和记录媒介复制业分地区用水情况

单位：万立方米

地　区	取水量	地表水	地下水	自来水	外供水量
南宁市	75.65	43.14		32.52	
柳州市	2.08			2.08	
桂林市	20.00			20.00	
梧州市	1.21			1.21	
北海市					
防城港市					
钦州市					
贵港市					
玉林市	15.79		2.94	12.86	
百色市					
贺州市	9.41			9.41	
河池市					
来宾市					
崇左市					

6-67 规模以上工业文教、工美、体育和娱乐用品制造业分地区用水情况

单位：万立方米

地　区	取水量	地表水	地下水	自来水	外供水量
南宁市	3.20			3.20	
柳州市	9.68			9.68	
桂林市	0.74		0.74		
梧州市	13.79			13.79	
北海市	2.30			2.30	
防城港市	1.13			1.13	
钦州市	20.19		3.97	16.23	
贵港市	1.36			1.36	
玉林市	33.04	1.05	8.59	23.41	0.83
百色市					
贺州市	1.66			1.66	
河池市	2.65			2.65	
来宾市					
崇左市					

6-68　规模以上工业石油加工、炼焦和核燃料加工业分地区用水情况

单位：万立方米

地　区	取水量				外供水量
		地表水	地下水	自来水	
南宁市	1.17			1.17	
柳州市	2.97			2.97	
桂林市					
梧州市					
北海市	291.16			241.10	
防城港市					
钦州市	620.66	485.03		135.63	
贵港市					
玉林市	0.18			0.11	
百色市	106.43		8.15	93.68	
贺州市					
河池市					
来宾市					
崇左市	5.52	1.84		3.68	

6-69　规模以上工业化学原料和化学制品制造业分地区用水情况

单位：万立方米

地　区	取水量				外供水量
		地表水	地下水	自来水	
南宁市	1368.21	1032.77	96.98	231.62	1.32
柳州市	3965.30	3876.17	19.80	69.33	5.47
桂林市	143.75	41.30	31.00	68.94	
梧州市	2187.08	2013.28	8.02	145.00	
北海市	344.84	0.30	61.73	277.81	
防城港市	153.85	65.03	1.83	86.91	
钦州市	193.04	68.24	7.72	77.92	
贵港市	529.37	469.11	30.05	30.21	36.38
玉林市	701.26	652.55	15.13	31.66	
百色市	962.68	882.18		80.02	98.29
贺州市	19.74	3.21	1.07	14.75	
河池市	1762.38	1760.15	0.51	1.20	176.74
来宾市	136.39	110.94	3.11	21.66	
崇左市	262.75	176.37	66.28	20.10	0.01

6-70 规模以上工业医药制造业分地区用水情况

单位：万立方米

地　　区	取水量	地表水	地下水	自来水	外供水量
南宁市	405.84	137.72		268.12	
柳州市	79.51	1.37	32.66	45.47	
桂林市	407.73	10.89	6.78	390.06	
梧州市	107.20		4.77	102.42	
北海市	6.00	0.41		5.59	
防城港市	64.08	27.21		36.88	
钦州市	156.08		45.99	110.09	
贵港市	38.90		19.33	19.56	
玉林市	45.68	0.51	5.38	39.80	
百色市	13.90	9.37		4.52	
贺州市	7.15			7.15	
河池市	10.68			10.68	
来宾市	6.87			6.87	
崇左市	14.62			14.62	

6-71 规模以上工业化学纤维制造业分地区用水情况

单位：万立方米

地　　区	取水量	地表水	地下水	自来水	外供水量
南宁市					
柳州市					
桂林市					
梧州市					
北海市					
防城港市					
钦州市					
贵港市					
玉林市					
百色市					
贺州市					
河池市					
来宾市					
崇左市					

6-72　规模以上工业橡胶和塑料制品业分地区用水情况

单位：万立方米

地　　区	取水量				外供水量
		地表水	地下水	自来水	
南宁市	141.37	1.55	3.30	136.52	
柳州市	45.83	2.72	16.17	26.94	
桂林市	250.65	108.20	78.57	63.11	
梧州市	17.18		0.42	16.76	
北海市	0.43			0.43	
防城港市	6.50			6.50	
钦州市	39.72	28.46	2.39	8.86	
贵港市	1.97	0.05	0.10	1.82	
玉林市	14.25	0.68	3.90	9.68	
百色市	8.86	3.68		5.18	
贺州市	3.20		0.25	2.95	
河池市					
来宾市	2.17		0.39	1.77	
崇左市	4.02			4.02	

6-73　规模以上工业非金属矿物制品业分地区用水情况

单位：万立方米

地　　区	取水量				外供水量
		地表水	地下水	自来水	
南宁市	1587.73	713.12	387.74	478.15	
柳州市	660.88	377.24	143.41	132.28	6.80
桂林市	654.27	295.38	213.21	143.99	
梧州市	647.64	258.13	171.22	216.52	
北海市	42.53	7.01	16.88	18.08	
防城港市	163.03	103.98	8.09	37.79	0.22
钦州市	88.59	1.31	10.60	73.38	0.21
贵港市	1641.90	1564.22	15.74	52.78	0.52
玉林市	3996.23	3160.50	473.35	354.93	0.18
百色市	254.63	173.87	2.81	76.57	
贺州市	103.84	55.51	29.81	16.95	
河池市	78.08	25.27	21.58	18.01	
来宾市	117.00	64.11	23.02	21.07	
崇左市	38.44	28.06	7.94	2.23	

6-74 规模以上工业黑色金属冶炼和压延加工业分地区用水情况

单位：万立方米

地　区	取水量				外供水量
		地表水	地下水	自来水	
南宁市	44.76	10.24	0.02	34.50	
柳州市	5436.02	5390.30	12.38	33.34	1924.39
桂林市	375.24	309.59	36.12	21.04	
梧州市	103.95	27.89	7.83	68.23	1.13
北海市	447.30			435.30	0.21
防城港市	1139.42	1033.88	5.86	72.69	
钦州市	126.22	49.45	0.18	73.89	
贵港市	1111.72	1102.74	2.65	6.29	
玉林市	59.62		2.33	57.28	
百色市	339.45	186.70	45.37	102.18	
贺州市	281.47	36.98	11.85	231.20	
河池市	5.92	3.07	1.98	0.87	
来宾市	322.85	284.64	1.90	36.31	
崇左市	577.89	485.73	86.51	5.42	

6-75 规模以上工业有色金属冶炼和压延加工业分地区用水情况

单位：万立方米

地　区	取水量				外供水量
		地表水	地下水	自来水	
南宁市	139.79	4.80		114.99	
柳州市	73.77	3.00	18.10	52.06	
桂林市	60.43	17.96	31.63	10.83	
梧州市	148.80	13.20	60.11	75.50	
北海市					
防城港市	94.26	79.25		15.01	
钦州市	4.39	1.00		3.39	
贵港市	1.98		1.27	0.71	
玉林市	275.30	182.78	5.00	87.51	
百色市	7566.26	7212.82	1.10	352.29	409.70
贺州市	117.36	94.86		22.50	
河池市	1227.00	601.46	520.70	78.22	133.96
来宾市	367.58	305.83	45.99	14.75	
崇左市	0.07			0.07	

6-76　规模以上工业金属制品业分地区用水情况

单位：万立方米

地　区	取水量				外供水量
		地表水	地下水	自来水	
南宁市	81.76			81.75	
柳州市	70.90	11.92	1.15	57.83	
桂林市	73.69		4.95	68.74	
梧州市	31.45	5.88		25.57	
北海市	0.07			0.07	
防城港市	16.34	0.16		16.18	
钦州市	1.55	0.09		1.46	
贵港市	0.15		0.07	0.08	
玉林市	8.41	0.05	1.51	6.86	
百色市	18.14			18.14	
贺州市					
河池市					
来宾市					
崇左市	0.05		0.01	0.04	

6-77　规模以上工业通用设备制造业分地区用水情况

单位：万立方米

地　区	取水量				外供水量
		地表水	地下水	自来水	
南宁市	42.80		1.06	41.74	
柳州市	104.73		26.99	77.73	0.03
桂林市	42.36		9.23	33.14	
梧州市	33.41			33.41	
北海市	0.29			0.29	
防城港市	0.45			0.45	
钦州市					
贵港市	16.43			16.43	
玉林市	153.13	2.93	5.26	144.94	1.40
百色市	3.75			3.75	
贺州市					
河池市	3.30		2.20	1.10	
来宾市					
崇左市					

6-78 规模以上工业专用设备制造业分地区用水情况

单位：万立方米

地　区	取水量				外供水量
		地表水	地下水	自来水	
南宁市	83.40	1.21		82.19	
柳州市	190.52		86.30	102.87	0.22
桂林市	140.01	60.05	16.49	63.37	
梧州市	10.49	0.19		10.30	0.71
北海市	1.34		1.05	0.30	
防城港市	0.52			0.52	
钦州市	2.54			2.54	
贵港市	4.27		2.08	2.19	
玉林市	61.39	4.10	1.44	55.05	
百色市	11.85			11.85	
贺州市					
河池市	2.03			2.03	
来宾市					
崇左市					

6-79 规模以上工业汽车制造业分地区用水情况

单位：万立方米

地　区	取水量				外供水量
		地表水	地下水	自来水	
南宁市	20.79			20.79	
柳州市	1514.30	5.02	14.16	1491.70	233.77
桂林市	92.34		15.63	76.71	
梧州市					
北海市	4.13	0.84	1.04	2.25	
防城港市					
钦州市					
贵港市	0.64	0.64			
玉林市	86.95	8.90	15.13	62.92	
百色市	0.03			0.03	
贺州市					
河池市					
来宾市	0.12			0.12	
崇左市					

6-80　规模以上工业铁路、船舶、航空航天和其他运输设备制造业分地区用水情况

单位：万立方米

地　区	取水量				外供水量
		地表水	地下水	自来水	
南宁市	2.74			2.74	
柳州市	204.63		182.74	21.89	1
桂林市	25.97		4.14	21.83	
梧州市	28.54	27.64		0.90	
北海市	0.26			0.26	
防城港市					
钦州市					
贵港市	13.24	5.23	1.55	6.46	
玉林市	0.92			0.92	
百色市					
贺州市					
河池市					
来宾市					
崇左市					

6-81　规模以上工业电气机械和器材制造业分地区用水情况

单位：万立方米

地　区	取水量				外供水量
		地表水	地下水	自来水	
南宁市	53.49		1.22	48.80	
柳州市	31.82	0.75	4.20	26.87	
桂林市	60.76			60.76	
梧州市	111.17			111.17	
北海市	25.96		0.20	25.76	
防城港市					
钦州市	3.33			3.33	
贵港市	7.72		0.80	6.91	
玉林市	8.04	0.59	0.25	7.20	
百色市					
贺州市	555.38	547.08		8.29	
河池市					
来宾市	0.50			0.50	
崇左市					

6-82 规模以上工业计算机、通信和其他电子设备制造业分地区用水情况

单位：万立方米

地　区	取水量				外供水量
		地表水	地下水	自来水	
南宁市	53.69			53.69	
柳州市	23.98	20.55		3.43	
桂林市	51.60	7.49	15.00	29.11	
梧州市	30.88	0.27		30.61	
北海市	49.81			49.81	
防城港市					
钦州市	33.09			33.09	
贵港市	6.24			6.24	
玉林市	51.99	2.91	12.55	36.52	
百色市	2.60			2.60	
贺州市					
河池市					
来宾市					
崇左市	1.07			1.07	

6-83 规模以上工业仪器仪表制造业分地区用水情况

单位：万立方米

地　区	取水量				外供水量
		地表水	地下水	自来水	
南宁市	10.56			10.56	
柳州市	0.04			0.04	
桂林市	15.86		8.00	7.86	
梧州市	2.78			2.78	
北海市					
防城港市	1.53			1.53	
钦州市					
贵港市					
玉林市					
百色市					
贺州市					
河池市					
来宾市					
崇左市					

6-84　规模以上工业其他制造业分地区用水情况

单位：万立方米

地　　区	取水量				外供水量
		地表水	地下水	自来水	
南宁市	11.78			11.78	3.49
柳州市	0.32			0.32	
桂林市					
梧州市	6.95		2.98	3.96	
北海市					
防城港市					
钦州市					
贵港市					
玉林市					
百色市					
贺州市	7.31			7.31	0.30
河池市					
来宾市					
崇左市					

6-85　规模以上工业废弃资源综合利用业分地区用水情况

单位：万立方米

地　　区	取水量				外供水量
		地表水	地下水	自来水	
南宁市					
柳州市	118.89			111.99	
桂林市					
梧州市	6.27	0.82		5.45	
北海市					
防城港市	0.27		0.27		
钦州市	3.61	3.61			
贵港市					
玉林市	0.10			0.10	
百色市					
贺州市	0.18		0.12	0.05	
河池市					
来宾市	0.07	0.07			
崇左市					

6-86　规模以上工业金属制品、机械和设备修理业分地区用水情况

单位：万立方米

地　区	取水量	地表水	地下水	自来水	外供水量
南宁市	0.13			0.13	
柳州市	0.12			0.12	
桂林市					
梧州市					
北海市	0.23		0.23		
防城港市					
钦州市					
贵港市					
玉林市					
百色市					
贺州市					
河池市					
来宾市					
崇左市					

6-87　规模以上工业电力、热力生产和供应业分地区用水情况

单位：万立方米

地　区	取水量	地表水	地下水	自来水	外供水量
南宁市	222.99	181.40	0.07	41.10	
柳州市	1356.51	342.64	3.39	916.88	
桂林市	717.04	664.79	3.49	48.75	
梧州市	50.59	10.46	0.15	39.98	
北海市	173.84		165.13	8.72	
防城港市	188.52	185.44		3.08	
钦州市	177.64			177.64	
贵港市	92.31	0.57		91.00	
玉林市	33.23	13.80	5.48	13.95	
百色市	620.14	579.71	0.03	40.39	
贺州市	2028.66	2015.24	0.04	13.38	424.87
河池市	318.61	19.99		298.62	
来宾市	998.58	968.02		30.57	
崇左市	121.15	112.62		8.54	81.26

6-88 规模以上工业燃气生产和供应业分地区用水情况

单位：万立方米

地区	取水量	地表水	地下水	自来水	外供水量
南宁市	3.26			3.26	
柳州市	1.92			1.92	
桂林市	0.72			0.72	
梧州市	0.39			0.39	
北海市	2.06			2.06	
防城港市	4.07		0.03	2.75	
钦州市	0.12			0.12	
贵港市					
玉林市	0.21			0.21	
百色市	0.23			0.23	
贺州市					
河池市					
来宾市					
崇左市					

6-89 规模以上工业水的生产和供应业分地区用水情况

单位：万立方米

地区	取水量	地表水	地下水	自来水	外供水量
南宁市	43163.07	39736.54	2380.84	1045.69	35563.50
柳州市	17475.32	17475.32			16601.55
桂林市	12766.85	12757.34		9.52	12368.87
梧州市	11065.54	10979.18	86.22	0.14	9902.76
北海市	5082.83		5082.83		5080.84
防城港市	5824.48	5824.48			4795.99
钦州市	6275.00	6275.00			5453.78
贵港市	8918.39	6085.96		0.16	5887.79
玉林市	10218.86	10218.70		0.16	9067.02
百色市	5366.58	5366.58			4846.15
贺州市	2797.24	2789.08		8.16	1806.18
河池市	3461.17	1446.85	2014.32		3297.06
来宾市	5071.00	5071.00			4517.35
崇左市					

附　录

主要统计指标解释

主要统计指标解释

从业人员期末人数 指报告期末最后一日24时在本单位 工作，并取得工资或其他形式劳动报酬的人员数。该指标为时点指标，不包括最后一日当天及以前已经与单位解除劳动合同关系的人员，是在岗职工、劳务派遣人员及其他从业人员之和。

营业收入 指企业经营主要业务和其他业务所确认的收入总额。营业收入合计包括“主营业务收入”和“其他业务收入”。根据会计“利润表”中“营业收入”项目的本期金额数填报。

主营业务收入 指企业确认的销售商品、提供劳务等主营业务的收入。根据会计“主营业务收入”科目的期末贷方余额（结转前）填报。执行2006年《企业会计准则》的企业，如未设置该科目，以“营业收入”代替填报。

营业税金及附加 指企业因从事生产经营活动按税法规定缴纳的应从经营收入中抵扣的税金和附加，包括营业税、消费税、城市维护建设税、教育费附加等。根据会计“利润表”中“营业税金及附加”项目的本期金额数填报。

主营业务税金及附加 指企业经营主要业务应负担的营业税、消费税、城市维护建设税、教育费附加等。根据会计“主营业务税金及附加”科目的期末借方余额（结转前）填报。执行2006年《企业会计准则》的企业，如未设置该科目，以“营业税金及附加”代替填报。

资产总计 指企业过去的交易或者事项形成的、由企业拥有或者控制的、预期会给企业带来经济利益的资源。资产一般按流动性（资产的变现或耗用时间长短）分为流动资产和非流动资产。其中流动资产可分为货币资金、交易性金融资产、应收票据、应收账款、预付款项、其他应收款、存货等；非流动资产可分为长期股权投资、固定资产、无形资产及其他非流动资产等。根据会计“资产负债表”中“资产总计”项目的期末余额数填报。

实收资本 指企业各投资者实际投入的资本（或股本）总额，包括货币、实物、无形资产等各种形式的投入。实收资本按投资主体可分为国家资本、集体资本、法人资本、个人资本、港澳台资本和外商资本。根据会计“资产负债表”中“所有者权益”项下“实收资本”的期末余额数填报。

住宿和餐饮业年末餐饮营业面积 指住宿和餐饮业企业对外提供餐饮服务的就餐面积和从事食品加工、烹饪、调制的厨房面积，不包括办公用房和仓库等面积。按年末实有建筑面积统计。本指标应与餐费收入统计相匹配。

项目 指房地产开发企业，按照城市建设规划要求，立项审批（备案）并取得《施工许可证》后，在依法取得土地使用权的土地上开发的楼盘或小区工程。包括前期准备、设计、施工建设、收尾移交和销售或出租等阶段的全部过程。项目划分原则上以《国有土地使用证》为准，项目分期开发的，每一期工程作为一个项目填报。对于联建项目（两个或两个以上企业联合开发的项目），由获得土地使用权的企业上报。

计划总投资 指在建的建设工程按照总体设计（或按设计概算或预算）规定的内容全部建成计划需要的总投资。

自开始建设累计完成投资 指房地产开发企业在建的房屋建设工程或正在开发的土地开发工程从开始建设到本期止累计完成的全部投资。其计算范围原则上应与“计划总投资”指标包括的工程内容相一致。

报告期以前已建成投产或停、缓建工程完成的投资以及拆除、报废工程的投资，仍应包括在内。但转出的“在建工程”累计投资应予以扣除，转入的“在建工程”以前年度完成的投资应当包括。

完成投资 指各种登记注册类型的房地产开发法人单位统一开发的包括统代建、拆迁还建的住宅、厂房、仓库、饭店、宾馆、度假村、写字楼、办公楼等房屋建筑物，配套的服务设施，土地开发工程（如道路、给水、排水、供电、供热、通讯、平整场地等基础设施工程）和土地购置的投资；不包括单纯的土地开发和交易活动。

建筑工程 指各种房屋、建筑物的建造工程，又称建筑工作量。这部分投资额必须兴工动料，通过施工活动才能实现。

安装工程 指各种设备、装置的安装工程，又称安装工作量。

设备工器具购置 指报告期内购置或自制的，达到固定资产标准的设备、工具、器具的价值。

（1）设备：指各种生产设备、传导设备、动力设备、运输设备等。分为需要安装的设备和不需要安装的设备两种。

需要安装的设备（简称"需安设备"）：是指必须将其整体或几个部位装配起来，安装在基础上或建筑物支架上才能使用的设备。如轧钢机、发电机、蒸汽锅炉、变压器、塔、换热器、各种泵、机床等。有的设备虽不要基础，但必须进行组装工作，并在一定范围内使用，如生产用电铲、塔吊、门吊、皮带运输机等也作为需要安装的设备统计。

不需要安装的设备（简称"不需安设备"）：指不必固定在一定位置或支架上就可以使用的各种设备，如电焊机、叉车、汽车、机车、飞机、船舶以及生产上流动使用的空压机、泵等。

（2）工具、器具：是指具有独立用途的各种生产用具、工作工具和仪器。如生产和维修用的切削工具、压延工具、铆焊工具、模压器、铸型、风镐等，检验、实验测量用的各种计量、分析、化验仪器，以及达到固定资产标准的包装容器等。

其他费用 指在固定资产建造和购置过程中发生的，除建筑安装工程和设备、工器具购置投资完成额以外的费用，不指经营中财务上的其他费用。包括土地出让金、大市政费、四源费（煤、热、自来水、污水）、不可预见费、旧房屋购置，基本畜禽支出，林木支出，退耕退牧还林还草、土壤改良、城市绿化，办公生活用家具、器具购置，建设单位管理费，土地征用、购置及迁移补偿费，政府收费，勘察设计费，研究实验费，可行性研究费，临时设施费，施工机械转移费，设备检验费，负荷联合试车费，土地占用、使用费，建设期应付利息，包干结余，企业债券发行费，合同公证费及工程质量监测费，国外借款手续费及承诺费，汇兑损益，调整器材调拨价格折价，坏账损失，固定资产亏损及损失等。

旧建筑物购置费 指购置已使用过的各种旧房屋及其他建筑物，即对旧房屋及其他建筑物的赔偿费。

土地购置费 指房地产开发企业通过各种方式取得土地使用权而支付的费用。土地购置费包括：（1）通过划拨方式取得的土地使用权所支付的土地补偿费、附着物和青苗补偿费、安置补偿费及土地征收管理费等；（2）通过出让方式取得土地使用权所支付的出让金；（3）通过"招、拍、挂"方式取得土地使用权所支付的资金。以划拨和"招拍挂"方式取得土地所支付的资金在房地产项目竣工后计入新增固定资产，以出让方式取得土地所有权所支付的出让金不计入新增固定资产。土地购置费按当期实际发生额计入投资。土地购置费为分期付款的，应分期计入房地产开发投资。

投资额按工程用途分组：

（1）住宅：指专供居住的房屋，包括别墅、公寓、职工家属宿舍和集体宿舍（包括职工单身宿舍和学生宿舍）等。但不包括住宅楼中作为人防用、不住人的地下室等。住宅按照用途可以划分为经济适用住房和别墅、高档公寓等。按照户型结构可以划分为90平方米以下住房，144平方米以上住房等。

①90平方米及以下住房：指在房地产开发企业投资建设的商品住宅中，套型建筑面积不超过90平方米（包括90平方米）的住房。套型建筑面积是指单套住房的建筑面积，由套内建筑面积和分摊的共有建筑面积组成。现房应以商品房销售合同中实际测绘的建筑面积为统计标准，期房根据商品房预售合同中规划设计面积进行统计，待住宅竣工交付使用后，应根据实际测绘面积进行相应调整。

②144平方米以上住房：指在房地产开发企业投资建设的商品住宅中，套型建筑面积超过144平方米（不包括144平方米）的住房。现房应以商品房销售合同中实际测绘的建筑面积为统计标准，期房根据商品房预售合同中规划设计面积进行统计，待住宅竣工交付使用后，应根据实际测绘面积进行相应调整。

③别墅、高档公寓：指建筑造价和销售价格明显高于一般商品住宅的商品住宅。别墅一般指地处郊区，独立成栋的商品住宅；高档公寓一般指地处市内高档社区，高层或多层的商品住宅。别墅、高档公寓的确定标准：一是经有房地产投资计划审批权的主管部门审批建设的别墅、高档公寓开发项目；二是销售价格高于当地同等地段商品住宅平均销售价格一倍以上的别墅、公寓开发项目。该指标可以分析房地产投资结构，反映高收入家庭商品住宅的供求平衡情况。

（2）办公楼：指企业、事业、机关、团体、学校、医院等单位使用的各类办公用房（又称写字楼）。

（3）商业营业用房：指商业、粮食、供销、饮食服务业等部门对外营业的用房，如度假村、饭店、商店、门市部、粮店、书店、供销店、饮食店、菜店、加油站、日杂等房屋。

（4）其他：凡不属于上述各项用途的房屋建筑物，如中小学教学用房、托儿所、幼儿园、图书馆、体育馆等。

本年新增固定资产 指在报告期已经完成建造和开发过程并交付使用的房屋和土地开发面积的价值。指房地产开发公司进行开发经营活动的最终成果，即为社会提供的固定资产，而且是在报告期内新增加的。不是反映房地产开发企业本身固定资产的增加。

房屋施工面积 指报告期内施工的全部房屋建筑面积。包括本期新开工的房屋建筑面积、上期跨入本期继续施工的房屋建筑面积、上期停缓建在本期恢复施工的房屋建筑面积、本期竣工的房屋建筑面积以及本期施工后又停缓建的房屋建筑面积。多层建筑应填各层建筑面积之和。

房屋新开工面积 指报告期内新开工建设的房屋建筑面积，以单位工程为核算对象，即整栋房屋的全部建筑面积，不能分割计算。不包括在上期开工跨入报告期继续施工的房屋建筑面积和上期停缓建而在本期恢复施工的房屋建筑面积。房屋的开工应以房屋正式开始破土刨槽（地基处理或打永久桩）的日期为准。

房屋竣工面积 指报告期内房屋建筑按照设计要求已全部完工，达到住人和使用条件，经验收鉴定合格或达到竣工验收标准，可正式移交使用的各栋房屋建筑面积的总和。

竣工面积以房屋单位工程（栋）为核算对象，在整栋房屋符合竣工条件后按其全部建筑面积一次性计算，而不是按各栋施工房屋中已完成的部分或层次分割计算。

计算房屋竣工面积，要求严格执行房屋竣工验收标准。民用建筑一般应按设计要求在土建工程和房屋本身附属的水、电、卫（包括设计中有的煤气、暖气）工程已经完工，通风、电梯等设备已经安装完毕，做到水通、灯亮，经验收鉴定合格，并正式交付给使用单位后，才能计算竣工面积。工业及科研等生产性房屋建筑一般应按设计要求在土建工程（包括水、暖、电、卫、通风）及属于房屋组成部分的生活间、操作间等已经完成（不包括安装设备的基础工程），可以进行工艺设备和管线安装时，方可计算房屋竣工面积。

不可销售面积 指报告期房地产公司竣工的用于拆迁还建的房屋面积；接受委托、定向开发建设，并收取一定的管理费所建设的统建代建房屋竣工面积；竣工的学校、幼儿园、派出所、居委会、商店等公益设施建筑面积。

住宅竣工套数 指报告期内按照设计要求已全部完工，经验收合格，达到住人或使用条件的正式交给开发公司的成套住宅数量（以设计图纸为准）。

房屋竣工价值 指报告期内按规定已经上报竣工的房屋本身的建造价值。一般按房屋设计和预算规定的内容计算。包括竣工房屋本身的基础、结构、屋面、装修以及水、电、卫等附属工程的建筑价值；也包括作为房屋建筑组成部分而列入房屋建筑工程预算内的设备（如电梯、通风设备等）的购置和安装费用。不包括厂房内的工艺设备、工艺管线的购置和安装，工艺设备基础的建造；室外的水、暖、电、卫、道路工程、挡土墙等环境工程的费用；办公和生活用家具的购置等费用；购置土地的费用；迁移补偿费和场地平整的费用及城市建设配套投资。

房屋竣工价值不仅包括该竣工房屋在报告期内完成的价值，也包括跨年施工的房屋在本期以前完成的价值。未竣工而转让给其他单位的房屋建筑工程，出让单位不计算竣工价值，待接受单位继续施工并符合竣工条件后，由接受单位计算其竣工价值，包括出让单位在出让前所完成的价值。房屋竣工价值一般按结算价格（或中标价）计算。

房屋出租面积 指在报告期末房屋开发单位出租的商品房屋的全部面积。

商品房销售面积 指报告期内出售商品房屋的合同总面积（即双方签署的正式买卖合同中所确定的建筑面积）。本月销售面积指从本月1日起至本月最后一天止出售商品房屋的合同总面积。商品房销售面积由现房销售面积和期房销售面积两部分组成。

（1）现房销售面积：指在报告期内正式签订买卖合同、已经竣工达到入住条件的商品房屋建筑面积。包括以一次性付款方式和分期付款方式销售的现房建筑面积。

（2）期房销售面积：指在报告期内正式签订买卖合同、正在建设尚未竣工交付使用的商品房屋建筑面积。包括以一次性付款方式和分期付款方式销售的商品房屋建筑面积。期房销售建筑面积竣工后不再结转为现房销售建筑面积。

商品房销售额 指报告期内出售商品房屋的合同总价款（即双方签署的正式买卖合同中所确定的合同总价）。本月销售额指从本月1日起至本月最后一天止出售商品房屋的合同总价款。该指标与商品房销售面积同口径，由现房销售额和期房销售额两部分组成。

（1）现房销售额：指报告期内销售的已竣工商品房屋的合同总价款。包括现房销售前期预收的定金、预收款、首付款及全部按揭贷款的本金等款项。该指标与现房销售面积同口径。

（2）期房销售额：指报告期内销售的正在建设尚未竣工的商品房屋的合同总价款。包括预售房屋前期预收的定金、预收款、首付款及全部按揭贷款的本金等项。该指标与期房销售面积同口径。

商品住宅销售套数 指报告期内出售商品房屋合同中总的成套住宅数量（即双方签署的正式买卖合同中所确定的成套住宅数量）。由现房销售套数和期房销售套数两部分组成。

（1）现房销售套数：指报告期内销售的已竣工商品房屋合同中总的成套住宅数量。

（2）期房销售套数：指报告期内销售的正在建设尚未竣工的商品房屋合同中总的成套住宅数量。

待售面积 指报告期末已竣工的可供销售或出租的商品房屋建筑面积中，尚未销售或出租的商品房屋建筑面积，包括以前年度竣工和本期竣工的房屋面积，但不包括报告期已竣工的拆迁还建、统建代建、公共配套建筑、房地产公司自用及周转房等不可销售或出租的房屋面积。按照商品房待售时间的长短可以划分为待售一年以下、待售一到三年（含一年）和待售三年以上（含三年）。

项目个数 指报告期内，房地产开发企业正在开发的房地产项目个数之和。项目分期独立开发上报的，独立上报的每期各计为一个项目。

广西经济普查年鉴

Guangxi Economic Census Yearbook 2013

综合卷 | 下

广西壮族自治区人民政府第三次全国经济普查领导小组办公室　编

© 中国统计出版社 2015
版权所有。未经许可，本书的任何部分不得以任何方式在世界任何地区以任何文字翻印、拷贝、仿制或转载。

© 2015 China Statistics Press
All rights reserved. No part of the publication may be reproduced or transmitted in any form or by any means, electronic or mechanical, including photocopying, recording, or any information storage and retrieval system, without written permission from the publisher.

图书在版编目（CIP）数据

广西经济普查年鉴. 2013 / 广西壮族自治区第三次全国经济普查领导小组办公室编. -- 北京 : 中国统计出版社,2015.10
ISBN 978-7-5037-7687-8

Ⅰ. ①广… Ⅱ. ①广… Ⅲ. ①经济－普查－广西－2013－年鉴 Ⅳ. ①F127.67-54

中国版本图书馆 CIP 数据核字（2015）第 259610 号

广西经济普查年鉴—2013/综合卷（下）

作　　者/广西壮族自治区第三次全国经济普查领导小组办公室
责任编辑/赵淑焕
封面设计/黄俊杰　李雪燕
出版发行/中国统计出版社
通信地址/北京市丰台区西三环南路甲 6 号　邮政编码/100073
电　　话/邮购（010）63376909　书店（010）68783171
网　　址/http://www.zgtjcbs.com/
印　　刷/河北天普润印刷厂
经　　销/新华书店
开　　本/880mm×1230mm　1/16
字　　数/846 千字
印　　张/27
版　　别/2015 年 10 月第 1 版
版　　次/2015 年 10 月第 1 次印刷
定　　价/650.00 元（全四册附光盘）

本书附同版本 CD-ROM 一张，光盘内容以书面文字为准。
如有印装差错，由本社发行部调换。

编辑部

主　　编：唐　旭

副 主 编：（按姓名笔划排序）

叶志杰　付天德　李　勇　李国松　居　青　郑贵敏　周光辉

黄奉庆　程文胜　韩祖海

第二篇　小微企业情况

主任编辑：程文胜

副主任编辑：李子明　陈玉娟

编　　辑：陈竞成　钟　俊　李继彪　赵桂军　吕 琪　罗小彬　闭小燕

张　宗　焦　夕

第三篇　文化及相关产业情况

主任编辑：李国松

副主任编辑：李　雁

编　　辑：覃　民　付晓霞　陈立峰

编者说明

根据第三次全国经济普查成果汇编的《广西经济普查年鉴—2013》，全书共三卷四册。综合卷（上、下）、第二产业卷和第三产业卷，随书配送同版本光盘一张。

《综合卷》分上、下两册。上册为“法人单位基本情况”，下册是“小微企业情况”和“文化及相关产业情况”。《第二产业卷》一册三篇。第一篇“工业企业生产经营及财务状况”，第二篇“规模以上工业企业科技情况”，第三篇“建筑业企业生产经营及财务状况”。《第三产业卷》一册六篇。第一篇“批发和零售业基本情况及财务状况”，第二篇“住宿和餐饮业基本情况及财务状况”，第三篇“房地产开发经营业生产经营及财务状况”，第四篇“服务业企业财务状况”，第五篇“行政事业、社团及其他单位财务状况”，第六篇“能源生产及消费”。为方便读者使用，对年鉴资料有关情况说明如下:

一、第三次全国经济普查的标准时点为2013年12月31日，调查年度资料为2013年；

二、按照第三次全国经济普查实施办法，铁路运输业由铁道部统一组织实施，银行及其它金融业、证券业、保险业的财务状况由国家金融机构统一组织实施。因此，本年鉴综合卷未包括铁路运输及金融、证券、保险业数据；

三、建筑业资料按法人单位注册地，其他行业按法人单位经营地进行汇总；

四、部分数据由于单位取舍不同或四舍五入而产生的误差数未作调整；

五、表中空格表示该项指标数据不详或无该项数据，“#”表示其中项；

六、每篇后附有指标解释，使用时请仔细阅读。

广西第三次全国经济普查资料是全体普查工作者共同辛勤工作的重要成果，也是广大普查对象大力支持积极配合的结果。在此，我们向全区普查工作者、普查对象及参与和支持普查工作的人员表示衷心的感谢！

编辑部

二〇一五年九月

综合卷（下）　目录

第二篇　小微企业情况

第三篇　文化及相关产业情况

第2篇

小微企业情况

2-1 按行业（中类）、市分组的

行业	代码	法人单位数（个）	南宁市	柳州市	桂林市	梧州市
总计		**142638**	**38784**	**15714**	**18897**	**7785**
农、林、牧、渔业	**A**	**869**	**159**	**61**	**120**	**70**
农业	01	30	8	1		
谷物种植	011	1	1			
豆类、油料和薯类种植	012					
棉、麻、糖、烟草种植	013	6	1			
蔬菜、食用菌及园艺作物种植	014	5				
水果种植	015	8	4	1		
坚果、含油果、香料和饮料作物种植	016	6	1			
中药材种植	017					
其他农业	019	4	1			
林业	02	14	1	1	2	
林木育种和育苗	021	4				
造林和更新	022	4				
森林经营和管护	023	4	1	1	1	
木材和竹材采运	024	1			1	
林产品采集	025	1				
畜牧业	03	7				1
牲畜饲养	031	5				
家禽饲养	032	2				1
狩猎和捕捉动物	033					
其他畜牧业	039					
渔业	04	7	4			
水产养殖	041	6	4			
水产捕捞	042	1				
农、林、牧、渔服务业	05	811	146	59	118	69
农业服务业	051	583	120	50	98	55
林业服务业	052	110	16	3	11	4
畜牧服务业	053	59	4	5	6	8
渔业服务业	054	59	6	1	3	2
采矿业	**B**	**2929**	**275**	**210**	**464**	**208**
煤炭开采和洗选业	06	46		1	1	
烟煤和无烟煤开采洗选	061	23			1	
褐煤开采洗选	062	16				
其他煤炭采选	069	7		1		
石油和天然气开采业	07	3		1		
石油开采	071	2				
天然气开采	072	1		1		
黑色金属矿采选业	08	330	26	35	22	12
铁矿采选	081	128	12	24	9	7
锰矿、铬矿采选	082	125	8	1	10	
其他黑色金属矿采选	089	77	6	10	3	5
有色金属矿采选业	09	426	26	43	63	39
常用有色金属矿采选	091	345	16	42	53	35
贵金属矿采选	092	60	8	1	3	1
稀有稀土金属矿采选	093	21	2		7	3
非金属矿采选业	10	2007	203	125	353	147
土砂石开采	101	1723	169	109	261	136
化学矿开采	102	49			11	2
采盐	103	7	1		1	
石棉及其他非金属矿采选	109	228	33	16	80	9

小微企业法人单位数

北海市	防城港市	钦州市	贵港市	玉林市	百色市	贺州市	河池市	来宾市	崇左市
6188	**4130**	**5164**	**7432**	**13280**	**7637**	**3500**	**6190**	**4164**	**3773**
34	**21**	**46**	**50**	**94**	**56**	**32**	**40**	**45**	**41**
	1	3	1	3	5	2		3	3
		1						2	2
		1	1		3				
				1				1	1
		1		1	2	1			
	1			1		1			
	2	1		5	1			1	
	2			1				1	
				3	1				
		1							
				1					
			1	3		1	1		
			1	2		1	1		
				1					
1		1			1				
		1			1				
1									
33	18	41	48	83	49	29	39	41	38
14	8	19	43	41	34	18	30	29	24
2	5	10	2	26	8	3	5	4	11
2	1	4		5	6	7	2	7	2
15	4	8	3	11	1	1	2	1	1
37	**82**	**146**	**121**	**224**	**281**	**124**	**378**	**233**	**146**
	5	1			18		9	7	4
	3	1			4		8	4	2
	1				13				2
	1				1		1	3	
2									
2									
	13	46	18	23	36	13	27	26	33
	3	11	3	17	9	9	19		5
	4	17	14	3	21	2	6	20	19
	6	18	1	3	6	2	2	6	9
	8	24	17	16	48	9	80	45	8
	8	20	13	12	22	6	70	44	4
			4	3	25	1	10	1	3
		4		1	1	2			1
33	53	72	82	174	169	97	253	146	100
28	45	71	80	164	162	82	211	108	97
	1		2	2	1	1	2	27	
1	3	1							
4	4			8	6	14	40	11	3

2-1 续表 1

行业	代码	法人单位数（个）	南宁市	柳州市	桂林市	梧州市
开采辅助活动	11	29	5	1	11	2
煤炭开采和洗选辅助活动	111	4	1			
石油和天然气开采辅助活动	112	1	1			
其他开采辅助活动	119	24	3	1	11	2
其他采矿业	12	88	15	4	14	8
其他采矿业	120	88	15	4	14	8
制造业	**C**	**22911**	**4010**	**2822**	**3288**	**1184**
农副食品加工业	13	1677	413	93	215	46
谷物磨制	131	257	78	14	53	5
饲料加工	132	243	115	18	16	2
植物油加工	133	191	13	12	9	9
制糖业	134	30		2	5	1
屠宰及肉类加工	135	325	82	23	34	7
水产品加工	136	128	10	3	2	
蔬菜、水果和坚果加工	137	156	18	9	50	6
其他农副食品加工	139	347	97	12	46	16
食品制造业	14	1013	214	87	168	66
焙烤食品制造	141	404	73	32	35	31
糖果、巧克力及蜜饯制造	142	55	15	6	15	3
方便食品制造	143	172	40	17	39	9
乳制品制造	144	23	7	3		1
罐头食品制造	145	66	13	2	13	6
调味品、发酵制品制造	146	91	17	9	21	5
其他食品制造	149	202	49	18	45	11
酒、饮料和精制茶制造业	15	805	203	61	114	33
酒的制造	151	210	26	13	46	12
饮料制造	152	322	62	25	54	4
精制茶加工	153	273	115	23	14	17
烟草制品业	16	4			1	
烟叶复烤	161	1				
卷烟制造	162	3			1	
其他烟草制品制造	169					
纺织业	17	458	50	44	35	42
棉纺织及印染精加工	171	84	6	11	6	9
毛纺织及染整精加工	172	46	1	3	4	13
麻纺织及染整精加工	173	19	3	1		
丝绢纺织及印染精加工	174	99	14	11	8	5
化纤织造及印染精加工	175	6	2	1		
针织或钩针编织物及其制品制造	176	90	6	1	6	4
家用纺织制成品制造	177	79	9	12	9	11
非家用纺织制成品制造	178	35	9	4	2	
纺织服装、服饰业	18	674	71	47	54	28
机织服装制造	181	552	52	39	35	23
针织或钩针编织服装制造	182	44	8	3	6	2
服饰制造	183	78	11	5	13	3
皮革、毛皮、羽毛及其制品和制鞋业	19	360	55	9	20	17
皮革鞣制加工	191	42	17	1	1	2
皮革制品制造	192	141	14	2	6	12
毛皮鞣制及制品加工	193	19	6	1	3	
羽毛(绒)加工及制品制造	194	81	3	1	2	
制鞋业	195	77	15	4	8	3

北海市	防城港市	钦州市	贵港市	玉林市	百色市	贺州市	河池市	来宾市	崇左市
	1			2	3		2	1	1
	1						2		
				2	3			1	1
2	2	3	4	9	7	5	7	8	
2	2	3	4	9	7	5	7	8	
821	**491**	**1093**	**2089**	**3162**	**1173**	**594**	**972**	**716**	**496**
129	89	61	104	137	121	52	116	57	44
2	3	2	39	19	1	4	6	28	3
11	7	8	11	43	2	5	1	3	1
7	10	7	10	10	56	9	33	4	2
1	2	1		1	3	2	1	3	8
14	32	8	7	33	18	6	41	11	9
83	17	10		1	2				
2	1	12	2	14	17	16	5		4
9	17	13	35	16	22	10	29	8	17
99	19	76	51	102	25	23	34	24	25
65	6	46	18	50	10	6	14	8	10
2		3	1	3	2	3			2
5	5	10	10	12	5	6	6	6	2
1	1	1	2	4	1		1	1	
1	1	5	3	16	1	2	2		1
6	2	4	2	13		1	3	2	6
19	4	7	15	4	6	5	8	7	4
23	17	34	32	56	73	24	69	37	29
8	6	7	6	20	15	5	25	9	12
14	9	17	13	28	23	8	40	16	9
1	2	10	13	8	35	11	4	12	8
		1			1	1			
					1				
		1				1			
13	2	21	23	117	20	11	43	24	13
3		8	5	24	5	1	3	3	
				23		1	1		
3		4		3		1			4
2		1	2	3	8	5	28	11	1
		1	2						
		4	7	46	5	2	4	4	1
5	1	1	4	8	1	1	7	6	4
	1	2	3	10	1				3
10	2	20	81	307	19	12	7	15	1
10	2	13	66	270	15	9	5	12	1
		3	9	12	1				
		4	6	25	3	3	2	3	
9	8	26	94	102	8	3	3	4	2
2	3	3	4	7			2		
3	2	11	13	71	3	2		1	1
1	1	1	4		1		1		
3	1	5	61	4				1	
	1	6	12	20	4	1		2	1

2-1 续表 2

行　业	代码	法人单位数（个）	南宁市	柳州市	桂林市	梧州市
木材加工和木、竹、藤、棕、草制品业	20	3340	393	335	395	137
木材加工	201	1969	244	166	80	65
人造板制造	202	834	98	113	66	25
木制品制造	203	307	32	36	130	21
竹、藤、棕、草等制品制造	204	230	19	20	119	26
家具制造业	21	444	108	47	87	18
木质家具制造	211	339	78	29	62	16
竹、藤家具制造	212	14	2	2	7	
金属家具制造	213	26	10	3	5	
塑料家具制造	214	7		1	2	
其他家具制造	219	58	18	12	11	2
造纸和纸制品业	22	723	243	56	99	38
纸浆制造	221	16	2	1		
造纸	222	322	133	19	35	14
纸制品制造	223	385	108	36	64	24
印刷和记录媒介复制业	23	797	236	74	136	48
印刷	231	693	198	67	120	34
装订及印刷相关服务	232	101	36	7	16	14
记录媒介复制	233	3	2			
文教、工美、体育和娱乐用品制造业	24	617	81	31	73	40
文教办公用品制造	241	27	9		7	4
乐器制造	242	3	2			
工艺美术品制造	243	490	58	26	65	34
体育用品制造	244	14	4	4	1	
玩具制造	245	82	8	1		2
游艺器材及娱乐用品制造	246	1				
石油加工、炼焦和核燃料加工业	25	61	14	9	5	2
精炼石油产品制造	251	51	14	8	2	1
炼焦	252	7		1	1	1
核燃料加工	253	3			2	
化学原料和化学制品制造业	26	1317	259	121	162	83
基础化学原料制造	261	193	19	29	14	12
肥料制造	262	277	76	20	25	5
农药制造	263	63	16	2	13	
涂料、油墨、颜料及类似产品制造	264	127	36	20	17	9
合成材料制造	265	37	9	6	10	2
专用化学产品制造	266	310	61	29	40	29
炸药、火工及焰火产品制造	267	158	6		20	9
日用化学产品制造	268	152	36	15	23	17
医药制造业	27	368	99	20	66	16
化学药品原料药制造	271	31	7	1	9	3
化学药品制剂制造	272	37	12	3	10	
中药饮片加工	273	50	13	3	8	3
中成药生产	274	113	30	6	13	6
兽用药品制造	275	48	15	1	2	1
生物药品制造	276	47	13	3	11	2
卫生材料及医药用品制造	277	42	9	3	13	1

北海市	防城港市	钦州市	贵港市	玉林市	百色市	贺州市	河池市	来宾市	崇左市
44	73	153	994	299	120	52	180	93	72
26	51	75	775	140	90	24	135	61	37
10	15	62	203	130	16	19	26	28	23
7	4	12		17	12	5	18	3	10
1	3	4	16	12	2	4	1	1	2
8	24	18	12	76	8	9	12	11	6
6	22	15	7	64	8	8	11	8	5
	1			2					
	1	2		3		1		1	
1			1	2					
1		1	4	5			1	2	1
30	4	35	32	96	25	13	7	32	13
1	1	1		2	2	2		1	3
8	2	15	18	34	9	4	2	21	8
21	1	19	14	60	14	7	5	10	2
39	12	33	34	94	31	16	18	18	8
39	9	25	30	93	28	15	16	16	3
	3	8	4	1	3		2	2	5
						1			
16	8	54	16	212	18	12	48	3	5
1		4		1	1				
						1			
15	8	42	12	151	16	10	46	3	4
				4					1
		8	3	56	1	1	2		
			1						
4	3	8		2	11			2	1
4	2	8		2	7			2	1
	1				3				
					1				
70	65	83	75	169	56	32	41	44	57
1	17	15	16	11	19	10	11	11	8
18	9	11	18	31	13	4	16	9	22
2	2	3	6	14		1		1	3
3	4	5	3	17	4	4	1	3	1
			5	3		1			1
4	12	13	18	36	15	10	10	14	19
38	4	33	3	38	2	1	2	2	
4	17	3	6	19	3	1	1	4	3
19	7	23	20	53	15	2	8	11	9
3		2			2			1	3
2		4	1	4			1		
2	1	2	4	11	1			1	1
4	4	11	4	9	9	1	6	6	4
4		1	4	18	1			1	
3	1	2	6	1	1	1		2	1
1	1	1	1	10	1		1		

2-1 续表 3

行业	代码	法人单位数（个）	南宁市	柳州市	桂林市	梧州市
化学纤维制造业	28	8	1	2		3
纤维素纤维原料及纤维制造	281	5		2		2
合成纤维制造	282	3	1			1
橡胶和塑料制品业	29	824	196	114	162	29
橡胶制品业	291	123	18	31	39	4
塑料制品业	292	701	178	83	123	25
非金属矿物制品业	30	3805	515	305	502	168
水泥、石灰和石膏制造	301	445	45	51	41	6
石膏、水泥制品及类似制品制造	302	691	128	52	80	26
砖瓦、石材等建筑材料制造	303	2149	288	167	297	124
玻璃制造	304	35	12	2	2	2
玻璃制品制造	305	57	21	5	8	1
玻璃纤维和玻璃纤维增强塑料制品制造	306	27	3	3	2	3
陶瓷制品制造	307	136	5		3	3
耐火材料制品制造	308	32	8	6	1	
石墨及其他非金属矿物制品制造	309	233	5	19	68	3
黑色金属冶炼和压延加工业	31	530	38	76	116	34
炼铁	311	29	2			
炼钢	312	9	1	2	1	1
黑色金属铸造	313	212	19	46	39	23
钢压延加工	314	82	14	28	6	10
铁合金冶炼	315	198	2		70	
有色金属冶炼和压延加工业	32	281	25	42	14	23
常用有色金属冶炼	321	142	9	26	7	12
贵金属冶炼	322	9	2			
稀有稀土金属冶炼	323	16		4	1	
有色金属合金制造	324	13				4
有色金属铸造	325	7	2	2		
有色金属压延加工	326	94	12	10	6	7
金属制品业	33	957	218	152	153	37
结构性金属制品制造	331	371	98	52	44	16
金属工具制造	332	161	19	18	35	5
集装箱及金属包装容器制造	333	38	10	4	5	3
金属丝绳及其制品制造	334	27	6	9	4	1
建筑、安全用金属制品制造	335	94	40	16	13	2
金属表面处理及热处理加工	336	38	5	19	5	1
搪瓷制品制造	337	14	1	3	2	
金属制日用品制造	338	114	18	5	31	3
其他金属制品制造	339	100	21	26	14	6
通用设备制造业	34	759	100	280	152	48
锅炉及原动设备制造	341	69	13	12	2	15
金属加工机械制造	342	172	22	55	54	9
物料搬运设备制造	343	35	12	10	3	3
泵、阀门、压缩机及类似机械制造	344	61	4	27	17	2
轴承、齿轮和传动部件制造	345	27	3	8	7	
烘炉、风机、衡器、包装等设备制造	346	74	18	18	12	8
文化、办公用机械制造	347	5	1	2	2	
通用零部件制造	348	267	19	133	38	9
其他通用设备制造业	349	49	8	15	17	2
专用设备制造业	35	815	145	160	201	41
采矿、冶金、建筑专用设备制造	351	179	15	47	47	7

北海市	防城港市	钦州市	贵港市	玉林市	百色市	贺州市	河池市	来宾市	崇左市
1			1						
			1						
1									
22	19	38	47	122	25	19	9	10	12
4	3	3	10	8	1			2	
18	16	35	37	114	24	19	9	8	12
131	79	256	243	529	307	220	224	215	111
12	9	18	48	85	50	9	27	27	17
27	24	44	35	75	76	18	40	34	32
69	44	138	150	284	153	104	138	136	57
3		3	2	6			2	1	
1	1	1	2	11	1		3	1	1
4		1	1	4		1	5		
12	1	48	3	47	1	11		2	
		1	1	10	5				
3		2	1	7	21	77	9	14	4
5	8	30	31	49	65	10	19	14	35
		14	1	2	6	2	2		
1						1		1	1
		4	12	42	13	4	8	1	1
3	3	3	4	4	3	1	2	1	
1	5	9	14	1	43	2	7	11	33
3	3	8	10	24	64	11	32	14	8
1	1	6	4	6	25	6	25	10	4
			1		4		2		
					7	2	1		1
	1		1		2		2	1	2
			1		1			1	
2	1	2	3	18	25	3	2	2	1
14	10	32	78	116	62	19	25	17	24
4	4	14	22	26	42	11	15	11	12
	3	3	39	22	5	2	1	4	5
1	1	3	2	5	1	1		1	1
1		2		2		1	1		
1		1	6	5	5		3		2
2			2	2			1		1
				8					
3		4	3	36	5	1	2		3
2	2	5	4	10	4	3	2	1	
12	2	9	16	101	12	7	13	5	2
2			4	19	1		1		
1		1	4	15	2	2	6	1	
		2	2		2			1	
2	1			5		2		1	
		1		5		1	2		
5	1	3		5	1	1	1		1
1		2	6	48	4	1	3	2	1
1				4	2				
20	8	24	18	107	27	14	30	14	6
5	2	7	4	12	9	5	11	5	3

2-1 续表 4

行业	代码	法人单位数（个）	南宁市	柳州市	桂林市	梧州市
化工、木材、非金属加工专用设备制造	352	145	9	40	54	14
食品、饮料、烟草及饲料生产专用设备制造	353	57	13	6	6	4
印刷、制药、日化及日用品生产专用设备制造	354	55	11	7	11	5
纺织、服装和皮革加工专用设备制造	355	4	1	1		
电子和电工机械专用设备制造	356	35	10	5	10	2
农、林、牧、渔专用机械制造	357	197	36	22	35	7
医疗仪器设备及器械制造	358	57	22	9	19	
环保、社会公共服务及其他专用设备制造	359	86	28	23	19	2
汽车制造业	36	601	25	441	33	
汽车整车制造	361	5		3	1	
改装汽车制造	362	7	3	4		
低速载货汽车制造	363	1				
电车制造	364	4		1		
汽车车身、挂车制造	365	9	3	1	1	
汽车零部件及配件制造	366	575	19	432	31	
铁路、船舶、航空航天和其他运输设备制造业	37	144	22	31	14	14
铁路运输设备制造	371	23		22		
城市轨道交通设备制造	372					
船舶及相关装置制造	373	68	11	4	5	14
航空、航天器及设备制造	374	2			2	
摩托车制造	375	8	1	1		
自行车制造	376	32	8	1	1	
非公路休闲车及零配件制造	377	2		1	1	
潜水救捞及其他未列明运输设备制造	379	9	2	2	5	
电气机械和器材制造业	38	573	122	107	103	39
电机制造	381	70	7	10	14	4
输配电及控制设备制造	382	201	50	58	38	7
电线、电缆、光缆及电工器材制造	383	101	34	21	9	7
电池制造	384	25	2	1	3	5
家用电力器具制造	385	39	5	3	9	10
非电力家用器具制造	386	39	8	1	6	
照明器具制造	387	49	8	3	6	5
其他电气机械及器材制造	389	49	8	10	18	1
计算机、通信和其他电子设备制造业	39	398	78	12	85	46
计算机制造	391	42	6	1	7	3
通信设备制造	392	42	8	2	24	3
广播电视设备制造	393	10	2	2	3	1
雷达及配套设备制造	394	1				
视听设备制造	395	23	2		1	2
电子器件制造	396	34	9	2	13	1
电子元件制造	397	171	29	3	21	26
其他电子设备制造	399	75	22	2	16	10
仪器仪表制造业	40	95	20	8	41	12
通用仪器仪表制造	401	39	9	6	18	2
专用仪器仪表制造	402	17	6	1	8	1
钟表与计时仪器制造	403	8	1		1	1
光学仪器及眼镜制造	404	18			8	8
其他仪器仪表制造业	409	13	4	1	6	
其他制造业	41	167	43	16	38	11
日用杂品制造	411	42	8	1	12	6

北海市	防城港市	钦州市	贵港市	玉林市	百色市	贺州市	河池市	来宾市	崇左市
2	3	3	1	12	4	2		1	
5		3		16	2	1			1
3		4		8	2	3		1	
			1					1	
			1	2	1	1	2	1	
2	1	6	11	49	5	1	15	5	2
1	1			1	2	1	1		
2	1	1		7	2		1		
6		4	2	72	6		6	5	1
1									
1									
				3					
		1			3				
4		3	2	69	3		6	5	1
13	3	4	16	20			3	2	2
							1		
11	3	3	13				2	2	
1		1	3	1					
1				19					2
28	3	13	32	86	12	11	6	8	3
2			4	26	1	1		1	
15		4	4	16	4	3	1	1	
2	1	3	7	8	3	4		2	
		1	4	6		1	1		1
3		3	1	4				1	
1			5	12	4			2	
2	1	2	5	10		2	2	1	2
3	1		2	4			2		
39	5	15	15	63	19	4	4	10	3
18		2	2	2	1				
4					1				
			1					1	
					1				
7	1	1		2	4			2	1
	2		5					2	
6	1	10	5	52	7	2	3	4	2
4	1	2	2	7	5	2	1	1	
1	1	3	3	4	1	1			
		2		1	1				
			1						
		1	2	2					
	1					1			
1				1					
1	1	3	7	13	9	9	6	8	2
	1		2	4	2	4	2		

2-1 续表 5

行业	代码	法人单位数（个）	南宁市	柳州市	桂林市	梧州市
煤制品制造	412	18	1	2	7	1
核辐射加工	413	3	1		2	
其他未列明制造业	419	104	33	13	17	4
废弃资源综合利用业	42	181	8	23	19	57
金属废料和碎屑加工处理	421	111	1	10	6	53
非金属废料和碎屑加工处理	422	70	7	13	13	4
金属制品、机械和设备修理业	43	115	15	19	25	8
金属制品修理	431	4			1	1
通用设备修理	432	12	2	2	4	
专用设备修理	433	26	4	7	3	1
铁路、船舶、航空航天等运输设备修理	434	24		3	2	2
电气设备修理	435	9	1	1	2	
仪器仪表修理	436	6	1	1	3	
其他机械和设备修理业	439	34	7	5	10	4
电力、热力、燃气及水生产和供应业	D	**2413**	**127**	**159**	**800**	**155**
电力、热力生产和供应业	44	1750	59	107	726	100
电力生产	441	1653	55	98	704	94
电力供应	442	84	2	6	20	5
热力生产和供应	443	13	2	3	2	1
燃气生产和供应业	45	82	8	11	9	7
燃气生产和供应业	450	82	8	11	9	7
水的生产和供应业	46	581	60	41	65	48
自来水生产和供应	461	494	53	37	52	36
污水处理及其再生利用	462	69	6	3	11	7
其他水的处理、利用与分配	469	18	1	1	2	5
建筑业	E	**4440**	**1833**	**244**	**674**	**290**
房屋建筑业	47	826	270	51	84	52
房屋建筑业	470	826	270	51	84	52
土木工程建筑业	48	634	255	31	91	31
铁路、道路、隧道和桥梁工程建筑	481	199	90	6	25	4
水利和内河港口工程建筑	482	69	18	6	6	3
海洋工程建筑	483					
工矿工程建筑	484	36	16	4	1	3
架线和管道工程建筑	485	103	34	2	13	2
其他土木工程建筑	489	227	97	13	46	19
建筑安装业	49	594	261	32	97	59
电气安装	491	153	60	13	20	16
管道和设备安装	492	79	34	2	18	6
其他建筑安装业	499	362	167	17	59	37
建筑装饰和其他建筑业	50	2386	1047	130	402	148
建筑装饰业	501	1847	763	103	318	127
工程准备活动	502	119	31	5	29	6
提供施工设备服务	503	156	115	8	4	2
其他未列明建筑业	509	264	138	14	51	13
批发和零售业	F	**63073**	**17793**	**7464**	**7284**	**3991**
批发业	51	32922	10545	4456	3408	1697
农、林、牧产品批发	511	2916	524	160	279	238
食品、饮料及烟草制品批发	512	3391	1243	322	389	248
纺织、服装及家庭用品批发	513	2653	1288	311	242	88
文化、体育用品及器材批发	514	810	367	90	93	63

北海市	防城港市	钦州市	贵港市	玉林市	百色市	贺州市	河池市	来宾市	崇左市
		2	1	1				2	1
1		1	4	8	7	5	4	6	1
	15	4	1	23	6	5	5	13	2
	10	2	1	19	1	3	4	1	
	5	2		4	5	2	1	12	2
12	1	4	1	11	7	2	4	6	
								2	
		1		1	1		1		
1				7	2			1	
10	1	3			1			2	
1					1		2	1	
						1			
			1	3	2	1	1		
30	**45**	**61**	**67**	**260**	**189**	**199**	**134**	**97**	**90**
6	27	20	29	201	132	173	89	44	37
4	24	16	28	196	121	162	80	39	32
2	3	2		5	11	11	8	4	5
		2	1				1	1	
7	2	2	3	6	11	3	7	4	2
7	2	2	3	6	11	3	7	4	2
17	16	39	35	53	46	23	38	49	51
14	14	35	30	46	38	16	32	43	48
3	2	3	4	6	5	6	4	6	3
		1	1	1	3	1	2		
194	**96**	**152**	**147**	**140**	**217**	**113**	**128**	**119**	**93**
29	37	37	37	49	51	30	33	35	31
29	37	37	37	49	51	30	33	35	31
17	9	25	20	37	47	20	23	14	14
1	2	8	9	15	16	7	5	6	5
6	1	4	3	4	10	3	2		3
		2	1	1		4	3	1	
2	2	3	3	5	10	5	13	4	5
8	4	8	4	12	11	1		3	1
19	5	21	19	10	31	7	11	14	8
11	1	4	4	3	7	4	4	3	3
3	3	3	4		3		1	2	
5	1	14	11	7	21	3	6	9	5
129	45	69	71	44	88	56	61	56	40
104	31	52	61	25	79	53	51	46	34
10	5	9	2	9	2	3	2	4	2
4	3	2	3	4	2		7	1	1
11	6	6	5	6	5		1	5	3
2471	**1710**	**1935**	**2787**	**6133**	**3361**	**1573**	**2890**	**1835**	**1846**
1042	1097	860	1374	3140	1308	697	1234	1072	992
118	86	116	109	700	198	51	125	80	132
107	78	111	88	339	104	83	133	50	96
52	73	29	70	244	56	38	54	18	90
32	8	17	36	40	17	18	10	7	12

2-1 续表 6

行业	代码	法人单位数（个）	南宁市	柳州市	桂林市	梧州市
医药及医疗器材批发	515	1321	555	75	93	58
矿产品、建材及化工产品批发	516	12071	2899	1896	1586	559
机械设备、五金产品及电子产品批发	517	6992	3022	1416	480	235
贸易经纪与代理	518	1670	340	127	147	118
其他批发业	519	1098	307	59	99	90
零售业	52	30151	7248	3008	3876	2294
综合零售	521	2944	505	217	411	147
食品、饮料及烟草制品专门零售	522	3155	658	326	378	620
纺织、服装及日用品专门零售	523	2425	753	335	336	125
文化、体育用品及器材专门零售	524	1182	314	149	225	80
医药及医疗器材专门零售	525	7076	1191	565	1056	545
汽车、摩托车、燃料及零配件专门零售	526	3004	642	299	309	153
家用电器及电子产品专门零售	527	4020	1280	405	475	217
五金、家具及室内装饰材料专门零售	528	3442	783	445	363	227
货摊、无店铺及其他零售业	529	2903	1122	267	323	180
交通运输、仓储和邮政业	**G**	**4584**	**991**	**552**	**389**	**202**
铁路运输业	53					
道路运输业	54	2592	611	373	246	94
城市公共交通运输	541	238	31	18	31	12
公路旅客运输	542	280	41	10	54	16
道路货物运输	543	1872	505	334	138	53
道路运输辅助活动	544	202	34	11	23	13
水上运输业	55	396	59	27	29	34
水上旅客运输	551	46	2	3	25	1
水上货物运输	552	286	44	22	2	28
水上运输辅助活动	553	64	13	2	2	5
航空运输业	56	24	7	3	9	1
航空客货运输	561	13	5	2	5	
通用航空服务	562	8	1	1	4	
航空运输辅助活动	563	3	1			1
管道运输业	57					
管道运输业	570					
装卸搬运和运输代理业	58	947	184	70	49	54
装卸搬运	581	275	47	33	18	12
运输代理业	582	672	137	37	31	42
仓储业	59	446	93	61	34	8
谷物、棉花等农产品仓储	591	206	38	24	14	2
其他仓储业	599	240	55	37	20	6
邮政业	60	179	37	18	22	11
邮政基本服务	601	7	3	1	1	
快递服务	602	172	34	17	21	11

北海市	防城港市	钦州市	贵港市	玉林市	百色市	贺州市	河池市	来宾市	崇左市
22	14	55	132	192	49	21	19	12	24
436	456	358	524	857	599	331	580	694	296
116	260	114	194	298	200	105	191	106	255
114	83	37	48	402	37	18	38	90	71
45	39	23	173	68	48	32	84	15	16
1429	613	1075	1413	2993	2053	876	1656	763	854
111	103	139	149	449	287	49	184	109	84
110	66	86	90	332	159	42	157	65	66
58	44	59	63	340	107	21	93	41	50
60	15	31	40	124	48	21	32	18	25
441	83	243	581	279	654	451	529	163	295
128	78	192	144	353	241	112	185	81	87
136	85	161	131	419	210	84	226	78	113
156	107	121	121	493	216	52	166	91	101
229	32	43	94	204	131	44	84	117	33
223	**413**	**352**	**322**	**416**	**207**	**81**	**134**	**134**	**168**
89	134	178	144	299	124	58	76	73	93
14	9	9	8	20	16	9	24	12	25
11	14	7	21	35	22	11	16	10	12
56	106	152	103	195	73	32	30	41	54
8	5	10	12	49	13	6	6	10	2
29	43	15	110	5	9	5	2	26	3
5	3		1		1	1	1	1	2
20	31	12	93	4	6	4		20	
4	9	3	16	1	2		1	5	1
1	1	1			1				
	1								
1		1							
					1				
83	190	91	38	54	33	6	24	19	52
11	34	17	22	21	14	2	10	10	24
72	156	74	16	33	19	4	14	9	28
18	35	57	24	45	29	6	12	10	14
6	8	24	12	34	14	5	9	7	9
12	27	33	12	11	15	1	3	3	5
3	10	10	6	13	11	6	20	6	6
			1	1					
3	10	10	5	12	11	6	20	6	6

2-1 续表 7

行　　业	代码	法人单位数（个）	南宁市	柳州市	桂林市	梧州市
住宿和餐饮业	H	**3336**	**799**	**242**	**688**	**181**
住宿业	61	1628	361	101	366	57
旅游饭店	611	636	108	45	198	21
一般旅馆	612	822	216	40	127	27
其他住宿业	619	170	37	16	41	9
餐饮业	62	1708	438	141	322	124
正餐服务	621	1152	273	83	210	93
快餐服务	622	135	29	11	31	8
饮料及冷饮服务	623	131	39	11	23	9
其他餐饮业	629	290	97	36	58	14
信息传输、软件和信息技术服务业	I	**2078**	**988**	**274**	**324**	**75**
电信、广播电视和卫星传输服务	63	127	39	8	10	11
电信	631	108	35	8	8	9
广播电视传输服务	632	16	4		2	
卫星传输服务	633	3				2
互联网和相关服务	64	283	96	21	70	7
互联网接入及相关服务	641	32	16	3	5	
互联网信息服务	642	204	60	16	56	4
其他互联网服务	649	47	20	2	9	3
软件和信息技术服务业	65	1668	853	245	244	57
软件开发	651	861	402	164	129	20
信息系统集成服务	652	374	258	23	35	8
信息技术咨询服务	653	240	103	36	44	18
数据处理和存储服务	654	36	26	2	2	2
集成电路设计	655	7		2	3	
其他信息技术服务业	659	150	64	18	31	9
金融业	J					
房地产业	K	**7058**	**1898**	**777**	**894**	**387**
房地产业	70	7058	1898	777	894	387
房地产开发经营	701	3023	626	268	391	214
物业管理	702	1854	501	207	263	103
房地产中介服务	703	1727	604	250	184	56
自有房地产经营活动	704					
其他房地产业	709	454	167	52	56	14
租赁和商务服务业	L	**15919**	**6447**	**1609**	**2094**	**458**
租赁业	71	1003	237	109	137	20
机械设备租赁	711	954	223	103	129	18
文化及日用品出租	712	49	14	6	8	2
商务服务业	72	14916	6210	1500	1957	438
企业管理服务	721	4052	1885	383	408	53

北海市	防城港市	钦州市	贵港市	玉林市	百色市	贺州市	河池市	来宾市	崇左市
167	**107**	**115**	**145**	**287**	**232**	**52**	**177**	**73**	**71**
128	72	54	60	140	110	24	74	38	43
62	28	23	20	34	36	8	23	12	18
49	39	21	31	100	66	16	42	25	23
17	5	10	9	6	8		9	1	2
39	35	61	85	147	122	28	103	35	28
23	29	40	73	117	77	23	63	23	25
6		8	4	8	13	1	12	4	
2	5	4	4	8	14	1	8	2	1
8	1	9	4	14	18	3	20	6	2
77	**20**	**37**	**27**	**100**	**42**	**30**	**40**	**32**	**12**
4	4	4	1	16	5	8	8	6	3
3	3	4	1	14	5	6	5	4	3
	1			2		2	3	2	
1									
16	3	13	15	10	8	4	9	10	1
2		2	2	1	1				
12	3	9	11	7	6	2	8	9	1
2		2	2	2	1	2	1	1	
57	13	20	11	74	29	18	23	16	8
35	9	5	7	45	14	11	14	1	5
8	2	8	2	13	4	4	3	5	1
8	1	1	1	10	5		5	8	
				1	2	1			
1		1							
5	1	5	1	5	4	2	1	2	2
815	**317**	**257**	**281**	**461**	**278**	**124**	**206**	**201**	**162**
815	317	257	281	461	278	124	206	201	162
302	175	160	139	246	124	62	98	118	100
180	83	57	79	125	87	30	51	55	33
311	40	30	37	69	37	28	49	16	16
22	19	10	26	21	30	4	8	12	13
699	**473**	**399**	**640**	**957**	**822**	**249**	**447**	**302**	**323**
48	59	37	138	38	83	23	27	13	34
45	58	33	138	34	78	22	27	13	33
3	1	4		4	5	1			1
651	414	362	502	919	739	226	420	289	289
179	116	82	118	251	253	84	90	89	61

2-1 续表 8

行业	代码	法人单位数（个）	南宁市	柳州市	桂林市	梧州市
法律服务	722	124	45	12	17	7
咨询与调查	723	2801	1489	269	348	75
广告业	724	3412	1199	340	441	120
知识产权服务	725	54	36	6	4	1
人力资源服务	726	569	170	111	57	22
旅行社及相关服务	727	797	133	56	250	28
安全保护服务	728	198	49	22	30	10
其他商务服务业	729	2909	1204	301	402	122
科学研究和技术服务业	**M**	**4355**	**1611**	**406**	**680**	**174**
研究和试验发展	73	279	126	28	43	12
自然科学研究和试验发展	731	47	20	2	4	3
工程和技术研究和试验发展	732	92	44	20	9	6
农业科学研究和试验发展	733	92	31	6	19	3
医学研究和试验发展	734	46	31		9	
社会人文科学研究	735	2			2	
专业技术服务业	74	2779	828	249	477	109
气象服务	741	15	1		1	1
地震服务	742	1			1	
海洋服务	743	4				
测绘服务	744	165	48	18	15	14
质检技术服务	745	327	64	29	37	13
环境与生态监测	746	39	15	8	4	
地质勘查	747	68	34	1	14	2
工程技术	748	1344	429	96	221	35
其他专业技术服务业	749	816	237	97	184	44
科技推广和应用服务业	75	1297	657	129	160	53
技术推广服务	751	1026	543	106	101	27
科技中介服务	752	75	30	7	16	3
其他科技推广和应用服务业	759	196	84	16	43	23
水利、环境和公共设施管理业	**N**	**684**	**72**	**59**	**160**	**36**
水利管理业	76	69	13	1	12	3
防洪除涝设施管理	761	8			1	2
水资源管理	762	12	1		3	
天然水收集与分配	763	16	2		3	
水文服务	764	2	1		1	
其他水利管理业	769	31	9	1	4	1
生态保护和环境治理业	77	88	19	7	14	7
生态保护	771	15	2		1	2
环境治理业	772	73	17	7	13	5
公共设施管理业	78	527	40	51	134	26
市政设施管理	781	52	3	4	10	4

北海市	防城港市	钦州市	贵港市	玉林市	百色市	贺州市	河池市	来宾市	崇左市
2	1	7	4	11	4	2	4	5	3
77	49	37	68	183	72	30	54	30	20
185	88	125	135	269	228	46	96	55	85
			1	4		2			
17	16	13	17	42	48	10	12	19	15
47	48	16	23	36	32	19	56	20	33
3	9	9	5	12	13	3	15	7	11
141	87	73	131	111	89	30	93	64	61
246	**114**	**141**	**148**	**326**	**157**	**61**	**135**	**91**	**65**
26	8	4	3	9	9	3	8		
11	1	1	1		2	1	1		
4	2	1		3	2		1		
11	4	1	2	6	4	2	3		
	1	1			1		3		
179	90	122	107	225	116	42	101	76	58
		2	1	3	2		2	2	
1	1	1							1
10	6	6	2	9	13	2	6	8	8
10	15	15	15	21	28	8	33	19	20
3	1	2		2			3	1	
	1	4			5		5	1	1
112	52	62	48	149	51	19	31	26	13
43	14	30	41	41	17	13	21	19	15
41	16	15	38	92	32	16	26	15	7
31	14	13	34	76	29	14	19	13	6
4	1			8	3	1	1		1
6	1	2	4	8		1	6	2	
31	**42**	**30**	**38**	**48**	**57**	**23**	**40**	**18**	**30**
3	4	10	4	6	6	1	1	3	2
	1		1	1		1			1
2	1	2		1	2				
	1	4	1	2	2		1		
1	1	4	2	2	2			3	1
4	4	2	8	2	6	2	5	1	7
1			6		1	2			
3	4	2	2	2	5		5	1	7
24	34	18	26	40	45	20	34	14	21
4	4	6	2	5	3	4		1	2

2-1 续表 9

行业	代码	法人单位数（个）	南宁市	柳州市	桂林市	梧州市
环境卫生管理	782	48	5	4	6	2
城乡市容管理	783	2	1			
绿化管理	784	151	10	34	37	9
公园和游览景区管理	785	274	21	9	81	11
居民服务、修理和其他服务业	**O**	**3341**	**970**	**429**	**521**	**124**
居民服务业	79	1087	228	223	192	41
家庭服务	791	279	34	130	37	2
托儿所服务	792	2	1		1	
洗染服务	793	70	13	7	14	4
理发及美容服务	794	264	87	30	42	17
洗浴服务	795	37	6	4	13	2
保健服务	796	133	36	25	27	5
婚姻服务	797	77	39	12	4	1
殡葬服务	798	33	3	6	9	
其他居民服务业	799	192	9	9	45	10
机动车、电子产品和日用产品修理业	80	1449	410	154	221	56
汽车、摩托车修理与维护	801	1078	275	111	166	44
计算机和办公设备维修	802	125	49	15	17	7
家用电器修理	803	182	66	17	33	5
其他日用产品修理业	809	64	20	11	5	
其他服务业	81	805	332	52	108	27
清洁服务	811	360	99	32	41	21
其他未列明服务业	819	445	233	20	67	6
教育	**P**					
教育	82					
学前教育	821					
初等教育	822					
中等教育	823					
高等教育	824					
特殊教育	825					
技能培训、教育辅助及其他教育	829					
卫生和社会工作	**Q**	**18**	**5**		**6**	**1**
卫生	83					
医院	831					
社区医疗与卫生院	832					
门诊部(所)	833					
计划生育技术服务活动	834					
妇幼保健院(所、站)	835					
专科疾病防治院(所、站)	836					
疾病预防控制中心	837					
其他卫生活动	839					

北海市	防城港市	钦州市	贵港市	玉林市	百色市	贺州市	河池市	来宾市	崇左市
5	3	1	1	3	10	3	1	3	1
				1					
10	4	6	9	7	10	3	3	7	2
5	23	5	14	24	22	10	30	3	16
138	**92**	**140**	**146**	**270**	**208**	**40**	**132**	**64**	**67**
42	35	36	53	97	45	14	43	19	19
10	7	5	17	13	8	1	7	3	5
3	14	1	1	6	2	1	1	1	2
8	4	8	9	33	6		15		5
	1	2	2	2	1	3		1	
5		4	1	15	3	1	6	3	2
3	1	2	4	4	4		2		1
3		1	3	5	1	1		1	
10	8	13	16	19	20	7	12	10	4
49	36	70	61	129	111	17	62	36	37
35	32	61	49	97	93	16	47	27	25
7	2	3	2	6	3	1	7	4	2
5	1	4	6	16	12		5	4	8
2	1	2	4	10	3		3	1	2
47	21	34	32	44	52	9	27	9	11
29	11	19	18	26	35	4	12	6	7
18	10	15	14	18	17	5	15	3	4
1				**1**	**3**		**1**		

2-1 续表 10

行业	代码	法人单位数（个）	南宁市	柳州市	桂林市	梧州市
社会工作	84	18	5		6	1
提供住宿社会工作	841	11	4		4	1
不提供住宿社会工作	842	7	1		2	
文化、体育和娱乐业	**R**	**4630**	**806**	**406**	**511**	**249**
新闻和出版业	85	42	26	2	8	1
新闻业	851	3	1		1	
出版业	852	39	25	2	7	1
广播、电视、电影和影视录音制作业	86	212	78	16	40	10
广播	861	2			1	1
电视	862	1			1	
电影和影视节目制作	863	67	39	4	13	2
电影和影视节目发行	864	17	8	1	2	2
电影放映	865	115	28	9	22	4
录音制作	866	10	3	2	1	1
文化艺术业	87	225	63	31	56	6
文艺创作与表演	871	70	24	9	10	1
艺术表演场馆	872	9			5	
图书馆与档案馆	873	7	2	2	1	1
文物及非物质文化遗产保护	874	5	2	1	1	
博物馆	875	2			1	
烈士陵园、纪念馆	876					
群众文化活动	877	23	8	4	6	1
其他文化艺术业	879	109	27	15	32	3
体育	88	138	48	12	34	9
体育组织	881	17	6		5	1
体育场馆	882	25	4	4		3
休闲健身活动	883	74	31	5	22	4
其他体育	889	22	7	3	7	1
娱乐业	89	4013	591	345	373	223
室内娱乐活动	891	3923	577	337	342	220
游乐园	892	15	1	1	4	1
彩票活动	893					
文化、娱乐、体育经纪代理	894	32	10		12	2
其他娱乐业	899	43	3	7	15	
公共管理、社会保障和社会组织	**S**					

北海市	防城港市	钦州市	贵港市	玉林市	百色市	贺州市	河池市	来宾市	崇左市
1				1	3		1		
1					1				
				1	2		1		
204	**107**	**260**	**424**	**401**	**354**	**205**	**336**	**204**	**163**
2						1	1		1
1									
1						1	1		1
9	4	5	4	9	13	2	10	8	4
6		1	1				1		
2			1					1	
1	4	3	2	9	13	2	8	7	3
		1					1		1
17	5	3	8	12	5	6	6	5	2
6	1	1	1	10	1	1	2	3	
1		1	2						
							1		
	1								
1									
1				1	1		1		
8	3	1	5	1	3	5	2	2	2
4	3	6	2	13	3	3	1		
1		1	1	1		1			
1	1	2	1	7		2			
2	1	3		4	1		1		
	1			1	2				
172	95	246	410	367	333	193	318	191	156
156	94	245	408	364	330	192	313	190	155
1			1	3		1	2		
5					2			1	
10	1	1	1		1		3		1

2-2 按行业（中类）、市分组的

行业	代码	从业人员数（人）	南宁市	柳州市	桂林市	梧州市
总　计		**2331911**	**591849**	**258918**	**299223**	**125149**
农、林、牧、渔业	A	**19968**	**4069**	**608**	**1471**	**800**
农业	01	8534	2387	4		
谷物种植	011	26	26			
豆类、油料和薯类种植	012					
棉、麻、糖、烟草种植	013	2462	15			
蔬菜、食用菌及园艺作物种植	014	707				
水果种植	015	1292	1103	4		
坚果、含油果、香料和饮料作物种植	016	1829	1223			
中药材种植	017					
其他农业	019	2218	20			
林业	02	2610	71	14	22	
林木育种和育苗	021	866				
造林和更新	022	1153				
森林经营和管护	023	192	71	14	11	
木材和竹材采运	024	11			11	
林产品采集	025	388				
畜牧业	03	125				20
牲畜饲养	031	104				
家禽饲养	032	21				20
狩猎和捕捉动物	033					
其他畜牧业	039					
渔业	04	440	52			
水产养殖	041	77	52			
水产捕捞	042	363				
农、林、牧、渔服务业	05	8259	1559	590	1449	780
农业服务业	051	6282	1397	497	1267	502
林业服务业	052	929	95	15	79	38
畜牧服务业	053	750	44	73	84	225
渔业服务业	054	298	23	5	19	15
采矿业	B	**70345**	**6237**	**4026**	**11546**	**5120**
煤炭开采和洗选业	06	2781		8	32	
烟煤和无烟煤开采洗选	061	1874			32	
褐煤开采洗选	062	825				
其他煤炭采选	069	82		8		
石油和天然气开采业	07	135		12		
石油开采	071	123				
天然气开采	072	12		12		
黑色金属矿采选业	08	10387	680	1439	590	124
铁矿采选	081	4128	500	1095	176	64
锰矿、铬矿采选	082	4318	63	35	390	
其他黑色金属矿采选	089	1941	117	309	24	60
有色金属矿采选业	09	13653	750	665	2585	1059
常用有色金属矿采选	091	10701	334	664	1880	969
贵金属矿采选	092	1981	388	1	47	30
稀有稀土金属矿采选	093	971	28		658	60
非金属矿采选业	10	41345	4359	1882	7944	3657
土砂石开采	101	33111	3711	1728	5108	3312
化学矿开采	102	1942			383	130
采盐	103	876	14		36	
石棉及其他非金属矿采选	109	5416	634	154	2417	215

小微企业法人单位从业人员数

北海市	防城港市	钦州市	贵港市	玉林市	百色市	贺州市	河池市	来宾市	崇左市
88174	**70582**	**101450**	**150504**	**242362**	**121888**	**58710**	**93415**	**69616**	**60071**
543	**3013**	**678**	**458**	**2522**	**1713**	**388**	**278**	**1786**	**1641**
	2073	94	12	120	1066	183		1300	1295
		10						1280	1157
		80	12		615				
				27				20	138
		4		87	451	64			
	2073			6		119			
	808	96		1559	34			6	
	808			52				6	
				1119	34				
		96							
				388					
			1	79		8	17		
			1	78		8	17		
				1					
363		15			10				
		15			10				
363									
180	132	473	445	764	603	197	261	480	346
81	49	275	395	445	413	143	195	385	238
7	66	87	37	206	113	18	38	39	91
29	5	64		56	56	28	20	51	15
63	12	47	13	57	21	8	8	5	2
1855	**2313**	**4028**	**3826**	**7082**	**5742**	**4043**	**7265**	**3996**	**3266**
	87	1			1181		1128	66	278
	82	1			390		1113	12	244
	4				787				34
	1				4		15	54	
123									
123									
	481	1483	525	1158	1139	543	426	458	1341
	110	492	12	937	224	361	117		40
	126	644	489	32	867	92	303	400	877
	245	347	24	189	48	90	6	58	424
	419	1056	614	1539	1330	596	2092	804	144
	419	911	488	1238	734	312	1929	802	21
			126	280	588	260	163	2	96
		145		21	8	24			27
1720	1291	1413	2654	4319	1965	2800	3213	2628	1500
864	932	1384	2553	3924	1866	2247	2362	1646	1474
	30		101	276	38	25	140	819	
702	95	29							
154	234			119	61	528	711	163	26

2-2 续表 1

行业	代码	从业人员数(人)	南宁市	柳州市	桂林市	梧州市
开采辅助活动	11	918	238	1	158	78
煤炭开采和洗选辅助活动	111	531	200			
石油和天然气开采辅助活动	112	31	31			
其他开采辅助活动	119	356	7	1	158	78
其他采矿业	12	1126	210	19	237	202
其他采矿业	120	1126	210	19	237	202
制造业	**C**	**863260**	**164402**	**109790**	**109465**	**49459**
农副食品加工业	13	67650	20206	2583	9421	1598
谷物磨制	131	7423	2756	356	1485	18
饲料加工	132	14699	5731	881	1565	450
植物油加工	133	3404	388	312	285	118
制糖业	134	1985		146	434	
屠宰及肉类加工	135	12156	4884	505	1391	277
水产品加工	136	5434	261	7	43	
蔬菜、水果和坚果加工	137	6854	219	201	3017	53
其他农副食品加工	139	15695	5967	175	1201	682
食品制造业	14	29432	7601	3248	5567	1618
焙烤食品制造	141	6863	1739	651	972	546
糖果、巧克力及蜜饯制造	142	1976	642	240	474	73
方便食品制造	143	4811	1227	489	1128	78
乳制品制造	144	2356	893	434		30
罐头食品制造	145	3225	510	2	1001	466
调味品、发酵制品制造	146	2966	222	159	716	30
其他食品制造	149	7235	2368	1273	1276	395
酒、饮料和精制茶制造业	15	26809	7741	1689	3155	957
酒的制造	151	7413	972	643	1096	261
饮料制造	152	10118	3000	432	1510	27
精制茶加工	153	9278	3769	614	549	669
烟草制品业	16	75			6	
烟叶复烤	161	2				
卷烟制造	162	73			6	
其他烟草制品制造	169					
纺织业	17	24402	2078	2434	1186	1799
棉纺织及印染精加工	171	6445	185	706	59	481
毛纺织及染整精加工	172	1316	28	96	74	345
麻纺织及染整精加工	173	692	102	9		
丝绢纺织及印染精加工	174	10391	1354	1408	817	257
化纤织造及印染精加工	175	232	3	12		
针织或钩针编织物及其制品制造	176	2554	81	1	90	292
家用纺织制成品制造	177	1870	60	160	142	424
非家用纺织制成品制造	178	902	265	42	4	
纺织服装、服饰业	18	29490	2206	1456	2288	1302
机织服装制造	181	25203	1859	1178	1573	921
针织或钩针编织服装制造	182	2393	137	174	463	209
服饰制造	183	1894	210	104	252	172
皮革、毛皮、羽毛及其制品和制鞋业	19	14135	1445	107	841	1287
皮革鞣制加工	191	866	56	4	7	349
皮革制品制造	192	6801	787	33	626	914
毛皮鞣制及制品加工	193	363	89	3	16	
羽毛(绒)加工及制品制造	194	2188	45	26	55	
制鞋业	195	3917	468	41	137	24

北海市	防城港市	钦州市	贵港市	玉林市	百色市	贺州市	河池市	来宾市	崇左市
	30			13	88		301	8	3
	30						301		
				13	88			8	3
12	5	75	33	53	39	104	105	32	
12	5	75	33	53	39	104	105	32	
30495	**14723**	**45194**	**76288**	**126513**	**38047**	**22135**	**32893**	**24150**	**19706**
4825	2748	2735	5008	6345	3102	2743	2390	1704	2242
2	41	65	1196	555	1	54	42	793	59
473	356	581	1243	2809	7	492	5	102	4
80	197	366	197	64	767	68	516	37	9
3	175	238		1	209	14	299	108	358
261	146	537	614	1692	523	97	574	106	549
3454	1461	133		11	64				
6	8	240	85	177	734	1823	64		227
546	364	575	1673	1036	797	195	890	558	1036
1755	353	1753	1584	2399	433	488	659	583	1391
613	71	463	223	942	102	98	292	86	65
83		41	153	52	176	34			8
145	53	691	504	109	24	111	159	82	11
155	7	217	37	400	78		10	95	
175	15	191	181	418	6	105	66		89
125	17	30	21	297		1	15	168	1165
459	190	120	465	181	47	139	117	152	53
1209	448	1173	1410	1316	2329	1046	1920	874	1542
259	94	354	402	525	616	307	735	346	803
852	343	491	475	720	430	52	1135	192	459
98	11	328	533	71	1283	687	50	336	280
		4			2	63			
					2				
		4				63			
935	37	1063	2073	5257	786	355	3729	2091	579
175		653	470	3040	226	1	302	147	
				595		3	175		
78		120		129		71			183
172		13	350	255	479	256	3130	1893	7
		200	17						
		48	1070	838	63	16	14	31	10
510	2	15	35	190	10	8	108	20	186
	35	14	131	210	8				193
307	18	676	6088	14020	275	442	169	240	3
307	18	508	4994	12926	222	408	93	193	3
		25	903	454	28				
		143	191	640	25	34	76	47	
222	104	1008	3054	5122	133	248	57	377	130
90	32	88	140	93			7		
118	33	588	226	3040	68	228		60	80
4	30	7	142		22		50		
10	8	132	1807	103				2	
	1	193	739	1886	43	20		315	50

2-2 续表 2

行业	代码	从业人员数（人）	南宁市	柳州市	桂林市	梧州市
木材加工和木、竹、藤、棕、草制品业	20	129088	20068	13637	17248	5293
木材加工	201	45129	8964	3104	1572	1350
人造板制造	202	61906	9051	9238	3692	2496
木制品制造	203	11974	1009	921	7407	474
竹、藤、棕、草等制品制造	204	10079	1044	374	4577	973
家具制造业	21	12075	2274	1277	2851	287
木质家具制造	211	9550	1741	683	1880	272
竹、藤家具制造	212	404	27	11	332	
金属家具制造	213	333	77	78	71	
塑料家具制造	214	156		115	7	
其他家具制造	219	1632	429	390	561	15
造纸和纸制品业	22	28826	10523	1693	3353	1641
纸浆制造	221	645	163	50		
造纸	222	13071	4630	949	1186	683
纸制品制造	223	15110	5730	694	2167	958
印刷和记录媒介复制业	23	18445	6836	1245	3008	789
印刷	231	17016	6047	1202	2876	604
装订及印刷相关服务	232	1321	699	43	132	185
记录媒介复制	233	108	90			
文教、工美、体育和娱乐用品制造业	24	19879	1669	397	1286	1766
文教办公用品制造	241	474	75		123	204
乐器制造	242	21	6			
工艺美术品制造	243	13425	1113	249	893	1053
体育用品制造	244	915	71	132	270	
玩具制造	245	5032	404	16		509
游艺器材及娱乐用品制造	246	12				
石油加工、炼焦和核燃料加工业	25	2620	516	463	63	11
精炼石油产品制造	251	2225	516	443	18	1
炼焦	252	363		20	20	10
核燃料加工	253	32			25	
化学原料和化学制品制造业	26	52872	8435	4395	5129	5455
基础化学原料制造	261	7894	457	1504	461	652
肥料制造	262	8569	2220	744	760	67
农药制造	263	3312	967	220	812	
涂料、油墨、颜料及类似产品制造	264	3500	586	678	514	658
合成材料制造	265	925	197	104	152	52
专用化学产品制造	266	12682	2453	665	1415	2237
炸药、火工及焰火产品制造	267	11414	173		638	773
日用化学产品制造	268	4576	1382	480	377	1016
医药制造业	27	20318	6432	1471	3259	1714
化学药品原料药制造	271	1761	527	6	635	258
化学药品制剂制造	272	1714	417	175	749	
中药饮片加工	273	2303	860	127	195	133
中成药生产	274	9930	2713	1014	1129	1006
兽用药品制造	275	2130	704	12	44	182
生物药品制造	276	1299	650	80	254	17
卫生材料及医药用品制造	277	1181	561	57	253	118

北海市	防城港市	钦州市	贵港市	玉林市	百色市	贺州市	河池市	来宾市	崇左市
1370	2180	7784	27938	12084	4668	3048	7921	2987	2862
574	1235	1539	11785	3503	3118	1299	5273	1117	696
632	915	5615	14014	7904	1225	1459	1954	1816	1895
74	17	174		506	319	84	688	51	250
90	13	456	2139	171	6	206	6	3	21
209	1050	714	171	2358	99	267	298	179	41
177	1045	706	64	2228	99	199	292	131	33
	1			33					
	4	7		18		68		10	
30			1	3					
2		1	106	76			6	38	8
558	123	1610	1609	3328	1500	1177	138	1112	461
14	1	16		16	17	310		5	53
54	57	949	875	1372	731	204	57	951	373
490	65	645	734	1940	752	663	81	156	35
583	114	375	653	3676	297	348	289	185	47
583	97	268	614	3671	257	330	280	165	22
	17	107	39	5	40		9	20	25
						18			
329	164	2368	297	9448	192	592	1326	15	30
25		41		1	5				
						15			
304	164	1416	180	6323	174	282	1232	15	27
				439					3
		911	105	2685	13	295	94		
			12						
286	35	568		95	449			53	81
286	33	568		95	131			53	81
	2				311				
					7				
3525	1961	6693	3424	6099	1883	1189	1219	1653	1812
32	561	1090	748	410	674	295	237	581	192
540	152	589	1137	545	318	22	662	308	505
107	9	118	356	365		55		121	182
122	220	157	19	222	150	98	25	40	11
			210	57		150			3
96	418	568	720	1424	701	381	283	439	882
2533	38	4105	125	2729	13	185	8	94	
95	563	66	109	347	27	3	4	70	37
609	276	1469	859	2300	533	100	472	366	458
101		28			53			5	148
61		135	108	62			7		
105	5	17	160	654	1			31	15
285	258	1224	176	543	455	68	464	314	281
32		40	253	844	14			5	
20	12	20	148	35	6	32		11	14
5	1	5	14	162	4		1		

2-2 续表 3

行业	代码	从业人员数（人）	南宁市	柳州市	桂林市	梧州市
化学纤维制造业	28	198	26	26		76
纤维素纤维原料及纤维制造	281	109		26		28
合成纤维制造	282	89	26			48
橡胶和塑料制品业	29	29519	8484	3470	4247	855
橡胶制品业	291	3599	465	690	1168	219
塑料制品业	292	25920	8019	2780	3079	636
非金属矿物制品业	30	143332	22166	11523	17064	7487
水泥、石灰和石膏制造	301	22052	1384	2454	1926	417
石膏、水泥制品及类似制品制造	302	27732	7382	2704	3225	1189
砖瓦、石材等建筑材料制造	303	73402	11639	5113	9526	5497
玻璃制造	304	1540	418	228	291	152
玻璃制品制造	305	1689	751	99	285	8
玻璃纤维和玻璃纤维增强塑料制品制造	306	1186	116	78	36	35
陶瓷制品制造	307	7681	80		31	174
耐火材料制品制造	308	1230	216	158	27	
石墨及其他非金属矿物制品制造	309	6820	180	689	1717	15
黑色金属冶炼和压延加工业	31	27409	1513	3390	6640	2416
炼铁	311	764	28			
炼钢	312	340	50	30	4	233
黑色金属铸造	313	9082	666	2244	1727	1473
钢压延加工	314	4477	768	1116	580	710
铁合金冶炼	315	12746	1		4329	
有色金属冶炼和压延加工业	32	11709	806	1715	486	876
常用有色金属冶炼	321	5946	36	957	110	535
贵金属冶炼	322	499	214			
稀有稀土金属冶炼	323	975		70	205	
有色金属合金制造	324	177				65
有色金属铸造	325	115	13	51		
有色金属压延加工	326	3997	543	637	171	276
金属制品业	33	24949	7564	4330	3802	1057
结构性金属制品制造	331	10588	4624	1508	765	241
金属工具制造	332	2326	406	427	556	122
集装箱及金属包装容器制造	333	1351	201	176	65	259
金属丝绳及其制品制造	334	786	152	293	201	3
建筑、安全用金属制品制造	335	1701	869	223	126	51
金属表面处理及热处理加工	336	1140	98	835	48	1
搪瓷制品制造	337	1123	5	139	13	
金属制日用品制造	338	3474	552	52	1524	50
其他金属制品制造	339	2460	657	677	504	330
通用设备制造业	34	21679	2967	8433	3918	1163
锅炉及原动设备制造	341	4194	865	629	20	641
金属加工机械制造	342	4269	314	1663	1449	106
物料搬运设备制造	343	878	373	169	109	121
泵、阀门、压缩机及类似机械制造	344	2178	101	1378	401	135
轴承、齿轮和传动部件制造	345	1109	156	540	300	
烘炉、风机、衡器、包装等设备制造	346	2038	514	627	474	94
文化、办公用机械制造	347	179	12	112	55	
通用零部件制造	348	5345	471	2632	626	55
其他通用设备制造业	349	1489	161	683	484	11
专用设备制造业	35	28243	7648	5439	5327	1304
采矿、冶金、建筑专用设备制造	351	6726	1114	2071	1486	246

北海市	防城港市	钦州市	贵港市	玉林市	百色市	贺州市	河池市	来宾市	崇左市
15			55						
			55						
15									
483	701	1373	1911	3927	1413	1002	390	575	688
96	24	235	453	147	3			99	
387	677	1138	1458	3780	1410	1002	390	476	688
5826	2685	8955	12117	22952	8976	6752	6405	7239	3185
761	151	508	4185	4475	2101	397	1869	715	709
1804	924	1581	1441	1752	1638	589	1134	1338	1031
2400	1587	5338	6274	10223	3901	2739	2995	4780	1390
81		123	39	136			35	37	
5	6	8	80	250	57		39	95	6
105		15	35	526		21	219		
580	17	1070	35	4926	208	547		13	
		125	21	595	88				
90		187	7	69	983	2459	114	261	49
379	365	1664	1239	2032	3371	518	665	468	2749
		417	6	271	6	30	6		
10						1		1	11
		73	372	1661	494	234	105	18	15
223	229	320	208	85	93	125	15	5	
146	136	854	653	15	2778	128	539	444	2723
20	87	330	347	352	3034	283	2441	616	316
13	80	307	118	210	769	112	2079	464	156
			169		89		27		
					352	105	209		34
	2		4		36		1	1	68
			15		26			10	
7	5	23	41	142	1762	66	125	141	58
209	355	620	800	3065	1685	185	209	327	741
24	26	423	156	513	1372	100	139	267	430
	24	27	391	178	15	20	2	51	107
1	280	73	27	247	3	1		8	10
85		13		33		1	5		
13		3	90	157	18		7		144
52			18	70			16		2
				966					
26		56	50	858	242	1	15		48
8	25	25	68	43	35	62	25	1	
338	104	95	826	3099	142	60	385	99	50
136			322	1476	7		98		
5		2	133	378	22	13	183	1	
		5	43		8			50	
33	36			85		4		5	
		13		56		5	39		
136	68	30		59	13	13	6		4
25		45	328	954	36	25	59	43	46
3				91	56				
524	172	325	576	4673	615	177	1057	323	83
136	125	203	224	446	264	114	95	142	60

2-2 续表 4

行　业	代码	从业人员数（人）	南宁市	柳州市	桂林市	梧州市
化工、木材、非金属加工专用设备制造	352	4012	485	1297	1495	377
食品、饮料、烟草及饲料生产专用设备制造	353	3180	1606	85	38	234
印刷、制药、日化及日用品生产专用设备制造	354	1348	326	173	218	60
纺织、服装和皮革加工专用设备制造	355	51	5	20		
电子和电工机械专用设备制造	356	1027	214	463	164	24
农、林、牧、渔专用机械制造	357	6973	1258	513	820	350
医疗仪器设备及器械制造	358	2037	1229	119	552	
环保、社会公共服务及其他专用设备制造	359	2889	1411	698	554	13
汽车制造业	36	36460	1836	26987	1212	
汽车整车制造	361	73		64	4	
改装汽车制造	362	784	235	549		
低速载货汽车制造	363	130				
电车制造	364	67		30		
汽车车身、挂车制造	365	245	147	8	9	
汽车零部件及配件制造	366	35161	1454	26336	1199	
铁路、船舶、航空航天和其他运输设备制造业	37	4237	861	1005	278	373
铁路运输设备制造	371	649		644		
城市轨道交通设备制造	372					
船舶及相关装置制造	373	2407	452	308	105	373
航空、航天器及设备制造	374	103			103	
摩托车制造	375	544	286	24		
自行车制造	376	429	89	10	18	
非公路休闲车及零配件制造	377	19		11	8	
潜水救捞及其他未列明运输设备制造	379	86	34	8	44	
电气机械和器材制造业	38	24208	6818	4489	2846	1378
电机制造	381	2632	349	202	347	102
输配电及控制设备制造	382	10729	3394	3112	1430	358
电线、电缆、光缆及电工器材制造	383	6136	2208	755	199	384
电池制造	384	1375	13	18	241	364
家用电力器具制造	385	1076	336	171	93	133
非电力家用器具制造	386	421	75	4	79	
照明器具制造	387	1097	283	35	329	28
其他电气机械及器材制造	389	742	160	192	128	9
计算机、通信和其他电子设备制造业	39	20756	3350	622	2657	3391
计算机制造	391	3134	88	34	138	224
通信设备制造	392	2014	341	81	811	589
广播电视设备制造	393	1334	589	215	504	8
雷达及配套设备制造	394	181				
视听设备制造	395	1142	200		21	26
电子器件制造	396	1458	467	253	503	25
电子元件制造	397	8731	1138	32	435	2056
其他电子设备制造	399	2762	527	7	245	463
仪器仪表制造业	40	4552	827	778	1419	588
通用仪器仪表制造	401	1972	322	732	689	142
专用仪器仪表制造	402	593	249	28	228	3
钟表与计时仪器制造	403	333	1		7	4
光学仪器及眼镜制造	404	1149			421	439
其他仪器仪表制造业	409	505	255	18	74	
其他制造业	41	3817	1060	550	442	602
日用杂品制造	411	1103	196	13	153	562

北海市	防城港市	钦州市	贵港市	玉林市	百色市	贺州市	河池市	来宾市	崇左市
21	9	13	131	123	47	9		5	
189		33		958	21	4			12
118		35		322	12	34		50	
			1					25	
			2	40	63	13	37	7	
38	1	37	218	2530	185	2	916	94	11
1	36			75	16	1	8		
21	1	4		179	7		1		
390		41	137	5529	95		127	105	1
5									
130									
				37					
		12			69				
255		29	137	5492	26		127	105	1
369	10	39	852	286			25	86	53
							5		
344	10	36	673				20	86	
20		3	179	32					
5				254					53
2045	26	883	1643	2942	117	438	50	487	46
309			106	1105	22	60		30	
1061		59	222	596	72	208	1	216	
425	1	666	569	692	7	90		140	
		4	545	158		30	1		1
203		19	15	76				30	
3			79	99	16			66	
19	20	135	93	47		50	8	5	45
25	5		14	169			40		
2727	37	349	1279	3018	1674	262	386	920	84
1839		63	734	11	3				
189					3				
			10					8	
					181				
213	5	120		159	347			41	10
	6		153					51	
280	1	153	373	2696	971	146	206	170	74
206	25	13	9	152	169	116	180	650	
38	285	257	173	178	5	4			
		57		25	5				
			85						
		200	88	33					
	285					4			
38				120					
9	1	106	135	133	151	213	76	320	19
	1		14	73	26	56	9		

2-2 续表 5

行业	代码	从业人员数（人）	南宁市	柳州市	桂林市	梧州市
煤制品制造	412	417	3	22	69	5
核辐射加工	413	91	49		42	
其他未列明制造业	419	2206	812	515	178	35
废弃资源综合利用业	42	4274	142	605	164	2246
金属废料和碎屑加工处理	421	3290	46	347	42	2167
非金属废料和碎屑加工处理	422	984	96	258	122	79
金属制品、机械和设备修理业	43	1802	304	333	302	130
金属制品修理	431	91			82	2
通用设备修理	432	100	25	11	38	
专用设备修理	433	408	50	133	60	12
铁路、船舶、航空航天等运输设备修理	434	532		62	9	86
电气设备修理	435	73	1	14	10	
仪器仪表修理	436	28	5	7	14	
其他机械和设备修理业	439	570	223	106	89	30
电力、热力、燃气及水生产和供应业	**D**	**52083**	**2931**	**3552**	**13217**	**2952**
电力、热力生产和供应业	44	35420	1217	2747	11428	1777
电力生产	441	28559	1011	1971	10287	1169
电力供应	442	6373	182	538	1112	598
热力生产和供应	443	488	24	238	29	10
燃气生产和供应业	45	2050	104	155	322	206
燃气生产和供应业	450	2050	104	155	322	206
水的生产和供应业	46	14613	1610	650	1467	969
自来水生产和供应	461	12924	1505	605	1239	655
污水处理及其再生利用	462	1373	55	31	217	168
其他水的处理、利用与分配	469	316	50	14	11	146
建筑业	**E**	**218207**	**83204**	**10470**	**23181**	**9488**
房屋建筑业	47	111590	19260	6477	13931	5840
房屋建筑业	470	111590	19260	6477	13931	5840
土木工程建筑业	48	30855	12025	1433	2002	982
铁路、道路、隧道和桥梁工程建筑	481	8273	2119	201	778	277
水利和内河港口工程建筑	482	8902	5091	534	226	122
海洋工程建筑	483					
工矿工程建筑	484	1149	378	360	27	42
架线和管道工程建筑	485	5555	1724	189	252	57
其他土木工程建筑	489	6976	2713	149	719	484
建筑安装业	49	14693	7695	804	1843	637
电气安装	491	3694	1410	190	253	250
管道和设备安装	492	2386	1413	20	226	72
其他建筑安装业	499	8613	4872	594	1364	315
建筑装饰和其他建筑业	50	61069	44224	1756	5405	2029
建筑装饰业	501	19015	9829	829	2224	1534
工程准备活动	502	2348	1134	72	312	62
提供施工设备服务	503	31928	31278	45	61	35
其他未列明建筑业	509	7778	1983	810	2808	398
批发和零售业	**F**	**434269**	**120508**	**51570**	**49505**	**28891**
批发业	51	249892	78864	33005	25623	15257
农、林、牧产品批发	511	20570	3778	1075	2507	2033
食品、饮料及烟草制品批发	512	30361	10483	2997	4196	2838
纺织、服装及家庭用品批发	513	20746	10102	2907	1975	724
文化、体育用品及器材批发	514	6449	2437	588	1306	382

北海市	防城港市	钦州市	贵港市	玉林市	百色市	贺州市	河池市	来宾市	崇左市
		12	10	7				285	4
9		94	111	53	125	157	67	35	15
	269	144	5	376	51	120	21	119	12
	216	47	5	302	1	96	18	3	
	53	97		74	50	24	3	116	12
401	15	20	25	104	37	15	69	47	
								7	
		7		1	5		13		
77				58	13			5	
313	15	13			11			23	
11					5		20	12	
						2			
			25	45	3	13	36		
942	**2508**	**1308**	**1264**	**4103**	**5517**	**4139**	**3933**	**3227**	**2490**
94	1485	277	405	2394	4171	3514	2704	1892	1315
43	1113	123	366	2077	3034	2955	2201	1174	1035
51	372	39		317	1137	559	500	688	280
		115	39				3	30	
444	103	97	42	180	149	76	45	113	14
444	103	97	42	180	149	76	45	113	14
404	920	934	817	1529	1197	549	1184	1222	1161
296	875	876	732	1404	1086	481	1024	1060	1086
108	45	50	79	122	73	58	130	162	75
		8	6	3	38	10	30		
4355	**11367**	**10385**	**9803**	**16685**	**12995**	**4810**	**8880**	**6284**	**6300**
2046	7352	8329	6955	13365	8523	3423	6730	4512	4847
2046	7352	8329	6955	13365	8523	3423	6730	4512	4847
990	2488	933	1721	2612	2362	438	1304	473	1092
2	166	315	1019	1494	842	217	298	193	352
788	4	34	333	247	694	114	353		362
		106	3	1		45	125	62	
67	100	374	336	639	712	52	528	155	370
133	2218	104	30	231	114	10		63	8
333	383	303	339	41	1333	189	359	283	151
258	80	39	168	22	416	169	288	26	125
13	299	88	92		134		4	25	
62	4	176	79	19	783	20	67	232	26
986	1144	820	788	667	777	760	487	1016	210
557	855	375	574	199	644	711	289	239	156
68	129	161	92	114	24	49	94	29	8
69	72	125	19	17	70		100	6	31
292	88	159	103	337	39		4	742	15
15465	**9577**	**13812**	**23698**	**44278**	**23378**	**11176**	**17858**	**12821**	**11732**
7334	6009	6538	13626	25983	10053	5895	8488	6898	6319
455	307	879	1035	4097	1464	799	855	600	686
1206	622	781	729	2200	943	887	1196	688	595
323	381	338	619	1834	319	273	307	98	546
297	24	265	277	303	128	215	80	33	114

2-2 续表 6

行业	代码	从业人员数（人）	南宁市	柳州市	桂林市	梧州市
医药及医疗器材批发	515	11013	4848	988	857	415
矿产品、建材及化工产品批发	516	89725	20456	13342	9748	5160
机械设备、五金产品及电子产品批发	517	49133	22465	9437	3334	1659
贸易经纪与代理	518	14227	2138	1052	1086	1463
其他批发业	519	7668	2157	619	614	583
零售业	52	184377	41644	18565	23882	13634
综合零售	521	24452	2996	1660	3024	1663
食品、饮料及烟草制品专门零售	522	19577	3866	2008	2862	3229
纺织、服装及日用品专门零售	523	13460	4102	1851	2044	552
文化、体育用品及器材专门零售	524	7805	1741	1163	1505	514
医药及医疗器材专门零售	525	30227	5316	2381	4513	2530
汽车、摩托车、燃料及零配件专门零售	526	24192	5152	2549	2652	1476
家用电器及电子产品专门零售	527	27690	8124	3057	3183	1454
五金、家具及室内装饰材料专门零售	528	19568	4032	2400	1968	1215
货摊、无店铺及其他零售业	529	17406	6315	1496	2131	1001
交通运输、仓储和邮政业	**G**	**106710**	**19468**	**9805**	**10875**	**4417**
铁路运输业	53					
道路运输业	54	59462	10186	6669	7933	2308
城市公共交通运输	541	12180	1662	751	1574	522
公路旅客运输	542	10684	1184	500	2734	415
道路货物运输	543	31184	6536	5257	2994	957
道路运输辅助活动	544	5414	804	161	631	414
水上运输业	55	11350	1603	551	1176	882
水上旅客运输	551	1370	2	50	994	8
水上货物运输	552	8525	1305	432	154	698
水上运输辅助活动	553	1455	296	69	28	176
航空运输业	56	1714	1399	23	41	140
航空客货运输	561	90	48	14	25	
通用航空服务	562	1305	1259	9	16	
航空运输辅助活动	563	319	92			140
管道运输业	57					
管道运输业	570					
装卸搬运和运输代理业	58	23133	3239	1267	950	830
装卸搬运	581	14813	1702	1038	617	210
运输代理业	582	8320	1537	229	333	620
仓储业	59	7755	1761	1030	546	88
谷物、棉花等农产品仓储	591	3586	727	498	353	47
其他仓储业	599	4169	1034	532	193	41
邮政业	60	3296	1280	265	229	169
邮政基本服务	601	282	271	4	4	
快递服务	602	3014	1009	261	225	169

北海市	防城港市	钦州市	贵港市	玉林市	百色市	贺州市	河池市	来宾市	崇左市
181	63	334	829	1182	401	244	237	110	324
2502	2699	2713	6570	8947	4989	2543	3840	4089	2127
1026	1200	882	1855	2007	1336	676	1330	561	1365
1020	592	228	383	4784	187	130	195	536	433
324	121	118	1329	629	286	128	448	183	129
8131	3568	7274	10072	18295	13325	5281	9370	5923	5413
802	707	1499	1589	3253	2789	561	1638	1221	1050
892	362	475	805	1813	1191	517	923	335	299
270	193	341	560	1889	557	120	457	241	283
339	137	188	235	707	396	213	327	139	201
1579	394	1081	2700	1432	2459	1630	2026	1030	1156
1015	510	1492	1406	2790	1768	847	1266	558	711
883	666	1069	1220	2611	1748	821	1448	539	867
1091	444	794	836	2610	1512	306	822	1004	534
1260	155	335	721	1190	905	266	463	856	312
5036	**10962**	**8068**	**10919**	**8244**	**6106**	**2169**	**3855**	**3685**	**3101**
2877	2831	4883	4253	6295	3247	1653	2405	2280	1642
1152	259	771	1581	471	828	189	1304	704	412
298	372	937	866	1214	661	417	392	281	413
952	2147	2991	1691	3202	1586	323	574	1173	801
475	53	184	115	1408	172	724	135	122	16
354	1138	304	4081	181	279	193	32	566	10
94	129		14		55	5	10	2	7
223	817	268	3614	121	219	188		486	
37	192	36	453	60	5		22	78	3
20	3	1			87				
	3								
20		1							
					87				
1284	6521	1578	1945	1177	1689	25	837	610	1181
354	4739	307	1680	691	1450	3	700	433	889
930	1782	1271	265	486	239	22	137	177	292
454	388	1087	563	402	718	214	161	115	228
94	69	371	322	223	281	209	135	107	150
360	319	716	241	179	437	5	26	8	78
47	81	215	77	189	86	84	420	114	40
			1	2					
47	81	215	76	187	86	84	420	114	40

2-2 续表 7

行　　业	代码	从业人员数（人）	南宁市	柳州市	桂林市	梧州市
住宿和餐饮业	H	**88317**	**21330**	**6436**	**17088**	**4786**
住宿业	61	49048	10111	3246	10153	1519
旅游饭店	611	29281	5001	2245	7516	829
一般旅馆	612	16935	4564	687	2077	522
其他住宿业	619	2832	546	314	560	168
餐饮业	62	39269	11219	3190	6935	3267
正餐服务	621	32256	8224	2434	5840	3061
快餐服务	622	1998	524	295	325	45
饮料及冷饮服务	623	1088	329	180	151	52
其他餐饮业	629	3927	2142	281	619	109
信息传输、软件和信息技术服务业	I	**20687**	**11362**	**3011**	**2801**	**521**
电信、广播电视和卫星传输服务	63	4310	3420	91	68	113
电信	631	4206	3382	91	60	104
广播电视传输服务	632	92	38		8	
卫星传输服务	633	12				9
互联网和相关服务	64	2866	855	925	462	27
互联网接入及相关服务	641	1144	278	791	28	
互联网信息服务	642	1391	384	124	372	18
其他互联网服务	649	331	193	10	62	9
软件和信息技术服务业	65	13511	7087	1995	2271	381
软件开发	651	7809	3985	1426	1311	106
信息系统集成服务	652	2585	1637	173	438	58
信息技术咨询服务	653	1565	647	281	302	113
数据处理和存储服务	654	287	180	13	19	4
集成电路设计	655	95		18	16	
其他信息技术服务业	659	1170	638	84	185	100
金融业	J					
房地产业	K	**136450**	**40850**	**16173**	**16221**	**7330**
房地产业	70	136450	40850	16173	16221	7330
房地产开发经营	701	58668	12934	5804	7236	3552
物业管理	702	57649	20503	7747	7041	3324
房地产中介服务	703	14811	5311	2020	1446	337
自有房地产经营活动	704					
其他房地产业	709	5322	2102	602	498	117
租赁和商务服务业	L	**200547**	**80798**	**31121**	**24398**	**6343**
租赁业	71	7491	1841	1073	856	253
机械设备租赁	711	7158	1767	1043	819	249
文化及日用品出租	712	333	74	30	37	4
商务服务业	72	193056	78957	30048	23542	6090
企业管理服务	721	40084	15985	3707	4590	844

北海市	防城港市	钦州市	贵港市	玉林市	百色市	贺州市	河池市	来宾市	崇左市
5097	**2517**	**3270**	**4194**	**7304**	**5945**	**1867**	**4297**	**1715**	**2471**
3856	2027	1608	1992	4183	3405	927	3274	989	1758
2803	1035	1162	1155	1832	1740	716	1528	619	1100
737	799	372	583	2311	1619	211	1453	362	638
316	193	74	254	40	46		293	8	20
1241	490	1662	2202	3121	2540	940	1023	726	713
969	479	1475	2115	2867	2023	685	772	626	686
76		61	32	74	175	235	128	28	
57	9	11	15	56	151	2	32	31	12
139	2	115	40	124	191	18	91	41	15
512	**92**	**260**	**255**	**594**	**290**	**284**	**267**	**312**	**126**
9	28	21	4	65	80	85	75	181	70
6	27	21	4	56	80	73	59	173	70
	1			9		12	16	8	
3									
159	7	65	155	52	39	26	44	40	10
18		7	20	1	1				
138	7	50	121	45	32	15	41	34	10
3		8	14	6	6	11	3	6	
344	57	174	96	477	171	173	148	91	46
235	27	40	69	309	100	78	90	10	23
35	13	43	19	72	15	25	13	39	5
54	11	12	5	32	32		40	36	
				1	15	55			
5		56							
15	6	23	3	63	9	15	5	6	18
12293	**5832**	**4691**	**6341**	**7945**	**5517**	**2453**	**2868**	**4928**	**3008**
12293	5832	4691	6341	7945	5517	2453	2868	4928	3008
5618	3918	2809	2959	4013	2684	1218	1398	2774	1751
3476	1357	1557	2600	3280	2254	783	1041	1910	776
2938	243	249	535	460	324	389	263	134	162
261	314	76	247	192	255	63	166	110	319
5794	**4305**	**5266**	**6920**	**8525**	**10070**	**2916**	**6402**	**3860**	**3829**
335	303	248	919	247	703	230	268	41	174
315	298	226	919	209	662	198	268	41	144
20	5	22		38	41	32			30
5459	4002	5018	6001	8278	9367	2686	6134	3819	3655
1510	1007	1015	1829	2794	3218	891	971	1039	684

2-2 续表 8

行　　业	代码	从　业 人员数 （人）	南宁市	柳州市	桂林市	梧州市
法律服务	722	1335	623	76	177	69
咨询与调查	723	19703	10205	1947	2891	450
广告业	724	20668	6989	2332	2703	696
知识产权服务	725	323	228	47	17	2
人力资源服务	726	44873	24901	11232	1649	1672
旅行社及相关服务	727	11825	2139	1014	5033	198
安全保护服务	728	25285	7508	5773	2731	962
其他商务服务业	729	28960	10379	3920	3751	1197
科学研究和技术服务业	**M**	**48236**	**19059**	**5249**	**7075**	**1486**
研究和试验发展	73	2530	1323	348	324	117
自然科学研究和试验发展	731	483	326	20	36	14
工程和技术研究和试验发展	732	1041	572	216	99	84
农业科学研究和试验发展	733	739	231	112	131	19
医学研究和试验发展	734	262	194		53	
社会人文科学研究	735	5			5	
专业技术服务业	74	35833	12814	3737	5683	1123
气象服务	741	146	26		4	9
地震服务	742	6			6	
海洋服务	743	39				
测绘服务	744	1891	500	206	132	186
质检技术服务	745	4769	1183	589	581	149
环境与生态监测	746	399	158	54	21	
地质勘查	747	820	531	2	148	2
工程技术	748	21201	8250	2257	3173	521
其他专业技术服务业	749	6562	2166	629	1618	256
科技推广和应用服务业	75	9873	4922	1164	1068	246
技术推广服务	751	7946	4130	915	685	139
科技中介服务	752	595	176	79	118	29
其他科技推广和应用服务业	759	1332	616	170	265	78
水利、环境和公共设施管理业	**N**	**9998**	**805**	**872**	**2247**	**586**
水利管理业	76	850	114	3	84	90
防洪除涝设施管理	761	86			1	70
水资源管理	762	199	3		17	
天然水收集与分配	763	227	7		44	
水文服务	764	17	8		9	
其他水利管理业	769	321	96	3	13	20
生态保护和环境治理业	77	1139	164	114	105	106
生态保护	771	203	5		32	5
环境治理业	772	936	159	114	73	101
公共设施管理业	78	8009	527	755	2058	390
市政设施管理	781	822	23	105	108	47

北海市	防城港市	钦州市	贵港市	玉林市	百色市	贺州市	河池市	来宾市	崇左市
21	1	54	44	102	65	26	32	29	16
449	214	483	537	1219	499	222	326	149	112
975	452	723	1078	1540	1377	313	518	325	647
			4	17		8			
133	398	686	211	385	2344	56	299	746	161
616	350	199	311	335	404	216	430	200	380
448	534	455	532	939	648	543	2883	428	901
1307	1046	1403	1455	947	812	411	675	903	754
2248	**1248**	**1412**	**1723**	**3041**	**1995**	**554**	**1434**	**955**	**757**
163	19	18	54	47	48	17	52		
42	2	3	16		8	9	7		
10	6	5		13	25		11		
111	9	7	38	34	13	8	26		
	2	3			2		8		
1785	984	1329	1285	2249	1673	461	1201	840	669
		15	7	8	14		56	7	
2	1	4							32
100	50	75	76	108	111	40	67	117	123
125	111	257	187	250	319	92	394	239	293
74	6	13		26			13	34	
	1	22			28		73	5	8
1145	650	691	477	1675	1126	269	489	321	157
339	165	252	538	182	75	60	109	117	56
300	245	65	384	745	274	76	181	115	88
239	231	56	345	661	182	70	136	98	59
9	10			46	92	1	6		29
52	4	9	39	38		5	39	17	
839	**750**	**371**	**517**	**740**	**778**	**317**	**601**	**202**	**373**
89	141	124	47	67	33	1	18	37	2
	6		6	1		1			1
74	66	9		20	10				
	10	98	7	36	7		18		
15	59	17	34	10	16			37	1
105	77	22	59	75	63	45	89	15	100
62			50		4	45			
43	77	22	9	75	59		89	15	100
645	532	225	411	598	682	271	494	150	271
99	109	99	13	61	18	43		37	60

2-2 续表 9

行业	代码	从业人员数（人）	南宁市	柳州市	桂林市	梧州市
环境卫生管理	782	926	58	115	96	22
城乡市容管理	783	11	1			
绿化管理	784	1465	56	301	325	92
公园和游览景区管理	785	4785	389	234	1529	229
居民服务、修理和其他服务业	**O**	**32864**	**9474**	**3416**	**5501**	**1317**
居民服务业	79	8825	1664	1328	2012	379
家庭服务	791	1821	185	634	318	28
托儿所服务	792	11	10		1	
洗染服务	793	511	87	45	223	24
理发及美容服务	794	1503	470	167	232	134
洗浴服务	795	608	71	78	189	7
保健服务	796	1352	437	131	401	67
婚姻服务	797	348	170	53	19	3
殡葬服务	798	750	103	125	202	
其他居民服务业	799	1921	131	95	427	116
机动车、电子产品和日用产品修理业	80	15260	4499	1531	2122	559
汽车、摩托车修理与维护	801	12522	3471	1118	1646	504
计算机和办公设备维修	802	903	335	112	233	32
家用电器修理	803	1219	572	88	208	23
其他日用产品修理业	809	616	121	213	35	
其他服务业	81	8779	3311	557	1367	379
清洁服务	811	4928	1365	370	693	306
其他未列明服务业	819	3851	1946	187	674	73
教育	**P**					
教育	82					
学前教育	821					
初等教育	822					
中等教育	823					
高等教育	824					
特殊教育	825					
技能培训、教育辅助及其他教育	829					
卫生和社会工作	**Q**	**105**	**43**		**24**	**13**
卫生	83					
医院	831					
社区医疗与卫生院	832					
门诊部(所)	833					
计划生育技术服务活动	834					
妇幼保健院(所、站)	835					
专科疾病防治院(所、站)	836					
疾病预防控制中心	837					
其他卫生活动	839					

北海市	防城港市	钦州市	贵港市	玉林市	百色市	贺州市	河池市	来宾市	崇左市
192	54	19	56	37	221	16	3	32	5
				10					
188	18	54	119	88	59	13	21	68	63
166	351	53	223	402	384	199	470	13	143
1318	**830**	**1353**	**2122**	**2553**	**2145**	**589**	**1049**	**660**	**537**
295	261	261	712	712	433	291	241	169	67
48	24	36	208	110	108	4	58	44	16
9	56	6	3	29	12	5	2	4	6
38	40	35	87	191	29		66		14
	15	15	43	8	27	113		42	
42		42	5	137	17	20	31	18	4
5	3	14	41	11	16		7		6
68		5	115	70	23	28		11	
85	123	108	210	156	201	121	77	50	21
510	355	765	909	1305	1202	240	562	423	278
417	336	720	821	1139	1075	232	499	324	220
49	12	16	7	27	18	8	31	16	7
25	2	16	45	100	88		23	4	25
19	5	13	36	39	21		9	79	26
513	214	327	501	536	510	58	246	68	192
398	156	145	357	343	386	16	181	52	160
115	58	182	144	193	124	42	65	16	32
1				**4**	**12**		**8**		

2-2 续表 10

行　　业	代码	从　业 人员数 (人)	南宁市	柳州市	桂林市	梧州市
社会工作	84	105	43		24	13
提供住宿社会工作	841	58	29		14	13
不提供住宿社会工作	842	47	14		10	
文化、体育和娱乐业	**R**	**29865**	**7309**	**2819**	**4608**	**1640**
新闻和出版业	85	860	662	21	146	2
新闻业	851	14	8		1	
出版业	852	846	654	21	145	2
广播、电视、电影和影视录音制作业	86	3140	1257	197	561	108
广播	861	7			3	4
电视	862	10			10	
电影和影视节目制作	863	526	273	12	151	40
电影和影视节目发行	864	180	64	15	12	39
电影放映	865	2372	906	162	375	19
录音制作	866	45	14	8	10	6
文化艺术业	87	1902	442	273	421	56
文艺创作与表演	871	590	143	103	38	1
艺术表演场馆	872	223			153	
图书馆与档案馆	873	72	16	19	3	27
文物及非物质文化遗产保护	874	76	52	11	7	
博物馆	875	115			20	
烈士陵园、纪念馆	876					
群众文化活动	877	182	40	67	49	2
其他文化艺术业	879	644	191	73	151	26
体育	88	1232	428	130	220	82
体育组织	881	217	77		45	6
体育场馆	882	271	22	74		34
休闲健身活动	883	669	317	40	150	34
其他体育	889	75	12	16	25	8
娱乐业	89	22731	4520	2198	3260	1392
室内娱乐活动	891	21596	4343	2103	2927	1378
游乐园	892	269	11	23	70	3
彩票活动	893					
文化、娱乐、体育经纪代理	894	296	141		114	11
其他娱乐业	899	570	25	72	149	
公共管理、社会保障和社会组织	**S**					

北海市	防城港市	钦州市	贵港市	玉林市	百色市	贺州市	河池市	来宾市	崇左市
1				4	12		8		
1					1				
				4	11		8		
1381	**545**	**1354**	**2176**	**2229**	**1638**	**870**	**1527**	**1035**	**734**
14						4	6		5
5									
9						4	6		5
78	23	75	62	259	163	34	159	117	47
29		8	8				5		
36			5					9	
13	23	63	49	259	163	34	153	108	45
		4					1		2
214	39	36	90	108	27	52	93	43	8
47	6	3	28	96	1	10	76	38	
22		23	25						
							7		
	6								
95									
3				11	2		8		
47	27	10	37	1	24	42	2	5	8
82	54	51	20	68	17	73	7		
1		4	15	4		65			
46	1	38	5	43		8			
35	52	9		18	7		7		
	1			3	10				
993	429	1192	2004	1794	1431	707	1262	875	674
675	428	1189	1957	1764	1415	696	1182	869	670
58			35	30		11	28		
16					8			6	
244	1	3	12		8		52		4

2-3 按行业（中类）、开业（成立）时间

行业	代码	法人单位数（个）	1949年及以前	1950-1977年	1978-1991年
总计		**142638**	**16**	**1934**	**2579**
农、林、牧、渔业	**A**	**869**		**20**	**14**
农业	01	30		9	
谷物种植	011	1			
豆类、油料和薯类种植	012				
棉、麻、糖、烟草种植	013	6		2	
蔬菜、食用菌及园艺作物种植	014	5			
水果种植	015	8		2	
坚果、含油果、香料和饮料作物种植	016	6		3	
中药材种植	017				
其他农业	019	4		2	
林业	02	14		7	3
林木育种和育苗	021	4		1	1
造林和更新	022	4		4	
森林经营和管护	023	4		1	1
木材和竹材采运	024	1			1
林产品采集	025	1		1	
畜牧业	03	7			
牲畜饲养	031	5			
家禽饲养	032	2			
狩猎和捕捉动物	033				
其他畜牧业	039				
渔业	04	7			1
水产养殖	041	6			
水产捕捞	042	1			1
农、林、牧、渔服务业	05	811		4	10
农业服务业	051	583		2	7
林业服务业	052	110		1	2
畜牧服务业	053	59		1	
渔业服务业	054	59			1
采矿业	**B**	**2929**		**22**	**41**
煤炭开采和洗选业	06	46		4	3
烟煤和无烟煤开采洗选	061	23		3	2
褐煤开采洗选	062	16		1	
其他煤炭采选	069	7			1
石油和天然气开采业	07	3			
石油开采	071	2			
天然气开采	072	1			
黑色金属矿采选业	08	330		7	4
铁矿采选	081	128		2	1
锰矿、铬矿采选	082	125		3	1
其他黑色金属矿采选	089	77		2	2
有色金属矿采选业	09	426		6	9
常用有色金属矿采选	091	345		5	6
贵金属矿采选	092	60			1
稀有稀土金属矿采选	093	21		1	2
非金属矿采选业	10	2007		5	24
土砂石开采	101	1723		2	13
化学矿开采	102	49			4
采盐	103	7		3	
石棉及其他非金属矿采选	109	228			7

分组的小微企业法人单位数

1992-1995年	1996年	1997年	1998年	1999年	2000年	2001年	2002年
2827	**785**	**886**	**1337**	**1309**	**1864**	**2298**	**2886**
12	**3**	**2**	**4**	**1**	**2**	**10**	**13**
2			1				1
1							
							1
1			1				
1							
1							
		1		1			
		1		1			
9	3	1	3		2	10	12
6	2	1	2		1	8	10
1			1			2	
1	1						1
1					1		1
61	**18**	**9**	**25**	**20**	**31**	**49**	**49**
	4	1				2	
	3	1				2	
	1						
5	2		4	3	3	9	4
1					1		1
1	2		3	3	1	7	1
3			1		1	2	2
14	4	2	5	3	7	11	3
13	2	1	4	1	7	7	3
1	2		1	1		3	
		1		1		1	
41	7	6	16	14	20	26	41
34	7	4	9	10	16	20	34
1			2	2	2	1	
					1		1
6		2	5	2	1	5	6

2-3 续表 1

行业	代码	法人单位数（个）	1949年及以前	1950-1977年	1978-1991年
开采辅助活动	11	29			1
煤炭开采和洗选辅助活动	111	4			
石油和天然气开采辅助活动	112	1			
其他开采辅助活动	119	24			1
其他采矿业	12	88			
其他采矿业	120	88			
制造业	**C**	**22911**	**6**	**376**	**742**
农副食品加工业	13	1677		50	76
谷物磨制	131	257		2	2
饲料加工	132	243			5
植物油加工	133	191			2
制糖业	134	30		4	4
屠宰及肉类加工	135	325		38	36
水产品加工	136	128			4
蔬菜、水果和坚果加工	137	156		1	5
其他农副食品加工	139	347		5	18
食品制造业	14	1013		11	25
焙烤食品制造	141	404		3	12
糖果、巧克力及蜜饯制造	142	55		1	2
方便食品制造	143	172		3	2
乳制品制造	144	23			1
罐头食品制造	145	66		1	1
调味品、发酵制品制造	146	91		2	3
其他食品制造	149	202		1	4
酒、饮料和精制茶制造业	15	805		11	27
酒的制造	151	210		3	10
饮料制造	152	322		1	8
精制茶加工	153	273		7	9
烟草制品业	16	4			1
烟叶复烤	161	1			
卷烟制造	162	3			1
其他烟草制品制造	169				
纺织业	17	458	1	13	8
棉纺织及印染精加工	171	84		4	1
毛纺织及染整精加工	172	46			
麻纺织及染整精加工	173	19		2	1
丝绢纺织及印染精加工	174	99		1	1
化纤织造及印染精加工	175	6			
针织或钩针编织物及其制品制造	176	90		3	2
家用纺织制成品制造	177	79		2	2
非家用纺织制成品制造	178	35	1	1	1
纺织服装、服饰业	18	674		12	12
机织服装制造	181	552		12	10
针织或钩针编织服装制造	182	44			
服饰制造	183	78			2
皮革、毛皮、羽毛及其制品和制鞋业	19	360		8	7
皮革鞣制加工	191	42		1	2
皮革制品制造	192	141		1	1
毛皮鞣制及制品加工	193	19			
羽毛(绒)加工及制品制造	194	81		1	4
制鞋业	195	77		5	

1992-1995年	1996年	1997年	1998年	1999年	2000年	2001年	2002年
	1				1	1	
	1				1	1	
1							1
1							1
867	**266**	**241**	**363**	**309**	**453**	**561**	**708**
56	15	25	39	25	37	46	63
3	2	1	5	3	5	9	9
11	7	9	10	7	13	4	13
2	2		2	5	5	10	2
							1
22	2	4	10	7	7	7	11
5	1	5	2	1	1	5	6
1		2	2	2	2	4	7
12	1	4	8		4	7	14
29	6	14	25	16	22	29	24
7	2	5	6	3	10	5	3
	1		2	3	2	2	5
1			8	2	3	4	2
1			1	1		3	
4	1	4	2	2	2	3	6
6		2	4	2	1	3	1
10	2	3	2	3	4	9	7
51	24	12	22	15	17	23	37
5	4	2	2	8	7	4	7
11	4	3	5	3	5	13	22
35	16	7	15	4	5	6	8
11	2	4	2	3	7	13	16
2		1	1	1		3	2
3				1			1
1							1
1	1				3	6	2
					1		
		2	1			2	5
2	1			1	3	1	1
2		1				1	4
5	5	2	3	4	5	7	12
5	4	2	3	4	4	6	11
					1	1	1
	1						
10			3	5	5	9	7
3					1	3	1
3			3	3	1	3	3
				1			
1					2	2	
3				1	1	1	3

2-3 续表 2

行 业	代码	法人单位数（个）	1949年及以前	1950-1977年	1978-1991年
木材加工和木、竹、藤、棕、草制品业	20	3340	1	17	22
木材加工	201	1969		12	8
人造板制造	202	834		3	5
木制品制造	203	307		2	3
竹、藤、棕、草等制品制造	204	230	1		6
家具制造业	21	444		8	9
木质家具制造	211	339		7	8
竹、藤家具制造	212	14		1	1
金属家具制造	213	26			
塑料家具制造	214	7			
其他家具制造	219	58			
造纸和纸制品业	22	723		8	32
纸浆制造	221	16		1	2
造纸	222	322		2	15
纸制品制造	223	385		5	15
印刷和记录媒介复制业	23	797	1	24	100
印刷	231	693	1	19	87
装订及印刷相关服务	232	101		5	13
记录媒介复制	233	3			
文教、工美、体育和娱乐用品制造业	24	617		11	13
文教办公用品制造	241	27		3	4
乐器制造	242	3			
工艺美术品制造	243	490		8	9
体育用品制造	244	14			
玩具制造	245	82			
游艺器材及娱乐用品制造	246	1			
石油加工、炼焦和核燃料加工业	25	61		1	1
精炼石油产品制造	251	51		1	1
炼焦	252	7			
核燃料加工	253	3			
化学原料和化学制品制造业	26	1317		20	62
基础化学原料制造	261	193		3	7
肥料制造	262	277		4	7
农药制造	263	63		1	4
涂料、油墨、颜料及类似产品制造	264	127		4	5
合成材料制造	265	37		1	1
专用化学产品制造	266	310		4	6
炸药、火工及焰火产品制造	267	158		2	26
日用化学产品制造	268	152		1	6
医药制造业	27	368		8	15
化学药品原料药制造	271	31			
化学药品制剂制造	272	37			2
中药饮片加工	273	50			
中成药生产	274	113		7	7
兽用药品制造	275	48		1	5
生物药品制造	276	47			1
卫生材料及医药用品制造	277	42			

1992-1995年	1996年	1997年	1998年	1999年	2000年	2001年	2002年
44	14	14	23	21	39	34	48
16	4	4	5	4	11	15	18
5	2	3	2	2	12	9	13
4	3	3	5	6	5	3	7
19	5	4	11	9	11	7	10
14	3	3	7	2	7	9	5
10	1	3	5	1	4	7	3
					1	1	
1	1					1	1
1					1		
2	1		2	1	1		1
31	14	17	13	11	17	32	20
13	10	13	6	3	8	14	10
18	4	4	7	8	9	18	10
76	13	18	26	9	19	27	26
72	8	16	23	9	18	21	23
4	5	2	3		1	6	3
10	6	5	9	6	8	27	18
2			1		1	1	
						1	
8	5	4	8	6	6	22	18
	1	1			1	2	
						1	
1	1		1		1	1	2
1	1		1		1	1	2
56	20	26	36	24	51	64	68
5	6		4	2	7	10	12
9	5	4	12	6	12	3	9
5	2	2	4	4	5	5	3
5		3	3	1	5	5	12
1	1	1	1	1	1	1	
13	1	7	1	7	7	16	16
11	2	5	7	2	8	19	11
7	3	4	4	1	6	5	5
28	5	1	15	10	15	5	18
	1		1	2	3	1	1
4			2	2	3	1	2
3	1	1	1	2			1
9	2		6		5	2	12
7			5	2	3	1	
4				1			1
1	1			1	1		1

2-3 续表 3

行业	代码	法人单位数（个）	1949年及以前	1950-1977年	1978-1991年
化学纤维制造业	28	8			1
纤维素纤维原料及纤维制造	281	5			1
合成纤维制造	282	3			
橡胶和塑料制品业	29	824		11	31
橡胶制品业	291	123		3	8
塑料制品业	292	701		8	23
非金属矿物制品业	30	3805	1	36	133
水泥、石灰和石膏制造	301	445		12	22
石膏、水泥制品及类似制品制造	302	691		7	7
砖瓦、石材等建筑材料制造	303	2149		11	92
玻璃制造	304	35		1	1
玻璃制品制造	305	57			1
玻璃纤维和玻璃纤维增强塑料制品制造	306	27			
陶瓷制品制造	307	136	1	4	5
耐火材料制品制造	308	32			1
石墨及其他非金属矿物制品制造	309	233		1	4
黑色金属冶炼和压延加工业	31	530		7	19
炼铁	311	29			1
炼钢	312	9			
黑色金属铸造	313	212		4	14
钢压延加工	314	82		2	2
铁合金冶炼	315	198		1	2
有色金属冶炼和压延加工业	32	281		2	3
常用有色金属冶炼	321	142		1	1
贵金属冶炼	322	9			
稀有稀土金属冶炼	323	16			
有色金属合金制造	324	13			
有色金属铸造	325	7			1
有色金属压延加工	326	94		1	1
金属制品业	33	957	1	36	39
结构性金属制品制造	331	371		7	9
金属工具制造	332	161		17	8
集装箱及金属包装容器制造	333	38		1	2
金属丝绳及其制品制造	334	27	1	1	1
建筑、安全用金属制品制造	335	94			4
金属表面处理及热处理加工	336	38		1	2
搪瓷制品制造	337	14		1	2
金属制日用品制造	338	114		4	5
其他金属制品制造	339	100		4	6
通用设备制造业	34	759		19	27
锅炉及原动设备制造	341	69		6	5
金属加工机械制造	342	172		6	4
物料搬运设备制造	343	35			2
泵、阀门、压缩机及类似机械制造	344	61		2	5
轴承、齿轮和传动部件制造	345	27			
烘炉、风机、衡器、包装等设备制造	346	74		2	6
文化、办公用机械制造	347	5			
通用零部件制造	348	267		1	5
其他通用设备制造业	349	49		2	
专用设备制造业	35	815		26	28
采矿、冶金、建筑专用设备制造	351	179		5	6

1992-1995年	1996年	1997年	1998年	1999年	2000年	2001年	2002年
				1		1	1
				1			
						1	1
33	4	11	12	24	16	33	37
5		2		3	3	7	8
28	4	9	12	21	13	26	29
243	76	34	46	45	73	62	98
36	6	4	4	12	10	13	14
9	1	2	2	2	10	3	9
179	65	22	35	27	43	38	53
1				1		1	1
1	2	1	1			1	4
3			1				1
4	1	1	1	1	5	3	5
3			2	2			1
7	1	4			5	3	10
28	13	6	6	9	9	12	36
						1	2
							2
19	10	5	3	6	6	5	16
4	1	1	3	2	2		4
5	2			1	1	6	12
5	3	3	4	4	8	3	12
2	1	1	3	2	4	2	7
		1			1	1	
				1			2
3	2	1	1	1	3		3
35	10	10	6	13	15	25	33
6	2	1	3	6	3	8	6
10	2	2	1	2	2	5	9
3	1			1		1	2
1	1	1			1	1	3
3	2	3	1	1	2	2	4
2		2		1		4	2
				1			1
7	1	1	1		4	2	1
3	1			1	3	2	5
18	11	9	8	13	12	22	25
2	2			2	1	2	3
3	1	2		1	4	3	6
1	1	1	1	1		2	1
5	2			3		1	1
1					2	1	1
	2	1		1		1	1
							1
5	2	4	6	4	4	11	9
1	1	1	1	1	1	1	2
30	5	10	12	22	20	19	30
9		2	2	4	5	2	6

2-3 续表 4

行业	代码	法人单位数（个）	1949年及以前	1950-1977年	1978-1991年
化工、木材、非金属加工专用设备制造	352	145		3	6
食品、饮料、烟草及饲料生产专用设备制造	353	57		7	2
印刷、制药、日化及日用品生产专用设备制造	354	55		1	3
纺织、服装和皮革加工专用设备制造	355	4			1
电子和电工机械专用设备制造	356	35			1
农、林、牧、渔专用机械制造	357	197		10	7
医疗仪器设备及器械制造	358	57			1
环保、社会公共服务及其他专用设备制造	359	86			1
汽车制造业	36	601	1	7	15
汽车整车制造	361	5			
改装汽车制造	362	7			
低速载货汽车制造	363	1			
电车制造	364	4			
汽车车身、挂车制造	365	9			
汽车零部件及配件制造	366	575	1	7	15
铁路、船舶、航空航天和其他运输设备制造业	37	144		8	9
铁路运输设备制造	371	23		2	2
城市轨道交通设备制造	372				
船舶及相关装置制造	373	68		5	6
航空、航天器及设备制造	374	2			
摩托车制造	375	8			
自行车制造	376	32		1	1
非公路休闲车及零配件制造	377	2			
潜水救捞及其他未列明运输设备制造	379	9			
电气机械和器材制造业	38	573		10	15
电机制造	381	70		2	1
输配电及控制设备制造	382	201		2	8
电线、电缆、光缆及电工器材制造	383	101		1	1
电池制造	384	25		1	2
家用电力器具制造	385	39		1	2
非电力家用器具制造	386	39		1	
照明器具制造	387	49		1	
其他电气机械及器材制造	389	49		1	1
计算机、通信和其他电子设备制造业	39	398		3	1
计算机制造	391	42			
通信设备制造	392	42		1	1
广播电视设备制造	393	10			
雷达及配套设备制造	394	1			
视听设备制造	395	23			
电子器件制造	396	34		1	
电子元件制造	397	171		1	
其他电子设备制造	399	75			
仪器仪表制造业	40	95		3	3
通用仪器仪表制造	401	39			2
专用仪器仪表制造	402	17		2	1
钟表与计时仪器制造	403	8			
光学仪器及眼镜制造	404	18		1	
其他仪器仪表制造业	409	13			
其他制造业	41	167		2	2
日用杂品制造	411	42		1	

1992-1995年	1996年	1997年	1998年	1999年	2000年	2001年	2002年
2		4	1	1	2	2	7
4			2	2	3	3	2
		1	1		3		5
				1	1		
8	4	1	5	6	2	7	6
2	1		1	3	4	3	1
5		2		5		2	3
16	6	8	19	3	10	19	29
				1			1
			1		1		
16	6	8	18	2	9	19	28
8	1	1	4		3	4	5
1			1				
6	1	1	1		2	4	3
							1
			2				1
					1		
1							
14	7	4	8	9	16	11	20
1	2	1	1		1	3	1
6		2	2	5	7	3	12
3	2		3	3	5	1	4
	1		1			1	
			1		2	1	2
1	1						
1						1	
2	1	1		1	1	1	1
5		1	6	6	7	9	8
							1
2		1	1	1	3	1	4
				1			
							1
					2	4	
1			2	2	2	2	
2			3	2		2	2
3	1		2	4	2	3	4
1	1		1	3	2	1	2
1							
						1	
1			1			1	2
				1			
3		2	3	1	7	5	2
1				1	5	3	

2-3 续表 5

行　　业	代码	法　人 单位数 (个)	1949年及以前	1950-1977年	1978-1991年
煤制品制造	412	18			
核辐射加工	413	3			
其他未列明制造业	419	104		1	2
废弃资源综合利用业	42	181			2
金属废料和碎屑加工处理	421	111			1
非金属废料和碎屑加工处理	422	70			1
金属制品、机械和设备修理业	43	115		4	4
金属制品修理	431	4			1
通用设备修理	432	12			
专用设备修理	433	26		2	1
铁路、船舶、航空航天等运输设备修理	434	24		2	1
电气设备修理	435	9			
仪器仪表修理	436	6			1
其他机械和设备修理业	439	34			
电力、热力、燃气及水生产和供应业	**D**	**2413**		**120**	**187**
电力、热力生产和供应业	44	1750		82	119
电力生产	441	1653		77	99
电力供应	442	84		5	20
热力生产和供应	443	13			
燃气生产和供应业	45	82			
燃气生产和供应业	450	82			
水的生产和供应业	46	581		38	68
自来水生产和供应	461	494		38	68
污水处理及其再生利用	462	69			
其他水的处理、利用与分配	469	18			
建筑业	**E**	**4440**		**103**	**130**
房屋建筑业	47	826		89	83
房屋建筑业	470	826		89	83
土木工程建筑业	48	634		7	29
铁路、道路、隧道和桥梁工程建筑	481	199		4	10
水利和内河港口工程建筑	482	69		2	10
海洋工程建筑	483				
工矿工程建筑	484	36			3
架线和管道工程建筑	485	103			5
其他土木工程建筑	489	227		1	1
建筑安装业	49	594		1	10
电气安装	491	153		1	1
管道和设备安装	492	79			1
其他建筑安装业	499	362			8
建筑装饰和其他建筑业	50	2386		6	8
建筑装饰业	501	1847		2	2
工程准备活动	502	119		1	1
提供施工设备服务	503	156			
其他未列明建筑业	509	264		3	5
批发和零售业	**F**	**63073**	**8**	**941**	**804**
批发业	51	32922	4	484	438
农、林、牧产品批发	511	2916	1	65	52
食品、饮料及烟草制品批发	512	3391	1	50	44
纺织、服装及家庭用品批发	513	2653		17	28
文化、体育用品及器材批发	514	810		18	12

1992-1995年	1996年	1997年	1998年	1999年	2000年	2001年	2002年
1			2			1	
						1	
1		2	1		2		2
	1			4	2	2	2
	1			2	1	2	1
				2	1		1
4		1	3		3	5	2
1					2		
		1	1			1	1
1					1		
						3	
1							
1			2			1	1
99	**29**	**40**	**59**	**53**	**58**	**91**	**120**
44	17	20	37	35	44	69	99
41	17	20	35	32	41	67	97
3			2	3	3	2	2
2		1	1		2	3	
2		1	1		2	3	
53	12	19	21	18	12	19	21
52	12	19	21	17	12	16	20
1						1	
				1		2	1
170	**23**	**56**	**67**	**56**	**39**	**81**	**97**
99	9	14	13	3	5	19	32
99	9	14	13	3	5	19	32
18	3	20	14	12	7	11	14
8	2	14	6	4	3	3	4
2		3	2	1		1	3
2		1	1	1			
3	1	2	2	3	1	3	3
3			3	3	3	4	4
16	2	10	16	18	8	21	17
3	1	3	4	2	3	8	10
2	1	2	4	3	4		3
11		5	8	13	1	13	4
37	9	12	24	23	19	30	34
31	9	10	23	17	14	22	25
4				4		3	4
1				1	1	1	1
1		2	1	1	4	4	4
771	**222**	**266**	**462**	**466**	**680**	**718**	**942**
464	113	152	272	283	402	450	520
42	11	10	36	13	27	24	22
35	12	13	33	22	34	42	36
20	5	10	10	16	24	40	36
23	1	3	3	14	17	18	16

2-3 续表 6

行　业	代码	法　人单位数（个）	1949年及以前	1950-1977年	1978-1991年
医药及医疗器材批发	515	1321		10	15
矿产品、建材及化工产品批发	516	12071	2	276	220
机械设备、五金产品及电子产品批发	517	6992		29	33
贸易经纪与代理	518	1670		9	18
其他批发业	519	1098		10	16
零售业	52	30151	4	457	366
综合零售	521	2944		287	120
食品、饮料及烟草制品专门零售	522	3155		43	48
纺织、服装及日用品专门零售	523	2425	1	21	21
文化、体育用品及器材专门零售	524	1182	2	41	21
医药及医疗器材专门零售	525	7076	1	25	78
汽车、摩托车、燃料及零配件专门零售	526	3004			23
家用电器及电子产品专门零售	527	4020		6	11
五金、家具及室内装饰材料专门零售	528	3442		19	26
货摊、无店铺及其他零售业	529	2903		15	18
交通运输、仓储和邮政业	**G**	**4584**		**108**	**161**
铁路运输业	53				
道路运输业	54	2592		23	54
城市公共交通运输	541	238		3	8
公路旅客运输	542	280		4	14
道路货物运输	543	1872		11	22
道路运输辅助活动	544	202		5	10
水上运输业	55	396		30	30
水上旅客运输	551	46		4	3
水上货物运输	552	286		25	23
水上运输辅助活动	553	64		1	4
航空运输业	56	24			
航空客货运输	561	13			
通用航空服务	562	8			
航空运输辅助活动	563	3			
管道运输业	57				
管道运输业	570				
装卸搬运和运输代理业	58	947		12	30
装卸搬运	581	275		11	15
运输代理业	582	672		1	15
仓储业	59	446		43	47
谷物、棉花等农产品仓储	591	206		41	39
其他仓储业	599	240		2	8
邮政业	60	179			
邮政基本服务	601	7			
快递服务	602	172			

1992-1995年	1996年	1997年	1998年	1999年	2000年	2001年	2002年
19	2	3	5	7	18	7	23
226	48	65	106	130	160	157	188
77	25	42	60	66	108	129	157
13	4	4	13	8	7	22	24
9	5	2	6	7	7	11	18
307	109	114	190	183	278	268	422
41	5	12	11	14	14	19	23
21	6	12	27	11	25	22	20
16	7	3	6	12	18	20	19
17	7	7	10	14	13	11	18
83	26	32	35	26	52	47	90
49	14	16	25	34	37	49	100
30	16	12	30	36	65	46	68
20	11	14	22	18	27	34	50
30	17	6	24	18	27	20	34
133	**29**	**41**	**90**	**67**	**74**	**100**	**95**
59	18	27	32	41	44	61	65
11	5	7	5	7	9	10	16
13		9	10	10	9	17	14
30	9	6	14	18	20	28	30
5	4	5	3	6	6	6	5
24	4	4	9	4	7	17	9
3			2	1	2	6	2
18	3	2	7	3	5	7	7
3	1	2				4	
2				2	2		1
1				1	1		
1				1	1		1
19	5	2	9	13	12	8	9
9	2		2	2	4	1	2
10	3	2	7	11	8	7	7
29	2	8	39	6	9	13	9
20	2	2	33	4	6	7	7
9		6	6	2	3	6	2
			1	1		1	2
			1				
				1		1	2

2-3 续表 7

行业	代码	法人单位数（个）	1949年及以前	1950-1977年	1978-1991年
住宿和餐饮业	H	**3336**	**1**	**46**	**114**
住宿业	61	1628		24	89
旅游饭店	611	636		11	36
一般旅馆	612	822		10	47
其他住宿业	619	170		3	6
餐饮业	62	1708	1	22	25
正餐服务	621	1152	1	18	20
快餐服务	622	135		3	1
饮料及冷饮服务	623	131			
其他餐饮业	629	290		1	4
信息传输、软件和信息技术服务业	I	**2078**			**10**
电信、广播电视和卫星传输服务	63	127			2
电信	631	108			
广播电视传输服务	632	16			2
卫星传输服务	633	3			
互联网和相关服务	64	283			1
互联网接入及相关服务	641	32			1
互联网信息服务	642	204			
其他互联网服务	649	47			
软件和信息技术服务业	65	1668			7
软件开发	651	861			2
信息系统集成服务	652	374			2
信息技术咨询服务	653	240			3
数据处理和存储服务	654	36			
集成电路设计	655	7			
其他信息技术服务业	659	150			
金融业	J				
房地产业	K	**7058**		**31**	**70**
房地产业	70	7058		31	70
房地产开发经营	701	3023			44
物业管理	702	1854		2	2
房地产中介服务	703	1727		1	7
自有房地产经营活动	704				
其他房地产业	709	454		28	17
租赁和商务服务业	L	**15919**	**1**	**98**	**130**
租赁业	71	1003		9	4
机械设备租赁	711	954		8	4
文化及日用品出租	712	49		1	
商务服务业	72	14916	1	89	126
企业管理服务	721	4052	1	71	43

1992-1995年	1996年	1997年	1998年	1999年	2000年	2001年	2002年
73	**21**	**42**	**37**	**38**	**56**	**55**	**64**
60	13	31	19	23	32	37	39
29	8	12	11	13	20	15	23
25	5	16	6	9	8	20	12
6		3	2	1	4	2	4
13	8	11	18	15	24	18	25
12	5	10	16	15	19	15	20
	2		1		1	2	3
	1	1			1	1	1
1			1		3		1
9	**2**	**3**	**12**	**15**	**18**	**27**	**36**
1			1	4	2	4	7
			1	3	2	4	7
1				1			
			1	1	5	4	3
			1				
				1	5	4	3
8	2	3	10	10	11	19	26
3		2	6	6	6	10	13
1	1		4	1	1	5	6
4	1			1	2	2	3
					1		
							2
		1		2	1	2	2
246	**39**	**46**	**49**	**60**	**119**	**144**	**187**
246	39	46	49	60	119	144	187
193	28	26	27	31	49	66	97
21	8	17	12	18	47	43	48
10		3	6	7	19	32	32
22	3		4	4	4	3	10
195	**69**	**76**	**90**	**114**	**148**	**172**	**195**
14	2	3	2	4	1	4	10
14	1	3	2	4	1	3	10
	1					1	
181	67	73	88	110	147	168	185
42	21	22	19	12	20	26	34

2-3 续表 8

行业	代码	法人单位数（个）	1949年及以前	1950-1977年	1978-1991年
法律服务	722	124			3
咨询与调查	723	2801		1	6
广告业	724	3412			6
知识产权服务	725	54			
人力资源服务	726	569			9
旅行社及相关服务	727	797		1	30
安全保护服务	728	198		1	5
其他商务服务业	729	2909		15	24
科学研究和技术服务业	**M**	**4355**		**20**	**74**
研究和试验发展	73	279		5	8
自然科学研究和试验发展	731	47		3	
工程和技术研究和试验发展	732	92		2	4
农业科学研究和试验发展	733	92			4
医学研究和试验发展	734	46			
社会人文科学研究	735	2			
专业技术服务业	74	2779		12	48
气象服务	741	15		1	
地震服务	742	1			
海洋服务	743	4			
测绘服务	744	165			2
质检技术服务	745	327		2	4
环境与生态监测	746	39			
地质勘查	747	68		1	
工程技术	748	1344		6	34
其他专业技术服务业	749	816		2	8
科技推广和应用服务业	75	1297		3	18
技术推广服务	751	1026		3	16
科技中介服务	752	75			1
其他科技推广和应用服务业	759	196			1
水利、环境和公共设施管理业	**N**	**684**			**15**
水利管理业	76	69			7
防洪除涝设施管理	761	8			
水资源管理	762	12			
天然水收集与分配	763	16			6
水文服务	764	2			
其他水利管理业	769	31			1
生态保护和环境治理业	77	88			
生态保护	771	15			
环境治理业	772	73			
公共设施管理业	78	527			8
市政设施管理	781	52			2

1992-1995年	1996年	1997年	1998年	1999年	2000年	2001年	2002年
5	2	3	4	3	1	9	5
19	9	4	11	25	35	23	28
29	12	15	18	25	41	43	42
				1		2	
4	2	1		3	4	3	1
39	3	10	14	16	13	17	29
6	1		1	3	1	6	6
37	17	18	21	22	32	39	40
90	**27**	**35**	**36**	**55**	**69**	**78**	**111**
7	1	2	4	1	1	7	4
			1		1	1	1
1	1	2	1			4	2
5			2	1		1	
1						1	1
53	20	30	29	44	58	56	86
2		2		1	2	2	
	1						
1	1	1	1		4	8	10
6	2	5	3	6	1	1	7
1					1	1	1
3		1		1	2		1
33	12	15	16	27	32	30	53
7	4	6	9	9	16	14	14
30	6	3	3	10	10	15	21
26	4	3	2	10	7	10	17
2	1		1		2	3	
2	1				1	2	4
24	**5**	**3**	**9**	**5**	**12**	**13**	**14**
3	1		4		3	1	1
			1		1		
			1		1		
	1		1				
3			1		1	1	1
2			2	1	1		2
1			1	1			
1			1		1		2
19	4	3	3	4	8	12	11
6			2			1	1

2-3 续表 9

行　业	代码	法　人单位数(个)	1949年及以前	1950-1977年	1978-1991年
环境卫生管理	782	48			1
城乡市容管理	783	2			
绿化管理	784	151			
公园和游览景区管理	785	274			5
居民服务、修理和其他服务业	**O**	**3341**		**20**	**30**
居民服务业	79	1087		4	9
家庭服务	791	279			2
托儿所服务	792	2			
洗染服务	793	70			
理发及美容服务	794	264		1	3
洗浴服务	795	37			
保健服务	796	133			1
婚姻服务	797	77			
殡葬服务	798	33		1	
其他居民服务业	799	192		2	3
机动车、电子产品和日用产品修理业	80	1449		15	17
汽车、摩托车修理与维护	801	1078		12	15
计算机和办公设备维修	802	125			
家用电器修理	803	182			1
其他日用产品修理业	809	64		3	1
其他服务业	81	805		1	4
清洁服务	811	360			1
其他未列明服务业	819	445		1	3
教育	**P**				
教育	82				
学前教育	821				
初等教育	822				
中等教育	823				
高等教育	824				
特殊教育	825				
技能培训、教育辅助及其他教育	829				
卫生和社会工作	**Q**	**18**			**2**
卫生	83				
医院	831				
社区医疗与卫生院	832				
门诊部(所)	833				
计划生育技术服务活动	834				
妇幼保健院(所、站)	835				
专科疾病防治院(所、站)	836				
疾病预防控制中心	837				
其他卫生活动	839				

1992-1995年	1996年	1997年	1998年	1999年	2000年	2001年	2002年
3	1			1	1	1	
3	1			1	1	1	3
7	2	3	1	2	6	9	7
59	**23**	**18**	**22**	**31**	**35**	**45**	**44**
11	2	3	6	7	4	11	6
			1		1		1
						1	
					1	2	
1	2	1	1			1	1
1		1		2		1	1
1					1		
						1	1
6			2			3	
2		1	2	5	1	2	2
40	16	13	12	15	20	20	21
35	13	9	10	12	15	13	15
1		1			1	3	3
3	2	3	2	3	4	4	3
1	1						
8	5	2	4	9	11	14	17
5	4	1	3	3	6	9	14
3	1	1	1	6	5	5	3

2-3 续表 10

行业	代码	法人单位数（个）	1949年及以前	1950-1977年	1978-1991年
社会工作	84	18			2
提供住宿社会工作	841	11			
不提供住宿社会工作	842	7			2
文化、体育和娱乐业	**R**	**4630**		**29**	**55**
新闻和出版业	85	42		1	11
新闻业	851	3			
出版业	852	39		1	11
广播、电视、电影和影视录音制作业	86	212		26	37
广播	861	2			
电视	862	1			
电影和影视节目制作	863	67		1	1
电影和影视节目发行	864	17		3	1
电影放映	865	115		22	35
录音制作	866	10			
文化艺术业	87	225		1	2
文艺创作与表演	871	70			1
艺术表演场馆	872	9		1	
图书馆与档案馆	873	7			
文物及非物质文化遗产保护	874	5			
博物馆	875	2			
烈士陵园、纪念馆	876				
群众文化活动	877	23			1
其他文化艺术业	879	109			
体育	88	138			3
体育组织	881	17			
体育场馆	882	25			3
休闲健身活动	883	74			
其他体育	889	22			
娱乐业	89	4013		1	2
室内娱乐活动	891	3923		1	1
游乐园	892	15			
彩票活动	893				
文化、娱乐、体育经纪代理	894	32			1
其他娱乐业	899	43			
公共管理、社会保障和社会组织	**S**				

1992-1995年	1996年	1997年	1998年	1999年	2000年	2001年	2002年
18	**9**	**8**	**12**	**19**	**70**	**154**	**211**
4				1	1		
4				1	1		
6	4		1	1	2	1	
					2	1	
			1				
6	3						
	1			1			
1		1	1	2	3	1	4
		1	1	1	2		1
					1	1	
1							
				1			
							1
							2
1	1	2	3	1		2	5
	1	1	1				3
1		1	2	1		2	2
6	4	5	7	14	64	150	202
3	3	5	6	11	63	147	200
1						1	1
				2			
2	1		1	1	1	2	1

2-3 续表 11

行业	代码	2003年	2004年	2005年	2006年
总　计		**3631**	**3916**	**4676**	**5638**
农、林、牧、渔业	A	**8**	**9**	**11**	**16**
农业	01				
谷物种植	011				
豆类、油料和薯类种植	012				
棉、麻、糖、烟草种植	013				
蔬菜、食用菌及园艺作物种植	014				
水果种植	015				
坚果、含油果、香料和饮料作物种植	016				
中药材种植	017				
其他农业	019				
林业	02				
林木育种和育苗	021				
造林和更新	022				
森林经营和管护	023				
木材和竹材采运	024				
林产品采集	025				
畜牧业	03				
牲畜饲养	031				
家禽饲养	032				
狩猎和捕捉动物	033				
其他畜牧业	039				
渔业	04				
水产养殖	041				
水产捕捞	042				
农、林、牧、渔服务业	05	8	9	11	16
农业服务业	051	6	4	9	14
林业服务业	052	1	1	2	2
畜牧服务业	053	1	1		
渔业服务业	054		3		
采矿业	B	**84**	**73**	**138**	**161**
煤炭开采和洗选业	06	1	1	4	1
烟煤和无烟煤开采洗选	061	1		2	1
褐煤开采洗选	062		1	2	
其他煤炭采选	069				
石油和天然气开采业	07				
石油开采	071				
天然气开采	072				
黑色金属矿采选业	08	11	18	34	23
铁矿采选	081	4	7	17	5
锰矿、铬矿采选	082	6	9	16	14
其他黑色金属矿采选	089	1	2	1	4
有色金属矿采选业	09	14	19	18	44
常用有色金属矿采选	091	12	14	15	38
贵金属矿采选	092	1	4	2	6
稀有稀土金属矿采选	093	1	1	1	
非金属矿采选业	10	57	34	81	92
土砂石开采	101	50	26	64	77
化学矿开采	102	1		3	5
采盐	103				
石棉及其他非金属矿采选	109	6	8	14	10

法人单位数(个)							
2007年	2008年	2009年	2010年	2011年	2012年	2013年	无开业年份
6440	**7072**	**11497**	**14427**	**19935**	**25902**	**20660**	**123**
23	**27**	**86**	**69**	**125**	**205**	**207**	**2**
	1	2	5	4	3	2	
					1		
		1	1	1			
	1	1	1			1	
				3	1		
			1		1	1	
			2				
		1		1	1		
				1	1		
		1					
2	2		2	1			
1	2		2				
1				1			
		1		2	1		
		1		2	1		
21	24	82	62	117	200	205	2
18	18	73	49	79	133	139	2
2	2	4	4	16	35	34	
1	1	2	4	13	17	15	
	3	3	5	9	15	17	
194	**212**	**336**	**318**	**307**	**517**	**258**	**6**
6	2	1	3	6	3	4	
1	2	1	1	5	2	2	
4			2				
1				1	1	2	
	1			1		1	
				1		1	
	1						
25	51	38	39	11	23	15	1
7	18	15	20	6	13	10	
10	19	11	11	2	2	2	1
8	14	12	8	3	8	3	
50	38	32	33	35	44	33	2
42	31	26	26	32	36	23	1
7	6	3	7	2	6	6	1
1	1	3		1	2	4	
110	106	248	230	228	437	181	3
93	84	211	205	208	393	160	3
4	5	6	1	2	8	2	
		1			1		
13	17	30	24	18	35	19	

2-3 续表 12

行 业	代码	2003年	2004年	2005年	2006年
开采辅助活动	11		1		
煤炭开采和洗选辅助活动	111				
石油和天然气开采辅助活动	112				
其他开采辅助活动	119		1		
其他采矿业	12	1		1	1
其他采矿业	120	1		1	1
制造业	**C**	**854**	**819**	**1027**	**1135**
农副食品加工业	13	61	52	87	78
谷物磨制	131	8	7	12	9
饲料加工	132	9	9	19	20
植物油加工	133	9	8	12	8
制糖业	134	1	2	3	
屠宰及肉类加工	135	6	5	11	19
水产品加工	136	5	5	7	5
蔬菜、水果和坚果加工	137	7	2	5	4
其他农副食品加工	139	16	14	18	13
食品制造业	14	28	28	52	43
焙烤食品制造	141	6	8	9	10
糖果、巧克力及蜜饯制造	142	4	2	3	3
方便食品制造	143	3	4	8	8
乳制品制造	144	3		4	1
罐头食品制造	145	2	4	6	4
调味品、发酵制品制造	146	3	4	8	9
其他食品制造	149	7	6	14	8
酒、饮料和精制茶制造业	15	39	27	39	44
酒的制造	151	14	8	16	14
饮料制造	152	18	13	16	22
精制茶加工	153	7	6	7	8
烟草制品业	16				
烟叶复烤	161				
卷烟制造	162				
其他烟草制品制造	169				
纺织业	17	27	21	26	25
棉纺织及印染精加工	171	7	4	8	6
毛纺织及染整精加工	172	1	3	1	5
麻纺织及染整精加工	173	1	2	1	1
丝绢纺织及印染精加工	174	10	8	5	7
化纤织造及印染精加工	175			1	
针织或钩针编织物及其制品制造	176	5	2	4	5
家用纺织制成品制造	177	2		4	1
非家用纺织制成品制造	178	1	2	2	
纺织服装、服饰业	18	17	12	18	9
机织服装制造	181	15	11	15	8
针织或钩针编织服装制造	182	1	1	2	1
服饰制造	183	1		1	
皮革、毛皮、羽毛及其制品和制鞋业	19	10	11	12	14
皮革鞣制加工	191	3	3	2	2
皮革制品制造	192	5	6	6	9
毛皮鞣制及制品加工	193		1		
羽毛(绒)加工及制品制造	194	2	1	3	1
制鞋业	195			1	2

法人单位数(个)							
2007年	2008年	2009年	2010年	2011年	2012年	2013年	无开业年份
	3	2	4	8	3	4	
				2	1	1	
	1						
	2	2	4	6	2	3	
3	11	15	9	18	7	20	
3	11	15	9	18	7	20	
1224	**1236**	**1672**	**2024**	**2560**	**3162**	**2267**	**39**
75	111	120	121	169	171	199	1
14	32	18	22	31	24	39	
16	11	20	18	18	14	10	
7	6	16	14	19	29	33	
1	1	1		1	5	6	
14	13	14	17	27	26	28	1
6	6	14	15	12	12	11	
6	15	15	13	15	24	24	
11	27	22	22	46	37	48	
49	53	52	75	140	132	159	1
12	18	10	34	91	70	79	1
5	2	3	1	4	4	6	
10	17	12	12	16	24	33	
2	1	2	1		1	1	
2	2	2	6	3	5	4	
2	6	5	4	5	13	8	
16	7	18	17	21	15	28	
49	44	46	65	68	80	63	2
17	14	9	15	18	14	17	2
20	15	24	28	25	40	26	
12	15	13	22	25	26	20	
		1			2		
					1		
		1			1		
23	10	33	30	61	74	48	
1	1	6	4	10	11	11	
3	2	5	5	13	1	2	
1		2	1	1	3	1	
9	4	5	5	10	10	11	
					3	1	
4	1	12	5	14	13	10	
4	1	3	5	10	26	10	
1	1		5	3	7	2	
15	18	34	136	144	130	74	
14	12	33	134	117	81	51	
1	1		1	13	16	4	
	5	1	1	14	33	19	
19	17	10	39	59	52	63	
2	1	1	6	3	4	4	
6	11	4	15	25	22	14	
1		1	1	3	8	3	
8	2	3	4	9	10	28	
2	3	1	13	19	8	14	

2-3 续表 13

行　业	代码	2003年	2004年	2005年	2006年
木材加工和木、竹、藤、棕、草制品业	20	70	98	106	122
木材加工	201	25	37	47	51
人造板制造	202	26	32	29	41
木制品制造	203	13	19	16	22
竹、藤、棕、草等制品制造	204	6	10	14	8
家具制造业	21	8	17	5	25
木质家具制造	211	8	14	4	20
竹、藤家具制造	212		1		
金属家具制造	213		1		1
塑料家具制造	214				
其他家具制造	219		1	1	4
造纸和纸制品业	22	32	30	24	51
纸浆制造	221	1		1	1
造纸	222	11	15	10	26
纸制品制造	223	20	15	13	24
印刷和记录媒介复制业	23	43	34	41	33
印刷	231	39	32	37	30
装订及印刷相关服务	232	3	2	4	3
记录媒介复制	233	1			
文教、工美、体育和娱乐用品制造业	24	24	23	27	28
文教办公用品制造	241		2		
乐器制造	242				
工艺美术品制造	243	22	20	26	27
体育用品制造	244				
玩具制造	245	2	1	1	1
游艺器材及娱乐用品制造	246				
石油加工、炼焦和核燃料加工业	25	2		2	3
精炼石油产品制造	251	2		2	3
炼焦	252				
核燃料加工	253				
化学原料和化学制品制造业	26	72	60	75	92
基础化学原料制造	261	10	10	13	16
肥料制造	262	16	8	14	13
农药制造	263	2	4	2	4
涂料、油墨、颜料及类似产品制造	264	9	7	6	4
合成材料制造	265	1	2	1	2
专用化学产品制造	266	21	21	28	36
炸药、火工及焰火产品制造	267	6	2	6	6
日用化学产品制造	268	7	6	5	11
医药制造业	27	25	24	26	16
化学药品原料药制造	271	4		3	3
化学药品制剂制造	272	1	2	5	
中药饮片加工	273	2	2	4	3
中成药生产	274	13	13	5	4
兽用药品制造	275	3	3	4	2
生物药品制造	276	1		3	1
卫生材料及医药用品制造	277	1	4	2	3

法人单位数(个)							
2007年	2008年	2009年	2010年	2011年	2012年	2013年	无开业年份
168	159	232	331	469	926	374	8
73	66	114	212	271	740	231	5
68	58	87	87	127	120	101	2
20	23	18	24	47	34	29	1
7	12	13	8	24	32	13	
12	26	42	38	71	64	68	1
7	21	31	29	58	43	54	1
	1	5	1	1		1	
3	1	2	1	4	6	3	
			2	2	1		
2	3	4	5	6	14	10	
35	57	57	47	63	78	53	1
1		4	2	2			1
18	34	21	23	22	28	20	
16	23	32	22	39	50	33	
47	23	50	47	54	50	35	1
39	17	43	37	47	42	32	1
8	6	5	10	7	8	3	
		2					
34	23	39	50	69	101	86	
	1	1	1	5	2	3	
		1				1	
28	18	32	40	49	78	56	
1		2		2	3	1	
5	4	3	9	13	18	24	
						1	
6	5	7	7	8	6	6	
5	4	6	6	7	5	2	
1	1	1	1			3	
				1	1	1	
91	74	85	85	85	100	71	
14	13	15	12	11	17	6	
23	25	30	19	18	23	17	
1	2		4	3	4	2	
8	6	12	10	10	8	4	
		2	7	5	4	4	
24	16	13	15	19	27	12	
14	1	6	5	8	4	7	
7	11	7	13	11	13	19	
24	11	19	27	17	34	25	
2		2	5	1	2		
3	1	2		2	4	1	
5	3	2	3	3	7	7	
5	2	5	3	3	7	3	
4		2		1	4	1	
3	2	1	10	6	5	8	
2	3	5	6	1	5	5	

2-3 续表 14

行　业	代码	2003年	2004年	2005年	2006年
化学纤维制造业	28			1	
纤维素纤维原料及纤维制造	281				
合成纤维制造	282			1	
橡胶和塑料制品业	29	40	26	46	52
橡胶制品业	291	1	3	8	9
塑料制品业	292	39	23	38	43
非金属矿物制品业	30	126	120	160	203
水泥、石灰和石膏制造	301	17	18	29	34
石膏、水泥制品及类似制品制造	302	23	22	26	29
砖瓦、石材等建筑材料制造	303	68	60	81	111
玻璃制造	304		1	2	1
玻璃制品制造	305	2		1	5
玻璃纤维和玻璃纤维增强塑料制品制造	306	2	1	2	1
陶瓷制品制造	307	2	7	6	7
耐火材料制品制造	308	1	1	3	1
石墨及其他非金属矿物制品制造	309	11	10	10	14
黑色金属冶炼和压延加工业	31	45	69	32	33
炼铁	311	4	5	2	3
炼钢	312	2	1	1	
黑色金属铸造	313	11	9	13	18
钢压延加工	314	4	9	5	7
铁合金冶炼	315	24	45	11	5
有色金属冶炼和压延加工业	32	10	11	19	24
常用有色金属冶炼	321	8	6	15	12
贵金属冶炼	322				3
稀有稀土金属冶炼	323			1	2
有色金属合金制造	324				2
有色金属铸造	325	1		1	
有色金属压延加工	326	1	5	2	5
金属制品业	33	27	32	37	40
结构性金属制品制造	331	8	11	17	10
金属工具制造	332	1	4	5	8
集装箱及金属包装容器制造	333	3	2	1	3
金属丝绳及其制品制造	334	1	1	1	1
建筑、安全用金属制品制造	335	3	3	3	4
金属表面处理及热处理加工	336	2		3	3
搪瓷制品制造	337	1	2	1	
金属制日用品制造	338	2	6	2	8
其他金属制品制造	339	6	3	4	3
通用设备制造业	34	29	28	38	39
锅炉及原动设备制造	341	2	4	5	1
金属加工机械制造	342	8	4	5	12
物料搬运设备制造	343		1	2	2
泵、阀门、压缩机及类似机械制造	344	3	6	4	3
轴承、齿轮和传动部件制造	345	2	4	2	1
烘炉、风机、衡器、包装等设备制造	346	1	2	5	5
文化、办公用机械制造	347		1		
通用零部件制造	348	12	5	12	13
其他通用设备制造业	349	1	1	3	2
专用设备制造业	35	26	31	38	39
采矿、冶金、建筑专用设备制造	351	4	8	13	7

法人单位数(个)							
2007年	2008年	2009年	2010年	2011年	2012年	2013年	无开业年份
	1			2			
	1			2			
57	37	67	66	82	83	54	2
7	6	12	14	10	10	4	
50	31	55	52	72	73	50	2
194	232	371	374	422	440	309	7
19	23	38	25	50	34	24	1
35	31	92	76	103	106	96	
108	146	188	213	214	240	150	5
2		3	7	6	4	3	
3	5	4	3	10	5	8	
3	1	4	3	1	4		
6	5	11	15	14	22	9	1
3	1	3	3	2	3	2	
15	20	28	29	22	22	17	
40	47	26	32	27	22	12	
4	5	1				1	
				1	1	1	
14	16	12	10	13	6	2	
1	9	3	9	3	7	4	
21	17	10	13	10	8	4	
30	14	26	22	31	23	20	4
19	7	12	8	14	10	7	
2					1		
1	2		2	3		2	
1	1	2	2	3	2		
			2		1	1	
7	4	12	8	11	9	10	4
53	48	61	81	99	131	124	1
18	18	31	34	41	58	74	
10	11	6	17	15	17	9	
2	2	1	1	1	4	7	
1	2	1	2	3	2	1	
8	3	4	7	7	16	13	1
	3	1	4	2	2	4	
3				1	1		
4	7	11	6	16	19	7	
7	2	6	10	13	12	9	
42	38	70	63	96	81	71	
3	1	9	4	7	5	5	
10	8	16	21	20	20	18	
2	2	2		6	3	5	
2	4	5	3	2	9	1	
2	3			3	2	3	
4	5	4	4	12	10	8	
			1	1	1		
17	15	29	23	40	25	25	
2		5	7	5	6	6	
41	49	59	70	68	99	91	2
11	13	11	14	15	23	19	

2-3 续表 15

行 业	代码	2003年	2004年	2005年	2006年
化工、木材、非金属加工专用设备制造	352	6	6	6	11
食品、饮料、烟草及饲料生产专用设备制造	353	1	2		3
印刷、制药、日化及日用品生产专用设备制造	354	1	1	2	1
纺织、服装和皮革加工专用设备制造	355			1	
电子和电工机械专用设备制造	356	4	2		
农、林、牧、渔专用机械制造	357	6	9	11	8
医疗仪器设备及器械制造	358	1	3	4	4
环保、社会公共服务及其他专用设备制造	359	3		1	5
汽车制造业	36	35	19	49	41
汽车整车制造	361	1			
改装汽车制造	362	1	2	1	
低速载货汽车制造	363				
电车制造	364				
汽车车身、挂车制造	365	1			
汽车零部件及配件制造	366	32	17	48	41
铁路、船舶、航空航天和其他运输设备制造业	37	7	4	7	4
铁路运输设备制造	371	1		1	
城市轨道交通设备制造	372				
船舶及相关装置制造	373	4	3	4	3
航空、航天器及设备制造	374				
摩托车制造	375	1			
自行车制造	376	1		1	
非公路休闲车及零配件制造	377			1	
潜水救捞及其他未列明运输设备制造	379		1		1
电气机械和器材制造业	38	28	22	30	37
电机制造	381	4	5	9	5
输配电及控制设备制造	382	13	8	12	15
电线、电缆、光缆及电工器材制造	383	7	5	5	7
电池制造	384	2		1	2
家用电力器具制造	385	1		1	3
非电力家用器具制造	386	1	1	1	1
照明器具制造	387		1		1
其他电气机械及器材制造	389		2	1	3
计算机、通信和其他电子设备制造业	39	8	6	12	21
计算机制造	391			3	2
通信设备制造	392	2	2		4
广播电视设备制造	393		1	2	1
雷达及配套设备制造	394				
视听设备制造	395	1		2	2
电子器件制造	396	2			3
电子元件制造	397	1	3	4	7
其他电子设备制造	399	2		1	2
仪器仪表制造业	40	7	7	8	4
通用仪器仪表制造	401	3	2	6	
专用仪器仪表制造	402	1	1		1
钟表与计时仪器制造	403	1	1		1
光学仪器及眼镜制造	404	2	3	1	
其他仪器仪表制造业	409			1	2
其他制造业	41		4	2	3
日用杂品制造	411		1	1	1

法人单位数(个)							
2007年	2008年	2009年	2010年	2011年	2012年	2013年	无开业年份
4	6	11	12	7	21	25	2
4	6	3	3	2	3	5	
2	3	6	4	5	7	9	
					1	1	
1	2	1	5	4	6	7	
10	7	12	17	27	25	9	
4	1	3	3	4	7	7	
5	11	12	12	4	6	9	
42	44	36	53	51	55	41	2
1		1	1				1
	1						
	1						
			1		3		
	1		1	3		1	
41	41	35	50	48	52	40	1
5	6	8	13	13	13	20	1
1	1	1		1	1	10	
2	3	1	10	4		5	
	1				1		
1		1		1	2	1	
1	1	3	2	5	9	3	1
		2	1	2		1	
33	32	47	55	51	68	53	3
5	2	4	9	3	6	5	
12	18	14	14	14	20	13	1
5	4	8	13	7	9	8	
	1	4	1	2	3	3	
5	3	3	4	3	3	4	
2	2	3	5	4	6	9	1
1	2	5	5	12	11	7	1
3		6	4	6	10	4	
18	19	36	48	57	65	61	1
5	1	5	2	7	11	4	1
5	1	2	1	2	3	5	
	1		1	1	2		
		1					
1	3	1	3	1	2	6	
3	3	2	1	5	2	6	
4	8	15	28	34	32	25	
	2	10	12	7	13	15	
5	7	5	3	5	7	12	
1	4	1	1	1	3	4	
2	1	1		2	1	3	
1				1	1	1	
	1	1	1	1		2	
1	1	2	1		2	2	
7	10	12	14	27	29	32	
3	2	1	2	9	8	3	

2-3 续表 16

行业	代码	2003年	2004年	2005年	2006年
煤制品制造	412		1		1
核辐射加工	413		2		
其他未列明制造业	419			1	1
废弃资源综合利用业	42	5	1	7	6
金属废料和碎屑加工处理	421	2	1	3	5
非金属废料和碎屑加工处理	422	3		4	1
金属制品、机械和设备修理业	43	3	2	1	6
金属制品修理	431		1		
通用设备修理	432				1
专用设备修理	433	1			1
铁路、船舶、航空航天等运输设备修理	434		1		1
电气设备修理	435				2
仪器仪表修理	436	1			
其他机械和设备修理业	439	1		1	1
电力、热力、燃气及水生产和供应业	**D**	**215**	**190**	**196**	**160**
电力、热力生产和供应业	44	186	172	164	140
电力生产	441	178	166	160	136
电力供应	442	8	6	3	3
热力生产和供应	443			1	1
燃气生产和供应业	45	6	3	5	1
燃气生产和供应业	450	6	3	5	1
水的生产和供应业	46	23	15	27	19
自来水生产和供应	461	22	13	25	15
污水处理及其再生利用	462		2		2
其他水的处理、利用与分配	469	1		2	2
建筑业	**E**	**96**	**126**	**117**	**148**
房屋建筑业	47	17	24	26	31
房屋建筑业	470	17	24	26	31
土木工程建筑业	48	17	22	23	20
铁路、道路、隧道和桥梁工程建筑	481	2	8	3	5
水利和内河港口工程建筑	482		1	2	2
海洋工程建筑	483				
工矿工程建筑	484	2		1	1
架线和管道工程建筑	485	3	10	2	4
其他土木工程建筑	489	10	3	15	8
建筑安装业	49	14	19	17	17
电气安装	491	3	5	6	8
管道和设备安装	492	1	4	2	1
其他建筑安装业	499	10	10	9	8
建筑装饰和其他建筑业	50	48	61	51	80
建筑装饰业	501	26	29	28	48
工程准备活动	502	6		5	4
提供施工设备服务	503	10	19	7	19
其他未列明建筑业	509	6	13	11	9
批发和零售业	**F**	**1107**	**1167**	**1470**	**1831**
批发业	51	645	719	886	1076
农、林、牧产品批发	511	32	43	48	54
食品、饮料及烟草制品批发	512	46	56	70	83
纺织、服装及家庭用品批发	513	45	56	65	85
文化、体育用品及器材批发	514	22	26	24	28

法人单位数(个)							
2007年	2008年	2009年	2010年	2011年	2012年	2013年	无开业年份
	2	2	1	2	4	1	
4	6	9	11	16	17	28	
5	12	17	25	37	30	23	
2	8	10	15	28	16	13	
3	4	7	10	9	14	10	
5	9	4	7	15	16	20	1
					2		
	1	1		2	2	2	
2	3		2	2	3	4	1
3	1	3	1	4	4	1	
	1		1		1	1	
						3	
	3		3	7	4	9	
138	**90**	**161**	**105**	**91**	**131**	**73**	**7**
112	57	93	70	60	84	40	6
109	54	84	65	56	77	36	6
2	1	8	2	4	5	2	
1	2	1	3		2	2	
4	3	8	7	7	17	12	
4	3	8	7	7	17	12	
22	30	60	28	24	30	21	1
19	22	34	15	18	24	11	1
3	6	25	10	6	6	7	
	2	1	3			3	
154	**169**	**310**	**433**	**659**	**731**	**675**	
30	18	39	68	72	74	61	
30	18	39	68	72	74	61	
20	26	49	69	87	87	79	
2	5	15	26	28	30	17	
3	3	4	7	10	7	6	
2	1	1	6	2	5	7	
8	6	10	9	13	12	3	
5	11	19	21	34	33	46	
18	31	46	60	80	100	73	
5	8	12	17	15	24	14	
3	4	6	6	12	9	11	
10	19	28	37	53	67	48	
86	94	176	236	420	470	462	
51	64	117	184	337	393	415	
12	5	10	10	15	24	11	
9	12	13	14	21	14	13	
14	13	36	28	47	39	23	
2175	**2697**	**5473**	**6826**	**10175**	**13430**	**10408**	**34**
1379	1650	2612	3389	5009	6703	5251	21
79	102	145	238	501	781	590	
109	141	229	305	571	740	714	5
102	139	223	310	462	503	455	2
31	32	55	65	119	135	148	

2-3 续表 17

行业	代码	2003年	2004年	2005年	2006年
医药及医疗器材批发	515	39	45	48	61
矿产品、建材及化工产品批发	516	240	269	329	459
机械设备、五金产品及电子产品批发	517	170	169	244	258
贸易经纪与代理	518	31	26	34	22
其他批发业	519	20	29	24	26
零售业	52	462	448	584	755
综合零售	521	28	29	34	32
食品、饮料及烟草制品专门零售	522	28	33	41	46
纺织、服装及日用品专门零售	523	25	28	45	47
文化、体育用品及器材专门零售	524	19	18	20	46
医药及医疗器材专门零售	525	110	82	107	132
汽车、摩托车、燃料及零配件专门零售	526	77	63	122	153
家用电器及电子产品专门零售	527	85	98	119	148
五金、家具及室内装饰材料专门零售	528	50	51	55	76
货摊、无店铺及其他零售业	529	40	46	41	75
交通运输、仓储和邮政业	**G**	**113**	**103**	**164**	**202**
铁路运输业	53				
道路运输业	54	69	63	108	123
城市公共交通运输	541	11	10	12	9
公路旅客运输	542	18	8	13	16
道路货物运输	543	35	43	73	85
道路运输辅助活动	544	5	2	10	13
水上运输业	55	14	11	13	27
水上旅客运输	551	1	4	1	3
水上货物运输	552	11	6	9	22
水上运输辅助活动	553	2	1	3	2
航空运输业	56	2	2	1	1
航空客货运输	561	1		1	1
通用航空服务	562		2		
航空运输辅助活动	563	1			
管道运输业	57				
管道运输业	570				
装卸搬运和运输代理业	58	15	17	27	31
装卸搬运	581	4	1	4	11
运输代理业	582	11	16	23	20
仓储业	59	11	9	12	18
谷物、棉花等农产品仓储	591	3	2	3	3
其他仓储业	599	8	7	9	15
邮政业	60	2	1	3	2
邮政基本服务	601			1	
快递服务	602	2	1	2	2

法人单位数(个)							
2007年	2008年	2009年	2010年	2011年	2012年	2013年	无开业年份
56	49	125	145	221	290	131	2
559	542	929	1363	1827	2239	1730	7
342	343	608	725	932	1410	1063	2
49	233	187	127	203	356	279	1
52	69	111	111	173	249	141	2
796	1047	2861	3437	5166	6727	5157	13
55	58	146	192	476	713	634	1
48	86	102	221	515	962	836	2
78	85	117	122	519	690	525	
32	59	63	90	200	271	201	2
103	192	1427	1489	1198	1073	667	1
128	124	248	274	410	548	507	3
160	201	320	408	692	792	675	2
106	128	179	260	586	946	763	1
86	114	259	381	570	732	349	1
257	**345**	**384**	**514**	**512**	**588**	**499**	**5**
148	201	242	312	306	330	263	3
15	19	14	23	15	11	18	
14	23	24	20	14	19	10	1
111	145	187	253	260	276	214	2
8	14	17	16	17	24	21	
27	23	20	28	28	33	34	
1	1	5		3	3	1	
20	19	13	20	18	23	25	
6	3	2	8	7	7	8	
1	1	2		1	4	2	
				1	4	2	
		2					
1	1						
54	97	81	97	116	155	137	1
7	42	25	26	29	41	37	
47	55	56	71	87	114	100	1
19	18	22	27	32	44	28	1
5	4	5	6	3	6	5	
14	14	17	21	29	38	23	1
8	5	17	50	29	22	35	
2					1	2	
6	5	17	50	29	21	33	

2-3 续表 18

行　业	代码	2003年	2004年	2005年	2006年
住宿和餐饮业	H	**92**	**103**	**102**	**141**
住宿业	61	55	64	65	95
旅游饭店	611	29	32	22	34
一般旅馆	612	24	30	37	50
其他住宿业	619	2	2	6	11
餐饮业	62	37	39	37	46
正餐服务	621	26	35	31	37
快餐服务	622	5			2
饮料及冷饮服务	623	5	2	2	2
其他餐饮业	629	1	2	4	5
信息传输、软件和信息技术服务业	I	**52**	**56**	**78**	**81**
电信、广播电视和卫星传输服务	63	2	6	6	8
电信	631	2	4	5	7
广播电视传输服务	632		2	1	1
卫星传输服务	633				
互联网和相关服务	64	12	7	12	10
互联网接入及相关服务	641	1		2	
互联网信息服务	642	9	6	9	9
其他互联网服务	649	2	1	1	1
软件和信息技术服务业	65	38	43	60	63
软件开发	651	21	28	34	39
信息系统集成服务	652	10	9	12	12
信息技术咨询服务	653	5	4	6	8
数据处理和存储服务	654		1	4	1
集成电路设计	655				1
其他信息技术服务业	659	2	1	4	2
金融业	J				
房地产业	K	**282**	**327**	**352**	**418**
房地产业	70	282	327	352	418
房地产开发经营	701	145	162	180	223
物业管理	702	81	102	102	107
房地产中介服务	703	40	50	60	78
自有房地产经营活动	704				
其他房地产业	709	16	13	10	10
租赁和商务服务业	L	**293**	**367**	**438**	**556**
租赁业	71	9	14	23	21
机械设备租赁	711	9	14	23	21
文化及日用品出租	712				
商务服务业	72	284	353	415	535
企业管理服务	721	56	74	90	115

法人单位数(个)							
2007年	2008年	2009年	2010年	2011年	2012年	2013年	无开业年份
153	**178**	**186**	**257**	**381**	**641**	**550**	**5**
100	107	105	134	158	193	182	3
43	39	45	46	48	63	56	1
48	63	47	72	92	107	92	2
9	5	13	16	18	23	34	
53	71	81	123	223	448	368	2
42	51	57	92	149	263	217	1
5	6	3	10	18	45	28	
2	3	8	6	18	46	32	
4	11	13	15	38	94	91	1
93	**110**	**138**	**217**	**292**	**399**	**429**	**1**
7	9	15	12	13	17	11	
6	8	14	10	8	16	11	
		1	2	4	1		
1	1			1			
10	14	11	25	42	51	74	
1	1			6	11	8	
8	13	10	23	31	31	42	
1		1	2	5	9	24	
76	87	112	180	237	331	344	1
39	47	55	83	114	158	194	1
23	21	38	50	57	67	54	
9	11	7	25	33	56	60	
1	2	4	4	5	7	6	
			2	1		1	
4	6	8	16	27	43	29	
527	**431**	**625**	**775**	**751**	**757**	**817**	**5**
527	431	625	775	751	757	817	5
298	205	274	326	260	206	181	2
120	120	180	184	214	232	193	1
89	91	132	212	230	262	365	1
20	15	39	53	47	57	78	1
712	**790**	**1224**	**1694**	**2490**	**3336**	**2725**	**6**
32	31	71	98	165	268	217	1
28	30	67	90	163	251	207	1
4	1	4	8	2	17	10	
680	759	1153	1596	2325	3068	2508	5
172	169	301	435	663	908	756	2

2-3 续表 19

行 业	代码	2003年	2004年	2005年	2006年
法律服务	722	10	4	2	8
咨询与调查	723	49	62	90	96
广告业	724	73	84	99	142
知识产权服务	725	3	4	3	1
人力资源服务	726	9	12	16	15
旅行社及相关服务	727	22	24	24	43
安全保护服务	728	7	4	10	5
其他商务服务业	729	55	85	81	110
科学研究和技术服务业	**M**	**98**	**122**	**145**	**210**
研究和试验发展	73	6	9	4	11
自然科学研究和试验发展	731		1		2
工程和技术研究和试验发展	732	2	5		4
农业科学研究和试验发展	733	2		3	4
医学研究和试验发展	734	2	3	1	1
社会人文科学研究	735				
专业技术服务业	74	71	92	111	170
气象服务	741	1	2		
地震服务	742				
海洋服务	743			1	
测绘服务	744	5	10	18	21
质检技术服务	745	6	13	17	54
环境与生态监测	746		1		
地质勘查	747	2	3	3	4
工程技术	748	39	45	49	67
其他专业技术服务业	749	18	18	23	24
科技推广和应用服务业	75	21	21	30	29
技术推广服务	751	18	15	23	23
科技中介服务	752	2	1	5	1
其他科技推广和应用服务业	759	1	5	2	5
水利、环境和公共设施管理业	**N**	**27**	**21**	**35**	**29**
水利管理业	76	3	4	4	4
防洪除涝设施管理	761	2	1		1
水资源管理	762			3	
天然水收集与分配	763	1		1	1
水文服务	764				
其他水利管理业	769		3		2
生态保护和环境治理业	77	3	1	2	2
生态保护	771	1			
环境治理业	772	2	1	2	2
公共设施管理业	78	21	16	29	23
市政设施管理	781	3		1	2

法人单位数(个)							
2007年	2008年	2009年	2010年	2011年	2012年	2013年	无开业年份
5	1	13	12	11	14	9	
135	167	215	298	430	618	480	
148	159	258	356	550	710	601	1
3	2	5	4	7	8	11	
24	38	42	78	87	132	89	
33	47	55	60	110	113	92	2
15	8	13	20	21	29	36	
145	168	251	333	446	536	434	
185	**223**	**301**	**452**	**590**	**774**	**659**	**1**
13	12	22	26	41	56	39	
3	3	4	4	7	11	5	
3	2	5	10	11	19	14	
6	2	9	7	13	18	15	
1	5	4	4	10	7	5	
			1		1		
133	146	179	273	367	421	380	
1	1						
						1	
			1			1	
7	9	8	15	16	14	14	
24	34	28	26	29	35	24	
1		2	2	6	8	15	
5	2	8	6	14	10	2	
69	65	93	153	168	186	152	
26	35	40	70	134	168	171	
39	65	100	153	182	297	240	1
32	56	80	104	135	244	198	
4	4	4	7	17	13	7	
3	5	16	42	30	40	35	1
40	**36**	**65**	**53**	**86**	**104**	**85**	**3**
	3	2	3	9	12	5	
	1			1			
			1	1	2	3	
		1	1	1	1	1	
				1	1		
	2	1	1	5	8	1	
8	10	10	8	13	13	10	
			2	2	6	1	
8	10	10	6	11	7	9	
32	23	53	42	64	79	70	3
4	4	7	1	4	6	8	

2-3 续表 20

行 业	代码	2003年	2004年	2005年	2006年
环境卫生管理	782	4	2	6	1
城乡市容管理	783				
绿化管理	784	6	7	6	5
公园和游览景区管理	785	8	7	16	15
居民服务、修理和其他服务业	**O**	**61**	**62**	**83**	**115**
居民服务业	79	18	14	18	32
家庭服务	791	2	1	2	2
托儿所服务	792				
洗染服务	793	1		1	
理发及美容服务	794	4	7	7	11
洗浴服务	795	3	1	1	2
保健服务	796	3	2		3
婚姻服务	797	1			3
殡葬服务	798		1	1	2
其他居民服务业	799	4	2	6	9
机动车、电子产品和日用产品修理业	80	31	38	43	59
汽车、摩托车修理与维护	801	16	26	30	42
计算机和办公设备维修	802	6	10	4	4
家用电器修理	803	8	1	6	11
其他日用产品修理业	809	1	1	3	2
其他服务业	81	12	10	22	24
清洁服务	811	6	2	17	13
其他未列明服务业	819	6	8	5	11
教育	**P**				
教育	82				
学前教育	821				
初等教育	822				
中等教育	823				
高等教育	824				
特殊教育	825				
技能培训、教育辅助及其他教育	829				
卫生和社会工作	**Q**			**2**	**1**
卫生	83				
医院	831				
社区医疗与卫生院	832				
门诊部(所)	833				
计划生育技术服务活动	834				
妇幼保健院(所、站)	835				
专科疾病防治院(所、站)	836				
疾病预防控制中心	837				
其他卫生活动	839				

法人单位数(个)							
2007年	2008年	2009年	2010年	2011年	2012年	2013年	无开业年份
3	4	7	2	3	6	2	
					2		
8	8	7	12	18	31	33	
17	7	32	27	39	34	27	3
116	**145**	**222**	**290**	**510**	**755**	**652**	**3**
29	44	44	67	172	308	278	
3	7	7	10	41	95	104	
1							
3		3	3	20	24	12	
10	11	8	15	44	85	51	
1	3	1	4	3	7	5	
4	10	5	11	16	41	35	
2	4	6	6	16	20	17	
4	2	3	3	1	2	2	
1	7	11	15	31	34	52	
60	66	86	130	207	288	251	1
48	49	59	97	156	219	186	1
7	5	9	13	14	22	22	
3	6	14	16	28	37	27	
2	6	4	4	9	10	16	
27	35	92	93	131	159	123	2
15	17	35	27	47	68	66	1
12	18	57	66	84	91	57	1
	1	**1**	**1**	**2**	**6**	**1**	**1**

2-3 续表 21

行业	代码	2003年	2004年	2005年	2006年
社会工作	84			2	1
提供住宿社会工作	841			1	1
不提供住宿社会工作	842			1	
文化、体育和娱乐业	**R**	**249**	**371**	**318**	**434**
新闻和出版业	85	1	1	2	1
新闻业	851			1	
出版业	852	1	1	1	1
广播、电视、电影和影视录音制作业	86	1	12	5	5
广播	861				
电视	862				
电影和影视节目制作	863	1	7	3	5
电影和影视节目发行	864		1		
电影放映	865		4	1	
录音制作	866			1	
文化艺术业	87	2	1	3	5
文艺创作与表演	871	1		1	2
艺术表演场馆	872				
图书馆与档案馆	873				
文物及非物质文化遗产保护	874				
博物馆	875				1
烈士陵园、纪念馆	876				
群众文化活动	877	1		1	
其他文化艺术业	879		1	1	2
体育	88	5	5	4	4
体育组织	881	1	1		
体育场馆	882	1		1	1
休闲健身活动	883	3	4	2	3
其他体育	889			1	
娱乐业	89	240	352	304	419
室内娱乐活动	891	238	352	302	415
游乐园	892	1			1
彩票活动	893				
文化、娱乐、体育经纪代理	894			1	2
其他娱乐业	899	1		1	1
公共管理、社会保障和社会组织	**S**				

法人单位数(个)							
2007年	2008年	2009年	2010年	2011年	2012年	2013年	无开业年份
	1	1	1	2	6	1	1
	1	1		1	5		1
			1	1	1	1	
449	**382**	**313**	**399**	**404**	**366**	**355**	**5**
2	1	1	5	2	4	4	
		1				1	
2	1		5	2	4	3	
9	7	5	14	17	37	22	
					1	1	
					1		
4	3	3	6	8	12	10	
1		1	2	1	5	1	
4	3	1	5	7	15	9	
	1		1	1	3	1	
9	6	15	24	40	58	44	2
4	2	4	4	16	15	14	
					6		
		1	1		3	1	
1				1	1	1	
					1		
1	1	2	2	3	6	4	
3	3	8	17	20	26	24	2
4	11	10	10	19	31	14	3
1	2		2	2	4	4	
1	1	1		4	4	2	
	7	6	5	8	16	8	3
2	1	3	3	5	7		
425	357	282	346	326	236	271	
419	351	277	336	314	219	260	
	3	1	1			5	
3	2	2	6	3	9	1	
3	1	2	3	9	8	5	

2-4 按行业（中类）、开业（成立）时间

行业	代码	从业人员数（人）	1949年及以前	1950-1977年	1978-1991年
总计		**2331911**	**205**	**87062**	**96776**
农、林、牧、渔业	A	**19968**		**7964**	**1152**
农业	01	8534		6240	
谷物种植	011	26			
豆类、油料和薯类种植	012				
棉、麻、糖、烟草种植	013	2462		1157	
蔬菜、食用菌及园艺作物种植	014	707			
水果种植	015	1292		1146	
坚果、含油果、香料和饮料作物种植	016	1829		1745	
中药材种植	017				
其他农业	019	2218		2192	
林业	02	2610		1607	690
林木育种和育苗	021	866		52	608
造林和更新	022	1153		1153	
森林经营和管护	023	192		14	71
木材和竹材采运	024	11			11
林产品采集	025	388		388	
畜牧业	03	125			
牲畜饲养	031	104			
家禽饲养	032	21			
狩猎和捕捉动物	033				
其他畜牧业	039				
渔业	04	440			363
水产养殖	041	77			
水产捕捞	042	363			363
农、林、牧、渔服务业	05	8259		117	99
农业服务业	051	6282		10	91
林业服务业	052	929		59	5
畜牧服务业	053	750		48	
渔业服务业	054	298			3
采矿业	B	**70345**		**2018**	**2045**
煤炭开采和洗选业	06	2781		315	67
烟煤和无烟煤开采洗选	061	1874		311	33
褐煤开采洗选	062	825		4	
其他煤炭采选	069	82			34
石油和天然气开采业	07	135			
石油开采	071	123			
天然气开采	072	12			
黑色金属矿采选业	08	10387		165	415
铁矿采选	081	4128		52	110
锰矿、铬矿采选	082	4318		63	267
其他黑色金属矿采选	089	1941		50	38
有色金属矿采选业	09	13653		678	432
常用有色金属矿采选	091	10701		566	167
贵金属矿采选	092	1981			2
稀有稀土金属矿采选	093	971		112	263

分组的小微企业法人单位从业人员数

1992–1995年	1996年	1997年	1998年	1999年	2000年	2001年	2002年
94682	**21252**	**25774**	**35413**	**33915**	**46871**	**66584**	**71578**
1383	**25**	**17**	**58**	**30**	**26**	**59**	**352**
1252			27				10
1248							
							10
4			27				
96							
96							
		15		30			
		15		30			
35	25	2	31		26	59	342
25	10	2	17		22	44	328
1			14			15	
8	15						3
1					4		11
1815	**534**	**576**	**842**	**787**	**806**	**1550**	**1100**
	22	1				34	
	7	1				34	
	15						
109	214		439	125	70	286	423
12					2		163
15	214		414	125	56	106	140
82			25		12	180	120
491	204	399	105	237	326	455	125
432	20	295	62	80	326	133	125
59	184		43	117		312	
		104		40		10	

2-4 续表 1

行　业	代码	从业人员数（人）	1949年及以前	1950-1977年	1978-1991年
非金属矿采选业	10	41345		860	1128
土砂石开采	101	33111		95	406
化学矿开采	102	1942			402
采盐	103	876		765	
石棉及其他非金属矿采选	109	5416			320
开采辅助活动	11	918			3
煤炭开采和洗选辅助活动	111	531			
石油和天然气开采辅助活动	112	31			
其他开采辅助活动	119	356			3
其他采矿业	12	1126			
其他采矿业	120	1126			
制造业	**C**	**863260**	**49**	**15098**	**27536**
农副食品加工业	13	67650		2227	3607
谷物磨制	131	7423		3	150
饲料加工	132	14699			912
植物油加工	133	3404			2
制糖业	134	1985		4	8
屠宰及肉类加工	135	12156		1796	1189
水产品加工	136	5434			162
蔬菜、水果和坚果加工	137	6854		167	39
其他农副食品加工	139	15695		257	1145
食品制造业	14	29432		322	1030
焙烤食品制造	141	6863		106	425
糖果、巧克力及蜜饯制造	142	1976		35	186
方便食品制造	143	4811		47	87
乳制品制造	144	2356			208
罐头食品制造	145	3225		95	12
调味品、发酵制品制造	146	2966		14	35
其他食品制造	149	7235		25	77
酒、饮料和精制茶制造业	15	26809		649	478
酒的制造	151	7413		62	126
饮料制造	152	10118		8	104
精制茶加工	153	9278		579	248
烟草制品业	16	75			4
烟叶复烤	161	2			
卷烟制造	162	73			4
其他烟草制品制造	169				
纺织业	17	24402	8	528	75
棉纺织及印染精加工	171	6445		122	13
毛纺织及染整精加工	172	1316			
麻纺织及染整精加工	173	692		39	1
丝绢纺织及印染精加工	174	10391		16	5
化纤织造及印染精加工	175	232			
针织或钩针编织物及其制品制造	176	2554		80	2
家用纺织制成品制造	177	1870		251	19
非家用纺织制成品制造	178	902	8	20	35
纺织服装、服饰业	18	29490		281	420
机织服装制造	181	25203		281	324
针织或钩针编织服装制造	182	2393			
服饰制造	183	1894			96

1992-1995年	1996年	1997年	1998年	1999年	2000年	2001年	2002年
1210	82	176	298	425	370	755	549
1089	82	89	85	349	219	689	420
30			43	31	103	30	
					36		32
91		87	170	45	12	36	97
	12				40	20	
	12				40	20	
5							3
5							3
34218	**10337**	**9919**	**14504**	**16035**	**18543**	**25482**	**31377**
3014	521	1075	1416	873	2003	1648	3532
168	16	1	272	21	81	430	135
876	454	762	376	364	962	409	554
14	6		56	29	36	311	134
							299
269	8	99	105	44	444	45	324
113	35	86	12	270	92	272	380
1		40	30	145	260	61	287
1573	2	87	565		128	120	1419
746	219	458	1014	936	911	1423	941
74	78	103	215	122	219	316	60
	48		31	111	120	17	196
3			298	14	165	24	47
			46	243		262	
139	60	113	258	375	80	90	450
50		36	38	9	224	39	14
480	33	206	128	62	103	675	174
1511	879	346	625	522	798	869	774
405	222	29	18	166	89	197	168
358	148	25	161	109	262	550	346
748	509	292	446	247	447	122	260
749	36	270	7	233	137	1216	602
252		1	6	29		105	161
111				3			53
80							
170	7				82	1045	158
					12		
		253	1			28	50
113	29			201	43	22	10
23		16				16	170
71	157	57	197	111	174	213	683
71	142	57	197	111	156	115	675
					18	98	8
	15						

2-4 续表 2

行　业	代码	从业人员数（人）	1949年及以前	1950-1977年	1978-1991年
皮革、毛皮、羽毛及其制品和制鞋业	19	14135		100	108
皮革鞣制加工	191	866		4	28
皮革制品制造	192	6801		2	32
毛皮鞣制及制品加工	193	363			
羽毛(绒)加工及制品制造	194	2188		51	48
制鞋业	195	3917		43	
木材加工和木、竹、藤、棕、草制品业	20	129088	3	461	656
木材加工	201	45129		375	126
人造板制造	202	61906		79	237
木制品制造	203	11974		7	24
竹、藤、棕、草等制品制造	204	10079	3		269
家具制造业	21	12075		60	191
木质家具制造	211	9550		59	190
竹、藤家具制造	212	404		1	1
金属家具制造	213	333			
塑料家具制造	214	156			
其他家具制造	219	1632			
造纸和纸制品业	22	28826		732	1079
纸浆制造	221	645		292	66
造纸	222	13071		377	539
纸制品制造	223	15110		63	474
印刷和记录媒介复制业	23	18445	5	786	2995
印刷	231	17016	5	750	2786
装订及印刷相关服务	232	1321		36	209
记录媒介复制	233	108			
文教、工美、体育和娱乐用品制造业	24	19879		107	319
文教办公用品制造	241	474		29	96
乐器制造	242	21			
工艺美术品制造	243	13425		78	223
体育用品制造	244	915			
玩具制造	245	5032			
游艺器材及娱乐用品制造	246	12			
石油加工、炼焦和核燃料加工业	25	2620		1	3
精炼石油产品制造	251	2225		1	3
炼焦	252	363			
核燃料加工	253	32			
化学原料和化学制品制造业	26	52872		1045	3426
基础化学原料制造	261	7894		63	158
肥料制造	262	8569		251	86
农药制造	263	3312		55	313
涂料、油墨、颜料及类似产品制造	264	3500		270	194
合成材料制造	265	925		62	4
专用化学产品制造	266	12682		227	243
炸药、火工及焰火产品制造	267	11414		107	2067
日用化学产品制造	268	4576		10	361

1992-1995年	1996年	1997年	1998年	1999年	2000年	2001年	2002年
362			330	352	78	346	272
3					1	168	1
281			330	338	26	163	259
				4			
26					36	5	
52				10	15	10	12
1735	544	617	1060	651	1817	1538	2359
419	24	95	24	18	413	414	303
162	290	322	80	46	757	772	1265
70	140	112	355	244	155	139	150
1084	90	88	601	343	492	213	641
650	20	151	246	11	149	251	51
227	5	151	219	6	51	229	38
					12	15	
5	9					7	12
115					1		
303	6		27	5	85		1
1610	991	536	464	833	757	1452	1026
509	637	484	310	121	479	543	462
1101	354	52	154	712	278	909	564
1124	96	178	562	299	395	583	328
1103	60	160	528	299	387	524	310
21	36	18	34		8	59	18
386	230	966	353	227	187	494	669
139			1		12	40	
						2	
247	142	696	352	227	133	405	669
	88	270			42	31	
						16	
1	235		17		80	1	186
1	235		17		80	1	186
2494	1254	925	1854	1366	2291	4171	3004
105	275		373	36	103	548	772
495	326	84	367	392	388	79	422
250	155	41	270	182	193	342	236
112		107	23	7	90	211	608
8	3	30	11	7	49	10	
482	15	175	280	319	426	878	396
735	100	338	485	133	860	1868	512
307	380	150	45	290	182	235	58

2-4 续表 3

行业	代码	从业人员数（人）	1949年及以前	1950-1977年	1978-1991年
医药制造业	27	20318		1262	1540
化学药品原料药制造	271	1761			
化学药品制剂制造	272	1714			52
中药饮片加工	273	2303			
中成药生产	274	9930		1248	937
兽用药品制造	275	2130		14	502
生物药品制造	276	1299			49
卫生材料及医药用品制造	277	1181			
化学纤维制造业	28	198			6
纤维素纤维原料及纤维制造	281	109			6
合成纤维制造	282	89			
橡胶和塑料制品业	29	29519		127	1102
橡胶制品业	291	3599		80	146
塑料制品业	292	25920		47	956
非金属矿物制品业	30	143332	17	1628	4649
水泥、石灰和石膏制造	301	22052		516	1089
石膏、水泥制品及类似制品制造	302	27732		307	103
砖瓦、石材等建筑材料制造	303	73402		403	3058
玻璃制造	304	1540		13	226
玻璃制品制造	305	1689			8
玻璃纤维和玻璃纤维增强塑料制品制造	306	1186			
陶瓷制品制造	307	7681	17	227	35
耐火材料制品制造	308	1230			30
石墨及其他非金属矿物制品制造	309	6820		162	100
黑色金属冶炼和压延加工业	31	27409		111	766
炼铁	311	764			1
炼钢	312	340			
黑色金属铸造	313	9082		74	565
钢压延加工	314	4477		33	192
铁合金冶炼	315	12746		4	8
有色金属冶炼和压延加工业	32	11709		24	33
常用有色金属冶炼	321	5946		13	
贵金属冶炼	322	499			
稀有稀土金属冶炼	323	975			
有色金属合金制造	324	177			
有色金属铸造	325	115			26
有色金属压延加工	326	3997		11	7
金属制品业	33	24949	5	812	959
结构性金属制品制造	331	10588		299	73
金属工具制造	332	2326		198	55
集装箱及金属包装容器制造	333	1351		164	158
金属丝绳及其制品制造	334	786	5	3	5
建筑、安全用金属制品制造	335	1701			67
金属表面处理及热处理加工	336	1140		69	14
搪瓷制品制造	337	1123		11	364
金属制日用品制造	338	3474		26	96
其他金属制品制造	339	2460		42	127
通用设备制造业	34	21679		1330	1234
锅炉及原动设备制造	341	4194		580	311

1992-1995年	1996年	1997年	1998年	1999年	2000年	2001年	2002年
1447	375	39	1038	910	1003	481	1758
	86		96	382	86	6	242
165			244	180	72	108	46
215	90	39	81	115			135
627	198		270		624	361	1323
71			347	43	214	6	
246				160			6
123	1			30	7		6
				20		26	15
				20			
						26	15
1375	32	351	446	1374	755	1173	1256
83		46		34	130	502	148
1292	32	305	446	1340	625	671	1108
9241	2495	1755	1104	1922	2872	2655	3846
1872	175	321	99	668	224	569	358
543	8	287	17	280	542	519	381
6192	2153	924	912	892	1227	1303	2077
4				45		182	15
8	92	120	14			8	412
57			35				7
117	47	60	6	1	470	46	284
103			21	36			4
345	20	43			409	28	308
1484	341	242	249	369	509	386	1992
						5	40
							244
704	331	230	31	211	399	150	636
312	9	12	218	157	16		244
468	1			1	94	231	828
46	179	182	132	176	533	128	794
40	1	2	126	97	362	102	476
		50			164	26	
				21			22
6	178	130	6	58	7		296
849	269	146	303	840	230	976	1400
189	13	5	256	410	12	378	136
128	12	24	12	70	23	29	196
41	10			112		49	88
1	186	13			5	3	38
78	23	54	30	3	140	19	38
7		34		85		53	300
				40			5
217	20	16	5		24	350	4
188	5			120	26	95	595
602	402	384	49	687	197	818	641
4	120			161	109	21	50

2-4 续表 4

行业	代码	从业人员数（人）	1949年及以前	1950-1977年	1978-1991年
金属加工机械制造	342	4269		307	147
物料搬运设备制造	343	878			84
泵、阀门、压缩机及类似机械制造	344	2178		161	112
轴承、齿轮和传动部件制造	345	1109			
烘炉、风机、衡器、包装等设备制造	346	2038		205	197
文化、办公用机械制造	347	179			
通用零部件制造	348	5345		2	383
其他通用设备制造业	349	1489		75	
专用设备制造业	35	28243		728	782
采矿、冶金、建筑专用设备制造	351	6726		418	176
化工、木材、非金属加工专用设备制造	352	4012		31	97
食品、饮料、烟草及饲料生产专用设备制造	353	3180		148	27
印刷、制药、日化及日用品生产专用设备制造	354	1348		14	51
纺织、服装和皮革加工专用设备制造	355	51			1
电子和电工机械专用设备制造	356	1027			273
农、林、牧、渔专用机械制造	357	6973		117	114
医疗仪器设备及器械制造	358	2037			33
环保、社会公共服务及其他专用设备制造	359	2889			10
汽车制造业	36	36460	11	673	483
汽车整车制造	361	73			
改装汽车制造	362	784			
低速载货汽车制造	363	130			
电车制造	364	67			
汽车车身、挂车制造	365	245			
汽车零部件及配件制造	366	35161	11	673	483
铁路、船舶、航空航天和其他运输设备制造业	37	4237		241	410
铁路运输设备制造	371	649		123	134
城市轨道交通设备制造	372				
船舶及相关装置制造	373	2407		89	271
航空、航天器及设备制造	374	103			
摩托车制造	375	544			
自行车制造	376	429		29	5
非公路休闲车及零配件制造	377	19			
潜水救捞及其他未列明运输设备制造	379	86			
电气机械和器材制造业	38	24208		463	823
电机制造	381	2632		94	80
输配电及控制设备制造	382	10729		38	348
电线、电缆、光缆及电工器材制造	383	6136		107	235
电池制造	384	1375		5	30
家用电力器具制造	385	1076		204	125
非电力家用器具制造	386	421		1	
照明器具制造	387	1097		8	
其他电气机械及器材制造	389	742		6	5
计算机、通信和其他电子设备制造业	39	20756		86	84
计算机制造	391	3134			
通信设备制造	392	2014		26	84
广播电视设备制造	393	1334			
雷达及配套设备制造	394	181			

1992-1995年	1996年	1997年	1998年	1999年	2000年	2001年	2002年
81	4	22		20	15	90	92
45	10	15	3	22		32	61
57	172			221		26	55
34					14	5	18
	41	275		45		184	8
							50
120	30	42	43	80	47	435	195
261	25	30	3	138	12	25	112
1338	125	514	713	1677	821	1415	1172
328		23	57	280	120	157	544
156		123	32	7	62	17	194
579			320	240	52	495	121
		134	25		184		106
				25	50		
56	50	150	269	592	33	399	166
62	75		10	183	320	304	13
157		84		350		43	28
1362	503	375	1395	782	430	1089	2164
				280			24
			8		35		
1362	503	375	1387	502	395	1089	2140
579	16	17	246		71	351	315
179			29				
395	16	17	198		63	351	17
							286
			19				12
					8		
5							
787	354	171	267	205	590	742	643
215	8	27	8		12	92	6
511		140	194	139	167	268	228
16	205		52	61	224	77	375
	115		1			295	
			12		99	3	15
1	12						
22						6	
22	14	4		5	88	1	19
165		60	168	207	372	466	204
							3
144		60	26	2	170	57	99
				15			

2-4 续表 5

行　业	代码	从业人员数（人）	1949年及以前	1950-1977年	1978-1991年
视听设备制造	395	1142			
电子器件制造	396	1458		55	
电子元件制造	397	8731		5	
其他电子设备制造	399	2762			
仪器仪表制造业	40	4552		42	212
通用仪器仪表制造	401	1972			91
专用仪器仪表制造	402	593		38	121
钟表与计时仪器制造	403	333			
光学仪器及眼镜制造	404	1149		4	
其他仪器仪表制造业	409	505			
其他制造业	41	3817		18	41
日用杂品制造	411	1103		11	
煤制品制造	412	417			
核辐射加工	413	91			
其他未列明制造业	419	2206		7	41
废弃资源综合利用业	42	4274			2
金属废料和碎屑加工处理	421	3290			1
非金属废料和碎屑加工处理	422	984			1
金属制品、机械和设备修理业	43	1802		254	19
金属制品修理	431	91			2
通用设备修理	432	100			
专用设备修理	433	408		82	5
铁路、船舶、航空航天等运输设备修理	434	532		172	4
电气设备修理	435	73			
仪器仪表修理	436	28			8
其他机械和设备修理业	439	570			
电力、热力、燃气及水生产和供应业	**D**	**52083**		**6543**	**6445**
电力、热力生产和供应业	44	35420		3130	4624
电力生产	441	28559		2515	2159
电力供应	442	6373		615	2465
热力生产和供应	443	488			
燃气生产和供应业	45	2050			
燃气生产和供应业	450	2050			
水的生产和供应业	46	14613		3413	1821
自来水生产和供应	461	12924		3413	1821
污水处理及其再生利用	462	1373			
其他水的处理、利用与分配	469	316			
建筑业	**E**	**218207**		**26302**	**21049**
房屋建筑业	47	111590		24600	17218
房屋建筑业	470	111590		24600	17218
土木工程建筑业	48	30855		877	2833
铁路、道路、隧道和桥梁工程建筑	481	8273		394	717
水利和内河港口工程建筑	482	8902		443	1125
海洋工程建筑	483				
工矿工程建筑	484	1149			241
架线和管道工程建筑	485	5555			599
其他土木工程建筑	489	6976		40	151

1992-1995年	1996年	1997年	1998年	1999年	2000年	2001年	2002年
							95
					143	349	
11			69	93	59	31	
10			73	97		29	7
26	54		25	248	28	237	604
1	54		17	247	28	93	312
21							
						3	
4			8			141	292
				1			
238		96	206	12	285	219	100
20				12	280	198	
3			12			5	
						16	
215		96	194		5		100
	10			192	51	21	14
	10			86	1	21	7
				106	50		7
226		8	18		19	94	32
7					11		
		8	8			40	31
40					8		
						24	
3							
176			10			30	1
2258	**653**	**1084**	**1460**	**1087**	**855**	**1926**	**2230**
829	322	488	893	790	713	1524	1948
642	322	488	739	758	700	1427	1830
187			154	32	13	97	118
38		20	289		12	18	
38		20	289		12	18	
1391	331	576	278	297	130	384	282
1317	331	576	278	283	130	362	270
74						6	
				14		16	12
25892	**2009**	**4786**	**4134**	**1894**	**5050**	**13226**	**9334**
19725	1567	2750	1918	152	2833	4637	6766
19725	1567	2750	1918	152	2833	4637	6766
1901	199	1266	861	864	1020	302	992
1482	147	432	212	511	768	28	295
5		791	398	87		20	570
192		10	91	27			
160	52	33	24	146	2	183	96
62			136	93	250	71	31

2-4 续表 6

行业	代码	从业人员数（人）	1949年及以前	1950-1977年	1978-1991年
建筑安装业	49	14693			614
电气安装	491	3694			10
管道和设备安装	492	2386			14
其他建筑安装业	499	8613			590
建筑装饰和其他建筑业	50	61069		825	384
建筑装饰业	501	19015		249	9
工程准备活动	502	2348		160	86
提供施工设备服务	503	31928			
其他未列明建筑业	509	7778		416	289
批发和零售业	**F**	**434269**	**84**	**18823**	**10442**
批发业	51	249892	43	10907	6090
农、林、牧产品批发	511	20570	17	1546	613
食品、饮料及烟草制品批发	512	30361	7	931	833
纺织、服装及家庭用品批发	513	20746		286	268
文化、体育用品及器材批发	514	6449		328	171
医药及医疗器材批发	515	11013		292	166
矿产品、建材及化工产品批发	516	89725	19	6781	3151
机械设备、五金产品及电子产品批发	517	49133		384	536
贸易经纪与代理	518	14227		68	147
其他批发业	519	7668		291	205
零售业	52	184377	41	7916	4352
综合零售	521	24452		4985	1620
食品、饮料及烟草制品专门零售	522	19577		436	640
纺织、服装及日用品专门零售	523	13460	2	382	321
文化、体育用品及器材专门零售	524	7805	36	962	389
医药及医疗器材专门零售	525	30227	3	416	487
汽车、摩托车、燃料及零配件专门零售	526	24192			218
家用电器及电子产品专门零售	527	27690		147	126
五金、家具及室内装饰材料专门零售	528	19568		393	325
货摊、无店铺及其他零售业	529	17406		195	226
交通运输、仓储和邮政业	**G**	**106710**		**3923**	**4760**
铁路运输业	53				
道路运输业	54	59462		1268	2279
城市公共交通运输	541	12180		645	774
公路旅客运输	542	10684		104	805
道路货物运输	543	31184		355	474
道路运输辅助活动	544	5414		164	226
水上运输业	55	11350		1825	1393
水上旅客运输	551	1370		314	140
水上货物运输	552	8525		1505	1184
水上运输辅助活动	553	1455		6	69
航空运输业	56	1714			
航空客货运输	561	90			
通用航空服务	562	1305			
航空运输辅助活动	563	319			
管道运输业	57				
管道运输业	570				
装卸搬运和运输代理业	58	23133		298	505
装卸搬运	581	14813		182	261
运输代理业	582	8320		116	244

1992-1995年	1996年	1997年	1998年	1999年	2000年	2001年	2002年
987	113	631	632	623	939	792	721
6	22	58	194	196	58	249	510
52	91	44	96	66	536		63
929		529	342	361	345	543	148
3279	130	139	723	255	258	7495	855
2921	130	94	719	173	235	332	673
353				40		107	117
				8	3	7000	2
5		45	4	34	20	56	63
7567	**2417**	**2501**	**4447**	**4312**	**6151**	**6040**	**8420**
4944	1538	1583	3059	2528	3802	3940	4553
463	40	103	308	74	138	266	268
561	106	243	661	268	373	472	415
178	51	74	147	161	333	505	601
266	735	17	22	98	114	171	148
220	8	35	54	49	118	61	265
2396	358	660	1038	1165	1508	1135	1205
736	191	384	546	523	1061	1102	1276
91	18	47	125	66	52	171	157
33	31	20	158	124	105	57	218
2623	879	918	1388	1784	2349	2100	3867
691	73	83	62	249	204	150	279
206	114	125	121	95	253	186	240
147	81	21	34	59	147	99	297
154	39	68	80	149	94	110	161
283	96	114	126	104	202	240	626
422	77	120	247	350	442	414	987
280	138	210	323	499	644	550	616
179	77	88	123	145	122	193	344
261	184	89	272	134	241	158	317
5466	**1159**	**1878**	**3388**	**2037**	**2668**	**3580**	**3931**
3385	914	1439	2081	1388	1614	2546	3079
972	294	517	759	562	302	531	1498
1155		357	767	383	516	1189	495
1049	472	51	328	317	498	522	936
209	148	514	227	126	298	304	150
799	93	184	368	70	302	670	463
51			51	26	58	156	91
666	78	107	317	44	244	471	372
82	15	77				43	
15				31	5		3
12				11	1		
3				20	4		3
538	108	59	385	336	483	70	129
254	95		16	36	317	1	55
284	13	59	369	300	166	69	74

2-4 续表 7

行业	代码	从业人员数（人）	1949年及以前	1950-1977年	1978-1991年
仓储业	59	7755		532	583
谷物、棉花等农产品仓储	591	3586		447	403
其他仓储业	599	4169		85	180
邮政业	60	3296			
邮政基本服务	601	282			
快递服务	602	3014			
住宿和餐饮业	H	**88317**	**36**	**1973**	**4334**
住宿业	61	49048		1262	3572
旅游饭店	611	29281		807	2682
一般旅馆	612	16935		342	777
其他住宿业	619	2832		113	113
餐饮业	62	39269	36	711	762
正餐服务	621	32256	36	627	662
快餐服务	622	1998		42	4
饮料及冷饮服务	623	1088			
其他餐饮业	629	3927		42	96
信息传输、软件和信息技术服务业	I	**20687**			**170**
电信、广播电视和卫星传输服务	63	4310			2
电信	631	4206			
广播电视传输服务	632	92			2
卫星传输服务	633	12			
互联网和相关服务	64	2866			15
互联网接入及相关服务	641	1144			15
互联网信息服务	642	1391			
其他互联网服务	649	331			
软件和信息技术服务业	65	13511			153
软件开发	651	7809			66
信息系统集成服务	652	2585			16
信息技术咨询服务	653	1565			71
数据处理和存储服务	654	287			
集成电路设计	655	95			
其他信息技术服务业	659	1170			
金融业	J				
房地产业	K	**136450**		**513**	**1948**
房地产业	70	136450		513	1948
房地产开发经营	701	58668			1716
物业管理	702	57649		25	62
房地产中介服务	703	14811		63	61
自有房地产经营活动	704				
其他房地产业	709	5322		425	109
租赁和商务服务业	L	**200547**	**36**	**2192**	**13721**
租赁业	71	7491		239	58
机械设备租赁	711	7158		207	58
文化及日用品出租	712	333		32	
商务服务业	72	193056	36	1953	13663
企业管理服务	721	40084	36	1335	736

1992-1995年	1996年	1997年	1998年	1999年	2000年	2001年	2002年
729	44	196	549	209	264	293	220
495	44	14	481	118	196	188	176
234		182	68	91	68	105	44
			5	3		1	37
			5				
				3		1	37
2961	**767**	**1236**	**1253**	**1642**	**2214**	**1865**	**2080**
2509	483	819	536	379	1255	891	1001
1737	457	511	459	176	1050	622	880
731	26	291	72	191	167	248	85
41		17	5	12	38	21	36
452	284	417	717	1263	959	974	1079
444	185	290	695	1263	760	830	941
	39		17		64	116	130
	60	127			2	28	5
8			5		133		3
155	**16**	**67**	**865**	**85**	**2241**	**1402**	**431**
7			10	4	2070	1159	132
			10	2	2070	1159	132
7				2			
			786	3	5	71	16
			786				
				3	5	71	16
148	16	67	69	78	166	172	283
73		66	57	57	126	76	175
48	1		12	8	8	79	23
27	15			5	17	9	10
					6		
							58
		1		8	9	8	17
5106	**1066**	**1433**	**1515**	**1581**	**3266**	**4109**	**4831**
5106	1066	1433	1515	1581	3266	4109	4831
3666	410	853	408	530	925	1264	1752
988	652	564	822	933	2013	2345	2295
125		16	212	36	261	492	599
327	4		73	82	67	8	185
4561	**1077**	**1061**	**1789**	**2853**	**2994**	**4072**	**3530**
375	11	32	21	17	1	104	211
375	6	32	21	17	1	103	211
	5					1	
4186	1066	1029	1768	2836	2993	3968	3319
465	205	351	322	364	506	583	399

2-4 续表 8

行　　业	代码	从　业 人员数 （人）	1949年及以前	1950-1977年	1978-1991年
法律服务	722	1335			24
咨询与调查	723	19703		4	282
广告业	724	20668			67
知识产权服务	725	323			
人力资源服务	726	44873			3416
旅行社及相关服务	727	11825		221	869
安全保护服务	728	25285		28	7653
其他商务服务业	729	28960		365	616
科学研究和技术服务业	**M**	**48236**		**803**	**1202**
研究和试验发展	73	2530		303	236
自然科学研究和试验发展	731	483		188	
工程和技术研究和试验发展	732	1041		115	140
农业科学研究和试验发展	733	739			96
医学研究和试验发展	734	262			
社会人文科学研究	735	5			
专业技术服务业	74	35833		493	802
气象服务	741	146		5	
地震服务	742	6			
海洋服务	743	39			
测绘服务	744	1891			59
质检技术服务	745	4769		90	69
环境与生态监测	746	399			
地质勘查	747	820		20	
工程技术	748	21201		266	600
其他专业技术服务业	749	6562		112	74
科技推广和应用服务业	75	9873		7	164
技术推广服务	751	7946		7	125
科技中介服务	752	595			8
其他科技推广和应用服务业	759	1332			31
水利、环境和公共设施管理业	**N**	**9998**			**265**
水利管理业	76	850			98
防洪除涝设施管理	761	86			
水资源管理	762	199			
天然水收集与分配	763	227			97
水文服务	764	17			
其他水利管理业	769	321			1
生态保护和环境治理业	77	1139			
生态保护	771	203			
环境治理业	772	936			
公共设施管理业	78	8009			167
市政设施管理	781	822			7

1992-1995年	1996年	1997年	1998年	1999年	2000年	2001年	2002年
132	89	6	55	26	4	130	63
166	178	84	178	487	274	387	190
263	170	89	148	134	326	285	309
				5		23	
485	132	1		278	202	30	3
1271	56	124	244	372	275	318	414
1020	6		11	436	656	1206	933
384	230	374	810	734	750	1006	1008
1839	**569**	**782**	**712**	**935**	**1061**	**1558**	**2157**
36	8	80	53	15	5	118	55
			10		5	25	8
7	8	80	8			71	45
28			35	15		19	
1						3	2
1620	522	687	648	867	964	1256	1932
60		30		10	5	11	
	4						
12	23	27	9		61	133	149
94	10	79	64	54	29	10	132
6					72	10	34
128		67		7	2		23
1255	342	400	409	635	681	792	1459
65	143	84	166	161	114	300	135
183	39	15	11	53	92	184	170
164	13	15	8	53	38	126	152
3	8		3		42	37	
16	18				12	21	18
363	**82**	**38**	**89**	**130**	**118**	**187**	**252**
9	18		27		65	9	4
			15		55		
			4		2		
	18		3				
9			5		8	9	4
11			41	62	2		9
8			37	62			
3			4		2		9
343	64	38	21	68	51	178	239
60			6			21	22

2-4 续表 9

行　业	代码	从业人员数（人）			
			1949年及以前	1950-1977年	1978-1991年
环境卫生管理	782	926			50
城乡市容管理	783	11			
绿化管理	784	1465			
公园和游览景区管理	785	4785			110
居民服务、修理和其他服务业	O	**32864**		**240**	**390**
居民服务业	79	8825		67	55
家庭服务	791	1821			6
托儿所服务	792	11			
洗染服务	793	511			
理发及美容服务	794	1503		16	12
洗浴服务	795	608			
保健服务	796	1352			1
婚姻服务	797	348			
殡葬服务	798	750		36	
其他居民服务业	799	1921		15	36
机动车、电子产品和日用产品修理业	80	15260		170	239
汽车、摩托车修理与维护	801	12522		152	234
计算机和办公设备维修	802	903			
家用电器修理	803	1219			2
其他日用产品修理业	809	616		18	3
其他服务业	81	8779		3	96
清洁服务	811	4928			5
其他未列明服务业	819	3851		3	91
教育	P				
教育	82				
学前教育	821				
初等教育	822				
中等教育	823				
高等教育	824				
特殊教育	825				
技能培训、教育辅助及其他教育	829				
卫生和社会工作	Q	**105**			**16**
卫生	83				
医院	831				
社区医疗与卫生院	832				
门诊部(所)	833				
计划生育技术服务活动	834				
妇幼保健院(所、站)	835				
专科疾病防治院(所、站)	836				
疾病预防控制中心	837				

1992-1995年	1996年	1997年	1998年	1999年	2000年	2001年	2002年
117	52			7	3	29	
15	3			15	12	8	22
151	9	38	15	46	36	120	195
840	**455**	**285**	**275**	**405**	**416**	**778**	**507**
172	24	46	66	36	37	163	60
			5		12		3
						1	
					3	48	
3	24	1	1			32	7
8		15		10		1	5
1					15		
						4	23
155			46			68	
5		30	14	26	7	9	22
620	276	215	164	245	214	347	271
607	260	169	140	200	163	243	235
6		6			14	85	16
4	11	40	24	45	37	19	20
3	5						
48	155	24	45	124	165	268	176
34	145	22	39	58	112	241	151
14	10	2	6	66	53	27	25

2-4 续表 10

行业	代码	从业人员数（人）	1949年及以前	1950-1977年	1978-1991年
其他卫生活动	839				
社会工作	84	105			16
提供住宿社会工作	841	58			
不提供住宿社会工作	842	47			16
文化、体育和娱乐业	**R**	**29865**		**670**	**1301**
新闻和出版业	85	860		89	480
新闻业	851	14			
出版业	852	846		89	480
广播、电视、电影和影视录音制作业	86	3140		573	688
广播	861	7			
电视	862	10			
电影和影视节目制作	863	526		11	68
电影和影视节目发行	864	180		54	5
电影放映	865	2372		508	615
录音制作	866	45			
文化艺术业	87	1902		1	4
文艺创作与表演	871	590			3
艺术表演场馆	872	223		1	
图书馆与档案馆	873	72			
文物及非物质文化遗产保护	874	76			
博物馆	875	115			
烈士陵园、纪念馆	876				
群众文化活动	877	182			1
其他文化艺术业	879	644			
体育	88	1232			31
体育组织	881	217			
体育场馆	882	271			31
休闲健身活动	883	669			
其他体育	889	75			
娱乐业	89	22731		7	98
室内娱乐活动	891	21596		7	7
游乐园	892	269			
彩票活动	893				
文化、娱乐、体育经纪代理	894	296			91
其他娱乐业	899	570			
公共管理、社会保障和社会组织	**S**				

1992-1995年	1996年	1997年	1998年	1999年	2000年	2001年	2002年
258	**86**	**111**	**82**	**102**	**462**	**750**	**1046**
93				2	64		
93				2	64		
116	56		3	1	12	8	
					12	8	
			3				
116	54						
	2			1			
27		30	1	33	101	87	22
		30	1	1	61		11
					40	87	
27							
				32			
							5
							6
7	10	8	53	3		10	55
	10	1	6				51
7		7	47	3		10	4
15	20	73	25	63	285	645	969
10	11	73	24	47	280	616	902
1						3	3
				11			
4	9		1	5	5	26	64

2-4 续表 11

行 业	代码	2003年	2004年	2005年	2006年
总 计		**89863**	**126787**	**113718**	**124616**
农、林、牧、渔业	A	**52**	**44**	**183**	**121**
农业	01				
谷物种植	011				
豆类、油料和薯类种植	012				
棉、麻、糖、烟草种植	013				
蔬菜、食用菌及园艺作物种植	014				
水果种植	015				
坚果、含油果、香料和饮料作物种植	016				
中药材种植	017				
其他农业	019				
林业	02				
林木育种和育苗	021				
造林和更新	022				
森林经营和管护	023				
木材和竹材采运	024				
林产品采集	025				
畜牧业	03				
牲畜饲养	031				
家禽饲养	032				
狩猎和捕捉动物	033				
其他畜牧业	039				
渔业	04				
水产养殖	041				
水产捕捞	042				
农、林、牧、渔服务业	05	52	44	183	121
农业服务业	051	34	15	176	106
林业服务业	052	4	14	7	15
畜牧服务业	053	14	3		
渔业服务业	054		12		
采矿业	B	**2278**	**2057**	**4532**	**5237**
煤炭开采和洗选业	06	286	163	448	330
烟煤和无烟煤开采洗选	061	286		407	330
褐煤开采洗选	062		163	41	
其他煤炭采选	069				
石油和天然气开采业	07				
石油开采	071				
天然气开采	072				
黑色金属矿采选业	08	316	730	1117	577
铁矿采选	081	177	513	578	68
锰矿、铬矿采选	082	124	162	527	458
其他黑色金属矿采选	089	15	55	12	51
有色金属矿采选业	09	601	240	527	1462
常用有色金属矿采选	091	601	143	246	1330
贵金属矿采选	092		76	266	132
稀有稀土金属矿采选	093		21	15	

从业人员数(人)							
2007年	2008年	2009年	2010年	2011年	2012年	2013年	无开业年份
136859	**132330**	**178891**	**198890**	**221376**	**243420**	**184330**	**719**
477	**585**	**1565**	**841**	**1222**	**1996**	**1812**	**4**
	80	632	64	119	41	69	
					26		
		32	10	15			
	80	600	12			5	
				104	11		
			16		4	64	
			26				
		11		6	200		
				6	200		
		11					
9	78		18	20			
8	78		18				
1				20			
		5		12	15		
		5		12	15		
468	427	917	759	1065	1740	1743	4
235	377	833	680	803	1218	1252	4
34	38	31	22	135	291	244	
199	8	33	41	90	144	144	
	4	20	16	37	87	103	
5628	**6093**	**7475**	**6404**	**5888**	**8503**	**4041**	**136**
574	233	1	169	35	14	89	
1	233	1	159	34	10	69	
565			10				
8				1	4	20	
	12			119		4	
				119		4	
	12						
819	1176	1164	1400	224	252	336	30
279	474	466	841	127	159	107	
347	295	387	481	66	6	35	30
193	407	311	78	31	87	194	
1617	1745	1144	606	726	910	621	2
1523	1261	1090	392	652	739	517	1
84	300	13	214	53	77	48	1
10	184	41		21	94	56	

2-4 续表 12

行业	代码	2003年	2004年	2005年	2006年
非金属矿采选业	10	1053	864	2405	2858
土砂石开采	101	964	543	1707	2134
化学矿开采	102	6		150	457
采盐	103				
石棉及其他非金属矿采选	109	83	321	548	267
开采辅助活动	11		60		
煤炭开采和洗选辅助活动	111				
石油和天然气开采辅助活动	112				
其他开采辅助活动	119		60		
其他采矿业	12	22		35	10
其他采矿业	120	22		35	10
制造业	C	**42375**	**43779**	**53176**	**56938**
农副食品加工业	13	2955	4142	4833	3811
谷物磨制	131	263	556	468	190
饲料加工	132	293	911	1465	772
植物油加工	133	134	356	393	156
制糖业	134	234	301	341	
屠宰及肉类加工	135	488	719	231	1065
水产品加工	136	108	405	392	405
蔬菜、水果和坚果加工	137	313	12	234	452
其他农副食品加工	139	1122	882	1309	771
食品制造业	14	1797	1469	2816	2518
焙烤食品制造	141	539	157	141	180
糖果、巧克力及蜜饯制造	142	323	188	35	217
方便食品制造	143	165	295	619	248
乳制品制造	144	387		387	161
罐头食品制造	145	82	26	496	53
调味品、发酵制品制造	146	41	341	294	1181
其他食品制造	149	260	462	844	478
酒、饮料和精制茶制造业	15	1279	1725	2249	2330
酒的制造	151	556	602	1283	908
饮料制造	152	502	594	318	1090
精制茶加工	153	221	529	648	332
烟草制品业	16				
烟叶复烤	161				
卷烟制造	162				
其他烟草制品制造	169				
纺织业	17	2347	1999	2693	2535
棉纺织及印染精加工	171	791	203	1096	930
毛纺织及染整精加工	172	13	263	1	232
麻纺织及染整精加工	173	32	98	85	40
丝绢纺织及印染精加工	174	1039	1393	1147	1264
化纤织造及印染精加工	175			2	
针织或钩针编织物及其制品制造	176	449	2	4	61
家用纺织制成品制造	177	11		226	8
非家用纺织制成品制造	178	12	40	132	
纺织服装、服饰业	18	854	861	1078	400
机织服装制造	181	748	592	955	399
针织或钩针编织服装制造	182	72	269	88	1
服饰制造	183	34		35	

从业人员数(人)							
2007年	2008年	2009年	2010年	2011年	2012年	2013年	无开业年份
2579	2766	4806	4040	4060	7235	2722	104
1862	2417	3823	3463	3717	6402	2452	104
242	27	49	118	98	121	35	
		14			29		
475	322	920	459	245	683	235	
	62	78	65	518	16	44	
				500	1	30	
	31						
	31	78	65	18	15	14	
39	99	282	124	206	76	225	
39	99	282	124	206	76	225	
62706	**54049**	**69949**	**74113**	**75515**	**75769**	**51536**	**257**
3374	5420	6095	5613	3934	3876	3676	5
444	1385	709	579	795	322	435	
776	974	1186	1003	541	510	599	
194	66	377	176	217	394	353	
10	1	26		15	496	250	
585	761	542	2116	732	188	401	5
352	366	697	371	410	148	358	
57	526	1608	745	413	1088	376	
956	1341	950	623	811	730	904	
2653	1776	991	1875	2026	1655	1854	2
411	237	130	301	1125	880	1042	2
99	101	53	3	53	91	69	
627	748	293	319	170	330	312	
156	26	180	279		11	10	
70	295	27	264	117	110	13	
274	39	34	109	28	89	77	
1016	330	274	600	533	144	331	
2115	1443	1627	1985	1316	2309	976	4
631	408	306	234	314	474	211	4
1184	549	640	729	410	1466	565	
300	486	681	1022	592	369	200	
		63			8		
					2		
		63			6		
1254	403	2240	1137	2144	1766	2023	
25	19	851	416	217	179	1029	
86	24	40	41	373	1	75	
25		148	48	71	24	1	
921	305	410	351	775	703	600	
					208	10	
60	8	676	107	386	258	129	
115	15	115	118	218	308	48	
22	32		56	104	85	131	
1199	811	1183	7367	6577	4689	2107	
1021	553	1044	7236	5777	2975	1774	
178	186		121	495	759	100	
	72	139	10	305	955	233	

2-4 续表 13

行　业	代码				
		2003年	2004年	2005年	2006年
皮革、毛皮、羽毛及其制品和制鞋业	19	157	561	638	646
皮革鞣制加工	191	8	209	5	34
皮革制品制造	192	88	222	570	542
毛皮鞣制及制品加工	193		80		
羽毛(绒)加工及制品制造	194	61	50	62	24
制鞋业	195			1	46
木材加工和木、竹、藤、棕、草制品业	20	3531	5431	5707	6847
木材加工	201	1053	1047	951	1339
人造板制造	202	1817	2483	2922	3885
木制品制造	203	457	1014	952	1171
竹、藤、棕、草等制品制造	204	204	887	882	452
家具制造业	21	267	443	29	801
木质家具制造	211	267	411	29	475
竹、藤家具制造	212		11		
金属家具制造	213		7		10
塑料家具制造	214				
其他家具制造	219		14		316
造纸和纸制品业	22	1219	988	1629	2864
纸浆制造	221	7		35	143
造纸	222	370	626	749	1305
纸制品制造	223	842	362	845	1416
印刷和记录媒介复制业	23	977	879	989	1372
印刷	231	915	872	879	1300
装订及印刷相关服务	232	57	7	110	72
记录媒介复制	233	5			
文教、工美、体育和娱乐用品制造业	24	737	693	958	1510
文教办公用品制造	241		19		
乐器制造	242				
工艺美术品制造	243	636	649	908	1509
体育用品制造	244				
玩具制造	245	101	25	50	1
游艺器材及娱乐用品制造	246				
石油加工、炼焦和核燃料加工业	25	11		86	13
精炼石油产品制造	251	11		86	13
炼焦	252				
核燃料加工	253				
化学原料和化学制品制造业	26	4207	2516	3149	3723
基础化学原料制造	261	334	590	432	803
肥料制造	262	952	452	436	110
农药制造	263	513	234	55	86
涂料、油墨、颜料及类似产品制造	264	478	128	82	25
合成材料制造	265	27	11	50	28
专用化学产品制造	266	1073	929	1681	1733
炸药、火工及焰火产品制造	267	619	77	245	247
日用化学产品制造	268	211	95	168	691

从业人员数(人)							
2007年	2008年	2009年	2010年	2011年	2012年	2013年	无开业年份
1090	1021	355	1599	2986	1780	1354	
69	1	40	151	73	46	25	
375	781	240	693	623	812	424	
10		12	7	37	196	17	
557	147	62	143	282	206	428	
79	92	1	605	1971	520	460	
10641	8691	12300	13168	17503	21684	12119	25
2530	2349	2933	5207	6791	13898	4801	19
6613	4577	8033	6829	7983	6450	6299	5
1106	987	622	1015	1819	838	596	1
392	778	712	117	910	498	423	
697	428	1487	2350	1431	1037	1317	8
430	355	1222	1934	1229	849	1166	8
	13	116	165	10		60	
7	28	76	30	89	25	28	
			32	7	1		
260	32	73	189	96	162	63	
2194	1748	2426	1317	2118	1780	1048	15
13		44	21	9			15
910	1227	1085	569	522	704	543	
1271	521	1297	727	1587	1076	505	
1624	459	1471	1255	661	694	712	1
1471	389	1262	1114	583	621	697	1
153	70	106	141	78	73	15	
		103					
1663	860	1167	1244	1704	2922	2483	
	25	18	8	45	12	30	
		4				15	
1513	423	877	940	972	1058	768	
10		82		53	329	10	
140	412	186	296	634	1523	1648	
						12	
302	430	240	440	285	232	57	
252	420	220	202	265	225	7	
50	10	20	238			45	
				20	7	5	
3732	2984	2642	2583	1845	2680	981	
435	806	546	266	328	888	33	
607	661	793	443	389	520	316	
47	80		65	46	99	50	
87	176	353	152	203	161	33	
		25	413	79	43	65	
1083	758	557	349	305	545	228	
1357	185	160	678	409	158	74	
116	318	208	217	86	266	182	

2-4 续表 14

行　业	代码	2003年	2004年	2005年	2006年
医药制造业	27	1633	1988	1504	482
化学药品原料药制造	271	58		176	60
化学药品制剂制造	272	214	107	249	
中药饮片加工	273	141	269	135	200
中成药生产	274	1102	1317	507	124
兽用药品制造	275	83	191	35	43
生物药品制造	276	30		135	11
卫生材料及医药用品制造	277	5	104	267	44
化学纤维制造业	28			48	
纤维素纤维原料及纤维制造	281				
合成纤维制造	282			48	
橡胶和塑料制品业	29	1501	665	2261	2603
橡胶制品业	291	70	177	275	590
塑料制品业	292	1431	488	1986	2013
非金属矿物制品业	30	6298	5699	7470	10327
水泥、石灰和石膏制造	301	1376	1482	1864	2768
石膏、水泥制品及类似制品制造	302	1534	1487	1018	2504
砖瓦、石材等建筑材料制造	303	2443	2211	2939	3880
玻璃制造	304		10	316	7
玻璃制品制造	305	103		3	63
玻璃纤维和玻璃纤维增强塑料制品制造	306	68	4	138	30
陶瓷制品制造	307	41	212	615	470
耐火材料制品制造	308	130	8	338	6
石墨及其他非金属矿物制品制造	309	603	285	239	599
黑色金属冶炼和压延加工业	31	3378	4436	1329	1597
炼铁	311	301	273	10	28
炼钢	312	51	27	3	
黑色金属铸造	313	715	265	608	689
钢压延加工	314	30	708	410	173
铁合金冶炼	315	2281	3163	298	707
有色金属冶炼和压延加工业	32	709	344	847	1219
常用有色金属冶炼	321	557	140	763	703
贵金属冶炼	322				175
稀有稀土金属冶炼	323			1	230
有色金属合金制造	324				2
有色金属铸造	325	6		45	
有色金属压延加工	326	146	204	38	109
金属制品业	33	910	1227	1299	1291
结构性金属制品制造	331	403	322	630	492
金属工具制造	332	2	86	58	145
集装箱及金属包装容器制造	333	122	28	4	28
金属丝绳及其制品制造	334	49	5	31	60
建筑、安全用金属制品制造	335	38	19	27	83
金属表面处理及热处理加工	336	9		218	22
搪瓷制品制造	337	98	37	186	
金属制日用品制造	338	11	703	120	393
其他金属制品制造	339	178	27	25	68
通用设备制造业	34	904	1530	1551	1252
锅炉及原动设备制造	341	258	480	278	98

从业人员数(人)							
2007年	2008年	2009年	2010年	2011年	2012年	2013年	无开业年份
1519	423	697	970	363	517	369	
99		181	231	31	27		
95	15	4		128	27	8	
242	134	55	107	80	118	147	
587	73	64	361	36	157	14	
317		146		2	96	20	
69	178	12	155	85	51	112	
110	23	235	116	1	41	68	
	10			73			
	10			73			
2063	1858	2830	2371	2507	1942	923	4
199	183	90	358	246	199	43	
1864	1675	2740	2013	2261	1743	880	4
9355	9241	15504	14572	12719	11495	8352	116
870	1056	2506	1122	1889	565	613	50
2348	1614	3439	3693	3212	2184	1712	
4516	5651	7333	7905	6390	6984	3945	64
12		91	224	201	132	62	
125	114	55	95	165	173	131	
498	15	122	120	10	82		
439	360	904	615	312	800	1601	2
166	7	120	157	29	39	36	
381	424	934	641	511	536	252	
2129	3394	1095	1452	1015	837	298	
51	24	25				6	
				1	4	10	
1142	1254	297	323	260	186	12	
7	713	62	505	285	184	207	
929	1403	711	624	469	463	63	
1499	562	729	939	1296	1027	297	14
498	73	419	309	589	563	113	
83					1		
103	319		193	50		36	
	30	40	51	47	7		
			16		12	10	
815	140	270	370	610	444	138	14
2564	1384	2019	1795	1826	1891	1949	5
1287	459	1193	1034	833	1116	1048	
199	146	232	256	221	139	95	
31	28	35	1	3	20	429	
168	9	18	24	137	18	8	
178	93	122	202	82	208	192	5
	153	18	76	11	38	33	
368				8	6		
189	400	295	82	227	246	50	
144	96	106	120	304	100	94	
2365	698	1614	1312	1864	1294	951	
282	28	567	167	338	107	235	

2-4 续表 15

行业	代码	2003年	2004年	2005年	2006年
金属加工机械制造	342	131	269	271	409
物料搬运设备制造	343		110	139	8
泵、阀门、压缩机及类似机械制造	344	247	150	146	146
轴承、齿轮和传动部件制造	345	36	393	201	33
烘炉、风机、衡器、包装等设备制造	346	6	69	97	169
文化、办公用机械制造	347		5		
通用零部件制造	348	220	48	364	342
其他通用设备制造业	349	6	6	55	47
专用设备制造业	35	1064	1983	2599	1536
采矿、冶金、建筑专用设备制造	351	235	441	934	66
化工、木材、非金属加工专用设备制造	352	80	581	419	418
食品、饮料、烟草及饲料生产专用设备制造	353	10	37		237
印刷、制药、日化及日用品生产专用设备制造	354	11	42	88	110
纺织、服装和皮革加工专用设备制造	355			20	
电子和电工机械专用设备制造	356	85	162		
农、林、牧、渔专用机械制造	357	232	688	847	392
医疗仪器设备及器械制造	358	67	32	290	145
环保、社会公共服务及其他专用设备制造	359	344		1	168
汽车制造业	36	2691	1518	3814	3245
汽车整车制造	361	4			
改装汽车制造	362		269	1	
低速载货汽车制造	363				
电车制造	364				
汽车车身、挂车制造	365	12			
汽车零部件及配件制造	366	2675	1249	3813	3245
铁路、船舶、航空航天和其他运输设备制造业	37	94	229	88	15
铁路运输设备制造	371	5		46	
城市轨道交通设备制造	372				
船舶及相关装置制造	373	54	200	20	6
航空、航天器及设备制造	374				
摩托车制造	375	24			
自行车制造	376	11		11	
非公路休闲车及零配件制造	377			11	
潜水救捞及其他未列明运输设备制造	379		29		9
电气机械和器材制造业	38	1691	1448	2066	1749
电机制造	381	225	217	498	121
输配电及控制设备制造	382	1045	776	738	1306
电线、电缆、光缆及电工器材制造	383	404	398	545	164
电池制造	384	2		202	33
家用电力器具制造	385	5		4	50
非电力家用器具制造	386	10	25	13	17
照明器具制造	387		10		40
其他电气机械及器材制造	389		22	66	18
计算机、通信和其他电子设备制造业	39	570	252	873	1513
计算机制造	391			38	35
通信设备制造	392	242	5		228
广播电视设备制造	393		236	546	
雷达及配套设备制造	394				

从业人员数(人)							
2007年	2008年	2009年	2010年	2011年	2012年	2013年	无开业年份
881	116	312	305	405	207	185	
131	57	9		40	93	19	
70	62	130	24	25	371	3	
112	32			191	20	20	
128	186	59	31	167	90	81	
			108	12	4		
740	217	442	353	558	318	366	
21		95	324	128	84	42	
1850	1865	2146	1748	1628	1350	1167	22
379	378	826	219	415	428	302	
112	60	351	613	87	258	292	22
355	342	33	42	37	46	59	
20	35	183	83	80	94	88	
					25	5	
19	29	32	56	130	34	132	
541	426	349	351	755	335	111	
129	8	160	35	51	56	64	
295	587	212	349	73	74	114	
3581	3200	2352	1809	2192	2028	757	6
5			61				3
	210						
	130						
			30		37		
	9		50	130		1	
3576	2851	2352	1668	2062	1991	756	3
91	274	314	303	338	109	135	1
66	19	3		3	12	30	
7	139	2	229	267		66	
	101				2		
10		168		32	21	3	
8	15	122	64	25	74	33	1
		19	10	11		3	
1906	1771	1963	1911	1317	1798	1518	25
610	17	32	125	52	144	49	
536	1245	879	870	321	379	595	6
571	317	356	444	373	686	526	
	46	245	32	144	189	36	
126	87	107	94	20	51	74	
14	33	49	29	58	53	105	1
5	26	248	231	279	150	54	18
44		47	86	70	146	79	
596	1924	2927	2265	2224	3161	2636	3
189	60	1103	46	673	938	46	3
26	27	296	3	14	165	340	
	215		8	8	306		
		181					

2-4 续表 16

行　业	代码	2003年	2004年	2005年	2006年
视听设备制造	395	5		45	8
电子器件制造	396	143			11
电子元件制造	397	15	11	243	1226
其他电子设备制造	399	165		1	5
仪器仪表制造业	40	381	374	286	30
通用仪器仪表制造	401	102	127	270	
专用仪器仪表制造	402	90	3		13
钟表与计时仪器制造	403	5	4		1
光学仪器及眼镜制造	404	184	240	8	
其他仪器仪表制造业	409			8	16
其他制造业	41		288	23	304
日用杂品制造	411		40	8	5
煤制品制造	412		173		7
核辐射加工	413		75		
其他未列明制造业	419			15	292
废弃资源综合利用业	42	175	1	259	330
金属废料和碎屑加工处理	421	87	1	212	320
非金属废料和碎屑加工处理	422	88		47	10
金属制品、机械和设备修理业	43	38	90	5	75
金属制品修理	431		82		
通用设备修理	432				5
专用设备修理	433	25			8
铁路、船舶、航空航天等运输设备修理	434		8		28
电气设备修理	435				23
仪器仪表修理	436	7			
其他机械和设备修理业	439	6		5	11
电力、热力、燃气及水生产和供应业	D	**4429**	**3486**	**2465**	**2886**
电力、热力生产和供应业	44	3965	2907	1868	2407
电力生产	441	3112	2301	1770	2172
电力供应	442	853	606	88	221
热力生产和供应	443			10	14
燃气生产和供应业	45	164	360	231	18
燃气生产和供应业	450	164	360	231	18
水的生产和供应业	46	300	219	366	461
自来水生产和供应	461	295	197	313	315
污水处理及其再生利用	462		22		33
其他水的处理、利用与分配	469	5		53	113
建筑业	E	**9615**	**16800**	**10565**	**9206**
房屋建筑业	47	2655	2804	2012	4233
房屋建筑业	470	2655	2804	2012	4233
土木工程建筑业	48	584	1304	2817	1543
铁路、道路、隧道和桥梁工程建筑	481	27	397	54	419
水利和内河港口工程建筑	482		65	10	295
海洋工程建筑	483				
工矿工程建筑	484	112		62	90
架线和管道工程建筑	485	206	807	305	572
其他土木工程建筑	489	239	35	2386	167

从业人员数(人)							
2007年	2008年	2009年	2010年	2011年	2012年	2013年	无开业年份
80	136	20	323	206	22	202	
33	317	21	3	55	13	315	
268	1039	1066	1552	1165	1151	727	
	130	240	330	103	566	1006	
323	239	272	49	119	369	634	
74	34	4	25	17	39	437	
124	37	18		91	5	32	
83				7	200	30	
	156	8	6	4		94	
42	12	242	18		125	41	
201	168	268	202	359	444	345	
147	31	13	20	135	152	31	
	24	122	16	19	28	8	
54	113	133	166	205	264	306	
51	385	818	380	970	270	345	
4	287	703	253	821	190	286	
47	98	115	127	149	80	59	
75	179	114	102	175	125	153	1
					7		
	20	10		20	7	20	
48	47		35	20	20	30	1
27	30	104	28	28	35	20	
	16		1		5	4	
						10	
	66		38	107	51	69	
2407	**2550**	**2786**	**1634**	**2104**	**1858**	**912**	**25**
1920	1575	1511	1070	1444	987	481	24
1443	1467	1155	971	1265	878	421	24
297	1	346	9	179	69	23	
180	107	10	90		40	37	
200	65	121	117	59	195	143	
200	65	121	117	59	195	143	
287	910	1154	447	601	676	288	1
189	720	674	225	509	585	120	1
98	167	465	185	92	91	140	
	23	15	37			28	
5970	**3435**	**13371**	**10199**	**12197**	**6980**	**6193**	
3462	799	2938	5275	3685	864	697	
3462	799	2938	5275	3685	864	697	
439	644	6795	1631	1379	1339	1265	
37	91	257	675	232	460	638	
112	20	4324	207	302	91	37	
11	5	1	108	20	94	85	
54	424	778	320	407	364	23	
225	104	1435	321	418	330	482	

2-4 续表 17

行业	代码	2003年	2004年	2005年	2006年
建筑安装业	49	641	542	1515	258
电气安装	491	297	88	507	193
管道和设备安装	492	12	22	442	1
其他建筑安装业	499	332	432	566	64
建筑装饰和其他建筑业	50	5735	12150	4221	3172
建筑装饰业	501	437	292	232	528
工程准备活动	502	86		25	17
提供施工设备服务	503	5065	11408	898	2440
其他未列明建筑业	509	147	450	3066	187
批发和零售业	**F**	**9506**	**11774**	**12112**	**15276**
批发业	51	5583	7836	7715	9880
农、林、牧产品批发	511	287	693	502	346
食品、饮料及烟草制品批发	512	541	514	683	1187
纺织、服装及家庭用品批发	513	581	716	621	1060
文化、体育用品及器材批发	514	287	237	145	218
医药及医疗器材批发	515	470	854	669	570
矿产品、建材及化工产品批发	516	1810	2778	2409	3957
机械设备、五金产品及电子产品批发	517	1240	1435	2141	2175
贸易经纪与代理	518	248	178	235	158
其他批发业	519	119	431	310	209
零售业	52	3923	3938	4397	5396
综合零售	521	266	336	295	342
食品、饮料及烟草制品专门零售	522	572	282	300	371
纺织、服装及日用品专门零售	523	155	337	382	443
文化、体育用品及器材专门零售	524	175	141	136	286
医药及医疗器材专门零售	525	543	588	549	588
汽车、摩托车、燃料及零配件专门零售	526	765	660	1212	1304
家用电器及电子产品专门零售	527	786	776	920	1068
五金、家具及室内装饰材料专门零售	528	324	325	376	447
货摊、无店铺及其他零售业	529	337	493	227	547
交通运输、仓储和邮政业	**G**	**3896**	**3824**	**5460**	**5726**
铁路运输业	53				
道路运输业	54	2437	1903	4059	2512
城市公共交通运输	541	552	306	363	172
公路旅客运输	542	823	595	699	431
道路货物运输	543	865	908	2569	1261
道路运输辅助活动	544	197	94	428	648
水上运输业	55	511	153	348	735
水上旅客运输	551	22	58	32	56
水上货物运输	552	312	83	97	478
水上运输辅助活动	553	177	12	219	201
航空运输业	56	102	1265	2	10
航空客货运输	561	10		2	10
通用航空服务	562		1265		
航空运输辅助活动	563	92			
管道运输业	57				
管道运输业	570				
装卸搬运和运输代理业	58	271	222	730	1701
装卸搬运	581	153	29	230	1362
运输代理业	582	118	193	500	339

从业人员数(人)							
2007年	2008年	2009年	2010年	2011年	2012年	2013年	无开业年份
426	366	760	977	1495	778	883	
54	103	267	380	207	204	91	
184	66	137	153	266	38	103	
188	197	356	444	1022	536	689	
1643	1626	2878	2316	5638	3999	3348	
469	470	1211	1394	2469	2918	3060	
266	70	119	251	139	462	50	
693	1010	184	442	2559	139	77	
215	76	1364	229	471	480	161	
18209	**21746**	**37858**	**44042**	**59911**	**74815**	**57667**	**149**
12061	14372	20351	23970	33204	40980	30858	95
704	1066	1225	1430	2874	4555	3052	
1250	1267	2492	2938	4431	5032	5138	18
891	1180	1882	2551	3054	3099	2503	4
192	263	398	357	814	736	732	
566	633	1219	956	1568	1608	629	3
4803	4665	6262	8691	11631	13412	9853	38
2972	2515	4017	5134	6028	8527	6208	2
328	2444	2097	1194	1737	2616	2035	15
355	339	759	719	1067	1395	708	15
6148	7374	17507	20072	26707	33835	26809	54
465	453	1201	1702	2914	4071	4008	3
302	598	883	1801	2764	4953	4328	7
915	535	896	794	2146	2806	2461	
223	325	420	579	937	1355	982	4
567	1219	6491	5681	4310	4127	2862	5
1123	1223	2005	2521	3213	3878	2994	17
1329	1599	2820	2883	4158	4111	3694	13
618	765	1156	1973	3021	4820	3750	4
606	657	1635	2138	3244	3714	1730	1
7697	**10590**	**6218**	**9710**	**6359**	**7913**	**6479**	**48**
2799	4770	3731	6478	3225	4299	3226	30
333	1164	405	857	462	316	396	
372	499	386	450	278	308	64	8
2049	2915	2733	4716	2311	3267	2566	22
45	192	207	455	174	408	200	
329	1283	222	423	508	442	229	
6	22	95		90	92	10	
200	1149	87	351	367	249	164	
123	112	40	72	51	101	55	
140	87	10		1	36	7	
				1	36	7	
		10					
140	87						
3789	3924	1530	1349	1890	2380	2428	8
3088	3409	956	453	970	1251	1695	
701	515	574	896	920	1129	733	8

2-4 续表 18

行业	代码	2003年	2004年	2005年	2006年
仓储业	59	224	174	191	731
谷物、棉花等农产品仓储	591	121	57	34	119
其他仓储业	599	103	117	157	612
邮政业	60	351	107	130	37
邮政基本服务	601			101	
快递服务	602	351	107	29	37
住宿和餐饮业	H	**2789**	**4851**	**2917**	**4154**
住宿业	61	1618	3133	1939	2780
旅游饭店	611	1240	1852	1244	1720
一般旅馆	612	362	1264	606	895
其他住宿业	619	16	17	89	165
餐饮业	62	1171	1718	978	1374
正餐服务	621	1023	1662	921	1159
快餐服务	622	119			77
饮料及冷饮服务	623	26	21	14	37
其他餐饮业	629	3	35	43	101
信息传输、软件和信息技术服务业	I	**480**	**444**	**886**	**741**
电信、广播电视和卫星传输服务	63	8	30	155	37
电信	631	8	14	154	29
广播电视传输服务	632		16	1	8
卫星传输服务	633				
互联网和相关服务	64	136	20	45	161
互联网接入及相关服务	641	66		2	
互联网信息服务	642	56	16	40	155
其他互联网服务	649	14	4	3	6
软件和信息技术服务业	65	336	394	686	543
软件开发	651	110	275	434	406
信息系统集成服务	652	110	100	94	46
信息技术咨询服务	653	32	12	53	70
数据处理和存储服务	654		6	86	5
集成电路设计	655				8
其他信息技术服务业	659	84	1	19	8
金融业	J				
房地产业	K	**6170**	**8465**	**8312**	**10360**
房地产业	70	6170	8465	8312	10360
房地产开发经营	701	2389	2772	3152	4747
物业管理	702	3070	4987	4403	4688
房地产中介服务	703	491	526	707	745
自有房地产经营活动	704				
其他房地产业	709	220	180	50	180
租赁和商务服务业	L	**4710**	**25996**	**7579**	**7199**
租赁业	71	231	125	190	151
机械设备租赁	711	231	125	190	151
文化及日用品出租	712				
商务服务业	72	4479	25871	7389	7048
企业管理服务	721	744	870	878	1527

从业人员数(人)							
2007年	2008年	2009年	2010年	2011年	2012年	2013年	无开业年份
386	261	463	578	446	378	294	10
58	90	102	192	161	26	64	
328	171	361	386	285	352	230	10
254	265	262	882	289	378	295	
169					4	3	
85	265	262	882	289	374	292	
4567	**5437**	**4653**	**7600**	**7719**	**11901**	**11354**	**14**
2806	3481	2890	3793	3916	5254	4723	8
1690	1377	1829	2094	1897	2726	2226	5
1045	1871	861	1434	1623	2153	1888	3
71	233	200	265	396	375	609	
1761	1956	1763	3807	3803	6647	6631	6
1465	1592	1499	2955	3314	5261	4667	5
203	174	30	312	129	339	203	
27	40	118	38	78	255	212	
66	150	116	502	282	792	1549	1
956	**718**	**1281**	**2055**	**2165**	**2693**	**2833**	**3**
38	27	312	106	96	55	62	
35	24	304	86	69	48	62	
		8	20	21	7		
3	3			6			
109	111	50	196	273	393	476	
40	16			50	51	118	
64	95	40	190	203	203	234	
5		10	6	20	139	124	
809	580	919	1753	1796	2245	2295	3
500	385	574	1069	966	1109	1282	3
216	87	236	309	327	458	407	
74	66	53	201	198	327	325	
4	9	14	24	15	38	80	
			11	15		3	
15	33	42	139	275	313	198	
10974	**9475**	**12335**	**13504**	**11626**	**10432**	**9404**	**25**
10974	9475	12335	13504	11626	10432	9404	25
5144	3834	5833	7206	5564	3355	3137	11
4789	4707	5026	4175	4068	4413	2614	10
736	788	941	1493	1489	2125	2902	3
305	146	535	630	505	539	751	1
10242	**9976**	**11998**	**17659**	**24399**	**24353**	**18534**	**16**
272	122	553	1021	1053	1538	1164	2
232	119	532	975	1028	1426	1116	2
40	3	21	46	25	112	48	
9970	9854	11445	16638	23346	22815	17370	14
1992	1628	3591	3637	6313	7600	6000	2

2-4 续表 19

行　业	代码				
		2003年	2004年	2005年	2006年
法律服务	722	69	85	27	138
咨询与调查	723	476	688	912	695
广告业	724	487	458	664	873
知识产权服务	725	20	26	9	6
人力资源服务	726	508	21892	1288	167
旅行社及相关服务	727	165	520	790	644
安全保护服务	728	1359	133	1524	850
其他商务服务业	729	651	1199	1297	2148
科学研究和技术服务业	**M**	**1378**	**2045**	**2236**	**2676**
研究和试验发展	73	24	79	16	62
自然科学研究和试验发展	731		1		6
工程和技术研究和试验发展	732	8	49		32
农业科学研究和试验发展	733	13		11	13
医学研究和试验发展	734	3	29	5	11
社会人文科学研究	735				
专业技术服务业	74	1166	1697	1977	2447
气象服务	741	2	16		
地震服务	742				
海洋服务	743			1	
测绘服务	744	43	93	244	216
质检技术服务	745	175	234	303	739
环境与生态监测	746		37		
地质勘查	747	22	17	20	40
工程技术	748	794	1094	1173	1222
其他专业技术服务业	749	130	206	236	230
科技推广和应用服务业	75	188	269	243	167
技术推广服务	751	178	191	221	143
科技中介服务	752	9	4	12	10
其他科技推广和应用服务业	759	1	74	10	14
水利、环境和公共设施管理业	**N**	**421**	**444**	**513**	**504**
水利管理业	76	11	26	141	71
防洪除涝设施管理	761	7	6		1
水资源管理	762			140	
天然水收集与分配	763	4		1	50
水文服务	764				
其他水利管理业	769		20		20
生态保护和环境治理业	77	65	14	18	10
生态保护	771	4			
环境治理业	772	61	14	18	10
公共设施管理业	78	345	404	354	423
市政设施管理	781	28		1	40

从业人员数(人)							
2007年	2008年	2009年	2010年	2011年	2012年	2013年	无开业年份
49	13	90	72	86	104	73	
1026	1485	1786	1779	2313	3602	2711	
1116	972	1469	2344	3040	4080	3370	4
4	85	24	23	26	37	35	
1574	2247	996	3774	4915	2394	571	
678	302	439	905	1019	1230	961	8
2043	1280	998	1432	2648	488	581	
1488	1842	2052	2672	2986	3280	3068	
2461	**2988**	**3655**	**4357**	**4313**	**5815**	**4693**	**1**
87	90	207	146	255	353	302	
9	22	42	33	47	69	18	
30	12	36	53	99	123	125	
44	7	108	24	55	128	143	
4	49	21	32	54	32	16	
			4		1		
2132	2331	2533	3114	2668	3346	2631	
4	3						
						6	
			32			2	
95	136	112	146	104	125	104	
391	598	522	327	242	370	237	
3		18	39	62	41	77	
39	31	64	80	86	157	17	
1296	1228	1402	1920	1338	1591	1304	
304	335	415	570	836	1062	884	
242	567	915	1097	1390	2116	1760	1
201	528	797	763	1044	1698	1481	
24	14	16	97	91	177	40	
17	25	102	237	255	241	239	1
811	**629**	**1232**	**691**	**1030**	**1301**	**887**	**11**
	18	83	30	75	132	33	
	1			1			
			3	20	13	17	
		24	7	3	8	12	
				9	8		
	17	59	20	42	103	4	
81	195	218	86	169	94	64	
			5	33	50	4	
81	195	218	81	136	44	60	
730	416	931	575	786	1075	790	11
104	118	207	28	40	59	81	

2-4 续表 20

行业	代码	2003年	2004年	2005年	2006年
环境卫生管理	782	60	48	81	12
城乡市容管理	783				
绿化管理	784	39	159	51	37
公园和游览景区管理	785	218	197	221	334
居民服务、修理和其他服务业	O	**649**	**965**	**1269**	**1398**
居民服务业	79	204	199	333	287
家庭服务	791	4	8	32	20
托儿所服务	792				
洗染服务	793	45		64	
理发及美容服务	794	23	52	38	68
洗浴服务	795	56	3	2	43
保健服务	796	26	104		11
婚姻服务	797	12			13
殡葬服务	798		19	22	37
其他居民服务业	799	38	13	175	95
机动车、电子产品和日用产品修理业	80	302	648	630	676
汽车、摩托车修理与维护	801	226	395	444	561
计算机和办公设备维修	802	18	239	19	24
家用电器修理	803	33	5	128	77
其他日用产品修理业	809	25	9	39	14
其他服务业	81	143	118	306	435
清洁服务	811	94	70	183	195
其他未列明服务业	819	49	48	123	240
教育	P				
教育	82				
学前教育	821				
初等教育	822				
中等教育	823				
高等教育	824				
特殊教育	825				
技能培训、教育辅助及其他教育	829				
卫生和社会工作	Q			**24**	**13**
卫生	83				
医院	831				
社区医疗与卫生院	832				
门诊部(所)	833				
计划生育技术服务活动	834				
妇幼保健院(所、站)	835				
专科疾病防治院(所、站)	836				
疾病预防控制中心	837				
其他卫生活动	839				

从业人员数(人)							
2007年	2008年	2009年	2010年	2011年	2012年	2013年	无开业年份
40	27	164	27	45	129	35	
					11		
133	70	67	76	168	348	242	
453	201	493	444	533	528	432	11
1385	**1820**	**2742**	**3243**	**3892**	**5619**	**5276**	**15**
358	522	575	630	1037	1884	2070	
39	127	76	52	244	482	711	
10							
8		31	33	110	99	70	
82	43	47	95	298	399	262	
25	59	12	75	38	138	118	
71	170	68	197	123	351	214	
8	28	32	15	43	69	101	
110	32	85	56	4	42	38	
5	63	224	107	177	304	556	
712	784	985	1643	1762	2261	2083	13
638	538	766	1317	1560	1918	1743	13
45	22	48	65	55	110	131	
5	65	77	191	110	181	145	
24	159	94	70	37	52	64	
315	514	1182	970	1093	1474	1123	2
190	360	666	413	500	701	748	1
125	154	516	557	593	773	375	1
	4	**1**	**3**	**8**	**27**	**4**	**5**

2-4 续表 21

行业	代码	2003年	2004年	2005年	2006年
社会工作	84			24	13
提供住宿社会工作	841			10	13
不提供住宿社会工作	842			14	
文化、体育和娱乐业	**R**	**1115**	**1813**	**1489**	**2181**
新闻和出版业	85	1	30	9	6
新闻业	851			8	
出版业	852	1	30	1	6
广播、电视、电影和影视录音制作业	86	4	197	36	21
广播	861				
电视	862				
电影和影视节目制作	863	4	20	12	21
电影和影视节目发行	864		1		
电影放映	865		176	20	
录音制作	866			4	
文化艺术业	87	6	4	16	124
文艺创作与表演	871	3		1	8
艺术表演场馆	872				
图书馆与档案馆	873				
文物及非物质文化遗产保护	874				
博物馆	875				95
烈士陵园、纪念馆	876				
群众文化活动	877	3		5	
其他文化艺术业	879		4	10	21
体育	88	25	88	23	20
体育组织	881	4	6		
体育场馆	882	2		12	10
休闲健身活动	883	19	82	8	10
其他体育	889			3	
娱乐业	89	1079	1494	1405	2010
室内娱乐活动	891	1059	1494	1378	1955
游乐园	892	16			12
彩票活动	893				
文化、娱乐、体育经纪代理	894			25	25
其他娱乐业	899	4		2	18
公共管理、社会保障和社会组织	**S**				

从业人员数(人)							
2007年	2008年	2009年	2010年	2011年	2012年	2013年	无开业年份
	4	1	3	8	27	4	5
	4	1		3	22		5
			3	5	5	4	
2369	**2235**	**1772**	**2835**	**3028**	**3445**	**2705**	**10**
10	1	1	23	7	21	23	
		1				5	
10	1		23	7	21	18	
70	110	19	172	242	547	265	
					4	3	
					10		
17	43	10	85	68	91	56	
1		1	24	30	52	9	
52	57	8	62	138	375	191	
	10		1	6	15	6	
81	30	85	120	251	569	306	4
59	5	16	15	69	204	103	
					95		
		15	3		19	8	
11				20	7	6	
					20		
6	10	12	2	23	33	82	
5	15	42	100	139	191	107	4
17	116	127	73	228	235	97	6
1	5		6	95	74	26	
6	6	46		62	23	5	
	97	78	57	53	115	66	6
10	8	3	10	18	23		
2191	1978	1540	2447	2300	2073	2014	
1979	1849	1502	2369	2184	1970	1880	
	104	15	23			92	
39	13	2	33	17	32	8	
173	12	21	22	99	71	34	

2-5 按行业、营业状态分组的小微企业法人单位数

行业	代码	法人单位数(个)	营业	停业(歇业)	筹建	当年关闭	当年破产	其他
总　计		**142638**	**116395**	**10942**	**4813**	**8115**	**249**	**2124**
农、林、牧、渔业	**A**	**869**	**723**	**55**	**45**	**16**	**3**	**27**
农业	01	30	29			1		
谷物种植	011	1	1					
豆类、油料和薯类种植	012							
棉、麻、糖、烟草种植	013	6	6					
蔬菜、食用菌及园艺作物种植	014	5	4			1		
水果种植	015	8	8					
坚果、含油果、香料和饮料作物种植	016	6	6					
中药材种植	017							
其他农业	019	4	4					
林业	02	14	14					
林木育种和育苗	021	4	4					
造林和更新	022	4	4					
森林经营和管护	023	4	4					
木材和竹材采运	024	1	1					
林产品采集	025	1	1					
畜牧业	03	7	6	1				
牲畜饲养	031	5	5					
家禽饲养	032	2	1	1				
狩猎和捕捉动物	033							
其他畜牧业	039							
渔业	04	7	7					
水产养殖	041	6	6					
水产捕捞	042	1	1					
农、林、牧、渔服务业	05	811	667	54	45	15	3	27
农业服务业	051	583	469	44	34	14	1	21
林业服务业	052	110	98	5	3		1	3
畜牧服务业	053	59	48	3	5			3
渔业服务业	054	59	52	2	3	1	1	
采矿业	**B**	**2929**	**2127**	**466**	**140**	**137**	**21**	**38**
煤炭开采和洗选业	06	46	22	11	5	6	1	1
烟煤和无烟煤开采洗选	061	23	13	3	4	2	1	
褐煤开采洗选	062	16	5	6		4		1
其他煤炭采选	069	7	4	2	1			
石油和天然气开采业	07	3	2		1			
石油开采	071	2	1		1			
天然气开采	072	1	1					
黑色金属矿采选业	08	330	201	86	11	19	5	8
铁矿采选	081	128	75	31	7	8	1	6
锰矿、铬矿采选	082	125	77	37	2	5	2	2
其他黑色金属矿采选	089	77	49	18	2	6	2	
有色金属矿采选业	09	426	207	146	30	32	1	10
常用有色金属矿采选	091	345	168	115	27	27	1	7
贵金属矿采选	092	60	24	27	3	3		3
稀有稀土金属矿采选	093	21	15	4		2		

2-5 续表 1

行 业	代码	法 人 单位数 (个)	营业	停业 (歇业)	筹建	当年关闭	当年破产	其他
非金属矿采选业	10	2007	1624	198	82	71	13	19
土砂石开采	101	1723	1429	149	65	60	9	11
化学矿开采	102	49	32	11	3	2		1
采盐	103	7	7					
石棉及其他非金属矿采选	109	228	156	38	14	9	4	7
开采辅助活动	11	29	18	7	3	1		
煤炭开采和洗选辅助活动	111	4	3	1				
石油和天然气开采辅助活动	112	1	1					
其他开采辅助活动	119	24	14	6	3	1		
其他采矿业	12	88	53	18	8	8	1	
其他采矿业	120	88	53	18	8	8	1	
制造业	**C**	**22911**	**18889**	**1756**	**995**	**913**	**88**	**270**
农副食品加工业	13	1677	1392	134	61	52	9	29
谷物磨制	131	257	225	9	5	14		4
饲料加工	132	243	208	14	10	9		2
植物油加工	133	191	143	25	13	5	2	3
制糖业	134	30	19	7	2			2
屠宰及肉类加工	135	325	275	27	4	11	3	5
水产品加工	136	128	97	16	4	5		6
蔬菜、水果和坚果加工	137	156	132	7	12	2	2	1
其他农副食品加工	139	347	293	29	11	6	2	6
食品制造业	14	1013	854	75	40	36	1	7
焙烤食品制造	141	404	346	32	11	12		3
糖果、巧克力及蜜饯制造	142	55	45	7	2	1		
方便食品制造	143	172	149	7	7	7		2
乳制品制造	144	23	17	4		2		
罐头食品制造	145	66	49	11	2	3	1	
调味品、发酵制品制造	146	91	76	7	3	4		1
其他食品制造	149	202	172	7	15	7		1
酒、饮料和精制茶制造业	15	805	671	57	39	30	2	6
酒的制造	151	210	170	24	9	5		2
饮料制造	152	322	274	14	24	8		2
精制茶加工	153	273	227	19	6	17	2	2
烟草制品业	16	4	3	1				
烟叶复烤	161	1	1					
卷烟制造	162	3	2	1				
其他烟草制品制造	169							
纺织业	17	458	358	50	17	29	1	3
棉纺织及印染精加工	171	84	68	7	5	2	1	1
毛纺织及染整精加工	172	46	35	5		6		
麻纺织及染整精加工	173	19	14	4	1			
丝绢纺织及印染精加工	174	99	84	7	5	2		1
化纤织造及印染精加工	175	6	6					
针织或钩针编织物及其制品制造	176	90	53	17	2	17		1
家用纺织制成品制造	177	79	67	6	4	2		
非家用纺织制成品制造	178	35	31	4				

2-5 续表 2

行业	代码	法人单位数(个)	营业	停业(歇业)	筹建	当年关闭	当年破产	其他
纺织服装、服饰业	18	674	585	40	16	24	2	7
机织服装制造	181	552	484	31	13	17	2	5
针织或钩针编织服装制造	182	44	37	2	3	2		
服饰制造	183	78	64	7		5		2
皮革、毛皮、羽毛及其制品和制鞋业	19	360	263	35	21	35	3	3
皮革鞣制加工	191	42	17	6	4	14	1	
皮革制品制造	192	141	110	14	4	13		
毛皮鞣制及制品加工	193	19	18					1
羽毛(绒)加工及制品制造	194	81	61	5	9	4		2
制鞋业	195	77	57	10	4	4	2	
木材加工和木、竹、藤、棕、草制品业	20	3340	2929	158	132	86	11	24
木材加工	201	1969	1741	92	71	51	4	10
人造板制造	202	834	735	29	45	15	2	8
木制品制造	203	307	251	23	13	12	4	4
竹、藤、棕、草等制品制造	204	230	202	14	3	8	1	2
家具制造业	21	444	376	34	9	19		6
木质家具制造	211	339	293	19	7	15		5
竹、藤家具制造	212	14	12	1		1		
金属家具制造	213	26	20	4	1	1		
塑料家具制造	214	7	4	3				
其他家具制造	219	58	47	7	1	2		1
造纸和纸制品业	22	723	533	110	28	43		9
纸浆制造	221	16	10	3	1	1		1
造纸	222	322	193	78	14	32		5
纸制品制造	223	385	330	29	13	10		3
印刷和记录媒介复制业	23	797	702	49	10	24	1	11
印刷	231	693	604	46	10	23	1	9
装订及印刷相关服务	232	101	96	3		1		1
记录媒介复制	233	3	2					1
文教、工美、体育和娱乐用品制造业	24	617	515	52	15	21	3	11
文教办公用品制造	241	27	23	2		1		1
乐器制造	242	3	3					
工艺美术品制造	243	490	405	46	13	14	2	10
体育用品制造	244	14	12	1			1	
玩具制造	245	82	72	3	1	6		
游艺器材及娱乐用品制造	246	1			1			
石油加工、炼焦和核燃料加工业	25	61	45	3	5	4		4
精炼石油产品制造	251	51	38	3	3	3		4
炼焦	252	7	5		2			
核燃料加工	253	3	2			1		
化学原料和化学制品制造业	26	1317	1038	139	51	64	2	23
基础化学原料制造	261	193	142	25	6	11	1	8
肥料制造	262	277	204	40	13	15		5
农药制造	263	63	51	6	3	2		1

2-5　续表 3

行　　业	代码	法　人 单位数 (个)	营业	停业 (歇业)	筹建	当年关闭	当年破产	其他
涂料、油墨、颜料及类似产品制造	264	127	106	14	3	3		1
合成材料制造	265	37	31	1	2	2		1
专用化学产品制造	266	310	257	22	12	15		4
炸药、火工及焰火产品制造	267	158	126	17	3	9	1	2
日用化学产品制造	268	152	121	14	9	7		1
医药制造业	27	368	298	29	23	10	1	7
化学药品原料药制造	271	31	25	2	2	1		1
化学药品制剂制造	272	37	31	4	1			1
中药饮片加工	273	50	42	3	3	1		1
中成药生产	274	113	96	6	6	4	1	
兽用药品制造	275	48	38	9				1
生物药品制造	276	47	31	4	9	2		1
卫生材料及医药用品制造	277	42	35	1	2	2		2
化学纤维制造业	28	8	5	1	1	1		
纤维素纤维原料及纤维制造	281	5	3		1	1		
合成纤维制造	282	3	2	1				
橡胶和塑料制品业	29	824	687	60	32	36	3	6
橡胶制品业	291	123	104	11	2	4		2
塑料制品业	292	701	583	49	30	32	3	4
非金属矿物制品业	30	3805	3136	258	165	177	29	40
水泥、石灰和石膏制造	301	445	311	47	19	47	15	6
石膏、水泥制品及类似制品制造	302	691	580	47	39	15	4	6
砖瓦、石材等建筑材料制造	303	2149	1818	130	83	93	9	16
玻璃制造	304	35	29	1	1	3		1
玻璃制品制造	305	57	43	2	6	5		1
玻璃纤维和玻璃纤维增强塑料制品制造	306	27	27					
陶瓷制品制造	307	136	105	15	5	9	1	1
耐火材料制品制造	308	32	29	2	1			
石墨及其他非金属矿物制品制造	309	233	194	14	11	5		9
黑色金属冶炼和压延加工业	31	530	423	57	7	34	5	4
炼铁	311	29	18	5		6		
炼钢	312	9	6	2	1			
黑色金属铸造	313	212	186	12	1	10	2	1
钢压延加工	314	82	71	8	1	2		
铁合金冶炼	315	198	142	30	4	16	3	3
有色金属冶炼和压延加工业	32	281	149	52	41	29	4	6
常用有色金属冶炼	321	142	65	36	17	17	3	4
贵金属冶炼	322	9	7	2				
稀有稀土金属冶炼	323	16	10	2	3	1		
有色金属合金制造	324	13	8	1	1	3		
有色金属铸造	325	7	4	1	1	1		
有色金属压延加工	326	94	55	10	19	7	1	2
金属制品业	33	957	779	94	38	34	2	10
结构性金属制品制造	331	371	314	26	15	11		5
金属工具制造	332	161	128	23	6	4		
集装箱及金属包装容器制造	333	38	30	2	5	1		

2-5 续表 4

行业	代码	法人单位数（个）	营业	停业（歇业）	筹建	当年关闭	当年破产	其他
金属丝绳及其制品制造	334	27	21	3	1	1		1
建筑、安全用金属制品制造	335	94	75	14	1	3	1	
金属表面处理及热处理加工	336	38	33	3		1	1	
搪瓷制品制造	337	14	12	1		1		
金属制日用品制造	338	114	89	11	6	7		1
其他金属制品制造	339	100	77	11	4	5		3
通用设备制造业	34	759	639	58	40	17	2	3
锅炉及原动设备制造	341	69	58	5	2	4		
金属加工机械制造	342	172	139	16	8	5	2	2
物料搬运设备制造	343	35	29	3	3			
泵、阀门、压缩机及类似机械制造	344	61	49	9	2	1		
轴承、齿轮和传动部件制造	345	27	23	1	3			
烘炉、风机、衡器、包装等设备制造	346	74	60	3	8	2		1
文化、办公用机械制造	347	5	5					
通用零部件制造	348	267	234	18	11	4		
其他通用设备制造业	349	49	42	3	3	1		
专用设备制造业	35	815	673	57	48	24	1	12
采矿、冶金、建筑专用设备制造	351	179	154	10	12	2		1
化工、木材、非金属加工专用设备制造	352	145	117	8	14	5		1
食品、饮料、烟草及饲料生产专用设备制造	353	57	47	3	3	2		2
印刷、制药、日化及日用品生产专用设备制造	354	55	45	6	4			
纺织、服装和皮革加工专用设备制造	355	4	2	1	1			
电子和电工机械专用设备制造	356	35	32	1	1			1
农、林、牧、渔专用机械制造	357	197	152	18	10	11	1	5
医疗仪器设备及器械制造	358	57	52	4	1			
环保、社会公共服务及其他专用设备制造	359	86	72	6	2	4		2
汽车制造业	36	601	524	29	31	6	3	8
汽车整车制造	361	5	3	1	1			
改装汽车制造	362	7	5				1	1
低速载货汽车制造	363	1	1					
电车制造	364	4	2	1	1			
汽车车身、挂车制造	365	9	6		3			
汽车零部件及配件制造	366	575	507	27	26	6	2	7
铁路、船舶、航空航天和其他运输设备制造业	37	144	111	10	14	6		3
铁路运输设备制造	371	23	21		2			
城市轨道交通设备制造	372							
船舶及相关装置制造	373	68	50	10	2	5		1
航空、航天器及设备制造	374	2	1		1			
摩托车制造	375	8	5		3			
自行车制造	376	32	23		6	1		2
非公路休闲车及零配件制造	377	2	2					
潜水救捞及其他未列明运输设备制造	379	9	9					
电气机械和器材制造业	38	573	453	50	35	28	2	5
电机制造	381	70	47	9	3	10	1	
输配电及控制设备制造	382	201	175	6	12	6	1	1
电线、电缆、光缆及电工器材制造	383	101	87	10	4			

2-5　续表 5

行　　业	代码	法　人单位数(个)	营业	停业(歇业)	筹建	当年关闭	当年破产	其他
电池制造	384	25	17	3	2	2		1
家用电力器具制造	385	39	27	9	1	1		1
非电力家用器具制造	386	39	26	5	4	4		
照明器具制造	387	49	35	3	5	5		1
其他电气机械及器材制造	389	49	39	5	4			1
计算机、通信和其他电子设备制造业	39	398	319	29	23	21	1	5
计算机制造	391	42	38	1	2	1		
通信设备制造	392	42	36	3	2	1		
广播电视设备制造	393	10	8	1	1			
雷达及配套设备制造	394	1	1					
视听设备制造	395	23	15	2	3	2		1
电子器件制造	396	34	26	3	2	2		1
电子元件制造	397	171	134	14	9	12	1	1
其他电子设备制造	399	75	61	5	4	3		2
仪器仪表制造业	40	95	87	2	4	1		1
通用仪器仪表制造	401	39	37	1	1			
专用仪器仪表制造	402	17	17					
钟表与计时仪器制造	403	8	6			1		1
光学仪器及眼镜制造	404	18	16		2			
其他仪器仪表制造业	409	13	11	1	1			
其他制造业	41	167	134	15	12	6		
日用杂品制造	411	42	34	5	1	2		
煤制品制造	412	18	17	1				
核辐射加工	413	3	3					
其他未列明制造业	419	104	80	9	11	4		
废弃资源综合利用业	42	181	108	12	31	13		17
金属废料和碎屑加工处理	421	111	57	4	27	7		16
非金属废料和碎屑加工处理	422	70	51	8	4	6		1
金属制品、机械和设备修理业	43	115	100	6	6	3		
金属制品修理	431	4	4					
通用设备修理	432	12	11		1			
专用设备修理	433	26	24	1	1			
铁路、船舶、航空航天等运输设备修理	434	24	23		1			
电气设备修理	435	9	7		1	1		
仪器仪表修理	436	6	5	1				
其他机械和设备修理业	439	34	26	4	2	2		
电力、热力、燃气及水生产和供应业	**D**	**2413**	**2148**	**96**	**99**	**30**	**3**	**37**
电力、热力生产和供应业	44	1750	1566	73	65	18	2	26
电力生产	441	1653	1488	63	60	17	2	23
电力供应	442	84	71	7	2	1		3
热力生产和供应	443	13	7	3	3			
燃气生产和供应业	45	82	60	6	16			
燃气生产和供应业	450	82	60	6	16			
水的生产和供应业	46	581	522	17	18	12	1	11
自来水生产和供应	461	494	453	14	11	8	1	7
污水处理及其再生利用	462	69	55	1	7	3		3
其他水的处理、利用与分配	469	18	14	2		1		1

2-5 续表 6

行业	代码	法人单位数（个）	营业	停业（歇业）	筹建	当年关闭	当年破产	其他
建筑业	E	**4440**	**3483**	**340**	**161**	**339**	**5**	**112**
房屋建筑业	47	826	694	43	23	46	1	19
房屋建筑业	470	826	694	43	23	46	1	19
土木工程建筑业	48	634	482	53	33	47		19
铁路、道路、隧道和桥梁工程建筑	481	199	138	18	9	26		8
水利和内河港口工程建筑	482	69	53	7	4	2		3
海洋工程建筑	483							
工矿工程建筑	484	36	33		1	2		
架线和管道工程建筑	485	103	81	8	3	7		4
其他土木工程建筑	489	227	177	20	16	10		4
建筑安装业	49	594	479	43	21	32	1	18
电气安装	491	153	125	11	3	11		3
管道和设备安装	492	79	63	5	3	5		3
其他建筑安装业	499	362	291	27	15	16	1	12
建筑装饰和其他建筑业	50	2386	1828	201	84	214	3	56
建筑装饰业	501	1847	1421	149	68	173	1	35
工程准备活动	502	119	88	14	5	4		8
提供施工设备服务	503	156	130	9	3	9		5
其他未列明建筑业	509	264	189	29	8	28	2	8
批发和零售业	F	**63073**	**52539**	**4659**	**1723**	**3445**	**71**	**636**
批发业	51	32922	26731	2762	1017	2012	43	357
农、林、牧产品批发	511	2916	2382	263	89	135	5	42
食品、饮料及烟草制品批发	512	3391	2804	237	106	210	4	30
纺织、服装及家庭用品批发	513	2653	2117	226	61	222	2	25
文化、体育用品及器材批发	514	810	673	55	15	59	2	6
医药及医疗器材批发	515	1321	1113	95	31	73	1	8
矿产品、建材及化工产品批发	516	12071	9650	1206	426	627	17	145
机械设备、五金产品及电子产品批发	517	6992	5817	413	194	507	6	55
贸易经纪与代理	518	1670	1304	148	66	118	5	29
其他批发业	519	1098	871	119	29	61	1	17
零售业	52	30151	25808	1897	706	1433	28	279
综合零售	521	2944	2398	257	94	151	4	40
食品、饮料及烟草制品专门零售	522	3155	2602	238	113	159	3	40
纺织、服装及日用品专门零售	523	2425	2033	163	44	149	2	34
文化、体育用品及器材专门零售	524	1182	994	81	26	60	1	20
医药及医疗器材专门零售	525	7076	6738	157	37	106	4	34
汽车、摩托车、燃料及零配件专门零售	526	3004	2629	174	94	84	2	21
家用电器及电子产品专门零售	527	4020	3408	252	66	261	4	29
五金、家具及室内装饰材料专门零售	528	3442	2794	288	156	168	5	31
货摊、无店铺及其他零售业	529	2903	2212	287	76	295	3	30
交通运输、仓储和邮政业	G	**4584**	**3907**	**292**	**155**	**179**	**6**	**45**
铁路运输业	53							

2-5　续表 7

行　　业	代码	法　人单位数(个)	营业	停业(歇业)	筹建	当年关闭	当年破产	其他
道路运输业	54	2592	2234	157	75	96	5	25
城市公共交通运输	541	238	225	8	1	4		
公路旅客运输	542	280	251	14	6	8		1
道路货物运输	543	1872	1588	121	64	79	4	16
道路运输辅助活动	544	202	170	14	4	5	1	8
水上运输业	55	396	341	19	14	19	1	2
水上旅客运输	551	46	42	2		2		
水上货物运输	552	286	248	12	10	13	1	2
水上运输辅助活动	553	64	51	5	4	4		
航空运输业	56	24	21	2				1
航空客货运输	561	13	11	2				
通用航空服务	562	8	7					1
航空运输辅助活动	563	3	3					
管道运输业	57							
管道运输业	570							
装卸搬运和运输代理业	58	947	786	72	33	45		11
装卸搬运	581	275	222	25	14	10		4
运输代理业	582	672	564	47	19	35		7
仓储业	59	446	365	33	28	15		5
谷物、棉花等农产品仓储	591	206	181	13	1	7		4
其他仓储业	599	240	184	20	27	8		1
邮政业	60	179	160	9	5	4		1
邮政基本服务	601	7	7					
快递服务	602	172	153	9	5	4		1
住宿和餐饮业	**H**	**3336**	**2911**	**172**	**78**	**133**	**6**	**36**
住宿业	61	1628	1426	84	45	55	1	17
旅游饭店	611	636	552	32	21	23	1	7
一般旅馆	612	822	720	43	20	30		9
其他住宿业	619	170	154	9	4	2		1
餐饮业	62	1708	1485	88	33	78	5	19
正餐服务	621	1152	997	64	20	55	5	11
快餐服务	622	135	122	2	4	5		2
饮料及冷饮服务	623	131	113	5	2	9		2
其他餐饮业	629	290	253	17	7	9		4
信息传输、软件和信息技术服务业	**I**	**2078**	**1584**	**161**	**80**	**227**	**2**	**24**
电信、广播电视和卫星传输服务	63	127	103	9	1	11		3
电信	631	108	89	6	1	10		2
广播电视传输服务	632	16	12	2		1		1
卫星传输服务	633	3	2	1				

2-5 续表 8

行业	代码	法人单位数(个)	营业	停业(歇业)	筹建	当年关闭	当年破产	其他
互联网和相关服务	64	283	210	22	18	28	1	4
互联网接入及相关服务	641	32	25	1		6		
互联网信息服务	642	204	154	17	9	21		3
其他互联网服务	649	47	31	4	9	1	1	1
软件和信息技术服务业	65	1668	1271	130	61	188	1	17
软件开发	651	861	672	66	37	79		7
信息系统集成服务	652	374	270	29	11	61		3
信息技术咨询服务	653	240	184	20	8	26		2
数据处理和存储服务	654	36	28	2	1	5		
集成电路设计	655	7	7					
其他信息技术服务业	659	150	110	13	4	17	1	5
金融业	**J**							
房地产业	**K**	**7058**	**5412**	**569**	**306**	**287**	**3**	**481**
房地产业	70	7058	5412	569	306	287	3	481
房地产开发经营	701	3023	2127	268	137	71	1	419
物业管理	702	1854	1536	125	88	79		26
房地产中介服务	703	1727	1399	139	46	123	2	18
自有房地产经营活动	704							
其他房地产业	709	454	350	37	35	14		18
租赁和商务服务业	**L**	**15919**	**11917**	**1431**	**652**	**1651**	**23**	**245**
租赁业	71	1003	825	69	31	66	1	11
机械设备租赁	711	954	782	67	29	64	1	11
文化及日用品出租	712	49	43	2	2	2		
商务服务业	72	14916	11092	1362	621	1585	22	234
企业管理服务	721	4052	2692	490	254	510	6	100
法律服务	722	124	108	6		8		2
咨询与调查	723	2801	2089	237	97	344	3	31
广告业	724	3412	2731	233	85	326	5	32
知识产权服务	725	54	50			4		
人力资源服务	726	569	444	60	20	33	1	11
旅行社及相关服务	727	797	618	66	51	49		13
安全保护服务	728	198	165	5	10	16		2
其他商务服务业	729	2909	2195	265	104	295	7	43

2-5 续表 9

行业	代码	法人单位数(个)	营业	停业(歇业)	筹建	当年关闭	当年破产	其他
科学研究和技术服务业	M	**4355**	**3403**	**386**	**195**	**304**	**4**	**63**
研究和试验发展	73	279	198	34	22	18		7
自然科学研究和试验发展	731	47	35	3	4	2		3
工程和技术研究和试验发展	732	92	65	11	9	7		
农业科学研究和试验发展	733	92	63	16	4	7		2
医学研究和试验发展	734	46	34	3	5	2		2
社会人文科学研究	735	2	1	1				
专业技术服务业	74	2779	2317	180	97	158	2	25
气象服务	741	15	12	1		1		1
地震服务	742	1	1					
海洋服务	743	4	3			1		
测绘服务	744	165	140	10	3	12		
质检技术服务	745	327	279	19	13	13		3
环境与生态监测	746	39	28	4	4	3		
地质勘查	747	68	45	11		10		2
工程技术	748	1344	1130	84	46	75		9
其他专业技术服务业	749	816	679	51	31	43	2	10
科技推广和应用服务业	75	1297	888	172	76	128	2	31
技术推广服务	751	1026	711	125	67	98	2	23
科技中介服务	752	75	49	10	2	11		3
其他科技推广和应用服务业	759	196	128	37	7	19		5
水利、环境和公共设施管理业	N	**684**	**489**	**79**	**69**	**31**	**2**	**14**
水利管理业	76	69	47	9	7	6		
防洪除涝设施管理	761	8	3	4		1		
水资源管理	762	12	10		2			
天然水收集与分配	763	16	13	1	1	1		
水文服务	764	2	1		1			
其他水利管理业	769	31	20	4	3	4		
生态保护和环境治理业	77	88	64	11	7	5		1
生态保护	771	15	9	3	2	1		
环境治理业	772	73	55	8	5	4		1
公共设施管理业	78	527	378	59	55	20	2	13
市政设施管理	781	52	37	9	3			3
环境卫生管理	782	48	36	3	2	3	1	3
城乡市容管理	783	2	1			1		
绿化管理	784	151	119	9	15	7		1
公园和游览景区管理	785	274	185	38	35	9	1	6
居民服务、修理和其他服务业	O	**3341**	**2803**	**213**	**65**	**199**	**4**	**57**
居民服务业	79	1087	913	78	23	52	2	19
家庭服务	791	279	227	28	9	10	1	4
托儿所服务	792	2	1	1				

2-5 续表 10

行　业	代码	法人单位数（个）	营业	停业（歇业）	筹建	当年关闭	当年破产	其他
洗染服务	793	70	57	5	1	7		
理发及美容服务	794	264	233	11	2	12	1	5
洗浴服务	795	37	31	2		2		2
保健服务	796	133	117	5	2	8		1
婚姻服务	797	77	60	9	2	5		1
殡葬服务	798	33	30		3			
其他居民服务业	799	192	157	17	4	8		6
机动车、电子产品和日用产品修理业	80	1449	1263	70	26	62	1	27
汽车、摩托车修理与维护	801	1078	965	47	17	31		18
计算机和办公设备维修	802	125	101	7	2	11	1	3
家用电器修理	803	182	145	13	4	18		2
其他日用产品修理业	809	64	52	3	3	2		4
其他服务业	81	805	627	65	16	85	1	11
清洁服务	811	360	300	23	8	27		2
其他未列明服务业	819	445	327	42	8	58	1	9
教育	P							
教育	82							
学前教育	821							
初等教育	822							
中等教育	823							
高等教育	824							
特殊教育	825							
技能培训、教育辅助及其他教育	829							
卫生和社会工作	Q	**18**	**11**	**3**	**2**	**1**		**1**
卫生	83							
医院	831							
社区医疗与卫生院	832							
门诊部(所)	833							
计划生育技术服务活动	834							
妇幼保健院(所、站)	835							
专科疾病防治院(所、站)	836							
疾病预防控制中心	837							
其他卫生活动	839							
社会工作	84	18	11	3	2	1		1
提供住宿社会工作	841	11	6	2	2			1
不提供住宿社会工作	842	7	5	1		1		

2-5　续表 11

行　　业	代码	法人单位数(个)	营业	停业(歇业)	筹建	当年关闭	当年破产	其他
文化、体育和娱乐业	**R**	**4630**	**4049**	**264**	**48**	**223**	**8**	**38**
新闻和出版业	85	42	30	3		9		
新闻业	851	3	2			1		
出版业	852	39	28	3		8		
广播、电视、电影和影视录音制作业	86	212	171	11	6	17	1	6
广播	861	2	2					
电视	862	1	1					
电影和影视节目制作	863	67	52	2		13		
电影和影视节目发行	864	17	12	2	1	2		
电影放映	865	115	95	7	5	1	1	6
录音制作	866	10	9			1		
文化艺术业	87	225	155	22	19	22		7
文艺创作与表演	871	70	47	7	5	9		2
艺术表演场馆	872	9	7		1			1
图书馆与档案馆	873	7	4	2				1
文物及非物质文化遗产保护	874	5	4		1			
博物馆	875	2	2					
烈士陵园、纪念馆	876							
群众文化活动	877	23	15		3	4		1
其他文化艺术业	879	109	76	13	9	9		2
体育	88	138	104	13	8	12		1
体育组织	881	17	12	1	3	1		
体育场馆	882	25	21	4				
休闲健身活动	883	74	58	5	5	5		1
其他体育	889	22	13	3		6		
娱乐业	89	4013	3589	215	15	163	7	24
室内娱乐活动	891	3923	3516	204	11	161	7	24
游乐园	892	15	12	3				
彩票活动	893							
文化、娱乐、体育经纪代理	894	32	25	4	1	2		
其他娱乐业	899	43	36	4	3			
公共管理、社会保障和社会组织	**S**							

2-6 按行业、营业状态分组的

行业	代码	企业法人单位数(个)	营业	停业(歇业)	筹建	当年关闭
总计		**142638**	**116395**	**10942**	**4813**	**8115**
农、林、牧、渔业	**A**	**869**	**723**	**55**	**45**	**16**
农业	01	30	29			1
谷物种植	011	1	1			
豆类、油料和薯类种植	012					
棉、麻、糖、烟草种植	013	6	6			
蔬菜、食用菌及园艺作物种植	014	5	4			1
水果种植	015	8	8			
坚果、含油果、香料和饮料作物种植	016	6	6			
中药材种植	017					
其他农业	019	4	4			
林业	02	14	14			
林木育种和育苗	021	4	4			
造林和更新	022	4	4			
森林经营和管护	023	4	4			
木材和竹材采运	024	1	1			
林产品采集	025	1	1			
畜牧业	03	7	6	1		
牲畜饲养	031	5	5			
家禽饲养	032	2	1	1		
狩猎和捕捉动物	033					
其他畜牧业	039					
渔业	04	7	7			
水产养殖	041	6	6			
水产捕捞	042	1	1			
农、林、牧、渔服务业	05	811	667	54	45	15
农业服务业	051	583	469	44	34	14
林业服务业	052	110	98	5	3	
畜牧服务业	053	59	48	3	5	
渔业服务业	054	59	52	2	3	1
采矿业	**B**	**2929**	**2127**	**466**	**140**	**137**
煤炭开采和洗选业	06	46	22	11	5	6
烟煤和无烟煤开采洗选	061	23	13	3	4	2
褐煤开采洗选	062	16	5	6		4
其他煤炭采选	069	7	4	2	1	
石油和天然气开采业	07	3	2		1	
石油开采	071	2	1		1	
天然气开采	072	1	1			
黑色金属矿采选业	08	330	201	86	11	19
铁矿采选	081	128	75	31	7	8
锰矿、铬矿采选	082	125	77	37	2	5
其他黑色金属矿采选	089	77	49	18	2	6
有色金属矿采选业	09	426	207	146	30	32
常用有色金属矿采选	091	345	168	115	27	27
贵金属矿采选	092	60	24	27	3	3
稀有稀土金属矿采选	093	21	15	4		2

小微企业法人单位及从业人员数

当年破产	其他	从业人员数(人)	营业	停业(歇业)	筹建	当年关闭	当年破产	其他
249	**2124**	**2331911**	**2176776**	**62734**	**48286**	**20340**	**987**	**22788**
3	**27**	**19968**	**19109**	**289**	**280**	**85**	**16**	**189**
		8534	8529			5		
		26	26					
		2462	2462					
		707	702			5		
		1292	1292					
		1829	1829					
		2218	2218					
		2610	2610					
		866	866					
		1153	1153					
		192	192					
		11	11					
		388	388					
		125	124	1				
		104	104					
		21	20	1				
		440	440					
		77	77					
		363	363					
3	27	8259	7406	288	280	80	16	189
1	21	6282	5665	210	173	79	1	154
1	3	929	853	17	21		14	24
	3	750	618	57	64			11
1		298	270	4	22	1	1	
21	**38**	**70345**	**62689**	**4332**	**2363**	**451**	**42**	**468**
1	1	2781	2243	98	400	38	1	1
1		1874	1480	3	388	2	1	
	1	825	728	60		36		1
		82	35	35	12			
		135	131		4			
		123	119		4			
		12	12					
5	8	10387	9195	912	142	50	22	66
1	6	4128	3805	199	78	24	1	21
2	2	4318	3705	499	50	17	2	45
2		1941	1685	214	14	9	19	
1	10	13653	11093	1478	760	171	1	150
1	7	10701	8752	1044	735	68	1	101
	3	1981	1496	394	25	17		49
		971	845	40		86		

2-6 续表 1

行业	代码	企业法人单位数（个）	营业	停业(歇业)	筹建	当年关闭
非金属矿采选业	10	2007	1624	198	82	71
土砂石开采	101	1723	1429	149	65	60
化学矿开采	102	49	32	11	3	2
采盐	103	7	7			
石棉及其他非金属矿采选	109	228	156	38	14	9
开采辅助活动	11	29	18	7	3	1
煤炭开采和洗选辅助活动	111	4	3	1		
石油和天然气开采辅助活动	112	1	1			
其他开采辅助活动	119	24	14	6	3	1
其他采矿业	12	88	53	18	8	8
其他采矿业	120	88	53	18	8	8
制造业	**C**	**22911**	**18889**	**1756**	**995**	**913**
农副食品加工业	13	1677	1392	134	61	52
谷物磨制	131	257	225	9	5	14
饲料加工	132	243	208	14	10	9
植物油加工	133	191	143	25	13	5
制糖业	134	30	19	7	2	
屠宰及肉类加工	135	325	275	27	4	11
水产品加工	136	128	97	16	4	5
蔬菜、水果和坚果加工	137	156	132	7	12	2
其他农副食品加工	139	347	293	29	11	6
食品制造业	14	1013	854	75	40	36
焙烤食品制造	141	404	346	32	11	12
糖果、巧克力及蜜饯制造	142	55	45	7	2	1
方便食品制造	143	172	149	7	7	7
乳制品制造	144	23	17	4		2
罐头食品制造	145	66	49	11	2	3
调味品、发酵制品制造	146	91	76	7	3	4
其他食品制造	149	202	172	7	15	7
酒、饮料和精制茶制造业	15	805	671	57	39	30
酒的制造	151	210	170	24	9	5
饮料制造	152	322	274	14	24	8
精制茶加工	153	273	227	19	6	17
烟草制品业	16	4	3	1		
烟叶复烤	161	1	1			
卷烟制造	162	3	2	1		
其他烟草制品制造	169					
纺织业	17	458	358	50	17	29
棉纺织及印染精加工	171	84	68	7	5	2
毛纺织及染整精加工	172	46	35	5		6
麻纺织及染整精加工	173	19	14	4	1	
丝绢纺织及印染精加工	174	99	84	7	5	2
化纤织造及印染精加工	175	6	6			
针织或钩针编织物及其制品制造	176	90	53	17	2	17
家用纺织制成品制造	177	79	67	6	4	2
非家用纺织制成品制造	178	35	31	4		
纺织服装、服饰业	18	674	585	40	16	24
机织服装制造	181	552	484	31	13	17
针织或钩针编织服装制造	182	44	37	2	3	2
服饰制造	183	78	64	7		5

当年破产	其他	从业人员数（人）	营业	停业(歇业)	筹建	当年关闭	当年破产	其他
13	19	41345	38530	1407	959	181	17	251
9	11	33111	31125	895	743	169	13	166
	1	1942	1743	143	43	3		10
		876	876					
4	7	5416	4786	369	173	9	4	75
		918	567	334	16	1		
		531	231	300				
		31	31					
		356	305	34	16	1		
1		1126	930	103	82	10	1	
1		1126	930	103	82	10	1	
88	**270**	**863260**	**813271**	**20304**	**18335**	**7363**	**429**	**3558**
9	29	67650	64146	1599	893	602	10	400
	4	7423	6749	245	74	348		7
	2	14699	14459	87	73	78		2
2	3	3404	2981	165	233	17	2	6
	2	1985	1690	42	248			5
3	5	12156	12027	65	17	14	3	30
	6	5434	4928	335	35	14		122
2	1	6854	6581	50	82	126	2	13
2	6	15695	14731	610	131	5	3	215
1	7	29432	27877	922	359	167	1	106
	3	6863	6473	214	117	18		41
		1976	1890	77	8	1		
	2	4811	4560	135	73	40		3
		2356	2069	251		36		
1		3225	3029	157	10	28	1	
	1	2966	2888	41	7	16		14
	1	7235	6968	47	144	28		48
2	6	26809	25379	410	826	99	2	93
	2	7413	7167	143	47	5		51
	2	10118	9160	183	713	56		6
2	2	9278	9052	84	66	38	2	36
		75	71	4				
		2	2					
		73	69	4				
1	3	24402	23202	744	81	368	1	6
1	1	6445	6263	137	39	2	1	3
		1316	1264	46		6		
		692	609	82	1			
	1	10391	9878	342	18	151		2
		232	232					
	1	2554	2266	69	11	207		1
		1870	1822	34	12	2		
		902	868	34				
2	7	29490	28732	249	188	111	21	189
2	5	25203	24553	207	166	69	21	187
		2393	2340	2	22	29		
	2	1894	1839	40		13		2

2-6 续表 2

行业	代码	企业法人单位数（个）	营业	停业(歇业)	筹建	当年关闭
皮革、毛皮、羽毛及其制品和制鞋业	19	360	263	35	21	35
皮革鞣制加工	191	42	17	6	4	14
皮革制品制造	192	141	110	14	4	13
毛皮鞣制及制品加工	193	19	18			
羽毛(绒)加工及制品制造	194	81	61	5	9	4
制鞋业	195	77	57	10	4	4
木材加工和木、竹、藤、棕、草制品业	20	3340	2929	158	132	86
木材加工	201	1969	1741	92	71	51
人造板制造	202	834	735	29	45	15
木制品制造	203	307	251	23	13	12
竹、藤、棕、草等制品制造	204	230	202	14	3	8
家具制造业	21	444	376	34	9	19
木质家具制造	211	339	293	19	7	15
竹、藤家具制造	212	14	12	1		1
金属家具制造	213	26	20	4	1	1
塑料家具制造	214	7	4	3		
其他家具制造	219	58	47	7	1	2
造纸和纸制品业	22	723	533	110	28	43
纸浆制造	221	16	10	3	1	1
造纸	222	322	193	78	14	32
纸制品制造	223	385	330	29	13	10
印刷和记录媒介复制业	23	797	702	49	10	24
印刷	231	693	604	46	10	23
装订及印刷相关服务	232	101	96	3		1
记录媒介复制	233	3	2			
文教、工美、体育和娱乐用品制造业	24	617	515	52	15	21
文教办公用品制造	241	27	23	2		1
乐器制造	242	3	3			
工艺美术品制造	243	490	405	46	13	14
体育用品制造	244	14	12	1		
玩具制造	245	82	72	3	1	6
游艺器材及娱乐用品制造	246	1			1	
石油加工、炼焦和核燃料加工业	25	61	45	3	5	4
精炼石油产品制造	251	51	38	3	3	3
炼焦	252	7	5		2	
核燃料加工	253	3	2			1
化学原料和化学制品制造业	26	1317	1038	139	51	64
基础化学原料制造	261	193	142	25	6	11
肥料制造	262	277	204	40	13	15
农药制造	263	63	51	6	3	2
涂料、油墨、颜料及类似产品制造	264	127	106	14	3	3
合成材料制造	265	37	31	1	2	2
专用化学产品制造	266	310	257	22	12	15
炸药、火工及焰火产品制造	267	158	126	17	3	9
日用化学产品制造	268	152	121	14	9	7

当年破产	其他	从业人员数（人）	营业	停业(歇业)	筹建	当年关闭	当年破产	其他
3	3	14135	13691	162	165	104	3	10
1		866	789	36	23	17	1	
		6801	6633	93	21	54		
	1	363	358					5
	2	2188	2047	12	97	27		5
2		3917	3864	21	24	6	2	
11	24	129088	125358	885	2003	446	64	332
4	10	45129	43477	398	967	146	3	138
2	8	61906	60518	188	829	214	21	136
4	4	11974	11467	230	168	49	4	56
1	2	10079	9896	69	39	37	36	2
	6	12075	11721	160	44	67		83
	5	9550	9292	99	34	52		73
		404	402	1		1		
		333	300	19	2	12		
		156	152	4				
	1	1632	1575	37	8	2		10
	9	28826	25290	2178	549	721		88
	1	645	322	304	15	1		3
	5	13071	10528	1598	189	688		68
	3	15110	14440	276	345	32		17
1	11	18445	17654	359	241	96	2	93
1	9	17016	16267	340	241	95	2	71
	1	1321	1297	19		1		4
	1	108	90					18
3	11	19879	18715	532	494	83	3	52
	1	474	454	7		1		12
		21	21					
2	10	13425	12570	515	232	66	2	40
1		915	911	3			1	
		5032	4759	7	250	16		
		12			12			
	4	2620	2430	55	59	23		53
	4	2225	2077	55	37	3		53
		363	341		22			
		32	12			20		
2	23	52872	48446	2412	886	787	10	331
1	8	7894	7308	271	103	50	7	155
	5	8569	7760	471	157	156		25
	1	3312	2673	499	123	2		15
	1	3500	2924	300	272	3		1
	1	925	886	3	18	3		15
	4	12682	11816	157	106	522		81
1	2	11414	10705	548	77	45	3	36
	1	4576	4374	163	30	6		3

2-6 续表 3

行 业	代码	企业法人单位数(个)	营业	停业(歇业)	筹建	当年关闭
医药制造业	27	368	298	29	23	10
化学药品原料药制造	271	31	25	2	2	1
化学药品制剂制造	272	37	31	4	1	
中药饮片加工	273	50	42	3	3	1
中成药生产	274	113	96	6	6	4
兽用药品制造	275	48	38	9		
生物药品制造	276	47	31	4	9	2
卫生材料及医药用品制造	277	42	35	1	2	2
化学纤维制造业	28	8	5	1	1	1
纤维素纤维原料及纤维制造	281	5	3		1	1
合成纤维制造	282	3	2	1		
橡胶和塑料制品业	29	824	687	60	32	36
橡胶制品业	291	123	104	11	2	4
塑料制品业	292	701	583	49	30	32
非金属矿物制品业	30	3805	3136	258	165	177
水泥、石灰和石膏制造	301	445	311	47	19	47
石膏、水泥制品及类似制品制造	302	691	580	47	39	15
砖瓦、石材等建筑材料制造	303	2149	1818	130	83	93
玻璃制造	304	35	29	1	1	3
玻璃制品制造	305	57	43	2	6	5
玻璃纤维和玻璃纤维增强塑料制品制造	306	27	27			
陶瓷制品制造	307	136	105	15	5	9
耐火材料制品制造	308	32	29	2	1	
石墨及其他非金属矿物制品制造	309	233	194	14	11	5
黑色金属冶炼和压延加工业	31	530	423	57	7	34
炼铁	311	29	18	5		6
炼钢	312	9	6	2	1	
黑色金属铸造	313	212	186	12	1	10
钢压延加工	314	82	71	8	1	2
铁合金冶炼	315	198	142	30	4	16
有色金属冶炼和压延加工业	32	281	149	52	41	29
常用有色金属冶炼	321	142	65	36	17	17
贵金属冶炼	322	9	7	2		
稀有稀土金属冶炼	323	16	10	2	3	1
有色金属合金制造	324	13	8	1	1	3
有色金属铸造	325	7	4	1	1	1
有色金属压延加工	326	94	55	10	19	7
金属制品业	33	957	779	94	38	34
结构性金属制品制造	331	371	314	26	15	11
金属工具制造	332	161	128	23	6	4
集装箱及金属包装容器制造	333	38	30	2	5	1
金属丝绳及其制品制造	334	27	21	3	1	1
建筑、安全用金属制品制造	335	94	75	14	1	3
金属表面处理及热处理加工	336	38	33	3		1
搪瓷制品制造	337	14	12	1		1
金属制日用品制造	338	114	89	11	6	7
其他金属制品制造	339	100	77	11	4	5
通用设备制造业	34	759	639	58	40	17
锅炉及原动设备制造	341	69	58	5	2	4

当年破产	其他	从　业人员数（人）	营业	停业(歇业)	筹建	当年关闭	当年破产	其他
1	7	20318	19479	484	305	19	2	29
	1	1761	1594	134	27	1		5
	1	1714	1641	56	16			1
	1	2303	2202	37	55	1		8
1		9930	9799	63	53	13	2	
	1	2130	1991	138				1
	1	1299	1117	50	122	2		8
	2	1181	1135	6	32	2		6
		198	159	15	18	6		
		109	85		18	6		
		89	74	15				
3	6	29519	28503	498	335	157	11	15
	2	3599	3430	139	17	8		5
3	4	25920	25073	359	318	149	11	10
29	40	143332	130277	3750	5541	2578	207	979
15	6	22052	19440	1342	552	482	97	139
4	6	27732	26033	209	1013	74	8	395
9	16	73402	67657	1757	1825	1873	98	192
	1	1540	1517	4	3	15		1
	1	1689	1521	2	150	13		3
		1186	1186					
1	1	7681	5282	387	1892	112	4	4
		1230	1212	10	8			
	9	6820	6429	39	98	9		245
5	4	27409	26283	834	52	200	7	33
		764	749	9		6		
		340	328	2	10			
2	1	9082	8912	106	1	37	3	23
		4477	4390	52	5	30		
3	3	12746	11904	665	36	127	4	10
4	6	11709	9493	1094	868	124	3	127
3	4	5946	4680	814	304	43	2	103
		499	497	2				
		975	880	5	40	50		
		177	172		2	3		
		115	78	26	10	1		
1	2	3997	3186	247	512	27	1	24
2	10	24949	23766	626	368	63	2	124
	5	10588	10224	96	161	22		85
		2326	2117	156	44	9		
		1351	1298	11	41	1		
	1	786	756	14	10	5		1
1		1701	1660	32	5	3	1	
1		1140	1126	12		1	1	
		1123	1111	11		1		
	1	3474	3326	52	79	16		1
	3	2460	2148	242	28	5		37
2	3	21679	20715	467	371	25	65	36
		4194	4044	10	136	4		

2-6 续表 4

行业	代码	企业法人单位数（个）	营业	停业(歇业)	筹建	当年关闭
金属加工机械制造	342	172	139	16	8	5
物料搬运设备制造	343	35	29	3	3	
泵、阀门、压缩机及类似机械制造	344	61	49	9	2	1
轴承、齿轮和传动部件制造	345	27	23	1	3	
烘炉、风机、衡器、包装等设备制造	346	74	60	3	8	2
文化、办公用机械制造	347	5	5			
通用零部件制造	348	267	234	18	11	4
其他通用设备制造业	349	49	42	3	3	1
专用设备制造业	35	815	673	57	48	24
采矿、冶金、建筑专用设备制造	351	179	154	10	12	2
化工、木材、非金属加工专用设备制造	352	145	117	8	14	5
食品、饮料、烟草及饲料生产专用设备制造	353	57	47	3	3	2
印刷、制药、日化及日用品生产专用设备制造	354	55	45	6	4	
纺织、服装和皮革加工专用设备制造	355	4	2	1	1	
电子和电工机械专用设备制造	356	35	32	1	1	
农、林、牧、渔专用机械制造	357	197	152	18	10	11
医疗仪器设备及器械制造	358	57	52	4	1	
环保、社会公共服务及其他专用设备制造	359	86	72	6	2	4
汽车制造业	36	601	524	29	31	6
汽车整车制造	361	5	3	1	1	
改装汽车制造	362	7	5			
低速载货汽车制造	363	1	1			
电车制造	364	4	2	1	1	
汽车车身、挂车制造	365	9	6		3	
汽车零部件及配件制造	366	575	507	27	26	6
铁路、船舶、航空航天和其他运输设备制造业	37	144	111	10	14	6
铁路运输设备制造	371	23	21		2	
城市轨道交通设备制造	372					
船舶及相关装置制造	373	68	50	10	2	5
航空、航天器及设备制造	374	2	1		1	
摩托车制造	375	8	5		3	
自行车制造	376	32	23		6	1
非公路休闲车及零配件制造	377	2	2			
潜水救捞及其他未列明运输设备制造	379	9	9			
电气机械和器材制造业	38	573	453	50	35	28
电机制造	381	70	47	9	3	10
输配电及控制设备制造	382	201	175	6	12	6
电线、电缆、光缆及电工器材制造	383	101	87	10	4	
电池制造	384	25	17	3	2	2
家用电力器具制造	385	39	27	9	1	1
非电力家用器具制造	386	39	26	5	4	4
照明器具制造	387	49	35	3	5	5
其他电气机械及器材制造	389	49	39	5	4	
计算机、通信和其他电子设备制造业	39	398	319	29	23	21
计算机制造	391	42	38	1	2	1
通信设备制造	392	42	36	3	2	1
广播电视设备制造	393	10	8	1	1	
雷达及配套设备制造	394	1	1			

当年破产	其他	从业人员数(人)	营业	停业(歇业)	筹建	当年关闭	当年破产	其他
2	2	4269	4113	25	32	9	65	25
		878	852	16	10			
		2178	2074	78	25	1		
		1109	1091	6	12			
	1	2038	1949	12	64	2		11
		179	179					
		5345	4956	307	74	8		
		1489	1457	13	18	1		
1	12	28243	27183	362	436	111	3	148
	1	6726	6559	37	123	2		5
	1	4012	3823	35	86	60		8
	2	3180	3016	92	33	2		37
		1348	1312	25	11			
		51	45	1	5			
	1	1027	961	2	63			1
1	5	6973	6643	129	76	36	3	86
		2037	2025	7	5			
	2	2889	2799	34	34	11		11
3	8	36460	35522	416	370	106	3	43
		73	70		3			
1	1	784	783				1	
		130	130					
		67	65	1	1			
		245	176		69			
2	7	35161	34298	415	297	106	2	43
	3	4237	3957	54	200	10		16
		649	644		5			
	1	2407	2198	54	136	5		14
		103	101		2			
		544	520		24			
	2	429	389		33	5		2
		19	19					
		86	86					
2	5	24208	22901	419	744	132	3	9
1		2632	2455	105	57	14	1	
1	1	10729	10523	10	173	21	2	
		6136	5697	11	428			
	1	1375	1360	7	5	2		1
	1	1076	781	192	13	85		5
		421	357	48	12	4		
	1	1097	1052	11	26	6		2
	1	742	676	35	30			1
1	5	20756	19615	137	875	40	6	83
		3134	3125	2	6	1		
		2014	1969	30	14	1		
		1334	1326		8			
		181	181					

2-6 续表 5

行 业	代码	企业法人单位数（个）	营业	停业(歇业)	筹建	当年关闭
视听设备制造	395	23	15	2	3	2
电子器件制造	396	34	26	3	2	2
电子元件制造	397	171	134	14	9	12
其他电子设备制造	399	75	61	5	4	3
仪器仪表制造业	40	95	87	2	4	1
通用仪器仪表制造	401	39	37	1	1	
专用仪器仪表制造	402	17	17			
钟表与计时仪器制造	403	8	6			1
光学仪器及眼镜制造	404	18	16		2	
其他仪器仪表制造业	409	13	11	1	1	
其他制造业	41	167	134	15	12	6
日用杂品制造	411	42	34	5	1	2
煤制品制造	412	18	17	1		
核辐射加工	413	3	3			
其他未列明制造业	419	104	80	9	11	4
废弃资源综合利用业	42	181	108	12	31	13
金属废料和碎屑加工处理	421	111	57	4	27	7
非金属废料和碎屑加工处理	422	70	51	8	4	6
金属制品、机械和设备修理业	43	115	100	6	6	3
金属制品修理	431	4	4			
通用设备修理	432	12	11		1	
专用设备修理	433	26	24	1	1	
铁路、船舶、航空航天等运输设备修理	434	24	23		1	
电气设备修理	435	9	7		1	1
仪器仪表修理	436	6	5	1		
其他机械和设备修理业	439	34	26	4	2	2
电力、热力、燃气及水生产和供应业	**D**	**2413**	**2148**	**96**	**99**	**30**
电力、热力生产和供应业	44	1750	1566	73	65	18
电力生产	441	1653	1488	63	60	17
电力供应	442	84	71	7	2	1
热力生产和供应	443	13	7	3	3	
燃气生产和供应业	45	82	60	6	16	
燃气生产和供应业	450	82	60	6	16	
水的生产和供应业	46	581	522	17	18	12
自来水生产和供应	461	494	453	14	11	8
污水处理及其再生利用	462	69	55	1	7	3
其他水的处理、利用与分配	469	18	14	2		1
建筑业	**E**	**4440**	**3483**	**340**	**161**	**339**
房屋建筑业	47	826	694	43	23	46
房屋建筑业	470	826	694	43	23	46
土木工程建筑业	48	634	482	53	33	47
铁路、道路、隧道和桥梁工程建筑	481	199	138	18	9	26
水利和内河港口工程建筑	482	69	53	7	4	2
海洋工程建筑	483					
工矿工程建筑	484	36	33		1	2
架线和管道工程建筑	485	103	81	8	3	7
其他土木工程建筑	489	227	177	20	16	10

当年破产	其他	从　业 人员数 （人）	营业	停业(歇业)	筹建	当年关闭	当年破产	其他
	1	1142	1065	6	51			20
	1	1458	1375	5	13	10		55
1	1	8731	8494	77	124	25	6	5
	2	2762	2080	17	659	3		3
	1	4552	4126	2	420	3		1
		1972	1563	1	408			
		593	593					
	1	333	329			3		1
		1149	1140		9			
		505	501	1	3			
		3817	3472	213	126	6		
		1103	922	171	8	2		
		417	414	3				
		91	91					
		2206	2045	39	118	4		
	17	4274	3525	66	498	106		79
	16	3290	2648	6	473	94		69
	1	984	877	60	25	12		10
		1802	1583	196	20	3		
		91	91					
		100	99		1			
		408	402	5	1			
		532	522		10			
		73	67		5	1		
		28	26	2				
		570	376	189	3	2		
3	**37**	**52083**	**48879**	**648**	**1848**	**352**	**10**	**346**
2	26	35420	33050	519	1526	133	9	183
2	23	28559	26659	236	1370	132	9	153
	3	6373	6109	222	11	1		30
		488	282	61	145			
		2050	1834	41	175			
		2050	1834	41	175			
1	11	14613	13995	88	147	219	1	163
1	7	12924	12584	44	63	108	1	124
	3	1373	1244	9	84	3		33
	1	316	167	35		108		6
5	**112**	**218207**	**211638**	**2173**	**1333**	**641**	**13**	**2409**
1	19	111590	108896	755	169	279	3	1488
1	19	111590	108896	755	169	279	3	1488
	19	30855	29574	506	403	58		314
	8	8273	7670	277	95	31		200
	3	8902	8740	87	68	2		5
		1149	1097		50	2		
	4	5555	5410	30	20	11		84
	4	6976	6657	112	170	12		25

2-6 续表 6

行业	代码	企业法人单位数（个）	营业	停业(歇业)	筹建	当年关闭
建筑安装业	49	594	479	43	21	32
电气安装	491	153	125	11	3	11
管道和设备安装	492	79	63	5	3	5
其他建筑安装业	499	362	291	27	15	16
建筑装饰和其他建筑业	50	2386	1828	201	84	214
建筑装饰业	501	1847	1421	149	68	173
工程准备活动	502	119	88	14	5	4
提供施工设备服务	503	156	130	9	3	9
其他未列明建筑业	509	264	189	29	8	28
批发和零售业	**F**	**63073**	**52539**	**4659**	**1723**	**3445**
批发业	51	32922	26731	2762	1017	2012
农、林、牧产品批发	511	2916	2382	263	89	135
食品、饮料及烟草制品批发	512	3391	2804	237	106	210
纺织、服装及家庭用品批发	513	2653	2117	226	61	222
文化、体育用品及器材批发	514	810	673	55	15	59
医药及医疗器材批发	515	1321	1113	95	31	73
矿产品、建材及化工产品批发	516	12071	9650	1206	426	627
机械设备、五金产品及电子产品批发	517	6992	5817	413	194	507
贸易经纪与代理	518	1670	1304	148	66	118
其他批发业	519	1098	871	119	29	61
零售业	52	30151	25808	1897	706	1433
综合零售	521	2944	2398	257	94	151
食品、饮料及烟草制品专门零售	522	3155	2602	238	113	159
纺织、服装及日用品专门零售	523	2425	2033	163	44	149
文化、体育用品及器材专门零售	524	1182	994	81	26	60
医药及医疗器材专门零售	525	7076	6738	157	37	106
汽车、摩托车、燃料及零配件专门零售	526	3004	2629	174	94	84
家用电器及电子产品专门零售	527	4020	3408	252	66	261
五金、家具及室内装饰材料专门零售	528	3442	2794	288	156	168
货摊、无店铺及其他零售业	529	2903	2212	287	76	295
交通运输、仓储和邮政业	**G**	**4584**	**3907**	**292**	**155**	**179**
铁路运输业	53					
道路运输业	54	2592	2234	157	75	96
城市公共交通运输	541	238	225	8	1	4
公路旅客运输	542	280	251	14	6	8
道路货物运输	543	1872	1588	121	64	79
道路运输辅助活动	544	202	170	14	4	5
水上运输业	55	396	341	19	14	19
水上旅客运输	551	46	42	2		2
水上货物运输	552	286	248	12	10	13
水上运输辅助活动	553	64	51	5	4	4
航空运输业	56	24	21	2		
航空客货运输	561	13	11	2		
通用航空服务	562	8	7			
航空运输辅助活动	563	3	3			
管道运输业	57					
管道运输业	570					
装卸搬运和运输代理业	58	947	786	72	33	45
装卸搬运	581	275	222	25	14	10
运输代理业	582	672	564	47	19	35

当年破产	其他	从业人员数（人）	营业	停业(歇业)	筹建	当年关闭	当年破产	其他
1	18	14693	14075	150	261	25		182
	3	3694	3502	58	84	8		42
	3	2386	2288	15	30	4		49
1	12	8613	8285	77	147	13		91
3	56	61069	59093	762	500	279	10	425
1	35	19015	17834	456	386	223	1	115
	8	2348	2115	114	35	4		80
	5	31928	31702	29	29	17		151
2	8	7778	7442	163	50	35	9	79
71	**636**	**434269**	**396699**	**17723**	**10339**	**5985**	**245**	**3278**
43	357	249892	226785	10444	6728	3704	114	2117
5	42	20570	18109	936	913	421	17	174
4	30	30361	27737	1242	825	299	10	248
2	25	20746	19239	750	221	442	8	86
2	6	6449	6124	151	68	81	15	10
1	8	11013	10302	371	167	153	1	19
17	145	89725	80183	4501	2974	1260	32	775
6	55	49133	45279	1623	987	763	10	471
5	29	14227	12768	531	454	206	16	252
1	17	7668	7044	339	119	79	5	82
28	279	184377	169914	7279	3611	2281	131	1161
4	40	24452	21996	1489	462	304	8	193
3	40	19577	17582	836	767	277	10	105
2	34	13460	12213	739	156	226	8	118
1	20	7805	7302	254	115	94	1	39
4	34	30227	29100	626	172	220	9	100
2	21	24192	22776	644	509	160	1	102
4	29	27690	26030	822	282	342	70	144
5	31	19568	17650	883	631	230	14	160
3	30	17406	15265	986	517	428	10	200
6	**45**	**106710**	**101490**	**1825**	**1321**	**359**	**99**	**1616**
5	25	59462	57610	920	494	205	44	189
		12180	12092	63	12	13		
	1	10684	10458	105	101	8		12
4	16	31184	29876	664	369	179	43	53
1	8	5414	5184	88	12	5	1	124
1	2	11350	10849	240	133	67	55	6
		1370	1276	93		1		
1	2	8525	8234	138	77	15	55	6
		1455	1339	9	56	51		
	1	1714	453	2				1259
		90	88	2				
	1	1305	46					1259
		319	319					
	11	23133	22165	402	472	62		32
	4	14813	14262	139	381	10		21
	7	8320	7903	263	91	52		11

2-6 续表 7

行　　业	代码	企业法人单位数(个)	营业	停业(歇业)	筹建	当年关闭
仓储业	59	446	365	33	28	15
谷物、棉花等农产品仓储	591	206	181	13	1	7
其他仓储业	599	240	184	20	27	8
邮政业	60	179	160	9	5	4
邮政基本服务	601	7	7			
快递服务	602	172	153	9	5	4
住宿和餐饮业	H	**3336**	**2911**	**172**	**78**	**133**
住宿业	61	1628	1426	84	45	55
旅游饭店	611	636	552	32	21	23
一般旅馆	612	822	720	43	20	30
其他住宿业	619	170	154	9	4	2
餐饮业	62	1708	1485	88	33	78
正餐服务	621	1152	997	64	20	55
快餐服务	622	135	122	2	4	5
饮料及冷饮服务	623	131	113	5	2	9
其他餐饮业	629	290	253	17	7	9
信息传输、软件和信息技术服务业	I	**2078**	**1584**	**161**	**80**	**227**
电信、广播电视和卫星传输服务	63	127	103	9	1	11
电信	631	108	89	6	1	10
广播电视传输服务	632	16	12	2		1
卫星传输服务	633	3	2	1		
互联网和相关服务	64	283	210	22	18	28
互联网接入及相关服务	641	32	25	1		6
互联网信息服务	642	204	154	17	9	21
其他互联网服务	649	47	31	4	9	1
软件和信息技术服务业	65	1668	1271	130	61	188
软件开发	651	861	672	66	37	79
信息系统集成服务	652	374	270	29	11	61
信息技术咨询服务	653	240	184	20	8	26
数据处理和存储服务	654	36	28	2	1	5
集成电路设计	655	7	7			
其他信息技术服务业	659	150	110	13	4	17
金融业	J					
房地产业	K	**7058**	**5412**	**569**	**306**	**287**
房地产业	70	7058	5412	569	306	287
房地产开发经营	701	3023	2127	268	137	71
物业管理	702	1854	1536	125	88	79
房地产中介服务	703	1727	1399	139	46	123
自有房地产经营活动	704					
其他房地产业	709	454	350	37	35	14
租赁和商务服务业	L	**15919**	**11917**	**1431**	**652**	**1651**
租赁业	71	1003	825	69	31	66
机械设备租赁	711	954	782	67	29	64
文化及日用品出租	712	49	43	2	2	2
商务服务业	72	14916	11092	1362	621	1585
企业管理服务	721	4052	2692	490	254	510

当年破产	其他	从业人员数(人)	营业	停业(歇业)	筹建	当年关闭	当年破产	其他
	5	7755	7200	240	185	21		109
	4	3586	3391	74	3	13		105
	1	4169	3809	166	182	8		4
	1	3296	3213	21	37	4		21
		282	282					
	1	3014	2931	21	37	4		21
6	**36**	**88317**	**84749**	**1410**	**1155**	**465**	**8**	**530**
1	17	49048	46819	901	912	141	1	274
1	7	29281	28308	264	414	81	1	213
	9	16935	15985	476	356	58		60
	1	2832	2526	161	142	2		1
5	19	39269	37930	509	243	324	7	256
5	11	32256	31245	359	194	285	7	166
	2	1998	1857	50	14	5		72
	2	1088	1052	10	5	18		3
	4	3927	3776	90	30	16		15
2	**24**	**20687**	**19096**	**554**	**506**	**350**	**1**	**180**
	3	4310	4149	36	4	84		37
	2	4206	4063	26	4	83		30
	1	92	80	4		1		7
		12	6	6				
1	4	2866	2665	62	91	41	1	6
		1144	1129	5		10		
	3	1391	1265	48	43	30		5
1	1	331	271	9	48	1	1	1
1	17	13511	12282	456	411	225		137
	7	7809	7148	262	210	95		94
	3	2585	2315	69	126	67		8
	2	1565	1448	53	25	32		7
		287	269	4	4	10		
		95	95					
1	5	1170	1007	68	46	21		28
3	**481**	**136450**	**121445**	**4209**	**3300**	**514**	**23**	**6959**
3	481	136450	121445	4209	3300	514	23	6959
1	419	58668	47929	2663	1781	127	18	6150
	26	57649	55176	710	913	192		658
2	18	14811	13701	557	306	180	5	62
	18	5322	4639	279	300	15		89
23	**245**	**200547**	**185676**	**5550**	**4887**	**2218**	**61**	**2155**
1	11	7491	6461	287	202	131	3	407
1	11	7158	6145	283	194	126	3	407
		333	316	4	8	5		
22	234	193056	179215	5263	4685	2087	58	1748
6	100	40084	33632	2373	2406	687	13	973

2-6 续表 8

行业	代码	企业法人单位数（个）	营业	停业(歇业)	筹建	当年关闭
法律服务	722	124	108	6		8
咨询与调查	723	2801	2089	237	97	344
广告业	724	3412	2731	233	85	326
知识产权服务	725	54	50			4
人力资源服务	726	569	444	60	20	33
旅行社及相关服务	727	797	618	66	51	49
安全保护服务	728	198	165	5	10	16
其他商务服务业	729	2909	2195	265	104	295
科学研究和技术服务业	**M**	**4355**	**3403**	**386**	**195**	**304**
研究和试验发展	73	279	198	34	22	18
自然科学研究和试验发展	731	47	35	3	4	2
工程和技术研究和试验发展	732	92	65	11	9	7
农业科学研究和试验发展	733	92	63	16	4	7
医学研究和试验发展	734	46	34	3	5	2
社会人文科学研究	735	2	1	1		
专业技术服务业	74	2779	2317	180	97	158
气象服务	741	15	12	1		1
地震服务	742	1	1			
海洋服务	743	4	3			1
测绘服务	744	165	140	10	3	12
质检技术服务	745	327	279	19	13	13
环境与生态监测	746	39	28	4	4	3
地质勘查	747	68	45	11		10
工程技术	748	1344	1130	84	46	75
其他专业技术服务业	749	816	679	51	31	43
科技推广和应用服务业	75	1297	888	172	76	128
技术推广服务	751	1026	711	125	67	98
科技中介服务	752	75	49	10	2	11
其他科技推广和应用服务业	759	196	128	37	7	19
水利、环境和公共设施管理业	**N**	**684**	**489**	**79**	**69**	**31**
水利管理业	76	69	47	9	7	6
防洪除涝设施管理	761	8	3	4		1
水资源管理	762	12	10		2	
天然水收集与分配	763	16	13	1	1	1
水文服务	764	2	1		1	
其他水利管理业	769	31	20	4	3	4
生态保护和环境治理业	77	88	64	11	7	5
生态保护	771	15	9	3	2	1
环境治理业	772	73	55	8	5	4
公共设施管理业	78	527	378	59	55	20
市政设施管理	781	52	37	9	3	
环境卫生管理	782	48	36	3	2	3
城乡市容管理	783	2	1			1
绿化管理	784	151	119	9	15	7
公园和游览景区管理	785	274	185	38	35	9

当年破产	其他	从业人员数(人)	营业	停业(歇业)	筹建	当年关闭	当年破产	其他
	2	1335	1306	12		8		9
3	31	19703	17913	824	422	418	13	113
5	32	20668	19088	632	359	443	5	141
		323	319			4		
1	11	44873	44383	181	226	46	1	36
	13	11825	10863	261	596	54		51
	2	25285	24979	20	69	16		201
7	43	28960	26732	960	607	411	26	224
4	**63**	**48236**	**44102**	**1825**	**1216**	**661**	**4**	**428**
	7	2530	2112	193	154	34		37
	3	483	399	35	33	6		10
		1041	842	99	83	17		
	2	739	632	48	26	8		25
	2	262	238	7	12	3		2
		5	1	4				
2	25	35833	33833	895	635	306	2	162
	1	146	136	4		1		5
		6	6					
		39	38			1		
		1891	1782	68	14	27		
	3	4769	4602	52	82	21		12
		399	352	36	8	3		
	2	820	725	54		19		22
	9	21201	20047	518	382	158		96
2	10	6562	6145	163	149	76	2	27
2	31	9873	8157	737	427	321	2	229
2	23	7946	6586	535	383	242	2	198
	3	595	475	66	7	30		17
	5	1332	1096	136	37	49		14
2	**14**	**9998**	**8864**	**364**	**604**	**57**	**2**	**107**
		850	741	32	65	12		
		86	76	9		1		
		199	188		11			
		227	216	1	3	7		
		17	8		9			
		321	253	22	42	4		
	1	1139	1034	28	61	13		3
		203	188	8	6	1		
	1	936	846	20	55	12		3
2	13	8009	7089	304	478	32	2	104
	3	822	718	41	55			8
1	3	926	806	39	16	5	1	59
		11	10			1		
	1	1465	1339	35	75	15		1
1	6	4785	4216	189	332	11	1	36

2-6 续表 9

行　业	代码	企业法人单位数(个)	营业	停业(歇业)	筹建	当年关闭
居民服务、修理和其他服务业	O	**3341**	**2803**	**213**	**65**	**199**
居民服务业	79	1087	913	78	23	52
家庭服务	791	279	227	28	9	10
托儿所服务	792	2	1	1		
洗染服务	793	70	57	5	1	7
理发及美容服务	794	264	233	11	2	12
洗浴服务	795	37	31	2		2
保健服务	796	133	117	5	2	8
婚姻服务	797	77	60	9	2	5
殡葬服务	798	33	30		3	
其他居民服务业	799	192	157	17	4	8
机动车、电子产品和日用产品修理业	80	1449	1263	70	26	62
汽车、摩托车修理与维护	801	1078	965	47	17	31
计算机和办公设备维修	802	125	101	7	2	11
家用电器修理	803	182	145	13	4	18
其他日用产品修理业	809	64	52	3	3	2
其他服务业	81	805	627	65	16	85
清洁服务	811	360	300	23	8	27
其他未列明服务业	819	445	327	42	8	58
教育	P					
教育	82					
学前教育	821					
初等教育	822					
中等教育	823					
高等教育	824					
特殊教育	825					
技能培训、教育辅助及其他教育	829					
卫生和社会工作	Q	**18**	**11**	**3**	**2**	**1**
卫生	83					
医院	831					
社区医疗与卫生院	832					
门诊部(所)	833					
计划生育技术服务活动	834					
妇幼保健院(所、站)	835					
专科疾病防治院(所、站)	836					
疾病预防控制中心	837					
其他卫生活动	839					
社会工作	84	18	11	3	2	1
提供住宿社会工作	841	11	6	2	2	
不提供住宿社会工作	842	7	5	1		1

当年破产	其他	从业人员数（人）	营业	停业(歇业)	筹建	当年关闭	当年破产	其他
4	**57**	**32864**	**30961**	**774**	**340**	**394**	**8**	**387**
2	19	8825	8219	296	108	80	4	118
1	4	1821	1656	122	22	14	1	6
		11	10	1				
		511	446	38	12	15		
1	5	1503	1444	28	11	12	3	5
	2	608	560	3		11		34
	1	1352	1314	10	5	13		10
	1	348	318	16	5	5		4
		750	706		44			
	6	1921	1765	78	9	10		59
1	27	15260	14471	339	172	154	1	123
	18	12522	12005	192	136	96		93
1	3	903	849	22	8	15	1	8
	2	1219	1118	41	22	32		6
	4	616	499	84	6	11		16
1	11	8779	8271	139	60	160	3	146
	2	4928	4734	49	35	89		21
1	9	3851	3537	90	25	71	3	125
	1	**105**	**84**	**7**	**8**	**3**		**3**
	1	105	84	7	8	3		3
	1	58	45	2	8			3
		47	39	5		3		

2-6 续表 10

行业	代码	企业法人单位数（个）	营业	停业(歇业)	筹建	当年关闭
文化、体育和娱乐业	**R**	**4630**	**4049**	**264**	**48**	**223**
新闻和出版业	85	42	30	3		9
新闻业	851	3	2			1
出版业	852	39	28	3		8
广播、电视、电影和影视录音制作业	86	212	171	11	6	17
广播	861	2	2			
电视	862	1	1			
电影和影视节目制作	863	67	52	2		13
电影和影视节目发行	864	17	12	2	1	2
电影放映	865	115	95	7	5	1
录音制作	866	10	9			1
文化艺术业	87	225	155	22	19	22
文艺创作与表演	871	70	47	7	5	9
艺术表演场馆	872	9	7		1	
图书馆与档案馆	873	7	4	2		
文物及非物质文化遗产保护	874	5	4		1	
博物馆	875	2	2			
烈士陵园、纪念馆	876					
群众文化活动	877	23	15		3	4
其他文化艺术业	879	109	76	13	9	9
体育	88	138	104	13	8	12
体育组织	881	17	12	1	3	1
体育场馆	882	25	21	4		
休闲健身活动	883	74	58	5	5	5
其他体育	889	22	13	3		6
娱乐业	89	4013	3589	215	15	163
室内娱乐活动	891	3923	3516	204	11	161
游乐园	892	15	12	3		
彩票活动	893					
文化、娱乐、体育经纪代理	894	32	25	4	1	2
其他娱乐业	899	43	36	4	3	
公共管理、社会保障和社会组织	**S**					

当年破产	其他	从业人员数(人)	营业	停业(歇业)	筹建	当年关闭	当年破产	其他
8	**38**	**29865**	**28024**	**747**	**451**	**442**	**26**	**175**
		860	841	9		10		
		14	13			1		
		846	828	9		9		
1	6	3140	2861	38	125	59	13	44
		7	7					
		10	10					
		526	499	7		20		
		180	165	6	7	2		
1	6	2372	2136	25	118	36	13	44
		45	44			1		
	7	1902	1613	75	158	23		33
	2	590	513	13	50	9		5
	1	223	202		20			1
	1	72	38	31				3
		76	69		7			
		115	115					
	1	182	138		32	4		8
	2	644	538	31	49	10		16
	1	1232	1040	71	53	67		1
		217	122	1	38	56		
		271	258	13				
	1	669	598	50	15	5		1
		75	62	7		6		
7	24	22731	21669	554	115	283	13	97
7	24	21596	20707	418	80	281	13	97
		269	175	94				
		296	258	34	2	2		
		570	529	8	33			

2-7 按行业、登记注册类型分组的

行业	代码	法人单位数(个)	内资企业	国有企业	集体企业	股份合作企业	联营企业
总计		**142638**	**141558**	**2849**	**3205**	**325**	**200**
农、林、牧、渔业	A	**869**	**865**	**36**	**17**	**1**	**1**
农业	01	30	29	10			
谷物种植	011	1	1				
豆类、油料和薯类种植	012						
棉、麻、糖、烟草种植	013	6	6	3			
蔬菜、食用菌及园艺作物种植	014	5	5				
水果种植	015	8	7	2			
坚果、含油果、香料和饮料作物种植	016	6	6	3			
中药材种植	017						
其他农业	019	4	4	2			
林业	02	14	14	9	1		1
林木育种和育苗	021	4	4	2			
造林和更新	022	4	4	4			
森林经营和管护	023	4	4	2	1		
木材和竹材采运	024	1	1				1
林产品采集	025	1	1	1			
畜牧业	03	7	7				
牲畜饲养	031	5	5				
家禽饲养	032	2	2				
狩猎和捕捉动物	033						
其他畜牧业	039						
渔业	04	7	7	1			
水产养殖	041	6	6				
水产捕捞	042	1	1	1			
农、林、牧、渔服务业	05	811	808	16	16	1	
农业服务业	051	583	580	9	13	1	
林业服务业	052	110	110	4	2		
畜牧服务业	053	59	59	2	1		
渔业服务业	054	59	59	1			
采矿业	B	**2929**	**2916**	**34**	**39**	**18**	**6**
煤炭开采和洗选业	06	46	46	5	1		1
烟煤和无烟煤开采洗选	061	23	23	3	1		1
褐煤开采洗选	062	16	16	1			
其他煤炭采选	069	7	7	1			
石油和天然气开采业	07	3	2				
石油开采	071	2	1				
天然气开采	072	1	1				
黑色金属矿采选业	08	330	329	12	5	2	1
铁矿采选	081	128	128	5			1
锰矿、铬矿采选	082	125	125	5	2	1	
其他黑色金属矿采选	089	77	76	2	3	1	
有色金属矿采选业	09	426	424	7	3	5	1
常用有色金属矿采选	091	345	343	3	2	2	1
贵金属矿采选	092	60	60	3	1	2	
稀有稀土金属矿采选	093	21	21	1		1	

小微企业法人单位数

国有联营企业	集体联营企业	国有与集体联营企业	其他联营企业	有限责任公司	国有独资公司	其他有限责任公司	股份有限公司	私营企业	私营独资企业
32	**108**	**14**	**46**	**24744**	**590**	**24154**	**3111**	**101555**	**31405**
	1			**109**	**3**	**106**	**12**	**456**	**194**
				5		5	1	11	1
								1	
								3	
				1		1		3	
				1		1	1	2	1
				3		3			
								2	
	1							3	
								2	
								1	
	1								
				1		1		6	
				1		1		4	
								2	
				2	1	1		2	1
				2	1	1		2	1
				101	2	99	11	434	192
				76	2	74	9	271	110
				14		14	1	82	36
				4		4	1	39	22
				7		7		42	24
1	**3**		**2**	**298**	**4**	**294**	**67**	**2328**	**1139**
1				12		12	4	22	4
1				5		5	4	9	
				6		6		9	2
				1		1		4	2
								2	
								1	
								1	
			1	54	2	52	10	240	47
			1	23	1	22	4	93	13
				12	1	11	5	97	25
				19		19	1	50	9
	1			86		86	24	290	50
	1			63		63	19	249	48
				17		17	3	30	2
				6		6	2	11	

2-7 续表 1

行业	代码	法人单位数（个）	内资企业	国有企业	集体企业	股份合作企业	联营企业
非金属矿采选业	10	2007	1998	8	28	11	3
土砂石开采	101	1723	1717	4	18	10	3
化学矿开采	102	49	49		4		
采盐	103	7	7	3	1		
石棉及其他非金属矿采选	109	228	225	1	5	1	
开采辅助活动	11	29	29	1			
煤炭开采和洗选辅助活动	111	4	4				
石油和天然气开采辅助活动	112	1	1				
其他开采辅助活动	119	24	24	1			
其他采矿业	12	88	88	1	2		
其他采矿业	120	88	88	1	2		
制造业	**C**	**22911**	**22373**	**407**	**697**	**117**	**45**
农副食品加工业	13	1677	1633	118	33	3	3
谷物磨制	131	257	256	3	1		
饲料加工	132	243	228	4			
植物油加工	133	191	186	5	3		
制糖业	134	30	29	6			
屠宰及肉类加工	135	325	321	90	20		1
水产品加工	136	128	120	3	2		2
蔬菜、水果和坚果加工	137	156	152	2	2	1	
其他农副食品加工	139	347	341	5	5	2	
食品制造业	14	1013	990	16	14	4	2
焙烤食品制造	141	404	401	5	4	1	1
糖果、巧克力及蜜饯制造	142	55	52	1	1		
方便食品制造	143	172	170	2	2		
乳制品制造	144	23	22	2	1		
罐头食品制造	145	66	59	3	1		
调味品、发酵制品制造	146	91	90	2	3	2	
其他食品制造	149	202	196	1	2	1	1
酒、饮料和精制茶制造业	15	805	775	13	14	1	
酒的制造	151	210	197	4	2		
饮料制造	152	322	308	2	5	1	
精制茶加工	153	273	270	7	7		
烟草制品业	16	4	4	1	1		
烟叶复烤	161	1	1				
卷烟制造	162	3	3	1	1		
其他烟草制品制造	169						
纺织业	17	458	446	8	16	2	
棉纺织及印染精加工	171	84	81	1	4		
毛纺织及染整精加工	172	46	46				
麻纺织及染整精加工	173	19	19	4			
丝绢纺织及印染精加工	174	99	98	1	3		
化纤织造及印染精加工	175	6	6				
针织或钩针编织物及其制品制造	176	90	85		6		
家用纺织制成品制造	177	79	77	2	2		
非家用纺织制成品制造	178	35	34		1	2	

国有联营企业	集体联营企业	国有与集体联营企业	其他联营企业	有限责任公司	国有独资公司	其他有限责任公司	股份有限公司	私营企业	私营独资企业
	2		1	128	2	126	24	1688	1013
	2		1	87	1	86	17	1482	944
				8	1	7	3	33	6
				1		1		2	1
				32		32	4	171	62
				4		4	2	22	10
								4	1
								1	
				4		4	2	17	9
				14		14	3	64	15
				14		14	3	64	15
4	**28**	**6**	**7**	**3056**	**47**	**3009**	**449**	**16824**	**6805**
	1	1	1	255	5	250	37	1099	358
				31		31	3	191	87
				54		54	7	159	27
				29	2	27	6	133	58
				6		6		17	3
			1	41	2	39	4	147	47
	1	1		25		25	5	80	9
				18		18	3	121	31
				51	1	50	9	251	96
	2			129		129	20	766	337
	1			46		46	2	320	180
				7		7		42	17
				21		21	5	133	62
				4		4	2	12	
				9		9	3	43	12
				10		10	1	70	36
	1			32		32	7	146	30
				126	3	123	26	555	214
				31		31	8	143	43
				58		58	13	219	51
				37	3	34	5	193	120
								2	2
								1	1
								1	1
				66	4	62	11	335	172
				10		10	2	62	27
				1	1			42	32
				3		3	1	10	3
				33		33	6	55	12
								6	3
				8	2	6		71	52
				9	1	8	1	63	28
				2		2	1	26	15

2-7 续表 2

行业	代码	法人单位数(个)	内资企业	国有企业	集体企业	股份合作企业	联营企业
纺织服装、服饰业	18	674	651	2	24	2	1
机织服装制造	181	552	531	2	22	2	1
针织或钩针编织服装制造	182	44	42				
服饰制造	183	78	78		2		
皮革、毛皮、羽毛及其制品和制鞋业	19	360	331	2	10	1	1
皮革鞣制加工	191	42	37		2		
皮革制品制造	192	141	126		2		
毛皮鞣制及制品加工	193	19	19				
羽毛(绒)加工及制品制造	194	81	79	2	2	1	
制鞋业	195	77	70		4		1
木材加工和木、竹、藤、棕、草制品业	20	3340	3303	24	24	2	2
木材加工	201	1969	1964	17	13	1	1
人造板制造	202	834	818	3	5		
木制品制造	203	307	301	3	5	1	
竹、藤、棕、草等制品制造	204	230	220	1	1		1
家具制造业	21	444	437		10		
木质家具制造	211	339	336		8		
竹、藤家具制造	212	14	13		1		
金属家具制造	213	26	26		1		
塑料家具制造	214	7	6				
其他家具制造	219	58	56				
造纸和纸制品业	22	723	705	4	30	3	1
纸浆制造	221	16	16	1	1		1
造纸	222	322	313	2	14		
纸制品制造	223	385	376	1	15	3	
印刷和记录媒介复制业	23	797	793	40	67	8	4
印刷	231	693	689	35	58	6	4
装订及印刷相关服务	232	101	101	5	9	2	
记录媒介复制	233	3	3				
文教、工美、体育和娱乐用品制造业	24	617	584	3	15	2	
文教办公用品制造	241	27	25				
乐器制造	242	3	3				
工艺美术品制造	243	490	466	2	15	2	
体育用品制造	244	14	11	1			
玩具制造	245	82	78				
游艺器材及娱乐用品制造	246	1	1				
石油加工、炼焦和核燃料加工业	25	61	60				
精炼石油产品制造	251	51	50				
炼焦	252	7	7				
核燃料加工	253	3	3				
化学原料和化学制品制造业	26	1317	1262	23	72	6	7
基础化学原料制造	261	193	182	4	5	1	
肥料制造	262	277	269	6	5		
农药制造	263	63	61	4	2	1	

国有联营企业	集体联营企业	国有与集体联营企业	其他联营企业	有限责任公司	国有独资公司	其他有限责任公司	股份有限公司	私营企业	私营独资企业
	1			57		57	5	542	280
	1			45		45	3	448	231
				8		8	1	32	18
				4		4	1	62	31
	1			38		38		266	143
				5		5		30	17
				11		11		105	73
				3		3		16	10
				17		17		56	8
	1			2		2		59	35
	1		1	249	6	243	45	2778	1550
			1	105	4	101	26	1661	1111
				109	2	107	15	671	208
				25		25	4	250	98
	1			10		10		196	133
				34		34	8	361	178
				22		22	7	281	141
				1		1		11	5
				5		5	1	18	8
								6	1
				6		6		45	23
	1			96		96	12	543	207
	1			3		3	1	9	2
				40		40	4	246	93
				53		53	7	288	112
	3		1	100	1	99	13	536	176
	3		1	84	1	83	9	470	153
				16		16	4	63	23
								3	
				58	2	56	4	483	278
				2		2		21	6
				2		2		1	1
				49	2	47	4	378	212
				2		2		8	1
				3		3		74	58
								1	
				16	1	15	2	41	4
				15	1	14	2	32	3
				1		1		6	1
								3	
1	6			244	1	243	32	847	230
				54	1	53	3	114	21
				60		60	11	183	41
				14		14		39	8

2-7 续表 3

行业	代码	法人单位数（个）	内资企业	国有企业	集体企业	股份合作企业	联营企业
涂料、油墨、颜料及类似产品制造	264	127	123	3	4		
合成材料制造	265	37	36		1		
专用化学产品制造	266	310	293	3	9	2	2
炸药、火工及焰火产品制造	267	158	156	1	43	2	5
日用化学产品制造	268	152	142	2	3		
医药制造业	27	368	351	10	5	4	
化学药品原料药制造	271	31	25				
化学药品制剂制造	272	37	35	2	1		
中药饮片加工	273	50	49			1	
中成药生产	274	113	107	4	1	1	
兽用药品制造	275	48	48	3	3	2	
生物药品制造	276	47	46	1			
卫生材料及医药用品制造	277	42	41				
化学纤维制造业	28	8	7	1		1	
纤维素纤维原料及纤维制造	281	5	4	1		1	
合成纤维制造	282	3	3				
橡胶和塑料制品业	29	824	807	10	32	7	3
橡胶制品业	291	123	119	4	8		1
塑料制品业	292	701	688	6	24	7	2
非金属矿物制品业	30	3805	3740	49	169	31	12
水泥、石灰和石膏制造	301	445	442	17	29	2	2
石膏、水泥制品及类似制品制造	302	691	663	10	5		2
砖瓦、石材等建筑材料制造	303	2149	2134	15	124	26	7
玻璃制造	304	35	35	1	1		
玻璃制品制造	305	57	56		1		
玻璃纤维和玻璃纤维增强塑料制品制造	306	27	26	3			
陶瓷制品制造	307	136	129	3	4		
耐火材料制品制造	308	32	30		1		1
石墨及其他非金属矿物制品制造	309	233	225		4	3	
黑色金属冶炼和压延加工业	31	530	519	4	21	5	4
炼铁	311	29	29		1		
炼钢	312	9	9				
黑色金属铸造	313	212	210	1	15	4	2
钢压延加工	314	82	81	2	3		1
铁合金冶炼	315	198	190	1	2	1	1
有色金属冶炼和压延加工业	32	281	270	3	1	1	1
常用有色金属冶炼	321	142	135	1			
贵金属冶炼	322	9	8				
稀有稀土金属冶炼	323	16	15				1
有色金属合金制造	324	13	13				
有色金属铸造	325	7	7	1			
有色金属压延加工	326	94	92	1	1	1	
金属制品业	33	957	943	9	53	3	
结构性金属制品制造	331	371	368	7	7		
金属工具制造	332	161	160	1	22	1	
集装箱及金属包装容器制造	333	38	35	1	4		

国有联营企业	集体联营企业	国有与集体联营企业	其他联营企业	有限责任公司	国有独资公司	其他有限责任公司	股份有限公司	私营企业	私营独资企业
				23		23	3	84	19
				7		7	1	25	7
	2			54		54	10	207	61
1	4			8		8	2	91	47
				24		24	2	104	26
				88		88	19	220	24
				7		7		18	1
				6		6	4	22	3
				12		12	2	33	6
				40		40	5	53	
				7		7	3	29	7
				7		7	3	35	1
				9		9	2	30	6
				2		2		3	
				1		1		1	
				1		1		2	
	2		1	119	1	118	23	592	197
	1			18		18	5	79	18
	1		1	101	1	100	18	513	179
1	7	3	1	379	5	374	70	2897	1398
		2		67	2	65	16	304	109
		1	1	105	1	104	20	490	214
1	6			135		135	24	1714	961
				5	1	4	1	27	2
				3		3	2	49	16
				6		6	3	14	3
				13		13	2	105	34
	1			2		2		25	7
				43	1	42	2	169	52
1	2	1		99	2	97	16	360	111
				4		4		24	11
				2		2	1	6	1
	2			30	1	29	6	145	77
		1		17	1	16	1	55	8
1				46		46	8	130	14
			1	67	1	66	9	182	32
				40	1	39	3	89	9
				2		2	1	5	
			1	5		5		8	
				5		5		8	2
				1		1		5	1
				14		14	5	67	20
				127		127	12	714	274
				66		66	5	274	91
				6		6		123	74
				7		7		22	5

2-7 续表 4

行业	代码	法人单位数（个）	内资企业				
				国有企业	集体企业	股份合作企业	联营企业
金属丝绳及其制品制造	334	27	26		2	2	
建筑、安全用金属制品制造	335	94	92		3		
金属表面处理及热处理加工	336	38	37		2		
搪瓷制品制造	337	14	14				
金属制日用品制造	338	114	112		7		
其他金属制品制造	339	100	99		6		
通用设备制造业	34	759	747	18	21	9	1
锅炉及原动设备制造	341	69	64	2	6		
金属加工机械制造	342	172	171	7	6	1	
物料搬运设备制造	343	35	35	2			
泵、阀门、压缩机及类似机械制造	344	61	61	3	1	4	
轴承、齿轮和传动部件制造	345	27	27	1		1	
烘炉、风机、衡器、包装等设备制造	346	74	70	2	1	1	
文化、办公用机械制造	347	5	5				
通用零部件制造	348	267	266		6	1	1
其他通用设备制造业	349	49	48	1	1	1	
专用设备制造业	35	815	804	21	18	9	1
采矿、冶金、建筑专用设备制造	351	179	176	4	2	2	1
化工、木材、非金属加工专用设备制造	352	145	144	2	5	1	
食品、饮料、烟草及饲料生产专用设备制造	353	57	55	3	2	3	
印刷、制药、日化及日用品生产专用设备制造	354	55	54	1	1	2	
纺织、服装和皮革加工专用设备制造	355	4	4				
电子和电工机械专用设备制造	356	35	34		1		
农、林、牧、渔专用机械制造	357	197	197	8	7		
医疗仪器设备及器械制造	358	57	55	1			
环保、社会公共服务及其他专用设备制造	359	86	85	2		1	
汽车制造业	36	601	594	3	13	7	
汽车整车制造	361	5	5				
改装汽车制造	362	7	7				
低速载货汽车制造	363	1	1				
电车制造	364	4	4				
汽车车身、挂车制造	365	9	9				
汽车零部件及配件制造	366	575	568	3	13	7	
铁路、船舶、航空航天和其他运输设备制造业	37	144	144	5	12		1
铁路运输设备制造	371	23	23	2	4		
城市轨道交通设备制造	372						
船舶及相关装置制造	373	68	68	2	7		1
航空、航天器及设备制造	374	2	2				
摩托车制造	375	8	8				
自行车制造	376	32	32	1	1		
非公路休闲车及零配件制造	377	2	2				
潜水救捞及其他未列明运输设备制造	379	9	9				
电气机械和器材制造业	38	573	561	10	9	3	
电机制造	381	70	68		1	1	
输配电及控制设备制造	382	201	201	3	3	1	
电线、电缆、光缆及电工器材制造	383	101	95		2	1	

国有联营企业	集体联营企业	国有与集体联营企业	其他联营企业	有限责任公司	国有独资公司	其他有限责任公司	股份有限公司	私营企业	私营独资企业
				5		5		17	6
				13		13	4	71	29
				7		7		27	9
				1		1		13	2
				9		9	1	92	35
				13		13	2	75	23
1				120	3	117	20	542	134
				14		14		41	3
				27	2	25	3	122	33
				9		9	3	21	2
				13		13	5	34	6
				5		5	2	18	4
				14		14	3	46	10
								4	1
1				25	1	24	3	226	71
				13		13	1	30	4
		1		133	3	130	24	582	124
		1		32		32	7	125	23
				19	1	18	3	111	24
				7		7	2	38	8
				18	1	17	2	28	5
				1		1		2	
				11	1	10	2	20	3
				22		22	4	151	51
				13		13	2	38	4
				10		10	2	69	6
				148	4	144	8	414	76
				2		2		3	
				2		2		5	3
				1		1			
								4	1
								9	2
				143	4	139	8	393	70
	1			22	2	20	1	100	28
				2	1	1		15	
	1			13	1	12	1	42	17
				1		1		1	
				1		1		7	3
				3		3		27	5
								2	2
				2		2		6	1
				107	1	106	14	409	88
				10		10		55	15
				49	1	48	7	138	27
				14		14	3	75	10

2-7 续表 5

行业	代码	法人单位数（个）	内资企业				
				国有企业	集体企业	股份合作企业	联营企业
电池制造	384	25	24	1	1		
家用电力器具制造	385	39	38	1	1		
非电力家用器具制造	386	39	39	1			
照明器具制造	387	49	48				
其他电气机械及器材制造	389	49	48	4	1		
计算机、通信和其他电子设备制造业	39	398	369	4		1	
计算机制造	391	42	33				
通信设备制造	392	42	39	2			
广播电视设备制造	393	10	9				
雷达及配套设备制造	394	1	1				
视听设备制造	395	23	17				
电子器件制造	396	34	32	1			
电子元件制造	397	171	164	1		1	
其他电子设备制造	399	75	74				
仪器仪表制造业	40	95	92	1	3		
通用仪器仪表制造	401	39	39		2		
专用仪器仪表制造	402	17	17	1			
钟表与计时仪器制造	403	8	6				
光学仪器及眼镜制造	404	18	17		1		
其他仪器仪表制造业	409	13	13				
其他制造业	41	167	160	1	3		
日用杂品制造	411	42	37		1		
煤制品制造	412	18	18				
核辐射加工	413	3	3				
其他未列明制造业	419	104	102	1	2		
废弃资源综合利用业	42	181	176		3		
金属废料和碎屑加工处理	421	111	106		3		
非金属废料和碎屑加工处理	422	70	70				
金属制品、机械和设备修理业	43	115	115	4	4	2	1
金属制品修理	431	4	4	1			
通用设备修理	432	12	12			1	
专用设备修理	433	26	26	1			
铁路、船舶、航空航天等运输设备修理	434	24	24	1	3		1
电气设备修理	435	9	9			1	
仪器仪表修理	436	6	6				
其他机械和设备修理业	439	34	34	1	1		
电力、热力、燃气及水生产和供应业	**D**	**2413**	**2380**	**232**	**189**	**36**	**12**
电力、热力生产和供应业	44	1750	1734	106	72	32	7
电力生产	441	1653	1637	83	66	32	6
电力供应	442	84	84	23	6		1
热力生产和供应	443	13	13				
燃气生产和供应业	45	82	73		2	1	
燃气生产和供应业	450	82	73		2	1	
水的生产和供应业	46	581	573	126	115	3	5
自来水生产和供应	461	494	489	116	115	3	4
污水处理及其再生利用	462	69	67	10			1
其他水的处理、利用与分配	469	18	17				

国有联营企业	集体联营企业	国有与集体联营企业	其他联营企业	有限责任公司	国有独资公司	其他有限责任公司	股份有限公司	私营企业	私营独资企业
				4		4	1	17	2
				4		4	3	29	6
				10		10		26	5
				6		6		38	16
				10		10		31	7
				67	1	66	7	271	98
				10		10	2	20	2
				19		19		17	
				3		3		5	1
				1	1				
				4		4	1	12	3
				2		2		29	7
				19		19	3	130	71
				9		9	1	58	14
				27		27		61	8
				9		9		28	2
				7		7		9	1
				1		1		5	1
				5		5		11	2
				5		5		8	2
				26		26	4	118	46
				5		5		29	12
				2		2	1	13	6
				1		1	1	1	
				18		18	2	75	28
				39	1	38	6	127	22
				25		25	4	74	4
				14	1	13	2	53	18
			1	18		18	1	78	16
								2	1
				2		2		9	
				2		2		18	7
			1	2		2	1	16	2
				1		1		7	2
								5	1
				11		11		21	3
3	**5**		**4**	**301**	**38**	**263**	**77**	**1410**	**371**
2	2		3	186	25	161	56	1181	307
1	2		3	150	16	134	53	1154	301
1				31	9	22	3	19	5
				5		5		8	1
				23		23	4	41	9
				23		23	4	41	9
1	3		1	92	13	79	17	188	55
1	2		1	65	9	56	13	148	53
	1			24	2	22	3	28	1
				3	2	1	1	12	1

2-7 续表 6

行 业	代码	法人单位数（个）	内资企业	国有企业	集体企业	股份合作企业	联营企业
建筑业	E	**4440**	**4419**	**82**	**183**	**5**	**1**
房屋建筑业	47	826	824	26	142	4	1
房屋建筑业	470	826	824	26	142	4	1
土木工程建筑业	48	634	621	37	20		
铁路、道路、隧道和桥梁工程建筑	481	199	187	15	10		
水利和内河港口工程建筑	482	69	69	13	3		
海洋工程建筑	483						
工矿工程建筑	484	36	36	2			
架线和管道工程建筑	485	103	102	4	4		
其他土木工程建筑	489	227	227	3	3		
建筑安装业	49	594	591	5	11		
电气安装	491	153	153	2	3		
管道和设备安装	492	79	79	1	2		
其他建筑安装业	499	362	359	2	6		
建筑装饰和其他建筑业	50	2386	2383	14	10	1	
建筑装饰业	501	1847	1844	3	6	1	
工程准备活动	502	119	119	5	2		
提供施工设备服务	503	156	156				
其他未列明建筑业	509	264	264	6	2		
批发和零售业	F	**63073**	**62936**	**826**	**1323**	**69**	**79**
批发业	51	32922	32842	531	716	31	41
农、林、牧产品批发	511	2916	2914	134	57	3	6
食品、饮料及烟草制品批发	512	3391	3376	101	46		5
纺织、服装及家庭用品批发	513	2653	2642	14	37	3	3
文化、体育用品及器材批发	514	810	806	13	8		
医药及医疗器材批发	515	1321	1319	13	2	1	1
矿产品、建材及化工产品批发	516	12071	12042	169	506	16	24
机械设备、五金产品及电子产品批发	517	6992	6980	51	33	4	1
贸易经纪与代理	518	1670	1668	26	7		
其他批发业	519	1098	1095	10	20	4	1
零售业	52	30151	30094	295	607	38	38
综合零售	521	2944	2940	69	392	4	11
食品、饮料及烟草制品专门零售	522	3155	3149	89	50	5	2
纺织、服装及日用品专门零售	523	2425	2417	10	46	1	3
文化、体育用品及器材专门零售	524	1182	1178	24	20	5	4
医药及医疗器材专门零售	525	7076	7070	23	11	10	11
汽车、摩托车、燃料及零配件专门零售	526	3004	2996	20	32	5	2
家用电器及电子产品专门零售	527	4020	4012	13	10	2	1
五金、家具及室内装饰材料专门零售	528	3442	3438	25	21	3	1
货摊、无店铺及其他零售业	529	2903	2894	22	25	3	3
交通运输、仓储和邮政业	G	**4584**	**4542**	**251**	**168**	**10**	**8**
铁路运输业	53						

国有联营企业	集体联营企业	国有与集体联营企业	其他联营企业	有限责任公司	国有独资公司	其他有限责任公司	股份有限公司	私营企业	私营独资企业
	1			**1157**	**26**	**1131**	**139**	**2839**	**88**
	1			195	5	190	33	421	6
	1			195	5	190	33	421	6
				192	11	181	25	345	3
				59	6	53	5	97	
				20	3	17	1	32	
				8		8	2	24	
				36		36	5	53	1
				69	2	67	12	139	2
				171	4	167	7	397	8
				40	1	39	2	106	2
				18		18		58	1
				113	3	110	5	233	5
				599	6	593	74	1676	71
				483	3	480	57	1287	65
				27		27	6	79	4
				26		26	4	126	
				63	3	60	7	184	2
16	**38**	**4**	**21**	**9501**	**104**	**9397**	**1021**	**47044**	**16309**
12	19	1	9	5487	54	5433	585	23886	5408
3	2		1	303	13	290	45	2133	1187
2	1	1	1	617	9	608	64	2329	448
1	1		1	631	3	628	35	1889	252
				206	7	199	23	543	57
1				245	1	244	19	998	309
4	14		6	1772	12	1760	225	8985	2482
	1			1334	6	1328	136	5356	273
				220	3	217	27	828	86
1				159		159	11	825	314
4	19	3	12	4014	50	3964	436	23158	10901
2	8	1		424	5	419	41	1866	753
	1	1		411	2	409	37	2338	1134
1	2			307	1	306	35	1915	974
1	2		1	244	32	212	23	827	234
	2	1	8	263	4	259	32	6052	5151
	2			534	2	532	72	2264	553
			1	753	2	751	79	3062	679
	1			571		571	55	2654	919
	1		2	507	2	505	62	2180	504
2	**3**		**3**	**1075**	**45**	**1030**	**176**	**2791**	**175**

2-7 续表 7

行业	代码	法人单位数(个)	内资企业	国有企业	集体企业	股份合作企业	联营企业
道路运输业	54	2592	2574	54	58	8	4
城市公共交通运输	541	238	235	14	2	1	
公路旅客运输	542	280	278	8	14	3	1
道路货物运输	543	1872	1864	16	29	2	1
道路运输辅助活动	544	202	197	16	13	2	2
水上运输业	55	396	392	8	65	2	
水上旅客运输	551	46	46	2	6	2	
水上货物运输	552	286	285	2	54		
水上运输辅助活动	553	64	61	4	5		
航空运输业	56	24	21	2			
航空客货运输	561	13	11	1			
通用航空服务	562	8	7	1			
航空运输辅助活动	563	3	3				
管道运输业	57						
管道运输业	570						
装卸搬运和运输代理业	58	947	940	22	36		
装卸搬运	581	275	273	5	28		
运输代理业	582	672	667	17	8		
仓储业	59	446	436	158	9		2
谷物、棉花等农产品仓储	591	206	204	148	2		1
其他仓储业	599	240	232	10	7		1
邮政业	60	179	179	7			2
邮政基本服务	601	7	7	3			1
快递服务	602	172	172	4			1
住宿和餐饮业	**H**	**3336**	**3281**	**161**	**107**	**17**	**8**
住宿业	61	1628	1600	119	83	9	6
旅游饭店	611	636	614	64	24	3	1
一般旅馆	612	822	816	46	51	4	5
其他住宿业	619	170	170	9	8	2	
餐饮业	62	1708	1681	42	24	8	2
正餐服务	621	1152	1141	36	19	8	1
快餐服务	622	135	128	2	2		
饮料及冷饮服务	623	131	129				
其他餐饮业	629	290	283	4	3		1
信息传输、软件和信息技术服务业	**I**	**2078**	**2066**	**16**	**3**	**2**	
电信、广播电视和卫星传输服务	63	127	124	7			
电信	631	108	105	5			
广播电视传输服务	632	16	16	2			
卫星传输服务	633	3	3				

国有联营企业	集体联营企业	国有与集体联营企业	其他联营企业	有限责任公司	国有独资公司	其他有限责任公司	股份有限公司	私营企业	私营独资企业
1	1		2	650	19	631	110	1660	94
				94	5	89	20	103	1
	1			104	3	101	28	117	6
			1	406	7	399	55	1339	55
1			1	46	4	42	7	101	32
				87	4	83	16	209	3
				12	2	10	3	21	1
				60	2	58	11	155	
				15		15	2	33	2
				12	5	7		7	
				6	1	5		4	
				3	2	1		3	
				3	2	1			
				194	6	188	34	644	58
				54	1	53	14	166	18
				140	5	135	20	478	40
1	1			85	11	74	8	165	11
1				29	11	18	1	15	
	1			56		56	7	150	11
	1		1	47		47	8	106	9
	1							2	1
			1	47		47	8	104	8
1	**4**	**1**	**2**	**520**	**7**	**513**	**98**	**2184**	**961**
1	3		2	298	6	292	58	965	323
	1			152	2	150	26	320	77
1	2		2	117	3	114	27	535	209
				29	1	28	5	110	37
	1	1		222	1	221	40	1219	638
		1		160	1	159	26	799	377
				13		13	4	99	67
				9		9		112	69
	1			40		40	10	209	125
				577	**8**	**569**	**40**	**1401**	**81**
				41	4	37	6	65	16
				35	4	31	5	57	14
				5		5	1	6	1
				1		1		2	1

2-7 续表 8

行　　业	代码	法　人单位数(个)					
			内资企业	国有企业	集体企业	股份合作企业	联营企业
互联网和相关服务	64	283	283	2		2	
互联网接入及相关服务	641	32	32	1			
互联网信息服务	642	204	204	1		1	
其他互联网服务	649	47	47			1	
软件和信息技术服务业	65	1668	1659	7	3		
软件开发	651	861	856	2	1		
信息系统集成服务	652	374	371	2			
信息技术咨询服务	653	240	240	3	2		
数据处理和存储服务	654	36	36				
集成电路设计	655	7	7				
其他信息技术服务业	659	150	149				
金融业	J						
房地产业	K	**7058**	**6942**	**148**	**71**	**9**	
房地产业	70	7058	6942	148	71	9	
房地产开发经营	701	3023	2928	80	19	7	
物业管理	702	1854	1844	8	4	1	
房地产中介服务	703	1727	1720	20	16	1	
自有房地产经营活动	704						
其他房地产业	709	454	450	40	32		
租赁和商务服务业	L	**15919**	**15859**	**264**	**230**	**17**	**20**
租赁业	71	1003	1001	15	11		
机械设备租赁	711	954	952	14	9		
文化及日用品出租	712	49	49	1	2		
商务服务业	72	14916	14858	249	219	17	20
企业管理服务	721	4052	4035	100	94	3	2
法律服务	722	124	124	6	1	1	1
咨询与调查	723	2801	2784	15	23	5	2
广告业	724	3412	3411	7	11	2	1
知识产权服务	725	54	53				
人力资源服务	726	569	569	17	14		
旅行社及相关服务	727	797	787	42	14	4	1
安全保护服务	728	198	198	1	13		
其他商务服务业	729	2909	2897	61	49	2	13

				有限责任公司			股份有限公司	私营企业	
国有联营企业	集体联营企业	国有与集体联营企业	其他联营企业		国有独资公司	其他有限责任公司			私营独资企业
				68	1	67	11	191	34
				5		5	2	24	
				51	1	50	7	136	28
				12		12	2	31	6
				468	3	465	23	1145	31
				243	1	242	11	594	11
				104	1	103	8	257	2
				61	1	60	4	165	9
				11		11		25	2
				2		2		5	
				47		47		99	7
				1944	**59**	**1885**	**286**	**4456**	**100**
				1944	59	1885	286	4456	100
				909	30	879	138	1772	11
				534	16	518	68	1215	6
				372	3	369	64	1238	79
				129	10	119	16	231	4
3	**11**	**2**	**4**	**4206**	**169**	**4037**	**477**	**10381**	**621**
				225	2	223	33	701	84
				218	2	216	31	665	78
				7		7	2	36	6
3	11	2	4	3981	167	3814	444	9680	537
2				1230	129	1101	130	2453	35
			1	9		9		72	18
	2			732	3	729	60	1917	120
	1			748	2	746	97	2508	198
				14		14	1	37	1
				157	4	153	12	364	5
1				250	8	242	40	421	18
				68	3	65	9	107	4
	8	2	3	773	18	755	95	1801	138

2-7 续表 9

行　业	代码	法　人单位数（个）	内资企业	国有企业	集体企业	股份合作企业	联营企业
科学研究和技术服务业	**M**	**4355**	**4339**	**218**	**91**	**9**	**7**
研究和试验发展	73	279	277	17	4	1	2
自然科学研究和试验发展	731	47	47	4		1	
工程和技术研究和试验发展	732	92	92	7			1
农业科学研究和试验发展	733	92	90	6	4		
医学研究和试验发展	734	46	46				
社会人文科学研究	735	2	2				1
专业技术服务业	74	2779	2772	155	61	7	2
气象服务	741	15	15	5	1		
地震服务	742	1	1				
海洋服务	743	4	4				
测绘服务	744	165	165	12	7	2	
质检技术服务	745	327	327	21	11	1	
环境与生态监测	746	39	39	3			
地质勘查	747	68	67	5	2		1
工程技术	748	1344	1341	82	37	3	1
其他专业技术服务业	749	816	813	27	3	1	
科技推广和应用服务业	75	1297	1290	46	26	1	3
技术推广服务	751	1026	1019	38	24	1	3
科技中介服务	752	75	75	4	1		
其他科技推广和应用服务业	759	196	196	4	1		
水利、环境和公共设施管理业	**N**	**684**	**676**	**44**	**16**		**1**
水利管理业	76	69	69	10	4		1
防洪除涝设施管理	761	8	8				
水资源管理	762	12	12				
天然水收集与分配	763	16	16	5			1
水文服务	764	2	2				
其他水利管理业	769	31	31	5	4		
生态保护和环境治理业	77	88	88	4	1		
生态保护	771	15	15	1			
环境治理业	772	73	73	3	1		
公共设施管理业	78	527	519	30	11		
市政设施管理	781	52	52	10	1		
环境卫生管理	782	48	47	8	1		
城乡市容管理	783	2	2				
绿化管理	784	151	150	1			
公园和游览景区管理	785	274	268	11	9		
居民服务、修理和其他服务业	**O**	**3341**	**3329**	**45**	**56**	**8**	**8**
居民服务业	79	1087	1079	9	15	1	5
家庭服务	791	279	277	1	1		
托儿所服务	792	2	2				

国有联营企业	集体联营企业	国有与集体联营企业	其他联营企业	有限责任公司	国有独资公司	其他有限责任公司	股份有限公司	私营企业	私营独资企业
	7			**1065**	**32**	**1033**	**147**	**2635**	**278**
	2			71	4	67	11	160	13
				15		15	3	24	1
	1			19	2	17	1	62	2
				22	2	20	5	49	4
				15		15	2	24	5
	1							1	1
	2			715	26	689	100	1675	195
				8	1	7		1	1
								1	
				1		1		3	1
				33	3	30	4	107	1
				95	2	93	25	170	8
				11		11		25	1
	1			20	1	19	3	34	
	1			377	16	361	47	784	20
				170	3	167	21	550	163
	3			279	2	277	36	800	70
	3			210	2	208	29	630	54
				17		17	1	49	2
				52		52	6	121	14
	1			**187**	**31**	**156**	**37**	**380**	**26**
	1			19	6	13	4	28	3
				5	3	2		3	
				6	1	5	1	5	
	1			1	1		3	3	1
				1	1			1	1
				6		6		16	1
				26	4	22	2	54	4
				2		2		11	3
				24	4	20	2	43	1
				142	21	121	31	298	19
				23	10	13		17	1
				20	4	16	4	12	2
				1		1	1		
				39	1	38	7	102	3
				59	6	53	19	167	13
1	**5**		**2**	**509**	**7**	**502**	**55**	**2495**	**1029**
	4		1	133	3	130	15	823	440
				32		32	3	219	113
				1		1		1	

2-7 续表 10

行　业	代码	法　人单位数（个）	内资企业	国有企业	集体企业	股份合作企业	联营企业
洗染服务	793	70	70				
理发及美容服务	794	264	261		3	1	
洗浴服务	795	37	36				
保健服务	796	133	131		2		
婚姻服务	797	77	77	1	2		
殡葬服务	798	33	33	4	1		2
其他居民服务业	799	192	192	3	6		3
机动车、电子产品和日用产品修理业	80	1449	1446	24	29	5	3
汽车、摩托车修理与维护	801	1078	1075	21	22	4	3
计算机和办公设备维修	802	125	125	1	1	1	
家用电器修理	803	182	182	1	3		
其他日用产品修理业	809	64	64	1	3		
其他服务业	81	805	804	12	12	2	
清洁服务	811	360	360	4	8	1	
其他未列明服务业	819	445	444	8	4	1	
教育	**P**						
教育	82						
学前教育	821						
初等教育	822						
中等教育	823						
高等教育	824						
特殊教育	825						
技能培训、教育辅助及其他教育	829						
卫生和社会工作	**Q**	**18**	**18**	**1**	**3**		
卫生	83						
医院	831						
社区医疗与卫生院	832						
门诊部(所)	833						
计划生育技术服务活动	834						
妇幼保健院(所、站)	835						
专科疾病防治院(所、站)	836						
疾病预防控制中心	837						
其他卫生活动	839						
社会工作	84	18	18	1	3		
提供住宿社会工作	841	11	11	1			
不提供住宿社会工作	842	7	7		3		

国有联营企业	集体联营企业	国有与集体联营企业	其他联营企业	有限责任公司	国有独资公司	其他有限责任公司	股份有限公司	私营企业	私营独资企业
				4		4	1	59	42
				25		25	2	207	132
				5		5	1	28	8
				19		19	1	102	60
				12		12	4	57	23
	1		1	5	1	4	1	18	3
	3			30	2	28	2	132	59
1	1		1	221	2	219	23	1087	474
1	1		1	160	2	158	18	807	375
				23		23	3	93	29
				26		26	1	143	51
				12		12	1	44	19
				155	2	153	17	585	115
				64		64	8	267	75
				91	2	89	9	318	40
				3		**3**		**7**	**3**
				3		3		7	3
				1		1		6	3
				2		2		1	

2-7 续表 11

行业	代码	法人单位数（个）	内资企业	国有企业	集体企业	股份合作企业	联营企业
文化、体育和娱乐业	R	**4630**	**4617**	**84**	**12**	**7**	**4**
新闻和出版业	85	42	41	9	1	1	1
新闻业	851	3	2				1
出版业	852	39	39	9	1	1	
广播、电视、电影和影视录音制作业	86	212	211	63	4		1
广播	861	2	2	1			
电视	862	1	1				
电影和影视节目制作	863	67	67	1	1		
电影和影视节目发行	864	17	17	3			
电影放映	865	115	114	57	3		1
录音制作	866	10	10	1			
文化艺术业	87	225	223	8	2		
文艺创作与表演	871	70	70	1	1		
艺术表演场馆	872	9	9				
图书馆与档案馆	873	7	7	2			
文物及非物质文化遗产保护	874	5	5	1			
博物馆	875	2	2				
烈士陵园、纪念馆	876						
群众文化活动	877	23	23	3	1		
其他文化艺术业	879	109	107	1			
体育	88	138	133	3	1	1	
体育组织	881	17	17				
体育场馆	882	25	24	2	1	1	
休闲健身活动	883	74	70	1			
其他体育	889	22	22				
娱乐业	89	4013	4009	1	4	5	2
室内娱乐活动	891	3923	3921		4	5	2
游乐园	892	15	14	1			
彩票活动	893						
文化、娱乐、体育经纪代理	894	32	32				
其他娱乐业	899	43	42				
公共管理、社会保障和社会组织	S						

国有联营企业	集体联营企业	国有与集体联营企业	其他联营企业	有限责任公司	国有独资公司	其他有限责任公司	股份有限公司	私营企业	私营独资企业
1	**1**	**1**	**1**	**236**	**10**	**226**	**30**	**3924**	**3225**
	1			15	2	13	2	11	
	1							1	
				15	2	13	2	10	
1				50	3	47	7	80	6
								1	
				1		1			
				20		20	3	42	2
				4	2	2	1	9	
1				24	1	23	2	21	3
				1		1	1	7	1
				65	3	62	2	146	22
				16		16	1	51	9
				6	2	4		3	
								5	2
				1		1		3	
				1		1		1	
				8	1	7		11	3
				33		33	1	72	8
				23		23	5	88	17
				5		5		8	1
				2		2	1	15	6
				11		11	4	49	9
				5		5		16	1
		1	1	83	2	81	14	3599	3180
		1	1	63	1	62	13	3537	3170
				4		4		8	1
				8	1	7	1	23	1
				8		8		31	8

2-7 续表 12

行业	代码	私营合伙企业	私营有限责任公司	私营股份有限公司	其他企业	港、澳、台商投资企业	合资经营企业(港、澳、台资)
总计		**3198**	**62627**	**4325**	**5569**	**569**	**170**
农、林、牧、渔业	**A**	**9**	**234**	**19**	**233**	**3**	
农业	01		10		2	1	
谷物种植	011		1				
豆类、油料和薯类种植	012						
棉、麻、糖、烟草种植	013		3				
蔬菜、食用菌及园艺作物种植	014		3		1		
水果种植	015		1		1	1	
坚果、含油果、香料和饮料作物种植	016						
中药材种植	017						
其他农业	019		2				
林业	02		3				
林木育种和育苗	021		2				
造林和更新	022						
森林经营和管护	023		1				
木材和竹材采运	024						
林产品采集	025						
畜牧业	03	1	5				
牲畜饲养	031	1	3				
家禽饲养	032		2				
狩猎和捕捉动物	033						
其他畜牧业	039						
渔业	04		1		2		
水产养殖	041		1		2		
水产捕捞	042						
农、林、牧、渔服务业	05	8	215	19	229	2	
农业服务业	051	6	145	10	201	2	
林业服务业	052	1	40	5	7		
畜牧服务业	053		15	2	12		
渔业服务业	054	1	15	2	9		
采矿业	**B**	**293**	**777**	**119**	**126**	**6**	**2**
煤炭开采和洗选业	06	3	15		1		
烟煤和无烟煤开采洗选	061		9				
褐煤开采洗选	062	3	4				
其他煤炭采选	069		2		1		
石油和天然气开采业	07		2				
石油开采	071		1				
天然气开采	072		1				
黑色金属矿采选业	08	15	161	17	5		
铁矿采选	081	7	70	3	2		
锰矿、铬矿采选	082	4	62	6	3		
其他黑色金属矿采选	089	4	29	8			
有色金属矿采选业	09	24	186	30	8	1	
常用有色金属矿采选	091	21	156	24	4	1	
贵金属矿采选	092	3	22	3	4		
稀有稀土金属矿采选	093		8	3			

法人单位数(个)									
合作经营企业(港、澳、台资)	港、澳、台商独资经营企业	港、澳、台商投资股份有限公司	其他港、澳、台投资企业	外商投资企业	中外合资经营企业	中外合作经营企业	外资企业	外商投资股份有限公司	其他外商投资企业
45	**330**	**17**	**7**	**511**	**184**	**43**	**213**	**21**	**50**
	3			**1**			**1**		
	1								
	1								
	2			1			1		
	2			1			1		
1	**2**	**1**		**7**	**2**	**2**	**3**		
				1		1			
				1		1			
				1	1				
				1	1				
	1			1		1			
	1			1		1			

2-7 续表 13

行　业	代码	私营合伙企业	私营有限责任公司	私营股份有限公司	其他企业	港、澳、台商投资企业	合资经营企业(港、澳、台资)
非金属矿采选业	10	248	365	62	108	5	2
土砂石开采	101	214	285	39	96	2	1
化学矿开采	102	4	16	7	1		
采盐	103		1				
石棉及其他非金属矿采选	109	30	63	16	11	3	1
开采辅助活动	11	1	9	2			
煤炭开采和洗选辅助活动	111	1	2				
石油和天然气开采辅助活动	112		1				
其他开采辅助活动	119		6	2			
其他采矿业	12	2	39	8	4		
其他采矿业	120	2	39	8	4		
制造业	**C**	**1109**	**8271**	**639**	**778**	**298**	**75**
农副食品加工业	13	61	634	46	85	13	5
谷物磨制	131	9	91	4	27	1	
饲料加工	132	5	120	7	4	4	2
植物油加工	133	2	65	8	10	2	
制糖业	134	1	12	1			
屠宰及肉类加工	135	9	84	7	18		
水产品加工	136	5	65	1	3	1	1
蔬菜、水果和坚果加工	137	10	77	3	5	3	1
其他农副食品加工	139	20	120	15	18	2	1
食品制造业	14	30	380	19	39	10	3
焙烤食品制造	141	9	124	7	22	2	
糖果、巧克力及蜜饯制造	142	1	22	2	1	1	
方便食品制造	143	9	60	2	7	1	1
乳制品制造	144		10	2	1		
罐头食品制造	145		30	1		4	1
调味品、发酵制品制造	146	2	32		2		
其他食品制造	149	9	102	5	6	2	1
酒、饮料和精制茶制造业	15	26	280	35	40	16	8
酒的制造	151	5	85	10	9	6	4
饮料制造	152	11	139	18	10	8	4
精制茶加工	153	10	56	7	21	2	
烟草制品业	16						
烟叶复烤	161						
卷烟制造	162						
其他烟草制品制造	169						
纺织业	17	13	140	10	8	10	3
棉纺织及印染精加工	171	4	29	2	2	2	1
毛纺织及染整精加工	172		10		3		
麻纺织及染整精加工	173		6	1	1		
丝绢纺织及印染精加工	174	1	39	3		1	1
化纤织造及印染精加工	175		2	1			
针织或钩针编织物及其制品制造	176	3	16			4	
家用纺织制成品制造	177	3	31	1		2	1
非家用纺织制成品制造	178	2	7	2	2	1	

法人单位数(个)									
合作经营企业(港、澳、台资)	港、澳、台商独资经营企业	港、澳、台商投资股份有限公司	其他港、澳、台投资企业	外商投资企业	中外合资经营企业	中外合作经营企业	外资企业	外商投资股份有限公司	其他外商投资企业
1	1	1		4	1		3		
1				4	1		3		
	1	1							
10	**203**	**10**		**240**	**104**	**13**	**104**	**5**	**14**
1	7			31	12	4	13	2	
1									
	2			11	4	3	3	1	
	2			3	2		1		
				1			1		
				4	2		2		
				7	2	1	3	1	
	2			1			1		
	1			4	2		2		
	5	2		13	7		6		
	2			1	1				
	1			2	1		1		
				1			1		
				1	1				
	1	2		3	2		1		
				1	1				
	1			4	1		3		
1	7			14	5	2	6		1
	2			7	4	1	2		
1	3			6	1	1	3		1
	2			1			1		
1	6			2			2		
	1			1			1		
	4			1			1		
1									
	1								

2-7 续表 14

行　业	代码	私营合伙企　业	私营有限责任公司	私营股份有限公司	其他企业	港、澳、台商投资企　业	合资经营企业(港、澳、台资)
纺织服装、服饰业	18	13	237	12	18	19	2
机织服装制造	181	10	199	8	8	17	2
针织或钩针编织服装制造	182	1	12	1	1	2	
服饰制造	183	2	26	3	9		
皮革、毛皮、羽毛及其制品和制鞋业	19	8	108	7	13	25	6
皮革鞣制加工	191	3	9	1		5	1
皮革制品制造	192	3	29		8	12	5
毛皮鞣制及制品加工	193	1	4	1			
羽毛(绒)加工及制品制造	194		46	2	1	2	
制鞋业	195	1	20	3	4	6	
木材加工和木、竹、藤、棕、草制品业	20	137	993	98	179	21	3
木材加工	201	80	419	51	140	3	1
人造板制造	202	32	405	26	15	9	
木制品制造	203	13	123	16	13	3	1
竹、藤、棕、草等制品制造	204	12	46	5	11	6	1
家具制造业	21	14	153	16	24	7	
木质家具制造	211	12	114	14	18	3	
竹、藤家具制造	212		5	1		1	
金属家具制造	213	2	8		1		
塑料家具制造	214		5			1	
其他家具制造	219		21	1	5	2	
造纸和纸制品业	22	39	283	14	16	10	6
纸浆制造	221	1	5	1			
造纸	222	20	125	8	7	4	3
纸制品制造	223	18	153	5	9	6	3
印刷和记录媒介复制业	23	50	292	18	25	4	
印刷	231	42	258	17	23	4	
装订及印刷相关服务	232	8	31	1	2		
记录媒介复制	233		3				
文教、工美、体育和娱乐用品制造业	24	14	182	9	19	18	4
文教办公用品制造	241	3	12		2	1	
乐器制造	242						
工艺美术品制造	243	9	151	6	16	11	4
体育用品制造	244		5	2		3	
玩具制造	245	2	13	1	1	3	
游艺器材及娱乐用品制造	246		1				
石油加工、炼焦和核燃料加工业	25	2	31	4	1		
精炼石油产品制造	251	2	23	4	1		
炼焦	252		5				
核燃料加工	253		3				
化学原料和化学制品制造业	26	71	523	23	31	25	5
基础化学原料制造	261	5	85	3	1	3	
肥料制造	262	15	122	5	4	5	1
农药制造	263	1	29	1	1	1	

法人单位数(个)									
合作经营企业(港、澳、台资)	港、澳、台商独资经营企业	港、澳、台商投资股份有限公司	其他港、澳、台投资企业	外商投资企业	中外合资经营企业	中外合作经营企业	外资企业	外商投资股份有限公司	其他外商投资企业
	15	2		4	1		2		1
	13	2		4	1		2		1
	2								
1	18			4	2		1	1	
1	3								
	7			3	2			1	
	2								
	6			1			1		
2	16			16	7	1	6		2
	2			2	1		1		
	9			7	2		3		2
	2			3	2		1		
2	3			4	2	1	1		
	6	1							
	3								
	1								
	1								
	1	1							
	4			8	3	1	2	1	1
	1			5	3		1	1	
	3			3		1	1		1
	4								
	4								
	13	1		15	4	1	10		
	1			1			1		
	6	1		13	4	1	8		
	3								
	3			1			1		
				1			1		
				1			1		
1	18	1		30	17	2	9		2
	3			8	6		1		1
	3	1		3	2				1
	1			1	1				

2-7 续表 15

行业	代码	私营合伙企业	私营有限责任公司	私营股份有限公司	其他企业	港、澳、台商投资企业	合资经营企业(港、澳、台资)
涂料、油墨、颜料及类似产品制造	264	4	59	2	6	2	
合成材料制造	265	3	14	1	2	1	
专用化学产品制造	266	18	120	8	6	5	1
炸药、火工及焰火产品制造	267	22	21	1	4	1	
日用化学产品制造	268	3	73	2	7	7	3
医药制造业	27	4	181	11	5	9	2
化学药品原料药制造	271		17			2	
化学药品制剂制造	272		17	2		2	
中药饮片加工	273		26	1	1		
中成药生产	274	2	49	2	3	5	2
兽用药品制造	275		22		1		
生物药品制造	276		28	6			
卫生材料及医药用品制造	277	2	22				
化学纤维制造业	28		3			1	
纤维素纤维原料及纤维制造	281		1			1	
合成纤维制造	282		2				
橡胶和塑料制品业	29	33	336	26	21	10	1
橡胶制品业	291	4	50	7	4	1	
塑料制品业	292	29	286	19	17	9	1
非金属矿物制品业	30	409	997	93	133	42	10
水泥、石灰和石膏制造	301	21	157	17	5	2	1
石膏、水泥制品及类似制品制造	302	28	225	23	31	24	2
砖瓦、石材等建筑材料制造	303	340	383	30	89	9	1
玻璃制造	304		24	1			
玻璃制品制造	305		32	1	1	1	1
玻璃纤维和玻璃纤维增强塑料制品制造	306	1	10				
陶瓷制品制造	307	6	55	10	2	2	2
耐火材料制品制造	308	4	13	1	1	2	2
石墨及其他非金属矿物制品制造	309	9	98	10	4	2	1
黑色金属冶炼和压延加工业	31	16	212	21	10	5	2
炼铁	311	1	10	2			
炼钢	312	1	4				
黑色金属铸造	313	6	54	8	7	1	1
钢压延加工	314	3	43	1	2	1	1
铁合金冶炼	315	5	101	10	1	3	
有色金属冶炼和压延加工业	32	11	127	12	6	5	2
常用有色金属冶炼	321	6	68	6	2	3	1
贵金属冶炼	322	2	3				
稀有稀土金属冶炼	323		7	1	1		
有色金属合金制造	324		5	1			
有色金属铸造	325		4				
有色金属压延加工	326	3	40	4	3	2	1
金属制品业	33	31	380	29	25	6	4
结构性金属制品制造	331	11	156	16	9	2	2
金属工具制造	332	6	41	2	7	1	1
集装箱及金属包装容器制造	333	1	16		1	2	1

法人单位数(个)									
合作经营企业(港、澳、台资)	港、澳、台商独资经营企业	港、澳、台商投资股份有限公司	其他港、澳、台投资企业	外商投资企业	中外合资经营企业	中外合作经营企业	外资企业	外商投资股份有限公司	其他外商投资企业
1	1			2	1	1			
	1								
	4			12	6		6		
	1			1			1		
	4			3	1	1	1		
1	6			8	6		1		1
1	1			4	3		1		
	2								
				1	1				
	3			1	1				
				1	1				
				1					1
	1								
	1								
	9			7	4		2		1
	1			3	1		2		
	8			4	3				1
1	30	1		23	7	2	10	1	3
	1			1		1			
1	21			4	2		2		
	7	1		6	2		2		2
				1			1		
				5	2		2		1
	1			6	1	1	3	1	
	3			6	5				1
				1					1
	3			5	5				
1	2			6	3		3		
1	1			4	2		2		
				1	1				
				1			1		
	1								
	1	1		8	6		2		
				1	1				
	1			1	1				

2-7 续表 16

行业	代码	私营合伙企业	私营有限责任公司	私营股份有限公司	其他企业	港、澳、台商投资企业	合资经营企业(港、澳、台资)
金属丝绳及其制品制造	334	1	10				
建筑、安全用金属制品制造	335	2	37	3	1	1	
金属表面处理及热处理加工	336	4	13	1	1		
搪瓷制品制造	337		11				
金属制日用品制造	338	4	50	3	3		
其他金属制品制造	339	2	46	4	3		
通用设备制造业	34	28	361	19	16	5	2
锅炉及原动设备制造	341	3	33	2	1	2	2
金属加工机械制造	342	8	75	6	5	1	
物料搬运设备制造	343		18	1			
泵、阀门、压缩机及类似机械制造	344	1	27		1		
轴承、齿轮和传动部件制造	345		14				
烘炉、风机、衡器、包装等设备制造	346	2	32	2	3	1	
文化、办公用机械制造	347		3		1		
通用零部件制造	348	14	134	7	4	1	
其他通用设备制造业	349		25	1	1		
专用设备制造业	35	34	387	37	16	5	1
采矿、冶金、建筑专用设备制造	351	11	82	9	3	1	
化工、木材、非金属加工专用设备制造	352	8	75	4	3	1	1
食品、饮料、烟草及饲料生产专用设备制造	353	3	25	2		1	
印刷、制药、日化及日用品生产专用设备制造	354	1	19	3	2	1	
纺织、服装和皮革加工专用设备制造	355		1	1	1		
电子和电工机械专用设备制造	356	2	14	1			
农、林、牧、渔专用机械制造	357	8	80	12	5		
医疗仪器设备及器械制造	358		33	1	1	1	
环保、社会公共服务及其他专用设备制造	359	1	58	4	1		
汽车制造业	36	20	297	21	1	1	1
汽车整车制造	361	1	2				
改装汽车制造	362		2				
低速载货汽车制造	363						
电车制造	364		3				
汽车车身、挂车制造	365		7				
汽车零部件及配件制造	366	19	283	21	1	1	1
铁路、船舶、航空航天和其他运输设备制造业	37	10	60	2	3		
铁路运输设备制造	371		15				
城市轨道交通设备制造	372						
船舶及相关装置制造	373	6	17	2	2		
航空、航天器及设备制造	374		1				
摩托车制造	375	1	3				
自行车制造	376	1	21				
非公路休闲车及零配件制造	377						
潜水救捞及其他未列明运输设备制造	379	2	3		1		
电气机械和器材制造业	38	15	284	22	9	5	1
电机制造	381		39	1	1	1	
输配电及控制设备制造	382	4	100	7			
电线、电缆、光缆及电工器材制造	383	5	58	2		2	

法人单位数(个)									
合作经营企业(港、澳、台资)	港、澳、台商独资经营企业	港、澳、台商投资股份有限公司	其他港、澳、台投资企业	外商投资企业	中外合资经营企业	中外合作经营企业	外资企业	外商投资股份有限公司	其他外商投资企业
				1	1				
		1		1			1		
				1	1				
				2	1		1		
				1	1				
	2	1		7	2		5		
				3	1		2		
	1								
	1			3			3		
		1							
				1	1				
	4			6	3		3		
	1			2	1		1		
	1			1	1				
	1								
				1			1		
	1			1	1				
				1			1		
				6	4		1		1
				6	4		1		1
	4			7	2		5		
	1			1			1		
	2			4	1		3		

2-7 续表 17

行　业	代码	私营合伙企业	私营有限责任公司	私营股份有限公司	其他企业	港、澳、台商投资企业	合资经营企业(港、澳、台资)
电池制造	384	1	12	2			
家用电力器具制造	385	2	21			1	
非电力家用器具制造	386		18	3	2		
照明器具制造	387	1	20	1	4		
其他电气机械及器材制造	389	2	16	6	2	1	1
计算机、通信和其他电子设备制造业	39	4	154	15	19	16	2
计算机制造	391		15	3	1	6	1
通信设备制造	392		17		1		
广播电视设备制造	393		4		1		
雷达及配套设备制造	394						
视听设备制造	395		9			3	
电子器件制造	396		21	1		1	1
电子元件制造	397	3	48	8	10	6	
其他电子设备制造	399	1	40	3	6		
仪器仪表制造业	40	6	45	2		2	
通用仪器仪表制造	401		26				
专用仪器仪表制造	402		8				
钟表与计时仪器制造	403	1	2	1		2	
光学仪器及眼镜制造	404	4	5				
其他仪器仪表制造业	409	1	4	1			
其他制造业	41	3	62	7	8	4	
日用杂品制造	411		15	2	2	4	
煤制品制造	412	1	4	2	2		
核辐射加工	413		1				
其他未列明制造业	419	2	42	3	4		
废弃资源综合利用业	42	1	98	6	1	4	2
金属废料和碎屑加工处理	421	1	64	5		4	2
非金属废料和碎屑加工处理	422		34	1	1		
金属制品、机械和设备修理业	43	6	51	5	7		
金属制品修理	431	1			1		
通用设备修理	432		8	1			
专用设备修理	433		11		5		
铁路、船舶、航空航天等运输设备修理	434	1	11	2			
电气设备修理	435		5				
仪器仪表修理	436		4		1		
其他机械和设备修理业	439	4	12	2			
电力、热力、燃气及水生产和供应业	**D**	**588**	**384**	**67**	**123**	**14**	**5**
电力、热力生产和供应业	44	557	261	56	94	3	
电力生产	441	555	245	53	93	3	
电力供应	442	2	9	3	1		
热力生产和供应	443		7				
燃气生产和供应业	45	1	31		2	6	2
燃气生产和供应业	450	1	31		2	6	2
水的生产和供应业	46	30	92	11	27	5	3
自来水生产和供应	461	27	58	10	25	5	3
污水处理及其再生利用	462		26	1	1		
其他水的处理、利用与分配	469	3	8		1		

法人单位数(个)									
合作经营企业(港、澳、台资)	港、澳、台商独资经营企业	港、澳、台商投资股份有限公司	其他港、澳、台投资企业	外商投资企业	中外合资经营企业	中外合作经营企业	外资企业	外商投资股份有限公司	其他外商投资企业
				1			1		
	1								
				1	1				
	14			13	2		11		
	5			3	1		2		
				3			3		
				1			1		
	3			3			3		
				1			1		
	6			1			1		
				1	1				
	2			1	1				
	2								
				1	1				
	4			3			3		
	4			1			1		
				2			2		
	2			1	1				
	2			1	1				
2	**7**			**19**	**7**	**5**	**4**	**3**	
	3			13	3	4	3	3	
	3			13	3	4	3	3	
	4			3	3				
	4			3	3				
2				3	1	1	1		
2									
				2	1		1		
				1		1			

2-7 续表 18

行业	代码	私营合伙企业	私营有限责任公司	私营股份有限公司	其他企业	港、澳、台商投资企业	合资经营企业(港、澳、台资)
建筑业	E	**6**	**2597**	**148**	**13**	**15**	**3**
房屋建筑业	47	2	391	22	2	2	1
房屋建筑业	470	2	391	22	2	2	1
土木工程建筑业	48	1	326	15	2	11	
铁路、道路、隧道和桥梁工程建筑	481		94	3	1	11	
水利和内河港口工程建筑	482		31	1			
海洋工程建筑	483						
工矿工程建筑	484		23	1			
架线和管道工程建筑	485	1	47	4			
其他土木工程建筑	489		131	6	1		
建筑安装业	49		363	26		1	1
电气安装	491		99	5			
管道和设备安装	492		54	3			
其他建筑安装业	499		210	18		1	1
建筑装饰和其他建筑业	50	3	1517	85	9	1	1
建筑装饰业	501	2	1145	75	7	1	1
工程准备活动	502		73	2			
提供施工设备服务	503		121	5			
其他未列明建筑业	509	1	178	3	2		
批发和零售业	F	**503**	**28450**	**1782**	**3073**	**61**	**19**
批发业	51	181	17311	986	1565	36	12
农、林、牧产品批发	511	12	896	38	233	1	
食品、饮料及烟草制品批发	512	21	1761	99	214	6	3
纺织、服装及家庭用品批发	513	8	1539	90	30	7	3
文化、体育用品及器材批发	514	5	466	15	13	1	
医药及医疗器材批发	515	4	652	33	40	1	
矿产品、建材及化工产品批发	516	99	6034	370	345	13	4
机械设备、五金产品及电子产品批发	517	18	4799	266	65	6	2
贸易经纪与代理	518	3	700	39	560		
其他批发业	519	11	464	36	65	1	
零售业	52	322	11139	796	1508	25	7
综合零售	521	33	1017	63	133	1	
食品、饮料及烟草制品专门零售	522	28	1092	84	217	2	1
纺织、服装及日用品专门零售	523	20	852	69	100	3	2
文化、体育用品及器材专门零售	524	9	541	43	31	1	
医药及医疗器材专门零售	525	112	724	65	668	2	
汽车、摩托车、燃料及零配件专门零售	526	54	1520	137	67	4	1
家用电器及电子产品专门零售	527	8	2236	139	92	4	2
五金、家具及室内装饰材料专门零售	528	29	1613	93	108	3	
货摊、无店铺及其他零售业	529	29	1544	103	92	5	1
交通运输、仓储和邮政业	G	**49**	**2367**	**200**	**63**	**16**	**7**
铁路运输业	53						

法人单位数(个)									
合作经营企业(港、澳、台资)	港、澳、台商独资经营企业	港、澳、台商投资股份有限公司	其他港、澳、台投资企业	外商投资企业	中外合资经营企业	中外合作经营企业	外资企业	外商投资股份有限公司	其他外商投资企业
11	**1**			**6**	**2**		**3**		**1**
	1								
	1								
11				2			2		
11				1			1		
				1			1		
				2	2				
				2	2				
				2			1		1
				2			1		1
2	**37**	**1**	**2**	**76**	**19**	**4**	**33**	**2**	**18**
1	21	1	1	44	14	2	22		6
	1			1					1
1	2			9	4		4		1
	4			4			3		1
	1			3			3		
			1	1	1				
	8	1		16	6	1	6		3
	4			6	2	1	3		
				2	1		1		
	1			2			2		
1	16		1	32	5	2	11	2	12
	1			3		1	2		
	1			4			2		2
	1			5	1		2	1	1
1				3	2				1
	2			4			2		2
	3			4		1			3
	1		1	4			1	1	2
	3			1					1
	4			4	2		2		
3	**6**			**26**	**10**	**5**	**9**	**2**	

2-7 续表 19

行业	代码	私营合伙企业	私营有限责任公司	私营股份有限公司	其他企业	港、澳、台商投资企业	合资经营企业(港、澳、台资)
道路运输业	54	35	1405	126	30	6	4
城市公共交通运输	541		89	13	1	1	1
公路旅客运输	542	11	91	9	3	1	1
道路货物运输	543	12	1176	96	16	4	2
道路运输辅助活动	544	12	49	8	10		
水上运输业	55	4	184	18	5	2	2
水上旅客运输	551		18	2			
水上货物运输	552	2	142	11	3	1	1
水上运输辅助活动	553	2	24	5	2	1	1
航空运输业	56		7			1	
航空客货运输	561		4			1	
通用航空服务	562		3				
航空运输辅助活动	563						
管道运输业	57						
管道运输业	570						
装卸搬运和运输代理业	58	6	541	39	10	4	
装卸搬运	581	5	130	13	6		
运输代理业	582	1	411	26	4	4	
仓储业	59	3	140	11	9	3	1
谷物、棉花等农产品仓储	591		14	1	8	1	1
其他仓储业	599	3	126	10	1	2	
邮政业	60	1	90	6	9		
邮政基本服务	601		1		1		
快递服务	602	1	89	6	8		
住宿和餐饮业	**H**	**121**	**1019**	**83**	**186**	**28**	**9**
住宿业	61	64	536	42	62	12	3
旅游饭店	611	16	211	16	24	9	2
一般旅馆	612	37	270	19	31	3	1
其他住宿业	619	11	55	7	7		
餐饮业	62	57	483	41	124	16	6
正餐服务	621	46	347	29	92	5	3
快餐服务	622	2	29	1	8	3	
饮料及冷饮服务	623	5	34	4	8	2	
其他餐饮业	629	4	73	7	16	6	3
信息传输、软件和信息技术服务业	**I**	**4**	**1268**	**48**	**27**	**7**	**3**
电信、广播电视和卫星传输服务	63	1	45	3	5	2	1
电信	631	1	39	3	3	2	1
广播电视传输服务	632		5		2		
卫星传输服务	633		1				

法人单位数(个)									
合作经营企业(港、澳、台资)	港、澳、台商独资经营企业	港、澳、台商投资股份有限公司	其他港、澳、台投资企业	外商投资企业	中外合资经营企业	中外合作经营企业	外资企业	外商投资股份有限公司	其他外商投资企业
1	1			12	2	4	5	1	
				2			2		
				1		1			
1	1			4	1		2	1	
				5	1	3	1		
				2	2				
				2	2				
	1			2			1	1	
	1			1				1	
				1			1		
2	2			3	1		2		
				2	1		1		
2	2			1			1		
	2			7	5	1	1		
				1	1				
	2			6	4	1	1		
3	**12**	**4**		**27**	**6**	**5**	**14**	**1**	**1**
1	7	1		16	4	4	8		
1	6			13	3	3	7		
	1	1		3	1	1	1		
2	5	3		11	2	1	6	1	1
	1	1		6		1	5		
	2	1		4	1		1	1	1
1	1								
1	1	1		1	1				
1	**2**		**1**	**5**	**2**		**2**		**1**
	1			1			1		
	1			1			1		

2-7 续表 20

行 业	代码	私营合伙企业	私营有限责任公司	私营股份有限公司	其他企业	港、澳、台商投资企业	合资经营企业(港、澳、台资)
互联网和相关服务	64	2	150	5	9		
互联网接入及相关服务	641		24				
互联网信息服务	642	2	101	5	8		
其他互联网服务	649		25		1		
软件和信息技术服务业	65	1	1073	40	13	5	2
软件开发	651		559	24	5	2	1
信息系统集成服务	652		248	7		3	1
信息技术咨询服务	653	1	148	7	5		
数据处理和存储服务	654		21	2			
集成电路设计	655		5				
其他信息技术服务业	659		92		3		
金融业	**J**						
房地产业	**K**	**29**	**4027**	**300**	**28**	**68**	**36**
房地产业	70	29	4027	300	28	68	36
房地产开发经营	701	2	1652	107	3	57	30
物业管理	702		1121	88	14	6	3
房地产中介服务	703	24	1046	89	9	3	2
自有房地产经营活动	704						
其他房地产业	709	3	208	16	2	2	1
租赁和商务服务业	**L**	**144**	**9007**	**609**	**264**	**26**	**5**
租赁业	71	5	568	44	16	2	
机械设备租赁	711	5	542	40	15	2	
文化及日用品出租	712		26	4	1		
商务服务业	72	139	8439	565	248	24	5
企业管理服务	721	19	2247	152	23	5	2
法律服务	722	35	18	1	34		
咨询与调查	723	39	1656	102	30	9	2
广告业	724	13	2157	140	37		
知识产权服务	725	2	34		1	1	1
人力资源服务	726	1	337	21	5		
旅行社及相关服务	727	4	368	31	15	4	
安全保护服务	728		99	4			
其他商务服务业	729	26	1523	114	103	5	

法人单位数(个)									
合作经营企业(港、澳、台资)	港、澳、台商独资经营企业	港、澳、台商投资股份有限公司	其他港、澳、台投资企业	外商投资企业	中外合资经营企业	中外合作经营企业	外资企业	外商投资股份有限公司	其他外商投资企业
1	1		1	4	2		1		1
	1			3	2		1		
1			1						
				1					1
5	**27**			**48**	**18**	**2**	**21**	**2**	**5**
5	27			48	18	2	21	2	5
5	22			38	17	2	16	1	2
	3			4			2	1	1
	1			4			2		2
	1			2	1		1		
1	**16**		**4**	**34**	**7**	**4**	**11**	**6**	**6**
	2								
	2								
1	14		4	34	7	4	11	6	6
	1		2	12	3		6	2	1
	7			8	3		3		2
				1		1			
1	3			6	1	2	1	2	
	3		2	7		1	1	2	3

2-7 续表 21

行　　业	代码	私营合伙企　　业	私营有限责任公司	私营股份有限公司	其他企业	港、澳、台商投资企　　业	合资经营企业(港、澳、台资)
科学研究和技术服务业	**M**	**55**	**2147**	**155**	**167**	**6**	**3**
研究和试验发展	73	5	134	8	11		
自然科学研究和试验发展	731	1	20	2			
工程和技术研究和试验发展	732		57	3	2		
农业科学研究和试验发展	733		42	3	4		
医学研究和试验发展	734	4	15		5		
社会人文科学研究	735						
专业技术服务业	74	40	1340	100	57	3	1
气象服务	741						
地震服务	742		1				
海洋服务	743		2				
测绘服务	744	2	98	6			
质检技术服务	745	6	144	12	4		
环境与生态监测	746	1	22	1			
地质勘查	747	1	29	4	2		
工程技术	748	12	700	52	10	1	
其他专业技术服务业	749	18	344	25	41	2	1
科技推广和应用服务业	75	10	673	47	99	3	2
技术推广服务	751	9	527	40	84	3	2
科技中介服务	752		44	3	3		
其他科技推广和应用服务业	759	1	102	4	12		
水利、环境和公共设施管理业	**N**	**6**	**314**	**34**	**11**	**5**	**3**
水利管理业	76	1	23	1	3		
防洪除涝设施管理	761		3				
水资源管理	762	1	3	1			
天然水收集与分配	763		2		3		
水文服务	764						
其他水利管理业	769		15				
生态保护和环境治理业	77	1	43	6	1		
生态保护	771		7	1	1		
环境治理业	772	1	36	5			
公共设施管理业	78	4	248	27	7	5	3
市政设施管理	781		15	1	1		
环境卫生管理	782		10		2		
城乡市容管理	783						
绿化管理	784		90	9	1		
公园和游览景区管理	785	4	133	17	3	5	3
居民服务、修理和其他服务业	**O**	**95**	**1284**	**87**	**153**	**6**	
居民服务业	79	28	331	24	78	3	
家庭服务	791	7	92	7	21	1	
托儿所服务	792		1				

法人单位数(个)									
合作经营企业(港、澳、台资)	港、澳、台商独资经营企业	港、澳、台商投资股份有限公司	其他港、澳、台投资企业	外商投资企业	中外合资经营企业	中外合作经营企业	外资企业	外商投资股份有限公司	其他外商投资企业
1	**2**			**10**	**4**	**1**	**4**		**1**
				2	1		1		
				2	1		1		
1	1			4	1	1	1		1
				1		1			
1				2	1				1
	1			1			1		
	1			4	2		2		
	1			4	2		2		
1	**1**			**3**	**1**	**1**			**1**
1	1			3	1	1			1
				1		1			
				1	1				
1	1			1					1
3	**3**			**6**	**2**	**1**	**1**		**2**
1	2			5	2		1		2
	1			1					1

2-7 续表 22

行业	代码	私营合伙企业	私营有限责任公司	私营股份有限公司	其他企业	港、澳、台商投资企业	合资经营企业(港、澳、台资)
洗染服务	793	3	13	1	6		
理发及美容服务	794	7	66	2	23	1	
洗浴服务	795	1	19		2		
保健服务	796	3	34	5	7	1	
婚姻服务	797		32	2	1		
殡葬服务	798	1	12	2	2		
其他居民服务业	799	6	62	5	16		
机动车、电子产品和日用产品修理业	80	42	526	45	54	2	
汽车、摩托车修理与维护	801	35	361	36	40	2	
计算机和办公设备维修	802		62	2	3		
家用电器修理	803	5	80	7	8		
其他日用产品修理业	809	2	23		3		
其他服务业	81	25	427	18	21	1	
清洁服务	811	20	163	9	8		
其他未列明服务业	819	5	264	9	13	1	
教育	**P**						
教育	82						
学前教育	821						
初等教育	822						
中等教育	823						
高等教育	824						
特殊教育	825						
技能培训、教育辅助及其他教育	829						
卫生和社会工作	**Q**		**3**	**1**	**4**		
卫生	83						
医院	831						
社区医疗与卫生院	832						
门诊部(所)	833						
计划生育技术服务活动	834						
妇幼保健院(所、站)	835						
专科疾病防治院(所、站)	836						
疾病预防控制中心	837						
其他卫生活动	839						
社会工作	84		3	1	4		
提供住宿社会工作	841		3		3		
不提供住宿社会工作	842			1	1		

法人单位数(个)									
合作经营企业(港、澳、台资)	港、澳、台商独资经营企业	港、澳、台商投资股份有限公司	其他港、澳、台投资企业	外商投资企业	中外合资经营企业	中外合作经营企业	外资企业	外商投资股份有限公司	其他外商投资企业
1				2	1				1
				1				1	
	1			1	1				
2				1		1			
2				1		1			
	1								
	1								

2-7 续表 23

行业	代码	私营合伙企业	私营有限责任公司	私营股份有限公司	其他企业	港、澳、台商投资企业 合资经营企业(港、澳、台资)
文化、体育和娱乐业	**R**	**187**	**478**	**34**	**320**	**10**
新闻和出版业	85		10	1	1	1
新闻业	851		1			1
出版业	852		9	1	1	
广播、电视、电影和影视录音制作业	86	1	68	5	6	1
广播	861		1			
电视	862					
电影和影视节目制作	863		37	3		
电影和影视节目发行	864		9			
电影放映	865	1	15	2	6	1
录音制作	866		6			
文化艺术业	87	5	113	6		2
文艺创作与表演	871	2	37	3		
艺术表演场馆	872		3			
图书馆与档案馆	873		3			
文物及非物质文化遗产保护	874		3			
博物馆	875	1				
烈士陵园、纪念馆	876					
群众文化活动	877	1	7			
其他文化艺术业	879	1	60	3		2
体育	88	5	63	3	12	5
体育组织	881		7		4	
体育场馆	882	2	7		2	1
休闲健身活动	883	2	37	1	5	4
其他体育	889	1	12	2	1	
娱乐业	89	176	224	19	301	1
室内娱乐活动	891	169	182	16	297	
游乐园	892	3	4		1	1
彩票活动	893					
文化、娱乐、体育经纪代理	894		21	1		
其他娱乐业	899	4	17	2	3	
公共管理、社会保障和社会组织	**S**					

法人单位数(个)									
合作经营企业(港、澳、台资)	港、澳、台商独资经营企业	港、澳、台商投资股份有限公司	其他港、澳、台投资企业	外商投资企业	中外合资经营企业	中外合作经营企业	外资企业	外商投资股份有限公司	其他外商投资企业
1	**8**	**1**		**3**			**3**		
		1							
		1							
	1								
	1								
1	1								
1	1								
	5								
	1								
	4								
	1			3			3		
				2			2		
	1								
				1			1		

2-8 按行业、登记注册类型分组的

行业	代码	从业人员数（人）	内资企业	国有企业	集体企业	股份合作企业	联营企业
总　计		**2331911**	**2268769**	**105394**	**105063**	**7021**	**2539**
农、林、牧、渔业	**A**	**19968**	**19907**	**10399**	**105**	**1**	**11**
农业	01	8534	8530	7488			
谷物种植	011	26	26				
豆类、油料和薯类种植	012						
棉、麻、糖、烟草种植	013	2462	2462	2405			
蔬菜、食用菌及园艺作物种植	014	707	707				
水果种植	015	1292	1288	1146			
坚果、含油果、香料和饮料作物种植	016	1829	1829	1745			
中药材种植	017						
其他农业	019	2218	2218	2192			
林业	02	2610	2610	2368	14		11
林木育种和育苗	021	866	866	660			
造林和更新	022	1153	1153	1153			
森林经营和管护	023	192	192	167	14		
木材和竹材采运	024	11	11				11
林产品采集	025	388	388	388			
畜牧业	03	125	125				
牲畜饲养	031	104	104				
家禽饲养	032	21	21				
狩猎和捕捉动物	033						
其他畜牧业	039						
渔业	04	440	440	363			
水产养殖	041	77	77				
水产捕捞	042	363	363	363			
农、林、牧、渔服务业	05	8259	8202	180	91	1	
农业服务业	051	6282	6225	50	73	1	
林业服务业	052	929	929	65	15		
畜牧服务业	053	750	750	62	3		
渔业服务业	054	298	298	3			
采矿业	**B**	**70345**	**69312**	**1901**	**2326**	**485**	**175**
煤炭开采和洗选业	06	2781	2781	72	292		1
烟煤和无烟煤开采洗选	061	1874	1874	34	292		1
褐煤开采洗选	062	825	825	4			
其他煤炭采选	069	82	82	34			
石油和天然气开采业	07	135	16				
石油开采	071	123	4				
天然气开采	072	12	12				
黑色金属矿采选业	08	10387	10362	303	501	13	12
铁矿采选	081	4128	4128	186			12
锰矿、铬矿采选	082	4318	4318	67	394	8	
其他黑色金属矿采选	089	1941	1916	50	107	5	

小微企业法人单位从业人员数

国有联营企业	集体联营企业	国有与集体联营企业	其他联营企业	有限责任公司	国有独资公司	其他有限责任公司	股份有限公司	私营企业	私营独资企业
338	**1582**	**294**	**325**	**503137**	**26946**	**476191**	**71426**	**1415211**	**283800**
	11			**1189**	**105**	**1084**	**152**	**4435**	**1291**
				123		123	57	251	27
								26	
								57	
				12		12		95	
				27		27	57	47	27
				84		84			
								26	
	11							217	
								206	
								11	
	11								
				17		17		108	
				17		17		87	
								21	
				45	30	15		25	10
				45	30	15		25	10
				1004	75	929	95	3834	1254
				839	75	764	60	2394	775
				107		107	10	690	258
				27		27	25	550	96
				31		31		200	125
1	**157**		**17**	**10430**	**326**	**10104**	**2485**	**49738**	**18360**
1				1228		1228	333	840	18
1				498		498	333	716	
				729		729		92	6
				1		1		32	12
								16	
								4	
								12	
			12	2681	304	2377	579	6209	1295
			12	1006	37	969	293	2586	629
				1048	267	781	268	2514	561
				627		627	18	1109	105

2-8 续表 1

行　　业	代码	从　业 人员数 （人）	内资企业				
				国有企业	集体企业	股份合作企　业	联营企业
有色金属矿采选业	09	13653	13650	567	10	275	41
常用有色金属矿采选	091	10701	10698	153	4	4	41
贵金属矿采选	092	1981	1981	178	6	159	
稀有稀土金属矿采选	093	971	971	236		112	
非金属矿采选业	10	41345	40459	951	1495	197	121
土砂石开采	101	33111	32531	136	689	165	121
化学矿开采	102	1942	1942		450		
采盐	103	876	876	769	25		
石棉及其他非金属矿采选	109	5416	5110	46	331	32	
开采辅助活动	11	918	918	3			
煤炭开采和洗选辅助活动	111	531	531				
石油和天然气开采辅助活动	112	31	31				
其他开采辅助活动	119	356	356	3			
其他采矿业	12	1126	1126	5	28		
其他采矿业	120	1126	1126	5	28		
制造业	**C**	**863260**	**815486**	**16209**	**22118**	**3408**	**1011**
农副食品加工业	13	67650	62279	3256	885	71	39
谷物磨制	131	7423	7258	9	2		
饲料加工	132	14699	13001	126			
植物油加工	133	3404	3149	18	55		
制糖业	134	1985	1885	11			
屠宰及肉类加工	135	12156	10512	2692	257		13
水产品加工	136	5434	4768	98	84		26
蔬菜、水果和坚果加工	137	6854	6703	179	4	8	
其他农副食品加工	139	15695	15003	123	483	63	
食品制造业	14	29432	27662	505	450	133	68
焙烤食品制造	141	6863	6820	87	110	5	60
糖果、巧克力及蜜饯制造	142	1976	1860	23	35		
方便食品制造	143	4811	4706	17	112		
乳制品制造	144	2356	2077	208	30		
罐头食品制造	145	3225	2767	123	65		
调味品、发酵制品制造	146	2966	2833	45	39	19	
其他食品制造	149	7235	6599	2	59	109	8
酒、饮料和精制茶制造业	15	26809	24492	295	426	6	
酒的制造	151	7413	6261	25	26		
饮料制造	152	10118	9177	68	54	6	
精制茶加工	153	9278	9054	202	346		
烟草制品业	16	75	75	63	4		
烟叶复烤	161	2	2				
卷烟制造	162	73	73	63	4		
其他烟草制品制造	169						
纺织业	17	24402	23420	182	680	36	
棉纺织及印染精加工	171	6445	6305	9	90		
毛纺织及染整精加工	172	1316	1316				

国有联营企业	集体联营企业	国有与集体联营企业	其他联营企业	有限责任公司	国有独资公司	其他有限责任公司	股份有限公司	私营企业	私营独资企业
	41			3061		3061	884	8726	908
	41			2480		2480	597	7370	808
				335		335	82	1184	100
				246		246	205	172	
	116		5	3243	22	3221	672	32245	15753
	116		5	2069	5	2064	353	27619	14876
				200	17	183	217	1074	47
				32		32		50	36
				942		942	102	3502	794
				24		24	6	885	165
								531	1
								31	
				24		24	6	323	164
				193		193	11	817	221
				193		193	11	817	221
89	**637**	**221**	**64**	**170094**	**4567**	**165527**	**20853**	**566196**	**152684**
	25	1	13	15117	356	14761	2269	39484	6919
				1539		1539	279	5062	1778
				4645		4645	694	7522	268
				658	37	621	60	2306	574
				882		882		992	52
			13	2455	223	2232	147	4732	830
	25	1		680		680	388	3295	118
				546		546	391	5515	574
				3712	96	3616	310	10060	2725
	68			6363		6363	514	19187	3837
	60			1912		1912	14	4427	1867
				174		174		1613	268
				1248		1248	126	3147	689
				607		607	96	1125	
				307		307	118	2154	236
				376		376	7	2332	344
	8			1739		1739	153	4389	433
				5703	117	5586	868	16121	4753
				1622		1622	239	4147	748
				2501		2501	534	5891	846
				1580	117	1463	95	6083	3159
								8	8
								2	2
								6	6
				6598	532	6066	717	15068	4453
				1246		1246	289	4658	2186
				175	175			1113	786

2-8 续表 2

行业	代码	从业人员数（人）					
			内资企业	国有企业	集体企业	股份合作企业	联营企业
麻纺织及染整精加工	173	692	692	121			
丝绢纺织及印染精加工	174	10391	10102	16	180		
化纤织造及印染精加工	175	232	232				
针织或钩针编织物及其制品制造	176	2554	2228		87		
家用纺织制成品制造	177	1870	1725	36	288		
非家用纺织制成品制造	178	902	820		35	36	
纺织服装、服饰业	18	29490	27509	336	445	50	4
机织服装制造	181	25203	23746	336	425	50	4
针织或钩针编织服装制造	182	2393	1869				
服饰制造	183	1894	1894		20		
皮革、毛皮、羽毛及其制品和制鞋业	19	14135	10979	42	139	5	17
皮革鞣制加工	191	866	509		11		
皮革制品制造	192	6801	5241		34		
毛皮鞣制及制品加工	193	363	363				
羽毛(绒)加工及制品制造	194	2188	2127	42	52	5	
制鞋业	195	3917	2739		42		17
木材加工和木、竹、藤、棕、草制品业	20	129088	125859	627	720	85	50
木材加工	201	45129	44663	510	378	25	20
人造板制造	202	61906	60570	73	319		
木制品制造	203	11974	11710	8	20	60	
竹、藤、棕、草等制品制造	204	10079	8916	36	3		30
家具制造业	21	12075	11543		113		
木质家具制造	211	9550	9453		107		
竹、藤家具制造	212	404	377		1		
金属家具制造	213	333	333		5		
塑料家具制造	214	156	41				
其他家具制造	219	1632	1339				
造纸和纸制品业	22	28826	27271	579	1102	125	50
纸浆制造	221	645	645	292	16		50
造纸	222	13071	12041	257	878		
纸制品制造	223	15110	14585	30	208	125	
印刷和记录媒介复制业	23	18445	18175	1958	770	110	52
印刷	231	17016	16746	1932	692	101	52
装订及印刷相关服务	232	1321	1321	26	78	9	
记录媒介复制	233	108	108				
文教、工美、体育和娱乐用品制造业	24	19879	16689	138	283	25	
文教办公用品制造	241	474	326				
乐器制造	242	21	21				
工艺美术品制造	243	13425	11820	50	283	25	
体育用品制造	244	915	386	88			
玩具制造	245	5032	4124				
游艺器材及娱乐用品制造	246	12	12				
石油加工、炼焦和核燃料加工业	25	2620	2575				
精炼石油产品制造	251	2225	2180				
炼焦	252	363	363				
核燃料加工	253	32	32				

国有联营企业	集体联营企业	国有与集体联营企业	其他联营企业	有限责任公司	国有独资公司	其他有限责任公司	股份有限公司	私营企业	私营独资企业
				112		112	48	351	52
				4082		4082	261	5563	77
								232	29
				470	302	168		1671	895
				447	55	392	6	948	250
				66		66	113	532	178
	4			3153		3153	162	22967	9564
	4			2432		2432	62	20285	8696
				615		615	20	1186	416
				106		106	80	1496	452
	17			1639		1639		8812	3570
				208		208		290	148
				1005		1005		3941	1959
				39		39		324	198
				316		316		1709	78
	17			71		71		2548	1187
	30		20	17515	431	17084	2285	100742	34086
			20	4766	120	4646	980	36138	17672
				11298	311	10987	1131	47070	9566
				1159		1159	174	9575	2389
	30			292		292		7959	4459
				1923		1923	233	8930	2774
				1560		1560	231	7300	2423
				165		165		211	56
				69		69	2	254	66
								41	2
				129		129		1124	227
	50			4655		4655	759	19673	4321
	50			157		157	4	126	55
				1759		1759	74	8873	2195
				2739		2739	681	10674	2071
	42		10	3420	105	3315	162	11293	2459
	42		10	2966	105	2861	131	10469	2302
				454		454	31	716	157
								108	
				2302	322	1980	103	13619	6693
				34		34		277	70
				6		6		15	15
				1922	322	1600	103	9240	4237
				40		40		258	78
				300		300		3817	2293
								12	
				1264	1	1263	99	1208	27
				1241	1	1240	99	836	17
				23		23		340	10
								32	

2-8 续表 3

行业	代码	从业人员数（人）	内资企业	国有企业	集体企业	股份合作企业	联营企业
化学原料和化学制品制造业	26	52872	48982	1059	4865	291	186
基础化学原料制造	261	7894	7236	127	53	35	
肥料制造	262	8569	8455	248	83		
农药制造	263	3312	3177	247	3	155	
涂料、油墨、颜料及类似产品制造	264	3500	3069	146	46		
合成材料制造	265	925	898		4		
专用化学产品制造	266	12682	11285	205	267	32	59
炸药、火工及焰火产品制造	267	11414	11199	1	4276	69	127
日用化学产品制造	268	4576	3663	85	133		
医药制造业	27	20318	18687	701	108	237	
化学药品原料药制造	271	1761	1200				
化学药品制剂制造	272	1714	1682	63	7		
中药饮片加工	273	2303	2168			90	
中成药生产	274	9930	9150	381	65	105	
兽用药品制造	275	2130	2130	107	36	42	
生物药品制造	276	1299	1294	150			
卫生材料及医药用品制造	277	1181	1063				
化学纤维制造业	28	198	180	6		55	
纤维素纤维原料及纤维制造	281	109	91	6		55	
合成纤维制造	282	89	89				
橡胶和塑料制品业	29	29519	28499	218	1172	75	20
橡胶制品业	291	3599	3251	68	293		7
塑料制品业	292	25920	25248	150	879	75	13
非金属矿物制品业	30	143332	137631	1823	6259	1143	364
水泥、石灰和石膏制造	301	22052	21717	882	1258	2	123
石膏、水泥制品及类似制品制造	302	27732	24581	323	73		6
砖瓦、石材等建筑材料制造	303	73402	72843	523	4545	1108	234
玻璃制造	304	1540	1540	13	1		
玻璃制品制造	305	1689	1606		120		
玻璃纤维和玻璃纤维增强塑料制品制造	306	1186	1180	59			
陶瓷制品制造	307	7681	6950	23	60		
耐火材料制品制造	308	1230	951		20		1
石墨及其他非金属矿物制品制造	309	6820	6263		182	33	
黑色金属冶炼和压延加工业	31	27409	26357	245	482	90	61
炼铁	311	764	764		1		
炼钢	312	340	340				
黑色金属铸造	313	9082	9020	71	380	40	33
钢压延加工	314	4477	4416	170	98		20
铁合金冶炼	315	12746	11817	4	3	50	8
有色金属冶炼和压延加工业	32	11709	11318	50	1	3	1
常用有色金属冶炼	321	5946	5775	13			
贵金属冶炼	322	499	335				

国有联营企业	集体联营企业	国有与集体联营企业	其他联营企业	有限责任公司	国有独资公司	其他有限责任公司	股份有限公司	私营企业	私营独资企业
78	108			11785	57	11728	1418	29002	7256
				3215	57	3158	361	3444	464
				2827		2827	309	4979	624
				1044		1044		1713	320
				943		943	341	1554	201
				150		150	3	707	125
	59			2210		2210	374	8032	1970
78	49			689		689	24	5881	2986
				707		707	6	2692	566
				6401		6401	1343	9702	535
				368		368		832	6
				317		317	352	943	84
				563		563	37	1470	48
				4257		4257	660	3515	
				457		457	202	1266	353
				57		57	68	1019	1
				382		382	24	657	43
				35		35		84	
				20		20		10	
				15		15		74	
	13		7	6106	83	6023	821	19731	3464
	7			440		440	106	2314	304
	6		7	5666	83	5583	715	17417	3160
1	234	124	5	23316	526	22790	4160	97449	37134
		123		4930	56	4874	1240	13112	3238
		1	5	7463	80	7383	788	15507	2261
1	233			7843		7843	1196	54938	29177
				254	100	154	226	1046	51
				28		28	44	1406	289
				253		253	483	385	24
				755		755	46	6041	1219
	1			138		138		781	177
				1652	290	1362	137	4233	698
8	33	20		7321	227	7094	849	17174	3898
				54		54		709	57
				11		11	50	279	27
	33			2368	63	2305	257	5766	3036
		20		1713	164	1549	1	2392	87
8				3175		3175	541	8028	691
			1	4409	1	4408	584	5932	246
				2624	1	2623	20	3063	31
				195		195	38	102	

2-8 续表 4

行业	代码	从业人员数（人）	内资企业	国有企业	集体企业	股份合作企业	联营企业
稀有稀土金属冶炼	323	975	954				1
有色金属合金制造	324	177	177				
有色金属铸造	325	115	115	26			
有色金属压延加工	326	3997	3962	11	1	3	
金属制品业	33	24949	24162	737	659	23	
结构性金属制品制造	331	10588	10310	515	41		
金属工具制造	332	2326	2313	70	158	5	
集装箱及金属包装容器制造	333	1351	1226	152	47		
金属丝绳及其制品制造	334	786	737		8	18	
建筑、安全用金属制品制造	335	1701	1677		66		
金属表面处理及热处理加工	336	1140	1139		82		
搪瓷制品制造	337	1123	1123				
金属制日用品制造	338	3474	3229		62		
其他金属制品制造	339	2460	2408		195		
通用设备制造业	34	21679	20475	1221	443	141	2
锅炉及原动设备制造	341	4194	3655	398	14		
金属加工机械制造	342	4269	4265	63	135	1	
物料搬运设备制造	343	878	878	47			
泵、阀门、压缩机及类似机械制造	344	2178	2178	364	1	35	
轴承、齿轮和传动部件制造	345	1109	1109	6		5	
烘炉、风机、衡器、包装等设备制造	346	2038	1676	205	28	41	
文化、办公用机械制造	347	179	179				
通用零部件制造	348	5345	5307		231	18	2
其他通用设备制造业	349	1489	1228	138	34	41	
专用设备制造业	35	28243	26992	1106	302	261	76
采矿、冶金、建筑专用设备制造	351	6726	6123	248	43	15	76
化工、木材、非金属加工专用设备制造	352	4012	3925	17	77	10	
食品、饮料、烟草及饲料生产专用设备制造	353	3180	3035	270	78	134	
印刷、制药、日化及日用品生产专用设备制造	354	1348	1345	25	7	56	
纺织、服装和皮革加工专用设备制造	355	51	51				
电子和电工机械专用设备制造	356	1027	1020		25		
农、林、牧、渔专用机械制造	357	6973	6973	390	72		
医疗仪器设备及器械制造	358	2037	1760	67			
环保、社会公共服务及其他专用设备制造	359	2889	2760	89		46	
汽车制造业	36	36460	35727	53	601	331	
汽车整车制造	361	73	73				
改装汽车制造	362	784	784				
低速载货汽车制造	363	130	130				
电车制造	364	67	67				
汽车车身、挂车制造	365	245	245				
汽车零部件及配件制造	366	35161	34428	53	601	331	
铁路、船舶、航空航天和其他运输设备制造业	37	4237	4237	170	536		13
铁路运输设备制造	371	649	649	144	358		
城市轨道交通设备制造	372						

国有联营企业	集体联营企业	国有与集体联营企业	其他联营企业	有限责任公司	国有独资公司	其他有限责任公司	股份有限公司	私营企业	私营独资企业
			1	301		301		509	
				120		120		57	8
				45		45		44	6
				1124		1124	526	2157	201
				5364		5364	299	16798	3440
				2744		2744	100	6815	717
				101		101		1892	844
				348		348		669	51
				305		305		406	146
				411		411	41	1157	416
				399		399		635	188
				186		186		937	9
				348		348	1	2801	485
				522		522	157	1486	584
2				5651	475	5176	638	12167	1531
				1373		1373		1868	16
				1519	277	1242	31	2364	297
				213		213	118	500	4
				417		417	363	990	56
				255		255	7	836	162
				593		593	70	714	80
								175	5
2				873	198	675	45	4122	859
				408		408	4	598	52
		76		6026	583	5443	699	18390	2196
		76		1412		1412	100	4208	526
				712	151	561	44	3035	368
				488		488	206	1859	120
				652	159	493	17	564	58
				25		25		25	
				472	273	199	166	357	78
				1569		1569	130	4765	680
				258		258	11	1417	12
				438		438	25	2160	354
				10059	371	9688	411	24269	3409
				64		64		9	
				1		1		783	240
				130		130			
								67	35
								245	20
				9864	371	9493	411	23165	3114
	13			914	39	875	30	2451	789
				48	19	29		99	

2-8 续表 5

行业	代码	从业人员数(人)	内资企业	国有企业	集体企业	股份合作企业	联营企业
船舶及相关装置制造	373	2407	2407	21	149		13
航空、航天器及设备制造	374	103	103				
摩托车制造	375	544	544				
自行车制造	376	429	429	5	29		
非公路休闲车及零配件制造	377	19	19				
潜水救捞及其他未列明运输设备制造	379	86	86				
电气机械和器材制造业	38	24208	22743	118	479	81	
电机制造	381	2632	2610		27	3	
输配电及控制设备制造	382	10729	10729	68	9	71	
电线、电缆、光缆及电工器材制造	383	6136	4827		280	7	
电池制造	384	1375	1343	5	18		
家用电力器具制造	385	1076	1016	5	120		
非电力家用器具制造	386	421	421	1			
照明器具制造	387	1097	1057				
其他电气机械及器材制造	389	742	740	39	25		
计算机、通信和其他电子设备制造业	39	20756	17630	170		10	
计算机制造	391	3134	2352				
通信设备制造	392	2014	1916	110			
广播电视设备制造	393	1334	1041				
雷达及配套设备制造	394	181	181				
视听设备制造	395	1142	953				
电子器件制造	396	1458	1308	55			
电子元件制造	397	8731	7253	5		10	
其他电子设备制造	399	2762	2626				
仪器仪表制造业	40	4552	4543	32	95		
通用仪器仪表制造	401	1972	1972		91		
专用仪器仪表制造	402	593	593	32			
钟表与计时仪器制造	403	333	328				
光学仪器及眼镜制造	404	1149	1145		4		
其他仪器仪表制造业	409	505	505				
其他制造业	41	3817	3385	16	43		
日用杂品制造	411	1103	810		11		
煤制品制造	412	417	417				
核辐射加工	413	91	91				
其他未列明制造业	419	2206	2067	16	32		
废弃资源综合利用业	42	4274	3608		3		
金属废料和碎屑加工处理	421	3290	2624		3		
非金属废料和碎屑加工处理	422	984	984				
金属制品、机械和设备修理业	43	1802	1802	503	53	21	8
金属制品修理	431	91	91	82			
通用设备修理	432	100	100			7	
专用设备修理	433	408	408	77			
铁路、船舶、航空航天等运输设备修理	434	532	532	168	48		8
电气设备修理	435	73	73			14	
仪器仪表修理	436	28	28				
其他机械和设备修理业	439	570	570	176	5		

国有联营企业	集体联营企业	国有与集体联营企业	其他联营企业	有限责任公司	国有独资公司	其他有限责任公司	股份有限公司	私营企业	私营独资企业
	13			542	20	522	30	1538	671
				2		2		101	
				286		286		258	35
				11		11		384	58
								19	19
				25		25		52	6
				5427	159	5268	774	15680	1745
				277		277		2297	591
				3475	159	3316	586	6520	410
				563		563	143	3834	326
				336		336	28	956	2
				291		291	17	583	77
				104		104		266	60
				235		235		807	166
				146		146		417	113
				4438	181	4257	242	11608	2801
				977		977	55	1069	25
				1057		1057		747	
				459		459		572	8
				181	181				
				431		431	1	521	219
				163		163		1090	100
				845		845	26	5534	2153
				325		325	160	2075	296
				1689		1689		2727	164
				764		764		1117	19
				175		175		386	6
				200		200		128	5
				461		461		680	13
				89		89		416	121
				536		536	61	2529	367
				24		24		619	136
				179		179	10	216	50
				16		16	49	26	
				317		317	2	1668	181
				786	1	785	337	2470	144
				425		425	321	1875	31
				361	1	360	16	595	113
			8	179		179	16	921	101
								5	3
				22		22		71	
				42		42		200	51
			8	17		17	16	275	19
				5		5		54	9
								20	7
				93		93		296	12

2-8 续表 6

行 业	代码	从 业 人员数（人）	内资企业	国有企业	集体企业	股份合作企业	联营企业
电力、热力、燃气及水生产和供应业	D	**52083**	**50131**	**12822**	**1722**	**360**	**109**
电力、热力生产和供应业	44	35420	34804	6886	823	306	68
电力生产	441	28559	27943	4487	739	306	59
电力供应	442	6373	6373	2399	84		9
热力生产和供应	443	488	488				
燃气生产和供应业	45	2050	1356		16	18	
燃气生产和供应业	450	2050	1356		16	18	
水的生产和供应业	46	14613	13971	5936	883	36	41
自来水生产和供应	461	12924	12333	5692	883	36	29
污水处理及其再生利用	462	1373	1336	244			12
其他水的处理、利用与分配	469	316	302				
建筑业	E	**218207**	**217664**	**13340**	**37277**	**466**	**3**
房屋建筑业	47	111590	111188	3899	34905	396	3
房屋建筑业	470	111590	111188	3899	34905	396	3
土木工程建筑业	48	30855	30825	8015	1754		
铁路、道路、隧道和桥梁工程建筑	481	8273	8245	1389	964		
水利和内河港口工程建筑	482	8902	8902	5628	605		
海洋工程建筑	483						
工矿工程建筑	484	1149	1149	233			
架线和管道工程建筑	485	5555	5553	555	121		
其他土木工程建筑	489	6976	6976	210	64		
建筑安装业	49	14693	14611	37	563		
电气安装	491	3694	3694		21		
管道和设备安装	492	2386	2386	14	2		
其他建筑安装业	499	8613	8531	23	540		
建筑装饰和其他建筑业	50	61069	61040	1389	55	70	
建筑装饰业	501	19015	18986	28	46	70	
工程准备活动	502	2348	2348	617	7		
提供施工设备服务	503	31928	31928				
其他未列明建筑业	509	7778	7778	744	2		
批发和零售业	F	**434269**	**432584**	**13682**	**19799**	**625**	**583**
批发业	51	249892	248675	8745	11676	261	284
农、林、牧产品批发	511	20570	20562	2448	636	4	38
食品、饮料及烟草制品批发	512	30361	30185	1995	436		16
纺织、服装及家庭用品批发	513	20746	20580	209	367	23	22
文化、体育用品及器材批发	514	6449	6433	135	86		
医药及医疗器材批发	515	11013	10995	330	13	20	9
矿产品、建材及化工产品批发	516	89725	89133	2525	9554	141	177
机械设备、五金产品及电子产品批发	517	49133	48934	737	260	60	3
贸易经纪与代理	518	14227	14207	196	46		
其他批发业	519	7668	7646	170	278	13	19

国有联营企业	集体联营企业	国有与集体联营企业	其他联营企业	有限责任公司	国有独资公司	其他有限责任公司	股份有限公司	私营企业	私营独资企业
19	**77**		**13**	**14772**	**3844**	**10928**	**3055**	**16201**	**3046**
14	44		10	10330	2779	7551	2459	13052	2326
5	44		10	6626	1159	5467	2435	12416	2106
9				3377	1620	1757	24	475	217
				327		327		161	3
				770		770	42	500	99
				770		770	42	500	99
5	33		3	3672	1065	2607	554	2649	621
5	21		3	3126	994	2132	516	1882	604
	12			513	48	465	33	509	7
				33	23	10	5	258	10
	3			**45717**	**2485**	**43232**	**9384**	**111140**	**638**
	3			22779	851	21928	7053	41865	193
	3			22779	851	21928	7053	41865	193
				9690	1334	8356	1010	10352	21
				3791	62	3729	51	2049	
				1199	85	1114	403	1067	
				358		358	107	451	
				2011		2011	157	2709	8
				2331	1187	1144	292	4076	13
				4455	140	4315	60	9496	49
				1640	96	1544	6	2027	8
				261		261		2109	8
				2554	44	2510	54	5360	33
				8793	160	8633	1261	49427	375
				5063	6	5057	680	13068	334
				697		697	197	830	34
				1149		1149	229	30550	
				1884	154	1730	155	4979	7
117	**339**	**36**	**91**	**77309**	**2341**	**74968**	**9626**	**289413**	**65033**
75	168	5	36	46037	1304	44733	5883	161021	22327
15	22		1	2859	363	2496	519	12241	4561
5	3	5	3	5848	364	5484	653	18002	2632
1	13		8	5361	61	5300	217	14243	891
				1631	177	1454	283	4247	214
9				2730	2	2728	247	7435	1106
26	127		24	15101	157	14944	2563	57526	9983
	3			9667	126	9541	1029	36813	1170
				1581	54	1527	176	5139	413
19				1259		1259	196	5375	1357

2-8 续表 7

行业	代码	从业人员数（人）					
			内资企业	国有企业	集体企业	股份合作企业	联营企业
零售业	52	184377	183909	4937	8123	364	299
综合零售	521	24452	24418	1459	6035	90	118
食品、饮料及烟草制品专门零售	522	19577	19552	1043	416	42	10
纺织、服装及日用品专门零售	523	13460	13405	316	558	13	25
文化、体育用品及器材专门零售	524	7805	7792	386	87	61	16
医药及医疗器材专门零售	525	30227	30172	450	102	66	87
汽车、摩托车、燃料及零配件专门零售	526	24192	24091	175	310	49	14
家用电器及电子产品专门零售	527	27690	27641	209	119	24	1
五金、家具及室内装饰材料专门零售	528	19568	19553	525	246	7	1
货摊、无店铺及其他零售业	529	17406	17285	374	250	12	27
交通运输、仓储和邮政业	**G**	**106710**	**105254**	**6895**	**6373**	**284**	**52**
铁路运输业	53						
道路运输业	54	59462	58927	3386	1949	140	29
城市公共交通运输	541	12180	12098	1678	105	26	
公路旅客运输	542	10684	10680	191	682	47	8
道路货物运输	543	31184	31068	800	837	46	13
道路运输辅助活动	544	5414	5081	717	325	21	8
水上运输业	55	11350	10937	101	3464	144	
水上旅客运输	551	1370	1370	6	362	144	
水上货物运输	552	8525	8485	10	3008		
水上运输辅助活动	553	1455	1082	85	94		
航空运输业	56	1714	1702	15			
航空客货运输	561	90	82	12			
通用航空服务	562	1305	1301	3			
航空运输辅助活动	563	319	319				
管道运输业	57						
管道运输业	570						
装卸搬运和运输代理业	58	23133	22897	542	795		
装卸搬运	581	14813	14603	69	571		
运输代理业	582	8320	8294	473	224		
仓储业	59	7755	7495	2543	165		15
谷物、棉花等农产品仓储	591	3586	3485	2302	9		7
其他仓储业	599	4169	4010	241	156		8
邮政业	60	3296	3296	308			8
邮政基本服务	601	282	282	267			5
快递服务	602	3014	3014	41			3
住宿和餐饮业	**H**	**88317**	**86099**	**6092**	**1956**	**694**	**105**
住宿业	61	49048	47700	4732	1504	339	64
旅游饭店	611	29281	28044	3578	796	262	5
一般旅馆	612	16935	16824	956	606	59	59
其他住宿业	619	2832	2832	198	102	18	
餐饮业	62	39269	38399	1360	452	355	41
正餐服务	621	32256	31816	1212	410	355	24
快餐服务	622	1998	1755	31	20		
饮料及冷饮服务	623	1088	1071				
其他餐饮业	629	3927	3757	117	22		17

国有联营企业	集体联营企业	国有与集体联营企业	其他联营企业	有限责任公司	国有独资公司	其他有限责任公司	股份有限公司	私营企业	私营独资企业
42	171	31	55	31272	1037	30235	3743	128392	42706
29	66	23		3872	57	3815	409	11620	3704
	8	2		2759	69	2690	281	13658	5182
7	18			2330	2	2328	225	9465	3385
6	7		3	2374	810	1564	231	4492	859
	52	6	29	2105	20	2085	366	24564	18044
	14			5399	50	5349	586	17187	2847
			1	5641	11	5630	769	20500	2919
	1			3435		3435	418	14466	3738
	5		22	3357	18	3339	458	12440	2028
10	**21**		**21**	**32543**	**4010**	**28533**	**5152**	**50445**	**1616**
3	8		18	20314	1555	18759	2634	30080	781
				4805	878	3927	716	4765	5
	8			4625	59	4566	841	4282	94
			13	8814	553	8261	940	19466	362
3			5	2070	65	2005	137	1567	320
				2480	206	2274	878	3788	15
				266	111	155	104	488	2
				1655	95	1560	731	3029	
				559		559	43	271	13
				1622	1511	111		65	
				32	11	21		38	
				1271	1268	3		27	
				319	232	87			
				5211	383	4828	1165	12212	706
				2823	14	2809	961	7221	504
				2388	369	2019	204	4991	202
7	8			1828	355	1473	202	2718	59
7				880	355	525	7	258	
	8			948		948	195	2460	59
	5		3	1088		1088	273	1582	55
	5							6	2
			3	1088		1088	273	1576	53
12	**31**	**24**	**38**	**20377**	**459**	**19918**	**3605**	**49254**	**13394**
12	14		38	12926	423	12503	2070	24583	5186
	5			8401	307	8094	1355	12709	2271
12	9		38	3776	113	3663	664	10215	2456
				749	3	746	51	1659	459
	17	24		7451	36	7415	1535	24671	8208
		24		6062	36	6026	854	20619	6597
				209		209	71	1377	540
				222		222		786	324
	17			958		958	610	1889	747

2-8 续表 8

行业	代码	从业人员数（人）	内资企业	国有企业	集体企业	股份合作企业	联营企业
信息传输、软件和信息技术服务业	I	**20687**	**18481**	**1016**	**14**	**7**	
电信、广播电视和卫星传输服务	63	4310	2218	84			
电信	631	4206	2114	76			
广播电视传输服务	632	92	92	8			
卫星传输服务	633	12	12				
互联网和相关服务	64	2866	2866	789		7	
互联网接入及相关服务	641	1144	1144	786			
互联网信息服务	642	1391	1391	3		3	
其他互联网服务	649	331	331			4	
软件和信息技术服务业	65	13511	13397	143	14		
软件开发	651	7809	7758	67	3		
信息系统集成服务	652	2585	2556	16			
信息技术咨询服务	653	1565	1565	60	11		
数据处理和存储服务	654	287	287				
集成电路设计	655	95	95				
其他信息技术服务业	659	1170	1136				
金融业	J						
房地产业	K	**136450**	**133957**	**3394**	**1046**	**186**	
房地产业	70	136450	133957	3394	1046	186	
房地产开发经营	701	58668	56691	1913	267	107	
物业管理	702	57649	57231	316	276	71	
房地产中介服务	703	14811	14749	476	266	8	
自有房地产经营活动	704						
其他房地产业	709	5322	5286	689	237		
租赁和商务服务业	L	**200547**	**199481**	**12139**	**10399**	**226**	**218**
租赁业	71	7491	7487	513	195		
机械设备租赁	711	7158	7154	512	161		
文化及日用品出租	712	333	333	1	34		
商务服务业	72	193056	191994	11626	10204	226	218
企业管理服务	721	40084	39995	1735	1288	143	4
法律服务	722	1335	1335	45	8	22	7
咨询与调查	723	19703	19599	126	213	17	7
广告业	724	20668	20658	81	75	10	12
知识产权服务	725	323	322				
人力资源服务	726	44873	44873	589	3430		
旅行社及相关服务	727	11825	11029	901	215	25	7
安全保护服务	728	25285	25285	5013	4178		
其他商务服务业	729	28960	28898	3136	797	9	181
科学研究和技术服务业	M	**48236**	**48136**	**4119**	**1006**	**94**	**43**
研究和试验发展	73	2530	2520	602	46	4	11
自然科学研究和试验发展	731	483	483	213		4	
工程和技术研究和试验发展	732	1041	1041	341			7

国有联营企业	集体联营企业	国有与集体联营企业	其他联营企业	有限责任公司	国有独资公司	其他有限责任公司	股份有限公司	私营企业	私营独资企业
				6316	**315**	**6001**	**401**	**10579**	**365**
				1612	194	1418	76	434	44
				1584	194	1390	67	378	35
				25		25	9	47	3
				3		3		9	6
				481	78	403	108	1417	166
				23		23	23	312	
				417	78	339	78	829	142
				41		41	7	276	24
				4223	43	4180	217	8728	155
				2715	5	2710	142	4801	63
				719	8	711	39	1782	25
				417	30	387	36	1014	32
				61		61		226	10
				11		11		84	
				300		300		821	25
				43077	**2312**	**40765**	**5539**	**80330**	**729**
				43077	2312	40765	5539	80330	729
				19195	1230	17965	2635	32499	205
				18979	887	18092	2128	35187	123
				3341	19	3322	619	10006	383
				1562	176	1386	157	2638	18
11	**181**	**9**	**17**	**54108**	**4288**	**49820**	**7395**	**112466**	**3263**
				1839	34	1805	235	4496	340
				1807	34	1773	229	4240	308
				32		32	6	256	32
11	181	9	17	52269	4254	48015	7160	107970	2923
4				15401	2779	12622	1356	19591	228
			7	83		83		849	152
	7			5385	40	5345	534	13155	584
	12			5064	39	5025	751	14501	930
				80		80	1	238	4
				6089	26	6063	1513	33182	33
7				3591	209	3382	1042	4931	147
				8739	835	7904	1034	6321	201
	162	9	10	7837	326	7511	929	15202	644
	43			**14228**	**916**	**13312**	**1973**	**25293**	**1408**
	11			587	89	498	115	1122	64
				107		107	28	131	3
	7			123	18	105	16	547	14

2-8 续表 9

行业	代码	从业人员数（人）	内资企业	国有企业	集体企业	股份合作企业	联营企业
农业科学研究和试验发展	733	739	729	48	46		
医学研究和试验发展	734	262	262				
社会人文科学研究	735	5	5				4
专业技术服务业	74	35833	35783	3161	730	82	16
气象服务	741	146	146	31	10		
地震服务	742	6	6				
海洋服务	743	39	39				
测绘服务	744	1891	1891	203	114	9	
质检技术服务	745	4769	4769	392	153	40	
环境与生态监测	746	399	399	53			
地质勘查	747	820	812	173	17		1
工程技术	748	21201	21181	1799	408	27	15
其他专业技术服务业	749	6562	6540	510	28	6	
科技推广和应用服务业	75	9873	9833	356	230	8	16
技术推广服务	751	7946	7906	287	214	8	16
科技中介服务	752	595	595	10	8		
其他科技推广和应用服务业	759	1332	1332	59	8		
水利、环境和公共设施管理业	**N**	**9998**	**9802**	**848**	**124**		**10**
水利管理业	76	850	850	80	16		10
防洪除涝设施管理	761	86	86				
水资源管理	762	199	199				
天然水收集与分配	763	227	227	57			10
水文服务	764	17	17				
其他水利管理业	769	321	321	23	16		
生态保护和环境治理业	77	1139	1139	129	3		
生态保护	771	203	203	37			
环境治理业	772	936	936	92	3		
公共设施管理业	78	8009	7813	639	105		
市政设施管理	781	822	822	155	3		
环境卫生管理	782	926	874	210	12		
城乡市容管理	783	11	11				
绿化管理	784	1465	1449	5			
公园和游览景区管理	785	4785	4657	269	90		
居民服务、修理和其他服务业	**O**	**32864**	**32611**	**723**	**682**	**131**	**171**
居民服务业	79	8825	8655	215	135	32	64
家庭服务	791	1821	1790	20	3		
托儿所服务	792	11	11				
洗染服务	793	511	511				

国有联营企业	集体联营企业	国有与集体联营企业	其他联营企业	有限责任公司	国有独资公司	其他有限责任公司	股份有限公司	私营企业	私营独资企业
				250	71	179	65	306	29
				107		107	6	137	17
	4							1	1
	16			11356	815	10541	1638	18372	915
				104	51	53		1	1
								6	
				2		2		37	4
				390	22	368	37	1138	13
				1532	50	1482	382	2236	67
				134		134		212	2
	1			311	67	244	6	283	
	15			7139	499	6640	1017	10652	136
				1744	126	1618	196	3807	692
	16			2285	12	2273	220	5799	429
	16			1807	12	1795	203	4538	372
				135		135	2	432	11
				343		343	15	829	46
	10			**3247**	**528**	**2719**	**549**	**4893**	**247**
	10			348	124	224	95	286	23
				78	62	16		8	
				155	51	104	8	36	
	10			3	3		87	55	12
				8	8			9	9
				104		104		178	2
				382	42	340	12	611	38
				94		94		70	15
				288	42	246	12	541	23
				2517	362	2155	442	3996	186
				461	227	234		193	1
				332	47	285	51	248	15
				10		10	1		
				492	10	482	73	874	25
				1222	78	1144	317	2681	145
43	**67**		**61**	**6125**	**128**	**5997**	**780**	**22809**	**7030**
	36		28	1314	51	1263	208	6134	2302
				287		287	31	1354	554
				1		1		10	
				64		64	2	423	183

2-8 续表 10

行业	代码	从业人员数(人)	内资企业				
				国有企业	集体企业	股份合作企业	联营企业
理发及美容服务	794	1503	1493		22	32	
洗浴服务	795	608	558				
保健服务	796	1352	1273		2		
婚姻服务	797	348	348	12	27		
殡葬服务	798	750	750	131	13		61
其他居民服务业	799	1921	1921	52	68		3
机动车、电子产品和日用产品修理业	80	15260	15197	285	338	76	107
汽车、摩托车修理与维护	801	12522	12459	271	317	74	107
计算机和办公设备维修	802	903	903	1	5	2	
家用电器修理	803	1219	1219	3	5		
其他日用产品修理业	809	616	616	10	11		
其他服务业	81	8779	8759	223	209	23	
清洁服务	811	4928	4928	102	187	20	
其他未列明服务业	819	3851	3831	121	22	3	
教育	P						
教育	82						
学前教育	821						
初等教育	822						
中等教育	823						
高等教育	824						
特殊教育	825						
技能培训、教育辅助及其他教育	829						
卫生和社会工作	Q	**105**	**105**	**4**	**20**		
卫生	83						
医院	831						
社区医疗与卫生院	832						
门诊部(所)	833						
计划生育技术服务活动	834						
妇幼保健院(所、站)	835						
专科疾病防治院(所、站)	836						
疾病预防控制中心	837						
其他卫生活动	839						
社会工作	84	105	105	4	20		
提供住宿社会工作	841	58	58	4			
不提供住宿社会工作	842	47	47		20		

国有联营企业	集体联营企业	国有与集体联营企业	其他联营企业	有限责任公司	国有独资公司	其他有限责任公司	股份有限公司	私营企业	私营独资企业
				161		161	15	1131	635
				32		32	28	487	58
				363		363	7	832	311
				31		31	30	247	83
	33		28	119	38	81	33	313	30
	3			256	13	243	62	1337	448
43	31		33	2809	31	2778	320	10785	3622
43	31		33	2232	31	2201	282	8735	3270
				146		146	23	716	95
				264		264	5	923	192
				167		167	10	411	65
				2002	46	1956	252	5890	1106
				1093		1093	106	3348	808
				909	46	863	146	2542	298
				22		**22**		**39**	**16**
				22		22		39	16
				3		3		36	16
				19		19		3	

2-8 续表 11

行业	代码	从业人员数(人)	内资企业	国有企业	集体企业	股份合作企业	联营企业
文化、体育和娱乐业	**R**	**29865**	**29759**	**1811**	**96**	**54**	**48**
新闻和出版业	85	860	852	467	2	13	5
新闻业	851	14	6				5
出版业	852	846	846	467	2	13	
广播、电视、电影和影视录音制作业	86	3140	3105	1221	30		36
广播	861	7	7	3			
电视	862	10	10				
电影和影视节目制作	863	526	526	68	11		
电影和影视节目发行	864	180	180	54			
电影放映	865	2372	2337	1095	19		36
录音制作	866	45	45	1			
文化艺术业	87	1902	1898	80	36		
文艺创作与表演	871	590	590	3	30		
艺术表演场馆	872	223	223				
图书馆与档案馆	873	72	72	30			
文物及非物质文化遗产保护	874	76	76	32			
博物馆	875	115	115				
烈士陵园、纪念馆	876						
群众文化活动	877	182	182	14	6		
其他文化艺术业	879	644	640	1			
体育	88	1232	1181	31	7	6	
体育组织	881	217	217				
体育场馆	882	271	229	24	7	6	
休闲健身活动	883	669	660	7			
其他体育	889	75	75				
娱乐业	89	22731	22723	12	21	35	7
室内娱乐活动	891	21596	21591		21	35	7
游乐园	892	269	268	12			
彩票活动	893						
文化、娱乐、体育经纪代理	894	296	296				
其他娱乐业	899	570	568				
公共管理、社会保障和社会组织	**S**						

国有联营企业	集体联营企业	国有与集体联营企业	其他联营企业	有限责任公司			股份有限公司	私营企业	
					国有独资公司	其他有限责任公司			私营独资企业
36	**5**	**4**	**3**	**3583**	**322**	**3261**	**477**	**21980**	**14680**
	5			287	77	210	37	40	
	5							1	
				287	77	210	37	39	
36				809	87	722	64	809	55
								4	
				10		10			
				188		188	5	254	5
				18	8	10	7	101	
36				589	79	510	50	412	48
				4		4	2	38	2
				736	64	672	22	1024	136
				125		125	18	414	82
				182	45	137		41	
								42	22
				6		6		38	
				95		95		20	
				88	19	69		74	10
				240		240	4	395	22
				246		246	68	733	59
				65		65		119	2
				12		12	7	158	24
				148		148	61	407	30
				21		21		49	3
		4	3	1505	94	1411	286	19374	14430
		4	3	1099	3	1096	261	18706	14296
				93		93		147	58
				114	91	23	25	157	6
				199		199		364	70

2-8 续表 12

行　　业	代码	私营合伙企　业	私营有限责任公司	私营股份有限公司	其他企业	港、澳、台商投资企　业	合资经营企业(港、澳、台资)
总　计		**53893**	**992589**	**84929**	**58978**	**34755**	**9851**
农、林、牧、渔业	**A**	**50**	**2953**	**141**	**3615**	**22**	
农业	01		224		611	4	
谷物种植	011		26				
豆类、油料和薯类种植	012						
棉、麻、糖、烟草种植	013		57				
蔬菜、食用菌及园艺作物种植	014		95		600		
水果种植	015		20		11	4	
坚果、含油果、香料和饮料作物种植	016						
中药材种植	017						
其他农业	019		26				
林业	02		217				
林木育种和育苗	021		206				
造林和更新	022						
森林经营和管护	023		11				
木材和竹材采运	024						
林产品采集	025						
畜牧业	03	8	100				
牲畜饲养	031	8	79				
家禽饲养	032		21				
狩猎和捕捉动物	033						
其他畜牧业	039						
渔业	04		15		7		
水产养殖	041		15		7		
水产捕捞	042						
农、林、牧、渔服务业	05	42	2397	141	2997	18	
农业服务业	051	28	1516	75	2808	18	
林业服务业	052	4	394	34	42		
畜牧服务业	053		432	22	83		
渔业服务业	054	10	55	10	64		
采矿业	**B**	**5968**	**22624**	**2786**	**1772**	**714**	**191**
煤炭开采和洗选业	06	3	819		15		
烟煤和无烟煤开采洗选	061		716				
褐煤开采洗选	062	3	83				
其他煤炭采选	069		20		15		
石油和天然气开采业	07		16				
石油开采	071		4				
天然气开采	072		12				
黑色金属矿采选业	08	186	4329	399	64		
铁矿采选	081	77	1824	56	45		
锰矿、铬矿采选	082	76	1726	151	19		
其他黑色金属矿采选	089	33	779	192			

从业人员数(人)									
合作经营企业(港、澳、台资)	港、澳、台商独资经营企业	港、澳、台商投资股份有限公司	其他港、澳、台投资企业	外商投资企业	中外合资经营企业	中外合作经营企业	外资企业	外商投资股份有限公司	其他外商投资企业
1949	**21808**	**1115**	**32**	**28387**	**12272**	**2536**	**11891**	**674**	**1014**
	22			**39**			**39**		
	4								
	4								
	18			39			39		
	18			39			39		
223	**5**	**295**		**319**	**26**	**120**	**173**		
				119		119			
				119		119			
				25	25				
				25	25				

2-8 续表 13

行业	代码	私营合伙企业	私营有限责任公司	私营股份有限公司	其他企业	港、澳、台商投资企业	合资经营企业(港、澳、台资)
有色金属矿采选业	09	357	6793	668	86	2	
常用有色金属矿采选	091	313	5636	613	49	2	
贵金属矿采选	092	44	1015	25	37		
稀有稀土金属矿采选	093		142	30			
非金属矿采选业	10	5114	9790	1588	1535	712	191
土砂石开采	101	4365	7231	1147	1379	406	183
化学矿开采	102	82	797	148	1		
采盐	103		14				
石棉及其他非金属矿采选	109	667	1748	293	155	306	8
开采辅助活动	11	300	400	20			
煤炭开采和洗选辅助活动	111	300	230				
石油和天然气开采辅助活动	112		31				
其他开采辅助活动	119		139	20			
其他采矿业	12	8	477	111	72		
其他采矿业	120	8	477	111	72		
制造业	**C**	**31123**	**361261**	**21128**	**15597**	**27631**	**6742**
农副食品加工业	13	1968	29269	1328	1158	1108	505
谷物磨制	131	146	3045	93	367	165	
饲料加工	132	61	7114	79	14	560	253
植物油加工	133	18	1420	294	52	29	
制糖业	134	42	883	15			
屠宰及肉类加工	135	106	3736	60	216		
水产品加工	136	123	3034	20	197	145	145
蔬菜、水果和坚果加工	137	115	4805	21	60	86	40
其他农副食品加工	139	1357	5232	746	252	123	67
食品制造业	14	381	14337	632	442	600	355
焙烤食品制造	141	77	2376	107	205	37	
糖果、巧克力及蜜饯制造	142	10	1267	68	15	28	
方便食品制造	143	103	2341	14	56	78	78
乳制品制造	144		907	218	11		
罐头食品制造	145		1743	175		353	208
调味品、发酵制品制造	146	8	1980		15		
其他食品制造	149	183	3723	50	140	104	69
酒、饮料和精制茶制造业	15	707	9223	1438	1073	1392	831
酒的制造	151	95	3025	279	202	575	389
饮料制造	152	183	3938	924	123	701	442
精制茶加工	153	429	2260	235	748	116	
烟草制品业	16						
烟叶复烤	161						
卷烟制造	162						
其他烟草制品制造	169						
纺织业	17	665	9308	642	139	980	340
棉纺织及印染精加工	171	500	1900	72	13	139	29
毛纺织及染整精加工	172		327		28		

从业人员数(人)									
合作经营企业(港、澳、台资)	港、澳、台商独资经营企业	港、澳、台商投资股份有限公司	其他港、澳、台投资企业	外商投资企业	中外合资经营企业	中外合作经营企业	外资企业	外商投资股份有限公司	其他外商投资企业
	2			1		1			
	2			1		1			
223	3	295		174	1		173		
223				174	1		173		
	3	295							
1279	**18856**	**754**		**20143**	**9400**	**1551**	**8250**	**282**	**660**
165	438			4263	1283	695	2193	92	
165									
	307			1138	362	536	151	89	
	29			226	82		144		
				100			100		
				1644	235		1409		
				521	313	159	46	3	
	46			65			65		
	56			569	291		278		
	202	43		1170	601		569		
	37			6	6				
	28			88	3		85		
				27			27		
				279	279				
	102	43		105	15		90		
				133	133				
	35			532	165		367		
108	453			925	257	51	612		5
	186			577	108	4	465		
108	151			240	149	47	39		5
	116			108			108		
123	517			2			2		
	110			1			1		

2-8 续表 14

行 业	代码						
						港、澳、台商投资企业	
		私营合伙企业	私营有限责任公司	私营股份有限公司	其他企业		合资经营企业(港、澳、台资)
麻纺织及染整精加工	173		297	2	60		
丝绢纺织及印染精加工	174	7	5190	289		289	289
化纤织造及印染精加工	175		3	200			
针织或钩针编织物及其制品制造	176	3	773			325	
家用纺织制成品制造	177	115	579	4		145	22
非家用纺织制成品制造	178	40	239	75	38	82	
纺织服装、服饰业	18	442	12670	291	392	1765	93
机织服装制造	181	291	11091	207	152	1241	93
针织或钩针编织服装制造	182	98	641	31	48	524	
服饰制造	183	53	938	53	192		
皮革、毛皮、羽毛及其制品和制鞋业	19	160	4848	234	325	2663	250
皮革鞣制加工	191	8	133	1		357	6
皮革制品制造	192	122	1860		261	1157	244
毛皮鞣制及制品加工	193	10	109	7			
羽毛(绒)加工及制品制造	194		1598	33	3	61	
制鞋业	195	20	1148	193	61	1088	
木材加工和木、竹、藤、棕、草制品业	20	3791	58290	4575	3835	2164	212
木材加工	201	1597	14612	2257	1846	150	10
人造板制造	202	1258	34763	1483	679	981	
木制品制造	203	504	6004	678	714	163	127
竹、藤、棕、草等制品制造	204	432	2911	157	596	870	75
家具制造业	21	187	5507	462	344	532	
木质家具制造	211	179	4346	352	255	97	
竹、藤家具制造	212		85	70		27	
金属家具制造	213	8	180		3		
塑料家具制造	214		39			115	
其他家具制造	219		857	40	86	293	
造纸和纸制品业	22	1098	13815	439	328	1043	822
纸浆制造	221	9	47	15			
造纸	222	479	5972	227	200	628	434
纸制品制造	223	610	7796	197	128	415	388
印刷和记录媒介复制业	23	562	7888	384	410	270	
印刷	231	491	7303	373	403	270	
装订及印刷相关服务	232	71	477	11	7		
记录媒介复制	233		108				
文教、工美、体育和娱乐用品制造业	24	174	6434	318	219	2343	494
文教办公用品制造	241	41	166		15	123	
乐器制造	242						
工艺美术品制造	243	92	4619	292	197	1078	494
体育用品制造	244		158	22		529	
玩具制造	245	41	1479	4	7	613	
游艺器材及娱乐用品制造	246		12				
石油加工、炼焦和核燃料加工业	25	51	1049	81	4		
精炼石油产品制造	251	51	687	81	4		
炼焦	252		330				
核燃料加工	253		32				

从业人员数(人)									
合作经营企业(港、澳、台资)	港、澳、台商独资经营企业	港、澳、台商投资股份有限公司	其他港、澳、台投资企业	外商投资企业	中外合资经营企业	中外合作经营企业	外资企业	外商投资股份有限公司	其他外商投资企业
	325			1			1		
123									
	82								
	1526	146		216	15		181		20
	1002	146		216	15		181		20
	524								
1	2412			493	293		90	110	
1	350								
	913			403	293			110	
	61								
	1088			90			90		
470	1482			1065	648	180	144		93
	140			316	260		56		
	981			355	228		34		93
	36			101	97		4		
470	325			293	63	180	50		
	249	283							
	97								
	27								
	115								
	10	283							
	221			512	378	94	17	12	11
	194			402	378		12	12	
	27			110		94	5		11
	270								
	270								
	1651	198		847	199	100	548		
	123			25			25		
	386	198		527	199	100	228		
	529								
	613			295			295		
				45			45		
				45			45		

2-8 续表 15

行　　业	代码	私营合伙企　　业	私营有限责任公司	私营股份有限公司	其他企业	港、澳、台商投资企　　业	合资经营企业(港、澳、台资)
化学原料和化学制品制造业	26	2831	18352	563	376	1375	292
基础化学原料制造	261	28	2904	48	1	170	
肥料制造	262	168	4086	101	9	56	10
农药制造	263	43	1255	95	15	99	
涂料、油墨、颜料及类似产品制造	264	55	1282	16	39	117	
合成材料制造	265	136	431	15	34	27	
专用化学产品制造	266	596	5251	215	106	264	32
炸药、火工及焰火产品制造	267	1771	1122	2	132	104	
日用化学产品制造	268	34	2021	71	40	538	250
医药制造业	27	102	8885	180	195	660	227
化学药品原料药制造	271		826			61	
化学药品制剂制造	272		812	47		32	
中药饮片加工	273		1417	5	8		
中成药生产	274	82	3378	55	167	567	227
兽用药品制造	275		913		20		
生物药品制造	276		945	73			
卫生材料及医药用品制造	277	20	594				
化学纤维制造业	28		84			18	
纤维素纤维原料及纤维制造	281		10			18	
合成纤维制造	282		74				
橡胶和塑料制品业	29	910	14501	856	356	678	10
橡胶制品业	291	78	1740	192	23	198	
塑料制品业	292	832	12761	664	333	480	10
非金属矿物制品业	30	12587	44830	2898	3117	4193	1228
水泥、石灰和石膏制造	301	797	8605	472	170	233	97
石膏、水泥制品及类似制品制造	302	645	11750	851	421	2721	221
砖瓦、石材等建筑材料制造	303	10761	14037	963	2456	300	18
玻璃制造	304		955	40			
玻璃制品制造	305		1047	70	8	83	83
玻璃纤维和玻璃纤维增强塑料制品制造	306	8	353				
陶瓷制品制造	307	134	4473	215	25	398	398
耐火材料制品制造	308	94	492	18	11	279	279
石墨及其他非金属矿物制品制造	309	148	3118	269	26	179	132
黑色金属冶炼和压延加工业	31	650	12129	497	135	388	94
炼铁	311	25	601	26			
炼钢	312	3	249				
黑色金属铸造	313	297	2227	206	105	33	33
钢压延加工	314	153	2124	28	22	61	61
铁合金冶炼	315	172	6928	237	8	294	
有色金属冶炼和压延加工业	32	506	4657	523	338	139	103
常用有色金属冶炼	321	421	2205	406	55	104	101
贵金属冶炼	322	50	52				

从业人员数(人)									
合作经营企业(港、澳、台资)	港、澳、台商独资经营企业	港、澳、台商投资股份有限公司	其他港、澳、台投资企业	外商投资企业	中外合资经营企业	中外合作经营企业	外资企业	外商投资股份有限公司	其他外商投资企业
115	965	3		2515	1528	251	703		33
	170			488	408		50		30
	43	3		58	55				3
	99			36	36				
115	2			314	168	146			
	27								
	232			1133	596		537		
	104			111			111		
	288			375	265	105	5		
31	402			971	767		86		118
31	30			500	414		86		
	32								
				135	135				
	340			213	213				
				5	5				
				118					118
	18								
	18								
	668			342	312		19		11
	198			150	131		19		
	470			192	181				11
263	2683	19		1508	345	180	691	68	224
	136			102		102			
263	2237			430	204		226		
	263	19		259	58		116		85
				6			6		
				333	21		173		139
	47			378	62	78	170	68	
	294			664	635				29
				29					29
	294			635	635				
3	33			252	180		72		
3				67	16		51		
				164	164				

2-8 续表 16

行业	代码	私营合伙企业	私营有限责任公司	私营股份有限公司	其他企业	港、澳、台商投资企业	合资经营企业(港、澳、台资)
稀有稀土金属冶炼	323		406	103	143		
有色金属合金制造	324		48	1			
有色金属铸造	325		38				
有色金属压延加工	326	35	1908	13	140	35	2
金属制品业	33	592	12032	734	282	168	117
结构性金属制品制造	331	372	5305	421	95	8	8
金属工具制造	332	50	973	25	87	13	13
集装箱及金属包装容器制造	333	20	598		10	123	96
金属丝绳及其制品制造	334	8	252				
建筑、安全用金属制品制造	335	16	647	78	2	24	
金属表面处理及热处理加工	336	35	386	26	23		
搪瓷制品制造	337		928				
金属制日用品制造	338	80	2110	126	17		
其他金属制品制造	339	11	833	58	48		
通用设备制造业	34	549	9643	444	212	285	235
锅炉及原动设备制造	341	83	1740	29	2	235	235
金属加工机械制造	342	88	1827	152	152	4	
物料搬运设备制造	343		491	5			
泵、阀门、压缩机及类似机械制造	344	3	931		8		
轴承、齿轮和传动部件制造	345		674				
烘炉、风机、衡器、包装等设备制造	346	9	531	94	25	8	
文化、办公用机械制造	347		170		4		
通用零部件制造	348	366	2739	158	16	38	
其他通用设备制造业	349		540	6	5		
专用设备制造业	35	748	14617	829	132	590	87
采矿、冶金、建筑专用设备制造	351	237	3258	187	21	207	
化工、木材、非金属加工专用设备制造	352	235	2363	69	30	87	87
食品、饮料、烟草及饲料生产专用设备制造	353	87	1627	25		25	
印刷、制药、日化及日用品生产专用设备制造	354	4	420	82	24	3	
纺织、服装和皮革加工专用设备制造	355		20	5	1		
电子和电工机械专用设备制造	356	14	243	22			
农、林、牧、渔专用机械制造	357	164	3530	391	47		
医疗仪器设备及器械制造	358		1369	36	7	268	
环保、社会公共服务及其他专用设备制造	359	7	1787	12	2		
汽车制造业	36	829	18616	1415	3	70	70
汽车整车制造	361	4	5				
改装汽车制造	362		543				
低速载货汽车制造	363						
电车制造	364		32				
汽车车身、挂车制造	365		225				
汽车零部件及配件制造	366	825	17811	1415	3	70	70
铁路、船舶、航空航天和其他运输设备制造业	37	88	1482	92	123		
铁路运输设备制造	371		99				
城市轨道交通设备制造	372						

从业人员数(人)									
合作经营企业(港、澳、台资)	港、澳、台商独资经营企业	港、澳、台商投资股份有限公司	其他港、澳、台投资企业	外商投资企业	中外合资经营企业	中外合作经营企业	外资企业	外商投资股份有限公司	其他外商投资企业
				21			21		
	33								
	27	24		619	488		131		
				270	270				
	27			2	2				
				49	49				
		24							
				1	1				
				245	114		131		
				52	52				
	12	38		919	454		465		
				304	193		111		
	4								
	8			354			354		
		38							
				261	261				
	503			661	410		251		
	207			396	281		115		
	25			120	120				
	3								
				7			7		
	268			9	9				
				129			129		
				663	254		293		116
				663	254		293		116

2-8 续表 17

行 业	代码	私营合伙企业	私营有限责任公司	私营股份有限公司	其他企业	港、澳、台商投资企业	合资经营企业(港、澳、台资)
船舶及相关装置制造	373	46	729	92	114		
航空、航天器及设备制造	374		101				
摩托车制造	375	32	191				
自行车制造	376	1	325				
非公路休闲车及零配件制造	377						
潜水救捞及其他未列明运输设备制造	379	9	37		9		
电气机械和器材制造业	38	273	13267	395	184	1114	2
电机制造	381		1705	1	6	1	
输配电及控制设备制造	382	19	5917	174			
电线、电缆、光缆及电工器材制造	383	190	3305	13		1051	
电池制造	384	2	836	116			
家用电力器具制造	385	18	488			60	
非电力家用器具制造	386		167	39	50		
照明器具制造	387	20	603	18	15		
其他电气机械及器材制造	389	24	246	34	113	2	2
计算机、通信和其他电子设备制造业	39	127	8258	422	1162	2193	283
计算机制造	391		1016	28	251	500	158
通信设备制造	392		747		2		
广播电视设备制造	393		564		10		
雷达及配套设备制造	394						
视听设备制造	395		302			125	
电子器件制造	396		987	3		125	125
电子元件制造	397	52	3036	293	833	1443	
其他电子设备制造	399	75	1606	98	66		
仪器仪表制造业	40	40	2429	94		5	
通用仪器仪表制造	401		1098				
专用仪器仪表制造	402		380				
钟表与计时仪器制造	403	3	37	83		5	
光学仪器及眼镜制造	404	32	635				
其他仪器仪表制造业	409	5	279	11			
其他制造业	41	20	1962	180	200	253	
日用杂品制造	411		458	25	156	253	
煤制品制造	412	5	46	115	12		
核辐射加工	413		26				
其他未列明制造业	419	15	1432	40	32		
废弃资源综合利用业	42	2	2218	106	12	642	92
金属废料和碎屑加工处理	421	2	1744	98		642	92
非金属废料和碎屑加工处理	422		474	8	12		
金属制品、机械和设备修理业	43	83	661	76	101		
金属制品修理	431	2			4		
通用设备修理	432		66	5			
专用设备修理	433		149		89		
铁路、船舶、航空航天等运输设备修理	434	30	211	15			
电气设备修理	435		45				
仪器仪表修理	436		13		8		
其他机械和设备修理业	439	51	177	56			

从业人员数(人)									
合作经营企业(港、澳、台资)	港、澳、台商独资经营企业	港、澳、台商投资股份有限公司	其他港、澳、台投资企业	外商投资企业	中外合资经营企业	中外合作经营企业	外资企业	外商投资股份有限公司	其他外商投资企业
	1112			351	186		165		
	1			21			21		
	1051			258	146		112		
				32			32		
	60								
				40	40				
	1910			933	139		794		
	342			282	3		279		
				98			98		
				293			293		
	125			64			64		
				25			25		
	1443			35			35		
				136	136				
	5			4	4				
	5								
				4	4				
	253			179			179		
	253			40			40		
				139			139		
	550			24	24				
	550			24	24				

2-8 续表 18

行业	代码						
						港、澳、台商投资企业	合资经营企业(港、澳、台资)
		私营合伙企业	私营有限责任公司	私营股份有限公司	其他企业		
电力、热力、燃气及水生产和供应业	D	**5210**	**7233**	**712**	**1090**	**1017**	**800**
电力、热力生产和供应业	44	5012	5103	611	880	42	
电力生产	441	4990	4746	574	875	42	
电力供应	442	22	199	37	5		
热力生产和供应	443		158				
燃气生产和供应业	45	11	390		10	384	224
燃气生产和供应业	450	11	390		10	384	224
水的生产和供应业	46	187	1740	101	200	591	576
自来水生产和供应	461	167	1015	96	169	591	576
污水处理及其再生利用	462		497	5	25		
其他水的处理、利用与分配	469	20	228		6		
建筑业	E	**146**	**105559**	**4797**	**337**	**429**	**120**
房屋建筑业	47	112	38646	2914	288	402	104
房屋建筑业	470	112	38646	2914	288	402	104
土木工程建筑业	48	14	10102	215	4	11	
铁路、道路、隧道和桥梁工程建筑	481		2032	17	1	11	
水利和内河港口工程建筑	482		1051	16			
海洋工程建筑	483						
工矿工程建筑	484		389	62			
架线和管道工程建筑	485	14	2604	83			
其他土木工程建筑	489		4026	37	3		
建筑安装业	49		9056	391		2	2
电气安装	491		1965	54			
管道和设备安装	492		2016	85			
其他建筑安装业	499		5075	252		2	2
建筑装饰和其他建筑业	50	20	47755	1277	45	14	14
建筑装饰业	501	15	12175	544	31	14	14
工程准备活动	502		779	17			
提供施工设备服务	503		29951	599			
其他未列明建筑业	509	5	4850	117	14		
批发和零售业	F	**3097**	**207661**	**13622**	**21547**	**835**	**315**
批发业	51	1230	129774	7690	14768	602	265
农、林、牧产品批发	511	68	7245	367	1817	2	
食品、饮料及烟草制品批发	512	239	14233	898	3235	62	45
纺织、服装及家庭用品批发	513	40	12346	966	138	140	94
文化、体育用品及器材批发	514	20	3941	72	51	5	
医药及医疗器材批发	515	27	6004	298	211	12	
矿产品、建材及化工产品批发	516	692	44126	2725	1546	268	113
机械设备、五金产品及电子产品批发	517	75	33661	1907	365	111	13
贸易经纪与代理	518	17	4550	159	7069		
其他批发业	519	52	3668	298	336	2	

从业人员数(人)									
合作经营企业(港、澳、台资)	港、澳、台商独资经营企业	港、澳、台商投资股份有限公司	其他港、澳、台投资企业	外商投资企业	中外合资经营企业	中外合作经营企业	外资企业	外商投资股份有限公司	其他外商投资企业
15	**202**			**935**	**692**	**154**	**53**	**36**	
	42			574	366	140	32	36	
	42			574	366	140	32	36	
	160			310	310				
	160			310	310				
15				51	16	14	21		
15									
				37	16		21		
				14		14			
11	**298**			**114**	**80**		**29**		**5**
	298								
	298								
11				19			19		
11				17			17		
				2			2		
				80	80				
				80	80				
				15			10		5
				15			10		5
9	**463**	**32**	**16**	**850**	**417**	**22**	**305**	**24**	**82**
5	288	32	12	615	375	4	207		29
	2			6					6
5	12			114	76		30		8
	46			26			23		3
	5			11			11		
			12	6	6				
	123	32		324	220	1	91		12
	98			88	63	3	22		
				20	10		10		
	2			20			20		

2-8 续表 19

行　业	代码	私营合伙企业	私营有限责任公司	私营股份有限公司	其他企业	港、澳、台商投资企业	合资经营企业(港、澳、台资)
零售业	52	1867	77887	5932	6779	233	50
综合零售	521	277	7057	582	815	16	
食品、饮料及烟草制品专门零售	522	151	7558	767	1343	9	7
纺织、服装及日用品专门零售	523	81	5385	614	473	14	13
文化、体育用品及器材专门零售	524	60	3352	221	145	4	
医药及医疗器材专门零售	525	487	5513	520	2432	2	
汽车、摩托车、燃料及零配件专门零售	526	353	13069	918	371	70	15
家用电器及电子产品专门零售	527	34	16548	999	378	17	6
五金、家具及室内装饰材料专门零售	528	152	9953	623	455	14	
货摊、无店铺及其他零售业	529	272	9452	688	367	87	9
交通运输、仓储和邮政业	**G**	**1003**	**44515**	**3311**	**3510**	**369**	**247**
铁路运输业	53						
道路运输业	54	833	26089	2377	395	94	30
城市公共交通运输	541		4073	687	3	19	19
公路旅客运输	542	374	3576	238	4	3	3
道路货物运输	543	353	17371	1380	152	72	8
道路运输辅助活动	544	106	1069	72	236		
水上运输业	55	71	3502	200	82	124	124
水上旅客运输	551		424	62			
水上货物运输	552	62	2901	66	52	40	40
水上运输辅助活动	553	9	177	72	30	84	84
航空运输业	56		65			7	
航空客货运输	561		38			7	
通用航空服务	562		27				
航空运输辅助活动	563						
管道运输业	57						
管道运输业	570						
装卸搬运和运输代理业	58	78	10832	596	2972	25	
装卸搬运	581	63	6252	402	2958		
运输代理业	582	15	4580	194	14	25	
仓储业	59	20	2554	85	24	119	93
谷物、棉花等农产品仓储	591		243	15	22	93	93
其他仓储业	599	20	2311	70	2	26	
邮政业	60	1	1473	53	37		
邮政基本服务	601		4		4		
快递服务	602	1	1469	53	33		
住宿和餐饮业	**H**	**2894**	**30459**	**2507**	**4016**	**1497**	**666**
住宿业	61	1556	16451	1390	1482	947	370
旅游饭店	611	549	9208	681	938	925	353
一般旅馆	612	885	6359	515	489	22	17
其他住宿业	619	122	884	194	55		
餐饮业	62	1338	14008	1117	2534	550	296
正餐服务	621	1224	11894	904	2280	274	153
快餐服务	622	32	790	15	47	90	
饮料及冷饮服务	623	32	354	76	63	17	
其他餐饮业	629	50	970	122	144	169	143

从业人员数(人)									
合作经营企业(港、澳、台资)	港、澳、台商独资经营企业	港、澳、台商投资股份有限公司	其他港、澳、台投资企业	外商投资企业	中外合资经营企业	中外合作经营企业	外资企业	外商投资股份有限公司	其他外商投资企业
4	175		4	235	42	18	98	24	53
	16			18		12	6		
	2			16			11		5
	1			41	6		29	4	2
4				9	6				3
	2			53			45		8
	55			31		6			25
	7		4	32			3	20	9
	14			1					1
	78			34	30		4		
9	**113**			**1087**	**826**	**93**	**162**	**6**	
1	63			441	255	79	102	5	
				63			63		
				1		1			
1	63			44	18		21	5	
				333	237	78	18		
				289	289				
				289	289				
	7			5			4	1	
	7			1				1	
				4			4		
8	17			211	207		4		
				210	207		3		
8	17			1			1		
	26			141	75	14	52		
				8	8				
	26			133	67	14	52		
9	**796**	**26**		**721**	**145**	**173**	**271**	**85**	**47**
1	574	2		401	132	163	106		
1	571			312	106	107	99		
	3	2		89	26	56	7		
8	222	24		320	13	10	165	85	47
	120	1		166		10	156		
	87	3		153	12		9	85	47
5	12								
3	3	20		1	1				

2-8 续表 20

行 业	代码	私营合伙企业	私营有限责任公司	私营股份有限公司	其他企业	港、澳、台商投资企业	合资经营企业(港、澳、台资)
信息传输、软件和信息技术服务业	I	**18**	**9909**	**287**	**148**	**93**	**70**
电信、广播电视和卫星传输服务	63	5	366	19	12	31	30
电信	631	5	319	19	9	31	30
广播电视传输服务	632		44		3		
卫星传输服务	633		3				
互联网和相关服务	64	11	1197	43	64		
互联网接入及相关服务	641		312				
互联网信息服务	642	11	633	43	61		
其他互联网服务	649		252		3		
软件和信息技术服务业	65	2	8346	225	72	62	40
软件开发	651		4589	149	30	33	30
信息系统集成服务	652		1718	39		29	10
信息技术咨询服务	653	2	952	28	27		
数据处理和存储服务	654		207	9			
集成电路设计	655		84				
其他信息技术服务业	659		796		15		
金融业	J						
房地产业	K	**267**	**73492**	**5842**	**385**	**1182**	**571**
房地产业	70	267	73492	5842	385	1182	571
房地产开发经营	701	33	30163	2098	75	814	296
物业管理	702		32273	2791	274	323	256
房地产中介服务	703	148	8761	714	33	13	9
自有房地产经营活动	704						
其他房地产业	709	86	2295	239	3	32	10
租赁和商务服务业	L	**1453**	**81507**	**26243**	**2530**	**539**	**19**
租赁业	71	14	3856	286	209	4	
机械设备租赁	711	14	3656	262	205	4	
文化及日用品出租	712		200	24	4		
商务服务业	72	1439	77651	25957	2321	535	19
企业管理服务	721	73	18245	1045	477	8	3
法律服务	722	573	120	4	321		
咨询与调查	723	392	11604	575	162	73	15
广告业	724	68	12649	854	164		
知识产权服务	725	35	199		3	1	1
人力资源服务	726	1	11518	21630	70		
旅行社及相关服务	727	28	4348	408	317	435	
安全保护服务	728		5759	361			
其他商务服务业	729	269	13209	1080	807	18	
科学研究和技术服务业	M	**422**	**21846**	**1617**	**1380**	**37**	**15**
研究和试验发展	73	22	973	63	33		
自然科学研究和试验发展	731	7	103	18			
工程和技术研究和试验发展	732		499	34	7		

从业人员数(人)									
合作经营企业(港、澳、台资)	港、澳、台商独资经营企业	港、澳、台商投资股份有限公司	其他港、澳、台投资企业	外商投资企业	中外合资经营企业	中外合作经营企业	外资企业	外商投资股份有限公司	其他外商投资企业
9	**4**		**10**	**2113**	**17**		**2062**		**34**
	1			2061			2061		
	1			2061			2061		
9	3		10	52	17		1		34
	3			18	17		1		
9			10						
				34					34
44	**567**			**1311**	**505**	**30**	**421**	**216**	**139**
44	567			1311	505	30	421	216	139
44	474			1163	502	30	385	215	31
	67			95			33	1	61
	4			49			2		47
	22			4	3		1		
260	**254**		**6**	**527**	**121**	**314**	**48**	**25**	**19**
	4								
	4								
260	250		6	527	121	314	48	25	19
	1		4	81	37		36	5	3
	58			31	18		9		4
				10		10			
260	175			361	66	275	2	18	
	16		2	44		29	1	2	12
5	**17**			**63**	**20**	**8**	**21**		**14**
				10	9		1		

2-8 续表 21

行业	代码						
		私营合伙企业	私营有限责任公司	私营股份有限公司	其他企业	港、澳、台商投资企业	合资经营企业(港、澳、台资)
农业科学研究和试验发展	733		266	11	14		
医学研究和试验发展	734	15	105		12		
社会人文科学研究	735						
专业技术服务业	74	259	15931	1267	428	26	5
气象服务	741						
地震服务	742		6				
海洋服务	743		33				
测绘服务	744	7	1033	85			
质检技术服务	745	67	2006	96	34		
环境与生态监测	746	8	188	14			
地质勘查	747	7	211	65	21		
工程技术	748	86	9640	790	124	5	
其他专业技术服务业	749	84	2814	217	249	21	5
科技推广和应用服务业	75	141	4942	287	919	11	10
技术推广服务	751	138	3811	217	833	11	10
科技中介服务	752		371	50	8		
其他科技推广和应用服务业	759	3	760	20	78		
水利、环境和公共设施管理业	**N**	**64**	**4023**	**559**	**131**	**127**	**95**
水利管理业	76	4	256	3	15		
防洪除涝设施管理	761		8				
水资源管理	762	4	29	3			
天然水收集与分配	763		43		15		
水文服务	764						
其他水利管理业	769		176				
生态保护和环境治理业	77	28	465	80	2		
生态保护	771		25	30	2		
环境治理业	772	28	440	50			
公共设施管理业	78	32	3302	476	114	127	95
市政设施管理	781		183	9	10		
环境卫生管理	782		233		21		
城乡市容管理	783						
绿化管理	784		798	51	5		
公园和游览景区管理	785	32	2088	416	78	127	95
居民服务、修理和其他服务业	**O**	**967**	**13895**	**917**	**1190**	**164**	
居民服务业	79	209	3368	255	553	100	
家庭服务	791	30	719	51	95	23	
托儿所服务	792		10				
洗染服务	793	34	142	64	22		

从业人员数(人)									
合作经营企业(港、澳、台资)	港、澳、台商独资经营企业	港、澳、台商投资股份有限公司	其他港、澳、台投资企业	外商投资企业	中外合资经营企业	中外合作经营企业	外资企业	外商投资股份有限公司	其他外商投资企业
				10	9		1		
5	16			24	1	8	1		14
				8		8			
5				15	1				14
	16			1			1		
	1			29	10		19		
	1			29	10		19		
28	**4**			**69**	**16**	**52**			**1**
28	4			69	16	52			1
				52		52			
				16	16				
28	4			1					1
46	**118**			**89**	**7**	**19**	**50**		**13**
2	98			70	7		50		13
	23			8					8

2-8 续表 22

行业	代码	私营合伙企业	私营有限责任公司	私营股份有限公司	其他企业	港、澳、台商投资企业	合资经营企业(港、澳、台资)
理发及美容服务	794	51	435	10	132	2	
洗浴服务	795	12	417		11		
保健服务	796	28	423	70	69	75	
婚姻服务	797		160	4	1		
殡葬服务	798	8	250	25	80		
其他居民服务业	799	46	812	31	143		
机动车、电子产品和日用产品修理业	80	361	6261	541	477	44	
汽车、摩托车修理与维护	801	312	4746	407	441	44	
计算机和办公设备维修	802		583	38	10		
家用电器修理	803	23	612	96	19		
其他日用产品修理业	809	26	320		7		
其他服务业	81	397	4266	121	160	20	
清洁服务	811	362	2120	58	72		
其他未列明服务业	819	35	2146	63	88	20	
教育	**P**						
教育	82						
学前教育	821						
初等教育	822						
中等教育	823						
高等教育	824						
特殊教育	825						
技能培训、教育辅助及其他教育	829						
卫生和社会工作	**Q**		**20**	**3**	**20**		
卫生	83						
医院	831						
社区医疗与卫生院	832						
门诊部(所)	833						
计划生育技术服务活动	834						
妇幼保健院(所、站)	835						
专科疾病防治院(所、站)	836						
疾病预防控制中心	837						
其他卫生活动	839						
社会工作	84		20	3	20		
提供住宿社会工作	841		20		15		
不提供住宿社会工作	842			3	5		

从业人员数(人)									
合作经营企业(港、澳、台资)	港、澳、台商独资经营企业	港、澳、台商投资股份有限公司	其他港、澳、台投资企业	外商投资企业	中外合资经营企业	中外合作经营企业	外资企业	外商投资股份有限公司	其他外商投资企业
2				8	3				5
				50			50		
	75			4	4				
44				19		19			
44				19		19			
	20								
	20								

2-8 续表 23

行业	代码	私营合伙企业	私营有限责任公司	私营股份有限公司	其他企业	港、澳、台商投资企业	合资经营企业(港、澳、台资)
文化、体育和娱乐业	**R**	**1211**	**5632**	**457**	**1710**	**99**	
新闻和出版业	85		34	6	1	8	
新闻业	851		1			8	
出版业	852		33	6	1		
广播、电视、电影和影视录音制作业	86	5	702	47	136	35	
广播	861		4				
电视	862						
电影和影视节目制作	863		232	17			
电影和影视节目发行	864		101				
电影放映	865	5	329	30	136	35	
录音制作	866		36				
文化艺术业	87	30	835	23		4	
文艺创作与表演	871	2	327	3			
艺术表演场馆	872		41				
图书馆与档案馆	873		20				
文物及非物质文化遗产保护	874		38				
博物馆	875	20					
烈士陵园、纪念馆	876						
群众文化活动	877	5	59				
其他文化艺术业	879	3	350	20		4	
体育	88	38	607	29	90	51	
体育组织	881		117		33		
体育场馆	882	18	116		15	42	
休闲健身活动	883	17	340	20	37	9	
其他体育	889	3	34	9	5		
娱乐业	89	1138	3454	352	1483	1	
室内娱乐活动	891	1076	3056	278	1462		
游乐园	892	41	48		16	1	
彩票活动	893						
文化、娱乐、体育经纪代理	894		128	23			
其他娱乐业	899	21	222	51	5		
公共管理、社会保障和社会组织	**S**						

从业人员数(人)									
合作经营企业(港、澳、台资)	港、澳、台商独资经营企业	港、澳、台商投资股份有限公司	其他港、澳、台投资企业	外商投资企业	中外合资经营企业	中外合作经营企业	外资企业	外商投资股份有限公司	其他外商投资企业
2	**89**	**8**		**7**			**7**		
		8							
		8							
	35								
	35								
2	2								
2	2								
	51								
	42								
	9								
	1			7			7		
				5			5		
	1								
				2			2		

2-9 按地区、营业状态分组的小微企业法人单位数

地区	法人单位数（个）	营业	停业(歇业)	筹建	当年关闭	当年破产	其他
总计	**142638**	**116395**	**10942**	**4813**	**8115**	**249**	**2124**
南宁市	38790	30031	2746	461	5014	78	460
市辖区							
兴宁区	3743	2768	823	32	39	4	77
青秀区	15896	11012	691	51	3928	32	182
江南区	3644	3058	214	75	246	5	46
西乡塘区	7531	6643	270	111	422	10	75
良庆区	1439	1119	217	17	58	1	27
邕宁区	365	296	39	12	13	3	2
武鸣县	1343	1153	84	65	24	9	8
隆安县	447	369	39	33	3		3
马山县	368	334	16	4	13		1
上林县	623	490	101	8	9	3	12
宾阳县	1742	1348	197	28	155	2	12
横县	1649	1441	55	25	104	9	15
柳州市	15712	14227	727	517	93	20	128
市辖区							
城中区	2301	2222	27	31	2		19
鱼峰区	2683	2455	113	87	4	2	22
柳南区	3824	3433	140	228	5	1	17
柳北区	2481	2187	191	76	15	3	9
柳江县	1209	1112	46	15	10	9	17
柳城县	564	448	55	36	15	3	7
鹿寨县	794	701	39	25	7		22
融安县	496	467	18	8	2		1
融水苗族自治县	885	757	84	5	29	1	9
三江侗族自治县	475	445	14	6	4	1	5
桂林市	18897	15831	1448	802	412	26	378
市辖区							
秀峰区	1853	1280	333	55	40	3	142
叠彩区	1801	1573	90	93	12	1	32
象山区	2615	2103	349	97	45		21
七星区	2628	2245	159	157	6	2	59
雁山区	233	172	20	32	4		5
临桂区	1396	1097	137	56	54	6	46
阳朔县	809	652	63	17	64	1	12
灵川县	1213	1019	71	52	66	2	3
全州县	897	770	56	39	26	2	4
兴安县	1048	986	14	40	2	2	4
永福县	770	710	27	16	7		10
灌阳县	450	413	14	14	3		6
龙胜各族自治县	525	446	25	49	2		3
资源县	449	376	19	26	19	3	6
平乐县	549	480	17	23	10	2	17
荔浦县	1230	1159	37	17	12	1	4
恭城瑶族自治县	431	350	17	19	40	1	4

2-9 续表 1

地区	法人单位数(个)	营业	停业(歇业)	筹建	当年关闭	当年破产	其他
梧州市	7784	6705	489	296	132	14	148
市辖区							
万秀区	1832	1530	160	21	58	3	60
长洲区	1201	1064	102	15	10		10
龙圩区	952	744	44	111	12	1	40
苍梧县	775	702	40	26	4		3
藤　县	1283	1173	46	23	19	9	13
蒙山县	567	455	62	18	19	1	12
岑溪市	1174	1037	35	82	10		10
北海市	6187	5412	391	136	118	5	125
市辖区							
海城区	3791	3409	189	95	17	3	78
银海区	593	537	14	17	7		18
铁山港区	188	169	7	9	2		1
合浦县	1615	1297	181	15	92	2	28
防城港市	4130	2585	587	222	637	8	91
市辖区							
港口区	1407	1132	94	94	26	1	60
防城区	781	582	125	44	13	3	14
上思县	372	212	69	40	44	2	5
东兴市	1570	659	299	44	554	2	12
钦州市	5164	4494	247	241	100	5	77
市辖区							
钦南区	2125	1856	130	67	27		45
钦北区	1446	1201	49	126	52	2	16
灵山县	858	744	47	37	19	1	10
浦北县	735	693	21	11	2	2	6
贵港市	7432	6619	198	399	95	6	115
市辖区							
港北区	2471	2104	64	206	36	1	60
港南区	763	699	15	31	6	1	11
覃塘区	1342	1218	39	66	11	3	5
平南县	1278	1185	31	35	21		6
桂平市	1578	1413	49	61	21	1	33
玉林市	13280	10628	1395	429	648	24	156
市辖区							
玉州区	5108	4087	704	189	56	2	70
福绵区	554	504	12	9	16	2	11
容　县	1548	1235	106	32	165	3	7
陆川县	1209	869	27	65	239	2	7
博白县	2006	1686	128	44	104	5	39
兴业县	1163	844	237	51	13	8	10
北流市	1692	1403	181	39	55	2	12
百色市	7637	5554	1124	399	400	19	141
市辖区							
右江区	2425	1538	638	101	113	10	25
田阳县	819	545	123	45	58	2	46
田东县	601	477	64	31	18		11

2-9 续表 2

地　区	法人单位数(个)	营业	停业(歇业)	筹建	当年关闭	当年破产	其他
平果县	1091	782	58	101	141	1	8
德保县	388	314	31	31	7		5
靖西县	671	605	51	11	1		3
那坡县	174	138	10	16	9		1
凌云县	213	169	7	2	4	4	27
乐业县	278	151	80	5	28	1	13
田林县	399	338	30	12	17	1	1
西林县	209	191	9	8	1		
隆林各族自治县	369	306	23	36	3		1
贺州市	3500	3120	211	87	16	8	58
市辖区							
八步区	1568	1423	96	29	3	3	14
平桂管理区	748	642	38	26	7	2	33
昭平县	368	328	26	6	2	1	5
钟山县	463	406	29	19	2	1	6
富川瑶族自治县	353	321	22	7	2	1	
河池市	6191	4912	661	297	176	21	124
市辖区							
金城江区	1825	1390	214	85	86	2	48
南丹县	452	353	47	34	7	1	10
天峨县	200	172	17	10			1
凤山县	222	161	30	12	2	1	16
东兰县	277	247	5	13	11		1
罗城仫佬族自治县	489	307	117	28	20	12	5
环江毛南族自治县	351	309	29	7	3		3
巴马瑶族自治县	529	397	55	44	23	1	9
都安瑶族自治县	589	546	19	17	1	4	2
大化瑶族自治县	315	269	29	9	7		1
宜州市	942	761	99	38	16		28
来宾市	4162	3169	469	248	192	9	75
市辖区							
兴宾区	1839	1410	241	112	47	5	24
忻城县	391	343	21	20	7		
象州县	743	561	45	43	70	3	21
武宣县	560	388	99	21	37	1	14
金秀瑶族自治县	321	249	25	26	10		11
合山市	308	218	38	26	21		5
崇左市	3772	3108	249	279	82	6	48
市辖区							
江洲区	824	670	35	96	11		12
扶绥县	626	454	79	46	35	1	11
宁明县	408	335	34	27	9		3
龙州县	513	430	16	43	18	4	2
大新县	384	344	14	14	4		8
天等县	284	249	22	6	5	1	1
凭祥市	733	626	49	47			11

2-10 按地区、营业状态分组的小微企业法人单位从业人员数

地区	从业人员数(人)	营业	停业(歇业)	筹建	当年关闭	当年破产	其他
总计	**2331911**	**2176776**	**62734**	**48286**	**20340**	**987**	**22788**
南宁市	591965	560721	12085	4677	8272	279	5931
市辖区							
兴宁区	45805	43072	1731	171	72	65	694
青秀区	184948	176605	1747	287	4445	83	1781
江南区	91520	86560	1448	1326	602	9	1575
西乡塘区	119200	113319	2805	751	1510	42	773
良庆区	20999	19665	825	72	217	1	219
邕宁区	5084	4776	123	45	87	43	10
武鸣县	44335	42539	370	1072	146	10	198
隆安县	9224	8577	148	493	3		3
马山县	6033	5917	69	24	16		7
上林县	9741	8663	757	90	15	15	201
宾阳县	27695	24423	1699	215	1012	2	344
横县	27381	26605	363	131	147	9	126
柳州市	258885	247906	4892	4357	422	48	1260
市辖区							
城中区	29605	28810	387	141	1		266
鱼峰区	54774	52634	902	968	77	2	191
柳南区	52482	50179	742	1427	17	3	114
柳北区	44601	43052	913	472	79	3	82
柳江县	26203	25194	651	132	101	20	105
柳城县	9758	8846	416	388	28	3	77
鹿寨县	11255	10331	335	413	27		149
融安县	10883	10612	152	116	1		2
融水苗族自治县	12405	11927	308	70	80	2	18
三江侗族自治县	6919	6321	86	230	11	15	256
桂林市	299223	281731	7023	6286	1342	137	2704
市辖区							
秀峰区	27101	24991	1151	263	70	51	575
叠彩区	18625	17179	483	463	42	5	453
象山区	32006	29611	1404	770	113		108
七星区	37530	35636	726	830	35	1	302
雁山区	3298	2936	99	82	4		177
临桂区	25774	24353	485	698	56	8	174
阳朔县	9090	8572	231	149	118	1	19
灵川县	22733	21435	382	522	368	6	20
全州县	14848	14105	367	316	46	4	10
兴安县	19479	18929	138	276	15	25	96
永福县	18299	17525	350	238	90		96
灌阳县	8290	7645	147	259	42		197
龙胜各族自治县	9681	9022	253	346	3		57
资源县	11115	10267	312	426	52	3	55
平乐县	10466	9797	142	257	21	2	247
荔浦县	21448	20829	264	214	64	30	47
恭城瑶族自治县	9440	8899	89	177	203	1	71

2-10 续表 1

地区	从业人员数（人）	营业	停业(歇业)	筹建	当年关闭	当年破产	其他
梧州市	125139	116320	3204	2827	1303	102	1383
市辖区							
万秀区	33428	31612	775	93	693	7	248
长洲区	15949	15183	421	120	4		221
龙圩区	16019	14325	302	1000	29	1	362
苍梧县	6451	5879	357	149	58		8
藤　县	20794	19417	471	364	190	93	259
蒙山县	6526	5743	346	72	255	1	109
岑溪市	25972	24161	532	1029	74		176
北海市	88143	81946	2735	1611	507	10	1334
市辖区							
海城区	49175	46221	1345	592	230	8	779
银海区	12006	11273	259	105	5		364
铁山港区	3357	3190	70	83	3		11
合浦县	23605	21262	1061	831	269	2	180
防城港市	70582	62826	2824	2919	837	21	1155
市辖区							
港口区	27274	23900	805	1819	83	12	655
防城区	21918	20024	1275	316	12	3	288
上思县	6226	5362	276	454	112	1	21
东兴市	15164	13540	468	330	630	5	191
钦州市	101450	94646	1760	2697	1670	12	665
市辖区							
钦南区	35060	32835	741	999	37		448
钦北区	23988	21331	222	904	1427	2	102
灵山县	24805	23183	675	696	200	2	49
浦北县	17597	17297	122	98	6	8	66
贵港市	150504	141930	1761	4146	1035	13	1619
市辖区							
港北区	39767	36881	521	1690	185	3	487
港南区	21061	20224	106	415	30	1	285
覃塘区	25358	24293	95	821	64	5	80
平南县	31825	29888	537	366	676		358
桂平市	32493	30644	502	854	80	4	409
玉林市	242362	226544	7322	4898	1675	159	1764
市辖区							
玉州区	64201	59457	3133	943	250	1	417
福绵区	19213	18774	51	132	183	2	71
容　县	28568	26660	1213	120	431	57	87
陆川县	26919	25034	260	1000	481	81	63
博白县	36771	34342	1247	747	216	9	210
兴业县	15186	14474	535	92	13	7	65
北流市	51504	47803	883	1864	101	2	851
百色市	121888	106453	7694	5103	1266	51	1321
市辖区							
右江区	34597	27858	4359	1265	483	16	616
田阳县	14782	13062	611	826	172	9	102
田东县	12044	10612	435	722	150		125

2-10 续表 2

地 区	从业人员数(人)	营业	停业(歇业)	筹建	当年关闭	当年破产	其他
平果县	19188	17456	504	849	242	6	131
德保县	7840	7191	259	301	26		63
靖西县	9642	9106	368	160	2		6
那坡县	3139	2766	27	272	31		43
凌云县	3561	3371	38	18	10	6	118
乐业县	3255	2503	549	37	45	13	108
田林县	4956	4536	159	213	43	1	4
西林县	3406	3198	128	72	8		
隆林各族自治县	5478	4794	257	368	54		5
贺州市	58710	54294	2026	1039	292	53	1006
市辖区							
八步区	21680	20807	516	197	11	3	146
平桂管理区	13095	11781	463	188	19	9	635
昭平县	7980	7219	535	68	46	36	76
钟山县	8878	7865	391	378	91	4	149
富川瑶族自治县	7077	6622	121	208	125	1	
河池市	93428	85033	4294	2378	610	82	1031
市辖区							
金城江区	23145	21294	797	420	214	10	410
南丹县	5860	4413	886	350	36	5	170
天峨县	4784	4595	128	48			13
凤山县	4391	3751	168	188	151	39	94
东兰县	3634	3452	94	68	18		2
罗城仫佬族自治县	7359	6595	358	321	50	21	14
环江毛南族自治县	9264	8388	818	41	3		14
巴马瑶族自治县	7265	6528	382	230	25	1	99
都安瑶族自治县	8004	7813	64	117	1	6	3
大化瑶族自治县	4206	3901	171	68	63		3
宜州市	15516	14303	428	527	49		209
来宾市	69579	60857	3719	2873	759	12	1359
市辖区							
兴宾区	30874	25969	2114	1610	318	7	856
忻城县	6973	6600	170	195	8		
象州县	10316	9189	421	362	246	4	94
武宣县	10099	8971	494	188	132	1	313
金秀瑶族自治县	5493	4850	271	288	15		69
合山市	5824	5278	249	230	40		27
崇左市	60053	55569	1395	2475	350	8	256
市辖区							
江洲区	14271	13186	259	708	29		89
扶绥县	10584	9578	446	366	120	3	71
宁明县	6468	5777	157	470	55		9
龙州县	8328	7502	166	522	132	4	2
大新县	7390	7164	48	145	5		28
天等县	5074	4874	126	49	9	1	15
凭祥市	7938	7488	193	215			42

2-11 按地区、登记注册类型分组的

地区	法人单位数（个）	内资企业	国有企业	集体企业	股份合作企业	联营企业	
							国有联营企业
总　计	**142638**	**141558**	**2849**	**3205**	**325**	**200**	**32**
南宁市	38790	38504	482	342	38	35	3
市辖区							
兴宁区	3743	3711	47	52	16	3	1
青秀区	15896	15786	164	50	9	10	
江南区	3644	3602	34	22	2	4	
西乡塘区	7531	7495	77	59	4	3	
良庆区	1439	1420	13	5	2		
邕宁区	365	364	11	9			
武鸣县	1343	1312	22	17	3	3	1
隆安县	447	443	12	7	1		
马山县	368	368	12	20		3	
上林县	623	623	23	10		1	
宾阳县	1742	1734	39	47		7	1
横　县	1649	1646	28	44	1	1	
柳州市	15712	15648	201	244	51	18	4
市辖区							
城中区	2301	2290	16	17	5		
鱼峰区	2683	2670	18	43	15		
柳南区	3824	3814	30	46	7	2	
柳北区	2481	2468	27	50	12	4	1
柳江县	1209	1203	28	15	7	5	1
柳城县	564	561	19	21	1	1	1
鹿寨县	794	793	11	11	3	2	1
融安县	496	491	23	12	1	3	
融水苗族自治县	885	884	13	15			
三江侗族自治县	475	474	16	14		1	
桂林市	18897	18726	416	398	117	24	2
市辖区							
秀峰区	1853	1824	38	40	8	1	
叠彩区	1801	1799	32	30	6	1	
象山区	2615	2591	61	46	19	3	
七星区	2628	2587	32	21	8	1	
雁山区	233	218	3	13	1		
临桂区	1396	1381	19	23	12		
阳朔县	809	796	31	33	10	2	1
灵川县	1213	1212	32	30	2	1	
全州县	897	894	39	51	24	2	
兴安县	1048	1041	25	11	2	2	
永福县	770	766	39	32	1		
灌阳县	450	450	10	14	3	1	
龙胜各族自治县	525	521	10	9	9	1	
资源县	449	445	16	6	2	3	1
平乐县	549	548	12	16	5	3	
荔浦县	1230	1225	6	6	5	1	
恭城瑶族自治县	431	428	11	17		2	

小微企业法人单位数

集体联营企业	国有与集体联营企业	其他联营企业	有限责任公司	国有独资公司	其他有限责任公司	股份有限公司	私营企业	私营独资企业
108	**14**	**46**	**24744**	**590**	**24154**	**3111**	**101555**	**31405**
23	5	4	9250	130	9120	873	26471	4031
1	1		1237	18	1219	106	2148	267
8	1	1	4484	50	4434	367	10524	254
2		2	698	18	680	78	2695	269
3			1776	12	1764	178	5308	386
			386	7	379	49	889	200
			28	2	26	4	297	135
1	1		299	8	291	14	877	374
			35	1	34	6	370	151
3			50		50	6	228	161
		1	23	6	17	8	472	273
5	1		76	3	73	27	1420	743
	1		158	5	153	30	1243	818
7	2	5	1831	66	1765	229	12654	2829
			419	17	402	53	1741	169
			303	4	299	28	2254	523
1	1		102	14	88	8	3592	436
2	1		151	15	136	40	2139	211
1		3	376	3	373	31	630	275
			69	2	67	7	405	215
1			185	3	182	19	500	338
2		1	71	2	69	28	346	216
			25	1	24	3	805	285
		1	130	5	125	12	242	161
13	1	8	3833	72	3761	589	12603	4049
1			444	8	436	55	1188	126
1			468	4	464	96	1136	144
3			743	10	733	98	1576	147
1			939	8	931	99	1452	116
			28	9	19	3	168	103
			341	1	340	38	900	250
1			96	1	95	23	567	394
1			114	4	110	30	973	340
		2	81	6	75	15	629	318
2			112	4	108	18	837	436
			105	4	101	9	508	243
1			29		29	4	335	100
		1	85	2	83	23	317	165
		2	34	4	30	19	328	74
1		2	67	1	66	18	417	272
		1	91	4	87	29	992	658
1	1		56	2	54	12	280	163

2-11 续表 1

地区	法人单位数（个）	内资企业	国有企业	集体企业	股份合作企业	联营企业	国有联营企业
梧州市	7784	7653	115	220	8	11	
市辖区							
万秀区	1832	1776	44	57	2	7	
长洲区	1201	1184	8	17			
龙圩区	952	931	12	31	1		
苍梧县	775	773	4	15	1	1	
藤　县	1283	1274	28	45	2	2	
蒙山县	567	563	10	4	2		
岑溪市	1174	1152	9	51		1	
北海市	6187	6102	135	132	7	18	3
市辖区							
海城区	3791	3734	73	39	3	7	3
银海区	593	585	15	10		4	
铁山港区	188	184	6	11		1	
合浦县	1615	1599	41	72	4	6	
防城港市	4130	4097	146	83	3	8	1
市辖区							
港口区	1407	1389	52	12			
防城区	781	773	36	34	1	2	
上思县	372	369	29	20		3	1
东兴市	1570	1566	29	17	2	3	
钦州市	5164	5114	142	215	7	12	2
市辖区							
钦南区	2125	2097	44	60	1	3	
钦北区	1446	1434	23	63	2	4	1
灵山县	858	852	53	49	2	4	
浦北县	735	731	22	43	2	1	1
贵港市	7432	7374	94	202	7	11	2
市辖区							
港北区	2471	2451	31	41	1	2	
港南区	763	745	11	28		2	
覃塘区	1342	1338	9	16	1	1	
平南县	1278	1269	24	59	3	5	2
桂平市	1578	1571	19	58	2	1	
玉林市	13280	13205	267	526	14	16	7
市辖区							
玉州区	5108	5079	72	113	4	8	5
福绵区	554	551	7	18			
容　县	1548	1541	27	50	3	2	
陆川县	1209	1201	57	56		1	1
博白县	2006	1998	40	124	2	3	1
兴业县	1163	1161	22	91		1	
北流市	1692	1674	42	74	5	1	
百色市	7637	7612	312	278	15	20	3
市辖区							
右江区	2425	2418	86	69	2	1	
田阳县	819	816	37	25	3	1	

集体联营企业	国有与集体联营企业	其他联营企业	有限责任公司	国有独资公司	其他有限责任公司	股份有限公司	私营企业	私营独资企业
7		4	1418	19	1399	124	5050	2585
6		1	608	6	602	31	961	323
			223	4	219	35	870	193
			167	2	165	15	682	411
		1	21		21	4	588	549
		2	61	1	60	16	971	545
			87	3	84	12	274	202
1			251	3	248	11	704	362
12	1	2	1100	20	1080	159	4300	1223
3		1	840	17	823	117	2572	272
4			109	2	107	20	411	103
		1	17		17	3	138	80
5	1		134	1	133	19	1179	768
3	1	3	461	17	444	92	3259	525
			69	6	63	18	1236	123
		2	166	3	163	23	511	158
1		1	63	4	59	15	215	50
2	1		163	4	159	36	1297	194
6		4	806	26	780	148	3523	1303
2		1	413	16	397	70	1420	422
2		1	193	4	189	41	1012	279
2		2	57	4	53	28	629	325
			143	2	141	9	462	277
7		2	937	17	920	120	5429	2714
2			492	3	489	58	1737	418
1		1	97	2	95	7	549	320
1			136		136	2	1068	897
2		1	103	8	95	33	855	463
1			109	4	105	20	1220	616
5	1	3	1399	30	1369	134	10244	4805
3			1030	7	1023	71	3702	838
			28	1	27	3	469	283
1		1	81	3	78	20	1325	829
			59	6	53	15	974	545
	1	1	123	4	119	11	1332	903
1			12	4	8	1	1032	638
		1	66	5	61	13	1410	769
12	3	2	1116	52	1064	206	5319	1913
1			262	13	249	44	1919	405
	1		37	16	21	10	698	254

2-11 续表 2

地　　区	法　人 单位数 (个)	内资企业	国有企业	集体企业	股份合作 企　　业	联营企业	国有联营 企　　业
田东县	601	601	33	40	1	7	
平果县	1091	1086	20	31	4	2	1
德保县	388	388	13	13		1	
靖西县	671	667	22	31	1	1	
那坡县	174	173	18	10			
凌云县	213	213	14	11			
乐业县	278	277	21	10	2	4	2
田林县	399	396	17	15	1	1	
西林县	209	209	16	8		1	
隆林各族自治县	369	368	15	15	1	1	
贺州市	3500	3460	104	90	13	3	1
市辖区							
八步区	1568	1553	24	16	8	1	
平桂管理区	748	735	11	5			
昭平县	368	362	27	29	3		
钟山县	463	460	21	26		1	1
富川瑶族自治县	353	350	21	14	2	1	
河池市	6191	6177	180	199	22	7	2
市辖区							
金城江区	1825	1822	35	33	10	1	
南丹县	452	451	14	5	2	1	1
天峨县	200	200	16	8			
凤山县	222	222	12	4			
东兰县	277	277	8	14			
罗城仫佬族自治县	489	487	19	30	4		
环江毛南族自治县	351	350	16	21	1	3	1
巴马瑶族自治县	529	526	16	23	1		
都安瑶族自治县	589	589	7	20	1		
大化瑶族自治县	315	315	9	10		1	
宜州市	942	938	28	31	3	1	
来宾市	4162	4139	113	145	18	12	2
市辖区							
兴宾区	1839	1828	45	33	4	3	
忻城县	391	389	17	22	8	1	
象州县	743	739	6	40	4	2	1
武宣县	560	557	25	22	2	4	1
金秀瑶族自治县	321	321	13	19		2	
合山市	308	305	7	9			
崇左市	3772	3747	142	131	5	5	
市辖区							
江洲区	824	818	29	38	3		
扶绥县	626	621	20	17			
宁明县	408	404	27	15		1	
龙州县	513	509	19	18	1	1	
大新县	384	384	23	27		3	
天等县	284	283	9	13	1		
凭祥市	733	728	15	3			

集体联营企业	国有与集体联营企业	其他联营企业	有限责任公司	国有独资公司	其他有限责任公司	股份有限公司	私营企业	私营独资企业
7			81	5	76	8	396	128
1			280	2	278	21	697	277
1			60	2	58	17	257	97
	1		161	2	159	19	385	251
			46	2	44	5	91	40
			59	3	56	7	108	55
		2	42		42	9	145	68
1			25		25	53	234	143
1			32	2	30	9	114	70
	1		31	5	26	4	275	125
1		1	274	36	238	83	2748	1030
		1	107	18	89	22	1360	333
			68	6	62	14	579	242
			31	5	26	16	232	139
			31	4	27	19	333	168
1			37	3	34	12	244	148
3		2	960	36	924	184	4413	2202
1			406	8	398	89	1212	398
			60	2	58	16	343	243
			17	1	16	5	152	55
			66	2	64	8	128	79
			25	6	19	3	226	176
			100	1	99	19	303	191
2			81	1	80	4	206	97
			24	5	19	5	439	196
			36	4	32	9	450	348
		1	12	2	10	7	266	138
		1	133	4	129	19	688	281
7		3	633	43	590	92	2950	1181
3			248	21	227	41	1390	395
1			78	7	71	17	220	160
1			78	5	73	14	538	304
		3	132	3	129	6	348	118
2			25	2	23	7	250	113
			72	5	67	7	204	91
2		3	726	26	700	78	2592	1015
			300	10	290	22	413	169
			38	6	32	3	530	172
		1	27	2	25	5	325	160
		1	47	3	44	8	403	191
2		1	98		98	16	207	140
			12	3	9	2	243	122
			204	2	202	22	471	61

2-11 续表 3

地　　区	私营合伙企业	私营有限责任公司	私营股份有限公司	其他企业	港、澳、台商投资企业	合资经营企业(港、澳、台资)	合作经营企业(港、澳、台资)
总　　计	**3198**	**62627**	**4325**	**5569**	**569**	**170**	**45**
南宁市	418	20839	1183	1013	141	41	22
市辖区							
兴宁区	61	1712	108	102	22	10	2
青秀区	61	9815	394	178	57	16	17
江南区	25	2254	147	69	15	5	1
西乡塘区	37	4620	265	90	12	2	
良庆区	15	637	37	76	9	3	
邕宁区	38	119	5	15			
武鸣县	44	431	28	77	17	2	
隆安县	10	197	12	12	2	1	
马山县	5	55	7	49			
上林县	29	90	80	86			
宾阳县	34	560	83	118	4	1	2
横　县	59	349	17	141	3	1	
柳州市	317	9100	408	420	26	8	1
市辖区							
城中区	22	1493	57	39	7	1	
鱼峰区	58	1611	62	9	6	2	
柳南区	32	3072	52	27	5	3	
柳北区	26	1813	89	45	5	2	1
柳江县	58	253	44	111			
柳城县	21	159	10	38	1		
鹿寨县	24	128	10	62			
融安县	13	108	9	7	1		
融水苗族自治县	41	408	71	23			
三江侗族自治县	22	55	4	59	1		
桂林市	840	6861	853	746	82	20	6
市辖区							
秀峰区	21	983	58	50	17	6	
叠彩区	16	739	237	30	2		1
象山区	38	1273	118	45	11	5	
七星区	25	1221	90	35	20	8	2
雁山区	4	55	6	2	8		2
临桂区	40	568	42	48	6	1	
阳朔县	31	118	24	34	3		1
灵川县	58	510	65	30			
全州县	159	137	15	53			
兴安县	91	292	18	34	5		
永福县	41	198	26	72	1		
灌阳县	70	132	33	54			
龙胜各族自治县	68	59	25	67	2		
资源县	78	132	44	37	2		
平乐县	26	104	15	10	1		
荔浦县	43	264	27	95	2		
恭城瑶族自治县	31	76	10	50	2		

法人单位数（个）								
			外商投资企　业					
港、澳、台商独资经营企业	港、澳、台商投资股份有限公司	其他港、澳、台投资企业		中外合资经营企业	中外合作经营企业	外资企业	外商投资股份有限公　司	其他外商投资企业
330	**17**	**7**	**511**	**184**	**43**	**213**	**21**	**50**
70	4	4	145	44	12	71	6	12
10			10	4	1	5		
20	1	3	53	11	6	25	4	7
8	1		27	9	1	14	1	2
9	1		24	7	2	13		2
5		1	10	1	1	7		1
			1	1				
14	1		14	8		6		
1			2	1		1		
1			4	2	1		1	
2								
17			38	14	3	14	1	6
6			4	1		1	1	1
4			7	4		3		
2			5	2		3		
2			8	6				2
			6	1	1	2		2
1			2			1		1
			1			1		
1			4		2	2		
			1			1		
1								
50	4	2	89	36	13	27	8	5
10		1	12	6	2	2	2	
1								
5		1	13	3	5	2	2	1
9	1		21	11	1	9		
5	1		7	3		3		1
5			9	6	1	1		1
2			10	2		7	1	
			1		1			
			3	1			2	
4	1		2			2		
1			3	1		1		1
2			2		2			
1	1		2	1			1	
1								
2			3	1	1			1
2			1	1				

2-11 续表 4

地　区	私营合伙企业	私营有限责任公司	私营股份有限公司	其他企业	港、澳、台商投资企业	合资经营企业(港、澳、台资)	合作经营企业(港、澳、台资)
梧州市	282	2026	157	707	75	23	6
市辖区							
万秀区	111	510	17	66	33	18	3
长洲区	34	620	23	31	10	3	2
龙圩区	15	240	16	23	15	1	
苍梧县	16	19	4	139	2	1	
藤　县	35	353	38	149	6		1
蒙山县	18	49	5	174	2		
岑溪市	53	235	54	125	7		
北海市	94	2705	278	251	45	11	2
市辖区							
海城区	34	2024	242	83	29	8	
银海区	11	282	15	16	3		1
铁山港区	5	53		8	4	1	1
合浦县	44	346	21	144	9	2	
防城港市	32	2577	125	45	8		
市辖区							
港口区	2	1091	20	2	3		
防城区	18	316	19		4		
上思县	4	148	13	24	1		
东兴市	8	1022	73	19			
钦州市	96	1838	286	261	28	7	2
市辖区							
钦南区	39	890	69	86	12	2	1
钦北区	17	524	192	96	8	2	
灵山县	25	261	18	30	5	2	1
浦北县	15	163	7	49	3	1	
贵港市	122	2466	127	574	36	6	4
市辖区							
港北区	24	1244	51	89	10	4	1
港南区	11	212	6	51	14		
覃塘区	11	153	7	105	4	2	
平南县	30	330	32	187	6		3
桂平市	46	527	31	142	2		
玉林市	298	5038	103	605	49	28	1
市辖区							
玉州区	60	2742	62	79	17	11	
福绵区	17	166	3	26	2	1	
容　县	93	391	12	33	4	1	
陆川县	24	395	10	39	3	2	
博白县	16	411	2	363	5	3	
兴业县	30	362	2	2	2	1	
北流市	58	571	12	63	16	9	1
百色市	148	3013	245	346	15	4	1
市辖区							
右江区	46	1361	107	35	2		
田阳县	15	417	12	5	2		

法人单位数（个）								
港、澳、台商独资经营企业	港、澳、台商投资股份有限公司	其他港、澳、台投资企业	外商投资企业	中外合资经营企业	中外合作经营企业	外资企业	外商投资股份有限公司	其他外商投资企业
44	2		56	17	4	27		8
10	2		23	10	1	11		1
5			7	1	2	3		1
14			6	3		3		
1								
5			3	1		1		1
2			2			2		
7			15	2	1	7		5
32			40	7	2	26	1	4
21			28	6	1	16	1	4
2			5	1		4		
2								
7			7		1	6		
8			25	15	1	7	1	1
3			15	12		3		
4			4	2	1		1	
1			2	1		1		
			4			3		1
19			22	13	1	4	2	2
9			16	9	1	4		2
6			4	3			1	
2			1				1	
2			1	1				
24	2		22	7	1	13		1
5			10	3		7		
13	1		4			4		
1	1							
3			3	1	1	1		
2			5	3		1		1
19	1		26	13	3	7	1	2
6			12	6	2	2	1	1
1			1			1		
3			3	2		1		
1			5	1	1	2		1
2			3	3				
1								
5	1		2	1		1		
9	1		10	4	1	2		3
2			5	2	1			2
1	1		1			1		

2-11 续表 5

地　区	私营合伙企　业	私营有限责任公司	私营股份有限公司	其他企业	港、澳、台商投资企　业	合资经营企业(港、澳、台资)	合作经营企业(港、澳、台资)
田东县	5	252	11	35			
平果县	17	384	19	31	5	4	
德保县	19	134	7	27			
靖西县	10	118	6	47	2		
那坡县	5	41	5	3			
凌云县	3	49	1	14			
乐业县	7	70		44			
田林县	11	71	9	50	3		
西林县	2	24	18	29			
隆林各族自治县	8	92	50	26	1		1
贺州市	134	1534	50	145	26	6	
市辖区							
八步区	38	965	24	15	12	3	
平桂管理区	26	307	4	58	7	2	
昭平县	17	65	11	24	3		
钟山县	41	116	8	29	2	1	
富川瑶族自治县	12	81	3	19	2		
河池市	216	1736	259	212	8	3	
市辖区							
金城江区	38	704	72	36	2	1	
南丹县	18	70	12	10	1	1	
天峨县	3	56	38	2			
凤山县	5	25	19	4			
东兰县	4	43	3	1			
罗城仫佬族自治县	27	74	11	12			
环江毛南族自治县	63	37	9	18	1		
巴马瑶族自治县	17	213	13	18	2		
都安瑶族自治县	8	85	9	66			
大化瑶族自治县	8	81	39	10			
宜州市	25	348	34	35	2	1	
来宾市	134	1457	178	176	12	2	
市辖区							
兴宾区	31	865	99	64	3		
忻城县	9	44	7	26	1		
象州县	45	148	41	57	2	1	
武宣县	25	200	5	18	3		
金秀瑶族自治县	13	106	18	5			
合山市	11	94	8	6	3	1	
崇左市	67	1437	73	68	18	11	
市辖区							
江洲区	10	227	7	13	3	1	
扶绥县	9	342	7	13	3	3	
宁明县	10	155		4	2	1	
龙州县	16	177	19	12	4	3	
大新县	9	50	8	10			
天等县	7	113	1	3	1	1	
凭祥市	6	373	31	13	5	2	

法人单位数（个）								
			外商投资企业					
港、澳、台商独资经营企业	港、澳、台商投资股份有限公司	其他港、澳、台投资企业		中外合资经营企业	中外合作经营企业	外资企业	外商投资股份有限公司	其他外商投资企业
1								
2			2	1		1		
			1	1				
			1					1
3								
18	2		14	3		9		2
9			3	1		2		
4	1		6	2		3		1
2	1		3			2		1
1			1			1		
2			1			1		
5			6	2	1	1		2
1			1					1
			2		1			1
1								
2			1	1				
1			2	1		1		
8	1	1	11	5		3	1	2
3			8	3		3		2
1			1	1				
		1	2	1			1	
3								
1	1							
7			7	4	1	2		
2			3	1	1	1		
			2	2				
1			2	1		1		
1								
3								

2-12 按地区、登记注册类型分组的

地区	从业人员数（人）						
		内资企业					
			国有企业	集体企业	股份合作企业	联营企业	
							国有联营企业
总计	**2331911**	**2268769**	**105394**	**105063**	**7021**	**2539**	**338**
南宁市	591965	577046	28417	9086	608	296	53
市辖区							
兴宁区	45805	44777	1598	978	273	130	43
青秀区	184948	181708	14140	545	61	48	
江南区	91520	88843	1435	710	26	27	
西乡塘区	119200	116787	3629	1751	63	29	
良庆区	20999	20210	551	219	36		
邕宁区	5084	4949	481	203			
武鸣县	44335	40995	1630	1135	87	16	9
隆安县	9224	8908	436	99	54		
马山县	6033	6033	517	590		3	
上林县	9741	9741	1885	85		5	
宾阳县	27695	27051	933	1710		19	1
横县	27381	27044	1182	1061	8	19	
柳州市	258885	255811	8090	9966	1241	281	22
市辖区							
城中区	29605	29348	1514	583	116		
鱼峰区	54774	54123	1221	1079	251		
柳南区	52482	51693	1802	4728	225	13	
柳北区	44601	43812	1201	1106	343	112	7
柳江县	26203	25842	686	664	241	83	7
柳城县	9758	9700	166	582	4	2	2
鹿寨县	11255	11255	171	435	53	56	6
融安县	10883	10783	816	118	8	10	
融水苗族自治县	12405	12339	354	148			
三江侗族自治县	6919	6916	159	523		5	
桂林市	299223	292202	14145	11514	2125	321	14
市辖区							
秀峰区	27101	25744	1846	2192	58	4	
叠彩区	18625	18546	892	529	121	3	
象山区	32006	31100	2021	595	192	19	
七星区	37530	35985	1498	449	96	4	
雁山区	3298	2722	59	58	1		
临桂区	25774	25151	452	379	265		
阳朔县	9090	8798	690	587	431	7	5
灵川县	22733	22617	1065	725	50	22	
全州县	14848	14816	1554	2399	410	15	
兴安县	19479	18730	781	100	9	128	
永福县	18299	18165	728	1509	14		
灌阳县	8290	8290	123	242	36	39	
龙胜各族自治县	9681	9641	1187	574	68	10	
资源县	11115	10733	570	50	113	19	9
平乐县	10466	10451	134	759	175	12	
荔浦县	21448	21300	82	52	86	5	
恭城瑶族自治县	9440	9413	463	315		34	

小微企业法人单位从业人员数

			有限责任公司			股份有限公司	私营企业	
集体联营企业	国有与集体联营企业	其他联营企业		国有独资公司	其他有限责任公司			私营独资企业
1582	**294**	**325**	**503137**	**26946**	**476191**	**71426**	**1415211**	**283800**
171	59	13	142912	7960	134952	14098	373126	36716
63	24		14648	1808	12840	1740	24387	1949
39	6	3	52136	3096	49040	5023	108531	2082
22		5	19104	1789	17315	1075	65706	2148
29			25644	421	25223	2482	82297	3017
			5834	147	5687	1264	11685	1601
			702	50	652	66	3393	607
2	5		17053	232	16821	287	20047	4415
			920	27	893	288	7045	1011
3			1319		1319	235	3006	1751
		5	1010	94	916	70	6046	2585
13	5		2539	65	2474	800	19496	7493
	19		2003	231	1772	768	21487	8057
145	80	34	52616	3605	49011	8782	171150	24616
			6699	797	5902	1579	18630	1120
			13102	157	12945	2830	35586	5192
9	4		5680	698	4982	766	38285	3882
29	76		8136	1270	6866	808	31746	1570
50		26	8078	202	7876	744	14437	3506
			2662	65	2597	346	5610	1395
50			3245	98	3147	913	6011	2092
7		3	2067	30	2037	364	7358	3055
			739	178	561	197	10571	1762
		5	2208	110	2098	235	2916	1042
240	23	44	75617	2560	73057	11704	168132	35483
4			7067	125	6942	850	13409	463
3			6624	49	6575	1030	9130	676
19			12047	364	11683	1857	14078	793
4			15180	400	14780	1332	17191	523
			1028	349	679	12	1546	298
			8047	44	8003	892	14126	2998
2			2109	5	2104	251	4536	2069
22			4248	287	3961	542	15715	3270
		15	2143	213	1930	632	6922	2171
128			3897	73	3824	417	12938	4876
			3389	52	3337	553	10968	3445
39			1481		1481	120	5842	959
		10	1360	13	1347	973	4542	1439
		10	1509	464	1045	495	7488	676
8		4	1038	11	1027	616	7599	3410
		5	2721	82	2639	951	16019	5819
11	23		1729	29	1700	181	6083	1598

2-12 续表 1

地　区	从业人员数（人）						
		内资企业					
			国有企业	集体企业	股份合作企业	联营企业	
							国有联营企业
梧州市	125139	115693	2943	6766	315	74	
市辖区							
万秀区	33428	29787	947	1667	5	48	
长洲区	15949	15023	177	134			
龙圩区	16019	13389	169	1548	9		
苍梧县	6451	6386	163	275	3	2	
藤　县	20794	20099	804	1562	246	19	
蒙山县	6526	6456	179	20	52		
岑溪市	25972	24553	504	1560		5	
北海市	88143	84055	4677	3850	50	377	20
市辖区							
海城区	49175	46899	2446	686	16	66	20
银海区	12006	11795	1106	330		71	
铁山港区	3357	3058	170	250		13	
合浦县	23605	22303	955	2584	34	227	
防城港市	70582	68599	6374	2201	81	134	8
市辖区							
港口区	27274	26467	1121	516			
防城区	21918	21154	3917	1060	70	53	
上思县	6226	5941	640	485		22	8
东兴市	15164	15037	696	140	11	59	
钦州市	101450	97853	3346	9485	221	116	8
市辖区							
钦南区	35060	33922	1249	1641	4	41	
钦北区	23988	23214	1042	3067	59	40	3
灵山县	24805	23580	761	2703	18	30	
浦北县	17597	17137	294	2074	140	5	5
贵港市	150504	145119	3577	11081	201	228	81
市辖区							
港北区	39767	38241	1920	1123	4	56	
港南区	21061	19251	204	550		13	
覃塘区	25358	25048	260	802	55	3	
平南县	31825	30843	745	4598	95	136	81
桂平市	32493	31736	448	4008	47	20	
玉林市	242362	236196	7828	16433	393	186	62
市辖区							
玉州区	64201	62910	1935	3684	58	94	45
福绵区	19213	18995	100	238			
容　县	28568	28309	360	1727	9	8	
陆川县	26919	26201	1700	1877		14	14
博白县	36771	35958	1280	4212	35	6	3
兴业县	15186	14490	223	1793		60	
北流市	51504	49333	2230	2902	291	4	
百色市	121888	120140	8555	9579	297	202	7
市辖区							
右江区	34597	34060	2455	3478	20	20	
田阳县	14782	14708	752	941	51	1	
田东县	12044	12044	681	1320	1	100	

集体联营企业	国有与集体联营企业	其他联营企业	有限责任公司	国有独资公司	其他有限责任公司	股份有限公司	私营企业	私营独资企业
52		22	31645	675	30970	3037	62670	20073
47		1	11704	179	11525	1249	13445	2288
			4185	183	4002	321	9822	1285
			2881	198	2683	316	7896	2073
		2	611		611	70	4547	4026
		19	1730	41	1689	274	12825	4518
			1576	20	1556	537	2963	1366
5			8958	54	8904	270	11172	4517
212	104	41	20545	786	19759	3028	49273	8434
18		28	13393	681	12712	2115	27405	1369
71			2471	69	2402	400	7296	1125
		13	258		258	127	2211	970
123	104		4423	36	4387	386	12361	4970
68	1	57	12889	480	12409	2851	40650	3212
			3531	200	3331	789	17560	613
		53	4828	88	4740	849	10377	1333
10		4	1104	102	1002	259	3155	505
58	1		3426	90	3336	954	9558	761
81		27	20423	754	19669	2835	59070	12831
30		11	9387	404	8983	1247	19589	3072
35		2	4554	281	4273	712	12972	2272
16		14	2104	42	2062	741	16838	5207
			4378	27	4351	135	9671	2280
135		12	22748	596	22152	3262	97906	33104
56			10458	270	10188	1195	22302	3774
8		5	2760	18	2742	357	15149	2853
3			4686		4686	57	17863	11385
48		7	2278	159	2119	1183	19984	8874
20			2566	149	2417	470	22608	6218
113	2	9	30957	1769	29188	5366	167907	61226
49			15730	579	15151	1612	38906	6014
			1840	42	1798	309	16305	8662
4		4	1792	295	1497	498	23733	10655
			3635	236	3399	401	17838	6141
	2	1	3207	286	2921	262	22522	11556
60			338	200	138	1	12065	4280
		4	4415	131	4284	2283	36538	13918
167	25	3	26518	2237	24281	3733	67935	12516
20			6609	742	5867	679	20028	2320
	1		1134	854	280	147	11669	1929
100			2581	110	2471	371	6540	983

2-12 续表 2

地区	从业人员数（人）	内资企业					
			国有企业	集体企业	股份合作企业	联营企业	
							国有联营企业
平果县	19188	18392	405	594	29	12	5
德保县	7840	7840	397	286		34	
靖西县	9642	9483	690	1165	20	20	
那坡县	3139	3098	757	377			
凌云县	3561	3561	308	73			
乐业县	3255	3254	717	203	168	5	2
田林县	4956	4819	532	726	6	1	
西林县	3406	3406	323	279		5	
隆林各族自治县	5478	5475	538	137	2	4	
贺州市	58710	56171	3273	1562	157	50	19
市辖区							
八步区	21680	21014	549	188	64	28	
平桂管理区	13095	12222	257	80			
昭平县	7980	7702	1279	850	40		
钟山县	8878	8428	649	218		19	19
富川瑶族自治县	7077	6805	539	226	53	3	
河池市	93428	92807	5858	7304	329	93	33
市辖区							
金城江区	23145	23071	1548	1058	242	41	
南丹县	5860	5759	315	44	4	6	6
天峨县	4784	4784	614	524			
凤山县	4391	4391	412	502			
东兰县	3634	3634	253	731			
罗城仫佬族自治县	7359	7333	373	709	17		
环江毛南族自治县	9264	9235	290	969	7	42	27
巴马瑶族自治县	7265	7200	324	905	1		
都安瑶族自治县	8004	8004	369	1351	1		
大化瑶族自治县	4206	4206	269	120		1	
宜州市	15516	15190	1091	391	57	3	
来宾市	69579	68160	3381	3351	776	137	11
市辖区							
兴宾区	30874	30245	2046	1008	161	7	
忻城县	6973	6740	598	204	276	80	
象州县	10316	10135	108	643	334	22	9
武宣县	10099	9767	355	496	5	15	2
金秀瑶族自治县	5493	5493	196	823		13	
合山市	5824	5780	78	177			
崇左市	60053	58917	4930	2885	227	44	
市辖区							
江洲区	14271	13886	1822	460	18		
扶绥县	10584	10389	582	366			
宁明县	6468	6343	690	127		3	
龙州县	8328	8145	382	486	207	8	
大新县	7390	7390	719	1236		33	
天等县	5074	4967	174	161	2		
凭祥市	7938	7797	561	49			

集体联营企业	国有与集体联营企业	其他联营企业	有限责任公司	国有独资公司	其他有限责任公司	股份有限公司	私营企业	私营独资企业
7			6692	53	6639	318	10018	1688
34			2562	47	2515	403	4034	629
	20		2517	32	2485	593	4210	1869
			920	5	915	54	983	285
			825	59	766	143	1853	243
		3	385		385	162	1408	556
1			659		659	443	2193	864
5			860	252	608	384	1289	444
	4		774	83	691	36	3710	706
3		28	9765	813	8952	2826	36693	7213
		28	3237	464	2773	924	15913	1540
			2251	46	2205	432	8896	2276
			1113	27	1086	417	3431	1135
			1887	203	1684	609	4529	1340
3			1277	73	1204	444	3924	922
56		4	24839	1461	23378	4592	48548	13019
41			7029	355	6674	1778	11208	2108
			1662	49	1613	644	2994	1520
			551	26	525	82	2992	327
			1256	19	1237	636	1568	331
			772	80	692	27	1842	1218
			2737	10	2727	258	3181	1118
15			4387	219	4168	12	3412	826
			835	38	797	190	4815	1301
			1199	155	1044	669	4109	1966
		1	228	28	200	103	3449	810
		3	4183	482	3701	193	8978	1494
113		13	17697	2255	15442	3215	37953	8125
7			7585	1436	6149	1026	17769	2358
80			3227	57	3170	98	1966	986
13			1832	83	1749	440	6460	1694
		13	1749	78	1671	208	6592	1617
13			1068	284	784	62	3316	798
			2236	317	1919	1381	1850	672
26		18	13966	995	12971	2097	34198	7232
			4761	361	4400	292	6469	1453
			1088	186	902	30	8203	1223
		3	1048	256	792	132	4296	1379
		8	1661	74	1587	347	4878	976
26		7	2038		2038	285	3036	847
			1162	67	1095	511	2942	848
			2208	51	2157	500	4374	506

2-12 续表 3

地 区	私营合伙企业	私营有限责任公司	私营股份有限公司	其他企业	港、澳、台商投资企业	合资经营企业(港、澳、台资)	合作经营企业(港、澳、台资)
总 计	**53893**	**992589**	**84929**	**58978**	**34755**	**9851**	**1949**
南宁市	8304	293204	34902	8503	5371	1953	321
市辖区							
兴宁区	1082	19954	1402	1023	935	403	8
青秀区	782	100839	4828	1224	614	222	29
江南区	280	40993	22285	760	1161	590	20
西乡塘区	768	75907	2605	892	1096	20	
良庆区	464	9293	327	621	99	8	
邕宁区	429	2332	25	104			
武鸣县	1058	14008	566	740	630	321	
隆安县	346	5430	258	66	67	64	
马山县	48	1159	48	363			
上林县	396	2229	836	640			
宾阳县	731	9813	1459	1554	432	133	264
横 县	1920	11247	263	516	337	192	
柳州市	4971	134788	6775	3685	877	347	9
市辖区							
城中区	258	16278	974	227	147	1	
鱼峰区	1031	28229	1134	54	293	157	
柳南区	474	33493	436	194	149	24	
柳北区	469	28390	1317	360	256	165	9
柳江县	1048	8643	1240	909			
柳城县	343	3667	205	328	7		
鹿寨县	433	3160	326	371			
融安县	224	3857	222	42	22		
融水苗族自治县	466	7679	664	330			
三江侗族自治县	225	1392	257	870	3		
桂林市	12504	108252	11893	8644	3211	670	419
市辖区							
秀峰区	144	11740	1062	318	595	282	
叠彩区	193	6347	1914	217	79		11
象山区	488	11779	1018	291	186	139	
七星区	163	15567	938	235	524	247	118
雁山区	58	1015	175	18	277		262
临桂区	1009	9298	821	990	345	2	
阳朔县	526	1320	621	187	186		28
灵川县	983	10479	983	250			
全州县	1786	2583	382	741			
兴安县	1857	5860	345	460	659		
永福县	721	6213	589	1004	10		
灌阳县	821	3327	735	407			
龙胜各族自治县	629	2210	264	927	9		
资源县	1637	4510	665	489	308		
平乐县	324	3726	139	118	15		
荔浦县	650	8638	912	1384	7		
恭城瑶族自治县	515	3640	330	608	11		

从业人员数(人)								
港、澳、台商独资经营企业	港、澳、台商投资股份有限公司	其他港、澳、台投资企业	外商投资企业	中外合资经营企业	中外合作经营企业	外资企业	外商投资股份有限公司	其他外商投资企业
21808	**1115**	**32**	**28387**	**12272**	**2536**	**11891**	**674**	**1014**
3018	55	24	9548	2561	755	5987	113	132
524			93	32	1	60		
332	8	23	2626	54	129	2345	23	75
531	20		1516	783	143	495	89	6
1073	3		1317	317	105	850		45
90		1	690	33	277	374		6
			135	135				
285	24		2710	932		1778		
3			249	164		85		
35			212	111	100		1	
145								
521			2197	1008	68	807	85	229
146			110	15		7	85	3
136			358	138		220		
125			640	277		363		
82			533	356				177
			361	222	6	114		19
7			51			21		30
22			78		62	16		
			66			66		
3								
1535	583	4	3810	2015	751	820	114	110
310		3	762	476	170	47	69	
68								
46		1	720	357	335	17	8	3
156	3		1021	391	78	552		
13	2		299	290		6		3
343			278	262	4	4		8
158			106	23		82	1	
			116		116			
			32	8			24	
376	283		90			90		
10			124	16		22		86
9			31		31			
13	295		74	62			12	
15								
7			141	114	17			10
11			16	16				

2-12 续表 4

地区	私营合伙企业	私营有限责任公司	私营股份有限公司	其他企业	港、澳、台商投资企业	合资经营企业(港、澳、台资)	合作经营企业(港、澳、台资)
梧州市	3723	35705	3169	8243	6450	1534	286
市辖区							
万秀区	1111	9640	406	722	2289	1092	24
长洲区	541	7824	172	384	591	331	147
龙圩区	481	5065	277	570	2240	81	
苍梧县	185	307	29	715	65	30	
藤县	544	6582	1181	2639	481		115
蒙山县	281	1296	20	1129	23		
岑溪市	580	4991	1084	2084	761		
北海市	1225	35929	3685	2255	2994	735	254
市辖区							
海城区	202	22600	3234	772	1452	572	
银海区	198	5844	129	121	154		31
铁山港区	82	1159		29	299	18	223
合浦县	743	6326	322	1333	1089	145	
防城港市	462	35321	1655	3419	664		
市辖区							
港口区	6	16379	562	2950	129		
防城区	409	8118	517		480		
上思县	21	2457	172	276	55		
东兴市	26	8367	404	193			
钦州市	2527	39902	3810	2357	2364	402	12
市辖区							
钦南区	452	15040	1025	764	510	112	2
钦北区	233	8664	1803	768	499	43	
灵山县	1357	9468	806	385	1115	187	10
浦北县	485	6730	176	440	240	60	
贵港市	3284	58806	2712	6116	3605	657	480
市辖区							
港北区	420	17320	788	1183	835	442	5
港南区	282	11954	60	218	1445		
覃塘区	198	5933	347	1322	310	215	
平南县	972	9507	631	1824	739		475
桂平市	1412	14092	886	1569	276		
玉林市	6312	98745	1624	7126	4348	2308	165
市辖区							
玉州区	1513	30672	707	891	538	271	
福绵区	914	6697	32	203	162	127	
容县	1151	11756	171	182	166	15	
陆川县	633	10912	152	736	228	114	
博白县	157	10800	9	4434	562	435	
兴业县	829	6595	361	10	696	17	
北流市	1115	21313	192	670	1996	1329	165
百色市	1632	49695	4092	3321	1403	83	3
市辖区							
右江区	462	15794	1452	771	395		
田阳县	181	9399	160	13	55		
田东县	96	5291	170	450			

从业人员数(人)								
港、澳、台商独资经营企业	港、澳、台商投资股份有限公司	其他港、澳、台投资企业	外商投资企业	中外合资经营企业	中外合作经营企业	外资企业	外商投资股份有限公司	其他外商投资企业
4429	201		2996	1316	200	1174		306
972	201		1352	803	13	534		2
113			335	120	177	30		8
2159			390	237		153		
35								
366			214	4		71		139
23			47			47		
761			658	152	10	339		157
2005			1094	223	166	677	3	25
880			824	218	119	459	3	25
123			57	5		52		
58								
944			213		47	166		
664			1319	934	159	194	17	15
129			678	601		77		
480			284	108	159		17	
55			230	225		5		
			127			112		15
1950			1233	892	17	204	115	5
396			628	402	17	204		5
456			275	270			5	
918			110				110	
180			220	220				
2418	50		1780	722	180	849		29
388			691	407		284		
1427	18		365			365		
63	32							
264			243	40	180	23		
276			481	275		177		29
1874	1		1818	1087	152	301	215	63
267			753	527	6	2	215	3
35			56			56		
151			93	3		90		
114			490	281	146	3		60
127			251	251				
679								
501	1		175	25		150		
1298	19		345	304	12	21		8
395			142	123	12			7
36	19		19			19		

2-12 续表 5

地　区	私营合伙企　业	私营有限责任公司	私营股份有限公司	其他企业	港、澳、台商投资企　业	合资经营企业(港、澳、台资)	合作经营企业(港、澳、台资)
平果县	185	7730	415	324	796	83	
德保县	152	3164	89	124			
靖西县	105	2168	68	268	17		
那坡县	32	624	42	7			
凌云县	89	1406	115	359			
乐业县	185	667		206			
田林县	42	1170	117	259	137		
西林县	35	582	228	266			
隆林各族自治县	68	1700	1236	274	3		3
贺州市	1903	26159	1418	1845	1379	375	
市辖区							
八步区	659	13426	288	111	624	176	
平桂管理区	292	6146	182	306	366	77	
昭平县	190	1862	244	572	225		
钟山县	510	2387	292	517	155	122	
富川瑶族自治县	252	2338	412	339	9		
河池市	3731	27036	4762	1244	511	397	
市辖区							
金城江区	522	7662	916	167	27	7	
南丹县	280	891	303	90	101	101	
天峨县	136	1420	1109	21			
凤山县	36	611	590	17			
东兰县	20	522	82	9			
罗城仫佬族自治县	365	1486	212	58			
环江毛南族自治县	1145	1189	252	116	29		
巴马瑶族自治县	81	3217	216	130	64		
都安瑶族自治县	72	1770	301	306			
大化瑶族自治县	338	1935	366	36			
宜州市	736	6333	415	294	290	289	
来宾市	2247	24814	2767	1650	783	70	
市辖区							
兴宾区	408	13430	1573	643	215		
忻城县	105	787	88	291	123		
象州县	786	3323	657	296	69	65	
武宣县	605	4310	60	347	332		
金秀瑶族自治县	249	1906	363	15			
合山市	94	1058	26	58	44	5	
崇左市	1068	24233	1665	570	795	320	
市辖区							
江洲区	118	4426	472	64	284	30	
扶绥县	154	6398	428	120	79	79	
宁明县	355	2562		47	1	1	
龙州县	212	3374	316	176	183	73	
大新县	70	2030	89	43			
天等县	74	1994	26	15	107	107	
凭祥市	85	3449	334	105	141	30	

从业人员数(人)								
港、澳、台商独资经营企业	港、澳、台商投资股份有限公司	其他港、澳、台投资企业	外商投资企业	中外合资经营企业	中外合作经营企业	外资企业	外商投资股份有限公司	其他外商投资企业
713								
17			142	140		2		
			41	41				
			1					1
137								
836	168		1160	463		687		10
448			42	38		4		
249	40		507	425		77		5
97	128		53			48		5
33			295			295		
9			263			263		
114			110	10	1	27		72
20			47					47
			26		1			25
29								
64			1	1				
1			36	9		27		
671	38	4	636	592		22	12	10
215			414	382		22		10
123			110	110				
		4	112	100			12	
332								
1	38							
475			341	145	75	121		
254			101	5	75	21		
			116	116				
			124	24		100		
110								
111								

2-13 按地区、登记注册类型分组的

地区	全年营业收入（亿元）						
		内资企业					
			国有企业	集体企业	股份合作企业	联营企业	
							国有联营企业
总计	**9901.78**	**9432.06**	**293.20**	**213.60**	**14.78**	**5.07**	**0.31**
南宁市	2817.84	2713.44	110.94	33.00	1.90	0.39	0.05
市辖区							
兴宁区	105.92	103.82	6.27	1.36	1.10	0.03	0.01
青秀区	622.30	615.23	58.73	1.29	0.12	0.09	
江南区	506.19	468.24	7.48	19.14		0.05	
西乡塘区	770.67	749.10	17.46	2.87	0.12	0.06	
良庆区	230.78	214.97	1.41	0.13	0.04		
邕宁区	12.01	11.14	0.52	0.31			
武鸣县	265.19	252.67	5.05	1.57	0.41	0.04	0.04
隆安县	49.03	48.55	1.19	0.06	0.10		
马山县	16.66	16.66	0.66	0.18			
上林县	20.87	20.87	1.18	0.14			
宾阳县	96.31	91.48	1.58	4.44		0.03	
横县	121.90	120.72	9.43	1.50		0.08	
柳州市	1446.43	1407.99	27.54	23.66	4.83	0.70	0.12
市辖区							
城中区	97.82	97.25	0.73	0.79	0.10		
鱼峰区	389.15	381.99	2.17	2.93	0.73		
柳南区	224.43	216.37	14.35	4.80	2.57	0.01	
柳北区	446.82	426.98	1.99	10.66	1.26	0.36	0.01
柳江县	119.30	117.96	2.62	0.68	0.15	0.29	0.10
柳城县	49.34	48.85	0.17	1.52			
鹿寨县	30.83	30.83	0.13	1.11	0.02	0.03	0.01
融安县	36.51	35.54	4.43	0.13		0.01	
融水苗族自治县	43.48	43.48	0.84	0.48			
三江侗族自治县	8.76	8.75	0.11	0.56			
桂林市	1260.83	1206.97	49.47	25.56	3.99	0.62	0.03
市辖区							
秀峰区	37.91	34.30	2.62	0.97	0.15	0.05	
叠彩区	39.17	39.08	4.02	0.55	0.07	0.01	
象山区	86.63	85.46	5.95	1.64	0.27	0.03	
七星区	119.91	110.72	4.88	1.58	0.08		
雁山区	16.43	12.97	0.25	0.06			
临桂区	183.74	156.61	1.74	0.61	0.56		
阳朔县	14.90	14.69	2.30	0.63	0.36		
灵川县	142.55	139.21	7.24	2.08	0.04	0.01	
全州县	114.10	114.03	8.51	6.37	0.79	0.04	
兴安县	88.19	85.19	0.76	0.18	0.01	0.17	
永福县	144.57	144.21	4.41	7.48	0.01		
灌阳县	92.75	92.75	0.24	0.13	0.09	0.18	
龙胜各族自治县	29.10	29.04	1.37	1.96	0.09	0.02	
资源县	46.87	44.97	3.46	0.04	0.42	0.03	0.02
平乐县	30.90	30.87	0.92	0.86	0.94	0.01	
荔浦县	41.16	40.97	0.24	0.10	0.12	0.05	
恭城瑶族自治县	31.94	31.91	0.55	0.31		0.03	

小微企业法人单位营业收入

集体联营企业	国有与集体联营企业	其他联营企业	有限责任公司	国有独资公司	其他有限责任公司	股份有限公司	私营企业	私营独资企业
2.37	**0.44**	**1.96**	**2820.45**	**185.53**	**2634.92**	**324.74**	**5667.49**	**655.74**
0.18	0.11	0.05	849.64	45.87	803.77	51.81	1652.57	114.99
0.01	0.01		42.13	5.41	36.72	3.43	48.15	1.99
0.04	0.01	0.04	212.47	11.44	201.03	17.04	323.15	2.66
0.05		0.01	157.32	20.17	137.16	3.86	279.82	18.74
0.06			117.20	0.75	116.44	9.90	599.58	4.26
			148.70	0.66	148.04	9.26	54.32	4.06
			1.52	0.39	1.13	0.33	8.38	0.59
			133.69	1.43	132.26	0.77	109.84	15.50
			4.52	0.33	4.19	0.57	42.06	1.62
			4.03		4.03	1.64	9.91	3.17
			4.58	0.04	4.54	0.03	14.67	5.19
0.01	0.01		16.09	3.65	12.44	3.72	64.18	25.81
	0.08		7.38	1.59	5.79	1.26	98.52	31.39
0.29	0.28	0.01	417.31	16.47	400.84	34.06	891.80	62.92
			22.50	6.35	16.16	3.75	69.31	1.29
			145.00	2.46	142.54	10.95	220.17	25.06
0.01			33.34	3.30	30.04	0.79	160.15	7.97
0.07	0.28		130.70	1.89	128.81	8.33	269.92	6.01
0.18		0.01	40.67	0.71	39.95	1.74	69.76	11.15
			21.63	0.31	21.32	0.42	24.77	2.00
0.03			6.91	0.50	6.42	5.60	16.15	1.44
0.01			7.31	0.12	7.19	0.82	22.83	5.45
			6.13	0.79	5.34	0.80	35.06	2.07
			3.13	0.06	3.07	0.86	3.68	0.49
0.45	0.03	0.11	353.92	20.79	333.13	62.02	695.64	82.54
0.05			13.72	0.17	13.55	1.12	15.15	0.18
0.01			15.65	0.42	15.23	1.28	17.23	1.01
0.03			38.95	0.45	38.50	4.57	33.45	1.08
			53.30	7.56	45.74	5.03	45.44	0.23
			3.54	1.07	2.47		9.11	0.29
			56.56	0.14	56.42	23.34	69.38	7.08
			3.98		3.98	0.19	6.92	2.87
0.01			34.75	1.02	33.73	4.04	90.90	8.45
		0.04	30.82	1.47	29.35	1.74	64.91	5.60
0.17			24.11	0.37	23.74	0.63	58.08	11.01
			29.08	0.41	28.67	10.28	90.91	10.40
0.18			23.54		23.54	0.53	67.79	4.91
		0.02	3.59	0.17	3.41	4.39	16.45	3.50
		0.01	9.75	7.15	2.60	1.27	29.57	0.97
			2.44	0.10	2.34	0.66	24.90	12.40
		0.05	6.25	0.09	6.16	1.43	30.19	11.20
	0.03		3.92	0.22	3.70	1.52	25.24	1.35

2-13 续表 1

地　　区	全年营业收入(亿元)						
		内资企业					
			国有企业	集体企业	股份合作企业	联营企业	
							国有联营企业
梧州市	659.47	597.80	4.92	10.79	0.72	0.14	
市辖区							
万秀区	158.45	127.37	2.10	2.00		0.04	
长洲区	71.73	68.60	0.32	0.48			
龙圩区	150.74	133.90	0.78	2.77	0.02		
苍梧县	41.97	41.88	0.31	0.10			
藤　县	36.26	34.37	0.62	2.73	0.62	0.09	
蒙山县	30.02	29.42	0.48	0.02	0.08		
岑溪市	170.30	162.28	0.31	2.68		0.01	
北海市	297.99	265.62	7.75	4.51	0.04	0.64	
市辖区							
海城区	200.56	174.19	5.71	0.73		0.03	
银海区	23.72	23.46	0.49	1.63		0.53	
铁山港区	7.51	6.13	0.11	0.10			
合浦县	66.21	61.85	1.43	2.05	0.04	0.07	
防城港市	429.86	410.12	8.43	2.75	0.03	0.05	
市辖区							
港口区	213.33	201.91	3.65	0.32			
防城区	96.91	90.81	1.71	1.86	0.02	0.02	
上思县	23.85	21.75	0.25	0.54		0.02	
东兴市	95.77	95.65	2.82	0.03	0.01	0.02	
钦州市	507.00	466.96	6.15	18.68	0.41	0.10	
市辖区							
钦南区	238.61	208.80	3.98	3.01		0.01	
钦北区	123.93	118.28	1.13	2.55	0.04	0.02	
灵山县	88.95	84.48	0.55	3.79	0.01	0.07	
浦北县	55.50	55.39	0.48	9.32	0.37		
贵港市	449.38	429.40	7.32	19.51	0.34	0.17	0.02
市辖区							
港北区	84.21	79.07	4.10	1.97		0.04	
港南区	83.14	78.54	0.72	2.80		0.01	
覃塘区	66.26	64.59	0.76	0.62	0.11		
平南县	88.57	85.84	0.58	5.33	0.19	0.03	0.02
桂平市	127.20	121.36	1.16	8.78	0.03	0.09	
玉林市	762.26	720.06	13.29	31.94	0.55	0.32	0.05
市辖区							
玉州区	187.51	178.88	4.20	4.66	0.02	0.07	0.05
福绵区	25.04	24.24	0.08	0.49			
容　县	99.48	98.44	0.80	2.09	0.01		
陆川县	201.24	183.60	3.08	4.78			
博白县	89.27	86.65	2.03	12.12	0.19		
兴业县	43.50	43.27	0.38	2.38		0.24	
北流市	116.22	104.99	2.72	5.41	0.32		
百色市	331.45	324.25	13.97	12.94	0.16	0.12	
市辖区							
右江区	102.54	96.38	2.67	3.70		0.01	
田阳县	40.07	40.07	0.35	2.43	0.12		
田东县	24.20	24.20	1.25	2.55		0.07	

集体联营企业	国有与集体联营企业	其他联营企业	有限责任公司	国有独资公司	其他有限责任公司	股份有限公司	私营企业	私营独资企业
0.05		0.09	240.84	10.38	230.47	41.03	287.59	65.50
0.04			45.18	0.22	44.97	24.08	53.02	4.28
			47.76	0.19	47.57	0.52	18.01	1.06
			25.27	9.82	15.46	8.46	96.22	1.67
			9.85		9.85	0.05	28.84	24.09
		0.09	2.88	0.05	2.83	0.44	24.03	5.97
			4.03	0.01	4.02	6.43	17.18	2.98
0.01			105.87	0.10	105.77	1.06	50.28	25.44
0.59	0.02	0.02	70.22	4.76	65.46	10.51	164.98	7.07
		0.02	51.53	4.55	46.98	8.39	102.11	0.65
0.53			3.21	0.20	3.01	0.44	17.10	2.08
			1.03		1.03	0.32	4.51	1.39
0.06	0.02		14.46	0.01	14.45	1.36	41.26	2.96
0.03		0.02	117.66	3.92	113.74	40.10	240.55	10.03
			63.43	3.65	59.78	23.02	111.47	0.87
		0.02	24.23	0.12	24.11	7.24	55.73	7.13
0.01			9.10	0.11	8.99	0.50	10.85	1.01
0.02			20.90	0.04	20.86	9.34	62.50	1.02
0.07		0.03	162.43	2.75	159.68	17.64	255.27	19.76
0.01			100.96	2.31	98.65	5.26	93.23	4.15
0.02			34.19	0.37	33.82	8.36	70.94	5.64
0.04		0.03	15.17	0.02	15.15	3.78	58.42	8.47
			12.11	0.05	12.06	0.24	32.69	1.50
0.15		0.01	71.30	2.96	68.34	5.42	316.83	83.12
0.04			31.93	0.26	31.67	2.84	36.50	2.81
		0.01	6.82	0.28	6.55	0.36	67.17	5.14
			18.48		18.48	0.06	42.11	20.09
0.02			7.18	1.06	6.11	1.69	69.58	30.89
0.09			6.87	1.36	5.52	0.47	101.47	24.19
0.26			164.39	33.76	130.64	10.23	485.71	132.09
0.03			81.36	29.46	51.90	3.43	83.03	5.50
			1.92	0.22	1.70	0.30	21.32	8.90
			3.57	0.10	3.47	0.94	90.86	39.69
			50.55	1.99	48.56	2.92	117.84	31.43
			10.29	0.75	9.55	0.32	55.46	13.08
0.24			1.21	0.68	0.53		39.05	5.37
			15.49	0.56	14.93	2.33	78.14	28.12
0.11			110.69	22.90	87.79	19.12	164.54	12.72
0.01			58.45	11.88	46.57	0.63	30.72	1.33
			10.32	9.66	0.66	0.23	26.60	4.85
0.07			4.53	0.13	4.40	0.46	15.01	0.38

2-13 续表 2

地　　区	全年营业收入（亿元）	内资企业	国有企业	集体企业	股份合作企业	联营企业	国有联营企业
平果县	72.47	71.84	3.33	0.29	0.01		
德保县	21.97	21.97	0.16	0.20		0.02	
靖西县	25.31	25.30	0.74	1.34	0.01		
那坡县	6.33	6.25	1.12	0.11			
凌云县	12.61	12.61	0.29	0.11			
乐业县	3.77	3.77	0.66	1.13	0.01		
田林县	7.84	7.51	0.89	0.70			
西林县	5.93	5.93	0.30	0.30			
隆林各族自治县	8.42	8.42	2.20	0.10			
贺州市	203.33	193.24	10.66	3.28	0.13	0.02	
市辖区							
八步区	47.65	46.16	3.52	0.22	0.08	0.02	
平桂管理区	63.25	58.98	3.90	1.25			
昭平县	20.35	20.06	1.36	1.13	0.02		
钟山县	49.99	47.11	1.09	0.41			
富川瑶族自治县	22.09	20.94	0.80	0.27	0.04		
河池市	189.76	187.67	13.42	11.50	0.63	0.11	0.01
市辖区							
金城江区	47.56	47.54	2.47	1.68	0.45	0.09	
南丹县	9.52	8.87	0.41	0.11		0.01	0.01
天峨县	25.54	25.54	0.73	1.32			
凤山县	11.02	11.02	5.72	0.38			
东兰县	7.40	7.40	0.59	1.47			
罗城仫佬族自治县	9.05	9.04	0.46	0.75	0.05		
环江毛南族自治县	20.80	20.71	0.51	1.54	0.03	0.01	
巴马瑶族自治县	10.58	10.15	0.33	0.79			
都安瑶族自治县	11.83	11.83	0.48	1.85			
大化瑶族自治县	7.20	7.20	0.23	0.38			
宜州市	29.26	28.35	1.50	1.23	0.09		
来宾市	274.83	244.25	11.18	7.23	0.76	0.10	0.02
市辖区							
兴宾区	123.27	95.35	8.02	1.10	0.14		
忻城县	24.49	22.26	1.41	0.17	0.15	0.02	
象州县	63.63	63.32	1.01	3.06	0.45	0.03	0.01
武宣县	42.19	42.10	0.45	1.07	0.03	0.01	
金秀瑶族自治县	13.70	13.70	0.23	1.51		0.04	
合山市	7.55	7.51	0.05	0.32			
崇左市	271.34	264.30	8.15	8.28	0.30	1.60	
市辖区							
江洲区	33.34	30.12	0.77	0.68	0.01		
扶绥县	25.67	24.22	3.39	0.43			
宁明县	69.58	68.95	0.48	0.06			
龙州县	23.98	22.94	0.85	0.65	0.29	1.58	
大新县	37.25	37.25	0.46	6.13		0.02	
天等县	21.54	21.18	0.18	0.32			
凭祥市	59.99	59.64	2.02	0.01			

集体联营企　　业	国有与集体联营企业	其他联营企　　业	有限责任公　　司	国有独资公　　司	其他有限责任公司	股份有限公　　司	私营企业	私营独资企　　业
			18.34	0.22	18.11	1.42	48.26	1.52
0.02			5.37	0.11	5.25	1.36	14.73	1.25
			3.62	0.20	3.42	12.44	7.02	1.26
			2.03		2.02	0.02	2.96	0.14
			2.33	0.09	2.24	0.32	8.32	0.27
			0.53		0.53	0.16	1.23	0.61
			1.99		1.99	0.49	3.20	0.47
			1.69	0.43	1.26	1.53	1.99	0.32
			1.49	0.16	1.33	0.04	4.49	0.31
		0.02	49.25	1.83	47.42	10.44	117.28	13.66
		0.02	9.88	1.52	8.36	1.46	30.41	0.81
			12.72	0.01	12.71	2.43	38.41	1.98
			5.72	0.03	5.69	1.69	9.40	1.73
			17.24	0.27	16.97	0.28	27.92	8.10
			3.69		3.69	4.58	11.14	1.05
0.10			81.82	3.98	77.84	6.25	72.79	10.33
0.09			21.83	1.46	20.37	2.24	18.71	1.07
			3.39	0.08	3.32	0.87	4.01	1.19
			20.33		20.33	0.18	2.97	0.23
			1.96	0.06	1.90	1.31	1.64	0.15
			1.92	0.15	1.78	0.04	3.33	1.47
			3.12		3.12	0.51	4.11	0.65
0.01			15.08	1.03	14.05	0.01	3.34	0.73
			1.46	0.09	1.36	0.46	7.07	1.15
			1.79	0.40	1.39	0.09	7.36	1.63
			0.54	0.11	0.43	0.10	5.95	0.49
			10.40	0.59	9.80	0.44	14.29	1.57
0.08		0.01	58.84	11.26	47.58	11.88	152.73	14.43
			22.46	8.41	14.05	2.90	60.34	2.17
0.02			14.63	0.26	14.37	0.23	5.53	0.87
0.01			10.59	0.10	10.49	5.16	42.11	3.50
		0.01	2.96	0.58	2.38	1.80	35.72	5.80
0.04			4.52	1.01	3.50	0.27	7.14	1.26
			3.69	0.91	2.78	1.51	1.90	0.82
0.02		1.58	72.14	3.90	68.24	4.23	169.21	26.60
			9.81	0.82	8.99	0.78	17.98	2.47
			4.38	1.33	3.06		15.92	1.14
			13.00	1.29	11.71	0.52	54.88	18.75
		1.58	4.64	0.05	4.60	1.35	13.51	1.52
0.02			14.17		14.17	0.07	16.38	1.00
			7.71	0.19	7.51	0.67	12.30	1.21
			18.44	0.23	18.21	0.85	38.25	0.50

2-13 续表 3

地　　区	私营合伙企　　业	私营有限责任公司	私营股份有限公司	其他企业	港、澳、台商投资企　　业	合资经营企业(港、澳、台资)	合作经营企业(港、澳、台资)
总　　计	**142.48**	**4627.67**	**241.60**	**92.72**	**180.64**	**64.08**	**9.43**
南宁市	26.17	1458.94	52.48	13.19	42.76	14.61	3.22
市辖区							
兴宁区	0.79	43.73	1.64	1.35	1.91	1.21	0.02
青秀区	1.05	305.09	14.35	2.34	5.18	0.37	0.02
江南区	1.81	247.48	11.80	0.56	13.25	7.07	0.02
西乡塘区	1.90	577.64	15.78	1.91	11.26	0.05	
良庆区	3.49	45.68	1.08	1.10	1.13	0.01	
邕宁区	0.69	6.61	0.49	0.08			
武鸣县	7.23	86.67	0.43	1.30	4.35	3.91	
隆安县	0.48	39.02	0.94	0.04	0.07	0.07	
马山县	0.06	6.66	0.01	0.24			
上林县	0.22	8.39	0.87	0.26			
宾阳县	2.34	31.47	4.55	1.43	4.44	1.21	3.17
横　县	6.10	60.49	0.54	2.55	1.18	0.73	
柳州市	15.10	797.11	16.68	8.09	23.10	20.95	0.05
市辖区							
城中区	0.18	66.92	0.92	0.07	0.40		
鱼峰区	7.73	185.77	1.61	0.04	2.69	1.92	
柳南区	0.76	149.75	1.67	0.37	0.40	0.02	
柳北区	0.68	259.26	3.98	3.76	19.61	19.01	0.05
柳江县	3.53	50.13	4.96	2.05			
柳城县	0.40	21.17	1.20	0.34			
鹿寨县	0.96	12.87	0.88	0.88			
融安县	0.03	17.25	0.10				
融水苗族自治县	0.70	30.97	1.32	0.16			
三江侗族自治县	0.13	3.03	0.04	0.42			
桂林市	30.76	511.19	71.16	15.75	7.13	0.82	1.51
市辖区							
秀峰区	0.08	13.09	1.79	0.52	0.65	0.24	
叠彩区	0.06	13.24	2.92	0.28	0.10		0.01
象山区	0.94	28.69	2.73	0.59	0.21	0.10	
七星区	0.10	43.35	1.76	0.40	1.94	0.47	1.20
雁山区	0.01	8.21	0.59	0.01	0.28		0.28
临桂区	3.48	54.80	4.02	4.42	0.52		
阳朔县	0.69	2.68	0.67	0.31	0.16		0.03
灵川县	2.33	75.96	4.16	0.14			
全州县	3.05	26.95	29.31	0.86			
兴安县	4.33	42.03	0.71	1.26	2.90		
永福县	1.93	74.41	4.17	2.05	0.02		
灌阳县	2.88	45.05	14.95	0.26			
龙胜各族自治县	1.18	11.13	0.64	1.16	0.02		
资源县	7.11	20.32	1.18	0.43	0.20		
平乐县	0.85	11.47	0.18	0.15	0.03		
荔浦县	1.23	16.76	1.00	2.59	0.07		
恭城瑶族自治县	0.48	23.04	0.38	0.34	0.02		

全年营业收入(亿元)								
港、澳、台商独资经营企业	港、澳、台商投资股份有限公司	其他港、澳、台投资企业	外商投资企业	中外合资经营企业	中外合作经营企业	外资企业	外商投资股份有限公司	其他外商投资企业
103.92	**2.99**	**0.21**	**289.08**	**128.98**	**42.73**	**115.43**	**0.35**	**1.58**
24.65	0.07	0.20	61.64	25.58	11.28	24.60		0.17
0.68			0.19	0.08		0.10		
4.59		0.20	1.90	0.27	0.29	1.30		0.04
6.13	0.04		24.70	15.42	4.43	4.83		0.01
11.21			10.32	1.02	0.67	8.49		0.13
1.12			14.69	0.14	5.73	8.82		
			0.87	0.87				
0.40	0.04		8.17	7.22		0.95		
			0.42	0.32		0.09		
0.06			0.39	0.23	0.15			
0.45								
2.10			15.34	6.69	1.00	7.47	0.10	0.08
0.40			0.17	0.07			0.10	
0.77			4.48	2.55		1.93		
0.38			7.65	3.00		4.66		
0.55			0.23	0.15				0.08
			1.34	0.93	0.03	0.39		
			0.49			0.49		
			0.97		0.97			
2.37	2.43		46.72	36.01	4.24	6.07	0.20	0.21
0.41			2.96	2.54	0.30		0.11	
0.08								
0.10			0.97	0.50	0.42	0.03	0.02	
0.27			7.25	1.35	0.09	5.81		
			3.18	3.18				
0.52			26.61	26.56	0.04			
0.14			0.05	0.02		0.04		
			3.35		3.35			
			0.07	0.01			0.06	
0.66	2.24		0.10			0.10		
0.02			0.34	0.06		0.10		0.18
0.02			0.03		0.03			
0.02	0.19		1.70	1.69			0.01	
0.03								
0.07			0.12	0.09	0.01			0.02
0.02								

2-13 续表 4

地　区	私营合伙企　业	私营有限责任公司	私营股份有限公司	其他企业	港、澳、台商投资企　业	合资经营企业(港、澳、台资)	合作经营企业(港、澳、台资)
梧州市	9.91	199.92	12.26	11.77	33.25	7.97	0.20
市辖区							
万秀区	1.43	44.82	2.49	0.95	8.51	5.99	0.01
长洲区	0.96	15.78	0.21	1.50	1.93	0.23	0.18
龙圩区	3.91	89.57	1.07	0.37	16.34	1.75	
苍梧县	0.15	4.57	0.03	2.72	0.09		
藤　县	0.76	15.75	1.55	2.96	0.60		0.01
蒙山县	1.77	12.41	0.02	1.19	0.59		
岑溪市	0.93	17.02	6.89	2.08	5.20		
北海市	2.02	152.38	3.50	6.97	7.90	1.54	1.35
市辖区							
海城区	0.11	98.25	3.11	5.69	3.55	1.36	
银海区	0.61	14.37	0.05	0.05	0.17		0.11
铁山港区	0.05	3.07		0.06	1.38	0.04	1.24
合浦县	1.25	36.69	0.35	1.17	2.79	0.14	
防城港市	2.74	218.44	9.34	0.55	7.75		
市辖区							
港口区		109.86	0.73	0.02	2.69		
防城区	2.66	37.78	8.16		5.02		
上思县	0.01	9.74	0.09	0.49	0.04		
东兴市	0.07	61.06	0.35	0.03			
钦州市	6.55	210.75	18.22	6.28	11.60	3.02	0.01
市辖区							
钦南区	3.28	77.43	8.37	2.34	4.97	0.66	0.01
钦北区	0.28	58.88	6.13	1.06	2.08	0.10	
灵山县	2.83	43.42	3.69	2.70	4.44	2.19	0.01
浦北县	0.16	31.01	0.03	0.18	0.11	0.06	
贵港市	9.72	218.68	5.31	8.51	11.32	2.38	1.43
市辖区							
港北区	0.59	31.76	1.34	1.67	2.32	1.60	0.06
港南区	0.52	60.84	0.67	0.66	3.79		
覃塘区	0.73	20.91	0.38	2.44	1.67	0.77	
平南县	4.34	33.09	1.26	1.24	2.12		1.37
桂平市	3.55	72.08	1.65	2.50	1.41		
玉林市	11.38	333.39	8.84	13.65	17.24	8.05	1.65
市辖区							
玉州区	1.65	74.83	1.05	2.10	1.11	0.87	
福绵区	0.98	11.41	0.04	0.13	0.77	0.75	
容　县	3.45	47.30	0.42	0.18	1.03	0.02	
陆川县	2.87	81.45	2.10	4.42	1.94	0.69	
博白县	0.19	42.19		6.24	1.49	1.12	
兴业县	0.90	31.39	1.39	0.01	0.23	0.20	
北流市	1.35	44.83	3.84	0.58	10.67	4.40	1.65
百色市	1.93	142.66	7.23	2.71	6.94	0.50	
市辖区							
右江区	0.26	27.56	1.56	0.19	5.98		
田阳县	0.10	21.52	0.13	0.01			
田东县	0.05	13.01	1.57	0.32			

全年营业收入(亿元)								
港、澳、台商独资经营企业	港、澳、台商投资股份有限公司	其他港、澳、台投资企业	外商投资企业	中外合资经营企业	中外合作经营企业	外资企业	外商投资股份有限公司	其他外商投资企业
25.07	0.01		28.42	8.34	1.24	18.41		0.43
2.50	0.01		22.58	7.68	0.06	14.84		
1.52			1.21	0.01	1.18	0.02		
14.59			0.50	0.44		0.07		
0.08								
0.59			1.29	0.13		0.96		0.20
0.59			0.01			0.01		
5.20			2.83	0.07	0.01	2.53		0.23
5.00			24.48	1.62	19.85	2.74		0.26
2.19			22.82	1.61	19.80	1.14		0.26
0.06			0.09			0.09		
0.10								
2.65			1.57		0.05	1.51		
7.75			12.00	8.86	0.72	2.42		
2.69			8.73	6.44		2.29		
5.02			1.08	0.36	0.72			
0.04			2.06	2.06				
			0.12			0.12		
8.57			28.45	7.08	0.01	21.31	0.04	
4.30			24.85	3.53	0.01	21.31		
1.98			3.57	3.55			0.01	
2.25			0.03				0.03	
0.04								
7.46	0.05		8.67	4.00	0.59	4.03		0.05
0.66			2.82	0.97		1.84		
3.77	0.03		0.80			0.80		
0.87	0.03							
0.75			0.61	0.02	0.59	0.01		
1.41			4.43	3.01		1.38		0.05
7.53			24.96	21.38	2.70	0.51		0.37
0.24			7.52	6.17	1.00			0.36
0.02			0.03			0.03		
1.01			0.01			0.01		
1.25			15.70	13.99	1.70			0.01
0.37			1.14	1.14				
0.03								
4.62			0.56	0.08		0.47		
6.44			0.27	0.18	0.09			
5.98			0.18	0.09	0.09			

2-13 续表 5

地 区	私营合伙企 业	私营有限责任公司	私营股份有限公司	其他企业	港、澳、台商投资企 业	合资经营企业(港、澳、台资)	合作经营企业(港、澳、台资)
平果县	0.11	46.10	0.54	0.19	0.62	0.50	
德保县	0.09	13.35	0.05	0.13			
靖西县	0.97	4.39	0.41	0.12	0.01		
那坡县	0.03	2.70	0.09				
凌云县	0.12	6.74	1.19	1.23			
乐业县	0.08	0.54		0.05			
田林县	0.06	2.58	0.09	0.24	0.33		
西林县	0.02	0.65	0.99	0.12			
隆林各族自治县	0.05	3.53	0.60	0.10			
贺州市	7.37	82.05	14.20	2.18	4.40	2.03	
市辖区							
八步区	5.48	22.72	1.40	0.57	1.39	0.44	
平桂管理区	0.64	25.76	10.04	0.27	1.38	0.56	
昭平县	0.12	7.19	0.36	0.75	0.24		
钟山县	0.68	17.75	1.39	0.17	1.28	1.02	
富川瑶族自治县	0.45	8.63	1.02	0.42	0.11		
河池市	3.72	51.07	7.68	1.15	1.92	1.41	
市辖区							
金城江区	0.69	15.21	1.74	0.08	0.02	0.02	
南丹县	1.03	1.55	0.24	0.07	0.64	0.64	
天峨县	0.23	1.33	1.18				
凤山县	0.01	0.78	0.70				
东兰县	0.01	1.66	0.20	0.04			
罗城仫佬族自治县	0.23	2.55	0.68	0.04			
环江毛南族自治县	0.57	1.83	0.20	0.20	0.09		
巴马瑶族自治县	0.08	5.61	0.23	0.04	0.43		
都安瑶族自治县	0.04	4.77	0.92	0.27			
大化瑶族自治县	0.29	3.95	1.23	0.01			
宜州市	0.55	11.83	0.35	0.40	0.74	0.74	
来宾市	4.27	125.03	9.00	1.53	1.22	0.02	
市辖区							
兴宾区	0.47	53.06	4.64	0.38	0.87		
忻城县	0.07	4.45	0.13	0.13	0.20		
象州县	1.30	35.20	2.10	0.91	0.02	0.02	
武宣县	1.68	27.72	0.52	0.06	0.08		
金秀瑶族自治县	0.66	3.62	1.61	0.01			
合山市	0.09	0.98	0.01	0.04	0.04		
崇左市	10.85	126.06	5.70	0.39	4.11	0.79	
市辖区							
江洲区	0.20	13.37	1.94	0.09	2.16	0.01	
扶绥县	0.10	14.47	0.21	0.11	0.20	0.20	
宁明县	9.84	26.30		0.01			
龙州县	0.28	11.21	0.50	0.08	1.04	0.13	
大新县	0.06	15.27	0.04	0.03			
天等县	0.07	10.98	0.03		0.36	0.36	
凭祥市	0.30	34.47	2.98	0.07	0.35	0.09	

全年营业收入(亿元)								
港、澳、台商独资经营企业	港、澳、台商投资股份有限公司	其他港、澳、台投资企业	外商投资企业	中外合资经营企业	中外合作经营企业	外资企业	外商投资股份有限公司	其他外商投资企业
0.13								
0.01			0.01	0.01				
			0.08	0.08				
0.33								
1.98	0.38		5.69	2.88		2.80		
0.95			0.10	0.10				
0.64	0.18		2.90	2.79		0.11		
0.03	0.20		0.04			0.04		
0.25			1.61			1.61		
0.11			1.04			1.04		
0.51			0.17	0.02		0.15		
0.09								
0.43								
			0.17	0.02		0.15		
1.16	0.04		29.36	5.07		24.28		
0.87			27.04	2.75		24.28		
0.20			2.03	2.03				
			0.29	0.29				
0.08								
	0.04							
3.32			2.94	1.29	1.02	0.63		
2.15			1.06		1.02	0.04		
			1.26	1.26				
			0.62	0.03		0.59		
0.90								
0.27								

2-14 按地区、登记注册类型分组的

地区	资产总计(亿元)	内资企业	国有企业	集体企业	股份合作企业	联营企业	国有联营企业
总计	**21516.27**	**20024.10**	**627.90**	**189.04**	**23.23**	**4.86**	**1.08**
南宁市	6516.63	6272.32	206.47	19.01	1.16	0.23	0.06
市辖区							
兴宁区	226.68	199.14	8.61	2.05	0.24	0.06	0.04
青秀区	3376.06	3239.89	111.93	1.90	0.06	0.02	
江南区	663.80	634.61	23.06	5.95		0.02	
西乡塘区	828.42	813.41	19.22	3.88	0.17	0.05	
良庆区	467.34	462.79	1.01	0.46	0.29		
邕宁区	28.77	28.15	1.30	0.12			
武鸣县	257.11	232.33	15.08	0.99	0.27	0.03	0.01
隆安县	42.32	41.64	6.27	0.14	0.12		
马山县	398.16	398.16	0.89	0.23			
上林县	32.10	32.10	1.40	0.28			
宾阳县	70.12	65.71	3.94	2.15		0.02	
横　县	125.75	124.39	13.75	0.87		0.02	
柳州市	2584.10	2509.47	46.76	23.49	7.80	0.69	0.25
市辖区							
城中区	593.02	590.71	4.18	1.61	0.31		
鱼峰区	402.46	385.24	4.75	3.39	0.67		
柳南区	487.50	475.81	23.54	3.08	5.52		
柳北区	502.56	468.24	7.35	10.31	1.08	0.27	0.01
柳江县	365.68	363.22	1.71	1.75	0.16	0.31	0.21
柳城县	73.37	70.66	0.45	0.63			
鹿寨县	62.37	62.37	0.40	1.09	0.06	0.08	0.03
融安县	34.95	31.70	2.67	0.16		0.01	
融水苗族自治县	37.90	37.23	0.90	0.27			
三江侗族自治县	24.29	24.29	0.82	1.20			
桂林市	1854.44	1782.51	79.33	21.59	5.53	0.40	0.04
市辖区							
秀峰区	198.25	187.58	6.65	3.71	0.28	0.05	
叠彩区	157.84	150.67	16.72	3.48	0.11	0.01	
象山区	237.06	232.80	10.13	1.57	0.12	0.03	
七星区	274.05	257.06	6.59	1.06	0.08		
雁山区	38.13	34.62	0.88	0.20			
临桂区	173.36	153.77	2.30	0.59	0.47		
阳朔县	125.90	123.00	2.28	0.90	0.58	0.02	0.02
灵川县	107.73	107.10	21.07	0.88	0.02	0.03	
全州县	80.89	80.73	5.69	2.98	1.02	0.05	
兴安县	77.24	74.21	0.96	0.04	0.07	0.06	
永福县	78.74	77.69	2.97	2.37	0.15		
灌阳县	66.09	66.09	0.21	0.31	0.31	0.06	
龙胜各族自治县	60.22	59.95	0.58	2.18	0.51	0.01	
资源县	45.97	44.76	0.79	0.07	1.32	0.03	0.02
平乐县	57.64	57.45	0.29	0.66	0.34	0.01	
荔浦县	51.11	50.87	0.37	0.07	0.16	0.01	
恭城瑶族自治县	24.20	24.16	0.86	0.51		0.02	

小微企业法人单位资产总额

集体联营企业	国有与集体联营企业	其他联营企业	有限责任公司	国有独资公司	其他有限责任公司	股份有限公司	私营企业	私营独资企业
2.62	**0.40**	**0.76**	**9221.11**	**2143.97**	**7077.14**	**986.44**	**8893.04**	**392.47**
0.11	0.04	0.02	3113.30	718.35	2394.95	341.95	2580.75	50.11
0.01			103.29	9.52	93.77	3.68	80.33	1.59
		0.02	1587.03	312.07	1274.96	246.05	1291.11	2.13
0.02			339.75	114.57	225.18	7.68	257.78	2.87
0.05			202.08	19.01	183.07	31.74	555.28	5.10
			276.22	158.24	117.98	39.95	142.88	2.55
			12.13	0.62	11.51	0.28	14.23	0.52
0.01			127.93	49.43	78.51	0.54	86.43	9.41
			4.97	0.40	4.57	1.65	28.44	1.85
			382.11		382.11	6.51	8.02	1.70
			13.29	7.79	5.50	0.07	16.67	3.04
0.01	0.02		18.64	9.09	9.55	2.18	37.84	11.14
	0.02		45.85	37.61	8.24	1.61	61.74	8.23
0.13	0.24	0.06	1241.51	383.33	858.18	126.65	1056.27	43.03
			388.02	234.33	153.69	11.68	184.67	1.88
			126.63	19.94	106.70	42.57	207.04	7.92
			243.20	89.69	153.51	3.98	196.32	8.05
0.02	0.24		123.81	23.55	100.27	20.54	303.32	2.37
0.05		0.06	284.91	10.75	274.16	11.87	60.06	10.33
			22.63	0.45	22.19	13.60	32.93	2.26
0.05			24.29	0.86	23.44	14.15	22.08	2.83
0.01			10.55	1.11	9.44	2.49	15.81	4.47
			6.51	0.72	5.80	4.98	24.38	1.90
			10.95	1.95	8.99	0.81	9.65	1.02
0.25	0.02	0.10	827.45	162.98	664.47	89.14	744.74	58.22
0.05			93.97	37.98	55.99	5.31	75.94	0.16
0.01			83.03	27.92	55.11	1.61	45.25	1.14
0.03			159.81	41.95	117.86	5.85	54.95	0.46
			145.68	18.24	127.44	5.25	98.17	0.29
			17.14	3.53	13.60	0.15	16.24	0.15
			75.27	1.88	73.39	7.82	64.80	3.13
0.01			95.91		95.91	10.24	12.80	4.10
0.03			16.60	2.13	14.47	4.36	64.02	3.36
		0.05	18.10	1.40	16.70	7.09	44.41	4.92
0.06			24.94	0.66	24.28	1.89	45.76	4.63
			17.89	3.70	14.19	4.43	47.26	10.92
0.06			9.69		9.69	0.12	54.35	2.77
		0.01	11.47	0.26	11.21	29.02	15.45	2.95
		0.01	16.70	12.83	3.86	2.19	23.15	1.32
			19.24	5.31	13.93	1.54	35.27	8.12
		0.01	16.66	5.16	11.51	1.11	31.15	7.80
	0.02		5.36	0.04	5.32	1.17	15.77	2.01

2-14 续表 1

地区	资产总计(亿元)	内资企业	国有企业	集体企业	股份合作企业	联营企业	国有联营企业
梧州市	896.97	811.60	36.67	22.78	0.27	0.15	
市辖区							
万秀区	282.38	231.43	12.93	2.28		0.06	
长洲区	177.59	165.49	14.12	0.40			
龙圩区	228.88	216.96	1.10	16.45	0.02		
苍梧县	10.42	10.33	0.89	0.15			
藤　县	68.33	62.00	6.28	1.26	0.15	0.07	
蒙山县	36.25	35.77	0.73	0.07	0.10		
岑溪市	93.12	89.61	0.61	2.17		0.01	
北海市	1032.66	981.94	41.90	8.61	0.20	1.34	0.34
市辖区							
海城区	717.35	673.80	27.38	3.88	0.06	0.83	0.34
银海区	158.42	157.43	11.22	1.09		0.31	
铁山港区	29.99	29.15	0.23	0.12			
合浦县	126.90	121.57	3.07	3.51	0.14	0.20	
防城港市	1633.11	941.95	16.41	3.12	0.03	0.45	0.10
市辖区							
港口区	1377.56	691.40	8.68	0.18			
防城区	95.61	91.47	2.93	1.54	0.02	0.01	
上思县	32.06	31.65	0.87	0.96		0.24	0.10
东兴市	127.88	127.43	3.93	0.44	0.01	0.20	
钦州市	1655.16	1599.39	22.07	12.42	0.78	0.16	0.04
市辖区							
钦南区	677.99	634.72	12.03	2.31	0.03	0.01	
钦北区	868.86	861.49	5.73	3.44	0.09	0.03	0.01
灵山县	62.62	57.65	2.86	3.66	0.10	0.09	
浦北县	45.68	45.53	1.44	3.01	0.57	0.03	0.03
贵港市	786.00	755.23	14.34	16.69	0.60	0.35	0.01
市辖区							
港北区	444.45	427.33	6.10	3.08		0.28	
港南区	62.23	56.36	3.71	2.26			
覃塘区	55.49	52.72	1.26	2.32	0.06		
平南县	88.67	86.71	2.25	5.06	0.39	0.04	0.01
桂平市	135.15	132.12	1.02	3.96	0.15	0.03	
玉林市	1296.78	1241.51	22.25	24.11	0.73	0.21	0.03
市辖区							
玉州区	419.90	377.26	8.12	4.18	0.11	0.04	0.02
福绵区	21.63	21.04	0.17	0.73			
容　县	68.28	67.60	2.05	2.57	0.04		
陆川县	81.08	75.16	2.93	2.11			
博白县	554.24	553.88	4.77	5.36	0.17	0.01	0.01
兴业县	31.86	31.37	0.59	3.98		0.15	
北流市	119.80	115.20	3.63	5.18	0.40		
百色市	1067.79	1050.63	44.67	13.07	2.79	0.31	
市辖区							
右江区	431.71	419.07	10.45	3.62	0.03	0.04	
田阳县	112.53	111.29	2.27	3.62	0.17		
田东县	78.73	78.73	5.90	1.62		0.23	

集体联营企　业	国有与集体联营企业	其他联营企　业	有限责任公　司	国有独资公　司	其他有限责任公司	股份有限公　司	私营企业	私营独资企　业
0.07		0.08	380.72	98.24	282.48	72.14	292.00	24.62
0.06			99.16	15.66	83.49	17.53	98.83	3.24
			69.40	2.37	67.03	29.33	51.35	0.82
			130.93	65.32	65.62	18.13	50.02	1.48
			3.39		3.39	0.41	4.90	2.67
		0.07	9.27	0.13	9.14	2.99	40.61	3.94
			18.77	11.25	7.53	3.43	11.97	1.72
0.01			49.79	3.53	46.27	0.32	34.31	10.75
0.67	0.08	0.25	403.26	88.46	314.79	28.21	492.76	9.07
0.24		0.25	304.49	88.13	216.36	15.58	318.22	1.92
0.31			29.04	0.30	28.74	6.93	108.72	1.16
			20.10		20.10	2.21	6.47	0.98
0.12	0.08		49.62	0.03	49.59	3.49	59.35	5.01
0.33		0.02	526.35	134.13	392.22	32.83	361.83	4.38
			443.60	114.40	329.20	21.49	217.36	0.81
		0.01	33.90	0.10	33.80	4.13	48.93	2.84
0.13		0.01	8.48	0.03	8.46	1.30	19.07	0.25
0.20			40.37	19.61	20.76	5.91	76.47	0.48
0.07		0.05	673.90	44.72	629.18	27.14	859.20	16.96
0.01			340.38	9.72	330.66	14.25	264.97	3.78
0.02			303.18	31.93	271.25	7.19	540.29	3.88
0.04		0.05	10.93	2.78	8.14	4.55	34.35	6.45
			19.41	0.28	19.12	1.14	19.60	2.85
0.33			131.59	18.37	113.22	104.49	479.69	43.24
0.28			57.28	3.32	53.96	81.09	278.09	3.04
			11.93	0.26	11.67	0.29	37.44	4.48
			23.21		23.21	0.06	25.05	8.65
0.03			20.40	13.10	7.31	3.69	52.64	11.62
0.03			18.76	1.70	17.07	19.36	86.47	15.44
0.18			258.51	62.57	195.94	19.58	903.53	66.37
0.02			197.02	41.26	155.76	4.75	159.74	5.00
			2.61	0.52	2.09	0.27	16.68	6.58
			11.28	0.98	10.30	11.14	40.34	12.01
			18.06	8.00	10.07	2.15	49.30	9.18
			12.68	6.01	6.66	0.30	523.29	11.27
0.15			2.11	1.92	0.20	0.15	24.37	4.93
			14.75	3.88	10.87	0.81	89.81	17.38
0.29	0.02		587.41	86.34	501.08	47.13	350.70	14.81
0.04			292.68	38.84	253.83	1.59	109.56	2.68
			43.27	31.91	11.36	0.46	61.49	3.07
0.23			30.30	2.47	27.83	1.41	38.96	0.87

2-14 续表 2

地　　区	资产总计(亿元)	内资企业	国有企业	集体企业	股份合作企　业	联营企业	国有联营企　业
平果县	176.79	174.27	5.68	0.31	0.03		
德保县	64.94	64.94	0.64	0.31		0.01	
靖西县	51.02	51.01	1.25	1.24	0.01		
那坡县	15.46	15.35	1.37	0.75			
凌云县	16.34	16.34	0.92	0.19			
乐业县	9.78	9.78	1.92	0.28	2.54		
田林县	43.45	42.87	0.86	0.44	0.01	0.01	
西林县	31.67	31.67	1.31	0.54			
隆林各族自治县	35.37	35.32	12.10	0.15		0.01	
贺州市	387.34	329.71	20.44	2.35	0.32	0.08	0.03
市辖区							
八步区	181.41	170.50	6.83	0.31	0.10	0.03	
平桂管理区	104.62	62.55	0.85	0.81			
昭平县	41.71	41.09	8.89	0.60	0.06		
钟山县	22.89	21.75	1.78	0.30		0.03	0.03
富川瑶族自治县	36.72	33.82	2.09	0.32	0.16	0.02	
河池市	683.95	679.03	15.87	11.42	1.88	0.12	0.02
市辖区							
金城江区	168.45	168.42	3.81	1.88	1.34	0.11	
南丹县	38.33	36.59	1.05	0.14	0.04	0.01	0.01
天峨县	235.64	235.64	2.94	1.44			
凤山县	10.23	10.23	0.74	0.19			
东兰县	10.25	10.25	0.43	1.36			
罗城仫佬族自治县	28.97	28.94	1.16	0.93	0.14		
环江毛南族自治县	33.15	32.66	0.80	1.38	0.27	0.01	0.01
巴马瑶族自治县	28.24	27.80	0.61	0.66			
都安瑶族自治县	27.28	27.28	1.18	1.45			
大化瑶族自治县	16.91	16.91	0.27	0.41			
宜州市	86.52	84.32	2.89	1.58	0.09		
来宾市	713.61	674.63	39.88	5.38	1.03	0.23	0.17
市辖区							
兴宾区	466.41	430.29	34.26	1.40	0.13	0.02	
忻城县	47.64	46.70	0.86	0.45	0.13	0.02	
象州县	50.83	49.72	1.69	1.58	0.75	0.17	0.16
武宣县	93.99	93.89	1.22	0.84	0.02	0.01	
金秀瑶族自治县	26.24	26.24	1.46	0.71		0.01	
合山市	28.50	27.78	0.39	0.39			
崇左市	407.74	394.19	20.84	5.00	0.11	0.15	
市辖区							
江洲区	115.71	108.63	7.55	0.69	0.02		
扶绥县	69.15	66.54	4.37	0.55			
宁明县	41.48	40.78	1.91	0.11		0.01	
龙州县	36.44	34.90	3.12	0.49	0.09	0.12	
大新县	35.09	35.09	1.96	2.73		0.02	
天等县	23.90	23.21	0.34	0.33	0.01		
凭祥市	85.97	85.03	1.58	0.09			

集体联营企业	国有与集体联营企业	其他联营企业	有限责任公司	国有独资公司	其他有限责任公司	股份有限公司	私营企业	私营独资企业
			107.02	0.44	106.58	4.83	56.03	1.49
0.01			40.74	0.28	40.46	3.82	19.31	0.75
			25.92	9.14	16.79	2.87	19.58	2.26
			8.65	0.02	8.63	0.08	4.31	0.50
			4.59	0.59	4.00	3.26	6.95	0.24
			1.39		1.39	0.46	3.01	0.85
0.01			19.63		19.63	8.76	12.04	0.91
			6.00	2.15	3.85	19.25	4.23	0.42
	0.01		7.23	0.51	6.73	0.36	15.23	0.77
0.02		0.03	110.36	36.58	73.78	17.61	176.07	12.77
		0.03	53.08	25.50	27.58	9.29	100.50	1.55
			24.36	4.09	20.27	3.32	32.81	3.83
			10.34	0.07	10.27	2.63	17.57	1.55
			5.07	0.35	4.72	0.83	13.55	3.48
0.02			17.51	6.56	10.95	1.54	11.65	2.36
0.11			441.15	63.94	377.21	27.91	178.29	21.50
0.11			99.52	53.11	46.40	9.04	52.18	3.24
			13.86	0.14	13.72	1.33	20.07	6.79
			226.21		226.21	0.23	4.81	0.30
			3.10	0.14	2.96	2.42	3.75	0.15
			3.58	1.60	1.98	0.15	4.41	1.39
			7.26		7.26	5.67	13.46	1.35
			20.91	0.58	20.32	0.03	9.05	1.33
			6.70	1.74	4.95	1.19	18.58	1.25
			9.75	5.09	4.66	6.01	8.57	2.31
			1.09	0.50	0.59	0.12	14.80	0.75
			49.19	1.03	48.16	1.72	28.62	2.62
0.06		0.01	350.74	192.43	158.31	25.02	251.03	11.38
0.02			253.20	175.78	77.42	16.77	124.02	2.05
0.02			36.44	1.13	35.30	0.65	7.94	1.16
0.01			11.69	2.05	9.64	2.38	31.14	2.39
		0.01	23.37	5.51	17.87	2.99	65.23	2.55
0.01			10.70	2.81	7.89	1.22	12.10	2.44
			15.35	5.16	10.19	1.01	10.60	0.80
0.02		0.13	174.86	53.52	121.34	26.64	166.17	16.02
			57.97	26.89	31.08	8.78	33.57	3.18
			19.86	4.95	14.91		41.70	1.70
		0.01	15.75	5.31	10.45	0.42	22.47	4.04
		0.12	13.02	2.67	10.35	3.22	14.75	1.02
0.02			7.97		7.97	12.02	10.34	2.39
			9.80	2.69	7.12	0.69	12.04	1.50
			50.48	11.02	39.45	1.50	31.31	2.20

2-14 续表 3

地　　区	私营合伙企　　业	私营有限责任公司	私营股份有限公司	其他企业	港、澳、台商投资企　　业	合资经营企业(港、澳、台资)	合作经营企业(港、澳、台资)
总　　计	**118.18**	**7637.59**	**744.80**	**78.47**	**946.96**	**106.74**	**12.36**
南宁市	20.38	2456.08	54.18	9.44	63.89	23.57	4.40
市辖区							
兴宁区	0.86	75.92	1.96	0.89	24.57	7.44	0.11
青秀区	1.03	1264.75	23.19	1.78	10.42	3.31	0.50
江南区	0.46	249.19	5.25	0.37	8.45	6.43	
西乡塘区	1.03	534.22	14.93	0.98	6.62	0.01	
良庆区	7.94	131.53	0.86	1.97	1.27	0.29	
邕宁区	0.58	13.03	0.10	0.09			
武鸣县	3.73	72.62	0.68	1.05	6.80	4.83	
隆安县	0.61	24.75	1.23	0.05	0.15	0.12	
马山县	0.11	6.17	0.04	0.40			
上林县	0.61	11.33	1.69	0.38			
宾阳县	1.54	22.25	2.92	0.93	4.25	0.44	3.78
横　县	1.87	50.32	1.33	0.55	1.35	0.70	
柳州市	9.72	971.59	31.92	6.30	13.99	6.22	0.53
市辖区							
城中区	0.21	178.61	3.96	0.25	1.73		
鱼峰区	2.04	194.31	2.77	0.18	1.56	0.75	
柳南区	0.69	184.86	2.73	0.16	4.52	0.31	
柳北区	0.99	295.02	4.94	1.55	5.98	5.15	0.53
柳江县	2.61	40.38	6.75	2.45			
柳城县	0.59	26.65	3.44	0.41	0.20		
鹿寨县	0.53	13.41	5.30	0.23			
融安县	0.11	11.21	0.02	0.01			
融水苗族自治县	1.68	19.45	1.35	0.19			
三江侗族自治县	0.26	7.71	0.66	0.86			
桂林市	31.43	581.51	73.59	14.33	29.59	1.71	5.51
市辖区							
秀峰区	0.08	72.83	2.88	1.67	4.00	1.01	
叠彩区	0.03	34.55	9.54	0.48	7.17		1.24
象山区	0.61	48.64	5.24	0.35	0.23	0.11	
七星区	0.09	92.52	5.27	0.23	5.78	0.39	3.62
雁山区	0.02	15.13	0.94	0.01	1.19		0.61
临桂区	1.64	55.99	4.04	2.51	7.26	0.20	
阳朔县	0.60	5.65	2.45	0.27	0.21		0.05
灵川县	1.61	56.10	2.95	0.12			
全州县	5.97	14.06	19.46	1.39			
兴安县	2.96	36.65	1.52	0.49	2.98		
永福县	2.74	31.22	2.38	2.62	0.02		
灌阳县	4.19	36.48	10.91	1.03			
龙胜各族自治县	2.92	8.27	1.30	0.74	0.23		
资源县	4.54	14.92	2.37	0.51	0.23		
平乐县	0.73	26.17	0.26	0.09	0.19		
荔浦县	1.33	20.89	1.13	1.34	0.05		
恭城瑶族自治县	1.36	11.45	0.96	0.48	0.05		

资产总计(亿元)								
港、澳、台商独资经营企业	港、澳、台商投资股份有限公司	其他港、澳、台投资企业	外商投资企业	中外合资经营企业	中外合作经营企业	外资企业	外商投资股份有限公司	其他外商投资企业
823.22	**4.33**	**0.30**	**545.21**	**204.57**	**39.04**	**258.86**	**15.87**	**26.87**
35.64	0.11	0.18	180.41	21.00	9.31	149.25	0.69	0.16
17.03			2.97	0.72		2.24		
6.44		0.18	125.75	3.16	5.83	116.67		0.10
1.99	0.01		20.74	9.49	1.10	9.46	0.68	0.01
6.61			8.39	1.73	0.92	5.69		0.05
0.99			3.28	0.04	1.39	1.84		
			0.62	0.62				
1.87	0.10		17.99	4.74		13.25		
0.03			0.52	0.42		0.10		
0.03			0.16	0.08	0.07		0.01	
0.65								
7.24			60.65	43.19	2.38	13.03	0.08	1.97
1.73			0.58	0.49			0.08	0.01
0.80			15.67	9.21		6.46		
4.21			7.17	4.31		2.86		
0.30			28.34	28.14				0.19
			2.46	1.04	0.01	1.34		0.07
0.20			2.51			0.82		1.69
			3.25		2.38	0.87		
			0.67			0.67		
21.20	1.17		42.34	24.64	2.74	11.92	2.81	0.22
2.98			6.68	5.92	0.18	0.38	0.19	
5.94								
0.13			4.02	0.25	1.57	0.51	1.68	
1.75	0.01		11.21	2.83	0.26	8.13		
0.38	0.20		2.32	2.28		0.04		
7.06			12.32	12.29	0.01	0.02		
0.16			2.69	0.03		2.67		
			0.63		0.63			
			0.17	0.02			0.14	
2.23	0.75		0.05			0.05		
0.02			1.03	0.71		0.13		0.19
0.23			0.04		0.04			
0.02	0.21		0.98	0.18			0.80	
0.19								
0.05			0.19	0.13	0.05			0.02
0.05								

2-14 续表 4

地　区	私营合伙企　业	私营有限责任公司	私营股份有限公司	其他企业	港、澳、台商投资企　业	合资经营企业(港、澳、台资)	合作经营企业(港、澳、台资)
梧州市	7.88	241.41	18.08	6.89	54.11	31.47	0.26
市辖区							
万秀区	1.02	93.93	0.65	0.63	31.79	24.98	0.15
长洲区	1.28	46.51	2.74	0.90	6.63	6.05	0.11
龙圩区	0.68	46.28	1.57	0.32	8.15	0.40	
苍梧县	0.27	1.71	0.24	0.58	0.09	0.04	
藤　县	0.75	26.64	9.28	1.37	5.48		0.01
蒙山县	1.06	9.18	0.02	0.70	0.35		
岑溪市	2.82	17.16	3.58	2.39	1.62		
北海市	2.35	455.01	26.33	5.67	23.79	16.60	0.69
市辖区							
海城区	0.16	295.06	21.07	3.35	18.23	14.58	
银海区	0.36	105.37	1.83	0.12	0.27		0.06
铁山港区	0.22	5.27		0.01	0.84	0.03	0.63
合浦县	1.60	49.31	3.43	2.18	4.46	2.00	
防城港市	0.57	338.83	18.05	0.93	681.60		
市辖区							
港口区		209.45	7.10	0.10	678.71		
防城区	0.55	42.30	3.24		2.88		
上思县	0.01	17.72	1.09	0.72	0.01		
东兴市	0.01	69.36	6.62	0.11			
钦州市	5.68	416.82	419.75	3.71	21.32	5.93	0.01
市辖区							
钦南区	3.46	248.09	9.64	0.73	12.03	4.83	
钦北区	0.35	128.90	407.15	1.53	4.22	0.05	
灵山县	1.40	23.64	2.86	1.11	4.92	0.92	
浦北县	0.47	16.19	0.10	0.34	0.14	0.14	
贵港市	6.00	414.10	16.35	7.48	17.56	5.21	0.39
市辖区							
港北区	0.45	263.42	11.18	1.40	7.46	4.43	0.24
港南区	0.43	32.44	0.09	0.73	4.47		
覃塘区	0.43	15.13	0.84	0.77	2.77	0.77	
平南县	1.26	37.29	2.47	2.22	1.85		0.15
桂平市	3.43	65.82	1.77	2.36	1.00		
玉林市	8.13	822.16	6.88	12.60	10.47	6.54	0.53
市辖区							
玉州区	1.12	150.81	2.80	3.31	3.07	2.52	
福绵区	1.11	8.97	0.02	0.58	0.44	0.40	
容　县	1.92	26.01	0.40	0.18	0.66	0.01	
陆川县	0.78	38.91	0.43	0.60	1.22	0.86	
博白县	0.20	511.78	0.03	7.31	0.27	0.16	
兴业县	1.09	16.65	1.70	0.01	0.49	0.24	
北流市	1.91	69.03	1.49	0.61	4.31	2.36	0.53
百色市	2.66	310.58	22.66	4.54	10.22	2.43	0.05
市辖区							
右江区	0.35	99.13	7.40	1.11	5.94		
田阳县	0.23	57.81	0.39		1.12		
田东县	0.06	36.60	1.42	0.30			

资产总计(亿元)								
港、澳、台商独资经营企业	港、澳、台商投资股份有限公司	其他港、澳、台投资企业	外商投资企业	中外合资经营企业	中外合作经营企业	外资企业	外商投资股份有限公司	其他外商投资企业
22.16	0.22		31.26	18.79	4.86	7.13		0.48
6.44	0.22		19.17	14.24	0.18	4.74		
0.48			5.47	0.71	4.68	0.08		
7.75			3.77	3.62		0.15		
0.05								
5.47			0.84	0.10		0.70		0.03
0.35			0.12			0.12		
1.62			1.90	0.12		1.34		0.45
6.50			26.93	3.65	11.80	9.12	0.04	2.32
3.65			25.33	3.28	11.68	8.01	0.04	2.32
0.21			0.73	0.37		0.36		
0.19								
2.46			0.88		0.12	0.76		
681.60			9.56	6.37	0.65	2.39	0.15	
678.71			7.44	5.50		1.94		
2.88			1.27	0.47	0.65		0.15	
0.01			0.40	0.40				
			0.45			0.45		
15.38			34.45	10.28	0.71	23.34	0.11	0.01
7.20			31.25	7.19	0.71	23.34		0.01
4.17			3.15	3.09			0.06	
4.00			0.05				0.05	
0.01								
10.78	1.18		13.21	8.54	0.04	4.59		0.02
2.79			9.67	7.08		2.59		
4.32	0.15		1.40			1.40		
0.97	1.03							
1.70			0.12		0.04	0.07		
1.00			2.03	1.47		0.54		0.02
3.40			44.80	9.17	2.76	0.45	11.28	21.14
0.56			39.56	4.63	2.47	0.05	11.28	21.13
0.04			0.15			0.15		
0.65			0.02			0.02		
0.36			4.70	4.41	0.29			0.01
0.11			0.08	0.08				
0.25								
1.43			0.29	0.05		0.24		
7.37	0.36		6.94	5.74	0.73	0.12		0.34
5.94			6.70	5.63	0.73			0.34
0.76	0.36		0.12			0.12		

2-14 续表 5

地　区	私营合伙企　业	私营有限责任公司	私营股份有限公司	其他企业	港、澳、台商投资企　业	合资经营企业(港、澳、台资)	合作经营企业(港、澳、台资)
平果县	0.16	53.38	1.01	0.37	2.52	2.43	
德保县	0.31	17.10	1.15	0.10			
靖西县	0.56	16.53	0.22	0.14	0.01		
那坡县	0.07	2.74	1.00	0.20			
凌云县	0.11	4.07	2.54	0.43			
乐业县	0.42	1.75		0.18			
田林县	0.04	11.04	0.05	1.12	0.59		
西林县	0.28	1.37	2.15	0.35			
隆林各族自治县	0.08	9.05	5.33	0.24	0.05		0.05
贺州市	6.45	149.00	7.86	2.47	7.82	2.90	
市辖区							
八步区	3.02	92.39	3.55	0.36	5.01	1.87	
平桂管理区	1.02	26.11	1.84	0.40	1.17	0.34	
昭平县	0.39	14.97	0.66	0.99	0.57		
钟山县	1.36	7.89	0.82	0.19	0.90	0.68	
富川瑶族自治县	0.65	7.63	1.00	0.53	0.18		
河池市	8.43	123.11	25.24	2.38	3.41	2.48	
市辖区							
金城江区	1.32	43.45	4.17	0.55	0.03	0.02	
南丹县	2.14	6.89	4.24	0.10	1.74	1.74	
天峨县	0.19	2.41	1.90	0.03			
凤山县	0.04	1.57	1.98	0.04			
东兰县	0.11	2.89	0.02	0.33			
罗城仫佬族自治县	0.82	9.09	2.20	0.30			
环江毛南族自治县	2.85	4.31	0.55	0.20	0.49		
巴马瑶族自治县	0.09	14.25	2.98	0.07	0.44		
都安瑶族自治县	0.06	5.62	0.57	0.32			
大化瑶族自治县	0.16	8.82	5.06	0.21			
宜州市	0.63	23.80	1.57	0.23	0.72	0.72	
来宾市	5.15	219.79	14.72	1.32	2.45	0.05	
市辖区							
兴宾区	0.94	110.14	10.89	0.50	0.92		
忻城县	0.09	6.55	0.14	0.20	0.54		
象州县	1.61	24.73	2.41	0.31	0.17	0.05	
武宣县	1.18	61.34	0.16	0.21	0.10		
金秀瑶族自治县	1.23	7.52	0.91	0.05			
合山市	0.10	9.51	0.20	0.04	0.72		
崇左市	3.35	137.59	9.20	0.43	6.75	1.62	
市辖区							
江洲区	0.75	28.34	1.29	0.05	3.38	0.01	
扶绥县	0.18	36.30	3.52	0.06	0.20	0.20	
宁明县	1.23	17.21		0.10			
龙州县	0.25	12.13	1.35	0.09	1.54	0.53	
大新县	0.17	7.33	0.46	0.05			
天等县	0.63	9.88	0.03		0.70	0.70	
凭祥市	0.15	26.41	2.56	0.08	0.93	0.18	

资产总计(亿元)								
港、澳、台商独资经营企业	港、澳、台商投资股份有限公司	其他港、澳、台投资企业	外商投资企业	中外合资经营企业	中外合作经营企业	外资企业	外商投资股份有限公司	其他外商投资企业
0.09								
0.01			0.01	0.01				
			0.10	0.10				
0.59								
4.32	0.60		49.81	45.73		4.06		0.02
3.14			5.89	5.89				
0.66	0.16		40.91	39.84		1.07		
0.13	0.44		0.05			0.03		0.02
0.21			0.24			0.24		
0.18			2.72			2.72		
0.93			1.51	1.42		0.06		0.03
0.01								
			0.03					0.03
0.49								
0.44								
			1.48	1.42		0.06		
1.58	0.69	0.12	36.54	3.58		32.09	0.70	0.16
0.92			35.20	2.95		32.09		0.16
0.54			0.40	0.40				
		0.12	0.93	0.23			0.70	
0.10								
0.02	0.69							
5.13			6.80	2.46	3.05	1.30		
3.37			3.70		3.05	0.65		
			2.41	2.41				
			0.70	0.05		0.65		
1.01								
0.75								

第3篇

文化及相关产业情况

3-1 规模以下文化制造业

指标名称	代码	法人单位数（个）	从业人员期末人数（人）	#女性
总　计		**1519**	**33692**	**20637**
一、按登记注册类型分组				
内资企业	100	1492	32582	19964
国有企业	110	35	640	356
集体企业	120	105	2069	1269
股份合作企业	130	11	182	85
国有联营企业	141	1	78	45
集体联营企业	142	7	91	57
国有与集体联营企业	143			
其他联营企业	149	1	10	6
国有独资公司	151			
其他有限责任公司	159	153	3821	2023
股份有限公司	160	21	718	487
私营独资企业	171	517	11104	7489
私营合伙企业	172	84	2061	1291
私营有限责任公司	173	480	10741	6260
私营股份有限公司	174	30	516	280
其他企业	190	47	551	316
港、澳、台商投资企业	200	10	439	284
与港澳台商合资经营	210	1	10	8
与港澳台商合作经营	220			
港澳台商独资	230	8	231	136
港澳台商投资股份有限公司	240	1	198	140
其他港澳台投资	290			
外商投资企业	300	17	671	389
中外合资经营企业	310	5	156	89
中外合作经营企业	320	1	100	52
外资企业	330	10	276	173
外商投资股份有限公司	340			
其他外商投资	390	1	139	75
二、按企业控股情况分组				
国有控股	1	46	1092	603
集体控股	2	124	2250	1374
私人控股	3	1259	27966	17281
港澳台商控股	4	11	623	401
外商控股	5	6	170	81
其他	9	72	1587	896
三、按文化制造业行业分组				
雕塑工艺品制造	2431	66	830	447
金属工艺品制造	2432	26	309	140
漆器工艺品制造	2433	7	143	73
花画工艺品制造	2434	12	106	62
天然植物纤维编织工艺品制造	2435	207	6136	3872
抽纱刺绣工艺品制造	2436	25	282	232
地毯、挂毯制造	2437	2	11	3
珠宝首饰及有关物品制造	2438	47	819	525
其他工艺美术品制造	2439	64	1419	945
园林、陈设艺术及其他陶瓷制品制造*	3079	55	1398	763
书、报刊印刷	2311	156	2203	1176

企业法人单位主要经济指标

单位：万元

营业收入	主营业务收　　入	营业税金及 附 加	主营业务税金及附加	资产总计	实收资本
302075.0	**296092.8**	**10249.3**	**9971.1**	**425472.3**	**222725.8**
289769.8	283959.4	10066.8	9789.6	410492.3	214362.3
3909.2	3675.2	158.9	138.7	13960.0	2301.7
13505.3	13174.5	1184.4	1154.9	21565.0	7627.1
1635.4	1630.4	14.4	14.4	1722.6	429.6
159.5	159.5	0.3	0.3	120.0	106.0
227.8	225.2	21.1	20.8	1075.8	366.2
120.0	120.0	8.0	8.0	185.0	185.0
36095.0	34945.1	972.4	945.1	80767.6	42907.7
7310.9	7310.9	187.9	167.8	12488.6	7106.1
85230.2	83366.2	3227.7	3182.0	81044.6	42314.3
11721.2	11359.6	416.2	405.6	10036.2	3372.7
118773.6	117155.6	3547.7	3432.1	165492.3	95102.1
4767.2	4715.3	193.4	190.8	13369.1	6500.6
6314.3	6121.8	134.4	129.2	8665.6	6043.1
2734.5	2571.6	76.2	75.1	4896.6	4077.4
26.0	26.0	1.2	1.2	442.4	372.0
2652.5	2491.3	74.9	73.8	3372.3	3347.2
55.9	54.2	0.1	0.1	1082.0	358.2
9570.7	9561.8	106.3	106.3	10083.4	4286.1
3550.3	3544.4	34.5	34.5	5927.3	2105.8
1545.6	1545.6	22.6	22.6	712.5	141.0
2476.2	2473.2	13.1	13.1	3097.7	1979.0
1998.7	1998.7	36.0	36.0	345.9	60.3
9108.7	7861.4	290.7	270.4	23461.2	12003.8
14335.9	14002.4	1229.6	1199.8	25018.9	9008.2
254509.2	250328.0	8292.8	8068.5	323106.7	176014.1
4285.2	4119.4	97.4	96.3	7232.0	3902.8
3469.9	3463.9	37.0	37.0	5612.5	3097.4
16366.1	16317.6	301.8	299.0	41041.0	18699.5
12311.1	11851.3	192.6	176.5	11623.7	8772.5
5251.1	5166.3	162.2	162.2	7811.8	5222.2
2224.6	2223.2	23.4	23.4	6579.9	1804.5
555.4	555.4	23.0	22.7	739.4	299.2
35852.0	35262.9	1828.5	1815.7	39308.4	13523.5
1580.2	1479.8	79.5	69.9	2808.7	1251.1
135.1	135.1	8.1	8.1	362.2	150.0
5952.1	5861.0	97.5	97.5	14222.1	8005.4
12467.5	12179.8	247.8	233.4	35753.5	18007.5
13961.7	13727.0	466.7	442.1	19045.1	10475.2
27348.6	26639.1	666.2	651.2	49892.1	28605.4

3-1 续表

指标名称	代码	法人单位数（个）	从业人员期末人数（人）	#女性
本册印制	2312	120	1360	735
包装装潢及其他印刷	2319	348	5480	2769
装订及印刷相关服务	2320	100	1270	617
记录媒介复制	2330	2	23	11
文具制造	2411	6	85	48
笔的制造	2412	5	58	28
墨水、墨汁制造	2414	2	22	16
中乐器制造	2421	1	15	8
西乐器制造	2422	1	2	1
电子乐器制造	2423			
其他乐器及零件制造	2429	1	4	1
玩具制造	2450	76	3738	3020
露天游乐场所游乐设备制造	2461			
游艺用品及室内游艺器材制造	2462			
其他娱乐用品制造	2469			
电视机制造	3951			
音响设备制造	3952	8	528	384
影视录放设备制造	3953	2	159	63
焰火、鞭炮产品制造	2672	121	6517	4385
机制纸及纸板制造*	2221	11	133	51
手工纸制造	2222	10	140	49
油墨及类似产品制造	2642	5	94	35
颜料制造*	2643	1	68	13
信息化学品制造*	2664	1	7	1
照明灯具制造*	3872	13	123	79
其他电子设备制造*	3990	4	35	31
印刷专用设备制造	3542	9	80	28
广播电视节目制作及发射设备制造	3931			
广播电视接收设备及器材制造	3932	1	10	2
应用电视设备及其他广播电视设备制造	3939	2	23	9
电影机械制造	3471			
幻灯及投影设备制造	3472	1	12	3
照相机及器材制造	3473			
复印和胶印设备制造	3474	1	50	12
四、按地区分组				
南宁市	4501	282	4170	2171
柳州市	4502	100	1565	896
桂林市	4503	223	3319	1732
梧州市	4504	93	2065	1232
北海市	4505	90	2630	1722
防城港市	4506	24	251	155
钦州市	4507	140	5248	3642
贵港市	4508	61	1201	691
玉林市	4509	323	10048	6484
百色市	4510	55	1017	676
贺州市	4511	25	519	317
河池市	4512	68	1374	771
来宾市	4513	22	201	103
崇左市	4514	13	84	45

单位：万元

营业收入	主营业务收入	营业税金及附加	主营业务税金及附加	资产总计	实收资本
14714.7	14506.2	594.2	590.0	14113.0	8218.5
76410.8	75548.1	2175.7	2080.3	93145.4	57302.9
18986.6	17806.1	472.1	457.3	28824.3	10830.4
192.9	192.9	0.6	0.6	1417.5	3398.0
1607.2	1603.2	28.8	28.8	2137.7	785.7
771.2	771.2	5.1	5.1	381.1	255.0
312.4	312.4	3.6	3.6	415.5	106.7
				10.0	
28.8	28.0	0.8	0.8	800.0	34.5
7.4	7.4			110.1	100.0
19447.2	19038.2	710.6	710.6	14145.5	9521.5
1169.1	1166.1	14.6	14.6	3853.9	1193.9
1538.4	1538.4	31.0	31.0	224.2	9.6
39783.9	39304.8	2262.1	2207.4	45723.4	20660.0
1071.8	842.8	34.3	20.2	9496.8	4554.2
1168.0	1144.1	33.6	31.4	2601.3	815.6
2908.1	2888.1	11.0	11.0	288.2	173.0
902.4	902.4	2.7	2.7	12932.3	363.3
35.0	35.0	1.0	1.0	39.0	30.0
679.0	679.0	8.7	8.7	416.1	275.9
83.7	83.7	4.4	4.4	75.6	35.0
984.8	981.5	19.0	19.0	5423.1	7507.4
10.0	10.0	0.3	0.3	9.0	5.0
231.0	231.0	2.3	2.3	446.0	233.0
170.5	170.5	0.7	0.7	169.6	100.0
1220.9	1220.9	36.6	36.6	127.0	100.0
69564.5	67638.8	1399.6	1352.7	84483.4	52731.5
18636.4	18539.9	308.4	296.5	57720.5	28853.8
46547.0	45746.9	1232.6	1190.9	66881.8	35068.0
15614.2	15415.1	426.9	422.7	19993.0	8338.4
18203.6	17479.3	1346.2	1300.3	33636.8	19119.4
1553.7	1516.0	131.7	130.9	2305.5	1616.1
22624.9	21815.2	1208.1	1156.5	33862.2	15746.7
7347.9	7109.2	150.4	150.4	9463.4	9101.5
80939.6	80368.0	3209.7	3166.0	77994.7	24134.7
9993.8	9967.8	280.1	276.0	7696.5	7379.5
1275.5	1252.8	67.1	58.1	5884.8	5883.8
7756.0	7247.3	388.3	379.1	18309.0	10283.1
1422.0	1405.3	66.5	65.1	5358.8	3466.0
595.8	591.2	33.7	25.9	1881.9	1003.2

3-2 规模以上文化制造业非成本费用

指标名称	代码	法人单位数（个）	亏损企业	从业人员期末人数（人）	#女性	年初存货
总　计		**137**	**21**	**19690**	**11580**	**46371.1**
一、按规模分组						
大型	1					
中型	2	7	1	3502	2480	634.0
小型	3	121	19	16145	9078	45291.9
微型	4	9	1	43	22	445.2
二、按登记注册类型分组						
内资企业	100	118	14	15113	8267	37771.7
国有企业	110	9	3	1042	446	2910.1
集体企业	120	22	2	3524	2585	4154.1
股份合作企业	130					
国有联营企业	141					
集体联营企业	142					
国有与集体联营企业	143					
其他联营企业	149					
国有独资公司	151	3	1	423	110	3445.1
其他有限责任公司	159	16	1	2050	927	6817.9
股份有限公司	160					
私营独资企业	171	13		2070	954	1307.8
私营合伙企业	172	4	1	280	138	1395.3
私营有限责任公司	173	48	6	5273	2875	15918.1
私营股份有限公司	174	2		248	83	1598.7
其他企业	190	1		203	149	224.6
港、澳、台商投资企业	200	14	5	3890	2988	1861.2
与港澳台商合资经营	210					
与港澳台商合作经营	220					
港澳台商独资	230	14	5	3890	2988	1861.2
港澳台商投资股份有限公司	240					
其他港澳台投资	290					
外商投资企业	300	5	2	687	325	6738.2
中外合资经营企业	310	2		238	140	1667.1
中外合作经营企业	320					
外资企业	330	3	2	449	185	5071.1
外商投资股份有限公司	340					
其他外商投资	390					
三、按控股情况分组						
国有控股	1	15	4	1884	753	9326.3
集体控股	2	22	2	3524	2585	4154.1
私人控股	3	80	8	9428	4806	23305.8
港澳台商控股	4	12	5	3685	2835	1808.1
外商控股	5	5	2	707	288	6921.5
其他	9	3		462	313	855.3
四、按文化制造业行业分组						
雕塑工艺品制造	2431	2	1	189	139	389.0
金属工艺品制造	2432	2		195	117	48.6
漆器工艺品制造	2433					
花画工艺品制造	2434					
天然植物纤维编织工艺品制造	2435	11		1769	1215	2065.7
抽纱刺绣工艺品制造	2436	1		46	35	160.4
地毯、挂毯制造	2437					
珠宝首饰及有关物品制造	2438					
其他工艺美术品制造	2439	4	1	742	509	839.1

调查企业法人单位主要经济指标

单位：万元

流动资产合计	固定资产合计	固定资产原价	累计折旧	本年折旧	资产总计	流动负债合计	应付账款	非流动负债合计	负债合计
242810.3	**150479.9**	**227652.1**	**85024.1**	**19401.5**	**449416.4**	**187920.4**	**56681.1**	**22363.1**	**228998.8**
18014.4	5700.1	6132.9	2106.9	293.5	25765.0	17643.0	5557.9		17658.5
220473.1	142841.5	218913.5	82249.7	18981.5	414845.9	168006.0	51123.2	22363.1	208208.6
4322.8	1938.3	2605.7	667.5	126.5	8805.5	2271.4			3131.7
198347.8	132177.3	202309.7	75357.7	17455.7	374166.2	154644.4	43619.0	15993.9	189253.1
19422.8	13076.0	21323.0	8337.6	960.9	33035.1	16173.6	5633.0	1946.1	18251.1
18920.0	6980.0	9321.7	2865.5	393.0	35052.7	10994.8	3576.6	1250.9	15919.9
7898.1	7100.7	9481.1	2380.4	1183.1	15024.3	7127.8	2920.5	2804.6	9932.4
38149.0	37129.5	60429.2	24542.7	8080.7	82539.5	41347.5	15814.9	1463.3	43250.8
12226.2	8004.6	11105.2	3950.8	621.6	23626.2	6790.5	1564.6	343.6	9321.9
4641.2	1410.7	2084.3	791.3	104.9	6460.2	3155.8	556.5		4559.8
90174.6	55147.8	82291.1	29543.3	5730.5	168065.5	66428.1	12736.7	8185.4	85275.7
6104.0	2503.9	5149.6	2645.7	296.9	8726.7	1327.2	408.5		1442.4
811.9	824.1	1124.5	300.4	84.1	1636.0	1299.1	407.7		1299.1
31018.2	9503.7	10966.3	3143.0	987.3	52354.9	24323.3	9175.3	4604.2	29028.0
31018.2	9503.7	10966.3	3143.0	987.3	52354.9	24323.3	9175.3	4604.2	29028.0
13444.3	8798.9	14376.1	6523.4	958.5	22895.3	8952.7	3886.8	1765.0	10717.7
2475.2	3779.5	6481.4	2702.1	331.3	6254.8	3355.8	3056.1		3355.8
10969.1	5019.4	7894.7	3821.3	627.2	16640.5	5596.9	830.7	1765.0	7361.9
38872.1	44195.0	73005.0	28900.6	9109.5	83815.2	36614.5	21008.4	4750.7	41496.6
18920.0	6980.0	9321.7	2865.5	393.0	35052.7	10994.8	3576.6	1250.9	15919.9
130542.0	77802.5	117098.6	42988.1	7595.3	239720.8	94935.8	19650.6	9688.2	119465.1
29688.8	9123.3	10391.4	2948.5	927.9	50629.3	23951.2	9154.7	3995.0	28014.8
21980.2	9876.3	12077.2	4065.9	851.9	34272.9	18480.4	2874.2	2678.3	21158.7
2807.2	2502.8	5758.2	3255.5	523.9	5925.5	2943.7	416.6		2943.7
4915.0	1803.7	2426.5	622.8	584.8	7101.4	3540.9	145.5	30.0	3570.9
1272.5	136.0	197.0	61.0	14.1	1424.2	179.2	12.1	459.2	670.3
7831.4	2396.8	2391.7	310.5	85.3	10486.5	5032.9	1548.1	231.6	6336.8
4309.5	809.9	1211.8	401.9	120.8	5219.4	1621.2	35.1	855.3	2607.9
4921.2	5058.6	7308.4	2249.8	534.4	10492.6	5056.7	2486.4	863.5	5920.2

3-2 续表 1

指标名称	代码	法人单位数(个)	亏损企业	从业人员期末人数(人)	#女性	年初存货
园林、陈设艺术及其他陶瓷制品制造*	3079	1				
书、报刊印刷	2311	14	4	1827	830	7145.7
本册印制	2312	6	1	670	337	3048.1
包装装潢及其他印刷	2319	31	2	3799	1589	6021.8
装订及印刷相关服务	2320					
记录媒介复制	2330	1		85	76	308.1
文具制造	2411	2	1	143	95	179.8
笔的制造	2412					
墨水、墨汁制造	2414					
中乐器制造	2421					
西乐器制造	2422					
电子乐器制造	2423					
其他乐器及零件制造	2429					
玩具制造	2450	7		2359	1638	429.9
露天游乐场所游乐设备制造	2461					
游艺用品及室内游艺器材制造	2462					
其他娱乐用品制造	2469					
电视机制造	3951	6	2	476	306	843.2
音响设备制造	3952	1		95	72	339.8
影视录放设备制造	3953	1		105	53	512.5
焰火、鞭炮产品制造	2672	26	5	4333	3102	6468.4
机制纸及纸板制造*	2221	13	3	1031	393	5226.2
手工纸制造	2222					
油墨及类似产品制造	2642	1	1	43	18	254.3
颜料制造*	2643					
信息化学品制造*	2664	1		155	30	1824.8
照明灯具制造*	3872					
其他电子设备制造*	3990	1		836	720	
印刷专用设备制造	3542	2		246	68	3283.7
广播电视节目制作及发射设备制造	3931					
广播电视接收设备及器材制造	3932	1				
应用电视设备及其他广播电视设备制造	3939	2		546	238	6982.0
电影机械制造	3471					
幻灯及投影设备制造	3472					
照相机及器材制造	3473					
复印和胶印设备制造	3474					
五、按地区分组						
南宁市	4501	42	4	4619	2096	23374.0
柳州市	4502	9	1	694	230	1718.6
桂林市	4503	6	2	807	346	6087.5
梧州市	4504	8	3	1679	1265	1111.8
北海市	4505	13	7	1963	1262	4555.7
防城港市	4506	2	1	50	22	1169.2
钦州市	4507	11	1	1594	1151	2029.0
贵港市	4508					
玉林市	4509	42	1	7738	4933	5102.2
百色市	4510	1	1	160	40	1068.7
贺州市	4511	1		80	55	93.1
河池市	4512	2		306	180	61.3
来宾市	4513					
崇左市	4514					

单位：万元

流动资产合计	固定资产合计	固定资产原价	累计折旧	本年折旧	资产总计	流动负债合计	应付账款	非流动负债合计	负债合计
1258.6					3213.2				179.2
44164.5	43462.1	78978.6	35533.5	9820.1	91787.8	39060.1	16348.7	1090.8	40266.1
5706.3	7757.4	11159.2	3475.4	630.3	13476.3	4383.5	231.1		4395.5
61600.0	32426.9	49085.0	18535.1	3157.6	114805.0	40386.9	8621.9	6195.0	55786.6
8147.6	6495.4	7862.6	1367.2	374.1	14643.0	9054.5	106.4		9054.5
966.5	162.0	687.4	562.6	6.0	3674.8	315.7	101.8		992.7
6639.5	3702.4	2512.8	484.6	205.2	11501.5	6198.6	860.5	350.0	7413.3
19343.7	2239.4	2767.3	527.9	237.9	31661.8	12861.3	4370.0	4840.0	17727.0
1054.3	1617.2	2532.8	915.6	152.6	2671.5	894.3			894.3
1544.9	1933.7	5089.3	3155.6	489.4	3478.6	1398.3	396.7		1398.3
17931.3	10382.5	14432.3	5520.1	716.8	39650.6	15794.1	5877.2	2534.3	22093.1
11164.8	11651.1	17843.9	7048.1	924.9	23805.5	12741.7	5248.6		15280.7
945.9	570.7	656.9	86.2	36.3	1550.6	1010.0	582.0		1010.0
10950.9	4838.8	4153.8	233.8	223.2	17554.1	12861.0	2021.0	913.3	13774.3
5063.1	444.8	494.2	49.4	45.7	5548.7	4973.3	3408.5		4973.3
6600.2	8042.9	8548.3	505.4	447.8	14643.1	4772.5	2000.8	3128.4	7900.9
16478.6	4547.6	7312.3	3377.6	594.2	21026.2	5783.7	2278.7	871.7	6752.9
93956.0	77829.3	120124.7	44176.3	8329.0	181380.3	78461.6	17609.6	5979.8	91587.2
17137.5	6776.6	10818.1	4175.6	883.6	24484.5	12074.1	2125.1	1262.1	13336.2
29435.7	24100.9	41978.2	18526.2	6947.1	53971.9	22130.0	15545.1	891.7	23879.9
11042.2	5411.7	7824.2	2412.5	757.9	20825.8	8132.4	604.6		8163.4
20488.0	6968.2	7738.3	3412.4	434.7	30737.6	19525.3	3893.3	2843.7	24803.0
2037.2	1138.5	2744.3	1610.8		3493.8	1982.8	1127.5		1982.8
15961.3	8291.5	11828.7	3672.2	862.3	40556.3	11345.4	7131.7	5245.9	18473.7
48671.8	18807.0	22983.2	6581.9	1057.2	87671.9	30798.8	8524.6	6139.9	42538.3
1504.0	768.6	1169.8	401.2	117.2	2543.8	2348.8	72.8		2348.8
1227.0					2013.3				764.3
1349.6	387.6	442.6	55.0	12.5	1737.2	1121.2	46.8		1121.2

3-2 续表 2

指标名称	代码	所有者权益合计	实收资本	营业收入	主营业务收入	营业成本
总　计		**212616.9**	**105114.1**	**949850.0**	**946537.1**	**837340.1**
一、按规模分组						
大型	1					
中型	2	7831.1	3586.6	160265.4	160179.5	156036.3
小型	3	202512.9	100852.8	772930.8	769703.8	667335.9
微型	4	2272.9	674.7	16653.8	16653.8	13967.9
二、按登记注册类型分组						
内资企业	100	179194.3	81694.1	739770.3	736544.2	636653.7
国有企业	110	13919.4	10047.6	35517.2	35087.4	28352.7
集体企业	120	18752.6	9007.0	118835.1	118735.9	98440.5
股份合作企业	130					
国有联营企业	141					
集体联营企业	142					
国有与集体联营企业	143					
其他联营企业	149					
国有独资公司	151	5091.9	3019.6	10170.1	10027.7	7188.9
其他有限责任公司	159	39198.6	31221.8	126422.3	126214.7	108987.0
股份有限公司	160					
私营独资企业	171	11256.7	2833.5	80218.3	80218.3	69343.2
私营合伙企业	172	1900.4	1213.6	12187.7	12187.7	10185.8
私营有限责任公司	173	81894.7	18754.1	334016.6	331669.5	294233.0
私营股份有限公司	174	6843.1	5260.0	16412.9	16412.9	14411.2
其他企业	190	336.9	336.9	5990.1	5990.1	5511.4
港、澳、台商投资企业	200	22135.5	17956.0	168367.7	168280.9	162418.2
与港澳台商合资经营	210					
与港澳台商合作经营	220					
港澳台商独资	230	22135.5	17956.0	168367.7	168280.9	162418.2
港澳台商投资股份有限公司	240					
其他港澳台投资	290					
外商投资企业	300	11287.1	5464.0	41712.0	41712.0	38268.2
中外合资经营企业	310	2898.9	4026.5	14419.6	14419.6	13646.9
中外合作经营企业	320					
外资企业	330	8388.2	1437.5	27292.4	27292.4	24621.3
外商投资股份有限公司	340					
其他外商投资	390					
三、按控股情况分组						
国有控股	1	41453.8	36359.2	74648.6	74060.1	61510.3
集体控股	2	18752.6	9007.0	118835.1	118735.9	98440.5
私人控股	3	115781.7	37674.9	496053.7	493668.8	432106.5
港澳台商控股	4	21423.2	17009.0	162820.3	162733.5	158392.0
外商控股	5	12223.8	3264.0	78666.8	78513.3	72313.9
其他	9	2981.8	1800.0	18825.5	18825.5	14576.9
四、按文化制造业行业分组						
雕塑工艺品制造	2431	3248.0	1122.0	16555.8	16555.8	14641.5
金属工艺品制造	2432	753.9	213.2	11245.2	11245.2	8957.1
漆器工艺品制造	2433					
花画工艺品制造	2434					
天然植物纤维编织工艺品制造	2435	4114.1	1902.1	66858.7	66857.8	61587.9
抽纱刺绣工艺品制造	2436	2511.5	218.0	4405.4	4208.1	3908.3
地毯、挂毯制造	2437					
珠宝首饰及有关物品制造	2438					
其他工艺美术品制造	2439	4572.5	3463.9	15839.6	15819.7	13097.5

单位：万元

主营业务成本	营业税金及附加	主营业务税金及附加	其他业务利润	销售费用	管理费用	税金	财务费用	利息收入	利息支出
834804.5	**9924.3**	**9856.2**	**344.8**	**19966.1**	**37193.7**	**682.6**	**5116.1**	**75.8**	**3973.4**
155899.2	270.4	269.8	53.3	627.2	924.6	28.2	99.8	1.7	97.0
664937.4	9442.0	9374.5	291.5	18662.9	35164.7	573.9	4926.8	73.9	3808.9
13967.9	211.9	211.9		676.0	1104.4	80.5	89.5	0.2	67.5
634409.0	9438.5	9371.0	291.5	18895.3	33442.3	610.5	4307.0	64.6	3461.9
28073.2	203.9	173.8	148.8	1842.3	4460.3	2.4	24.7	27.2	42.3
98157.6	4350.8	4323.5		3031.1	3664.6	35.1	874.9	15.2	551.3
6868.1	91.3	91.3		458.8	2718.4	8.5	40.5	24.9	65.8
108827.5	1133.3	1123.2	8.9	3285.9	6661.8	51.8	329.9	4.0	117.3
69343.2	424.5	424.5		1562.4	3234.0	238.5	837.6	0.1	802.6
10185.8	219.0	219.0		297.8	527.4	18.6	402.9	4.0	291.5
293031.0	2865.0	2865.0	133.8	8049.4	11443.2	243.4	1695.1	-2.5	1529.0
14411.2	132.6	132.6		351.5	572.6	12.2	91.3	-8.3	62.1
5511.4	18.1	18.1		16.1	160.0		10.1		
162140.8	397.5	396.9	53.3	765.5	2363.0	42.4	739.1	10.0	444.6
162140.8	397.5	396.9	53.3	765.5	2363.0	42.4	739.1	10.0	444.6
38254.7	88.3	88.3		305.3	1388.4	29.7	70.0	1.2	66.9
13646.9	29.4	29.4		21.7	325.1	18.8	3.4	0.9	
24607.8	58.9	58.9		283.6	1063.3	10.9	66.6	0.3	66.9
60888.7	358.0	327.9	148.8	2652.5	9398.1	66.6	82.1	57.0	128.5
98157.6	4350.8	4323.5		3031.1	3664.6	35.1	874.9	15.2	551.3
430875.7	4558.6	4548.5	142.7	11514.7	18780.5	524.8	3432.3	-5.3	2759.0
158114.6	375.6	375.0	53.3	466.7	1834.8	42.4	550.8	9.7	444.6
72191.0	142.6	142.6		601.1	1512.9	10.9	81.6	-0.9	81.6
14576.9	138.7	138.7		1700.0	2002.8	2.8	94.4	0.1	8.4
14641.5	58.3	58.3		732.1	839.8	11.0	72.5		46.3
8957.1	39.3	39.3		778.0	638.3		181.6		1.3
61587.1	561.1	561.1		1002.5	1615.2	6.4	289.2	0.8	166.2
3673.2	30.1			7.4	583.1		12.4		
12905.0	134.7	134.7		541.5	1284.9	88.9	150.3	27.0	165.8

3-2 续表 3

指标名称	代码	所有者权益合计	实收资本	营业收入	主营业务收入	营业成本
园林、陈设艺术及其他陶瓷制品制造*	3079			3186.0	3186.0	2481.6
书、报刊印刷	2311	50315.9	40099.4	84255.7	83876.8	72607.0
本册印制	2312	9080.8	2066.8	37437.0	37437.0	33007.6
包装装潢及其他印刷	2319	57815.8	20245.0	211957.0	211957.0	184890.9
装订及印刷相关服务	2320					
记录媒介复制	2330	5588.5	1500.0	9933.8	9933.8	8728.1
文具制造	2411	2682.0	644.0	4316.4	4316.4	3301.7
笔的制造	2412					
墨水、墨汁制造	2414					
中乐器制造	2421					
西乐器制造	2422					
电子乐器制造	2423					
其他乐器及零件制造	2429					
玩具制造	2450	4088.1	4359.4	18175.7	18118.7	15533.2
露天游乐场所游乐设备制造	2461					
游艺用品及室内游艺器材制造	2462					
其他娱乐用品制造	2469					
电视机制造	3951	12677.4	8341.9	145572.5	145571.6	144693.6
音响设备制造	3952	1777.2	200.0	12606.5	12606.5	10625.5
影视录放设备制造	3953	2080.3	1000.0	9290.6	9290.6	6230.5
焰火、鞭炮产品制造	2672	17177.3	5501.2	134348.9	134249.7	110397.4
机制纸及纸板制造*	2221	8497.7	8476.2	67308.0	67187.4	61826.2
手工纸制造	2222					
油墨及类似产品制造	2642	540.6	630.0	8949.5	8949.5	7830.1
颜料制造*	2643					
信息化学品制造*	2664	3779.8	1800.0	45682.8	45529.3	42220.0
照明灯具制造*	3872					
其他电子设备制造*	3990	300.0	300.0	4539.1	4510.2	3982.5
印刷专用设备制造	3542	6742.2	931.0	8678.3	8678.3	4924.6
广播电视节目制作及发射设备制造	3931					
广播电视接收设备及器材制造	3932					
应用电视设备及其他广播电视设备制造	3939	14273.3	2100.0	28707.5	26451.7	21867.3
电影机械制造	3471					
幻灯及投影设备制造	3472					
照相机及器材制造	3473					
复印和胶印设备制造	3474					
五、按地区分组						
南宁市	4501	87723.9	37138.7	333055.7	332380.7	292007.5
柳州市	4502	11106.8	8551.6	31678.0	31643.1	27490.6
桂林市	4503	30092.0	22506.6	57837.1	55565.0	48090.2
梧州市	4504	12606.6	9618.0	21978.8	21971.2	17996.1
北海市	4505	4677.2	3936.6	161704.3	161647.3	156723.8
防城港市	4506	1511.0	2043.0	911.8	881.6	819.8
钦州市	4507	21753.5	9234.4	79730.1	79610.1	65247.5
贵港市	4508					
玉林市	4509	41112.9	11155.2	246052.9	245936.8	213103.6
百色市	4510	168.0	500.0	6811.1	6811.1	6895.6
贺州市	4511	1249.0	100.0	1565.8	1565.8	1462.3
河池市	4512	616.0	330.0	8524.4	8524.4	7503.1
来宾市	4513					
崇左市	4514					

单位：万元

主营业务成本	营业税金及附加	主营业务税金及附加	其他业务利润	销售费用	管理费用	税金	财务费用	利息收入	利息支出
2481.6	132.0	132.0		87.6	301.5	69.1			
72413.0	284.8	284.8	156.4	2659.5	6858.3	72.5	191.1	22.9	157.6
33007.6	104.9	104.9		609.1	1385.2	25.5	36.8	-0.8	37.8
184880.9	1669.6	1659.5		3626.5	7763.4	102.2	2132.2	-18.6	1731.8
8728.1	35.4	35.4		69.8	200.9	3.0	-0.1	0.1	
3301.7	16.8	16.8		68.1	220.6	33.9	39.4	0.3	24.2
15530.0	61.2	61.2	53.8	280.5	1004.9	22.8	126.0	1.8	23.9
144539.8	0.9	0.9		228.3	211.4	5.4	407.5	7.6	393.7
10625.5	27.8	27.8		254.0	560.8	5.1	2.6		2.6
6230.5	31.6	31.6		1342.9	1514.9	2.8	-0.1	0.1	
110114.5	6224.5	6197.2		3084.1	4645.4	35.1	814.8	15.5	601.9
61797.4	290.7	290.7	1.3	660.3	2803.2	126.7	498.0	0.5	470.4
7830.1	11.3	11.3		996.5	115.6		0.3		
42110.6	79.6	79.6		310.8	442.7		11.4	-1.2	14.7
3848.6	17.8	17.2	-0.5	23.5	181.1	0.7	19.1	0.2	
4924.6	43.6	43.6		392.1	2295.2	39.1	91.2	0.1	91.3
20676.1	68.3	68.3	133.8	2211.0	1727.3	32.4	39.9	19.5	43.9
291491.9	1089.7	1059.6	148.8	7878.8	16630.3	230.1	431.6	-0.6	326.9
27489.0	143.0	132.9		353.5	2440.6	59.4	384.3	3.9	278.0
46877.7	139.2	139.2	133.8	2602.9	3903.2	78.7	344.6	23.0	255.4
17996.1	175.6	175.6	7.6	394.0	1282.9	18.1	247.5	0.3	114.2
156707.1	2420.3	2420.3	53.8	409.0	1886.9	27.0	61.1	1.9	76.3
791.0	10.1	10.1	1.3		86.0	9.0	18.0		18.0
64631.8	2683.7	2656.4		2564.1	2773.0	58.3	724.6	33.4	514.5
212958.9	3134.6	3134.0	-0.5	5230.1	7572.5	200.2	2685.4	13.1	2211.8
6895.6	7.6	7.6			141.0	1.8	61.2	0.1	61.0
1462.3	1.0	1.0		228.6	246.5		57.6	0.1	55.2
7503.1	119.5	119.5		305.1	230.8		100.2	0.6	62.1

3-2 续表 4

指标名称	代码	资产减值损失	公允价值变动收益（损失以“-”号记）	投资收益（损失以“-”号记）	营业利润	营业外收入
总计		**0.2**		**82.3**	**34619.5**	**680.9**
一、按规模分组						
大型	1					
中型	2				2029.0	67.1
小型	3	0.2		82.3	32015.5	613.8
微型	4				575.0	
二、按登记注册类型分组						
内资企业	100	8.2		82.3	32038.5	529.8
国有企业	110			10.2	790.2	75.2
集体企业	120				4943.9	50.6
股份合作企业	130					
国有联营企业	141					
集体联营企业	142					
国有与集体联营企业	143					
其他联营企业	149					
国有独资公司	151	8.2			-535.7	125.6
其他有限责任公司	159			67.5	5056.2	117.2
股份有限公司	160					
私营独资企业	171				4620.0	
私营合伙企业	172				572.9	
私营有限责任公司	173			4.6	15705.3	157.5
私营股份有限公司	174				853.7	3.7
其他企业	190				32.0	
港、澳、台商投资企业	200				1083.2	123.9
与港澳台商合资经营	210					
与港澳台商合作经营	220					
港澳台商独资	230				1083.2	123.9
港澳台商投资股份有限公司	240					
其他港澳台投资	290					
外商投资企业	300	-8.0			1497.8	27.2
中外合资经营企业	310	-8.0			215.5	27.0
中外合作经营企业	320					
外资企业	330				1282.3	0.2
外商投资股份有限公司	340					
其他外商投资	390					
三、按控股情况分组						
国有控股	1	0.2		77.7	672.1	239.2
集体控股	2				4943.9	50.6
私人控股	3			4.6	23976.5	206.2
港澳台商控股	4				789.2	123.9
外商控股	5				3912.7	61.0
其他	9				325.1	
四、按文化制造业行业分组						
雕塑工艺品制造	2431				211.5	2.8
金属工艺品制造	2432				450.9	
漆器工艺品制造	2433					
花画工艺品制造	2434					
天然植物纤维编织工艺品制造	2435				1632.5	1.9
抽纱刺绣工艺品制造	2436				27.8	1.5
地毯、挂毯制造	2437					
珠宝首饰及有关物品制造	2438					
其他工艺美术品制造	2439	8.2			546.3	150.0

单位：万元

补贴收入	营业外支出	利润总额	应交所得税	应付职工薪酬（本年贷方累计发生额）	应交增值税	工业总产值（当年价格）	工业销售产值（当年价格）	出口交货值
269.2	**1595.9**	**33729.6**	**3180.2**	**61453.1**	**17643.7**	**997829.6**	**954660.0**	**198882.1**
5.1	69.9	2026.2	111.3	6752.0	971.6	161348.2	159872.0	151831.2
264.1	1442.1	31193.3	3068.9	53196.3	16655.1	819974.3	778134.2	47050.9
	83.9	510.1		1504.8	17.0	16507.1	16653.8	
227.3	1516.3	31033.9	2937.5	51129.1	16217.2	784673.0	748635.6	47235.3
	41.1	834.4	38.4	4872.5	950.6	36741.4	35991.7	
	818.0	4176.5	95.5	7380.5	1430.4	129412.9	121576.6	5905.5
142.2	316.7	-726.8		1978.2	628.7	10314.4	10262.9	
58.0	181.6	4991.8	907.3	7973.4	2673.4	127573.8	120694.5	9326.3
	17.5	4603.5	563.0	6766.0	1916.5	81557.5	80316.8	17087.5
		572.9		899.5	172.3	12188.8	12190.7	
23.4	141.4	15692.2	1295.3	20141.2	7717.4	358900.8	343595.9	8701.7
3.7		857.4	36.5	877.9	656.8	22203.4	18226.5	6214.3
		32.0	1.5	239.9	71.1	5780.0	5780.0	
41.9	77.4	1172.9	81.9	7773.0	849.7	169426.3	164243.2	144173.3
41.9	77.4	1172.9	81.9	7773.0	849.7	169426.3	164243.2	144173.3
	2.2	1522.8	160.8	2551.0	576.8	43730.3	41781.2	7473.5
		242.5		723.8	255.9	15150.4	14746.3	
	2.2	1280.3	160.8	1827.2	320.9	28579.9	27034.9	7473.5
142.2	359.8	561.6	63.6	9311.4	2170.0	77567.4	75543.3	
	818.0	4176.5	95.5	7380.5	1430.4	129412.9	121576.6	5905.5
27.1	251.1	23903.4	2120.9	33109.8	12066.2	528190.0	506160.7	41296.9
41.9	75.9	880.4	56.6	6809.1	564.9	163762.8	158695.8	142221.7
58.0	87.1	3886.6	809.3	2922.7	855.7	79954.3	73741.4	7473.5
	4.0	321.1	34.3	1919.6	556.5	18942.2	18942.2	1984.5
24.2	0.5	238.1	1.7	1263.9	51.1	17684.2	15331.6	122.0
		450.9	25.3	949.2	283.0	11849.2	11245.2	1499.7
	0.3	1634.1	124.2	6098.9	1689.3	68302.7	66857.8	13205.7
		29.3		96.3		5406.2	4099.5	
142.2	316.9	379.4	75.5	2677.9	1075.9	16029.8	15819.7	494.1

3-2 续表 5

指标名称	代码	资产减值损失	公允价值变动收益(损失以"-"号记)	投资收益(损失以"-"号记)	营业利润	营业外收入
园林、陈设艺术及其他陶瓷制品制造*	3079				183.3	
书、报刊印刷	2311			77.7	1703.0	114.2
本册印制	2312				2202.4	36.0
包装装潢及其他印刷	2319				11932.6	46.6
装订及印刷相关服务	2320					
记录媒介复制	2330				900.5	
文具制造	2411				131.0	17.0
笔的制造	2412					
墨水、墨汁制造	2414					
中乐器制造	2421					
西乐器制造	2422					
电子乐器制造	2423					
其他乐器及零件制造	2429					
玩具制造	2450				718.8	5.7
露天游乐场所游乐设备制造	2461					
游艺用品及室内游艺器材制造	2462					
其他娱乐用品制造	2469					
电视机制造	3951				139.3	75.0
音响设备制造	3952				1135.8	
影视录放设备制造	3953				183.2	
焰火、鞭炮产品制造	2672				4745.4	61.1
机制纸及纸板制造*	2221	-8.0		4.6	1296.4	76.0
手工纸制造	2222					
油墨及类似产品制造	2642				-4.3	
颜料制造*	2643					
信息化学品制造*	2664				2618.3	60.8
照明灯具制造*	3872					
其他电子设备制造*	3990				274.9	
印刷专用设备制造	3542				731.8	24.9
广播电视节目制作及发射设备制造	3931					
广播电视接收设备及器材制造	3932					
应用电视设备及其他广播电视设备制造	3939				2858.1	7.4
电影机械制造	3471					
幻灯及投影设备制造	3472					
照相机及器材制造	3473					
复印和胶印设备制造	3474					
五、按地区分组						
南宁市	4501	-8.0		10.2	14786.5	131.6
柳州市	4502				512.0	43.0
桂林市	4503			67.5	2867.9	101.3
梧州市	4504				1109.3	69.6
北海市	4505				278.2	77.0
防城港市	4506				-22.8	
钦州市	4507	8.2			3100.8	209.4
贵港市	4508					
玉林市	4509				11827.0	49.0
百色市	4510			4.6	-294.3	
贺州市	4511				189.2	
河池市	4512				265.7	
来宾市	4513					
崇左市	4514					

单位：万元

补贴收入	营业外支出	利润总额	应交所得税	应付职工薪酬(本年贷方累计发生额)	应交增值税	工业总产值(当年价格)	工业销售产值(当年价格)	出口交货值
		183.3		652.1		3186.0	3186.0	
3.7	10.2	1818.1	172.9	9479.4	1817.2	90969.2	86236.1	
	37.1	2201.3	202.5	2689.3	688.1	37657.1	37370.5	
12.6	212.5	11766.7	1093.2	11442.7	5916.0	223936.0	218858.4	12477.5
		900.5		422.9	313.9	10058.5	10058.5	
		148.0		384.7	83.6	4282.3	3890.4	1574.6
5.1	6.0	718.5	3.3	4283.0	554.7	18655.1	16965.1	6718.2
	2.8	229.5		959.0		147997.7	144990.7	139427.7
		1135.8	131.0	450.3	218.4	13725.9	12606.5	
		183.2		483.9	174.7	9407.3	9407.3	
	786.9	4019.6	94.7	9297.5	2295.1	146797.2	138419.4	18720.6
1.7	41.3	1302.8	137.0	3631.6	951.4	67788.5	67538.4	
		-4.3		125.9	61.4	8949.5	8949.5	
58.0	84.9	2594.2	648.5	854.7	522.7	45682.8	41014.9	
	68.7	206.2	51.6	1793.2	148.4	4543.7	4539.1	3882.0
15.0		756.7	59.3	1221.9	293.2	8741.5	8567.9	31.7
6.7	27.8	2837.7	359.5	2194.8	505.6	36179.2	28707.5	728.3
74.3	314.9	14613.3	1670.5	21198.8	7038.0	349428.1	333306.1	2445.7
15.0	9.4	546.6	165.3	2737.4	842.8	30873.5	30326.3	31.7
6.7	34.9	2934.3	370.6	3345.6	723.2	74585.6	64639.8	728.3
24.2	2.0	1201.2	114.2	3242.3	556.1	20741.3	20212.6	1996.8
5.1	6.6	366.6	24.7	4670.0	1190.1	166377.7	163951.8	156891.2
		-22.8		75.6	90.0	713.4	855.9	
142.2	1100.0	2210.2	46.5	4327.6	879.7	84849.3	76089.5	8349.0
1.7	127.7	11715.4	738.5	20653.7	5620.0	253344.7	248376.7	19915.0
	0.3	-290.0	2.8	315.4	62.4	6825.8	6811.1	
		189.2		240.0	56.2	1565.8	1565.8	
	0.1	265.6	47.1	646.7	585.2	8524.4	8524.4	8524.4

3-3 规模以上文化制造业成本费用

指标名称	代码	法人单位数(个)	#亏损企业	从业人员期末人数(人)	#女性	年初存货
总　计		**131**	**7**	**80892**	**51598**	**161522.4**
一、按规模分组						
大型	1	2		17793	15974	13634.2
中型	2	96	7	57412	32531	129747.7
小型	3	32		5687	3093	18140.5
微型	4	1				
二、按登记注册类型分组						
内资企业	100	100	4	46203	25825	86153.2
国有企业	110	1		353	127	385.1
集体企业	120	19		10313	6438	4632.7
股份合作企业	130					
国有联营企业	141					
集体联营企业	142					
国有与集体联营企业	143					
其他联营企业	149					
国有独资公司	151	2		1098	552	4068.3
其他有限责任公司	159	16	2	6423	3150	19465.3
股份有限公司	160	1	1	580	406	1288.3
私营独资企业	171	7		3183	2197	888.4
私营合伙企业	172	3		1029	516	5389.7
私营有限责任公司	173	49	1	21887	12037	49108.8
私营股份有限公司	174	1		742	402	926.6
其他企业	190	1		595		
港、澳、台商投资企业	200	22	2	28475	23165	41435.9
与港澳台商合资经营	210	16	2	8376	5786	25054.7
与港澳台商合作经营	220					
港澳台商独资	230	6		20099	17379	16381.2
港澳台商投资股份有限公司	240					
其他港澳台投资	290					
外商投资企业	300	9	1	6214	2608	33933.3
中外合资经营企业	310	3		2779	909	4362.7
中外合作经营企业	320					
外资企业	330	5	1	2852	1551	27751.4
外商投资股份有限公司	340	1		583	148	1819.2
其他外商投资	390					
三、按控股情况分组						
国有控股	1	7		2867	1395	19328.5
集体控股	2	21	1	10929	6719	7534.8
私人控股	3	79	4	36799	20566	76031.6
港澳台商控股	4	13		24537	19918	18149.9
外商控股	5	6	1	3499	1745	29370.5
其他	9	5	1	2261	1255	11107.1
四、按文化制造业行业分组						
雕塑工艺品制造	2431					
金属工艺品制造	2432					
漆器工艺品制造	2433					
花画工艺品制造	2434					
天然植物纤维编织工艺品制造	2435	46	2	25982	16243	17199.7
抽纱刺绣工艺品制造	2436					
地毯、挂毯制造	2437					
珠宝首饰及有关物品制造	2438	3		1271	802	4353.5
其他工艺美术品制造	2439	2		1626	750	296.2

调查企业法人单位主要经济指标

单位：万元

流动资产合　　计	固定资产合　　计	固定资产原　　价	累计折旧	本年折旧	资产总计	流动负债合　　计	应付账款	非流动负债合计	负债合计
898917.0	**1001887.9**	**1298456.0**	**362464.4**	**124277.3**	**2345470.7**	**1110004.4**	**377600.6**	**241105.3**	**1386478.7**
67591.5	40794.4	52927.0	12132.6	3297.1	131955.6	99201.0	58888.5	976.6	100177.6
603173.6	863244.6	1097295.7	292046.7	105036.6	1735106.6	829443.6	189544.9	224217.5	1074440.2
225956.7	97848.9	148233.3	58285.1	15943.6	475118.7	181359.8	129167.2	15911.2	209241.3
2195.2					3289.8				2619.6
444482.0	341211.1	523627.7	206149.0	48113.5	1004172.7	404267.2	171540.0	91479.8	529594.6
1595.7	781.5	1683.9	902.4	185.9	6935.2	1001.7	308.5		1001.7
13448.2	10956.6	14078.2	3736.2	1101.9	31691.2	9100.5	4276.4	300.0	11721.4
10947.7	19729.3	35243.6	15864.0	989.7	37776.6	18087.1	8573.5		18087.1
86733.5	97025.8	137083.7	52052.0	13183.5	196351.5	67027.4	14773.4	69284.8	150583.4
1431.5	3379.8	5756.2	2376.4	276.0	6063.3	4928.2	2004.6		6128.2
11752.0	4825.1	8263.1	4787.4	539.2	17260.4	3395.9	600.2	1855.2	6121.0
17446.1	9388.7	6900.0	1352.7	568.7	31200.7	6794.3	1577.0	5600.0	12498.5
298409.2	190327.0	309574.9	123026.7	29418.6	669075.4	290679.9	139424.0	14439.8	320191.1
1802.5	548.6	795.4	246.8	45.6	2654.1	95.6	2.4		95.6
915.6	4248.7	4248.7	1804.4	1804.4	5164.3	3156.6			3166.6
243546.8	131777.4	168992.7	43952.3	14840.9	597203.1	331720.4	111796.9	61535.3	393301.7
162495.0	71655.7	92562.8	23120.5	5782.0	432036.2	226479.5	50316.3	56152.7	282678.2
81051.8	60121.7	76429.9	20831.8	9058.9	165166.9	105240.9	61480.6	5382.6	110623.5
210888.2	528899.4	605835.6	112363.1	61322.9	744094.9	374016.8	94263.7	88090.2	463582.4
12301.7	9148.0	22450.0	13607.4	1380.9	23811.3	6979.1	2233.6	57.0	7267.7
168679.0	292764.7	323710.4	62253.4	32703.6	463389.4	297165.3	65220.3	8978.4	307387.5
29907.5	226986.7	259675.2	36502.3	27238.4	256894.2	69872.4	26809.8	79054.8	148927.2
60449.2	52665.6	93588.9	41273.0	5950.8	126662.7	42721.6	23681.9		42721.6
28042.2	46147.9	41200.7	5596.0	2334.0	81520.0	20090.2	5061.9	41150.9	63562.0
407036.1	249392.4	423859.7	186810.6	41944.4	858529.5	373620.0	161254.0	29771.2	435043.8
89527.1	69346.3	89052.6	25416.9	9803.5	183076.9	111193.6	63300.5	6015.3	117486.5
197863.1	519364.7	583378.1	99004.4	59923.0	719173.5	365761.7	90737.3	88033.2	454530.7
115999.3	64971.0	67376.0	4363.5	4321.6	376508.1	196617.3	33565.0	76134.7	273134.1
73472.4	34491.4	40050.6	9060.3	3125.3	114333.8	48219.7	8139.1	1135.4	56107.8
5847.2	4731.6	5891.6	1729.2	530.9	13659.1	1812.7	681.1	402.7	2215.4
2670.0	3636.7	5118.5	1482.3	260.7	6306.8	2516.4	686.6		2721.7

3-3 续表 1

指标名称	代码	法人单位数(个)	#亏损企业	从业人员期末人数(人)	#女性	年初存货
园林、陈设艺术及其他陶瓷制品制造*	3079	2		856	505	713.2
书、报刊印刷	2311	8		3120	1560	13362.0
本册印制	2312	4		650	377	3227.1
包装装潢及其他印刷	2319	7		2313	1453	15651.4
装订及印刷相关服务	2320	1		51		500.0
记录媒介复制	2330	1		310	142	6484.7
文具制造	2411					
笔的制造	2412					
墨水、墨汁制造	2414					
中乐器制造	2421					
西乐器制造	2422					
电子乐器制造	2423					
其他乐器及零件制造	2429					
玩具制造	2450	7		3509	1462	2747.1
露天游乐场所游乐设备制造	2461					
游艺用品及室内游艺器材制造	2462					
其他娱乐用品制造	2469					
电视机制造	3951					
音响设备制造	3952	3		18331	16322	13689.6
影视录放设备制造	3953					
焰火、鞭炮产品制造	2672	28	1	13718	8570	12382.9
机制纸及纸板制造*	2221	11	4	6295	1933	59693.6
手工纸制造	2222					
油墨及类似产品制造	2642					
颜料制造*	2643					
信息化学品制造*	2664	1		735	591	5569.7
照明灯具制造*	3872	1		418	350	41.8
其他电子设备制造*	3990	1		550	300	
印刷专用设备制造	3542	1		302	28	276.3
广播电视节目制作及发射设备制造	3931	2		511	125	3512.5
广播电视接收设备及器材制造	3932	1		236	53	523.6
应用电视设备及其他广播电视设备制造	3939					
电影机械制造	3471					
幻灯及投影设备制造	3472	1		108	32	1297.5
照相机及器材制造	3473					
复印和胶印设备制造	3474					
五、按地区分组						
南宁市	4501	20	1	22795	17228	59702.7
柳州市	4502	4		1343	474	3582.8
桂林市	4503	8	2	3027	1058	25928.6
梧州市	4504	12		6700	3297	6405.2
北海市	4505	3	1	1668	1054	1343.7
防城港市	4506	3		492	261	2884.7
钦州市	4507	26		12690	8557	13717.7
贵港市	4508	2		718	520	184.8
玉林市	4509	45	2	28384	17700	15742.1
百色市	4510	2	1	1159	425	16766.9
贺州市	4511	4		1003	544	15007.1
河池市	4512	2		913	480	256.1
来宾市	4513					
崇左市	4514					

单位：万元

流动资产合计	固定资产合计	固定资产原价	累计折旧	本年折旧	资产总计	流动负债合计	应付账款	非流动负债合计	负债合计
6445.7	4992.0	7310.2	3375.8	438.6	11437.7	20.0		1.7	2085.1
44298.2	63065.8	113087.1	52336.0	11546.9	150121.4	59136.4	19424.5	6149.6	68323.4
14395.1	28143.0	53438.7	25295.7	5017.0	43274.7	14788.9	4752.2	314.1	15103.0
58736.2	47599.6	96017.2	49122.9	8681.7	113075.5	30982.4	17345.9	6619.8	43504.7
605.0	10010.0	9978.5	480.0	300.0	12092.8	409.8	298.0	5786.3	6196.1
10380.3	15082.8	26357.3	11274.5	4312.2	25463.1	18612.5	2233.5	2068.0	20680.5
16484.0	15835.7	18814.8	4914.0	2713.1	33063.5	7915.9	3392.2	4685.9	13343.9
75572.0	61592.4	73725.0	14091.1	5255.6	160734.1	103943.0	60558.1	21591.3	125534.3
35335.0	23842.2	27126.3	7782.2	1892.1	75295.2	21225.1	10833.1	5735.0	32810.6
350408.2	622221.1	721507.8	144197.0	67542.1	1179455.6	648893.3	137035.4	186615.5	845600.4
28041.1	44174.8	59385.6	15210.8	4202.7	72215.9	11026.0			11026.0
754.9	1893.4	2137.6	360.5	159.1	2748.3				723.5
1905.4	7519.9	8910.8	5209.2	5209.2	9425.3	598.6	5.6		598.6
4780.6	6943.4	22268.7	15325.3	2396.2	11724.0	4862.0			4862.0
161868.2	5363.4	6127.4	764.0	587.8	301377.7	129421.0	109003.6		129421.0
1285.3	469.3	526.4	57.1	26.8	3754.6	875.2	235.4		875.2
5632.2	279.4	675.9	396.5	79.3	5911.6	4745.5	2976.3		4745.5
470733.9	664680.2	837158.7	207971.7	79079.1	1305520.3	652260.6	276730.0	94680.7	750135.3
9991.0	3585.5	4884.3	1299.3	386.0	13664.9	5508.6	3544.2	1700.0	7977.2
85463.8	87134.7	131532.4	56534.0	15603.6	214420.6	98159.8	17549.6	50642.3	162870.3
14424.5	13674.9	18947.6	5492.6	1264.5	33718.4	4859.3	2685.5	5088.6	10070.6
11317.4	31697.7	35465.0	9544.1	7443.7	44267.1	10268.8	3679.8	20614.7	32083.5
10235.4	15898.0	19030.8	3542.8	1824.0	26159.4	7441.2			10447.2
48624.3	16116.0	19818.4	4947.1	1587.8	76742.4	27279.2	8825.9	352.2	34720.6
5530.1	2835.4	3079.6	360.5	159.1	8590.2	57.8	48.8		781.3
73393.3	65520.4	80437.9	24935.9	8812.5	149396.0	43908.9	14039.0	12192.7	60778.1
119327.5	81242.1	111889.5	30647.4	5020.8	400985.7	235007.6	34607.4	55520.0	290527.6
46588.9	18417.0	34955.7	17018.9	3077.0	67632.8	22812.8	15890.4	314.1	23647.2
3286.9	1086.0	1256.1	170.1	19.2	4372.9	2439.8			2439.8

3-3 续表 2

指标名称	代码	所有者权益合计	实收资本	制造成本	直接材料消耗	直接人工
总　计		**944851.9**	**419030.3**	**3135167.3**	**2427280.0**	**285792.7**
一、按规模分组						
大型	1	31778.0	5727.5	377250.4	276577.7	55880.6
中型	2	648634.0	372029.9	2139830.4	1661240.3	185292.0
小型	3	264439.9	41272.9	618086.5	489462.0	44620.1
微型	4					
二、按登记注册类型分组						
内资企业	100	467921.4	119701.2	1828772.5	1414589.3	170805.9
国有企业	110	5933.5	344.8	5753.6	2995.6	2229.6
集体企业	120	19960.8	3324.5	202594.6	150005.4	31897.9
股份合作企业	130					
国有联营企业	141					
集体联营企业	142					
国有与集体联营企业	143					
其他联营企业	149					
国有独资公司	151	19689.5	10567.2	19538.0	14499.6	3530.7
其他有限责任公司	159	45142.0	21214.1	534782.9	439439.0	37264.7
股份有限公司	160	-64.9		7889.5	5908.9	1622.3
私营独资企业	171	9229.1	1365.3	89003.0	60797.5	9461.7
私营合伙企业	172	18702.2	7810.0	35853.7	30887.7	3031.7
私营有限责任公司	173	344763.0	74837.3	901516.4	686248.3	76099.2
私营股份有限公司	174	2558.5	138.0	14974.4	10687.2	3967.1
其他企业	190	2007.7	100.0	16866.4	13120.1	1701.0
港、澳、台商投资企业	200	201320.6	70727.0	710653.0	526408.6	92600.1
与港澳台商合资经营	210	149261.3	47153.5	182114.5	130577.8	29192.6
与港澳台商合作经营	220					
港澳台商独资	230	52059.3	23573.5	528538.5	395830.8	63407.5
港澳台商投资股份有限公司	240					
其他港澳台投资	290					
外商投资企业	300	275609.9	228602.1	595741.8	486282.1	22386.7
中外合资经营企业	310	16543.5	16243.6	32467.2	19785.6	9268.9
中外合作经营企业	320					
外资企业	330	155098.9	95433.9	378927.1	324945.3	12247.6
外商投资股份有限公司	340	103967.5	116924.6	184347.5	141551.2	870.2
其他外商投资	390					
三、按控股情况分组						
国有控股	1	83941.1	28516.1	117893.7	93393.5	11554.4
集体控股	2	17906.2	7423.7	220794.1	166074.9	32947.8
私人控股	3	417375.7	108403.4	1357461.2	1000455.6	142973.8
港澳台商控股	4	63106.3	25407.0	569464.2	425126.7	72352.6
外商控股	5	259773.7	212712.2	557178.9	462524.0	12849.5
其他	9	102748.9	36567.9	312375.2	279705.3	13114.6
四、按文化制造业行业分组						
雕塑工艺品制造	2431					
金属工艺品制造	2432					
漆器工艺品制造	2433					
花画工艺品制造	2434					
天然植物纤维编织工艺品制造	2435	56020.5	17812.5	430368.3	309816.9	73592.0
抽纱刺绣工艺品制造	2436					
地毯、挂毯制造	2437					
珠宝首饰及有关物品制造	2438	11443.7	7100.0	23627.8	16483.6	3699.3
其他工艺美术品制造	2439	3585.1	80.0	8758.8	5706.3	2440.1

单位：万元

其他直接费用	支付给个人	上交给政府部分	制造费用	生产单位管理人员工资	生产单位管理人员福利费	折旧费	修理费	租赁费	保险费
119113.6	**33870.9**	**9428.8**	**311330.9**	**29143.8**	**4748.5**	**117384.0**	**12466.3**	**3610.4**	**5422.5**
			44792.1	3302.1	189.3	2747.1		73.1	
85847.4	21392.1	1241.6	219850.6	20378.5	3731.3	99281.3	10955.5	3190.5	5089.3
33266.2	12478.8	8187.2	46688.2	5463.2	827.9	15355.6	1510.8	346.8	333.2
93302.6	29431.8	8815.4	158424.6	19305.6	3806.3	45146.9	4976.4	3537.2	2684.3
33.1			495.3	110.0	5.0	137.3	13.0		25.1
1409.2	36.8	47.2	19282.1	1862.2	1402.9	1012.3	1963.4	189.9	1783.5
			1507.7	249.9	31.6	967.0	18.6	26.0	6.5
23225.7	817.2	8608.2	30803.5	5751.7	638.1	13349.5	814.7	114.7	225.9
			358.3			259.8	50.7		
11813.7	9239.4		6930.1	1468.6	23.6	549.0	103.3	2552.9	41.2
941.3	155.1		993.0	276.1	31.7	375.6	9.9	59.8	7.9
55879.6	19183.3	160.0	95689.2	9386.1	1661.0	26838.5	1935.6	593.9	471.0
			320.1	54.0		45.6	35.1		
			2045.3	147.0	12.4	1612.3	32.1		123.2
12230.8	3487.4	1.4	79413.5	6454.0	705.2	15464.5	2413.5	73.1	2071.7
2301.1	81.4	1.0	20043.0	2072.3	488.0	7488.3	1496.3		15.4
9929.7	3406.0	0.4	59370.5	4381.7	217.2	7976.2	917.2	73.1	2056.3
13580.2	951.7	612.0	73492.8	3384.2	237.0	56772.6	5076.4	0.1	666.5
862.2			2550.5	343.9		1208.1	32.3	0.1	29.5
3346.0	371.3	612.0	38388.2	1840.1	130.6	28804.3	2995.5		76.6
9372.0	580.4		32554.1	1200.2	106.4	26760.2	2048.6		560.4
131.7			12814.1	854.8	38.1	5741.9	773.4	26.0	31.6
1409.2	36.8	47.2	20362.2	1868.5	1402.9	2063.8	1971.0	189.9	1783.5
88471.9	29455.1	4632.0	133909.8	17456.1	2681.6	39222.3	3140.0	3206.7	877.7
10065.4	3424.9	1.4	61919.5	4752.2	266.5	8608.2	934.8	73.1	2061.9
12654.2	875.5	612.0	69151.2	2979.2	224.7	55546.4	4968.8		607.0
6381.2	78.6	4136.2	13174.1	1233.0	134.7	6201.4	678.3	114.7	60.8
20383.2	7706.5	4185.5	22526.2	5194.3	2097.8	3551.9	1107.7	143.0	716.6
802.6	18.9		2642.3	334.4	32.1	455.2	89.8	154.4	6.5
			612.4	30.4	5.0	209.0	2.5		

3-3 续表 3

指标名称	代码	所有者权益合计	实收资本	制造成本	直接材料消耗	直接人工
园林、陈设艺术及其他陶瓷制品制造*	3079	8215.4	700.0	29772.4	21430.4	2440.5
书、报刊印刷	2311	80655.0	22156.1	164064.9	121352.6	24476.6
本册印制	2312	28171.7	15368.0	86983.8	72633.2	2969.6
包装装潢及其他印刷	2319	69570.8	16641.8	173093.5	126567.2	13936.8
装订及印刷相关服务	2320	5896.7	2000.0	2828.0	2370.0	158.0
记录媒介复制	2330	4782.6	5000.0	79971.8	55245.1	1534.8
文具制造	2411					
笔的制造	2412					
墨水、墨汁制造	2414					
中乐器制造	2421					
西乐器制造	2422					
电子乐器制造	2423					
其他乐器及零件制造	2429					
玩具制造	2450	16453.6	11392.1	99098.9	70441.3	11972.9
露天游乐场所游乐设备制造	2461					
游艺用品及室内游艺器材制造	2462					
其他娱乐用品制造	2469					
电视机制造	3951					
音响设备制造	3952	35199.8	8727.5	607423.0	502504.1	56737.2
影视录放设备制造	3953					
焰火、鞭炮产品制造	2672	42258.3	12435.1	291284.6	225907.9	42998.5
机制纸及纸板制造*	2221	327693.1	269809.1	695553.5	512113.6	31651.7
手工纸制造	2222					
油墨及类似产品制造	2642					
颜料制造*	2643					
信息化学品制造*	2664	61189.9	8506.4	102436.5	92383.4	4221.8
照明灯具制造*	3872	2024.8	1561.5	6759.6	4416.8	1903.0
其他电子设备制造*	3990	8826.7	6980.2	122348.6	98735.4	1047.3
印刷专用设备制造	3542	6862.0	300.0	24854.8	19570.6	1282.6
广播电视节目制作及发射设备制造	3931	171956.7	10900.0	148702.4	141973.9	909.6
广播电视接收设备及器材制造	3932	2879.4	560.0	20801.9	16568.7	3742.4
应用电视设备及其他广播电视设备制造	3939					
电影机械制造	3471					
幻灯及投影设备制造	3472	1166.1	1000.0	16434.2	11059.0	4078.0
照相机及器材制造	3473					
复印和胶印设备制造	3474					
五、按地区分组						
南宁市	4501	549222.9	275300.9	1243913.7	1017773.9	78938.3
柳州市	4502	5687.7	1798.0	56488.7	37533.0	5700.7
桂林市	4503	50407.3	13404.8	293377.1	203268.4	34867.9
梧州市	4504	23647.8	13268.9	85037.1	58970.5	18950.8
北海市	4505	12183.6	9980.2	360410.7	330570.7	3526.2
防城港市	4506	15697.7	7050.5	97600.7	65797.3	9454.7
钦州市	4507	39967.0	9653.8	371935.0	292944.2	47506.9
贵港市	4508	5324.8	5561.5	9954.3	6261.5	3253.0
玉林市	4509	86369.7	24769.5	421378.6	296204.2	65137.2
百色市	4510	110458.1	46187.9	106271.1	51561.1	11515.8
贺州市	4511	43952.2	11924.3	82202.2	61984.3	5105.3
河池市	4512	1933.1	130.0	6598.1	4410.9	1835.9
来宾市	4513					
崇左市	4514					

单位：万元

其他直接费用	支付给个人	上交给政府部分	制造费用	生产单位管理人员工资	生产单位管理人员福利费	折旧费	修理费	租赁费	保险费
			5901.5	872.6	8.4	427.8	28.3	102.0	1.6
4002.3	197.3		26633.3	4041.3	858.2	11385.1	627.1		32.2
4769.6	60.0		6611.4	153.3	31.7	4867.1	47.2		30.1
11191.2	255.3	0.4	21398.3	2480.4	519.2	8374.5	1433.5	85.0	38.9
			300.0			300.0			
			23191.9	430.4	150.0	2632.2			
6387.9	3967.9		10296.8	833.0	72.5	2416.6	198.3	2588.9	159.9
			48181.7	3671.0	307.0	4647.8	14.7	73.1	
3033.9	337.7	173.7	19344.3	2715.4	166.9	1615.4	1725.0	268.0	1558.9
53455.2	17842.7	933.0	98333.0	6939.9	462.6	64542.0	5272.0	0.1	771.7
			5831.3			4202.7	756.2		
103.5			336.3	158.4		159.1	15.8		3.0
9854.6	3406.0		12711.3	839.4		4765.4	900.5		2056.3
214.1			3787.5	51.7	9.6	2363.6	128.5		
4915.5	78.6	4136.2	903.4	131.3		368.8	14.4	67.4	
			490.8	67.2	9.4	26.8	36.4		46.8
			1297.2	199.4	18.1	73.0	68.4	128.5	
14690.3	1037.1	612.0	132511.2	5663.0	304.8	73678.4	5615.5	158.2	690.7
9231.1	4477.2	4136.2	4023.9	378.1	31.0	372.6	110.0	195.9	1.6
12216.0	461.2	321.0	55424.7	7227.0	1197.4	13472.9	1164.5		177.5
1097.9	28.5	0.5	6017.9	694.8	108.2	1126.9	117.8	164.4	605.7
9854.6	3406.0		16459.2	1208.3	117.7	6925.9	965.9		2056.3
14570.1	5390.3	4050.0	3728.6	722.4	220.0	2546.0	44.7		69.8
4592.7	352.8	308.7	26891.2	4764.7	1468.4	1377.7	2364.8	208.2	1426.5
103.5			336.3	158.4		159.1	15.8		3.0
21262.1	6545.9	0.4	38775.1	6302.3	1054.2	8029.5	597.3	2857.7	302.0
26418.3	11955.6		16775.9	1267.2	205.3	6876.1	596.5		12.7
5077.0	216.3		10035.6	555.7	38.0	2808.3	871.7	26.0	72.2
			351.3	201.9	3.5	10.6	1.8		4.5

3-3 续表 4

指标名称	代码	取暖费	运输费	劳动保护费	保健补贴、洗理费	工具摊销
总　计		**32.5**	**5852.0**	**4343.7**	**2460.4**	**699.0**
一、按规模分组						
大型	1		337.5	16.2		0.6
中型	2	21.5	4746.6	3870.1	2387.5	521.6
小型	3	11.0	767.9	457.4	72.9	176.8
微型	4					
二、按登记注册类型分组						
内资企业	100	32.5	4083.5	3506.7	1733.6	371.5
国有企业	110					
集体企业	120	5.2	2015.2	969.2	460.2	91.5
股份合作企业	130					
国有联营企业	141					
集体联营企业	142					
国有与集体联营企业	143					
其他联营企业	149					
国有独资公司	151	3.0	16.6	12.3	1.2	21.0
其他有限责任公司	159		350.7	1760.2	1060.8	107.2
股份有限公司	160			0.7		
私营独资企业	171		287.6	132.8		3.2
私营合伙企业	172		77.9			5.8
私营有限责任公司	173	24.3	1335.5	613.0	211.4	142.8
私营股份有限公司	174			18.5		
其他企业	190					
港、澳、台商投资企业	200		1342.5	545.2	444.9	29.3
与港澳台商合资经营	210		323.4	373.6	289.5	27.5
与港澳台商合作经营	220					
港澳台商独资	230		1019.1	171.6	155.4	1.8
港澳台商投资股份有限公司	240					
其他港澳台投资	290					
外商投资企业	300		426.0	291.8	281.9	298.2
中外合资经营企业	310		38.5	0.9		
中外合作经营企业	320					
外资企业	330		387.5	188.7	179.7	298.2
外商投资股份有限公司	340			102.2	102.2	
其他外商投资	390					
三、按控股情况分组						
国有控股	1	3.0	16.6	54.9	1.2	21.0
集体控股	2	5.2	2015.2	969.9	460.2	91.5
私人控股	3	24.3	2382.4	1729.3	780.3	320.0
港澳台商控股	4		1056.5	481.2	444.9	29.3
外商控股	5		231.5	278.9	271.8	237.2
其他	9		149.8	829.5	502.0	
四、按文化制造业行业分组						
雕塑工艺品制造	2431					
金属工艺品制造	2432					
漆器工艺品制造	2433					
花画工艺品制造	2434					
天然植物纤维编织工艺品制造	2435	16.3	1335.0	855.2	299.5	96.8
抽纱刺绣工艺品制造	2436					
地毯、挂毯制造	2437					
珠宝首饰及有关物品制造	2438	3.0	16.6	311.8	282.7	21.0
其他工艺美术品制造	2439					27.5

单位：万元

设计制图费	研发、试验检验费	水电费	上缴的各项税费	机物料消耗	差旅费	办公费	劳务费	邮政通信费	外部加工费
307.4	**999.3**	**29870.5**	**6408.8**	**24667.7**	**2824.9**	**2714.3**	**43279.4**	**402.3**	**2458.3**
		2671.9	157.0				32912.8		
197.6	758.9	19993.3	5621.6	23329.5	1680.5	2528.9	4787.3	351.1	1066.4
109.8	240.4	7205.3	630.2	1338.2	1144.4	185.4	5579.3	51.2	1391.9
295.6	948.3	20395.3	4846.2	19389.3	2276.9	2303.4	9917.5	241.7	2292.0
		55.2		43.9					16.0
162.4	303.4	479.6	27.7	3182.7	507.4	819.4	1114.4	75.2	379.3
		115.0	19.5	16.0	6.5	2.5		0.3	
	328.5	3853.2	614.4	1033.2	237.4	152.2	761.2	22.4	15.7
		21.6				4.7			
	7.7	134.8	5.8	65.3	13.6	12.4	209.2	15.6	346.2
		71.0		8.5	60.6	7.2		0.7	
133.2	308.7	15426.5	4157.5	15039.7	1420.2	1305.0	7832.7	111.9	1534.8
		166.9							
		71.5	21.3		31.2			15.6	
11.8	38.0	8153.3	1344.7	3681.0	250.3	127.1	33361.9	157.0	21.2
1.2	38.0	4340.8	1185.3	2046.1	23.0	37.7	449.1	2.7	21.2
10.6		3812.5	159.4	1634.9	227.3	89.4	32912.8	154.3	
	13.0	1321.9	217.9	1597.4	297.7	283.8		3.6	145.1
		23.4		667.7		4.2			
	13.0	1176.0	193.5	799.3	145.6	203.5		3.6	145.1
		122.5	24.4	130.4	152.1	76.1			
	38.0	1698.4	118.8	1957.8	26.7	25.1	882.0	0.3	28.6
162.4	303.4	480.0	27.7	3182.7	507.4	819.4	1114.4	75.2	379.3
134.4	644.9	19684.1	4831.9	16868.0	1689.8	1414.2	8043.7	161.6	2050.4
10.6		4266.0	201.7	1638.1	237.4	102.5	33212.9	154.3	
	13.0	434.9	86.4	906.9	266.9	286.1		1.2	
		3307.1	1142.3	114.2	96.7	67.0	26.4	9.7	
11.2	286.1	1339.7	2.2	793.9	259.7	172.3	29.4	88.6	306.7
	0.8	524.9	61.8	78.9	6.5	10.7	297.1	0.3	
		254.1	68.8	12.0	14.4	1.5			

3-3 续表 5

指标名称	代码	取暖费	运输费	劳动保护费	保健补贴、洗理费	工具摊销
园林、陈设艺术及其他陶瓷制品制造*	3079		8.5	5.0		
书、报刊印刷	2311		11.4	23.9		5.8
本册印制	2312			38.4	34.7	
包装装潢及其他印刷	2319		484.6	209.8	22.8	26.9
装订及印刷相关服务	2320					
记录媒介复制	2330					
文具制造	2411					
笔的制造	2412					
墨水、墨汁制造	2414					
中乐器制造	2421					
西乐器制造	2422					
电子乐器制造	2423					
其他乐器及零件制造	2429					
玩具制造	2450		596.2	151.0	140.5	64.2
露天游乐场所游乐设备制造	2461					
游艺用品及室内游艺器材制造	2462					
其他娱乐用品制造	2469					
电视机制造	3951					
音响设备制造	3952		337.5	845.5	502.0	0.6
影视录放设备制造	3953					
焰火、鞭炮产品制造	2672	5.2	1936.5	464.2	198.0	97.3
机制纸及纸板制造*	2221	8.0	574.7	1244.4	826.6	244.6
手工纸制造	2222					
油墨及类似产品制造	2642					
颜料制造*	2643					
信息化学品制造*	2664					
照明灯具制造*	3872					
其他电子设备制造*	3990		458.9	153.6	153.6	
印刷专用设备制造	3542		30.7			52.6
广播电视节目制作及发射设备制造	3931		61.4	6.9		7.1
广播电视接收设备及器材制造	3932			21.4		54.6
应用电视设备及其他广播电视设备制造	3939					
电影机械制造	3471					
幻灯及投影设备制造	3472			12.6		
照相机及器材制造	3473					
复印和胶印设备制造	3474					
五、按地区分组						
南宁市	4501	8.0	945.8	409.0	305.7	330.6
柳州市	4502		101.4	18.5		
桂林市	4503		182.2	940.8	552.2	60.4
梧州市	4504		199.2	433.9	406.4	
北海市	4505		458.9	983.6	655.6	
防城港市	4506		53.7	12.6		
钦州市	4507	5.2	2219.3	1207.7	495.8	168.4
贵港市	4508					
玉林市	4509	10.0	1500.2	260.5	23.4	57.6
百色市	4510		9.3	3.6	3.4	
贺州市	4511	3.0	172.6	73.5	17.9	82.0
河池市	4512	6.3	9.4			
来宾市	4513					
崇左市	4514					

单位：万元

设计制图费	研发、试验检验费	水电费		机物料消耗	差旅费	办公费	劳务费	邮政通信费	外部加工费
			上缴的各项税费						
	7.7	1690.2	337.8	186.4	83.2	55.1	2.0	4.9	0.6
	1.8	3668.5	147.3	117.9	1018.8	11.8	4550.5		38.6
		802.4	135.3	81.2		36.9	402.6		
22.1	38.0	2824.3	329.0	2733.9	88.7	116.9	308.4	26.8	982.0
		5978.7	3015.0	12534.6			1300.0		
		1244.1	162.6	124.1	75.4	5.1	306.8	27.9	490.7
		2778.1	157.0	30.1	13.8	8.2	32912.8		
270.1	234.2	424.4	27.7	2906.1	609.3	1825.4	1135.7	84.7	379.3
4.0	15.4	6908.5	1890.6	3260.3	381.8	105.0	1636.2	10.0	63.2
		312.4	62.0			189.0			
		602.3		1563.5	225.3	89.3		153.6	
	328.5	104.2	11.7	230.4	6.5	4.1	1.8		2.3
		188.0			15.1	4.2		3.2	
		131.2			26.4	68.3		2.3	
	86.8	94.5		14.4		10.5	396.1		194.9
4.0	341.5	6308.2	677.5	2869.0	332.8	369.8	29301.6	31.7	996.1
	86.8	214.8	68.8	36.0	24.3	18.5	562.0	3.8	248.8
	1.8	11028.4	3470.4	13346.0	1119.4	81.3	5117.5	2.4	26.8
	38.8	734.2	53.1	154.9	43.2	55.4	446.3	36.0	
		730.1		1593.6	239.1	102.2		153.6	
		13.4		24.5				10.3	
268.2	482.3	1143.0	26.9	3469.2	667.5	1874.7	1165.1	112.2	379.3
35.2	7.7	3792.3	458.5	439.4	341.9	187.6	5077.4	44.0	652.9
	2.4	3486.6	1367.3	753.9	1.2	1.9	1460.5	2.8	9.3
	38.0	2416.4	286.3	1965.4	50.9	22.3	149.0	2.7	145.1
		3.1		15.8	4.6	0.6		2.8	

3-3 续表 6

指标名称	代码	社保费	其他制造费用	支付给个人	上交给政府部分	销售费用
总　计		**6629.0**	**14237.7**	**2312.4**	**345.6**	**68743.2**
一、按规模分组						
大型	1	2541.5				928.3
中型	2	3205.1	10928.2	759.9	290.9	46695.8
小型	3	882.4	3309.5	1552.5	54.7	20831.8
微型	4					287.3
二、按登记注册类型分组						
内资企业	100	2666.3	11010.0	2274.5	107.9	52355.3
国有企业	110	65.7	24.1			344.5
集体企业	120	63.0	900.0	72.9	20.5	4737.9
股份合作企业	130					
国有联营企业	141					
集体联营企业	142					
国有与集体联营企业	143					
其他联营企业	149					
国有独资公司	151	9.9	5.0	2.5		850.9
其他有限责任公司	159	622.6	664.6	163.7		16624.6
股份有限公司	160		20.8			
私营独资企业	171	260.0	703.1	37.5		2183.3
私营合伙企业	172		0.3			524.8
私营有限责任公司	173	1645.1	8692.1	1997.9	87.4	25449.2
私营股份有限公司	174					321.2
其他企业	190					1318.9
港、澳、台商投资企业	200	3257.8	1255.1	33.9	0.2	6624.0
与港澳台商合资经营	210	401.2	397.2	33.9		5062.8
与港澳台商合作经营	220					
港澳台商独资	230	2856.6	857.9		0.2	1561.2
港澳台商投资股份有限公司	240					
其他港澳台投资	290					
外商投资企业	300	704.9	1972.6	4.0	237.5	9763.9
中外合资经营企业	310	39.3	162.6			847.2
中外合作经营企业	320					
外资企业	330	576.6	604.0	4.0	237.5	7600.0
外商投资股份有限公司	340	89.0	1206.0			1316.7
其他外商投资	390					
三、按控股情况分组						
国有控股	1	459.5	136.4	2.5		2993.5
集体控股	2	63.0	913.6	72.9	20.5	5219.5
私人控股	3	2293.9	10647.0	2192.8	87.4	39915.5
港澳台商控股	4	3107.7	926.3	32.9	0.2	2833.4
外商控股	5	657.1	1511.4	11.1	237.5	8363.4
其他	9	47.8	103.0	0.2		9417.9
四、按文化制造业行业分组						
雕塑工艺品制造	2431					
金属工艺品制造	2432					
漆器工艺品制造	2433					
花画工艺品制造	2434					
天然植物纤维编织工艺品制造	2435	231.6	3892.6	155.8	32.7	15963.0
抽纱刺绣工艺品制造	2436					
地毯、挂毯制造	2437					
珠宝首饰及有关物品制造	2438	258.0	40.3	35.4		977.0
其他工艺美术品制造	2439	56.0				693.8

单位：万元

运输费	装卸费	包装费	保险费	仓　库 保管费	委托代销 手 续 费	广告费、 展览费、 宣传费	业务费	经　营 租赁费	销售服务 费　　用
22954.1	**3673.7**	**5100.4**	**802.4**	**347.4**	**44.9**	**4039.3**	**1674.2**	**665.2**	**473.5**
102.1	41.2					1.2			125.1
16965.2	2026.3	4279.0	494.1	127.1	44.9	1337.2	1062.9	541.5	177.0
5886.8	1606.2	821.4	308.3	220.3		2700.9	611.3	123.7	171.4
16586.9	2961.3	3847.2	753.4	340.3	44.9	3505.9	1334.7	588.6	124.7
31.3	26.3		0.3				56.0		
2058.6	295.2	493.9	189.2	23.6	7.5	146.6	133.8	89.1	31.2
406.6	314.1	5.6					29.7		
4239.9	660.9	1274.0	31.7	154.2	27.0	152.9	251.6	120.9	
721.4	92.0	151.7	43.5	119.2	10.4	119.1	73.9	5.6	4.2
126.6	10.6		19.5	5.3		5.1	68.3	90.5	12.1
8161.4	1540.9	1644.3	458.0	38.0		3005.9	721.4	282.5	77.2
85.0		165.7				25.1			
756.1	21.3	112.0	11.2			51.2			
3793.4	353.5	424.3	15.6	7.1		220.3	82.9	19.6	195.0
3260.3	303.8	409.8	13.0	7.1		218.1	67.9	1.1	69.9
533.1	49.7	14.5	2.6			2.2	15.0	18.5	125.1
2573.8	358.9	828.9	33.4			313.1	256.6	57.0	153.8
175.0	73.8	3.7				34.7	56.7	57.0	
1764.8	195.1	784.2	7.3			252.4	181.5		153.8
634.0	90.0	41.0	26.1			26.0	18.4		
1369.5	502.9	35.2	0.3	62.0			183.5	4.0	
2359.7	296.7	496.3	189.2	23.6	34.5	170.3	134.2	89.1	31.2
13726.7	2030.7	3628.5	559.6	169.6	10.4	3339.9	1044.8	435.6	233.6
1185.5	201.6	113.0	14.6			107.4	82.9	18.5	125.1
2295.8	264.0	815.0	33.4			269.3	199.9		35.0
2016.9	377.8	12.4	5.3	92.2		152.4	28.9	118.0	48.6
6188.4	564.5	2688.0	213.0	149.1		715.4	364.6	277.7	21.3
135.9	4.5	6.7				106.6	29.7		
285.8	130.3					89.4			

3-3 续表 7

指标名称	代码	社保费	其他制造费用	支付给个人	上交给政府部分	销售费用
园林、陈设艺术及其他陶瓷制品制造*	3079	186.2	2231.0			252.0
书、报刊印刷	2311	862.7	140.1	80.7		3574.3
本册印制	2312	18.5	102.0	35.9		3579.6
包装装潢及其他印刷	2319	407.9	196.5	43.5	0.2	2771.9
装订及印刷相关服务	2320					
记录媒介复制	2330	166.0				1599.4
文具制造	2411					
笔的制造	2412					
墨水、墨汁制造	2414					
中乐器制造	2421					
西乐器制造	2422					
电子乐器制造	2423					
其他乐器及零件制造	2429					
玩具制造	2450	426.7	515.4			2417.1
露天游乐场所游乐设备制造	2461					
游艺用品及室内游艺器材制造	2462					
其他娱乐用品制造	2469					
电视机制造	3951					
音响设备制造	3952	2541.5				6690.7
影视录放设备制造	3953					
焰火、鞭炮产品制造	2672	293.2	629.1	80.0	20.5	7351.0
机制纸及纸板制造*	2221	641.1	5247.5	1805.2	292.2	10591.2
手工纸制造	2222					
油墨及类似产品制造	2642					
颜料制造*	2643					
信息化学品制造*	2664	371.0				1559.6
照明灯具制造*	3872					65.6
其他电子设备制造*	3990	79.6	823.6			
印刷专用设备制造	3542	53.4	419.6	75.9		371.0
广播电视节目制作及发射设备制造	3931	35.6				8676.6
广播电视接收设备及器材制造	3932					726.4
应用电视设备及其他广播电视设备制造	3939					
电影机械制造	3471					
幻灯及投影设备制造	3472					883.0
照相机及器材制造	3473					
复印和胶印设备制造	3474					
五、按地区分组						
南宁市	4501	2000.2	2152.3	115.8	237.5	22641.0
柳州市	4502	56.0	1563.8	1352.6	54.7	2826.1
桂林市	4503	1002.5	38.3			5492.4
梧州市	4504	666.3	391.9	56.0	7.0	3007.1
北海市	4505	79.6	844.4			5762.4
防城港市	4506	11.4				2945.6
钦州市	4507	356.0	1762.8	211.9	46.2	10280.4
贵港市	4508					114.4
玉林市	4509	2212.5	5012.9	125.0	0.2	11723.0
百色市	4510	47.8	2038.8	448.6		1407.9
贺州市	4511	110.3	432.5	2.5		2236.1
河池市	4512	86.4				306.8
来宾市	4513					
崇左市	4514					

单位：万元

运输费	装卸费	包装费	保险费	仓　库保管费	委托代销手 续 费	广告费、展览费、宣传费	业务费	经　营租赁费	销售服务费　　用
7.4	2.5	6.7	8.0	1.8	7.7	1.1	22.9	1.7	4.2
1211.1	436.3	29.6	0.3	62.0			153.8	4.0	3.1
1107.8	890.6	447.2	144.3	8.2		14.5	163.9		52.6
1856.6	256.7	34.2	18.1			11.6	58.5	12.0	
799.7							85.0		
1141.3	90.7	151.5	13.0	5.2	2.7	63.6	9.2	12.4	119.0
102.1	41.2					1.2			125.1
2953.2	481.2	718.6	219.8	28.9	7.5	94.3	306.8	179.6	64.6
2927.3	223.2	818.7	33.4		27.0	57.0	264.6	58.1	83.6
1002.6	172.0					243.3			
65.6									
60.3	28.6	7.2					85.9		
2308.1	336.9	25.6	126.1	92.2		2641.3	65.5		
365.4			26.4				38.6		
435.5	14.5	166.4					25.2	119.7	
6170.5	1832.5	1328.3	249.2	70.2		2857.1	648.4	61.0	212.7
1140.5	351.4	166.4		92.2		86.2	54.1	119.7	
1959.6	42.4		26.7		27.0	5.2	180.0		3.1
1342.9	179.9	255.9	144.2			118.7	17.1	2.0	0.2
665.3	141.7	109.3	48.9	66.2		32.4	65.1	156.3	
4258.4	414.1	1791.7	112.5	33.6	7.5	322.2	265.4	89.1	64.5
98.1		0.8	1.5			1.0	6.5	6.5	
5116.8	529.6	1258.4	164.8	84.0	10.4	561.5	407.9	229.5	25.6
1166.1	38.1					4.7		1.1	48.6
972.9	142.9	15.8	54.6			23.6	29.7		118.8
63.0	1.1	173.8		1.2		26.7			

3-3 续表 8

指标名称	代码	销售部门人员工资	销售部门人员福利费	差旅费	办公费	邮　政通信费
总　　计		**8902.8**	**1933.1**	**2628.5**	**1033.7**	**543.1**
一、按规模分组						
大型	1	473.0	41.3	131.9		
中型	2	6225.9	1618.7	1539.8	582.7	173.0
小型	3	2203.9	273.1	956.8	451.0	370.1
微型	4					
二、按登记注册类型分组						
内资企业	100	6632.2	1688.9	2229.7	843.2	526.7
国有企业	110	100.3	5.3	25.3	14.7	
集体企业	120	337.5	59.4	139.4	54.6	50.7
股份合作企业	130					
国有联营企业	141					
集体联营企业	142					
国有与集体联营企业	143					
其他联营企业	149					
国有独资公司	151	28.0	3.0	16.6	2.3	0.9
其他有限责任公司	159	3160.9	885.4	1043.5	268.3	
股份有限公司	160					
私营独资企业	171	277.3	12.4	20.1	7.0	8.4
私营合伙企业	172	58.9	4.3	23.3	4.1	
私营有限责任公司	173	2455.7	687.5	955.3	490.1	455.5
私营股份有限公司	174	33.6		6.2		
其他企业	190	180.0	31.6		2.1	11.2
港、澳、台商投资企业	200	897.2	68.5	183.1	16.6	1.3
与港澳台商合资经营	210	334.6	20.4	42.6	16.0	1.3
与港澳台商合作经营	220					
港澳台商独资	230	562.6	48.1	140.5	0.6	
港澳台商投资股份有限公司	240					
其他港澳台投资	290					
外商投资企业	300	1373.4	175.7	215.7	173.9	15.1
中外合资经营企业	310	314.3		19.6	1.8	0.1
中外合作经营企业	320					
外资企业	330	756.6	105.4	137.5	156.3	15.0
外商投资股份有限公司	340	302.5	70.3	58.6	15.8	
其他外商投资	390					
三、按控股情况分组						
国有控股	1	232.9	14.8	185.8	68.0	0.9
集体控股	2	383.8	59.4	155.8	54.6	50.7
私人控股	3	4864.8	820.7	1554.2	596.7	476.5
港澳台商控股	4	652.2	48.1	140.5	5.1	
外商控股	5	795.7	156.7	192.5	167.0	15.0
其他	9	1973.4	833.4	399.7	142.3	
四、按文化制造业行业分组						
雕塑工艺品制造	2431					
金属工艺品制造	2432					
漆器工艺品制造	2433					
花画工艺品制造	2434					
天然植物纤维编织工艺品制造	2435	1212.2	169.8	519.0	178.5	44.3
抽纱刺绣工艺品制造	2436					
地毯、挂毯制造	2437					
珠宝首饰及有关物品制造	2438	588.8	3.0	16.6	2.3	0.9
其他工艺美术品制造	2439	35.6	12.5	36.8	10.5	

单位：万元

招待费	折旧费	修理费	机物料消耗	低值易耗品摊销	社保费	其他销售费用	支付给个人	上交给政府部分	管理费用
2823.8	**3611.4**	**979.5**	**2645.6**	**506.3**	**768.1**	**2305.1**	**69.8**	**48.0**	**142471.3**
					12.5				13924.0
1457.9	3119.7	501.8	2433.2	289.9	395.8	1302.2	38.3	48.0	96952.5
1365.9	491.7	477.7	212.4	216.4	359.8	1002.9	31.5		31397.1
									197.7
2582.2	879.4	954.5	2576.2	441.8	566.9	2058.6	65.5	34.8	86194.3
	32.1		23.4		13.5	16.0			727.9
98.2	4.2	342.4	52.5	14.6	47.5	68.2	2.3	1.9	6994.2
15.1	12.7	9.2	2.1	3.2	1.8				4957.9
772.3	107.6	56.3	2315.7	198.6	17.8	885.1			20720.5
									192.6
22.9	55.3	19.6	1.5	17.1	6.5	394.2			3208.2
11.1	31.9	3.3	27.4	4.6		17.9			2305.2
1635.8	514.6	523.7	153.6	203.7	479.8	677.2	63.2	32.9	46346.7
5.6									300.6
21.2	121.0								440.5
27.7	16.1	19.4	32.3	2.0	63.2	184.9	2.0	0.3	25104.3
24.6	15.2	19.3	32.3	1.8	43.2	160.5	2.0		9013.0
3.1	0.9	0.1		0.2	20.0	24.4		0.3	16091.3
213.9	2715.9	5.6	37.1	62.5	138.0	61.6	2.3	12.9	31172.7
	23.2			6.9	51.9	28.5			3545.3
209.2	2682.1	4.5	36.2	55.0	77.9	25.2	2.3	12.9	15815.9
4.7	10.6	1.1	0.9	0.6	8.2	7.9			11811.5
97.1	44.8	9.2	86.9	3.2	36.7	55.8			12666.1
98.2	4.2	342.4	52.5	14.6	47.5	131.0	2.3	1.9	8742.4
1781.1	854.0	591.1	203.9	235.5	547.7	1922.8	65.2	32.9	65982.5
3.1	15.7	6.9	10.2	2.0	20.0	81.0		0.3	18567.5
213.9	2692.7	5.6	37.1	55.6	86.1	33.1	2.3	12.9	27154.9
630.4		24.3	2255.0	195.4	30.1	81.4			9357.9
302.6	97.7	237.1	132.8	103.9	71.4	1424.4	33.7	32.9	15502.4
15.1	13.0	9.2	2.1	3.2	1.8	37.6			1526.3
22.1					14.2	56.6			729.7

3-3 续表 9

指标名称	代码	销售部门人员工资	销售部门人员福利费	差旅费	办公费	邮 政通信费
园林、陈设艺术及其他陶瓷制品制造*	3079	4.5	2.2	3.1	2.0	7.8
书、报刊印刷	2311	450.8	142.8	191.4	76.0	0.4
本册印制	2312	81.4	27.9	210.8	42.1	11.6
包装装潢及其他印刷	2319	183.5	24.4	55.7	55.0	11.7
装订及印刷相关服务	2320					
记录媒介复制	2330	256.0	320.0			
文具制造	2411					
笔的制造	2412					
墨水、墨汁制造	2414					
中乐器制造	2421					
西乐器制造	2422					
电子乐器制造	2423					
其他乐器及零件制造	2429					
玩具制造	2450	536.7	55.2	14.5	8.9	11.5
露天游乐场所游乐设备制造	2461					
游艺用品及室内游艺器材制造	2462					
其他娱乐用品制造	2469					
电视机制造	3951					
音响设备制造	3952	2044.2	866.5	459.3	67.4	
影视录放设备制造	3953					
焰火、鞭炮产品制造	2672	899.1	108.9	210.0	99.9	83.1
机制纸及纸板制造*	2221	1901.6	167.6	478.6	31.8	15.7
手工纸制造	2222					
油墨及类似产品制造	2642					
颜料制造*	2643					
信息化学品制造*	2664				141.7	
照明灯具制造*	3872					
其他电子设备制造*	3990					
印刷专用设备制造	3542	30.4	3.2	63.8	4.9	
广播电视节目制作及发射设备制造	3931	441.5		261.0	287.9	356.1
广播电视接收设备及器材制造	3932	187.1		85.4	23.5	
应用电视设备及其他广播电视设备制造	3939					
电影机械制造	3471					
幻灯及投影设备制造	3472	49.4	29.1	22.5	1.3	
照相机及器材制造	3473					
复印和胶印设备制造	3474					
五、按地区分组						
南宁市	4501	1774.9	216.5	928.5	546.0	393.6
柳州市	4502	391.1	41.6	125.1	54.1	
桂林市	4503	1401.4	456.3	403.1	52.3	0.4
梧州市	4504	659.1	37.0	23.5	37.5	42.7
北海市	4505	1571.2	825.2	327.4	67.4	
防城港市	4506	567.7	46.0	136.2	62.0	
钦州市	4507	909.2	161.0	349.4	79.8	66.3
贵港市	4508					
玉林市	4509	1110.2	105.5	260.1	120.7	36.0
百色市	4510	82.1	3.7	6.5		
贺州市	4511	422.0	40.1	64.6	11.0	0.9
河池市	4512	13.9	0.2	4.1	2.9	3.2
来宾市	4513					
崇左市	4514					

单位：万元

招待费	折旧费	修理费	机物料消耗	低值易耗品摊销	社保费	其他销售费用			管理费用
							支付给个人	上交给政府部分	
2.4	9.5	5.7	1.5	0.7	6.5	142.1			1574.4
340.1	313.9	0.1	84.8		32.9	40.9			13161.0
69.0	119.9	73.5	10.5		22.5	81.3	31.5		5505.9
30.7	21.9	2.5		0.2	18.2	120.4		0.3	8618.8
									69.8
138.7									5688.4
29.3	123.3			3.2		25.9			3701.4
524.1			2200.0	191.7	12.5	55.4			20438.0
201.3	41.7	356.9	118.8	19.2	101.6	56.0	2.3	1.9	10807.1
237.9	2791.1	7.8	45.3	62.8	223.3	134.8	2.3	12.9	34451.5
									6097.4
									441.2
									639.3
35.6	32.6	1.0	7.2	3.2	7.1				697.0
874.9	46.8	285.7	42.6	118.2	236.5	129.7			11493.3
									578.6
					19.6				749.8
1166.8	2795.5	276.6	116.5	184.2	470.0	342.0	33.8	12.9	70707.1
111.6		15.9	42.6		33.8				2728.9
400.0	388.9	0.5	23.4		22.2	99.9			16354.9
45.8	0.3		2.0			98.3	1.7	1.0	4092.1
524.1			2200.0	191.7		55.4			7345.9
37.9	43.5	58.8		13.2		695.1			1754.3
290.5	40.3	363.6	89.4	15.4	128.6	140.6	32.3	33.8	12828.4
									746.2
182.1	206.5	176.9	161.7	98.6	67.3	808.9	2.0	0.3	16630.8
16.8		2.0	7.9		30.1	0.2			3649.0
41.4	132.6	82.7	2.1	3.2	12.5	64.7			5488.7
6.8	3.8	2.5			3.6				145.0

3-3 续表 10

指标名称	代码	公司经费	行政管理人员工资	行政管理人员福利费	折旧费	差旅费
总　　计		**52502.9**	**23076.2**	**5210.0**	**6544.1**	**5632.9**
一、按规模分组						
大型	1	6288.8	2373.2	686.2	550.0	965.1
中型	2	37265.1	17870.8	4171.9	5087.0	3413.1
小型	3	8949.0	2832.2	351.9	907.1	1254.7
微型	4					
二、按登记注册类型分组						
内资企业	100	33537.3	14351.0	3742.3	3685.2	4143.7
国有企业	110	291.2	101.4	5.5	16.5	15.4
集体企业	120	3267.2	1516.6	355.1	85.4	384.7
股份合作企业	130					
国有联营企业	141					
集体联营企业	142					
国有与集体联营企业	143					
其他联营企业	149					
国有独资公司	151	549.0	317.5	41.9	10.0	108.3
其他有限责任公司	159	10542.2	5642.6	1744.6	424.7	1238.9
股份有限公司	160	133.4	108.2		16.2	5.1
私营独资企业	171	954.3	576.1	65.6	44.7	83.8
私营合伙企业	172	1615.4	244.3	23.8	161.2	437.7
私营有限责任公司	173	15600.9	5416.3	1489.0	2855.4	1852.1
私营股份有限公司	174	272.5	232.0			2.5
其他企业	190	311.2	196.0	16.8	71.1	15.2
港、澳、台商投资企业	200	10313.4	4568.3	1052.8	1024.5	1309.3
与港澳台商合资经营	210	2724.9	1423.7	330.5	281.2	179.7
与港澳台商合作经营	220					
港澳台商独资	230	7588.5	3144.6	722.3	743.3	1129.6
港澳台商投资股份有限公司	240					
其他港澳台投资	290					
外商投资企业	300	8652.2	4156.9	414.9	1834.4	179.9
中外合资经营企业	310	2308.0	1787.2	219.1	149.6	16.2
中外合作经营企业	320					
外资企业	330	5158.6	1967.6	116.6	1217.2	109.6
外商投资股份有限公司	340	1185.6	402.1	79.2	467.6	54.1
其他外商投资	390					
三、按控股情况分组						
国有控股	1	2221.6	1161.9	278.3	164.1	168.2
集体控股	2	4192.9	2054.3	355.1	268.7	515.7
私人控股	3	24697.6	10713.1	1892.8	3466.1	2932.7
港澳台商控股	4	8624.7	3647.0	823.8	841.1	1229.7
外商控股	5	6239.9	2362.1	186.8	1683.9	160.7
其他	9	6526.2	3137.8	1673.2	120.2	625.9
四、按文化制造业行业分组						
雕塑工艺品制造	2431					
金属工艺品制造	2432					
漆器工艺品制造	2433					
花画工艺品制造	2434					
天然植物纤维编织工艺品制造	2435	6772.0	3153.9	451.7	286.4	1290.8
抽纱刺绣工艺品制造	2436					
地毯、挂毯制造	2437					
珠宝首饰及有关物品制造	2438	359.5	172.2	50.7	62.7	21.0
其他工艺美术品制造	2439	415.6	198.9	87.7	51.7	39.3

单位：万元

办公费	修理费	机物料消耗	低值易耗品摊销	工会经费	无形资产摊销	邮政通信费	印刷费	会议费	水电费
4459.4	**2727.5**	**1862.6**	**1951.6**	**3477.3**	**3026.6**	**1106.4**	**665.0**	**1764.1**	**4333.7**
412.9	67.4	486.1	747.7	16.0	52.6	48.0		283.2	1792.9
3073.0	1953.9	884.2	643.1	2131.2	1376.9	793.8	470.2	1212.2	1595.8
973.5	706.2	492.3	560.8	1330.1	1597.1	264.6	194.8	268.7	945.0
2527.2	2059.4	1170.4	893.1	3268.7	2600.1	768.7	620.7	1199.4	2272.3
5.4	14.7	4.3		30.7				15.4	9.1
222.4	526.4	139.9	36.7	81.6	144.5	124.1	64.2	85.0	76.5
32.6	1.5	30.7	6.5	18.0		5.0	0.6	216.5	6.5
647.0	165.1	669.6	8.7	397.9	1521.9	107.3	22.1	453.9	198.3
3.9					1.2				
122.4	32.5	16.5	2.8	19.7	1.1	42.8	65.0	16.7	628.6
77.1	180.8	195.9	244.0	5.4	61.0	11.8	39.1	0.8	12.5
1378.7	1126.0	113.5	594.4	2715.4	870.4	466.2	429.7	409.9	1339.7
25.6	12.4								
12.1						11.5		1.2	1.1
705.5	210.5	602.6	835.7	78.5	159.2	151.9	24.1	335.2	1938.1
248.5	117.3	112.9	27.1	57.7	58.4	41.3	21.6	44.3	66.5
457.0	93.2	489.7	808.6	20.8	100.8	110.6	2.5	290.9	1871.6
1226.7	457.6	89.6	222.8	130.1	267.3	185.8	20.2	229.5	123.3
28.6	60.1	18.8	28.4	91.0	45.7	30.4			40.7
1139.2	335.2	70.8	133.0	10.6	169.2	129.0	4.2	209.8	52.5
58.9	62.3		61.4	28.5	52.4	26.4	16.0	19.7	30.1
164.8	105.9	42.3	8.0	96.6	34.0	18.9	0.6	254.2	42.4
271.7	532.9	157.8	36.7	107.0	171.1	126.4	76.7	85.0	78.0
1979.4	1533.7	385.4	884.1	3138.2	1003.6	616.9	540.6	842.6	2229.3
600.4	129.9	520.0	832.6	63.5	100.8	145.8	4.8	331.1	1890.5
1199.4	391.0	65.8	190.2	39.1	221.6	155.4	20.2	223.9	70.4
243.7	34.1	691.3		32.9	1495.5	43.0	22.1	27.3	23.1
898.1	381.9	112.3	114.7	87.6	38.0	336.8	97.7	602.3	289.2
29.0	12.2	2.9	8.8	55.1	8.2	4.1	0.6	12.0	8.1
24.2	6.5	7.3		0.2		14.3			86.6

3-3 续表 11

指标名称	代码	公司经费	行政管理人员工资	行政管理人员福利费	折旧费	差旅费
园林、陈设艺术及其他陶瓷制品制造*	3079	152.2	5.3	0.8	1.3	1.3
书、报刊印刷	2311	3367.7	1823.3	285.7	637.9	159.1
本册印制	2312	435.6	203.0	22.2	30.0	47.0
包装装潢及其他印刷	2319	2126.8	734.8	285.0	285.3	225.8
装订及印刷相关服务	2320	61.3	55.0	3.3		
记录媒介复制	2330	2336.0	446.0	210.0	1680.0	
文具制造	2411					
笔的制造	2412					
墨水、墨汁制造	2414					
中乐器制造	2421					
西乐器制造	2422					
电子乐器制造	2423					
其他乐器及零件制造	2429					
玩具制造	2450	1234.7	752.1	55.4	173.2	88.7
露天游乐场所游乐设备制造	2461					
游艺用品及室内游艺器材制造	2462					
其他娱乐用品制造	2469					
电视机制造	3951					
音响设备制造	3952	11509.2	5072.1	2356.5	607.8	1432.3
影视录放设备制造	3953					
焰火、鞭炮产品制造	2672	5916.4	2532.9	653.4	235.0	852.2
机制纸及纸板制造*	2221	11192.7	6195.4	698.9	2209.0	394.0
手工纸制造	2222					
油墨及类似产品制造	2642					
颜料制造*	2643					
信息化学品制造*	2664	1592.7	325.1			
照明灯具制造*	3872	370.2	348.2			6.7
其他电子设备制造*	3990	496.3	244.2		105.3	82.6
印刷专用设备制造	3542	85.9	24.3	5.9		19.6
广播电视节目制作及发射设备制造	3931	3520.6	304.6		172.2	965.2
广播电视接收设备及器材制造	3932	258.0	226.3	31.7		
应用电视设备及其他广播电视设备制造	3939					
电影机械制造	3471					
幻灯及投影设备制造	3472	299.5	258.6	11.1	6.3	7.3
照相机及器材制造	3473					
复印和胶印设备制造	3474					
五、按地区分组						
南宁市	4501	19321.0	6853.3	1186.6	2605.2	2268.1
柳州市	4502	1113.5	443.2	15.9	13.4	109.7
桂林市	4503	6679.5	3092.2	460.9	2531.8	209.4
梧州市	4504	1157.2	665.4	116.1	137.3	92.6
北海市	4505	5850.1	3051.3	1670.3	179.3	554.9
防城港市	4506	805.7	457.6	55.0	42.6	90.8
钦州市	4507	6083.4	2703.7	881.2	169.8	901.2
贵港市	4508	450.7	374.2	1.0		45.4
玉林市	4509	7936.5	3786.7	332.0	579.1	1258.3
百色市	4510	1966.8	1153.9	273.4	144.7	26.6
贺州市	4511	1040.8	426.8	217.3	136.1	59.5
河池市	4512	97.7	67.9	0.3	4.8	16.4
来宾市	4513					
崇左市	4514					

单位：万元

办公费	修理费	机物料消耗	低值易耗品摊销	工会经费	无形资产摊销	邮政通信费	印刷费	会议费	水电费
140.4	0.2	0.8	2.1	0.7	1.1	2.2	0.7	7.1	
126.7	71.9	39.4	5.7	1096.8	14.9	27.6		243.6	15.2
109.2	21.8	2.4		82.1		57.3	35.9	63.6	10.8
226.1	140.8	43.4	20.8	185.0	61.2	26.4	48.2	23.0	155.3
3.0				3.0				2.0	3.5
				1500.0					150.0
37.7	18.3	21.5	18.4	19.2	32.9	19.6	62.7	16.5	582.6
526.3	67.9	698.4	747.7	16.0	684.6	78.5		283.2	1796.5
296.3	726.2	339.7	280.7	125.8	228.2	116.5	256.1	137.0	155.7
347.2	567.8	159.8	116.6	284.2	370.6	112.3	18.7	22.0	297.4
1026.0	137.4		104.2			86.3		204.2	
6.1	4.8	2.6	1.8			4.2	3.1		0.5
3.6	24.1		36.5			53.6			45.6
29.6	1.2	2.3	3.0	5.3		15.6			3.6
625.8	536.1	429.8	486.9	16.3	1586.9	112.9	125.6	144.1	699.8
						32.4			32.8
4.1	8.4		3.7			5.8	15.7	3.5	0.5
2524.2	1118.9	651.7	1454.7	273.0	1067.0	441.8	225.7	931.6	2644.2
75.1	15.2	437.1	3.9	20.8	841.6	10.5	16.5	32.1	93.7
111.1	33.1	22.2		2829.9	35.0	39.6		18.2	339.3
96.4	11.3	35.3	2.8	61.3	40.5	42.6		0.2	83.2
120.9	24.6	212.3	36.5		633.2	84.1			49.2
94.1	45.1	20.5				58.4	8.7	4.2	28.1
501.3	707.4	116.8	49.7	158.1	196.4	159.6	220.4	538.5	110.6
7.9	4.8	2.6	14.8	0.6	0.6	6.0	3.7	2.0	0.5
806.4	464.5	296.2	373.5	98.1	103.4	244.0	189.2	218.3	931.9
54.6	250.6	59.5	3.5	12.3	75.1	15.9			5.7
61.3	50.3	7.9	12.2	23.2	33.8	0.9	0.6	19.0	45.5
6.1	1.7	0.5				3.0	0.2		1.8

3-3 续表 12

指标名称	代码	上缴的各种税费	警卫消防费、人防基金	仓库经费	劳动保护费	保健补贴、洗理费
总计		**384.5**	**2164.5**	**2581.2**	**3282.8**	**760.0**
一、按规模分组						
大型	1	266.4	213.2	348.6	1107.3	
中型	2	107.7	1530.9	1423.4	1794.1	696.9
小型	3	10.4	420.4	809.2	381.4	63.1
微型	4					
二、按登记注册类型分组						
内资企业	100	111.5	1850.4	1867.0	1856.2	544.9
国有企业	110					
集体企业	120	3.5	422.8	63.3	76.0	1.3
股份合作企业	130					
国有联营企业	141					
集体联营企业	142					
国有与集体联营企业	143					
其他联营企业	149					
国有独资公司	151	1.1	966.5	949.7	752.1	348.5
其他有限责任公司	159	28.1	11.1	192.1	412.2	2.7
股份有限公司	160					
私营独资企业	171		1.3	66.2	71.5	
私营合伙企业	172		35.5	34.1		
私营有限责任公司	173	78.8	413.2	561.6	544.4	192.4
私营股份有限公司	174					
其他企业	190					
港、澳、台商投资企业	200	267.0	300.0	621.2	1212.5	77.6
与港澳台商合资经营	210	0.3	84.3	252.2	104.2	76.6
与港澳台商合作经营	220					
港澳台商独资	230	266.7	215.7	369.0	1108.3	1.0
港澳台商投资股份有限公司	240					
其他港澳台投资	290					
外商投资企业	300	6.0	14.1	93.0	214.1	137.5
中外合资经营企业	310			4.2	16.9	
中外合作经营企业	320					
外资企业	330		14.1	88.8	170.4	137.5
外商投资股份有限公司	340	6.0			26.8	
其他外商投资	390					
三、按控股情况分组						
国有控股	1	1.1	1059.1	1118.9	761.3	351.2
集体控股	2	3.5	422.8	63.3	442.8	1.3
私人控股	3	107.2	456.9	926.6	647.8	196.6
港澳台商控股	4	266.7	215.7	369.0	1187.6	77.6
外商控股	5	6.0	10.0	80.5	191.6	133.3
其他	9			22.9	51.7	
四、按文化制造业行业分组						
雕塑工艺品制造	2431					
金属工艺品制造	2432					
漆器工艺品制造	2433					
花画工艺品制造	2434					
天然植物纤维编织工艺品制造	2435	1.7	2.8	401.5	170.0	31.1
抽纱刺绣工艺品制造	2436					
地毯、挂毯制造	2437					
珠宝首饰及有关物品制造	2438	1.1	6.8	52.6	84.6	76.6
其他工艺美术品制造	2439	66.6			6.5	6.5

单位：万元

上交管理费	职工取暖费和防暑降温费	劳务费	社保费	住房公积金和住房补贴	董事会费	聘请中介机构费(审计费)	咨询费	诉讼费
13685.8	**550.0**	**3555.3**	**6821.3**	**2194.3**	**1248.6**	**362.8**	**1414.1**	**81.5**
		799.4	2263.5			7.3		
10969.7	486.0	1438.8	3772.0	1464.3	937.6	141.2	733.8	81.5
2716.1	64.0	1317.1	785.8	730.0	311.0	214.3	680.3	
6271.6	495.3	2657.1	3834.0	1885.1	1007.4	245.9	860.8	7.8
60.0	39.1		33.1	100.0				
526.4	0.7	149.5	127.1			0.3	27.5	
50.0	1.3	13.7	391.1	568.8	384.0	1.5	2.2	
1160.0	121.4	42.6	1315.6	90.8	213.0	16.9	66.8	
72.7	0.9	194.3	107.4		4.4		0.8	7.8
	3.5					11.8	11.1	
4287.0	328.4	2257.0	1854.9	1125.5	406.0	215.4	752.4	
			4.8					
115.5								
6.8	52.4	898.2	2517.5	222.6	106.4	60.8	43.1	32.0
	52.1	98.8	196.6	221.1	98.1	46.7	43.1	32.0
6.8	0.3	799.4	2320.9	1.5	8.3	14.1		
7407.4	2.3		469.8	86.6	134.8	56.1	510.2	41.7
			193.8	17.7			4.5	
3861.0	2.3		201.4	18.8	134.8	56.1	83.9	41.7
3546.4			74.6	50.1			421.8	
985.8	51.8	14.0	542.8	751.1	400.5	25.0	6.5	
526.4	0.7	149.5	127.1	13.9		0.3	27.9	
4879.0	445.1	2460.6	3459.1	1160.4	669.5	249.6	773.8	7.8
6.8	52.4	888.6	2371.0	200.0	43.8	14.1	16.9	15.1
7287.8			269.6	68.9	134.8	54.1	503.2	41.7
		42.6	51.7			19.7	85.8	16.9
	6.2	51.9	329.9	61.5	131.8	8.5	36.2	15.1
50.0	53.4	102.9	128.1	200.0	12.8	1.5	2.2	
			66.2					

3-3 续表 13

指标名称	代码	上缴的各种税费	警卫消防费、人防基金	仓库经费	劳动保护费	保健补贴、洗理费
园林、陈设艺术及其他陶瓷制品制造*	3079		1.3	1.7		
书、报刊印刷	2311		975.8	1066.3	751.8	351.2
本册印制	2312	1.2	398.4	378.5	236.7	
包装装潢及其他印刷	2319	1.0	84.0	25.4	7.5	1.0
装订及印刷相关服务	2320					
记录媒介复制	2330					
文具制造	2411					
笔的制造	2412					
墨水、墨汁制造	2414					
中乐器制造	2421					
西乐器制造	2422					
电子乐器制造	2423					
其他乐器及零件制造	2429					
玩具制造	2450		4.3	8.3	103.2	96.3
露天游乐场所游乐设备制造	2461					
游艺用品及室内游艺器材制造	2462					
其他娱乐用品制造	2469					
电视机制造	3951					
音响设备制造	3952	266.4	213.2	348.6	1123.5	
影视录放设备制造	3953					
焰火、鞭炮产品制造	2672	3.5	467.9	99.1	85.0	7.8
机制纸及纸板制造*	2221	42.4	10.0	84.7	616.0	189.5
手工纸制造	2222					
油墨及类似产品制造	2642					
颜料制造*	2643					
信息化学品制造*	2664					
照明灯具制造*	3872				28.5	
其他电子设备制造*	3990					
印刷专用设备制造	3542	0.6				
广播电视节目制作及发射设备制造	3931				68.9	
广播电视接收设备及器材制造	3932					
应用电视设备及其他广播电视设备制造	3939					
电影机械制造	3471					
幻灯及投影设备制造	3472			114.5	0.6	
照相机及器材制造	3473					
复印和胶印设备制造	3474					
五、按地区分组						
南宁市	4501	281.6	1592.4	1878.1	2401.6	540.7
柳州市	4502	66.6		114.5	9.3	6.5
桂林市	4503	27.5	5.0		367.6	
梧州市	4504	3.3	233.0		178.4	168.7
北海市	4505				16.2	
防城港市	4506			64.5	6.8	
钦州市	4507	0.2	200.6	315.0	86.0	7.8
贵港市	4508				28.5	
玉林市	4509	2.0	41.1	148.2	163.2	32.1
百色市	4510	2.2			9.3	
贺州市	4511	1.1	92.4	60.9	15.9	4.2
河池市	4512					
来宾市	4513					
崇左市	4514					

单位：万元

上　交管理费	职工取暖费和防暑降温费	劳务费	社保费	住房公积金和住房补贴	董事会费	聘请中介机构费（审计费）	咨询费	诉讼费
1361.6		8.4	7.8				0.8	7.8
935.8	50.5	1128.1	981.9	985.8	428.8	5.5	46.5	
1261.0			224.2	209.6	85.2	25.0	134.4	
910.9	0.3	9.3	228.3	35.8	24.8	35.2	4.3	
	200.0	840.0	386.0	150.4				
278.1	89.9	282.4	92.6	247.6	4.4	2.0	2.5	
		799.4	2263.5			7.3	59.5	
526.4	29.8	149.5	99.7			12.1	56.6	
6174.6	118.4	12.4	1515.4	129.0	248.0	61.8	529.7	42.7
1903.2			60.1		102.0	26.3		15.9
			25.4					
284.2			152.6	5.5			2.0	
		162.5	62.7	169.1	210.8	176.8	532.6	
			158.2					
	1.5	8.5	38.7			0.8	6.8	
11296.1	19.8	913.1	3734.3	1097.8	804.2	263.2	1176.3	41.7
2.0	1.5	8.5	71.5			3.1	8.2	
60.0	349.1	1968.1	1688.6	534.8	270.6	22.4	46.5	
478.1	138.8	207.1	212.7	446.1				
			25.4				59.5	
			56.7					
91.3	26.3	128.1	279.8	61.5	38.7	1.9	27.5	
1483.9	10.5	316.4	418.2	1.5	105.8	24.7	66.1	22.9
			233.7	28.5		19.7	21.0	16.9
274.4	3.6	14.0	86.9	24.1	29.3	27.0	9.0	
	0.4		13.5			0.8		

3-3 续表 14

指标名称	代码	业务招待费	税金	上交的各种专项费用	技术转让费	职工教育经费
总计		**4271.4**	**8883.2**	**6856.2**	**3.5**	**650.2**
一、按规模分组						
大型	1	10.2	627.6			
中型	2	2766.9	4762.0	5672.6	3.5	583.6
小型	3	1494.3	3493.6	1183.6		66.6
微型	4					
二、按登记注册类型分组						
内资企业	100	3598.1	5030.6	1259.3	3.5	513.0
国有企业	110	25.7				
集体企业	120	283.3	147.6	62.9		41.0
股份合作企业	130					
国有联营企业	141					
集体联营企业	142					
国有与集体联营企业	143					
其他联营企业	149					
国有独资公司	151	16.6	15.4	9.2		6.5
其他有限责任公司	159	1095.7	1142.2	109.3	3.5	194.1
股份有限公司	160					
私营独资企业	171	169.1	31.1	13.1		10.7
私营合伙企业	172	68.4				105.6
私营有限责任公司	173	1935.0	3676.7	1064.8		155.1
私营股份有限公司	174	4.3	17.6			
其他企业	190					
港、澳、台商投资企业	200	352.8	999.8	62.6		35.6
与港澳台商合资经营	210	313.0	312.8	62.6		27.5
与港澳台商合作经营	220					
港澳台商独资	230	39.8	687.0			8.1
港澳台商投资股份有限公司	240					
其他港澳台投资	290					
外商投资企业	300	320.5	2852.8	5534.3		101.6
中外合资经营企业	310	133.1	489.4			0.6
中外合作经营企业	320					
外资企业	330	163.1	2278.2	2039.8		73.3
外商投资股份有限公司	340	24.3	85.2	3494.5		27.7
其他外商投资	390					
三、按控股情况分组						
国有控股	1	170.4	634.4	80.8		14.4
集体控股	2	320.6	279.2	62.9		41.8
私人控股	3	3039.4	4341.0	1193.6	3.5	282.9
港澳台商控股	4	134.8	1182.2	62.6		19.4
外商控股	5	187.4	2351.4	5456.3		101.0
其他	9	418.8	95.0			190.7
四、按文化制造业行业分组						
雕塑工艺品制造	2431					
金属工艺品制造	2432					
漆器工艺品制造	2433					
花画工艺品制造	2434					
天然植物纤维编织工艺品制造	2435	1340.2	966.4	20.0		121.8
抽纱刺绣工艺品制造	2436					
地毯、挂毯制造	2437					
珠宝首饰及有关物品制造	2438	20.7	21.5	51.8		6.5
其他工艺美术品制造	2439	69.0	31.8			

单位：万元

技术(研究)开发费	支付科研人员的工资及福利费	汽车费支出	排污费	绿化费	坏账准备	存货跌价准备	其他管理费用	支付给个人
2851.5	**773.3**	**2459.8**	**4424.7**	**642.7**	**451.1**	**224.9**	**5763.6**	**145.8**
		60.7		4.7				
2835.4	773.3	1669.3	3787.0	252.9	255.8	121.9	4652.5	104.1
16.1		729.8	637.7	385.1	195.3	103.0	1111.1	41.7
131.6	100.4	1934.5	1561.5	506.5	356.1	109.8	3886.3	114.0
		27.8	20.0				75.8	
3.5		644.2	127.1	66.8	68.6	0.3	312.2	6.1
		6.6	3.5	3.2			20.4	6.8
40.0	40.0	67.3	207.9		-9.1		983.5	
							58.0	
		97.2	11.9	7.3	6.2		606.1	
		206.5	2.3		14.2	17.7	48.5	
88.1	60.4	884.9	1188.8	427.8	276.2	91.8	1781.8	101.1
				1.4				
2719.9	672.9	330.2	188.3	56.7	95.0	12.1	1204.8	19.7
2719.9	672.9	127.7	146.3	42.1	49.6	3.4	991.6	19.7
		202.5	42.0	14.6	45.4	8.7	213.2	
		195.1	2674.9	79.5		103.0	672.5	12.1
			61.6	1.7			106.0	
		170.1	329.7	63.8		103.0	187.7	12.1
		25.0	2283.6	14.0			378.8	
2690.5	672.9	97.2	146.9	42.5	49.5		354.4	6.8
11.3	7.8	647.8	127.1	66.8	59.5	0.3	511.3	6.1
120.3	92.6	1285.0	1387.9	443.6	298.8	215.9	3967.9	101.1
		209.6	72.8	15.0	45.4	8.7	274.8	19.7
		191.5	2613.3	74.8			566.5	12.1
29.4		28.7	76.7		-2.1		88.7	
		476.4	90.4	31.8	21.9	95.2	2699.6	31.2
72.0	60.4	6.6	33.1	14.6			157.0	26.5
		7.1					32.4	

3-3 续表 15

指标名称	代码	业务招待费	税金	上交的各种专项费用	技术转让费	职工教育经费
园林、陈设艺术及其他陶瓷制品制造*	3079		1.1	1.5		1.8
书、报刊印刷	2311	129.9	514.1	83.0		
本册印制	2312	190.6	809.7	23.6		15.3
包装装潢及其他印刷	2319	277.7	514.4	11.6		16.0
装订及印刷相关服务	2320					
记录媒介复制	2330	126.0				
文具制造	2411					
笔的制造	2412					
墨水、墨汁制造	2414					
中乐器制造	2421					
西乐器制造	2422					
电子乐器制造	2423					
其他乐器及零件制造	2429					
玩具制造	2450	23.5	88.8	78.0		
露天游乐场所游乐设备制造	2461					
游艺用品及室内游艺器材制造	2462					
其他娱乐用品制造	2469					
电视机制造	3951					
音响设备制造	3952	371.8	627.6			190.2
影视录放设备制造	3953					
焰火、鞭炮产品制造	2672	336.4	327.5	62.9		164.3
机制纸及纸板制造*	2221	371.0	1218.4	6497.5		107.4
手工纸制造	2222					
油墨及类似产品制造	2642					
颜料制造*	2643					
信息化学品制造*	2664	79.6	1852.3			
照明灯具制造*	3872	11.8				
其他电子设备制造*	3990		18.4			
印刷专用设备制造	3542	15.9	24.0	26.3	3.5	
广播电视节目制作及发射设备制造	3931	693.8	1843.6			26.9
广播电视接收设备及器材制造	3932	85.6	11.6			
应用电视设备及其他广播电视设备制造	3939					
电影机械制造	3471					
幻灯及投影设备制造	3472	127.9	12.0			
照相机及器材制造	3473					
复印和胶印设备制造	3474					
五、按地区分组						
南宁市	4501	1246.2	6142.3	6619.0	3.5	144.0
柳州市	4502	182.1	38.2			
桂林市	4503	343.3	250.7			3.9
梧州市	4504	91.1	101.0	42.6		
北海市	4505	361.6	18.4			190.2
防城港市	4506	120.0	365.9			
钦州市	4507	983.5	344.4	82.9		79.7
贵港市	4508	11.8				
玉林市	4509	665.5	936.6	24.5		216.3
百色市	4510	121.7	488.0			1.7
贺州市	4511	139.5	189.4	87.2		14.4
河池市	4512	5.1	8.3			
来宾市	4513					
崇左市	4514					

单位：万元

技术(研究)开发费	支付科研人员的工资及福利费	汽车费支出	排污费	绿化费	坏账准备	存货跌价准备	其他管理费用	支付给个人
		4.4	1.5	4.5	6.2			
		42.8	168.2	0.3			100.1	
		118.7	480.8	8.6	195.3		25.0	25.0
2690.5	672.9	175.6	442.1	47.7	86.9	8.7	355.9	
		60.8	105.3	12.3	8.0	103.0	138.2	
		60.7		4.7				
3.5		830.5	127.6	69.6	144.0	18.0	261.0	6.1
69.4	40.0	240.4	2681.9	78.8	-11.2		1386.7	57.0
		22.5	152.3					
							22.9	
			72.6					
		392.8	68.9	369.8			507.9	
16.1		20.5					76.9	
		754.2	3837.6	459.6	195.3		1182.5	37.1
16.1		47.7	10.3				87.2	9.9
40.0	40.0	51.4	66.8	0.3	-9.1		353.4	
75.5	60.4	111.8	118.7	11.9			260.3	25.8
							58.0	
		58.6					176.7	
		675.3	113.3	74.7	149.5	92.1	1311.6	31.2
		45.0	35.0	6.0	8.0		147.8	
		588.0	92.9	42.4	60.0	29.8	1448.9	
29.4		41.3	132.6	2.3	-2.1		458.6	35.0
2690.5	672.9	73.0	16.8	45.5	49.5	103.0	278.6	6.8
		13.5	0.7					

3-3 续表 16

指标名称	代码	上交给政府部分	财务费用	利息收入	利息支出	汇兑损失
总　　计		**255.7**	**61452.2**	**524.6**	**53348.1**	**1733.3**
一、按规模分组						
大型	1		101.4	4.6	20.4	85.6
中型	2	248.2	55526.5	438.0	49036.2	1295.6
小型	3	7.5	5661.0	82.0	4140.6	352.1
微型	4		163.3		150.9	
二、按登记注册类型分组						
内资企业	100	47.1	23717.7	459.0	18055.7	1711.3
国有企业	110		0.6	1.4		
集体企业	120	6.0	569.2	0.3	511.0	
股份合作企业	130					
国有联营企业	141					
集体联营企业	142					
国有与集体联营企业	143					
其他联营企业	149					
国有独资公司	151	7.5	323.3	2.6	325.9	
其他有限责任公司	159		3924.1	205.6	3474.4	9.6
股份有限公司	160		74.3		74.3	
私营独资企业	171		327.7	2.6	346.7	6.8
私营合伙企业	172		174.6	8.2	28.7	119.1
私营有限责任公司	173	33.6	18216.5	238.3	13211.6	1551.5
私营股份有限公司	174		71.3		47.0	24.3
其他企业	190		36.1		36.1	
港、澳、台商投资企业	200	88.3	9629.0	80.8	8808.4	-37.0
与港澳台商合资经营	210		9406.4	73.3	8723.6	-177.7
与港澳台商合作经营	220					
港澳台商独资	230	88.3	222.6	7.5	84.8	140.7
港澳台商投资股份有限公司	240					
其他港澳台投资	290					
外商投资企业	300	120.3	28105.5	-15.2	26484.0	59.0
中外合资经营企业	310		833.1	15.6	743.9	100.9
中外合作经营企业	320					
外资企业	330	120.3	17290.0	-30.8	15757.7	-41.9
外商投资股份有限公司	340		9982.4		9982.4	
其他外商投资	390					
三、按控股情况分组						
国有控股	1	7.5	372.1	32.8	399.6	
集体控股	2	6.0	1342.6	204.6	1439.5	43.3
私人控股	3	33.6	23100.9	266.1	16913.5	2075.7
港澳台商控股	4	88.3	591.4	11.5	343.6	202.0
外商控股	5	120.3	27288.8	-30.9	25756.4	-41.9
其他	9		8756.4	40.5	8495.5	-545.8
四、按文化制造业行业分组						
雕塑工艺品制造	2431					
金属工艺品制造	2432					
漆器工艺品制造	2433					
花画工艺品制造	2434					
天然植物纤维编织工艺品制造	2435	33.6	5145.0	25.3	2733.4	1987.8
抽纱刺绣工艺品制造	2436					
地毯、挂毯制造	2437					
珠宝首饰及有关物品制造	2438	7.5	74.3	4.0	77.9	
其他工艺美术品制造	2439		131.8	0.7	66.9	23.7

单位：万元

金融服务和调剂外汇手续费	其他财务费用	营业收入	主营业务收入	营业成本	主营业务成本	营业税金及附加	主营业务税金及附加	其他业务利润
1654.9	**5265.6**	**3713803.4**	**3696836.9**	**3127365.5**	**3117077.3**	**30417.3**	**30280.6**	**611.4**
		409374.5	405221.4	377189.2	377189.2	1906.8	1906.8	
1648.4	3984.3	2521437.9	2509937.0	2084893.5	2074711.9	25264.0	25148.7	595.5
6.5	1281.3	768446.4	767133.9	651662.5	651555.9	3236.0	3214.6	15.9
		14544.6	14544.6	13620.3	13620.3	10.5	10.5	
232.3	4202.5	2147900.7	2145076.4	1830134.3	1829562.1	23799.5	23675.7	346.8
	2.0	1157.9	1035.4	1049.2	942.6	8.0		15.9
46.9	11.6	250475.6	249475.6	198878.0	198878.0	13875.2	13875.2	
		27145.7	27145.7	19546.6	19546.6	149.4	149.4	
17.4	628.3	558620.0	557450.8	499513.1	499436.4	670.8	660.4	122.5
		2473.4	2473.4	2186.4	1919.5	437.8	437.8	
	14.3	106926.2	106926.2	96229.8	96229.8	688.4	697.4	
24.8	10.2	46173.7	46173.7	34979.8	34979.8	145.8	145.8	
143.2	3536.1	1118099.6	1117567.0	944086.6	943964.6	7754.2	7639.8	208.4
		16003.0	16003.0	12895.5	12895.5	13.6	13.6	
		20825.6	20825.6	20769.3	20769.3	56.3	56.3	
897.3	41.1	830604.8	818733.4	734123.1	726571.0	3231.9	3220.6	157.8
892.9	40.9	232212.4	224494.1	177763.1	170211.0	1114.3	1103.0	157.8
4.4	0.2	598392.4	594239.3	556360.0	556360.0	2117.6	2117.6	
525.3	1022.0	735297.9	733027.1	563108.1	560944.2	3385.9	3384.3	106.8
1.5	2.4	37147.7	37019.9	28611.4	28590.5	317.8	317.8	106.8
523.8	1019.6	465974.3	463831.3	350149.2	348006.2	746.4	744.8	
		232175.9	232175.9	184347.5	184347.5	2321.7	2321.7	
3.0	2.3	165381.4	165071.8	115658.1	115522.1	793.6	785.6	173.7
52.8	11.6	264069.9	263037.0	211268.5	211191.8	13877.0	13877.0	
182.5	4220.4	1600020.2	1598209.4	1359595.2	1359185.4	9953.5	9826.4	437.7
45.6	11.7	646005.2	641852.1	596706.4	596706.4	2397.1	2397.1	
523.8	1019.6	692179.6	690036.6	529049.9	526906.9	3041.6	3040.0	
847.2		346147.1	338630.0	315087.4	307564.7	354.5	354.5	
169.3	304.9	493635.4	493621.3	420921.9	420921.9	1421.1	1409.8	
	0.4	29134.5	29100.3	23637.8	23621.6	106.1	104.4	
39.6	2.3	22337.7	22337.7	19869.9	19869.9	170.7	170.7	

3-3 续表 17

指标名称	代码	上交给政府部分	财务费用	利息收入	利息支出	汇兑损失
园林、陈设艺术及其他陶瓷制品制造*	3079		85.8	1.6	78.3	
书、报刊印刷	2311		5379.7	100.8	4383.0	
本册印制	2312		190.9	0.7	161.9	
包装装潢及其他印刷	2319	88.3	1252.3	28.8	944.1	5.0
装订及印刷相关服务	2320		33.0		28.0	
记录媒介复制	2330		5798.0	116.0	4348.5	
文具制造	2411					
笔的制造	2412					
墨水、墨汁制造	2414					
中乐器制造	2421					
西乐器制造	2422					
电子乐器制造	2423					
其他乐器及零件制造	2429					
玩具制造	2450		139.7	1.6	136.1	1.3
露天游乐场所游乐设备制造	2461					
游艺用品及室内游艺器材制造	2462					
其他娱乐用品制造	2469					
电视机制造	3951					
音响设备制造	3952		251.7	4.6	170.7	85.6
影视录放设备制造	3953					
焰火、鞭炮产品制造	2672	6.0	1170.5	9.0	556.2	154.2
机制纸及纸板制造*	2221	120.3	41143.3	229.0	39088.0	-578.1
手工纸制造	2222					
油墨及类似产品制造	2642					
颜料制造*	2643					
信息化学品制造*	2664		108.0	0.5	108.5	
照明灯具制造*	3872		76.8		53.5	
其他电子设备制造*	3990		52.4	1.4		53.8
印刷专用设备制造	3542		45.0	0.3	45.3	
广播电视节目制作及发射设备制造	3931		304.9	0.3	304.6	
广播电视接收设备及器材制造	3932					
应用电视设备及其他广播电视设备制造	3939					
电影机械制造	3471					
幻灯及投影设备制造	3472		69.1		63.2	
照相机及器材制造	3473					
复印和胶印设备制造	3474					
五、按地区分组						
南宁市	4501	120.3	28895.2	-6.6	27402.9	-41.9
柳州市	4502		226.9	0.4	221.4	
桂林市	4503		13748.0	418.4	11014.2	9.6
梧州市	4504	6.0	361.6	3.9	360.0	1.3
北海市	4505		277.0	1.4	224.6	53.8
防城港市	4506		291.3		155.9	
钦州市	4507	33.6	3191.6	22.2	1692.0	901.9
贵港市	4508		75.3	1.5	53.5	
玉林市	4509	88.3	3879.9	12.5	2014.3	1334.0
百色市	4510		10214.3	40.5	9942.6	-545.8
贺州市	4511	7.5	154.7	28.8	151.2	
河池市	4512		136.4	1.6	115.5	20.4
来宾市	4513					
崇左市	4514					

单位：万元

金融服务和调剂外汇手续费	其他财务费用	营业收入	主营业务收入	营业成本	主营业务成本	营业税金及附加	主营业务税金及附加	其他业务利润
	9.1	42443.1	42443.1	38431.1	38431.1	20.3	20.3	
5.3	1092.2	206256.0	204997.2	169709.0	169602.4	488.2	380.6	73.1
3.8	25.9	112968.1	112968.1	87333.6	87333.6	325.2	325.2	
13.7	318.3	235656.6	235469.5	182488.6	182459.2	1223.4	1213.0	157.8
	5.0	3550.0	3360.0	2630.0	2630.0	53.0	50.0	
	1565.5	99964.8	99964.8	79971.8	79971.8	1999.3	1999.3	
3.5	0.4	112418.0	112418.0	100938.9	100938.9	905.1	914.1	
		659912.3	655759.2	614752.8	614752.8	1908.7	1908.7	
31.4	437.7	364005.2	363001.3	290501.5	290224.9	15712.7	15702.6	
1387.7	1474.7	755318.9	745193.6	592991.9	583132.5	3504.9	3503.3	380.5
		130126.4	130126.4	99782.3	99782.3	335.5	335.5	
	23.3	7778.8	7778.8	6887.0	6887.0	87.5	87.5	
		156586.8	156586.8	151258.6	151258.6	25.8	25.8	
		29104.8	29104.8	24854.2	24854.2	81.6	81.6	
0.6		209815.4	209815.4	183674.9	183674.9	2034.8	2034.8	
		25175.1	25175.1	20995.5	20995.5			
	5.9	17615.5	17615.5	15734.2	15734.2	13.4	13.4	
525.9	1001.7	1525856.9	1523396.1	1248889.8	1246725.9	7667.4	7662.8	106.8
	5.9	75264.9	75264.9	67654.4	67654.4	164.9	164.9	
20.1	3122.5	312847.2	312691.8	267489.8	267306.5	2290.3	2172.3	81.2
3.5	0.7	99201.3	99167.1	81027.9	81011.7	607.7	606.0	
		409598.0	409598.0	391008.6	390741.7	465.5	465.5	
	172.9	105837.0	105837.0	92521.8	92521.8	79.5	79.5	
162.1	445.4	464676.2	463676.2	373594.8	373594.8	15026.0	15015.2	
	23.3	12463.9	12463.9	11129.5	11129.5	87.5	87.5	
87.9	456.2	490168.0	484860.6	429701.7	429692.0	2720.6	2719.0	57.2
847.2	10.8	88919.6	81098.0	72960.4	65341.6	573.2	573.2	208.4
6.1	26.2	121455.5	121268.4	84788.7	84759.3	706.9	706.9	157.8
2.1		7514.9	7514.9	6598.1	6598.1	27.8	27.8	

3-3 续表 18

指标名称	代码	资产减值损失	公允价值变动收益(损失以"–"号记)	投资收益(损失以"–"号记)	营业利润	营业外收入
总　计		**-9.4**		**-69421.7**	**296285.7**	**2182.9**
一、按规模分组						
大型	1				14624.8	
中型	2	-9.4		-15158.5	229656.7	2049.0
小型	3			-54263.2	51738.7	133.9
微型	4				265.5	
二、按登记注册类型分组						
内资企业	100	8.1		-60022.3	143808.3	811.2
国有企业	110				97.1	
集体企业	120				18127.7	33.5
股份合作企业	130					
国有联营企业	141					
集体联营企业	142					
国有与集体联营企业	143					
其他联营企业	149					
国有独资公司	151				1443.7	
其他有限责任公司	159			-6639.8	19432.9	458.9
股份有限公司	160				-150.8	5.0
私营独资企业	171				4727.5	48.1
私营合伙企业	172				9045.1	
私营有限责任公司	173	8.1		-53382.5	86548.3	265.7
私营股份有限公司	174				2400.8	
其他企业	190				2136.0	
港、澳、台商投资企业	200			3.6	73264.7	270.6
与港澳台商合资经营	210			3.6	28772.4	200.6
与港澳台商合作经营	220					
港澳台商独资	230				44492.3	70.0
港澳台商投资股份有限公司	240					
其他港澳台投资	290					
外商投资企业	300	-17.5		-9403.0	79212.7	1101.1
中外合资经营企业	310	-17.5			3110.2	82.9
中外合作经营企业	320					
外资企业	330			-9403.0	55345.3	1018.2
外商投资股份有限公司	340				20757.2	
其他外商投资	390					
三、按控股情况分组						
国有控股	1				34053.6	54.4
集体控股	2			-2502.7	16326.5	239.9
私人控股	3	-9.4		-57519.6	119680.8	661.2
港澳台商控股	4				47303.8	80.0
外商控股	5			-9403.0	76388.5	1018.2
其他	9			3.6	2532.5	129.2
四、按文化制造业行业分组						
雕塑工艺品制造	2431					
金属工艺品制造	2432					
漆器工艺品制造	2433					
花画工艺品制造	2434					
天然植物纤维编织工艺品制造	2435				34476.5	89.7
抽纱刺绣工艺品制造	2436					
地毯、挂毯制造	2437					
珠宝首饰及有关物品制造	2438				2812.8	1.0
其他工艺美术品制造	2439				992.6	

单位：万元

补贴收入	营业外支出	利润总额	应交所得税	应付职工薪酬(本年贷方累计发生额)	应交增值税	工业总产值(当年价格)	工业销售产值(当年价格)	出口交货值
1544.3	**6801.1**	**291668.6**	**10336.3**	**268675.8**	**103581.9**	**3889187.6**	**3729145.2**	**565964.4**
		14624.8		61654.4	15212.5	411015.2	408674.5	355479.3
1496.2	6513.4	225226.2	8343.0	178391.8	67664.5	2669159.8	2534084.3	207427.3
48.1	287.7	51552.1	1993.3	28048.2	20500.4	789509.3	771841.8	3057.8
		265.5		581.4	204.5	19503.3	14544.6	
298.4	1336.5	143116.8	4634.5	154850.5	54154.6	2289881.8	2180726.3	158924.7
		97.1		187.9	60.9	6810.5	6661.9	
		18161.2	838.2	31548.6	5282.0	256333.9	251104.4	40366.3
		1443.7	103.2	4696.8	1084.8	27086.1	27145.7	
245.3	74.7	19837.0	1186.1	28723.2	6005.0	611411.3	573924.4	33172.7
5.0	2.4	-148.2		1552.3	418.0	8510.0	7490.0	7490.0
48.1		4775.6	7.2	8051.8	4094.9	105305.4	100146.1	13368.1
		9045.1	284.9	9098.3	1082.7	48884.5	42777.8	29766.8
	1259.4	85368.5	2214.9	64491.5	34148.2	1188466.5	1134842.9	33542.8
		2400.8		4286.7	101.1	16248.0	16003.0	1218.0
		2136.0		2213.4	1877.0	20825.6	20630.1	
185.0	4747.2	68788.1	4307.2	91205.1	26858.4	834193.0	824057.4	405907.3
115.0	124.3	28848.7	4142.5	23293.8	10760.8	236893.7	233097.9	50428.0
70.0	4622.9	39939.4	164.7	67911.3	16097.6	597299.3	590959.5	355479.3
1060.9	717.4	79763.7	1394.6	22620.2	22568.9	765112.8	724361.5	1132.4
42.7	22.2	3170.9	52.0	7563.1	2717.7	40598.3	36984.8	1132.4
1018.2	695.2	55835.6	1342.6	13645.8	14764.8	492338.6	455200.8	
		20757.2		1411.3	5086.4	232175.9	232175.9	
	25.8	34082.2	4549.4	13065.5	7398.3	170438.8	170856.9	
203.0	7.1	16559.3	838.2	33213.7	5417.8	278378.4	264642.7	43299.6
145.1	1351.6	118824.2	3329.4	123182.8	50058.6	1726760.6	1630487.1	125868.9
80.0	4622.9	42760.9	230.6	77739.9	18732.6	645820.1	638629.3	380299.3
1018.2	695.2	76878.8	1342.6	16002.0	19487.1	717979.3	680877.7	
98.0	98.5	2563.2	46.1	5471.9	2487.5	349810.4	343651.5	16496.6
17.0		34533.4	930.6	66543.5	12365.4	517359.9	491396.9	131809.3
	1.0	2812.8	117.2	4680.1	1190.4	29020.7	28743.8	
	749.8	242.8	72.2	2524.6	849.0	23944.7	21307.2	6253.4

3-3 续表 19

指标名称	代码	资产减值损失	公允价值变动收益（损失以"–"号记）	投资收益（损失以"–"号记）	营业利润	营业外收入
园林、陈设艺术及其他陶瓷制品制造*	3079				2560.5	
书、报刊印刷	2311	8.1		903.6	17001.4	312.3
本册印制	2312			-2739.6	13477.6	
包装装潢及其他印刷	2319			-3640.8	38282.4	188.3
装订及印刷相关服务	2320				571.9	
记录媒介复制	2330				15663.7	
文具制造	2411					
笔的制造	2412					
墨水、墨汁制造	2414					
中乐器制造	2421					
西乐器制造	2422					
电子乐器制造	2423					
其他乐器及零件制造	2429					
玩具制造	2450				8270.1	
露天游乐场所游乐设备制造	2461					
游艺用品及室内游艺器材制造	2462					
其他娱乐用品制造	2469					
电视机制造	3951					
音响设备制造	3952				15170.4	
影视录放设备制造	3953					
焰火、鞭炮产品制造	2672				31465.6	5.0
机制纸及纸板制造*	2221	-17.5		-6659.1	64661.4	1516.6
手工纸制造	2222					
油墨及类似产品制造	2642					
颜料制造*	2643					
信息化学品制造*	2664			-9403.0	12816.5	
照明灯具制造*	3872				412.8	
其他电子设备制造*	3990				27921.7	70.0
印刷专用设备制造	3542				3056.0	
广播电视节目制作及发射设备制造	3931			-47882.8	3631.1	
广播电视接收设备及器材制造	3932				2874.6	
应用电视设备及其他广播电视设备制造	3939					
电影机械制造	3471					
幻灯及投影设备制造	3472				166.1	
照相机及器材制造	3473					
复印和胶印设备制造	3474					
五、按地区分组						
南宁市	4501	-17.5		-63666.2	122554.4	1101.1
柳州市	4502				2053.5	
桂林市	4503	8.1		-5782.0	25512.8	564.7
梧州市	4504				9921.2	1.0
北海市	4505				28316.5	75.0
防城港市	4506				8357.0	
钦州市	4507				41066.4	55.8
贵港市	4508				443.3	
玉林市	4509			22.9	29203.9	157.2
百色市	4510			3.6	-167.8	156.8
贺州市	4511				28723.7	54.4
河池市	4512				300.8	16.9
来宾市	4513					
崇左市	4514					

单位：万元

补贴收入	营业外支出	利润总额	应交所得税	应付职工薪酬（本年贷方累计发生额）	应交增值税	工业总产值（当年价格）	工业销售产值（当年价格）	出口交货值
		2560.5		2224.3	2808.7	39089.8	37001.8	
	163.2	17020.2	528.6	13733.1	5382.2	211515.2	195672.0	
		13477.6	215.2	3160.5	3155.8	113344.4	112846.5	38.4
48.1	26.7	38444.0	4611.0	10114.8	9095.5	234735.0	231694.6	
		571.9		220.0	182.0	3550.0	3550.0	
	66.0	15597.7		2717.0	2499.1	111592.9	99237.4	
	12.2	8257.9		12027.6	4841.0	114707.0	108930.1	
		15170.4	45.6	62209.0	15258.1	661553.0	659212.3	355479.3
5.0	25.9	31444.7	943.6	45691.9	7840.9	371601.4	359264.8	71714.5
1404.2	901.7	65440.5	253.1	31570.2	24686.7	865311.4	798451.2	669.5
		12816.5	1342.6	5032.3	2701.2	135218.4	125929.0	
		412.8		528.7	233.3	7778.8	7778.8	
70.0	4610.7	23381.0		118.5	98.7	152639.9	152639.9	
		3056.0	182.6	1712.9	652.9	29105.4	29104.8	
	243.9	3387.2	662.8	1796.1	7943.9	223946.9	223593.5	
		2874.6	431.2	1645.8	1436.8	25110.8	25175.1	
		166.1		424.9	360.3	18062.0	17615.5	
1060.9	961.3	122861.5	3368.9	88060.6	51214.4	1570988.8	1528881.3	289749.0
	749.8	1303.7	72.2	2029.1	1835.7	76439.6	74234.4	
245.3	275.1	25646.2	554.3	20198.5	7023.3	376349.2	318679.7	669.5
	13.2	9909.0	14.0	16461.4	2858.8	103537.6	97975.2	186.7
75.0	4613.1	23778.4	45.6	2225.4	562.3	411687.7	410667.7	7490.0
		8357.0		1927.0	369.4	107061.3	103720.7	
	22.6	41099.6	1039.2	47284.1	8853.7	484547.3	455898.1	87151.3
		443.3		1348.7	233.9	11358.8	10996.9	
65.1	15.3	29335.9	999.6	76193.4	20250.9	495672.3	483955.4	173203.0
98.0	124.9	-136.0	0.5	5191.9	4405.6	123143.7	115893.2	
	25.8	28752.3	4162.6	5636.1	5674.6	120886.4	120727.7	
		317.7	79.4	2119.6	299.3	7514.9	7514.9	7514.9

3-4 限额以上文化批发和零售业

指标名称	代码	法人单位数（个）	亏损企业	从业人员期末人数（人）	#女性	年初存货
总 计		**125**	**26**	**6037**	**3168**	**155434.4**
一、按登记注册类型分组						
内资企业	100	125	26	6037	3168	155434.4
国有企业	110	16	2	726	402	6403.4
集体企业	120	2	1	43	28	282.4
股份合作企业	130					
国有联营企业	141					
集体联营企业	142					
国有与集体联营企业	143					
其他联营企业	149					
国有独资公司	151	36	4	2032	962	23837.0
其他有限责任公司	159	27	5	1614	834	24818.0
股份有限公司	160	2		59	25	601.4
私营独资企业	171	1		40	30	730.0
私营合伙企业	172	1	1	24	19	2315.1
私营有限责任公司	173	39	13	1479	856	96348.6
私营股份有限公司	174	1		20	12	98.5
其他企业	190					
港、澳、台商投资企业	200					
与港澳台商合资经营	210					
与港澳台商合作经营	220					
港澳台商独资	230					
港澳台商投资股份有限公司	240					
其他港澳台投资	290					
外商投资企业	300					
中外合资经营企业	310					
中外合作经营企业	320					
外资企业	330					
外商投资股份有限公司	340					
其他外商投资	390					
二、按企业控股情况分组						
国有控股	1	62	6	3373	1728	35735.8
集体控股	2	3	1	152	85	5041.1
私人控股	3	49	16	1730	1011	101418.1
港澳台商控股	4					
外商控股	5					
其他	9	11	3	782	344	13239.4

企业法人单位主要经济指标

单位：万元

流动资产合计	应收账款	存货	固定资产合计	固定资产原价	累计折旧	本年折旧	资产总计	流动负债合计
283494.1	**62943.0**	**87446.5**	**63376.9**	**95795.8**	**34588.5**	**4545.7**	**531316.2**	**236362.8**
283494.1	62943.0	87446.5	63376.9	95795.8	34588.5	4545.7	531316.2	236362.8
14087.4	2188.8	2873.1	11114.5	16495.5	5400.8	987.1	45625.7	12792.1
885.5	30.5	240.4	43.0	290.3	247.3	16.3	1097.9	567.2
123478.2	15613.6	38165.5	34827.8	50932.4	18251.9	1758.6	302639.2	83391.8
79834.1	28408.6	19064.8	14921.7	22258.6	7336.9	982.5	103758.9	78056.2
2691.7	672.2	613.8	571.6	1694.5	1122.9	458.5	4166.1	683.5
881.3	53.4	822.8	6.0	6.0			887.4	772.0
2388.1	90.2	1653.4	0.4	30.0	29.6	0.4	2388.5	1880.3
58251.4	15885.7	23896.0	1845.1	4030.6	2188.0	339.8	69709.3	58049.9
996.4		116.7	46.8	57.9	11.1	2.5	1043.2	169.8
166651.9	30312.3	45060.2	60112.9	88568.9	30623.1	3586.4	400558.9	128995.4
10293.0	376.5	4100.4	101.3	442.2	340.9	18.2	10729.6	10264.7
73989.8	23639.8	28095.4	2328.0	5379.1	3053.6	796.0	86566.1	70930.6
32559.4	8614.4	10190.5	834.7	1405.6	570.9	145.1	33461.6	26172.1

3-4 续表 1

指标名称	代码	法人单位数(个)	亏损企业	从业人员期末人数(人)	#女性	年初存货
三、按文化批发和零售业行业分组						
图书批发	5143	3		635	267	14677.2
报刊批发	5144					
音像制品及电子出版物批发	5145	1	1	7	3	
图书、报刊零售	5243	61	7	2773	1486	23201.3
音像制品及电子出版物零售	5244	1		78	25	206.7
贸易代理*	5181					
拍卖*	5182					
通讯及广播电视设备批发*	5178					
电气设备批发*	5176					
首饰、工艺品及收藏品批发	5146	3	2	112	46	82485.6
珠宝首饰零售	5245	6	2	300	212	6328.1
工艺美术品及收藏品零售	5246					
文具用品批发	5141	4		69	27	8322.2
文具用品零售	5241	2	1	38	18	273.5
乐器零售	5247					
照相器材零售	5248	3		78	48	495.6
家用电器批发*	5137	8	3	712	336	9889.2
家用视听设备零售	5271	22	6	958	599	7647.2
其他文化用品批发	5149	3	1	51	17	498.0
其他文化用品零售	5249	8	3	226	84	1409.8
四、按地区分组						
南宁市	4501	29	7	2251	1126	43559.4
柳州市	4502	18	6	679	351	6298.9
桂林市	4503	12	2	461	273	7758.9
梧州市	4504	3	1	191	107	1366.9
北海市	4505	6	3	241	121	83204.0
防城港市	4506	2		60	34	1218.9
钦州市	4507	2		129	56	701.2
贵港市	4508	5		264	95	1006.8
玉林市	4509	27	4	1127	644	8838.8
百色市	4510	6		130	72	385.7
贺州市	4511	1		48	32	59.8
河池市	4512	7	2	238	141	662.0
来宾市	4513	4		134	76	227.3
崇左市	4514	3	1	84	40	145.8

单位：万元

流动资产合计			固定资产合计	固定资产原价	累计折旧		资产总计	流动负债合计
	应收账款	存　货				本年折旧		
107686.6	21083.0	32196.2	19353.9	25384.7	6030.8	646.4	228019.9	77609.3
177.4	89.3		63.9	116.5	52.6	10.1	241.3	434.1
67667.4	14896.7	14416.6	41173.1	63750.4	24744.4	2978.1	181655.2	58786.3
1521.0	1162.8	196.5	42.1	134.4	92.3	17.6	1615.5	1233.4
24049.0	10384.3	7070.4	245.5	1527.2	1281.7	75.9	33794.1	31524.9
9709.6	821.3	6883.8	683.7	1656.0	972.3	496.6	10975.4	6885.2
19952.2	5774.8	3789.2	113.3	280.1	166.8	26.7	20065.6	15980.9
1033.5	218.7	160.8	33.7	121.9	88.2	11.7	1067.2	580.4
1373.2	636.8	256.7	9.3	38.3	29.0	3.4	1440.4	1256.5
22706.5	3739.3	9285.6	132.3	347.0	214.7	30.9	23047.0	22124.6
18190.0	754.4	10944.3	962.4	1458.5	498.6	127.7	19392.3	12452.1
2939.2	1151.4	774.4	158.7	379.8	221.1	62.0	3104.2	2564.8
6488.5	2230.2	1472.0	405.0	601.0	196.0	58.6	6898.1	4930.3
170984.6	37901.5	51887.7	37294.8	52155.9	14880.9	1627.6	316993.1	147111.1
15076.5	3305.0	4804.1	4028.4	6786.6	2760.7	285.7	30863.0	10585.5
16597.9	3614.3	6474.3	3596.8	8381.2	4856.8	842.6	32007.9	11518.3
4771.9	874.5	953.6	519.8	1030.0	510.2	33.0	13358.0	4258.2
27658.9	10619.8	8016.4	679.9	2456.2	1776.3	107.4	39659.1	33499.0
271.9	107.0	95.2	102.2	329.1	226.9	18.6	960.6	466.8
1324.5	617.3	394.9	361.9	1230.2	868.3	15.9	10757.3	527.9
5026.8	884.4	408.0	7184.2	6827.2	1456.9	635.9	13231.6	3324.3
33474.2	3174.4	12745.6	3606.4	7788.1	4181.7	424.2	47779.9	19333.9
2187.2	316.7	442.1	823.8	1635.3	822.7	261.7	5305.7	909.4
1211.8	570.9	147.4	857.3	1258.0	400.7	35.0	2069.7	737.4
2153.0	429.9	524.3	2469.1	3297.9	828.8	135.6	12624.9	2322.7
1860.9	285.3	262.2	1016.4	1254.3	487.7	81.7	3942.1	1008.6
894.0	242.0	290.7	835.9	1365.8	529.9	40.8	1763.3	759.7

3-4 续表 2

指标名称	代码	应付账款	非流动负债合计	负债合计	所有者权益合计	实收资本
总　计		**100967.2**	**6800.5**	**243397.9**	**287918.3**	**238668.4**
一、按登记注册类型分组						
内资企业	100	100967.2	6800.5	243397.9	287918.3	238668.4
国有企业	110	8892.3	407.3	13199.3	32426.4	31975.3
集体企业	120	240.9	223.9	791.1	306.8	40.0
股份合作企业	130					
国有联营企业	141					
集体联营企业	142					
国有与集体联营企业	143					
其他联营企业	149					
国有独资公司	151	48493.9	4703.9	88095.7	214543.5	176640.9
其他有限责任公司	159	29835.7	706.3	78997.2	24761.7	17354.9
股份有限公司	160	500.6	152.6	836.1	3330.0	2812.3
私营独资企业	171	191.6		772.0	115.4	100.8
私营合伙企业	172	1461.0		1880.3	508.2	508.2
私营有限责任公司	173	11238.7	549.6	58599.5	11109.8	9200.8
私营股份有限公司	174	112.5	56.9	226.7	816.5	35.2
其他企业	190					
港、澳、台商投资企业	200					
与港澳台商合资经营	210					
与港澳台商合作经营	220					
港澳台商独资	230					
港澳台商投资股份有限公司	240					
其他港澳台投资	290					
外商投资企业	300					
中外合资经营企业	310					
中外合作经营企业	320					
外资企业	330					
外商投资股份有限公司	340					
其他外商投资	390					
二、按企业控股情况分组						
国有控股	1	79848.9	5817.5	134812.7	265746.2	221522.0
集体控股	2	1145.1	223.9	10488.6	241.0	1040.0
私人控股	3	14966.9	759.1	71689.7	14876.4	11909.7
港澳台商控股	4					
外商控股	5					
其他	9	5006.3		26406.9	7054.7	4196.7

单位：万元

营业收入	主营业务收入	营业成本	主营业务成本	营业税金及附加	主营业务税金及附加	其他业务利润	销售费用	管理费用
579892.6	**570420.7**	**490931.9**	**486057.6**	**2332.0**	**2286.4**	**4967.7**	**42730.2**	**28369.9**
579892.6	570420.7	490931.9	486057.6	2332.0	2286.4	4967.7	42730.2	28369.9
43237.4	42097.4	33909.1	33230.3	197.8	197.8	398.3	5382.2	3367.2
1623.6	1623.6	1364.7	1364.7	8.8	8.8		71.2	80.4
199176.8	195371.0	163044.8	161197.0	774.9	771.6	2147.3	18191.5	12009.7
228047.8	224170.7	199496.1	197287.0	534.6	528.2	1346.7	11795.5	8056.8
3781.1	3599.7	2775.0	2639.3	249.7	216.3	248.7	208.1	272.5
1335.6	1335.6	1135.2	1135.2	1.7	1.7	32.5	67.0	65.0
1578.3	1578.3	1310.0	1310.0	4.6	4.6		119.5	160.7
99756.2	99288.6	86880.3	86877.4	555.5	553.0	794.2	6746.8	4290.0
1355.8	1355.8	1016.7	1016.7	4.4	4.4		148.4	67.6
303120.0	296509.4	243317.3	240469.7	1203.9	1194.2	3596.9	27624.8	20461.0
24449.9	24449.9	22147.2	22147.2	32.1	32.1		1449.9	529.9
126662.3	126082.8	111334.2	111209.3	855.5	819.6	1178.4	7790.5	4995.4
125660.4	123378.6	114133.2	112231.4	240.5	240.5	192.4	5865.0	2383.6

3-4 续表 3

指标名称	代码	应付账款	非流动负债合计	负债合计	所有者权益合计	实收资本
三、按文化批发和零售业行业分组						
图书批发	5143	49906.1	151.6	77760.9	150259.0	116569.8
报刊批发	5144					
音像制品及电子出版物批发	5145	431.2		434.1	-192.8	50.0
图书、报刊零售	5243	31000.4	5665.9	64452.0	117203.2	106499.1
音像制品及电子出版物零售	5244	141.4		1233.4	382.1	300.0
贸易代理*	5181					
拍卖*	5182					
通讯及广播电视设备批发*	5178					
电气设备批发*	5176					
首饰、工艺品及收藏品批发	5146	4117.4	549.6	32074.5	1719.6	2350.0
珠宝首饰零售	5245	710.4	152.6	7037.8	3937.6	3331.7
工艺美术品及收藏品零售	5246					
文具用品批发	5141	4035.7		15980.9	4084.7	1268.0
文具用品零售	5241	189.0	140.2	720.6	346.6	50.0
乐器零售	5247					
照相器材零售	5248	445.6		1256.5	183.9	160.0
家用电器批发*	5137	3715.3		22124.6	922.4	2520.0
家用视听设备零售	5271	4279.7	140.6	12827.5	6564.8	3129.8
其他文化用品批发	5149	688.4		2564.8	539.4	550.0
其他文化用品零售	5249	1306.6		4930.3	1967.8	1890.0
四、按地区分组						
南宁市	4501	69898.8	578.0	147689.0	169304.1	124577.2
柳州市	4502	6042.7	40.8	10626.3	20236.7	19684.0
桂林市	4503	5122.1	158.6	11676.9	20331.0	19352.5
梧州市	4504	3317.3	30.0	4288.2	9069.8	9817.4
北海市	4505	5760.6	552.3	34051.3	5607.8	6161.0
防城港市	4506	266.9	191.4	658.2	302.4	379.4
钦州市	4507	137.2	4186.8	4714.7	6042.6	5821.0
贵港市	4508	994.7	172.1	3496.4	9735.2	8763.6
玉林市	4509	7238.7	56.9	19625.6	28154.3	24079.1
百色市	4510	546.5	803.2	1712.5	3593.2	5803.9
贺州市	4511	255.7		737.4	1332.3	1058.6
河池市	4512	646.4	0.6	2323.3	10301.6	9645.2
来宾市	4513	375.8		1008.6	2933.5	2578.6
崇左市	4514	363.8	29.8	789.5	973.8	946.9

单位：万元

营业收入	主营业务收入	营业成本	主营业务成本	营业税金及附加	主营业务税金及附加	其他业务利润	销售费用	管理费用
134093.0	133476.2	113643.8	113502.1	219.2	219.2	472.5	9032.4	4690.0
797.4	797.4	726.5	726.5				13.3	62.1
173249.3	167181.4	133118.4	130399.9	995.8	986.1	3124.4	18906.4	16167.9
2520.3	2520.3	919.0	919.0	43.7	43.7		834.2	274.6
17641.1	17638.9	12888.7	12888.7	18.3	18.3	2.2	2799.8	971.7
12555.5	12463.1	10302.7	10180.7	639.9	606.5	263.3	416.0	928.3
54878.3	54878.3	52717.7	52717.7	41.2	41.2		634.2	666.7
2161.8	2161.8	1799.8	1799.8	9.1	9.1	10.5	60.4	210.3
8868.4	8868.4	8420.9	8420.9	14.2	14.2	16.2	8.1	396.4
94130.5	92184.8	85302.5	83423.6	157.2	157.2	47.3	6428.6	851.2
50505.3	49769.0	44460.6	44460.6	127.5	125.5	375.9	2520.6	1775.0
10492.3	10483.3	10072.9	10071.0	9.0	8.5	7.1	143.0	238.2
17999.4	17997.8	16558.4	16547.1	56.9	56.9	648.3	933.2	1137.5
325950.9	322009.8	281426.3	279166.8	907.8	907.3	1783.0	19457.4	11916.8
37124.2	36704.7	31643.7	30753.3	123.8	123.8	764.6	3079.0	3484.7
38152.2	36669.8	31054.4	30767.2	474.7	434.9	1525.5	3379.7	2970.4
10493.2	10315.3	8376.6	8343.2	38.8	38.8	42.1	1252.4	734.3
24942.1	24925.9	18569.9	18569.5	34.4	34.4	2.2	3748.6	1493.3
1900.5	1766.2	1378.2	1344.6	6.2	6.2		265.9	189.8
10130.7	9976.7	8423.5	8384.3	32.1	32.1		910.2	609.3
22029.3	21636.3	18017.3	17991.6	66.0	66.0	21.3	1802.1	1464.7
81163.9	79979.8	69586.4	69459.1	510.5	508.5	525.0	5537.4	2883.1
6474.0	6376.3	5202.3	5163.1	26.3	23.0	64.7	717.8	460.2
2911.9	2794.5	2161.3	2144.9	18.6	18.6	115.2	487.7	203.7
8978.8	8173.0	7393.2	6582.2	33.4	33.4	48.4	855.9	1224.8
5606.4	5261.7	4428.5	4229.1	45.0	45.0	75.7	732.6	438.8
4034.5	3830.7	3270.3	3158.7	14.4	14.4		503.5	296.0

3-4 续表 4

指标名称	代码	税 金	财务费用			资产减值损失
				利息收入	利息支出	
总 计		**1436.5**	**1980.0**	**661.4**	**2005.9**	**1270.3**
一、按登记注册类型分组						
内资企业	100	1436.5	1980.0	661.4	2005.9	1270.3
国有企业	110	109.8	33.7	41.3	48.9	6.5
集体企业	120		0.3			
股份合作企业	130					
国有联营企业	141					
集体联营企业	142					
国有与集体联营企业	143					
其他联营企业	149					
国有独资公司	151	747.0	-84.0	238.1	129.9	275.8
其他有限责任公司	159	480.0	366.2	274.8	316.0	919.4
股份有限公司	160	8.5	19.4	19.4		66.2
私营独资企业	171		37.3		37.3	
私营合伙企业	172	0.1	46.2	0.2	45.9	
私营有限责任公司	173	89.9	1549.8	87.6	1419.3	2.4
私营股份有限公司	174	1.2	11.1		8.6	
其他企业	190					
港、澳、台商投资企业	200					
与港澳台商合资经营	210					
与港澳台商合作经营	220					
港澳台商独资	230					
港澳台商投资股份有限公司	240					
其他港澳台投资	290					
外商投资企业	300					
中外合资经营企业	310					
中外合作经营企业	320					
外资企业	330					
外商投资股份有限公司	340					
其他外商投资	390					
二、按企业控股情况分组						
国有控股	1	1127.0	-81.5	317.2	183.2	781.6
集体控股	2	23.3	133.4	76.0		
私人控股	3	206.1	1713.9	171.7	1579.6	68.6
港澳台商控股	4					
外商控股	5					
其他	9	80.1	214.2	96.5	243.1	420.1

单位：万元

公允价值变动收益(损失以"–"号记)	投资收益(损失以"–"号记)	营业利润	营业外收入		利润总额	应交所得税	应付职工薪酬(本年贷方累计发生额)	应交增值税
				补贴收入				
38.2	**2118.2**	**16253.7**	**3640.0**	**267.5**	**20608.4**	**827.5**	**29047.7**	**13698.4**
38.2	2118.2	16253.7	3640.0	267.5	20608.4	827.5	29047.7	13698.4
	15.1	885.4	131.6	0.1	701.2	81.2	2966.3	831.7
		98.2	12.2		98.2	24.9	80.5	32.7
	2004.1	8230.9	2474.3	26.9	11102.8	339.4	13178.2	3110.9
		6891.1	680.5		7572.1	191.4	8123.0	7477.8
38.2	96.3	324.7	125.6	98.2	350.2	45.1	317.0	
		29.4			61.9	8.0	85.8	10.0
		-62.7			-62.7		71.7	38.0
	2.7	-250.9	213.9	142.3	675.2	110.2	4156.0	2174.1
		107.6	1.9		109.5	27.3	69.2	23.2
	2019.2	13624.1	2822.2	27.0	16505.4	425.2	20077.8	9525.0
		157.4	14.3		159.5	32.7	389.1	161.3
38.2	99.0	56.4	361.4	240.5	1044.8	204.2	4863.3	2705.2
		2415.8	442.1		2898.7	165.4	3717.5	1306.9

3-4 续表 5

指标名称	代码	税　金	财务费用	利息收入	利息支出	资产减值损　失
三、按文化批发和零售业行业分组						
图书批发	5143	279.8	-109.8	128.8	19.0	743.7
报刊批发	5144					
音像制品及电子出版物批发	5145	4.2	2.0			
图书、报刊零售	5243	846.5	85.0	236.9	261.2	37.9
音像制品及电子出版物零售	5244	0.9	0.2	0.2	0.4	
贸易代理*	5181					
拍卖*	5182					
通讯及广播电视设备批发*	5178					
电气设备批发*	5176					
首饰、工艺品及收藏品批发	5146	13.3	1042.4	7.7	965.4	
珠宝首饰零售	5245	5.1	265.0	33.2	170.9	66.2
工艺美术品及收藏品零售	5246					
文具用品批发	5141	17.6	89.9	57.1	124.4	-362.0
文具用品零售	5241	1.8	0.6			
乐器零售	5247					
照相器材零售	5248	106.7	7.6	0.1	6.3	2.4
家用电器批发*	5137	66.1	251.2	155.2	172.5	782.1
家用视听设备零售	5271	88.5	256.5	26.0	224.3	
其他文化用品批发	5149		25.4	14.9	35.2	
其他文化用品零售	5249	6.0	64.0	1.3	26.3	
四、按地区分组						
南宁市	4501	753.7	401.4	367.2	438.3	1163.8
柳州市	4502	190.8	113.2	18.4	85.1	30.3
桂林市	4503	99.8	203.3	97.0	179.0	75.5
梧州市	4504	19.1	3.9	11.9	14.4	2.8
北海市	4505	23.5	1029.5	23.8	965.4	1.3
防城港市	4506	1.5	0.9	0.3	1.1	
钦州市	4507		-21.2	22.0		3.6
贵港市	4508	5.3	-8.3	18.7	8.2	2.9
玉林市	4509	243.9	222.3	65.1	247.3	-9.6
百色市	4510	17.6	-14.5	16.0	0.1	-0.3
贺州市	4511	12.5	-8.4	8.6		
河池市	4512	38.2	61.7	9.0	67.9	
来宾市	4513	12.6	-3.2	2.5	-1.0	
崇左市	4514	18.0	-0.6	0.9	0.1	

单位：万元

公允价值变动收益（损失以"–"号记）	投资收益（损失以"–"号记）	营业利润	营业外收入	补贴收入	利润总额	应交所得税	应付职工薪酬（本年贷方累计发生额）	应交增值税
	2000.2	7873.9	2006.6	16.7	10269.3	177.6	5156.0	1667.3
		-6.5	2.0	2.0	-4.5		21.8	
	19.0	5748.9	830.1	10.3	6249.3	257.8	15219.0	7938.1
		448.6	0.3		448.5	20.0	775.3	106.0
		-79.8	101.0	101.0	26.2	10.9	294.7	
38.2	96.3	87.7	126.8	98.2	219.8	92.2	721.2	485.5
		1090.6	377.1		1466.7	1.4	429.8	1043.4
		92.1			92.1	24.9	138.8	61.3
	2.4	22.0	1.0		38.3	5.8	213.1	56.3
		357.7	26.3		407.4	13.9	2715.9	1231.8
		1365.1	73.6		1366.8	206.4	2486.8	785.7
		3.8			-1.4	3.9	154.9	149.1
	0.3	-750.4	95.2	39.3	29.9	12.7	720.4	173.9
	2012.2	12681.4	2680.6	16.8	15933.8	291.7	12154.9	8680.1
	2.7	-463.1	178.5	39.3	301.9	127.8	2993.5	482.7
38.2	100.2	239.2	320.4	108.4	432.1	60.4	2727.9	753.5
	3.1	87.5	0.2		87.4		872.9	354.6
		65.1	104.3	103.0	174.4	10.9	961.8	134.1
		59.5			46.1		200.6	57.9
		173.2	116.5		278.1	32.0	813.1	175.4
		684.5	10.6		610.3	25.2	1104.3	437.5
		2473.3	61.6		2287.1	253.4	3848.3	2066.3
		107.7	15.1		121.3	18.1	704.9	153.0
		63.2			62.1		431.9	73.0
		-5.9	67.0		165.2		1087.5	158.6
		137.2	68.2		68.5		676.3	113.5
		-49.1	17.0		40.1	8.0	469.8	58.2

3-5 重点文化服务业

指标名称	代码	法人单位数（个）	亏损企业	从业人员期末人数（人）	#女性	年初存货
总　计		**159**	**55**	**25827**	**10084**	**67086.9**
一、按登记注册类型分组						
内资企业	100	154	54	24989	9580	66877.8
国有企业	110	39	13	5604	2231	11296.6
集体企业	120	1		111	93	21.1
股份合作企业	130					
国有联营企业	141					
集体联营企业	142					
国有与集体联营企业	143					
其他联营企业	149					
国有独资公司	151	11	5	3157	1222	15058.5
其他有限责任公司	159	45	20	7406	2724	18287.1
股份有限公司	160	10	1	4559	1408	15847.3
私营独资企业	171	1	1	50	22	
私营合伙企业	172	1				
私营有限责任公司	173	41	14	3230	1516	1515.4
私营股份有限公司	174	3		115	35	4851.8
其他企业	190	2		757	329	
港、澳、台商投资企业	200	4	1	588	331	73.9
与港澳台商合资经营	210	1		64	12	38.4
与港澳台商合作经营	220					
港澳台商独资	230	3	1	524	319	35.5
港澳台商投资股份有限公司	240					
其他港澳台投资	290					
外商投资企业	300	1		250	173	135.2
中外合资经营企业	310					
中外合作经营企业	320					
外资企业	330	1		250	173	135.2
外商投资股份有限公司	340					
其他外商投资	390					
二、按控股情况分组						
国有控股	1	66	22	15043	5408	52730.3
集体控股	2	2	1	169	127	21.1
私人控股	3	71	27	6921	2926	12106.9
港澳台商控股	4	4	1	588	331	73.9
外商控股	5	1		250	173	135.2
其他	9	14	4	2709	1083	2019.5
三、按文化服务业行业分组						
新闻业	8510					
图书出版	8521	9	1	916	461	17443.9
报纸出版	8522	3		1877	790	1719.0
期刊出版	8523	1		47	24	12.2
音像制品出版	8524					
电子出版物出版	8525					
其他出版业	8529	1	1	30	24	91.9
广播	8610					
电视	8620					
电影和影视节目制作	8630	2		106	27	158.3
电影和影视节目发行	8640	1	1	15	6	
电影放映	8650	9	4	494	206	84.1
录音制作	8660					
文艺创作与表演	8710	1	1	119	60	
艺术表演场馆	8720	2	1	895	440	241.9
图书馆	8731					

法人单位主要经济指标

单位：万元

固定资产原价	本年折旧	资产总计	负债合计	所有者权益合计	营业收入	主营业务收入	营业成本	主营业务成本
814085.2	**38530.1**	**1795030.9**	**874609.2**	**920421.7**	**818309.9**	**789724.7**	**478963.6**	**456750.8**
785652.6	37436.5	1740152.7	852846.7	887306.0	810632.4	782237.4	475937.6	453807.1
77534.6	3355.3	316100.9	152393.7	163707.2	161829.7	153951.9	96842.5	91480.1
118.0	4.5	394.3	350.0	44.3	669.3	631.4	298.7	285.5
144813.6	6474.0	540573.4	169861.2	370712.2	170056.1	154829.1	102780.9	91151.7
114824.9	5238.8	341162.2	220113.8	121048.4	178932.7	176878.4	110416.8	105402.0
409473.3	19691.6	394596.2	213317.1	181279.1	194198.5	192743.4	113503.7	113442.0
156.3	5.0	533.8	433.2	100.6	156.5	134.5	103.5	103.5
25342.4	1891.1	112232.2	70984.0	41248.2	84371.4	84127.1	41657.5	41608.3
669.8	52.7	8832.4	7709.0	1123.4	3845.0	3796.4	3080.6	3080.6
12719.7	723.5	25727.3	17684.7	8042.6	16573.2	15145.2	7253.4	7253.4
13227.3	574.6	41892.8	14602.7	27290.1	5468.8	5278.6	2971.8	2889.5
570.6	33.2	1248.0	535.4	712.6	677.9	677.9	221.0	221.0
12656.7	541.4	40644.8	14067.3	26577.5	4790.9	4600.7	2750.8	2668.5
15205.3	519.0	12985.4	7159.8	5825.6	2208.7	2208.7	54.2	54.2
15205.3	519.0	12985.4	7159.8	5825.6	2208.7	2208.7	54.2	54.2
662300.1	30885.4	1363709.2	592551.0	771158.2	595516.1	570887.3	366930.7	348691.4
655.6	14.8	1501.0	1277.5	223.5	753.3	715.4	379.0	365.8
53800.4	3999.0	240500.4	166033.9	74466.5	164655.3	162633.9	91678.4	91557.5
13227.3	574.6	41892.8	14602.7	27290.1	5468.8	5278.6	2971.8	2889.5
15205.3	519.0	12985.4	7159.8	5825.6	2208.7	2208.7	54.2	54.2
67967.9	2476.2	132730.0	92797.0	39933.0	47247.9	45541.0	15615.0	11857.9
21253.5	975.3	314823.3	72246.6	242576.7	132676.6	122407.0	94569.7	84083.0
69953.3	4009.6	148636.0	32543.7	116092.3	73827.9	70701.3	29311.2	29022.9
45.3	5.3	9472.4	424.1	9048.3	2310.7	2262.9	1240.6	1240.6
387.2	2.6	405.7	15.7	390.0	161.6	160.0	136.7	136.7
3624.8	182.3	15019.3	7392.9	7626.4	2304.6	706.9	568.7	408.2
3260.4	7.1	3777.9	1422.2	2355.7	16.2	16.2		
6645.5	597.0	17209.3	7628.6	9580.7	16906.1	15359.3	7167.4	7059.2
1543.4	308.0	1571.2	282.6	1288.6	685.0	526.4	289.0	289.0
10498.3	721.6	30678.6	8116.7	22561.9	17421.3	17399.3	4058.0	391.7

3-5 续表 1

指标名称	代码	法人单位数（个）	亏损企业	从业人员期末人数（人）	#女性	年初存货
档案馆	8732					
文物及非物质文化遗产保护	8740	1		32	6	1056.4
博物馆	8750	1		95	60	
烈士陵园、纪念馆	8760					
群众文化活动	8770					
社会人文科学研究	7350					
专业性团体(的服务)*	9421					
文化艺术培训	8293					
其他未列明教育*	8299					
其他文化艺术业	8790					
互联网信息服务	6420	4	1	501	234	3751.1
其他电信服务*	6319					
有线广播电视传输服务	6321	2		4059	1187	15754.2
无线广播电视传输服务	6322					
卫星传输服务*	6330					
广告业	7240	14	2	622	245	33.4
软件开发*	6510	1		13	9	
数字内容服务*	6591					
工程勘察设计*	7482	27	4	5761	1930	1309.2
专业化设计服务	7491	12	4	1030	261	6027.1
公园管理	7851	5	2	636	327	5384.7
游览景区管理	7852	39	22	6479	2754	7971.0
野生动物保护*	7712	2	2	198	73	4796.1
野生植物保护*	7713					
歌舞厅娱乐活动	8911	11	4	494	241	376.2
电子游艺厅娱乐活动	8912					
网吧活动	8913					
其他室内娱乐活动	8919					
游乐园	8920	1	1	65	22	
其他娱乐业	8990	1		250	173	135.2
摄影扩印服务	7492	2	2	649	380	441.4
知识产权服务*	7250					
文化娱乐经纪人	8941	1	1	91	17	
其他文化艺术经纪代理	8949					
娱乐及体育设备出租*	7121					
图书出租	7122					
音像制品出租	7123					
会议及展览服务	7292	4		263	82	277.2
其他未列明商务服务业*	7299	2	1	90	45	22.4
四、按地区分组						
南宁市	4501	63	17	14510	5211	38900.8
柳州市	4502	12	2	656	232	5555.9
桂林市	4503	52	21	7471	3244	21695.1
梧州市	4504	4	1	249	108	223.6
北海市	4505	7	3	1105	376	46.1
防城港市	4506	4	2	197	110	24.1
钦州市	4507	1	1	98	16	
贵港市	4508	1	1	15	6	396.1
玉林市	4509	3	1	409	197	22.9
百色市	4510	6	3	426	207	61.4
贺州市	4511	3	1	500	265	160.6
河池市	4512	3	2	191	112	0.3
来宾市	4513					
崇左市	4514					

单位：万元

固定资产原　价	本年折旧	资产总计	负债合计	所有者权益合计	营业收入		营业成本	
						主营业务收　入		主营业务成　本
143.2	29.0	5925.3	5551.9	373.4	1028.3	1028.3	295.7	295.7
281.0	34.0	2649.4	21.4	2628.0	1156.4	1153.7	4.5	4.5
2652.1	347.2	28547.3	7519.5	21027.8	33507.5	25463.6	17571.8	10408.7
402601.1	18921.2	375897.3	210184.4	165712.9	182049.5	181104.5	109681.8	109666.3
8705.4	716.6	52072.9	28970.3	23102.6	48468.7	48382.9	33368.0	33368.0
27.8	4.3	46.2	26.1	20.1	166.4	166.4	71.7	71.7
29318.3	1762.7	110724.4	65596.0	45128.4	165403.2	164745.9	116962.4	116911.1
8730.7	311.0	37411.6	14926.6	22485.0	32702.3	32394.0	17110.6	17110.6
18086.0	862.6	64827.7	31310.2	33517.5	8802.9	7997.3	3893.6	3860.9
149063.2	5582.3	427506.2	261883.0	165623.2	64484.8	63895.7	22981.8	22760.2
7633.7	335.4	28765.5	26260.7	2504.8	5788.6	5788.6	3835.7	3835.7
5226.8	530.6	10088.0	6286.5	3801.5	5636.1	5395.9	1895.7	1885.6
237.6	27.0	23798.8	19614.5	4184.3	624.1	555.7	639.5	639.5
15205.3	519.0	12985.4	7159.8	5825.6	2208.7	2208.7	54.2	54.2
2200.6	251.6	8009.1	7282.3	726.8	6523.4	6500.2	4886.5	4878.0
8335.9	754.2	12308.8	3535.8	8773.0	1930.2	1930.2	1577.8	1577.8
37415.2	692.8	47958.1	42610.4	5347.7	9007.2	8962.2	2534.3	2534.3
1009.6	39.8	3915.2	5796.7	-1881.5	2511.6	2511.6	4256.7	4256.7
592261.3	29374.8	1071008.0	441477.0	629531.0	606271.7	584077.3	383508.9	370081.3
8979.8	290.0	29569.3	13855.0	15714.3	22835.6	22765.7	7385.8	7385.8
165148.9	5958.5	578697.5	361305.9	217391.6	155754.4	149610.0	73852.3	65174.8
2110.4	48.0	9577.0	8052.2	1524.8	2512.2	2512.2	1127.2	1127.2
10620.8	1259.6	19142.7	10671.7	8471.0	14367.6	14364.9	3975.3	3975.3
590.6	44.0	5550.6	3675.8	1874.8	567.4	567.4	348.7	348.7
606.7	29.4	3045.2	754.8	2290.4	1494.0	1494.0	309.5	309.5
158.0	28.0	1034.0	42.3	991.7	87.0	87.0	26.9	26.9
11746.4	491.0	37199.1	13823.7	23375.4	3715.2	3651.2	2700.1	2654.2
3867.1	279.9	10957.2	9072.0	1885.2	4419.7	4370.7	3038.2	3038.2
17564.4	718.4	28486.6	11055.9	17430.7	4112.8	4052.0	1181.8	1120.0
430.8	8.5	763.7	822.9	-59.2	2172.3	2172.3	1508.9	1508.9

3-5 续表 2

指标名称	代码	营业税金及附加		销售费用	管理费用	
			主营业务税金及附加			税 金
总 计		**25887.8**	**24670.4**	**63625.4**	**136684.7**	**1602.8**
一、按登记注册类型分组						
内资企业	100	25480.0	24262.6	61981.0	135006.2	1596.2
国有企业	110	5331.1	4906.4	11453.8	39846.9	401.7
集体企业	120	22.5	1.1		88.5	
股份合作企业	130					
国有联营企业	141					
集体联营企业	142					
国有与集体联营企业	143					
其他联营企业	149					
国有独资公司	151	4943.7	4931.4	12352.2	26791.2	362.7
其他有限责任公司	159	6333.4	5691.5	13139.4	25168.9	300.6
股份有限公司	160	5073.8	4984.3	15321.6	20789.0	142.0
私营独资企业	171	4.1	4.1	3.4	23.6	
私营合伙企业	172					
私营有限责任公司	173	2662.5	2634.9	8879.5	15726.9	370.1
私营股份有限公司	174	184.4	184.4	51.2	480.4	6.5
其他企业	190	924.5	924.5	779.9	6090.8	12.6
港、澳、台商投资企业	200	236.8	236.8	656.0	995.2	6.6
与港澳台商合资经营	210	29.0	29.0	140.1	179.3	0.4
与港澳台商合作经营	220					
港澳台商独资	230	207.8	207.8	515.9	815.9	6.2
港澳台商投资股份有限公司	240					
其他港澳台投资	290					
外商投资企业	300	171.0	171.0	988.4	683.3	
中外合资经营企业	310					
中外合作经营企业	320					
外资企业	330	171.0	171.0	988.4	683.3	
外商投资股份有限公司	340					
其他外商投资	390					
二、按控股情况分组						
国有控股	1	16883.5	16352.7	41581.4	95965.6	987.4
集体控股	2	37.7	16.3		98.8	
私人控股	3	5978.5	5934.0	14909.0	28771.2	593.5
港澳台商控股	4	236.8	236.8	656.0	995.2	6.6
外商控股	5	171.0	171.0	988.4	683.3	
其他	9	2516.6	1895.9	5490.6	9226.8	15.3
三、按文化服务业行业分组						
新闻业	8510					
图书出版	8521	950.5	918.7	4718.0	17650.8	372.3
报纸出版	8522	3927.9	3927.9	9757.4	15018.9	12.6
期刊出版	8523	19.5	19.5	431.8	519.1	7.0
音像制品出版	8524					
电子出版物出版	8525					
其他出版业	8529	2.0	2.0	0.1	64.2	
广播	8610					
电视	8620					
电影和影视节目制作	8630	266.7	5.4		1393.7	1.8
电影和影视节目发行	8640	2.0	2.0	11.6	98.7	2.0
电影放映	8650	786.7	685.0	4429.3	1950.9	26.0
录音制作	8660					
文艺创作与表演	8710	40.5	40.5		887.0	
艺术表演场馆	8720	622.6	15.5	2224.6	148.2	
图书馆	8731					

单位：万元

财务费用	利息收入	利息支出	投资收益（损失以“-”号记）	营业利润	利润总额	应交所得税	应付职工薪酬（本年贷方累计发生额）	应交增值税
10169.6	**1748.8**	**10349.4**	**10109.0**	**110643.0**	**135064.5**	**10262.3**	**181648.2**	**12712.9**
9956.8	1741.5	10149.8	10109.0	109934.9	134334.6	10036.5	179277.0	12679.2
3228.3	284.1	3346.3	7456.8	13542.5	18696.2	850.7	45828.1	3193.4
0.3				32.6	32.6	6.7	168.3	
-239.2	230.2	398.1	1786.9	24895.9	37033.5	1265.0	23769.3	3851.1
1837.6	697.7	1632.5	712.7	22194.6	24544.3	4159.7	49021.3	2123.2
3763.3	460.4	3983.7	57.0	34193.8	38781.2	571.7	39271.9	2341.2
52.6		52.6		-30.7	-30.7		84.0	
1146.6	59.4	560.1	95.6	13700.6	13412.5	2888.5	15165.0	647.6
5.9	1.2	6.8		42.5	46.6	7.8	280.0	25.1
161.4	8.5	169.7		1363.1	1818.4	286.4	5689.1	497.6
192.3	7.3	199.6		416.8	438.7	225.8	1568.5	33.7
19.8	0.8	20.4		88.7	88.7	15.0	222.1	1.1
172.5	6.5	179.2		328.1	350.0	210.8	1346.4	32.6
20.5				291.3	291.2		802.7	
20.5				291.3	291.2		802.7	
7079.2	1263.9	8245.5	9330.5	76834.2	100503.9	3881.2	117471.1	10503.4
	0.4			11.1	11.1	6.7	248.6	80.3
2273.5	444.5	1685.6	737.1	20427.6	20624.6	4155.0	47536.5	1924.6
192.3	7.3	199.6		416.8	438.7	225.8	1568.5	33.7
20.5				291.3	291.2		802.7	
605.5	34.7	218.7	41.4	12543.0	13072.1	1962.9	12496.0	170.9
164.7	333.5	399.9	2695.4	19143.5	27447.5	36.2	11127.7	5652.6
-254.0	8.5	169.7	435.5	16501.8	22550.3	286.4	15654.9	895.4
-3.6	3.6			238.5	238.5		221.9	159.7
-0.2	0.2			-4.1	-41.6		111.0	16.8
2.5		1.0		72.8	526.2	1.6	639.3	15.3
13.4	1.1	14.5		-109.5	-115.0		54.4	
140.7	13.6	18.2	116.4	2546.3	1978.0	654.4	1852.4	264.8
-1.1	1.2	0.1		-530.4			375.8	
408.2				8620.6	9006.3	1357.6	3238.7	

3-5 续表 3

指标名称	代码	营业税金及附加	主营业务税金及附加	销售费用	管理费用	税金
档案馆	8732					
文物及非物质文化遗产保护	8740	76.9	76.9		610.0	4.7
博物馆	8750	42.3	42.3	259.9	320.7	
烈士陵园、纪念馆	8760					
群众文化活动	8770					
社会人文科学研究	7350					
专业性团体(的服务)*	9421					
文化艺术培训	8293					
其他未列明教育*	8299					
其他文化艺术业	8790					
互联网信息服务	6420	975.0	975.0	2991.9	3462.5	44.6
其他电信服务*	6319					
有线广播电视传输服务	6321	4358.6	4330.2	13507.4	20052.3	141.4
无线广播电视传输服务	6322					
卫星传输服务*	6330					
广告业	7240	1529.0	1529.0	2354.0	5741.7	325.4
软件开发*	6510	15.1	15.1	29.6	35.2	
数字内容服务*	6591					
工程勘察设计*	7482	5585.9	5459.4	2045.0	29541.5	321.4
专业化设计服务	7491	1039.9	1039.9	669.2	5548.7	37.0
公园管理	7851	265.3	258.3	1318.1	1769.0	8.6
游览景区管理	7852	3231.7	3195.0	11993.1	24821.6	170.1
野生动物保护*	7712	230.3	230.3	1294.4	481.4	
野生植物保护*	7713					
歌舞厅娱乐活动	8911	485.6	471.1	2737.1	449.4	3.7
电子游艺厅娱乐活动	8912					
网吧活动	8913					
其他室内娱乐活动	8919					
游乐园	8920	21.3	18.9	282.8	336.2	13.9
其他娱乐业	8990	171.0	171.0	988.4	683.3	
摄影扩印服务	7492	364.3	364.3	431.4	938.8	14.6
知识产权服务*	7250					
文化娱乐经纪人	8941	187.5	187.5	84.0	897.6	
其他文化艺术经纪代理	8949					
娱乐及体育设备出租*	7121					
图书出租	7122					
音像制品出租	7123					
会议及展览服务	7292	635.6	635.6	1056.1	2689.4	86.2
其他未列明商务服务业*	7299	54.1	54.1	10.2	573.9	9.5
四、按地区分组						
南宁市	4501	18242.7	17811.0	38543.3	83303.9	1080.6
柳州市	4502	722.1	700.8	277.2	7547.6	79.1
桂林市	4503	5525.2	4888.6	17980.2	35857.9	422.6
梧州市	4504	82.2	82.2	720.2	306.0	
北海市	4505	595.6	490.4	4846.8	3745.9	
防城港市	4506	30.7	30.7	128.0	256.4	0.5
钦州市	4507	63.7	63.7		1137.8	1.1
贵港市	4508	4.9	4.9	19.0	40.0	
玉林市	4509	105.6	84.2		1190.2	1.2
百色市	4510	251.7	251.7	230.5	1051.7	
贺州市	4511	199.3	198.1	704.4	1773.8	16.4
河池市	4512	64.1	64.1	175.8	473.5	1.3
来宾市	4513					
崇左市	4514					

单位：万元

财务费用			投资收益（损失以“-”号记）	营业利润	利润总额	应交所得税	应付职工薪酬（本年贷方累计发生额）	应交增值税
	利息收入	利息支出						
-9.2	9.5			54.9	54.7	13.7	325.3	
-12.3	12.7			541.3	541.0	135.3	169.1	
38.6	54.9	1.0	17.3	8591.5	8814.2	1386.8	4057.8	246.9
3788.9	353.3	3983.4	1.1	29731.3	34252.6	0.3	37348.7	2292.2
253.5	6.7	259.3	133.4	5232.9	5370.4	1466.7	4457.3	522.6
				14.7	14.7	1.0	44.0	14.1
329.4	500.2	601.7	970.3	11362.0	11407.2	1364.5	62206.0	1675.4
99.2	17.0	32.9	3.4	6423.9	6397.0	1463.0	6192.3	386.7
295.8	182.3	465.8	0.1	1334.6	1458.4	40.3	2482.1	0.1
4309.3	169.4	4013.3	5734.5	3045.6	5669.7	1559.2	22710.8	462.9
275.2	0.7	274.5		-328.4	-150.2		539.1	
30.8	0.3	0.5		36.2	4.2	34.6	1261.4	
112.7	0.7	112.5		-768.5	-811.2		344.5	
20.5				291.3	291.2		802.7	
243.1				-340.9	-9.7		2938.6	
-2.9	2.4			-841.1	-389.1	11.3	421.7	2.2
-61.4	62.2	1.0	1.6	2153.3	2129.7	438.8	1586.0	101.5
-12.2	14.8	0.1		-2371.1	-1570.5	10.6	484.7	3.7
4609.0	1443.3	5733.2	3629.6	81708.9	100711.7	4887.6	132205.9	10145.2
163.4	4.6	35.9	1.6	5628.2	5447.5	1284.0	4964.0	140.6
4694.6	259.9	4067.5	6477.8	22779.5	27783.9	3502.3	31201.5	1868.8
209.8				68.8	69.1	15.1	549.6	9.4
-7.7	13.6	2.5		1174.2	1792.4	463.8	5025.6	70.1
0.5	0.1	0.2		-136.1	-139.3	5.5	683.1	
	13.0			-4.0	-1.0	1.3	806.0	21.9
				-3.8	-3.8		25.9	
174.7	-1.8	179.2		-682.2	-656.2	37.4	2180.6	0.1
195.2	1.3	195.7		-229.4	-220.6	39.5	1743.7	1.4
132.3	12.3	135.2		386.7	410.2	18.3	1896.8	455.4
-2.2	2.5			-47.8	-129.4	7.5	365.5	

3-6 非重点文化服务业企业

指标名称	代码	法人单位数(个)	从业人员期末人数(人)	#女性
总　计		**8690**	**62356**	**26029**
一、按登记注册类型分组				
内资企业	100	8670	62200	25965
国有企业	110	125	2400	825
集体企业	120	31	294	119
股份合作企业	130	9	70	35
国有联营企业	141	1	36	10
集体联营企业	142	3	21	9
国有与集体联营企业	143			
其他联营企业	149	1	6	3
国有独资公司	151	26	1387	677
其他有限责任公司	159	1491	13669	5674
股份有限公司	160	191	1689	719
私营独资企业	171	2482	11799	4732
私营合伙企业	172	160	995	433
私营有限责任公司	173	3653	26036	11200
私营股份有限公司	174	248	1943	785
其他企业	190	249	1855	744
港、澳、台商投资企业	200	12	107	37
与港澳台商合资经营	210	2	31	7
与港澳台商合作经营	220	2	30	2
港澳台商独资	230	7	38	22
港澳台商投资股份有限公司	240	1	8	6
其他港澳台投资	290			
外商投资企业	300	8	49	27
中外合资经营企业	310			
中外合作经营企业	320	2	39	22
外资企业	330	4	7	4
外商投资股份有限公司	340			
其他外商投资	390	2	3	1
二、按企业控股情况分组				
国有控股	1	215	5699	2228
集体控股	2	71	966	398
私人控股	3	7779	50625	21197
港澳台商控股	4	11	64	22
外商控股	5	10	77	42
其他	9	604	4925	2142
三、按文化服务业行业分组				
新闻业	8510	3	14	10
图书出版	8521	6	266	103
报纸出版	8522	3	45	20
期刊出版	8523	12	155	102
音像制品出版	8524	4	58	25
电子出版物出版	8525	2	9	3
其他出版业	8529	6	24	7
广播	8610	1	4	2
电视	8620	2	114	42
电影和影视节目制作	8630	63	415	174
电影和影视节目发行	8640	17	215	83
电影放映	8650	104	1913	727
录音制作	8660	11	177	81
文艺创作与表演	8710	78	2103	1088
艺术表演场馆	8720	7	135	54
图书馆	8731			

法人单位主要经济指标

单位：万元

营业收入	主营业务收入	营业税金及附加	主营业务税金及附加	资产总计	实收资本
615751.8	**587265.9**	**29319.9**	**27461.0**	**1906483.0**	**736652.4**
614613.5	586156.0	29251.3	27403.4	1882977.3	723779.6
24459.3	22291.8	902.0	827.9	33551.3	9547.3
2360.6	2241.1	266.8	253.3	6472.4	2399.9
813.7	805.4	20.2	20.0	1013.6	493.7
420.0	420.0	2.5	2.5	25.0	15.0
259.6	259.6	0.7	0.7	308.6	101.5
33.5	28.1	3.2	3.2	73.2	10.0
10618.8	8962.2	545.5	528.0	37169.5	30208.9
172394.2	161373.8	8080.5	6999.4	726061.4	269285.0
20722.1	20077.8	679.9	668.1	34843.9	15901.9
63902.3	61615.2	2643.9	2548.3	89357.0	51574.6
4837.2	4670.2	268.4	264.5	7492.6	4748.8
284578.6	275393.8	14388.1	13964.0	883895.5	315336.5
17721.1	16800.7	875.0	756.0	48753.0	16003.6
11492.4	11216.2	574.4	567.5	13960.3	8153.0
579.5	551.1	30.6	19.5	20522.7	9173.1
35.6	27.9	1.2	1.2	375.4	200.0
261.3	240.6	25.6	14.5	556.2	245.2
282.6	282.6	3.8	3.8	19591.1	8727.9
558.8	558.8	38.0	38.0	2983.0	3699.7
555.0	555.0	38.0	38.0	510.0	505.0
				2453.0	3176.7
3.8	3.8			20.0	18.0
66757.1	62349.6	2693.8	2600.1	383396.1	123843.6
8058.0	7826.2	846.8	482.3	19408.6	8818.4
466145.7	450390.0	22656.2	21895.4	1239356.0	494006.8
482.8	462.1	26.3	15.2	20124.1	8948.1
2593.9	2581.5	29.6	29.6	7174.5	5067.7
71714.3	63656.6	3067.1	2438.3	237023.7	95967.9
17.0	17.0	0.2	0.2	20.0	20.0
643.9	643.9	16.3	16.3	1146.6	820.0
754.6	728.6	8.9	8.5	469.2	243.7
2258.3	2083.9	68.3	61.9	2965.4	1632.2
1545.0	1484.2	13.8	13.8	3579.7	1940.0
146.8	146.8	16.0	16.0	207.9	207.9
795.2	795.2	24.5	24.5	104.3	389.5
106.5	106.5	0.4	0.4	110.8	10.0
3685.6	3685.6	4.6	4.6	7056.6	6554.1
7894.8	7140.3	340.3	336.2	21566.8	9394.4
1395.6	1015.2	53.9	41.4	5928.0	2448.0
13196.2	11008.6	524.9	437.9	30763.1	12955.0
2113.1	2013.1	266.0	263.4	2477.9	2289.0
10140.6	8636.3	463.3	462.4	44621.6	32349.4
531.3	458.0	57.2	41.9	177211.6	3863.0

3-6 续表

指标名称	代码	法人单位数（个）	从业人员期末人数（人）	#女性
档案馆	8732	6	45	30
文物及非物质文化遗产保护	8740	4	44	29
博物馆	8750	2	25	12
烈士陵园、纪念馆	8760			
群众文化活动	8770	23	203	92
社会人文科学研究	7350	2	5	2
专业性团体(的服务)*	9421	9	28	11
文化艺术培训	8293	29	201	124
其他未列明教育*	8299	12	92	60
其他文化艺术业	8790	106	639	291
互联网信息服务	6420	175	1192	539
其他电信服务*	6319	1	3	1
有线广播电视传输服务	6321	16	103	30
无线广播电视传输服务	6322			
卫星传输服务*	6330	1	3	1
广告业	7240	3272	19689	7871
软件开发*	6510	69	851	171
数字内容服务*	6591	7	49	19
工程勘察设计*	7482	458	4613	1640
专业化设计服务	7491	306	2259	860
公园管理	7851	27	633	278
游览景区管理	7852	211	3586	1445
野生动物保护*	7712			
野生植物保护*	7713	4	16	5
歌舞厅娱乐活动	8911	159	4269	2208
电子游艺厅娱乐活动	8912	35	209	72
网吧活动	8913	2418	10987	4330
其他室内娱乐活动	8919	47	491	259
游乐园	8920	13	201	88
其他娱乐业	8990	35	365	148
摄影扩印服务	7492	141	956	522
知识产权服务*	7250	5	21	9
文化娱乐经纪人	8941	11	80	31
其他文化艺术经纪代理	8949	19	126	54
娱乐及体育设备出租*	7121	16	103	43
图书出租	7122	1	3	1
音像制品出租	7123	3	8	1
会议及展览服务	7292	305	2084	1017
其他未列明商务服务业*	7299	423	2527	1214
四、按地区分组				
南宁市	4501	2474	19094	8228
柳州市	4502	835	6511	2776
桂林市	4503	1429	11457	4834
梧州市	4504	305	2203	888
北海市	4505	469	2811	1127
防城港市	4506	245	1529	569
钦州市	4507	310	1936	755
贵港市	4508	474	3403	1368
玉林市	4509	722	4710	1980
百色市	4510	482	2806	1156
贺州市	4511	189	1138	467
河池市	4512	345	2254	916
来宾市	4513	197	1190	455
崇左市	4514	214	1314	510

单位：万元

营业收入	主营业务收入	营业税金及附加	主营业务税金及附加	资产总计	实收资本
181.5	181.5	9.2	9.2	82.3	75.3
345.5	345.5	8.5	5.5	1432.6	661.0
84.7	84.7	3.1	3.1	236.7	60.0
1969.5	1709.5	55.3	55.3	3073.7	2755.3
12.3	12.3	0.6	0.6	51.0	46.5
37.0	37.0	1.3	1.3	48.5	46.5
1211.2	1206.9	41.4	41.4	1587.5	1819.9
820.5	790.5	22.7	22.5	464.5	357.8
4216.3	4165.4	197.1	195.2	21141.2	8379.5
13245.4	12924.7	339.3	324.6	15066.2	10785.8
18.0	18.0			28.0	
4196.2	4187.1	26.2	26.2	9246.2	3881.8
36.2	36.2	0.1	0.1	32.3	30.0
221522.8	214039.8	10602.7	9759.6	552894.0	173279.2
5048.1	4585.6	114.4	109.8	18044.3	7588.4
63.4	63.0	0.7	0.7	224.0	129.0
70134.6	68601.0	4207.2	4174.4	95024.3	53805.2
35326.6	34638.0	1007.8	963.4	35137.5	19951.6
3865.5	3580.5	95.6	95.6	44705.8	8851.8
28288.2	27839.0	1348.1	1303.0	241647.5	91121.0
126.9	126.9	3.4	3.4	839.1	600.0
28140.4	27391.3	2550.2	2520.4	47334.2	25575.9
802.3	795.7	19.3	19.3	777.5	651.4
57951.8	55755.2	2360.7	2269.2	81947.5	51123.0
4213.1	4134.9	310.6	309.5	4537.2	2622.9
765.9	755.9	38.4	36.9	26997.9	12520.9
1949.3	1915.9	93.3	93.0	12335.5	6610.8
4807.5	4711.4	183.8	179.8	70444.9	10877.4
73.2	73.2	3.4	3.4	89.9	87.0
730.3	723.6	30.1	29.4	648.7	599.1
1067.0	1061.8	46.6	46.6	7396.5	2576.5
771.1	739.1	59.9	57.9	913.9	540.0
18.0	18.0			600.0	600.0
23.0	23.0	1.7	1.7	28.0	27.0
47876.7	41129.1	2281.3	1701.2	247418.0	128903.7
30587.5	28901.6	1397.0	1368.3	65776.5	33995.2
261969.4	246496.8	11373.7	10114.5	597240.7	286431.9
58325.3	55006.8	3076.8	2998.5	293148.5	63178.6
132984.8	129802.2	6463.4	6330.8	480953.2	126224.8
14785.3	14162.6	646.7	634.4	40039.7	20258.1
13260.1	12276.6	1655.9	1557.8	75435.8	22812.7
8585.0	8215.8	549.3	521.2	48946.5	35192.5
12272.9	10969.9	731.3	697.8	35825.1	13935.0
30318.1	29546.5	1137.9	1079.1	84312.6	36214.6
36999.8	36228.3	1433.6	1389.1	90237.0	56928.1
13115.4	12695.9	769.8	726.9	26145.7	14016.0
7245.0	6913.3	191.6	170.0	31992.8	13305.6
9356.3	8758.1	569.8	533.2	43674.4	19927.8
10160.5	10017.1	355.1	351.3	25272.3	10054.3
6374.0	6176.0	365.1	356.4	33258.7	18172.5

3-7 文化服务业事业单位主要经济指标

指标名称	代码	法人单位数(个)	从业人员期末人数(人)	#女性	非企业单位支出(费用)(万元)	年末资产(万元)
总　计		**2405**	**35542**	**14837**	**499571.0**	**1000350.6**
一、按文化服务业行业分组						
新闻业	8510	38	304	102	3173.0	3519.4
图书出版	8521	5	42	15	635.8	632.5
报纸出版	8522	45	2793	1097	39441.0	96086.2
期刊出版	8523	30	388	196	8579.6	11612.8
音像制品出版	8524	4	25	14	488.7	998.4
电子出版物出版	8525					
其他出版业	8529	5	27	10	322.1	132.8
广播	8610	415	2832	1013	29228.6	63713.7
电视	8620	185	4581	1688	106968.7	270991.1
电影和影视节目制作	8630	4	165	48	1304.1	1777.8
电影和影视节目发行	8640	11	605	245	9957.5	48710.9
电影放映	8650	20	341	110	1361.9	5493.0
录音制作	8660					
文艺创作与表演	8710	70	1991	915	20756.2	10326.0
艺术表演场馆	8720	12	152	76	1804.3	2000.2
图书馆	8731	104	1509	965	24094.0	49777.9
档案馆	8732	107	1064	567	13686.5	20772.5
文物及非物质文化遗产保护	8740	81	796	330	7788.5	16204.3
博物馆	8750	51	1181	583	23801.9	54041.5
烈士陵园、纪念馆	8760	24	461	207	10076.2	23061.3
群众文化活动	8770	354	2741	1242	25262.3	126997.5
社会人文科学研究	7350	84	1481	519	41229.2	23017.7
专业性团体(的服务)*	9421	112	694	214	9925.4	7500.1
文化艺术培训	8293	6	76	39	1416.1	740.7
其他未列明教育*	8299	20	238	126	1519.2	1967.0
其他文化艺术业	8790	74	518	188	4333.5	4936.1
互联网信息服务	6420	24	394	170	3069.1	6174.7
其他电信服务*	6319					
有线广播电视传输服务	6321	296	1159	321	5064.1	13429.9
无线广播电视传输服务	6322	25	738	186	13683.1	16047.3
卫星传输服务*	6330	3	41	14	188.9	491.4
广告业	7240	3	4	1		
软件开发*	6510					
数字内容服务*	6591					

3-7　续表

指标名称	代码	法人单位数(个)	从业人员期末人数(人)	#女性	非企业单位支出(费用)(万元)	年末资产(万元)
工程勘察设计*	7482	41	718	216	8472.5	9642.3
专业化设计服务	7491	14	454	132	1865.4	1253.7
公园管理	7851	55	4667	2193	49733.5	61304.1
游览景区管理	7852	45	1872	856	19963.6	37599.9
野生动物保护*	7712	4	165	83	1870.8	1964.7
野生植物保护*	7713	3	90	36	2259.1	2424.3
歌舞厅娱乐活动	8911	2	21	8	1.8	0.4
电子游艺厅娱乐活动	8912					
网吧活动	8913	5	16	6	4.6	
其他室内娱乐活动	8919	8	41	21	307.5	670.9
游乐园	8920					
其他娱乐业	8990	1	5		15.5	0.4
摄影扩印服务	7492					
知识产权服务*	7250	2	8	2	52.3	221.7
文化娱乐经纪人	8941	1	18	8		
其他文化艺术经纪代理	8949	3	41	24	156.7	50.0
娱乐及体育设备出租*	7121					
图书出租	7122					
音像制品出租	7123					
会议及展览服务	7292	7	62	40	3616.7	1345.7
其他未列明商务服务业*	7299	2	23	11	2091.5	2717.7
二、按地区分组						
南宁市	4501	319	9476	4074	224217.0	523755.4
柳州市	4502	183	4847	2088	53757.8	152479.8
桂林市	4503	311	4190	1686	49476.6	76878.5
梧州市	4504	120	1443	593	10044.6	16502.7
北海市	4505	76	1764	851	20443.9	21103.7
防城港市	4506	59	651	278	7434.5	6043.5
钦州市	4507	91	1092	365	12765.0	19433.1
贵港市	4508	141	1893	825	13910.8	29286.1
玉林市	4509	243	2450	916	22905.1	41658.4
百色市	4510	200	2002	876	15410.4	34953.2
贺州市	4511	119	1126	466	7729.9	10276.4
河池市	4512	259	1923	714	25515.8	26281.1
来宾市	4513	107	1081	478	9241.9	17222.9
崇左市	4514	177	1604	627	26717.8	24475.9

3-8 文化服务业其他单位主要经济指标

指标名称	代码	法人单位数(个)	从业人员期末人数(人)	#女性	非企业单位支出(费用)(万元)	年末资产(万元)
总　计		**2199**	**16398**	**6176**	**15708.8**	**56320.7**
一、按文化服务业行业分组						
新闻业	8510	5	18	3	65.8	73.5
图书出版	8521					
报纸出版	8522	1	4	3	1.6	1.6
期刊出版	8523	3	23	14	162.7	140.2
音像制品出版	8524					
电子出版物出版	8525					
其他出版业	8529	1	3	2		
广播	8610	10	36	8	801.1	842.5
电视	8620	3	4	1	10.7	47.0
电影和影视节目制作	8630	2	5	2		
电影和影视节目发行	8640					
电影放映	8650	5	25	15	20.7	30.2
录音制作	8660					
文艺创作与表演	8710	38	402	251	499.2	254.7
艺术表演场馆	8720	2	7	2	19.7	
图书馆	8731	12	33	18	115.0	84.7
档案馆	8732	4	17	9	110.5	282.4
文物及非物质文化遗产保护	8740	4	15	4	306.7	353.7
博物馆	8750	12	52	22	144.0	6099.5
烈士陵园、纪念馆	8760					
群众文化活动	8770	47	410	192	979.7	8903.2
社会人文科学研究	7350	14	335	121	317.9	246.7
专业性团体(的服务)*	9421	409	7741	2544	8958.4	12527.4
文化艺术培训	8293	63	414	277	1677.2	1091.9
其他未列明教育*	8299	16	123	69	225.2	22490.8
其他文化艺术业	8790	16	98	27	276.9	307.3
互联网信息服务	6420	17	63	23	6.0	50.0
其他电信服务*	6319					
有线广播电视传输服务	6321	7	14	2	49.3	49.5
无线广播电视传输服务	6322					
卫星传输服务*	6330	1	6	5		
广告业	7240	107	468	177	3.2	11.6
软件开发*	6510	4	10	4		
数字内容服务*	6591					

3-8　续表

指标名称	代码	法人单位数(个)	从业人员期末人数(人)	#女性	非企业单位支出(费用)(万元)	年末资产(万元)
工程勘察设计*	7482	13	70	22		
专业化设计服务	7491	22	78	29	30.0	2.0
公园管理	7851	2	10	2		
游览景区管理	7852	14	103	40	15.7	150.0
野生动物保护*	7712	1	1			
野生植物保护*	7713					
歌舞厅娱乐活动	8911	23	340	178	43.0	33.0
电子游艺厅娱乐活动	8912	17	80	35		
网吧活动	8913	1220	4885	1819	174.6	687.7
其他室内娱乐活动	8919	15	219	115	575.4	434.7
游乐园	8920	1	3	2		
其他娱乐业	8990	4	21	8	29.4	37.9
摄影扩印服务	7492	43	160	93	4.1	0.8
知识产权服务*	7250					
文化娱乐经纪人	8941					
其他文化艺术经纪代理	8949	1	1			
娱乐及体育设备出租*	7121					
图书出租	7122	1	6		20.0	1000.0
音像制品出租	7123					
会议及展览服务	7292	9	73	31	65.1	86.3
其他未列明商务服务业*	7299	10	22	7		
二、按地区分组						
南宁市	4501	241	1545	727	4452.3	9620.2
柳州市	4502	181	1546	598	973.9	2373.2
桂林市	4503	213	4405	1841	6232.5	33078.3
梧州市	4504	151	973	357	115.2	3576.1
北海市	4505	117	470	142	145.7	282.6
防城港市	4506	45	392	77	930.6	611.4
钦州市	4507	170	756	303	235.5	882.5
贵港市	4508	213	1159	443	816.6	2919.5
玉林市	4509	177	1015	397	497.4	387.6
百色市	4510	176	1695	468	615.9	495.3
贺州市	4511	104	365	146	52.6	494.8
河池市	4512	202	739	289	74.2	325.4
来宾市	4513	121	853	159	359.6	1133.4
崇左市	4514	88	485	229	206.7	140.5

3-9 非文化法人所属的文化

指标名称	代码	产业活动单位数（个）		
			企业	事业
总 计		**637**	**468**	**136**
一、按登记注册类型分组				
内资企业	100	614	445	136
国有企业	110	235	89	136
集体企业	120	65	62	
股份合作企业	130	1	1	
国有联营企业	141	7	7	
集体联营企业	142			
国有与集体联营企业	143			
其他联营企业	149	2	2	
国有独资公司	151	3	3	
其他有限责任公司	159	80	80	
股份有限公司	160	28	28	
私营独资企业	171	19	18	
私营合伙企业	172	2	1	
私营有限责任公司	173	123	123	
私营股份有限公司	174	13	13	
其他企业	190	36	18	
港、澳、台商投资企业	200	13	13	
与港澳台商合资经营	210	2	2	
与港澳台商合作经营	220			
港澳台商独资	230	7	7	
港澳台商投资股份有限公司	240	2	2	
其他港澳台投资	290	2	2	
外商投资企业	300	10	10	
中外合资经营企业	310			
中外合作经营企业	320	1	1	
外资企业	330	5	5	
外商投资股份有限公司	340			
其他外商投资	390	4	4	
二、按企业控股情况分组				
国有控股	1			
集体控股	2			
私人控股	3			
港澳台商控股	4			
外商控股	5			
其他	9			
三、按行业分组				
(一)文化制造业行业分				
雕塑工艺品制造	2431			
金属工艺品制造	2432	1	1	
漆器工艺品制造	2433			
花画工艺品制造	2434	1	1	
天然植物纤维编织工艺品制造	2435	2	2	

产业活动单位主要经济指标

社会团体	从业人员期末人数（人）	#女性	经营性单位收入（万元）	非经营性单位支出(费用)（万元）
16	**11807**	**4348**	**207649.4**	**4803.3**
16	11018	3903	197317.8	4803.3
4	1793	816	12782.1	4322.8
1	248	143	1737.7	7.3
	2	2	35.3	
	37	20	238.1	
	3	2	0.2	
	19	15	103.0	
	5857	1336	109940.3	
	311	125	6723.0	
	71	29	194.9	
	41	16	39.6	88.7
	1726	809	34688.4	
	640	492	30103.2	
11	270	98	732.1	384.5
	574	270	6935.4	
	5	5	93.9	
	546	248	4405.5	
	3	3	38.0	
	20	14	2398.0	
	215	175	3396.3	
	120	100	938.0	
	76	62	2188.3	
	19	13	270.0	
	7	3	80.0	
	12	7	5.0	
	135	101	938.0	

3-9 续表 1

指标名称	代码	产业活动单位数（个）	企业	事业
抽纱刺绣工艺品制造	2436			
地毯、挂毯制造	2437			
珠宝首饰及有关物品制造	2438			
其他工艺美术品制造	2439			
园林、陈设艺术及其他陶瓷制品制造*	3079	1	1	
书、报刊印刷	2311	5	5	
本册印制	2312	2	2	
包装装潢及其他印刷	2319	8	8	
装订及印刷相关服务	2320	3	3	
记录媒介复制	2330			
文具制造	2411			
笔的制造	2412			
墨水、墨汁制造	2414			
中乐器制造	2421			
西乐器制造	2422			
电子乐器制造	2423			
其他乐器及零件制造	2429			
玩具制造	2450			
露天游乐场所游乐设备制造	2461			
游艺用品及室内游艺器材制造	2462			
其他娱乐用品制造	2469			
电视机制造	3951			
音响设备制造	3952			
影视录放设备制造	3953			
焰火、鞭炮产品制造	2672			
机制纸及纸板制造*	2221			
手工纸制造	2222			
油墨及类似产品制造	2642			
颜料制造*	2643			
信息化学品制造*	2664			
照明灯具制造*	3872			
其他电子设备制造*	3990			
印刷专用设备制造	3542			
广播电视节目制作及发射设备制造	3931			
广播电视接收设备及器材制造	3932			
应用电视设备及其他广播电视设备制造	3939			
电影机械制造	3471			
幻灯及投影设备制造	3472			
照相机及器材制造	3473			
复印和胶印设备制造	3474			
(二)文化批发和零售业				
图书批发	5143	1	1	
报刊批发	5144	3	3	
音像制品及电子出版物批发	5145	2	2	
图书、报刊零售	5243	66	66	

社会团体	从业人员期末人数(人)	#女性	经营性单位收入(万元)	非经营性单位支出(费用)(万元)
	450	400	782.8	
	188	58	680.8	
	5	2	105.0	
	133	78	1802.2	
	37	22	673.6	
	3	1		
	10	8	86.2	
	6	5	5.2	
	174	113	1183.6	

3-9 续表 2

指标名称	代码	产业活动单位数（个）	企业	事业
音像制品及电子出版物零售	5244	6	6	
贸易代理*	5181			
拍卖*	5182	2	2	
通讯及广播电视设备批发*	5178	4	4	
电气设备批发*	5176			
首饰、工艺品及收藏品批发	5146	3	3	
珠宝首饰零售	5245	9	9	
工艺美术品及收藏品零售	5246	8	8	
文具用品批发	5141	9	9	
文具用品零售	5241	39	39	
乐器零售	5247	2	2	
照相器材零售	5248	5	5	
家用电器批发*	5137	8	8	
家用视听设备零售	5271	15	15	
其他文化用品批发	5149	7	7	
其他文化用品零售	5249	7	7	
(三)文化服务业行业分				
新闻业	8510	3		3
图书出版	8521	3	1	1
报纸出版	8522	2	1	1
期刊出版	8523	3		1
音像制品出版	8524			
电子出版物出版	8525			
其他出版业	8529	1		1
广播	8610	28		28
电视	8620	14		14
电影和影视节目制作	8630	3	3	
电影和影视节目发行	8640			
电影放映	8650	4	4	
录音制作	8660			
文艺创作与表演	8710	2		2
艺术表演场馆	8720	3		3
图书馆	8731	5		5
档案馆	8732	3		3
文物及非物质文化遗产保护	8740	4	1	3
博物馆	8750	3		3
烈士陵园、纪念馆	8760	3		3
群众文化活动	8770	37	1	28
社会人文科学研究	7350	3	1	2
专业性团体(的服务)*	9421	16		
文化艺术培训	8293	5		1
其他未列明教育*	8299	2	2	
其他文化艺术业	8790	2	2	
互联网信息服务	6420	46	46	

社会团体	从业人员期末人数(人)	#女性	经营性单位收入(万元)	非经营性单位支出(费用)(万元)
	14	7	194.7	
	5	2	39.2	
	22	15	79.9	
	31	13	41.8	
	179	127	3621.0	
	23	16	488.0	
	65	30	1906.3	
	180	86	3931.8	
	6	3	78.4	
	20	5	224.8	
	366	145	726.1	
	200	100	19120.3	
	109	78	1623.2	
	33	14	534.6	
	25	9		145.6
	12	10	241.4	14.3
	13	4	0.1	88.4
	9	3	83.1	43.1
	5	4		5.4
	93	28	12.0	406.0
	84	33		497.0
	98	47	12.7	
	6	2	47.8	
	51	17		153.1
	36	14	7.2	152.1
	24	17		130.9
	114	68	102.9	741.6
	44	14	21.4	119.0
	29	19		173.2
	10	4		43.9
	158	80	5.4	926.9
	12	2	5.0	65.5
16	160	24	3066.4	236.5
	74	38	5.1	266.4
	7	2	144.6	
	183	98	2500.0	
	5520	1258	100678.0	

3-9 续表 3

指标名称	代码	产业活动单位数（个）	企业	事业
其他电信服务*	6319	2	2	
有线广播电视传输服务	6321	26	6	20
无线广播电视传输服务	6322	1		1
卫星传输服务*	6330			
广告业	7240	31	30	1
软件开发*	6510			
数字内容服务*	6591			
工程勘察设计*	7482	50	47	3
专业化设计服务	7491	27	25	2
公园管理	7851	5	3	2
游览景区管理	7852	15	15	
野生动物保护*	7712			
野生植物保护*	7713	1		1
歌舞厅娱乐活动	8911	3	2	
电子游艺厅娱乐活动	8912	2	2	
网吧活动	8913	4	3	1
其他室内娱乐活动	8919	2	1	1
游乐园	8920	2	2	
其他娱乐业	8990	3	2	1
摄影扩印服务	7492	24	24	
知识产权服务*	7250	2	2	
文化娱乐经纪人	8941			
其他文化艺术经纪代理	8949	1	1	
娱乐及体育设备出租*	7121			
图书出租	7122	1		
音像制品出租	7123			
会议及展览服务	7292	4	3	1
其他未列明商务服务业*	7299	17	17	
四、按地区分组				
南宁市	4501	93	83	5
柳州市	4502	43	36	3
桂林市	4503	99	63	31
梧州市	4504	26	22	4
北海市	4505	13	13	
防城港市	4506	15	15	
钦州市	4507	30	15	14
贵港市	4508	50	48	1
玉林市	4509	81	73	
百色市	4510	66	26	39
贺州市	4511	11	11	
河池市	4512	72	29	38
来宾市	4513	21	19	1
崇左市	4514	17	15	

社会团体	从业人员期末人数(人)	#女性	经营性单位收入(万元)	非经营性单位支出(费用)(万元)
	6	4	38.6	
	401	152	1597.6	252.5
	3			10.1
	241	105	3751.9	3.6
	482	168	8356.9	111.7
	383	136	11097.9	48.8
	284	166	30014.7	6.6
	306	138	3883.2	
	3	1		11.0
	22	5	45.0	20.7
	3	3	78.0	
	23	11	60.0	22.8
	19	6	53.0	10.0
	74	53	181.1	
	34	10	90.6	75.8
	99	53	551.6	
	3			
	1			
	1	1		0.3
	50	24	555.5	20.3
	189	78	1408.2	
1	6287	1580	113895.2	606.9
3	898	412	14445.1	438.8
2	1276	658	39832.1	1498.0
	144	57	1168.5	110.9
	565	271	5444.9	
	137	54	718.7	
1	194	66	1954.7	180.6
	328	130	9955.1	169.0
7	868	618	3511.1	10.9
1	533	275	5728.8	728.1
	91	17	443.1	
	291	118	5253.0	1034.6
	131	55	4314.7	6.5
1	64	37	984.4	19.0

3-10 文化产业个体

指标名称	代码	户数（个）	有证照	#有工商或民政证照
总　　计		**23505**	**23505**	**23237**
一、按个体经营户行业分组				
造纸*	222	1	1	1
印刷	231	233	233	233
装订及印刷相关服务	232	21	21	20
记录媒介复制	233			
文教办公用品制造*	241	9	9	8
乐器制造	242	1	1	1
工艺美术品制造	243	707	707	695
玩具制造	245	43	43	41
游艺器材及娱乐用品制造	246	4	4	4
涂料、油墨、颜料及类似产品制造*	264			
专用化学产品制造*	266			
炸药、火工及焰火产品制造*	267	15	15	15
陶瓷制品制造*	307	39	39	38
文化、办公用机械制造*	347			
印刷、制药、日化及日用品生产专用设备制造*	354	1	1	1
照明器具制造*	387	3	3	3
广播电视设备制造	393	3	3	3
视听设备制造	395	6	6	6
其他电子设备制造*	399			
纺织、服装及家庭用品批发*	513	8	8	8
文化、体育用品及器材批发*	514	619	619	607
机械设备、五金产品及电子产品批发*	517	9	9	9
贸易经纪与代理*	518	3	3	3
文化、体育用品及器材专门零售*	524	11354	11354	11226
家用电器及电子产品专门零售*	527	712	712	706
电信*	631			
广播电视传输服务	632	4	4	4
卫星传输服务*	633			
互联网信息服务	642	11	11	11
软件开发*	651	2	2	2
其他信息技术服务业*	659	1	1	1
文化及日用品出租*	712	116	116	114
广告业	724	2408	2408	2387
知识产权服务*	725			
其他商务服务业*	729	2309	2309	2285
社会人文科学研究	735			
工程技术*	748	13	13	12
其他专业技术服务业*	749	2552	2552	2531

经营户基本情况

#已办理税务登记	从业人员期末人数(人)	有证照	#有工商或民政证照	#已办理税务登记
16591	**84170**	**84170**	**83083**	**64507**
1	3	3	3	3
217	1512	1512	1512	1421
20	104	104	101	99
8	79	79	74	74
1	3	3	3	3
452	2729	2729	2669	1855
24	1152	1152	1094	835
4	18	18	18	18
7	112	112	112	59
24	180	180	177	101
	3	3	3	
1	56	56	56	16
3	118	118	118	118
3	88	88	88	36
6	22	22	22	17
509	1983	1983	1943	1671
5	32	32	32	21
1	9	9	9	2
7590	31694	31694	31335	22307
530	2127	2127	2115	1648
4	15	15	15	15
6	68	68	68	33
1	7	7	7	4
1	5	5	5	5
75	283	283	280	190
2016	8780	8780	8686	7497
1789	6481	6481	6415	5143
11	59	59	55	50
1679	9126	9126	9049	6649

3-10 续表

指标名称	代码	户数（个）	有证照	#有工商或民政证照
生态保护*	771			
公园和游览景区管理	785			
技能培训、教育辅助及其他教育*	829	65	65	61
新闻业	851			
出版业	852			
广播	861			
电视	862			
电影和影视节目制作	863			
电影和影视节目发行	864			
电影放映	865	10	10	9
录音制作	866	2	2	2
文艺创作与表演	871	11	11	10
艺术表演场馆	872			
图书馆与档案馆	873	2	2	2
文物及非物质文化遗产保护	874			
博物馆	875			
烈士陵园、纪念馆	876			
群众文化活动	877	2	2	2
其他文化艺术业	879	13	13	13
室内娱乐活动	891	2045	2045	2018
游乐园	892	49	49	49
文化、娱乐、体育经纪代理*	894	3	3	3
其他娱乐业	899	96	96	93
社会团体*	942			
二、按地区分组				
南宁市	4501	4056	4056	4017
柳州市	4502	2185	2185	2158
桂林市	4503	3555	3555	3484
梧州市	4504	1259	1259	1254
北海市	4505	912	912	903
防城港市	4506	795	795	783
钦州市	4507	1154	1154	1138
贵港市	4508	1492	1492	1476
玉林市	4509	1954	1954	1930
百色市	4510	1333	1333	1328
贺州市	4511	1046	1046	1038
河池市	4512	1474	1474	1452
来宾市	4513	1004	1004	1001
崇左市	4514	1286	1286	1275

#已办理税务登记	从业人员期末人数(人)	有证照	#有工商或民政证照	#已办理税务登记
51	256	256	241	210
10	128	128	123	128
1	2	2	2	1
7	108	108	105	23
1	4	4	4	2
1	4	4	4	2
8	86	86	86	51
1443	16037	16037	15784	13725
24	173	173	173	100
2	34	34	34	22
55	490	490	463	353
2666	14879	14879	14635	10628
1472	8309	8309	8166	6502
2460	12131	12131	11872	9087
1022	5189	5189	5176	4331
782	2327	2327	2301	2009
656	3302	3302	3239	2891
813	3684	3684	3628	2876
929	6177	6177	6115	4231
1248	6881	6881	6802	4885
965	4779	4779	4758	3759
717	4045	4045	4023	3056
1155	4567	4567	4511	3886
704	3713	3713	3703	2886
1002	4187	4187	4154	3480

附　录

主要指标解释
及分类规定

主要指标解释

法人单位 是指有权拥有资产、承担负债，并独立从事社会经济活动（或与其他单位进行交易）的组织。法人单位应同时具备以下条件：

1．依法成立，有自己的名称、组织机构和场所，能够独立承担民事责任；

2．独立拥有（或授权使用）资产或者经费，承担负债，有权与其他单位签订合同；

3．具有包括资产负债表在内的账户，或者能够根据需要编制账户。

法人单位包括五种类型：企业法人、事业单位法人、机关法人、社会团体和其他成员组织法人、其他法人。

企业法人 是指依据《中华人民共和国公司登记管理条例》、《中华人民共和国企业法人登记管理条例》等国家法律和法规，经各级工商行政管理机关登记注册，领取《企业法人营业执照》的企业。包括：

1．公司制企业法人；

2．非公司制企业法人；

3.依据《中华人民共和国个人独资企业法》、《中华人民共和国合伙企业法》，经各级工商行政管理机关登记注册，领取《营业执照》的个人独资企业、合伙企业。

事业单位法人 是指经国务院或地方县级以上机构编制管理部门批准，经国家或地方县级以上事业单位登记管理部门登记或备案，领取《事业单位法人证书》，取得法人资格的事业单位。包括：

1．各级党委、政府直属事业单位；

2．中共中央、国务院直属事业单位举办的事业单位；

3．各级人大、政协机关，人民法院、人民检察院和各民主党派机关举办的事业单位；

4．各级党委部门和政府部门举办的事业单位；

5．使用财政性经费的群众团体举办的事业单位；

6．国有企业及其他组织利用国有资产举办的事业单位；

7．依照法律或有关规定，应当由各级登记管理机关登记的其他事业单位。

机关法人 是指各级政党机关和国家机关。包括：

1．县级以上各级中国共产党委员会及其所属各工作部门；

2．县级以上各级人民代表大会机关；

3．县级以上各级人民政府及其所属各工作部门，以及地区行政行署；

4．县级以上各级政治协商会议机关；

5．县级以上各级人民法院、检察院机关；

6．县级以上各民主党派机关；

7．乡、镇中国共产党委员会和人民政府。

社会团体法人 是指依据《社会团体登记管理条例》，经国家或县级以上民政部门登记注册或备案、领取《社会团体法人登记证书》的各类社会团体，以及由机构编制管理部门管理其编制的群众团体。包括：

1．社会团体法人；

2．群众团体法人。

其他法人 是指除上述类型以外的法人，是依据《中华人民共和国居民委员会组织法》、《中华人民共和国村民委员会组织法》、《基金会管理条例》、《农民专业合作社登记管理条例》及其他法律、法规，依法成立，具备法人条件的单位。包括：

1．居民委员会和村民委员会；

2．基金会；

3．领取《民办非企业单位（法人）登记证书》的民办非企业单位；

4．宗教组织和活动场所；

5．农民专业合作社；

6．其他未列明法人单位。

单产业法人 是指仅包含一个产业活动单位的法人单位，称为单产业法人单位，该法人单位同时也是一个产业活动单位；

多产业法人 是指由两个及以上产业活动单位组成的法人单位，称为多产业法人单位，这些产业活动单位接受法人单位的管理和控制。

从业人员期末人数 指报告期末最后一日 24 时在本单位工作，并取得工资或其他形式劳动报酬的人员数。该指标为时点指标，不包括最后一日当天及以前已经与单位解除劳动合同关系的人员，是在岗职工、劳务派遣人员及其他从业人员之和。从业人员不包括：

1．离开本单位仍保留劳动关系，并定期领取生活费的人员；

2．利用课余时间打工的学生及在本单位实习的各类在校学生；

3．本单位因劳务外包而使用的人员，如：建筑业整建制使用的人员。

资产总计 指企业过去的交易或者事项形成的、由企业拥有或者控制的、预期会给企业带来经济利益的资源。资产一般按流动性（资产的变现或耗用时间长短）分为流动资产和非流动资产。其中流动资产可分为货币资金、交易性金融资产、应收票据、应收账款、预付款项、其他应收款、存货等；非流动资产可分为长期股权投资、固定资产、无形资产及其他非流动资产等。

生产总值(GDP) 指按市场价格计算的一个国家(或地区)所有常住单位在一定时期内生产活动的最终成果。生产总值有三种表现形态，即价值形态、收入形态和产品形态。从价值形态看，它是所有常住单位在一定时期内生产的全部货物和服务价值超过同期投入的全部非固定资产货物和服务价值的差额，即所有常住单位的增加值之和；从收入形态看，它是所有常住单位在一定时期内创造并分配给常住单位和非常住单位的初次收入之和；从产品形态看，它是所有常住单位在一定时期内最终使用的货物和服务价值与货物和服务净出口价值之和。在实际核算中，生产总值有三种计算方法，即生产法、收入法和支出法。三种方法分别从不同的方面反映生产总值及其构成。

劳动者报酬 指劳动者因从事生产活动所获得的全部报酬。包括劳动者获得的各种形式的工资、奖金和津贴，既包括货币形式的，也包括实物形式的，还包括劳动者所享受的公费医疗和医药卫生费、上下班交通补贴、单位支付的社会保险费、住房公积金等。

生产税净额 指生产税减生产补贴后的余额。生产税指政府对生产单位从事生产、销售和经营活动以及因从事生产活动使用某些生产要素(如固定资产、土地、劳动力)所征收的各种税、附加费和规费。生产补贴与生产税相反，指政府对生产单位的单方面转移支出，因此视为负生产税，包括政策亏损补贴、价格补贴等。

固定资产折旧 指一定时期内为弥补固定资产损耗按照规定的固定资产折旧率提取的固定资产折旧，或按国民经济核算统一规定的折旧率虚拟计算的固定资产折旧。它反映了固定资产在当期生产中的转移价值。各类企业和企业化管理的事业单位的固定资产折旧是指实际计提的折旧费；不计提折旧的政府机关、非企业化管理的事业单位和居民住房的固定资产折旧是按照统一规定的折旧率和固定资产原值计算的虚拟折旧。原则上，固定资产折旧应按固定资产当期的重置价值计算，但是目前我国尚不具备对全社会固定资产进行重估价的基础，所以暂时只能采用上述办法。

营业盈余 指常住单位创造的增加值扣除劳动者报酬、生产税净额和固定资产折旧后的余额。它相当于企业的营业利润加上生产补贴，但要扣除从利润中开支的工资和福利等。

分类规定

登记注册类型 指企业或企业产业活动单位的登记注册类型，工商行政管理部门对企业（单位）登记注册的类型分为以下几种：

1．国有企业：指企业全部资产归国家所有，并按《中华人民共和国企业法人登记管理条例》规定登记注册的非公司制的经济组织。不包括有限责任公司中的国有独资公司。

2．集体企业：指企业资产归集体所有，并按《中华人民共和国企业法人登记管理条例》规定登记注册的经济组织。

3．股份合作企业：指以合作制为基础，由企业职工共同出资入股，吸收一定比例的社会资产投资组建，实行自主经营，自负盈亏，共同劳动，民主管理，按劳分配与按股分红相结合的一种集体经济组织。

4．联营企业：指两个及两个以上相同或不同所有制性质的企业法人或事业单位法人，按自愿、平等、互利的原则，共同投资组成的经济组织。联营企业包括国有联营企业、集体联营企业、国有与集体联营企业和其他联营企业。

国有联营企业：指所有联营单位均为国有。

集体联营企业：指所有联营单位均为集体。

国有与集体联营企业：指联营单位既有国有也有集体。

其他联营企业：指上述三种联营企业之外的其他联营形式的企业。

5．有限责任公司：指根据《中华人民共和国公司登记管理条例》规定登记注册，由两个以上，五十个以下的股东共同出资，每个股东以其所认缴的出资额对公司承担有限责任，公司以其全部资产对其债务承担责任的经济组织。有限责任公司包括国有独资公司以及其他有限责任公司。

国有独资公司：指国家授权的投资机构或者国家授权的部门单独投资设立的有限责任公司。

其他有限责任公司：指国有独资公司以外的其他有限责任公司。

6．股份有限公司：指根据《中华人民共和国公司登记管理条例》规定登记注册，其全部注册资本由等额股份构成并通过发行股票筹集资本，股东以其认购的股份对公司承担有限责任，公司以其全部资产对其债务承担责任的经济组织。

7．私营企业：指由自然人投资设立或由自然人控股，以雇佣劳动为基础的营利性经济组织。包括按照《公司法》、《合伙企业法》、《私营企业暂行条例》以及《个人独资企业法》规定登记注册的私营独资企业、私营合伙企业、私营有限责任公司、私营股份有限公司和个人独资企业。

私营独资企业：指按《私营企业暂行条例》的规定，由一名自然人投资经营，以雇佣劳动为基础，投资者对企业债务承担无限责任的企业。

私营合伙企业：指按《合伙企业法》或《私营企业暂行条例》的规定，由两个以上自然人按照协议共同投资、共同经营、共负盈亏，以雇佣劳动为基础，对债务承担无限责任的企业。

私营有限责任公司：指按《公司法》、《私营企业暂行条例》的规定，由两个以上自然人投资或由单个自然人控股的有限责任公司。

私营股份有限公司：指按《公司法》的规定，由五个以上自然人投资，或由单个自然人控股的股份有限公司。

个人独资企业：指按《个人独资企业法》、《个人独资企业登记管理办法》的规定，由一个自然人投资，财产为投资人个人所有，投资人以其个人财产对企业债务承担无限责任的经营实体。个人独资企业填表时归入私营独资企业。

8．其他内资企业：指上述第1条至第7条之外的其他内资经济组织。

9．与港澳台商合资经营企业：指港澳台地区投资者与内地的企业依照《中华人民共和国中外合资经营企业法》及有关法律的规定，按合同规定的比例投资设立，分享利润和分担风险的企业。

10．与港澳台商合作经营企业：指港澳台地区投资者与内地企业依照《中华人民共和国中外合作经营企业法》及有关法律的规定，依照合作合同的约定进行投资或提供条件设立，分配利润、分担风险和亏损的企业。

11．港澳台商独资经营企业：指依照《中华人民共和国外资企业法》及有关法律的规定，在内地由港澳台地区投资者全额投资设立的企业。

12．港澳台商投资股份有限公司：指根据国家有关规定，经商务部（原外经贸部）批准设立，并且其中港、澳、台商的股本占公司注册资本的比例达25%以上的股份有限公司。凡其中港、澳、台商的股本占公司注册资本的比例小于25%的，属于内资中的股份有限公司。

13．其他港、澳、台商投资企业：指在中国境内参照《外国企业或个人在中国境内设立合伙企业管理办法》和《外商投资合伙企业登记管理规定》，依法设立的港、澳、台商投资合伙企业。

14．中外合资经营企业：指外国企业或外国人与中国内地企业依照《中华人民共和国中外合资经营企业法》及有关法律的规定，按合同规定的比例投资设立，分享利润和分担风险的企业。

15．中外合作经营企业：指外国企业或外国人与中国内地企业依照《中华人民共和国中外合作经营企业法》及有关法律的规定，依照合作合同的约定进行投资或提供条件设立，分配利润、分担风险和亏损的企业。

16．外资企业：指依照《中华人民共和国外资企业法》及有关法律的规定，在中国内地由外国投资者全额投资设立的企业。

17．外商投资股份有限公司：指根据国家有关规定，经商务部（原外经贸部）批准设立，并且其中外资的股本占公司注册资本的比例达25%以上的股份有限公司。凡其中外资股本占公司注册资本的比例小于25%的，属于内资中的股份有限公司。

18．其他外商投资企业：指在中国境内依照《外国企业或个人在中国境内设立合伙企业管理办法》和《外商投资合伙企业登记管理规定》，依法设立的外商投资合伙企业。

统计上大中小微型企业划分办法

一、根据工业和信息化部、国家统计局、国家发展改革委、财政部《关于印发中小企业划型标准规定的通知》（工信部联企业〔2011〕300号），结合统计工作的实际情况，特制定本办法。

二、本办法适用对象为在中华人民共和国境内依法设立的各种组织形式的法人企业或单位。个体工商户参照本办法进行划分。

三、本办法适用范围包括：农、林、牧、渔业，采矿业，制造业，电力、热力、燃气及水生产和供应业，建筑业，批发和零售业，交通运输、仓储和邮政业，住宿和餐饮业，信息传输、软件和信息技术服务业，房地产业，租赁和商务服务业，科学研究和技术服务业，水利、环境和公共设施管理业，居民服务、修理和其他服务业，文化、体育和娱乐业等15个行业门类以及社会工作行业大类。

四、本办法按照行业门类、大类、中类和组合类别，依据从业人员、营业收入、资产总额等指标或替代指标，将我国的企业划分为大型、中型、小型、微型等四种类型。具体划分标准见附表。

五、企业划分由政府综合统计部门根据统计年报每年确定一次，定报统计原则上不进行调整。

六、本办法自印发之日起执行，国家统计局2003年印发的《统计上大中小型企业划分办法（暂行）》（国统字〔2003〕17号）同时废止。

附表：统计上大中小微型企业划分标准

行业名称	指标名称	计量单位	大型	中型	小型	微型
农、林、牧、渔业	营业收入(Y)	万元	Y≥20000	500≤Y＜20000	50≤Y＜500	Y＜50
工业 *	从业人员(X)	人	X≥1000	300≤X＜1000	20≤X＜300	X＜20
	营业收入(Y)	万元	Y≥40000	2000≤Y＜40000	300≤Y＜2000	Y＜300
建筑业	营业收入(Y)	万元	Y≥80000	6000≤Y＜80000	300≤Y＜6000	Y＜300
	资产总额(Z)	万元	Z≥80000	5000≤Z＜80000	300≤Z＜5000	Z＜300
批发业	从业人员(X)	人	X≥200	20≤X＜200	5≤X＜20	X＜5
	营业收入(Y)	万元	Y≥40000	5000≤Y＜40000	1000≤Y＜5000	Y＜1000
零售业	从业人员(X)	人	X≥300	50≤X＜300	10≤X＜50	X＜10
	营业收入(Y)	万元	Y≥20000	500≤Y＜20000	100≤Y＜500	Y＜100
交通运输业 *	从业人员(X)	人	X≥1000	300≤X＜1000	20≤X＜300	X＜20
	营业收入(Y)	万元	Y≥30000	3000≤Y＜30000	200≤Y＜3000	Y＜200
仓储业	从业人员(X)	人	X≥200	100≤X＜200	20≤X＜100	X＜20
	营业收入(Y)	万元	Y≥30000	1000≤Y＜30000	100≤Y＜1000	Y＜100
邮政业	从业人员(X)	人	X≥1000	300≤X＜1000	20≤X＜300	X＜20
	营业收入(Y)	万元	Y≥30000	2000≤Y＜30000	100≤Y＜2000	Y＜100
住宿业	从业人员(X)	人	X≥300	100≤X＜300	10≤X＜100	X＜10
	营业收入(Y)	万元	Y≥10000	2000≤Y＜10000	100≤Y＜2000	Y＜100
餐饮业	从业人员(X)	人	X≥300	100≤X＜300	10≤X＜100	X＜10
	营业收入(Y)	万元	Y≥10000	2000≤Y＜10000	100≤Y＜2000	Y＜100
信息传输业 *	从业人员(X)	人	X≥2000	100≤X＜2000	10≤X＜100	X＜10
	营业收入(Y)	万元	Y≥100000	1000≤Y＜100000	100≤Y＜1000	Y＜100
软件和信息技术服务业	从业人员(X)	人	X≥300	100≤X＜300	10≤X＜100	X＜10
	营业收入(Y)	万元	Y≥10000	1000≤Y＜10000	50≤Y＜1000	Y＜50
房地产开发经营	营业收入(Y)	万元	Y≥200000	1000≤Y＜200000	100≤Y＜1000	Y＜100
	资产总额(Z)	万元	Z≥10000	5000≤Z＜10000	2000≤Z＜5000	Z＜2000
物业管理	从业人员(X)	人	X≥1000	300≤X＜1000	100≤X＜300	X＜100
	营业收入(Y)	万元	Y≥5000	1000≤Y＜5000	500≤Y＜1000	Y＜500
租赁和商务服务业	从业人员(X)	人	X≥300	100≤X＜300	10≤X＜100	X＜10
	资产总额(Z)	万元	Z≥120000	8000≤Z＜120000	100≤Z＜8000	Z＜100
其他未列明行业 *	从业人员(X)	人	X≥300	100≤X＜300	10≤X＜100	X＜10

说明：1、大型、中型和小型企业须同时满足所列指标的下限，否则下划一档；微型企业只须满足所列指标中的一项即可。

2、附表中各行业的范围以《国民经济行业分类》（GB/T4754-2011）为准。带*的项为行业组合类别，其中，工业包括采矿业，制造业，电力、热力、燃气及水生产和供应业；交通运输业包括道路运输业，水上运输业，航空运输业，管道运输业，装卸搬运和运输代理业，不包括铁路运输业；信息传输业包括电信、广播电视和卫星传输服务，互联网和相关服务；其他未列明行业包括科学研究和技术服务业，水利、环境和公共设施管理业，居民服务、修理和其他服务业，社会工作，文化、体育和娱乐业，以及房地产中介服务，其他房地产业等，不包括自有房地产经营活动。

3、企业划分指标以现行统计制度为准。（1）从业人员，是指期末从业人员数，没有期末从业人员数的，采用全年平均人员数代替。（2）营业收入，工业、建筑业、限额以上批发和零售业、限额以上住宿和餐饮业以及其他设置主营业务收入指标的行业，采用主营业务收入；限额以下批发与零售业企业采用商品销售额代替；限额以下住宿与餐饮业企业采用营业额代替；农、林、牧、渔业企业采用营业总收入代替；其他未设置主营业务收入的行业，采用营业收入指标。（3）资产总额，采用资产总计代替。

广西经济普查年鉴

Guangxi Economic Census Yearbook 2013

综合卷|上

广西壮族自治区人民政府第三次全国经济普查领导小组办公室　编

© 中国统计出版社 2015
版权所有。未经许可，本书的任何部分不得以任何方式在世界任何地区以任何文字翻印、拷贝、仿制或转载。

© 2015 China Statistics Press
All rights reserved. No part of the publication may be reproduced or transmitted in any form or by any means, electronic or mechanical, including photocopying, recording, or any information storage and retrieval system, without written permission from the publisher.

图书在版编目（CIP）数据

广西经济普查年鉴. 2013 / 广西壮族自治区第三次全国经济普查领导小组办公室编. -- 北京 : 中国统计出版社,2015.10
ISBN 978-7-5037-7687-8

Ⅰ. ①广… Ⅱ. ①广… Ⅲ. ①经济－普查－广西－2013－年鉴 Ⅳ. ①F127.67-54

中国版本图书馆 CIP 数据核字（2015）第 259610 号

广西经济普查年鉴—2013/综合卷（上）

作　　者/广西壮族自治区第三次全国经济普查领导小组办公室
责任编辑/赵淑焕
封面设计/黄俊杰　李雪燕
出版发行/中国统计出版社
通信地址/北京市丰台区西三环南路甲 6 号　邮政编码/100073
电　　话/邮购（010）63376909　书店（010）68783171
网　　址/http://www.zgtjcbs.com/
印　　刷/河北天普润印刷厂
经　　销/新华书店
开　　本/880mm×1230mm　1/16
字　　数/640 千字
印　　张/20.5
版　　别/2015 年 10 月第 1 版
版　　次/2015 年 10 月第 1 次印刷
定　　价/650.00 元（全四册附光盘）

本书附同版本 CD-ROM 一张，光盘内容以书面文字为准。
如有印装差错，由本社发行部调换。

编 辑 部

主　　编：唐　旭

副 主 编：（按姓名笔划排序）

叶志杰　付天德　李　勇　李国松　居　青　郑贵敏　周光辉

黄春庆　程文胜　韩祖海

第一篇　法人单位基本情况

主任编辑：程文胜

副主任编辑：李子明　陈玉娟

编　　辑：陈竞成　钟　俊　李继彪　赵桂军　吕　琪　罗小彬　闭小燕

张　宗　焦　夕

编者说明

根据第三次全国经济普查成果汇编的《广西经济普查年鉴—2013》，全书共三卷四册。综合卷（上、下）、第二产业卷和第三产业卷，随书配送同版本光盘一张。

《综合卷》分上、下两册。上册为“法人单位基本情况”，下册是“小微企业情况”和“文化及相关产业情况”。《第二产业卷》一册三篇。第一篇“工业企业生产经营及财务状况”，第二篇“规模以上工业企业科技情况”，第三篇“建筑业企业生产经营及财务状况”。《第三产业卷》一册六篇。第一篇“批发和零售业基本情况及财务状况”，第二篇“住宿和餐饮业基本情况及财务状况”，第三篇“房地产开发经营业生产经营及财务状况”，第四篇“服务业企业财务状况”，第五篇“行政事业、社团及其他单位财务状况”，第六篇“能源生产及消费”。为方便读者使用，对年鉴资料有关情况说明如下：

一、第三次全国经济普查的标准时点为2013年12月31日，调查年度资料为2013年；

二、按照第三次全国经济普查实施办法，铁路运输业由铁道部统一组织实施，银行及其它金融业、证券业、保险业的财务状况由国家金融机构统一组织实施。因此，本年鉴综合卷未包括铁路运输及金融、证券、保险业数据；

三、建筑业资料按法人单位注册地，其他行业按法人单位经营地进行汇总；

四、部分数据由于单位取舍不同或四舍五入而产生的误差数未作调整；

五、表中空格表示该项指标数据不详或无该项数据，“#”表示其中项；

六、每篇后附有指标解释，使用时请仔细阅读。

广西第三次全国经济普查资料是全体普查工作者共同辛勤工作的重要成果，也是广大普查对象大力支持积极配合的结果。在此，我们向全区普查工作者、普查对象及参与和支持普查工作的人员表示衷心的感谢！

编辑部

二〇一五年九月

综合卷（上） 目录

第一篇 法人单位基本情况

第1篇

法人单位基本情况

1-1 按市县区、行业(门类)

地　　区	法　人单位数(个)	农、林、牧、渔业	采矿业	制造业	电力、热力、燃气及水生产和供应业	建筑业	批发和零售业	交通运输、仓储和邮政业	住宿和餐饮业
总　　计	**236830**	**3420**	**2988**	**24215**	**2587**	**4730**	**64262**	**5092**	**3472**
南宁市	52119	440	276	4189	166	1950	18243	1046	852
市辖区									
兴宁区	4448	10	7	294	5	171	2122	108	112
青秀区	18547	38	19	173	10	1163	6884	192	421
江南区	4499	20	10	632	11	203	1749	164	63
西乡塘区	8918	33	15	913	7	225	4220	275	143
良庆区	1961	10		294	10	72	572	78	24
邕宁区	787	6	6	84	4	11	166	29	6
武鸣县	2460	89	47	507	21	21	428	37	15
隆安县	1265	32	28	149	29	6	169	17	1
马山县	1150	34	37	75	7	8	136	12	4
上林县	1319	43	36	133	32	19	220	21	8
宾阳县	2927	58	45	516	13	28	749	41	28
横　县	3838	67	26	419	17	23	828	72	27
柳州市	23109	305	211	3008	169	270	7633	589	261
市辖区									
城中区	2943	12	1	84		78	1070	51	58
鱼峰区	3365	10	8	735	6	48	1132	74	38
柳南区	4413	7	2	542		47	2411	193	33
柳北区	3218	16	14	403	10	46	1269	86	29
柳江县	2108	75	39	510	8	7	384	97	9
柳城县	1392	41	34	152	26	6	253	13	5
鹿寨县	1510	40	19	167	13	12	401	31	15
融安县	1143	28	14	130	18	3	197	21	15
融水苗族自治县	1824	58	67	208	66	14	312	14	37
三江侗族自治县	1193	18	13	77	22	9	204	9	22
桂林市	30298	869	472	3456	817	704	7385	433	711
市辖区									
秀峰区	2387	1	2	161	1	72	681	42	88
叠彩区	2190	3	1	139	1	70	986	43	48
象山区	3236	9	3	248	7	135	1024	58	175
七星区	3170	9	2	477	6	142	841	30	100
雁山区	525	5	4	46		5	74	3	48
临桂区	2273	76	30	372	31	123	394	37	24
阳朔县	1594	69	19	78	26	15	393	35	73
灵川县	2005	34	59	318	51	23	536	33	17
全州县	1905	31	58	211	169	13	308	24	13
兴安县	1745	28	28	262	87	18	450	20	28
永福县	1730	52	40	212	45	12	297	22	17
灌阳县	1136	33	20	101	119	9	125	11	6
龙胜各族自治县	1160	27	38	104	76	16	191	13	23
资源县	776	23	76	72	108	8	101	11	11
平乐县	1179	50	32	151	31	10	177	18	12
荔浦县	1916	71	21	410	21	26	653	19	15
恭城瑶族自治县	1371	348	39	94	38	7	154	14	13

分组的法人单位数

信息传输、软件和信息技术服务业	房地产业	租赁和商务服务业	科学研究和技术服务业	水利、环境和公共设施管理业	居民服务、修理和其他服务业	教　育	卫生和社会工作	文化、体育和娱乐业	公共管理、社会保障和社会组织	国际组织
2546	**8447**	**18610**	**10361**	**2762**	**3541**	**18301**	**5387**	**6665**	**49444**	
1044	2226	7629	2341	291	1001	3106	636	1128	5555	
73	176	518	133	16	142	146	46	78	291	
679	1267	4276	920	52	363	386	86	373	1245	
69	152	457	188	17	115	235	44	89	281	
184	254	875	452	31	200	431	59	146	455	
13	101	166	67	6	65	178	36	51	218	
4	15	23	41	10	5	122	22	28	205	
7	68	133	117	29	26	343	56	44	472	
2	15	38	58	16	3	269	32	34	367	
3	24	39	71	27	7	207	36	41	382	
4	19	75	72	22	14	166	53	52	330	
1	80	124	97	32	29	248	101	96	641	
5	55	905	125	33	32	375	65	96	668	
300	948	1793	908	222	457	1152	475	590	3818	
104	205	500	140	24	75	115	24	70	332	
48	187	293	91	24	131	149	63	79	249	
47	149	338	66	13	66	153	52	74	220	
76	163	304	98	33	68	126	54	69	354	
2	44	76	73	25	26	153	47	61	472	
14	48	37	137	24	3	90	42	40	427	
1	36	64	97	20	26	113	31	50	374	
2	45	49	46	15	12	58	57	33	400	
4	41	72	89	28	36	131	51	64	532	
2	30	60	71	16	14	64	54	50	458	
381	1024	2321	1286	448	565	1725	720	794	6187	
39	128	437	114	24	106	104	31	77	279	
28	104	230	111	21	62	64	36	32	211	
44	164	524	160	43	101	127	51	74	289	
189	172	399	187	30	115	151	54	80	186	
1	10	27	15	15	6	35	11	16	204	
19	141	168	95	45	40	150	33	50	445	
2	27	88	59	50	3	173	34	84	366	
8	79	94	58	28	14	138	47	44	424	
1	12	38	94	35	15	94	41	51	697	
4	41	60	87	32	30	46	48	41	435	
1	34	56	96	29	18	71	102	72	554	
10	12	35	45	15	7	163	32	26	367	
12	16	26	54	26	7	37	45	24	425	
9	8	28	13	5	4	40	20	16	223	
	28	42	40	12	7	111	36	43	379	
6	29	48	29	31	15	147	38	28	309	
8	19	21	29	7	15	74	61	36	394	

1-1 续表 1

地　　区	法　人 单位数 （个）	农、林、 牧、渔业	采矿业	制造业	电力、热力、 燃气及水生 产和供应业	建筑业	批发和 零售业	交通运输、 仓储和 邮政业	住宿和 餐饮业
梧州市	13379	185	227	1318	165	297	4025	221	182
市辖区									
万秀区	2503	18	6	374	13	90	754	81	69
长洲区	1711	14	4	99	5	123	539	47	47
龙圩区	1472	22	26	194	25	26	502	23	19
苍梧县	1254	11	6	55	17	1	664	5	2
藤　县	2851	51	62	200	29	21	775	38	15
蒙山县	1255	28	11	106	17	13	284	8	18
岑溪市	2333	41	112	290	59	23	507	19	12
北海市	9349	65	40	874	34	210	2538	244	175
市辖区									
海城区	4911	18	6	321	11	169	1380	174	122
银海区	970	11	4	123	2	20	191	16	33
铁山港区	506	11	6	49	5	2	72	19	3
合浦县	2962	25	24	381	16	19	895	35	17
防城港市	6827	49	83	515	50	114	1736	437	108
市辖区									
港口区	2159	9	12	113	9	54	462	289	27
防城区	1618	19	51	137	21	38	271	36	25
上思县	954	7	13	110	10	2	117	27	10
东兴市	2096	14	7	155	10	20	886	85	46
钦州市	10082	119	148	1163	73	169	1982	391	119
市辖区									
钦南区	3500	36	49	331	14	88	873	231	65
钦北区	2347	26	51	254	17	48	551	88	33
灵山县	2605	37	28	300	18	20	295	46	8
浦北县	1630	20	20	278	24	13	263	26	13
贵港市	13888	145	124	2192	75	155	2829	363	147
市辖区									
港北区	3689	26	10	220	7	89	1117	181	77
港南区	1584	21	3	290	14	15	303	17	3
覃塘区	2077	15	25	945	5	6	213	36	1
平南县	2939	52	37	373	25	20	484	65	31
桂平市	3599	31	49	364	24	25	712	64	35
玉林市	22626	281	226	3367	268	166	6223	492	295
市辖区									
玉州区	6841	44	12	651	9	90	2666	179	145
福绵区	1136	30	4	303	4		197	18	1
容　县	2835	27	30	530	112	9	604	41	38
陆川县	2296	39	50	379	23	8	468	74	22
博白县	3772	56	52	594	40	15	1066	47	29
兴业县	2278	36	28	289	8	8	589	85	18
北流市	3468	49	50	621	72	36	633	48	42
百色市	15617	143	286	1226	203	221	3416	259	234
市辖区									
右江区	3523	37	18	234	26	100	1125	70	91
田阳县	1580	18	47	164	9	13	350	27	30
田东县	1369	21	17	114	18	14	275	35	14

信息传输、软件和信息技术服务业	房地产业	租赁和商务服务业	科学研究和技术服务业	水利、环境和公共设施管理业	居民服务、修理和其他服务业	教　育	卫生和社会工作	文化、体育和娱乐业	公共管理、社会保障和社会组织	国际组织
120	461	556	476	135	134	1360	241	320	2956	
39	118	206	80	28	46	104	42	75	360	
27	120	134	61	25	38	89	18	39	282	
6	47	53	69	8	10	101	15	35	291	
2		3	31	5		152	50	30	220	
19	72	41	70	21	14	410	41	77	895	
12	34	33	95	16	16	106	26	25	407	
15	70	86	70	32	10	398	49	39	501	
86	893	775	415	92	145	837	147	276	1503	
77	655	629	280	46	106	218	72	125	502	
3	161	46	24	10	8	85	12	29	192	
2	4	14	16	4	2	81	10	20	186	
4	73	86	95	32	29	453	53	102	623	
29	360	516	257	116	98	304	123	161	1771	
15	182	218	82	33	25	51	32	48	498	
4	66	82	70	37	19	109	39	48	546	
5	15	36	53	21	9	59	30	20	410	
5	97	180	52	25	45	85	22	45	317	
67	322	495	445	129	151	899	207	328	2875	
23	120	222	141	38	64	245	70	99	791	
18	124	159	123	18	50	100	50	84	553	
17	41	67	83	38	24	479	46	69	989	
9	37	47	98	35	13	75	41	76	542	
44	339	752	420	127	161	1995	656	540	2824	
23	182	383	140	49	91	338	57	107	592	
	21	53	46	2	7	276	29	74	410	
12	4	74	53	15	5	219	40	54	355	
5	54	99	97	29	42	543	296	138	549	
4	78	143	84	32	16	619	234	167	918	
113	577	1088	1119	267	286	2668	446	638	4106	
95	338	687	350	44	146	417	75	178	715	
1	2	19	44	10	2	129	18	23	331	
5	44	79	126	48	35	416	73	77	541	
3	41	101	122	36	26	265	53	72	514	
3	53	49	184	72	16	489	95	126	786	
1	33	63	100	35	20	301	41	70	553	
5	66	90	193	22	41	651	91	92	666	
74	338	970	636	222	215	906	654	510	5104	
30	133	443	173	46	94	112	56	92	643	
2	34	96	75	17	16	80	49	59	494	
3	22	105	58	25	16	66	43	46	477	

1-1 续表 2

地　区	法　人单位数（个）	农、林、牧、渔业	采矿业	制造业	电力、热力、燃气及水生产和供应业	建筑业	批发和零售业	交通运输、仓储和邮政业	住宿和餐饮业
平果县	1687	4	39	254	27	51	440	43	24
德保县	957	8	24	62	26	6	158	16	14
靖西县	1925	9	51	82	8	8	346	23	19
那坡县	703	4	15	28	16	4	60	9	4
凌云县	608	4	7	60	14	8	90	6	4
乐业县	740	10	24	35	10	2	121	5	13
田林县	967	9	14	89	21	6	185	6	8
西林县	557	13	10	38	11	1	88	7	6
隆林各族自治县	1001	6	20	66	17	8	178	12	7
贺州市	8058	146	125	620	205	115	1594	102	56
市辖区									
八步区	2957	52	11	141	62	89	786	32	27
平桂管理区	1411	18	48	239	33	9	280	33	8
昭平县	1220	37	17	82	29	10	144	13	9
钟山县	1234	20	24	95	48	2	218	14	7
富川瑶族自治县	1236	19	25	63	33	5	166	10	5
河池市	13698	296	387	1008	150	135	2927	162	180
市辖区									
金城江区	2975	37	46	171	16	63	1018	52	47
南丹县	1109	17	37	75	12	7	230	11	13
天峨县	656	25	9	66	7	4	67	5	6
凤山县	745	12	25	34	7	3	95	5	6
东兰县	961	47	12	54	7	10	139	8	10
罗城仫佬族自治县	1125	28	67	111	21	3	206	13	7
环江毛南族自治县	922	33	50	108	18	7	103	11	7
巴马瑶族自治县	1079	22	40	90	14	4	207	12	44
都安瑶族自治县	1178	32	38	79	12	7	310	10	13
大化瑶族自治县	1035	16	25	43	13	10	148	8	6
宜州市	1913	27	38	177	23	17	404	27	21
来宾市	8822	181	235	752	113	127	1856	157	77
市辖区									
兴宾区	3474	56	32	259	38	90	890	62	26
忻城县	952	27	28	97	14	7	166	10	7
象州县	1443	25	51	142	26	12	365	14	22
武宣县	1431	41	66	118	4	9	207	45	5
金秀瑶族自治县	848	16	29	67	24	4	113	8	9
合山市	674	16	29	69	7	5	115	18	8
崇左市	8958	196	148	527	99	97	1875	196	75
市辖区									
江洲区	1757	40	24	105	23	44	362	46	13
扶绥县	1508	36	36	137	14	10	231	39	8
宁明县	1168	24	8	88	13	10	173	18	8
龙州县	1190	26	20	66	5	6	291	23	15
大新县	1149	37	22	62	28	7	173	11	13
天等县	1006	28	32	43	7	7	147	11	4
凭祥市	1180	5	6	26	9	13	498	48	14

信息传输、软件和信息技术服务业	房地产业	租赁和商务服务业	科学研究和技术服务业	水利、环境和公共设施管理业	居民服务、修理和其他服务业	教育	卫生和社会工作	文化、体育和娱乐业	公共管理、社会保障和社会组织	国际组织
15	75	82	39	16	27	94	39	44	374	
1	20	26	36	15	12	50	31	32	420	
2	8	65	86	38	17	229	246	88	600	
3	11	19	55	14	4	30	29	29	369	
2	5	13	13	13	5	33	25	11	295	
2	7	29	39	20	6	35	23	32	327	
2	3	37	29	1	7	65	41	26	418	
9	6	19	21	4	5	41	24	20	234	
3	14	36	12	13	6	71	48	31	453	
88	138	314	401	110	43	1040	125	267	2569	
42	92	223	123	24	20	318	38	90	787	
9	8	28	31	18	10	191	19	58	371	
13	14	25	68	18	2	192	21	44	482	
12	12	19	94	19	8	183	26	36	397	
12	12	19	85	31	3	156	21	39	532	
72	323	618	755	274	142	720	498	565	4486	
35	123	217	157	37	45	155	78	91	587	
5	26	45	71	26	12	46	39	46	391	
	2	26	54	16	1	34	31	40	263	
6	3	25	54	24	6	39	38	27	336	
14	15	27	73	25	1	39	26	26	428	
	12	36	62	25	9	55	36	46	388	
2	7	24	38	13	5	55	32	36	373	
1	13	59	85	32	17	42	33	32	332	
3	11	27	16	4	22	77	47	68	402	
2	12	23	42	24	7	55	82	58	461	
4	99	109	103	48	17	123	56	95	525	
59	241	382	405	141	72	691	229	274	2830	
29	147	200	145	32	36	329	69	108	926	
1	20	27	56	23	3	33	33	32	368	
15	26	42	58	18	15	82	44	38	448	
5	24	52	61	35	4	180	29	48	498	
3	11	33	50	18	5	39	27	27	365	
6	13	28	35	15	9	28	27	21	225	
69	257	401	497	188	71	898	230	274	2860	
22	54	128	83	34	25	97	60	56	541	
16	48	75	87	35	6	152	25	46	507	
1	32	36	74	31	5	183	25	46	393	
14	26	35	76	13	21	97	35	25	396	
1	27	35	59	29	3	164	25	43	410	
13	19	16	80	24	5	151	40	22	357	
2	51	76	38	22	6	54	20	36	256	

1-2 按机构类型、人员组距、开业(成立)时间分组的

项目	代码	法人单位		
		单位数(个)	单产业法人	多产业法人
总计		**236830**	**221675**	**15155**
按机构类型分组				
企业	10	148486	140885	7601
事业单位	20	41408	39198	2210
机关	30	10470	8879	1591
社会团体	40	9441	9338	103
民办非企业单位	51	5014	4973	41
基金会	52	31	31	
居委会	53	1785	1631	154
村委会	54	14353	10948	3405
其他组织机构	90	5842	5792	50
按从业人员期末人数分组				
7人及以下	01	134993	130917	4076
8-19人	02	55086	51208	3878
20-49个	03	26196	23380	2816
50-99人	04	10448	8544	1904
100-299人	05	7112	5566	1546
300-499人	06	1444	1070	374
500-999人	07	988	695	293
1000-4999人	08	516	281	235
5000-9999人	09	27	9	18
10000人以上	10	20	5	15
按开业时间分组				
1949年及以前	1	2697	2365	332
1950-1977年	2	18473	15413	3060
1978-1991年	3	21883	19191	2692
1992-1995年	4	10341	8870	1471
1996年	5	3999	3509	490
1997年	6	2852	2449	403
1998年	7	2425	2178	247
1999年	8	2394	2110	284
2000年	9	3237	2978	259
2001年	10	4054	3693	361
2002年	11	7367	6811	556
2003年	12	6892	6383	509
2004年	13	6046	5615	431
2005年	14	7920	7381	539
2006年	15	8014	7554	460
2007年	16	8979	8474	505
2008年	17	9553	9101	452
2009年	18	14443	13884	559
2010年	19	17384	16856	528
2011年	20	22964	22484	480
2012年	21	30298	29941	357
2013年	22	24395	24217	178
无开业年份	23	220	218	2

法人单位数、产业活动单位数及从业人员数

从业人员数		产业活动单位				
从业人员数	女性	单位数（个）	#多产业法人所属的产业活动单位数	从业人员数（人）	单产业法人所属的从业人员数	多产业法人所属的从业人员数
6603243	**2509348**	**310288**	**88613**	**6677396**	**4737565**	**1939831**
4706071	1630662	196391	55506	4477377	3260317	1217060
1191417	623090	53179	13981	1206671	948431	258240
343258	95694	15641	6762	609202	198759	410443
107235	40257	9919	581	111009	106168	4841
84450	63448	4973		82558	82558	
200	83	32	1	202	200	2
16982	9837	1792	161	16657	15432	1225
93427	20828	14352	3404	87335	67036	20299
60203	25449	14009	8217	86385	58664	27721
490949	179638	219530	88613	2411353	471522	1939831
636023	257653	51208		591194	591194	
788115	340605	23380		698000	698000	
716116	313016	8544		581469	581469	
1170398	499708	5566		911552	911552	
552297	224243	1070		408659	408659	
678896	269236	695		474735	474735	
891464	323763	281		461074	461074	
181969	34914	9		62296	62296	
497016	66572	5		77064	77064	
185363	103209	3815	1450	188370	133588	54782
1058741	355991	25036	9623	812540	501446	311094
739423	242260	29549	10358	642832	412178	230654
419797	130321	13447	4577	651690	252406	399284
165352	44209	4955	1446	176866	78178	98688
97634	38365	3863	1414	93443	73546	19897
109846	39785	4444	2266	109929	79043	30886
103745	41658	4117	2007	104006	59486	44520
139782	65288	4951	1973	125501	94512	30989
200771	74617	5960	2267	190660	148777	41883
215076	83876	9717	2906	207786	161744	46042
288452	111411	10339	3956	277001	200693	76308
265852	102223	8863	3248	244009	194994	49015
283843	107465	10397	3016	288315	235297	53018
252227	102280	10513	2959	271442	210098	61344
284931	121524	11723	3249	287281	242563	44718
234065	92404	12152	3051	255421	209819	45602
314189	121979	19549	5665	350118	287877	62241
334491	129820	23324	6468	364312	301989	62323
341911	147856	27851	5367	382035	316318	65717
326789	146003	35922	5981	365980	308826	57154
238145	105947	29496	5279	283665	231637	52028
2818	857	305	87	4194	2550	1644

1-3 按行业分组的法人单位数、

行业	代码	法人单位		
		单位数（个）	单产业法人	多产业法人
总　计		**236830**	**221675**	**15155**
农、林、牧、渔业	**A**	**3420**	**3227**	**193**
农业	01	52		52
谷物种植	011	2		2
豆类、油料和薯类种植	012			
棉、麻、糖、烟草种植	013	15		15
蔬菜、食用菌及园艺作物种植	014	8		8
水果种植	015	13		13
坚果、含油果、香料和饮料作物种植	016	7		7
中药材种植	017	1		1
其他农业	019	6		6
林业	02	47		47
林木育种和育苗	021	5		5
造林和更新	022	19		19
森林经营和管护	023	19		19
木材和竹材采运	024	3		3
林产品采集	025	1		1
畜牧业	03	22		22
牲畜饲养	031	13		13
家禽饲养	032	7		7
狩猎和捕捉动物	033			
其他畜牧业	039	2		2
渔业	04	8		8
水产养殖	041	7		7
水产捕捞	042	1		1
农、林、牧、渔服务业	05	3291	3227	64
农业服务业	051	2483	2423	60
林业服务业	052	554	550	4
畜牧服务业	053	144	144	
渔业服务业	054	110	110	
采矿业	**B**	**2988**	**2899**	**89**
煤炭开采和洗选业	06	55	47	8
烟煤和无烟煤开采洗选	061	30	25	5
褐煤开采洗选	062	18	15	3
其他煤炭采选	069	7	7	
石油和天然气开采业	07	3	3	
石油开采	071	2	2	
天然气开采	072	1	1	
黑色金属矿采选业	08	334	319	15
铁矿采选	081	130	126	4
锰矿、铬矿采选	082	127	120	7
其他黑色金属矿采选	089	77	73	4
有色金属矿采选业	09	459	428	31
常用有色金属矿采选	091	375	350	25
贵金属矿采选	092	61	57	4
稀有稀土金属矿采选	093	23	21	2

产业活动单位数及从业人员数

从业人员数	#女性	产业活动单位：单位数(个)	#多产业法人所属的产业活动单位数	从业人员数(人)	单产业法人所属的从业人员数	多产业法人所属的从业人员数
6603243	**2509348**	**310288**	**88613**	**6677396**	**4737565**	**1939831**
81705	**28338**	**3569**	**342**	**99608**	**37367**	**62241**
25753	10019					
112	47					
16062	5765					
1581	959					
3803	1982					
1850	382					
40	10					
2305	874					
15400	5334					
939	357					
6420	2162					
7349	2592					
304	70					
388	153					
1513	741					
627	240					
602	335					
284	166					
467	77					
104	31					
363	46					
38572	12167	3569	342	99608	37367	62241
32281	10308	2649	226	33610	31196	2414
3437	959	647	97	4034	3317	717
1868	611	155	11	1941	1868	73
986	289	118	8	60023	986	59037
121443	**20906**	**3228**	**329**	**118735**	**96066**	**22669**
17119	2580	99	52	11653	4409	7244
8098	907	60	35	7536	3543	3993
8939	1650	25	10	3662	784	2878
82	23	14	7	455	82	373
135	6	6	3	581	135	446
123	4	4	2	564	123	441
12	2	2	1	17	12	5
16250	3734	358	39	13362	11361	2001
5570	981	137	11	5793	5423	370
8739	2385	139	19	5435	4241	1194
1941	368	82	9	2134	1697	437
35447	5680	533	105	40838	32272	8566
30709	4880	439	89	35896	27797	8099
2493	411	62	5	2484	2246	238
2245	389	32	11	2458	2229	229

1-3 续表 1

行业	代码	法人单位		
		单位数（个）	单产业法人	多产业法人
非金属矿采选业	10	2020	1986	34
土砂石开采	101	1732	1713	19
化学矿开采	102	50	46	4
采盐	103	7	7	
石棉及其他非金属矿采选	109	231	220	11
开采辅助活动	11	29	29	
煤炭开采和洗选辅助活动	111	4	4	
石油和天然气开采辅助活动	112	1	1	
其他开采辅助活动	119	24	24	
其他采矿业	12	88	87	1
其他采矿业	120	88	87	1
制造业	**C**	**24215**	**23389**	**826**
农副食品加工业	13	1837	1689	148
谷物磨制	131	258	250	8
饲料加工	132	262	240	22
植物油加工	133	198	188	10
制糖业	134	119	103	16
屠宰及肉类加工	135	335	272	63
水产品加工	136	141	134	7
蔬菜、水果和坚果加工	137	164	153	11
其他农副食品加工	139	360	349	11
食品制造业	14	1039	988	51
焙烤食品制造	141	407	381	26
糖果、巧克力及蜜饯制造	142	55	53	2
方便食品制造	143	175	171	4
乳制品制造	144	25	20	5
罐头食品制造	145	74	67	7
调味品、发酵制品制造	146	94	90	4
其他食品制造	149	209	206	3
酒、饮料和精制茶制造业	15	837	791	46
酒的制造	151	219	214	5
饮料制造	152	343	318	25
精制茶加工	153	275	259	16
烟草制品业	16	8	7	1
烟叶复烤	161	3	3	
卷烟制造	162	4	3	1
其他烟草制品制造	169	1	1	
纺织业	17	512	458	54
棉纺织及印染精加工	171	92	91	1
毛纺织及染整精加工	172	47	46	1
麻纺织及染整精加工	173	20	20	
丝绢纺织及印染精加工	174	136	89	47
化纤织造及印染精加工	175	6	6	
针织或钩针编织物及其制品制造	176	91	90	1
家用纺织制成品制造	177	84	81	3
非家用纺织制成品制造	178	36	35	1
纺织服装、服饰业	18	709	695	14
机织服装制造	181	582	572	10
针织或钩针编织服装制造	182	48	45	3
服饰制造	183	79	78	1

从　业 人员数	#女性	产业活动单位 单位数 (个)	#多产业法人所属的 产业活动单位数	从　业 人员数 (人)	单产业法人所属 的从业人员数	多产业法人所属 的从业人员数
50448	8518	2101	115	50023	45846	4177
38806	5519	1792	79	39368	38042	1326
2264	423	51	5	1999	1940	59
876	227	7		876	876	
8502	2349	251	31	7780	4988	2792
918	159	34	5	1035	918	117
531	73	6	2	570	531	39
31	12	3	2	71	31	40
356	74	25	1	394	356	38
1126	229	97	10	1243	1125	118
1126	229	97	10	1243	1125	118
1911131	**796186**	**25843**	**2454**	**1870839**	**1661521**	**209318**
183003	73085	2450	761	167671	134147	33524
7806	2127	273	23	7334	6925	409
24362	7007	278	38	20478	18215	2263
6840	2267	211	23	6663	6140	523
79821	30178	138	35	73295	52302	20993
20180	7980	834	562	17660	10739	6921
12531	6134	155	21	12095	11210	885
10829	6948	167	14	10068	9498	570
20634	10444	394	45	20078	19118	960
51624	27805	1097	109	43875	41412	2463
8964	5223	438	57	7401	6442	959
1976	1260	57	4	1992	1801	191
8895	4298	181	10	8815	8511	304
3825	2003	26	6	2761	2237	524
10889	7058	76	9	6285	6096	189
4567	1636	98	8	4493	4371	122
12508	6327	221	15	12128	11954	174
57187	25382	879	88	54256	45176	9080
17750	6669	227	13	18016	12742	5274
29324	14502	352	34	26359	23676	2683
10113	4211	300	41	9881	8758	1123
3534	1578	10	3	3534	607	2927
532	355	3		532	532	
3000	1223	6	3	3000	73	2927
2		1		2	2	
57462	42120	656	198	53002	39131	13871
15045	9708	95	4	15277	15039	238
2018	1477	47	1	1998	1980	18
1004	682	21	1	1126	1004	122
31078	24787	265	176	26261	13230	13031
232	171	6		232	232	
2889	1894	97	7	2919	2539	380
3924	2498	86	5	3906	3870	36
1272	903	39	4	1283	1237	46
50397	33023	718	23	49656	47733	1923
43207	27767	590	18	42427	41074	1353
4983	3589	48	3	4908	4467	441
2207	1667	80	2	2321	2192	129

1-3 续表 2

行　业	代码	法人单位		
		单位数(个)	单产业法　人	多产业法　人
皮革、毛皮、羽毛及其制品和制鞋业	19	397	384	13
皮革鞣制加工	191	44	44	
皮革制品制造	192	162	158	4
毛皮鞣制及制品加工	193	19	19	
羽毛(绒)加工及制品制造	194	82	81	1
制鞋业	195	90	82	8
木材加工和木、竹、藤、棕、草制品业	20	3439	3381	58
木材加工	201	1981	1959	22
人造板制造	202	886	859	27
木制品制造	203	333	326	7
竹、藤、棕、草等制品制造	204	239	237	2
家具制造业	21	461	442	19
木质家具制造	211	351	334	17
竹、藤家具制造	212	15	15	
金属家具制造	213	27	27	
塑料家具制造	214	8	8	
其他家具制造	219	60	58	2
造纸和纸制品业	22	764	752	12
纸浆制造	221	26	25	1
造纸	222	346	342	4
纸制品制造	223	392	385	7
印刷和记录媒介复制业	23	808	792	16
印刷	231	703	689	14
装订及印刷相关服务	232	101	99	2
记录媒介复制	233	4	4	
文教、工美、体育和娱乐用品制造业	24	670	661	9
文教办公用品制造	241	27	26	1
乐器制造	242	3	3	
工艺美术品制造	243	534	526	8
体育用品制造	244	15	15	
玩具制造	245	90	90	
游艺器材及娱乐用品制造	246	1	1	
石油加工、炼焦和核燃料加工业	25	65	64	1
精炼石油产品制造	251	55	54	1
炼焦	252	7	7	
核燃料加工	253	3	3	
化学原料和化学制品制造业	26	1412	1358	54
基础化学原料制造	261	209	202	7
肥料制造	262	293	281	12
农药制造	263	70	61	9
涂料、油墨、颜料及类似产品制造	264	137	130	7
合成材料制造	265	37	36	1
专用化学产品制造	266	320	315	5
炸药、火工及焰火产品制造	267	186	179	7
日用化学产品制造	268	160	154	6

从　业人员数	#女性	产业活动单位 单位数(个)	#多产业法人所属的产业活动单位数	从　业人员数(人)	单产业法人所属的从业人员数	多产业法人所属的从业人员数
48380	32533	412	28	46308	39991	6317
2743	1267	44		2743	2743	
20711	12832	172	14	22447	20465	1982
363	300	20	1	545	363	182
2729	1455	82	1	2708	2703	5
21834	16679	94	12	17865	13717	4148
189281	88069	3570	189	188461	179319	9142
51358	22478	2072	113	52055	49001	3054
91529	40065	905	46	90121	85815	4306
31827	16364	348	22	31792	30244	1548
14567	9162	245	8	14493	14259	234
20322	7904	473	31	20656	18760	1896
15174	5533	360	26	15054	13700	1354
1607	706	15		1607	1607	
635	207	28	1	644	635	9
496	261	8		496	496	
2410	1197	62	4	2855	2322	533
56159	20100	783	31	56770	53747	3023
5696	1846	29	4	6971	5280	1691
31302	10065	351	9	30781	30023	758
19161	8189	403	18	19018	18444	574
23307	11728	843	51	23720	22607	1113
21568	10882	729	40	21847	20953	894
1321	617	110	11	1455	1236	219
418	229	4		418	418	
53379	33308	684	23	53077	52463	614
474	234	29	3	471	464	7
21	10	3		21	21	
42020	26194	544	18	41719	41114	605
1246	747	16	1	1247	1246	1
9606	6120	91	1	9607	9606	1
12	3	1		12	12	
5598	1359	68	4	5665	5595	70
5203	1256	58	4	5270	5200	70
363	96	7		363	363	
32	7	3		32	32	
116531	46460	1490	132	111569	101300	10269
18304	4870	215	13	18436	17169	1267
21775	6528	328	47	21137	16551	4586
9182	3575	76	15	5897	4285	1612
10530	2765	140	10	10599	9592	1007
925	428	38	2	912	876	36
17486	5624	333	18	17159	16939	220
26515	16773	197	18	25831	24521	1310
11814	5897	163	9	11598	11367	231

1-3 续表 3

行业	代码	法人单位		
		单位数（个）	单产业法人	多产业法人
医药制造业	27	409	379	30
化学药品原料药制造	271	33	28	5
化学药品制剂制造	272	40	40	
中药饮片加工	273	53	51	2
中成药生产	274	140	125	15
兽用药品制造	275	52	47	5
生物药品制造	276	49	46	3
卫生材料及医药用品制造	277	42	42	
化学纤维制造业	28	8	8	
纤维素纤维原料及纤维制造	281	5	5	
合成纤维制造	282	3	3	
橡胶和塑料制品业	29	851	833	18
橡胶制品业	291	128	125	3
塑料制品业	292	723	708	15
非金属矿物制品业	30	3991	3912	79
水泥、石灰和石膏制造	301	491	472	19
石膏、水泥制品及类似制品制造	302	711	694	17
砖瓦、石材等建筑材料制造	303	2202	2176	26
玻璃制造	304	37	36	1
玻璃制品制造	305	64	61	3
玻璃纤维和玻璃纤维增强塑料制品制造	306	27	26	1
陶瓷制品制造	307	188	181	7
耐火材料制品制造	308	34	34	
石墨及其他非金属矿物制品制造	309	237	232	5
黑色金属冶炼和压延加工业	31	584	562	22
炼铁	311	30	30	
炼钢	312	9	9	
黑色金属铸造	313	219	212	7
钢压延加工	314	102	95	7
铁合金冶炼	315	224	216	8
有色金属冶炼和压延加工业	32	328	312	16
常用有色金属冶炼	321	170	161	9
贵金属冶炼	322	11	10	1
稀有稀土金属冶炼	323	20	20	
有色金属合金制造	324	14	13	1
有色金属铸造	325	7	7	
有色金属压延加工	326	106	101	5
金属制品业	33	977	960	17
结构性金属制品制造	331	378	369	9
金属工具制造	332	167	163	4
集装箱及金属包装容器制造	333	38	38	
金属丝绳及其制品制造	334	27	27	
建筑、安全用金属制品制造	335	94	94	
金属表面处理及热处理加工	336	39	38	1
搪瓷制品制造	337	15	15	
金属制日用品制造	338	117	117	
其他金属制品制造	339	102	99	3
通用设备制造业	34	782	752	30
锅炉及原动设备制造	341	74	67	7

		产业活动单位				
从业人员数	#女性	单位数(个)	#多产业法人所属的产业活动单位数	从业人员数(人)	单产业法人所属的从业人员数	多产业法人所属的从业人员数
45876	24101	428	49	44747	37483	7264
3059	1035	35	7	2793	2546	247
4777	2602	41	1	5093	4777	316
3982	1896	57	6	4122	3942	180
26585	14362	148	23	25853	19982	5871
4130	2506	52	5	3250	3001	249
2162	1059	53	7	2455	2054	401
1181	641	42		1181	1181	
198	64	8		198	198	
109	33	5		109	109	
89	31	3		89	89	
44672	21789	877	44	44636	42858	1778
7525	2699	131	6	7503	7428	75
37147	19090	746	38	37133	35430	1703
270745	91193	4117	205	265960	252774	13186
50423	12230	504	32	49408	47027	2381
39338	7336	739	45	39512	37371	2141
109318	33027	2260	84	110476	107835	2641
2662	879	39	3	2645	2638	7
5942	2604	65	4	5930	4705	1225
1186	691	27	1	1147	1146	1
49951	30928	198	17	44158	41248	2910
2091	842	34		2091	2091	
9834	2656	251	19	10593	8713	1880
92484	18035	600	38	92559	63715	28844
1140	281	32	2	1154	1140	14
340	63	10	1	6340	340	6000
12810	2512	223	11	13668	12371	1297
47991	7535	106	11	40358	25313	15045
30203	7644	229	13	31039	24551	6488
67149	16323	338	26	59570	55378	4192
49056	11258	177	16	41898	39778	2120
1170	311	13	3	1173	1120	53
2326	534	20		2326	2326	
562	373	14	1	562	177	385
115	29	7		115	115	
13920	3818	107	6	13496	11862	1634
40069	13403	1013	53	41026	39512	1514
16008	4117	401	32	16847	15865	982
6513	1905	168	5	6361	6284	77
1351	421	40	2	1553	1351	202
786	201	27		786	786	
1701	491	103	9	1780	1701	79
1540	444	39	1	1532	1524	8
1476	259	15		1476	1476	
7564	4286	118	1	7572	7564	8
3130	1279	102	3	3119	2961	158
44758	10815	817	65	45454	39226	6228
15634	3266	75	8	15360	14865	495

1-3 续表 4

行业	代码	法人单位		
		单位数（个）	单产业法人	多产业法人
金属加工机械制造	342	177	171	6
物料搬运设备制造	343	37	33	4
泵、阀门、压缩机及类似机械制造	344	64	63	1
轴承、齿轮和传动部件制造	345	31	28	3
烘炉、风机、衡器、包装等设备制造	346	74	73	1
文化、办公用机械制造	347	5	4	1
通用零部件制造	348	271	264	7
其他通用设备制造业	349	49	49	
专用设备制造业	35	848	823	25
采矿、冶金、建筑专用设备制造	351	193	187	6
化工、木材、非金属加工专用设备制造	352	150	146	4
食品、饮料、烟草及饲料生产专用设备制造	353	57	54	3
印刷、制药、日化及日用品生产专用设备制造	354	56	56	
纺织、服装和皮革加工专用设备制造	355	4	4	
电子和电工机械专用设备制造	356	35	35	
农、林、牧、渔专用机械制造	357	204	197	7
医疗仪器设备及器械制造	358	62	61	1
环保、社会公共服务及其他专用设备制造	359	87	83	4
汽车制造业	36	704	678	26
汽车整车制造	361	12	12	
改装汽车制造	362	11	10	1
低速载货汽车制造	363	2	2	
电车制造	364	4	4	
汽车车身、挂车制造	365	10	10	
汽车零部件及配件制造	366	665	640	25
铁路、船舶、航空航天和其他运输设备制造业	37	164	159	5
铁路运输设备制造	371	25	23	2
城市轨道交通设备制造	372			
船舶及相关装置制造	373	85	83	2
航空、航天器及设备制造	374	3	3	
摩托车制造	375	8	8	
自行车制造	376	32	31	1
非公路休闲车及零配件制造	377	2	2	
潜水救捞及其他未列明运输设备制造	379	9	9	
电气机械和器材制造业	38	606	579	27
电机制造	381	74	73	1
输配电及控制设备制造	382	213	204	9
电线、电缆、光缆及电工器材制造	383	109	99	10
电池制造	384	29	28	1
家用电力器具制造	385	40	37	3
非电力家用器具制造	386	39	36	3
照明器具制造	387	51	51	
其他电气机械及器材制造	389	51	51	
计算机、通信和其他电子设备制造业	39	436	417	19
计算机制造	391	49	49	
通信设备制造	392	48	42	6
广播电视设备制造	393	10	10	

		产业活动单位				
从业人员数	#女性	单位数（个）	#多产业法人所属的产业活动单位数	从业人员数（人）	单产业法人所属的从业人员数	多产业法人所属的从业人员数
6710	1731	184	13	6570	5745	825
2674	486	45	12	2315	727	1588
3707	711	67	4	3804	3307	497
3288	966	31	3	3853	2187	1666
2038	671	77	4	2006	1953	53
179	49	4		71	71	
9039	2657	283	19	9976	8882	1094
1489	278	51	2	1499	1489	10
57415	14271	896	73	68052	47583	20469
25368	4904	205	18	34988	18025	16963
7033	1569	155	9	7015	6364	651
3180	995	58	4	3178	3072	106
1650	502	58	2	1670	1650	20
51	25	4		51	51	
1027	381	39	4	2200	1027	1173
10461	2002	219	22	10445	9598	847
5387	2831	65	4	5398	4735	663
3258	1062	93	10	3107	3061	46
150344	46916	739	61	146136	134072	12064
28738	4436	13	1	28738	28738	
2963	418	12	2	3243	2683	560
432	48	2		432	432	
67	22	4		67	67	
1629	122	10		1629	1629	
116515	41870	698	58	112027	100523	11504
24363	4764	175	16	20177	19779	398
4998	1305	27	4	719	649	70
17420	2883	92	9	17437	17201	236
867	231	3		867	867	
544	157	8		544	544	
429	156	33	2	501	413	88
19	7	2		19	19	
86	25	10	1	90	86	4
50012	22045	625	46	50998	45143	5855
7694	2647	76	3	7621	7614	7
20750	8456	221	17	20682	20009	673
11235	4841	111	12	12235	7594	4641
4049	2680	29	1	4049	4031	18
1482	639	40	3	1475	1151	324
421	132	44	8	412	363	49
2204	1345	52	1	2212	2204	8
2177	1305	52	1	2312	2177	135
86270	59598	456	39	88074	83354	4720
22164	12042	54	5	22774	22164	610
11628	7738	54	12	11835	11075	760
1334	432	10		1334	1334	

1-3 续表 5

行业	代码	法人单位		
		单位数（个）	单产业法人	多产业法人
雷达及配套设备制造	394	1	1	
视听设备制造	395	27	26	1
电子器件制造	396	37	35	2
电子元件制造	397	183	178	5
其他电子设备制造	399	81	76	5
仪器仪表制造业	40	98	94	4
通用仪器仪表制造	401	41	38	3
专用仪器仪表制造	402	17	16	1
钟表与计时仪器制造	403	9	9	
光学仪器及眼镜制造	404	18	18	
其他仪器仪表制造业	409	13	13	
其他制造业	41	171	165	6
日用杂品制造	411	46	46	
煤制品制造	412	18	16	2
核辐射加工	413	3	3	
其他未列明制造业	419	104	100	4
废弃资源综合利用业	42	184	180	4
金属废料和碎屑加工处理	421	113	110	3
非金属废料和碎屑加工处理	422	71	70	1
金属制品、机械和设备修理业	43	116	114	2
金属制品修理	431	4	4	
通用设备修理	432	12	12	
专用设备修理	433	26	26	
铁路、船舶、航空航天等运输设备修理	434	24	23	1
电气设备修理	435	10	10	
仪器仪表修理	436	6	6	
其他机械和设备修理业	439	34	33	1
电力、热力、燃气及水生产和供应业	D	**2587**	**2335**	**252**
电力、热力生产和供应业	44	1875	1699	176
电力生产	441	1698	1610	88
电力供应	442	162	74	88
热力生产和供应	443	15	15	
燃气生产和供应业	45	84	67	17
燃气生产和供应业	450	84	67	17
水的生产和供应业	46	628	569	59
自来水生产和供应	461	539	481	58
污水处理及其再生利用	462	70	69	1
其他水的处理、利用与分配	469	19	19	
建筑业	E	**4730**	**4254**	**476**
房屋建筑业	47	1010	784	226
房屋建筑业	470	1010	784	226
土木工程建筑业	48	706	612	94
铁路、道路、隧道和桥梁工程建筑	481	229	199	30
水利和内河港口工程建筑	482	83	63	20
海洋工程建筑	483			
工矿工程建筑	484	41	35	6
架线和管道工程建筑	485	123	98	25
其他土木工程建筑	489	230	217	13

		产业活动单位				
从业人员数	#女性	单位数(个)	#多产业法人所属的产业活动单位数	从业人员数(人)	单产业法人所属的从业人员数	多产业法人所属的从业人员数
181	49	1		181	181	
19779	17247	27	1	19685	19684	1
4368	2536	38	3	4681	4341	340
20054	14902	184	6	20001	18938	1063
6762	4652	88	12	7583	5637	1946
6621	3047	102	8	6647	5065	1582
3485	1275	43	5	3507	1966	1541
593	265	18	2	596	556	40
889	478	9		889	889	
1149	620	18		1149	1149	
505	409	14	1	506	505	1
5789	3070	180	15	5996	5337	659
3075	2156	48	2	3229	3075	154
417	118	20	4	285	239	46
91	56	3		91	91	
2206	740	109	9	2391	1932	459
5936	1826	212	32	6069	5805	264
4107	1263	128	18	4159	4040	119
1829	563	84	14	1910	1765	145
2266	472	127	13	6320	2251	4069
91	28	4		91	91	
100	25	13	1	104	100	4
408	90	28	2	454	408	46
532	86	26	3	4433	525	3908
537	94	11	1	592	537	55
28	10	6		28	28	
570	139	39	6	618	562	56
176149	**48141**	**4720**	**2385**	**135583**	**60530**	**75053**
153314	40387	3374	1675	112559	45636	66923
48337	13104	2106	496	46706	31345	15361
99923	25851	1246	1172	55542	9237	46305
5054	1432	22	7	10311	5054	5257
3051	844	120	53	2657	999	1658
3051	844	120	53	2657	999	1658
19784	6910	1226	657	20367	13895	6472
18079	6397	1119	638	17993	12191	5802
1387	419	83	14	1629	1386	243
318	94	24	5	745	318	427
877355	**88566**	**6418**	**2164**	**561289**	**281707**	**279582**
628336	55159	1714	930	356121	146191	209930
628336	55159	1714	930	356121	146191	209930
128708	17710	962	350	73550	34837	38713
51039	6877	333	134	31126	9472	21654
20171	4102	105	42	19143	11660	7483
		2	2	11		11
28297	1826	67	32	4470	1175	3295
21428	3511	157	59	10514	6239	4275
7773	1394	298	81	8286	6291	1995

1-3 续表 6

行业	代码	法人单位		
		单位数(个)	单产业法人	多产业法人
建筑安装业	49	614	552	62
电气安装	491	166	146	20
管道和设备安装	492	81	70	11
其他建筑安装业	499	367	336	31
建筑装饰和其他建筑业	50	2400	2306	94
建筑装饰业	501	1852	1785	67
工程准备活动	502	124	117	7
提供施工设备服务	503	159	154	5
其他未列明建筑业	509	265	250	15
批发和零售业	**F**	**64262**	**61068**	**3194**
批发业	51	33447	31886	1561
农、林、牧产品批发	511	2940	2822	118
食品、饮料及烟草制品批发	512	3444	3314	130
纺织、服装及家庭用品批发	513	2696	2586	110
文化、体育用品及器材批发	514	819	785	34
医药及医疗器材批发	515	1380	1294	86
矿产品、建材及化工产品批发	516	12275	11503	772
机械设备、五金产品及电子产品批发	517	7071	6829	242
贸易经纪与代理	518	1721	1697	24
其他批发业	519	1101	1056	45
零售业	52	30815	29182	1633
综合零售	521	3158	2824	334
食品、饮料及烟草制品专门零售	522	3174	3065	109
纺织、服装及日用品专门零售	523	2446	2337	109
文化、体育用品及器材专门零售	524	1207	1121	86
医药及医疗器材专门零售	525	7143	6844	299
汽车、摩托车、燃料及零配件专门零售	526	3235	2986	249
家用电器及电子产品专门零售	527	4080	3834	246
五金、家具及室内装饰材料专门零售	528	3447	3366	81
货摊、无店铺及其他零售业	529	2925	2805	120
交通运输、仓储和邮政业	**G**	**5092**	**4663**	**429**
铁路运输业	53			
道路运输业	54	2944	2687	257
城市公共交通运输	541	250	233	17
公路旅客运输	542	302	240	62
道路货物运输	543	1900	1793	107
道路运输辅助活动	544	492	421	71
水上运输业	55	454	433	21
水上旅客运输	551	47	46	1
水上货物运输	552	296	281	15
水上运输辅助活动	553	111	106	5
航空运输业	56	29	25	4
航空客货运输	561	13	12	1
通用航空服务	562	8	7	1
航空运输辅助活动	563	8	6	2

从业人员数	#女性	产业活动单位 单位数(个)	#多产业法人所属的产业活动单位数	从业人员数(人)	单产业法人所属的从业人员数	多产业法人所属的从业人员数
30865	5362	896	344	38397	17391	21006
15912	2099	228	82	19740	6305	13435
2955	533	105	35	1977	1500	477
11998	2730	563	227	16680	9586	7094
89446	10335	2846	540	93221	83288	9933
19583	5253	2116	331	21016	15514	5502
4117	627	192	75	4551	3508	1043
54377	2725	177	23	55096	53874	1222
11369	1730	361	111	12558	10392	2166
594390	**270791**	**92366**	**31298**	**665055**	**443646**	**221409**
312779	126175	46221	14335	334689	244432	90257
22572	8556	3565	743	23681	19631	4050
44961	19451	3945	631	49225	32568	16657
26397	14588	2877	291	28789	22887	5902
8012	4226	887	102	7799	6214	1585
18079	8889	1582	288	16792	13293	3499
113950	41154	22314	10811	124966	79976	44990
55381	20603	7664	835	58658	48027	10631
15636	5921	1787	90	15803	15214	589
7791	2787	1600	544	8976	6622	2354
281611	144616	46145	16963	330366	199214	131152
70593	44482	4973	2149	76070	35787	40283
21173	10175	3954	889	24188	18802	5386
16099	9573	3309	972	20012	12827	7185
10265	5554	1782	661	11506	7220	4286
42404	26901	14760	7916	62659	27409	35250
46285	16566	4570	1584	53445	36002	17443
34397	15934	4706	872	36199	25794	10405
19912	7747	3797	431	21383	18838	2545
20483	7684	4294	1489	24904	16535	8369
207120	**59354**	**8752**	**4089**	**227009**	**121628**	**105381**
125665	33814	4301	1614	135980	71226	64754
24633	5702	286	53	26458	13864	12594
31652	10959	513	273	28715	8120	20595
46338	8980	2132	339	47513	39228	8285
23042	8173	1370	949	33294	10014	23280
16329	4768	545	112	16493	13008	3485
1374	535	65	19	1887	1158	729
10653	2740	316	35	10369	9787	582
4302	1493	164	58	4237	2063	2174
2537	825	53	28	4709	2289	2420
90	47	30	18	1120	80	1040
1305	461	9	2	1308	1299	9
1142	317	14	8	2281	910	1371

1-3 续表 7

行 业	代码	法人单位		
		单位数（个）	单产业法人	多产业法人
管道运输业	57			
管道运输业	570			
装卸搬运和运输代理业	58	960	908	52
装卸搬运	581	282	274	8
运输代理业	582	678	634	44
仓储业	59	505	468	37
谷物、棉花等农产品仓储	591	245	225	20
其他仓储业	599	260	243	17
邮政业	60	200	142	58
邮政基本服务	601	26	9	17
快递服务	602	174	133	41
住宿和餐饮业	**H**	**3472**	**3274**	**198**
住宿业	61	1726	1628	98
旅游饭店	611	711	668	43
一般旅馆	612	836	790	46
其他住宿业	619	179	170	9
餐饮业	62	1746	1646	100
正餐服务	621	1176	1108	68
快餐服务	622	143	126	17
饮料及冷饮服务	623	132	129	3
其他餐饮业	629	295	283	12
信息传输、软件和信息技术服务业	**I**	**2546**	**2435**	**111**
电信、广播电视和卫星传输服务	63	517	442	75
电信	631	165	96	69
广播电视传输服务	632	346	340	6
卫星传输服务	633	6	6	
互联网和相关服务	64	316	311	5
互联网接入及相关服务	641	34	34	
互联网信息服务	642	231	226	5
其他互联网服务	649	51	51	
软件和信息技术服务业	65	1713	1682	31
软件开发	651	864	850	14
信息系统集成服务	652	389	381	8
信息技术咨询服务	653	253	248	5
数据处理和存储服务	654	46	45	1
集成电路设计	655	7	6	1
其他信息技术服务业	659	154	152	2
房地产业	**K**	**8447**	**7705**	**742**
房地产业	70	8447	7705	742
房地产开发经营	701	3788	3469	319
物业管理	702	1898	1694	204
房地产中介服务	703	1772	1618	154
自有房地产经营活动	704	457	421	36
其他房地产业	709	532	503	29
租赁和商务服务业	**L**	**18610**	**17904**	**706**
租赁业	71	1031	1017	14
机械设备租赁	711	979	966	13
文化及日用品出租	712	52	51	1

		产业活动单位				
从　业 人员数	#女性	单位数 (个)	#多产业法人所属的 产业活动单位数	从　业 人员数 (人)	单产业法人所属 的从业人员数	多产业法人所属 的从业人员数
30161	8636	1170	262	29016	24890	4126
20378	5693	302	28	19001	17272	1729
9783	2943	868	234	10015	7618	2397
10723	3414	685	217	12159	8818	3341
4511	1316	360	135	4289	3428	861
6212	2098	325	82	7870	5390	2480
21705	7897	1998	1856	28652	1397	27255
15811	6991	1365	1356	19278	49	19229
5894	906	633	500	9374	1348	8026
124930	**74816**	**4346**	**1072**	**130314**	**103527**	**26787**
73068	45627	2057	429	75658	66215	9443
51688	31583	776	108	52060	46770	5290
17993	11856	1055	265	19778	16346	3432
3387	2188	226	56	3820	3099	721
51862	29189	2289	643	54656	37312	17344
36585	20681	1400	292	39305	31343	7962
10164	5907	322	196	8703	1608	7095
1096	594	162	33	1370	961	409
4017	2007	405	122	5278	3400	1878
61736	**26617**	**6685**	**4250**	**80603**	**23529**	**57074**
41110	18462	4431	3989	50693	3955	46738
34984	16715	3902	3806	45364	2051	43313
6073	1726	520	180	5213	1851	3362
53	21	9	3	116	53	63
3731	1528	417	106	10925	3421	7504
1147	372	54	20	1773	1147	626
2239	1005	295	69	8538	1929	6609
345	151	68	17	614	345	269
16895	6627	1837	155	18985	16153	2832
9050	3598	921	71	9781	8757	1024
4198	1512	416	35	5276	3877	1399
1745	692	277	29	1926	1715	211
395	177	46	1	395	371	24
95	49	6		39	39	
1412	599	171	19	1568	1394	174
196541	**75356**	**10144**	**2439**	**217318**	**157242**	**60076**
196541	75356	10144	2439	217318	157242	60076
90440	33747	4252	783	101994	80341	21653
74206	27544	2463	769	78696	50544	28152
18071	8759	2339	721	21948	13962	7986
6432	2405	515	94	6925	5543	1382
7392	2901	575	72	7755	6852	903
251051	**92496**	**21830**	**3926**	**251977**	**180754**	**71223**
8440	2450	1116	99	9104	7947	1157
7960	2284	1062	96	8616	7468	1148
480	166	54	3	488	479	9

1-3 续表 8

行业	代码	法人单位		
		单位数（个）	单产业法人	多产业法人
商务服务业	72	17579	16887	692
企业管理服务	721	5557	5353	204
法律服务	722	665	655	10
咨询与调查	723	2898	2817	81
广告业	724	3415	3372	43
知识产权服务	725	56	54	2
人力资源服务	726	820	793	27
旅行社及相关服务	727	824	676	148
安全保护服务	728	201	185	16
其他商务服务业	729	3143	2982	161
科学研究和技术服务业	**M**	**10361**	**9816**	**545**
研究和试验发展	73	651	626	25
自然科学研究和试验发展	731	86	84	2
工程和技术研究和试验发展	732	134	130	4
农业科学研究和试验发展	733	249	239	10
医学研究和试验发展	734	73	67	6
社会人文科学研究	735	109	106	3
专业技术服务业	74	5547	5180	367
气象服务	741	167	156	11
地震服务	742	87	85	2
海洋服务	743	10	10	
测绘服务	744	209	195	14
质检技术服务	745	663	629	34
环境与生态监测	746	170	164	6
地质勘查	747	112	103	9
工程技术	748	2244	1998	246
其他专业技术服务业	749	1885	1840	45
科技推广和应用服务业	75	4163	4010	153
技术推广服务	751	3697	3551	146
科技中介服务	752	149	149	
其他科技推广和应用服务业	759	317	310	7
水利、环境和公共设施管理业	**N**	**2762**	**2648**	**114**
水利管理业	76	1399	1330	69
防洪除涝设施管理	761	113	112	1
水资源管理	762	197	191	6
天然水收集与分配	763	456	405	51
水文服务	764	19	16	3
其他水利管理业	769	614	606	8
生态保护和环境治理业	77	201	194	7
生态保护	771	107	103	4
环境治理业	772	94	91	3
公共设施管理业	78	1162	1124	38
市政设施管理	781	185	179	6
环境卫生管理	782	255	250	5
城乡市容管理	783	63	61	2
绿化管理	784	254	251	3
公园和游览景区管理	785	405	383	22

		产业活动单位				
从 业 人员数	#女性	单位数 (个)	#多产业法人所属的 产业活动单位数	从 业 人员数 (人)	单产业法人所属 的从业人员数	多产业法人所属 的从业人员数
242611	90046	20714	3827	242873	172807	70066
64940	24489	6224	871	71808	52816	18992
6081	1785	804	149	6598	5831	767
20564	9750	3220	403	22984	18632	4352
20882	8328	3666	294	22471	20345	2126
331	173	70	16	426	316	110
48039	18901	891	98	31240	22727	8513
13790	7578	1344	668	13928	7804	6124
25323	1838	238	53	26608	15679	10929
42661	17204	4257	1275	46810	28657	18153
140061	**45228**	**12411**	**2595**	**144803**	**105482**	**39321**
15667	6475	682	56	15055	11381	3674
1582	624	90	6	1771	1480	291
2179	769	140	10	2511	2059	452
7105	2860	266	27	7328	4606	2722
2672	1489	73	6	1322	1198	124
2129	733	113	7	2123	2038	85
92662	28427	7057	1877	95744	64477	31267
2458	837	231	75	2810	2165	645
608	197	90	5	471	459	12
100	28	11	1	101	100	1
4794	1493	245	50	4808	4343	465
10553	3577	771	142	11135	8912	2223
2901	1069	197	33	2962	2344	618
5750	1411	137	34	5728	4010	1718
48219	14556	3128	1130	50344	27854	22490
17279	5259	2247	407	17385	14290	3095
31732	10326	4672	662	34004	29624	4380
27704	8801	4133	582	29537	25655	3882
1970	799	189	40	2250	1970	280
2058	726	350	40	2217	1999	218
91283	**46057**	**3204**	**556**	**94548**	**80052**	**14496**
14525	3536	1688	358	15032	11301	3731
997	272	129	17	1053	979	74
1279	340	227	36	1411	1079	332
8242	1916	566	161	7825	5644	2181
339	107	44	28	405	118	287
3668	901	722	116	4338	3481	857
3287	1004	247	53	4248	2824	1424
1645	483	137	34	2345	1498	847
1642	521	110	19	1903	1326	577
73471	41517	1269	145	75268	65927	9341
5715	1964	203	24	6275	4964	1311
39680	26622	291	41	41058	36212	4846
2097	650	77	16	2085	1847	238
7523	4091	267	16	7647	7501	146
18456	8190	431	48	18203	15403	2800

1-3 续表 9

行业	代码	法人单位		
		单位数(个)	单产业法人	多产业法人
居民服务、修理和其他服务业	O	**3541**	**3417**	**124**
居民服务业	79	1215	1183	32
家庭服务	791	285	281	4
托儿所服务	792	8	8	
洗染服务	793	70	69	1
理发及美容服务	794	268	255	13
洗浴服务	795	39	37	2
保健服务	796	139	136	3
婚姻服务	797	89	87	2
殡葬服务	798	74	73	1
其他居民服务业	799	243	237	6
机动车、电子产品和日用产品修理业	80	1467	1404	63
汽车、摩托车修理与维护	801	1086	1033	53
计算机和办公设备维修	802	132	126	6
家用电器修理	803	184	182	2
其他日用产品修理业	809	65	63	2
其他服务业	81	859	830	29
清洁服务	811	385	374	11
其他未列明服务业	819	474	456	18
教育	P	**18301**	**17232**	**1069**
教育	82	18301	17232	1069
学前教育	821	4301	4280	21
初等教育	822	9176	8339	837
中等教育	823	2594	2476	118
高等教育	824	131	112	19
特殊教育	825	72	69	3
技能培训、教育辅助及其他教育	829	2027	1956	71
卫生和社会工作	Q	**5387**	**4949**	**438**
卫生	83	4344	3910	434
医院	831	524	443	81
社区医疗与卫生院	832	1721	1424	297
门诊部(所)	833	830	802	28
计划生育技术服务活动	834	843	837	6
妇幼保健院(所、站)	835	111	102	9
专科疾病防治院(所、站)	836	46	44	2
疾病预防控制中心	837	164	155	9
其他卫生活动	839	105	103	2
社会工作	84	1043	1039	4
提供住宿社会工作	841	794	792	2
不提供住宿社会工作	842	249	247	2
文化、体育和娱乐业	R	**6665**	**6579**	**86**
新闻和出版业	85	188	181	7
新闻业	851	47	47	
出版业	852	141	134	7
广播、电视、电影和影视录音制作业	86	867	839	28
广播	861	427	423	4
电视	862	191	188	3

从　业 人员数	#女性	产业活动单位 单位数 （个）				
			#多产业法人所属的 产业活动单位数	从　业 人员数 （人）	单产业法人所属 的从业人员数	多产业法人所属 的从业人员数
41835	**19116**	**4101**	**684**	**49235**	**38095**	**11140**
12181	7021	1373	190	13320	11107	2213
2145	1496	303	22	2218	2018	200
59	55	8		59	59	
511	326	79	10	532	491	41
1880	1275	312	57	2117	1699	418
945	592	46	9	1150	755	395
1750	1173	152	16	2080	1635	445
385	252	96	9	407	376	31
1698	554	80	7	1766	1671	95
2808	1298	297	60	2991	2403	588
15759	4012	1760	356	20490	14577	5913
12970	3171	1310	277	16039	11961	4078
946	339	154	28	1314	840	474
1226	345	215	33	2319	1197	1122
617	157	81	18	818	579	239
13895	8083	968	138	15425	12411	3014
8040	5215	408	34	8414	7092	1322
5855	2868	560	104	7011	5319	1692
649837	**370366**	**23802**	**6570**	**666475**	**545283**	**121192**
649837	370366	23802	6570	666475	545283	121192
64404	58799	4702	422	67673	63461	4212
267361	156753	14048	5709	280037	197048	82989
235616	115716	2630	154	235255	222023	13232
48189	23550	149	37	47848	30769	17079
1597	1176	73	4	1589	1538	51
32670	14372	2200	244	34073	30444	3629
293628	**196617**	**13853**	**8904**	**306859**	**219931**	**86928**
283462	190621	11556	7646	292911	209827	83084
164820	114195	597	154	160310	114446	45864
72112	46638	2746	1322	71058	53229	17829
5206	2826	6637	5835	18880	4875	14005
10185	5008	880	43	10626	10039	587
19345	15460	113	11	19356	16390	2966
1005	537	56	12	1157	962	195
7795	4131	198	43	7594	6967	627
2994	1826	329	226	3930	2919	1011
10166	5996	2297	1258	13948	10104	3844
7934	4888	2003	1211	11580	7920	3660
2232	1108	294	47	2368	2184	184
64544	**28051**	**7045**	**466**	**67893**	**59365**	**8528**
7069	3025	226	45	7395	6038	1357
337	115	65	18	562	337	225
6732	2910	161	27	6833	5701	1132
12115	4509	1012	173	13740	10986	2754
2904	1036	456	33	3026	2426	600
4735	1749	236	48	5533	4617	916

1-3 续表 10

行业	代码	法人单位		
		单位数（个）	单产业法人	多产业法人
电影和影视节目制作	863	71	70	1
电影和影视节目发行	864	29	26	3
电影放映	865	138	121	17
录音制作	866	11	11	
文化艺术业	87	1252	1237	15
文艺创作与表演	871	187	186	1
艺术表演场馆	872	23	22	1
图书馆与档案馆	873	233	231	2
文物及非物质文化遗产保护	874	92	91	1
博物馆	875	68	65	3
烈士陵园、纪念馆	876	24	23	1
群众文化活动	877	427	423	4
其他文化艺术业	879	198	196	2
体育	88	280	268	12
体育组织	881	95	92	3
体育场馆	882	50	46	4
休闲健身活动	883	104	99	5
其他体育	889	31	31	
娱乐业	89	4078	4054	24
室内娱乐活动	891	3970	3950	20
游乐园	892	15	14	1
彩票活动	893	7	7	
文化、娱乐、体育经纪代理	894	38	36	2
其他娱乐业	899	48	47	1
公共管理、社会保障和社会组织	**S**	**49444**	**43881**	**5563**
中国共产党机关	90	1986	1922	64
中国共产党机关	900	1986	1922	64
国家机构	91	19994	18191	1803
国家权力机构	911	283	266	17
国家行政机构	912	19108	17441	1667
人民法院和人民检察院	913	286	181	105
其他国家机构	919	317	303	14
人民政协、民主党派	92	263	261	2
人民政协	921	169	167	2
民主党派	922	94	94	
社会保障	93	1503	1471	32
社会保障	930	1503	1471	32
群众团体、社会团体和其他成员组织	94	9560	9457	103
群众团体	941	1186	1151	35
社会团体	942	8122	8055	67
基金会	943	31	31	
宗教组织	944	221	220	1
基层群众自治组织	95	16138	12579	3559
社区自治组织	951	1785	1631	154
村民自治组织	952	14353	10948	3405
国际组织	**T**			

		产业活动单位				
从业人员数	#女性	单位数(个)	#多产业法人所属的产业活动单位数	从业人员数(人)	单产业法人所属的从业人员数	多产业法人所属的从业人员数
691	251	81	11	960	673	287
835	334	28	2	804	784	20
2773	1058	200	79	3240	2309	931
177	81	11		177	177	
15841	7788	1342	105	16654	14454	2200
4615	2314	194	8	4698	4614	84
1189	572	28	6	1253	381	872
2668	1589	244	13	2809	2451	358
895	372	98	7	943	891	52
1371	684	76	11	1440	1172	268
461	207	27	4	471	439	32
3371	1537	471	48	3529	3264	265
1271	513	204	8	1511	1242	269
5159	2427	324	56	5113	3999	1114
1625	662	115	23	1605	940	665
829	336	54	8	794	642	152
2454	1333	122	23	2449	2166	283
251	96	33	2	265	251	14
24360	10302	4141	87	24991	23888	1103
22319	9429	4022	72	22816	21969	847
269	112	20	6	367	246	121
442	160	8	1	457	442	15
484	180	39	3	463	389	74
846	421	52	5	888	842	46
718504	**222346**	**57971**	**14090**	**989253**	**521840**	**467413**
26305	7023	2034	112	26117	25282	835
26305	7023	2034	112	26117	25282	835
455589	134934	27473	9282	729057	290620	438437
5669	1576	302	36	5493	4977	516
420669	124343	26260	8819	695092	267530	427562
22242	6585	561	380	21457	12079	9378
7009	2430	350	47	7015	6034	981
4056	1176	269	8	4096	4022	74
3279	864	174	7	3314	3245	69
777	312	95	1	782	777	5
12970	6871	1996	525	13113	11305	1808
12970	6871	1996	525	13113	11305	1808
109175	41677	10055	598	112878	108143	4735
13918	5789	1256	105	14385	13579	806
91934	33799	8520	465	94991	91248	3743
200	83	32	1	202	200	2
3123	2006	247	27	3300	3116	184
110409	30665	16144	3565	103992	82468	21524
16982	9837	1792	161	16657	15432	1225
93427	20828	14352	3404	87335	67036	20299

1-4 按登记注册类型分组的法人单位数、

项目	代码	法人单位		
		单位数(个)	单产业法人	多产业法人
总计		**236830**	**221675**	**15155**
按登记注册类型分组		**236830**	**221675**	**15155**
内资	100	235385	220376	15009
国有	110	57347	52848	4499
集体	120	4438	3646	792
股份合作	130	407	382	25
联营	140	301	281	20
国有联营	141	35	30	5
集体联营	142	146	133	13
国有与集体联营	143	23	23	
其他联营	149	97	95	2
有限责任公司	150	26370	24632	1738
国有独资公司	151	743	575	168
其他有限责任公司	159	25627	24057	1570
股份有限公司	160	3429	3098	331
私营	170	106183	102333	3850
私营独资	171	33257	32929	328
私营合伙	172	3698	3626	72
私营有限责任公司	173	64741	61502	3239
私营股份有限公司	174	4487	4276	211
其他	190	36910	33156	3754
港、澳、台商投资企业	200	791	712	79
合资经营企业(港或澳、台资)	210	267	231	36
合作经营企业(港或澳、台资)	220	54	52	2
港、澳、台商独资经营企业	230	437	402	35
港、澳、台商投资股份有限公司	240	24	20	4
其他港澳台投资企业	290	9	7	2
外商投资企业	300	654	587	67
中外合资经营企业	310	247	223	24
中外合作经营企业	320	47	37	10
外资企业	330	278	251	27
外商投资股份有限公司	340	27	24	3
其他外商投资企业	390	55	52	3

产业活动单位数及从业人员数

		产业活动单位				
从业人员数	#女性	单位数（个）	#多产业法人所属的产业活动单位数	从业人员数（人）	单产业法人所属的从业人员数	多产业法人所属的从业人员数
6603243	**2509348**	**310288**	**88613**	**6677396**	**4737565**	**1939831**
6603243	**2509348**	**310286**	**88611**	**6677326**	**4737565**	**1939761**
6249433	2337663	307217	86841	6329106	4454248	1874858
1886782	820825	81481	28633	2241138	1281187	959951
169933	48926	10635	6989	168466	118267	50199
15340	5921	806	424	19427	14217	5210
4407	1730	697	416	6469	4052	2417
343	141	102	72	696	228	468
2017	793	303	170	2574	1785	789
382	139	37	14	594	382	212
1665	657	255	160	2605	1657	948
1400544	398110	33976	9344	1082859	769059	313800
353737	47332	1046	471	150731	49319	101412
1046807	350778	32930	8873	932128	719740	212388
289748	95955	7405	4307	249485	142957	106528
2102915	811070	125473	23140	2141950	1778350	363600
344814	156805	39198	6269	376360	337306	39054
77133	28864	4276	650	81398	75240	6158
1560939	577576	76512	15010	1578629	1283005	295624
120029	47825	5487	1211	105563	82799	22764
379764	155126	46744	13588	419312	346159	73153
197515	114225	1228	516	189531	165455	24076
66512	31735	390	159	60530	50957	9573
5621	2608	73	21	5611	4159	1452
121703	78051	554	152	117513	108059	9454
3307	1606	165	145	4521	2247	2274
372	225	46	39	1356	33	1323
156295	57460	1843	1256	158759	117862	40897
79654	23409	405	182	78874	63276	15598
3115	1470	60	23	2944	2013	931
58328	28627	915	664	56317	37768	18549
12298	2438	363	339	16142	12161	3981
2900	1516	100	48	4482	2644	1838

1-5 按机构类型分组的

地　区	法　人单位数(个)	企业	事业单位	机关	社会团体	民办非企业单位	基金会	居委会	村委会	其他组织机构
总　计	**236830**	**148486**	**41408**	**10470**	**9441**	**5014**	**31**	**1785**	**14353**	**5842**
南宁市	52119	40325	5000	1064	1495	1169	22	360	1396	1288
市辖区										
兴宁区	4448	3901	213	71	77	89	1	36	36	24
青秀区	18547	16415	790	258	609	232	17	61	50	115
江南区	4499	3867	297	75	48	105		28	66	13
西乡塘区	8918	7865	440	77	120	222	4	82	81	27
良庆区	1961	1491	211	55	21	97		15	57	14
邕宁区	787	377	237	50	18	26		9	65	5
武鸣县	2460	1406	476	75	63	155		21	199	65
隆安县	1265	467	406	78	44	111		13	118	28
马山县	1150	386	417	64	84	27		12	140	20
上林县	1319	636	361	91	36	22		16	115	42
宾阳县	2927	1791	508	74	217	35		41	192	69
横　县	3838	1723	644	96	158	48		26	277	866
柳州市	23109	16411	2535	889	768	703	1	280	934	588
市辖区										
城中区	2943	2402	168	101	121	90		21	6	34
鱼峰区	3365	2845	168	73	37	117		67	20	38
柳南区	4413	3949	145	63	43	104		61	20	28
柳北区	3218	2605	174	101	96	85	1	64	35	57
柳江县	2108	1258	309	92	90	106		20	128	105
柳城县	1392	594	323	94	87	41		16	121	116
鹿寨县	1510	831	260	82	56	65		8	110	98
融安县	1143	528	266	79	71	14		10	136	39
融水苗族自治县	1824	912	415	105	84	63		7	198	40
三江侗族自治县	1193	487	307	99	83	18		6	160	33
桂林市	30298	19576	4422	1410	1266	633	3	219	1648	1121
市辖区										
秀峰区	2387	1907	158	91	96	75	1	20	7	32
叠彩区	2190	1856	137	85	36	31		18	13	14
象山区	3236	2716	191	109	67	75		33	8	37
七星区	3170	2741	127	62	41	98	1	27	15	58
雁山区	525	238	113	70	35	14		3	37	15
临桂区	2273	1460	372	89	64	26		7	162	93
阳朔县	1594	843	357	86	73	58		15	99	63
灵川县	2005	1267	359	86	49	66		17	128	33
全州县	1905	914	464	83	125	5		11	273	30
兴安县	1745	1077	300	84	105	13		10	115	41
永福县	1730	786	311	104	195	125		6	93	110
灌阳县	1136	456	376	99	28	1		3	138	35
龙胜各族自治县	1160	543	322	75	63	5		6	118	28
资源县	776	454	120	62	39	6		2	71	22
平乐县	1179	578	261	68	87	7	1	11	134	32
荔浦县	1916	1286	297	70	34	2		23	121	83
恭城瑶族自治县	1371	454	157	87	129	26		7	116	395

法人单位数及从业人员数

从业人员数（人）	企业	事业单位	机关	社会团体	民办非企业单位	基金会	居委会	村委会	其他组织机构
6603243	**4706071**	**1191417**	**343258**	**107235**	**84450**	**200**	**16982**	**93427**	**60203**
1598359	1252964	227775	52835	15699	22991	165	5177	12966	7787
183019	162030	15504	1778	580	1902	5	526	380	314
457023	356010	60939	22769	7175	4632	138	1319	2566	1475
177289	150683	17033	2904	362	5169		405	655	78
367169	310280	42809	4047	2703	4873	22	1316	804	315
46765	30313	10222	3183	181	1997		410	400	59
66821	56158	8069	1250	223	260		177	632	52
80459	57971	14339	2818	1463	1463		147	1165	1093
24633	12709	7530	1906	174	825		127	1035	327
20674	7827	8354	1888	919	238		90	917	441
25730	11868	9552	2535	129	205		146	931	364
69073	42258	17427	4798	1076	890		333	1653	638
79704	54857	15997	2959	714	537		181	1828	2631
862434	685875	100697	37314	12170	10388	10	3548	5747	6685
176053	146686	15745	9628	1906	1125		309	58	596
137528	113613	16762	3173	293	2071		963	195	458
182574	159151	14183	3727	1892	2012		1005	215	389
157224	137180	10489	3096	2902	1672	10	856	214	805
62650	43868	9421	4288	1708	1344		125	740	1156
29295	16135	7078	3276	303	409		83	595	1416
45303	32808	6679	2975	400	776		66	556	1043
24170	13782	5847	2394	851	230		56	718	292
29367	14617	9143	2780	636	579		47	1217	348
18270	8035	5350	1977	1279	170		38	1239	182
755174	533967	123494	40500	18664	9939	13	1752	9986	16859
66565	48333	9944	3416	2852	1402	5	183	61	369
35071	27139	4846	1610	522	469		258	77	150
98195	78016	12787	4332	881	1373		362	67	377
105139	83989	14292	3200	304	2412	5	284	123	530
10131	5705	2976	674	212	265		7	196	96
55492	40828	8751	2197	258	470		51	1125	1812
35809	24782	5899	1908	210	682		78	661	1589
46249	32929	7616	2995	248	1317		83	634	427
35683	18903	10435	3546	922	152		76	1260	389
40104	28422	7829	2068	458	250		47	563	467
34457	23003	5768	2654	794	670		28	397	1143
18896	8835	4901	1756	2094	24		12	959	315
24812	15101	4552	1326	2741	80		33	650	329
17558	11384	3460	1485	201	87		10	686	245
30342	17324	6969	2516	2178	57	3	59	727	509
66180	54366	7121	2659	148	20		140	713	1013
34491	14908	5348	2158	3641	209		41	1087	7099

1-5 续表 1

地区	法人单位数（个）	企业	事业单位	机关	社会团体	民办非企业单位	基金会	居委会	村委会	其他组织机构
梧州市	13379	8121	2518	545	722	253		139	871	210
市辖区										
万秀区	2503	1900	230	92	124	36		48	41	32
长洲区	1711	1265	211	99	56	31		14	27	8
龙圩区	1472	976	255	97	48	14		7	70	5
苍梧县	1254	777	244	10	31	4		11	133	44
藤　县	2851	1375	633	76	332	80		27	266	62
蒙山县	1255	602	353	85	90	5		6	78	36
岑溪市	2333	1226	592	86	41	83		26	256	23
北海市	9349	6441	1433	374	266	301	3	83	341	107
市辖区										
海城区	4911	3929	399	160	127	183	2	42	19	50
银海区	970	634	161	57	16	22		7	40	33
铁山港区	506	202	151	67	21	18		5	37	5
合浦县	2962	1676	722	90	102	78	1	29	245	19
防城港市	6827	4282	1154	455	371	145		42	282	96
市辖区										
港口区	2159	1469	337	184	89	31		13	27	9
防城区	1618	819	324	87	158	31		15	141	43
上思县	954	389	278	99	60	25		4	83	16
东兴市	2096	1605	215	85	64	58		10	31	28
钦州市	10082	5418	2099	533	715	132		82	948	155
市辖区										
钦南区	3500	2225	596	184	195	78		28	140	54
钦北区	2347	1503	358	158	80	27		21	162	38
灵山县	2605	897	787	84	358	23		21	388	47
浦北县	1630	793	358	107	82	4		12	258	16
贵港市	13888	7762	3004	484	362	529		65	1087	595
市辖区										
港北区	3689	2585	527	129	115	161		18	105	49
港南区	1584	788	389	63	60	75		5	161	43
覃塘区	2077	1357	350	74	67	48		7	138	36
平南县	2939	1358	722	104	29	161		16	270	279
桂平市	3599	1674	1016	114	91	84		19	413	188
玉林市	22626	13832	4560	785	917	596	1	117	1362	456
市辖区										
玉州区	6841	5279	710	205	204	173	1	38	69	162
福绵区	1136	563	276	62	87	4			116	28
容　县	2835	1593	632	98	103	142		11	218	38
陆川县	2296	1255	628	89	117	7		10	154	36
博白县	3772	2089	980	116	167	41		27	316	36
兴业县	2278	1186	562	94	138	51		4	210	33
北流市	3468	1867	772	121	101	178		27	279	123
百色市	15617	7914	3503	1086	676	125	1	68	1799	445
市辖区										
右江区	3523	2499	586	163	103	33	1	12	105	21
田阳县	1580	839	380	100	73	13		5	152	18
田东县	1369	635	260	82	146	10		6	161	69

从业人员数（人）	企业	事业单位	机关	社会团体	民办非企业单位	基金会	居委会	村委会	其他组织机构
390727	273690	69884	16350	17497	4161		998	6140	2007
89266	60259	14054	3093	10115	850		370	241	284
51890	39604	6746	3269	1051	762		123	208	127
34616	23514	6866	2335	701	324		39	801	36
15035	7441	4485	344	1496	43		63	956	207
107187	82966	16848	2707	1159	864		149	1752	742
22598	14412	4662	1656	1112	77		25	328	326
70135	45494	16223	2946	1863	1241		229	1854	285
241505	173985	43398	12723	2923	4523	4	471	1630	1848
131845	104406	16682	5979	1278	2269	2	232	109	888
26054	17416	4748	1646	55	1076		48	270	795
16864	12145	2630	1427	213	189		38	179	43
66742	40018	19338	3671	1377	989	2	153	1072	122
168070	123561	25861	12279	2052	1921		257	1306	833
65759	53513	5397	5676	427	444		82	153	67
51803	37194	10007	2487	574	373		91	624	453
21257	12342	5415	1935	805	280		19	337	124
29251	20512	5042	2181	246	824		65	192	189
351985	246855	71819	19795	3074	2689		587	4929	2237
132318	100694	19899	7873	694	1776		274	702	406
87914	63648	15944	5678	371	402		145	838	888
70743	38473	24121	3131	1611	461		102	2077	767
61010	44040	11855	3113	398	50		66	1312	176
384611	248714	89835	20052	4239	9957		601	6525	4688
106028	73475	18993	6015	2522	3236		304	792	691
42599	28640	9244	1377	456	1460		43	695	684
40829	28484	9093	1580	193	545		42	683	209
81512	47786	21881	4230	591	2896		124	2100	1904
113643	70329	30624	6850	477	1820		88	2255	1200
665737	488984	119437	24568	7205	8447	1	1025	11709	4361
165050	121901	27726	7930	1287	3172	1	496	633	1904
29451	21864	4784	972	675	16			829	311
69161	49525	13475	2776	364	1298		55	1430	238
72231	50076	16164	2891	1588	110		66	1033	303
115031	77967	26425	4424	1647	795		270	2943	560
33664	18998	8772	2124	1264	606		18	1775	107
181149	148653	22091	3451	380	2450		120	3066	938
348233	205737	85579	31590	7124	2093	7	461	11360	4282
95130	63723	19664	6153	4050	434	7	95	836	168
29010	18301	6878	2386	258	108		32	731	316
39057	25251	7516	2537	874	157		43	1083	1596

1-5 续表 2

地　　区	法人单位数(个)	企业	事业单位	机关	社会团体	民办非企业单位	基金会	居委会	村委会	其他组织机构
平果县	1687	1142	213	83	26	37		9	171	6
德保县	957	401	217	71	72	5		5	180	6
靖西县	1925	698	508	107	33	1		9	281	288
那坡县	703	185	249	83	50			3	127	6
凌云县	608	225	169	68	24	2		5	105	10
乐业县	740	279	263	78	21			4	84	11
田林县	967	409	208	95	64	18		3	165	5
西林县	557	212	146	73	23	3		3	93	4
隆林各族自治县	1001	390	304	83	41	3		4	175	1
贺州市	8058	3605	2518	559	367	130		49	707	123
市辖区										
八步区	2957	1623	727	187	115	71		17	185	32
平桂管理区	1411	765	350	90	31	18		4	120	33
昭平县	1220	375	484	95	81	11		7	152	15
钟山县	1234	481	465	96	38	24		3	113	14
富川瑶族自治县	1236	361	492	91	102	6		18	137	29
河池市	13698	6490	3591	1000	537	163		145	1502	270
市辖区										
金城江区	2975	1921	549	165	91	62		33	111	43
南丹县	1109	483	317	88	46	6		23	128	18
天峨县	656	205	243	83	22	2		3	91	7
凤山县	745	224	281	94	33			2	96	15
东兰县	961	292	377	82	40	3		2	147	18
罗城仫佬族自治县	1125	507	317	81	53	6		16	125	20
环江毛南族自治县	922	365	231	81	63	14		21	127	20
巴马瑶族自治县	1079	540	296	79	35	4		4	103	18
都安瑶族自治县	1178	610	171	73	37	18		9	239	21
大化瑶族自治县	1035	333	351	89	49	5		3	155	50
宜州市	1913	1010	458	85	68	43		29	180	40
来宾市	8822	4320	2297	612	510	98		47	723	215
市辖区										
兴宾区	3474	1922	837	197	203	9		18	241	47
忻城县	952	399	285	90	22	2		7	123	24
象州县	1443	773	294	86	74	35		10	112	59
武宣县	1431	579	424	94	99	40		6	141	48
金秀瑶族自治县	848	327	261	80	73	3		4	77	23
合山市	674	320	196	65	39	9		2	29	14
崇左市	8958	3989	2774	674	469	37		89	753	173
市辖区										
江洲区	1757	897	416	183	83	14		16	99	49
扶绥县	1508	661	418	82	189	7		13	119	19
宁明县	1168	432	459	75	19	4		19	141	19
龙州县	1190	536	377	75	37	6		10	117	32
大新县	1149	407	438	97	42	2		17	129	17
天等县	1006	303	410	88	54	2		7	117	25
凭祥市	1180	753	256	74	45	2		7	31	12

从业人员数（人）	企业	事业单位	机关	社会团体	民办非企业单位	基金会	居委会	村委会	其他组织机构
49328	35831	7676	3160	441	1003		64	1124	29
24348	14762	5729	2335	336	94		29	998	65
34745	18667	9265	3255	150	1		60	1792	1555
10609	3740	4133	1579	162			28	949	18
10970	4604	4274	1287	111	4		29	570	91
10068	3278	4889	1276	87			21	443	74
15320	6223	4594	2475	334	172		12	1173	337
10381	3915	3145	2588	126	51		16	510	30
19267	7442	7816	2559	195	69		32	1151	3
165274	85238	47013	15642	6788	3011		322	5091	2169
67319	36622	17148	6036	4515	1199		86	1219	494
29783	17511	6739	1943	815	1308		31	999	437
23129	10351	7892	2470	923	92		46	1077	278
24951	12018	8355	3184	170	270		25	821	108
20092	8736	6879	2009	365	142		134	975	852
283389	156656	82195	27722	3621	2013		918	7810	2454
70011	49322	13000	5415	446	826		184	587	231
25025	13671	7259	2852	174	124		148	693	104
11819	5222	4340	1695	132	17		15	325	73
11542	4527	4506	1336	179			15	837	142
11941	3815	5359	1708	187	4		20	622	226
20800	11184	6495	2057	212	79		77	574	122
22120	12086	6454	2046	286	173		119	620	336
16879	8663	5237	1664	210	34		23	638	410
25895	11886	8957	3217	195	153		80	1276	131
17654	6541	7572	2309	167	17		30	848	170
49703	29739	13016	3423	1433	586		207	790	509
198574	123197	49948	15781	2695	1048		251	3449	2205
98277	66595	21809	6753	1463	101		96	1053	407
18114	8951	6297	1905	85	7		70	523	276
25280	14798	6664	2128	333	249		40	424	644
28677	15563	8416	2211	432	531		22	839	663
11919	6099	3597	1538	227	55		11	261	131
16307	11191	3165	1246	155	105		12	349	84
189171	106648	54482	16107	3484	1269		614	4779	1788
50542	31610	11501	4097	1876	253		95	520	590
32952	19119	9415	2362	504	675		69	572	236
21684	9682	8494	1988	348	104		121	819	128
24136	14026	6391	2021	139	105		67	931	456
24407	14649	6437	1868	214	46		153	910	130
16851	6884	6665	1996	216	69		61	808	152
18599	10678	5579	1775	187	17		48	219	96

1-6 按行业、市分组的

行业	代码	法人单位数（个）	南宁市	柳州市	桂林市	梧州市
总　计		**236830**	**52113**	**23111**	**30299**	**13380**
农、林、牧、渔业	**A**	**3420**	**440**	**305**	**869**	**185**
农业	01	52	14	6	2	1
谷物种植	011	2	2			
豆类、油料和薯类种植	012					
棉、麻、糖、烟草种植	013	15	4	1		
蔬菜、食用菌及园艺作物种植	014	8		1		1
水果种植	015	13	5	3	2	
坚果、含油果、香料和饮料作物种植	016	7	1			
中药材种植	017	1				
其他农业	019	6	2	1		
林业	02	47	11	4	4	1
林木育种和育苗	021	5	1			
造林和更新	022	19	5	3		
森林经营和管护	023	19	4	1	2	1
木材和竹材采运	024	3	1		2	
林产品采集	025	1				
畜牧业	03	22	3	1	3	2
牲畜饲养	031	13			1	1
家禽饲养	032	7	1	1	2	1
狩猎和捕捉动物	033					
其他畜牧业	039	2	2			
渔业	04	8	4			
水产养殖	041	7	4			
水产捕捞	042	1				
农、林、牧、渔服务业	05	3291	408	294	860	181
农业服务业	051	2483	303	218	804	142
林业服务业	052	554	85	52	39	19
畜牧服务业	053	144	11	21	10	13
渔业服务业	054	110	9	3	7	7
采矿业	**B**	**2988**	**276**	**211**	**472**	**227**
煤炭开采和洗选业	06	55		1	1	
烟煤和无烟煤开采洗选	061	30			1	
褐煤开采洗选	062	18				
其他煤炭采选	069	7		1		
石油和天然气开采业	07	3		1		
石油开采	071	2				
天然气开采	072	1		1		
黑色金属矿采选业	08	334	27	35	22	12
铁矿采选	081	130	13	24	9	7
锰矿、铬矿采选	082	127	8	1	10	
其他黑色金属矿采选	089	77	6	10	3	5
有色金属矿采选业	09	459	26	44	67	53
常用有色金属矿采选	091	375	16	43	56	48
贵金属矿采选	092	61	8	1	3	2
稀有稀土金属矿采选	093	23	2		8	3

法人单位数

北海市	防城港市	钦州市	贵港市	玉林市	百色市	贺州市	河池市	来宾市	崇左市
9350	6827	10082	13888	22625	15617	8058	13697	8824	8959
65	49	119	145						
2	1	4	2	281	143	146	296	181	196
				3	6	2	1	4	4
2		1	1						
		1	1					3	3
					4				
		1		1				1	1
		1		1	2	1	1		
	1								
	3	2	1	1		1			
	2			7	3	2	4	2	3
	1			1				1	
		2	1	3	3	1	1	1	1
				2		1	3		2
			1	1					
			1	7		1	2	1	1
				5		1	2	1	1
				2					
2		1			1				
1		1			1				
1									
61	45	112	141	264	133	141	289	174	188
36	29	60	108	179	80	97	207	115	105
4	7	29	21	54	38	29	72	30	75
4	2	7	5	13	11	12	5	25	5
17	7	16	7	18	4	3	5	4	3
40	83	148	124	226	286	125	387	235	148
	5	2			20		13	8	5
	3	2			4		12	5	3
	1				15				2
	1				1		1	3	
2									
2									
	14	46	18	23	37	13	27	26	34
	4	11	3	17	9	9	19		5
	4	17	14	3	22	2	6	20	20
	6	18	1	3	6	2	2	6	9
	8	25	20	17	50	10	85	46	8
	8	21	16	13	24	6	75	45	4
			4	3	25	1	10	1	3
		4		1	1	3			1

1-6 续表 1

行业	代码	法人单位数(个)	南宁市	柳州市	桂林市	梧州市
非金属矿采选业	10	2020	203	125	357	152
土砂石开采	101	1732	169	109	261	141
化学矿开采	102	50			12	2
采盐	103	7	1		1	
石棉及其他非金属矿采选	109	231	33	16	83	9
开采辅助活动	11	29	5	1	11	2
煤炭开采和洗选辅助活动	111	4	1			
石油和天然气开采辅助活动	112	1	1			
其他开采辅助活动	119	24	3	1	11	2
其他采矿业	12	88	15	4	14	8
其他采矿业	120	88	15	4	14	8
制造业	**C**	**24215**	**4189**	**3008**	**3456**	**1318**
农副食品加工业	13	1837	436	107	227	50
谷物磨制	131	258	79	14	53	5
饲料加工	132	262	120	19	17	2
植物油加工	133	198	13	12	10	9
制糖业	134	119	12	14	5	1
屠宰及肉类加工	135	335	84	23	35	10
水产品加工	136	141	11	3	2	
蔬菜、水果和坚果加工	137	164	19	9	55	6
其他农副食品加工	139	360	98	13	50	17
食品制造业	14	1039	222	88	173	67
焙烤食品制造	141	407	74	32	35	31
糖果、巧克力及蜜饯制造	142	55	15	6	15	3
方便食品制造	143	175	41	17	39	9
乳制品制造	144	25	9	3		1
罐头食品制造	145	74	14	2	16	7
调味品、发酵制品制造	146	94	17	10	21	5
其他食品制造	149	209	52	18	47	11
酒、饮料和精制茶制造业	15	837	211	61	131	34
酒的制造	151	219	29	13	48	12
饮料制造	152	343	65	25	69	5
精制茶加工	153	275	117	23	14	17
烟草制品业	16	8	2		1	
烟叶复烤	161	3	1			
卷烟制造	162	4	1		1	
其他烟草制品制造	169	1				
纺织业	17	512	60	58	36	48
棉纺织及印染精加工	171	92	7	15	7	10
毛纺织及染整精加工	172	47	1	3	4	14
麻纺织及染整精加工	173	20	3	1		
丝绢纺织及印染精加工	174	136	23	21	8	7
化纤织造及印染精加工	175	6	2	1		
针织或钩针编织物及其制品制造	176	91	6	1	6	4
家用纺织制成品制造	177	84	9	12	9	13
非家用纺织制成品制造	178	36	9	4	2	
纺织服装、服饰业	18	709	72	48	54	31
机织服装制造	181	582	53	40	35	25
针织或钩针编织服装制造	182	48	8	3	6	2
服饰制造	183	79	11	5	13	4

北海市	防城港市	钦州市	贵港市	玉林市	百色市	贺州市	河池市	来宾市	崇左市
36	53	72	82	175	169	97	253	146	100
31	45	71	80	165	162	82	211	108	97
	1		2	2	1	1	2	27	
1	3	1							
4	4			8	6	14	40	11	3
	1			2	3		2	1	1
	1						2		
				2	3			1	1
2	2	3	4	9	7	5	7	8	
2	2	3	4	9	7	5	7	8	
874	**515**	**1163**	**2192**	**3367**	**1226**	**620**	**1008**	**752**	**527**
148	97	74	116	147	129	53	123	70	60
2	3	2	39	19	1	4	6	28	3
13	7	9	13	50	2	5	1	3	1
8	14	8	10	10	56	9	33	4	2
5	5	9	4	4	11	3	7	16	23
15	32	9	9	33	18	6	41	11	9
94	18	10		1	2				
2	1	12	2	14	17	16	6		5
9	17	15	39	16	22	10	29	8	17
99	19	76	53	106	25	26	34	25	26
65	6	46	18	51	10	7	14	8	10
2		3	1	3	2	3			2
5	5	10	11	13	5	6	6	6	2
1	1	1	2	4	1		1	1	
1	1	5	3	18	1	3	2		1
6	2	4	2	13		1	3	3	7
19	4	7	16	4	6	6	8	7	4
23	19	34	34	57	73	24	70	37	29
8	6	7	8	21	15	5	26	9	12
14	11	17	13	28	23	8	40	16	9
1	2	10	13	8	35	11	4	12	8
		1			2	1		1	
					2				
		1				1			
								1	
15	2	25	26	118	20	11	52	27	14
3		8	6	24	5	1	3	3	
				23		1	1		
3		5		3		1			4
3		3	2	4	8	5	37	14	1
		1	2						
		5	7	46	5	2	4	4	1
6	1	1	6	8	1	1	7	6	4
	1	2	3	10	1				4
10	2	21	104	312	19	12	7	16	1
10	2	14	86	275	15	9	5	12	1
		3	12	12	1			1	
		4	6	25	3	3	2	3	

1-6 续表 2

行业	代码	法人单位数(个)	南宁市	柳州市	桂林市	梧州市
皮革、毛皮、羽毛及其制品和制鞋业	19	397	59	9	20	18
皮革鞣制加工	191	44	17	1	1	2
皮革制品制造	192	162	15	2	6	12
毛皮鞣制及制品加工	193	19	6	1	3	
羽毛(绒)加工及制品制造	194	82	3	1	2	
制鞋业	195	90	18	4	8	4
木材加工和木、竹、藤、棕、草制品业	20	3439	407	340	420	153
木材加工	201	1981	246	166	80	65
人造板制造	202	886	109	117	67	41
木制品制造	203	333	33	37	152	21
竹、藤、棕、草等制品制造	204	239	19	20	121	26
家具制造业	21	461	109	51	91	21
木质家具制造	211	351	78	32	64	18
竹、藤家具制造	212	15	2	2	8	
金属家具制造	213	27	11	3	5	
塑料家具制造	214	8		1	2	1
其他家具制造	219	60	18	13	12	2
造纸和纸制品业	22	764	252	59	104	39
纸浆制造	221	26	4	2		
造纸	222	346	138	21	38	14
纸制品制造	223	392	110	36	66	25
印刷和记录媒介复制业	23	808	240	74	138	48
印刷	231	703	202	67	121	34
装订及印刷相关服务	232	101	36	7	16	14
记录媒介复制	233	4	2		1	
文教、工美、体育和娱乐用品制造业	24	670	81	33	73	45
文教办公用品制造	241	27	9		7	4
乐器制造	242	3	2			
工艺美术品制造	243	534	58	28	65	37
体育用品制造	244	15	4	4	1	
玩具制造	245	90	8	1		4
游艺器材及娱乐用品制造	246	1				
石油加工、炼焦和核燃料加工业	25	65	14	9	5	2
精炼石油产品制造	251	55	14	8	2	1
炼焦	252	7		1	1	1
核燃料加工	253	3			2	
化学原料和化学制品制造业	26	1412	280	129	172	104
基础化学原料制造	261	209	25	31	15	13
肥料制造	262	293	84	23	25	5
农药制造	263	70	20	2	15	
涂料、油墨、颜料及类似产品制造	264	137	36	21	18	14
合成材料制造	265	37	9	6	10	2
专用化学产品制造	266	320	63	29	42	34
炸药、火工及焰火产品制造	267	186	6	1	20	18
日用化学产品制造	268	160	37	16	27	18

北海市	防城港市	钦州市	贵港市	玉林市	百色市	贺州市	河池市	来宾市	崇左市
11	8	28	98	126	8	3	3	4	2
3	3	3	4	8			2		
4	2	12	13	89	3	2		1	1
1	1	1	4		1		1		
3	1	5	62	4				1	
	1	7	15	25	4	1		2	1
46	76	156	1003	313	122	55	183	93	72
27	52	75	775	146	91	24	136	61	37
11	17	64	205	137	17	22	28	28	23
7	4	13		18	12	5	18	3	10
1	3	4	23	12	2	4	1	1	2
8	25	18	12	79	8	9	12	12	6
6	23	15	7	67	8	8	11	9	5
	1			2					
	1	2		3		1		1	
1			1	2					
1		1	4	5			1	2	1
30	5	38	34	97	30	14	8	38	16
1	2	1		2	2	3	1	4	4
8	2	17	20	34	14	4	2	24	10
21	1	20	14	61	14	7	5	10	2
39	12	33	34	98	31	17	18	18	8
39	9	25	30	97	28	16	16	16	3
	3	8	4	1	3		2	2	5
						1			
18	9	64	17	242	18	12	50	3	5
1		4		1	1				
						1			
15	9	52	12	177	16	10	48	3	4
1				4					1
1		8	4	60	1	1	2		
			1						
5	3	10		2	12			2	1
5	2	10		2	8			2	1
	1				3				
					1				
73	65	94	81	176	60	32	43	45	58
2	17	16	17	11	21	10	11	12	8
18	9	11	22	31	13	4	17	9	22
2	2	3	7	14		1		1	3
3	4	5	3	17	5	4	2	3	2
			5	3		1			1
4	12	13	18	37	15	10	10	14	19
40	4	43	3	43	3	1	2	2	
4	17	3	6	20	3	1	1	4	3

1-6 续表 3

行业	代码	法人单位数(个)	南宁市	柳州市	桂林市	梧州市
医药制造业	27	409	111	23	77	17
化学药品原料药制造	271	33	7	1	11	3
化学药品制剂制造	272	40	13	3	10	
中药饮片加工	273	53	15	3	9	3
中成药生产	274	140	37	9	20	7
兽用药品制造	275	52	16	1	2	1
生物药品制造	276	49	14	3	12	2
卫生材料及医药用品制造	277	42	9	3	13	1
化学纤维制造业	28	8	1	2		3
纤维素纤维原料及纤维制造	281	5		2		2
合成纤维制造	282	3	1			1
橡胶和塑料制品业	29	851	203	115	169	32
橡胶制品业	291	128	18	31	44	4
塑料制品业	292	723	185	84	125	28
非金属矿物制品业	30	3991	533	315	526	202
水泥、石灰和石膏制造	301	491	53	55	47	7
石膏、水泥制品及类似制品制造	302	711	133	54	85	29
砖瓦、石材等建筑材料制造	303	2202	289	170	304	154
玻璃制造	304	37	13	2	3	2
玻璃制品制造	305	64	22	6	11	1
玻璃纤维和玻璃纤维增强塑料制品制造	306	27	3	3	2	3
陶瓷制品制造	307	188	7		4	3
耐火材料制品制造	308	34	8	6	1	
石墨及其他非金属矿物制品制造	309	237	5	19	69	3
黑色金属冶炼和压延加工业	31	584	40	83	122	41
炼铁	311	30	2			
炼钢	312	9	1	2	1	1
黑色金属铸造	313	219	19	49	40	24
钢压延加工	314	102	16	32	7	15
铁合金冶炼	315	224	2		74	1
有色金属冶炼和压延加工业	32	328	28	44	18	28
常用有色金属冶炼	321	170	10	27	9	15
贵金属冶炼	322	11	2			
稀有稀土金属冶炼	323	20		4	2	
有色金属合金制造	324	14				4
有色金属铸造	325	7	2	2		
有色金属压延加工	326	106	14	11	7	9
金属制品业	33	977	222	155	157	40
结构性金属制品制造	331	378	101	52	44	17
金属工具制造	332	167	19	20	35	7
集装箱及金属包装容器制造	333	38	10	4	5	3
金属丝绳及其制品制造	334	27	6	9	4	1
建筑、安全用金属制品制造	335	94	40	16	13	2
金属表面处理及热处理加工	336	39	5	20	5	1
搪瓷制品制造	337	15	1	3	2	
金属制日用品制造	338	117	18	5	34	3
其他金属制品制造	339	102	22	26	15	6
通用设备制造业	34	782	101	289	155	50
锅炉及原动设备制造	341	74	13	13	2	15

北海市	防城港市	钦州市	贵港市	玉林市	百色市	贺州市	河池市	来宾市	崇左市
19	7	28	22	58	15	3	8	12	9
3		2			2			1	3
2		6	1	4			1		
2	1	2	4	11	1			1	1
4	4	14	6	11	9	2	6	7	4
4		1	4	21	1			1	
3	1	2	6	1	1	1		2	1
1	1	1	1	10	1		1		
1			1						
			1						
1									
22	20	40	47	125	27	19	9	10	13
4	3	3	10	8	1			2	
18	17	37	37	117	26	19	9	8	13
132	81	261	260	590	313	225	225	216	112
12	10	20	60	89	54	10	28	28	18
27	25	46	35	77	76	18	40	34	32
69	44	138	155	290	153	105	138	136	57
3		3	2	6			2	1	
1	1	1	2	13	1		3	1	1
4		1	1	4		1	5		
13	1	49	3	92	1	13		2	
		1	1	12	5				
3		2	1	7	23	78	9	14	4
7	9	33	34	51	72	15	19	17	41
		14	1	2	6	2	2		1
1						1		1	1
		4	12	43	13	5	8	1	1
3	4	3	6	5	3	5	2	1	
3	5	12	15	1	50	2	7	14	38
3	5	8	10	27	78	13	41	17	8
1	3	6	4	8	31	7	33	12	4
			1		6		2		
					8	3	2		1
	1		1		3		2	1	2
			1		1			1	
2	1	2	3	19	29	3	2	3	1
14	12	32	79	118	63	19	25	17	24
4	6	14	22	26	43	11	15	11	12
	3	3	40	23	5	2	1	4	5
1	1	3	2	5	1	1		1	1
1		2		2		1	1		
1		1	6	5	5		3		2
2			2	2			1		1
				9					
3		4	3	36	5	1	2		3
2	2	5	4	10	4	3	2	1	
12	2	9	18	105	13	7	14	5	2
2			4	23	1		1		

1-6 续表 4

行　　业	代码	法　人 单位数 (个)	南宁市	柳州市	桂林市	梧州市
金属加工机械制造	342	177	22	56	57	10
物料搬运设备制造	343	37	13	10	3	3
泵、阀门、压缩机及类似机械制造	344	64	4	30	17	2
轴承、齿轮和传动部件制造	345	31	3	10	7	
烘炉、风机、衡器、包装等设备制造	346	74	18	18	12	8
文化、办公用机械制造	347	5	1	2	2	
通用零部件制造	348	271	19	135	38	10
其他通用设备制造业	349	49	8	15	17	2
专用设备制造业	35	848	152	170	209	42
采矿、冶金、建筑专用设备制造	351	193	18	53	51	7
化工、木材、非金属加工专用设备制造	352	150	9	43	56	14
食品、饮料、烟草及饲料生产专用设备制造	353	57	13	6	6	4
印刷、制药、日化及日用品生产专用设备制造	354	56	12	7	11	5
纺织、服装和皮革加工专用设备制造	355	4	1	1		
电子和电工机械专用设备制造	356	35	10	5	10	2
农、林、牧、渔专用机械制造	357	204	37	22	35	8
医疗仪器设备及器械制造	358	62	24	9	21	
环保、社会公共服务及其他专用设备制造	359	87	28	24	19	2
汽车制造业	36	704	29	522	40	
汽车整车制造	361	12		7	4	
改装汽车制造	362	11	4	7		
低速载货汽车制造	363	2				
电车制造	364	4		1		
汽车车身、挂车制造	365	10	3	2	1	
汽车零部件及配件制造	366	665	22	505	35	
铁路、船舶、航空航天和其他运输设备制造业	37	164	22	33	15	21
铁路运输设备制造	371	25		24		
城市轨道交通设备制造	372					
船舶及相关装置制造	373	85	11	4	5	21
航空、航天器及设备制造	374	3			3	
摩托车制造	375	8	1	1		
自行车制造	376	32	8	1	1	
非公路休闲车及零配件制造	377	2		1	1	
潜水救捞及其他未列明运输设备制造	379	9	2	2	5	
电气机械和器材制造业	38	606	128	111	112	42
电机制造	381	74	8	11	14	4
输配电及控制设备制造	382	213	51	60	43	7
电线、电缆、光缆及电工器材制造	383	109	36	21	13	7
电池制造	384	29	2	1	3	7
家用电力器具制造	385	40	5	4	9	10
非电力家用器具制造	386	39	8	1	6	
照明器具制造	387	51	8	3	6	6
其他电气机械及器材制造	389	51	10	10	18	1
计算机、通信和其他电子设备制造业	39	436	86	12	86	50
计算机制造	391	49	7	1	7	3
通信设备制造	392	48	11	2	25	3
广播电视设备制造	393	10	2	2	3	1
雷达及配套设备制造	394	1				

北海市	防城港市	钦州市	贵港市	玉林市	百色市	贺州市	河池市	来宾市	崇左市
1		1	4	15	2	2	6	1	
		2	2		3			1	
2	1			5		2		1	
		1	1	5		1	3		
5	1	3		5	1	1	1		1
1		2	7	48	4	1	3	2	1
1				4	2				
21	8	25	19	110	28	14	30	14	6
5	2	7	4	13	9	5	11	5	3
2	3	3	1	12	4	2		1	
5		3		16	2	1			1
3		4		8	2	3		1	
			1					1	
			1	2	1	1	2	1	
3	1	7	12	51	5	1	15	5	2
1	1			1	3	1	1		
2	1	1		7	2		1		
6		4	3	82	6		6	5	1
1									
1			1						
				3					
		1			3				
4		3	2	79	3		6	5	1
13	3	4	26	20			3	2	2
							1		
11	3	3	23				2	2	
1		1	3	1					
1				19					2
32	3	15	33	88	12	13	6	8	3
3			4	27	1	1		1	
17		5	4	16	4	4	1	1	
2	1	4	7	9	3	4		2	
1		1	4	6		2	1		1
3		3	1	4				1	
1			5	12	4			2	
2	1	2	6	10		2	2	1	2
3	1		2	4			2		
53	5	18	16	69	19	4	4	10	4
22		3	3	2	1				
6					1				
			1					1	
					1				

1-6 续表 5

行业	代码	法人单位数(个)	南宁市	柳州市	桂林市	梧州市
视听设备制造	395	27	3		1	2
电子器件制造	396	37	10	2	13	1
电子元件制造	397	183	30	3	21	30
其他电子设备制造	399	81	23	2	16	10
仪器仪表制造业	40	98	21	8	43	12
通用仪器仪表制造	401	41	9	6	20	2
专用仪器仪表制造	402	17	6	1	8	1
钟表与计时仪器制造	403	9	2		1	1
光学仪器及眼镜制造	404	18			8	8
其他仪器仪表制造业	409	13	4	1	6	
其他制造业	41	171	44	16	38	12
日用杂品制造	411	46	9	1	12	7
煤制品制造	412	18	1	2	7	1
核辐射加工	413	3	1		2	
其他未列明制造业	419	104	33	13	17	4
废弃资源综合利用业	42	184	8	24	19	58
金属废料和碎屑加工处理	421	113	1	11	6	54
非金属废料和碎屑加工处理	422	71	7	13	13	4
金属制品、机械和设备修理业	43	116	15	20	25	8
金属制品修理	431	4			1	1
通用设备修理	432	12	2	2	4	
专用设备修理	433	26	4	7	3	1
铁路、船舶、航空航天等运输设备修理	434	24		3	2	2
电气设备修理	435	10	1	2	2	
仪器仪表修理	436	6	1	1	3	
其他机械和设备修理业	439	34	7	5	10	4
电力、热力、燃气及水生产和供应业	**D**	**2587**	**166**	**169**	**817**	**165**
电力、热力生产和供应业	44	1875	74	115	742	109
电力生产	441	1698	62	99	710	97
电力供应	442	162	10	11	30	11
热力生产和供应	443	15	2	5	2	1
燃气生产和供应业	45	84	9	12	9	7
燃气生产和供应业	450	84	9	12	9	7
水的生产和供应业	46	628	83	42	66	49
自来水生产和供应	461	539	76	38	53	37
污水处理及其再生利用	462	70	6	3	11	7
其他水的处理、利用与分配	469	19	1	1	2	5
建筑业	**E**	**4730**	**1948**	**272**	**704**	**298**
房屋建筑业	47	1010	326	69	104	58
房屋建筑业	470	1010	326	69	104	58
土木工程建筑业	48	706	293	35	98	33
铁路、道路、隧道和桥梁工程建筑	481	229	110	8	27	4
水利和内河港口工程建筑	482	83	22	6	9	4
海洋工程建筑	483					
工矿工程建筑	484	41	19	5	2	3
架线和管道工程建筑	485	123	44	3	14	3
其他土木工程建筑	489	230	98	13	46	19

北海市	防城港市	钦州市	贵港市	玉林市	百色市	贺州市	河池市	来宾市	崇左市
9	1	1		3	4			2	1
2	2		5					2	
9	1	11	5	55	7	2	3	4	2
5	1	3	2	9	5	2	1	1	1
1	1	3	3	4	1	1			
		2		1	1				
			1						
		1	2	2					
	1					1			
1				1					
1	1	3	7	13	9	11	6	8	2
	1		2	4	2	6	2		
		2	1	1				2	1
1		1	4	8	7	5	4	6	1
	15	4	1	23	6	5	5	14	2
	10	2	1	19	1	3	4	1	
	5	2		4	5	2	1	13	2
12	1	4	1	11	7	2	4	6	
								2	
		1		1	1		1		
1				7	2			1	
10	1	3			1			2	
1					1		2	1	
						1			
			1	3	2	1	1		
34	**50**	**73**	**75**	**268**	**203**	**205**	**150**	**113**	**99**
9	32	32	34	208	145	179	101	50	45
5	26	20	31	198	128	164	84	41	33
4	6	10	2	10	17	15	16	8	12
		2	1				1	1	
7	2	2	3	6	11	3	7	4	2
7	2	2	3	6	11	3	7	4	2
18	16	39	38	54	47	23	42	59	52
15	14	35	33	47	39	16	35	52	49
3	2	3	4	6	5	6	5	6	3
		1	1	1	3	1	2	1	
210	**114**	**169**	**155**	**166**	**221**	**115**	**134**	**127**	**97**
42	50	50	42	71	54	32	38	41	33
42	50	50	42	71	54	32	38	41	33
18	14	29	23	40	48	20	24	15	16
1	3	9	11	17	16	7	5	6	5
7	3	5	3	4	11	3	2	1	3
		2	1	1		4	3	1	
2	3	5	4	5	10	5	14	4	7
8	5	8	4	13	11	1		3	1

1-6 续表 6

行业	代码	法人单位数(个)	南宁市	柳州市	桂林市	梧州市
建筑安装业	49	614	273	33	100	59
电气安装	491	166	68	13	22	16
管道和设备安装	492	81	35	3	18	6
其他建筑安装业	499	367	170	17	60	37
建筑装饰和其他建筑业	50	2400	1056	135	402	148
建筑装饰业	501	1852	766	105	318	127
工程准备活动	502	124	35	6	29	6
提供施工设备服务	503	159	117	9	4	2
其他未列明建筑业	509	265	138	15	51	13
批发和零售业	**F**	**64262**	**18243**	**7633**	**7385**	**4025**
批发业	51	33447	10790	4528	3437	1708
农、林、牧产品批发	511	2940	531	161	282	239
食品、饮料及烟草制品批发	512	3444	1266	327	394	250
纺织、服装及家庭用品批发	513	2696	1316	316	247	88
文化、体育用品及器材批发	514	819	373	91	93	63
医药及医疗器材批发	515	1380	582	80	100	61
矿产品、建材及化工产品批发	516	12275	2995	1927	1591	563
机械设备、五金产品及电子产品批发	517	7071	3077	1428	481	236
贸易经纪与代理	518	1721	342	138	150	118
其他批发业	519	1101	308	60	99	90
零售业	52	30815	7453	3105	3948	2317
综合零售	521	3158	550	239	428	155
食品、饮料及烟草制品专门零售	522	3174	662	327	384	620
纺织、服装及日用品专门零售	523	2446	764	338	336	127
文化、体育用品及器材专门零售	524	1207	322	152	227	81
医药及医疗器材专门零售	525	7143	1208	574	1067	550
汽车、摩托车、燃料及零配件专门零售	526	3235	740	346	333	158
家用电器及电子产品专门零售	527	4080	1295	411	485	219
五金、家具及室内装饰材料专门零售	528	3447	785	446	363	227
货摊、无店铺及其他零售业	529	2925	1127	272	325	180
交通运输、仓储和邮政业	**G**	**5092**	**1046**	**589**	**433**	**221**
铁路运输业	53					
道路运输业	54	2944	652	400	271	107
城市公共交通运输	541	250	34	19	33	13
公路旅客运输	542	302	44	13	57	17
道路货物运输	543	1900	509	340	142	53
道路运输辅助活动	544	492	65	28	39	24
水上运输业	55	454	61	32	34	38
水上旅客运输	551	47	2	4	25	1
水上货物运输	552	296	45	22	3	28
水上运输辅助活动	553	111	14	6	6	9
航空运输业	56	29	10	3	11	1
航空客货运输	561	13	5	2	5	
通用航空服务	562	8	1	1	4	
航空运输辅助活动	563	8	4		2	1
管道运输业	57					
管道运输业	570					
装卸搬运和运输代理业	58	960	185	70	51	54
装卸搬运	581	282	47	33	19	12
运输代理业	582	678	138	37	32	42

北海市	防城港市	钦州市	贵港市	玉林市	百色市	贺州市	河池市	来宾市	崇左市
21	5	21	19	11	31	7	11	15	8
13	1	4	4	4	7	4	4	3	3
3	3	3	4		3		1	2	
5	1	14	11	7	21	3	6	10	5
129	45	69	71	44	88	56	61	56	40
104	31	52	61	25	79	53	51	46	34
10	5	9	2	9	2	3	2	4	2
4	3	2	3	4	2		7	1	1
11	6	6	5	6	5		1	5	3
2538	**1736**	**1982**	**2829**	**6223**	**3416**	**1594**	**2927**	**1856**	**1875**
1082	1108	880	1386	3168	1323	707	1247	1078	1005
119	87	116	110	706	198	52	126	80	133
108	79	114	89	343	107	84	135	51	97
53	73	29	70	246	56	38	54	18	92
33	8	17	37	40	17	18	10	7	12
26	14	57	133	197	49	23	21	13	24
440	464	367	532	864	608	337	587	698	302
116	261	118	194	299	202	105	192	106	256
142	83	39	48	405	37	18	38	90	73
45	39	23	173	68	49	32	84	15	16
1456	628	1102	1443	3055	2093	887	1680	778	870
117	112	150	161	468	309	55	197	120	97
113	67	86	91	334	160	42	157	65	66
58	44	60	63	343	107	21	94	41	50
62	15	33	43	125	48	21	34	19	25
443	84	245	584	286	661	452	529	164	296
137	81	200	154	370	245	114	189	81	87
139	85	164	131	428	215	86	229	80	113
156	107	121	121	494	217	52	166	91	101
231	33	43	95	207	131	44	85	117	35
244	**437**	**391**	**363**	**492**	**259**	**102**	**162**	**157**	**196**
103	148	200	174	361	158	72	97	89	112
14	10	9	8	21	18	9	24	13	25
12	16	7	22	37	24	12	18	11	12
56	108	155	104	200	73	33	31	42	54
21	14	29	40	103	43	18	24	23	21
33	47	18	117	13	14	6	5	30	6
5	3		1		1	1	1	1	2
20	31	13	100	4	6	4		20	
8	13	5	16	9	7	1	4	9	4
1	1	1			1				
	1								
1		1							
					1				
85	193	93	38	54	34	7	24	20	52
12	36	18	22	21	14	3	10	11	24
73	157	75	16	33	20	4	14	9	28

1-6 续表 7

行业	代码	法人单位数（个）	南宁市	柳州市	桂林市	梧州市
仓储业	59	505	99	65	41	9
谷物、棉花等农产品仓储	591	245	41	26	18	3
其他仓储业	599	260	58	39	23	6
邮政业	60	200	39	19	25	12
邮政基本服务	601	26	4	2	4	1
快递服务	602	174	35	17	21	11
住宿和餐饮业	**H**	**3472**	**852**	**261**	**711**	**182**
住宿业	61	1726	399	115	385	57
旅游饭店	611	711	135	58	213	21
一般旅馆	612	836	221	41	129	27
其他住宿业	619	179	43	16	43	9
餐饮业	62	1746	453	146	326	125
正餐服务	621	1176	283	87	212	94
快餐服务	622	143	34	12	31	8
饮料及冷饮服务	623	132	39	11	23	9
其他餐饮业	629	295	97	36	60	14
信息传输、软件和信息技术服务业	**I**	**2546**	**1044**	**300**	**381**	**120**
电信、广播电视和卫星传输服务	63	517	58	30	56	56
电信	631	165	46	12	12	12
广播电视传输服务	632	346	11	18	44	42
卫星传输服务	633	6	1			2
互联网和相关服务	64	316	108	23	75	7
互联网接入及相关服务	641	34	17	3	5	
互联网信息服务	642	231	68	18	61	4
其他互联网服务	649	51	23	2	9	3
软件和信息技术服务业	65	1713	878	247	250	57
软件开发	651	864	405	164	129	20
信息系统集成服务	652	389	267	24	36	8
信息技术咨询服务	653	253	110	36	46	18
数据处理和存储服务	654	46	31	2	3	2
集成电路设计	655	7		2	3	
其他信息技术服务业	659	154	65	19	33	9
金融业	**J**					
房地产业	**K**	**8447**	**2222**	**948**	**1025**	**461**
房地产业	70	8447	2222	948	1025	461
房地产开发经营	701	3788	789	346	483	262
物业管理	702	1898	522	213	273	105
房地产中介服务	703	1772	617	252	186	56
自有房地产经营活动	704	457	123	80	21	20
其他房地产业	709	532	171	57	62	18
租赁和商务服务业	**L**	**18610**	**7629**	**1793**	**2321**	**556**
租赁业	71	1031	242	110	140	20
机械设备租赁	711	979	227	104	130	18
文化及日用品出租	712	52	15	6	10	2
商务服务业	72	17579	7387	1683	2181	536
企业管理服务	721	5557	2837	423	504	85

北海市	防城港市	钦州市	贵港市	玉林市	百色市	贺州市	河池市	来宾市	崇左市
18	37	67	27	50	39	10	14	11	18
6	10	32	13	35	20	9	11	8	13
12	27	35	14	15	19	1	3	3	5
4	11	12	7	14	13	7	22	7	8
1	1	2	2	2	1	1	2	1	2
3	10	10	5	12	12	6	20	6	6
175	**108**	**119**	**147**	**295**	**234**	**56**	**180**	**77**	**75**
135	72	57	62	147	110	26	74	40	47
68	28	25	21	40	36	9	23	14	20
50	39	22	32	101	66	17	42	25	24
17	5	10	9	6	8		9	1	3
40	36	62	85	148	124	30	106	37	28
24	29	41	73	118	78	25	63	24	25
6	1	8	4	8	13	1	13	4	
2	5	4	4	8	14	1	8	3	1
8	1	9	4	14	19	3	22	6	2
86	**29**	**67**	**44**	**113**	**74**	**88**	**72**	**59**	**69**
10	12	30	16	28	34	65	38	31	53
8	6	8	4	19	7	9	9	7	6
1	6	21	12	9	26	56	29	24	47
1		1			1				
17	4	16	16	10	10	5	9	11	5
2	1	2	2	1	1				
13	3	11	12	7	8	3	8	10	5
2		3	2	2	1	2	1	1	
59	13	21	12	75	30	18	25	17	11
35	9	5	7	45	14	11	14	1	5
9	2	8	3	13	4	4	4	5	2
9	1	2	1	11	5		5	8	1
				1	3	1	1	1	1
1		1							
5	1	5	1	5	4	2	1	2	2
894	**360**	**322**	**339**	**577**	**338**	**138**	**323**	**242**	**258**
894	360	322	339	577	338	138	323	242	258
369	214	211	182	304	160	72	125	148	123
181	83	58	79	126	87	30	51	56	34
316	41	34	40	76	40	28	51	17	18
4	2	7	12	24	16	3	84	7	54
24	20	12	26	47	35	5	12	14	29
775	**516**	**495**	**752**	**1087**	**970**	**314**	**618**	**383**	**401**
48	59	40	145	40	84	23	32	14	34
45	58	36	145	36	79	22	32	14	33
3	1	4		4	5	1			1
727	457	455	607	1047	886	291	586	369	367
198	138	127	162	298	330	103	144	118	90

1-6 续表 8

行业	代码	法人单位数（个）	南宁市	柳州市	桂林市	梧州市
法律服务	722	665	164	95	81	43
咨询与调查	723	2898	1506	280	357	78
广告业	724	3415	1200	340	441	120
知识产权服务	725	56	37	6	4	1
人力资源服务	726	820	204	130	79	36
旅行社及相关服务	727	824	139	58	257	28
安全保护服务	728	201	49	22	30	10
其他商务服务业	729	3143	1251	329	428	135
科学研究和技术服务业	**M**	**10361**	**2341**	**908**	**1286**	**476**
研究和试验发展	73	651	221	48	74	31
自然科学研究和试验发展	731	86	29	3	10	5
工程和技术研究和试验发展	732	134	52	24	12	11
农业科学研究和试验发展	733	249	62	17	32	13
医学研究和试验发展	734	73	47		10	1
社会人文科学研究	735	109	31	4	10	1
专业技术服务业	74	5547	1224	453	780	244
气象服务	741	167	21	17	18	7
地震服务	742	87	8	2	10	6
海洋服务	743	10				
测绘服务	744	209	55	24	18	15
质检技术服务	745	663	121	46	61	32
环境与生态监测	746	170	26	15	16	9
地质勘查	747	112	43	13	22	5
工程技术	748	2244	586	135	320	82
其他专业技术服务业	749	1885	364	201	315	88
科技推广和应用服务业	75	4163	896	407	432	201
技术推广服务	751	3697	756	374	355	142
科技中介服务	752	149	46	15	26	7
其他科技推广和应用服务业	759	317	94	18	51	52
水利、环境和公共设施管理业	**N**	**2762**	**291**	**222**	**448**	**135**
水利管理业	76	1399	152	95	131	64
防洪除涝设施管理	761	113	10	26	11	6
水资源管理	762	197	23	16	20	3
天然水收集与分配	763	456	58	25	50	17
水文服务	764	19	4		4	2
其他水利管理业	769	614	57	28	46	36
生态保护和环境治理业	77	201	26	15	30	12
生态保护	771	107	9	5	13	5
环境治理业	772	94	17	10	17	7
公共设施管理业	78	1162	113	112	287	59
市政设施管理	781	185	19	18	36	13
环境卫生管理	782	255	24	20	58	12
城乡市容管理	783	63	4	9	19	1
绿化管理	784	254	24	46	52	17
公园和游览景区管理	785	405	42	19	122	16

北海市	防城港市	钦州市	贵港市	玉林市	百色市	贺州市	河池市	来宾市	崇左市
30	12	24	34	45	37	17	48	17	18
82	50	45	78	191	74	33	68	34	22
185	88	125	135	270	228	47	96	55	85
			1	4		2	1		
28	22	24	27	68	66	30	38	34	34
49	50	16	23	37	33	19	59	21	35
3	9	9	7	12	13	3	16	7	11
152	88	85	140	122	105	37	116	83	72
415	**257**	**445**	**420**	**1119**	**636**	**401**	**755**	**405**	**497**
42	13	19	17	61	35	25	42	6	17
14	1	2	2	3	4	4	5	2	2
5	3	4	3	7	8	1	3		1
18	7	7	7	24	17	13	23	1	8
5	1	3		1	2		3		
	1	3	5	26	4	7	8	3	6
250	169	294	255	564	296	200	354	188	276
4	9	8	5	13	16	8	16	12	13
3	5	7	3	10	8	4	12	1	8
3	4	2							1
13	9	10	4	15	16	3	10	9	8
22	20	39	24	59	59	29	63	35	53
11	8	10	5	16	9	10	21	5	9
	2	9	2		5	1	5	3	2
130	68	114	109	293	82	90	107	56	72
64	44	95	103	158	101	55	120	67	110
123	75	132	148	494	305	176	359	211	204
110	67	123	129	467	287	168	335	190	194
6	1	1	3	14	6	3	3	8	10
7	7	8	16	13	12	5	21	13	
92	**116**	**129**	**127**	**267**	**222**	**110**	**274**	**141**	**188**
31	45	71	62	174	112	64	179	109	110
2	8		5	6	5	4	11	12	7
6	7	5	9	44	5	6	36	11	6
18	14	15	32	83	26	28	36	26	28
		3			1			4	1
5	16	48	16	41	75	26	96	56	68
10	14	6	11	4	21	9	19	2	22
6	9	4	6	2	15	8	11	1	13
4	5	2	5	2	6	1	8	1	9
51	57	52	54	89	89	37	76	30	56
11	9	17	10	13	13	6	11	4	5
13	11	13	9	22	23	9	15	9	17
		4	2	3	9	2	6		4
13	9	9	13	15	16	7	11	11	11
14	28	9	20	36	28	13	33	6	19

1-6 续表 9

行业	代码	法人单位数(个)	南宁市	柳州市	桂林市	梧州市
居民服务、修理和其他服务业	O	**3541**	**1001**	**457**	**565**	**134**
居民服务业	79	1215	245	235	222	47
家庭服务	791	285	36	131	38	2
托儿所服务	792	8	1		1	1
洗染服务	793	70	13	7	14	4
理发及美容服务	794	268	89	31	42	17
洗浴服务	795	39	7	5	13	2
保健服务	796	139	39	26	28	5
婚姻服务	797	89	39	14	6	2
殡葬服务	798	74	8	8	15	2
其他居民服务业	799	243	13	13	65	12
机动车、电子产品和日用产品修理业	80	1467	415	156	226	57
汽车、摩托车修理与维护	801	1086	279	113	168	44
计算机和办公设备维修	802	132	50	15	20	8
家用电器修理	803	184	66	17	33	5
其他日用产品修理业	809	65	20	11	5	
其他服务业	81	859	341	66	117	30
清洁服务	811	385	103	37	45	23
其他未列明服务业	819	474	238	29	72	7
教育	P	**18301**	**3106**	**1152**	**1725**	**1360**
教育	82	18301	3106	1152	1725	1360
学前教育	821	4301	787	511	407	242
初等教育	822	9176	1445	227	714	878
中等教育	823	2594	369	186	273	155
高等教育	824	131	40	14	19	4
特殊教育	825	72	14	9	9	2
技能培训、教育辅助及其他教育	829	2027	451	205	303	79
卫生和社会工作	Q	**5387**	**636**	**475**	**720**	**241**
卫生	83	4344	501	377	511	199
医院	831	524	82	58	67	33
社区医疗与卫生院	832	1721	187	153	215	78
门诊部(所)	833	830	95	33	107	46
计划生育技术服务活动	834	843	95	86	73	26
妇幼保健院(所、站)	835	111	10	10	15	5
专科疾病防治院(所、站)	836	46	1	7	1	1
疾病预防控制中心	837	164	15	12	21	6
其他卫生活动	839	105	16	18	12	4
社会工作	84	1043	135	98	209	42
提供住宿社会工作	841	794	92	83	179	34
不提供住宿社会工作	842	249	43	15	30	8
文化、体育和娱乐业	R	**6665**	**1128**	**590**	**794**	**320**
新闻和出版业	85	188	87	11	27	8
新闻业	851	47	6	3	6	4
出版业	852	141	81	8	21	4
广播、电视、电影和影视录音制作业	86	867	175	88	120	34
广播	861	427	91	31	31	4
电视	862	191	3	38	45	15
电影和影视节目制作	863	71	39	4	14	4
电影和影视节目发行	864	29	8	3	7	2
电影放映	865	138	30	10	22	8
录音制作	866	11	4	2	1	1

北海市	防城港市	钦州市	贵港市	玉林市	百色市	贺州市	河池市	来宾市	崇左市
145	**98**	**151**	**161**	**286**	**215**	**43**	**142**	**72**	**71**
47	38	41	63	110	50	17	53	25	22
10	7	5	17	13	8	2	8	3	5
	1		1	1			2		
3	14	1	1	6	2	1	1	1	2
8	4	9	9	33	6		15		5
	1	2	2	2	1	3		1	
5		4	1	15	4	1	6	3	2
5	1	2	4	5	4		6		1
5	2	5	6	11	2	3	1	3	3
11	8	13	22	24	23	7	14	14	4
49	37	73	62	129	111	17	62	36	37
35	32	61	49	97	93	16	47	27	25
7	2	5	2	6	3	1	7	4	2
5	2	4	7	16	12		5	4	8
2	1	3	4	10	3		3	1	2
49	23	37	36	47	54	9	27	11	12
31	12	21	19	28	36	4	12	7	7
18	11	16	17	19	18	5	15	4	5
837	**304**	**899**	**1995**	**2668**	**906**	**1040**	**720**	**691**	**898**
837	304	899	1995	2668	906	1040	720	691	898
220	173	119	482	586	257	158	151	126	82
416	50	569	1149	1483	308	698	208	398	633
91	52	135	235	354	211	114	223	89	107
7	1	7	3	4	13	3	6	3	7
2		2	3	5	7	5	6	5	3
101	28	67	123	236	110	62	126	70	66
147	**123**	**207**	**656**	**446**	**654**	**125**	**498**	**229**	**230**
124	89	154	579	367	557	110	396	183	197
26	17	22	32	54	40	18	31	20	24
36	28	68	198	126	224	67	159	92	90
22	4	16	257	33	149	2	28	17	21
22	22	33	75	112	95	4	133	28	39
5	4	3	7	8	14	4	13	7	6
1	2	1		9	7	3	5	3	5
7	7	5	8	21	21	7	15	11	8
5	5	6	2	4	7	5	12	5	4
23	34	53	77	79	97	15	102	46	33
22	13	35	71	59	60	8	77	37	24
1	21	18	6	20	37	7	25	9	9
276	**161**	**328**	**540**	**638**	**510**	**267**	**565**	**274**	**274**
5	5	6	5	10	3	5	4	4	8
1	4	4	3	3	1	2	2	2	6
4	1	2	2	7	2	3	2	2	2
35	19	20	60	85	51	10	100	28	42
22	11	8	50	64	27	1	52	10	25
3	3	6	4	10	9	5	31	9	10
6		1	1		1		1		
2			1	1			4	1	
2	5	4	4	10	14	4	11	8	6
		1					1		1

1-6 续表 10

行业	代码	法人单位数(个)	南宁市	柳州市	桂林市	梧州市
文化艺术业	87	1252	174	106	219	40
文艺创作与表演	871	187	40	15	45	3
艺术表演场馆	872	23			11	1
图书馆与档案馆	873	233	35	24	37	8
文物及非物质文化遗产保护	874	92	11	8	20	3
博物馆	875	68	6	9	10	3
烈士陵园、纪念馆	876	24	1	1	4	
群众文化活动	877	427	47	30	50	14
其他文化艺术业	879	198	34	19	42	8
体育	88	280	87	32	48	14
体育组织	881	95	28	11	10	3
体育场馆	882	50	11	7	2	5
休闲健身活动	883	104	39	11	26	5
其他体育	889	31	9	3	10	1
娱乐业	89	4078	605	353	380	224
室内娱乐活动	891	3970	585	343	347	221
游乐园	892	15	1	1	4	1
彩票活动	893	7	4			
文化、娱乐、体育经纪代理	894	38	11	1	13	2
其他娱乐业	899	48	4	8	16	
公共管理、社会保障和社会组织	**S**	**49444**	**5555**	**3818**	**6187**	**2956**
中国共产党机关	90	1986	172	167	222	80
中国共产党机关	900	1986	172	167	222	80
国家机构	91	19994	1905	1529	2573	1051
国家权力机构	911	283	34	24	49	18
国家行政机构	912	19108	1822	1393	2414	992
人民法院和人民检察院	913	286	37	30	39	15
其他国家机构	919	317	12	82	71	26
人民政协、民主党派	92	263	45	19	29	16
人民政协	921	169	37	12	22	6
民主党派	922	94	8	7	7	10
社会保障	93	1503	165	97	196	72
社会保障	930	1503	165	97	196	72
群众团体、社会团体和其他成员组织	94	9560	1512	792	1300	727
群众团体	941	1186	161	111	161	48
社会团体	942	8122	1305	650	1092	673
基金会	943	31	22	1	3	
宗教组织	944	221	24	30	44	6
基层群众自治组织	95	16138	1756	1214	1867	1010
社区自治组织	951	1785	360	280	219	139
村民自治组织	952	14353	1396	934	1648	871
国际组织	**T**					
国际组织	96					
国际组织	960					

北海市	防城港市	钦州市	贵港市	玉林市	百色市	贺州市	河池市	来宾市	崇左市
53	35	43	46	134	108	55	125	48	66
10	2	5	3	22	9	7	14	9	3
2	1	1	4		1		2		
8	7	5	11	17	21	12	25	11	12
	4	2	1	3	7	4	16	4	9
4	3	2	5	6	7	2	3	4	4
	1			1	6		5	1	4
19	11	25	13	75	45	18	43	15	22
10	6	3	9	10	12	12	17	4	12
9	7	8	6	40	10	4	12	2	1
4	2	2	2	17	3	2	10	1	
1	1	2	4	12	2	2	1		
3	3	3		8	3		1	1	1
1	1	1		3	2				
174	95	251	423	369	338	193	324	192	157
157	94	248	420	366	334	192	318	190	155
1			1	3		1	2		
			1				1	1	
6					3			1	1
10	1	3	1		1		3		1
1503	**1771**	**2875**	**2824**	**4106**	**5104**	**2569**	**4486**	**2830**	**2860**
75	63	81	123	204	212	112	191	133	151
75	63	81	123	204	212	112	191	133	151
677	946	979	1062	1308	2209	1196	1957	1315	1287
7	10	19	16	14	31	8	23	9	21
648	914	943	1020	1258	2138	1166	1889	1274	1237
11	11	11	12	19	30	10	31	14	16
11	11	6	14	17	10	12	14	18	13
19	17	12	12	23	18	13	16	8	16
5	7	6	6	12	15	8	12	8	13
14	10	6	6	11	3	5	4		3
33	55	61	103	171	134	123	134	64	95
33	55	61	103	171	134	123	134	64	95
275	366	712	372	921	664	369	541	540	469
61	35	63	36	68	135	64	97	74	72
204	327	639	325	837	519	302	427	429	393
3				1	1				
7	4	10	11	15	9	3	17	37	4
424	324	1030	1152	1479	1867	756	1647	770	842
83	42	82	65	117	68	49	145	47	89
341	282	948	1087	1362	1799	707	1502	723	753

1-7 按行业、市分组的

行　业	代码	从业人员数（人）	南宁市	柳州市	桂林市	梧州市
总　计		**6603243**	**1598480**	**862467**	**755203**	**390737**
农、林、牧、渔业	**A**	**81705**	**16542**	**6799**	**15837**	**2823**
农业	01	25753	7654	2736	1010	245
谷物种植	011	112	112			
豆类、油料和薯类种植	012					
棉、麻、糖、烟草种植	013	16062	4989	1236		
蔬菜、食用菌及园艺作物种植	014	1581		115		245
水果种植	015	3803	1300	1308	1010	
坚果、含油果、香料和饮料作物种植	016	1850	1223			
中药材种植	017	40				
其他农业	019	2305	30	77		
林业	02	15400	3640	1352	91	111
林木育种和育苗	021	939	73			
造林和更新	022	6420	1496	1338		
森林经营和管护	023	7349	1820	14	38	111
木材和竹材采运	024	304	251		53	
林产品采集	025	388				
畜牧业	03	1513	433	45	516	30
牲畜饲养	031	627			238	10
家禽饲养	032	602	149	45	278	20
狩猎和捕捉动物	033					
其他畜牧业	039	284	284			
渔业	04	467	52			
水产养殖	041	104	52			
水产捕捞	042	363				
农、林、牧、渔服务业	05	38572	4763	2666	14220	2437
农业服务业	051	32281	4211	2132	13670	1606
林业服务业	052	3437	335	298	353	299
畜牧服务业	053	1868	182	225	119	297
渔业服务业	054	986	35	11	78	235
采矿业	**B**	**121443**	**7092**	**4363**	**17759**	**20255**
煤炭开采和洗选业	06	17119		8	32	
烟煤和无烟煤开采洗选	061	8098			32	
褐煤开采洗选	062	8939				
其他煤炭采选	069	82		8		
石油和天然气开采业	07	135		12		
石油开采	071	123				
天然气开采	072	12		12		
黑色金属矿采选业	08	16250	1535	1439	590	124
铁矿采选	081	5570	1355	1095	176	64
锰矿、铬矿采选	082	8739	63	35	390	
其他黑色金属矿采选	089	1941	117	309	24	60
有色金属矿采选业	09	35447	750	1002	5390	11971
常用有色金属矿采选	091	30709	334	1001	4187	11369
贵金属矿采选	092	2493	388	1	47	542
稀有稀土金属矿采选	093	2245	28		1156	60

法人单位从业人员数

北海市	防城港市	钦州市	贵港市	玉林市	百色市	贺州市	河池市	来宾市	崇左市
241536	**168070**	**351985**	**384611**	**665471**	**348233**	**165274**	**283376**	**198611**	**189189**
4323	**3723**	**1869**	**4324**	**5927**	**3975**	**2125**	**3291**	**4436**	**5711**
3304	2073	134	2131	120	1580	183	21	2500	2062
3304		10	2119					2480	1924
		80	12		1129				
				27				20	138
		4		87	451	64	21		
		40							
	2073			6		119			
	1243	251	727	3589	855	224	845	310	2162
	808			52				6	
	435			1119	855	185	147	304	541
		251	727	2030		39	698		1621
				388					
			1	308		8	60	50	62
			1	198		8	60	50	62
				110					
390		15			10				
27		15			10				
363									
629	407	1469	1465	1910	1530	1710	2365	1576	1425
395	224	1087	1249	1317	755	1434	1892	1267	1042
27	70	180	137	381	333	154	389	154	327
123	13	89	26	127	382	76	47	129	33
84	100	113	53	85	60	46	37	26	23
2947	**2900**	**5462**	**5212**	**7773**	**15628**	**4819**	**12555**	**7043**	**7635**
	87	1010			9295		3365	2738	584
	82	1010			390		3350	2684	550
	4				8901				34
	1				4		15	54	
123									
123									
	1068	1483	525	1158	1497	543	426	458	5404
	697	492	12	937	224	361	117		40
	126	644	489	32	1225	92	303	400	4940
	245	347	24	189	48	90	6	58	424
	419	1481	2000	1850	2744	1372	5145	1179	144
	419	1336	1874	1549	2148	312	4982	1177	21
			126	280	588	260	163	2	96
		145		21	8	800			27

1-7 续表 1

行业	代码	从业人员数(人)	南宁市	柳州市	桂林市	梧州市
非金属矿采选业	10	50448	4359	1882	11352	7880
土砂石开采	101	38806	3711	1728	5108	7535
化学矿开采	102	2264			705	130
采盐	103	876	14		36	
石棉及其他非金属矿采选	109	8502	634	154	5503	215
开采辅助活动	11	918	238	1	158	78
煤炭开采和洗选辅助活动	111	531	200			
石油和天然气开采辅助活动	112	31	31			
其他开采辅助活动	119	356	7	1	158	78
其他采矿业	12	1126	210	19	237	202
其他采矿业	120	1126	210	19	237	202
制造业	C	**1911131**	**312611**	**312155**	**228816**	**156362**
农副食品加工业	13	183003	41575	13294	14476	6490
谷物磨制	131	7806	3139	356	1485	18
饲料加工	132	24362	7920	1182	2080	450
植物油加工	133	6840	388	312	654	118
制糖业	134	79821	16097	10101	434	
屠宰及肉类加工	135	20180	6127	505	1954	4774
水产品加工	136	12531	950	7	43	
蔬菜、水果和坚果加工	137	10829	644	201	5149	53
其他农副食品加工	139	20634	6310	630	2677	1077
食品制造业	14	51624	12523	3690	10422	1992
焙烤食品制造	141	8964	2052	651	972	546
糖果、巧克力及蜜饯制造	142	1976	642	240	474	73
方便食品制造	143	8895	1776	489	1128	78
乳制品制造	144	3825	2362	434		30
罐头食品制造	145	10889	1506	2	2907	840
调味品、发酵制品制造	146	4567	222	601	716	30
其他食品制造	149	12508	3963	1273	4225	395
酒、饮料和精制茶制造业	15	57187	14191	1689	20679	1375
酒的制造	151	17750	3259	643	6263	261
饮料制造	152	29324	6328	432	13867	445
精制茶加工	153	10113	4604	614	549	669
烟草制品业	16	3534	3447		6	
烟叶复烤	161	532	520			
卷烟制造	162	3000	2927		6	
其他烟草制品制造	169	2				
纺织业	17	57462	8274	12980	3432	5476
棉纺织及印染精加工	171	15045	1560	4641	2305	1019
毛纺织及染整精加工	172	2018	28	96	74	1047
麻纺织及染整精加工	173	1004	102	9		
丝绢纺织及印染精加工	174	31078	6175	8019	817	1832
化纤织造及印染精加工	175	232	3	12		
针织或钩针编织物及其制品制造	176	2889	81	1	90	292
家用纺织制成品制造	177	3924	60	160	142	1286
非家用纺织制成品制造	178	1272	265	42	4	
纺织服装、服饰业	18	50397	2616	2118	2288	4942
机织服装制造	181	43207	2269	1840	1573	4248
针织或钩针编织服装制造	182	4983	137	174	463	209
服饰制造	183	2207	210	104	252	485

北海市	防城港市	钦州市	贵港市	玉林市	百色市	贺州市	河池市	来宾市	崇左市
2812	1291	1413	2654	4699	1965	2800	3213	2628	1500
1956	932	1384	2553	4304	1866	2247	2362	1646	1474
	30		101	276	38	25	140	819	
702	95	29							
154	234			119	61	528	711	163	26
	30			13	88		301	8	3
	30						301		
				13	88			8	3
12	5	75	33	53	39	104	105	32	
12	5	75	33	53	39	104	105	32	
75505	**36707**	**88476**	**139271**	**282788**	**83946**	**35712**	**62104**	**50999**	**45679**
14574	8331	8772	13827	11656	9987	3135	6306	11762	18818
2	41	65	1196	555	1	54	42	793	59
1117	356	1136	2749	6762	7	492	5	102	4
436	1883	1391	197	64	767	68	516	37	9
2705	3402	3627	4699	1359	7094	406	3677	10166	16054
570	146	890	1673	1692	523	97	574	106	549
9192	2131	133		11	64				
6	8	240	85	177	734	1823	602		1107
546	364	1290	3228	1036	797	195	890	558	1036
1755	353	1753	2304	10621	433	1986	659	927	2206
613	71	463	223	2267	102	561	292	86	65
83		41	153	52	176	34			8
145	53	691	910	3238	24	111	159	82	11
155	7	217	37	400	78		10	95	
175	15	191	181	4186	6	725	66		89
125	17	30	21	297		1	15	512	1980
459	190	120	779	181	47	554	117	152	53
1209	3551	1173	2364	2345	2329	1046	2820	874	1542
259	94	354	1356	1554	616	307	1635	346	803
852	3446	491	475	720	430	52	1135	192	459
98	11	328	533	71	1283	687	50	336	280
		4			12	63		2	
					12				
		4				63			
								2	
1790	37	3172	3396	5567	786	355	7974	3274	949
175		653	976	3040	226	1	302	147	
				595		3	175		
78		432		129		71			183
652		1475	350	565	479	256	7375	3076	7
		200	17						
		383	1070	838	63	16	14	31	10
885	2	15	852	190	10	8	108	20	186
	35	14	131	210	8				563
307	18	1065	17085	17937	275	442	169	1132	3
307	18	897	14293	16843	222	408	93	193	3
		25	2601	454	28			892	
		143	191	640	25	34	76	47	

1-7 续表 2

行　业	代码	从业人员数（人）	南宁市	柳州市	桂林市	梧州市
皮革、毛皮、羽毛及其制品和制鞋业	19	48380	4810	107	841	2275
皮革鞣制加工	191	2743	56	4	7	349
皮革制品制造	192	20711	1163	33	626	914
毛皮鞣制及制品加工	193	363	89	3	16	
羽毛(绒)加工及制品制造	194	2729	45	26	55	
制鞋业	195	21834	3457	41	137	1012
木材加工和木、竹、藤、棕、草制品业	20	189281	27915	18030	35728	13832
木材加工	201	51358	9999	3104	1572	1350
人造板制造	202	91529	14313	12780	4684	11035
木制品制造	203	31827	2559	1772	24106	474
竹、藤、棕、草等制品制造	204	14567	1044	374	5366	973
家具制造业	21	20322	2576	3483	5602	1247
木质家具制造	211	15174	1741	2539	3000	892
竹、藤家具制造	212	1607	27	11	1535	
金属家具制造	213	635	379	78	71	
塑料家具制造	214	496		115	7	340
其他家具制造	219	2410	429	740	989	15
造纸和纸制品业	22	56159	16389	3481	6787	1983
纸浆制造	221	5696	1597	417		
造纸	222	31302	8126	2370	2877	683
纸制品制造	223	19161	6666	694	3910	1300
印刷和记录媒介复制业	23	23307	8738	1245	3715	789
印刷	231	21568	7949	1202	3273	604
装订及印刷相关服务	232	1321	699	43	132	185
记录媒介复制	233	418	90		310	
文教、工美、体育和娱乐用品制造业	24	53379	1669	1707	1286	4291
文教办公用品制造	241	474	75		123	204
乐器制造	242	21	6			
工艺美术品制造	243	42020	1113	1559	893	2165
体育用品制造	244	1246	71	132	270	
玩具制造	245	9606	404	16		1922
游艺器材及娱乐用品制造	246	12				
石油加工、炼焦和核燃料加工业	25	5598	516	463	63	11
精炼石油产品制造	251	5203	516	443	18	1
炼焦	252	363		20	20	10
核燃料加工	253	32			25	
化学原料和化学制品制造业	26	116531	22107	15743	11477	16888
基础化学原料制造	261	18304	4893	2549	1226	1144
肥料制造	262	21775	5613	7044	760	67
农药制造	263	9182	5089	220	1928	
涂料、油墨、颜料及类似产品制造	264	10530	586	1093	842	4519
合成材料制造	265	925	197	104	152	52
专用化学产品制造	266	17486	3874	665	2517	4208
炸药、火工及焰火产品制造	267	26515	173	622	638	5252
日用化学产品制造	268	11814	1682	3446	3414	1646

北海市	防城港市	钦州市	贵港市	玉林市	百色市	贺州市	河池市	来宾市	崇左市
2144	104	3762	8218	25174	133	248	57	377	130
1252	32	88	140	808			7		
878	33	948	226	15454	68	228		60	80
4	30	7	142		22		50		
10	8	132	2348	103				2	
	1	2587	5362	8809	43	20		315	50
1817	4261	9189	32415	21570	5712	4048	8915	2987	2862
610	2555	1539	11785	6548	3531	1299	5653	1117	696
1043	1676	6717	14792	13895	1856	2459	2568	1816	1895
74	17	477		956	319	84	688	51	250
90	13	456	5838	171	6	206	6	3	21
209	1367	714	171	3515	99	267	298	733	41
177	1362	706	64	3385	99	199	292	685	33
	1			33					
	4	7		18		68		10	
30			1	3					
2		1	106	76			6	38	8
558	441	5290	3523	4048	4709	1693	508	5004	1745
14	319	16		16	17	826	370	1635	469
54	57	4319	2789	1372	3940	204	57	3213	1241
490	65	955	734	2660	752	663	81	156	35
583	114	375	653	5452	297	825	289	185	47
583	97	268	614	5447	257	807	280	165	22
	17	107	39	5	40		9	20	25
						18			
1000	546	8810	597	30405	192	592	2239	15	30
25		41		1	5				
						15			
304	546	7858	180	24759	174	282	2145	15	27
331				439					3
340		911	405	5206	13	295	94		
			12						
1138	35	1893		95	1250			53	81
1138	33	1893		95	932			53	81
	2				311				
					7				
5181	1961	12523	6410	9378	5142	1189	3857	2103	2572
803	561	1498	1146	410	2319	295	237	1031	192
540	152	589	3093	545	318	22	2219	308	505
107	9	118	988	365		55		121	182
122	220	157	19	222	735	98	1106	40	771
			210	57		150			3
96	418	568	720	1734	701	381	283	439	882
3418	38	9527	125	5393	1042	185	8	94	
95	563	66	109	652	27	3	4	70	37

1-7 续表 3

行业	代码	从业人员数(人)	南宁市	柳州市	桂林市	梧州市
医药制造业	27	45876	13044	3355	10600	3488
化学药品原料药制造	271	3059	527	6	1933	258
化学药品制剂制造	272	4777	1740	175	749	
中药饮片加工	273	3982	1789	127	945	133
中成药生产	274	26585	6237	2898	5972	2780
兽用药品制造	275	4130	1127	12	44	182
生物药品制造	276	2162	1063	80	704	17
卫生材料及医药用品制造	277	1181	561	57	253	118
化学纤维制造业	28	198	26	26		76
纤维素纤维原料及纤维制造	281	109		26		28
合成纤维制造	282	89	26			48
橡胶和塑料制品业	29	44672	11231	3799	9032	3840
橡胶制品业	291	7525	465	690	5094	219
塑料制品业	292	37147	10766	3109	3938	3621
非金属矿物制品业	30	270745	33114	18701	29995	35668
水泥、石灰和石膏制造	301	50423	5976	6072	5012	1773
石膏、水泥制品及类似制品制造	302	39338	10743	3756	5426	3974
砖瓦、石材等建筑材料制造	303	109318	12117	7290	12734	29537
玻璃制造	304	2662	1162	228	669	152
玻璃制品制造	305	5942	1096	430	2977	8
玻璃纤维和玻璃纤维增强塑料制品制造	306	1186	116	78	36	35
陶瓷制品制造	307	49951	1508		517	174
耐火材料制品制造	308	2091	216	158	27	
石墨及其他非金属矿物制品制造	309	9834	180	689	2597	15
黑色金属冶炼和压延加工业	31	92484	2853	22903	9812	15249
炼铁	311	1140	28			
炼钢	312	340	50	30	4	233
黑色金属铸造	313	12810	666	3969	2369	1823
钢压延加工	314	47991	2108	18904	1538	12839
铁合金冶炼	315	30203	1		5901	354
有色金属冶炼和压延加工业	32	67149	4128	2480	2290	5024
常用有色金属冶炼	321	49056	1181	1376	964	2508
贵金属冶炼	322	1170	214			
稀有稀土金属冶炼	323	2326		70	505	
有色金属合金制造	324	562				65
有色金属铸造	325	115	13	51		
有色金属压延加工	326	13920	2720	983	821	2451
金属制品业	33	40069	10482	6610	8197	3817
结构性金属制品制造	331	16008	7177	1508	765	1516
金属工具制造	332	6513	406	2307	556	1607
集装箱及金属包装容器制造	333	1351	201	176	65	259
金属丝绳及其制品制造	334	786	152	293	201	3
建筑、安全用金属制品制造	335	1701	869	223	126	51
金属表面处理及热处理加工	336	1540	98	1235	48	1
搪瓷制品制造	337	1476	5	139	13	
金属制日用品制造	338	7564	552	52	5614	50
其他金属制品制造	339	3130	1022	677	809	330
通用设备制造业	34	44758	4374	12846	5670	1829
锅炉及原动设备制造	341	15634	865	937	20	641

北海市	防城港市	钦州市	贵港市	玉林市	百色市	贺州市	河池市	来宾市	崇左市
609	276	4639	2152	5062	533	521	472	667	458
101		28			53			5	148
61		1875	108	62			7		
105	5	17	160	654	1			31	15
285	258	2654	1469	1728	455	489	464	615	281
32		40	253	2421	14			5	
20	12	20	148	35	6	32		11	14
5	1	5	14	162	4		1		
15			55						
			55						
15									
483	1253	2889	1911	4913	2218	1002	390	575	1136
96	24	235	453	147	3			99	
387	1229	2654	1458	4766	2215	1002	390	476	1136
6206	3732	11074	22275	69266	12459	9344	6990	7819	4102
761	873	1355	11944	6569	3818	895	2454	1295	1626
1804	1249	2358	1441	2857	1638	589	1134	1338	1031
2400	1587	5338	8673	13487	3901	3089	2995	4780	1390
81		123	39	136			35	37	
5	6	8	80	1135	57		39	95	6
105		15	35	526		21	219		
960	17	1565	35	43031	208	1923		13	
		125	21	1456	88				
90		187	7	69	2749	2827	114	261	49
3617	6365	3164	3976	3050	6254	3502	665	4399	6675
		417	6	271	6	30	6		376
10						1		1	11
		73	372	2141	494	765	105	18	15
223	6229	320	2516	623	93	2578	15	5	
3384	136	2354	1082	15	5661	128	539	4375	6273
20	1914	330	347	2524	24594	1987	16762	4433	316
13	1907	307	118	1549	17613	1445	16020	3899	156
			169		760		27		
					652	476	589		34
	2		4		421		1	1	68
			15		26			10	
7	5	23	41	975	5122	66	125	523	58
209	1129	620	1256	3784	2503	185	209	327	741
24	800	423	156	513	2190	100	139	267	430
	24	27	847	544	15	20	2	51	107
1	280	73	27	247	3	1		8	10
85		13		33		1	5		
13		3	90	157	18		7		144
52			18	70			16		2
				1319					
26		56	50	858	242	1	15		48
8	25	25	68	43	35	62	25	1	
338	104	95	3817	14231	531	60	714	99	50
136			322	12608	7		98		

1-7 续表 4

行　业	代码	从业人员数（人）	南宁市	柳州市	桂林市	梧州市
金属加工机械制造	342	6710	314	2036	3201	422
物料搬运设备制造	343	2674	1780	169	109	121
泵、阀门、压缩机及类似机械制造	344	3707	101	2907	401	135
轴承、齿轮和传动部件制造	345	3288	156	1957	300	
烘炉、风机、衡器、包装等设备制造	346	2038	514	627	474	94
文化、办公用机械制造	347	179	12	112	55	
通用零部件制造	348	9039	471	3418	626	405
其他通用设备制造业	349	1489	161	683	484	11
专用设备制造业	35	57415	11758	19507	11282	1668
采矿、冶金、建筑专用设备制造	351	25368	3474	14557	3697	246
化工、木材、非金属加工专用设备制造	352	7033	485	2510	3303	377
食品、饮料、烟草及饲料生产专用设备制造	353	3180	1606	85	38	234
印刷、制药、日化及日用品生产专用设备制造	354	1650	628	173	218	60
纺织、服装和皮革加工专用设备制造	355	51	5	20		
电子和电工机械专用设备制造	356	1027	214	463	164	24
农、林、牧、渔专用机械制造	357	10461	2045	513	820	714
医疗仪器设备及器械制造	358	5387	1890	119	2488	
环保、社会公共服务及其他专用设备制造	359	3258	1411	1067	554	13
汽车制造业	36	150344	3848	126976	7838	
汽车整车制造	361	28738		27243	1490	
改装汽车制造	362	2963	595	2368		
低速载货汽车制造	363	432				
电车制造	364	67		30		
汽车车身、挂车制造	365	1629	147	1392	9	
汽车零部件及配件制造	366	116515	3106	95943	6339	
铁路、船舶、航空航天和其他运输设备制造业	37	24363	861	5354	1042	9155
铁路运输设备制造	371	4998		4993		
城市轨道交通设备制造	372					
船舶及相关装置制造	373	17420	452	308	105	9155
航空、航天器及设备制造	374	867			867	
摩托车制造	375	544	286	24		
自行车制造	376	429	89	10	18	
非公路休闲车及零配件制造	377	19		11	8	
潜水救捞及其他未列明运输设备制造	379	86	34	8	44	
电气机械和器材制造业	38	50012	9861	7777	8833	3432
电机制造	381	7694	1031	704	347	102
输配电及控制设备制造	382	20750	3710	5492	4867	358
电线、电缆、光缆及电工器材制造	383	11235	2818	755	2749	384
电池制造	384	4049	13	18	241	1729
家用电力器具制造	385	1482	336	577	93	133
非电力家用器具制造	386	421	75	4	79	
照明器具制造	387	2204	283	35	329	717
其他电气机械及器材制造	389	2177	1595	192	128	9
计算机、通信和其他电子设备制造业	39	86270	36064	622	3583	7159
计算机制造	391	22164	11326	34	138	224
通信设备制造	392	11628	3111	81	1737	589
广播电视设备制造	393	1334	589	215	504	8
雷达及配套设备制造	394	181				

北海市	防城港市	钦州市	贵港市	玉林市	百色市	贺州市	河池市	来宾市	崇左市
5		2	133	378	22	13	183	1	
		5	43		397			50	
33	36			85		4		5	
		13	433	56		5	368		
136	68	30		59	13	13	6		4
25		45	2886	954	36	25	59	43	46
3				91	56				
1010	172	1026	894	7090	1368	177	1057	323	83
136	125	203	224	2031	264	114	95	142	60
21	9	13	131	123	47	9		5	
189		33		958	21	4			12
118		35		322	12	34		50	
			1					25	
			2	40	63	13	37	7	
524	1	738	536	3362	185	2	916	94	11
1	36			75	769	1	8		
21	1	4		179	7		1		
390		41	439	10484	95		127	105	1
5									
130			302						
				37					
		12			69				
255		29	137	10447	26		127	105	1
369	10	39	7083	286			25	86	53
							5		
344	10	36	6904				20	86	
20		3	179	32					
5				254					53
9042	26	2754	2061	3913	117	1613	50	487	46
3774			106	1518	22	60		30	
3663		549	222	596	72	1004	1	216	
425	1	2047	569	1250	7	90		140	
930		4	545	158		409	1		1
203		19	15	76				30	
3			79	99	16			66	
19	20	135	511	47		50	8	5	45
25	5		14	169			40		
20484	37	2783	1704	9631	1674	262	386	920	961
8450		819	1159	11	3				
6107					3				
			10					8	
					181				

1-7 续表 5

行　　业	代码	从　业人员数（人）	南宁市	柳州市	桂林市	梧州市
视听设备制造	395	19779	15130		21	26
电子器件制造	396	4368	1562	253	503	25
电子元件制造	397	20054	3369	32	435	5824
其他电子设备制造	399	6762	977	7	245	463
仪器仪表制造业	40	6621	1383	778	2932	588
通用仪器仪表制造	401	3485	322	732	2202	142
专用仪器仪表制造	402	593	249	28	228	3
钟表与计时仪器制造	403	889	557		7	4
光学仪器及眼镜制造	404	1149			421	439
其他仪器仪表制造业	409	505	255	18	74	
其他制造业	41	5789	1792	550	442	1024
日用杂品制造	411	3075	928	13	153	984
煤制品制造	412	417	3	22	69	5
核辐射加工	413	91	49		42	
其他未列明制造业	419	2206	812	515	178	35
废弃资源综合利用业	42	5936	142	1044	164	2624
金属废料和碎屑加工处理	421	4107	46	786	42	2545
非金属废料和碎屑加工处理	422	1829	96	258	122	79
金属制品、机械和设备修理业	43	2266	304	797	302	130
金属制品修理	431	91			82	2
通用设备修理	432	100	25	11	38	
专用设备修理	433	408	50	133	60	12
铁路、船舶、航空航天等运输设备修理	434	532		62	9	86
电气设备修理	435	537	1	478	10	
仪器仪表修理	436	28	5	7	14	
其他机械和设备修理业	439	570	223	106	89	30
电力、热力、燃气及水生产和供应业	D	**176149**	**63151**	**12052**	**22291**	**10548**
电力、热力生产和供应业	44	153314	59223	10232	19838	9037
电力生产	441	48337	6110	2498	12354	2611
电力供应	442	99923	53089	2930	7455	6416
热力生产和供应	443	5054	24	4804	29	10
燃气生产和供应业	45	3051	727	533	322	206
燃气生产和供应业	450	3051	727	533	322	206
水的生产和供应业	46	19784	3201	1287	2131	1305
自来水生产和供应	461	18079	3096	1242	1903	991
污水处理及其再生利用	462	1387	55	31	217	168
其他水的处理、利用与分配	469	318	50	14	11	146
建筑业	E	**877355**	**343893**	**159743**	**70632**	**14678**
房屋建筑业	47	628336	184946	133182	45170	10680
房屋建筑业	470	628336	184946	133182	45170	10680
土木工程建筑业	48	128708	71766	16935	17133	1332
铁路、道路、隧道和桥梁工程建筑	481	51039	40909	1592	1123	277
水利和内河港口工程建筑	482	20171	11499	534	2008	300
海洋工程建筑	483					
工矿工程建筑	484	28297	1572	14248	12093	42
架线和管道工程建筑	485	21428	15022	412	1190	229
其他土木工程建筑	489	7773	2764	149	719	484

北海市	防城港市	钦州市	贵港市	玉林市	百色市	贺州市	河池市	来宾市	崇左市
1057	5	120		3022	347			41	10
1815	6		153					51	
2299	1	1481	373	4673	971	146	206	170	74
756	25	363	9	1925	169	116	180	650	877
38	285	257	173	178	5	4			
		57		25	5				
			85						
		200	88	33					
	285					4			
38				120					
9	1	106	135	133	151	1031	76	320	19
	1		14	73	26	874	9		
		12	10	7				285	4
9		94	111	53	125	157	67	35	15
	269	144	5	376	51	120	21	964	12
	216	47	5	302	1	96	18	3	
	53	97		74	50	24	3	961	12
401	15	20	25	104	37	15	69	47	
								7	
		7		1	5		13		
77				58	13			5	
313	15	13			11			23	
11					5		20	12	
						2			
			25	45	3	13	36		
2760	**4094**	**4033**	**5320**	**8681**	**12351**	**6816**	**9297**	**8249**	**6506**
1530	3071	3002	4080	6605	10699	6191	7684	6795	5327
504	1532	692	2433	2123	5824	3342	3849	3017	1448
1026	1539	2195	1608	4482	4875	2849	3832	3748	3879
		115	39				3	30	
444	103	97	42	180	149	76	45	113	14
444	103	97	42	180	149	76	45	113	14
786	920	934	1198	1896	1503	549	1568	1341	1165
678	875	876	1113	1771	1392	481	1394	1177	1090
108	45	50	79	122	73	58	144	162	75
		8	6	3	38	10	30	2	
19431	**27033**	**92108**	**21340**	**65423**	**16437**	**6329**	**16896**	**15902**	**7510**
16124	21635	88627	17412	59960	11906	4942	14548	13321	5883
16124	21635	88627	17412	59960	11906	4942	14548	13321	5883
1425	3871	2358	2801	4401	2421	438	1502	1059	1266
2	248	609	1819	2558	842	217	298	193	352
1223	1105	754	333	247	753	114	353	586	362
		106	3	1		45	125	62	
67	279	785	616	639	712	52	726	155	544
133	2239	104	30	956	114	10		63	8

1-7 续表 6

行业	代码	从业人员数（人）	南宁市	柳州市	桂林市	梧州市
建筑安装业	49	30865	21296	1154	2924	637
电气安装	491	15912	11820	190	1144	250
管道和设备安装	492	2955	1632	370	226	72
其他建筑安装业	499	11998	7844	594	1554	315
建筑装饰和其他建筑业	50	89446	65885	8472	5405	2029
建筑装饰业	501	19583	10225	1001	2224	1534
工程准备活动	502	4117	1767	1208	312	62
提供施工设备服务	503	54377	51910	1862	61	35
其他未列明建筑业	509	11369	1983	4401	2808	398
批发和零售业	**F**	**594390**	**184093**	**73344**	**65399**	**32820**
批发业	51	312779	107234	38607	31557	16999
农、林、牧产品批发	511	22572	4110	1218	3126	2084
食品、饮料及烟草制品批发	512	44961	13963	3997	7017	3280
纺织、服装及家庭用品批发	513	26397	14471	3541	2218	724
文化、体育用品及器材批发	514	8012	3440	608	1306	382
医药及医疗器材批发	515	18079	8206	1390	1702	983
矿产品、建材及化工产品批发	516	113950	31133	15820	10831	5816
机械设备、五金产品及电子产品批发	517	55381	27527	9977	3476	1684
贸易经纪与代理	518	15636	2192	1397	1267	1463
其他批发业	519	7791	2192	659	614	583
零售业	52	281611	76859	34737	33842	15821
综合零售	521	70593	15370	8955	8278	2519
食品、饮料及烟草制品专门零售	522	21173	4326	2111	3278	3229
纺织、服装及日用品专门零售	523	16099	5553	2084	2044	705
文化、体育用品及器材专门零售	524	10265	2640	1642	1726	627
医药及医疗器材专门零售	525	42404	10620	4953	5511	3152
汽车、摩托车、燃料及零配件专门零售	526	46285	15645	6826	4761	1788
家用电器及电子产品专门零售	527	34397	10963	3599	3998	1585
五金、家具及室内装饰材料专门零售	528	19912	4183	2477	1968	1215
货摊、无店铺及其他零售业	529	20483	7559	2090	2278	1001
交通运输、仓储和邮政业	**G**	**207120**	**46468**	**25763**	**18017**	**7693**
铁路运输业	53					
道路运输业	54	125665	29252	19273	12395	4427
城市公共交通运输	541	24633	7442	3779	3015	1505
公路旅客运输	542	31652	7499	3111	5221	1097
道路货物运输	543	46338	9125	10493	3149	957
道路运输辅助活动	544	23042	5186	1890	1010	868
水上运输业	55	16329	1639	1740	1445	999
水上旅客运输	551	1374	2	54	994	8
水上货物运输	552	10653	1333	432	157	698
水上运输辅助活动	553	4302	304	1254	294	293
航空运输业	56	2537	2003	23	260	140
航空客货运输	561	90	48	14	25	
通用航空服务	562	1305	1259	9	16	
航空运输辅助活动	563	1142	696		219	140
管道运输业	57					
管道运输业	570					
装卸搬运和运输代理业	58	30161	4038	1267	964	830
装卸搬运	581	20378	1702	1038	629	210
运输代理业	582	9783	2336	229	335	620

北海市	防城港市	钦州市	贵港市	玉林市	百色市	贺州市	河池市	来宾市	崇左市
896	383	303	339	395	1333	189	359	506	151
821	80	39	168	376	416	169	288	26	125
13	299	88	92		134		4	25	
62	4	176	79	19	783	20	67	455	26
986	1144	820	788	667	777	760	487	1016	210
557	855	375	574	199	644	711	289	239	156
68	129	161	92	114	24	49	94	29	8
69	72	125	19	17	70		100	6	31
292	88	159	103	337	39		4	742	15
23219	**11687**	**19031**	**28959**	**58365**	**30533**	**14471**	**23021**	**15210**	**14238**
9371	6605	8679	15817	31013	12925	7583	11111	7924	7354
708	341	879	1072	4311	1464	1044	899	600	716
1453	801	1103	1211	4534	2262	1438	2152	1043	707
387	381	338	619	2116	319	273	307	98	605
385	24	265	729	303	128	215	80	33	114
541	63	643	864	1958	401	370	467	167	324
3050	2996	3818	7755	10249	6438	3309	5192	4703	2840
1026	1286	1081	1855	2064	1392	676	1371	561	1405
1497	592	434	383	4849	187	130	195	536	514
324	121	118	1329	629	334	128	448	183	129
13848	5082	10352	13142	27352	17608	6888	11910	7286	6884
4521	1803	3386	3356	7321	5361	1794	3303	2319	2307
1165	437	475	855	1980	1243	517	923	335	299
270	193	510	560	2472	557	120	507	241	283
461	137	317	463	783	396	213	445	214	201
1848	469	1191	2960	2420	3120	1788	2026	1095	1251
1868	714	2053	2089	4723	2038	962	1549	558	711
1052	666	1291	1220	3322	2425	922	1823	664	867
1091	444	794	836	2675	1563	306	822	1004	534
1572	219	335	803	1656	905	266	512	856	431
9477	**16347**	**13954**	**15136**	**17475**	**14309**	**3529**	**8052**	**5619**	**5281**
4503	4556	7530	5612	14144	10171	2471	5229	3392	2710
1152	260	771	1581	995	1493	189	1304	735	412
623	908	937	1993	3287	3345	868	1544	806	413
952	3210	4763	1701	7517	1586	329	578	1177	801
1776	178	1059	337	2345	3747	1085	1803	674	1084
1263	1239	353	6172	244	302	197	41	622	73
94	129		14		55	5	10	2	7
223	817	274	5705	121	219	188		486	
946	293	79	453	123	28	4	31	134	66
20	3	1			87				
	3								
20		1							
					87				
2634	9445	3483	1945	1177	1693	31	837	636	1181
1683	7661	1577	1680	691	1450	9	700	459	889
951	1784	1906	265	486	243	22	137	177	292

1-7 续表 7

行业	代码	从业人员数(人)	南宁市	柳州市	桂林市	梧州市
仓储业	59	10723	2231	1635	750	96
谷物、棉花等农产品仓储	591	4511	932	868	373	55
其他仓储业	599	6212	1299	767	377	41
邮政业	60	21705	7305	1825	2203	1201
邮政基本服务	601	15811	3424	1564	1978	1032
快递服务	602	5894	3881	261	225	169
住宿和餐饮业	**H**	**124930**	**41660**	**10699**	**22954**	**4787**
住宿业	61	73068	20758	6550	15047	1519
旅游饭店	611	51688	14673	5525	12322	829
一般旅馆	612	17993	5181	711	2099	522
其他住宿业	619	3387	904	314	626	168
餐饮业	62	51862	20902	4149	7907	3268
正餐服务	621	36585	9940	3204	6789	3062
快餐服务	622	10164	8491	484	325	45
饮料及冷饮服务	623	1096	329	180	151	52
其他餐饮业	629	4017	2142	281	642	109
信息传输、软件和信息技术服务业	**I**	**61736**	**26892**	**6270**	**6980**	**1892**
电信、广播电视和卫星传输服务	63	41110	15695	2987	3879	1484
电信	631	34984	11173	2753	3736	1285
广播电视传输服务	632	6073	4490	234	143	190
卫星传输服务	633	53	32			9
互联网和相关服务	64	3731	1296	934	806	27
互联网接入及相关服务	641	1147	280	791	28	
互联网信息服务	642	2239	812	133	716	18
其他互联网服务	649	345	204	10	62	9
软件和信息技术服务业	65	16895	9901	2349	2295	381
软件开发	651	9050	5226	1426	1311	106
信息系统集成服务	652	4198	2932	323	441	58
信息技术咨询服务	653	1745	805	281	313	113
数据处理和存储服务	654	395	269	13	22	4
集成电路设计	655	95		18	16	
其他信息技术服务业	659	1412	669	288	192	100
金融业	**J**					
房地产业	**K**	**196541**	**63139**	**23887**	**21275**	**10495**
房地产业	70	196541	63139	23887	21275	10495
房地产开发经营	701	90440	20388	8818	10921	5606
物业管理	702	74206	31310	11055	7788	3675
房地产中介服务	703	18071	7481	2172	1657	337
自有房地产经营活动	704	6432	1464	1101	216	448
其他房地产业	709	7392	2496	741	693	429
租赁和商务服务业	**L**	**251051**	**99097**	**37929**	**28910**	**7646**
租赁业	71	8440	2290	1093	882	253
机械设备租赁	711	7960	2080	1063	834	249
文化及日用品出租	712	480	210	30	48	4
商务服务业	72	242611	96807	36836	28028	7393
企业管理服务	721	64940	26686	8007	5778	1251

北海市	防城港市	钦州市	贵港市	玉林市	百色市	贺州市	河池市	来宾市	崇左市
454	558	1444	795	1186	809	233	175	120	237
94	239	405	325	231	341	228	149	112	159
360	319	1039	470	955	468	5	26	8	78
603	546	1143	612	724	1247	597	1770	849	1080
556	465	928	536	537	1153	513	1350	735	1040
47	81	215	76	187	94	84	420	114	40
6503	**2519**	**3784**	**4484**	**9305**	**6111**	**2195**	**4352**	**2393**	**3184**
5029	2027	2115	2282	5958	3405	1207	3274	1426	2471
3975	1035	1649	1340	3375	1740	960	1528	1056	1681
738	799	392	688	2543	1619	247	1453	362	639
316	193	74	254	40	46		293	8	151
1474	492	1669	2202	3347	2706	988	1078	967	713
1202	479	1482	2115	3093	2169	733	772	859	686
76	2	61	32	74	175	235	136	28	
57	9	11	15	56	151	2	32	39	12
139	2	115	40	124	211	18	138	41	15
2039	**1403**	**1698**	**1866**	**4032**	**1614**	**1394**	**2472**	**1506**	**1678**
1520	1338	1443	1608	3502	1377	1189	2127	1369	1592
1490	1304	1371	1583	3459	1217	1015	1873	1296	1429
27	34	67	25	43	156	174	254	73	163
3		5			4				
161	8	77	160	52	62	32	44	43	29
18	1	7	20	1	1				
140	7	59	126	45	55	21	41	37	29
3		11	14	6	6	11	3	6	
358	57	178	98	478	175	173	301	94	57
235	27	40	69	309	100	78	90	10	23
45	13	43	21	72	15	25	163	39	8
58	11	16	5	33	32		40	36	2
				1	19	55	3	3	6
5		56							
15	6	23	3	63	9	15	5	6	18
15269	**7504**	**7366**	**8565**	**13000**	**7012**	**2930**	**5145**	**6294**	**4660**
15269	7504	7366	8565	13000	7012	2930	5145	6294	4660
7981	5450	4814	4880	7454	4036	1609	2271	3695	2517
3477	1357	2052	2600	3806	2254	783	1041	2222	786
3298	264	309	612	490	348	389	381	142	191
131	108	112	226	519	86	85	1249	37	650
382	325	79	247	731	288	64	203	198	516
7185	**6815**	**6666**	**9295**	**12309**	**12517**	**3483**	**8143**	**5006**	**6050**
335	303	284	1248	275	710	230	317	46	174
315	298	262	1248	237	669	198	317	46	144
20	5	22		38	41	32			30
6850	6512	6382	8047	12034	11807	3253	7826	4960	5876
1989	3002	1904	2090	3496	4986	1005	1518	1441	1787

1-7 续表 8

行业	代码	从业人员数（人）	南宁市	柳州市	桂林市	梧州市
法律服务	722	6081	2319	827	703	314
咨询与调查	723	20564	10356	2060	3036	463
广告业	724	20882	7198	2332	2703	696
知识产权服务	725	331	235	47	17	2
人力资源服务	726	48039	25353	11563	1879	1771
旅行社及相关服务	727	13790	2428	1018	6661	198
安全保护服务	728	25323	7508	5773	2731	962
其他商务服务业	729	42661	14724	5209	4520	1736
科学研究和技术服务业	**M**	**140061**	**53199**	**15400**	**15640**	**5244**
研究和试验发展	73	15667	7358	814	1582	357
自然科学研究和试验发展	731	1582	853	26	326	37
工程和技术研究和试验发展	732	2179	1143	401	146	141
农业科学研究和试验发展	733	7105	2312	308	731	141
医学研究和试验发展	734	2672	2328		54	18
社会人文科学研究	735	2129	722	79	325	20
专业技术服务业	74	92662	38033	9793	10254	3654
气象服务	741	2458	506	196	219	151
地震服务	742	608	171	11	91	21
海洋服务	743	100				
测绘服务	744	4794	1918	731	280	188
质检技术服务	745	10553	3110	1144	1053	376
环境与生态监测	746	2901	388	276	357	302
地质勘查	747	5750	1910	1984	722	38
工程技术	748	48219	23953	4055	4874	1909
其他专业技术服务业	749	17279	6077	1396	2658	669
科技推广和应用服务业	75	31732	7808	4793	3804	1233
技术推广服务	751	27704	6835	3540	3298	991
科技中介服务	752	1970	278	1069	191	46
其他科技推广和应用服务业	759	2058	695	184	315	196
水利、环境和公共设施管理业	**N**	**91283**	**19234**	**10920**	**15565**	**3906**
水利管理业	76	14525	2331	1056	1604	894
防洪除涝设施管理	761	997	142	297	62	145
水资源管理	762	1279	153	106	138	9
天然水收集与分配	763	8242	1426	176	999	490
水文服务	764	339	176		25	13
其他水利管理业	769	3668	434	477	380	237
生态保护和环境治理业	77	3287	285	679	445	151
生态保护	771	1645	126	145	329	29
环境治理业	772	1642	159	534	116	122
公共设施管理业	78	73471	16618	9185	13516	2861
市政设施管理	781	5715	1171	492	896	247
环境卫生管理	782	39680	10459	5742	4613	1453
城乡市容管理	783	2097	511	137	761	3
绿化管理	784	7523	1101	1011	715	709
公园和游览景区管理	785	18456	3376	1803	6531	449

北海市	防城港市	钦州市	贵港市	玉林市	百色市	贺州市	河池市	来宾市	崇左市
250	66	143	223	336	229	143	259	155	114
471	219	589	616	1242	512	229	461	164	146
975	452	723	1078	1541	1377	317	518	325	647
			4	17		8	1		
249	445	796	268	1531	2430	202	472	824	256
626	356	199	311	336	405	216	444	203	389
448	534	455	549	939	648	543	2904	428	901
1842	1438	1573	2908	2596	1220	590	1249	1420	1636
5042	**3112**	**4798**	**4794**	**9621**	**5893**	**2964**	**5456**	**3625**	**5273**
452	73	505	238	921	448	303	431	129	2056
76	2	18	36	43	21	31	63	36	14
16	18	148	23	38	52	11	38		4
335	49	111	137	484	295	158	228	3	1813
25	2	201		33	3		8		
	2	27	42	323	77	103	94	90	225
3729	2181	3327	3372	5694	3564	1667	3347	2068	1979
152	158	143	76	114	214	89	259	104	77
33	32	45	18	43	29	19	41	9	45
30	16	22							32
209	118	201	154	307	129	68	119	249	123
271	419	406	350	823	692	206	718	327	658
401	77	133	52	200	107	47	374	122	65
	23	223	466		28	182	73	67	34
2159	857	1177	1339	3232	1492	789	1071	812	500
474	481	977	917	975	873	267	692	378	445
861	858	966	1184	3006	1881	994	1678	1428	1238
787	818	871	1088	2880	1718	953	1557	1199	1169
18	10	2	23	65	99	14	12	74	69
56	30	93	73	61	64	27	109	155	
4351	**2749**	**3596**	**4414**	**7394**	**5891**	**2965**	**4386**	**2119**	**3793**
545	394	568	1633	1901	738	685	889	803	484
24	45		43	42	22	14	95	38	28
118	82	17	93	238	21	18	184	50	52
352	72	374	1319	1343	305	346	327	472	241
		5			69			45	6
51	195	172	178	278	321	307	283	198	157
243	149	38	159	82	258	171	296	20	311
196	68	16	50	7	196	168	171	5	139
47	81	22	109	75	62	3	125	15	172
3563	2206	2990	2622	5411	4895	2109	3201	1296	2998
365	256	639	457	284	312	316	139	57	84
1434	1176	1603	822	2963	3005	950	2050	1050	2360
		43	45	16	464	57	18		42
308	182	557	422	1126	491	176	243	145	337
1456	592	148	876	1022	623	610	751	44	175

1-7 续表 9

行业	代码	从业人员数(人)	南宁市	柳州市	桂林市	梧州市
居民服务、修理和其他服务业	O	**41835**	**11617**	**5312**	**7634**	**1507**
居民服务业	79	12181	2812	1725	2748	425
家庭服务	791	2145	288	734	432	28
托儿所服务	792	59	10		1	5
洗染服务	793	511	87	45	223	24
理发及美容服务	794	1880	835	173	232	134
洗浴服务	795	945	233	253	189	7
保健服务	796	1750	661	132	552	67
婚姻服务	797	385	170	59	22	8
殡葬服务	798	1698	367	208	285	14
其他居民服务业	799	2808	161	121	812	138
机动车、电子产品和日用产品修理业	80	15759	4801	1558	2259	564
汽车、摩托车修理与维护	801	12970	3772	1145	1766	504
计算机和办公设备维修	802	946	336	112	250	37
家用电器修理	803	1226	572	88	208	23
其他日用产品修理业	809	617	121	213	35	
其他服务业	81	13895	4004	2029	2627	518
清洁服务	811	8040	1807	1465	1698	441
其他未列明服务业	819	5855	2197	564	929	77
教育	P	**649837**	**120915**	**48024**	**65997**	**39453**
教育	82	649837	120915	48024	65997	39453
学前教育	821	64404	11804	7850	6695	4323
初等教育	822	267361	36875	15111	21836	18237
中等教育	823	235616	40527	16616	22490	13923
高等教育	824	48189	20420	5645	10496	1011
特殊教育	825	1597	522	158	140	30
技能培训、教育辅助及其他教育	829	32670	10767	2644	4340	1929
卫生和社会工作	Q	**293628**	**54993**	**31474**	**31679**	**18644**
卫生	83	283462	52765	30186	29824	18095
医院	831	164820	35294	19672	19460	11085
社区医疗与卫生院	832	72112	9500	5518	6439	4434
门诊部(所)	833	5206	941	382	828	253
计划生育技术服务活动	834	10185	1400	855	728	404
妇幼保健院(所、站)	835	19345	3524	2640	1493	1346
专科疾病防治院(所、站)	836	1005	2	199	3	19
疾病预防控制中心	837	7795	1512	460	675	392
其他卫生活动	839	2994	592	460	198	162
社会工作	84	10166	2228	1288	1855	549
提供住宿社会工作	841	7934	1701	1110	1563	497
不提供住宿社会工作	842	2232	527	178	292	52
文化、体育和娱乐业	R	**64544**	**20231**	**6293**	**9996**	**2786**
新闻和出版业	85	7069	3739	792	939	203
新闻业	851	337	38	29	50	12
出版业	852	6732	3701	763	889	191
广播、电视、电影和影视录音制作业	86	12115	4165	1022	1436	525
广播	861	2904	774	198	267	72
电视	862	4735	1992	93	571	125
电影和影视节目制作	863	691	273	12	153	200
电影和影视节目发行	864	835	64	547	60	39
电影放映	865	2773	916	164	375	83
录音制作	866	177	146	8	10	6

北海市	防城港市	钦州市	贵港市	玉林市	百色市	贺州市	河池市	来宾市	崇左市
1473	**868**	**1886**	**3405**	**2769**	**2225**	**614**	**1107**	**832**	**586**
330	287	343	1154	916	502	316	299	214	110
48	24	36	208	110	108	10	59	44	16
	4		13	20			6		
9	56	6	3	29	12	5	2	4	6
38	40	41	87	191	29		66		14
	15	15	43	8	27	113		42	
42		42	5	137	39	20	31	18	4
11	3	14	41	12	16		23		6
96	22	81	174	233	51	47	26	51	43
86	123	108	580	176	220	121	86	55	21
510	356	786	915	1305	1202	240	562	423	278
417	336	720	821	1139	1075	232	499	324	220
49	12	36	7	27	18	8	31	16	7
25	3	16	51	100	88		23	4	25
19	5	14	36	39	21		9	79	26
633	225	757	1336	548	521	58	246	195	198
518	164	297	375	348	394	16	181	176	160
115	61	460	961	200	127	42	65	19	38
24338	**11511**	**40201**	**61840**	**75044**	**42352**	**27615**	**42446**	**25101**	**25000**
24338	11511	40201	61840	75044	42352	27615	42446	25101	25000
3507	2335	2256	6017	7378	3736	2367	2613	1689	1834
9292	4867	20849	28473	34684	19093	13115	20566	12647	11716
8320	4020	14791	25496	29647	15138	10188	15754	9538	9168
1958	18	1154	99	1182	2376	1134	1187	12	1497
56		63	25	135	146	72	125	67	58
1205	271	1088	1730	2018	1863	739	2201	1148	727
10702	**5867**	**18435**	**20689**	**27257**	**20506**	**10039**	**20006**	**11519**	**11818**
10343	5691	18090	20184	26278	19980	9931	19443	11271	11381
6342	3531	9917	9949	14104	10448	4845	9467	5115	5591
2096	1100	5477	6117	8135	5344	3883	5695	4703	3671
364	22	47	1251	199	487	23	180	116	113
238	231	490	1195	1338	1003	53	1452	297	501
667	484	1569	1024	1354	1635	628	1522	595	864
162	48	6		253	78	73	44	10	108
377	200	422	543	733	760	305	702	312	402
97	75	162	105	162	225	121	381	123	131
359	176	345	505	979	526	108	563	248	437
352	97	280	456	726	273	75	475	223	106
7	79	65	49	253	253	33	88	25	331
2353	**1335**	**2292**	**3246**	**4012**	**3324**	**1790**	**3184**	**1828**	**1874**
190	73	209	147	186	98	99	151	120	123
5	13	45	13	8	1	14	14	39	56
185	60	164	134	178	97	85	137	81	67
371	232	444	612	995	536	298	702	341	436
92	161	119	226	285	183	48	172	62	245
171	15	239	273	386	158	138	315	129	130
29		8	8		3		5		
36			5	50			25	9	
43	56	74	100	274	192	112	184	141	59
		4					1		2

1-7 续表 10

行　　业	代码	从　业 人员数 (人)	南宁市	柳州市	桂林市	梧州市
文化艺术业	87	15841	4177	1654	3288	534
文艺创作与表演	871	4615	1826	612	865	15
艺术表演场馆	872	1189			1019	18
图书馆与档案馆	873	2668	693	324	367	122
文物及非物质文化遗产保护	874	895	125	43	177	21
博物馆	875	1371	501	178	219	39
烈士陵园、纪念馆	876	461	98	36	74	
群众文化活动	877	3371	694	375	347	257
其他文化艺术业	879	1271	240	86	220	62
体育	88	5159	2968	579	534	126
体育组织	881	1625	1064	146	95	19
体育场馆	882	829	409	116	18	56
休闲健身活动	883	2454	1362	301	388	43
其他体育	889	251	133	16	33	8
娱乐业	89	24360	5182	2246	3799	1398
室内娱乐活动	891	22319	4593	2141	3090	1384
游乐园	892	269	11	23	70	3
彩票活动	893	442	382			
文化、娱乐、体育经纪代理	894	484	159	7	240	11
其他娱乐业	899	846	37	75	399	
公共管理、社会保障和社会组织	S	**718504**	**113653**	**72040**	**89822**	**49198**
中国共产党机关	90	26305	3845	2678	2882	1100
中国共产党机关	900	26305	3845	2678	2882	1100
国家机构	91	455589	72846	46543	54178	22419
国家权力机构	911	5669	570	430	1055	508
国家行政机构	912	420669	68040	40708	48730	20336
人民法院和人民检察院	913	22242	4137	1729	2582	1258
其他国家机构	919	7009	99	3676	1811	317
人民政协、民主党派	92	4056	827	305	453	197
人民政协	921	3279	732	264	378	144
民主党派	922	777	95	41	75	53
社会保障	93	12970	2154	822	1362	801
社会保障	930	12970	2154	822	1362	801
群众团体、社会团体和其他成员组织	94	109175	15838	12397	19209	17543
群众团体	941	13918	2119	4456	1493	380
社会团体	942	91934	13276	7678	16999	17116
基金会	943	200	165	10	13	
宗教组织	944	3123	278	253	704	47
基层群众自治组织	95	110409	18143	9295	11738	7138
社区自治组织	951	16982	5177	3548	1752	998
村民自治组织	952	93427	12966	5747	9986	6140
国际组织	T					
国际组织	96					
国际组织	960					

北海市	防城港市	钦州市	贵港市	玉林市	百色市	贺州市	河池市	来宾市	崇左市
678	266	346	370	867	1000	597	970	465	629
179	7	28	71	181	196	111	317	124	83
35	6	23	59		2		27		
98	48	50	97	179	173	126	180	99	112
	41	48	13	8	105	60	102	44	108
139	25	22	43	52	50	19	15	46	23
	2			3	156		34	1	57
160	90	154	34	392	198	177	208	140	145
67	47	21	53	52	120	104	87	11	101
114	335	80	30	161	60	89	58	15	10
11	72	21	17	36	10	81	41	12	
46	1	38	13	84	30	8	10		
37	261	9		23	10		7	3	10
20	1	12		18	10				
1000	429	1213	2087	1803	1630	707	1303	887	676
679	428	1199	2022	1773	1582	696	1193	869	670
58			35	30		11	28		
			18				30	12	
19					40			6	2
244	1	14	12		8		52		4
24619	**21896**	**36330**	**42451**	**54296**	**63609**	**35484**	**51463**	**30930**	**32713**
816	792	1672	1497	2289	2328	1422	1968	1604	1412
816	792	1672	1497	2289	2328	1422	1968	1604	1412
17895	16921	25397	28641	30416	41024	20782	35958	20965	21604
211	203	484	268	253	541	184	362	241	359
16655	15956	23758	26900	28274	38477	19668	33756	19469	19942
888	705	1068	1354	1726	1930	865	1746	1040	1214
141	57	87	119	163	76	65	94	215	89
387	206	162	110	239	315	153	275	170	257
56	136	139	97	221	309	139	265	170	229
331	70	23	13	18	6	14	10		28
447	360	424	719	1487	893	801	871	978	851
447	360	424	719	1487	893	801	871	978	851
2973	2054	3159	4358	7131	7228	6913	3663	3513	3196
528	293	447	212	550	1061	304	678	544	853
2394	1724	2575	4025	6445	5884	6482	2895	2123	2318
4				1	7				
47	37	137	121	135	276	127	90	846	25
2101	1563	5516	7126	12734	11821	5413	8728	3700	5393
471	257	587	601	1025	461	322	918	251	614
1630	1306	4929	6525	11709	11360	5091	7810	3449	4779

1-8 按行业、开业(成立)时间

行业	代码	法人单位数(个)	1949年及以前	1950-1977年	1978-1991年
总　　计		**236830**	**2697**	**18473**	**21883**
农、林、牧、渔业	A	**3420**	**1**	**179**	**370**
农业	01	52		20	1
谷物种植	011	2			
豆类、油料和薯类种植	012				
棉、麻、糖、烟草种植	013	15		9	1
蔬菜、食用菌及园艺作物种植	014	8		1	
水果种植	015	13		5	
坚果、含油果、香料和饮料作物种植	016	7		3	
中药材种植	017	1			
其他农业	019	6		2	
林业	02	47	1	29	9
林木育种和育苗	021	5		1	1
造林和更新	022	19	1	14	2
森林经营和管护	023	19		12	4
木材和竹材采运	024	3		1	2
林产品采集	025	1		1	
畜牧业	03	22		1	1
牲畜饲养	031	13			
家禽饲养	032	7			1
狩猎和捕捉动物	033				
其他畜牧业	039	2		1	
渔业	04	8			1
水产养殖	041	7			
水产捕捞	042	1			1
农、林、牧、渔服务业	05	3291		129	358
农业服务业	051	2483		66	79
林业服务业	052	554		52	265
畜牧服务业	053	144		5	8
渔业服务业	054	110		6	6
采矿业	B	**2988**		**31**	**45**
煤炭开采和洗选业	06	55		6	3
烟煤和无烟煤开采洗选	061	30		4	2
褐煤开采洗选	062	18		2	
其他煤炭采选	069	7			1
石油和天然气开采业	07	3			
石油开采	071	2			
天然气开采	072	1			
黑色金属矿采选业	08	334		7	5
铁矿采选	081	130		2	1
锰矿、铬矿采选	082	127		3	2
其他黑色金属矿采选	089	77		2	2
有色金属矿采选业	09	459		11	11
常用有色金属矿采选	091	375		10	8
贵金属矿采选	092	61			1
稀有稀土金属矿采选	093	23		1	2

分组的法人单位数

1992-1995年	1996年	1997年	1998年	1999年	2000年	2001年	2002年
10341	**3999**	**2852**	**2425**	**2394**	**3237**	**4054**	**7367**
52	**17**	**17**	**17**	**10**	**16**	**29**	**146**
4			1		1		1
2							
							1
2			1				
					1		
1							
1							
2			1	1	1		
			1	1			
2							
					1		
		1		1			1
		1		1			1
45	17	16	15	8	14	29	144
18	11	10	7	4	7	24	119
24	5	6	8	3	5	4	22
2	1			1	1	1	1
1					1		2
64	**20**	**9**	**25**	**20**	**32**	**50**	**53**
	5	1				3	
						1	
	4	1				2	
	1						
5	2		4	3	3	9	4
1					1		1
1	2		3	3	1	7	1
3			1		1	2	2
17	5	2	5	3	8	11	6
16	3	1	4	1	8	7	6
1	2		1	1		3	
		1		1		1	

1-8 续表 1

行业	代码	法人单位数（个）	1949年及以前	1950-1977年	1978-1991年
非金属矿采选业	10	2020		7	25
土砂石开采	101	1732		2	13
化学矿开采	102	50			4
采盐	103	7		3	
石棉及其他非金属矿采选	109	231		2	8
开采辅助活动	11	29			1
煤炭开采和洗选辅助活动	111	4			
石油和天然气开采辅助活动	112	1			
其他开采辅助活动	119	24			1
其他采矿业	12	88			
其他采矿业	120	88			
制造业	**C**	**24215**	**9**	**431**	**783**
农副食品加工业	13	1837		62	84
谷物磨制	131	258		2	2
饲料加工	132	262		1	6
植物油加工	133	198			2
制糖业	134	119		13	11
屠宰及肉类加工	135	335		39	36
水产品加工	136	141			4
蔬菜、水果和坚果加工	137	164		1	5
其他农副食品加工	139	360		6	18
食品制造业	14	1039		11	25
焙烤食品制造	141	407		3	12
糖果、巧克力及蜜饯制造	142	55		1	2
方便食品制造	143	175		3	2
乳制品制造	144	25			1
罐头食品制造	145	74		1	1
调味品、发酵制品制造	146	94		2	3
其他食品制造	149	209		1	4
酒、饮料和精制茶制造业	15	837		15	27
酒的制造	151	219		4	10
饮料制造	152	343		3	8
精制茶加工	153	275		8	9
烟草制品业	16	8			3
烟叶复烤	161	3			1
卷烟制造	162	4			1
其他烟草制品制造	169	1			1
纺织业	17	512	1	13	8
棉纺织及印染精加工	171	92		4	1
毛纺织及染整精加工	172	47			
麻纺织及染整精加工	173	20		2	1
丝绢纺织及印染精加工	174	136		1	1
化纤织造及印染精加工	175	6			
针织或钩针编织物及其制品制造	176	91		3	2
家用纺织制成品制造	177	84		2	2
非家用纺织制成品制造	178	36	1	1	1
纺织服装、服饰业	18	709		12	12
机织服装制造	181	582		12	10
针织或钩针编织服装制造	182	48			
服饰制造	183	79			2

1992-1995年	1996年	1997年	1998年	1999年	2000年	2001年	2002年
41	7	6	16	14	20	26	42
34	7	4	9	10	16	20	35
1			2	2	2	1	
					1		1
6		2	5	2	1	5	6
	1				1	1	
	1				1	1	
1							1
1							1
946	**292**	**264**	**388**	**331**	**503**	**625**	**772**
71	18	30	40	28	44	66	72
3	2	1	5	3	5	10	9
11	9	10	10	8	13	6	15
3	2		2	5	6	10	3
11		2	1	1	5	15	5
23	2	4	10	8	7	7	12
5	2	6	2	1	1	7	6
1		3	2	2	2	4	7
14	1	4	8		5	7	15
30	8	14	25	16	22	31	26
7	2	5	6	3	10	5	3
	1		2	3	2	2	5
1	1		8	2	3	4	2
1			1	1		4	1
5	1	4	2	2	2	3	7
6		2	4	2	1	3	1
10	3	3	2	3	4	10	7
56	27	12	23	17	18	25	38
7	5	2	2	8	7	4	8
14	6	3	5	5	6	15	22
35	16	7	16	4	5	6	8
14	2	4	3	5	10	15	21
3		1	1	2		4	3
3				1			1
1				1			1
2	1		1		6	7	4
					1		
		2	1			2	5
3	1			1	3	1	2
2		1				1	5
5	5	2	3	4	6	7	12
5	4	2	3	4	5	6	11
					1	1	1
	1						

1-8 续表 2

行业	代码	法人单位数（个）	1949年及以前	1950-1977年	1978-1991年
皮革、毛皮、羽毛及其制品和制鞋业	19	397		8	8
皮革鞣制加工	191	44		1	3
皮革制品制造	192	162		1	1
毛皮鞣制及制品加工	193	19			
羽毛(绒)加工及制品制造	194	82		1	4
制鞋业	195	90		5	
木材加工和木、竹、藤、棕、草制品业	20	3439	1	18	23
木材加工	201	1981		13	8
人造板制造	202	886		3	6
木制品制造	203	333		2	3
竹、藤、棕、草等制品制造	204	239	1		6
家具制造业	21	461		8	9
木质家具制造	211	351		7	8
竹、藤家具制造	212	15		1	1
金属家具制造	213	27			
塑料家具制造	214	8			
其他家具制造	219	60			
造纸和纸制品业	22	764		9	34
纸浆制造	221	26		1	2
造纸	222	346		3	17
纸制品制造	223	392		5	15
印刷和记录媒介复制业	23	808	1	26	100
印刷	231	703	1	21	87
装订及印刷相关服务	232	101		5	13
记录媒介复制	233	4			
文教、工美、体育和娱乐用品制造业	24	670		11	14
文教办公用品制造	241	27		3	4
乐器制造	242	3			
工艺美术品制造	243	534		8	10
体育用品制造	244	15			
玩具制造	245	90			
游艺器材及娱乐用品制造	246	1			
石油加工、炼焦和核燃料加工业	25	65		1	2
精炼石油产品制造	251	55		1	2
炼焦	252	7			
核燃料加工	253	3			
化学原料和化学制品制造业	26	1412		24	69
基础化学原料制造	261	209		3	7
肥料制造	262	293		6	7
农药制造	263	70		2	4
涂料、油墨、颜料及类似产品制造	264	137		4	5
合成材料制造	265	37		1	1
专用化学产品制造	266	320		4	6
炸药、火工及焰火产品制造	267	186		3	33
日用化学产品制造	268	160		1	6

1992-1995年	1996年	1997年	1998年	1999年	2000年	2001年	2002年
11			4	5	8	10	8
4					1	3	1
3			4	3	4	4	4
				1			
1					2	2	
3				1	1	1	3
48	15	15	24	22	44	35	58
16	4	4	5	4	11	15	19
5	2	3	2	2	14	10	15
8	4	3	6	7	8	3	12
19	5	5	11	9	11	7	12
16	3	3	7	3	7	9	6
10	1	3	5	1	4	7	4
					1	1	
1	1					1	1
2					1		
3	1		2	2	1		1
31	16	17	13	11	17	33	22
	2						
13	10	13	6	3	8	15	11
18	4	4	7	8	9	18	11
76	13	18	26	9	19	27	26
72	8	16	23	9	18	21	23
4	5	2	3		1	6	3
13	8	5	13	6	11	29	21
2			1		1	1	
						1	
11	7	4	12	6	9	24	21
	1	1			1	2	
						1	
1	1		1		1	1	3
1	1		1		1	1	3
60	24	30	38	28	55	75	70
6	6	2	5	3	7	10	12
9	6	4	12	7	12	5	9
6	2	3	4	5	5	6	3
5	2	3	4	1	5	6	12
1	1	1	1	1	1	1	
13	1	8	1	7	7	17	16
12	2	5	7	3	12	25	13
8	4	4	4	1	6	5	5

1-8 续表 3

行业	代码	法人单位数(个)	1949年及以前	1950-1977年	1978-1991年
医药制造业	27	409		14	15
化学药品原料药制造	271	33			
化学药品制剂制造	272	40			2
中药饮片加工	273	53			
中成药生产	274	140		13	7
兽用药品制造	275	52		1	5
生物药品制造	276	49			1
卫生材料及医药用品制造	277	42			
化学纤维制造业	28	8			1
纤维素纤维原料及纤维制造	281	5			1
合成纤维制造	282	3			
橡胶和塑料制品业	29	851		13	32
橡胶制品业	291	128		4	9
塑料制品业	292	723		9	23
非金属矿物制品业	30	3991	1	41	135
水泥、石灰和石膏制造	301	491		14	22
石膏、水泥制品及类似制品制造	302	711		8	7
砖瓦、石材等建筑材料制造	303	2202		11	92
玻璃制造	304	37		1	1
玻璃制品制造	305	64			2
玻璃纤维和玻璃纤维增强塑料制品制造	306	27			
陶瓷制品制造	307	188	1	6	6
耐火材料制品制造	308	34			1
石墨及其他非金属矿物制品制造	309	237		1	4
黑色金属冶炼和压延加工业	31	584		8	20
炼铁	311	30			1
炼钢	312	9			
黑色金属铸造	313	219		4	14
钢压延加工	314	102		3	3
铁合金冶炼	315	224		1	2
有色金属冶炼和压延加工业	32	328	1	5	5
常用有色金属冶炼	321	170		2	3
贵金属冶炼	322	11			
稀有稀土金属冶炼	323	20			
有色金属合金制造	324	14			
有色金属铸造	325	7			1
有色金属压延加工	326	106	1	3	1
金属制品业	33	977	1	36	40
结构性金属制品制造	331	378		7	9
金属工具制造	332	167		17	9
集装箱及金属包装容器制造	333	38		1	2
金属丝绳及其制品制造	334	27	1	1	1
建筑、安全用金属制品制造	335	94			4
金属表面处理及热处理加工	336	39		1	2
搪瓷制品制造	337	15		1	2
金属制日用品制造	338	117		4	5
其他金属制品制造	339	102		4	6
通用设备制造业	34	782		21	27
锅炉及原动设备制造	341	74		6	5

1992-1995年	1996年	1997年	1998年	1999年	2000年	2001年	2002年
33	6	2	18	12	21	10	19
	2		1	2	3	2	1
4		1	2	2	4	1	2
3	1	1	2	2			1
12	2		8	1	8	5	13
9			5	3	4	1	
4				1	1	1	1
1	1			1	1		1
				1		1	1
				1			
						1	1
35	4	12	12	24	16	33	38
6		2		3	3	7	8
29	4	10	12	21	13	26	30
256	78	37	49	48	76	66	106
38	7	4	6	13	10	15	14
10	1	2	2	2	10	3	10
183	65	23	35	27	43	38	54
1				1		2	1
2	2	1	1			1	4
3			1				1
8	2	2	2	3	7	3	11
4			2	2			1
7	1	5			6	4	10
29	14	7	7	9	12	15	40
						1	2
							2
19	10	5	4	6	6	5	17
5	1	2	3	2	3	1	5
5	3			1	3	8	14
7	6	4	4	5	10	4	16
3	4	2	3	2	6	2	7
1		1			1	1	
				1			3
							1
3	2	1	1	2	3	1	5
35	10	10	7	13	17	26	33
6	2	1	3	6	3	8	6
10	2	2	1	2	2	6	9
3	1			1		1	2
1	1	1			1	1	3
3	2	3	1	1	2	2	4
2		2		1		4	2
			1	1			1
7	1	1	1		6	2	1
3	1			1	3	2	5
21	11	9	8	13	13	23	27
3	2			2	1	3	4

1-8 续表 4

行　业	代码	法人单位数(个)	1949年及以前	1950-1977年	1978-1991年
金属加工机械制造	342	177		7	4
物料搬运设备制造	343	37		1	2
泵、阀门、压缩机及类似机械制造	344	64		2	5
轴承、齿轮和传动部件制造	345	31			
烘炉、风机、衡器、包装等设备制造	346	74		2	6
文化、办公用机械制造	347	5			
通用零部件制造	348	271		1	5
其他通用设备制造业	349	49		2	
专用设备制造业	35	848		28	29
采矿、冶金、建筑专用设备制造	351	193		6	7
化工、木材、非金属加工专用设备制造	352	150		4	6
食品、饮料、烟草及饲料生产专用设备制造	353	57		7	2
印刷、制药、日化及日用品生产专用设备制造	354	56		1	3
纺织、服装和皮革加工专用设备制造	355	4			1
电子和电工机械专用设备制造	356	35			1
农、林、牧、渔专用机械制造	357	204		10	7
医疗仪器设备及器械制造	358	62			1
环保、社会公共服务及其他专用设备制造	359	87			1
汽车制造业	36	704	2	10	19
汽车整车制造	361	12	1	1	
改装汽车制造	362	11		2	1
低速载货汽车制造	363	2			
电车制造	364	4			
汽车车身、挂车制造	365	10			
汽车零部件及配件制造	366	665	1	7	18
铁路、船舶、航空航天和其他运输设备制造业	37	164		9	11
铁路运输设备制造	371	25		3	3
城市轨道交通设备制造	372				
船舶及相关装置制造	373	85		5	6
航空、航天器及设备制造	374	3			1
摩托车制造	375	8			
自行车制造	376	32		1	1
非公路休闲车及零配件制造	377	2			
潜水救捞及其他未列明运输设备制造	379	9			
电气机械和器材制造业	38	606	1	15	16
电机制造	381	74		3	1
输配电及控制设备制造	382	213		4	9
电线、电缆、光缆及电工器材制造	383	109		2	1
电池制造	384	29	1	1	2
家用电力器具制造	385	40		1	2
非电力家用器具制造	386	39		1	
照明器具制造	387	51		1	
其他电气机械及器材制造	389	51		2	1
计算机、通信和其他电子设备制造业	39	436		3	2
计算机制造	391	49			
通信设备制造	392	48		1	2
广播电视设备制造	393	10			
雷达及配套设备制造	394	1			

1992-1995年	1996年	1997年	1998年	1999年	2000年	2001年	2002年
3	1	2		1	5	3	6
2	1	1	1	1		2	1
5	2			3		1	2
1					2	1	1
	2	1		1		1	1
							1
6	2	4	6	4	4	11	9
1	1	1	1	1	1	1	2
32	5	10	13	23	20	20	31
10		2	2	5	5	2	7
3		4	1	1	2	2	7
4			2	2	3	3	2
		1	1		3		5
				1	1		
8	4	1	6	6	2	7	6
2	1		1	3	4	4	1
5		2		5		2	3
24	8	11	24	5	15	23	31
3			1				
1				1			1
					1		
1			1		1		
19	8	11	22	4	13	23	30
9	1	1	4		3	4	5
1			1				
7	1	1	1		2	4	3
							1
			2				1
					1		
1							
17	7	5	8	9	16	12	23
1	2	1	1		1	3	1
7		3	2	5	7	3	13
5	2		3	3	5	2	5
	1		1			1	
			1		2	1	2
1	1						
1						1	
2	1	1		1	1	1	2
5		3	6	6	7	10	8
							1
2		1	1	1	3	1	4
				1			

1-8 续表 5

行业	代码	法人单位数（个）	1949年及以前	1950-1977年	1978-1991年
视听设备制造	395	27			
电子器件制造	396	37		1	
电子元件制造	397	183		1	
其他电子设备制造	399	81			
仪器仪表制造业	40	98		4	5
通用仪器仪表制造	401	41			4
专用仪器仪表制造	402	17		2	1
钟表与计时仪器制造	403	9		1	
光学仪器及眼镜制造	404	18		1	
其他仪器仪表制造业	409	13			
其他制造业	41	171		2	2
日用杂品制造	411	46		1	
煤制品制造	412	18			
核辐射加工	413	3			
其他未列明制造业	419	104		1	2
废弃资源综合利用业	42	184			2
金属废料和碎屑加工处理	421	113			1
非金属废料和碎屑加工处理	422	71			1
金属制品、机械和设备修理业	43	116		4	4
金属制品修理	431	4			1
通用设备修理	432	12			
专用设备修理	433	26		2	1
铁路、船舶、航空航天等运输设备修理	434	24		2	1
电气设备修理	435	10			
仪器仪表修理	436	6			1
其他机械和设备修理业	439	34			
电力、热力、燃气及水生产和供应业	**D**	**2587**	**3**	**167**	**218**
电力、热力生产和供应业	44	1875	1	119	140
电力生产	441	1698		89	107
电力供应	442	162	1	29	33
热力生产和供应	443	15		1	
燃气生产和供应业	45	84			1
燃气生产和供应业	450	84			1
水的生产和供应业	46	628	2	48	77
自来水生产和供应	461	539	2	48	77
污水处理及其再生利用	462	70			
其他水的处理、利用与分配	469	19			
建筑业	**E**	**4730**		**168**	**170**
房屋建筑业	47	1010		138	114
房屋建筑业	470	1010		138	114
土木工程建筑业	48	706		21	35
铁路、道路、隧道和桥梁工程建筑	481	229		8	12
水利和内河港口工程建筑	482	83		6	12
海洋工程建筑	483				
工矿工程建筑	484	41		3	4
架线和管道工程建筑	485	123		2	6
其他土木工程建筑	489	230		2	1

1992-1995年	1996年	1997年	1998年	1999年	2000年	2001年	2002年
							1
					2	4	
1		1	2	2	2	3	
2		1	3	2		2	2
3	1		2	4	2	3	4
1	1		1	3	2	1	2
1							
						1	
1			1			1	2
				1			
4		2	3	1	7	5	3
2				1	5	3	1
1			2			1	
						1	
1		2	1		2		2
	1			4	3	2	2
	1			2	1	2	1
				2	2		1
4		1	3		3	5	2
1					2		
		1	1			1	1
1					1		
						3	
1							
1			2			1	1
116	**35**	**41**	**62**	**58**	**61**	**95**	**124**
53	18	20	39	38	46	71	102
45	18	20	36	33	41	69	98
8			3	5	5	2	4
2	1	1	1		2	3	
2	1	1	1		2	3	
61	16	20	22	20	13	21	22
60	16	20	22	19	13	18	21
1						1	
				1		2	1
218	**33**	**64**	**69**	**64**	**43**	**94**	**111**
135	14	19	14	7	5	22	40
135	14	19	14	7	5	22	40
27	5	21	14	16	9	16	18
13	4	15	6	4	4	4	7
4		3	2	2		1	3
2		1	1	1			
5	1	2	2	4	2	7	4
3			3	5	3	4	4

1-8 续表 6

行业	代码	法人单位数（个）	1949年及以前	1950-1977年	1978-1991年
建筑安装业	49	614		2	13
电气安装	491	166		1	4
管道和设备安装	492	81			1
其他建筑安装业	499	367		1	8
建筑装饰和其他建筑业	50	2400		7	8
建筑装饰业	501	1852		2	2
工程准备活动	502	124		1	1
提供施工设备服务	503	159		1	
其他未列明建筑业	509	265		3	5
批发和零售业	**F**	**64262**	**9**	**987**	**842**
批发业	51	33447	5	495	460
农、林、牧产品批发	511	2940	1	66	53
食品、饮料及烟草制品批发	512	3444	1	53	57
纺织、服装及家庭用品批发	513	2696		17	29
文化、体育用品及器材批发	514	819	1	18	12
医药及医疗器材批发	515	1380		11	17
矿产品、建材及化工产品批发	516	12275	2	282	224
机械设备、五金产品及电子产品批发	517	7071		29	34
贸易经纪与代理	518	1721		9	18
其他批发业	519	1101		10	16
零售业	52	30815	4	492	382
综合零售	521	3158		304	125
食品、饮料及烟草制品专门零售	522	3174		44	50
纺织、服装及日用品专门零售	523	2446	1	21	22
文化、体育用品及器材专门零售	524	1207	2	52	23
医药及医疗器材专门零售	525	7143	1	29	81
汽车、摩托车、燃料及零配件专门零售	526	3235		1	25
家用电器及电子产品专门零售	527	4080		6	11
五金、家具及室内装饰材料专门零售	528	3447		19	26
货摊、无店铺及其他零售业	529	2925		16	19
交通运输、仓储和邮政业	**G**	**5092**	**1**	**161**	**294**
铁路运输业	53				
道路运输业	54	2944	1	67	157
城市公共交通运输	541	250		7	8
公路旅客运输	542	302		6	18
道路货物运输	543	1900		11	26
道路运输辅助活动	544	492	1	43	105
水上运输业	55	454		34	47
水上旅客运输	551	47		4	3
水上货物运输	552	296		25	25
水上运输辅助活动	553	111		5	19
航空运输业	56	29			
航空客货运输	561	13			
通用航空服务	562	8			
航空运输辅助活动	563	8			
管道运输业	57				
管道运输业	570				
装卸搬运和运输代理业	58	960		12	34
装卸搬运	581	282		11	17
运输代理业	582	678		1	17

1992-1995年	1996年	1997年	1998年	1999年	2000年	2001年	2002年
17	4	12	17	18	8	25	19
4	3	4	5	2	3	11	11
2	1	3	4	3	4		4
11		5	8	13	1	14	4
39	10	12	24	23	21	31	34
31	9	10	23	17	15	22	25
6	1			4	1	3	4
1				1	1	2	1
1		2	1	1	4	4	4
804	**238**	**277**	**482**	**486**	**722**	**767**	**1002**
483	118	158	284	292	432	472	540
42	11	10	38	13	27	25	23
37	14	13	34	23	37	44	38
21	5	10	13	17	26	42	37
23	1	3	3	15	17	18	16
22	2	4	7	8	19	7	27
235	50	68	107	134	179	169	194
79	26	44	63	67	113	133	162
15	4	4	13	8	7	22	25
9	5	2	6	7	7	12	18
321	120	119	198	194	290	295	462
44	11	12	13	16	15	23	32
21	6	13	27	11	28	23	21
16	7	4	7	13	18	20	19
19	8	7	11	15	13	11	19
84	26	33	35	28	53	55	100
54	16	16	27	36	42	58	116
32	17	13	31	38	66	49	71
20	12	14	22	18	27	34	50
31	17	7	25	19	28	22	34
182	**39**	**71**	**121**	**89**	**87**	**109**	**110**
98	26	50	40	49	53	65	78
12	5	7	5	8	9	10	16
13	2	9	12	10	12	17	16
31	10	6	14	19	21	30	32
42	9	28	9	12	11	8	14
32	4	7	9	5	9	18	10
3			2	1	3	6	2
20	3	2	7	3	5	7	7
9	1	5		1	1	5	1
2	1		1	2	2	1	1
1				1	1		
1				1	1		1
	1		1			1	
20	6	2	9	14	12	9	9
10	3		2	2	4	2	2
10	3	2	7	12	8	7	7

1-8 续表 7

行业	代码	法人单位数（个）	1949年及以前	1950-1977年	1978-1991年
仓储业	59	505		46	56
谷物、棉花等农产品仓储	591	245		42	43
其他仓储业	599	260		4	13
邮政业	60	200		2	
邮政基本服务	601	26		2	
快递服务	602	174			
住宿和餐饮业	H	**3472**	**1**	**57**	**134**
住宿业	61	1726		34	104
旅游饭店	611	711		17	48
一般旅馆	612	836		12	49
其他住宿业	619	179		5	7
餐饮业	62	1746	1	23	30
正餐服务	621	1176	1	18	24
快餐服务	622	143		4	1
饮料及冷饮服务	623	132			
其他餐饮业	629	295		1	5
信息传输、软件和信息技术服务业	I	**2546**		**35**	**134**
电信、广播电视和卫星传输服务	63	517		35	113
电信	631	165			
广播电视传输服务	632	346		35	111
卫星传输服务	633	6			2
互联网和相关服务	64	316			5
互联网接入及相关服务	641	34			1
互联网信息服务	642	231			4
其他互联网服务	649	51			
软件和信息技术服务业	65	1713			16
软件开发	651	864			2
信息系统集成服务	652	389			3
信息技术咨询服务	653	253			5
数据处理和存储服务	654	46			5
集成电路设计	655	7			
其他信息技术服务业	659	154			1
金融业	J				
房地产业	K	**8447**		**171**	**175**
房地产业	70	8447		171	175
房地产开发经营	701	3788		1	51
物业管理	702	1898		2	2
房地产中介服务	703	1772		1	9
自有房地产经营活动	704	457		138	80
其他房地产业	709	532		29	33
租赁和商务服务业	L	**18610**	**3**	**237**	**954**
租赁业	71	1031		11	4
机械设备租赁	711	979		10	4
文化及日用品出租	712	52		1	
商务服务业	72	17579	3	226	950
企业管理服务	721	5557	3	203	715

1992-1995年	1996年	1997年	1998年	1999年	2000年	2001年	2002年
30	2	12	55	10	11	15	10
20	2	3	48	8	7	9	7
10		9	7	2	4	6	3
			7	9		1	2
			7	8			
				1		1	2
79	**24**	**44**	**37**	**41**	**64**	**60**	**67**
66	15	33	19	25	38	41	42
31	10	14	11	14	26	19	26
28	5	16	6	9	8	20	12
7		3	2	2	4	2	4
13	9	11	18	16	26	19	25
12	6	10	16	16	19	16	20
	2		1		3	2	3
	1	1			1	1	1
1			1		3		1
36	**6**	**5**	**17**	**27**	**30**	**51**	**122**
23	4		4	14	9	25	91
2	1		2	12	4	20	9
21	3		2	2	5	5	82
1		1	2	2	7	4	3
			1				
1		1	1	2	7	4	3
12	2	4	11	11	14	22	28
3		2	6	6	6	11	13
2	1		5	2	1	7	7
5	1	1		1	3	2	4
2					3		
							2
		1		2	1	2	2
357	**60**	**72**	**70**	**81**	**145**	**176**	**230**
357	60	72	70	81	145	176	230
243	35	36	36	42	62	89	128
24	11	18	13	22	49	45	52
20	2	4	8	8	20	35	35
39	7	13	9	4	9	1	2
31	5	1	4	5	5	6	13
505	**194**	**144**	**146**	**183**	**203**	**267**	**307**
15	2	3	2	4	1	4	11
14	1	3	2	4	1	3	11
1	1					1	
490	192	141	144	179	202	263	296
269	114	55	30	20	39	45	85

1-8 续表 8

行　业	代码	法人单位数（个）	1949年及以前	1950-1977年	1978-1991年
法律服务	722	665			63
咨询与调查	723	2898		2	16
广告业	724	3415			6
知识产权服务	725	56			
人力资源服务	726	820		1	68
旅行社及相关服务	727	824		1	30
安全保护服务	728	201		1	5
其他商务服务业	729	3143		18	47
科学研究和技术服务业	**M**	**10361**	**13**	**824**	**1583**
研究和试验发展	73	651	4	106	107
自然科学研究和试验发展	731	86		7	14
工程和技术研究和试验发展	732	134		8	16
农业科学研究和试验发展	733	249	3	67	36
医学研究和试验发展	734	73		4	6
社会人文科学研究	735	109	1	20	35
专业技术服务业	74	5547	9	442	711
气象服务	741	167	3	70	17
地震服务	742	87		7	7
海洋服务	743	10			
测绘服务	744	209		8	9
质检技术服务	745	663		45	77
环境与生态监测	746	170	2	13	39
地质勘查	747	112	1	19	5
工程技术	748	2244	1	39	289
其他专业技术服务业	749	1885	2	241	268
科技推广和应用服务业	75	4163		276	765
技术推广服务	751	3697		251	705
科技中介服务	752	149		7	32
其他科技推广和应用服务业	759	317		18	28
水利、环境和公共设施管理业	**N**	**2762**	**3**	**444**	**586**
水利管理业	76	1399	2	385	396
防洪除涝设施管理	761	113		16	22
水资源管理	762	197		26	55
天然水收集与分配	763	456	1	254	79
水文服务	764	19		4	5
其他水利管理业	769	614	1	85	235
生态保护和环境治理业	77	201		14	30
生态保护	771	107		12	25
环境治理业	772	94		2	5
公共设施管理业	78	1162	1	45	160
市政设施管理	781	185		2	27
环境卫生管理	782	255		19	64
城乡市容管理	783	63		3	5
绿化管理	784	254		10	32
公园和游览景区管理	785	405	1	11	32

1992-1995年	1996年	1997年	1998年	1999年	2000年	2001年	2002年
49	14	20	13	34	20	60	33
21	9	8	12	25	37	27	31
29	12	15	18	25	41	43	42
				1		3	
22	7	7	14	13	10	7	13
41	4	10	15	16	13	18	30
6	1		1	3	1	6	6
53	31	26	41	42	41	54	56
400	**112**	**161**	**111**	**121**	**175**	**220**	**690**
21	4	10	9	5	9	12	16
		1	1		2	3	5
6	1	2	1			5	2
9	1	3	3	2	4	2	1
2		1		1		1	2
4	2	3	4	2	3	1	6
243	74	100	73	90	119	111	211
8	2	6		9	5	7	1
3		2		2	1		1
	1				1		
6	2	3	5		6	9	15
28	9	23	7	14	14	11	18
18	2	2	5	2	4	3	6
6		1	2	1	4	1	3
136	37	47	38	44	48	54	106
38	21	16	16	18	36	26	61
136	34	51	29	26	47	97	463
124	29	48	27	24	44	91	438
6	3	2	1		2	3	8
6	2	1	1	2	1	3	17
123	**42**	**47**	**37**	**24**	**37**	**42**	**108**
44	14	16	13	9	13	21	59
3	4	1	4	2	4	6	8
8	1	2	1	2	1	2	6
5	5	2	3	1	3	6	9
		1	1				1
28	4	10	4	4	5	7	35
8	3	2	7	1	2	4	7
6	1	2	6	1	1	3	4
2	2		1		1	1	3
71	25	29	17	14	22	17	42
14	5	5	7	2	1	3	11
19	7	5	3	3	5	1	9
4	4	1	1		2		1
9	4	10	3	4	6	3	8
25	5	8	3	5	8	10	13

1-8 续表 9

行业	代码	法人单位数（个）	1949年及以前	1950-1977年	1978-1991年
居民服务、修理和其他服务业	O	**3541**		**26**	**56**
居民服务业	79	1215		9	29
家庭服务	791	285			2
托儿所服务	792	8			
洗染服务	793	70			
理发及美容服务	794	268		1	3
洗浴服务	795	39			
保健服务	796	139			1
婚姻服务	797	89			
殡葬服务	798	74		5	16
其他居民服务业	799	243		3	7
机动车、电子产品和日用产品修理业	80	1467		15	18
汽车、摩托车修理与维护	801	1086		12	16
计算机和办公设备维修	802	132			
家用电器修理	803	184			1
其他日用产品修理业	809	65		3	1
其他服务业	81	859		2	9
清洁服务	811	385		1	4
其他未列明服务业	819	474		1	5
教育	P	**18301**	**2283**	**6196**	**1919**
教育	82	18301	2283	6196	1919
学前教育	821	4301	15	154	127
初等教育	822	9176	2052	4862	924
中等教育	823	2594	203	957	649
高等教育	824	131	9	32	34
特殊教育	825	72		3	6
技能培训、教育辅助及其他教育	829	2027	4	188	179
卫生和社会工作	Q	**5387**	**70**	**1265**	**1192**
卫生	83	4344	65	1224	1089
医院	831	524	52	137	98
社区医疗与卫生院	832	1721	12	898	276
门诊部(所)	833	830		63	135
计划生育技术服务活动	834	843	1	14	524
妇幼保健院(所、站)	835	111		69	23
专科疾病防治院(所、站)	836	46		22	4
疾病预防控制中心	837	164		19	17
其他卫生活动	839	105		2	12
社会工作	84	1043	5	41	103
提供住宿社会工作	841	794	2	34	74
不提供住宿社会工作	842	249	3	7	29
文化、体育和娱乐业	R	**6665**	**9**	**345**	**657**
新闻和出版业	85	188	1	22	51
新闻业	851	47		1	3
出版业	852	141	1	21	48
广播、电视、电影和影视录音制作业	86	867		111	232
广播	861	427		65	134
电视	862	191		9	50
电影和影视节目制作	863	71		1	2
电影和影视节目发行	864	29		4	3
电影放映	865	138		32	43
录音制作	866	11			

1992-1995年	1996年	1997年	1998年	1999年	2000年	2001年	2002年
66	**25**	**23**	**25**	**36**	**42**	**54**	**55**
16	3	7	8	10	8	17	13
			1	1	1		1
						2	
					1	2	
1	2	1	1			1	1
1		1		2		1	1
1					1		1
						2	4
9			3	1	2	4	2
4	1	5	3	6	3	5	3
40	16	14	12	15	21	20	21
35	13	10	10	12	15	13	15
1		1			2	3	3
3	2	3	2	3	4	4	3
1	1						
10	6	2	5	11	13	17	21
7	5	1	4	3	8	11	15
3	1	1	1	8	5	6	6
552	**174**	**391**	**161**	**166**	**249**	**245**	**330**
552	174	391	161	166	249	245	330
93	40	67	75	87	141	129	140
205	58	209	35	28	38	43	76
184	53	63	20	24	34	29	39
4			2	2	1	1	8
15		3	1	3	1	2	4
51	23	49	28	22	34	41	63
284	**69**	**85**	**75**	**53**	**69**	**108**	**164**
210	47	62	58	35	39	78	105
21	8	6	7	3	6	1	1
68	12	22	16	7	8	20	15
58	10	8	22	15	17	34	26
43	13	18	4	8	7	22	55
5		2	1		1		2
1		1					
4		2	2	1		1	5
10	4	3	6	1			1
74	22	23	17	18	30	30	59
58	16	15	11	13	19	24	48
16	6	8	6	5	11	6	11
134	**49**	**56**	**32**	**31**	**96**	**202**	**401**
16	6	2	2	1	6	1	3
2	1	2	1		1		2
14	5		1	1	5	1	1
63	16	14	9	6	8	33	129
30	6	5	3	3	1	24	79
24	6	9	3	2	4	7	46
					3	1	1
1			2			1	2
8	3		1				1
	1			1			

1-8 续表 10

行业	代码	法人单位数（个）	1949年及以前	1950-1977年	1978-1991年
文化艺术业	87	1252	8	205	350
文艺创作与表演	871	187	1	30	19
艺术表演场馆	872	23		5	5
图书馆与档案馆	873	233	7	66	79
文物及非物质文化遗产保护	874	92		12	44
博物馆	875	68		5	27
烈士陵园、纪念馆	876	24		7	5
群众文化活动	877	427		77	119
其他文化艺术业	879	198		3	52
体育	88	280		6	16
体育组织	881	95		1	3
体育场馆	882	50		5	9
休闲健身活动	883	104			2
其他体育	889	31			2
娱乐业	89	4078		1	8
室内娱乐活动	891	3970		1	5
游乐园	892	15			
彩票活动	893	7			1
文化、娱乐、体育经纪代理	894	38			2
其他娱乐业	899	48			
公共管理、社会保障和社会组织	**S**	**49444**	**292**	**6749**	**11771**
中国共产党机关	90	1986	69	568	708
中国共产党机关	900	1986	69	568	708
国家机构	91	19994	134	2213	5647
国家权力机构	911	283	4	44	106
国家行政机构	912	19108	122	2036	5379
人民法院和人民检察院	913	286	4	108	94
其他国家机构	919	317	4	25	68
人民政协、民主党派	92	263	6	54	103
人民政协	921	169	5	30	81
民主党派	922	94	1	24	22
社会保障	93	1503		12	109
社会保障	930	1503		12	109
群众团体、社会团体和其他成员组织	94	9560	28	362	827
群众团体	941	1186	11	236	231
社会团体	942	8122	7	117	544
基金会	943	31			2
宗教组织	944	221	10	9	50
基层群众自治组织	95	16138	55	3540	4377
社区自治组织	951	1785	1	111	161
村民自治组织	952	14353	54	3429	4216
国际组织	**T**				
国际组织	96				
国际组织	960				

1992-1995年	1996年	1997年	1998年	1999年	2000年	2001年	2002年
42	19	29	10	7	13	12	54
6	2	4	4	1	3		5
1	2				1	2	
9	4	6	2	1		1	4
2	2	1	1	1	1	2	2
3	2	2			1		
3	1	1					
17	6	12	3	3	7	6	40
1		3		1		1	3
6	3	4	4	2	3	5	8
	1	1				3	3
2	2	2	1	1			3
4		1	3	1	2	2	2
					1		
7	5	7	7	15	66	151	207
3	3	7	6	12	64	148	205
1						1	1
					1		
	1			2			
3	1		1	1	1	2	1
5423	**2570**	**1081**	**550**	**573**	**663**	**860**	**2575**
127	65	67	24	12	13	25	81
127	65	67	24	12	13	25	81
1442	501	548	270	222	259	406	1396
16	11	10	2		3	3	7
1395	463	530	255	217	248	392	1364
15	17	5	1	1	3	2	3
16	10	3	12	4	5	9	22
14	8	7	7	6	4	6	8
7	5	6	2	1	2		6
7	3	1	5	5	2	6	2
79	15	19	8	12	36	62	55
79	15	19	8	12	36	62	55
329	108	107	117	112	301	174	279
62	25	36	18	8	17	25	35
243	72	60	87	102	276	146	238
2	1						
22	10	11	12	2	8	3	6
3432	1873	333	124	209	50	187	756
98	52	24	19	20	28	149	596
3334	1821	309	105	189	22	38	160

1-8 续表 11

行业	代码	2003年	2004年	2005年	2006年
总计		**6892**	**6046**	**7920**	**8014**
农、林、牧、渔业	A	**35**	**28**	**40**	**42**
农业	01	1			1
谷物种植	011				
豆类、油料和薯类种植	012				
棉、麻、糖、烟草种植	013				
蔬菜、食用菌及园艺作物种植	014				1
水果种植	015				
坚果、含油果、香料和饮料作物种植	016				
中药材种植	017				
其他农业	019	1			
林业	02			1	
林木育种和育苗	021				
造林和更新	022			1	
森林经营和管护	023				
木材和竹材采运	024				
林产品采集	025				
畜牧业	03	1	1	1	
牲畜饲养	031	1	1		
家禽饲养	032			1	
狩猎和捕捉动物	033				
其他畜牧业	039				
渔业	04				
水产养殖	041				
水产捕捞	042				
农、林、牧、渔服务业	05	33	27	38	41
农业服务业	051	26	15	26	28
林业服务业	052	5	7	10	3
畜牧服务业	053	1	1	2	10
渔业服务业	054	1	4		
采矿业	B	**88**	**77**	**143**	**169**
煤炭开采和洗选业	06	3	1	4	4
烟煤和无烟煤开采洗选	061	3		2	4
褐煤开采洗选	062		1	2	
其他煤炭采选	069				
石油和天然气开采业	07				
石油开采	071				
天然气开采	072				
黑色金属矿采选业	08	11	19	35	24
铁矿采选	081	4	8	17	6
锰矿、铬矿采选	082	6	9	17	14
其他黑色金属矿采选	089	1	2	1	4
有色金属矿采选业	09	16	21	19	48
常用有色金属矿采选	091	14	16	16	42
贵金属矿采选	092	1	4	2	6
稀有稀土金属矿采选	093	1	1	1	

法人单位数(个)							
2007年	2008年	2009年	2010年	2011年	2012年	2013年	无开业年份
8979	**9553**	**14443**	**17384**	**22964**	**30298**	**24395**	**220**
85	**418**	**470**	**356**	**300**	**398**	**392**	**2**
	1	4	6	4	5	2	
					2		
		1	1	1			
	1	1	2			1	
				3	2		
		1	1		1	1	
		1					
			2				
		1	2	1	2		
			1	1	1		
			1				
		1			1		
4	3	1	3	1			
2	3	1	3				
2				1			
		1		2	1		
		1		2	1		
81	414	463	345	292	390	390	2
70	394	437	308	239	291	302	2
6	6	6	6	23	46	42	
4	9	10	19	18	28	22	
1	5	10	12	12	25	24	
197	**212**	**340**	**322**	**309**	**517**	**259**	**6**
6	2	1	3	6	3	4	
1	2	1	1	5	2	2	
4			2				
1				1	1	2	
	1			1		1	
				1		1	
	1						
25	51	38	39	11	23	15	1
7	18	15	20	6	13	10	
10	19	11	11	2	2	2	1
8	14	12	8	3	8	3	
53	38	34	34	37	44	34	2
44	31	27	26	34	36	24	1
7	6	4	7	2	6	6	1
2	1	3	1	1	2	4	

1-8 续表 12

行　业	代码	2003年	2004年	2005年	2006年
非金属矿采选业	10	57	35	84	92
土砂石开采	101	50	27	66	77
化学矿开采	102	1		4	5
采盐	103				
石棉及其他非金属矿采选	109	6	8	14	10
开采辅助活动	11		1		
煤炭开采和洗选辅助活动	111				
石油和天然气开采辅助活动	112				
其他开采辅助活动	119		1		
其他采矿业	12	1		1	1
其他采矿业	120	1		1	1
制造业	**C**	**947**	**913**	**1126**	**1232**
农副食品加工业	13	76	60	95	86
谷物磨制	131	8	7	12	9
饲料加工	132	10	9	21	22
植物油加工	133	9	8	12	9
制糖业	134	11	7	4	2
屠宰及肉类加工	135	7	7	11	19
水产品加工	136	7	5	9	7
蔬菜、水果和坚果加工	137	7	2	7	5
其他农副食品加工	139	17	15	19	13
食品制造业	14	34	31	54	46
焙烤食品制造	141	7	9	9	10
糖果、巧克力及蜜饯制造	142	4	2	3	3
方便食品制造	143	4	5	8	8
乳制品制造	144	3		4	1
罐头食品制造	145	5	4	7	5
调味品、发酵制品制造	146	3	4	8	10
其他食品制造	149	8	7	15	9
酒、饮料和精制茶制造业	15	43	29	40	44
酒的制造	151	15	9	17	14
饮料制造	152	21	14	16	22
精制茶加工	153	7	6	7	8
烟草制品业	16	2			
烟叶复烤	161	1			
卷烟制造	162	1			
其他烟草制品制造	169				
纺织业	17	30	27	29	32
棉纺织及印染精加工	171	7	4	8	6
毛纺织及染整精加工	172	2	3	1	5
麻纺织及染整精加工	173	1	2	1	1
丝绢纺织及印染精加工	174	12	14	6	14
化纤织造及印染精加工	175			1	
针织或钩针编织物及其制品制造	176	5	2	4	5
家用纺织制成品制造	177	2		6	1
非家用纺织制成品制造	178	1	2	2	
纺织服装、服饰业	18	17	13	20	10
机织服装制造	181	15	11	17	9
针织或钩针编织服装制造	182	1	1	2	1
服饰制造	183	1	1	1	

法人单位数(个)							
2007年	2008年	2009年	2010年	2011年	2012年	2013年	无开业年份
110	106	250	233	228	437	181	3
93	84	213	208	208	393	160	3
4	5	6	1	2	8	2	
		1			1		
13	17	30	24	18	35	19	
	3	2	4	8	3	4	
				2	1	1	
	1						
	2	2	4	6	2	3	
3	11	15	9	18	7	20	
3	11	15	9	18	7	20	
1321	**1315**	**1770**	**2111**	**2632**	**3185**	**2280**	**39**
88	118	124	128	174	173	199	1
14	32	18	22	31	24	39	
17	12	21	18	19	14	10	
7	7	16	16	19	29	33	
9	3	2	3	2	6	6	
15	13	16	17	27	26	28	1
7	7	14	16	12	12	11	
6	16	15	13	17	25	24	
13	28	22	23	47	37	48	
49	55	52	76	141	132	160	1
12	18	10	35	91	70	79	1
5	2	3	1	4	4	6	
10	17	12	12	16	24	33	
2	1	2	1		1	1	
2	3	2	6	3	5	4	
2	7	5	4	6	13	8	
16	7	18	17	21	15	29	
51	46	46	65	69	81	63	2
17	14	9	15	19	14	17	2
22	17	24	28	25	41	26	
12	15	13	22	25	26	20	
		1			2		
					1		
		1			1		
29	12	34	32	62	80	49	
3	2	6	4	10	11	12	
3	2	5	5	13	1	2	
1		2	1	1	3	1	
13	5	6	7	11	14	11	
					3	1	
4	1	12	5	14	14	10	
4	1	3	5	10	27	10	
1	1		5	3	7	2	
22	24	37	140	153	131	74	
21	17	35	137	125	82	51	
1	2	1	2	14	16	4	
	5	1	1	14	33	19	

1-8 续表 13

行 业	代码	2003年	2004年	2005年	2006年
皮革、毛皮、羽毛及其制品和制鞋业	19	12	16	16	16
皮革鞣制加工	191	3	3	2	2
皮革制品制造	192	7	11	10	11
毛皮鞣制及制品加工	193		1		
羽毛(绒)加工及制品制造	194	2	1	3	1
制鞋业	195			1	2
木材加工和木、竹、藤、棕、草制品业	20	76	106	116	128
木材加工	201	26	38	48	51
人造板制造	202	26	38	35	46
木制品制造	203	14	20	17	23
竹、藤、棕、草等制品制造	204	10	10	16	8
家具制造业	21	8	18	8	26
木质家具制造	211	8	15	5	21
竹、藤家具制造	212		1	1	
金属家具制造	213		1	1	1
塑料家具制造	214				
其他家具制造	219		1	1	4
造纸和纸制品业	22	34	32	29	55
纸浆制造	221	1	1	2	2
造纸	222	13	15	12	28
纸制品制造	223	20	16	15	25
印刷和记录媒介复制业	23	46	35	41	35
印刷	231	42	33	37	31
装订及印刷相关服务	232	3	2	4	3
记录媒介复制	233	1			1
文教、工美、体育和娱乐用品制造业	24	28	33	27	33
文教办公用品制造	241		2		
乐器制造	242				
工艺美术品制造	243	26	29	26	30
体育用品制造	244				1
玩具制造	245	2	2	1	2
游艺器材及娱乐用品制造	246				
石油加工、炼焦和核燃料加工业	25	2		3	3
精炼石油产品制造	251	2		3	3
炼焦	252				
核燃料加工	253				
化学原料和化学制品制造业	26	75	64	82	101
基础化学原料制造	261	10	11	16	17
肥料制造	262	17	8	15	15
农药制造	263	2	4	2	5
涂料、油墨、颜料及类似产品制造	264	11	7	6	5
合成材料制造	265	1	2	1	2
专用化学产品制造	266	21	23	29	38
炸药、火工及焰火产品制造	267	6	2	6	7
日用化学产品制造	268	7	7	7	12

法人单位数(个)							
2007年	2008年	2009年	2010年	2011年	2012年	2013年	无开业年份
22	22	12	43	61	52	63	
2	1	1	6	3	4	4	
7	11	4	16	25	22	14	
1		1	1	3	8	3	
8	2	4	4	9	10	28	
4	8	2	16	21	8	14	
174	167	245	341	472	929	374	8
73	67	117	214	271	741	231	5
74	64	95	93	128	122	101	2
20	24	20	26	49	34	29	1
7	12	13	8	24	32	13	
12	27	44	42	72	64	68	1
7	22	33	33	59	43	54	1
	1	5	1	1		1	
3	1	2	1	4	6	3	
			2	2	1		
2	3	4	5	6	14	10	
39	59	63	49	67	79	54	1
3	1	5	2	3			1
19	35	26	25	24	29	21	
17	23	32	22	40	50	33	
48	23	52	47	54	50	35	1
40	17	45	37	47	42	32	1
8	6	5	10	7	8	3	
		2					
36	25	41	55	71	102	88	
	1	1	1	5	2	3	
		1				1	
30	19	33	42	51	79	57	
1		2		2	3	1	
5	5	4	12	13	18	25	
						1	
6	5	7	7	9	6	6	
5	4	6	6	8	5	2	
1	1	1	1			3	
				1	1	1	
100	78	92	88	87	100	72	
19	13	15	12	12	17	6	
24	26	31	20	19	23	18	
1	2	1	4	3	4	2	
8	7	14	10	10	8	4	
		2	7	5	4	4	
24	17	14	16	19	27	12	
17	2	6	6	8	4	7	
7	11	9	13	11	13	19	

1-8 续表 14

行业	代码	2003年	2004年	2005年	2006年
医药制造业	27	27	26	28	18
化学药品原料药制造	271	4		3	3
化学药品制剂制造	272	1	2	5	1
中药饮片加工	273	2	2	5	3
中成药生产	274	15	15	6	5
兽用药品制造	275	3	3	4	2
生物药品制造	276	1		3	1
卫生材料及医药用品制造	277	1	4	2	3
化学纤维制造业	28			1	
纤维素纤维原料及纤维制造	281				
合成纤维制造	282			1	
橡胶和塑料制品业	29	43	29	47	56
橡胶制品业	291	1	3	8	10
塑料制品业	292	42	26	39	46
非金属矿物制品业	30	139	132	177	224
水泥、石灰和石膏制造	301	22	22	33	36
石膏、水泥制品及类似制品制造	302	23	24	26	33
砖瓦、石材等建筑材料制造	303	68	64	84	118
玻璃制造	304		1	2	2
玻璃制品制造	305	2		1	8
玻璃纤维和玻璃纤维增强塑料制品制造	306	2	1	2	1
陶瓷制品制造	307	10	9	14	11
耐火材料制品制造	308	1	1	4	1
石墨及其他非金属矿物制品制造	309	11	10	11	14
黑色金属冶炼和压延加工业	31	52	74	35	33
炼铁	311	4	5	2	3
炼钢	312	2	1	1	
黑色金属铸造	313	11	9	14	18
钢压延加工	314	7	11	5	7
铁合金冶炼	315	28	48	13	5
有色金属冶炼和压延加工业	32	14	14	21	27
常用有色金属冶炼	321	12	7	16	14
贵金属冶炼	322				3
稀有稀土金属冶炼	323		2	2	2
有色金属合金制造	324				2
有色金属铸造	325	1		1	
有色金属压延加工	326	1	5	2	6
金属制品业	33	30	33	40	40
结构性金属制品制造	331	9	12	18	10
金属工具制造	332	1	4	7	8
集装箱及金属包装容器制造	333	3	2	1	3
金属丝绳及其制品制造	334	1	1	1	1
建筑、安全用金属制品制造	335	3	3	3	4
金属表面处理及热处理加工	336	2		3	3
搪瓷制品制造	337	1	2	1	
金属制日用品制造	338	3	6	2	8
其他金属制品制造	339	7	3	4	3
通用设备制造业	34	32	32	40	40
锅炉及原动设备制造	341	4	4	5	1

法人单位数(个)							
2007年	2008年	2009年	2010年	2011年	2012年	2013年	无开业年份
24	11	20	29	17	34	25	
2		2	5	1	2		
3	1	2		2	4	1	
5	3	2	4	3	7	7	
5	2	6	4	3	7	3	
4		2		1	4	1	
3	2	1	10	6	5	8	
2	3	5	6	1	5	5	
	1			2			
	1			2			
59	37	71	68	83	83	54	2
7	6	12	14	11	10	4	
52	31	59	54	72	73	50	2
201	247	392	390	436	441	312	7
21	29	44	27	54	35	24	1
36	33	95	79	105	106	96	
110	151	198	223	218	240	152	5
2		3	7	6	4	3	
3	5	5	3	11	5	8	
3	1	4	3	1	4		
8	7	12	16	17	22	10	1
3	1	3	3	2	3	2	
15	20	28	29	22	22	17	
44	51	32	38	29	22	13	
5	5	1				1	
				1	1	1	
14	17	15	10	13	6	2	
3	9	4	14	3	7	4	
22	20	12	14	12	8	5	
33	17	30	25	33	23	20	4
21	9	14	10	16	10	7	
2			1		1		
1	2		2	3		2	
1	1	2	2	3	2		
			2		1	1	
8	5	14	8	11	9	10	4
54	50	64	83	99	131	124	1
19	19	33	34	41	58	74	
10	11	6	19	15	17	9	
2	2	1	1	1	4	7	
1	2	1	2	3	2	1	
8	3	4	7	7	16	13	1
	3	2	4	2	2	4	
3				1	1		
4	7	11	6	16	19	7	
7	3	6	10	13	12	9	
42	38	70	63	97	83	72	
3	1	9	4	7	5	5	

1-8 续表 15

行业	代码	2003年	2004年	2005年	2006年
金属加工机械制造	342	8	5	5	12
物料搬运设备制造	343		1	2	2
泵、阀门、压缩机及类似机械制造	344	4	6	4	3
轴承、齿轮和传动部件制造	345	2	5	3	2
烘炉、风机、衡器、包装等设备制造	346	1	2	5	5
文化、办公用机械制造	347		1		
通用零部件制造	348	12	7	13	13
其他通用设备制造业	349	1	1	3	2
专用设备制造业	35	27	33	42	43
采矿、冶金、建筑专用设备制造	351	4	8	16	8
化工、木材、非金属加工专用设备制造	352	6	7	6	12
食品、饮料、烟草及饲料生产专用设备制造	353	1	2		3
印刷、制药、日化及日用品生产专用设备制造	354	1	1	2	2
纺织、服装和皮革加工专用设备制造	355			1	
电子和电工机械专用设备制造	356	4	2		
农、林、牧、渔专用机械制造	357	6	10	12	8
医疗仪器设备及器械制造	358	2	3	4	5
环保、社会公共服务及其他专用设备制造	359	3		1	5
汽车制造业	36	41	23	62	50
汽车整车制造	361	1			
改装汽车制造	362	1	2	1	
低速载货汽车制造	363				
电车制造	364				
汽车车身、挂车制造	365	1			
汽车零部件及配件制造	366	38	21	61	50
铁路、船舶、航空航天和其他运输设备制造业	37	7	10	9	5
铁路运输设备制造	371	1		1	
城市轨道交通设备制造	372				
船舶及相关装置制造	373	4	9	6	4
航空、航天器及设备制造	374				
摩托车制造	375	1			
自行车制造	376	1		1	
非公路休闲车及零配件制造	377			1	
潜水救捞及其他未列明运输设备制造	379		1		1
电气机械和器材制造业	38	29	23	30	38
电机制造	381	4	5	9	5
输配电及控制设备制造	382	14	8	12	15
电线、电缆、光缆及电工器材制造	383	7	5	5	7
电池制造	384	2	1	1	2
家用电力器具制造	385	1		1	3
非电力家用器具制造	386	1	1	1	1
照明器具制造	387		1		2
其他电气机械及器材制造	389		2	1	3
计算机、通信和其他电子设备制造业	39	8	6	16	24
计算机制造	391			4	2
通信设备制造	392	2	2		6
广播电视设备制造	393		1	2	1
雷达及配套设备制造	394				

法人单位数(个)							
2007年	2008年	2009年	2010年	2011年	2012年	2013年	无开业年份
10	8	16	21	21	21	18	
2	2	2		6	3	5	
2	4	5	3	2	10	1	
2	3			3	2	4	
4	5	4	4	12	10	8	
			1	1	1		
17	15	29	23	40	25	25	
2		5	7	5	6	6	
44	51	61	70	73	100	91	2
13	13	11	14	17	24	19	
5	6	11	12	7	21	25	2
4	6	3	3	2	3	5	
2	3	6	4	5	7	9	
					1	1	
1	2	1	5	4	6	7	
10	8	13	17	29	25	9	
4	2	3	3	5	7	7	
5	11	13	12	4	6	9	
50	49	43	59	55	56	42	2
1		1	1		1		1
	1						
	1						
			1		3		
	1		1	3		1	
49	46	42	56	52	52	41	1
7	7	10	14	14	13	20	1
1	1	1		1	1	10	
4	4	3	11	5		5	
	1				1		
1		1		1	2	1	
1	1	3	2	5	9	3	1
		2	1	2		1	
37	34	51	57	53	68	54	3
6	3	5	9	3	6	5	
13	18	16	15	14	20	14	1
6	4	9	13	8	9	8	
	2	4	1	3	3	3	
5	3	3	5	3	3	4	
2	2	3	5	4	6	9	1
2	2	5	5	12	11	7	1
3		6	4	6	10	4	
25	23	37	52	65	68	61	1
6	2	6	3	9	11	4	1
5	2	2	1	4	3	5	
	1		1	1	2		
		1					

1-8 续表 16

行　　业	代码				
		2003年	2004年	2005年	2006年
视听设备制造	395	1		4	2
电子器件制造	396	2			3
电子元件制造	397	1	3	5	8
其他电子设备制造	399	2		1	2
仪器仪表制造业	40	7	7	8	4
通用仪器仪表制造	401	3	2	6	
专用仪器仪表制造	402	1	1		1
钟表与计时仪器制造	403	1	1		1
光学仪器及眼镜制造	404	2	3	1	
其他仪器仪表制造业	409			1	2
其他制造业	41		4	2	3
日用杂品制造	411		1	1	1
煤制品制造	412		1		1
核辐射加工	413		2		
其他未列明制造业	419			1	1
废弃资源综合利用业	42	5	1	7	6
金属废料和碎屑加工处理	421	2	1	3	5
非金属废料和碎屑加工处理	422	3		4	1
金属制品、机械和设备修理业	43	3	2	1	6
金属制品修理	431		1		
通用设备修理	432				1
专用设备修理	433	1			1
铁路、船舶、航空航天等运输设备修理	434		1		1
电气设备修理	435				2
仪器仪表修理	436	1			
其他机械和设备修理业	439	1		1	1
电力、热力、燃气及水生产和供应业	D	**239**	**194**	**199**	**162**
电力、热力生产和供应业	44	209	176	166	142
电力生产	441	182	168	161	137
电力供应	442	27	8	4	4
热力生产和供应	443			1	1
燃气生产和供应业	45	6	3	5	1
燃气生产和供应业	450	6	3	5	1
水的生产和供应业	46	24	15	28	19
自来水生产和供应	461	23	13	25	15
污水处理及其再生利用	462		2		2
其他水的处理、利用与分配	469	1		3	2
建筑业	E	**106**	**136**	**130**	**157**
房屋建筑业	47	20	26	37	37
房屋建筑业	470	20	26	37	37
土木工程建筑业	48	23	26	24	23
铁路、道路、隧道和桥梁工程建筑	481	2	10	4	8
水利和内河港口工程建筑	482	1	1	2	2
海洋工程建筑	483				
工矿工程建筑	484	2		1	1
架线和管道工程建筑	485	8	12	2	4
其他土木工程建筑	489	10	3	15	8

法人单位数(个)							
2007年	2008年	2009年	2010年	2011年	2012年	2013年	无开业年份
2	3	1	3	2	2	6	
5	3	2	1	6	2	6	
6	10	15	30	35	33	25	
1	2	10	13	8	15	15	
5	7	5	3	5	7	12	
1	4	1	1	1	3	4	
2	1	1		2	1	3	
1				1	1	1	
	1	1	1	1		2	
1	1	2	1		2	2	
8	10	13	14	27	29	32	
4	2	2	2	9	8	3	
	2	2	1	2	4	1	
4	6	9	11	16	17	28	
7	12	17	25	37	30	23	
4	8	10	15	28	16	13	
3	4	7	10	9	14	10	
5	9	4	8	15	16	20	1
					2		
	1	1		2	2	2	
2	3		2	2	3	4	1
3	1	3	1	4	4	1	
	1		2		1	1	
						3	
	3		3	7	4	9	
141	**92**	**165**	**107**	**95**	**133**	**73**	**7**
114	59	95	71	64	86	40	6
109	55	85	66	59	78	36	6
3	2	9	2	5	6	2	
2	2	1	3		2	2	
4	3	8	7	7	17	12	
4	3	8	7	7	17	12	
23	30	62	29	24	30	21	1
20	22	36	15	18	24	11	1
3	6	25	11	6	6	7	
	2	1	3			3	
168	**174**	**316**	**437**	**662**	**734**	**676**	
38	20	43	70	74	76	61	
38	20	43	70	74	76	61	
25	29	51	69	88	87	79	
5	5	16	26	29	30	17	
4	5	5	7	10	7	6	
3	1	1	6	2	5	7	
8	7	10	9	13	12	3	
5	11	19	21	34	33	46	

1-8 续表 17

行　业	代码	2003年	2004年	2005年	2006年
建筑安装业	49	14	21	17	17
电气安装	491	3	5	6	8
管道和设备安装	492	1	4	2	1
其他建筑安装业	499	10	12	9	8
建筑装饰和其他建筑业	50	49	63	52	80
建筑装饰业	501	27	31	28	48
工程准备活动	502	6		5	4
提供施工设备服务	503	10	19	7	19
其他未列明建筑业	509	6	13	12	9
批发和零售业	**F**	**1164**	**1254**	**1538**	**1897**
批发业	51	672	763	917	1106
农、林、牧产品批发	511	33	44	51	54
食品、饮料及烟草制品批发	512	51	59	71	85
纺织、服装及家庭用品批发	513	48	59	68	91
文化、体育用品及器材批发	514	22	26	25	28
医药及医疗器材批发	515	44	64	53	64
矿产品、建材及化工产品批发	516	248	281	343	472
机械设备、五金产品及电子产品批发	517	175	175	248	264
贸易经纪与代理	518	31	26	34	22
其他批发业	519	20	29	24	26
零售业	52	492	491	621	791
综合零售	521	37	35	44	43
食品、饮料及烟草制品专门零售	522	29	33	42	48
纺织、服装及日用品专门零售	523	26	28	46	47
文化、体育用品及器材专门零售	524	19	20	22	46
医药及医疗器材专门零售	525	114	89	110	134
汽车、摩托车、燃料及零配件专门零售	526	89	84	137	168
家用电器及电子产品专门零售	527	88	101	123	152
五金、家具及室内装饰材料专门零售	528	50	52	55	76
货摊、无店铺及其他零售业	529	40	49	42	77
交通运输、仓储和邮政业	**G**	**125**	**115**	**174**	**213**
铁路运输业	53				
道路运输业	54	78	69	115	129
城市公共交通运输	541	13	10	12	10
公路旅客运输	542	22	8	13	16
道路货物运输	543	35	46	76	87
道路运输辅助活动	544	8	5	14	16
水上运输业	55	15	15	14	30
水上旅客运输	551	1	4	1	3
水上货物运输	552	11	7	9	24
水上运输辅助活动	553	3	4	4	3
航空运输业	56	2	2	1	1
航空客货运输	561	1		1	1
通用航空服务	562		2		
航空运输辅助活动	563	1			
管道运输业	57				
管道运输业	570				
装卸搬运和运输代理业	58	15	18	27	32
装卸搬运	581	4	2	4	11
运输代理业	582	11	16	23	21

法人单位数(个)							
2007年	2008年	2009年	2010年	2011年	2012年	2013年	无开业年份
18	31	46	61	80	101	73	
5	8	12	18	15	24	14	
3	4	6	6	12	9	11	
10	19	28	37	53	68	48	
87	94	176	237	420	470	463	
51	64	117	184	337	393	416	
13	5	10	10	15	24	11	
9	12	13	15	21	14	13	
14	13	36	28	47	39	23	
2253	**2772**	**5560**	**6937**	**10261**	**13519**	**10456**	**35**
1419	1687	2642	3436	5037	6735	5272	22
80	104	145	240	505	783	592	
110	142	231	310	572	741	716	5
105	142	225	314	462	506	457	2
32	33	55	67	119	136	149	
59	51	127	147	222	290	133	2
580	556	937	1378	1839	2252	1737	8
351	351	614	731	935	1412	1063	2
50	239	197	138	208	366	284	1
52	69	111	111	175	249	141	2
834	1085	2918	3501	5224	6784	5184	13
66	66	168	220	496	738	649	1
50	87	102	222	516	963	836	2
80	88	119	126	521	691	526	
32	59	63	91	201	271	201	2
106	195	1433	1492	1201	1073	670	1
144	142	262	296	433	572	514	3
164	205	332	410	697	796	676	2
106	129	179	261	586	947	763	1
86	114	260	383	573	733	349	1
271	**352**	**393**	**529**	**529**	**611**	**511**	**5**
155	206	249	319	320	347	270	3
15	20	14	24	15	12	18	
14	23	24	20	14	22	10	1
114	147	188	254	261	276	214	2
12	16	23	21	30	37	28	
30	25	22	30	29	34	35	
1	1	5		3	3	1	
22	19	14	20	18	23	25	
7	5	3	10	8	8	9	
1	1	2		2	4	3	
				1	4	2	
		2					
1	1			1		1	
56	97	81	98	116	155	137	1
8	42	25	26	29	41	37	
48	55	56	72	87	114	100	1

1-8 续表 18

行业	代码	2003年	2004年	2005年	2006年
仓储业	59	13	10	14	19
谷物、棉花等农产品仓储	591	4	2	3	3
其他仓储业	599	9	8	11	16
邮政业	60	2	1	3	2
邮政基本服务	601			1	
快递服务	602	2	1	2	2
住宿和餐饮业	**H**	**97**	**107**	**107**	**145**
住宿业	61	57	68	70	98
旅游饭店	611	31	35	27	37
一般旅馆	612	24	30	37	50
其他住宿业	619	2	3	6	11
餐饮业	62	40	39	37	47
正餐服务	621	28	35	31	38
快餐服务	622	6			2
饮料及冷饮服务	623	5	2	2	2
其他餐饮业	629	1	2	4	5
信息传输、软件和信息技术服务业	**I**	**85**	**71**	**87**	**87**
电信、广播电视和卫星传输服务	63	33	16	12	10
电信	631	14	6	6	8
广播电视传输服务	632	19	10	5	2
卫星传输服务	633			1	
互联网和相关服务	64	12	11	15	12
互联网接入及相关服务	641	1		2	
互联网信息服务	642	9	10	12	11
其他互联网服务	649	2	1	1	1
软件和信息技术服务业	65	40	44	60	65
软件开发	651	21	29	34	39
信息系统集成服务	652	11	9	12	13
信息技术咨询服务	653	5	4	6	9
数据处理和存储服务	654		1	4	1
集成电路设计	655				1
其他信息技术服务业	659	3	1	4	2
金融业	**J**				
房地产业	**K**	**370**	**410**	**430**	**520**
房地产业	70	370	410	430	520
房地产开发经营	701	202	219	232	310
物业管理	702	84	105	108	107
房地产中介服务	703	43	50	63	80
自有房地产经营活动	704	12	19	13	10
其他房地产业	709	29	17	14	13
租赁和商务服务业	**L**	**414**	**423**	**496**	**604**
租赁业	71	9	15	23	22
机械设备租赁	711	9	14	23	21
文化及日用品出租	712		1		1
商务服务业	72	405	408	473	582
企业管理服务	721	88	88	115	127

法人单位数(个)							
2007年	2008年	2009年	2010年	2011年	2012年	2013年	无开业年份
21	18	22	30	33	46	31	1
7	4	5	8	4	8	8	
14	14	17	22	29	38	23	1
8	5	17	52	29	25	35	
2					4	2	
6	5	17	52	29	21	33	
160	**183**	**200**	**263**	**387**	**654**	**556**	**5**
105	111	115	137	162	198	185	3
47	43	51	48	50	67	58	1
49	63	49	73	93	108	93	2
9	5	15	16	19	23	34	
55	72	85	126	225	456	371	2
44	52	60	93	150	268	218	1
5	6	3	12	18	46	29	
2	3	8	6	18	47	32	
4	11	14	15	39	95	92	1
98	**121**	**144**	**226**	**303**	**417**	**443**	**1**
11	14	19	18	22	26	18	
7	12	17	10	8	16	11	
3	1	2	8	13	10	7	
1	1			1			
11	16	12	26	43	57	76	
1	1			7	11	9	
9	14	11	23	31	35	43	
1	1	1	3	5	11	24	
76	91	113	182	238	334	349	1
39	47	56	83	114	158	194	1
23	24	38	51	57	69	54	
9	11	7	26	34	56	64	
1	3	4	4	5	7	6	
			2	1		1	
4	6	8	16	27	44	30	
636	**514**	**740**	**861**	**799**	**796**	**828**	**6**
636	514	740	861	799	796	828	6
390	274	366	387	285	216	182	2
120	121	183	186	217	235	193	1
89	92	133	215	233	265	366	1
15	9	18	18	13	19	8	1
22	18	40	55	51	61	79	1
759	**846**	**1347**	**1773**	**2568**	**3418**	**2813**	**6**
33	33	76	103	169	270	220	1
29	32	72	95	167	253	210	1
4	1	4	8	2	17	10	
726	813	1271	1670	2399	3148	2593	5
183	182	350	454	688	927	775	2

1-8 续表 19

行 业	代码	2003年	2004年	2005年	2006年
法律服务	722	38	31	21	22
咨询与调查	723	55	62	93	103
广告业	724	74	84	99	142
知识产权服务	725	3	4	3	1
人力资源服务	726	53	19	21	18
旅行社及相关服务	727	22	24	26	44
安全保护服务	728	7	4	10	5
其他商务服务业	729	65	92	85	120
科学研究和技术服务业	**M**	**283**	**212**	**277**	**328**
研究和试验发展	73	10	15	9	15
自然科学研究和试验发展	731	3	1	1	3
工程和技术研究和试验发展	732	2	6		4
农业科学研究和试验发展	733	3		4	6
医学研究和试验发展	734	2	5	3	2
社会人文科学研究	735		3	1	
专业技术服务业	74	170	139	180	253
气象服务	741	7	4	3	1
地震服务	742	14	13	4	10
海洋服务	743			1	
测绘服务	744	7	10	19	21
质检技术服务	745	18	23	19	66
环境与生态监测	746	8	1	2	1
地质勘查	747	3	4	3	4
工程技术	748	81	57	75	83
其他专业技术服务业	749	32	27	54	67
科技推广和应用服务业	75	103	58	88	60
技术推广服务	751	88	50	76	50
科技中介服务	752	5	2	9	2
其他科技推广和应用服务业	759	10	6	3	8
水利、环境和公共设施管理业	**N**	**78**	**54**	**78**	**54**
水利管理业	76	24	19	23	19
防洪除涝设施管理	761	5	2	4	1
水资源管理	762	1	1	6	1
天然水收集与分配	763	7	5	5	9
水文服务	764				
其他水利管理业	769	11	11	8	8
生态保护和环境治理业	77	6	2	5	3
生态保护	771	3		2	1
环境治理业	772	3	2	3	2
公共设施管理业	78	48	33	50	32
市政设施管理	781	10	6	3	2
环境卫生管理	782	10	7	13	5
城乡市容管理	783	4		3	1
绿化管理	784	9	9	11	6
公园和游览景区管理	785	15	11	20	18

法人单位数(个)							
2007年	2008年	2009年	2010年	2011年	2012年	2013年	无开业年份
22	17	59	41	30	35	43	
141	173	222	301	437	631	492	
148	159	258	356	550	711	602	1
3	3	5	4	7	8	11	
31	47	49	88	95	144	93	
33	50	56	62	112	117	98	2
15	8	13	20	21	29	39	
150	174	259	344	459	546	440	
428	**412**	**456**	**666**	**806**	**1074**	**1008**	**1**
22	18	39	38	61	70	51	
3	3	6	4	9	12	8	
4	4	8	10	14	25	16	
12	6	13	14	20	21	19	
1	5	6	6	13	8	5	
2		6	4	5	4	3	
321	277	239	354	443	536	452	
5	1	4	4		2	8	
3	6	5	4	2	2	1	
		1	1	2	2	1	
7	9	10	16	18	15	14	
49	42	34	50	36	48	32	
8	4	8	2	9	15	16	
6	5	9	7	15	11	2	
87	104	110	174	197	248	189	
156	106	58	96	164	193	189	
85	117	178	274	302	468	505	1
74	102	149	204	254	412	457	
6	6	7	9	18	13	8	
5	9	22	61	30	43	40	1
90	**73**	**124**	**116**	**166**	**213**	**220**	**3**
25	19	38	30	55	84	91	
	4	2	3	6	9	7	
6	1	5	3	8	15	46	
6	2	18	14	8	7	7	
			1	4	2		
13	12	13	9	29	51	31	
12	12	14	15	18	20	16	
4	2	3	8	5	12	6	
8	10	11	7	13	8	10	
53	42	72	71	93	109	113	3
7	9	15	15	15	12	14	
9	8	10	4	10	16	28	
6	7	3	5	3	5	5	
8	8	8	13	22	36	35	
23	10	36	34	43	40	31	3

1-8 续表 20

行业	代码	2003年	2004年	2005年	2006年
居民服务、修理和其他服务业	**O**	**66**	**67**	**90**	**123**
居民服务业	79	23	19	22	37
家庭服务	791	2	1	3	2
托儿所服务	792		1		
洗染服务	793	1		1	
理发及美容服务	794	4	7	7	11
洗浴服务	795	3	1	1	2
保健服务	796	3	2		3
婚姻服务	797	1	2	2	3
殡葬服务	798	2	2	2	2
其他居民服务业	799	7	3	6	14
机动车、电子产品和日用产品修理业	80	31	38	45	59
汽车、摩托车修理与维护	801	16	26	31	42
计算机和办公设备维修	802	6	10	5	4
家用电器修理	803	8	1	6	11
其他日用产品修理业	809	1	1	3	2
其他服务业	81	12	10	23	27
清洁服务	811	6	2	18	14
其他未列明服务业	819	6	8	5	13
教育	**P**	**512**	**295**	**458**	**359**
教育	82	512	295	458	359
学前教育	821	161	163	197	205
初等教育	822	242	40	107	32
中等教育	823	46	30	46	31
高等教育	824	5	6	4	3
特殊教育	825		1	2	4
技能培训、教育辅助及其他教育	829	58	55	102	84
卫生和社会工作	**Q**	**151**	**141**	**181**	**137**
卫生	83	94	83	132	92
医院	831	7	15	22	12
社区医疗与卫生院	832	24	17	23	16
门诊部(所)	833	26	31	32	23
计划生育技术服务活动	834	20	5	18	17
妇幼保健院(所、站)	835	1			
专科疾病防治院(所、站)	836			1	1
疾病预防控制中心	837	15	11	30	15
其他卫生活动	839	1	4	6	8
社会工作	84	57	58	49	45
提供住宿社会工作	841	53	55	43	40
不提供住宿社会工作	842	4	3	6	5
文化、体育和娱乐业	**R**	**306**	**405**	**402**	**463**
新闻和出版业	85	4	8	8	3
新闻业	851		5	4	
出版业	852	4	3	4	3
广播、电视、电影和影视录音制作业	86	21	22	27	11
广播	861	14	7	20	3
电视	862	6	3	1	3
电影和影视节目制作	863	1	7	3	5
电影和影视节目发行	864		1	1	
电影放映	865		4	1	
录音制作	866			1	

法人单位数(个)							
2007年	2008年	2009年	2010年	2011年	2012年	2013年	无开业年份
128	**151**	**230**	**301**	**524**	**775**	**675**	**3**
36	47	47	73	176	322	293	
4	7	7	11	41	97	104	
1				1	2	1	
3		3	3	20	24	12	
10	11	9	16	45	85	52	
2	4	1	4	3	7	5	
5	10	5	11	16	43	37	
3	4	6	6	16	22	18	
5	3	3	4	1	5	3	
3	8	13	18	33	37	61	
63	67	87	131	211	289	253	1
50	49	59	98	158	219	186	1
8	6	9	13	15	23	23	
3	6	14	16	29	37	28	
2	6	5	4	9	10	16	
29	37	96	97	137	164	129	2
16	19	36	28	48	69	69	1
13	18	60	69	89	95	60	1
362	**398**	**493**	**516**	**573**	**737**	**932**	
362	398	493	516	573	737	932	
212	276	284	305	317	443	670	
35	15	28	33	30	45	39	
22	20	35	30	27	26	26	
3	3	2	5	3	1	3	
2	1	2	5	3	8	6	
88	83	142	138	193	214	188	
159	**123**	**129**	**140**	**200**	**313**	**277**	**2**
124	85	77	77	129	236	202	1
16	17	19	15	25	17	19	
42	32	21	18	37	48	89	
16	18	19	27	46	133	70	1
20	9	8	6	6	17	8	
					5	2	
1	1	1	3	4	4	2	
9	5	4	5	6	8	5	
20	3	5	3	5	4	7	
35	38	52	63	71	77	75	1
29	32	39	47	38	52	51	1
6	6	13	16	33	25	24	
472	**411**	**363**	**453**	**469**	**477**	**427**	**5**
4	4	6	15	7	9	9	
2	1	4	8	3	3	4	
2	3	2	7	4	6	5	
10	9	11	21	24	55	35	
1	1	2	5	6	12	6	
	1	3	1	1	6	6	
4	3	3	6	8	12	11	
1		2	2	1	7	1	
4	3	1	5	7	15	10	
	1		2	1	3	1	

1-8 续表 21

行业	代码	2003年	2004年	2005年	2006年
文化艺术业	87	22	11	47	16
文艺创作与表演	871	4		3	5
艺术表演场馆	872		1		
图书馆与档案馆	873	4	2	12	1
文物及非物质文化遗产保护	874		1	4	1
博物馆	875	2	1		2
烈士陵园、纪念馆	876	1	1		
群众文化活动	877	9	3	26	4
其他文化艺术业	879	2	2	2	3
体育	88	14	11	13	12
体育组织	881	5	6	5	5
体育场馆	882	3		2	1
休闲健身活动	883	4	5	5	6
其他体育	889	2		1	
娱乐业	89	245	353	307	421
室内娱乐活动	891	241	352	305	417
游乐园	892	1			1
彩票活动	893	1	1		
文化、娱乐、体育经纪代理	894	1		1	2
其他娱乐业	899	1		1	1
公共管理、社会保障和社会组织	**S**	**1826**	**1144**	**1964**	**1322**
中国共产党机关	90	46	10	44	5
中国共产党机关	900	46	10	44	5
国家机构	91	660	489	675	298
国家权力机构	911	5	1	15	2
国家行政机构	912	641	480	646	289
人民法院和人民检察院	913	5		8	4
其他国家机构	919	9	8	6	3
人民政协、民主党派	92	6	5	12	3
人民政协	921	5		8	
民主党派	922	1	5	4	3
社会保障	93	308	141	57	62
社会保障	930	308	141	57	62
群众团体、社会团体和其他成员组织	94	445	405	795	930
群众团体	941	38	21	46	16
社会团体	942	402	377	746	905
基金会	943				3
宗教组织	944	5	7	3	6
基层群众自治组织	95	361	94	381	24
社区自治组织	951	133	63	79	12
村民自治组织	952	228	31	302	12
国际组织	**T**				
国际组织	96				
国际组织	960				

法人单位数(个)							
2007年	2008年	2009年	2010年	2011年	2012年	2013年	无开业年份
23	23	39	47	75	123	75	2
6	7	10	7	20	31	19	
					6		
3	1	3	2	5	18	3	
1	1		2	5	7	2	
	1	3	4	4	7	4	
1	1		2		1		
7	6	11	11	19	19	22	
5	6	12	19	22	34	25	2
7	16	20	22	28	49	28	3
3	6	6	12	7	17	11	
1	1	2		6	6	3	
1	8	9	6	9	19	12	3
2	1	3	4	6	7	2	
428	359	287	348	335	241	280	
422	352	279	337	321	224	266	
	3	1	1			5	
	1					2	
3	2	4	6	4	9	1	
3	1	3	4	10	8	6	
1251	**986**	**1203**	**1270**	**1381**	**2327**	**1569**	**94**
16	6	19	31	17	13	8	12
16	6	19	31	17	13	8	12
519	440	625	678	700	1105	688	79
3	1	8	9	6	15	11	1
504	430	603	646	681	1064	648	75
2	1			1	3	7	2
10	8	14	23	12	23	22	1
3	1	1	2	2	3	2	
2			2	2	3	2	
1	1	1					
101	54	54	32	81	137	69	
101	54	54	32	81	137	69	
578	395	447	511	509	1031	767	3
21	15	27	40	71	105	81	1
548	378	409	462	420	908	673	2
2	1	2	4	3	4	7	
7	1	9	5	15	14	6	
34	90	57	16	72	38	35	
20	72	20	7	59	35	26	
14	18	37	9	13	3	9	

1-9 按行业、开业(成立)时间分组

行业	代码	从业人员数（人）	1949年及以前	1950-1977年	1978-1991年
总　计		**6603243**	**185363**	**1058741**	**739423**
农、林、牧、渔业	**A**	**81705**	**541**	**28305**	**8907**
农业	01	25753		17654	2671
谷物种植	011	112			
豆类、油料和薯类种植	012				
棉、麻、糖、烟草种植	013	16062		10850	2671
蔬菜、食用菌及园艺作物种植	014	1581		514	
水果种植	015	3803		2353	
坚果、含油果、香料和饮料作物种植	016	1850		1745	
中药材种植	017	40			
其他农业	019	2305		2192	
林业	02	15400	541	9201	3649
林木育种和育苗	021	939		52	608
造林和更新	022	6420	541	4928	750
森林经营和管护	023	7349		3582	2238
木材和竹材采运	024	304		251	53
林产品采集	025	388		388	
畜牧业	03	1513		174	109
牲畜饲养	031	627			
家禽饲养	032	602			109
狩猎和捕捉动物	033				
其他畜牧业	039	284		174	
渔业	04	467			363
水产养殖	041	104			
水产捕捞	042	363			363
农、林、牧、渔服务业	05	38572		1276	2115
农业服务业	051	32281		605	773
林业服务业	052	3437		441	1207
畜牧服务业	053	1868		167	104
渔业服务业	054	986		63	31
采矿业	**B**	**121443**		**12940**	**4900**
煤炭开采和洗选业	06	17119		5013	67
烟煤和无烟煤开采洗选	061	8098		1320	33
褐煤开采洗选	062	8939		3693	
其他煤炭采选	069	82			34
石油和天然气开采业	07	135			
石油开采	071	123			
天然气开采	072	12			
黑色金属矿采选业	08	16250		165	773
铁矿采选	081	5570		52	110
锰矿、铬矿采选	082	8739		63	625
其他黑色金属矿采选	089	1941		50	38
有色金属矿采选业	09	35447		4579	2166
常用有色金属矿采选	091	30709		4467	1901
贵金属矿采选	092	2493			2
稀有稀土金属矿采选	093	2245		112	263

的法人单位从业人员数

1992-1995年	1996年	1997年	1998年	1999年	2000年	2001年	2002年
419797	**165352**	**97634**	**109846**	**103745**	**139782**	**200771**	**215076**
4527	**251**	**235**	**145**	**139**	**315**	**278**	**1256**
3783			27		77		10
2484							
							10
1299			27				
					77		
96							
96							
402			50	20	110		
			50	20			
402							
					110		
		15		30			27
		15		30			27
246	251	220	68	89	128	278	1219
92	190	194	38	71	53	207	1110
142	46	26	30	16	48	66	82
11	15			2	23	5	3
1					4		24
3384	**6125**	**576**	**842**	**787**	**1244**	**1856**	**3231**
	4447	1				340	
						306	
	4432	1				34	
	15						
109	214		439	125	70	286	423
12					2		163
15	214		414	125	56	106	140
82			25		12	180	120
2060	1370	399	105	237	764	455	1886
2001	1186	295	62	80	764	133	1886
59	184		43	117		312	
		104		40		10	

1-9 续表 1

行 业	代码	从业人员数（人）	1949年及以前	1950-1977年	1978-1991年
非金属矿采选业	10	50448		3183	1891
土砂石开采	101	38806		95	406
化学矿开采	102	2264			402
采盐	103	876		765	
石棉及其他非金属矿采选	109	8502		2323	1083
开采辅助活动	11	918			3
煤炭开采和洗选辅助活动	111	531			
石油和天然气开采辅助活动	112	31			
其他开采辅助活动	119	356			3
其他采矿业	12	1126			
其他采矿业	120	1126			
制造业	**C**	**1911131**	**3242**	**85751**	**59114**
农副食品加工业	13	183003		10337	11212
谷物磨制	131	7806		3	150
饲料加工	132	24362		515	2008
植物油加工	133	6840			2
制糖业	134	79821		6766	6517
屠宰及肉类加工	135	20180		2287	1189
水产品加工	136	12531			162
蔬菜、水果和坚果加工	137	10829		167	39
其他农副食品加工	139	20634		599	1145
食品制造业	14	51624		322	1030
焙烤食品制造	141	8964		106	425
糖果、巧克力及蜜饯制造	142	1976		35	186
方便食品制造	143	8895		47	87
乳制品制造	144	3825			208
罐头食品制造	145	10889		95	12
调味品、发酵制品制造	146	4567		14	35
其他食品制造	149	12508		25	77
酒、饮料和精制茶制造业	15	57187		3278	478
酒的制造	151	17750		1600	126
饮料制造	152	29324		744	104
精制茶加工	153	10113		934	248
烟草制品业	16	3534			16
烟叶复烤	161	532			10
卷烟制造	162	3000			4
其他烟草制品制造	169	2			2
纺织业	17	57462	8	528	75
棉纺织及印染精加工	171	15045		122	13
毛纺织及染整精加工	172	2018			
麻纺织及染整精加工	173	1004		39	1
丝绢纺织及印染精加工	174	31078		16	5
化纤织造及印染精加工	175	232			
针织或钩针编织物及其制品制造	176	2889		80	2
家用纺织制成品制造	177	3924		251	19
非家用纺织制成品制造	178	1272	8	20	35
纺织服装、服饰业	18	50397		281	420
机织服装制造	181	43207		281	324
针织或钩针编织服装制造	182	4983			
服饰制造	183	2207			96

1992-1995年	1996年	1997年	1998年	1999年	2000年	2001年	2002年
1210	82	176	298	425	370	755	919
1089	82	89	85	349	219	689	790
30			43	31	103	30	
					36		32
91		87	170	45	12	36	97
	12				40	20	
	12				40	20	
5							3
5							3
119231	**35271**	**30775**	**49332**	**36925**	**59287**	**77258**	**73320**
16252	1899	3890	2221	6868	7750	20091	10392
168	16	1	272	21	81	813	135
876	1307	1395	376	670	962	1053	2235
462	6		56	29	519	311	1159
11729		1089	805	5336	4886	16480	3689
662	8	99	105	397	444	45	633
113	560	641	12	270	92	1208	380
1		578	30	145	260	61	287
2241	2	87	565		506	120	1874
1120	3729	458	1014	936	911	5079	1787
74	78	103	215	122	219	316	60
	48		31	111	120	17	196
3	3129		298	14	165	24	47
			46	243		1350	381
513	60	113	258	375	80	90	915
50		36	38	9	224	39	14
480	414	206	128	62	103	3243	174
11983	3589	346	1105	2981	3087	1716	1076
5607	566	29	18	166	89	197	470
5628	2514	25	161	2568	2551	1397	346
748	509	292	926	247	447	122	260
3850	36	270	317	2070	1671	4167	3360
2498		1	6	1554		1480	699
111				3			53
80				312			
650	7		310		1616	2621	1648
					12		
		253	1			28	50
488	29			201	43	22	370
23		16				16	540
71	157	57	197	111	584	213	683
71	142	57	197	111	566	115	675
					18	98	8
	15						

1-9 续表 2

行业	代码	从业人员数（人）	1949年及以前	1950-1977年	1978-1991年
皮革、毛皮、羽毛及其制品和制鞋业	19	48380		100	1270
皮革鞣制加工	191	2743		4	1190
皮革制品制造	192	20711		2	32
毛皮鞣制及制品加工	193	363			
羽毛(绒)加工及制品制造	194	2729		51	48
制鞋业	195	21834		43	
木材加工和木、竹、藤、棕、草制品业	20	189281	3	497	1067
木材加工	201	51358		411	126
人造板制造	202	91529		79	648
木制品制造	203	31827		7	24
竹、藤、棕、草等制品制造	204	14567	3		269
家具制造业	21	20322		60	191
木质家具制造	211	15174		59	190
竹、藤家具制造	212	1607		1	1
金属家具制造	213	635			
塑料家具制造	214	496			
其他家具制造	219	2410			
造纸和纸制品业	22	56159		1652	2730
纸浆制造	221	5696		292	66
造纸	222	31302		1297	2190
纸制品制造	223	19161		63	474
印刷和记录媒介复制业	23	23307	5	2052	2995
印刷	231	21568	5	2016	2786
装订及印刷相关服务	232	1321		36	209
记录媒介复制	233	418			
文教、工美、体育和娱乐用品制造业	24	53379		107	323
文教办公用品制造	241	474		29	96
乐器制造	242	21			
工艺美术品制造	243	42020		78	227
体育用品制造	244	1246			
玩具制造	245	9606			
游艺器材及娱乐用品制造	246	12			
石油加工、炼焦和核燃料加工业	25	5598		1	804
精炼石油产品制造	251	5203		1	804
炼焦	252	363			
核燃料加工	253	32			
化学原料和化学制品制造业	26	116531		4295	7565
基础化学原料制造	261	18304		63	158
肥料制造	262	21775		2397	86
农药制造	263	9182		537	313
涂料、油墨、颜料及类似产品制造	264	10530		270	194
合成材料制造	265	925		62	4
专用化学产品制造	266	17486		227	243
炸药、火工及焰火产品制造	267	26515		729	6206
日用化学产品制造	268	11814		10	361

1992-1995年	1996年	1997年	1998年	1999年	2000年	2001年	2002年
1077			1090	352	2813	722	830
718					1	168	1
281			1090	338	2761	539	817
				4			
26					36	5	
52				10	15	10	12
7532	847	1159	1530	1147	4244	2067	10283
419	24	95	24	18	413	414	685
162	290	322	80	46	1865	1301	3652
5867	443	112	825	740	1474	139	4605
1084	90	630	601	343	492	213	1341
1418	20	151	246	361	149	251	834
227	5	151	219	6	51	229	821
					12	15	
5	9					7	12
455					1		
731	6		27	355	85		1
1610	2421	536	464	833	757	1832	2735
	1430						
509	637	484	310	121	479	923	1666
1101	354	52	154	712	278	909	1069
1124	96	178	562	299	395	583	328
1103	60	160	528	299	387	524	310
21	36	18	34		8	59	18
2285	1439	966	2581	227	1914	1656	2717
139			1		12	40	
						2	
2146	1351	696	2580	227	1860	1567	2717
	88	270			42	31	
						16	
1	235		17		80	1	540
1	235		17		80	1	540
5158	7665	3041	3997	4390	4176	13304	3698
870	275	1164	2190	354	103	548	772
495	2781	84	367	852	388	3883	422
1053	155	673	270	1577	193	2001	236
112	990	107	349	7	90	539	608
8	3	30	11	7	49	10	
482	15	495	280	319	426	1579	396
1531	100	338	485	984	2745	4509	1206
607	3346	150	45	290	182	235	58

1-9 续表 3

行业	代码	从业人员数（人）	1949年及以前	1950-1977年	1978-1991年
医药制造业	27	45876		6829	1540
化学药品原料药制造	271	3059			
化学药品制剂制造	272	4777			52
中药饮片加工	273	3982			
中成药生产	274	26585		6815	937
兽用药品制造	275	4130		14	502
生物药品制造	276	2162			49
卫生材料及医药用品制造	277	1181			
化学纤维制造业	28	198			6
纤维素纤维原料及纤维制造	281	109			6
合成纤维制造	282	89			
橡胶和塑料制品业	29	44672		1645	1454
橡胶制品业	291	7525		1041	498
塑料制品业	292	37147		604	956
非金属矿物制品业	30	270745	17	4531	6900
水泥、石灰和石膏制造	301	50423		1432	1089
石膏、水泥制品及类似制品制造	302	39338		799	103
砖瓦、石材等建筑材料制造	303	109318		403	3058
玻璃制造	304	2662		13	226
玻璃制品制造	305	5942			1209
玻璃纤维和玻璃纤维增强塑料制品制造	306	1186			
陶瓷制品制造	307	49951	17	1722	1085
耐火材料制品制造	308	2091			30
石墨及其他非金属矿物制品制造	309	9834		162	100
黑色金属冶炼和压延加工业	31	92484		16319	1349
炼铁	311	1140			1
炼钢	312	340			
黑色金属铸造	313	12810		74	565
钢压延加工	314	47991		16241	775
铁合金冶炼	315	30203		4	8
有色金属冶炼和压延加工业	32	67149	346	8215	3591
常用有色金属冶炼	321	49056		5787	3558
贵金属冶炼	322	1170			
稀有稀土金属冶炼	323	2326			
有色金属合金制造	324	562			
有色金属铸造	325	115			26
有色金属压延加工	326	13920	346	2428	7
金属制品业	33	40069	5	812	1344
结构性金属制品制造	331	16008		299	73
金属工具制造	332	6513		198	440
集装箱及金属包装容器制造	333	1351		164	158
金属丝绳及其制品制造	334	786	5	3	5
建筑、安全用金属制品制造	335	1701			67
金属表面处理及热处理加工	336	1540		69	14
搪瓷制品制造	337	1476		11	364
金属制日用品制造	338	7564		26	96
其他金属制品制造	339	3130		42	127
通用设备制造业	34	44758		3567	1234
锅炉及原动设备制造	341	15634		580	311

1992-1995年	1996年	1997年	1998年	1999年	2000年	2001年	2002年
3906	691	989	2964	1812	5013	3694	2169
	402		96	382	86	988	242
165		950	244	180	1395	108	46
215	90	39	558	115			135
1976	198		1719	479	2394	2179	1734
1181			347	466	681	6	
246				160	450	413	6
123	1			30	7		6
				20		26	15
				20			
						26	15
2052	32	651	446	1374	755	1173	1720
431		46		34	130	502	148
1621	32	605	446	1340	625	671	1572
18085	3298	8449	5046	3744	5770	5929	10617
2702	665	321	2251	1122	224	1959	358
1004	8	287	17	280	542	519	796
9820	2153	1312	912	892	1227	1303	2810
4				45		926	15
698	92	120	14			8	412
57			35				7
2986	360	5998	1796	1369	2488	46	5907
469			21	36			4
345	20	411			1289	1168	308
1998	2309	780	994	369	4829	1616	3974
						5	40
							244
704	331	230	776	211	399	150	1256
826	9	550	218	157	1062	419	885
468	1969			1	3368	1042	1549
7258	3837	1327	132	1676	2070	538	2875
6891	3659	1147	126	97	1899	102	476
361		50			164	26	
				21			322
							385
6	178	130	6	1558	7	410	1692
849	269	146	656	840	3170	1342	1400
189	13	5	256	410	12	378	136
128	12	24	12	70	23	395	196
41	10			112		49	88
1	186	13			5	3	38
78	23	54	30	3	140	19	38
7		34		85		53	300
			353	40			5
217	20	16	5		2964	350	4
188	5			120	26	95	595
10687	402	384	49	687	693	1407	1459
9324	120			161	109	610	468

1-9 续表 4

行业	代码	从业人员数（人）	1949年及以前	1950-1977年	1978-1991年
金属加工机械制造	342	6710		1137	147
物料搬运设备制造	343	2674		1407	84
泵、阀门、压缩机及类似机械制造	344	3707		161	112
轴承、齿轮和传动部件制造	345	3288			
烘炉、风机、衡器、包装等设备制造	346	2038		205	197
文化、办公用机械制造	347	179			
通用零部件制造	348	9039		2	383
其他通用设备制造业	349	1489		75	
专用设备制造业	35	57415		2630	3168
采矿、冶金、建筑专用设备制造	351	25368		1069	2562
化工、木材、非金属加工专用设备制造	352	7033		1282	97
食品、饮料、烟草及饲料生产专用设备制造	353	3180		148	27
印刷、制药、日化及日用品生产专用设备制造	354	1650		14	51
纺织、服装和皮革加工专用设备制造	355	51			1
电子和电工机械专用设备制造	356	1027			273
农、林、牧、渔专用机械制造	357	10461		117	114
医疗仪器设备及器械制造	358	5387			33
环保、社会公共服务及其他专用设备制造	359	3258			10
汽车制造业	36	150344	2322	7629	2686
汽车整车制造	361	28738	2311	5929	
改装汽车制造	362	2963		1027	511
低速载货汽车制造	363	432			
电车制造	364	67			
汽车车身、挂车制造	365	1629			
汽车零部件及配件制造	366	116515	11	673	2175
铁路、船舶、航空航天和其他运输设备制造业	37	24363		4147	1617
铁路运输设备制造	371	4998		4029	577
城市轨道交通设备制造	372				
船舶及相关装置制造	373	17420		89	271
航空、航天器及设备制造	374	867			764
摩托车制造	375	544			
自行车制造	376	429		29	5
非公路休闲车及零配件制造	377	19			
潜水救捞及其他未列明运输设备制造	379	86			
电气机械和器材制造业	38	50012	536	4961	1252
电机制造	381	7694		596	80
输配电及控制设备制造	382	20750		3005	777
电线、电缆、光缆及电工器材制造	383	11235		540	235
电池制造	384	4049	536	5	30
家用电力器具制造	385	1482		204	125
非电力家用器具制造	386	421		1	
照明器具制造	387	2204		8	
其他电气机械及器材制造	389	2177		602	5
计算机、通信和其他电子设备制造业	39	86270		86	1010
计算机制造	391	22164			
通信设备制造	392	11628		26	1010
广播电视设备制造	393	1334			
雷达及配套设备制造	394	181			

1992-1995年	1996年	1997年	1998年	1999年	2000年	2001年	2002年
81	4	22		20	511	90	92
434	10	15	3	22		32	61
57	172			221		26	455
34					14	5	18
	41	275		45		184	8
							50
496	30	42	43	80	47	435	195
261	25	30	3	138	12	25	112
6928	125	514	1135	3262	821	1720	1830
5361		23	57	1865	120	157	1202
713		123	32	7	62	17	194
579			320	240	52	495	121
		134	25		184		106
				25	50		
56	50	150	691	592	33	399	166
62	75		10	183	320	609	13
157		84		350		43	28
6610	1741	4884	21639	1702	5374	4402	3686
1486			18616				
641				280			24
					302		
1384			8		35		
3099	1741	4884	3015	1422	5037	4402	3662
1172	16	17	246		71	351	315
179			29				
988	16	17	198		63	351	17
							286
			19				12
					8		
5							
4818	354	599	267	205	590	1051	2621
215	8	27	8		12	92	6
2768		568	194	139	167	268	1024
1790	205		52	61	224	386	718
	115		1			295	
			12		99	3	15
1	12						
22						6	
22	14	4		5	88	1	858
165		879	168	207	372	1756	204
							3
144		60	26	2	170	57	99
				15			

1-9 续表 5

行业	代码	从业人员数（人）	1949年及以前	1950-1977年	1978-1991年
视听设备制造	395	19779			
电子器件制造	396	4368		55	
电子元件制造	397	20054		5	
其他电子设备制造	399	6762			
仪器仪表制造业	40	6621		598	1725
通用仪器仪表制造	401	3485			1604
专用仪器仪表制造	402	593		38	121
钟表与计时仪器制造	403	889		556	
光学仪器及眼镜制造	404	1149		4	
其他仪器仪表制造业	409	505			
其他制造业	41	5789		18	41
日用杂品制造	411	3075		11	
煤制品制造	412	417			
核辐射加工	413	91			
其他未列明制造业	419	2206		7	41
废弃资源综合利用业	42	5936			2
金属废料和碎屑加工处理	421	4107			1
非金属废料和碎屑加工处理	422	1829			1
金属制品、机械和设备修理业	43	2266		254	19
金属制品修理	431	91			2
通用设备修理	432	100			
专用设备修理	433	408		82	5
铁路、船舶、航空航天等运输设备修理	434	532		172	4
电气设备修理	435	537			
仪器仪表修理	436	28			8
其他机械和设备修理业	439	570			
电力、热力、燃气及水生产和供应业	**D**	**176149**	**2069**	**23193**	**65313**
电力、热力生产和供应业	44	153314	32	18582	62408
电力生产	441	48337		4102	4276
电力供应	442	99923	32	10567	58132
热力生产和供应	443	5054		3913	
燃气生产和供应业	45	3051			378
燃气生产和供应业	450	3051			378
水的生产和供应业	46	19784	2037	4611	2527
自来水生产和供应	461	18079	2037	4611	2527
污水处理及其再生利用	462	1387			
其他水的处理、利用与分配	469	318			
建筑业	**E**	**877355**		**293749**	**164647**
房屋建筑业	47	628336		249265	156276
房屋建筑业	470	628336		249265	156276
土木工程建筑业	48	128708		41652	5979
铁路、道路、隧道和桥梁工程建筑	481	51039		2523	1459
水利和内河港口工程建筑	482	20171		6265	2277
海洋工程建筑	483				
工矿工程建筑	484	28297		26107	1237
架线和管道工程建筑	485	21428		5992	855
其他土木工程建筑	489	7773		765	151

1992-1995年	1996年	1997年	1998年	1999年	2000年	2001年	2002年
							95
					143	349	
11		369	69	93	59	1321	
10		450	73	97		29	7
26	54		25	248	28	237	604
1	54		17	247	28	93	312
21							
						3	
4			8			141	292
				1			
970		96	206	12	285	219	522
752				12	280	198	422
3			12			5	
						16	
215		96	194		5		100
	10			192	896	21	14
	10			86	1	21	7
				106	895		7
226		8	18		19	94	32
7					11		
		8	8			40	31
40					8		
						24	
3							
176			10			30	1
8892	**2171**	**1088**	**2813**	**4719**	**2168**	**3077**	**3276**
7398	849	488	2216	4414	2010	2666	2950
3274	849	488	1214	2293	700	2569	2291
4124			1002	2121	1310	97	659
38	623	20	289		12	18	
38	623	20	289		12	18	
1456	699	580	308	305	146	393	326
1382	699	580	308	291	146	371	314
74						6	
				14		16	12
106779	**55424**	**10982**	**4658**	**8398**	**5646**	**37833**	**24908**
79123	46500	7262	2334	5567	2833	7057	13620
79123	46500	7262	2334	5567	2833	7057	13620
21760	777	1356	861	1953	1477	1134	9092
18265	725	522	212	511	968	447	8241
618		791	398	932		20	570
192		10	91	27			
2623	52	33	24	318	259	596	250
62			136	165	250	71	31

1-9 续表 6

行　　业	代码	从　业 人员数 （人）	1949年及以前	1950-1977年	1978-1991年
建筑安装业	49	30865		190	2008
电气安装	491	15912			1404
管道和设备安装	492	2955			14
其他建筑安装业	499	11998		190	590
建筑装饰和其他建筑业	50	89446		2642	384
建筑装饰业	501	19583		249	9
工程准备活动	502	4117		160	86
提供施工设备服务	503	54377		1817	
其他未列明建筑业	509	11369		416	289
批发和零售业	**F**	**594390**	**581**	**28006**	**20704**
批发业	51	312779	540	14578	13155
农、林、牧产品批发	511	22572	17	1609	756
食品、饮料及烟草制品批发	512	44961	7	2493	7274
纺织、服装及家庭用品批发	513	26397		286	289
文化、体育用品及器材批发	514	8012	497	328	171
医药及医疗器材批发	515	18079		457	336
矿产品、建材及化工产品批发	516	113950	19	8662	3416
机械设备、五金产品及电子产品批发	517	55381		384	561
贸易经纪与代理	518	15636		68	147
其他批发业	519	7791		291	205
零售业	52	281611	41	13428	7549
综合零售	521	70593		8488	3388
食品、饮料及烟草制品专门零售	522	21173		520	796
纺织、服装及日用品专门零售	523	16099	2	382	490
文化、体育用品及器材专门零售	524	10265	36	1865	618
医药及医疗器材专门零售	525	42404	3	1331	1078
汽车、摩托车、燃料及零配件专门零售	526	46285		58	355
家用电器及电子产品专门零售	527	34397		147	126
五金、家具及室内装饰材料专门零售	528	19912		393	325
货摊、无店铺及其他零售业	529	20483		244	373
交通运输、仓储和邮政业	**G**	**207120**	**100**	**20988**	**11313**
铁路运输业	53				
道路运输业	54	125665	100	15147	7540
城市公共交通运输	541	24633		5366	774
公路旅客运输	542	31652		6758	2569
道路货物运输	543	46338		355	591
道路运输辅助活动	544	23042	100	2668	3606
水上运输业	55	16329		2984	2386
水上旅客运输	551	1374		314	140
水上货物运输	552	10653		1505	1218
水上运输辅助活动	553	4302		1165	1028
航空运输业	56	2537			
航空客货运输	561	90			
通用航空服务	562	1305			
航空运输辅助活动	563	1142			
管道运输业	57				
管道运输业	570				
装卸搬运和运输代理业	58	30161		298	548
装卸搬运	581	20378		182	279
运输代理业	582	9783		116	269

1992-1995年	1996年	1997年	1998年	1999年	2000年	2001年	2002年
1341	7757	2225	740	623	939	1517	1341
360	7666	1433	302	196	58	917	780
52	91	263	96	66	536		413
929		529	342	361	345	600	148
4555	390	139	723	255	397	28125	855
2921	130	94	719	173	281	332	673
1629	260			40	93	107	117
				8	3	27630	2
5		45	4	34	20	56	63
10785	**7914**	**3694**	**7866**	**6803**	**15292**	**16033**	**16689**
6360	2641	1846	4752	3179	11266	8843	6591
463	40	103	404	74	138	317	293
795	1023	243	782	384	535	704	493
351	51	74	1154	258	630	610	710
266	735	17	22	186	114	171	148
535	8	114	227	157	151	61	1117
2796	514	751	1066	1372	7961	5211	1577
846	221	477	814	558	1580	1493	1838
275	18	47	125	66	52	171	197
33	31	20	158	124	105	105	218
4425	5273	1848	3114	3624	4026	7190	10098
1437	3976	83	1259	1129	299	1043	2796
206	114	175	121	95	491	309	438
147	81	122	89	111	147	99	297
321	89	68	130	224	94	110	236
377	96	254	126	372	285	2454	2015
1031	328	120	425	595	1308	1633	2818
398	263	304	430	729	699	763	837
179	142	88	123	145	122	193	344
329	184	634	411	224	581	586	317
9410	**5231**	**2562**	**13612**	**10383**	**7919**	**6581**	**9802**
5835	3311	1963	4997	2807	6733	2958	8628
973	294	517	759	994	302	531	1498
1155	1661	357	3616	383	4515	1189	2091
1053	1087	51	328	989	1560	885	3072
2654	269	1038	294	441	356	353	1967
1584	93	198	368	82	307	675	471
51			51	26	62	156	91
1396	78	107	317	44	244	471	372
137	15	91		12	1	48	8
15	346		197	31	5	238	3
12				11	1		
3				20	4		3
	346		197			238	
1118	1437	59	385	338	483	2412	129
834	1424		16	36	317	2343	55
284	13	59	369	302	166	69	74

1-9 续表 7

行　业	代码	从业人员数（人）	1949年及以前	1950-1977年	1978-1991年
仓储业	59	10723		598	839
谷物、棉花等农产品仓储	591	4511		450	473
其他仓储业	599	6212		148	366
邮政业	60	21705		1961	
邮政基本服务	601	15811		1961	
快递服务	602	5894			
住宿和餐饮业	**H**	**124930**	**36**	**4326**	**8030**
住宿业	61	73068		3607	7137
旅游饭店	611	51688		3068	6109
一般旅馆	612	17993		379	895
其他住宿业	619	3387		160	133
餐饮业	62	51862	36	719	893
正餐服务	621	36585	36	627	778
快餐服务	622	10164		50	4
饮料及冷饮服务	623	1096			
其他餐饮业	629	4017		42	111
信息传输、软件和信息技术服务业	**I**	**61736**		**413**	**1189**
电信、广播电视和卫星传输服务	63	41110		413	821
电信	631	34984			
广播电视传输服务	632	6073		413	785
卫星传输服务	633	53			36
互联网和相关服务	64	3731			88
互联网接入及相关服务	641	1147			15
互联网信息服务	642	2239			73
其他互联网服务	649	345			
软件和信息技术服务业	65	16895			280
软件开发	651	9050			66
信息系统集成服务	652	4198			26
信息技术咨询服务	653	1745			117
数据处理和存储服务	654	395			40
集成电路设计	655	95			
其他信息技术服务业	659	1412			31
金融业	**J**				
房地产业	**K**	**196541**		**2642**	**3900**
房地产业	70	196541		2642	3900
房地产开发经营	701	90440		9	2126
物业管理	702	74206		25	62
房地产中介服务	703	18071		63	125
自有房地产经营活动	704	6432		1924	1025
其他房地产业	709	7392		621	562
租赁和商务服务业	**L**	**251051**	**95**	**6261**	**19062**
租赁业	71	8440		269	58
机械设备租赁	711	7960		237	58
文化及日用品出租	712	480		32	
商务服务业	72	242611	95	5992	19004
企业管理服务	721	64940	95	5030	4583

1992−1995年	1996年	1997年	1998年	1999年	2000年	2001年	2002年
858	44	342	652	593	391	297	534
495	44	22	579	502	202	192	176
363		320	73	91	189	105	358
			7013	6532		1	37
			7013	6529			
				3		1	37
3983	**1691**	**1938**	**1253**	**2234**	**10714**	**4049**	**3512**
3531	1150	1521	536	738	3135	2383	2433
2715	1124	1213	459	404	2930	2114	2312
767	26	291	72	191	167	248	85
49		17	5	143	38	21	36
452	541	417	717	1496	7579	1666	1079
444	442	290	695	1496	760	1522	941
	39		17		6684	116	130
	60	127			2	28	5
8			5		133		3
1524	**355**	**122**	**1168**	**7383**	**3590**	**9627**	**1300**
1224	339		196	7297	3361	8770	945
1102	294		191	7293	3347	8749	700
122	45		5	4	14	21	245
5		5	801	5	41	71	16
			786				
5		5	15	5	41	71	16
295	16	117	171	81	188	786	339
73		66	57	57	126	492	175
145	1		114	11	8	277	75
33	15	50		5	18	9	14
44					27		
							58
		1		8	9	8	17
9219	**3328**	**2073**	**2717**	**4724**	**6385**	**5607**	**8989**
9219	3328	2073	2717	4724	6385	5607	8989
5899	948	1342	840	1009	2451	1990	3196
2061	2134	565	1476	3222	2922	2778	4887
268	69	17	231	240	715	794	638
436	97	148	97	163	220	13	32
555	80	1	73	90	77	32	236
9641	**4262**	**2673**	**5336**	**4949**	**4176**	**6042**	**6212**
511	11	32	21	17	1	104	387
375	6	32	21	17	1	103	387
136	5					1	
9130	4251	2641	5315	4932	4175	5938	5825
2215	975	859	1441	468	1219	1270	1017

1-9 续表 8

行　业	代码	从业人员数（人）	1949年及以前	1950-1977年	1978-1991年
法律服务	722	6081			466
咨询与调查	723	20564		7	334
广告业	724	20882			67
知识产权服务	725	331			
人力资源服务	726	48039		11	3929
旅行社及相关服务	727	13790		221	869
安全保护服务	728	25323		28	7653
其他商务服务业	729	42661		695	1103
科学研究和技术服务业	M	**140061**	**549**	**24337**	**20592**
研究和试验发展	73	15667	442	6045	4157
自然科学研究和试验发展	731	1582		598	416
工程和技术研究和试验发展	732	2179		377	549
农业科学研究和试验发展	733	7105	408	3248	1700
医学研究和试验发展	734	2672		1134	853
社会人文科学研究	735	2129	34	688	639
专业技术服务业	74	92662	107	15901	11056
气象服务	741	2458	74	1099	204
地震服务	742	608		144	78
海洋服务	743	100			
测绘服务	744	4794		1612	315
质检技术服务	745	10553		838	1274
环境与生态监测	746	2901	16	562	1071
地质勘查	747	5750	5	3940	430
工程技术	748	48219	4	5712	6134
其他专业技术服务业	749	17279	8	1994	1550
科技推广和应用服务业	75	31732		2391	5379
技术推广服务	751	27704		2165	5000
科技中介服务	752	1970		72	176
其他科技推广和应用服务业	759	2058		154	203
水利、环境和公共设施管理业	N	**91283**	**65**	**14859**	**24825**
水利管理业	76	14525	7	7274	2603
防洪除涝设施管理	761	997		111	133
水资源管理	762	1279		301	337
天然水收集与分配	763	8242	6	5919	1032
水文服务	764	339		230	14
其他水利管理业	769	3668	1	713	1087
生态保护和环境治理业	77	3287		440	468
生态保护	771	1645		246	309
环境治理业	772	1642		194	159
公共设施管理业	78	73471	58	7145	21754
市政设施管理	781	5715		52	1529
环境卫生管理	782	39680		3262	15459
城乡市容管理	783	2097		337	128
绿化管理	784	7523		1908	1884
公园和游览景区管理	785	18456	58	1586	2754

1992-1995年	1996年	1997年	1998年	1999年	2000年	2001年	2002年
656	271	159	163	377	166	597	272
172	178	103	276	487	293	418	201
263	170	89	148	134	326	285	309
				5		30	
673	1166	55	64	367	235	63	76
1281	59	124	1442	372	275	320	422
1020	6		11	436	656	1206	933
2850	1426	1252	1770	2286	1005	1749	2595
9728	**1542**	**2314**	**3258**	**2256**	**3174**	**3170**	**6671**
168	52	233	123	105	179	225	204
		10	10		16	57	65
37	8	80	8			99	45
82	7	46	48	16	158	27	3
6		50		74		3	3
43	37	47	57	15	5	39	88
8475	1215	1709	2975	1796	2687	2289	3359
278	45	95		178	19	113	1
16		19		6	6		4
	4				1		
135	49	85	416		94	146	203
525	79	278	101	340	332	154	258
319	9	13	41	16	103	26	122
358		67	6	7	15	47	86
6637	808	1027	2212	876	1506	1435	2220
207	221	125	199	373	611	368	465
1085	275	372	160	355	308	656	3108
1034	236	357	153	341	254	574	2866
16	17	5	3		42	37	69
35	22	10	4	14	12	45	173
5527	**1595**	**5236**	**1638**	**836**	**1424**	**470**	**2898**
439	303	131	101	100	182	120	262
66	219	5	40	24	132	46	83
49	1	36	4	8	2	19	11
14	52	11	33	55	10	25	80
		10	10				16
310	31	69	14	13	38	30	72
36	66	144	86	62	9	74	36
24	60	144	82	62	7	67	15
12	6		4		2	7	21
5052	1226	4961	1451	674	1233	276	2600
400	168	137	93	28	9	36	599
1966	571	4033	1087	466	220	29	1108
56	336	10	44		7		25
121	64	371	42	101	169	18	585
2509	87	410	185	79	828	193	283

1-9 续表 9

行业	代码	从业人员数（人）	1949年及以前	1950-1977年	1978-1991年
居民服务、修理和其他服务业	O	**41835**		**618**	**1013**
居民服务业	79	12181		425	453
家庭服务	791	2145			6
托儿所服务	792	59			
洗染服务	793	511			
理发及美容服务	794	1880		16	12
洗浴服务	795	945			
保健服务	796	1750			1
婚姻服务	797	385			
殡葬服务	798	1698		380	366
其他居民服务业	799	2808		29	68
机动车、电子产品和日用产品修理业	80	15759		170	245
汽车、摩托车修理与维护	801	12970		152	240
计算机和办公设备维修	802	946			
家用电器修理	803	1226			2
其他日用产品修理业	809	617		18	3
其他服务业	81	13895		23	315
清洁服务	811	8040		20	139
其他未列明服务业	819	5855		3	176
教育	P	**649837**	**110628**	**228425**	**101461**
教育	82	649837	110628	228425	101461
学前教育	821	64404	687	7588	3596
初等教育	822	267361	69917	115214	30952
中等教育	823	235616	32395	81297	56026
高等教育	824	48189	7483	18550	7480
特殊教育	825	1597		131	192
技能培训、教育辅助及其他教育	829	32670	146	5645	3215
卫生和社会工作	Q	**293628**	**50456**	**136914**	**44124**
卫生	83	283462	50091	135392	43018
医院	831	164820	49100	67034	23519
社区医疗与卫生院	832	72112	962	51521	8090
门诊部(所)	833	5206		679	528
计划生育技术服务活动	834	10185	29	187	6487
妇幼保健院(所、站)	835	19345		14479	3424
专科疾病防治院(所、站)	836	1005		602	71
疾病预防控制中心	837	7795		742	325
其他卫生活动	839	2994		148	574
社会工作	84	10166	365	1522	1106
提供住宿社会工作	841	7934	340	1482	884
不提供住宿社会工作	842	2232	25	40	222
文化、体育和娱乐业	R	**64544**	**436**	**9721**	**9256**
新闻和出版业	85	7069	1	1596	2347
新闻业	851	337		15	7
出版业	852	6732	1	1581	2340
广播、电视、电影和影视录音制作业	86	12115		3208	3004
广播	861	2904		842	811
电视	862	4735		1561	1229
电影和影视节目制作	863	691		11	208
电影和影视节目发行	864	835		55	50
电影放映	865	2773		739	706
录音制作	866	177			

1992-1995年	1996年	1997年	1998年	1999年	2000年	2001年	2002年
1275	**635**	**529**	**389**	**552**	**464**	**913**	**1267**
225	31	179	80	168	70	218	267
			5	114	12		3
						21	
					3	48	
3	24	1	1			32	7
8		15		10		1	5
1					15		151
						6	35
204			55	8	22	80	43
9	7	163	19	36	18	30	23
620	276	326	164	245	215	347	271
607	260	280	140	200	163	243	235
6		6			15	85	16
4	11	40	24	45	37	19	20
3	5						
430	328	24	145	139	179	348	729
416	318	22	139	58	126	318	159
14	10	2	6	81	53	30	570
26463	**7877**	**10611**	**5768**	**5223**	**8639**	**10047**	**10909**
26463	7877	10611	5768	5223	8639	10047	10909
2013	575	1058	1230	1310	1912	1939	1930
7371	2120	4689	1496	1085	1511	1521	2916
15866	4865	4231	1871	1849	3653	3011	3663
129			712	631	1168	18	1569
473		64	25	52	11	38	91
611	317	569	434	296	384	3520	740
9811	**3637**	**3231**	**1561**	**957**	**735**	**1437**	**2890**
9410	3497	3097	1408	723	541	1149	2353
5316	2600	1624	740	376	88	37	41
1993	532	976	376	95	143	218	356
446	29	68	93	68	56	104	106
564	139	230	26	57	82	240	618
632		103	66		172		327
36		52					
43		32	5	58		550	874
380	197	12	102	69			31
401	140	134	153	234	194	288	537
333	121	96	109	163	150	106	443
68	19	38	44	71	44	182	94
2361	**398**	**531**	**305**	**298**	**903**	**1926**	**2142**
331	49	17	7	2	186	6	18
18	5	17	1		6		13
313	44		6	2	180	6	5
1197	102	127	179	150	40	181	584
193	18	56	8	10	2	151	320
853	28	71	103	139	6	20	229
					32	8	2
2			53			2	4
149	54		15				29
	2			1			

1-9 续表 10

行业	代码	从业人员数（人）	1949年及以前	1950-1977年	1978-1991年
文化艺术业	87	15841	435	4111	3347
文艺创作与表演	871	4615	1	1325	306
艺术表演场馆	872	1189		77	35
图书馆与档案馆	873	2668	434	964	741
文物及非物质文化遗产保护	874	895		202	307
博物馆	875	1371		208	598
烈士陵园、纪念馆	876	461		229	62
群众文化活动	877	3371		1095	924
其他文化艺术业	879	1271		11	374
体育	88	5159		799	274
体育组织	881	1625		678	39
体育场馆	882	829		121	204
休闲健身活动	883	2454			12
其他体育	889	251			19
娱乐业	89	24360		7	284
室内娱乐活动	891	22319		7	29
游乐园	892	269			
彩票活动	893	442			146
文化、娱乐、体育经纪代理	894	484			109
其他娱乐业	899	846			
公共管理、社会保障和社会组织	S	**718504**	**16565**	**137293**	**171073**
中国共产党机关	90	26305	1958	8379	8292
中国共产党机关	900	26305	1958	8379	8292
国家机构	91	455589	13574	101397	123286
国家权力机构	911	5669	105	935	2386
国家行政机构	912	420669	12842	88049	111586
人民法院和人民检察院	913	22242	449	10145	7090
其他国家机构	919	7009	178	2268	2224
人民政协、民主党派	92	4056	399	1011	1403
人民政协	921	3279	385	755	1300
民主党派	922	777	14	256	103
社会保障	93	12970		56	1534
社会保障	930	12970		56	1534
群众团体、社会团体和其他成员组织	94	109175	227	3888	8697
群众团体	941	13918	132	2664	1760
社会团体	942	91934	25	1171	6412
基金会	943	200			6
宗教组织	944	3123	70	53	519
基层群众自治组织	95	110409	407	22562	27861
社区自治组织	951	16982	5	809	1142
村民自治组织	952	93427	402	21753	26719
国际组织	T				
国际组织	96				
国际组织	960				

1992-1995年	1996年	1997年	1998年	1999年	2000年	2001年	2002年
312	172	288	33	72	145	971	310
16	19	33	12	1	65		76
6	40				40	895	
133	28	28	11	2		10	25
2	8	2	4	32	14	19	8
37	16	124			5		
40	22	15					
74	39	63	6	31	21	40	187
4		23		6		7	14
256	23	13	61	8	193	119	104
	1	1				109	49
28	22	5	6	5			51
228		7	55	3	173	10	4
					20		
265	52	86	25	66	339	649	1126
10	11	86	24	50	283	620	1059
1						3	3
					51		
	32			11			
254	9		1	5	5	26	64
77257	**27645**	**18464**	**7185**	**6179**	**7707**	**14567**	**35804**
1717	818	663	303	85	225	182	1282
1717	818	663	303	85	225	182	1282
47457	14399	14336	4940	3857	3818	7827	23480
496	190	224	88		15	44	212
45864	12952	13335	4654	3667	3728	7602	22689
870	1152	687	5	87	30	135	388
227	105	90	193	103	45	46	191
262	131	117	55	19	35	85	226
170	81	113	13	8	30		222
92	50	4	42	11	5	85	4
1004	75	177	40	56	359	815	305
1004	75	177	40	56	359	815	305
4102	1183	751	1088	762	2891	3029	3719
1227	152	341	203	33	114	262	211
2656	949	224	729	558	2683	2760	3474
42	4						
177	78	186	156	171	94	7	34
22715	11039	2420	759	1400	379	2629	6792
682	311	201	135	176	242	2347	5763
22033	10728	2219	624	1224	137	282	1029

1-9 续表 11

行业	代码	2003年	2004年	2005年	2006年
总计		**288452**	**265852**	**283843**	**252227**
农、林、牧、渔业	A	**390**	**207**	**842**	**548**
农业	01	10			245
谷物种植	011				
豆类、油料和薯类种植	012				
棉、麻、糖、烟草种植	013				
蔬菜、食用菌及园艺作物种植	014				245
水果种植	015				
坚果、含油果、香料和饮料作物种植	016				
中药材种植	017				
其他农业	019	10			
林业	02			168	
林木育种和育苗	021				
造林和更新	022			168	
森林经营和管护	023				
木材和竹材采运	024				
林产品采集	025				
畜牧业	03	62	42	25	
牲畜饲养	031	62	42		
家禽饲养	032			25	
狩猎和捕捉动物	033				
其他畜牧业	039				
渔业	04				
水产养殖	041				
水产捕捞	042				
农、林、牧、渔服务业	05	318	165	649	303
农业服务业	051	223	103	601	225
林业服务业	052	78	41	43	25
畜牧服务业	053	14	3	5	53
渔业服务业	054	3	18		
采矿业	B	**4697**	**4545**	**10688**	**12833**
煤炭开采和洗选业	06	1073	163	448	4452
烟煤和无烟煤开采洗选	061	1073		407	4452
褐煤开采洗选	062		163	41	
其他煤炭采选	069				
石油和天然气开采业	07				
石油开采	071				
天然气开采	072				
黑色金属矿采选业	08	316	1317	5180	1432
铁矿采选	081	177	1100	578	923
锰矿、铬矿采选	082	124	162	4590	458
其他黑色金属矿采选	089	15	55	12	51
有色金属矿采选业	09	2233	1385	978	4081
常用有色金属矿采选	091	2233	1288	697	3949
贵金属矿采选	092		76	266	132
稀有稀土金属矿采选	093		21	15	

从业人员数(人)							
2007年	2008年	2009年	2010年	2011年	2012年	2013年	无开业年份
284931	**234065**	**314189**	**334491**	**341911**	**326789**	**238145**	**2818**
1361	**8225**	**6613**	**4697**	**3459**	**5899**	**4561**	**4**
	80	693	179	119	136	69	
					112		
		32	10	15			
	80	600	127			5	
				104	20		
		21	16		4	64	
		40					
			26				
		11	106	6	1622		
			73	6	200		
			33				
		11			1422		
64	136	43	256	20			
18	136	43	256				
46				20			
		5		12	15		
		5		12	15		
1297	8009	5861	4156	3302	4126	4492	4
1012	7830	5549	3765	2899	3077	3660	4
54	49	38	40	183	362	420	
223	121	129	123	143	506	218	
8	9	145	228	77	181	194	
7296	**6093**	**10460**	**8863**	**6993**	**8503**	**4451**	**136**
574	233	1	169	35	14	89	
1	233	1	159	34	10	69	
565			10				
8				1	4	20	
	12			119		4	
				119		4	
	12						
819	1176	1164	1400	224	252	336	30
279	474	466	841	127	159	107	
347	295	387	481	66	6	35	30
193	407	311	78	31	87	194	
3285	1745	2841	1104	1831	910	1031	2
2415	1261	2275	392	1757	739	927	1
84	300	525	214	53	77	48	1
786	184	41	498	21	94	56	

1-9 续表 12

行 业	代码	2003年	2004年	2005年	2006年
非金属矿采选业	10	1053	1620	4047	2858
土砂石开采	101	964	1299	3027	2134
化学矿开采	102	6		472	457
采盐	103				
石棉及其他非金属矿采选	109	83	321	548	267
开采辅助活动	11		60		
煤炭开采和洗选辅助活动	111				
石油和天然气开采辅助活动	112				
其他开采辅助活动	119		60		
其他采矿业	12	22		35	10
其他采矿业	120	22		35	10
制造业	**C**	**128060**	**104937**	**125051**	**120275**
农副食品加工业	13	12791	9500	8676	8356
谷物磨制	131	263	556	468	190
饲料加工	132	618	911	2824	1500
植物油加工	133	134	356	393	607
制糖业	134	7663	2433	650	1159
屠宰及肉类加工	135	1056	3591	231	1065
水产品加工	136	1212	405	1399	1779
蔬菜、水果和坚果加工	137	313	12	984	1285
其他农副食品加工	139	1532	1236	1727	771
食品制造业	14	4992	3836	4402	6547
焙烤食品制造	141	852	1482	141	180
糖果、巧克力及蜜饯制造	142	323	188	35	217
方便食品制造	143	571	844	619	248
乳制品制造	144	387		387	161
罐头食品制造	145	2143	26	1492	3424
调味品、发酵制品制造	146	41	341	294	1525
其他食品制造	149	675	955	1434	792
酒、饮料和精制茶制造业	15	3428	3731	2901	2330
酒的制造	151	1456	1631	1935	908
饮料制造	152	1751	1571	318	1090
精制茶加工	153	221	529	648	332
烟草制品业	16	3447			
烟叶复烤	161	520			
卷烟制造	162	2927			
其他烟草制品制造	169				
纺织业	17	4393	5461	3840	6878
棉纺织及印染精加工	171	791	203	1096	930
毛纺织及染整精加工	172	715	263	1	232
麻纺织及染整精加工	173	32	98	85	40
丝绢纺织及印染精加工	174	2383	4855	1477	5607
化纤织造及印染精加工	175			2	
针织或钩针编织物及其制品制造	176	449	2	4	61
家用纺织制成品制造	177	11		1043	8
非家用纺织制成品制造	178	12	40	132	
纺织服装、服饰业	18	854	1174	3600	1062
机织服装制造	181	748	592	3477	1061
针织或钩针编织服装制造	182	72	269	88	1
服饰制造	183	34	313	35	

从业人员数(人)							
2007年	2008年	2009年	2010年	2011年	2012年	2013年	无开业年份
2579	2766	6094	6001	4060	7235	2722	104
1862	2417	5111	5424	3717	6402	2452	104
242	27	49	118	98	121	35	
		14			29		
475	322	920	459	245	683	235	
	62	78	65	518	16	44	
				500	1	30	
	31						
	31	78	65	18	15	14	
39	99	282	124	206	76	225	
39	99	282	124	206	76	225	
148430	**98734**	**136352**	**140731**	**132339**	**87172**	**59287**	**257**
9725	8687	9400	9763	6259	5253	3676	5
444	1385	709	579	795	322	435	
1077	1516	1566	1003	841	510	599	
194	435	377	836	217	394	353	
4407	1070	476	2507	916	993	250	
1148	761	3017	2116	732	188	401	5
690	1036	697	959	410	148	358	
57	831	1608	745	1082	1968	376	
1708	1653	950	1018	1266	730	904	
2653	2988	991	2338	2468	1655	2366	2
411	237	130	764	1125	880	1042	2
99	101	53	3	53	91	69	
627	748	293	319	170	330	312	
156	26	180	279		11	10	
70	692	27	264	117	110	13	
274	854	34	109	470	89	77	
1016	330	274	600	533	144	843	
2891	3194	1627	1985	1686	2795	976	4
631	408	306	234	684	474	211	4
1960	2300	640	729	410	1952	565	
300	486	681	1022	592	369	200	
		63			8		
					2		
		63			6		
4199	1382	2616	1936	2496	4510	3399	
978	606	851	416	217	179	2405	
86	24	40	41	373	1	75	
25		148	48	71	24	1	
2913	697	786	1150	1127	2610	600	
					208	10	
60	8	676	107	386	593	129	
115	15	115	118	218	810	48	
22	32		56	104	85	131	
6764	3084	2781	9348	11645	5204	2107	
6586	2412	2159	8416	9953	3490	1774	
178	600	483	922	1387	759	100	
	72	139	10	305	955	233	

1-9 续表 13

行　业	代码	2003年	2004年	2005年	2006年
皮革、毛皮、羽毛及其制品和制鞋业	19	1465	4727	2314	1897
皮革鞣制加工	191	8	209	5	34
皮革制品制造	192	1396	4388	2246	1793
毛皮鞣制及制品加工	193		80		
羽毛(绒)加工及制品制造	194	61	50	62	24
制鞋业	195			1	46
木材加工和木、竹、藤、棕、草制品业	20	7031	11842	10797	9976
木材加工	201	1605	2367	1364	1339
人造板制造	202	1817	6344	6057	6492
木制品制造	203	1209	2244	1444	1693
竹、藤、棕、草等制品制造	204	2400	887	1932	452
家具制造业	21	267	749	1835	1213
木质家具制造	211	267	717	330	887
竹、藤家具制造	212		11	1203	
金属家具制造	213		7	302	10
塑料家具制造	214				
其他家具制造	219		14		316
造纸和纸制品业	22	4952	2555	4421	5615
纸浆制造	221	7	367	383	461
造纸	222	4103	626	2042	3195
纸制品制造	223	842	1562	1996	1959
印刷和记录媒介复制业	23	2166	1200	989	2357
印刷	231	2104	1193	879	1975
装订及印刷相关服务	232	57	7	110	72
记录媒介复制	233	5			310
文教、工美、体育和娱乐用品制造业	24	3988	6816	958	3807
文教办公用品制造	241		19		
乐器制造	242				
工艺美术品制造	243	3887	5991	908	3135
体育用品制造	244				331
玩具制造	245	101	806	50	341
游艺器材及娱乐用品制造	246				
石油加工、炼焦和核燃料加工业	25	11		1057	13
精炼石油产品制造	251	11		1057	13
炼焦	252				
核燃料加工	253				
化学原料和化学制品制造业	26	6359	4528	6644	9358
基础化学原料制造	261	334	930	1772	1574
肥料制造	262	1466	452	846	952
农药制造	263	513	234	55	672
涂料、油墨、颜料及类似产品制造	264	2116	128	82	440
合成材料制造	265	27	11	50	28
专用化学产品制造	266	1073	2065	1991	2659
炸药、火工及焰火产品制造	267	619	77	245	1276
日用化学产品制造	268	211	631	1603	1757

从业人员数(人)							
2007年	2008年	2009年	2010年	2011年	2012年	2013年	无开业年份
5884	5052	3290	7945	4418	1780	1354	
69	1	40	151	73	46	25	
915	781	240	1233	623	812	424	
10		12	7	37	196	17	
557	147	603	143	282	206	428	
4333	4123	2395	6411	3403	520	460	
13454	12849	19968	19152	18610	23082	12119	25
2530	2984	4669	5982	6791	14278	4801	19
9426	7650	13098	10129	8299	7468	6299	5
1106	1437	1489	2924	2610	838	596	1
392	778	712	117	910	498	423	
697	1110	2360	3850	2198	1037	1317	8
430	1037	2095	3434	1996	849	1166	8
	13	116	165	10		60	
7	28	76	30	89	25	28	
			32	7	1		
260	32	73	189	96	162	63	
3781	2662	6370	2440	4191	2234	1353	15
799	555	771	21	529			15
1401	1586	4302	1692	1733	1158	848	
1581	521	1297	727	1929	1076	505	
1955	459	2241	1255	661	694	712	1
1802	389	2032	1114	583	621	697	1
153	70	106	141	78	73	15	
		103					
3374	2060	2040	3926	4945	3332	3918	
	25	18	8	45	12	30	
		4				15	
3224	1323	1277	1962	4213	1468	1183	
10		82		53	329	10	
140	712	659	1956	634	1523	2668	
						12	
302	430	240	440	1137	232	57	
252	420	220	202	1117	225	7	
50	10	20	238			45	
				20	7	5	
9290	5094	7222	3942	2719	2680	1406	
3922	806	546	266	736	888	33	
1064	1202	1156	766	855	520	741	
47	80	313	65	46	99	50	
87	936	2926	152	203	161	33	
		25	413	79	43	65	
1083	1087	953	1035	305	545	228	
2971	665	160	1028	409	158	74	
116	318	1143	217	86	266	182	

1-9 续表 14

行 业	代码	2003年	2004年	2005年	2006年
医药制造业	27	2373	3412	2498	1573
化学药品原料药制造	271	58		176	60
化学药品制剂制造	272	214	107	249	790
中药饮片加工	273	141	269	587	200
中成药生产	274	1842	2741	1049	425
兽用药品制造	275	83	191	35	43
生物药品制造	276	30		135	11
卫生材料及医药用品制造	277	5	104	267	44
化学纤维制造业	28			48	
纤维素纤维原料及纤维制造	281				
合成纤维制造	282			48	
橡胶和塑料制品业	29	2715	2868	2666	5198
橡胶制品业	291	70	177	275	2173
塑料制品业	292	2645	2691	2391	3025
非金属矿物制品业	30	18018	12462	18485	21005
水泥、石灰和石膏制造	301	7359	4320	4864	3629
石膏、水泥制品及类似制品制造	302	1534	2379	1018	4258
砖瓦、石材等建筑材料制造	303	2443	4338	4355	7048
玻璃制造	304		10	316	385
玻璃制品制造	305	103		3	1540
玻璃纤维和玻璃纤维增强塑料制品制造	306	68	4	138	30
陶瓷制品制造	307	5778	1118	6093	3510
耐火材料制品制造	308	130	8	833	6
石墨及其他非金属矿物制品制造	309	603	285	865	599
黑色金属冶炼和压延加工业	31	14268	6514	2588	1597
炼铁	311	301	273	10	28
炼钢	312	51	27	3	
黑色金属铸造	313	715	265	958	689
钢压延加工	314	8927	1424	410	173
铁合金冶炼	315	4274	4525	1207	707
有色金属冶炼和压延加工业	32	8560	1380	1983	4580
常用有色金属冶炼	321	8408	496	1528	2265
贵金属冶炼	322				175
稀有稀土金属冶炼	323		680	372	230
有色金属合金制造	324				2
有色金属铸造	325	6		45	
有色金属压延加工	326	146	204	38	1908
金属制品业	33	3088	2045	4103	1291
结构性金属制品制造	331	1066	1140	1934	492
金属工具制造	332	2	86	1558	145
集装箱及金属包装容器制造	333	122	28	4	28
金属丝绳及其制品制造	334	49	5	31	60
建筑、安全用金属制品制造	335	38	19	27	83
金属表面处理及热处理加工	336	9		218	22
搪瓷制品制造	337	98	37	186	
金属制日用品制造	338	1161	703	120	393
其他金属制品制造	339	543	27	25	68
通用设备制造业	34	2318	3026	4438	1685
锅炉及原动设备制造	341	1371	480	278	98

从业人员数(人)							
2007年	2008年	2009年	2010年	2011年	2012年	2013年	无开业年份
1519	423	1150	2072	363	517	369	
99		181	231	31	27		
95	15	4		128	27	8	
242	134	55	857	80	118	147	
587	73	517	713	36	157	14	
317		146		2	96	20	
69	178	12	155	85	51	112	
110	23	235	116	1	41	68	
	10			73			
	10			73			
2826	1858	5152	4029	3189	1942	923	4
199	183	90	358	928	199	43	
2627	1675	5062	3671	2261	1743	880	4
12733	17113	28648	26473	21843	11896	9567	116
1654	4025	5090	1799	3931	966	613	50
3014	2558	6228	5754	4344	2184	1712	
5319	8854	14194	16485	10689	6984	4655	64
12		91	224	201	132	62	
125	114	545	95	560	173	131	
498	15	122	120	10	82		
1564	1116	1324	1198	1568	800	2106	2
166	7	120	157	29	39	36	
381	424	934	641	511	536	252	
4703	5059	5887	13111	2719	837	664	
427	24	25				6	
				1	4	10	
1142	1785	1779	323	260	186	12	
1855	713	819	11852	285	184	207	
1279	2537	3264	936	2173	463	429	
6841	2386	2618	3152	2446	1027	297	14
5305	1064	1621	2212	1739	563	113	
83			310		1		
103	319		193	50		36	
	30	40	51	47	7		
			16		12	10	
1350	973	957	370	610	444	138	14
3150	2051	4106	3731	1826	1891	1949	5
1873	821	2880	1034	833	1116	1048	
199	146	232	2192	221	139	95	
31	28	35	1	3	20	429	
168	9	18	24	137	18	8	
178	93	122	202	82	208	192	5
	153	418	76	11	38	33	
368				8	6		
189	400	295	82	227	246	50	
144	401	106	120	304	100	94	
2365	698	1614	1312	2237	2548	1948	
282	28	567	167	338	107	235	

1-9 续表 15

行业	代码	2003年	2004年	2005年	2006年
金属加工机械制造	342	131	585	271	409
物料搬运设备制造	343		110	139	8
泵、阀门、压缩机及类似机械制造	344	548	150	146	146
轴承、齿轮和传动部件制造	345	36	813	530	466
烘炉、风机、衡器、包装等设备制造	346	6	69	97	169
文化、办公用机械制造	347		5		
通用零部件制造	348	220	808	2922	342
其他通用设备制造业	349	6	6	55	47
专用设备制造业	35	1716	3016	8948	4280
采矿、冶金、建筑专用设备制造	351	235	441	6496	823
化工、木材、非金属加工专用设备制造	352	80	913	419	819
食品、饮料、烟草及饲料生产专用设备制造	353	10	37		237
印刷、制药、日化及日用品生产专用设备制造	354	11	42	88	412
纺织、服装和皮革加工专用设备制造	355			20	
电子和电工机械专用设备制造	356	85	162		
农、林、牧、渔专用机械制造	357	232	1389	1634	392
医疗仪器设备及器械制造	358	719	32	290	1429
环保、社会公共服务及其他专用设备制造	359	344		1	168
汽车制造业	36	15595	6466	12513	7164
汽车整车制造	361	4			
改装汽车制造	362		269	1	
低速载货汽车制造	363				
电车制造	364				
汽车车身、挂车制造	365	12			
汽车零部件及配件制造	366	15579	6197	12512	7164
铁路、船舶、航空航天和其他运输设备制造业	37	94	4797	2581	1306
铁路运输设备制造	371	5		46	
城市轨道交通设备制造	372				
船舶及相关装置制造	373	54	4768	2513	1297
航空、航天器及设备制造	374				
摩托车制造	375	24			
自行车制造	376	11		11	
非公路休闲车及零配件制造	377			11	
潜水救捞及其他未列明运输设备制造	379		29		9
电气机械和器材制造业	38	2007	1827	2066	2167
电机制造	381	225	217	498	121
输配电及控制设备制造	382	1361	776	738	1306
电线、电缆、光缆及电工器材制造	383	404	398	545	164
电池制造	384	2	379	202	33
家用电力器具制造	385	5		4	50
非电力家用器具制造	386	10	25	13	17
照明器具制造	387		10		458
其他电气机械及器材制造	389		22	66	18
计算机、通信和其他电子设备制造业	39	570	252	9127	8281
计算机制造	391			3795	35
通信设备制造	392	242	5		6146
广播电视设备制造	393		236	546	
雷达及配套设备制造	394				

从业人员数(人)							
2007年	2008年	2009年	2010年	2011年	2012年	2013年	无开业年份
881	116	312	305	778	633	185	
131	57	9		40	93	19	
70	62	130	24	25	1199	3	
112	32			191	20	1017	
128	186	59	31	167	90	81	
			108	12	4		
740	217	442	353	558	318	366	
21		95	324	128	84	42	
3075	3104	2879	1748	3572	1755	1167	22
1124	378	826	219	1275	833	302	
592	60	351	613	87	258	292	22
355	342	33	42	37	46	59	
20	35	183	83	80	94	88	
					25	5	
19	29	32	56	130	34	132	
541	912	713	351	1483	335	111	
129	761	160	35	407	56	64	
295	587	581	349	73	74	114	
17014	6359	8575	5420	4937	2351	1269	6
5			61		323		3
	210						
	130						
			30		37		
	9		50	130		1	
17009	6010	8575	5279	4807	1991	1268	3
2068	654	2183	1794	689	109	135	1
66	19	3		3	12	30	
1984	519	1871	1720	618		66	
	101				2		
10		168		32	21	3	
8	15	122	64	25	74	33	1
		19	10	11		3	
3799	3282	7257	2776	3628	1798	2126	25
1023	699	3497	125	52	144	49	
1026	1245	2150	1329	321	379	1203	6
872	317	914	444	1754	686	526	
	875	245	32	1074	189	36	
126	87	107	500	20	51	74	
14	33	49	29	58	53	105	1
694	26	248	231	279	150	54	18
44		47	86	70	146	79	
21408	5715	3277	5596	19761	4797	2636	3
614	816	1453	2002	12459	938	46	3
26	376	296	3	2435	165	340	
	215		8	8	306		
		181					

1-9 续表 16

行 业	代码	2003年	2004年	2005年	2006年
视听设备制造	395	5		3214	8
电子器件制造	396	143			11
电子元件制造	397	15	11	1571	2076
其他电子设备制造	399	165		1	5
仪器仪表制造业	40	381	374	286	30
通用仪器仪表制造	401	102	127	270	
专用仪器仪表制造	402	90	3		13
钟表与计时仪器制造	403	5	4		1
光学仪器及眼镜制造	404	184	240	8	
其他仪器仪表制造业	409			8	16
其他制造业	41		288	23	304
日用杂品制造	411		40	8	5
煤制品制造	412		173		7
核辐射加工	413		75		
其他未列明制造业	419			15	292
废弃资源综合利用业	42	175	1	259	330
金属废料和碎屑加工处理	421	87	1	212	320
非金属废料和碎屑加工处理	422	88		47	10
金属制品、机械和设备修理业	43	38	90	5	75
金属制品修理	431		82		
通用设备修理	432				5
专用设备修理	433	25			8
铁路、船舶、航空航天等运输设备修理	434		8		28
电气设备修理	435				23
仪器仪表修理	436	7			
其他机械和设备修理业	439	6		5	11
电力、热力、燃气及水生产和供应业	**D**	**17492**	**6359**	**3960**	**3699**
电力、热力生产和供应业	44	17004	5780	3361	3220
电力生产	441	4376	3210	2146	2585
电力供应	442	12628	2570	1205	621
热力生产和供应	443			10	14
燃气生产和供应业	45	164	360	231	18
燃气生产和供应业	450	164	360	231	18
水的生产和供应业	46	324	219	368	461
自来水生产和供应	461	319	197	313	315
污水处理及其再生利用	462		22		33
其他水的处理、利用与分配	469	5		55	113
建筑业	**E**	**21294**	**32455**	**21993**	**15029**
房屋建筑业	47	7890	7163	9654	8169
房屋建筑业	470	7890	7163	9654	8169
土木工程建筑业	48	6713	12090	3012	3430
铁路、道路、隧道和桥梁工程建筑	481	27	10806	249	2306
水利和内河港口工程建筑	482	720	65	10	295
海洋工程建筑	483				
工矿工程建筑	484	112		62	90
架线和管道工程建筑	485	5615	1184	305	572
其他土木工程建筑	489	239	35	2386	167

从业人员数(人)							
2007年	2008年	2009年	2010年	2011年	2012年	2013年	无开业年份
15010	136	20	323	744	22	202	
2228	317	21	3	770	13	315	
2593	3725	1066	2377	2365	1601	727	
937	130	240	880	980	1752	1006	
323	239	272	49	119	369	634	
74	34	4	25	17	39	437	
124	37	18		91	5	32	
83				7	200	30	
	156	8	6	4		94	
42	12	242	18		125	41	
694	168	593	202	359	444	345	
640	31	338	20	135	152	31	
	24	122	16	19	28	8	
54	113	133	166	205	264	306	
868	385	818	380	970	270	345	
821	287	703	253	821	190	286	
47	98	115	127	149	80	59	
75	179	114	566	175	125	153	1
					7		
	20	10		20	7	20	
48	47		35	20	20	30	1
27	30	104	28	28	35	20	
	16		465		5	4	
						10	
	66		38	107	51	69	
3759	**3599**	**5246**	**1669**	**7032**	**3618**	**912**	**25**
2936	2624	3661	1091	6372	2747	481	24
1443	1846	1631	992	6187	1420	421	24
660	671	2020	9	185	1287	23	
833	107	10	90		40	37	
200	65	121	117	59	195	143	
200	65	121	117	59	195	143	
623	910	1464	461	601	676	288	1
525	720	984	225	509	585	120	1
98	167	465	199	92	91	140	
	23	15	37			28	
9933	**5652**	**17049**	**11172**	**13707**	**9819**	**6228**	
6214	1735	5944	5841	4289	903	697	
6214	1735	5944	5841	4289	903	697	
1510	1925	7467	1631	2285	1339	1265	
477	91	299	675	1138	460	638	
698	921	4954	207	302	91	37	
56	5	1	108	20	94	85	
54	804	778	320	407	364	23	
225	104	1435	321	418	330	482	

1-9 续表 17

行　业	代码	2003年	2004年	2005年	2006年
建筑安装业	49	641	880	1515	258
电气安装	491	297	88	507	193
管道和设备安装	492	12	22	442	1
其他建筑安装业	499	332	770	566	64
建筑装饰和其他建筑业	50	6050	12322	7812	3172
建筑装饰业	501	752	464	232	528
工程准备活动	502	86		25	17
提供施工设备服务	503	5065	11408	898	2440
其他未列明建筑业	509	147	450	6657	187
批发和零售业	F	**20654**	**20911**	**22427**	**25758**
批发业	51	8621	11921	10718	14235
农、林、牧产品批发	511	321	723	604	346
食品、饮料及烟草制品批发	512	822	729	974	3103
纺织、服装及家庭用品批发	513	765	1032	967	1709
文化、体育用品及器材批发	514	287	237	191	218
医药及医疗器材批发	515	1355	3298	1276	908
矿产品、建材及化工产品批发	516	2784	3335	3762	4737
机械设备、五金产品及电子产品批发	517	1920	1958	2399	2847
贸易经纪与代理	518	248	178	235	158
其他批发业	519	119	431	310	209
零售业	52	12033	8990	11709	11523
综合零售	521	5374	1671	2670	2615
食品、饮料及烟草制品专门零售	522	585	282	402	541
纺织、服装及日用品专门零售	523	218	337	785	443
文化、体育用品及器材专门零售	524	175	267	532	286
医药及医疗器材专门零售	525	2077	1376	822	2444
汽车、摩托车、燃料及零配件专门零售	526	1983	2745	2880	2609
家用电器及电子产品专门零售	527	960	1086	2957	1445
五金、家具及室内装饰材料专门零售	528	324	376	376	447
货摊、无店铺及其他零售业	529	337	850	285	693
交通运输、仓储和邮政业	G	**8919**	**7621**	**9158**	**10818**
铁路运输业	53				
道路运输业	54	7255	4160	7085	6617
城市公共交通运输	541	3405	306	363	3200
公路旅客运输	542	2779	595	699	431
道路货物运输	543	865	3086	5583	1791
道路运输辅助活动	544	206	173	440	1195
水上运输业	55	546	243	356	1607
水上旅客运输	551	22	58	32	56
水上货物运输	552	312	86	97	1114
水上运输辅助活动	553	212	99	227	437
航空运输业	56	102	1265	2	10
航空客货运输	561	10		2	10
通用航空服务	562		1265		
航空运输辅助活动	563	92			
管道运输业	57				
管道运输业	570				
装卸搬运和运输代理业	58	271	1492	730	1703
装卸搬运	581	153	1299	230	1362
运输代理业	582	118	193	500	341

从业人员数(人)							
2007年	2008年	2009年	2010年	2011年	2012年	2013年	无开业年份
426	366	760	1382	1495	3578	883	
54	103	267	785	207	204	91	
184	66	137	153	266	38	103	
188	197	356	444	1022	3336	689	
1783	1626	2878	2318	5638	3999	3383	
469	470	1211	1394	2469	2918	3095	
406	70	119	251	139	462	50	
693	1010	184	444	2559	139	77	
215	76	1364	229	471	480	161	
25956	**29703**	**45902**	**55387**	**67392**	**82895**	**62817**	**221**
14876	18450	21474	27987	34879	42911	32789	167
748	1651	1225	1582	3131	4635	3392	
1480	1287	2543	4276	4529	5062	5405	18
1168	1643	2132	2918	3054	3789	2803	4
222	715	398	495	814	1028	752	
707	805	1397	1193	1603	1608	763	3
6145	6100	6558	9791	12590	14018	10675	110
3715	3113	4212	5507	6156	8572	6208	2
336	2797	2250	1506	1860	2804	2083	15
355	339	759	719	1142	1395	708	15
11080	11253	24428	27400	32513	39984	30028	54
2999	1867	4923	6172	5108	7282	6011	3
484	676	883	1869	2846	5005	4328	7
1216	962	1047	1092	2323	3198	2511	
223	325	420	785	1120	1355	982	4
801	1395	7323	5909	4593	4127	3141	5
2487	2653	3158	4293	5552	5706	3531	17
1646	1853	3691	2998	4468	4540	4044	13
618	865	1156	2024	3021	4897	3750	4
606	657	1827	2258	3482	3874	1730	1
11544	**12361**	**9439**	**16550**	**7357**	**8837**	**6567**	**48**
5598	6496	6559	9401	4102	5062	3281	30
333	1493	405	1915	462	347	396	
372	499	386	450	278	797	64	8
4436	4282	2734	5420	2315	3267	2566	22
457	222	3034	1616	1047	651	255	
681	1328	615	528	602	445	230	
6	22	95		90	92	10	
534	1149	478	351	367	249	164	
141	157	42	177	145	104	56	
140	87	10		23	36	27	
				1	36	7	
		10					
140	87			22		20	
4450	3924	1530	2148	1890	2380	2428	8
3114	3409	956	453	970	1251	1695	
1336	515	574	1695	920	1129	733	8

1-9 续表 18

行　业	代码				
		2003年	2004年	2005年	2006年
仓储业	59	394	354	855	844
谷物、棉花等农产品仓储	591	286	57	34	119
其他仓储业	599	108	297	821	725
邮政业	60	351	107	130	37
邮政基本服务	601			101	
快递服务	602	351	107	29	37
住宿和餐饮业	H	**3969**	**5891**	**3991**	**5184**
住宿业	61	2034	4173	3013	3390
旅游饭店	611	1656	2877	2318	2330
一般旅馆	612	362	1264	606	895
其他住宿业	619	16	32	89	165
餐饮业	62	1935	1718	978	1794
正餐服务	621	1545	1662	921	1579
快餐服务	622	361			77
饮料及冷饮服务	623	26	21	14	37
其他餐饮业	629	3	35	43	101
信息传输、软件和信息技术服务业	I	**8515**	**5768**	**1320**	**1836**
电信、广播电视和卫星传输服务	63	8037	4399	539	845
电信	631	7986	314	515	834
广播电视传输服务	632	51	4085	19	11
卫星传输服务	633			5	
互联网和相关服务	64	136	163	95	202
互联网接入及相关服务	641	66		2	
互联网信息服务	642	56	159	90	196
其他互联网服务	649	14	4	3	6
软件和信息技术服务业	65	342	1206	686	789
软件开发	651	110	1087	434	406
信息系统集成服务	652	112	100	94	252
信息技术咨询服务	653	32	12	53	110
数据处理和存储服务	654		6	86	5
集成电路设计	655				8
其他信息技术服务业	659	88	1	19	8
金融业	J				
房地产业	K	**10480**	**11532**	**14395**	**14084**
房地产业	70	10480	11532	14395	14084
房地产开发经营	701	4510	4872	5592	8032
物业管理	702	4359	5437	7639	4688
房地产中介服务	703	929	526	921	948
自有房地产经营活动	704	221	466	137	196
其他房地产业	709	461	231	106	220
租赁和商务服务业	L	**6849**	**27359**	**11452**	**8076**
租赁业	71	231	131	190	156
机械设备租赁	711	231	125	190	151
文化及日用品出租	712		6		5
商务服务业	72	6618	27228	11262	7920
企业管理服务	721	1398	1567	4254	1889

从业人员数(人)							
2007年	2008年	2009年	2010年	2011年	2012年	2013年	无开业年份
421	261	463	711	451	505	306	10
93	90	102	200	166	153	76	
328	171	361	511	285	352	230	10
254	265	262	3762	289	409	295	
169					35	3	
85	265	262	3762	289	374	292	
6253	**6714**	**7234**	**9086**	**8720**	**13723**	**12385**	**14**
4120	4628	4888	4177	4698	6516	5252	8
2890	2524	3195	2454	2480	3968	2543	5
1159	1871	1198	1458	1783	2173	2100	3
71	233	495	265	435	375	609	
2133	2086	2346	4909	4022	7207	7133	6
1837	1722	2046	3063	3522	5791	4861	5
203	174	30	1306	129	341	503	
27	40	118	38	78	263	212	
66	150	152	502	293	812	1557	1
1308	**3938**	**2024**	**2184**	**2202**	**3089**	**2878**	**3**
209	2449	760	217	127	78	84	
201	2444	749	86	69	48	62	
5	2	11	131	52	30	22	
3	3			6			
290	117	332	201	275	409	479	
40	16			52	51	119	
245	100	322	190	203	211	236	
5	1	10	11	20	147	124	
809	1372	932	1766	1800	2602	2315	3
500	385	587	1069	966	1109	1282	3
216	876	236	310	327	611	407	
74	66	53	213	202	327	342	
4	12	14	24	15	38	80	
			11	15		3	
15	33	42	139	275	517	201	
14563	**13913**	**17110**	**15797**	**13724**	**11837**	**9494**	**28**
14563	13913	17110	15797	13724	11837	9494	28
8429	6646	9515	9103	6905	3858	3157	11
4789	5946	5847	4194	4096	4455	2614	10
736	913	1049	1513	1986	2478	2909	3
296	88	160	192	192	273	53	3
313	320	539	795	545	773	761	1
12674	**11271**	**14774**	**19465**	**25779**	**25239**	**19388**	**16**
382	126	603	1189	1077	1586	1356	2
342	123	582	1143	1052	1474	1308	2
40	3	21	46	25	112	48	
12292	11145	14171	18276	24702	23653	18032	14
3545	2143	5624	4545	6595	7997	6209	2

1-9 续表 19

行业	代码	2003年	2004年	2005年	2006年
法律服务	722	261	356	163	289
咨询与调查	723	536	688	924	725
广告业	724	696	458	664	873
知识产权服务	725	20	26	9	6
人力资源服务	726	997	22060	1313	178
旅行社及相关服务	727	165	520	1069	645
安全保护服务	728	1359	133	1524	850
其他商务服务业	729	1186	1420	1342	2465
科学研究和技术服务业	**M**	**3978**	**4175**	**3553**	**5156**
研究和试验发展	73	85	97	58	147
自然科学研究和试验发展	731	60	1	8	12
工程和技术研究和试验发展	732	8	50		32
农业科学研究和试验发展	733	14		25	91
医学研究和试验发展	734	3	37	20	12
社会人文科学研究	735		9	5	
专业技术服务业	74	3269	3575	2880	4590
气象服务	741	169	24	30	8
地震服务	742	114	74	19	48
海洋服务	743			1	
测绘服务	744	106	93	257	216
质检技术服务	745	565	814	335	904
环境与生态监测	746	52	37	13	6
地质勘查	747	48	43	20	40
工程技术	748	1750	1794	1832	2074
其他专业技术服务业	749	465	696	373	1294
科技推广和应用服务业	75	624	503	615	419
技术推广服务	751	582	423	581	373
科技中介服务	752	24	5	22	12
其他科技推广和应用服务业	759	18	75	12	34
水利、环境和公共设施管理业	**N**	**2982**	**1947**	**6705**	**914**
水利管理业	76	138	157	360	143
防洪除涝设施管理	761	16	12	25	1
水资源管理	762	1	5	157	3
天然水收集与分配	763	90	80	70	86
水文服务	764				
其他水利管理业	769	31	60	108	53
生态保护和环境治理业	77	211	242	53	30
生态保护	771	149		19	20
环境治理业	772	62	242	34	10
公共设施管理业	78	2633	1548	6292	741
市政设施管理	781	382	66	22	40
环境卫生管理	782	632	918	4996	71
城乡市容管理	783	245		36	2
绿化管理	784	181	329	224	54
公园和游览景区管理	785	1193	235	1014	574

从业人员数(人)							
2007年	2008年	2009年	2010年	2011年	2012年	2013年	无开业年份
239	144	501	304	226	202	269	
1072	1543	1841	1853	2414	3691	2808	
1116	972	1469	2344	3040	4084	3371	4
4	86	24	23	26	37	35	
1599	2273	1040	3805	5031	2519	585	
678	604	562	908	1022	1240	984	8
2043	1280	998	1432	2648	488	619	
1996	2100	2112	3062	3700	3395	3152	
5712	**4922**	**6072**	**5974**	**7110**	**8871**	**6946**	**1**
211	344	330	447	654	944	417	
9	22	83	33	65	70	47	
46	151	55	53	143	291	147	
103	122	145	164	241	256	201	
4	49	24	175	176	33	16	
49		23	22	29	294	6	
3999	3438	3797	3701	3998	4338	3508	
15	3	31	17		22	33	
6	23	22	10	10	3	6	
		18	32	28	14	2	
95	136	165	278	129	160	104	
823	665	724	452	313	478	301	
50	37	71	39	158	60	80	
61	159	69	81	88	163	17	
1595	1527	1608	2051	1521	1973	1923	
1354	888	1089	741	1751	1465	1042	
1502	1140	1945	1826	2458	3589	3021	1
484	1070	1791	1442	2102	3164	2712	
992	18	26	110	101	177	46	
26	52	128	274	255	248	263	1
3542	**1232**	**2413**	**3323**	**2277**	**3721**	**2843**	**11**
286	101	761	233	251	285	288	
	18	18	7	12	20	9	
57	3	93	12	34	39	107	
95	7	265	147	59	34	72	
			1	48	10		
134	73	385	66	98	182	100	
130	209	271	191	227	225	77	
49	14	25	107	59	174	13	
81	195	246	84	168	51	64	
3126	922	1381	2899	1799	3211	2478	11
149	156	494	687	249	103	316	
982	142	212	31	698	1398	1399	
638	72	9	69	24	22	37	
133	70	68	185	225	530	261	
1224	482	598	1927	603	1158	465	11

1-9 续表 20

行 业	代码	2003年	2004年	2005年	2006年
居民服务、修理和其他服务业	O	**699**	**1317**	**1619**	**1544**
居民服务业	79	254	551	456	322
家庭服务	791	4	8	132	20
托儿所服务	792		3		
洗染服务	793	45		64	
理发及美容服务	794	23	52	38	68
洗浴服务	795	56	3	2	43
保健服务	796	26	104		11
婚姻服务	797	12	3	8	13
殡葬服务	798	29	20	37	37
其他居民服务业	799	59	358	175	130
机动车、电子产品和日用产品修理业	80	302	648	737	676
汽车、摩托车修理与维护	801	226	395	546	561
计算机和办公设备维修	802	18	239	24	24
家用电器修理	803	33	5	128	77
其他日用产品修理业	809	25	9	39	14
其他服务业	81	143	118	426	546
清洁服务	811	94	70	303	295
其他未列明服务业	819	49	48	123	251
教育	P	**21140**	**11800**	**12803**	**9198**
教育	82	21140	11800	12803	9198
学前教育	821	2132	2090	2514	2465
初等教育	822	12345	2963	2575	1415
中等教育	823	4689	2657	4729	2404
高等教育	824	1395	3134	1374	1472
特殊教育	825		6	55	47
技能培训、教育辅助及其他教育	829	579	950	1556	1395
卫生和社会工作	Q	**4930**	**3872**	**4858**	**3133**
卫生	83	4394	3496	4525	2806
医院	831	2363	2206	1310	1010
社区医疗与卫生院	832	619	281	699	416
门诊部(所)	833	95	121	259	165
计划生育技术服务活动	834	231	36	308	162
妇幼保健院(所、站)	835	61			
专科疾病防治院(所、站)	836			61	53
疾病预防控制中心	837	1015	785	1763	789
其他卫生活动	839	10	67	125	211
社会工作	84	536	376	333	327
提供住宿社会工作	841	524	246	306	294
不提供住宿社会工作	842	12	130	27	33
文化、体育和娱乐业	R	**1991**	**2163**	**3315**	**2718**
新闻和出版业	85	266	151	48	18
新闻业	851		66	40	
出版业	852	266	85	8	18
广播、电视、电影和影视录音制作业	86	157	283	621	188
广播	861	62	80	51	39
电视	862	91	6	3	128
电影和影视节目制作	863	4	20	12	21
电影和影视节目发行	864		1	531	
电影放映	865		176	20	
录音制作	866			4	

从业人员数(人)							
2007年	2008年	2009年	2010年	2011年	2012年	2013年	无开业年份
2512	**2757**	**2980**	**3581**	**5067**	**6078**	**6011**	**15**
584	697	585	920	1054	2174	2468	
45	127	76	53	244	585	711	
10				3	18	4	
8		31	33	110	99	70	
82	43	53	360	304	399	362	
200	221	12	75	38	138	118	
93	170	68	197	123	474	316	
11	28	32	15	43	75	104	
116	41	85	66	4	61	44	
19	67	228	121	185	325	739	
912	789	986	1657	1797	2269	2094	13
826	538	766	1331	1587	1918	1743	13
57	27	48	65	62	118	136	
5	65	77	191	111	181	151	
24	159	95	70	37	52	64	
1016	1271	1409	1004	2216	1635	1449	2
613	1117	876	428	652	825	1051	1
403	154	533	576	1564	810	398	1
7618	**7104**	**9214**	**10315**	**10516**	**11801**	**12277**	
7618	7104	9214	10315	10516	11801	12277	
2826	3354	3559	4336	4380	5543	7367	
1732	592	1216	1387	1231	1839	1274	
800	1403	2341	2255	2730	1509	1372	
1019	560	535	199	119	275	367	
17	31	23	120	47	87	87	
1224	1164	1540	2018	2009	2548	1810	
4385	**3273**	**2281**	**2153**	**3488**	**3367**	**2128**	**7**
4005	2773	1942	1814	2751	2671	1604	2
966	1262	1047	901	1439	1164	677	
1195	1042	491	527	713	482	385	
411	165	143	256	441	698	273	2
221	83	104	64	73	166	78	
					39	42	
65	6	8	8	13	25	5	
439	119	100	17	52	49	38	
708	96	49	41	20	48	106	
380	500	339	339	737	696	524	5
293	479	287	254	307	427	285	5
87	21	52	85	430	269	239	
2618	**2666**	**3506**	**3719**	**3540**	**6168**	**3853**	**10**
17	87	1142	121	34	563	62	
7	5	19	85	10	8	15	
10	82	1123	36	24	555	47	
71	153	74	421	271	730	374	
1	1	13	42	27	156	21	
	42	39	75	2	24	86	
17	43	10	85	68	91	59	
1		4	24	30	69	9	
52	57	8	62	138	375	193	
	10		133	6	15	6	

1-9 续表 21

行　业	代码	2003年	2004年	2005年	2006年
文化艺术业	87	261	75	293	205
文艺创作与表演	871	24		6	27
艺术表演场馆	872		1		
图书馆与档案馆	873	27	9	67	15
文物及非物质文化遗产保护	874		3	41	15
博物馆	875	146	4		101
烈士陵园、纪念馆	876	3	42		
群众文化活动	877	40	6	161	22
其他文化艺术业	879	21	10	18	25
体育	88	196	142	937	290
体育组织	881	135	50	46	33
体育场馆	882	19		28	10
休闲健身活动	883	29	92	860	247
其他体育	889	13		3	
娱乐业	89	1111	1512	1416	2017
室内娱乐活动	891	1077	1494	1389	1962
游乐园	892	16			12
彩票活动	893	12	18		
文化、娱乐、体育经纪代理	894	2		25	25
其他娱乐业	899	4		2	18
公共管理、社会保障和社会组织	**S**	**21413**	**12993**	**25713**	**11424**
中国共产党机关	90	428	80	798	116
中国共产党机关	900	428	80	798	116
国家机构	91	12491	7320	16175	4357
国家权力机构	911	158	2	56	5
国家行政机构	912	11910	7201	15532	4308
人民法院和人民检察院	913	352		566	23
其他国家机构	919	71	117	21	21
人民政协、民主党派	92	131	65	54	9
人民政协	921	113		44	
民主党派	922	18	65	10	9
社会保障	93	1763	963	427	657
社会保障	930	1763	963	427	657
群众团体、社会团体和其他成员组织	94	4238	3806	5320	6087
群众团体	941	288	137	882	72
社会团体	942	3919	3576	4432	5962
基金会	943				11
宗教组织	944	31	93	6	42
基层群众自治组织	95	2362	759	2939	198
社区自治组织	951	1115	535	899	123
村民自治组织	952	1247	224	2040	75
国际组织	**T**				
国际组织	96				
国际组织	960				

从业人员数(人)							
2007年	2008年	2009年	2010年	2011年	2012年	2013年	无开业年份
312	219	346	436	474	2307	713	4
191	96	105	250	105	1575	382	
					95		
23	9	22	4	33	61	22	
11	18		6	56	139	8	
	7	32	5	20	51	17	
4	22		19		3		
53	36	119	42	114	124	174	
30	31	68	110	146	259	110	4
21	130	382	287	296	458	164	6
3	18	37	108	121	140	57	
6	6	47		92	166	13	
2	98	295	62	63	129	79	6
10	8	3	117	20	23	15	
2197	2077	1562	2454	2465	2110	2540	
1985	1857	1511	2371	2217	2007	2270	
	104	15	23			92	
	91					124	
39	13	12	33	143	32	8	
173	12	24	27	105	71	46	
15467	**11908**	**15520**	**19825**	**21209**	**26152**	**15119**	**2022**
125	26	225	146	146	88	61	162
125	26	225	146	146	88	61	162
8797	5984	7166	10617	7207	9890	5362	1852
15	81	130	76	38	248	106	59
8565	5823	6952	10166	7106	9473	5005	1660
4	41			2	4	124	88
213	39	84	375	61	165	127	45
16	3	4	4	2	12	13	
14			4	2	12	13	
2	3	4					
1161	388	329	178	481	1470	732	
1161	388	329	178	481	1470	732	
5105	4628	7308	6790	12573	14326	8649	8
154	156	247	2074	422	1443	941	3
4846	4461	6972	4156	11835	12500	7629	5
13	3	11	48	11	13	38	
92	8	78	512	305	370	41	
263	879	488	2090	800	366	302	
172	761	191	72	705	347	249	
91	118	297	2018	95	19	53	

1-10 按市县区、开业(成立)时间

地　区	法人单位数（个）	1949年及以前	1950-1977年	1978-1991年	1992-1995年	1996年	1997年	1998年	1999年	2000年	2001年
总　计	**236830**	**2697**	**18473**	**21883**	**10341**	**3999**	**2852**	**2425**	**2394**	**3237**	**4054**
南宁市	52119	442	2174	3111	1682	518	349	472	529	903	1090
市辖区											
兴宁区	4448	6	122	144	122	36	23	34	35	91	97
青秀区	18547	37	287	517	423	119	133	184	201	385	406
江南区	4499	21	128	123	129	20	37	39	43	68	103
西乡塘区	8918	25	164	189	171	56	51	71	119	158	240
良庆区	1961	8	58	31	37	17	10	23	16	40	26
邕宁区	787	6	96	50	21	3	3	5	8	9	9
武鸣县	2460	31	193	239	146	32	10	21	24	38	59
隆安县	1265	94	183	147	57	12	15	14	14	14	8
马山县	1150	24	169	145	66	54	13	4	11	7	5
上林县	1319	27	185	213	61	23	4	15	9	13	19
宾阳县	2927	34	259	373	90	28	34	32	26	45	75
横　县	3838	129	330	940	359	118	16	30	23	35	43
柳州市	23109	92	960	1637	764	545	278	228	260	324	425
市辖区											
城中区	2943	15	47	145	62	24	39	19	32	33	50
鱼峰区	3365	9	80	133	84	26	42	38	35	61	84
柳南区	4413	9	46	135	101	27	43	46	47	66	93
柳北区	3218	8	82	181	105	31	42	41	54	65	70
柳江县	2108	13	96	171	158	23	42	37	25	34	42
柳城县	1392	14	84	169	114	49	32	8	23	17	18
鹿寨县	1510	6	113	128	28	83	6	10	9	5	16
融安县	1143	6	91	153	23	100	14	9	16	19	21
融水苗族自治县	1824	5	241	252	62	27	6	11	15	12	16
三江侗族自治县	1193	7	80	170	27	155	12	9	4	12	15
桂林市	30298	247	1939	2791	1436	645	321	396	367	483	571
市辖区											
秀峰区	2387	12	65	138	96	32	24	48	48	56	57
叠彩区	2190	5	55	88	58	12	21	55	23	30	44
象山区	3236	10	56	191	97	31	44	43	54	86	78
七星区	3170	4	48	111	94	20	35	48	50	58	78
雁山区	525	4	22	39	10	126	14	3	3	4	2
临桂区	2273	17	124	256	148	30	38	16	18	29	39
阳朔县	1594	19	218	150	83	8	5	14	10	32	38
灵川县	2005	12	153	160	102	67	12	21	20	25	31
全州县	1905	14	173	308	183	74	17	21	22	25	31
兴安县	1745	11	132	164	71	91	16	22	29	32	38
永福县	1730	14	138	238	55	20	18	20	15	13	27
灌阳县	1136	15	198	303	47	13	11	11	13	9	6
龙胜各族自治县	1160	5	95	187	80	12	8	13	10	16	16
资源县	776	7	103	84	17	18	3	12	11	8	19
平乐县	1179	45	122	142	79	56	32	15	10	13	16
荔浦县	1916	49	155	154	88	20	18	28	26	36	41
恭城瑶族自治县	1371	4	82	78	128	15	5	6	5	11	10

分组的法人单位数

2002年	2003年	2004年	2005年	2006年	2007年	2008年	2009年	2010年	2011年	2012年	2013年	无开业年份
7367	**6892**	**6046**	**7920**	**8014**	**8979**	**9553**	**14443**	**17384**	**22964**	**30298**	**24395**	**220**
1262	1550	1636	2579	2196	2570	2705	3526	4577	6328	6763	5133	24
107	147	136	192	192	222	237	278	429	612	634	551	1
431	564	693	871	910	1058	1176	1407	2037	2298	2743	1663	4
116	123	147	187	217	237	242	332	415	581	655	528	8
192	271	324	495	465	538	479	628	742	1215	1191	1131	3
49	50	65	213	65	90	79	156	191	269	314	153	1
13	15	11	181	26	35	31	31	38	35	27	134	
71	69	66	79	81	117	119	147	176	241	288	213	
36	32	28	32	34	30	58	76	82	102	125	71	1
36	59	22	105	28	29	37	35	48	86	87	79	1
36	33	21	29	27	48	40	96	86	121	136	76	1
86	132	46	94	87	95	136	210	206	380	226	231	2
89	55	77	101	64	71	71	130	127	388	337	303	2
791	630	679	725	804	955	1017	1676	1786	2254	3271	2992	16
82	69	80	77	95	127	142	241	197	363	496	505	3
139	110	119	130	151	143	158	248	246	332	526	470	1
178	124	126	145	131	161	224	356	425	453	669	808	
112	111	120	136	134	174	182	241	252	306	395	372	4
73	78	75	78	88	103	93	113	202	153	239	171	1
39	46	31	48	45	49	62	91	80	124	169	74	6
39	34	53	37	48	60	52	116	103	147	245	172	
43	29	28	22	58	50	35	54	65	109	106	91	1
54	18	29	25	30	57	42	139	151	182	246	204	
32	11	18	27	24	31	27	77	65	85	180	125	
1063	933	842	945	1034	1144	1518	1873	2209	2981	3869	2668	23
81	91	73	84	91	97	101	156	157	259	367	254	
45	63	43	63	81	77	85	112	194	293	419	324	
124	95	93	100	119	133	124	156	268	491	500	343	
96	95	97	99	126	114	125	202	299	382	521	468	
11	14	5	12	10	11	9	8	21	45	105	36	11
78	58	62	77	77	83	84	200	172	232	259	174	2
64	45	47	57	51	57	82	71	109	159	179	94	2
72	69	44	83	100	93	72	119	152	191	257	150	
78	62	61	57	48	38	71	118	70	135	176	119	4
93	58	55	45	43	68	53	112	117	143	200	151	1
48	63	45	59	86	92	83	144	104	114	186	148	
38	20	34	28	25	30	40	59	47	45	88	56	
37	32	31	28	32	40	44	39	70	117	140	106	2
43	36	39	42	35	34	35	49	29	47	79	26	
38	42	27	31	28	42	44	96	51	92	111	47	
70	67	61	42	50	67	88	160	260	159	170	107	
47	23	25	38	32	68	378	72	89	77	112	65	1

1-10 续表 1

地　　区	法人单位数(个)	1949年及以前	1950-1977年	1978-1991年	1992-1995年	1996年	1997年	1998年	1999年	2000年	2001年
梧州市	13379	224	1473	1089	550	150	100	136	125	144	157
市辖区											
万秀区	2503	24	125	158	136	19	32	53	32	52	56
长洲区	1711	8	49	91	65	14	13	21	13	20	21
龙圩区	1472	30	137	121	40	11	7	17	6	11	17
苍梧县	1254	57	159	97	42	14	8	3	7	7	6
藤　县	2851	23	445	211	122	44	16	20	14	16	21
蒙山县	1255	28	122	160	42	8	7	4	11	12	5
岑溪市	2333	54	436	251	103	40	17	18	42	26	31
北海市	9349	115	724	651	562	130	96	120	142	156	177
市辖区											
海城区	4911	8	89	252	246	46	50	48	68	79	84
银海区	970	1	75	50	73	13	15	12	12	14	23
铁山港区	506	26	38	34	79	28	6	9	4	6	8
合浦县	2962	80	522	315	164	43	25	51	58	57	62
防城港市	6827	21	241	353	620	111	83	77	77	64	137
市辖区											
港口区	2159	2	30	44	242	25	22	33	24	32	52
防城区	1618	9	77	127	218	38	5	6	9	9	30
上思县	954	5	108	136	84	5	16	9	11	7	26
东兴市	2096	5	26	46	76	43	40	29	33	16	29
钦州市	10082	224	1169	712	889	144	114	90	122	200	157
市辖区											
钦南区	3500	45	211	234	230	50	48	39	39	101	64
钦北区	2347	14	58	102	371	18	17	22	17	23	35
灵山县	2605	165	470	216	265	64	37	20	55	37	34
浦北县	1630		430	160	23	12	12	9	11	39	24
贵港市	13888	273	1449	1156	462	476	123	117	97	114	177
市辖区											
港北区	3689	28	124	166	57	223	54	24	29	32	54
港南区	1584	91	111	151	46	120	13	19	13	15	19
覃塘区	2077	14	33	30	23	5	10	4	4	7	8
平南县	2939	46	489	408	199	27	24	36	19	27	46
桂平市	3599	94	692	401	137	101	22	34	32	33	50
玉林市	22626	345	2077	1699	1023	312	1018	280	230	328	475
市辖区											
玉州区	6841	21	144	271	178	63	387	80	88	126	89
福绵区	1136	38	116	52	30	42	69	17	5	12	20
容　县	2835	65	477	251	84	19	25	32	34	38	59
陆川县	2296	70	389	204	97	29	19	30	19	28	70
博白县	3772	59	470	426	376	48	27	45	23	48	81
兴业县	2278	28	120	74	81	19	457	36	18	25	41
北流市	3468	64	361	421	177	92	34	40	43	51	115
百色市	15617	112	1608	2510	666	182	104	176	152	155	184
市辖区											
右江区	3523	12	177	202	90	42	22	28	31	41	48
田阳县	1580	26	159	233	72	11	16	19	12	14	9
田东县	1369	12	127	190	38	35	12	28	26	39	18

2002年	2003年	2004年	2005年	2006年	2007年	2008年	2009年	2010年	2011年	2012年	2013年	无开业年份
421	351	240	384	493	427	380	897	970	1467	1655	1541	5
104	86	86	91	83	87	87	132	170	290	332	267	1
34	103	41	42	45	66	59	120	200	204	256	226	
42	30	15	42	32	48	54	86	97	157	203	269	
43	27	7	21	16	28	22	23	71	98	237	261	
96	33	40	103	229	87	63	273	178	277	277	263	
45	16	29	29	24	47	33	66	90	193	134	147	3
57	56	22	56	64	64	62	197	164	248	216	108	1
235	234	213	289	301	334	322	568	832	887	1128	1109	24
96	124	121	167	184	225	209	368	501	508	664	755	19
35	26	24	47	37	40	36	48	79	88	116	104	2
26	9	9	9	9	8	14	28	32	36	39	49	
78	75	59	66	71	61	63	124	220	255	309	201	3
246	161	166	236	314	354	339	456	520	693	922	627	9
61	45	55	62	84	120	128	158	176	212	319	232	1
57	29	29	77	88	90	78	85	83	115	185	173	1
62	27	20	24	59	26	15	64	74	48	84	44	
66	60	62	73	83	118	118	149	187	318	334	178	7
229	221	262	299	392	362	328	536	794	714	1202	897	25
85	80	90	103	103	149	138	265	350	284	413	373	6
50	49	61	60	75	78	91	132	213	208	369	268	16
51	50	77	100	168	95	67	73	113	111	193	143	1
43	42	34	36	46	40	32	66	118	111	227	113	2
295	638	262	393	381	347	425	950	777	1039	2222	1705	10
95	72	100	106	116	126	168	266	231	374	515	726	3
32	31	26	55	51	56	62	110	80	106	236	140	1
16	399	31	81	34	34	44	87	103	151	703	256	
52	60	32	51	90	55	63	134	150	183	339	407	2
100	76	73	100	90	76	88	353	213	225	429	176	4
552	601	460	631	573	692	769	1199	1382	2503	2999	2452	26
139	175	170	190	180	230	241	433	524	1021	1272	804	15
38	22	21	41	32	29	22	45	145	116	142	81	1
67	77	53	71	78	101	59	173	181	269	339	281	2
53	67	40	55	38	69	53	88	105	190	350	230	3
84	79	53	93	101	95	269	200	146	389	324	333	3
65	103	30	52	52	52	48	104	69	248	254	301	1
106	78	93	129	92	116	77	156	212	270	318	422	1
670	351	325	486	459	491	467	859	1004	1238	1640	1755	23
264	89	82	120	114	133	126	231	290	413	423	543	2
56	21	34	30	52	41	66	101	128	128	188	164	
69	15	31	38	30	30	44	124	104	68	140	144	7

1-10 续表 2

地　区	法人单位数(个)	1949年及以前	1950-1977年	1978-1991年	1992-1995年	1996年	1997年	1998年	1999年	2000年	2001年
平果县	1687	15	156	165	42	5	9	23	23	11	21
德保县	957	5	101	150	89	26	7	7	2	4	4
靖西县	1925	23	165	343	183	17	8	12	12	14	37
那坡县	703	8	79	262	12		4	20	3	2	5
凌云县	608	4	64	179	17	22	6	8	4	5	11
乐业县	740		115	202	15	1	8	6	4	9	6
田林县	967	6	171	224	27	7	2	11	15	5	11
西林县	557	1	97	166	18	9	4	8	6	3	7
隆林各族自治县	1001		197	194	63	7	6	6	14	8	7
贺州市	8058	180	1013	1100	361	168	50	52	67	86	103
市辖区											
八步区	2957	57	372	267	90	18	23	25	18	39	52
平桂管理区	1411	33	111	155	41	8	5	7	9	14	18
昭平县	1220	47	184	250	86	18	8	5	17	8	13
钟山县	1234	30	185	245	74	22	7	7	14	6	8
富川瑶族自治县	1236	13	161	183	70	102	7	8	9	19	12
河池市	13698	115	1411	2635	635	155	91	143	109	114	204
市辖区											
金城江区	2975	15	222	266	124	43	14	24	25	24	55
南丹县	1109	10	142	229	70	12	17	13	9	12	27
天峨县	656	1	94	181	34	21	6	5	8	2	10
凤山县	745	5	93	173	52	4	3	1	13	1	7
东兰县	961	13	105	217	58	4	8	33	7	3	6
罗城仫佬族自治县	1125	8	68	311	59	5	12	13	11	21	22
环江毛南族自治县	922	9	83	259	19	9	5	2	4	8	9
巴马瑶族自治县	1079	4	145	188	54	3	5	14	5	5	13
都安瑶族自治县	1178	8	249	192	34	6	3	6	7	2	9
大化瑶族自治县	1035	23	50	369	27	6	7	10	2	12	12
宜州市	1913	19	160	250	104	42	11	22	18	24	34
来宾市	8822	89	890	1072	213	411	71	69	58	101	99
市辖区											
兴宾区	3474	34	395	230	52	116	14	17	9	25	23
忻城县	952	12	108	206	41	42	16	7	4	11	8
象州县	1443	6	131	160	38	66	17	9	17	20	24
武宣县	1431	35	164	160	30	124	10	11	12	30	12
金秀瑶族自治县	848	1	86	139	27	55	6	12	10	8	14
合山市	674	1	6	177	25	8	8	13	6	7	18
崇左市	8958	218	1345	1367	478	52	54	69	59	65	98
市辖区											
江洲区	1757	5	208	155	44	6	6	11	9	5	14
扶绥县	1508	33	211	231	78	10	10	12	8	5	22
宁明县	1168	33	236	211	95	9	4	12	11	22	24
龙州县	1190	35	163	188	68	5	13	8	3	5	14
大新县	1149	67	221	220	107	5	6	4	11	13	10
天等县	1006	39	219	245	32	5	5	8	6	5	7
凭祥市	1180	6	87	117	54	12	10	14	11	10	7

2002年	2003年	2004年	2005年	2006年	2007年	2008年	2009年	2010年	2011年	2012年	2013年	无开业年份
62	28	31	47	51	55	67	76	107	217	222	250	4
23	59	22	28	30	29	23	35	56	65	98	93	1
58	50	41	104	81	73	53	80	84	103	174	208	2
19	12	17	31	12	28	13	22	17	36	47	51	3
14	15	9	11	11	12	10	47	33	27	67	30	2
30	10	20	13	23	30	13	36	44	42	54	58	1
36	21	18	31	21	30	26	23	42	55	104	80	1
10	12	8	16	13	13	11	26	33	24	35	37	
29	19	12	17	21	17	15	58	66	60	88	97	
373	222	176	191	205	299	308	418	646	618	800	612	10
143	81	83	63	85	87	83	143	219	314	399	294	2
41	34	20	26	36	109	84	104	175	120	148	107	6
65	39	23	30	24	36	42	41	94	60	70	59	1
48	34	24	21	31	34	59	59	60	64	100	102	
76	34	26	51	29	33	40	71	98	60	83	50	1
555	321	278	300	355	438	389	606	844	976	1668	1347	9
140	96	57	97	101	114	140	177	178	263	432	367	1
39	21	30	20	29	29	25	39	73	69	117	76	1
16	6	16	10	11	28	8	21	39	31	61	46	1
22	10	15	18	13	15	22	36	41	38	111	51	1
82	12	24	10	17	26	14	25	43	38	91	125	
46	22	15	22	27	53	24	57	80	73	114	61	1
52	32	21	17	27	21	18	40	58	85	91	53	
27	22	19	21	26	36	15	47	63	70	138	159	
12	28	19	21	26	24	18	46	61	55	169	183	
31	19	18	16	21	23	27	43	92	64	108	54	1
88	53	44	48	57	69	78	75	116	190	236	172	3
401	303	215	232	285	269	285	504	544	661	1123	922	5
218	135	77	114	117	100	92	185	247	280	515	478	1
38	14	28	13	26	22	22	42	40	62	111	78	1
40	46	34	23	45	51	69	136	105	119	137	150	
42	57	38	43	65	36	42	74	78	103	143	122	
47	26	18	28	14	24	30	28	35	54	132	53	1
16	25	20	11	18	36	30	39	39	43	85	41	2
274	376	292	230	222	297	301	375	499	605	1036	635	11
41	200	76	52	28	72	73	70	116	144	253	162	7
50	36	69	53	55	51	50	66	86	130	144	98	
27	47	27	18	20	26	36	22	35	55	135	63	
35	24	43	26	21	41	35	45	52	68	190	106	2
59	13	27	23	25	29	16	45	68	35	99	45	1
20	29	23	17	20	27	34	36	43	61	72	52	1
42	27	27	41	53	51	57	91	99	112	143	109	

1-11 按市县区、开业(成立)时间

地 区	从业人员数(人)	1949年及以前	1950-1977年	1978-1991年	1992-1995年	1996年	1997年	1998年	1999年	2000年	2001年
总 计	**6603243**	**185363**	**1058741**	**739423**	**419797**	**165352**	**97634**	**109846**	**103745**	**139782**	**200771**
南宁市	1598359	31087	216803	222568	85520	50754	15009	22341	26892	39721	75924
市辖区											
兴宁区	183019	461	24962	56451	20657	1211	686	695	737	2896	1959
青秀区	457023	12906	39099	51347	28822	32689	5234	10258	7638	19949	14094
江南区	177289	2062	20039	6639	4316	1965	3646	3750	7580	3033	15509
西乡塘区	367169	2373	70470	20109	14352	10372	1715	3371	7063	7548	34396
良庆区	46765	481	2605	1776	2695	778	1490	1102	428	2034	375
邕宁区	66821	309	4625	51289	740	30	8	256	526	51	125
武鸣县	80459	1641	9562	5828	3520	645	735	706	447	295	2368
隆安县	24633	1986	4483	2917	854	274	125	325	1024	1620	52
马山县	20674	869	6090	3126	1451	664	106	70	246	122	46
上林县	25730	1689	7784	3647	1901	232	32	164	75	124	1030
宾阳县	69073	2426	13440	9270	1638	767	654	443	693	514	2268
横 县	79704	3884	13644	10169	4574	1127	578	1201	435	1535	3702
柳州市	862434	22455	220833	69796	35450	18107	11413	31950	12939	12950	26659
市辖区											
城中区	176053	7868	93003	14778	3760	6396	581	1399	2119	1023	3340
鱼峰区	137528	5910	18761	10116	5605	1912	3769	2287	4162	1409	3360
柳南区	182574	1910	23986	13554	10391	1822	2528	23699	801	3560	4544
柳北区	157224	669	56466	8998	5338	1245	1949	2342	3728	1316	6743
柳江县	62650	1837	6756	6733	5236	399	1005	1436	1235	3431	1244
柳城县	29295	1754	4644	2485	1080	620	384	126	252	551	2808
鹿寨县	45303	207	4935	3001	1917	2951	36	223	193	55	2885
融安县	24170	601	3798	2380	791	546	596	285	242	445	978
融水苗族自治县	29367	1155	5716	4706	750	860	261	87	195	1010	414
三江侗族自治县	18270	544	2768	3045	582	1356	304	66	12	150	343
桂林市	755174	22492	109166	79743	62258	28934	12226	13727	12792	19624	21806
市辖区											
秀峰区	66565	2463	13678	10817	3205	955	946	2372	1392	2096	2077
叠彩区	35071	997	6710	3043	1735	566	383	851	367	820	735
象山区	98195	2918	7948	11877	15015	18289	992	3103	1343	2219	2750
七星区	105139	3555	21435	11447	7797	1433	1579	1685	3576	2224	6976
雁山区	10131	290	1320	975	1101	1113	171	13	149	327	19
临桂区	55492	1301	5773	3874	3726	550	4088	1062	289	3265	1176
阳朔县	35809	998	4292	2623	1923	41	124	156	166	1459	1578
灵川县	46249	432	6182	3596	3591	1110	329	561	567	824	1509
全州县	35683	749	8327	7036	2491	422	840	236	328	307	348
兴安县	40104	1214	4259	3546	3014	898	437	619	1001	484	682
永福县	34457	700	4239	4813	1876	123	316	629	296	247	377
灌阳县	18896	656	3512	2879	1200	180	178	89	143	67	153
龙胜各族自治县	24812	773	3315	3241	1918	51	1065	484	67	219	147
资源县	17558	498	2932	1591	309	172	95	329	138	86	311
平乐县	30342	2347	5077	3234	1715	304	291	248	219	535	158
荔浦县	66180	1931	4941	2775	8893	2565	324	1254	2719	4363	2738
恭城瑶族自治县	34491	670	5226	2376	2749	162	68	36	32	82	72

分组的法人单位从业人员数

2002年	2003年	2004年	2005年	2006年	2007年	2008年	2009年	2010年	2011年	2012年	2013年	无开业年　份
215076	**288452**	**265852**	**283843**	**252227**	**284931**	**234065**	**314189**	**334491**	**341911**	**326789**	**238145**	**2818**
50197	56679	92984	77457	57242	78371	58983	65652	65939	84693	72430	50571	542
4264	3187	14615	7823	3589	5194	4699	6327	5563	5465	7169	4407	2
13650	18761	17759	17812	17320	17393	16854	24843	24425	25249	23605	17072	244
6269	8303	30516	8214	8047	7114	6347	6243	6133	6482	8851	6079	152
15232	16563	20789	18257	11420	28395	12844	10077	10665	27952	13560	9622	24
2834	2303	2269	7151	2020	4733	1632	1641	2519	2245	2378	1266	10
171	645	280	2716	1074	273	575	600	581	264	223	1460	
2320	2409	1933	5101	4340	7971	7925	3822	5337	4622	5912	3020	
616	284	672	1504	1348	394	874	1225	1404	793	1185	670	4
245	621	146	1244	183	925	831	543	763	732	754	893	4
442	401	907	588	419	703	499	1305	680	1186	1312	578	32
1746	1613	876	2204	2377	1793	3355	6015	5985	4204	4043	2691	58
2408	1589	2222	4843	5105	3483	2548	3011	1884	5499	3438	2813	12
25227	37967	28204	42249	29678	40093	28768	35573	36492	32879	35243	27385	124
2379	2569	2346	6845	1961	2813	3381	3175	3156	3974	5823	3321	43
6323	5993	7389	6494	6962	6914	6104	12060	5870	4795	6998	4332	3
6302	13539	6512	16101	4967	12211	4872	4467	6493	8301	5691	6323	
3025	7037	3739	3819	6791	6344	4176	7362	9673	6518	4455	5460	31
2151	3503	1856	3742	2696	4457	3397	1908	2641	2306	2870	1807	4
1385	710	816	1193	1088	1187	1183	989	1119	1850	2083	968	20
2378	2296	4713	1408	3240	3990	1749	1197	2905	963	2158	1903	
584	886	466	1132	1222	964	1989	1328	1442	1277	1273	922	23
524	996	177	1037	589	969	1279	1711	1522	2068	2173	1168	
176	438	190	478	162	244	638	1376	1671	827	1719	1181	
25743	29997	29154	28137	32809	23591	33244	33796	37314	37234	37288	23952	147
2589	991	2037	3836	1558	1356	1070	3287	3000	1934	2868	2038	
699	2277	608	1112	995	899	1400	1077	1648	2589	3339	2221	
3207	2519	3090	1444	1821	2127	2611	1474	3576	3956	3383	2533	
2582	2926	3807	2987	7186	3040	1904	3828	3744	3824	3952	3652	
260	1225	180	250	785	138	91	249	285	221	520	425	24
1517	1932	2232	4145	1892	2149	1891	2317	3573	4402	2740	1593	5
2116	710	2480	4216	1265	1274	2123	2408	2201	1855	1144	655	2
1503	1829	1185	1742	5206	2190	1798	2138	2680	3357	2528	1392	
1380	1856	758	660	572	427	1537	1464	733	2129	2208	777	98
1457	3119	1943	1505	1475	1663	1191	3870	3016	1577	1785	1346	3
942	1478	1396	1314	3121	1859	1740	1674	1469	2301	2007	1540	
419	138	531	645	385	708	725	2494	1236	666	1132	760	
555	790	1117	592	1625	546	577	474	1848	1917	2043	1434	14
957	1197	1131	1047	660	608	732	1641	1142	593	1072	317	
775	1443	1227	750	1556	1709	1393	1277	1708	1999	1668	709	
4248	4266	4353	1165	1751	1870	3208	2356	3591	3094	2228	1547	
537	1301	1079	727	956	1028	9253	1768	1864	820	2671	1013	1

1-11 续表 1

地　　区	从业人员数（人）	1949年及以前	1950-1977年	1978-1991年	1992-1995年	1996年	1997年	1998年	1999年	2000年	2001年
梧州市	390727	13139	46940	28389	17572	5787	2577	3031	5525	5134	7717
市辖区											
万秀区	89266	5334	10479	6507	4423	1327	403	904	2445	1450	1960
长洲区	51890	255	3198	2647	1768	429	279	404	1580	572	2649
龙圩区	34616	1153	5470	2796	1550	1034	417	536	226	439	260
苍梧县	15035	1026	3261	1215	630	158	255	66	202	852	18
藤　县	107187	1598	12018	4588	2094	1289	642	669	268	78	331
蒙山县	22598	618	2639	2277	874	1206	179	70	59	747	56
岑溪市	70135	3155	9875	8359	6233	344	402	382	745	996	2443
北海市	241505	5733	35603	25395	19805	5812	4070	3178	4501	3453	5753
市辖区											
海城区	131845	670	14209	10419	10999	3455	2337	2098	3038	1689	3009
银海区	26054	232	3269	2500	2625	811	344	209	158	489	455
铁山港区	16864	660	920	3549	1285	893	156	118	150	228	44
合浦县	66742	4171	17205	8927	4896	653	1233	753	1155	1047	2245
防城港市	168070	2592	13930	10019	17847	2346	1927	2162	4432	4713	6934
市辖区											
港口区	65759	149	957	2382	9029	622	722	919	1462	2254	4730
防城区	51803	1287	6876	4079	4779	830	88	82	2210	2173	580
上思县	21257	630	5457	3136	912	61	121	294	175	68	1274
东兴市	29251	526	640	422	3127	833	996	867	585	218	350
钦州市	351985	14824	44841	53309	61475	5381	3512	5139	4147	6580	7228
市辖区											
钦南区	132318	3199	12919	6392	44280	1482	1058	951	871	1579	2551
钦北区	87914	4316	5432	33619	10009	730	396	1823	846	1034	1753
灵山县	70743	7309	15025	5577	5584	1137	523	978	1962	742	864
浦北县	61010		11465	7721	1602	2032	1535	1387	468	3225	2060
贵港市	384611	11643	59970	26717	19540	14677	6004	2735	4953	5432	6099
市辖区											
港北区	106028	1638	16429	6032	5002	11172	2152	656	3379	2878	2444
港南区	42599	1963	3952	2324	1880	1361	893	369	158	200	166
覃塘区	40829	578	1406	746	1445	266	57	236	138	336	286
平南县	81512	3403	16240	8715	4848	487	1907	941	866	1118	913
桂平市	113643	4061	21943	8900	6365	1391	995	533	412	900	2290
玉林市	665737	17544	95830	62536	42789	13521	31096	12655	9018	16882	12031
市辖区											
玉州区	165050	2737	20747	13711	18436	3022	10291	4138	3129	5945	3227
福绵区	29451	998	2171	1035	400	1483	776	290	92	175	301
容　县	69161	2275	10399	8203	2320	3560	971	664	301	519	997
陆川县	72231	3319	20730	6933	3876	811	949	1432	2464	1230	2614
博白县	115031	3711	19247	8924	7028	1361	1649	1389	405	1931	2447
兴业县	33664	585	2775	1750	1188	1316	6679	1379	113	171	755
北流市	181149	3919	19761	21980	9541	1968	9781	3363	2514	6911	1690
百色市	348233	10646	62736	45149	21114	6670	2519	4136	4998	7282	7294
市辖区											
右江区	95130	2015	13248	8041	4003	5108	605	1518	794	6542	2117
田阳县	29010	1301	4357	2937	1024	42	411	245	403	90	979
田东县	39057	1790	7494	5929	1283	290	402	502	794	218	190

2002年	2003年	2004年	2005年	2006年	2007年	2008年	2009年	2010年	2011年	2012年	2013年	无开业年份
11189	16806	20106	18254	20319	19853	11974	34785	39761	30723	17945	13178	23
2962	4598	7001	3226	1674	4977	1959	5949	2410	12485	4239	2546	8
758	2624	2503	2832	1504	3188	790	3421	14070	1684	2567	2168	
847	1699	393	1095	1143	2866	3056	1887	1808	2155	2142	1644	
577	869	61	820	246	284	629	296	367	419	1207	1577	
2915	2524	6209	6476	12067	5107	2283	16235	15730	7842	3188	3036	
245	1823	1989	1096	604	993	400	968	1531	1588	1561	1067	8
2885	2669	1950	2709	3081	2438	2857	6029	3845	4550	3041	1140	7
4213	10112	4707	12726	15861	9172	5986	13971	13767	15956	11616	9669	446
1641	6413	2720	8123	11687	5943	3251	8874	8476	9369	7055	6096	274
487	1407	680	2427	926	1208	1128	1218	988	1767	1551	1130	45
613	71	203	274	131	66	132	2306	1426	2630	575	434	
1472	2221	1104	1902	3117	1955	1475	1573	2877	2190	2435	2009	127
9638	11064	5390	8152	8170	8698	10404	7380	10655	6835	8747	5999	36
1109	8295	1796	3647	1874	5307	3895	2733	4653	2497	4265	2449	13
5281	721	2285	3124	4040	1315	2710	1582	2237	1882	1834	1799	9
823	850	504	498	711	656	1039	557	1391	742	943	415	
2425	1198	805	883	1545	1420	2760	2508	2374	1714	1705	1336	14
6691	13712	12858	10753	9705	13208	9588	12443	17880	12927	14710	10770	304
3833	8283	6287	5584	2221	4038	3581	4848	5166	5634	4366	3077	118
733	1640	1730	1778	1844	2739	2001	2470	3635	3000	3414	2793	179
1313	1661	1893	2345	2651	3479	1869	3652	3731	2409	3242	2794	3
812	2128	2948	1046	2989	2952	2137	1473	5348	1884	3688	2106	4
10028	21567	12988	15813	11521	17161	15775	25592	17827	28609	28413	21188	359
3843	5161	3920	2360	3596	3122	3895	5675	3810	6829	5365	6582	88
314	1042	1010	1649	1065	3772	2721	5889	2745	3391	3140	2590	5
202	7216	2116	1621	383	1121	1505	1415	1645	3054	10429	4628	
2615	5783	979	2436	2452	1583	2300	6864	3131	5155	4439	4147	190
3054	2365	4963	7747	4025	7563	5354	5749	6496	10180	5040	3241	76
23518	24471	23696	32992	26680	26653	18939	36709	39869	37132	33225	27761	190
3829	7336	7101	4822	3579	7369	4509	6747	6751	10080	11068	6421	55
423	772	629	1545	1089	521	673	1308	6834	2724	2822	2385	5
3623	3295	1922	1728	3062	2808	2344	6180	4517	4287	2816	2358	12
1867	1265	3112	3371	1223	2802	1760	2122	2207	2884	3639	1579	42
5909	3421	3823	2608	8939	7283	4591	8142	4940	7906	5449	3881	47
847	1042	305	2116	1018	891	595	1629	830	2719	2078	2882	1
7020	7340	6804	16802	7770	4979	4467	10581	13790	6532	5353	8255	28
14655	17364	8154	11277	9779	18154	13271	14040	16973	15604	19166	17106	146
6940	3052	1230	5209	4075	3679	2310	4274	5308	4215	5837	5005	5
979	1310	847	410	794	1708	1686	1340	2932	2336	1458	1421	
746	2145	1586	984	652	2621	1319	2519	2633	1296	2257	1355	52

1-11　续表 2

地　区	从业人员数（人）	1949年及以前	1950–1977年	1978–1991年	1992–1995年	1996年	1997年	1998年	1999年	2000年	2001年
平果县	49328	994	5828	3173	8127	602	285	479	1892	137	1533
德保县	24348	933	4326	3544	1178	171	94	113	63	22	291
靖西县	34745	1368	5770	5442	1852	80	96	338	138	79	728
那坡县	10609	888	2839	2540	318		60	220	15	11	124
凌云县	10970	563	2100	2157	518	120	94	120	108	27	246
乐业县	10068		3894	2477	427	2	38	53	24	16	182
田林县	15320	738	3585	3251	1086	74	17	209	216	40	494
西林县	10381	56	2819	2814	288	126	101	62	132	18	34
隆林各族自治县	19267		6476	2844	1010	55	316	277	419	82	376
贺州市	165274	8780	27787	18113	6860	2051	1193	3206	1707	4055	4980
市辖区											
八步区	67319	3520	9247	5941	2386	744	416	2451	985	2884	3858
平桂管理区	29783	1346	2396	2079	1237	162	540	478	382	818	237
昭平县	23129	2010	5941	4008	1528	168	153	54	124	166	216
钟山县	24951	1552	5472	3738	1046	221	39	45	136	115	245
富川瑶族自治县	20092	352	4731	2347	663	756	45	178	80	72	424
河池市	283389	10594	61789	50797	12864	5624	2154	1720	4347	4087	5862
市辖区											
金城江区	70011	843	17763	6537	3474	4000	814	400	1883	1362	2248
南丹县	25025	1378	4905	4638	1402	112	129	56	305	314	864
天峨县	11819	173	3264	2619	283	69	138	52	320	36	48
凤山县	11542	395	2715	2172	723	63	7	11	234	4	190
东兰县	11941	1231	2696	2471	728	34	33	335	65	147	50
罗城仫佬族自治县	20800	847	3289	5104	663	47	135	136	106	352	838
环江毛南族自治县	22120	1095	4084	3555	862	441	93	15	121	127	153
巴马瑶族自治县	16879	516	4437	2619	860	22	46	69	15	25	326
都安瑶族自治县	25895	1517	5556	6781	647	86	173	214	374	287	229
大化瑶族自治县	17654	696	1548	8283	932	82	380	178	13	317	438
宜州市	49703	1903	11532	6018	2290	668	206	254	911	1116	478
来宾市	198574	4837	27578	23323	5832	2648	2365	1736	4583	7077	5185
市辖区											
兴宾区	98277	1399	11899	7412	3227	989	916	1291	3773	4812	1751
忻城县	18114	2112	2331	3056	570	210	305	44	139	131	651
象州县	25280	937	4171	2598	604	307	1025	36	120	388	536
武宣县	28677	308	6502	4499	705	893	38	89	170	501	934
金秀瑶族自治县	11919	15	2402	1990	568	217	38	165	192	234	58
合山市	16307	66	273	3768	158	32	43	111	189	1011	1255
崇左市	189171	8997	34935	23569	10871	3040	1569	2130	2911	2792	7299
市辖区											
江洲区	50542	535	6719	2668	3516	155	106	281	1868	58	1203
扶绥县	32952	1981	7372	7035	719	262	333	294	77	70	811
宁明县	21684	1988	4663	2926	2490	102	94	964	186	371	773
龙州县	24136	1612	3665	2805	693	45	648	337	61	20	2850
大新县	24407	1386	4463	2654	1485	2165	137	32	356	1397	926
天等县	16851	928	5020	3001	837	66	140	113	50	179	610
凭祥市	18599	567	3033	2480	1131	245	111	109	313	697	126

2002年	2003年	2004年	2005年	2006年	2007年	2008年	2009年	2010年	2011年	2012年	2013年	无开业年　份
3270	589	1856	1135	968	2733	4289	1835	2049	2765	2263	2510	16
415	4747	754	378	842	553	403	977	684	992	909	1954	5
563	2623	257	1164	1166	5204	1124	1071	807	1085	1750	2005	35
161	854	99	192	130	439	158	195	144	250	532	437	3
231	1035	242	131	114	287	606	413	369	362	803	309	15
216	112	204	144	186	293	240	231	337	171	456	362	3
467	306	456	377	203	321	649	280	398	238	1182	721	12
56	415	497	809	232	90	135	342	331	382	311	331	
611	176	126	344	417	226	352	563	981	1512	1408	696	
8881	9380	4259	3432	4480	5645	6835	8282	10591	8594	9410	6613	140
5939	2736	2200	1101	2033	2064	2444	3862	3274	3264	3568	2397	5
813	3172	786	914	1275	1593	1917	1911	3029	1708	1926	940	124
447	1158	762	726	328	274	546	864	1228	802	915	704	7
927	1290	221	353	386	1389	1066	457	1423	1235	1716	1879	
755	1024	290	338	458	325	862	1188	1637	1585	1285	693	4
9463	15633	7163	7717	9946	10527	7801	8628	9978	10252	17017	9260	166
3932	2952	1136	1811	2416	2165	2224	2647	2623	3419	3308	2053	1
473	3253	659	1361	1190	325	741	490	579	437	894	470	50
222	308	255	91	88	704	359	335	990	478	547	434	6
260	421	306	424	78	163	993	361	397	343	932	344	6
660	79	642	104	200	410	71	305	401	299	434	546	
483	877	281	454	2171	864	1288	537	444	574	820	432	58
1045	1989	335	726	302	1017	240	991	988	1292	2268	381	
206	483	547	792	529	597	80	1105	857	664	1092	992	
258	1189	1358	375	1094	1038	361	617	418	446	1606	1271	
317	330	99	125	204	368	238	294	574	601	1309	320	8
1607	3752	1545	1454	1674	2876	1206	946	1707	1699	3807	2017	37
9203	13552	10053	6384	10991	6721	5799	10496	9416	10077	11958	8698	62
6917	7949	5937	3621	3954	3886	1953	5880	5229	4844	5505	5105	28
781	1601	755	194	503	302	233	594	1101	872	1172	451	6
196	1194	1144	929	1935	463	1432	2170	1099	1328	1487	1181	
746	1700	486	893	905	576	1018	1074	1046	2396	1853	1345	
460	401	870	571	280	406	356	356	426	374	1183	349	8
103	707	861	176	3414	1088	807	422	515	263	758	267	20
6430	10148	6136	8500	5046	7084	6698	6842	8029	10396	9621	5995	133
757	5481	2365	5406	602	2005	2160	3379	1894	4978	2199	2175	32
1268	1278	458	759	1499	1338	1274	817	1939	1447	1207	714	
888	580	512	585	213	459	637	328	546	449	1296	634	
1609	577	650	402	133	1405	558	497	636	1429	2717	692	95
1018	1007	1284	417	833	652	1077	598	796	487	826	406	5
241	651	474	132	536	403	521	538	746	436	538	690	1
649	574	393	799	1230	822	471	685	1472	1170	838	684	

1-12　按市县区、从业人员组距分组的

地　区	法人单位数（个）	7人及以下	8-19人	20-49个	50-99人	100-299人	300-499人	500-999人	1000-4999人	5000-9999人	10000人及以上
总　计	**236830**	**134993**	**55086**	**26196**	**10448**	**7112**	**1444**	**988**	**516**	**27**	**20**
南宁市	52119	30676	11778	5340	2098	1582	306	201	118	10	10
市辖区											
兴宁区	4448	2824	856	429	164	122	20	19	11	1	2
青秀区	18547	11652	3863	1793	618	421	94	58	43	3	2
江南区	4499	2334	1177	471	236	201	36	27	13	3	1
西乡塘区	8918	4760	2322	1036	358	305	59	41	30	3	4
良庆区	1961	1117	459	208	99	58	12	3	5		
邕宁区	787	373	254	87	29	31	10	1	1		1
武鸣县	2460	1262	538	302	154	170	20	10	4		
隆安县	1265	695	343	111	73	35	6	1	1		
马山县	1150	647	293	125	48	29	8				
上林县	1319	668	413	138	51	41	4	3	1		
宾阳县	2927	1644	660	350	158	81	16	15	3		
横　县	3838	2700	600	290	110	88	21	23	6		
柳州市	23109	12803	5639	2537	1024	731	162	131	71	5	6
市辖区											
城中区	2943	1597	789	321	110	83	14	15	11	1	2
鱼峰区	3365	1639	879	406	179	170	45	33	13	1	
柳南区	4413	2584	1072	406	160	116	25	25	20	3	2
柳北区	3218	1562	940	388	159	99	33	19	16		2
柳江县	2108	1008	562	304	126	82	7	13	6		
柳城县	1392	891	250	136	62	41	9	2	1		
鹿寨县	1510	952	272	163	57	32	13	17	4		
融安县	1143	688	215	138	50	41	9	2			
融水苗族自治县	1824	1172	364	166	72	41	5	4			
三江侗族自治县	1193	710	296	109	49	26	2	1			
桂林市	30298	16968	7403	3357	1386	845	169	114	53	1	2
市辖区											
秀峰区	2387	1431	513	255	83	72	11	15	6	1	
叠彩区	2190	1308	583	198	64	23	7	5	2		
象山区	3236	1898	753	341	132	80	9	10	12		1
七星区	3170	1706	828	368	128	90	16	20	13		1
雁山区	525	382	68	35	18	16	4	2			
临桂区	2273	1163	594	292	134	70	13	5	2		
阳朔县	1594	1025	321	130	58	30	21	6	3		
灵川县	2005	1111	470	226	111	65	15	7			
全州县	1905	1191	390	169	87	56	6	6			
兴安县	1745	941	405	236	88	57	10	8			
永福县	1730	766	656	192	64	40	8	3	1		
灌阳县	1136	624	324	111	53	21	2		1		
龙胜各族自治县	1160	680	262	129	47	31	6	4	1		
资源县	776	342	224	126	46	37	1				
平乐县	1179	614	299	137	71	42	10	5	1		
荔浦县	1916	1099	345	257	114	57	18	15	11		
恭城瑶族自治县	1371	687	368	155	88	58	12	3			

法人单位数及从业人员数

从业人员数(人)										
	7人及以下	8-19人	20-49个	50-99人	100-299人	300-499人	500-999人	1000-4999人	5000-9999人	10000人及以上
6603243	**490949**	**636023**	**788115**	**716116**	**1170398**	**552297**	**678896**	**891464**	**181969**	**497016**
1598359	102009	136741	160166	142611	267925	116238	137173	219851	64488	251157
183019	8934	9871	13228	11058	20365	7665	13547	23183	9550	65618
457023	32957	45480	53111	42096	69481	36252	38449	88841	16270	34086
177289	8732	13408	14429	15710	34932	13348	17888	19743	18120	20979
367169	18456	27520	30266	24509	52119	21989	29131	59993	20548	82638
46765	4191	5265	6261	6716	10172	4514	2143	7503		
66821	1279	2915	2663	2049	4799	3683	511	1086		47836
80459	4810	6226	8972	10816	31185	7397	6476	4577		
24633	2639	3744	3504	5019	5536	2257	630	1304		
20674	2640	3287	3874	3064	4638	3171				
25730	2327	4485	4280	3393	6773	1382	1867	1223		
69073	5917	7560	10784	10750	12960	6000	10857	4245		
79704	9127	6980	8794	7431	14965	8580	15674	8153		
862434	50696	63954	75999	70918	121871	62039	92156	131958	35286	157557
176053	6401	8800	9363	7547	13768	5178	9383	23122	8106	84385
137528	6255	10121	12102	12719	28995	17179	23335	20893	5929	
182574	9951	11885	12238	10879	19638	9702	18489	38778	21251	29763
157224	6513	10650	11579	11126	16388	12928	13650	30981		43409
62650	4136	6448	9183	8833	14260	2672	8521	8597		
29295	3258	2949	4287	4350	6907	3461	1675	2408		
45303	3706	3216	5054	3904	5053	4892	12299	7179		
24170	2867	2417	4089	3453	6668	3465	1211			
29367	4754	4212	4810	4718	6157	1875	2841			
18270	2855	3256	3294	3389	4037	687	752			
755174	64217	86548	101356	94595	138805	65711	81252	87595	5938	29157
66565	4754	5996	7661	5716	12033	4531	10395	9541	5938	
35071	5070	6662	5979	4299	3613	2752	3345	3351		
98195	6924	8921	10295	8946	13243	3642	6846	22287		17091
105139	6645	9540	10881	8948	14670	5983	14774	21632		12066
10131	1235	796	1083	1180	2645	1704	1488			
55492	4052	6997	9076	9315	11558	4895	3659	5940		
35809	3301	3597	3833	3855	5289	8638	3839	3457		
46249	4305	5671	6726	7709	10777	5854	5207			
35683	4739	4473	5396	5854	9271	2046	3904			
40104	3779	4616	7144	6209	8777	4087	5492			
34457	3088	8234	5713	4395	7080	3144	1737	1066		
18896	2811	3528	3482	3591	3067	737		1680		
24812	2640	2964	3863	3083	5112	1996	3689	1465		
17558	1420	2773	3882	3067	6081	335				
30342	2475	3423	4076	4931	6882	3755	3800	1000		
66180	4272	4177	7676	7548	8680	7011	10640	16176		
34491	2707	4180	4590	5949	10027	4601	2437			

1-12 续表 1

地　区	法人单位数（个）	7人及以下	8-19人	20-49个	50-99人	100-299人	300-499人	500-999人	1000-4999人	5000-9999人	10000人及以上
梧州市	13379	7080	3694	1412	560	412	97	73	49	2	
市辖区											
万秀区	2503	1373	574	275	140	101	13	13	13	1	
长洲区	1711	898	431	209	96	59	4	5	8	1	
龙圩区	1472	827	369	144	65	50	6	9	2		
苍梧县	1254	756	380	70	26	18	3	1			
藤　县	2851	1417	870	320	95	65	36	27	21		
蒙山县	1255	835	239	109	37	23	8	1	3		
岑溪市	2333	974	831	285	101	96	27	17	2		
北海市	9349	5417	1979	1149	409	276	58	41	19	1	
市辖区											
海城区	4911	3004	948	566	187	141	31	19	14	1	
银海区	970	440	238	176	76	28	6	6			
铁山港区	506	275	129	59	24	10	3	3	3		
合浦县	2962	1698	664	348	122	97	18	13	2		
防城港市	6827	4176	1392	719	289	170	37	22	21	1	
市辖区											
港口区	2159	1176	530	257	104	58	15	10	8	1	
防城区	1618	929	322	221	74	49	8	5	10		
上思县	954	528	244	102	45	26	5	1	3		
东兴市	2096	1543	296	139	66	37	9	6			
钦州市	10082	5679	2204	1137	515	388	86	46	24	1	2
市辖区											
钦南区	3500	2010	776	362	189	116	23	9	13	1	1
钦北区	2347	1320	511	282	117	89	15	11	1		1
灵山县	2605	1372	632	336	128	104	18	10	5		
浦北县	1630	977	285	157	81	79	30	16	5		
贵港市	13888	6715	3806	1965	713	490	112	64	22	1	
市辖区											
港北区	3689	1800	1044	508	176	115	21	16	8	1	
港南区	1584	831	378	183	98	72	13	8	1		
覃塘区	2077	776	798	337	106	53	3	3	1		
平南县	2939	1377	806	440	153	118	30	12	3		
桂平市	3599	1931	780	497	180	132	45	25	9		
玉林市	22626	11975	5650	2857	1075	716	156	126	68	3	
市辖区											
玉州区	6841	3937	1659	755	241	175	29	27	17	1	
福绵区	1136	517	277	160	137	38	3	4			
容　县	2835	1630	675	289	125	89	10	9	8		
陆川县	2296	1276	411	351	121	105	19	9	3	1	
博白县	3772	1726	1126	559	177	109	36	30	9		
兴业县	2278	1368	553	217	92	39	4	5			
北流市	3468	1521	949	526	182	161	55	42	31	1	
百色市	15617	9611	3091	1676	683	415	70	43	27	1	
市辖区											
右江区	3523	2073	819	361	130	91	16	18	15		
田阳县	1580	1000	296	156	73	45	6	4			
田东县	1369	762	312	164	68	41	15	3	4		

从业人员数（人）	7人及以下	8-19人	20-49个	50-99人	100-299人	300-499人	500-999人	1000-4999人	5000-9999人	10000人及以上
390727	27207	41643	42021	38724	67192	36897	50812	71861	14370	
89266	4907	6538	8314	9499	16453	4626	9449	21230	8250	
51890	3326	4934	6180	6352	8557	1438	3358	11625	6120	
34616	3039	4400	4347	4450	7962	2095	5615	2708		
15035	2644	3697	2198	1744	2928	1184	640			
107187	5962	10028	9400	6792	11093	14477	18866	30569		
22598	2781	2723	3285	2578	3807	3275	502	3647		
70135	4548	9323	8297	7309	16392	9802	12382	2082		
241505	18447	23397	34579	28067	43572	22666	28074	37490	5213	
131845	10331	11091	16743	12553	21820	12088	12988	29018	5213	
26054	1651	2819	5590	5290	4439	2304	3961			
16864	1091	1552	1807	1587	1460	1197	2261	5909		
66742	5374	7935	10439	8637	15853	7077	8864	2563		
168070	12804	16103	21658	20093	27149	14511	14270	35482	6000	
65759	4145	6187	7603	7190	9311	5987	6683	12653	6000	
51803	3530	3693	6809	5137	7799	2957	3103	18775		
21257	1733	2691	3223	3132	3787	1915	722	4054		
29251	3396	3532	4023	4634	6252	3652	3762			
351985	22280	25909	34129	34949	64616	34379	32287	38691	5600	59145
132318	7561	9189	11046	12939	17993	9371	6821	23153	5600	28645
87914	5358	5812	8711	8083	14817	6339	7285	1009		30500
70743	5304	7646	9712	8732	17254	6922	6732	8441		
61010	4057	3262	4660	5195	14552	11747	11449	6088		
384611	27620	44357	58192	49037	77702	42480	42573	35097	7553	
106028	7542	11970	15294	11800	18896	8340	10806	13827	7553	
42599	3367	4516	5532	6713	11199	4878	4544	1850		
40829	2836	9261	9382	7381	7726	937	2272	1034		
81512	5769	9115	13337	10473	18699	11421	8158	4540		
113643	8106	9495	14647	12670	21182	16904	16793	13846		
665737	39735	66187	86596	73285	118829	58736	84463	113010	24896	
165050	12000	19285	21819	15993	29797	10485	19477	26874	9320	
29451	1818	3209	5770	8971	6385	1029	2269			
69161	5805	7994	8558	8888	14945	3687	6648	12636		
72231	4367	4885	10747	8373	17644	7007	5901	3669	9638	
115031	6132	13148	17086	12440	17361	13983	19972	14909		
33664	3940	6210	6534	6214	6096	1539	3131			
181149	5673	11456	16082	12406	26601	21006	27065	54922	5938	
348233	37017	35079	50818	46489	68532	26331	28638	48478	6851	
95130	7657	9088	10745	8822	15389	6001	11744	25684		
29010	3211	3327	4725	5025	7441	2304	2977			
39057	3257	3689	4926	4623	6654	5860	1979	8069		

1-12 续表 2

地 区	法 人 单位数 (个)	7人及 以下	8– 19人	20– 49个	50– 99人	100– 299人	300– 499人	500– 999人	1000– 4999人	5000– 9999人	10000人 及以上
平果县	1687	1016	313	191	79	72	3	8	4	1	
德保县	957	569	178	122	58	22	3	3	2		
靖西县	1925	1297	338	182	53	39	11	3	2		
那坡县	703	428	171	66	22	13	3				
凌云县	608	381	102	65	39	19	2				
乐业县	740	510	114	73	25	17		1			
田林县	967	628	169	107	42	15	6				
西林县	557	317	120	68	37	13	2				
隆林各族自治县	1001	630	159	121	57	28	3	3			
贺州市	8058	4329	2217	866	360	217	41	22	6		
市辖区											
八步区	2957	1637	788	299	112	83	18	16	4		
平桂管理区	1411	681	412	193	79	35	7	3	1		
昭平县	1220	650	329	143	60	32	5		1		
钟山县	1234	629	365	133	61	37	6	3			
富川瑶族自治县	1236	732	323	98	48	30	5				
河池市	13698	8758	2501	1356	564	393	76	37	12	1	
市辖区											
金城江区	2975	1893	589	270	116	74	13	11	8	1	
南丹县	1109	694	220	106	42	35	6	5	1		
天峨县	656	397	110	89	42	16	2				
凤山县	745	448	176	75	20	24	2				
东兰县	961	710	121	74	35	20	1				
罗城仫佬族自治县	1125	758	164	118	51	25	4	5			
环江毛南族自治县	922	548	166	118	37	42	9	2			
巴马瑶族自治县	1079	686	211	117	32	28	5				
都安瑶族自治县	1178	754	204	108	56	40	11	4	1		
大化瑶族自治县	1035	688	188	82	43	25	9				
宜州市	1913	1182	352	199	90	64	14	10	2		
来宾市	8822	5336	1828	933	390	248	39	33	15		
市辖区											
兴宾区	3474	1956	809	402	157	101	14	24	11		
忻城县	952	621	164	91	35	35	5		1		
象州县	1443	961	234	133	65	40	7	3			
武宣县	1431	809	355	150	67	37	9	3	1		
金秀瑶族自治县	848	580	125	87	37	17	2				
合山市	674	409	141	70	29	18	2	3	2		
崇左市	8958	5470	1904	892	382	229	35	35	11		
市辖区											
江洲区	1757	1028	366	195	74	66	12	13	3		
扶绥县	1508	949	286	143	73	41	7	6	3		
宁明县	1168	722	238	118	53	32		4	1		
龙州县	1190	690	295	131	42	21	6	4	1		
大新县	1149	705	247	112	46	29	4	4	2		
天等县	1006	606	217	110	52	15	4	2			
凭祥市	1180	770	255	83	42	25	2	2	1		

从业人员数(人)	7人及以下	8-19人	20-49个	50-99人	100-299人	300-499人	500-999人	1000-4999人	5000-9999人	10000人及以上
49328	3825	3583	5875	5322	11990	1222	5605	5055	6851	
24348	2528	2066	3859	4074	3648	1199	2115	4859		
34745	5074	3843	5377	3678	6220	3920	1822	4811		
10609	1729	1847	2101	1544	2184	1204				
10970	1460	1159	2017	2645	2965	724				
10068	1625	1308	2144	1701	2637		653			
15320	2563	1914	3459	2818	2421	2145				
10381	1280	1407	2030	2371	2492	801				
19267	2808	1848	3560	3866	4491	951	1743			
165274	17339	24464	25717	25021	35166	16102	14226	7239		
67319	6426	9018	8851	7583	13467	6894	10523	4557		
29783	2748	4508	5539	5561	5481	2759	1854	1333		
23129	2670	3474	4421	4286	5007	1922		1349		
24951	2482	4071	4040	4204	5841	2464	1849			
20092	3013	3393	2866	3387	5370	2063				
283389	31690	28865	41176	38972	63605	28338	25530	19439	5774	
70011	6565	6948	8007	8173	12043	4986	7505	10010	5774	
25025	2580	2525	3221	2953	5444	2217	3880	2205		
11819	1491	1335	2792	2805	2622	774				
11542	1674	1848	2329	1381	3503	807				
11941	2515	1397	2212	2397	3110	310				
20800	2529	1915	3717	3256	4046	1509	3828			
22120	2262	1939	3590	2521	7574	3150	1084			
16879	2517	2373	3655	2196	4245	1893				
25895	2961	2295	3315	3670	6212	4036	2132	1274		
17654	2409	2178	2415	3102	3996	3554				
49703	4187	4112	5923	6518	10810	5102	7101	5950		
198574	18799	21385	28355	26892	39356	14437	22674	26676		
98277	7058	9713	12139	10803	16410	5030	16645	20479		
18114	2277	1862	2783	2457	5759	1785		1191		
25280	3212	2746	4116	4564	6259	2616	1767			
28677	2975	3981	4562	4656	5755	3470	2078	1200		
11919	1861	1476	2658	2600	2546	778				
16307	1416	1607	2097	1812	2627	758	2184	3806		
189171	21089	21391	27353	26463	36078	13432	24768	18597		
50542	3999	4291	5784	4969	10621	4659	10022	6197		
32952	3248	3299	4294	5152	6019	2486	4432	4022		
21684	3044	2692	3640	3789	4727		2436	1356		
24136	2528	3125	4028	2898	3380	2477	2949	2751		
24407	2842	2709	3569	3241	4558	1546	2754	3188		
16851	2448	2387	3404	3499	2571	1439	1103			
18599	2980	2888	2634	2915	4202	825	1072	1083		

1-13 按从业人员组距、开业(成立)时间、

分组	法人单位数(个)	企业	事业单位	机关	社会团体	民办非企业单位	基金会	居委会	村委会	其他组织机构
总计	**236830**	**148486**	**41408**	**10470**	**9441**	**5014**	**31**	**1785**	**14353**	**5842**
按从业人员期末人数分组										
7人及以下	134993	86664	19395	3148	7961	1962	25	915	10919	4004
8-19人	55086	32895	10891	3158	843	1940	4	770	3365	1220
20-49个	26196	16109	5674	2626	286	891	2	98	60	450
50-99人	10448	6005	3003	996	192	152			6	94
100-299人	7112	4446	2014	406	114	62		2		68
300-499人	1444	1098	233	78	28	2				5
500-999人	988	794	131	44	11	4			3	1
1000-4999人	516	429	67	14	5	1				
5000-9999人	27	26			1					
10000人以上	20	20								
按开业(成立)年份分组										
1949年及以前	2697	22	2396	193	19	2		1	54	10
1950-1977年	18473	2324	9891	2216	356	31		111	3429	115
1978-1991年	21883	2860	9714	3210	784	119	2	161	4216	817
1992-1995年	10341	3149	2109	852	307	124	2	98	3334	366
1996年	3999	882	649	307	100	52	1	52	1821	135
1997年	2852	973	947	344	98	84		24	309	73
1998年	2425	1439	499	105	105	93		19	105	60
1999年	2394	1421	383	95	111	99		20	189	76
2000年	3237	2026	521	87	297	161		28	22	95
2001年	4054	2498	705	185	175	173		149	38	131
2002年	7367	3104	2282	636	275	187		596	160	127
2003年	6892	3946	1564	226	442	220		133	228	133
2004年	6046	4260	754	204	402	185		63	31	147
2005年	7920	5030	988	312	795	281		79	302	133
2006年	8014	6004	586	84	925	244	3	12	12	144
2007年	8979	6856	897	169	572	265	2	20	14	184
2008年	9553	7396	720	114	397	311	1	72	18	524
2009年	14443	11909	873	174	439	361	2	20	37	628
2010年	17384	14817	893	270	510	385	4	7	9	489
2011年	22964	20287	1051	216	519	426	3	59	13	390
2012年	30298	26239	1679	232	1036	535	4	35	3	535
2013年	24395	20919	1305	150	774	676	7	26	9	529
无开业年份	220	125	2	89	3					1

机构类型分组的法人单位数及从业人员数

从业人员数（人）	企业	事业单位	机关	社会团体	民办非企业单位	基金会	居委会	村委会	其他组织机构
6603243	**4706071**	**1191417**	**343258**	**107235**	**84450**	**200**	**16982**	**93427**	**60203**
490949	296800	70941	12681	25871	8347	90	4933	57828	13458
636023	378838	130871	38881	9255	22981	43	9331	31742	14081
788115	480527	174514	81848	8499	26025	67	2472	1560	12603
716116	408750	210920	67672	12175	10225			321	6053
1170398	751215	316842	61871	18145	10492		246		11587
552297	421014	88371	29974	10320	858				1760
678896	546587	88971	29966	8202	2533			1976	661
891464	751605	109987	20365	6518	2989				
181969	173719			8250					
497016	497016								
185363	5932	163041	15637	158	118		5	402	70
1058741	501362	434214	94697	3845	486		809	21753	1575
739423	362770	239690	94843	8200	2310	6	1142	26719	3743
419797	290894	57580	39205	3890	3715	42	682	22033	1756
165352	121671	20164	9270	1106	1437	4	311	10728	661
97634	57601	23192	11810	571	1177		201	2219	863
109846	92066	10595	3028	932	1976		135	624	490
103745	87362	8772	2547	633	2098		176	1224	933
139782	119729	10948	1830	2805	3292		242	137	799
200771	170730	12288	4682	3196	5945		2347	282	1301
215076	154282	28173	17760	3698	3271		5763	1029	1100
288452	236209	35073	5976	4220	3705		1115	1247	907
265852	235097	17213	4077	3845	3569		535	224	1292
283843	233657	22251	11491	5323	6948		899	2040	1234
252227	227469	12123	1921	6053	3307	11	123	75	1145
284931	253977	15669	2961	5011	4809	13	172	91	2228
234065	202074	9256	2440	4631	5607	3	761	118	9175
314189	278160	11147	2965	7240	5426	11	191	297	8752
334491	294484	13040	6741	6261	5565	48	72	2018	6262
341911	301649	13785	2631	12671	5832	11	705	95	4532
326789	275746	20514	3137	14137	6642	13	347	19	6234
238145	202356	12684	1600	8801	7215	38	249	53	5149
2818	794	5	2009	8					2

1-14 按行业、登记注册类型

行业	代码	法人单位数(个)	内资企业	国有企业	集体企业	股份合作企业	联营企业
总　计		**236830**	**235385**	**57347**	**4438**	**407**	**301**
农、林、牧、渔业	**A**	**3420**	**3414**	**976**	**20**	**2**	**2**
农业	01	52	50	22			
谷物种植	011	2	2				
豆类、油料和薯类种植	012						
棉、麻、糖、烟草种植	013	15	15	12			
蔬菜、食用菌及园艺作物种植	014	8	7				
水果种植	015	13	12	4			
坚果、含油果、香料和饮料作物种植	016	7	7	3			
中药材种植	017	1	1				
其他农业	019	6	6	3			
林业	02	47	47	40	1		1
林木育种和育苗	021	5	5	2			
造林和更新	022	19	19	18			
森林经营和管护	023	19	19	17	1		
木材和竹材采运	024	3	3	2			1
林产品采集	025	1	1	1			
畜牧业	03	22	22	1			
牲畜饲养	031	13	13				
家禽饲养	032	7	7				
狩猎和捕捉动物	033						
其他畜牧业	039	2	2	1			
渔业	04	8	8	1			
水产养殖	041	7	7				
水产捕捞	042	1	1	1			
农、林、牧、渔服务业	05	3291	3287	912	19	2	1
农业服务业	051	2483	2480	429	15	2	1
林业服务业	052	554	553	435	2		
畜牧服务业	053	144	144	30	2		
渔业服务业	054	110	110	18			
采矿业	**B**	**2988**	**2970**	**40**	**39**	**19**	**6**
煤炭开采和洗选业	06	55	54	6	1		1
烟煤和无烟煤开采洗选	061	30	29	4	1		1
褐煤开采洗选	062	18	18	1			
其他煤炭采选	069	7	7	1			
石油和天然气开采业	07	3	2				
石油开采	071	2	1				
天然气开采	072	1	1				
黑色金属矿采选业	08	334	332	12	5	2	1
铁矿采选	081	130	130	5			1
锰矿、铬矿采选	082	127	126	5	2	1	
其他黑色金属矿采选	089	77	76	2	3	1	
有色金属矿采选业	09	459	456	12	3	5	1
常用有色金属矿采选	091	375	372	8	2	2	1
贵金属矿采选	092	61	61	3	1	2	
稀有稀土金属矿采选	093	23	23	1		1	

分组的法人单位数

国有联营企业	集体联营企业	国有与集体联营企业	其他联营企业	有限责任公司	国有独资公司	其他有限责任公司	股份有限公司	私营企业	私营独资企业
35	**146**	**23**	**97**	**26370**	**743**	**25627**	**3429**	**106183**	**33257**
	2			**128**	**5**	**123**	**14**	**497**	**202**
				9	2	7	1	12	1
								2	
								3	
				2	1	1		3	
				2		2	1	2	1
				3		3			
				1		1			
				1	1			2	
	1			1		1	1	3	
				1		1		2	
							1		
								1	
	1								
				4		4		15	1
				3		3		8	
				1		1		6	
								1	1
				3	1	2		2	1
				3	1	2		2	1
	1			111	2	109	12	465	199
	1			86	2	84	9	292	114
				14		14	2	85	36
				4		4	1	45	24
				7		7		43	25
1	**3**		**2**	**317**	**7**	**310**	**71**	**2352**	**1142**
1				16	1	15	5	24	4
1				8		8	4	11	
				7	1	6	1	9	2
				1		1		4	2
								2	
								1	
								1	
			1	55	2	53	10	242	47
			1	23	1	22	4	95	13
				13	1	12	5	97	25
				19		19	1	50	9
	1			96	1	95	26	305	51
	1			72	1	71	21	262	49
				17		17	3	31	2
				7		7	2	12	

1-14 续表 1

行　业	代码	法　人单位数（个）	内资企业	国有企业	集体企业	股份合作企　业	联营企业
非金属矿采选业	10	2020	2009	8	28	12	3
土砂石开采	101	1732	1725	4	18	10	3
化学矿开采	102	50	50		4	1	
采盐	103	7	7	3	1		
石棉及其他非金属矿采选	109	231	227	1	5	1	
开采辅助活动	11	29	29	1			
煤炭开采和洗选辅助活动	111	4	4				
石油和天然气开采辅助活动	112	1	1				
其他开采辅助活动	119	24	24	1			
其他采矿业	12	88	88	1	2		
其他采矿业	120	88	88	1	2		
制造业	C	**24215**	**23456**	**438**	**727**	**125**	**46**
农副食品加工业	13	1837	1762	121	33	3	3
谷物磨制	131	258	257	3	1		
饲料加工	132	262	245	4			
植物油加工	133	198	188	5	3		
制糖业	134	119	101	7			
屠宰及肉类加工	135	335	327	91	20		1
水产品加工	136	141	132	3	2		2
蔬菜、水果和坚果加工	137	164	160	3	2	1	
其他农副食品加工	139	360	352	5	5	2	
食品制造业	14	1039	1011	16	14	4	2
焙烤食品制造	141	407	403	5	4	1	1
糖果、巧克力及蜜饯制造	142	55	52	1	1		
方便食品制造	143	175	173	2	2		
乳制品制造	144	25	24	2	1		
罐头食品制造	145	74	67	3	1		
调味品、发酵制品制造	146	94	91	2	3	2	
其他食品制造	149	209	201	1	2	1	1
酒、饮料和精制茶制造业	15	837	802	13	14	1	
酒的制造	151	219	205	4	2		
饮料制造	152	343	325	2	5	1	
精制茶加工	153	275	272	7	7		
烟草制品业	16	8	8	3	1		
烟叶复烤	161	3	3	1			
卷烟制造	162	4	4	1	1		
其他烟草制品制造	169	1	1	1			
纺织业	17	512	496	8	16	2	
棉纺织及印染精加工	171	92	87	1	4		
毛纺织及染整精加工	172	47	46				
麻纺织及染整精加工	173	20	20	4			
丝绢纺织及印染精加工	174	136	134	1	3		
化纤织造及印染精加工	175	6	6				
针织或钩针编织物及其制品制造	176	91	86		6		
家用纺织制成品制造	177	84	82	2	2		
非家用纺织制成品制造	178	36	35		1	2	
纺织服装、服饰业	18	709	679	2	24	2	1
机织服装制造	181	582	555	2	22	2	1
针织或钩针编织服装制造	182	48	45				
服饰制造	183	79	79		2		

国有联营企业	集体联营企业	国有与集体联营企业	其他联营企业	有限责任公司	国有独资公司	其他有限责任公司	股份有限公司	私营企业	私营独资企业
	2		1	132	3	129	25	1693	1015
	2		1	90	1	89	17	1487	946
				8	1	7	3	33	6
				1		1		2	1
				33	1	32	5	171	62
				4		4	2	22	10
								4	1
								1	
				4		4	2	17	9
				14		14	3	64	15
				14		14	3	64	15
4	**28**	**6**	**8**	**3413**	**67**	**3346**	**530**	**17384**	**6863**
	1	1	1	313	8	305	52	1151	361
				31		31	3	192	87
				58		58	8	171	27
				30	2	28	6	134	58
				50	3	47	11	33	3
			1	42	2	40	4	151	47
	1	1		26		26	6	90	9
				20		20	5	124	32
				56	1	55	9	256	98
	2			139		139	21	776	337
	1			47		47	2	321	180
				7		7		42	17
				22		22	5	135	62
				4		4	3	13	
				13		13	3	47	12
				11		11	1	70	36
	1			35		35	7	148	30
				135	3	132	30	569	214
				33		33	11	146	43
				65		65	14	228	51
				37	3	34	5	195	120
				2	1	1		2	2
				1	1			1	1
				1		1		1	1
				88	4	84	12	362	172
				13		13	2	65	27
				1	1			42	32
				4		4	1	10	3
				49		49	7	74	12
								6	3
				9	2	7		71	52
				9	1	8	1	68	28
				3		3	1	26	15
	1			61	1	60	5	566	290
	1			47	1	46	3	470	241
				9		9	1	34	18
				5		5	1	62	31

1-14 续表 2

行　　业	代码	法　人单位数（个）	内资企业	国有企业	集体企业	股份合作企　业	联营企业
皮革、毛皮、羽毛及其制品和制鞋业	19	397	342	2	10	1	1
皮革鞣制加工	191	44	38		2		
皮革制品制造	192	162	132		2		
毛皮鞣制及制品加工	193	19	19				
羽毛(绒)加工及制品制造	194	82	80	2	2	1	
制鞋业	195	90	73		4		1
木材加工和木、竹、藤、棕、草制品业	20	3439	3392	27	24	2	2
木材加工	201	1981	1974	18	13	1	1
人造板制造	202	886	868	5	5		
木制品制造	203	333	326	3	5	1	
竹、藤、棕、草等制品制造	204	239	224	1	1		1
家具制造业	21	461	452		10		
木质家具制造	211	351	347		8		
竹、藤家具制造	212	15	14		1		
金属家具制造	213	27	27		1		
塑料家具制造	214	8	7				
其他家具制造	219	60	57				
造纸和纸制品业	22	764	737	4	30	3	1
纸浆制造	221	26	24	1	1		1
造纸	222	346	331	2	14		
纸制品制造	223	392	382	1	15	3	
印刷和记录媒介复制业	23	808	802	40	67	8	4
印刷	231	703	697	35	58	6	4
装订及印刷相关服务	232	101	101	5	9	2	
记录媒介复制	233	4	4				
文教、工美、体育和娱乐用品制造业	24	670	619	4	16	2	
文教办公用品制造	241	27	25				
乐器制造	242	3	3				
工艺美术品制造	243	534	497	3	16	2	
体育用品制造	244	15	11	1			
玩具制造	245	90	82				
游艺器材及娱乐用品制造	246	1	1				
石油加工、炼焦和核燃料加工业	25	65	63	1			
精炼石油产品制造	251	55	53	1			
炼焦	252	7	7				
核燃料加工	253	3	3				
化学原料和化学制品制造业	26	1412	1351	26	91	6	7
基础化学原料制造	261	209	196	5	5	1	
肥料制造	262	293	285	7	6		
农药制造	263	70	68	5	2	1	
涂料、油墨、颜料及类似产品制造	264	137	132	3	4		
合成材料制造	265	37	36		1		
专用化学产品制造	266	320	300	3	9	2	2
炸药、火工及焰火产品制造	267	186	184	1	61	2	5
日用化学产品制造	268	160	150	2	3		

国有联营企业	集体联营企业	国有与集体联营企业	其他联营企业	有限责任公司	国有独资公司	其他有限责任公司	股份有限公司	私营企业	私营独资企业
	1			39		39		275	143
				5		5		31	17
				11		11		110	73
				3		3		16	10
				17		17		57	8
	1			3		3		61	35
	1		1	267	7	260	49	2840	1557
			1	106	4	102	26	1669	1113
				121	3	118	19	703	211
				30		30	4	268	99
	1			10		10		200	134
				37		37	8	373	179
				24		24	7	290	142
				1		1		12	5
				5		5	1	19	8
				1		1		6	1
				6		6		46	23
	1			113		113	13	557	207
	1			9		9	1	11	2
				49		49	5	254	93
				55		55	7	292	112
	3		1	104	2	102	13	541	177
	3		1	88	2	86	9	474	154
				16		16	4	63	23
								4	
				61	2	59	5	511	282
				2		2		21	6
				2		2		1	1
				52	2	50	5	403	214
				2		2		8	1
				3		3		77	60
								1	
				16	1	15	4	41	4
				15	1	14	4	32	3
				1		1		6	1
								3	
1	6			266	1	265	39	885	232
				61	1	60	5	118	21
				65		65	12	191	41
				16		16	1	42	9
				25		25	4	90	19
				7		7	1	25	7
	2			54		54	10	214	62
1	4			11		11	3	97	47
				27		27	3	108	26

1-14 续表 3

行　　业	代码	法人单位数(个)	内资企业	国有企业	集体企业	股份合作企业	联营企业
医药制造业	27	409	387	11	5	4	
化学药品原料药制造	271	33	27				
化学药品制剂制造	272	40	38	2	1		
中药饮片加工	273	53	51			1	
中成药生产	274	140	131	5	1	1	
兽用药品制造	275	52	52	3	3	2	
生物药品制造	276	49	47	1			
卫生材料及医药用品制造	277	42	41				
化学纤维制造业	28	8	7	1		1	
纤维素纤维原料及纤维制造	281	5	4	1		1	
合成纤维制造	282	3	3				
橡胶和塑料制品业	29	851	831	12	33	7	3
橡胶制品业	291	128	124	6	8		1
塑料制品业	292	723	707	6	25	7	2
非金属矿物制品业	30	3991	3903	54	175	32	12
水泥、石灰和石膏制造	301	491	477	17	30	2	2
石膏、水泥制品及类似制品制造	302	711	681	11	5	1	2
砖瓦、石材等建筑材料制造	303	2202	2187	16	129	26	7
玻璃制造	304	37	37	1	1		
玻璃制品制造	305	64	62		1		
玻璃纤维和玻璃纤维增强塑料制品制造	306	27	26	3			
陶瓷制品制造	307	188	173	6	4		
耐火材料制品制造	308	34	32		1		1
石墨及其他非金属矿物制品制造	309	237	228		4	3	
黑色金属冶炼和压延加工业	31	584	570	5	21	6	4
炼铁	311	30	30		1		
炼钢	312	9	9				
黑色金属铸造	313	219	217	1	15	5	2
钢压延加工	314	102	100	3	3		1
铁合金冶炼	315	224	214	1	2	1	1
有色金属冶炼和压延加工业	32	328	314	4	1	2	1
常用有色金属冶炼	321	170	163	1			
贵金属冶炼	322	11	10				
稀有稀土金属冶炼	323	20	19				1
有色金属合金制造	324	14	14	1			
有色金属铸造	325	7	7	1			
有色金属压延加工	326	106	101	1	1	2	
金属制品业	33	977	960	11	53	3	
结构性金属制品制造	331	378	375	9	7		
金属工具制造	332	167	164	1	22	1	
集装箱及金属包装容器制造	333	38	35	1	4		
金属丝绳及其制品制造	334	27	26		2	2	
建筑、安全用金属制品制造	335	94	92		3		
金属表面处理及热处理加工	336	39	38		2		
搪瓷制品制造	337	15	15				
金属制日用品制造	338	117	114		7		
其他金属制品制造	339	102	101		6		
通用设备制造业	34	782	767	18	21	9	1
锅炉及原动设备制造	341	74	68	2	6		

国有联营企　业	集体联营企　业	国有与集体联营企业	其他联营企　业	有限责任公　　司	国有独资公　　司	其他有限责任公司	股份有限公　　司	私营企业	私营独资企　业
				99		99	27	236	24
				8		8	1	18	1
				7		7	4	24	3
				12		12	2	35	6
				49		49	11	61	
				7		7	3	33	7
				7		7	4	35	1
				9		9	2	30	6
				2		2		3	
				1		1		1	
				1		1		2	
	2		1	131	2	129	24	600	199
	1			21	1	20	5	79	18
	1		1	110	1	109	19	521	181
1	7	3	1	418	5	413	81	2994	1414
		2		77	2	75	22	322	113
		1	1	109	1	108	22	500	214
1	6			143		143	25	1748	971
				6	1	5	1	28	2
				7		7	2	51	16
				6		6	3	14	3
				22		22	4	135	35
	1			3		3		26	8
				45	1	44	2	170	52
1	2	1		120	2	118	18	384	113
				4		4		25	11
				2		2	1	6	1
	2			31	1	30	6	150	79
		1		24	1	23	2	63	8
1				59		59	9	140	14
			1	91	5	86	15	194	32
				57	5	52	7	96	9
				4		4	1	5	
			1	7		7	1	9	
				5		5		8	2
				1		1		5	1
				17		17	6	71	20
				131		131	13	724	274
				67		67	5	278	91
				6		6	1	126	74
				7		7		22	5
				5		5		17	6
				13		13	4	71	29
				8		8		27	9
				2		2		13	2
				10		10	1	93	35
				13		13	2	77	23
1				129	7	122	23	550	134
				16		16	1	42	3

1-14 续表 4

行　　业	代码	法　人单位数（个）	内资企业	国有企业	集体企业	股份合作企　　业	联营企业
金属加工机械制造	342	177	175	7	6	1	
物料搬运设备制造	343	37	37	2			
泵、阀门、压缩机及类似机械制造	344	64	63	3	1	4	
轴承、齿轮和传动部件制造	345	31	31	1		1	
烘炉、风机、衡器、包装等设备制造	346	74	70	2	1	1	
文化、办公用机械制造	347	5	5				
通用零部件制造	348	271	270		6	1	1
其他通用设备制造业	349	49	48	1	1	1	
专用设备制造业	35	848	834	22	18	9	1
采矿、冶金、建筑专用设备制造	351	193	189	4	2	2	1
化工、木材、非金属加工专用设备制造	352	150	148	3	5	1	
食品、饮料、烟草及饲料生产专用设备制造	353	57	55	3	2	3	
印刷、制药、日化及日用品生产专用设备制造	354	56	55	1	1	2	
纺织、服装和皮革加工专用设备制造	355	4	4				
电子和电工机械专用设备制造	356	35	34		1		
农、林、牧、渔专用机械制造	357	204	204	8	7		
医疗仪器设备及器械制造	358	62	59	1			
环保、社会公共服务及其他专用设备制造	359	87	86	2		1	
汽车制造业	36	704	684	5	14	12	
汽车整车制造	361	12	9	1			
改装汽车制造	362	11	11	1			
低速载货汽车制造	363	2	2				
电车制造	364	4	4				
汽车车身、挂车制造	365	10	10				
汽车零部件及配件制造	366	665	648	3	14	12	
铁路、船舶、航空航天和其他运输设备制造业	37	164	164	7	13		2
铁路运输设备制造	371	25	25	3	5		
城市轨道交通设备制造	372						
船舶及相关装置制造	373	85	85	2	7		2
航空、航天器及设备制造	374	3	3	1			
摩托车制造	375	8	8				
自行车制造	376	32	32	1	1		
非公路休闲车及零配件制造	377	2	2				
潜水救捞及其他未列明运输设备制造	379	9	9				
电气机械和器材制造业	38	606	587	10	9	3	
电机制造	381	74	71		1	1	
输配电及控制设备制造	382	213	212	3	3	1	
电线、电缆、光缆及电工器材制造	383	109	100		2	1	
电池制造	384	29	27	1	1		
家用电力器具制造	385	40	39	1	1		
非电力家用器具制造	386	39	39	1			
照明器具制造	387	51	49				
其他电气机械及器材制造	389	51	50	4	1		
计算机、通信和其他电子设备制造业	39	436	382	5		1	
计算机制造	391	49	35				
通信设备制造	392	48	42	3			
广播电视设备制造	393	10	9				
雷达及配套设备制造	394	1	1				

国有联营企业	集体联营企业	国有与集体联营企业	其他联营企业	有限责任公司	国有独资公司	其他有限责任公司	股份有限公司	私营企业	私营独资企业
				28	2	26	5	123	33
				11	2	9	3	21	2
				15	2	13	5	34	6
				7		7	2	20	4
				14		14	3	46	10
								4	1
1				25	1	24	3	230	71
				13		13	1	30	4
		1		148	4	144	27	593	124
		1		38		38	9	130	23
				20	2	18	3	113	24
				7		7	2	38	8
				19	1	18	2	28	5
				1		1		2	
				11	1	10	2	20	3
				26		26	4	154	51
				16		16	3	38	4
				10		10	2	70	6
				178	6	172	12	460	80
				5		5		3	
				5	1	4		5	3
				2		2			
								4	1
				1		1		9	2
				165	5	160	12	439	74
	1		1	22	2	20	1	114	33
				2	1	1		15	
	1		1	13	1	12	1	56	22
				1		1		1	
				1		1		7	3
				3		3		27	5
								2	2
				2		2		6	1
				119	2	117	17	420	89
				11		11		57	16
				54	1	53	8	143	27
				16		16	4	77	10
				5	1	4	2	18	2
				5		5	3	29	6
				10		10		26	5
				6		6		39	16
				12		12		31	7
				69	1	68	9	279	98
				10		10	3	21	2
				19		19		19	
				3		3		5	1
				1	1				

1-14 续表 5

行 业	代码	法人单位数（个）	内资企业	国有企业	集体企业	股份合作企业	联营企业
视听设备制造	395	27	18				
电子器件制造	396	37	32	1			
电子元件制造	397	183	169	1		1	
其他电子设备制造	399	81	76				
仪器仪表制造业	40	98	95	1	4		
通用仪器仪表制造	401	41	41		2		
专用仪器仪表制造	402	17	17	1			
钟表与计时仪器制造	403	9	7		1		
光学仪器及眼镜制造	404	18	17		1		
其他仪器仪表制造业	409	13	13				
其他制造业	41	171	160	1	3		
日用杂品制造	411	46	37		1		
煤制品制造	412	18	18				
核辐射加工	413	3	3				
其他未列明制造业	419	104	102	1	2		
废弃资源综合利用业	42	184	179		3		
金属废料和碎屑加工处理	421	113	108		3		
非金属废料和碎屑加工处理	422	71	71				
金属制品、机械和设备修理业	43	116	116	4	4	2	1
金属制品修理	431	4	4	1			
通用设备修理	432	12	12			1	
专用设备修理	433	26	26	1			
铁路、船舶、航空航天等运输设备修理	434	24	24	1	3		1
电气设备修理	435	10	10			1	
仪器仪表修理	436	6	6				
其他机械和设备修理业	439	34	34	1	1		
电力、热力、燃气及水生产和供应业	**D**	**2587**	**2550**	**339**	**196**	**36**	**13**
电力、热力生产和供应业	44	1875	1857	182	72	32	7
电力生产	441	1698	1680	110	66	32	6
电力供应	442	162	162	72	6		1
热力生产和供应	443	15	15				
燃气生产和供应业	45	84	74		2	1	
燃气生产和供应业	450	84	74		2	1	
水的生产和供应业	46	628	619	157	122	3	6
自来水生产和供应	461	539	533	145	122	3	5
污水处理及其再生利用	462	70	68	11			1
其他水的处理、利用与分配	469	19	18	1			
建筑业	**E**	**4730**	**4709**	**120**	**216**	**7**	**1**
房屋建筑业	47	1010	1008	42	173	6	1
房屋建筑业	470	1010	1008	42	173	6	1
土木工程建筑业	48	706	693	53	22		
铁路、道路、隧道和桥梁工程建筑	481	229	217	23	10		
水利和内河港口工程建筑	482	83	83	16	4		
海洋工程建筑	483						
工矿工程建筑	484	41	41	5			
架线和管道工程建筑	485	123	122	6	4		
其他土木工程建筑	489	230	230	3	4		

国有联营企业	集体联营企业	国有与集体联营企业	其他联营企业	有限责任公司	国有独资公司	其他有限责任公司	股份有限公司	私营企业	私营独资企业
				5		5	1	12	3
				2		2		29	7
				19		19	4	134	71
				10		10	1	59	14
				28		28	1	61	8
				10		10	1	28	2
				7		7		9	1
				1		1		5	1
				5		5		11	2
				5		5		8	2
				26		26	4	118	46
				5		5		29	12
				2		2	1	13	6
				1		1	1	1	
				18		18	2	75	28
				42	1	41	6	127	22
				27		27	4	74	4
				15	1	14	2	53	18
			1	19		19	1	78	16
								2	1
				2		2		9	
				2		2		18	7
			1	2		2	1	16	2
				2		2		7	2
								5	1
				11		11		21	3
3	**6**		**4**	**342**	**54**	**288**	**86**	**1411**	**372**
2	2		3	223	41	182	64	1181	307
1	2		3	161	19	142	57	1154	301
1				55	21	34	7	19	5
				7	1	6		8	1
				24		24	4	41	9
				24		24	4	41	9
1	4		1	95	13	82	18	189	56
1	3		1	68	9	59	14	149	54
	1			24	2	22	3	28	1
				3	2	1	1	12	1
	1			**1250**	**44**	**1206**	**155**	**2946**	**88**
	1			241	14	227	46	497	6
	1			241	14	227	46	497	6
				224	18	206	27	364	3
				76	10	66	5	102	
				23	3	20	2	38	
				9	1	8	2	25	
				46	2	44	6	59	1
				70	2	68	12	140	2

1-14 续表 6

行　　业	代码	法　人 单位数 (个)	内资企业	国有企业	集体企业	股份合作企　业	联营企业
建筑安装业	49	614	611	9	11		
电气安装	491	166	166	4	3		
管道和设备安装	492	81	81	2	2		
其他建筑安装业	499	367	364	3	6		
建筑装饰和其他建筑业	50	2400	2397	16	10	1	
建筑装饰业	501	1852	1849	3	6	1	
工程准备活动	502	124	124	6	2		
提供施工设备服务	503	159	159	1			
其他未列明建筑业	509	265	265	6	2		
批发和零售业	**F**	**64262**	**64099**	**889**	**1344**	**69**	**80**
批发业	51	33447	33364	568	724	31	41
农、林、牧产品批发	511	2940	2938	138	57	3	6
食品、饮料及烟草制品批发	512	3444	3429	120	46		5
纺织、服装及家庭用品批发	513	2696	2683	14	37	3	3
文化、体育用品及器材批发	514	819	815	13	8		
医药及医疗器材批发	515	1380	1377	13	3	1	1
矿产品、建材及化工产品批发	516	12275	12246	180	513	16	24
机械设备、五金产品及电子产品批发	517	7071	7059	52	33	4	1
贸易经纪与代理	518	1721	1719	28	7		
其他批发业	519	1101	1098	10	20	4	1
零售业	52	30815	30735	321	620	38	39
综合零售	521	3158	3145	75	403	4	12
食品、饮料及烟草制品专门零售	522	3174	3167	92	50	5	2
纺织、服装及日用品专门零售	523	2446	2436	11	46	1	3
文化、体育用品及器材专门零售	524	1207	1203	31	20	5	4
医药及医疗器材专门零售	525	7143	7135	24	12	10	11
汽车、摩托车、燃料及零配件专门零售	526	3235	3219	24	32	5	2
家用电器及电子产品专门零售	527	4080	4072	13	11	2	1
五金、家具及室内装饰材料专门零售	528	3447	3443	25	21	3	1
货摊、无店铺及其他零售业	529	2925	2915	26	25	3	3
交通运输、仓储和邮政业	**G**	**5092**	**5044**	**670**	**171**	**10**	**8**
铁路运输业	53						
道路运输业	54	2944	2923	345	58	8	4
城市公共交通运输	541	250	245	18	2	1	
公路旅客运输	542	302	300	12	14	3	1
道路货物运输	543	1900	1892	23	29	2	1
道路运输辅助活动	544	492	486	292	13	2	2
水上运输业	55	454	449	57	67	2	
水上旅客运输	551	47	47	3	6	2	
水上货物运输	552	296	294	5	56		
水上运输辅助活动	553	111	108	49	5		
航空运输业	56	29	26	7			
航空客货运输	561	13	11	1			
通用航空服务	562	8	7	1			
航空运输辅助活动	563	8	8	5			
管道运输业	57						
管道运输业	570						
装卸搬运和运输代理业	58	960	953	26	37		
装卸搬运	581	282	280	7	28		
运输代理业	582	678	673	19	9		

国有联营企业	集体联营企业	国有与集体联营企业	其他联营企业	有限责任公司	国有独资公司	其他有限责任公司	股份有限公司	私营企业	私营独资企业
				181	5	176	7	403	8
				47	2	45	2	110	2
				19		19		58	1
				115	3	112	5	235	5
				604	7	597	75	1682	71
				486	3	483	57	1289	65
				29	1	28	7	80	4
				26		26	4	128	
				63	3	60	7	185	2
16	**39**	**4**	**21**	**9882**	**127**	**9755**	**1100**	**47606**	**16319**
12	19	1	9	5644	65	5579	621	24117	5409
3	2		1	308	16	292	46	2142	1187
2	1	1	1	631	11	620	65	2343	449
1	1		1	648	3	645	36	1912	252
				212	9	203	23	546	57
1				262	1	261	20	1037	309
4	14		6	1845	16	1829	254	9069	2482
	1			1355	6	1349	138	5411	273
				223	3	220	28	830	86
1				160		160	11	827	314
4	20	3	12	4238	62	4176	479	23489	10910
2	9	1		486	7	479	62	1970	760
	1	1		417	2	415	37	2346	1134
1	2			315	1	314	35	1925	974
1	2		1	255	40	215	23	834	234
	2	1	8	287	4	283	37	6086	5151
	2			623	4	619	84	2381	554
			1	771	2	769	83	3098	680
	1			571		571	55	2659	919
	1		2	513	2	511	63	2190	504
2	**3**		**3**	**1118**	**56**	**1062**	**186**	**2811**	**176**
1	1		2	684	26	658	117	1674	95
				99	7	92	21	103	1
	1			115	3	112	31	121	6
			1	415	8	407	58	1347	55
1			1	55	8	47	7	103	33
				89	4	85	17	211	3
				12	2	10	3	21	1
				62	2	60	11	157	
				15		15	3	33	2
				12	5	7		7	
				6	1	5		4	
				3	2	1		3	
				3	2	1			
				199	10	189	35	645	58
				57	4	53	15	167	18
				142	6	136	20	478	40

1-14 续表 7

行业	代码	法人单位数（个）					
			内资企业				
				国有企业	集体企业	股份合作企业	联营企业
仓储业	59	505	493	208	9		2
谷物、棉花等农产品仓储	591	245	243	184	2		1
其他仓储业	599	260	250	24	7		1
邮政业	60	200	200	27			2
邮政基本服务	601	26	26	22			1
快递服务	602	174	174	5			1
住宿和餐饮业	**H**	**3472**	**3400**	**195**	**108**	**17**	**9**
住宿业	61	1726	1684	145	84	9	7
旅游饭店	611	711	675	77	25	3	1
一般旅馆	612	836	830	54	51	4	6
其他住宿业	619	179	179	14	8	2	
餐饮业	62	1746	1716	50	24	8	2
正餐服务	621	1176	1164	40	19	8	1
快餐服务	622	143	134	3	2		
饮料及冷饮服务	623	132	130				
其他餐饮业	629	295	288	7	3		1
信息传输、软件和信息技术服务业	**I**	**2546**	**2524**	**410**	**3**	**2**	
电信、广播电视和卫星传输服务	63	517	504	343			
电信	631	165	152	11			
广播电视传输服务	632	346	346	329			
卫星传输服务	633	6	6	3			
互联网和相关服务	64	316	316	31		2	
互联网接入及相关服务	641	34	34	3			
互联网信息服务	642	231	231	25		1	
其他互联网服务	649	51	51	3		1	
软件和信息技术服务业	65	1713	1704	36	3		
软件开发	651	864	859	2	1		
信息系统集成服务	652	389	386	11			
信息技术咨询服务	653	253	253	13	2		
数据处理和存储服务	654	46	46	9			
集成电路设计	655	7	7				
其他信息技术服务业	659	154	153	1			
金融业	**J**						
房地产业	**K**	**8447**	**8276**	**386**	**226**	**16**	**2**
房地产业	70	8447	8276	386	226	16	2
房地产开发经营	701	3788	3640	98	21	8	1
物业管理	702	1898	1888	15	4	1	
房地产中介服务	703	1772	1765	47	16	1	
自有房地产经营活动	704	457	455	112	153	6	1
其他房地产业	709	532	528	114	32		
租赁和商务服务业	**L**	**18610**	**18548**	**1534**	**245**	**19**	**24**
租赁业	71	1031	1029	19	12		
机械设备租赁	711	979	977	17	10		
文化及日用品出租	712	52	52	2	2		
商务服务业	72	17579	17519	1515	233	19	24
企业管理服务	721	5557	5539	688	94	3	3

国有联营企业	集体联营企业	国有与集体联营企业	其他联营企业	有限责任公司	国有独资公司	其他有限责任公司	股份有限公司	私营企业	私营独资企业
1	1			87	11	76	8	168	11
1				29	11	18	1	16	
	1			58		58	7	152	11
	1		1	47		47	9	106	9
	1							2	1
			1	47		47	9	104	8
2	**4**	**1**	**2**	**542**	**7**	**535**	**105**	**2231**	**963**
2	3		2	315	6	309	65	993	323
	1			167	2	165	33	343	77
2	2		2	118	3	115	27	538	209
				30	1	29	5	112	37
	1	1		227	1	226	40	1238	640
		1		164	1	163	26	813	377
				14		14	4	103	68
				9		9		113	70
	1			40		40	10	209	125
				606	**16**	**590**	**55**	**1410**	**83**
				66	12	54	21	66	16
				60	12	48	19	58	14
				5		5	2	6	1
				1		1		2	1
				69	1	68	11	193	35
				5		5	2	24	
				52	1	51	7	138	29
				12		12	2	31	6
				471	3	468	23	1151	32
				244	1	243	11	595	12
				106	1	105	8	261	2
				61	1	60	4	165	9
				11		11		25	2
				2		2		5	
				47		47		100	7
	1		**1**	**2268**	**77**	**2191**	**331**	**4986**	**110**
	1		1	2268	77	2191	331	4986	110
			1	1169	44	1125	171	2163	16
				546	16	530	71	1225	6
				377	3	374	64	1249	79
	1			45	4	41	9	117	5
				131	10	121	16	232	4
3	**14**	**3**	**4**	**4250**	**188**	**4062**	**481**	**10540**	**647**
				228	3	225	33	703	84
				221	3	218	31	667	78
				7		7	2	36	6
3	14	3	4	4022	185	3837	448	9837	563
2	1			1254	145	1109	131	2456	35

1-14 续表 8

行业	代码	法人单位数（个）	内资企业	国有企业	集体企业	股份合作企业	联营企业
法律服务	722	665	665	186	8	3	3
咨询与调查	723	2898	2880	75	25	5	2
广告业	724	3415	3414	7	11	2	1
知识产权服务	725	56	55	2			
人力资源服务	726	820	820	250	14		
旅行社及相关服务	727	824	814	59	14	4	1
安全保护服务	728	201	201	4	13		
其他商务服务业	729	3143	3131	244	54	2	14
科学研究和技术服务业	**M**	**10361**	**10345**	**5714**	**101**	**10**	**10**
研究和试验发展	73	651	649	336	6	2	3
自然科学研究和试验发展	731	86	86	36		1	1
工程和技术研究和试验发展	732	134	134	40	1		1
农业科学研究和试验发展	733	249	247	147	5		
医学研究和试验发展	734	73	73	19			
社会人文科学研究	735	109	109	94		1	1
专业技术服务业	74	5547	5540	2767	64	7	3
气象服务	741	167	167	157	1		
地震服务	742	87	87	86			
海洋服务	743	10	10	5			
测绘服务	744	209	209	55	7	2	
质检技术服务	745	663	663	348	13	1	
环境与生态监测	746	170	170	133			
地质勘查	747	112	111	48	2		1
工程技术	748	2244	2241	927	37	3	2
其他专业技术服务业	749	1885	1882	1008	4	1	
科技推广和应用服务业	75	4163	4156	2611	31	1	4
技术推广服务	751	3697	3690	2440	27	1	4
科技中介服务	752	149	149	71	2		
其他科技推广和应用服务业	759	317	317	100	2		
水利、环境和公共设施管理业	**N**	**2762**	**2752**	**2065**	**23**		**1**
水利管理业	76	1399	1399	1325	9		1
防洪除涝设施管理	761	113	113	105			
水资源管理	762	197	197	180	1		
天然水收集与分配	763	456	456	441	1		1
水文服务	764	19	19	17			
其他水利管理业	769	614	614	582	7		
生态保护和环境治理业	77	201	201	113	1		
生态保护	771	107	107	90			
环境治理业	772	94	94	23	1		
公共设施管理业	78	1162	1152	627	13		
市政设施管理	781	185	185	140	1		
环境卫生管理	782	255	254	205	2		
城乡市容管理	783	63	63	61			
绿化管理	784	254	253	101			
公园和游览景区管理	785	405	397	120	10		

国有联营企业	集体联营企业	国有与集体联营企业	其他联营企业	有限责任公司	国有独资公司	其他有限责任公司	股份有限公司	私营企业	私营独资企业
	1	1	1	17		17	1	203	37
	2			733	3	730	60	1924	122
	1			748	2	746	97	2510	199
				14		14	1	37	1
				158	4	154	12	367	6
1				252	8	244	41	422	18
				68	3	65	9	107	4
	9	2	3	778	20	758	96	1811	141
	7		**3**	**1107**	**35**	**1072**	**150**	**2683**	**285**
	2		1	74	4	70	11	168	15
			1	15		15	3	24	1
	1			21	2	19	1	63	2
				23	2	21	5	52	4
				15		15	2	27	7
	1							2	1
	2		1	752	29	723	103	1704	195
				8	1	7		1	1
								1	
				1		1		4	1
				34	3	31	4	107	1
				97	2	95	25	171	8
				11		11		25	1
	1			21	2	19	3	34	
	1		1	403	17	386	47	808	20
				177	4	173	24	553	163
	3		1	281	2	279	36	811	75
	3		1	212	2	210	29	638	58
				17		17	1	50	2
				52		52	6	123	15
	1			**205**	**35**	**170**	**38**	**389**	**27**
	1			19	6	13	4	29	4
				5	3	2		3	
				6	1	5	1	5	
	1			1	1		3	4	2
				1	1			1	1
				6		6		16	1
				28	5	23	2	54	4
				3		3		11	3
				25	5	20	2	43	1
				158	24	134	32	306	19
				25	10	15		18	1
				21	4	17	4	12	2
				1		1	1		
				40	1	39	7	104	3
				71	9	62	20	172	13

1-14 续表 9

行业	代码	法人单位数(个)	内资企业	国有企业	集体企业	股份合作企业	联营企业
居民服务、修理和其他服务业	**O**	**3541**	**3529**	**140**	**57**	**9**	**9**
居民服务业	79	1215	1207	78	16	1	6
家庭服务	791	285	283	1	1		
托儿所服务	792	8	8				
洗染服务	793	70	70				
理发及美容服务	794	268	265		3	1	
洗浴服务	795	39	38				
保健服务	796	139	137		2		
婚姻服务	797	89	89	7	2		
殡葬服务	798	74	74	44	1		2
其他居民服务业	799	243	243	26	7		4
机动车、电子产品和日用产品修理业	80	1467	1464	29	29	5	3
汽车、摩托车修理与维护	801	1086	1083	23	22	4	3
计算机和办公设备维修	802	132	132	4	1	1	
家用电器修理	803	184	184	1	3		
其他日用产品修理业	809	65	65	1	3		
其他服务业	81	859	858	33	12	3	
清洁服务	811	385	385	15	8	2	
其他未列明服务业	819	474	473	18	4	1	
教育	**P**	**18301**	**18299**	**12533**	**91**	**26**	**21**
教育	82	18301	18299	12533	91	26	21
学前教育	821	4301	4300	383	35	8	10
初等教育	822	9176	9176	8951	3		1
中等教育	823	2594	2594	2308	10	8	2
高等教育	824	131	131	114			
特殊教育	825	72	72	59			
技能培训、教育辅助及其他教育	829	2027	2026	718	43	10	8
卫生和社会工作	**Q**	**5387**	**5384**	**3497**	**282**	**21**	**11**
卫生	83	4344	4341	3001	201	19	8
医院	831	524	523	353	6	6	
社区医疗与卫生院	832	1721	1721	1349	72	8	7
门诊部(所)	833	830	830	90	117	5	1
计划生育技术服务活动	834	843	843	840			
妇幼保健院(所、站)	835	111	111	110			
专科疾病防治院(所、站)	836	46	46	40			
疾病预防控制中心	837	164	164	159	3		
其他卫生活动	839	105	103	60	3		
社会工作	84	1043	1043	496	81	2	3
提供住宿社会工作	841	794	794	352	71		3
不提供住宿社会工作	842	249	249	144	10	2	
文化、体育和娱乐业	**R**	**6665**	**6646**	**1828**	**21**	**7**	**8**
新闻和出版业	85	188	186	141	2	1	2
新闻业	851	47	46	42			1
出版业	852	141	140	99	2	1	1
广播、电视、电影和影视录音制作业	86	867	866	715	4		1
广播	861	427	427	426			
电视	862	191	191	189			
电影和影视节目制作	863	71	71	5	1		
电影和影视节目发行	864	29	29	15			
电影放映	865	138	137	79	3		1
录音制作	866	11	11	1			

国有联营企业	集体联营企业	国有与集体联营企业	其他联营企业	有限责任公司	国有独资公司	其他有限责任公司	股份有限公司	私营企业	私营独资企业
1	**5**		**3**	**521**	**7**	**514**	**56**	**2528**	**1042**
	4		2	137	3	134	16	838	446
				33		33	3	222	114
				1		1		3	2
				4		4	1	59	42
				26		26	3	208	133
				5		5	1	30	8
				20		20	1	103	60
				12		12	4	59	25
	1		1	5	1	4	1	19	3
	3		1	31	2	29	2	135	59
1	1		1	223	2	221	23	1094	480
1	1		1	162	2	160	18	811	378
				23		23	3	96	32
				26		26	1	143	51
				12		12	1	44	19
				161	2	159	17	596	116
				67		67	8	275	75
				94	2	92	9	321	41
	7	**3**	**11**	**126**		**126**	**26**	**2011**	**1428**
	7	3	11	126		126	26	2011	1428
	3	1	6	7		7	1	1280	1064
			1	2		2		68	49
	1		1				2	63	45
				1		1		4	3
				1		1			
	3	2	3	115		115	23	596	267
1	**5**	**1**	**4**	**33**		**33**	**11**	**326**	**218**
	4	1	3	29		29	11	280	187
				11		11	6	86	46
	3	1	3	1		1		32	21
	1			2		2	1	142	112
								1	
				1		1		2	2
				14		14	4	17	6
1	1		1	4		4		46	31
1	1		1	2		2		43	30
				2		2		3	1
1	**2**	**2**	**3**	**251**	**17**	**234**	**30**	**3966**	**3250**
	1		1	18	5	13	2	11	
	1							1	
			1	18	5	13	2	10	
1				51	4	47	7	81	6
								1	
				1		1		1	
				20		20	3	42	2
				4	2	2	1	9	
1				24	1	23	2	21	3
				2	1	1	1	7	1

1-14 续表 10

行　业	代码	法　人 单位数 (个)	内资企业	国有企业	集体企业	股份合作企　业	联营企业
文化艺术业	87	1252	1250	910	6		1
文艺创作与表演	871	187	187	73	2		
艺术表演场馆	872	23	23	11			1
图书馆与档案馆	873	233	233	218			
文物及非物质文化遗产保护	874	92	92	85			
博物馆	875	68	68	53			
烈士陵园、纪念馆	876	24	24	24			
群众文化活动	877	427	427	369	3		
其他文化艺术业	879	198	196	77	1		
体育	88	280	271	40	3	1	2
体育组织	881	95	95	10	1		1
体育场馆	882	50	49	22	1	1	
休闲健身活动	883	104	96	3	1		1
其他体育	889	31	31	5			
娱乐业	89	4078	4073	22	6	5	2
室内娱乐活动	891	3970	3968	11	5	5	2
游乐园	892	15	14	1			
彩票活动	893	7	7	5	1		
文化、娱乐、体育经纪代理	894	38	38	4			
其他娱乐业	899	48	46	1			
公共管理、社会保障和社会组织	**S**	**49444**	**49440**	**25573**	**568**	**12**	**50**
中国共产党机关	90	1986	1986	1986			
中国共产党机关	900	1986	1986	1986			
国家机构	91	19994	19994	19991	2		
国家权力机构	911	283	283	283			
国家行政机构	912	19108	19108	19105	2		
人民法院和人民检察院	913	286	286	286			
其他国家机构	919	317	317	317			
人民政协、民主党派	92	263	263	263			
人民政协	921	169	169	169			
民主党派	922	94	94	94			
社会保障	93	1503	1503	1479	1		
社会保障	930	1503	1503	1479	1		
群众团体、社会团体和其他成员组织	94	9560	9556	1854	565	12	50
群众团体	941	1186	1186	750	41	1	5
社会团体	942	8122	8118	1093	513	11	44
基金会	943	31	31	7			
宗教组织	944	221	221	4	11		1
基层群众自治组织	95	16138	16138				
社区自治组织	951	1785	1785				
村民自治组织	952	14353	14353				
国际组织	**T**						
国际组织	96						
国际组织	960						

国有联营企业	集体联营企业	国有与集体联营企业	其他联营企业	有限责任公司	国有独资公司	其他有限责任公司	股份有限公司	私营企业	私营独资企业
		1		72	6	66	2	155	24
				22	3	19	1	56	11
		1		7	2	5		3	
								5	2
				1		1		3	
				1		1		3	
				8	1	7		12	3
				33		33	1	73	8
	1		1	25		25	5	105	26
			1	5		5		19	7
				2		2	1	16	7
	1			12		12	4	53	10
				6		6		17	2
		1	1	85	2	83	14	3614	3194
		1	1	63	1	62	13	3552	3184
				4		4		8	1
				10	1	9	1	23	1
				8		8		31	8
1	**18**	**3**	**28**	**11**	**1**	**10**	**4**	**106**	**42**
								1	
								1	
1	18	3	28	11	1	10	4	105	42
	3		2					8	
1	14	3	26	9	1	8	4	93	41
				2		2			
	1							4	1

1-14 续表 11

行业	代码	私营合伙企业	私营有限责任公司	私营股份有限公司	其他企业	港、澳、台商投资企业	合资经营企业(港、澳、台资)
总计		**3698**	**64741**	**4487**	**36910**	**791**	**267**
农、林、牧、渔业	A	**15**	**261**	**19**	**1775**	**3**	
农业	01		11		6	1	
谷物种植	011		2				
豆类、油料和薯类种植	012						
棉、麻、糖、烟草种植	013		3				
蔬菜、食用菌及园艺作物种植	014		3		2		
水果种植	015		1		3	1	
坚果、含油果、香料和饮料作物种植	016				1		
中药材种植	017						
其他农业	019		2				
林业	02		3				
林木育种和育苗	021		2				
造林和更新	022						
森林经营和管护	023		1				
木材和竹材采运	024						
林产品采集	025						
畜牧业	03	2	12		2		
牲畜饲养	031	2	6		2		
家禽饲养	032		6				
狩猎和捕捉动物	033						
其他畜牧业	039						
渔业	04		1		2		
水产养殖	041		1		2		
水产捕捞	042						
农、林、牧、渔服务业	05	13	234	19	1765	2	
农业服务业	051	10	158	10	1646	2	
林业服务业	052	2	42	5	15		
畜牧服务业	053		19	2	62		
渔业服务业	054	1	15	2	42		
采矿业	B	**295**	**795**	**120**	**126**	**9**	**5**
煤炭开采和洗选业	06	3	16	1	1	1	1
烟煤和无烟煤开采洗选	061		10	1		1	1
褐煤开采洗选	062	3	4				
其他煤炭采选	069		2		1		
石油和天然气开采业	07		2				
石油开采	071		1				
天然气开采	072		1				
黑色金属矿采选业	08	15	163	17	5		
铁矿采选	081	7	72	3	2		
锰矿、铬矿采选	082	4	62	6	3		
其他黑色金属矿采选	089	4	29	8			
有色金属矿采选业	09	25	199	30	8	2	1
常用有色金属矿采选	091	22	167	24	4	2	1
贵金属矿采选	092	3	23	3	4		
稀有稀土金属矿采选	093		9	3			

法人单位数(个)									
合作经营企业(港、澳、台资)	港、澳、台商独资经营企业	港、澳、台商投资股份有限公司	其他港、澳、台投资企业	外商投资企业	中外合资经营企业	中外合作经营企业	外资企业	外商投资股份有限公司	其他外商投资企业
54	**437**	**24**	**9**	**654**	**247**	**47**	**278**	**27**	**55**
	3			**3**			**2**		**1**
	1			1					1
				1					1
	1								
	2			2			2		
	2			1			1		
				1			1		
1	**2**	**1**		**9**	**3**	**2**	**4**		
				1		1			
				1		1			
				2	1		1		
				1			1		
				1	1				
	1			1		1			
	1			1		1			

1-14 续表 12

行　业	代码	私营合伙企　业	私营有限责任公司	私营股份有限公司	其他企业	港、澳、台商投资企　业	合资经营企业(港、澳、台资)
非金属矿采选业	10	249	367	62	108	6	3
土砂石开采	101	215	287	39	96	3	2
化学矿开采	102	4	16	7	1		
采盐	103		1				
石棉及其他非金属矿采选	109	30	63	16	11	3	1
开采辅助活动	11	1	9	2			
煤炭开采和洗选辅助活动	111	1	2				
石油和天然气开采辅助活动	112		1				
其他开采辅助活动	119		6	2			
其他采矿业	12	2	39	8	4		
其他采矿业	120	2	39	8	4		
制造业	**C**	**1129**	**8721**	**671**	**793**	**426**	**134**
农副食品加工业	13	61	680	49	86	22	12
谷物磨制	131	9	92	4	27	1	
饲料加工	132	5	131	8	4	5	3
植物油加工	133	2	66	8	10	3	
制糖业	134	1	27	2		4	3
屠宰及肉类加工	135	9	88	7	18	2	2
水产品加工	136	5	75	1	3	1	1
蔬菜、水果和坚果加工	137	10	79	3	5	3	1
其他农副食品加工	139	20	122	16	19	3	2
食品制造业	14	30	390	19	39	11	4
焙烤食品制造	141	9	125	7	22	2	
糖果、巧克力及蜜饯制造	142	1	22	2	1	1	
方便食品制造	143	9	62	2	7	1	1
乳制品制造	144		11	2	1		
罐头食品制造	145		34	1		4	1
调味品、发酵制品制造	146	2	32		2	1	1
其他食品制造	149	9	104	5	6	2	1
酒、饮料和精制茶制造业	15	27	292	36	40	17	8
酒的制造	151	5	88	10	9	6	4
饮料制造	152	11	147	19	10	9	4
精制茶加工	153	11	57	7	21	2	
烟草制品业	16						
烟叶复烤	161						
卷烟制造	162						
其他烟草制品制造	169						
纺织业	17	14	163	13	8	13	4
棉纺织及印染精加工	171	5	31	2	2	3	1
毛纺织及染整精加工	172		10		3	1	
麻纺织及染整精加工	173		6	1	1		
丝绢纺织及印染精加工	174	1	56	5		2	2
化纤织造及印染精加工	175		2	1			
针织或钩针编织物及其制品制造	176	3	16			4	
家用纺织制成品制造	177	3	35	2		2	1
非家用纺织制成品制造	178	2	7	2	2	1	
纺织服装、服饰业	18	13	251	12	18	26	2
机织服装制造	181	10	211	8	8	23	2
针织或钩针编织服装制造	182	1	14	1	1	3	
服饰制造	183	2	26	3	9		

法人单位数(个)									
合作经营企业(港、澳、台资)	港、澳、台商独资经营企业	港、澳、台商投资股份有限公司	其他港、澳、台投资企业	外商投资企业	中外合资经营企业	中外合作经营企业	外资企业	外商投资股份有限公司	其他外商投资企业
1	1	1		5	2		3		
1				4	1		3		
	1	1		1	1				
14	**266**	**12**		**333**	**146**	**14**	**149**	**9**	**15**
1	8	1		53	23	4	22	3	1
1									
	2			12	4	3	4	1	
	3			7	4		3		
		1		14	8		5	1	
				6	3		2		1
				8	2	1	4	1	
	2			1			1		
	1			5	2		3		
	5	2		17	10		7		
	2			2	1		1		
	1			2	1		1		
				1			1		
				1	1				
	1	2		3	2		1		
				2	2				
	1			6	3		3		
1	8			18	8	2	7		1
	2			8	5	1	2		
1	4			9	3	1	4		1
	2			1			1		
1	8			3			3		
	2			2			2		
	1								
	4			1			1		
1									
	1								
	22	2		4	1		2		1
	19	2		4	1		2		1
	3								

1-14 续表 13

行业	代码						
		私营合伙企业	私营有限责任公司	私营股份有限公司	其他企业	港、澳、台商投资企业	合资经营企业(港、澳、台资)
皮革、毛皮、羽毛及其制品和制鞋业	19	8	117	7	14	43	18
皮革鞣制加工	191	3	10	1		6	2
皮革制品制造	192	3	34		9	24	16
毛皮鞣制及制品加工	193	1	4	1			
羽毛(绒)加工及制品制造	194		47	2	1	2	
制鞋业	195	1	22	3	4	11	
木材加工和木、竹、藤、棕、草制品业	20	144	1034	105	181	29	6
木材加工	201	80	424	52	140	4	1
人造板制造	202	35	427	30	15	11	2
木制品制造	203	17	134	18	15	4	2
竹、藤、棕、草等制品制造	204	12	49	5	11	10	1
家具制造业	21	14	163	17	24	8	
木质家具制造	211	12	121	15	18	4	
竹、藤家具制造	212		6	1		1	
金属家具制造	213	2	9		1		
塑料家具制造	214		5			1	
其他家具制造	219		22	1	5	2	
造纸和纸制品业	22	39	295	16	16	14	10
纸浆制造	221	1	7	1		2	2
造纸	222	20	131	10	7	5	4
纸制品制造	223	18	157	5	9	7	4
印刷和记录媒介复制业	23	50	296	18	25	6	1
印刷	231	42	261	17	23	6	1
装订及印刷相关服务	232	8	31	1	2		
记录媒介复制	233		4				
文教、工美、体育和娱乐用品制造业	24	15	204	10	20	33	15
文教办公用品制造	241	3	12		2	1	
乐器制造	242						
工艺美术品制造	243	10	172	7	16	22	15
体育用品制造	244		5	2		3	
玩具制造	245	2	14	1	2	7	
游艺器材及娱乐用品制造	246		1				
石油加工、炼焦和核燃料加工业	25	2	31	4	1	1	1
精炼石油产品制造	251	2	23	4	1	1	1
炼焦	252		5				
核燃料加工	253		3				
化学原料和化学制品制造业	26	73	554	26	31	27	5
基础化学原料制造	261	5	89	3	1	3	
肥料制造	262	15	130	5	4	5	1
农药制造	263	1	31	1	1	1	
涂料、油墨、颜料及类似产品制造	264	4	63	4	6	3	
合成材料制造	265	3	14	1	2	1	
专用化学产品制造	266	19	124	9	6	6	1
炸药、火工及焰火产品制造	267	23	26	1	4	1	
日用化学产品制造	268	3	77	2	7	7	3

法人单位数(个)									
合作经营企业(港、澳、台资)	港、澳、台商独资经营企业	港、澳、台商投资股份有限公司	其他港、澳、台投资企业	外商投资企业	中外合资经营企业	中外合作经营企业	外资企业	外商投资股份有限公司	其他外商投资企业
2	23			12	4		7	1	
1	3								
1	7			6	4		1	1	
	2								
	11			6			6		
4	19			18	7	2	7		2
	3			3	1		2		
	9			7	2		3		2
	2			3	2		1		
4	5			5	2	2	1		
	7	1		1			1		
	4								
	1								
	1								
	1	1		1			1		
	4			13	5	1	4	2	1
	1			10	5		3	2	
	3			3		1	1		1
	5								
	5								
	17	1		18	6	1	11		
	1			1			1		
	6	1		15	6	1	8		
	3			1			1		
	7			1			1		
				1			1		
				1			1		
1	19	2		34	18	2	12		2
	3			10	7		2		1
	3	1		3	2				1
	1			1	1				
1	2			2	1	1			
	1								
	4	1		14	6		8		
	1			1			1		
	4			3	1	1	1		

1-14 续表 14

行　业	代码	私营合伙企　业	私营有限责任公司	私营股份有限公司	其他企业	港、澳、台商投资企　业	合资经营企业(港、澳、台资)
医药制造业	27	4	196	12	5	12	4
化学药品原料药制造	271		17			2	
化学药品制剂制造	272		19	2		2	
中药饮片加工	273		28	1	1	1	
中成药生产	274	2	57	2	3	7	4
兽用药品制造	275		25	1	1		
生物药品制造	276		28	6			
卫生材料及医药用品制造	277	2	22				
化学纤维制造业	28		3			1	
纤维素纤维原料及纤维制造	281		1			1	
合成纤维制造	282		2				
橡胶和塑料制品业	29	33	342	26	21	12	2
橡胶制品业	291	4	50	7	4	1	
塑料制品业	292	29	292	19	17	11	2
非金属矿物制品业	30	412	1070	98	137	58	16
水泥、石灰和石膏制造	301	21	170	18	5	9	1
石膏、水泥制品及类似制品制造	302	28	234	24	31	25	2
砖瓦、石材等建筑材料制造	303	343	403	31	93	9	1
玻璃制造	304		25	1			
玻璃制品制造	305		34	1	1	1	1
玻璃纤维和玻璃纤维增强塑料制品制造	306	1	10				
陶瓷制品制造	307	6	83	11	2	9	7
耐火材料制品制造	308	4	13	1	1	2	2
石墨及其他非金属矿物制品制造	309	9	98	11	4	3	2
黑色金属冶炼和压延加工业	31	16	233	22	12	5	2
炼铁	311	1	10	3			
炼钢	312	1	4				
黑色金属铸造	313	6	57	8	7	1	1
钢压延加工	314	3	51	1	4	1	1
铁合金冶炼	315	5	111	10	1	3	
有色金属冶炼和压延加工业	32	12	138	12	6	8	3
常用有色金属冶炼	321	6	75	6	2	3	1
贵金属冶炼	322	2	3				
稀有稀土金属冶炼	323		8	1	1		
有色金属合金制造	324		5	1			
有色金属铸造	325		4				
有色金属压延加工	326	4	43	4	3	5	2
金属制品业	33	31	390	29	25	7	4
结构性金属制品制造	331	11	160	16	9	2	2
金属工具制造	332	6	44	2	7	2	1
集装箱及金属包装容器制造	333	1	16		1	2	1
金属丝绳及其制品制造	334	1	10				
建筑、安全用金属制品制造	335	2	37	3	1	1	
金属表面处理及热处理加工	336	4	13	1	1		
搪瓷制品制造	337		11				
金属制日用品制造	338	4	51	3	3		
其他金属制品制造	339	2	48	4	3		
通用设备制造业	34	28	368	20	16	6	3
锅炉及原动设备制造	341	3	34	2	1	2	2

法人单位数(个)									
合作经营企业(港、澳、台资)	港、澳、台商独资经营企业	港、澳、台商投资股份有限公司	其他港、澳、台投资企业	外商投资企业	中外合资经营企业	中外合作经营企业	外资企业	外商投资股份有限公司	其他外商投资企业
1	7			10	6		3		1
1	1			4	3		1		
	2								
	1			1	1				
	3			2	1		1		
				2	1		1		
				1					1
	1								
	1								
	10			8	5		2		1
	1			3	1		2		
	9			5	4				1
2	39	1		30	11	2	13	1	3
	8			5	3	1	1		
1	22			5	2		3		
	7	1		6	2		2		2
				1			1		
				1			1		
1	1			6	3		2		1
	1			6	1	1	3	1	
	3			9	5		3		1
				1					1
				1			1		
	3			7	5		2		
1	4			6	3		3		
1	1			4	2		2		
				1	1				
				1			1		
	3								
	2	1		10	7		3		
				1	1				
	1			1			1		
	1			1	1				
				1	1				
		1		1			1		
				1	1				
				3	2		1		
				1	1				
	2	1		9	2		6	1	
				4	1		2	1	

1-14 续表 15

行业	代码	私营合伙企业	私营有限责任公司	私营股份有限公司	其他企业	港、澳、台商投资企业	合资经营企业(港、澳、台资)
金属加工机械制造	342	8	76	6	5	2	1
物料搬运设备制造	343		18	1			
泵、阀门、压缩机及类似机械制造	344	1	27		1		
轴承、齿轮和传动部件制造	345		16				
烘炉、风机、衡器、包装等设备制造	346	2	32	2	3	1	
文化、办公用机械制造	347		3		1		
通用零部件制造	348	14	137	8	4	1	
其他通用设备制造业	349		25	1	1		
专用设备制造业	35	34	397	38	16	6	1
采矿、冶金、建筑专用设备制造	351	11	86	10	3	1	
化工、木材、非金属加工专用设备制造	352	8	77	4	3	1	1
食品、饮料、烟草及饲料生产专用设备制造	353	3	25	2		1	
印刷、制药、日化及日用品生产专用设备制造	354	1	19	3	2	1	
纺织、服装和皮革加工专用设备制造	355		1	1	1		
电子和电工机械专用设备制造	356	2	14	1			
农、林、牧、渔专用机械制造	357	8	83	12	5		
医疗仪器设备及器械制造	358		33	1	1	2	
环保、社会公共服务及其他专用设备制造	359	1	59	4	1		
汽车制造业	36	20	337	23	3	4	4
汽车整车制造	361	1	2				
改装汽车制造	362		2				
低速载货汽车制造	363						
电车制造	364		3				
汽车车身、挂车制造	365		7				
汽车零部件及配件制造	366	19	323	23	3	4	4
铁路、船舶、航空航天和其他运输设备制造业	37	14	65	2	5		
铁路运输设备制造	371		15				
城市轨道交通设备制造	372						
船舶及相关装置制造	373	10	22	2	4		
航空、航天器及设备制造	374		1				
摩托车制造	375	1	3				
自行车制造	376	1	21				
非公路休闲车及零配件制造	377						
潜水救捞及其他未列明运输设备制造	379	2	3		1		
电气机械和器材制造业	38	15	294	22	9	9	3
电机制造	381		40	1	1	2	
输配电及控制设备制造	382	4	105	7		1	1
电线、电缆、光缆及电工器材制造	383	5	60	2		3	1
电池制造	384	1	13	2		1	
家用电力器具制造	385	2	21			1	
非电力家用器具制造	386		18	3	2		
照明器具制造	387	1	21	1	4		
其他电气机械及器材制造	389	2	16	6	2	1	1
计算机、通信和其他电子设备制造业	39	4	162	15	19	34	4
计算机制造	391		16	3	1	10	1
通信设备制造	392		19		1	3	1
广播电视设备制造	393		4		1		
雷达及配套设备制造	394						

法人单位数(个)									
合作经营企业(港、澳、台资)	港、澳、台商独资经营企业	港、澳、台商投资股份有限公司	其他港、澳、台投资企业	外商投资企业	中外合资经营企业	中外合作经营企业	外资企业	外商投资股份有限公司	其他外商投资企业
	1								
				1			1		
	1			3			3		
		1							
				1	1				
	5			8	5		3		
	1			3	2		1		
				1	1				
	1			1	1				
	1								
				1			1		
	2			1	1				
				1			1		
				16	11		3	1	1
				3	3				
				13	8		3	1	1
	6			10	4		6		
	2			1			1		
	2			6	3		3		
	1			1			1		
	1								
				2	1		1		
	30			20	3		17		
	9			4	1		3		
	2			3			3		
				1			1		

1-14 续表 16

行业	代码	私营合伙企业	私营有限责任公司	私营股份有限公司	其他企业	港、澳、台商投资企业	合资经营企业(港、澳、台资)
视听设备制造	395		9			6	
电子器件制造	396		21	1		2	1
电子元件制造	397	3	52	8	10	10	1
其他电子设备制造	399	1	41	3	6	3	
仪器仪表制造业	40	6	45	2		2	
通用仪器仪表制造	401		26				
专用仪器仪表制造	402		8				
钟表与计时仪器制造	403	1	2	1		2	
光学仪器及眼镜制造	404	4	5				
其他仪器仪表制造业	409	1	4	1			
其他制造业	41	3	62	7	8	8	
日用杂品制造	411		15	2	2	8	
煤制品制造	412	1	4	2	2		
核辐射加工	413		1				
其他未列明制造业	419	2	42	3	4		
废弃资源综合利用业	42	1	98	6	1	4	2
金属废料和碎屑加工处理	421	1	64	5		4	2
非金属废料和碎屑加工处理	422		34	1	1		
金属制品、机械和设备修理业	43	6	51	5	7		
金属制品修理	431	1			1		
通用设备修理	432		8	1			
专用设备修理	433		11		5		
铁路、船舶、航空航天等运输设备修理	434	1	11	2			
电气设备修理	435		5				
仪器仪表修理	436		4		1		
其他机械和设备修理业	439	4	12	2			
电力、热力、燃气及水生产和供应业	**D**	**588**	**384**	**67**	**127**	**17**	**7**
电力、热力生产和供应业	44	557	261	56	96	4	
电力生产	441	555	245	53	94	4	
电力供应	442	2	9	3	2		
热力生产和供应	443		7				
燃气生产和供应业	45	1	31		2	7	3
燃气生产和供应业	450	1	31		2	7	3
水的生产和供应业	46	30	92	11	29	6	4
自来水生产和供应	461	27	58	10	27	6	4
污水处理及其再生利用	462		26	1	1		
其他水的处理、利用与分配	469	3	8		1		
建筑业	**E**	**6**	**2698**	**154**	**14**	**15**	**3**
房屋建筑业	47	2	464	25	2	2	1
房屋建筑业	470	2	464	25	2	2	1
土木工程建筑业	48	1	343	17	3	11	
铁路、道路、隧道和桥梁工程建筑	481		99	3	1	11	
水利和内河港口工程建筑	482		35	3			
海洋工程建筑	483						
工矿工程建筑	484		24	1			
架线和管道工程建筑	485	1	53	4	1		
其他土木工程建筑	489		132	6	1		

法人单位数(个)									
合作经营企业(港、澳、台资)	港、澳、台商独资经营企业	港、澳、台商投资股份有限公司	其他港、澳、台投资企业	外商投资企业	中外合资经营企业	中外合作经营企业	外资企业	外商投资股份有限公司	其他外商投资企业
	6			3			3		
	1			3			3		
	9			4	1		3		
	3			2	1		1		
	2			1	1				
	2								
				1	1				
	8			3			3		
	8			1			1		
				2			2		
	2			1	1				
	2			1	1				
2	**8**			**20**	**8**	**5**	**4**	**3**	
	4			14	4	4	3	3	
	4			14	4	4	3	3	
	4			3	3				
	4			3	3				
2				3	1	1	1		
2									
				2	1		1		
				1		1			
11	**1**			**6**	**2**		**3**		**1**
	1								
	1								
11				2			2		
11				1			1		
				1			1		

1-14 续表 17

行业	代码	私营合伙企业	私营有限责任公司	私营股份有限公司	其他企业	港、澳、台商投资企业	合资经营企业(港、澳、台资)
建筑安装业	49		368	27		1	1
电气安装	491		102	6			
管道和设备安装	492		54	3			
其他建筑安装业	499		212	18		1	1
建筑装饰和其他建筑业	50	3	1523	85	9	1	1
建筑装饰业	501	2	1147	75	7	1	1
工程准备活动	502		74	2			
提供施工设备服务	503		123	5			
其他未列明建筑业	509	1	179	3	2		
批发和零售业	**F**	**506**	**28973**	**1808**	**3129**	**80**	**23**
批发业	51	181	17530	997	1618	38	12
农、林、牧产品批发	511	12	905	38	238	1	
食品、饮料及烟草制品批发	512	21	1774	99	219	6	3
纺织、服装及家庭用品批发	513	8	1561	91	30	9	3
文化、体育用品及器材批发	514	5	469	15	13	1	
医药及医疗器材批发	515	4	689	35	40	1	
矿产品、建材及化工产品批发	516	99	6114	374	345	13	4
机械设备、五金产品及电子产品批发	517	18	4851	269	65	6	2
贸易经纪与代理	518	3	701	40	603		
其他批发业	519	11	466	36	65	1	
零售业	52	325	11443	811	1511	42	11
综合零售	521	35	1104	71	133	5	
食品、饮料及烟草制品专门零售	522	28	1100	84	218	3	2
纺织、服装及日用品专门零售	523	20	862	69	100	5	2
文化、体育用品及器材专门零售	524	9	548	43	31	1	
医药及医疗器材专门零售	525	112	758	65	668	3	
汽车、摩托车、燃料及零配件专门零售	526	54	1631	142	68	12	4
家用电器及电子产品专门零售	527	8	2270	140	93	4	2
五金、家具及室内装饰材料专门零售	528	29	1618	93	108	3	
货摊、无店铺及其他零售业	529	30	1552	104	92	6	1
交通运输、仓储和邮政业	**G**	**52**	**2383**	**200**	**70**	**20**	**9**
铁路运输业	53						
道路运输业	54	37	1416	126	33	9	6
城市公共交通运输	541		89	13	1	3	3
公路旅客运输	542	11	95	9	3	1	1
道路货物运输	543	13	1183	96	17	4	2
道路运输辅助活动	544	13	49	8	12	1	
水上运输业	55	4	186	18	6	2	2
水上旅客运输	551		18	2			
水上货物运输	552	2	144	11	3	1	1
水上运输辅助活动	553	2	24	5	3	1	1
航空运输业	56		7			1	
航空客货运输	561		4			1	
通用航空服务	562		3				
航空运输辅助活动	563						
管道运输业	57						
管道运输业	570						
装卸搬运和运输代理业	58	7	541	39	11	4	
装卸搬运	581	6	130	13	6		
运输代理业	582	1	411	26	5	4	

法人单位数(个)									
合作经营企业(港、澳、台资)	港、澳、台商独资经营企业	港、澳、台商投资股份有限公司	其他港、澳、台投资企业	外商投资企业	中外合资经营企业	中外合作经营企业	外资企业	外商投资股份有限公司	其他外商投资企业
				2	2				
				2	2				
				2			1		1
				2			1		1
2	**49**	**4**	**2**	**83**	**21**	**5**	**36**	**3**	**18**
1	22	2	1	45	15	2	22		6
	1			1					1
1	2			9	4		4		1
	5	1		4			3		1
	1			3			3		
			1	2	2				
	8	1		16	6	1	6		3
	4			6	2	1	3		
				2	1		1		
	1			2			2		
1	27	2	1	38	6	3	14	3	12
	5			8		2	5	1	
	1			4			2		2
	3			5	1		2	1	1
1				3	2				1
	3			5	1		2		2
	6	2		4		1			3
	1		1	4			1	1	2
	3			1					1
	5			4	2		2		
4	**7**			**28**	**10**	**5**	**10**	**2**	**1**
2	1			12	2	4	5	1	
				2			2		
				1		1			
1	1			4	1		2	1	
1				5	1	3	1		
				3	2				1
				1					1
				2	2				
	1			2			1	1	
	1			1				1	
				1			1		
2	2			3	1		2		
				2	1		1		
2	2			1			1		

1-14 续表 18

行　业	代码	私营合伙企　业	私营有限责任公司	私营股份有限公司	其他企业	港、澳、台商投资企　业	合资经营企业(港、澳、台资)
仓储业	59	3	143	11	11	4	1
谷物、棉花等农产品仓储	591		15	1	10	1	1
其他仓储业	599	3	128	10	1	3	
邮政业	60	1	90	6	9		
邮政基本服务	601		1		1		
快递服务	602	1	89	6	8		
住宿和餐饮业	**H**	**123**	**1056**	**89**	**193**	**41**	**11**
住宿业	61	65	558	47	66	24	5
旅游饭店	611	17	228	21	26	21	4
一般旅馆	612	37	273	19	32	3	1
其他住宿业	619	11	57	7	8		
餐饮业	62	58	498	42	127	17	6
正餐服务	621	47	359	30	93	6	3
快餐服务	622	2	32	1	8	3	
饮料及冷饮服务	623	5	34	4	8	2	
其他餐饮业	629	4	73	7	18	6	3
信息传输、软件和信息技术服务业	**I**	**4**	**1275**	**48**	**38**	**17**	**6**
电信、广播电视和卫星传输服务	63	1	46	3	8	12	4
电信	631	1	40	3	4	12	4
广播电视传输服务	632		5		4		
卫星传输服务	633		1				
互联网和相关服务	64	2	151	5	10		
互联网接入及相关服务	641		24				
互联网信息服务	642	2	102	5	8		
其他互联网服务	649		25		2		
软件和信息技术服务业	65	1	1078	40	20	5	2
软件开发	651		559	24	6	2	1
信息系统集成服务	652		252	7		3	1
信息技术咨询服务	653	1	148	7	8		
数据处理和存储服务	654		21	2	1		
集成电路设计	655		5				
其他信息技术服务业	659		93		5		
金融业	**J**						
房地产业	**K**	**36**	**4508**	**332**	**61**	**100**	**55**
房地产业	70	36	4508	332	61	100	55
房地产开发经营	701	4	2012	131	9	89	49
物业管理	702		1129	90	26	6	3
房地产中介服务	703	24	1057	89	11	3	2
自有房地产经营活动	704	5	101	6	12		
其他房地产业	709	3	209	16	3	2	1
租赁和商务服务业	**L**	**254**	**9029**	**610**	**1455**	**27**	**5**
租赁业	71	5	570	44	34	2	
机械设备租赁	711	5	544	40	31	2	
文化及日用品出租	712		26	4	3		
商务服务业	72	249	8459	566	1421	25	5
企业管理服务	721	19	2249	153	910	6	2

法人单位数(个)									
合作经营企业(港、澳、台资)	港、澳、台商独资经营企业	港、澳、台商投资股份有限公司	其他港、澳、台投资企业	外商投资企业	中外合资经营企业	中外合作经营企业	外资企业	外商投资股份有限公司	其他外商投资企业
	3			8	5	1	2		
				1	1				
	3			7	4	1	2		
4	**22**	**4**		**31**	**8**	**5**	**16**	**1**	**1**
2	16	1		18	5	4	9		
2	15			15	4	3	8		
	1	1		3	1	1	1		
2	6	3		13	3	1	7	1	1
	2	1		6		1	5		
	2	1		6	2		2	1	1
1	1								
1	1	1		1	1				
1	**6**	**2**	**2**	**5**	**2**		**2**		**1**
	5	2	1	1			1		
	5	2	1	1			1		
1	1		1	4	2		1		1
	1			3	2		1		
1			1						
				1					1
8	**37**			**71**	**29**	**4**	**31**	**2**	**5**
8	37			71	29	4	31	2	5
8	32			59	27	4	25	1	2
	3			4			2	1	1
	1			4			2		2
				2	1		1		
	1			2	1		1		
1	**17**		**4**	**35**	**7**	**4**	**11**	**6**	**7**
	2								
	2								
1	15		4	35	7	4	11	6	7
	2		2	12	3		6	2	1

1-14 续表 19

行业	代码	私营合伙企业	私营有限责任公司	私营股份有限公司	其他企业	港、澳、台商投资企业	合资经营企业(港、澳、台资)
法律服务	722	140	25	1	244		
咨询与调查	723	42	1658	102	56	9	2
广告业	724	13	2158	140	38		
知识产权服务	725	2	34		1	1	1
人力资源服务	726	2	338	21	19		
旅行社及相关服务	727	5	368	31	21	4	
安全保护服务	728		99	4			
其他商务服务业	729	26	1530	114	132	5	
科学研究和技术服务业	**M**	**56**	**2183**	**159**	**570**	**6**	**3**
研究和试验发展	73	5	140	8	49		
自然科学研究和试验发展	731	1	20	2	6		
工程和技术研究和试验发展	732		58	3	7		
农业科学研究和试验发展	733		45	3	15		
医学研究和试验发展	734	4	16		10		
社会人文科学研究	735		1		11		
专业技术服务业	74	40	1367	102	140	3	1
气象服务	741						
地震服务	742		1				
海洋服务	743		3				
测绘服务	744	2	98	6			
质检技术服务	745	6	145	12	8		
环境与生态监测	746	1	22	1	1		
地质勘查	747	1	29	4	2		
工程技术	748	12	722	54	14	1	
其他专业技术服务业	749	18	347	25	115	2	1
科技推广和应用服务业	75	11	676	49	381	3	2
技术推广服务	751	9	530	41	339	3	2
科技中介服务	752		44	4	8		
其他科技推广和应用服务业	759	2	102	4	34		
水利、环境和公共设施管理业	**N**	**6**	**322**	**34**	**31**	**7**	**3**
水利管理业	76	1	23	1	12		
防洪除涝设施管理	761		3				
水资源管理	762	1	3	1	4		
天然水收集与分配	763		2		5		
水文服务	764						
其他水利管理业	769		15		3		
生态保护和环境治理业	77	1	43	6	3		
生态保护	771		7	1	3		
环境治理业	772	1	36	5			
公共设施管理业	78	4	256	27	16	7	3
市政设施管理	781		16	1	1		
环境卫生管理	782		10		10		
城乡市容管理	783						
绿化管理	784		92	9	1		
公园和游览景区管理	785	4	138	17	4	7	3

法人单位数(个)									
合作经营企业(港、澳、台资)	港、澳、台商独资经营企业	港、澳、台商投资股份有限公司	其他港、澳、台投资企业	外商投资企业	中外合资经营企业	中外合作经营企业	外资企业	外商投资股份有限公司	其他外商投资企业
	7			9	3		3		3
				1		1			
1	3			6	1	2	1	2	
	3		2	7		1	1	2	3
1	**2**			**10**	**4**	**1**	**4**		**1**
				2	1		1		
				2	1		1		
1	1			4	1	1	1		1
				1		1			
1				2	1				1
	1			1			1		
	1			4	2		2		
	1			4	2		2		
1	**3**			**3**	**1**	**1**			**1**
1	3			3	1	1			1
				1		1			
				1	1				
1	3			1					1

1-14 续表 20

行　业	代码	私营合伙企　业	私营有限责任公司	私营股份有限公司	其他企业	港、澳、台商投资企　业	合资经营企业(港、澳、台资)
居民服务、修理和其他服务业	O	**96**	**1302**	**88**	**209**	**6**	
居民服务业	79	29	338	25	115	3	
家庭服务	791	7	94	7	23	1	
托儿所服务	792		1		4		
洗染服务	793	3	13	1	6		
理发及美容服务	794	7	66	2	24	1	
洗浴服务	795	1	20	1	2		
保健服务	796	3	35	5	11	1	
婚姻服务	797		32	2	5		
殡葬服务	798	1	13	2	2		
其他居民服务业	799	7	64	5	38		
机动车、电子产品和日用产品修理业	80	42	527	45	58	2	
汽车、摩托车修理与维护	801	35	362	36	40	2	
计算机和办公设备维修	802		62	2	4		
家用电器修理	803	5	80	7	10		
其他日用产品修理业	809	2	23		4		
其他服务业	81	25	437	18	36	1	
清洁服务	811	20	171	9	10		
其他未列明服务业	819	5	266	9	26	1	
教育	P	**250**	**294**	**39**	**3465**	**1**	
教育	82	250	294	39	3465	1	
学前教育	821	156	47	13	2576	1	
初等教育	822	15	4		151		
中等教育	823	14	3	1	201		
高等教育	824	1			12		
特殊教育	825				12		
技能培训、教育辅助及其他教育	829	64	240	25	513		
卫生和社会工作	Q	**51**	**46**	**11**	**1203**	**1**	
卫生	83	42	41	10	792	1	
医院	831	17	16	7	55	1	
社区医疗与卫生院	832	8	3		252		
门诊部(所)	833	14	14	2	472		
计划生育技术服务活动	834				3		
妇幼保健院(所、站)	835	1					
专科疾病防治院(所、站)	836				3		
疾病预防控制中心	837				2		
其他卫生活动	839	2	8	1	5		
社会工作	84	9	5	1	411		
提供住宿社会工作	841	8	5		323		
不提供住宿社会工作	842	1		1	88		
文化、体育和娱乐业	R	**189**	**493**	**34**	**535**	**13**	**2**
新闻和出版业	85		10	1	9	2	
新闻业	851		1		2	1	
出版业	852		9	1	7	1	
广播、电视、电影和影视录音制作业	86	1	69	5	7	1	
广播	861		1				
电视	862		1				
电影和影视节目制作	863		37	3			
电影和影视节目发行	864		9				
电影放映	865	1	15	2	7	1	
录音制作	866		6				

法人单位数(个)									
合作经营企业(港、澳、台资)	港、澳、台商独资经营企业	港、澳、台商投资股份有限公司	其他港、澳、台投资企业	外商投资企业	中外合资经营企业	中外合作经营企业	外资企业	外商投资股份有限公司	其他外商投资企业
3	**3**			**6**	**2**	**1**	**1**		**2**
1	2			5	2		1		2
	1			1					1
1				2	1				1
				1			1		
	1			1	1				
2				1		1			
2				1		1			
	1								
	1								
	1			**1**			**1**		
	1			1			1		
	1								
				1			1		
	1			**2**	**1**			**1**	
	1			2	1			1	
	1								
				2	1			1	
1	**8**	**1**	**1**	**6**	**2**		**4**		
		1	1						
		1							
			1						
	1								
	1								

1-14 续表 21

行业	代码	私营合伙企业	私营有限责任公司	私营股份有限公司	其他企业	港、澳、台商投资企业	合资经营企业(港、澳、台资)
文化艺术业	87	6	119	6	104	2	
文艺创作与表演	871	2	40	3	33		
艺术表演场馆	872		3		1		
图书馆与档案馆	873		3		10		
文物及非物质文化遗产保护	874		3		3		
博物馆	875	1	2		11		
烈士陵园、纪念馆	876						
群众文化活动	877	2	7		35		
其他文化艺术业	879	1	61	3	11	2	
体育	88	6	70	3	90	7	2
体育组织	881		12		59		
体育场馆	882	2	7		6	1	
休闲健身活动	883	3	39	1	22	6	2
其他体育	889	1	12	2	3		
娱乐业	89	176	225	19	325	1	
室内娱乐活动	891	169	183	16	317		
游乐园	892	3	4		1	1	
彩票活动	893				1		
文化、娱乐、体育经纪代理	894		21	1			
其他娱乐业	899	4	17	2	6		
公共管理、社会保障和社会组织	**S**	**42**	**18**	**4**	**23116**	**2**	**1**
中国共产党机关	90						
中国共产党机关	900						
国家机构	91				1		
国家权力机构	911						
国家行政机构	912				1		
人民法院和人民检察院	913						
其他国家机构	919						
人民政协、民主党派	92						
人民政协	921						
民主党派	922						
社会保障	93		1		22		
社会保障	930		1		22		
群众团体、社会团体和其他成员组织	94	42	17	4	6955	2	1
群众团体	941	6	2		381		
社会团体	942	33	15	4	6351	2	1
基金会	943				22		
宗教组织	944	3			201		
基层群众自治组织	95				16138		
社区自治组织	951				1785		
村民自治组织	952				14353		
国际组织	**T**						
国际组织	96						
国际组织	960						

法人单位数(个)									
合作经营企业(港、澳、台资)	港、澳、台商独资经营企业	港、澳、台商投资股份有限公司	其他港、澳、台投资企业	外商投资企业	中外合资经营企业	中外合作经营企业	外资企业	外商投资股份有限公司	其他外商投资企业
1	1								
1	1								
	5			2	2				
	1								
	4			2	2				
	1			4			4		
				2			2		
	1								
				2			2		
	1			**2**	**1**				**1**
	1			2	1				1
	1			2	1				1

1-15　按行业、登记注册类型

行　　业	代码	从　业 人员数 （人）	内资企业				
				国有企业	集体企业	股份合作企　业	联营企业
总　　计		**6603243**	**6249433**	**1886782**	**169933**	**15340**	**4407**
农、林、牧、渔业	A	**81705**	**81361**	**43734**	**154**	**6**	**16**
农业	01	25753	25504	22108			
谷物种植	011	112	112				
豆类、油料和薯类种植	012						
棉、麻、糖、烟草种植	013	16062	16062	16005			
蔬菜、食用菌及园艺作物种植	014	1581	1336				
水果种植	015	3803	3799	2156			
坚果、含油果、香料和饮料作物种植	016	1850	1850	1745			
中药材种植	017	40	40				
其他农业	019	2305	2305	2202			
林业	02	15400	15400	15052	14		11
林木育种和育苗	021	939	939	660			
造林和更新	022	6420	6420	6387			
森林经营和管护	023	7349	7349	7324	14		
木材和竹材采运	024	304	304	293			11
林产品采集	025	388	388	388			
畜牧业	03	1513	1513	174			
牲畜饲养	031	627	627				
家禽饲养	032	602	602				
狩猎和捕捉动物	033						
其他畜牧业	039	284	284	174			
渔业	04	467	467	363			
水产养殖	041	104	104				
水产捕捞	042	363	363	363			
农、林、牧、渔服务业	05	38572	38477	6037	140	6	5
农业服务业	051	32281	32224	3185	120	6	5
林业服务业	052	3437	3399	2321	15		
畜牧服务业	053	1868	1868	371	5		
渔业服务业	054	986	986	160			
采矿业	B	**121443**	**112285**	**6408**	**2326**	**807**	**175**
煤炭开采和洗选业	06	17119	14447	1081	292		1
烟煤和无烟煤开采洗选	061	8098	5426	1043	292		1
褐煤开采洗选	062	8939	8939	4			
其他煤炭采选	069	82	82	34			
石油和天然气开采业	07	135	16				
石油开采	071	123	4				
天然气开采	072	12	12				
黑色金属矿采选业	08	16250	12162	303	501	13	12
铁矿采选	081	5570	5570	186			12
锰矿、铬矿采选	082	8739	4676	67	394	8	
其他黑色金属矿采选	089	1941	1916	50	107	5	
有色金属矿采选业	09	35447	35139	4065	10	275	41
常用有色金属矿采选	091	30709	30401	3651	4	4	41
贵金属矿采选	092	2493	2493	178	6	159	
稀有稀土金属矿采选	093	2245	2245	236		112	

分组的法人单位从业人员数

国有联营企业	集体联营企业	国有与集体联营企业	其他联营企业	有限责任公司	国有独资公司	其他有限责任公司	股份有限公司	私营企业	私营独资企业
343	2017	382	1665	1400544	353737	1046807	289748	2102915	344814
	16			3947	696	3251	195	6270	1538
				2049	591	1458	57	337	27
								112	
								57	
				526	514	12		95	
				1322		1322	57	47	27
				84		84			
				40		40			
				77	77			26	
	11			73		73	33	217	
				73		73		206	
							33		
								11	
	11								
				558		558		728	110
				305		305		269	
				253		253		349	
								110	110
				72	30	42		25	10
				72	30	42		25	10
	5			1195	75	1120	105	4963	1391
	5			1030	75	955	60	3247	887
				107		107	20	808	258
				27		27	25	693	106
				31		31		215	140
1	157		17	27402	6792	20610	8394	65001	20808
1				7250	4425	2825	4022	1786	18
1				2095		2095	333	1662	
				5154	4425	729	3689	92	6
				1		1		32	12
								16	
								4	
								12	
			12	3039	304	2735	579	7651	1295
			12	1006	37	969	293	4028	629
				1406	267	1139	268	2514	561
				627		627	18	1109	105
	41			11027	1183	9844	1639	17996	2026
	41			9670	1183	8487	1352	15630	1926
				335		335	82	1696	100
				1022		1022	205	670	

1-15 续表 1

行业	代码	从业人员数（人）	内资企业	国有企业	集体企业	股份合作企业	联营企业
非金属矿采选业	10	50448	48477	951	1495	519	121
土砂石开采	101	38806	37904	136	689	165	121
化学矿开采	102	2264	2264		450	322	
采盐	103	876	876	769	25		
石棉及其他非金属矿采选	109	8502	7433	46	331	32	
开采辅助活动	11	918	918	3			
煤炭开采和洗选辅助活动	111	531	531				
石油和天然气开采辅助活动	112	31	31				
其他开采辅助活动	119	356	356	3			
其他采矿业	12	1126	1126	5	28		
其他采矿业	120	1126	1126	5	28		
制造业	**C**	**1911131**	**1611663**	**54293**	**40275**	**7550**	**1604**
农副食品加工业	13	183003	152078	4669	885	71	39
谷物磨制	131	7806	7641	9	2		
饲料加工	132	24362	21759	126			
植物油加工	133	6840	3874	18	55		
制糖业	134	79821	64016	395			
屠宰及肉类加工	135	20180	13646	3183	257		13
水产品加工	136	12531	11310	98	84		26
蔬菜、水果和坚果加工	137	10829	10678	717	4	8	
其他农副食品加工	139	20634	19154	123	483	63	
食品制造业	14	51624	44387	505	450	133	68
焙烤食品制造	141	8964	7596	87	110	5	60
糖果、巧克力及蜜饯制造	142	1976	1860	23	35		
方便食品制造	143	8895	8790	17	112		
乳制品制造	144	3825	3546	208	30		
罐头食品制造	145	10889	10431	123	65		
调味品、发酵制品制造	146	4567	3275	45	39	19	
其他食品制造	149	12508	8889	2	59	109	8
酒、饮料和精制茶制造业	15	57187	48752	295	426	6	
酒的制造	151	17750	16219	25	26		
饮料制造	152	29324	22644	68	54	6	
精制茶加工	153	10113	9889	202	346		
烟草制品业	16	3534	3534	75	4		
烟叶复烤	161	532	532	10			
卷烟制造	162	3000	3000	63	4		
其他烟草制品制造	169	2	2	2			
纺织业	17	57462	51487	182	680	36	
棉纺织及印染精加工	171	15045	11283	9	90		
毛纺织及染整精加工	172	2018	1316				
麻纺织及染整精加工	173	1004	1004	121			
丝绢纺织及印染精加工	174	31078	30120	16	180		
化纤织造及印染精加工	175	232	232				
针织或钩针编织物及其制品制造	176	2889	2563		87		
家用纺织制成品制造	177	3924	3779	36	288		
非家用纺织制成品制造	178	1272	1190		35	36	

国有联营企业	集体联营企业	国有与集体联营企业	其他联营企业	有限责任公司	国有独资公司	其他有限责任公司	股份有限公司	私营企业	私营独资企业
	116		5	5869	880	4989	2137	35850	17083
	116		5	3837	5	3832	353	31224	16206
				200	17	183	217	1074	47
				32		32		50	36
				1800	858	942	1567	3502	794
				24		24	6	885	165
								531	1
								31	
				24		24	6	323	164
				193		193	11	817	221
				193		193	11	817	221
89	**637**	**221**	**657**	**425472**	**18375**	**407097**	**126318**	**925103**	**183204**
	25	1	13	55390	2119	53271	21338	68166	8436
				1539		1539	279	5445	1778
				6556		6556	1327	13736	268
				1014	37	977	60	2675	574
				35088	1763	33325	16653	11880	52
			13	3023	223	2800	147	6807	830
	25	1		1369		1369	913	8623	118
				1200		1200	1649	7040	1454
				5601	96	5505	310	11960	3362
	68			16710		16710	1602	24477	3837
	60			2375		2375	14	4740	1867
				174		174		1613	268
				4377		4377	126	4102	689
				607		607	1184	1506	
				5137		5137	118	4988	236
				818		818	7	2332	344
	8			3222		3222	153	5196	433
				11538	117	11421	7991	27423	4753
				3021		3021	6944	6001	748
				6937		6937	952	14504	846
				1580	117	1463	95	6918	3159
				3447	520	2927		8	8
				520	520			2	2
				2927		2927		6	6
				18760	532	18228	1842	29848	4453
				4684		4684	289	6198	2186
				175	175			1113	786
				424		424	48	351	52
				11789		11789	1386	16749	77
								232	29
				805	302	503		1671	895
				447	55	392	6	3002	250
				436		436	113	532	178

1-15 续表 2

行业	代码	从业人员数(人)	内资企业	国有企业	集体企业	股份合作企业	联营企业
纺织服装、服饰业	18	50397	40593	336	445	50	4
机织服装制造	181	43207	34341	336	425	50	4
针织或钩针编织服装制造	182	4983	4045				
服饰制造	183	2207	2207		20		
皮革、毛皮、羽毛及其制品和制鞋业	19	48380	17376	42	139	5	17
皮革鞣制加工	191	2743	1224		11		
皮革制品制造	192	20711	8332		34		
毛皮鞣制及制品加工	193	363	363				
羽毛(绒)加工及制品制造	194	2729	2668	42	52	5	
制鞋业	195	21834	4789		42		17
木材加工和木、竹、藤、棕、草制品业	20	189281	179082	2066	720	85	50
木材加工	201	51358	49958	546	378	25	20
人造板制造	202	91529	87664	1476	319		
木制品制造	203	31827	30463	8	20	60	
竹、藤、棕、草等制品制造	204	14567	10997	36	3		30
家具制造业	21	20322	19061		113		
木质家具制造	211	15174	14776		107		
竹、藤家具制造	212	1607	1580		1		
金属家具制造	213	635	635		5		
塑料家具制造	214	496	381				
其他家具制造	219	2410	1689				
造纸和纸制品业	22	56159	46093	579	1102	125	50
纸浆制造	221	5696	4910	292	16		50
造纸	222	31302	23747	257	878		
纸制品制造	223	19161	17436	30	208	125	
印刷和记录媒介复制业	23	23307	21885	1958	770	110	52
印刷	231	21568	20146	1932	692	101	52
装订及印刷相关服务	232	1321	1321	26	78	9	
记录媒介复制	233	418	418				
文教、工美、体育和娱乐用品制造业	24	53379	38807	142	1139	25	
文教办公用品制造	241	474	326				
乐器制造	242	21	21				
工艺美术品制造	243	42020	31805	54	1139	25	
体育用品制造	244	1246	386	88			
玩具制造	245	9606	6257				
游艺器材及娱乐用品制造	246	12	12				
石油加工、炼焦和核燃料加工业	25	5598	5199	801			
精炼石油产品制造	251	5203	4804	801			
炼焦	252	363	363				
核燃料加工	253	32	32				
化学原料和化学制品制造业	26	116531	109045	3738	15061	291	186
基础化学原料制造	261	18304	16196	767	53	35	
肥料制造	262	21775	21661	1805	672		
农药制造	263	9182	9047	729	3	155	

国有联营企业	集体联营企业	国有与集体联营企业	其他联营企业	有限责任公司	国有独资公司	其他有限责任公司	股份有限公司	私营企业	私营独资企业
	4			5126	662	4464	162	34078	13825
	4			3609	662	2947	62	29703	12957
				1098		1098	20	2879	416
				419		419	80	1496	452
	17			2257		2257		14051	3570
				208		208		1005	148
				1005		1005		6492	1959
				39		39		324	198
				316		316		2250	78
	17			689		689		3980	1187
	30		20	27227	815	26412	4085	140116	38273
			20	5146	120	5026	980	41017	18721
				16659	695	15964	2931	65600	11463
				5130		5130	174	23459	3240
	30			292		292		10040	4849
				3712		3712	233	14659	3186
				3009		3009	231	11174	2835
				165		165		1414	56
				69		69	2	556	66
				340		340		41	2
				129		129		1474	227
	50			15147		15147	1620	27142	4321
	50			3588		3588	4	960	55
				7595		7595	935	13882	2195
				3964		3964	681	12300	2071
	42		10	5338	1040	4298	162	13085	2854
	42		10	4884	1040	3844	131	11951	2697
				454		454	31	716	157
								418	
				4164	322	3842	518	32005	9272
				34		34		277	70
				6		6		15	15
				3784	322	3462	518	26088	5910
				40		40		258	78
				300		300		5355	3199
								12	
				1264	1	1263	1922	1208	27
				1241	1	1240	1922	836	17
				23		23		340	10
								32	
78	108			27557	57	27500	13046	48790	8270
				7197	57	7140	2636	5507	464
				7017		7017	3697	8461	624
				3025		3025	1659	3461	633

1-15 续表 3

行业	代码	从业人员数（人）	内资企业	国有企业	集体企业	股份合作企业	联营企业
涂料、油墨、颜料及类似产品制造	264	10530	9694	146	46		
合成材料制造	265	925	898		4		
专用化学产品制造	266	17486	14348	205	267	32	59
炸药、火工及焰火产品制造	267	26515	26300	1	13883	69	127
日用化学产品制造	268	11814	10901	85	133		
医药制造业	27	45876	41906	1001	108	237	
化学药品原料药制造	271	3059	2498				
化学药品制剂制造	272	4777	4745	63	7		
中药饮片加工	273	3982	3370			90	
中成药生产	274	26585	24356	681	65	105	
兽用药品制造	275	4130	4130	107	36	42	
生物药品制造	276	2162	1744	150			
卫生材料及医药用品制造	277	1181	1063				
化学纤维制造业	28	198	180	6		55	
纤维素纤维原料及纤维制造	281	109	91	6		55	
合成纤维制造	282	89	89				
橡胶和塑料制品业	29	44672	41501	918	2372	75	20
橡胶制品业	291	7525	7177	768	293		7
塑料制品业	292	37147	34324	150	2079	75	13
非金属矿物制品业	30	270745	246134	4732	10627	1604	364
水泥、石灰和石膏制造	301	50423	41175	882	1630	2	123
石膏、水泥制品及类似制品制造	302	39338	35404	989	73	461	6
砖瓦、石材等建筑材料制造	303	109318	108759	911	8541	1108	234
玻璃制造	304	2662	2662	13	1		
玻璃制品制造	305	5942	5169		120		
玻璃纤维和玻璃纤维增强塑料制品制造	306	1186	1180	59			
陶瓷制品制造	307	49951	41322	1878	60		
耐火材料制品制造	308	2091	1812		20		1
石墨及其他非金属矿物制品制造	309	9834	8651		182	33	
黑色金属冶炼和压延加工业	31	92484	90106	16453	482	710	61
炼铁	311	1140	1140		1		
炼钢	312	340	340				
黑色金属铸造	313	12810	12748	71	380	660	33
钢压延加工	314	47991	47416	16378	98		20
铁合金冶炼	315	30203	28462	4	3	50	8
有色金属冶炼和压延加工业	32	67149	64952	435	1	385	1
常用有色金属冶炼	321	49056	48885	13			
贵金属冶炼	322	1170	1006				
稀有稀土金属冶炼	323	2326	2305				1
有色金属合金制造	324	562	562	385			
有色金属铸造	325	115	115	26			
有色金属压延加工	326	13920	12079	11	1	385	
金属制品业	33	40069	37347	2453	659	23	
结构性金属制品制造	331	16008	15730	2231	41		
金属工具制造	332	6513	5715	70	158	5	
集装箱及金属包装容器制造	333	1351	1226	152	47		

国有联营企业	集体联营企业	国有与集体联营企业	其他联营企业	有限责任公司	国有独资公司	其他有限责任公司	股份有限公司	私营企业	私营独资企业
				2581		2581	1101	5781	201
				150		150	3	707	125
	59			2210		2210	374	11095	2671
78	49			2699		2699	604	8785	2986
				2678		2678	2972	4993	566
				12582		12582	8014	19769	535
				684		684	982	832	6
				1267		1267	352	3056	84
				563		563	37	2672	48
				9172		9172	5899	8267	
				457		457	202	3266	353
				57		57	518	1019	1
				382		382	24	657	43
				35		35		84	
				20		20		10	
				15		15		74	
	13		7	13620	1044	12576	1285	22855	4251
	7			3666	961	2705	106	2314	304
	6		7	9954	83	9871	1179	20541	3947
1	234	124	5	46848	526	46322	16759	159982	43928
		123		10767	56	10711	5410	22191	4529
		1	5	9051	80	8971	1803	22600	2261
1	233			12257		12257	2252	78899	33956
				998	100	898	226	1424	51
				2756		2756	44	2241	289
				253		253	483	385	24
				7233		7233	6404	25722	1577
	1			633		633		1147	543
				2900	290	2610	137	5373	698
8	33	20		27449	227	27222	1787	35863	4993
				54		54		1085	57
				11		11	50	279	27
	33			2728	63	2665	257	8514	4131
		20		9400	164	9236	619	13713	87
8				15256		15256	861	12272	691
			1	26867	3443	23424	20535	16390	246
				22430	3443	18987	17833	8554	31
				866		866	38	102	
			1	981		981	371	809	
				120		120		57	8
				45		45		44	6
				2425		2425	2293	6824	201
				8019		8019	1399	24512	3440
				3106		3106	100	10157	717
				101		101	1100	4194	844
				348		348		669	51

1-15 续表 4

行业	代码	从业人员数（人）	内资企业				
				国有企业	集体企业	股份合作企业	联营企业
金属丝绳及其制品制造	334	786	737		8	18	
建筑、安全用金属制品制造	335	1701	1677		66		
金属表面处理及热处理加工	336	1540	1539		82		
搪瓷制品制造	337	1476	1476				
金属制日用品制造	338	7564	6169		62		
其他金属制品制造	339	3130	3078		195		
通用设备制造业	34	44758	33518	1221	443	141	2
锅炉及原动设备制造	341	15634	5775	398	14		
金属加工机械制造	342	6710	6390	63	135	1	
物料搬运设备制造	343	2674	2674	47			
泵、阀门、压缩机及类似机械制造	344	3707	3307	364	1	35	
轴承、齿轮和传动部件制造	345	3288	3288	6		5	
烘炉、风机、衡器、包装等设备制造	346	2038	1676	205	28	41	
文化、办公用机械制造	347	179	179				
通用零部件制造	348	9039	9001		231	18	2
其他通用设备制造业	349	1489	1228	138	34	41	
专用设备制造业	35	57415	53425	2357	302	261	76
采矿、冶金、建筑专用设备制造	351	25368	23180	248	43	15	76
化工、木材、非金属加工专用设备制造	352	7033	6545	1268	77	10	
食品、饮料、烟草及饲料生产专用设备制造	353	3180	3035	270	78	134	
印刷、制药、日化及日用品生产专用设备制造	354	1650	1647	25	7	56	
纺织、服装和皮革加工专用设备制造	355	51	51				
电子和电工机械专用设备制造	356	1027	1020		25		
农、林、牧、渔专用机械制造	357	10461	10461	390	72		
医疗仪器设备及器械制造	358	5387	4357	67			
环保、社会公共服务及其他专用设备制造	359	3258	3129	89		46	
汽车制造业	36	150344	114847	2724	1139	3010	
汽车整车制造	361	28738	8983	2311			
改装汽车制造	362	2963	2963	360			
低速载货汽车制造	363	432	432				
电车制造	364	67	67				
汽车车身、挂车制造	365	1629	1629				
汽车零部件及配件制造	366	116515	100773	53	1139	3010	
铁路、船舶、航空航天和其他运输设备制造业	37	24363	24363	4840	979		606
铁路运输设备制造	371	4998	4998	4050	801		
城市轨道交通设备制造	372						
船舶及相关装置制造	373	17420	17420	21	149		606
航空、航天器及设备制造	374	867	867	764			
摩托车制造	375	544	544				
自行车制造	376	429	429	5	29		
非公路休闲车及零配件制造	377	19	19				
潜水救捞及其他未列明运输设备制造	379	86	86				
电气机械和器材制造业	38	50012	41063	118	479	81	
电机制造	381	7694	4207		27	3	
输配电及控制设备制造	382	20750	20260	68	9	71	
电线、电缆、光缆及电工器材制造	383	11235	7644		280	7	

国有联营企业	集体联营企业	国有与集体联营企业	其他联营企业	有限责任公司	国有独资公司	其他有限责任公司	股份有限公司	私营企业	私营独资企业
				305		305		406	146
				411		411	41	1157	416
				799		799		635	188
				539		539		937	9
				1888		1888	1	4201	485
				522		522	157	2156	584
2				11621	3400	8221	2483	17395	1531
				2596		2596	589	2176	16
				2015	277	1738	1287	2737	297
				2009	1796	213	118	500	4
				1546	1129	417	363	990	56
				1581		1581	7	1689	162
				593		593	70	714	80
								175	5
2				873	198	675	45	7816	859
				408		408	4	598	52
		76		18317	1140	17177	8474	23506	2196
		76		8207		8207	7519	7051	526
				1269	708	561	44	3847	368
				488		488	206	1859	120
				954	159	795	17	564	58
				25		25		25	
				472	273	199	166	357	78
				3965		3965	130	5857	680
				2499		2499	367	1417	12
				438		438	25	2529	354
				35983	1651	34332	3893	66352	5994
				6663		6663		9	
				1820	667	1153		783	240
				432		432			
								67	35
				1384		1384		245	20
				25684	984	24700	3893	65248	5699
	13		593	914	39	875	30	14825	5270
				48	19	29		99	
	13		593	542	20	522	30	13912	5152
				2		2		101	
				286		286		258	35
				11		11		384	58
								19	19
				25		25		52	6
				13691	538	13153	4910	21600	2158
				959		959		3212	1004
				8095	159	7936	2843	9174	410
				1305		1305	1486	4566	326

1-15 续表 5

行业	代码	从业人员数（人）	内资企业	国有企业	集体企业	股份合作企业	联营企业
电池制造	384	4049	3188	5	18		
家用电力器具制造	385	1482	1422	5	120		
非电力家用器具制造	386	421	421	1			
照明器具制造	387	2204	1746				
其他电气机械及器材制造	389	2177	2175	39	25		
计算机、通信和其他电子设备制造业	39	86270	27409	1096		10	
计算机制造	391	22164	4658				
通信设备制造	392	11628	3619	1036			
广播电视设备制造	393	1334	1041				
雷达及配套设备制造	394	181	181				
视听设备制造	395	19779	1491				
电子器件制造	396	4368	1308	55			
电子元件制造	397	20054	11098	5		10	
其他电子设备制造	399	6762	4013				
仪器仪表制造业	40	6621	6612	32	651		
通用仪器仪表制造	401	3485	3485		91		
专用仪器仪表制造	402	593	593	32			
钟表与计时仪器制造	403	889	884		556		
光学仪器及眼镜制造	404	1149	1145		4		
其他仪器仪表制造业	409	505	505				
其他制造业	41	5789	3385	16	43		
日用杂品制造	411	3075	810		11		
煤制品制造	412	417	417				
核辐射加工	413	91	91				
其他未列明制造业	419	2206	2067	16	32		
废弃资源综合利用业	42	5936	5270		3		
金属废料和碎屑加工处理	421	4107	3441		3		
非金属废料和碎屑加工处理	422	1829	1829				
金属制品、机械和设备修理业	43	2266	2266	503	53	21	8
金属制品修理	431	91	91	82			
通用设备修理	432	100	100			7	
专用设备修理	433	408	408	77			
铁路、船舶、航空航天等运输设备修理	434	532	532	168	48		8
电气设备修理	435	537	537			14	
仪器仪表修理	436	28	28				
其他机械和设备修理业	439	570	570	176	5		
电力、热力、燃气及水生产和供应业	**D**	**176149**	**172427**	**48100**	**1759**	**360**	**114**
电力、热力生产和供应业	44	153314	151943	40019	823	306	68
电力生产	441	48337	46966	11510	739	306	59
电力供应	442	99923	99923	28509	84		9
热力生产和供应	443	5054	5054				
燃气生产和供应业	45	3051	1979		16	18	
燃气生产和供应业	450	3051	1979		16	18	
水的生产和供应业	46	19784	18505	8081	920	36	46
自来水生产和供应	461	18079	16851	7821	920	36	34
污水处理及其再生利用	462	1387	1350	258			12
其他水的处理、利用与分配	469	318	304	2			

国有联营企业	集体联营企业	国有与集体联营企业	其他联营企业	有限责任公司	国有独资公司	其他有限责任公司	股份有限公司	私营企业	私营独资企业
				715	379	336	564	1886	2
				697		697	17	583	77
				104		104		266	60
				235		235		1496	166
				1581		1581		417	113
				5913	181	5732	961	18267	2801
				977		977	405	3025	25
				1057		1057		1524	
				459		459		572	8
				181	181				
				969		969	1	521	219
				163		163		1090	100
				845		845	395	9010	2153
				1262		1262	160	2525	296
				2349		2349	853	2727	164
				1424		1424	853	1117	19
				175		175		386	6
				200		200		128	5
				461		461		680	13
				89		89		416	121
				536		536	61	2529	367
				24		24		619	136
				179		179	10	216	50
				16		16	49	26	
				317		317	2	1668	181
				2448	1	2447	337	2470	144
				1242		1242	321	1875	31
				1206	1	1205	16	595	113
			8	643		643	16	921	101
								5	3
				22		22		71	
				42		42		200	51
			8	17		17	16	275	19
				469		469		54	9
								20	7
				93		93		296	12
19	**82**		**13**	**92212**	**67461**	**24751**	**12547**	**16203**	**3048**
14	44		10	86203	66396	19807	10578	13052	2326
5	44		10	12761	3657	9104	8292	12416	2106
9				68549	58826	9723	2286	475	217
				4893	3913	980		161	3
				1393		1393	42	500	99
				1393		1393	42	500	99
5	38		3	4616	1065	3551	1927	2651	623
5	26		3	4070	994	3076	1889	1884	606
	12			513	48	465	33	509	7
				33	23	10	5	258	10

1-15 续表 6

行业	代码	从业人员数（人）	内资企业	国有企业	集体企业	股份合作企业	联营企业
建筑业	E	**877355**	**876812**	**85155**	**67702**	**1503**	**3**
房屋建筑业	47	628336	627934	30587	64580	1433	3
房屋建筑业	470	628336	627934	30587	64580	1433	3
土木工程建筑业	48	128708	128678	49527	2504		
铁路、道路、隧道和桥梁工程建筑	481	51039	51011	18985	964		
水利和内河港口工程建筑	482	20171	20171	10525	630		
海洋工程建筑	483						
工矿工程建筑	484	28297	28297	13448			
架线和管道工程建筑	485	21428	21426	6359	121		
其他土木工程建筑	489	7773	7773	210	789		
建筑安装业	49	30865	30783	1695	563		
电气安装	491	15912	15912	1118	21		
管道和设备安装	492	2955	2955	364	2		
其他建筑安装业	499	11998	11916	213	540		
建筑装饰和其他建筑业	50	89446	89417	3346	55	70	
建筑装饰业	501	19583	19554	28	46	70	
工程准备活动	502	4117	4117	757	7		
提供施工设备服务	503	54377	54377	1817			
其他未列明建筑业	509	11369	11369	744	2		
批发和零售业	F	**594390**	**586478**	**26354**	**22485**	**625**	**646**
批发业	51	312779	311266	19101	13158	261	284
农、林、牧产品批发	511	22572	22564	2742	636	4	38
食品、饮料及烟草制品批发	512	44961	44785	10770	436		16
纺织、服装及家庭用品批发	513	26397	25989	209	367	23	22
文化、体育用品及器材批发	514	8012	7996	135	86		
医药及医疗器材批发	515	18079	18007	330	187	20	9
矿产品、建材及化工产品批发	516	113950	113358	3603	10862	141	177
机械设备、五金产品及电子产品批发	517	55381	55182	762	260	60	3
贸易经纪与代理	518	15636	15616	380	46		
其他批发业	519	7791	7769	170	278	13	19
零售业	52	281611	275212	7253	9327	364	362
综合零售	521	70593	67688	2247	7005	90	181
食品、饮料及烟草制品专门零售	522	21173	21048	1142	416	42	10
纺织、服装及日用品专门零售	523	16099	15529	485	558	13	25
文化、体育用品及器材专门零售	524	10265	10252	919	87	61	16
医药及医疗器材专门零售	525	42404	41073	510	242	66	87
汽车、摩托车、燃料及零配件专门零售	526	46285	45079	488	310	49	14
家用电器及电子产品专门零售	527	34397	34348	209	213	24	1
五金、家具及室内装饰材料专门零售	528	19912	19897	525	246	7	1
货摊、无店铺及其他零售业	529	20483	20298	728	250	12	27
交通运输、仓储和邮政业	G	**207120**	**202159**	**41959**	**7105**	**284**	**52**
铁路运输业	53						

国有联营企业	集体联营企业	国有与集体联营企业	其他联营企业	有限责任公司	国有独资公司	其他有限责任公司	股份有限公司	私营企业	私营独资企业
	3			**423197**	**218235**	**204962**	**41741**	**257142**	**638**
	3			343514	178413	165101	32952	154577	193
	3			343514	178413	165101	32952	154577	193
				52713	32206	20507	6332	17566	21
				26711	15265	11446	51	4299	
				3793	85	3708	1033	4190	
				14246	13888	358	107	496	
				5581	1781	3800	4849	4484	8
				2382	1187	1195	292	4097	13
				17606	7363	10243	60	10859	49
				11549	7319	4230	6	3218	8
				480		480		2109	8
				5577	44	5533	54	5532	33
				9364	253	9111	2397	74140	375
				5281	6	5275	680	13418	334
				1050	93	957	1333	970	34
				1149		1149	229	51182	
				1884	154	1730	155	8570	7
117	**402**	**36**	**91**	**128548**	**4823**	**123725**	**35820**	**348475**	**65722**
75	168	5	36	63206	2345	60861	19611	179140	22362
15	22		1	3112	506	2606	1055	12845	4561
5	3	5	3	10211	442	9769	842	18891	2667
1	13		8	7966	61	7905	307	16957	891
				2768	767	2001	283	4673	214
9				4534	2	4532	412	12304	1106
26	127		24	20561	387	20174	15165	61303	9983
	3			11070	126	10944	1145	41517	1170
				1685	54	1631	206	5192	413
19				1299		1299	196	5458	1357
42	234	31	55	65342	2478	62864	16209	169335	43360
29	129	23		19196	482	18714	8889	29265	4221
	8	2		3245	69	3176	281	14466	5182
7	18			3134	2	3132	225	10616	3385
6	7		3	3570	1560	2010	231	5223	859
	52	6	29	6082	20	6062	1392	30262	18044
	14			14441	316	14125	2023	27295	2917
			1	8193	11	8182	1946	23334	2986
	1			3435		3435	418	14810	3738
	5		22	4046	18	4028	804	14064	2028
10	**21**		**21**	**68422**	**14014**	**54408**	**20987**	**59779**	**1624**

1-15 续表 7

行业	代码	从业人员数（人）	内资企业	国有企业	集体企业	股份合作企业	联营企业
道路运输业	54	125665	121865	18581	1949	140	29
城市公共交通运输	541	24633	21698	5712	105	26	
公路旅客运输	542	31652	31648	232	682	47	8
道路货物运输	543	46338	46222	971	837	46	13
道路运输辅助活动	544	23042	22297	11666	325	21	8
水上运输业	55	16329	15914	2215	4194	144	
水上旅客运输	551	1374	1374	10	362	144	
水上货物运输	552	10653	10611	47	3738		
水上运输辅助活动	553	4302	3929	2158	94		
航空运输业	56	2537	2525	838			
航空客货运输	561	90	82	12			
通用航空服务	562	1305	1301	3			
航空运输辅助活动	563	1142	1142	823			
管道运输业	57						
管道运输业	570						
装卸搬运和运输代理业	58	30161	29925	585	797		
装卸搬运	581	20378	20168	87	571		
运输代理业	582	9783	9757	498	226		
仓储业	59	10723	10225	3895	165		15
谷物、棉花等农产品仓储	591	4511	4410	3093	9		7
其他仓储业	599	6212	5815	802	156		8
邮政业	60	21705	21705	15845			8
邮政基本服务	601	15811	15811	15796			5
快递服务	602	5894	5894	49			3
住宿和餐饮业	**H**	**124930**	**110809**	**10676**	**2016**	**694**	**106**
住宿业	61	73068	66427	9130	1564	339	65
旅游饭店	611	51688	45158	7628	856	262	5
一般旅馆	612	17993	17882	1190	606	59	60
其他住宿业	619	3387	3387	312	102	18	
餐饮业	62	51862	44382	1546	452	355	41
正餐服务	621	36585	36037	1328	410	355	24
快餐服务	622	10164	3419	39	20		
饮料及冷饮服务	623	1096	1079				
其他餐饮业	629	4017	3847	179	22		17
信息传输、软件和信息技术服务业	**I**	**61736**	**56544**	**7590**	**14**	**7**	
电信、广播电视和卫星传输服务	63	41110	36032	5685			
电信	631	34984	29906	3724			
广播电视传输服务	632	6073	6073	1920			

国有联营企业	集体联营企业	国有与集体联营企业	其他联营企业	有限责任公司	国有独资公司	其他有限责任公司	股份有限公司	私营企业	私营独资企业
3	8		18	49110	6568	42542	13495	38116	789
				7343	1597	5746	3744	4765	5
	8			15732	59	15673	7174	7769	94
			13	17772	1615	16157	2440	23987	362
3			5	8263	3297	4966	137	1595	328
				3187	206	2981	1651	4440	15
				266	111	155	104	488	2
				2362	95	2267	731	3681	
				559		559	816	271	13
				1622	1511	111		65	
				32	11	21		38	
				1271	1268	3		27	
				319	232	87			
				10837	5374	5463	2494	12238	706
				7015	4206	2809	2290	7247	504
				3822	1168	2654	204	4991	202
7	8			2578	355	2223	202	3338	59
7				880	355	525	7	384	
	8			1698		1698	195	2954	59
	5		3	1088		1088	3145	1582	55
	5							6	2
			3	1088		1088	3145	1576	53
13	**31**	**24**	**38**	**26721**	**459**	**26262**	**5393**	**60577**	**13404**
13	14		38	17520	423	17097	3858	31894	5186
	5			12652	307	12345	3143	19349	2271
13	9		38	3988	113	3875	664	10721	2456
				880	3	877	51	1824	459
	17	24		9201	36	9165	1535	28683	8218
		24		6889	36	6853	854	23890	6597
				1132		1132	71	2110	542
				222		222		794	332
	17			958		958	610	1889	747
				20716	**3031**	**17685**	**14872**	**13142**	**1181**
				15170	2910	12260	14547	600	44
				15142	2910	12232	10486	544	35
				25		25	4061	47	3

1-15 续表 8

行 业	代码	从 业 人员数（人）	内资企业	国有企业	集体企业	股份合作企业	联营企业
卫星传输服务	633	53	53	41			
互联网和相关服务	64	3731	3731	1241		7	
互联网接入及相关服务	641	1147	1147	789			
互联网信息服务	642	2239	2239	439		3	
其他互联网服务	649	345	345	13		4	
软件和信息技术服务业	65	16895	16781	664	14		
软件开发	651	9050	8999	67	3		
信息系统集成服务	652	4198	4169	234			
信息技术咨询服务	653	1745	1745	231	11		
数据处理和存储服务	654	395	395	101			
集成电路设计	655	95	95				
其他信息技术服务业	659	1412	1378	31			
金融业	J						
房地产业	K	**196541**	**191566**	**9153**	**2761**	**264**	**54**
房地产业	70	196541	191566	9153	2761	264	54
房地产开发经营	701	90440	85991	2723	339	127	50
物业管理	702	74206	73788	1414	276	71	
房地产中介服务	703	18071	18009	898	266	8	
自有房地产经营活动	704	6432	6422	1899	1643	58	4
其他房地产业	709	7392	7356	2219	237		
租赁和商务服务业	L	**251051**	**249864**	**35811**	**10946**	**244**	**233**
租赁业	71	8440	8436	681	196		
机械设备租赁	711	7960	7956	544	162		
文化及日用品出租	712	480	480	137	34		
商务服务业	72	242611	241428	35130	10750	244	233
企业管理服务	721	64940	64731	11603	1288	143	8
法律服务	722	6081	6081	962	71	40	15
咨询与调查	723	20564	20459	636	227	17	7
广告业	724	20882	20872	81	75	10	12
知识产权服务	725	331	330	8			
人力资源服务	726	48039	48039	2523	3430		
旅行社及相关服务	727	13790	12994	1230	215	25	7
安全保护服务	728	25323	25323	5051	4178		
其他商务服务业	729	42661	42599	13036	1266	9	184
科学研究和技术服务业	M	**140061**	**139961**	**71737**	**1312**	**142**	**90**
研究和试验发展	73	15667	15657	12536	84	52	37
自然科学研究和试验发展	731	1582	1582	1256		4	26

国有联营企业	集体联营企业	国有与集体联营企业	其他联营企业	有限责任公司	国有独资公司	其他有限责任公司	股份有限公司	私营企业	私营独资企业
				3		3		9	6
				607	78	529	108	1703	170
				23		23	23	312	
				543	78	465	78	1115	146
				41		41	7	276	24
				4939	43	4896	217	10839	967
				3131	5	3126	142	5613	875
				1019	8	1011	39	2877	25
				417	30	387	36	1014	32
				61		61		226	10
				11		11		84	
				300		300		1025	25
	4		**50**	**63071**	**3321**	**59750**	**8487**	**107054**	**893**
	4		50	63071	3321	59750	8487	107054	893
			50	29783	2157	27626	3865	48901	341
				26459	887	25572	3678	41481	123
				4285	19	4266	619	11890	383
	4			657	82	575	168	1941	28
				1887	176	1711	157	2841	18
11	**193**	**12**	**17**	**67823**	**10243**	**57580**	**8739**	**116723**	**3498**
				2330	164	2166	235	4612	340
				2298	164	2134	229	4356	308
				32		32	6	256	32
11	193	12	17	65493	10079	55414	8504	112111	3158
4	4			25386	7255	18131	1363	20396	228
	5	3	7	208		208	12	2711	332
	7			5404	40	5364	534	13189	600
	12			5064	39	5025	751	14714	934
				80		80	1	238	4
				7030	26	7004	1513	33347	41
7				4010	209	3801	2240	4933	147
				8739	835	7904	1034	6321	201
	165	9	10	9572	1675	7897	1056	16262	671
	43		**47**	**24797**	**1443**	**23354**	**3088**	**32061**	**1460**
	11		26	735	89	646	115	1470	95
			26	107		107	28	131	3

1-15 续表 9

行　业	代码	从　业人员数（人）	内资企业	国有企业	集体企业	股份合作企　业	联营企业
工程和技术研究和试验发展	732	2179	2179	1236	36		7
农业科学研究和试验发展	733	7105	7095	5973	48		
医学研究和试验发展	734	2672	2672	2270			
社会人文科学研究	735	2129	2129	1801		48	4
专业技术服务业	74	92662	92612	42343	982	82	24
气象服务	741	2458	2458	2343	10		
地震服务	742	608	608	602			
海洋服务	743	100	100	49			
测绘服务	744	4794	4794	2974	114	9	
质检技术服务	745	10553	10553	5242	402	40	
环境与生态监测	746	2901	2901	2550			
地质勘查	747	5750	5742	4982	17		1
工程技术	748	48219	48199	17341	408	27	23
其他专业技术服务业	749	17279	17257	6260	31	6	
科技推广和应用服务业	75	31732	31692	16858	246	8	29
技术推广服务	751	27704	27664	15769	224	8	29
科技中介服务	752	1970	1970	392	11		
其他科技推广和应用服务业	759	2058	2058	697	11		
水利、环境和公共设施管理业	**N**	**91283**	**90598**	**73630**	**1291**		**10**
水利管理业	76	14525	14525	13161	442		10
防洪除涝设施管理	761	997	997	911			
水资源管理	762	1279	1279	974	4		
天然水收集与分配	763	8242	8242	8042	2		10
水文服务	764	339	339	322			
其他水利管理业	769	3668	3668	2912	436		
生态保护和环境治理业	77	3287	3287	1909	3		
生态保护	771	1645	1645	1339			
环境治理业	772	1642	1642	570	3		
公共设施管理业	78	73471	72786	58560	846		
市政设施管理	781	5715	5715	4282	3		
环境卫生管理	782	39680	39628	38092	642		
城乡市容管理	783	2097	2097	2086			
绿化管理	784	7523	7507	5738			
公园和游览景区管理	785	18456	17839	8362	201		
居民服务、修理和其他服务业	**O**	**41835**	**41582**	**2421**	**798**	**351**	**175**
居民服务业	79	12181	12011	1294	251	32	68
家庭服务	791	2145	2114	20	3		
托儿所服务	792	59	59				

国有联营企业	集体联营企业	国有与集体联营企业	其他联营企业	有限责任公司	国有独资公司	其他有限责任公司	股份有限公司	私营企业	私营独资企业
	7			265	18	247	16	554	14
				256	71	185	65	611	29
				107		107	6	172	48
	4							2	1
	16		8	21487	1342	20145	2753	23344	915
				104	51	53		1	1
								6	
				2		2		49	4
				522	22	500	37	1138	13
				1992	50	1942	382	2374	67
				134		134		212	2
	1			432	188	244	6	283	
	15		8	14435	611	13824	1017	14796	136
				3866	420	3446	1311	4485	692
	16		13	2575	12	2563	220	7247	450
	16		13	2097	12	2085	203	5006	388
				135		135	2	1397	11
				343		343	15	844	51
	10			**8315**	**1881**	**6434**	**700**	**6254**	**253**
	10			348	124	224	95	292	29
				78	62	16		8	
				155	51	104	8	36	
	10			3	3		87	61	18
				8	8			9	9
				104		104		178	2
				746	270	476	12	611	38
				230		230		70	15
				516	270	246	12	541	23
				7221	1487	5734	593	5351	186
				955	227	728		465	1
				483	47	436	51	248	15
				10		10	1		
				596	10	586	73	1095	25
				5177	1203	3974	468	3543	145
43	**67**		**65**	**8435**	**128**	**8307**	**880**	**26749**	**7135**
	36		32	2146	51	2095	308	6978	2332
				401		401	31	1560	560
				1		1		26	16

1-15 续表 10

行　业	代码	从业人员数（人）	内资企业	国有企业	集体企业	股份合作企业	联营企业
洗染服务	793	511	511				
理发及美容服务	794	1880	1870		22	32	
洗浴服务	795	945	895				
保健服务	796	1750	1671		2		
婚姻服务	797	385	385	34	27		
殡葬服务	798	1698	1698	1063	13		61
其他居民服务业	799	2808	2808	177	184		7
机动车、电子产品和日用产品修理业	80	15759	15696	318	338	76	107
汽车、摩托车修理与维护	801	12970	12907	286	317	74	107
计算机和办公设备维修	802	946	946	19	5	2	
家用电器修理	803	1226	1226	3	5		
其他日用产品修理业	809	617	617	10	11		
其他服务业	81	13895	13875	809	209	243	
清洁服务	811	8040	8040	540	187	240	
其他未列明服务业	819	5855	5835	269	22	3	
教育	**P**	**649837**	**649762**	**555708**	**2488**	**1065**	**351**
教育	82	649837	649762	555708	2488	1065	351
学前教育	821	64404	64352	14364	593	189	150
初等教育	822	267361	267361	260803	106		43
中等教育	823	235616	235616	220562	887	597	49
高等教育	824	48189	48189	45407			
特殊教育	825	1597	1597	1425			
技能培训、教育辅助及其他教育	829	32670	32647	13147	902	279	109
卫生和社会工作	**Q**	**293628**	**293518**	**270917**	**1493**	**1341**	**129**
卫生	83	283462	283352	265422	953	1275	126
医院	831	164820	164760	155180	25	757	
社区医疗与卫生院	832	72112	72112	68885	493	395	124
门诊部(所)	833	5206	5206	1331	407	123	2
计划生育技术服务活动	834	10185	10185	10145			
妇幼保健院(所、站)	835	19345	19345	19339			
专科疾病防治院(所、站)	836	1005	1005	930			
疾病预防控制中心	837	7795	7795	7780	7		
其他卫生活动	839	2994	2944	1832	21		
社会工作	84	10166	10166	5495	540	66	3
提供住宿社会工作	841	7934	7934	4704	331		3
不提供住宿社会工作	842	2232	2232	791	209	66	
文化、体育和娱乐业	**R**	**64544**	**63564**	**26700**	**368**	**54**	**88**
新闻和出版业	85	7069	7057	4253	9	13	11
新闻业	851	337	329	316			5
出版业	852	6732	6728	3937	9	13	6
广播、电视、电影和影视录音制作业	86	12115	12080	9958	30		36
广播	861	2904	2904	2900			
电视	862	4735	4735	4621			
电影和影视节目制作	863	691	691	233	11		
电影和影视节目发行	864	835	835	709			
电影放映	865	2773	2738	1494	19		36
录音制作	866	177	177	1			

国有联营企业	集体联营企业	国有与集体联营企业	其他联营企业	有限责任公司	国有独资公司	其他有限责任公司	股份有限公司	私营企业	私营独资企业
				64		64	2	423	183
				426		426	115	1137	641
				32		32	28	824	58
				471		471	7	933	311
				31		31	30	249	85
	33		28	119	38	81	33	329	30
	3		4	601	13	588	62	1497	448
43	31		33	3022	31	2991	320	11029	3687
43	31		33	2445	31	2414	282	8955	3311
				146		146	23	740	119
				264		264	5	923	192
				167		167	10	411	65
				3267	46	3221	252	8742	1116
				1542		1542	106	5235	808
				1725	46	1679	146	3507	308
	133	**45**	**173**	**1840**		**1840**	**491**	**30573**	**21076**
	133	45	173	1840		1840	491	30573	21076
	62	14	74	81		81	5	16096	12729
			43	50		50		2135	1430
	25		24				32	3543	2958
				8		8		512	320
				12		12			
	46	31	32	1689		1689	454	8287	3639
1	**10**	**3**	**115**	**1269**		**1269**	**548**	**7498**	**4064**
	9	3	114	1215		1215	548	6810	3624
				605		605	382	4364	2351
	7	3	114	1		1		596	331
	2			79		79	5	1486	864
								6	
				5		5		4	4
				525		525	161	354	74
1	1		1	54		54		688	440
1	1		1	35		35		674	437
				19		19		14	3
36	**15**	**7**	**30**	**8191**	**2833**	**5358**	**477**	**23260**	**14814**
	5		6	1897	1687	210	37	40	
	5							1	
			6	1897	1687	210	37	39	
36				941	219	722	64	913	55
								4	
				10		10		104	
				188		188	5	254	5
				18	8	10	7	101	
36				589	79	510	50	412	48
				136	132	4	2	38	2

1-15 续表 11

行业	代码	从业人员数（人）	内资企业	国有企业	集体企业	股份合作企业	联营企业
文化艺术业	87	15841	15837	10655	42		3
文艺创作与表演	871	4615	4615	2002	31		
艺术表演场馆	872	1189	1189	154			3
图书馆与档案馆	873	2668	2668	2616			
文物及非物质文化遗产保护	874	895	895	839			
博物馆	875	1371	1371	1199			
烈士陵园、纪念馆	876	461	461	461			
群众文化活动	877	3371	3371	2836	8		
其他文化艺术业	879	1271	1267	548	3		
体育	88	5159	4488	1374	29	6	31
体育组织	881	1625	1625	894	16		21
体育场馆	882	829	787	421	7	6	
休闲健身活动	883	2454	1825	17	6		10
其他体育	889	251	251	42			
娱乐业	89	24360	24102	460	258	35	7
室内娱乐活动	891	22319	22314	51	167	35	7
游乐园	892	269	268	12			
彩票活动	893	442	442	333	91		
文化、娱乐、体育经纪代理	894	484	484	59			
其他娱乐业	899	846	594	5			
公共管理、社会保障和社会组织	S	**718504**	**718480**	**516436**	**4640**	**43**	**561**
中国共产党机关	90	26305	26305	26305			
中国共产党机关	900	26305	26305	26305			
国家机构	91	455589	455589	455582	5		
国家权力机构	911	5669	5669	5669			
国家行政机构	912	420669	420669	420662	5		
人民法院和人民检察院	913	22242	22242	22242			
其他国家机构	919	7009	7009	7009			
人民政协、民主党派	92	4056	4056	4056			
人民政协	921	3279	3279	3279			
民主党派	922	777	777	777			
社会保障	93	12970	12970	12878	3		
社会保障	930	12970	12970	12878	3		
群众团体、社会团体和其他成员组织	94	109175	109151	17615	4632	43	561
群众团体	941	13918	13918	8623	439	3	21
社会团体	942	91934	91910	8903	4141	40	539
基金会	943	200	200	49			
宗教组织	944	3123	3123	40	52		1
基层群众自治组织	95	110409	110409				
社区自治组织	951	16982	16982				
村民自治组织	952	93427	93427				
国际组织	T						
国际组织	96						
国际组织	960						

国有联营企业	集体联营企业	国有与集体联营企业	其他联营企业	有限责任公司	国有独资公司	其他有限责任公司	股份有限公司	私营企业	私营独资企业
		3		2780	833	1947	22	1452	150
				1361	769	592	18	818	96
		3		990	45	945		41	
								42	22
				6		6		38	
				95		95		24	
				88	19	69		79	10
				240		240	4	410	22
	10		21	939		939	68	1264	117
			21	65		65		183	55
				12		12	7	159	25
	10			734		734	61	870	31
				128		128		52	6
		4	3	1634	94	1540	286	19591	14492
		4	3	1099	3	1096	261	18923	14358
				93		93		147	58
				243	91	152	25	157	6
				199		199		364	70
3	**193**	**34**	**331**	**166**	**2**	**164**	**71**	**1051**	**454**
								6	
								6	
3	193	34	331	166	2	164	71	1045	454
	15		6					27	
3	177	34	325	164	2	162	71	985	434
				2		2			
	1							33	20

1-15 续表 12

行　业	代码						
		私营合伙企业	私营有限责任公司	私营股份有限公司	其他企业	港、澳、台商投资企业	合资经营企业(港、澳、台资)
总　计		**77133**	**1560939**	**120029**	**379764**	**197515**	**66512**
农、林、牧、渔业	A	**103**	**4488**	**141**	**27039**	**22**	
农业	01		310		953	4	
谷物种植	011		112				
豆类、油料和薯类种植	012						
棉、麻、糖、烟草种植	013		57				
蔬菜、食用菌及园艺作物种植	014		95		715		
水果种植	015		20		217	4	
坚果、含油果、香料和饮料作物种植	016				21		
中药材种植	017						
其他农业	019		26				
林业	02		217				
林木育种和育苗	021		206				
造林和更新	022						
森林经营和管护	023		11				
木材和竹材采运	024						
林产品采集	025						
畜牧业	03	28	590		53		
牲畜饲养	031	28	241		53		
家禽饲养	032		349				
狩猎和捕捉动物	033						
其他畜牧业	039						
渔业	04		15		7		
水产养殖	041		15		7		
水产捕捞	042						
农、林、牧、渔服务业	05	75	3356	141	26026	18	
农业服务业	051	48	2237	75	24571	18	
林业服务业	052	17	499	34	128		
畜牧服务业	053		565	22	747		
渔业服务业	054	10	55	10	580		
采矿业	B	**7773**	**33238**	**3182**	**1772**	**4013**	**3490**
煤炭开采和洗选业	06	3	1369	396	15	2672	2672
烟煤和无烟煤开采洗选	061		1266	396		2672	2672
褐煤开采洗选	062	3	83				
其他煤炭采选	069		20		15		
石油和天然气开采业	07		16				
石油开采	071		4				
天然气开采	072		12				
黑色金属矿采选业	08	186	5771	399	64		
铁矿采选	081	77	3266	56	45		
锰矿、铬矿采选	082	76	1726	151	19		
其他黑色金属矿采选	089	33	779	192			
有色金属矿采选业	09	1406	13896	668	86	307	305
常用有色金属矿采选	091	1362	11729	613	49	307	305
贵金属矿采选	092	44	1527	25	37		
稀有稀土金属矿采选	093		640	30			

从业人员数(人)									
合作经营企业(港、澳、台资)	港、澳、台商独资经营企业	港、澳、台商投资股份有限公司	其他港、澳、台投资企业	外商投资企业	中外合资经营企业	中外合作经营企业	外资企业	外商投资股份有限公司	其他外商投资企业
5621	**121703**	**3307**	**372**	**156295**	**79654**	**3115**	**58328**	**12298**	**2900**
	22			**322**			**77**		**245**
	4			245					245
				245					245
	4								
	18			77			77		
	18			39			39		
				38			38		
223	**5**	**295**		**5145**	**789**	**120**	**4236**		
				119		119			
				119		119			
				4088	25		4063		
				4063			4063		
				25	25				
	2			1		1			
	2			1		1			

1-15 续表 13

行业	代码	私营合伙企业	私营有限责任公司	私营股份有限公司	其他企业	港、澳、台商投资企业	合资经营企业(港、澳、台资)
非金属矿采选业	10	5870	11309	1588	1535	1034	513
土砂石开采	101	5121	8750	1147	1379	728	505
化学矿开采	102	82	797	148	1		
采盐	103		14				
石棉及其他非金属矿采选	109	667	1748	293	155	306	8
开采辅助活动	11	300	400	20			
煤炭开采和洗选辅助活动	111	300	230				
石油和天然气开采辅助活动	112		31				
其他开采辅助活动	119		139	20			
其他采矿业	12	8	477	111	72		
其他采矿业	120	8	477	111	72		
制造业	**C**	**43330**	**656147**	**42422**	**31048**	**168194**	**53333**
农副食品加工业	13	1968	55098	2664	1520	9600	7089
谷物磨制	131	146	3428	93	367	165	
饲料加工	132	61	13022	385	14	1156	849
植物油加工	133	18	1789	294	52	1054	
制糖业	134	42	11159	627		3638	2755
屠宰及肉类加工	135	106	5811	60	216	2823	2823
水产品加工	136	123	8362	20	197	145	145
蔬菜、水果和坚果加工	137	115	5450	21	60	86	40
其他农副食品加工	139	1357	6077	1164	614	533	477
食品制造业	14	381	19627	632	442	1415	1170
焙烤食品制造	141	77	2689	107	205	37	
糖果、巧克力及蜜饯制造	142	10	1267	68	15	28	
方便食品制造	143	103	3296	14	56	78	78
乳制品制造	144		1288	218	11		
罐头食品制造	145		4577	175		353	208
调味品、发酵制品制造	146	8	1980		15	815	815
其他食品制造	149	183	4530	50	140	104	69
酒、饮料和精制茶制造业	15	1187	18615	2868	1073	1713	831
酒的制造	151	95	4879	279	202	575	389
饮料制造	152	183	11121	2354	123	1022	442
精制茶加工	153	909	2615	235	748	116	
烟草制品业	16						
烟叶复烤	161						
卷烟制造	162						
其他烟草制品制造	169						
纺织业	17	1171	21054	3170	139	4597	1009
棉纺织及印染精加工	171	1006	2934	72	13	2385	29
毛纺织及染整精加工	172		327		28	702	
麻纺织及染整精加工	173		297	2	60		
丝绢纺织及印染精加工	174	7	14350	2315		958	958
化纤织造及印染精加工	175		3	200			
针织或钩针编织物及其制品制造	176	3	773			325	
家用纺织制成品制造	177	115	2131	506		145	22
非家用纺织制成品制造	178	40	239	75	38	82	

从业人员数(人)									
合作经营企业(港、澳、台资)	港、澳、台商独资经营企业	港、澳、台商投资股份有限公司	其他港、澳、台投资企业	外商投资企业	中外合资经营企业	中外合作经营企业	外资企业	外商投资股份有限公司	其他外商投资企业
223	3	295		937	764		173		
223				174	1		173		
	3	295		763	763				
3779	**109125**	**1957**		**131274**	**72808**	**1851**	**42582**	**11748**	**2285**
165	1463	883		21325	9755	695	8755	495	1625
165									
	307			1447	362	536	460	89	
	1054			1912	837		1075		
		883		12167	7275		4489	403	
				3711	677		1409		1625
				1076	313	159	601	3	
	46			65			65		
	56			947	291		656		
	202	43		5822	3928		1894		
	37			1331	6		1325		
	28			88	3		85		
				27			27		
				279	279				
	102	43		105	15		90		
				477	477				
	35			3515	3148		367		
108	774			6722	3374	51	3292		5
	186			956	487	4	465		
108	472			5658	2887	47	2719		5
	116			108			108		
123	3465			1378			1378		
	2356			1377			1377		
	702								
	325			1			1		
123									
	82								

1-15 续表 14

行 业	代码						
						港、澳、台商投资企业	合资经营企业(港、澳、台资)
		私营合伙企业	私营有限责任公司	私营股份有限公司	其他企业		
纺织服装、服饰业	18	442	19520	291	392	9588	93
机织服装制造	181	291	16248	207	152	8650	93
针织或钩针编织服装制造	182	98	2334	31	48	938	
服饰制造	183	53	938	53	192		
皮革、毛皮、羽毛及其制品和制鞋业	19	160	10087	234	865	22980	9793
皮革鞣制加工	191	8	848	1		1519	1168
皮革制品制造	192	122	4411		801	10091	8625
毛皮鞣制及制品加工	193	10	109	7			
羽毛(绒)加工及制品制造	194		2139	33	3	61	
制鞋业	195	20	2580	193	61	11309	
木材加工和木、竹、藤、棕、草制品业	20	7564	85856	8423	4733	8282	3841
木材加工	201	1597	18042	2657	1846	532	10
人造板制造	202	3217	47604	3316	679	3510	2529
木制品制造	203	2318	15608	2293	1612	1263	1227
竹、藤、棕、草等制品制造	204	432	4602	157	596	2977	75
家具制造业	21	187	10270	1016	344	833	
木质家具制造	211	179	7254	906	255	398	
竹、藤家具制造	212		1288	70		27	
金属家具制造	213	8	482		3		
塑料家具制造	214		39			115	
其他家具制造	219		1207	40	86	293	
造纸和纸制品业	22	1098	20248	1475	328	3409	3188
纸浆制造	221	9	881	15		786	786
造纸	222	479	9945	1263	200	1008	814
纸制品制造	223	610	9422	197	128	1615	1588
印刷和记录媒介复制业	23	562	9285	384	410	1422	477
印刷	231	491	8390	373	403	1422	477
装订及印刷相关服务	232	71	477	11	7		
记录媒介复制	233		418				
文教、工美、体育和娱乐用品制造业	24	656	21017	1060	814	11819	7529
文教办公用品制造	241	41	166		15	123	
乐器制造	242						
工艺美术品制造	243	574	18570	1034	197	8113	7529
体育用品制造	244		158	22		529	
玩具制造	245	41	2111	4	602	3054	
游艺器材及娱乐用品制造	246		12				
石油加工、炼焦和核燃料加工业	25	51	1049	81	4	354	354
精炼石油产品制造	251	51	687	81	4	354	354
炼焦	252		330				
核燃料加工	253		32				
化学原料和化学制品制造业	26	3518	34052	2950	376	2100	292
基础化学原料制造	261	28	4967	48	1	170	
肥料制造	262	168	7568	101	9	56	10
农药制造	263	43	2690	95	15	99	

从业人员数(人)									
合作经营企业(港、澳、台资)	港、澳、台商独资经营企业	港、澳、台商投资股份有限公司	其他港、澳、台投资企业	外商投资企业	中外合资经营企业	中外合作经营企业	外资企业	外商投资股份有限公司	其他外商投资企业
	9349	146		216	15		181		20
	8411	146		216	15		181		20
	938								
554	12633			8024	1287		6627	110	
1	350								
553	913			2288	1287		891	110	
	61								
	11309			5736			5736		
1367	3074			1917	648	480	696		93
	522			868	260		608		
	981			355	228		34		93
	36			101	97		4		
1367	1535			593	63	480	50		
	550	283		428			428		
	398								
	27								
	115								
	10	283		428			428		
	221			6657	4536	94	1421	595	11
	194			6547	4536		1416	595	
	27			110		94	5		11
	945								
	945								
	4092	198		2753	1774	100	879		
	123			25			25		
	386	198		2102	1774	100	228		
	529			331			331		
	3054			295			295		
				45			45		
				45			45		
115	1370	323		5386	2299	251	2803		33
	170			1938	1179		729		30
	43	3		58	55				3
	99			36	36				

1-15 续表 15

行　　业	代码	私营合伙企业	私营有限责任公司	私营股份有限公司	其他企业	港、澳、台商投资企业	合资经营企业(港、澳、台资)
涂料、油墨、颜料及类似产品制造	264	55	3451	2074	39	522	
合成材料制造	265	136	431	15	34	27	
专用化学产品制造	266	948	6932	544	106	584	32
炸药、火工及焰火产品制造	267	2106	3691	2	132	104	
日用化学产品制造	268	34	4322	71	40	538	250
医药制造业	27	102	18485	647	195	2165	1255
化学药品原料药制造	271		826			61	
化学药品制剂制造	272		2925	47		32	
中药饮片加工	273		2619	5	8	477	
中成药生产	274	82	8130	55	167	1595	1255
兽用药品制造	275		2446	467	20		
生物药品制造	276		945	73			
卫生材料及医药用品制造	277	20	594				
化学纤维制造业	28		84			18	
纤维素纤维原料及纤维制造	281		10			18	
合成纤维制造	282		74				
橡胶和塑料制品业	29	910	16838	856	356	2411	310
橡胶制品业	291	78	1740	192	23	198	
塑料制品业	292	832	15098	664	333	2213	310
非金属矿物制品业	30	13746	96806	5502	5218	17057	7809
水泥、石灰和石膏制造	301	797	16035	830	170	4727	97
石膏、水泥制品及类似制品制造	302	645	18489	1205	421	3135	221
砖瓦、石材等建筑材料制造	303	11920	31738	1285	4557	300	18
玻璃制造	304		1333	40			
玻璃制品制造	305		1882	70	8	83	83
玻璃纤维和玻璃纤维增强塑料制品制造	306	8	353				
陶瓷制品制造	307	134	23366	645	25	7728	6353
耐火材料制品制造	308	94	492	18	11	279	279
石墨及其他非金属矿物制品制造	309	148	3118	1409	26	805	758
黑色金属冶炼和压延加工业	31	650	29347	873	7301	388	94
炼铁	311	25	601	402			
炼钢	312	3	249				
黑色金属铸造	313	297	3880	206	105	33	33
钢压延加工	314	153	13445	28	7188	61	61
铁合金冶炼	315	172	11172	237	8	294	
有色金属冶炼和压延加工业	32	2305	13316	523	338	1945	513
常用有色金属冶炼	321	421	7696	406	55	104	101
贵金属冶炼	322	50	52				
稀有稀土金属冶炼	323		706	103	143		
有色金属合金制造	324		48	1			
有色金属铸造	325		38				
有色金属压延加工	326	1834	4776	13	140	1841	412
金属制品业	33	592	19746	734	282	553	117
结构性金属制品制造	331	372	8647	421	95	8	8
金属工具制造	332	50	3275	25	87	398	13
集装箱及金属包装容器制造	333	20	598		10	123	96

从业人员数(人)									
合作经营企业(港、澳、台资)	港、澳、台商独资经营企业	港、澳、台商投资股份有限公司	其他港、澳、台投资企业	外商投资企业	中外合资经营企业	中外合作经营企业	外资企业	外商投资股份有限公司	其他外商投资企业
115	407			314	168	146			
	27								
	232	320		2554	596		1958		
	104			111			111		
	288			375	265	105	5		
31	879			1805	767		920		118
31	30			500	414		86		
	32								
	477			135	135				
	340			634	213		421		
				418	5		413		
				118					118
	18								
	18								
	2101			760	730		19		11
	198			150	131		19		
	1903			610	599				11
1313	7916	19		7554	4635	180	2447	68	224
	4630			4521	3722	102	697		
263	2651			799	204		595		
	263	19		259	58		116		85
				690			690		
				6			6		
1050	325			901	589		173		139
	47			378	62	78	170	68	
	294			1990	635		1326		29
				29					29
				514			514		
	294			1447	635		812		
3	1429			252	180		72		
3				67	16		51		
				164	164				
				21			21		
	1429								
	412	24		2169	1638		531		
				270	270				
	385			400			400		
	27			2	2				

1-15 续表 16

行　业	代码	私营合伙企业	私营有限责任公司	私营股份有限公司	其他企业	港、澳、台商投资企业	合资经营企业(港、澳、台资)
金属丝绳及其制品制造	334	8	252				
建筑、安全用金属制品制造	335	16	647	78	2	24	
金属表面处理及热处理加工	336	35	386	26	23		
搪瓷制品制造	337		928				
金属制日用品制造	338	80	3510	126	17		
其他金属制品制造	339	11	1503	58	48		
通用设备制造业	34	549	14521	794	212	601	551
锅炉及原动设备制造	341	83	2048	29	2	235	235
金属加工机械制造	342	88	2200	152	152	320	316
物料搬运设备制造	343		491	5			
泵、阀门、压缩机及类似机械制造	344	3	931		8		
轴承、齿轮和传动部件制造	345		1527				
烘炉、风机、衡器、包装等设备制造	346	9	531	94	25	8	
文化、办公用机械制造	347		170		4		
通用零部件制造	348	366	6083	508	16	38	
其他通用设备制造业	349		540	6	5		
专用设备制造业	35	748	19082	1480	132	1343	87
采矿、冶金、建筑专用设备制造	351	237	5450	838	21	207	
化工、木材、非金属加工专用设备制造	352	235	3175	69	30	87	87
食品、饮料、烟草及饲料生产专用设备制造	353	87	1627	25		25	
印刷、制药、日化及日用品生产专用设备制造	354	4	420	82	24	3	
纺织、服装和皮革加工专用设备制造	355		20	5	1		
电子和电工机械专用设备制造	356	14	243	22			
农、林、牧、渔专用机械制造	357	164	4622	391	47		
医疗仪器设备及器械制造	358		1369	36	7	1021	
环保、社会公共服务及其他专用设备制造	359	7	2156	12	2		
汽车制造业	36	829	55129	4400	1746	1988	1988
汽车整车制造	361	4	5				
改装汽车制造	362		543				
低速载货汽车制造	363						
电车制造	364		32				
汽车车身、挂车制造	365		225				
汽车零部件及配件制造	366	825	54324	4400	1746	1988	1988
铁路、船舶、航空航天和其他运输设备制造业	37	3409	6054	92	2169		
铁路运输设备制造	371		99				
城市轨道交通设备制造	372						
船舶及相关装置制造	373	3367	5301	92	2160		
航空、航天器及设备制造	374		101				
摩托车制造	375	32	191				
自行车制造	376	1	325				
非公路休闲车及零配件制造	377						
潜水救捞及其他未列明运输设备制造	379	9	37		9		
电气机械和器材制造业	38	273	18774	395	184	6456	1050
电机制造	381		2207	1	6	3466	
输配电及控制设备制造	382	19	8571	174		490	490
电线、电缆、光缆及电工器材制造	383	190	4037	13		1609	558

从业人员数(人)									
合作经营企业(港、澳、台资)	港、澳、台商独资经营企业	港、澳、台商投资股份有限公司	其他港、澳、台投资企业	外商投资企业	中外合资经营企业	中外合作经营企业	外资企业	外商投资股份有限公司	其他外商投资企业
				49	49				
		24							
				1	1				
				1395	1264		131		
				52	52				
	12	38		10639	454		865	9320	
				9624	193		111	9320	
	4								
				400			400		
	8			354			354		
		38							
				261	261				
	1256			2647	2396		251		
	207			1981	1866		115		
				401	401				
	25			120	120				
	3								
				7			7		
	1021			9	9				
				129			129		
				33509	31230		1003	1160	116
				19755	19755				
				13754	11475		1003	1160	116
	5406			2493	1910		583		
	3466			21			21		
	1051			1982	1870		112		

1-15 续表 17

行业	代码	私营合伙企业	私营有限责任公司	私营股份有限公司	其他企业	港、澳、台商投资企业	合资经营企业(港、澳、台资)
电池制造	384	2	1766	116		829	
家用电力器具制造	385	18	488			60	
非电力家用器具制造	386		167	39	50		
照明器具制造	387	20	1292	18	15		
其他电气机械及器材制造	389	24	246	34	113	2	2
计算机、通信和其他电子设备制造业	39	127	14917	422	1162	52285	3801
计算机制造	391		2972	28	251	16468	158
通信设备制造	392		1524		2	7911	1993
广播电视设备制造	393		564		10		
雷达及配套设备制造	394						
视听设备制造	395		302			18224	
电子器件制造	396		987	3		1220	125
电子元件制造	397	52	6512	293	833	6726	1525
其他电子设备制造	399	75	2056	98	66	1736	
仪器仪表制造业	40	40	2429	94		5	
通用仪器仪表制造	401		1098				
专用仪器仪表制造	402		380				
钟表与计时仪器制造	403	3	37	83		5	
光学仪器及眼镜制造	404	32	635				
其他仪器仪表制造业	409	5	279	11			
其他制造业	41	20	1962	180	200	2225	
日用杂品制造	411		458	25	156	2225	
煤制品制造	412	5	46	115	12		
核辐射加工	413		26				
其他未列明制造业	419	15	1432	40	32		
废弃资源综合利用业	42	2	2218	106	12	642	92
金属废料和碎屑加工处理	421	2	1744	98		642	92
非金属废料和碎屑加工处理	422		474	8	12		
金属制品、机械和设备修理业	43	83	661	76	101		
金属制品修理	431	2			4		
通用设备修理	432		66	5			
专用设备修理	433		149		89		
铁路、船舶、航空航天等运输设备修理	434	30	211	15			
电气设备修理	435		45				
仪器仪表修理	436		13		8		
其他机械和设备修理业	439	51	177	56			
电力、热力、燃气及水生产和供应业	**D**	**5210**	**7233**	**712**	**1132**	**2411**	**1815**
电力、热力生产和供应业	44	5012	5103	611	894	421	
电力生产	441	4990	4746	574	883	421	
电力供应	442	22	199	37	11		
热力生产和供应	443		158				
燃气生产和供应业	45	11	390		10	762	602
燃气生产和供应业	450	11	390		10	762	602
水的生产和供应业	46	187	1740	101	228	1228	1213
自来水生产和供应	461	167	1015	96	197	1228	1213
污水处理及其再生利用	462		497	5	25		
其他水的处理、利用与分配	469	20	228		6		

从业人员数(人)									
合作经营企业(港、澳、台资)	港、澳、台商独资经营企业	港、澳、台商投资股份有限公司	其他港、澳、台投资企业	外商投资企业	中外合资经营企业	中外合作经营企业	外资企业	外商投资股份有限公司	其他外商投资企业
	829			32			32		
	60								
				458	40		418		
	48484			6576	589		5987		
	16310			1038	3		1035		
	5918			98			98		
				293			293		
	18224			64			64		
	1095			1840			1840		
	5201			2230	450		1780		
	1736			1013	136		877		
	5			4	4				
	5								
				4	4				
	2225			179			179		
	2225			40			40		
				139			139		
	550			24	24				
	550			24	24				
15	**581**			**1311**	**1068**	**154**	**53**	**36**	
	421			950	742	140	32	36	
	421			950	742	140	32	36	
	160			310	310				
	160			310	310				
15				51	16	14	21		
15									
				37	16		21		
				14		14			

1-15 续表 18

行业	代码	私营合伙企业	私营有限责任公司	私营股份有限公司	其他企业	港、澳、台商投资企业	合资经营企业(港、澳、台资)
建筑业	E	**146**	**247399**	**8959**	**369**	**429**	**120**
房屋建筑业	47	112	148702	5570	288	402	104
房屋建筑业	470	112	148702	5570	288	402	104
土木工程建筑业	48	14	16215	1316	36	11	
铁路、道路、隧道和桥梁工程建筑	481		4282	17	1	11	
水利和内河港口工程建筑	482		3073	1117			
海洋工程建筑	483						
工矿工程建筑	484		434	62			
架线和管道工程建筑	485	14	4379	83	32		
其他土木工程建筑	489		4047	37	3		
建筑安装业	49		10014	796		2	2
电气安装	491		2751	459			
管道和设备安装	492		2016	85			
其他建筑安装业	499		5247	252		2	2
建筑装饰和其他建筑业	50	20	72468	1277	45	14	14
建筑装饰业	501	15	12525	544	31	14	14
工程准备活动	502		919	17			
提供施工设备服务	503		50583	599			
其他未列明建筑业	509	5	8441	117	14		
批发和零售业	F	**3388**	**263187**	**16178**	**23525**	**4808**	**957**
批发业	51	1230	147464	8084	16505	844	265
农、林、牧产品批发	511	68	7849	367	2132	2	
食品、饮料及烟草制品批发	512	239	15087	898	3619	62	45
纺织、服装及家庭用品批发	513	40	15030	996	138	382	94
文化、体育用品及器材批发	514	20	4367	72	51	5	
医药及医疗器材批发	515	27	10787	384	211	12	
矿产品、建材及化工产品批发	516	692	47789	2839	1546	268	113
机械设备、五金产品及电子产品批发	517	75	38231	2041	365	111	13
贸易经纪与代理	518	17	4573	189	8107		
其他批发业	519	52	3751	298	336	2	
零售业	52	2158	115723	8094	7020	3964	692
综合零售	521	515	22377	2152	815	1685	
食品、饮料及烟草制品专门零售	522	151	8366	767	1446	109	107
纺织、服装及日用品专门零售	523	81	6536	614	473	529	13
文化、体育用品及器材专门零售	524	60	4083	221	145	4	
医药及医疗器材专门零售	525	487	11211	520	2432	280	
汽车、摩托车、燃料及零配件专门零售	526	353	22685	1340	459	1175	557
家用电器及电子产品专门零售	527	34	19265	1049	428	17	6
五金、家具及室内装饰材料专门零售	528	152	10297	623	455	14	
货摊、无店铺及其他零售业	529	325	10903	808	367	151	9
交通运输、仓储和邮政业	G	**1054**	**53790**	**3311**	**3571**	**3759**	**3100**
铁路运输业	53						

从业人员数(人)									
合作经营企业(港、澳、台资)	港、澳、台商独资经营企业	港、澳、台商投资股份有限公司	其他港、澳、台投资企业	外商投资企业	中外合资经营企业	中外合作经营企业	外资企业	外商投资股份有限公司	其他外商投资企业
11	**298**			**114**	**80**		**29**		**5**
	298								
	298								
11				19			19		
11				17			17		
				2			2		
				80	80				
				80	80				
				15			10		5
				15			10		5
9	**3542**	**284**	**16**	**3104**	**1469**	**208**	**1205**	**140**	**82**
5	408	154	12	669	429	4	207		29
	2			6					6
5	12			114	76		30		8
	166	122		26			23		3
	5			11			11		
			12	60	60				
	123	32		324	220	1	91		12
	98			88	63	3	22		
				20	10		10		
	2			20			20		
4	3134	130	4	2435	1040	204	998	140	53
	1685			1220		198	906	116	
	2			16			11		5
	516			41	6		29	4	2
4				9	6				3
	280			1051	998		45		8
	488	130		31		6			25
	7		4	32			3	20	9
	14			1					1
	142			34	30		4		
421	**238**			**1202**	**826**	**93**	**275**	**6**	**2**

1-15 续表 19

行　　业	代码	私营合伙企　业	私营有限责任公司	私营股份有限公司	其他企业	港、澳、台商投资企　业	合资经营企业(港、澳、台资)
道路运输业	54	858	34092	2377	445	3359	2883
城市公共交通运输	541		4073	687	3	2872	2872
公路旅客运输	542	374	7063	238	4	3	3
道路货物运输	543	358	21887	1380	156	72	8
道路运输辅助活动	544	126	1069	72	282	412	
水上运输业	55	71	4154	200	83	124	124
水上旅客运输	551		424	62			
水上货物运输	552	62	3553	66	52	40	40
水上运输辅助活动	553	9	177	72	31	84	84
航空运输业	56		65			7	
航空客货运输	561		38			7	
通用航空服务	562		27				
航空运输辅助活动	563						
管道运输业	57						
管道运输业	570						
装卸搬运和运输代理业	58	104	10832	596	2974	25	
装卸搬运	581	89	6252	402	2958		
运输代理业	582	15	4580	194	16	25	
仓储业	59	20	3174	85	32	244	93
谷物、棉花等农产品仓储	591		369	15	30	93	93
其他仓储业	599	20	2805	70	2	151	
邮政业	60	1	1473	53	37		
邮政基本服务	601		4		4		
快递服务	602	1	1469	53	33		
住宿和餐饮业	**H**	**3106**	**40365**	**3702**	**4626**	**5950**	**1394**
住宿业	61	1638	22673	2397	2057	5292	1098
旅游饭店	611	631	14759	1688	1263	5270	1081
一般旅馆	612	885	6865	515	594	22	17
其他住宿业	619	122	1049	194	200		
餐饮业	62	1468	17692	1305	2569	658	296
正餐服务	621	1354	14847	1092	2287	382	153
快餐服务	622	32	1521	15	47	90	
饮料及冷饮服务	623	32	354	76	63	17	
其他餐饮业	629	50	970	122	172	169	143
信息传输、软件和信息技术服务业	**I**	**18**	**11656**	**287**	**203**	**3079**	**671**
电信、广播电视和卫星传输服务	63	5	532	19	30	3017	631
电信	631	5	485	19	10	3017	631
广播电视传输服务	632		44		20		

从业人员数(人)									
合作经营企业(港、澳、台资)	港、澳、台商独资经营企业	港、澳、台商投资股份有限公司	其他港、澳、台投资企业	外商投资企业	中外合资经营企业	中外合作经营企业	外资企业	外商投资股份有限公司	其他外商投资企业
413	63			441	255	79	102	5	
				63			63		
				1		1			
1	63			44	18		21	5	
412				333	237	78	18		
				291	289				2
				2					2
				289	289				
	7			5			4	1	
	7			1				1	
				4			4		
8	17			211	207		4		
				210	207		3		
8	17			1			1		
	151			254	75	14	165		
				8	8				
	151			246	67	14	165		
505	**4025**	**26**		**8171**	**1270**	**173**	**6596**	**85**	**47**
497	3695	2		1349	452	163	734		
497	3692			1260	426	107	727		
	3	2		89	26	56	7		
8	330	24		6822	818	10	5862	85	47
	228	1		166		10	156		
	87	3		6655	817		5706	85	47
5	12								
3	3	20		1	1				
9	**1316**	**737**	**346**	**2113**	**17**		**2062**		**34**
	1313	737	336	2061			2061		
	1313	737	336	2061			2061		

1-15 续表 20

行业	代码	私营合伙企业	私营有限责任公司	私营股份有限公司	其他企业	港、澳、台商投资企业	合资经营企业(港、澳、台资)
卫星传输服务	633		3				
互联网和相关服务	64	11	1479	43	65		
互联网接入及相关服务	641		312				
互联网信息服务	642	11	915	43	61		
其他互联网服务	649		252		4		
软件和信息技术服务业	65	2	9645	225	108	62	40
软件开发	651		4589	149	43	33	30
信息系统集成服务	652		2813	39		29	10
信息技术咨询服务	653	2	952	28	36		
数据处理和存储服务	654		207	9	7		
集成电路设计	655		84				
其他信息技术服务业	659		1000		22		
金融业	J						
房地产业	K	**391**	**97426**	**8344**	**722**	**2933**	**1278**
房地产业	70	391	97426	8344	722	2933	1278
房地产开发经营	701	81	45193	3286	203	2565	1003
物业管理	702		37317	4041	409	323	256
房地产中介服务	703	148	10645	714	43	13	9
自有房地产经营活动	704	76	1773	64	52		
其他房地产业	709	86	2498	239	15	32	10
租赁和商务服务业	L	**3056**	**83599**	**26570**	**9345**	**659**	**19**
租赁业	71	14	3972	286	382	4	
机械设备租赁	711	14	3772	262	367	4	
文化及日用品出租	712		200	24	15		
商务服务业	72	3042	79627	26284	8963	655	19
企业管理服务	721	73	18723	1372	4544	128	3
法律服务	722	2132	243	4	2062		
咨询与调查	723	404	11610	575	445	73	15
广告业	724	68	12858	854	165		
知识产权服务	725	35	199		3	1	1
人力资源服务	726	31	11645	21630	196		
旅行社及相关服务	727	30	4348	408	334	435	
安全保护服务	728		5759	361			
其他商务服务业	729	269	14242	1080	1214	18	
科学研究和技术服务业	M	**432**	**27080**	**3089**	**6734**	**37**	**15**
研究和试验发展	73	22	1290	63	628		
自然科学研究和试验发展	731	7	103	18	30		
工程和技术研究和试验发展	732		506	34	65		

从业人员数(人)									
合作经营企业(港、澳、台资)	港、澳、台商独资经营企业	港、澳、台商投资股份有限公司	其他港、澳、台投资企业	外商投资企业	中外合资经营企业	中外合作经营企业	外资企业	外商投资股份有限公司	其他外商投资企业
9	3		10	52	17		1		34
	3			18	17		1		
9			10						
				34					34
308	**1347**			**2042**	**750**	**123**	**814**	**216**	**139**
308	1347			2042	750	123	814	216	139
308	1254			1884	740	123	775	215	31
	67			95			33	1	61
	4			49			2		47
				10	7		3		
	22			4	3		1		
260	**374**		**6**	**528**	**121**	**314**	**48**	**25**	**20**
	4								
	4								
260	370		6	528	121	314	48	25	20
	121		4	81	37		36	5	3
	58			32	18		9		5
				10		10			
260	175			361	66	275	2	18	
	16		2	44		29	1	2	12
5	**17**			**63**	**20**	**8**	**21**		**14**
				10	9		1		

1-15 续表 21

行　　业	代码	私营合伙企　　业	私营有限责任公司	私营股份有限公司	其他企业	港、澳、台商投资企　　业	合资经营企业(港、澳、台资)
农业科学研究和试验发展	733		571	11	142		
医学研究和试验发展	734	15	109		117		
社会人文科学研究	735		1		274		
专业技术服务业	74	259	20532	1638	1597	26	5
气象服务	741						
地震服务	742		6				
海洋服务	743		45				
测绘服务	744	7	1033	85			
质检技术服务	745	67	2144	96	121		
环境与生态监测	746	8	188	14	5		
地质勘查	747	7	211	65	21		
工程技术	748	86	13413	1161	152	5	
其他专业技术服务业	749	84	3492	217	1298	21	5
科技推广和应用服务业	75	151	5258	1388	4509	11	10
技术推广服务	751	138	4127	353	4328	11	10
科技中介服务	752		371	1015	33		
其他科技推广和应用服务业	759	13	760	20	148		
水利、环境和公共设施管理业	**N**	**64**	**5378**	**559**	**398**	**616**	**95**
水利管理业	76	4	256	3	177		
防洪除涝设施管理	761		8				
水资源管理	762	4	29	3	102		
天然水收集与分配	763		43		37		
水文服务	764						
其他水利管理业	769		176		38		
生态保护和环境治理业	77	28	465	80	6		
生态保护	771		25	30	6		
环境治理业	772	28	440	50			
公共设施管理业	78	32	4657	476	215	616	95
市政设施管理	781		455	9	10		
环境卫生管理	782		233		112		
城乡市容管理	783						
绿化管理	784		1019	51	5		
公园和游览景区管理	785	32	2950	416	88	616	95
居民服务、修理和其他服务业	**O**	**972**	**17550**	**1092**	**1773**	**164**	
居民服务业	79	214	4002	430	934	100	
家庭服务	791	30	919	51	99	23	
托儿所服务	792		10		32		

从业人员数(人)									
合作经营企业(港、澳、台资)	港、澳、台商独资经营企业	港、澳、台商投资股份有限公司	其他港、澳、台投资企业	外商投资企业	中外合资经营企业	中外合作经营企业	外资企业	外商投资股份有限公司	其他外商投资企业
				10	9		1		
5	16			24	1	8	1		14
				8		8			
5				15	1				14
	16			1			1		
	1			29	10		19		
	1			29	10		19		
28	**493**			**69**	**16**	**52**			**1**
28	493			69	16	52			1
				52		52			
				16	16				
28	493			1					1
46	**118**			**89**	**7**	**19**	**50**		**13**
2	98			70	7		50		13
	23			8					8

1-15 续表 22

行业	代码	私营合伙企业	私营有限责任公司	私营股份有限公司	其他企业	港、澳、台商投资企业	合资经营企业(港、澳、台资)
洗染服务	793	34	142	64	22		
理发及美容服务	794	51	435	10	138	2	
洗浴服务	795	12	579	175	11		
保健服务	796	28	524	70	258	75	
婚姻服务	797		160	4	14		
殡葬服务	798	8	266	25	80		
其他居民服务业	799	51	967	31	280		
机动车、电子产品和日用产品修理业	80	361	6440	541	486	44	
汽车、摩托车修理与维护	801	312	4925	407	441	44	
计算机和办公设备维修	802		583	38	11		
家用电器修理	803	23	612	96	26		
其他日用产品修理业	809	26	320		8		
其他服务业	81	397	7108	121	353	20	
清洁服务	811	362	4007	58	190		
其他未列明服务业	819	35	3101	63	163	20	
教育	**P**	**4771**	**4006**	**720**	**57246**	**52**	
教育	82	4771	4006	720	57246	52	
学前教育	821	2510	654	203	32874	52	
初等教育	822	613	92		4224		
中等教育	823	536	26	23	9946		
高等教育	824	192			2262		
特殊教育	825				160		
技能培训、教育辅助及其他教育	829	920	3234	494	7780		
卫生和社会工作	**Q**	**1633**	**1522**	**279**	**10323**	**60**	
卫生	83	1451	1459	276	7003	60	
医院	831	914	857	242	3447	60	
社区医疗与卫生院	832	195	70		1618		
门诊部(所)	833	326	272	24	1773		
计划生育技术服务活动	834				40		
妇幼保健院(所、站)	835	6					
专科疾病防治院(所、站)	836				66		
疾病预防控制中心	837				8		
其他卫生活动	839	10	260	10	51		
社会工作	84	182	63	3	3320		
提供住宿社会工作	841	174	63		2187		
不提供住宿社会工作	842	8		3	1133		
文化、体育和娱乐业	**R**	**1221**	**6768**	**457**	**4426**	**323**	**220**
新闻和出版业	85		34	6	797	12	
新闻业	851		1		7	8	
出版业	852		33	6	790	4	
广播、电视、电影和影视录音制作业	86	5	806	47	138	35	
广播	861		4				
电视	862		104				
电影和影视节目制作	863		232	17			
电影和影视节目发行	864		101				
电影放映	865	5	329	30	138	35	
录音制作	866		36				

从业人员数(人)									
合作经营企业(港、澳、台资)	港、澳、台商独资经营企业	港、澳、台商投资股份有限公司	其他港、澳、台投资企业	外商投资企业	中外合资经营企业	中外合作经营企业	外资企业	外商投资股份有限公司	其他外商投资企业
2				8	3				5
				50			50		
	75			4	4				
44				19		19			
44				19		19			
	20								
	20								
	52			**23**			**23**		
	52			23			23		
	52								
				23			23		
	60			**50**	**8**			**42**	
	60			50	8			42	
	60								
				50	8			42	
2	**89**	**8**	**4**	**657**	**400**		**257**		
		8	4						
		8							
			4						
	35								
	35								

1-15 续表 23

行　　业	代码	私营合伙企　　业	私营有限责任公司	私营股份有限公司	其他企业	港、澳、台商投资企　　业	合资经营企业(港、澳、台资)
文化艺术业	87	35	1244	23	883	4	
文艺创作与表演	871	2	717	3	385		
艺术表演场馆	872		41		1		
图书馆与档案馆	873		20		10		
文物及非物质文化遗产保护	874		38		12		
博物馆	875	20	4		53		
烈士陵园、纪念馆	876						
群众文化活动	877	10	59		360		
其他文化艺术业	879	3	365	20	62	4	
体育	88	43	1075	29	777	271	220
体育组织	881		128		446		
体育场馆	882	18	116		175	42	
休闲健身活动	883	22	797	20	127	229	220
其他体育	889	3	34	9	29		
娱乐业	89	1138	3609	352	1831	1	
室内娱乐活动	891	1076	3211	278	1771		
游乐园	892	41	48		16	1	
彩票活动	893				18		
文化、娱乐、体育经纪代理	894		128	23			
其他娱乐业	899	21	222	51	26		
公共管理、社会保障和社会组织	**S**	**465**	**107**	**25**	**195512**	**6**	**5**
中国共产党机关	90						
中国共产党机关	900						
国家机构	91				2		
国家权力机构	911						
国家行政机构	912				2		
人民法院和人民检察院	913						
其他国家机构	919						
人民政协、民主党派	92						
人民政协	921						
民主党派	922						
社会保障	93		6		83		
社会保障	930		6		83		
群众团体、社会团体和其他成员组织	94	465	101	25	85018	6	5
群众团体	941	21	6		4805		
社会团体	942	431	95	25	77067	6	5
基金会	943				149		
宗教组织	944	13			2997		
基层群众自治组织	95				110409		
社区自治组织	951				16982		
村民自治组织	952				93427		
国际组织	**T**						
国际组织	96						
国际组织	960						

从业人员数(人)									
合作经营企业(港、澳、台资)	港、澳、台商独资经营企业	港、澳、台商投资股份有限公司	其他港、澳、台投资企业	外商投资企业	中外合资经营企业	中外合作经营企业	外资企业	外商投资股份有限公司	其他外商投资企业
2	2								
2	2								
	51			400	400				
	42								
	9			400	400				
	1			257			257		
				5			5		
	1								
				252			252		
	1			**18**	**5**				**13**
	1			18	5				13
	1			18	5				13

1-16 按地区、登记注册类型

地区	法人单位数（个）	内资企业	国有企业	集体企业	股份合作企业	联营企业	国有联营企业
总计	**236830**	**235385**	**57347**	**4438**	**407**	**301**	**35**
南宁市	52119	51744	7007	535	47	45	4
市辖区							
兴宁区	4448	4409	367	64	17	3	1
青秀区	18547	18402	1439	87	10	13	1
江南区	4499	4448	432	36	3	5	
西乡塘区	8918	8866	643	82	7	7	
良庆区	1961	1935	292	7	3		
邕宁区	787	786	308	11			
武鸣县	2460	2423	597	22	4	3	1
隆安县	1265	1261	515	14	1	1	
马山县	1150	1150	504	32		3	
上林县	1319	1319	485	14		1	
宾阳县	2927	2916	638	99	1	8	1
横县	3838	3829	787	67	1	1	
柳州市	23109	23018	3827	353	71	33	5
市辖区							
城中区	2943	2932	312	25	5	1	
鱼峰区	3365	3337	279	49	19	2	
柳南区	4413	4397	254	51	15	3	
柳北区	3218	3201	333	62	16	6	1
柳江县	2108	2101	450	23	7	8	1
柳城县	1392	1389	450	35	4	2	2
鹿寨县	1510	1508	361	13	4	2	1
融安县	1143	1138	388	25	1	6	
融水苗族自治县	1824	1823	545	53			
三江侗族自治县	1193	1192	455	17		3	
桂林市	30298	30086	6582	628	140	48	2
市辖区							
秀峰区	2387	2357	308	48	14	5	
叠彩区	2190	2183	278	33	8	2	
象山区	3236	3207	401	61	19	6	
七星区	3170	3116	244	29	11	1	
雁山区	525	508	206	25	1		
临桂区	2273	2256	505	25	14		
阳朔县	1594	1578	488	39	12	2	1
灵川县	2005	2001	497	42	2	2	
全州县	1905	1901	602	68	24	4	
兴安县	1745	1736	428	14	4	4	
永福县	1730	1726	475	124	1	3	
灌阳县	1136	1136	502	14	4	6	
龙胜各族自治县	1160	1155	432	14	10	1	
资源县	776	772	209	9	3	5	1
平乐县	1179	1178	359	20	6	3	
荔浦县	1916	1908	383	8	6	2	
恭城瑶族自治县	1371	1368	265	55	1	2	

分组的法人单位数

集体联营企　　业	国有与集体联营企业	其他联营企　　业	有限责任公　　司	国有独资公　　司	其他有限责任公司	股份有限公　　司	私营企业	私营独资企　　业
146	**23**	**97**	**26370**	**743**	**25627**	**3429**	**106183**	**33257**
25	5	11	9751	192	9559	943	27551	4325
1	1		1309	26	1283	114	2224	276
8	1	3	4666	81	4585	388	10864	309
2		3	774	23	751	92	2831	297
4		3	1879	23	1856	196	5553	444
			396	7	389	50	944	226
			34	2	32	6	301	137
1	1		315	10	305	14	968	432
1			38	2	36	8	388	159
3			53		53	6	252	178
		1	27	6	21	8	486	285
5	1	1	89	5	84	29	1454	752
	1		171	7	164	32	1286	830
16	2	10	2049	90	1959	270	13219	3053
1			449	24	425	63	1820	186
		2	360	7	353	34	2349	549
1	1	1	131	17	114	16	3684	461
4	1		192	21	171	49	2226	227
3		4	394	4	390	34	688	307
			77	4	73	10	438	236
1			198	4	194	20	551	367
5		1	83	3	80	28	365	231
			31	1	30	3	847	320
1		2	134	5	129	13	251	169
19	5	22	4071	86	3985	637	13090	4230
2	1	2	471	13	458	63	1227	142
2			482	4	478	103	1158	150
4		2	774	11	763	104	1645	170
1			983	10	973	112	1526	150
			30	9	21	3	176	108
			376	3	373	39	928	263
1			103	1	102	24	607	416
1		1	131	4	127	32	1032	356
		4	86	6	80	16	638	322
4			121	4	117	18	864	445
1	2		114	4	110	9	525	251
1		5	30		30	4	339	101
		1	88	3	85	25	328	168
		4	35	4	31	19	338	78
1		2	76	1	75	21	432	275
	1	1	108	5	103	31	1026	661
1	1		63	4	59	14	301	174

1-16 续表 1

地　　区	法　人单位数(个)	内资企业	国有企业	集体企业	股份合作企　　业	联营企业	国有联营企　　业
梧州市	13379	13215	3295	289	11	15	
市辖区							
万秀区	2503	2435	397	69	5	7	
长洲区	1711	1687	335	23		1	
龙圩区	1472	1448	383	35	1	2	
苍梧县	1254	1252	258	17	1	1	
藤　县	2851	2838	754	57	2	3	
蒙山县	1255	1250	469	20	2		
岑溪市	2333	2305	699	68		1	
北海市	9349	9240	2014	183	12	32	4
市辖区							
海城区	4911	4835	663	54	6	15	4
银海区	970	961	248	13	1	4	
铁山港区	506	502	234	14		2	
合浦县	2962	2942	869	102	5	11	
防城港市	6827	6785	1867	118	3	12	1
市辖区							
港口区	2159	2133	630	14			
防城区	1618	1610	470	59	1	3	
上思县	954	950	421	23		4	1
东兴市	2096	2092	346	22	2	5	
钦州市	10082	10014	2956	285	10	15	2
市辖区							
钦南区	3500	3460	912	83	2	3	
钦北区	2347	2333	574	66	3	4	1
灵山县	2605	2597	966	79	3	5	
浦北县	1630	1624	504	57	2	3	1
贵港市	13888	13807	3709	334	12	19	2
市辖区							
港北区	3689	3662	723	53	2	4	
港南区	1584	1563	478	46	1	4	
覃塘区	2077	2071	444	21	1	1	
平南县	2939	2923	894	95	5	7	2
桂平市	3599	3588	1170	119	3	3	
玉林市	22626	22491	5784	638	16	19	7
市辖区							
玉州区	6841	6802	1055	139	5	9	5
福绵区	1136	1132	352	20			
容　县	2835	2824	787	69	3	2	
陆川县	2296	2286	798	68		1	1
博白县	3772	3751	1150	156	3	5	1
兴业县	2278	2276	692	92		1	
北流市	3468	3420	950	94	5	1	
百色市	15617	15585	5114	336	16	23	3
市辖区							
右江区	3523	3513	889	83	2	1	
田阳县	1580	1576	537	28	3	2	
田东县	1369	1369	391	50	1	7	

集体联营企业	国有与集体联营企业	其他联营企业	有限责任公司	国有独资公司	其他有限责任公司	股份有限公司	私营企业	私营独资企业
9		6	1508	27	1481	142	5307	2710
6		1	631	8	623	40	1003	340
		1	245	5	240	38	915	215
1		1	176	5	171	17	703	420
		1	21		21	4	591	551
1		2	69	2	67	18	1069	586
			93	3	90	13	288	207
1			273	4	269	12	738	391
17	4	7	1160	26	1134	175	4545	1303
4	2	5	873	22	851	127	2734	324
4			118	3	115	23	446	112
	1	1	22		22	4	145	84
9	1	1	147	1	146	21	1220	783
4	1	6	495	23	472	105	3405	586
			86	11	75	20	1270	128
		3	172	3	169	29	555	182
2		1	65	4	61	16	231	58
2	1	2	172	5	167	40	1349	218
7		6	878	32	846	162	3707	1363
2		1	448	20	428	75	1493	452
2		1	205	4	201	44	1060	294
3		2	61	5	56	30	664	339
		2	164	3	161	13	490	278
12		5	988	22	966	129	5881	3009
2		2	525	6	519	64	1877	503
3		1	101	2	99	8	615	369
1			137		137	3	1076	902
4		1	106	9	97	34	976	554
2		1	119	5	114	20	1337	681
6	2	4	1506	31	1475	152	10726	5020
3		1	1088	7	1081	81	3834	881
			30	1	29	3	476	284
1		1	89	3	86	20	1413	889
			70	7	63	19	1004	554
1	2	1	130	4	126	13	1393	921
1			14	4	10	1	1053	646
		1	85	5	80	15	1553	845
12	3	5	1186	60	1126	224	5553	2016
1			285	21	264	48	1979	427
	1	1	39	16	23	10	715	258
7			88	5	83	12	430	142

1-16 续表 2

地区	法人单位数(个)	内资企业	国有企业	集体企业	股份合作企业	联营企业	国有联营企业
平果县	1687	1680	328	34	4	2	1
德保县	957	957	318	14		1	
靖西县	1925	1921	657	39	1	2	
那坡县	703	702	362	17	1		
凌云县	608	608	262	14			
乐业县	740	739	372	10	2	4	2
田林县	967	963	334	21	1	1	
西林县	557	557	246	8		1	
隆林各族自治县	1001	1000	418	18	1	2	
贺州市	8058	8010	3284	111	16	4	1
市辖区							
八步区	2957	2937	976	25	10	1	
平桂管理区	1411	1398	462	8		1	
昭平县	1220	1214	632	30	4		
钟山县	1234	1231	595	33		1	1
富川瑶族自治县	1236	1230	619	15	2	1	
河池市	13698	13677	5004	271	28	11	2
市辖区							
金城江区	2975	2969	812	49	11	1	
南丹县	1109	1108	436	18	2	2	1
天峨县	656	656	354	9			
凤山县	745	745	393	5	2	1	
东兰县	961	961	481	22			
罗城仫佬族自治县	1125	1123	434	32	5		
环江毛南族自治县	922	921	337	31	1	3	1
巴马瑶族自治县	1079	1076	402	24	1		
都安瑶族自治县	1178	1178	263	21	1	1	
大化瑶族自治县	1035	1034	488	18	1	1	
宜州市	1913	1906	604	42	4	2	
来宾市	8822	8792	3158	186	20	18	2
市辖区							
兴宾区	3474	3462	1145	49	5	3	
忻城县	952	950	398	23	8	1	
象州县	1443	1437	415	49	4	3	1
武宣县	1431	1425	556	31	3	6	1
金秀瑶族自治县	848	848	361	23		2	
合山市	674	670	283	11		3	
崇左市	8958	8921	3746	171	5	7	
市辖区							
江洲区	1757	1743	683	49	3	1	
扶绥县	1508	1501	534	28			
宁明县	1168	1162	580	20		1	
龙州县	1190	1186	488	19	1	1	
大新县	1149	1149	573	31		3	
天等县	1006	1005	524	13	1		
凭祥市	1180	1175	364	11		1	

集体联营企业	国有与集体联营企业	其他联营企业	有限责任公司	国有独资公司	其他有限责任公司	股份有限公司	私营企业	私营独资企业
1			292	2	290	22	736	287
1			63	2	61	20	263	98
	1	1	174	2	172	21	420	278
			46	2	44	6	93	41
			60	3	57	7	114	58
		2	43		43	9	145	68
1			27		27	54	254	157
1			33	2	31	9	116	71
	1	1	36	5	31	6	288	131
1	1	1	289	38	251	93	2862	1082
		1	114	19	95	25	1400	338
	1		71	7	64	19	602	257
			33	5	28	16	244	147
			34	4	30	21	363	188
1			37	3	34	12	253	152
6		3	1026	43	983	200	4577	2254
1			429	13	416	98	1262	409
1			68	3	65	17	355	249
			17	1	16	5	156	56
1			68	2	66	8	129	79
			27	6	21	4	227	176
			103	1	102	19	315	198
2			88	1	87	4	217	102
			25	6	19	5	450	199
		1	39	4	35	11	464	353
		1	14	2	12	9	273	138
1		1	148	4	144	20	729	295
9		7	688	45	643	108	3064	1244
3			287	23	264	49	1425	403
1			79	7	72	18	229	163
1		1	84	5	79	16	569	326
		5	136	3	133	9	367	134
2			26	2	24	8	263	124
2		1	76	5	71	8	211	94
3		4	775	28	747	89	2696	1062
		1	312	10	302	29	455	199
			46	6	40	4	538	172
		1	29	3	26	5	334	163
		1	52	4	48	8	426	201
2		1	109		109	17	210	141
			13	3	10	3	255	125
1			214	2	212	23	478	61

1-16 续表 3

地　　区	私营合伙企　　业	私营有限责任公司	私营股份有限公司	其他企业	港、澳、台商投资企　　业	合资经营企业(港、澳、台资)	合作经营企业(港、澳、台资)
总　　计	**3698**	**64741**	**4487**	**36910**	**791**	**267**	**54**
南宁市	522	21490	1214	5865	188	61	25
市辖区							
兴宁区	71	1763	114	311	27	12	2
青秀区	102	10049	404	935	73	21	20
江南区	32	2354	148	275	22	8	1
西乡塘区	53	4783	273	499	22	7	
良庆区	25	654	39	243	13	5	
邕宁区	38	120	6	126			
武鸣县	48	460	28	500	20	3	
隆安县	11	206	12	296	2	1	
马山县	6	60	8	300			
上林县	31	90	80	298			
宾阳县	40	578	84	598	4	1	2
横　县	65	373	18	1484	5	3	
柳州市	377	9368	421	3196	37	13	1
市辖区							
城中区	30	1547	57	257	7	1	
鱼峰区	65	1668	67	245	13	6	
柳南区	39	3131	53	243	7	3	
柳北区	46	1863	90	317	7	3	1
柳江县	63	271	47	497			
柳城县	23	168	11	373	1		
鹿寨县	29	144	11	359			
融安县	15	110	9	242	1		
融水苗族自治县	45	410	72	344			
三江侗族自治县	22	56	4	319	1		
桂林市	935	7052	873	4890	104	32	7
市辖区							
秀峰区	31	996	58	221	17	6	
叠彩区	22	746	240	119	5	3	1
象山区	51	1304	120	197	15	8	
七星区	36	1247	93	210	28	11	3
雁山区	7	55	6	67	9		2
临桂区	43	580	42	369	7	1	
阳朔县	37	126	28	303	4		1
灵川县	73	537	66	263	2	1	
全州县	162	138	16	463	1	1	
兴安县	95	305	19	283	5		
永福县	46	202	26	475	1		
灌阳县	72	133	33	237			
龙胜各族自治县	72	62	26	257	2		
资源县	83	133	44	154	2		
平乐县	27	114	16	261	1		
荔浦县	45	291	29	344	3	1	
恭城瑶族自治县	33	83	11	667	2		

法人单位数(个)								
港、澳、台商独资经营企业	港、澳、台商投资股份有限公司	其他港、澳、台投资企业	外商投资企业	中外合资经营企业	中外合作经营企业	外资企业	外商投资股份有限公司	其他外商投资企业
437	**24**	**9**	**654**	**247**	**47**	**278**	**27**	**55**
93	4	5	187	60	13	94	8	12
13			12	4	1	7		
27	1	4	72	21	7	33	4	7
12	1		29	9	1	16	1	2
14	1		30	9	2	17		2
7		1	13	3	1	7	1	1
			1	1				
16	1		17	8		9		
1			2	1		1		
1			7	3	1	2	1	
2			4	1		2	1	
22	1		54	24	3	19	2	6
6			4	1		1	1	1
6	1		15	9		5	1	
4			9	5		4		
3			10	7		1		2
			7	2	1	2		2
1			2			1		1
			2			2		
1			4		2	2		
			1			1		
1								
59	4	2	108	44	14	36	8	6
10		1	13	7	2	2	2	
1			2			2		
6		1	14	3	5	3	2	1
13	1		26	14	1	10		1
6	1		8	4		3		1
6			10	7	1	1		1
3			12	2		9	1	
1			2		1	1		
			3	1			2	
4	1		4			4		
1			3	1		1		1
2			3	1	2			
1	1		2	1			1	
1								
2			5	2	2			1
2			1	1				

1-16 续表 4

地　　区	私营合伙企业	私营有限责任公司	私营股份有限公司	其他企业	港、澳、台商投资企业	合资经营企业(港、澳、台资)	合作经营企业(港、澳、台资)
梧州市	309	2121	167	2648	99	33	6
市辖区							
万秀区	116	529	18	283	42	22	3
长洲区	37	640	23	130	13	5	2
龙圩区	18	247	18	131	18	3	
苍梧县	16	20	4	359	2	1	
藤　县	49	393	41	866	10	1	1
蒙山县	19	55	7	365	2		
岑溪市	54	237	56	514	12	1	
北海市	122	2831	289	1119	62	15	2
市辖区							
海城区	57	2101	252	363	43	10	
银海区	13	306	15	108	4		1
铁山港区	5	55	1	81	4	1	1
合浦县	47	369	21	567	11	4	
防城港市	44	2635	140	780	12		
市辖区							
港口区	4	1115	23	113	6		
防城区	20	332	21	321	4		
上思县	6	151	16	190	2		
东兴市	14	1037	80	156			
钦州市	111	1931	302	2001	40	13	2
市辖区							
钦南区	44	922	75	444	18	6	1
钦北区	20	552	194	377	10	2	
灵山县	26	276	23	789	7	3	1
浦北县	21	181	10	391	5	2	
贵港市	163	2574	135	2735	53	7	6
市辖区							
港北区	37	1284	53	414	15	4	1
港南区	15	224	7	310	17		
覃塘区	11	156	7	388	6	2	
平南县	41	348	33	806	11	1	5
桂平市	59	562	35	817	4		
玉林市	322	5267	117	3650	96	58	4
市辖区							
玉州区	67	2823	63	591	25	15	1
福绵区	17	172	3	251	2	1	
容　县	97	410	17	441	7	3	1
陆川县	27	410	13	326	4	2	
博白县	18	452	2	901	13	11	
兴业县	33	372	2	423	2	1	
北流市	63	628	17	717	43	25	2
百色市	180	3107	250	3133	20	6	1
市辖区							
右江区	55	1389	108	226	3	1	
田阳县	15	430	12	242	3		
田东县	11	266	11	390			

法人单位数(个)								
港、澳、台商独资经营企业	港、澳、台商投资股份有限公司	其他港、澳、台投资企业	外商投资企业	中外合资经营企业	中外合作经营企业	外资企业	外商投资股份有限公司	其他外商投资企业
57	3		65	19	5	31		10
15	2		26	11	1	12		2
6			11	1	3	5		2
14	1		6	3		3		
1								
8			3	1		1		1
2			3	1		2		
11			16	2	1	8		5
44		1	47	9	2	31	1	4
32		1	33	7	1	20	1	4
3			5	1		4		
2								
7			9	1	1	7		
11	1		30	18	1	9	1	1
5	1		20	15		5		
4			4	2	1		1	
2			2	1		1		
			4			3		1
24	1		28	16	1	7	2	2
10	1		22	12	1	7		2
8			4	3			1	
3			1				1	
3			1	1				
37	3		28	8	1	17		2
9	1		12	3		8		1
16	1		4			4		
3	1							
5			5	2	1	2		
4			7	3		3		1
33	1		39	19	3	13	2	2
9			14	6	2	3	2	1
1			2			2		
3			4	2		2		
2			6	2	1	2		1
2			8	5		3		
1								
15	1		5	4		1		
12	1		12	5	2	2		3
2			7	3	2			2
2	1		1			1		

1-16 续表 5

地　区	私营合伙企　业	私营有限责任公司	私营股份有限公司	其他企业	港、澳、台商投资企　业	合资经营企业(港、澳、台资)	合作经营企业(港、澳、台资)
平果县	19	409	21	262	7	4	
德保县	21	137	7	278			
靖西县	13	122	7	607	2		
那坡县	5	42	5	177			
凌云县	3	52	1	151			
乐业县	7	70		154			
田林县	15	73	9	271	4	1	
西林县	2	25	18	144			
隆林各族自治县	14	92	51	231	1		1
贺州市	149	1579	52	1351	32	7	
市辖区							
八步区	43	995	24	386	15	3	
平桂管理区	29	312	4	235	7	2	
昭平县	18	66	13	255	3		
钟山县	46	121	8	184	2	1	
富川瑶族自治县	13	85	3	291	5	1	
河池市	241	1817	265	2560	12	5	
市辖区							
金城江区	49	731	73	307	4	1	
南丹县	18	76	12	210	1	1	
天峨县	4	58	38	115			
凤山县	6	25	19	139			
东兰县	4	44	3	200			
罗城仫佬族自治县	28	78	11	215			
环江毛南族自治县	67	38	10	240	1		
巴马瑶族自治县	17	221	13	169	2		
都安瑶族自治县	10	92	9	378			
大化瑶族自治县	9	85	41	230			
宜州市	29	369	36	357	4	3	
来宾市	150	1487	183	1550	15	3	
市辖区							
兴宾区	40	880	102	499	3		
忻城县	11	47	8	194	1		
象州县	47	154	42	297	2	1	
武宣县	25	203	5	317	5		
金秀瑶族自治县	13	108	18	165			
合山市	14	95	8	78	4	2	
崇左市	73	1482	79	1432	21	14	
市辖区							
江洲区	13	236	7	211	6	4	
扶绥县	10	349	7	351	3	3	
宁明县	11	159	1	193	2	1	
龙州县	17	185	23	191	4	3	
大新县	9	51	9	206			
天等县	7	122	1	196	1	1	
凭祥市	6	380	31	84	5	2	

法人单位数(个)								
港、澳、台商独资经营企业	港、澳、台商投资股份有限公司	其他港、澳、台投资企业	外商投资企业	中外合资经营企业	中外合作经营企业	外资企业	外商投资股份有限公司	其他外商投资企业
3								
2			2	1		1		
			1	1				
			1					1
3								
23	2		16	4		10		2
12			5	2		3		
4	1		6	2		3		1
2	1		3			2		1
1			1			1		
4			1			1		
6	1		9	3	1	1	2	2
2	1		2				1	1
			2		1			1
1								
2			1	1				
			1				1	
1			3	2		1		
9	2	1	15	8		3	1	3
3			9	4		3		2
1			1	1				
		1	4	2			1	1
4	1		1	1				
1	1							
7			16	10	1	5		
2			8	3	1	4		
			4	4				
1			4	3		1		
1								
3								

1-17 按地区、登记注册类型分组的

地　　区	从　业 人员数 （人）	内资企业	国有企业	集体企业	股份合作 企　　业	联营企业	国有联营 企　　业
总　　计	**6603243**	**6249433**	**1886782**	**169933**	**15340**	**4407**	**343**
南宁市	1598359	1511593	389554	15778	871	474	56
市辖区							
兴宁区	183019	180126	42813	1106	308	130	43
青秀区	457023	438399	119148	1981	66	105	3
江南区	177289	171881	32076	968	50	34	
西乡塘区	367169	326908	66041	2190	139	133	
良庆区	46765	43129	14505	235	54		
邕宁区	66821	66686	10157	1298			
武鸣县	80459	73372	19368	1756	132	16	9
隆安县	24633	24317	10355	131	54	5	
马山县	20674	20674	11219	765		3	
上林县	25730	25730	14550	102		5	
宾阳县	69073	65787	25911	1901	60	24	1
横　县	79704	74584	23411	3345	8	19	
柳州市	862434	820050	188066	13474	5143	370	23
市辖区							
城中区	176053	175796	29102	785	116	4	
鱼峰区	137528	129509	25071	1641	467	28	
柳南区	182574	152778	25923	5268	3080	19	
柳北区	157224	154223	39832	1303	1136	120	7
柳江县	62650	61966	16299	1408	241	106	7
柳城县	29295	29237	10955	623	14	3	3
鹿寨县	45303	44903	10832	1027	81	56	6
融安县	24170	24070	9615	321	8	23	
融水苗族自治县	29367	29301	12672	330			
三江侗族自治县	18270	18267	7765	768		11	
桂林市	755174	729197	214746	15466	4861	704	14
市辖区							
秀峰区	66565	64888	17095	2381	1179	21	
叠彩区	35071	34404	9635	607	344	7	
象山区	98195	94979	28191	986	192	120	
七星区	105139	96741	33814	1103	284	4	
雁山区	10131	8465	4187	92	1		
临桂区	55492	52549	11919	529	593		
阳朔县	35809	34728	8544	890	499	7	5
灵川县	46249	45643	12139	1295	50	23	
全州县	35683	35646	16991	2973	410	25	
兴安县	40104	38477	11174	115	237	138	
永福县	34457	34323	9250	1814	14	9	
灌阳县	18896	18896	7370	242	82	232	
龙胜各族自治县	24812	24009	9123	955	90	10	
资源县	17558	17176	5648	59	139	27	9
平乐县	30342	30327	10707	791	187	12	
荔浦县	66180	63482	9901	62	99	35	
恭城瑶族自治县	34491	34464	9058	572	461	34	

法人单位从业人员数

集体联营企业	国有与集体联营企业	其他联营企业	有限责任公司	国有独资公司	其他有限责任公司	股份有限公司	私营企业	私营独资企业
2017	**382**	**1665**	**1400544**	**353737**	**1046807**	**289748**	**2102915**	**344814**
239	59	120	438721	157824	280897	67957	535350	42938
63	24		89251	62100	27151	10164	32352	2222
39	6	57	112367	38024	74343	22675	166925	3897
22		12	34622	3373	31249	14340	83335	3530
92		41	107267	52071	55196	14608	128223	4221
			6832	147	6685	1289	17004	2014
			49741	50	49691	671	3424	628
2	5		22127	771	21356	287	24573	4926
5			969	34	935	764	9611	1111
3			1720		1720	235	4098	1872
		5	2509	94	2415	70	6149	2654
13	5	5	4676	183	4493	1170	26368	7672
	19		6640	977	5663	1684	33288	8191
182	80	85	260969	127065	133904	57050	259580	32126
4			104154	85793	18361	10214	28183	1362
		28	36017	1669	34348	9524	52037	6614
9	4	6	29040	4542	24498	20990	64218	7518
37	76		51892	33221	18671	9409	46190	1943
59		40	15758	586	15172	1759	21278	3835
			4338	156	4182	2796	7662	1645
50			10704	760	9944	1531	17805	2650
20		3	3865	50	3815	364	8184	3294
			2453	178	2275	197	10998	2141
3		8	2748	110	2638	266	3025	1124
274	60	356	165291	24832	140459	38087	229506	39887
5	3	13	18492	1767	16725	5295	16050	618
7			8083	49	8034	4210	10191	733
33		87	35583	17455	18128	8170	19471	1309
4			30305	1340	28965	7988	20608	909
			1918	349	1569	12	1715	389
			15730	977	14753	1342	17858	3225
2			6683	5	6678	577	12171	3301
22		1	7594	287	7307	1036	21154	3471
		25	3018	213	2805	1250	7741	2212
138			5823	73	5750	417	18644	5415
5	4		6193	52	6141	553	12879	3514
39		193	1499		1499	120	5900	964
		10	1789	365	1424	2801	4971	1458
		18	1632	464	1168	495	7574	709
8		4	3201	11	3190	1638	10462	3454
	30	5	14280	498	13782	1971	33799	6533
11	23		3468	927	2541	212	8318	1673

1-17 续表 1

地区	从业人员数（人）	内资企业	国有企业	集体企业	股份合作企业	联营企业	国有联营企业
梧州市	390727	359719	93515	15512	413	218	
市辖区							
万秀区	89266	75430	20289	2008	103	48	
长洲区	51890	47310	11781	144		50	
龙圩区	34616	30104	9504	1604	9	68	
苍梧县	15035	14970	4992	284	3	2	
藤　县	107187	104117	20505	2105	246	45	
蒙山县	22598	22086	6680	311	52		
岑溪市	70135	65702	19764	9056		5	
北海市	241505	214181	68106	11066	218	500	21
市辖区							
海城区	131845	109263	27299	2913	99	129	21
银海区	26054	25723	8327	469	15	71	
铁山港区	16864	16565	7321	272		27	
合浦县	66742	62630	25159	7412	104	273	
防城港市	168070	162905	49753	2366	81	173	8
市辖区							
港口区	65759	62492	14101	548			
防城区	51803	51039	17177	1127	70	57	
上思县	21257	20250	9997	504		27	8
东兴市	29251	29124	8478	187	11	89	
钦州市	351985	335411	101545	20285	245	141	8
市辖区							
钦南区	132318	122938	30833	3883	9	41	
钦北区	87914	86680	26034	3075	64	40	3
灵山县	70743	66636	28931	5566	32	46	
浦北县	61010	59157	15747	7761	140	14	5
贵港市	384611	364218	128876	14006	443	918	81
市辖区							
港北区	106028	102960	38536	1357	160	71	
港南区	42599	38214	11113	1273	3	41	
覃塘区	40829	38770	11061	1135	55	3	
平南县	81512	75195	28663	4885	125	188	81
桂平市	113643	109079	39503	5356	100	615	
玉林市	665737	602726	158778	31106	684	200	62
市辖区							
玉州区	165050	151378	41748	7598	348	99	45
福绵区	29451	28933	5879	274			
容　县	69161	64552	16796	4919	9	8	
陆川县	72231	69496	22078	2931		14	14
博白县	115031	106022	32180	7718	36	15	3
兴业县	33664	32968	11165	1963		60	
北流市	181149	149377	28932	5703	291	4	
百色市	348233	342982	138886	11549	312	233	7
市辖区							
右江区	95130	93756	34840	5158	20	20	
田阳县	29010	28423	10150	946	51	4	
田东县	39057	39057	12222	1372	1	100	

集体联营企业	国有与集体联营企业	其他联营企业	有限责任公司	国有独资公司	其他有限责任公司	股份有限公司	私营企业	私营独资企业
138		80	63082	7631	55451	12286	129327	30353
47		1	18409	1900	16509	5727	17427	2685
		50	9764	921	8843	1725	15721	1816
60		8	6893	2919	3974	371	9686	2223
		2	611		611	70	5547	4386
26		19	7714	750	6964	1446	61972	12675
			3848	20	3828	1662	6724	1404
5			15843	1121	14722	1285	12250	5164
248	120	111	38770	2298	36472	12573	71694	9818
23	2	83	22056	1531	20525	8870	44001	2330
71			4011	731	3280	1744	9149	1222
	14	13	5073		5073	979	2287	1001
154	104	15	7630	36	7594	980	16257	5265
73	1	91	33919	6180	27739	5692	62744	3949
			13380	5794	7586	1507	29200	683
		57	12577	88	12489	1603	16705	1551
15		4	3529	102	3427	586	3986	595
58	1	30	4433	196	4237	1996	12853	1120
97		36	70690	2383	68307	6940	121982	14311
30		11	18760	1900	16860	2697	63263	3803
35		2	36799	281	36518	1223	16498	2481
32		14	2753	104	2649	750	23631	5743
		9	12378	98	12280	2270	18590	2284
217		620	38069	2778	35291	9014	148676	47129
56		15	20391	2304	18087	6145	29940	5830
36		5	2961	18	2943	422	19962	3598
3			4731		4731	739	18099	11442
100		7	3049	223	2826	1238	30383	12347
22		593	6937	233	6704	470	50292	13912
119	5	14	97141	2382	94759	19982	257361	71336
49		5	32674	579	32095	7511	54639	6648
			2994	42	2952	309	17503	8663
4		4	7450	295	7155	498	32051	11686
			17404	849	16555	2050	21395	6673
6	5	1	10643	286	10357	1310	43745	15116
60			1757	200	1557	1	14468	4521
		4	24219	131	24088	8303	73560	18029
167	25	34	55859	9938	45921	23414	87500	13687
20			23012	8443	14569	3704	22476	2683
	1	3	1481	854	627	147	14270	1975
100			5147	110	5037	4594	11670	1095

1-17 续表 2

地 区	从 业 人员数 (人)	内资企业	国有企业	集体企业	股份合作企 业	联营企业	国有联营企 业
平果县	49328	46759	12274	625	29	12	5
德保县	24348	24348	10512	291		34	
靖西县	34745	34586	13702	1188	20	43	
那坡县	10609	10568	6523	400	15		
凌云县	10970	10970	6381	200			
乐业县	10068	10067	6920	203	168	5	2
田林县	15320	14803	7744	738	6	1	
西林县	10381	10381	6123	279		5	
隆林各族自治县	19267	19264	11495	149	2	9	
贺州市	165274	159601	68369	2692	209	82	19
市辖区							
八步区	67319	64873	25826	906	111	28	
平桂管理区	29783	28910	9000	290		32	
昭平县	23129	22851	11779	856	45		
钟山县	24951	24501	12282	411		19	19
富川瑶族自治县	20092	18466	9482	229	53	3	
河池市	283389	279762	125713	8172	472	139	33
市辖区							
金城江区	70011	69003	25964	1263	337	41	
南丹县	25025	24924	10565	139	4	17	6
天峨县	11819	11819	7133	526			
凤山县	11542	11542	6293	506	8	5	
东兰县	11941	11941	7423	781			
罗城仫佬族自治县	20800	20774	10165	714	42		
环江毛南族自治县	22120	22091	8848	1039	7	42	27
巴马瑶族自治县	16879	16814	7286	910	1		
都安瑶族自治县	25895	25895	12629	1355	1	26	
大化瑶族自治县	17654	17612	10599	164	12	1	
宜州市	49703	47347	18808	775	60	7	
来宾市	198574	191953	77008	5196	1161	199	11
市辖区							
兴宾区	98277	97304	35238	2394	543	7	
忻城县	18114	17881	8830	210	276	80	
象州县	25280	24381	9358	758	334	41	9
武宣县	28677	26877	12570	816	8	22	2
金秀瑶族自治县	11919	11919	5352	833		13	
合山市	16307	13591	5660	185		36	
崇左市	189171	175135	83867	3265	227	56	
市辖区							
江洲区	50542	41247	20574	539	18	2	
扶绥县	32952	30928	15197	474			
宁明县	21684	19398	11336	255		3	
龙州县	24136	23953	8916	492	207	8	
大新县	24407	24407	9782	1273		33	
天等县	16851	16744	9494	161	2		
凭祥市	18599	18458	8568	71		10	

集体联营企业	国有与集体联营企业	其他联营企业	有限责任公司	国有独资公司	其他有限责任公司	股份有限公司	私营企业	私营独资企业
7			7176	53	7123	7169	16659	1806
34			2971	47	2924	4742	4298	639
	20	23	9662	32	9630	941	5493	2073
			920	5	915	523	1075	287
			1185	59	1126	143	1981	259
		3	408		408	162	1408	556
1			1031		1031	836	2430	995
5			880	252	628	384	1778	520
	4	5	1986	83	1903	69	3962	799
3	32	28	16631	1576	15055	6855	46242	7936
		28	6468	848	5620	2220	21135	1601
	32		3618	425	3193	2823	9890	2538
			1754	27	1727	417	5268	1242
			3514	203	3311	951	5665	1578
3			1277	73	1204	444	4284	977
76		30	47684	4454	43230	14257	67304	13922
41			14862	2797	12065	9298	15285	2207
11			6407	109	6298	1024	5570	1613
			551	26	525	82	3032	331
5			1392	19	1373	636	1571	331
			815	80	735	52	1847	1218
			4618	10	4608	258	3977	1258
15			6643	219	6424	12	4031	877
			1326	529	797	190	5734	1360
		26	2299	155	2144	1986	5516	2151
		1	1159	28	1131	474	3983	810
4		3	7612	482	7130	245	16758	1766
148		40	42503	2455	40048	10537	45332	8819
7			28152	1636	26516	6581	21169	2487
80			4418	57	4361	399	2466	1036
13		19	2900	83	2817	846	8504	1896
		20	2317	78	2239	1243	7271	1795
13			1200	284	916	69	3850	872
35		1	3516	317	3199	1399	2072	733
36		20	31215	1941	29274	5104	40317	8603
		2	6956	361	6595	2322	8301	1759
			4631	186	4445	158	8349	1223
		3	1619	786	833	132	4569	1420
		8	5341	490	4851	347	6928	1946
26		7	7759		7759	1045	3121	885
			1217	67	1150	576	4011	864
10			3692	51	3641	524	5038	506

1-17 续表 3

地　区	私营合伙企　业	私营有限责任公司	私营股份有限公司	其他企业	港、澳、台商投资企　业	合资经营企业(港、澳、台资)	合作经营企业(港、澳、台资)
总　计	**77133**	**1560939**	**120029**	**379764**	**197515**	**66512**	**5621**
南宁市	11735	440864	39813	62888	51670	11460	1238
市辖区							
兴宁区	1245	27211	1674	4002	2197	822	8
青秀区	1555	155774	5699	15132	5594	2371	946
江南区	595	56525	22685	6456	3866	1417	20
西乡塘区	1195	118665	4142	8307	33349	3285	
良庆区	841	13316	833	3210	1572	339	
邕宁区	429	2339	28	1395			
武鸣县	1226	17855	566	5113	1764	345	
隆安县	349	7893	258	2428	67	64	
马山县	54	2109	63	2634			
上林县	430	2229	836	2345			
宾阳县	814	15728	2154	5677	432	133	264
横　县	3002	21220	875	6189	2829	2684	
柳州市	5910	207691	13853	35398	5276	3280	9
市辖区							
城中区	366	25481	974	3238	147	1	
鱼峰区	1170	41764	2489	4724	3371	2712	
柳南区	580	55509	611	4240	683	24	
柳北区	810	40884	2553	4341	1043	543	9
柳江县	1154	12340	3949	5117			
柳城县	351	5444	222	2846	7		
鹿寨县	488	12765	1902	2867			
融安县	283	4385	222	1690	22		
融水苗族自治县	483	7700	674	2651			
三江侗族自治县	225	1419	257	3684	3		
桂林市	15208	158470	15941	60536	10589	3680	539
市辖区							
秀峰区	267	14103	1062	4375	595	282	
叠彩区	285	6592	2581	1327	466	387	11
象山区	657	16437	1068	2266	2493	200	
七星区	368	18347	984	2635	3326	1667	238
雁山区	136	1015	175	540	551		262
临桂区	1037	12775	821	4578	376	2	
阳朔县	1466	5903	1501	5357	524		28
灵川县	1298	15044	1341	2352	134	37	
全州县	1854	3263	412	3238	5	5	
兴安县	1915	10939	375	1929	659		
永福县	748	8028	589	3611	10		
灌阳县	836	3365	735	3451			
龙胜各族自治县	662	2574	277	4270	9		
资源县	1680	4520	665	1602	308		
平乐县	354	6161	493	3329	15		
荔浦县	1121	23618	2527	3335	1107	1100	
恭城瑶族自治县	524	5786	335	12341	11		

从业人员数(人)								
港、澳、台商独资经营企业	港、澳、台商投资股份有限公司	其他港、澳、台投资企业	外商投资企业	中外合资经营企业	中外合作经营企业	外资企业	外商投资股份有限公司	其他外商投资企业
121703	**3307**	**372**	**156295**	**79654**	**3115**	**58328**	**12298**	**2900**
38889	55	28	35096	8025	830	25297	812	132
1367			696	32	1	663		
2242	8	27	13030	2141	204	10587	23	75
2409	20		1542	783	143	521	89	6
30061	3		6912	1114	105	5648		45
1232		1	2064	1291	277	374	116	6
			135	135				
1395	24		5323	932		4391		
3			249	164		85		
35			2854	1032	100	1721	1	
145			2291	401		1307	583	
1865	122		37108	31873	68	3693	1245	229
146			110	15		7	85	3
537	122		4648	2509		979	1160	
659			29113	28399		714		
491			1958	405		1376		177
			684	545	6	114		19
7			51			21		30
			400			400		
22			78		62	16		
			66			66		
3								
5783	583	4	15388	10713	1051	3399	114	111
310		3	1082	796	170	47	69	
68			201			201		
2292		1	723	357	335	20	8	3
1418	3		5072	3751	78	1242		1
287	2		1115	1106		6		3
374			2567	2551	4	4		8
496			557	23		533	1	
97			472		116	356		
			32	8			24	
376	283		968			968		
10			124	16		22		86
9			794	763	31			
13	295		74	62			12	
15								
7			1591	1264	317			10
11			16	16				

1-17 续表 4

地区	私营合伙企业	私营有限责任公司	私营股份有限公司	其他企业	港、澳、台商投资企业	合资经营企业(港、澳、台资)	合作经营企业(港、澳、台资)
梧州市	11160	80934	6880	45366	23353	8419	286
市辖区							
万秀区	1173	12813	756	11419	10789	5350	24
长洲区	649	13084	172	8125	2178	485	147
龙圩区	588	6502	373	1969	4122	1643	
苍梧县	185	947	29	3461	65	30	
藤县	7636	38186	3475	10084	2856	606	115
蒙山县	339	4009	972	2809	23		
岑溪市	590	5393	1103	7499	3320	305	
北海市	1935	55374	4567	11254	21999	2373	254
市辖区							
海城区	688	36871	4112	3896	18853	726	
银海区	396	7402	129	1937	274		31
铁山港区	82	1200	4	606	299	18	223
合浦县	769	9901	322	4815	2573	1629	
防城港市	653	53655	4487	8177	1784		
市辖区							
港口区	32	27063	1422	3756	527		
防城区	423	12774	1957	1723	480		
上思县	75	2998	318	1621	777		
东兴市	123	10820	790	1077			
钦州市	3165	99205	5301	13583	9444	3183	12
市辖区							
钦南区	551	57693	1216	3452	2855	1362	2
钦北区	260	11769	1988	2947	959	43	
灵山县	1368	15405	1115	4927	3997	675	10
浦北县	986	14338	982	2257	1633	1103	
贵港市	6524	90393	4630	24216	12898	1067	1377
市辖区							
港北区	638	22303	1169	6360	2262	442	5
港南区	453	15816	95	2439	4020		
覃塘区	198	6112	347	2947	2059	215	
平南县	1103	16290	643	6664	3256	410	1372
桂平市	4132	29872	2376	5806	1301		
玉林市	8526	173691	3808	37474	42823	25098	1903
市辖区							
玉州区	1686	45393	912	6761	2274	1507	135
福绵区	914	7894	32	1974	162	127	
容县	2432	17645	288	2821	3774	2573	1050
陆川县	711	13215	796	3624	660	114	
博白县	314	28306	9	10375	5222	5095	
兴业县	872	8714	361	3554	696	17	
北流市	1597	52524	1410	8365	30035	15665	718
百色市	2111	65732	5970	25229	4695	1089	3
市辖区							
右江区	643	17624	1526	4526	1021	626	
田阳县	181	11954	160	1374	568		
田东县	137	10268	170	3951			

从业人员数(人)								
港、澳、台商独资经营企业	港、澳、台商投资股份有限公司	其他港、澳、台投资企业	外商投资企业	中外合资经营企业	中外合作经营企业	外资企业	外商投资股份有限公司	其他外商投资企业
14127	521		7655	1790	218	3471		2176
5214	201		3047	835	13	572		1627
1546			2402	120	195	1834		253
2159	320		390	237		153		
35								
2135			214	4		71		139
23			489	442		47		
3015			1113	152	10	794		157
19036		336	5325	1444	166	3687	3	25
17791		336	3729	668	119	2914	3	25
243			57	5		52		
58								
944			1539	771	47	721		
1500	284		3381	2065	159	1125	17	15
243	284		2740	1732		1008		
480			284	108	159		17	
777			230	225		5		
			127			112		15
6179	70		7130	5235	17	1758	115	5
1421	70		6525	4745	17	1758		5
916			275	270			5	
3312			110				110	
530			220	220				
10344	110		7495	3122	180	4162		31
1755	60		806	407		397		2
4002	18		365			365		
1812	32							
1474			3061	2440	180	441		
1301			3263	275		2959		29
15821	1		20188	5809	152	4629	9535	63
632			11398	527	6	1327	9535	3
35			356			356		
151			835	3		832		
546			2075	1866	146	3		60
127			3787	1826		1961		
679								
13651	1		1737	1587		150		
3584	19		556	329	198	21		8
395			353	148	198			7
549	19		19			19		

1-17 续表 5

地区	私营合伙企业	私营有限责任公司	私营股份有限公司	其他企业	港、澳、台商投资企业	合资经营企业(港、澳、台资)	合作经营企业(港、澳、台资)
平果县	220	12493	2140	2815	2569	83	
德保县	221	3349	89	1500			
靖西县	115	3211	94	3537	17		
那坡县	32	714	42	1112			
凌云县	89	1518	115	1080			
乐业县	185	667		793			
田林县	79	1239	117	2017	517	380	
西林县	35	995	228	932			
隆林各族自治县	174	1700	1289	1592	3		3
贺州市	2261	33227	2818	18521	3677	852	
市辖区							
八步区	834	18412	288	8179	1568	176	
平桂管理区	399	6771	182	3257	366	77	
昭平县	216	2166	1644	2732	225		
钟山县	551	3244	292	1659	155	122	
富川瑶族自治县	261	2634	412	2694	1363	477	
河池市	4191	43812	5379	16021	2081	1436	
市辖区							
金城江区	652	11469	957	1953	558	7	
南丹县	280	3374	303	1198	101	101	
天峨县	138	1454	1109	495			
凤山县	39	611	590	1131			
东兰县	20	527	82	1023			
罗城仫佬族自治县	395	2112	212	1000			
环江毛南族自治县	1209	1297	648	1469	29		
巴马瑶族自治县	81	4077	216	1367	64		
都安瑶族自治县	183	2881	301	2083			
大化瑶族自治县	343	2329	501	1220			
宜州市	851	13681	460	3082	1329	1328	
来宾市	2550	30024	3939	10017	4918	2742	
市辖区							
兴宾区	514	15997	2171	3220	215		
忻城县	116	1206	108	1202	123		
象州县	876	4521	1211	1640	69	65	
武宣县	605	4811	60	2630	1795		
金秀瑶族自治县	249	2366	363	602			
合山市	190	1123	26	723	2716	2677	
崇左市	1204	27867	2643	11084	2308	1833	
市辖区							
江洲区	187	5883	472	2535	1797	1543	
扶绥县	161	6537	428	2119	79	79	
宁明县	400	2712	37	1484	1	1	
龙州县	227	3502	1253	1714	183	73	
大新县	70	2073	93	1394			
天等县	74	3047	26	1283	107	107	
凭祥市	85	4113	334	555	141	30	

从业人员数(人)								
港、澳、台商独资经营企业	港、澳、台商投资股份有限公司	其他港、澳、台投资企业	外商投资企业	中外合资经营企业	中外合作经营企业	外资企业	外商投资股份有限公司	其他外商投资企业
2486								
17			142	140		2		
			41	41				
			1					1
137								
2657	168		1996	878		1108		10
1392			878	453		425		
249	40		507	425		77		5
97	128		53			48		5
33			295			295		
886			263			263		
192	453		1546	1001	1	27	445	72
98	453		450				403	47
			26		1			25
29								
64			1	1				
			42				42	
1			1027	1000		27		
1251	921	4	1703	1646		22	12	23
215			758	726		22		10
123			110	110				
		4	830	805			12	13
912	883		5	5				
1	38							
475			11728	5724	75	5929		
254			7498	1594	75	5829		
			1945	1945				
			2285	2185		100		
110								
111								

1-18 按从业人员组距、开业(成立)时间、

分组	法人单位数(个)	内资企业	国有企业	集体企业	股份合作企业	联营企业	国有联营企业
总　计	**236830**	**235385**	**57347**	**4438**	**407**	**301**	**35**
按从业人员期末人数分组							
7人及以下	134993	134629	25512	2405	161	179	24
8-19人	55086	54874	15062	856	99	55	7
20-49个	26196	25996	8951	605	82	50	3
50-99人	10448	10312	4358	260	33	15	1
100-299人	7112	6849	2674	198	22	1	
300-499人	1444	1329	397	55	4		
500-999人	988	900	256	40	6	1	
1000-4999人	516	456	130	19			
5000-9999人	27	23	4				
10000人及以上	20	17	3				
按开业(成立)年份分组							
1949年及以前	2697	2697	2612	4		2	
1950-1977年	18473	18471	13269	1066	20	25	8
1978-1991年	21883	21849	14263	978	31	37	10
1992-1995年	10341	10192	3606	604	50	43	4
1996年	3999	3974	1088	111	9	6	3
1997年	2852	2811	1409	110	16	6	
1998年	2425	2400	788	106	16	9	
1999年	2394	2364	603	89	14	7	
2000年	3237	3185	738	103	18	6	
2001年	4054	3984	998	83	25	11	1
2002年	7367	7296	3084	93	18	3	1
2003年	6892	6792	1948	84	12	8	
2004年	6046	5956	1061	74	19	12	2
2005年	7920	7820	1429	95	16	11	
2006年	8014	7913	765	106	15	15	1
2007年	8979	8886	1169	109	20	5	
2008年	9553	9469	926	90	19	9	1
2009年	14443	14376	1181	117	12	21	2
2010年	17384	17305	1289	75	16	14	
2011年	22964	22869	1381	94	15	14	
2012年	30298	30214	2071	144	22	19	1
2013年	24395	24351	1578	103	24	18	1
无开业年份	220	211	91				

登记注册类型分组的法人单位数

集体联营企　　业	国有与集体联营企业	其他联营企　　业	有限责任公　　司	国有独资公　　司	其他有限责任公司	股份有限公　　司	私营企业	私营独资企　　业
146	**23**	**97**	**26370**	**743**	**25627**	**3429**	**106183**	**33257**
80	14	61	13477	160	13317	1567	65122	23587
30	2	16	6136	150	5986	780	23692	6046
26	5	16	3409	167	3242	515	10653	2621
10	1	3	1409	88	1321	215	3579	680
	1		1242	93	1149	167	2280	260
			307	23	284	69	457	40
		1	253	33	220	56	269	18
			122	20	102	54	121	5
			6	2	4	5	6	
			9	7	2	1	4	
2			4	2	2	2	3	2
12	3	2	170	69	101	44	159	59
21	1	5	241	50	191	57	647	339
30	1	8	367	35	332	99	1336	544
1		2	155	14	141	42	460	181
3	2	1	197	15	182	28	500	145
4		5	278	24	254	42	824	267
5		2	263	21	242	40	898	251
4		2	396	15	381	80	1352	421
2	1	7	473	26	447	94	1721	535
1		1	564	23	541	83	2220	760
5	1	2	720	36	684	141	2823	813
4	3	3	758	26	732	116	3153	841
5		6	868	19	849	162	3768	1016
9	1	4	979	26	953	199	4587	1168
2	1	2	1269	56	1213	231	5109	1106
1		7	1256	48	1208	223	5415	1229
9	1	9	2228	57	2171	274	8693	2620
6		8	2648	52	2596	317	11290	3142
7	1	6	3451	48	3403	355	15790	5382
8	3	7	4687	58	4629	418	20008	7367
5	4	8	4375	23	4352	375	15342	5062
			23		23	7	85	7

1-18 续表

分组	私营合伙企业	私营有限责任公司	私营股份有限公司	其他企业	港、澳、台商投资企业	合资经营企业(港、澳、台资)	合作经营企业(港、澳、台资)
总　　计	**3698**	**64741**	**4487**	**36910**	**791**	**267**	**54**
按从业人员期末人数分组							
7人及以下	1588	37453	2494	26206	192	57	26
8-19人	1181	15334	1131	8194	93	35	7
20-49个	638	6868	526	1731	112	30	4
50-99人	203	2514	182	443	69	25	
100-299人	63	1854	103	265	160	52	11
300-499人	17	371	29	40	76	27	4
500-999人	4	235	12	19	50	24	1
1000-4999人	4	103	9	10	36	17	1
5000-9999人		6		2	1		
10000人及以上		3	1		2		
按开业(成立)年份分组							
1949年及以前		1		70			
1950-1977年	30	63	7	3718	2		
1978-1991年	101	192	15	5595	19	8	3
1992-1995年	121	636	35	4087	88	41	9
1996年	50	212	17	2103	12	5	
1997年	38	303	14	545	24	5	13
1998年	66	459	32	337	15	8	2
1999年	55	563	29	450	17	6	3
2000年	73	800	58	492	26	15	3
2001年	145	970	71	579	32	11	1
2002年	158	1233	69	1231	48	15	4
2003年	229	1667	114	1056	58	24	4
2004年	203	2002	107	763	51	24	2
2005年	229	2335	188	1471	57	18	2
2006年	258	2975	186	1247	48	14	1
2007年	235	3554	214	974	51	20	
2008年	230	3697	259	1531	47	10	
2009年	251	5287	535	1850	39	11	2
2010年	295	7146	707	1656	31	6	1
2011年	289	9516	603	1769	55	10	1
2012年	340	11653	648	2845	44	11	1
2013年	299	9414	567	2536	21	5	1
无开业年份	3	63	12	5	6		1

法人单位数(个)								
港、澳、台商独资经营企业	港、澳、台商投资股份有限公司	其他港、澳、台投资企业	外商投资企业	中外合资经营企业	中外合作经营企业	外资企业	外商投资股份有限公司	其他外商投资企业
437	**24**	**9**	**654**	**247**	**47**	**278**	**27**	**55**
98	5	6	172	54	9	70	10	29
46	3	2	119	35	14	54	5	11
73	5		88	31	3	45	2	7
42	2		67	29	8	24	3	3
91	6		103	51	12	33	3	4
42	2	1	39	17	1	20	1	
24	1		38	18		19	1	
18			24	10		12	1	1
1			3	1		1	1	
2			1	1				
2								
8			15	9	4	1	1	
36	2		61	27	6	25	1	2
7			13	5	2	3	2	1
4	2		17	5	4	7	1	
5			10	4	3	3		
8			13	6	3	4		
8			26	9	4	12	1	
16	3	1	38	20	2	14	1	1
29			23	12	2	8	1	
29	1		42	19		22		1
23	2		39	18	2	17	1	1
33	3	1	43	17	3	20	1	2
32		1	53	22	6	23	1	1
29	2		42	17	1	17	3	4
37			37	9	1	24	3	
24	2		28	7	1	14	2	4
22	1	1	48	15	1	23	1	8
41	1	2	40	6	2	18	5	9
28	2	2	40	13		14	1	12
12	2	1	23	6		8		9
4	1		3	1		1	1	

1-19 按从业人员组距、开业(成立)时间、

分组	从业人员数(人)	内资企业	国有企业	集体企业	股份合作企业	联营企业	国有联营企业
总计	**6603243**	**6249433**	**1886782**	**169933**	**15340**	**4407**	**343**
按从业人员分组							
7人及以下	490949	489895	93341	8003	595	620	79
8-19人	636023	633359	181996	10225	1185	654	80
20-49个	788115	781816	276821	18548	2575	1466	106
50-99人	716116	706327	303749	18164	2187	970	78
100-299人	1170398	1125813	421044	34189	3459	104	
300-499人	552297	507909	151579	20840	1492		
500-999人	678896	615985	174023	28205	3847	593	
1000-4999人	891464	783463	214637	31759			
5000-9999人	181969	152634	25175				
10000人及以上	497016	452232	44417				
按开业(成立)年份分组							
1949年及以前	185363	185363	181874	56		20	
1950-1977年	1058741	1058495	675984	61950	486	198	54
1978-1991年	739423	730907	406438	44124	1827	712	85
1992-1995年	419797	380169	146550	26644	3831	1378	56
1996年	165352	162761	32522	3267	278	127	118
1997年	97634	93625	40026	3406	371	33	
1998年	109846	88335	25271	2369	784	52	
1999年	103745	101230	22980	2388	164	48	
2000年	139782	120985	15820	3492	1005	49	
2001年	200771	185230	23825	3459	465	224	1
2002年	215076	198056	48767	1811	941	10	1
2003年	288452	264095	48272	869	297	82	
2004年	265852	244146	23086	716	655	169	3
2005年	283843	258401	38531	1444	774	134	
2006年	252227	232556	17213	1307	408	72	3
2007年	284931	238197	21057	3311	808	123	
2008年	234065	216323	13845	1469	800	50	3
2009年	314189	298102	20623	1766	511	179	15
2010年	334491	320815	22449	2920	265	206	
2011年	341911	316084	17283	894	146	221	
2012年	326789	318508	25525	1364	289	233	1
2013年	238145	234248	16827	907	235	87	3
无开业年份	2818	2802	2014				

登记注册类型分组的法人单位从业人员数

集体联营企业	国有与集体联营企业	其他联营企业	有限责任公司	国有独资公司	其他有限责任公司	股份有限公司	私营企业	私营独资企业
2017	**382**	**1665**	**1400544**	**353737**	**1046807**	**289748**	**2102915**	**344814**
280	40	221	47253	594	46659	5469	223069	78011
360	33	181	71746	1979	69767	9315	270553	67665
752	129	479	102629	5077	97552	15679	314338	77486
625	76	191	96998	6030	90968	14748	240730	43708
	104		211818	17028	194790	28488	383489	43704
			118645	9276	109369	26764	173206	15370
		593	174783	22960	151823	39009	182743	12493
			215524	37592	177932	110197	195110	6377
			46384	16773	29611	28932	37773	
			314764	236428	78336	11147	81904	
20			893	532	361	1909	16	11
121	6	17	221833	163827	58006	47980	24671	1005
432	76	119	176862	54230	122632	15856	46486	6182
568	19	735	36483	5741	30742	33869	102167	13245
5		4	77977	52682	25295	12284	22630	3187
17	15	1	21141	682	20459	7940	15866	1906
32		20	18321	1909	16412	7086	30435	4816
34		14	30503	2839	27664	7802	32833	4404
37		12	41586	3660	37926	9507	42583	6006
12	104	107	43412	6478	36934	18311	83680	9212
4		5	56057	7537	48520	5568	69976	10073
42	5	35	68701	9355	59346	25258	110452	10696
66	74	26	55074	14448	40626	14722	138758	14024
42		92	65923	1084	64839	10822	125295	19156
38	1	30	59026	3238	55788	12185	130630	17631
65	5	53	66479	4500	61979	6645	124430	17595
3		44	44075	2268	41807	10769	122619	17405
98	1	65	62204	8094	54110	7199	178038	32463
64		142	73307	5404	67903	9897	183379	32276
156	23	42	60039	1718	58321	12999	197400	38999
141	41	50	70548	3076	67472	6274	182440	51425
20	12	52	49924	435	49489	4800	137608	33075
			176		176	66	523	22

1-19 续表

分组							
	私营合伙企业	私营有限责任公司	私营股份有限公司	其他企业	港、澳、台商投资企业	合资经营企业(港、澳、台资)	合作经营企业(港、澳、台资)
总计	**77133**	**1560939**	**120029**	**379764**	**197515**	**66512**	**5621**
按从业人员分组							
7人及以下	6090	130148	8820	111545	568	189	56
8-19人	13700	175998	13190	87685	1167	453	72
20-49个	19053	202409	15390	49760	3500	924	103
50-99人	13075	171824	12123	28781	5138	1878	
100-299人	10251	312396	17138	43222	26680	8582	1982
300-499人	6785	140056	10995	15383	29291	10435	1805
500-999人	2741	159261	8248	12782	34484	16046	553
1000-4999人	5438	170149	13146	16236	65306	28005	1050
5000-9999人		37773		14370	5213		
10000人及以上		60925	20979		26168		
按开业(成立)年份分组							
1949年及以前		5		595			
1950-1977年	463	20930	2273	25393	246		
1978-1991年	2538	37161	605	38602	5388	2728	1071
1992-1995年	3040	84514	1368	29247	14984	7416	608
1996年	1240	17271	932	13676	1642	698	
1997年	785	12842	333	4842	1688	583	438
1998年	2200	22358	1061	4017	1784	1177	7
1999年	1197	25642	1590	4512	657	370	17
2000年	2306	29418	4853	6943	6007	4590	498
2001年	2810	66039	5619	11854	7274	3576	263
2002年	4521	51364	4018	14926	11503	6643	683
2003年	4296	90948	4512	10164	14084	8904	1174
2004年	6079	94412	24243	10966	14459	9519	10
2005年	4244	95532	6363	15478	17394	3918	346
2006年	8586	101129	3284	11715	12917	4024	135
2007年	4659	97200	4976	15344	29031	5628	
2008年	5616	89648	9950	22696	11958	1484	
2009年	4689	130883	10003	27582	11409	2107	328
2010年	5425	134661	11017	28392	7993	169	3
2011年	5053	144878	8470	27102	20387	2117	31
2012年	4219	117735	9061	31835	4813	684	5
2013年	3146	95958	5429	23860	1885	177	2
无开业年份	21	411	69	23	12		2

从业人员数(人)								
港、澳、台商独资经营企业	港、澳、台商投资股份有限公司	其他港、澳、台投资企业	外商投资企业	中外合资经营企业	中外合作经营企业	外资企业	外商投资股份有限公司	其他外商投资企业
121703	**3307**	**372**	**156295**	**79654**	**3115**	**58328**	**12298**	**2900**
297	12	14	486	149	26	189	22	100
575	45	22	1497	431	196	680	65	125
2319	154		2799	964	124	1424	62	225
3130	130		4651	2014	578	1610	242	207
14806	1310		17905	9426	1891	5529	441	618
15942	773	336	15097	6573	300	7821	403	
17002	883		28427	14392		13452	583	
36251			42695	17984		21926	1160	1625
5213			24122	9105		5697	9320	
26168			18616	18616				
246								
1589			3128	1992	500	628	8	
6674	286		24644	6149	468	8622	9320	85
944			949	721	69	113	43	3
307	360		2321	1006	181	1118	16	
600			19727	19425	194	108		
270			1858	1682	67	109		
919			12790	3139	328	9322	1	
1479	1620	336	8267	5389	64	2808	5	1
4177			5517	2770	480	1107	1160	
3988	18		10273	8635		1623		15
4680	250		7247	3388	160	3693	3	3
12909	209	12	8048	2383	225	5429	4	7
8754		4	6754	3414	171	2835	89	245
23346	57		17703	12379	56	4763	472	33
10474			5784	529	13	5128	114	
8678	296		4678	1218	6	1548	128	1778
7779	32	10	5683	2253	4	3361	1	64
18174	60	5	5440	1420	129	2903	823	165
4076	44	4	3468	1639		1253	110	466
1632	73	1	2012	121		1856		35
8	2		4	2		1	1	

1-20 按行业(中类)分组的

行业中类	代码	有证照户数(户)	#有营业执照	#已办理税务登记
总　　计		**706114**	**696924**	**420242**
农、林、牧、渔业	**A**	**98**	**88**	**62**
农、林、牧、渔服务业	05	98	88	62
采矿业	**B**	**591**	**577**	**413**
煤炭开采和洗选业	06	3	3	1
黑色金属矿采选业	08	17	16	14
有色金属矿采选业	09	2	2	
非金属矿采选业	10	564	551	393
其他采矿业	12	5	5	5
制造业	**C**	**28779**	**28048**	**17978**
农副食品加工业	13	3558	3430	1815
食品制造业	14	1359	1320	860
酒、饮料和精制茶制造业	15	659	593	454
纺织业	17	1776	1751	1138
纺织服装、服饰业	18	1874	1835	1195
皮革、毛皮、羽毛及其制品和制鞋业	19	465	464	282
木材加工和木、竹、藤、棕、草制品业	20	5270	5097	3268
家具制造业	21	1626	1582	1033
造纸和纸制品业	22	195	193	124
印刷和记录媒介复制业	23	261	260	241
文教、工美、体育和娱乐用品制造业	24	822	807	525
化学原料和化学制品制造业	26	182	181	130
医药制造业	27	1	1	1
化学纤维制造业	28	3	3	3
橡胶和塑料制品业	29	379	374	293
非金属矿物制品业	30	3405	3323	2415
黑色金属冶炼和压延加工业	31	140	139	100
有色金属冶炼和压延加工业	32	275	269	166
金属制品业	33	4400	4334	2538
通用设备制造业	34	461	450	308
专用设备制造业	35	208	205	159
汽车制造业	36	9	9	8
铁路、船舶、航空航天和其他运输设备制造业	37	23	20	19
电气机械和器材制造业	38	83	82	60
计算机、通信和其他电子设备制造业	39	140	138	89
仪器仪表制造业	40	1	1	1
其他制造业	41	253	249	160
废弃资源综合利用业	42	36	34	25
金属制品、机械和设备修理业	43	915	904	568
电力、热力、燃气及水生产和供应业	**D**	**42**	**39**	**34**
电力、热力生产和供应业	44	25	24	19
燃气生产和供应业	45			
水的生产和供应业	46	17	15	15

个体经营户数和人数

有证照人数(人)	#有营业执照	#已办理税务登记	无证照户数(户)	无证照人数(人)
2325989	**2294908**	**1514239**	**730316**	**2164600**
358	**322**	**244**	**5712**	**15647**
358	322	244	5712	15647
5619	**5546**	**4121**	**1775**	**9651**
19	19	13	3	14
106	103	93	101	1078
8	8		46	301
5429	5359	3958	1607	8162
57	57	57	14	83
212591	**207194**	**150867**	**76508**	**335584**
12763	12383	7251	31652	93119
7099	6953	5096	1905	7971
2910	2667	2142	4833	14515
7357	7270	5178	2150	8400
31571	31111	24706	3109	44095
4768	4758	3241	534	6350
59425	57048	41344	9350	51830
11159	10919	7460	2702	12602
2214	2196	1449	697	6310
1650	1647	1548	66	279
4231	4108	2952	2633	13285
1233	1230	884	1055	5032
2	2	2		
30	30	30	4	32
3095	3066	2463	347	2378
31203	30354	24208	5767	33014
649	647	493	261	966
933	913	600	381	1153
16304	16090	10095	6328	20610
2168	2127	1612	734	2822
1824	1789	1386	247	1587
58	58	53	19	49
682	672	448	35	200
923	916	665	96	982
4044	3997	2724	207	3567
8	8	8		
1231	1220	845	457	1918
244	234	188	47	165
2813	2781	1796	891	2351
246	**226**	**192**	**144**	**480**
182	168	132	16	83
64	58	60	128	397

1-20 续表

行业中类	代码	有证照户数（户）	#有营业执照	#已办理税务登记
建筑业	E	**3261**	**3184**	**1957**
房屋建筑业	47	198	176	77
土木工程建筑业	48	23	22	13
建筑安装业	49	163	161	100
建筑装饰和其他建筑业	50	2877	2825	1767
批发和零售业	F	**530022**	**523793**	**308474**
批发业	51	57790	57125	37112
零售业	52	472232	466668	271362
交通运输、仓储和邮政业	G	**1125**	**1100**	**731**
铁路运输业	53			
水上运输业	55	142	140	48
管道运输业	57	1	1	1
装卸搬运和运输代理业	58	519	511	365
仓储业	59	115	111	71
邮政业	60	348	337	246
住宿和餐饮业	H	**61044**	**60081**	**41937**
住宿业	61	11378	11245	9640
餐饮业	62	49666	48836	32297
信息传输、软件和信息技术服务业	I	**1925**	**1891**	**1302**
电信、广播电视和卫星传输服务	63	1690	1660	1153
互联网和相关服务	64	67	65	43
软件和信息技术服务业	65	168	166	106
金融业	J			
房地产业	K	**337**	**335**	**251**
房地产业	70	337	335	251
租赁和商务服务业	L	**6952**	**6878**	**5112**
租赁业	71	1277	1262	657
商务服务业	72	5675	5616	4455
科学研究和技术服务业	M	**2829**	**2804**	**1855**
专业技术服务业	74	2784	2759	1830
科技推广和应用服务业	75	45	45	25
居民服务、修理和其他服务业	O	**54440**	**53652**	**32810**
居民服务业	79	24237	23869	14198
机动车、电子产品和日用产品修理业	80	29436	29034	18089
其他服务业	81	767	749	523
教育	P	**2256**	**2172**	**1063**
教育	82	2256	2172	1063
卫生和社会工作	Q	**9914**	**9823**	**4531**
卫生	83	9896	9805	4518
社会工作	84	18	18	13
文化、体育和娱乐业	R	**2499**	**2459**	**1732**
广播、电视、电影和影视录音制作业	86	12	11	11
文化艺术业	87	29	28	17
体育	88	239	233	157
娱乐业	89	2219	2187	1547

有证照人数(人)	#有营业执照	#已办理税务登记	无证照户数(户)	无证照人数(人)
12371	**12028**	**7415**	**36856**	**199889**
1692	1537	648	24968	150964
82	80	39	466	2370
566	562	373	807	3581
10031	9849	6355	10615	42974
1493230	**1476394**	**917892**	**449901**	**1118586**
177651	175455	116841	43208	136045
1315579	1300939	801051	406693	982541
5369	**5290**	**3905**	**5158**	**13865**
414	411	175	3182	5942
2	2	2		
2800	2780	2147	1055	3948
547	535	348	276	1590
1606	1562	1233	645	2385
304567	**300258**	**236580**	**57434**	**188909**
57590	57065	50464	3235	12402
246977	243193	186116	54199	176507
5754	**5644**	**4013**	**1062**	**2810**
4936	4849	3472	903	2382
255	247	154	53	155
563	548	387	106	273
1309	**1304**	**1024**	**805**	**2510**
1309	1304	1024	805	2510
21591	**21370**	**16843**	**7108**	**20188**
3176	3150	1928	3567	10442
18415	18220	14915	3541	9746
10024	**9937**	**7278**	**1224**	**3392**
9880	9793	7205	1187	3281
144	144	73	37	111
187952	**185468**	**124929**	**70240**	**190520**
89024	87794	58193	36654	101565
95167	93990	63830	32262	85360
3761	3684	2906	1324	3595
16808	**16255**	**8295**	**6032**	**33252**
16808	16255	8295	6032	33252
29905	**29697**	**15270**	**4891**	**11370**
29777	29569	15170	4875	11260
128	128	100	16	110
18295	**17975**	**15371**	**5466**	**17947**
130	125	129	16	62
205	202	78	228	1904
1100	1086	847	740	1833
16860	16562	14317	4481	14145

1-21 按地区分组的个体经营户数和人数

地 区	有证照户 数(户)	#有营业执照	#已办理税务登记	有证照人 数(人)	#有营业执照	#已办理税务登记	无证照户 数(户)	无证照人 数(人)
总 计	**706114**	**696924**	**420242**	**2325989**	**2294908**	**1514239**	**730316**	**2164600**
南宁市	145751	144639	80734	504891	500721	305314	109335	336450
柳州市	72365	71406	36401	214944	212077	128627	83735	193253
桂林市	76587	75270	52360	274004	269256	200576	114996	365198
梧州市	36577	36147	24719	134427	132859	95158	42731	150070
北海市	18860	18461	13384	50755	49568	39245	28511	65969
防城港市	19215	18940	12875	68852	67904	50178	13647	44596
钦州市	35558	34886	21179	100997	99231	67428	49181	146867
贵港市	36850	36169	17951	153088	149415	85796	57350	199573
玉林市	64243	62905	37156	215690	211479	138467	74599	231669
百色市	57796	57223	32836	181507	179735	110309	34847	105974
贺州市	26057	25784	15380	94383	93464	62745	21909	68255
河池市	50252	49603	34163	128925	127265	93946	36942	85994
来宾市	29977	29722	18660	98364	97574	66491	30912	85235
崇左市	36026	35769	22444	105162	104360	69959	31621	85497

1-22 按地区分组的无挂靠个体运输户数和人数

地 区	无挂靠个体运输户(货运)		无挂靠个体运输户(客运)	
	户数(个)	从业人员期数(人)	户数(个)	从业人员期末人数(人)
总 计	**556061**	**1101089**	**64393**	**109849**
南宁市	60816	105494	27355	45844
柳州市	24562	61023	1233	2928
桂林市	31781	78139	3910	9801
梧州市	28062	51750	2500	4057
北海市	18570	34648	57	114
防城港市	21807	41954		
钦州市	40312	67939	3982	3992
贵港市	70769	184263	3141	8033
玉林市	59381	125276		
百色市	51081	82506	11289	15003
贺州市	23265	39759	2267	3809
河池市	56841	92647	4845	8067
来宾市	23230	48588	3134	7427
崇左市	45584	87103	680	774